판례와 함께하는
임대주택 관련법 해설

판례와 함께하는
임대주택 관련법 해설

발행일	2018년 6월 29일

지은이	임진욱		
펴낸이	손형국		
펴낸곳	(주)북랩		
편집인	선일영	편집	오경진, 권혁신, 최예은, 최승헌, 김경무
디자인	이현수, 김민하, 한수희, 김윤주, 허지혜	제작	박기성, 황동현, 구성우, 정성배
마케팅	김회란, 박진관, 조하라		
출판등록	2004. 12. 1(제2012-000051호)		
주소	서울시 금천구 가산디지털 1로 168, 우림라이온스밸리 B동 B113, 114호		
홈페이지	www.book.co.kr		
전화번호	(02)2026-5777	팩스	(02)2026-5747

ISBN	979-11-6299-175-6 03360 (종이책) 979-11-6299-176-3 05360 (전자책)

이 도서의 국립중앙도서관 출판예정도서목록(CIP)은 서지정보유통지원시스템 홈페이지(http://seoji.nl.go.kr)와
국가자료공동목록시스템(http://www.nl.go.kr/kolisnet)에서 이용하실 수 있습니다.
(CIP제어번호 : CIP2018018061)

(주)북랩 성공출판의 파트너

북랩 홈페이지와 패밀리 사이트에서 다양한 출판 솔루션을 만나 보세요!

홈페이지 book.co.kr • **블로그** blog.naver.com/essaybook • **원고모집** book@book.co.kr

판례와 함께하는

임대주택 관련법 해설

임진욱 지음

「공영주택법」,「주택건설촉진법」,「임대주택건설촉진법」,「임대주택법」,「공공주택 특별법」,
「민간임대주택에 관한 특별법」,「보금자리주택건설 등에 관한 특별법」등 임대주택 관련 법과 법령 해설

북랩 **book** Lab

머/리/말

본 저자는 2006년 초부터 2008년 말까지 임대주택사업을 주목적 사업으로 하는 모 민간주택건설업체의 사내 변호사로 근무한 적이 있는데, 근무 당시 「임대주택법」 관련 법적 쟁점에 관하여 검토한 후 의견을 제시하는 과정에서 매우 많은 어려움을 겪었던 기억이 있습니다.

그 이유는 우선 「임대주택법」 자체가 매우 어렵다는 점 때문입니다. 「임대주택법」이 어려운 이유는 「임대주택법」의 주요한 내용을 하위 법령에 위임하는 규정을 많이 두고 있는데, 정부의 임대주택 정책의 잦은 변화에 따라 하위 법령 또한 잦은 개정이 있었는 바, 당해 임대주택이 과연 어느 개정 법령의 적용을 받는 것이냐를 찾는 것부터가 쉽지 않기 때문입니다.

또 당시 논란이 있었던 법적 쟁점과 관련하여 적절한 대법원 판례 등 기타 하급심 판례가 상대적으로 거의 없었으며, 또 기타 「임대주택법」과 관련한 논문이나 법령 해석례가 그리 풍부하지 않았다는 점 등 때문이기도 합니다.

그리고 임대주택은 장기간의 임대의무기간 동안 임대차계약을 유지하여야 하고, 또 장기간의 임대의무기간이 경과 후 분양전환하게 되는데, 정부의 임대주택에 대한 정책의 변화, 주택시장의 급격한 변화 등으로 매우 잦은 개정이 있었고, 또 대법원 판례의 변경이 있었는 바, 그 개정 및 변경 내용들을 정확히 이해하는 것도 쉬운 일은 아닙니다.

「임대주택법령」과 관련한 각 쟁점에 대하여 본 저자 나름대로의 견해가 있기는 하였으나, 과연 적정한 견해를 취한 것인지에 대하여 저자 스스로 의문이 많았기 때문에, 지금까지 거의 저자 혼자만의 생각으로만 간직하고 있었습니다.

그런데, 현재에 이르기까지 「임대주택법」과 관련하여 제법 많은 대법원 판례가 축적되고 있는 바(특히 전원합의체 판결이 다수 나왔음), 그동안 많은 변호사님들과 법원 판사님들의 노고로 「임대주택법」과 관련된 수많은 쟁점 가운데 상당 부분이 골격을 갖추고 정리되어 가고 있다는 생각이 들며, 그러한 과정에서 저자 본인의 「임대주택법령」에 대한 견해 또한 많은 수정과 구체화가 이루어지고 있는 것 같습니다.

그러나 현재까지 나온「임대주택법령」관련 하급심 판례 및 대법원 판례 및 기타 국토해양부 등이 발주한 용역의 결과물인 연구보고서 등을 보면서, 관련 판례가 과연「임대주택법령」과 관련된 구체적인 법률적 분쟁의 해결에 있어서「임대주택법령」의 입법자의 입법 취지가 제대로 반영된 것인가 하는 등등 의문을 가지게 되는 부분이 다소 있는 바, 이에 관한 저자의 소견을 본서를 통해 피력하고자 합니다.

본서는 임대주택 관련 법령의 주요 골격을 갖추는 것을 기반으로 하고, 우선 임대주택의 입주자모집 당시의 주택가격의 구체적인 의미와 실제 투입한 건축비를 어떻게 볼 것인지를 주요한 관심 사항으로 하고 있습니다.

그리고 본 저자는 비록 임대사업자의 사내변호사로 근무한 경력이 있지만, 군이 임대사업자를 위하거나, 혹은 임차인을 위하여 본서를 발행하게 된 것은 아니며, 다만 불편부당(不偏不黨)하게「임대주택법령」의 입법자의 의도가 무엇이었는가에 주요한 관심을 가지고 본서를 집필하였다는 점을 밝힙니다.

안타깝게도 본 저자의 주위에서「임대주택법」에 대하여 많은 관심과 조예가 깊으신 분을 찾지 못하여, 본서에 대한 교정과 감수가 미비한 바, 이에 본서에서 밝히는 저자의「임대주택법령」에 대한 견해 및 기타 서술은 수정되어야 할 오류가 있을 수 있습니다.

본 저자로서는, 다만 본서가「임대주택법령」의 해석에 있어서 일말의 고려 대상이 되거나, 향후 임대주택 관련 법령을 더욱 명확히 정비하는 과정에서 일말의 도움이 되었으면 하는 바람뿐입니다.

본서의 발행 이후에도 본서에서 발견된 오류를 수정하고, 새로운 판례 및 개정된 임대주택 관련 법령을 소개할 수 있는 기회를 가질 수 있으면 하는 바람이며, 독자 여러분의 기탄없는 지도와 편달을 바랍니다.

2018. 6.

임진욱

차/례

제2장   임대사업자 및 주택임대관리업자

제3장   임대주택의 건설 또는 매입

제4장   임대주택의 공급

제6장　　임대주택의 임대차계약

제7장   임대주택의 관리

제8장 임대주택의 매각 제한

제9장 임대주택의 분양전환

제10장 임차인대표회의

제11장 임대주택분쟁조정위원회

제12장 특례 규정

제13장 부도 임대주택

제14장　보칙

제15장　벌칙

총칙

1. 임대주택의 개념

가. 현행법상 '주택'의 기본적 구분

현행 「주택법」상, '주택'은 세대의 구성원이 장기간 독립된 주거생활을 할 수 있는 구조로 된 건축물의 전부 또는 일부 및 그 부속 토지를 말하는 바(「주택법」 제1조 제1호), 이에 대한 기본적 구분은 아래와 같이 정리할 수 있다.

주택	구조에 따른 분류	단독주택	① 단독 주택
			② 다중 주택
			③ 다가구 주택
		공동주택	① 아파트: 주택으로 쓰이는 층수가 5개 층 이상인 주택
			② 연립 주택: 주택으로 쓰이는 1개 동의 바닥면적의 합계가 660㎡를 초과하고, 층수가 4개 층 이하인 주택
			③ 다세대 주택: 주택으로 쓰이는 1개 동의 바닥 면적의 합계가 660㎡ 이하이고, 층수가 4개 층 이하인 주택
		준주택	① 기숙사
			② 다중생활시설
			③ 노인복지주택
			④ 오피스텔
	재원에 따른 분류	국민주택	다음의 어느 하나에 해당하는 주택으로서 국민주택규모[1] 이하인 주택 ① 국가, 지방자치단체, 한국토지주택공사법에 따른 한국토지주택공사 또는 지방공기업법에 따라 주택사업을 목적으로 설립된 지방공사가 건설하는 주택 ② 국가, 지방자치단체의 재정 또는 주택도시기금법에 따른 주택도시기금으로부터 자금을 지원받아 건설되거나 개량되는 주택
		민영주택	국민주택을 제외한 주택

나. 임대주택에 대한 대략적인 정의

'임대주택'이란 일응 최광의로 '임대 목적에 제공되는 주거용 건축물'이라고 정의할 수 있겠는데, 본서에서는 그중에서도, 법령에 의하여 ① 무주택자에게 임차인의 자격이 주어지고, ② 임

---

1 "국민주택규모"란 주거의 용도로만 쓰이는 면적(주거전용면적)이 1호(戶) 또는 1세대당 85㎡ 이하인 주택(「수도권정비계획법」 제2조 제1호에 따른 수도권을 제외한 도시지역이 아닌 읍 또는 면 지역은 1호 또는 1세대당 주거전용면적이 100㎡ 이하인 주택을 말한다)을 말한다. 이 경우 주거전용면적의 산정방법은 국토교통부령으로 정한다.

대조건(임대보증금, 임대료, 임대기간 등)의 규제를 받는 주거용 건축물과 ③ 임대주택사업자로 등록한 자가 임대 목적에 제공하는 주거용 건축물에 한정한 의미로 사용하기로 한다.

다. 임대주택에 대한 대략적인 제도 변천 과정

우리나라의 임대주택제도는 사회관습과 밀접한 관련이 있다. 사회관습상 주택은 소유가 우선이어서 임대주택은 제도적으로 후순위에 머물거나 비중이 적었다. 1960년대에는 주택부문의 정책적 우선순위가 낮아 전반적으로 주택에 대한 투자가 적었다. 1962년에 대한주택공사가 서울시 마포구 도화동에 9~15평 규모의 임대주택 6동 450세대를 건설한 것이 제도권 임대주택의 효시라고 할 수 있다.[2]

1970년대에는 정부가 주택부문에 관심을 갖기 시작하였으나 초점은 자가 주택공급에 있었으며, 임대주택의 지원정책은 상대적으로 저조하였다. 대한주택공사가 1971년 서울 개봉지구에 13평 규모의 임대주택 300세대를 공급한 것을 시작으로 1980년까지 총 64,947세대의 임대주택을 건설하였으며, 임대기간은 1~2년의 단기 임대주택 또는 분양조건부 임대주택이었다.

임대주택의 계획이 체계적으로 수립된 것은, 1978. 8. 8. 부동산 종합대책인 '8·8조치' 이후였다. '8·8조치'에도 불구하고 일반 경기 침체와 맞물려 부동산시장이 침체하여 미분양주택이 누적되고, 전세가격은 상승하여 주택문제가 사회문제로 발전하자, 1981. 3. 5. 「주택임대차보호법」을 제정하였다.

1982년 정부는 저소득계층의 주거부담 능력이 상대적으로 낮다는 점을 감안하여 임대주택 건설촉진과 임차인 보호수단을 강구하였다. 이에 따라 정부는 1982. 1. 14. 주택경기 활성화 방안인 '1·4조치'의 구체적인 수단의 하나로 1982. 2. 23. 「임대주택육성방안」을 발표하고, 임대주택의 건설촉진을 위한 각종 지원책을 마련하였으며, 1983년부터는 개인의 임대주택사업을 허용하였다.

그러나 이러한 지원정책에도 불구하고 임대주택건설이 부진하자, 1984. 12. 31. 「임대주택건설촉진법」을 제정하여 공포하였다. 이 법에는 사원이 아닌 임차인도 임차대상으로 하고, 일반 주택사업자의 임대주택건설도 촉진하였으며, 임대주택에 대한 택지, 금융 및 조세지원도 확대하여 임대주택건설을 촉진하였다.

2　『주택백서』, 건설교통부, 2002년, p.362.

임대주택건설을 위한 자금은 국민주택기금 중 정부출연금, 주택복권자금, 제2종 국민주택채권에서 우선 조달하되, 장기 저리로 융자하도록 하였다. 또한 공유지나 공공개발 택지를 매각하거나 임대할 경우 임대주택건설사업자에게 우선적으로 매각 또는 임대하고 사업자는 2년 이내에 임대주택을 건설하도록 규정하였다. 또한 임대주택의 효율적인 관리를 위해 입주자 선정방법, 임대보증금 및 임대료, 임대기간 등 임대조건에 관한 기준을 건설부령으로 정하여 통제하였다.

이러한 조치로 1984년부터 1987년까지 임대주택 공급량이 증가하였다. 그러나 1988년과 1989년 민간임대주택건설업계는 임대주택사업이 채산성이 맞지 않는다는 이유로 임대주택을 기피하여 민간의 임대주택공급이 급격이 감소하였다. 정부는 임대주택건설을 촉진하기 위해 1990. 3. 임대주택의 임대보증금 및 임대료를 인상하였고, 이에 따라 민간임대주택공급은 증가하였다. 그러나 1990. 10. 임대주택에 대한 국민주택기금 지원을 전면 중단하여 민간임대주택공급은 급감하고 대신 공공임대주택 공급이 증가하게 되었다.

'신경제 5개년계획' 기간이 시작되면서, 기존의 구 「임대주택건설촉진법」은 1993. 12. 27. 구 「임대주택법」으로 전면 개편되었으며, 1993. 9. 13. 구 「임대주택법 시행령」이 전면 개정되어 임대주택제도의 전환점이 되었다. 과거에는 주로 저소득층을 대상으로 임대주택의 공급이 논의되었으나, 구 「임대주택법」의 개정으로 저소득층뿐만 아니라 중산층의 임대수요도 고려하는 등 다양한 임대주택의 공급을 유도하게 되었으며, 조세, 금융, 택지 지원 등 다양한 지원책도 마련하여 민간 임대사업자가 참여할 수 있는 여지를 확대하였다.

위 구 「임대주택법」에 의해 임대주택은 '건설 임대주택'과 '매입 임대주택'으로 구분되었으며, 1994년에는 매입 임대의 경우 5호 이상의 임대주택 소유자도 주택임대사업자로 등록하여 10년 이상 임대하면 매각에 따른 양도소득세가 전액 면제되도록 하는 임대사업자 제도를 도입하였다.[3] 이러한 조치는 기존 비제도권의 전세형태의 임대주택을 제도권 내로 흡수하여 '임대전문업'을 육성하여 임대주택건설 촉진과 주택문제 해결을 동시에 하고자 하였다. 또한 매입임대사업자의 등록기준을 1999. 11. 12. 자로 5호 이상에서 2호 이상으로 개정하여 '임대전문업'을 육성하고자 하였다.

2000년대 들어선 2001. 3. 16. 전·월세 종합대책의 하나로 임대사업자에 대한 취득세, 등록세 감면 확대와 금융지원을 확대하였으며, 2001. 5. 26.에는 임대주택 활성화 대책을 발표하여

---

3 민간매입임대사업의 경우, 등록하도록 함으로써 민간 전월세 임대를 공식화하였다는 의미가 있으나, 임대주택법상의 규제가 없고, 일반 전·월세와 동일한 개념으로 운영됨으로써, 임차인의 주거안정에는 기여하였다고 보기는 어렵다.

소액 투자자를 위한 임대주택조합제도'를 도입하고, 공공과 민간을 통한 임대주택공급확대를 위한 대책을 마련하기도 하였다.[4, 5, 6]

라. 법률상 '임대주택'에 대한 정의 규정의 변화

1) 구 「공영주택법」

1963. 11. 30. 법률 제1457호로 제정되어 1963. 12. 31.부터 시행된 구 「공영주택법」에는 '공영주택'이란 정부로부터 대부 또는 보조를 받아 지방자치단체나 대한주택공사가 건설하여 주택이 없는 국민에게 저렴한 가임(家賃) 또는 분양하는 주택이라고 정의하고(제2조 제1호), 「같은 법 시행규칙」 제4조 제2항은 임대를 목적으로 하는 공영주택을 '임대공영주택'이라고 규정하고 있다.

위 '임대공영주택'이 바로 법령에 정한 '임대주택'의 효시(嚆矢)라고 볼 수 있다.

2) 구 「주택건설촉진법」

1972. 12. 30. 법률 제2409호로 제정되어 1973. 1. 15.부터 시행된 구 「주택건설촉진법」에 의하여 위 구 「공영주택법」은 폐지되었으며, 위 구 「주택건설촉진법」은 ① '국민주택'이란 한국주택은행과 지방자치단체가 조달하는 자금 등으로 건설하여 주택이 없는 국민에게 저렴한 가임 또는 가격으로 임대 또는 분양(이하 공급이라 한다)되는 주택이라고 정의하고(제2조 제1호), '민영주택'이란 국민주택 이외의 주택으로서 대통령령으로 정하는 규모 이상(100호 또는 100세대 이상)의 집단으로 건설하여 공급되는 주택이라고 정의하고(제2조 제2호), 사업주체라 함은 국민주택을 건설, 공급하는 국가, 지방자치단체, 대한주택공사와 기타의 사업자를 말한다(제2조 제3호)고 규정하고 있다.

이로써 국가, 지방자치단체, 대한주택공사가 아닌 민간사업자도 한국주택은행과 지방자치단체가 조달하는 자금 등으로 건설한 국민주택을 임대할 수 있는 법적 근거가 처음으로 마련되었다.

---

4 한국건설기술연구원(이유섭, 강태경, 안방률, 백승호, 박원영), '공공건설임대주택 표준건축비 개선방안 연구', 국토해양부, 2008년, p.11~13 참조.
5 '2008년도 임대주택 업무편람, 매뉴얼', 국토해양부, 2008년 참조.
6 토지주택연구원(이종권, 김경미, 권치흥, 박상학), '공공임대주택 50년 성과와 과제', 한국토지주택공사, 2015년.

3) 구 「임대주택건설촉진법」

1984. 12. 31. 법률 제3783호로 제정되어 1985. 1. 31.부터 시행된 구 「임대주택건설촉진법」에서는 '임대주택'을 '임대를 목적으로 건설, 공급하는 주택'으로서 구 「주택건설촉진법」 제33조 제1항의 규정에 의하여 주택건설사업계획승인을 얻은 주택(제2조)이라고 정의 규정을 두면서, 건설 임대주택 중 주택건설사업계획승인을 얻은 주택만을 의미하는 것이었다.

4) 구 「임대주택법」

그런데 구 「임대주택건설촉진법」이 1993. 12. 27. 법률 제4629호로 개정되면서, 법률명이 구 「임대주택법」으로 개정되었으며, '임대주택'을 '임대목적에 제공되는 건설 임대주택과 매입 임대주택'이라고 정의 규정을 개정하면서, 「건축법」상 건축허가를 받아 건축된 주택도 '건설 임대주택'의 개념에 포함되게 되었으며, '매입 임대주택' 또한 임대주택의 범주에 포함되게 되었다.

이러한 임대주택의 정의 규정은 대체로 그대로 유지되어 지금의 「공공주택 특별법」[7] 및 「민간임대주택에 관한 특별법」에 이르고 있다.

5) 공공임대주택과 민간임대주택의 정의 규정의 변화

한편 '공공임대주택'과 '민간임대주택'의 정의 규정은 아래와 같은 변화가 있었는 바, 관련 법령 해석 등에 있어 세심한 주의를 요한다.

---

[7] 한편 '매입임대주택'은 아니지만, 국가나 지방자치단체의 재정이나 주택도시기금의 자금을 지원받아 기존주택을 임차하여 저소득 서민에게 전대(轉貸)하는 '기존 주택 전세임대주택'도 공공임대주택에 포함된다(「공공주택 특별법 시행령」 제2조 제1항 제7호).

	명칭		정의		근거 규정	
구 「임대주택건설촉진법」	공공임대주택		국가, 지방자치단체 또는 대한주택공사가 임대하는 임대주택		구 「임대주택건설촉진법 시행규칙」 제3조 제1항	
	민간임대주택		공공임대주택 이외의 임대주택 (국민주택기금의 융자를 받아 건설한 임대주택도 포함됨)		구 「임대주택건설촉진법 시행규칙」 제4조 제1항	
「임대주택법」	건설임대주택	공공건설임대주택	가. 국가 또는 지방자치단체의 재정으로 건설하여 임대하는 주택		구 「임대주택법 시행령」 제2조 제1호	「임대주택법」 제2조 제2호의2 (2013. 8. 6, 법률 제11998호로 개정된 법률)
			나. 국민주택기금에 의한 자금을 지원받아 건설하여 임대하는 주택			
			다. 공공택지에 「주택법」 제16조에 따라 사업계획승인을 받아 건설하여 임대하는 주택		구 「임대주택법 시행령」 제2조 제1호 다목 신설 (2004. 3. 17. 개정)	
		민간건설임대주택	「공공건설임대주택」 이외의 건설임대주택		구 「임대주택법 시행령」 제2조 제2호	「임대주택법」 제2조 제2호의3 (2013. 8. 6, 법률 제11998호로 개정된 법률)
	매입임대주택		임대사업자가 매매 등에 의하여 소유권을 취득하여 임대하는 주택		「임대주택법」 제2조 제3호	
「공공주택 특별법」	공공임대주택	공공건설임대주택	공공주택사업자가 임대 또는 임대한 후 분양전환을 할 목적으로 공급하는 주택	공공주택사업자가 직접 건설하여 공급하는 공공임대주택	「공공주택 특별법」 제2조 제1호 가목, 제1호의2	
		공공매입임대주택		공공주택사업자가 직접 건설하지 아니하고 매매 등으로 취득하여 공급하는 공공임대주택	「공공주택 특별법」 제2조 제1호 가목, 제1호의3	
「민간임대주택에 관한 특별법」	민간임대주택	민간건설임대주택	임대목적으로 제공하는 주택으로서 임대사업자가 등록한 주택	임대사업자가 임대목적으로 건설하여 임대하는 주택	「민간임대주택에 관한 특별법」 제2조 제1호, 제2호 가목	
				주택법에 따라 등록한 주택건설사업자가 사업계획승인을 받아 건설한 주택 중 사용검사 때까지 분양되지 아니하여 임대하는 주택	「민간임대주택에 관한 특별법」 제2조 제1호, 제2호 나목	
		민간매입임대주택		임대사업자가 매매 등으로 소유권을 취득하여 임대하는 주택	「민간임대주택에 관한 특별법」 제2조 제1호, 제3호	
	공공지원민간임대주택		주택도시기금을 출자받아 건설 또는 매입하는 민간임대주택		「민간임대주택에 관한 특별법」 제2조 제4호 가목	
			공공택지 등을 매입 또는 임차하여 건설하는 민간임대주택		「민간임대주택에 관한 특별법」 제2조 제4호 나목	
「민간임대주택에 관한 특별법」	공공지원민간임대주택		용적률을 완화받아 건설하는 민간임대주택		「민간임대주택에 관한 특별법」 제2조 제4호 다목	
			공공지원민간임대주택 공급촉진지구에 건설하는 민간임대주택		「민간임대주택에 관한 특별법」 제2조 제4호 라목	
			그 밖에 공공지원을 받아 건설 또는 매입하는 민간임대주택		「민간임대주택에 관한 특별법」 제2조 제4호 마목	

마. 현행법상 임대주택의 기본적 구분

현행 「주택법」[8]상, '임대주택'이란 '임대를 목적으로 하는 주택'이라고 규정하고 있으며, 「공공주택 특별법」 제2조 제1호 가목에 따른 '공공 임대주택'과 「민간임대주택에 관한 특별법」 제2조 제1호에 따른 '민간 임대주택'으로 대별된다.

1) 공공임대주택에 대하여

가) 공공임대주택의 기본적 개념 정의

즉, 「공공주택 특별법」 제2조 제1호 가목에 따른 '공공임대주택'이란 「공공주택 특별법」 제2조 제1호에 정한 '공공주택'[9] 중, 「공공주택 특별법」에 정한 (공동)공공주택사업자가 임대 또는 임대한 후 분양전환을 할 목적으로 공급하는 주택을 말한다.

참고로 위 '공공임대주택'은 「임대주택법」(2015. 8. 28. 법률 제13499호로 전부 개정되어 2015. 12. 29. 시행되기 전의 것)에 정하고 있는 '공공건설임대주택'과 같은 것이 아니라는 점에 주의를 요한다.

나) 공공주택사업자의 기본적 개념 정의

「공공주택 특별법」에 정한 '공공주택사업자'란, 같은 법 제4조 제1항[10]에 정한 '공공주택사업자'와 같은 조 제2항[11]에 정한 '공동 공공주택사업자'를 말한다.

---

8 [2017. 8. 9. 개정 법률 제14866호, 시행 2017. 11. 10.]

9 「공공주택 특별법」 제2조 제1호
"공공주택"이란 제4조 제1항 각 호에 규정된 자 또는 제4조 제2항에 따른 공공주택사업자가 국가 또는 지방자치단체의 재정이나 「주택도시기금법」에 따른 주택도시기금(이하 "주택도시기금"이라 한다)을 지원받아 이 법 또는 다른 법률에 따라 건설, 매입 또는 임차하여 공급하는 다음 각 목의 어느 하나에 해당하는 주택을 말한다.

10 「공공주택 특별법」 제4조 제1항
국토교통부장관이 다음 각 호의 자 중에서 공공주택사업자로 지정한 자
  1. 국가 또는 지방자치단체
  2. 「한국토지주택공사법」에 따른 한국토지주택공사
  3. 「지방공기업법」 제49조에 따라 주택사업을 목적으로 설립된 지방공사
  4. 「공공기관의 운영에 관한 법률」 제5조에 따른 공공기관 중 대통령령으로 정하는 기관
  5. 제1호부터 제4호까지의 규정 중 어느 하나에 해당하는 자가 총지분의 100분의 50을 초과하여 출자·설립한 법인
  6. 주택도시기금 또는 제1호부터 제4호까지의 규정 중 어느 하나에 해당하는 자가 총지분의 전부를 출자(공동으로 출자한 경우를 포함한다)하여 「부동산투자회사법」에 따라 설립된 부동산투자회사

11 「공공주택 특별법」 제4조 제2항
국토교통부장관이 제1항 제1호부터 제4호까지의 규정 중 어느 하나에 해당하는 자와 「주택법」 제4조에 따른 주택건설사업자를 공동 공공주택사업자로 지정한 자

다) 공공임대주택의 구분

(1) 공공임대주택에 대하여, 공공주택사업자가 이를 취득한 원인에 따른 구분

그리고 '공공임대주택'은 공공주택사업자가 이를 취득한 원인에 의하여, '공공건설 임대주택'[12]과 '공공매입 임대주택'[13]으로 구분된다.

(2) 임대차 계약 목적에 따른 구분

위와 같은 공공임대주택은 임대차 계약 목적에 따라 다음과 같이 세분된다.[14]

① 영구임대주택[15] : 국가나 지방자치단체의 재정을 지원받아, 최저소득 계층의 주거안정을 위하여 50년 이상 또는 영구적인 임대를 목적으로 공급하는 공공임대주택

② 국민임대주택[16] : 국가나 지방자치단체의 재정이나, 「주택도시기금법」에 따른 주택도시기금의 자금을 지원받아, 저소득 서민의 주거안정을 위하여 30년 이상 장기간 임대를 목적으로 공급하는 공공임대주택[17]

③ 행복주택: 국가나 지방자치단체의 재정이나 주택도시기금의 자금을 지원받아 대학생, 사회초년생, 신혼부부 등 젊은 층의 주거안정을 목적으로 공급하는 공공임대주택

④ 장기전세주택: 국가나 지방자치단체의 재정이나 주택도시기금의 자금을 지원받아 전세계약의 방식으로 공급하는 공공임대주택

⑤ 분양전환 공공임대주택: 일정 기간 임대 후 분양전환할 목적으로 공급하는 공공임대주택(이 중, 임대보증금 없이 분양전환금을 분할하여 납부하는 공공건설임대주택을 '분납임대주택'이라고 한다)

⑥ 기존주택 매입임대주택: 국가나 지방자치단체의 재정이나 주택도시기금의 자금을 지원받아 기존주택을 매입하여 「국민기초생활 보장법」에 따른 수급자 등에게 공급하는 공공임대주택

⑦ 기존주택 전세임대주택: 국가나 지방자치단체의 재정이나 주택도시기금의 자금을 지원받아 기존주택을 임차하여 저소득 서민에게 전대(轉貸)하는 공공임대주택

---

12 「공공주택 특별법」 제4조에 따른 공공주택사업자가 직접 건설하여 공급하는 공공임대주택.

13 「공공주택 특별법」 제4조에 따른 공공주택사업자가 직접 건설하지 아니하고 매매 등으로 취득하여 공급하는 공공임대주택.

14 「공공주택 특별법 시행령」 제2조 제1항.

15 영구 임대주택의 최초 입주 시기는 1989. 11.(서울 중계동)이다.

16 국민 임대주택의 최초 입주 시기는 2001. 8.(경기 수원 정자지구)이다.

17 '국민임대주택'은 2003. 12. 31. 법률 제7051호로 제정된 「국민임대주택건설 등에 관한 특별 조치법」 제2조 제1호에 정의 규정을 두기 시작하였다.

2) 민간임대주택에 대하여

가) 민간임대주택의 기본적 개념 정의

'민간임대주택'이란, 임대 목적으로 제공하는 주택(토지를 임차하여 건설된 주택 및 오피스텔 등 대통령령으로 정하는 준주택[18] 및 대통령령으로 정하는 일부만을 임대하는 주택[19]을 포함한다[20])으로서 임대사업자가 「민간임대주택에 관한 특별법」 제5조에 따라 등록한 주택을 말하며, ① 민간건설임대주택과 ② 민간매입임대주택으로 구분한다.

나) 민간임대사업자의 기본적 개념 정의

'민간임대사업자'란 「공공주택 특별법」 제4조 제1항에 따른 공공주택사업자가 아닌 자로서 주택을 임대하는 사업을 할 목적으로 「민간임대주택에 관한 특별법」 제5조에 따라 등록한 자를 말하며, 임대주택 등록 호수에 따라 ① '기업형 임대사업자'와 ② '일반형 임대사업자'로 구분되기도 하였다.

① '기업형 임대사업자'란 8년 이상 임대할 목적으로 100호 이상으로서 대통령령으로 정하는 호수 이상[21]의 민간임대주택을 취득하였거나 취득하려는 임대사업자를 말한다.
② '일반형 임대사업자'란 '기업형 임대사업자'가 아닌 임대사업자로서 1호 이상의 민간임대주택을 취득하였거나 취득하려는 임대사업자를 말한다.

---

[18] 「민간임대주택에 관한 특별법 시행령」 제2조
다음 각 호의 요건을 모두 갖춘 오피스텔(이하 "준주택"이라 한다)을 말한다.
1. 전용면적이 85㎡ 이하일 것
2. 상하수도 시설이 갖추어진 전용 입식 부엌, 전용 수세식 화장실 및 목욕시설(전용 수세식 화장실에 목욕시설을 갖춘 경우를 포함한다)을 갖출 것

[19] 「민간임대주택에 관한 특별법 시행령」 제2조의2(일부만을 임대하는 주택의 범위)
법 제2조 제1호에서 "대통령령으로 정하는 일부만을 임대하는 주택"이란 「건축법 시행령」 별표 1 제1호 다목에 따른 다가구주택으로서 임대사업자 본인이 거주하는 실(室)(한 세대가 독립하여 구분 사용할 수 있도록 구획된 부분을 말한다)을 제외한 나머지 실 전부를 임대하는 주택을 말한다.

[20] 다가구주택 내 하나의 실(室)에 본인이 거주하더라도 해당 주택을 임대주택으로 등록할 수 있도록 하는 규정이 신설된 것은 「민간임대주택에 관한 특별법」 [2017. 1. 17. 일부개정, 법률 제14542회]이다.

[21] 「민간임대주택에 관한 특별법 시행령」 제3조
1. 민간건설임대주택의 경우
가. 단독주택: 300호
나. 공동주택: 300세대
다. 준주택: 300호
2. 민간매입임대주택의 경우
가. 단독주택: 100호
나. 공동주택: 100세대
다. 준주택: 100호

그런데 위와 같은 '임대주택 등록 호수'에 따라, '기업형 임대사업자'와 '일반형 임대사업자'의 구분은 「민간임대주택에 관한 특별법」(2015. 8. 28. 전부 개정, 법률 제13499호)에 규정을 두기 시작하였다가, 「민간임대주택에 관한 특별법」(2018. 1. 16. 개정, 법률 제15356호, 시행 2018. 7. 17.)에 의해 삭제되고, '민간임대사업자'로 단일화되었다.

다) 민간임대주택의 구분

⑴ 민간임대주택에 대하여, 민간임대주택사업자가 이를 취득한 원인에 따른 구분

민간임대주택은 기본적으로 그 취득 원인을 기준으로 하여, ① '민간건설 임대주택'과 ② '민간매입 임대주택'으로 구분한다.

① '민간건설 임대주택'이란 다음 각 목의 어느 하나에 해당하는 민간임대주택을 말한다.
　가. 임대사업자가 임대를 목적으로 건설하여 임대하는 주택
　나. 「주택법」 제4조에 따라 등록한 주택건설사업자가 같은 법 제15조에 따라, 사업계획승인을 받아 건설한 주택 중, 사용검사 때까지 분양되지 아니하여 임대하는 주택
② '민간매입 임대주택'이란 임대사업자가 매매 등으로 소유권을 취득하여 임대하는 민간임대주택을 말한다.

⑵ 공공지원이 있는지 여부 등에 따른 구분

민간임대주택은 공공지원을 받아 건설 또는 매입된 임대주택인지 여부 및 임대차 기간에 따라 ① '공공지원 민간임대주택', ② '장기 일반 민간임대주택', ③ '단기 임대주택'으로 구분되는 바,

① '공공지원 민간임대주택'이란, 임대사업자가 다음 각 목의 어느 하나에 해당하는 민간임대주택을 8년 이상 임대할 목적으로 취득하여 「민간임대주택에 관한 특별법」에 따른 임대료 및 임차인의 자격 제한 등을 받아 임대하는 민간임대주택을 말한다.
　가. 「주택도시기금법」에 따른 주택도시기금의 출자를 받아 건설 또는 매입하는 민간임대주택
　나. 「주택법」 제2조 제24호에 따른 공공택지 또는 이 법 제18조 제2항에 따라 수의계약 등으로 공급되는 토지 및 「혁신도시 조성 및 발전에 관한 특별법」 제2조 제6호에 따른 종전 부동산을 매입 또는 임차하여 건설하는 민간임대주택
　다. 「민간임대주택에 관한 특별법」 제21조 제2호에 따라 용적률을 완화받거나, 「국토의 계획 및 이용에 관한 법률」 제30조에 따라 용도지역 변경을 통하여 용적률을 완화받아

건설하는 민간임대주택

라. 「민간임대주택에 관한 특별법」 제22조에 따라 지정되는 공공지원 민간임대주택 공급 촉진지구에서 건설하는 민간임대주택

마. 그 밖에 국토교통부령으로 정하는 공공지원을 받아 건설 또는 매입하는 민간임대주택

② '장기 일반 민간임대주택'이란, 임대사업자가 공공지원 민간임대주택이 아닌 주택을 8년 이상 임대할 목적으로 취득하여 임대하는 민간임대주택을 말한다.

③ '단기 임대주택'이란, '임대사업자'가 4년 이상 임대할 목적으로 취득하여 임대하는 민간임대주택을 말한다.

한편 2018. 1. 16. 개정되기 전의 「민간임대주택에 관한 특별법」에서는 임대사업자의 종류 및 임대기간에 따라 다음과 같이 구분하기도 하였다.

구분	내용
기업형임대주택	기업형 임대사업자가 8년 이상 임대할 목적으로 취득하여 임대하는 민간임대주택
준공공 임대주택	일반형 임대사업자가 8년 이상 임대할 목적으로 취득하여 임대하는 민간임대주택
단기 임대주택	일반형 임대사업자가 4년 이상 임대할 목적으로 취득하여 임대하는 민간임대주택

3) 「임대주택법」상, 임대주택의 기본적 구분

현행 「주택법」, 「공공주택 특별법」 및 「민간임대주택에 관한 특별법」이 제정 또는 개정되기 전에는, 「임대주택법」[22]에 아래와 같이 '임대주택'에 대한 정의 규정을 두고 있었다.

즉, 「임대주택법」은 임대사업자에 관하여, '임대사업자'란 ① 국가, 지방자치단체, 한국토지주택공사, 지방공사, ② (민간 사인으로서) 제6조에 따라 주택임대사업을 하기 위하여 등록한 자 또는 ③ 제7조에 따라 설립된 임대주택조합을 말한다고 규정하고 있다.

'임대주택'이란 임대 목적으로 제공되는 ① 건설임대주택과 ② 매입임대주택으로 일응 대별된다.

---

22 「민간임대주택에 관한 특별법」(2015. 8. 28. 법률 제13499호로 전부 개정되어 2015. 12. 29. 시행되기 전의 것).

가) 개정 경과

개정일시	취지	내용	관련 규정
2009. 3. 25.		국가, 지방자치단체, 대한주택공사 또는 지방공사가 임대할 목적으로 건설 또는 매입하는 주택으로서 20년의 범위에서 전세계약의 방식으로 공급하는 장기전세주택제도를 신설하고, 장기전세주택의 매각제한 기간은 임대 개시일로부터 20년으로 함.	「임대주택법」 제2조 제3호의2, 제16조 제1항 제2호의2 신설

나) 건설임대주택

'건설임대주택'이란 다음 각 목의 어느 하나에 해당하는 주택을 말한다.

가. 임대사업자가 임대를 목적으로 건설하여 임대하는 주택[임대사업자가 토지를 임차하여 건설·임대하는 주택(이하 "토지 임대부 임대주택"이라 한다)을 포함한다.

나. 「주택법」 제9조에 따라 등록한 주택건설사업자가 같은 법 제16조에 따라 사업계획승인을 받아 건설한 주택 중 사용검사 때까지 분양되지 아니한 주택으로서 「임대주택법」 제6조에 따른 임대사업자 등록을 마치고, 국토교통부령으로 정하는 바에 따라 임대하는 주택

(1) 공공건설임대주택

'공공건설임대주택'이란 다음 각 목의 어느 하나에 해당하는 건설임대주택을 말한다. 다만, 대통령령으로 정하는 주택23은 제외한다.

가. 국가 또는 지방자치단체의 재정으로 건설하는 임대주택

나. 「주택도시기금법」에 따른 주택도시기금의 자금을 지원받아 건설하는 임대주택

다. 공공사업으로 조성된 택지에 「주택법」 제16조에 따라 사업계획승인을 받아 건설하는 임

---

23 「임대주택법 시행령」 제2조
  1. 「주택도시기금법」에 따른 주택도시기금(이하 "주택도시기금"이라 한다)이 출자[채권(債券) 매입을 포함한다. 이하 이 호에서 같다]한 부동산투자회사(「부동산투자회사법」 제2조 제1호에 따른 부동산투자회사를 말한다. 이하 같다)가 건설하는 임대주택으로서 다음 각 목의 요건을 모두 갖춘 것
    가. 주택도시기금의 출자는 재무적 투자일 것
    나. 주택도시기금이 출자한 자금은 해당 임대주택 건설비용의 30% 이하일 것
    다. 부동산투자회사는 가목에 따른 출자 외에 주택도시기금의 자금 지원을 받지 아니할 것
    라. 공공사업으로 조성된 택지(이하 "공공택지"라 한다)에 임대주택을 건설하는 경우 해당 택지는 분양용지(분양을 목적으로 공급하는 주택의 건설용지를 말한다. 이하 제2호에서 같다)의 공급가격으로 공급받을 것
    마. 건설하는 임대주택은 「주택법」 제2조 제3호에 따른 국민주택규모 이하로서 임대기간은 8년 이상일 것
  2. 국토교통부장관이 주택의 수급조절을 목적으로 「주택법」 제84조에 따른 주택정책심의위원회 심의를 거쳐 고시한 공공택지로서 분양용지의 공급가격으로 공급받은 택지에 건설하는 임대주택(주택도시기금의 자금 지원을 받아 건설한 임대주택은 제외한다)[본조신설 2015. 5. 6.].

대주택

따라서 임대사업자가 국가, 지방자치단체, 한국토지주택공사, 지방공사가 아닌 민간(사인)인 경우라도, 당해 임대주택이 위에 나. 또는 다.에 해당하는 경우도 '공공건설 임대주택'에 해당한다.

그리고 공공건설 임대주택은 법정 '임대의무기간'에 따라 ① 50년 임대주택, ② 30년 임대주택, ③ 20년 임대주택, ④ 10년 임대주택, ⑤ 5년 임대주택으로 구분될 수 있다.

(2) 민간건설임대주택

'민간건설임대주택'이란 '공공건설 임대주택'이 아닌 건설임대주택을 말한다.

다) 매입임대주택

'매입임대주택'이란 임대사업자가 매매 등으로 소유권을 취득하여 임대하는 주택을 말하는 것으로, 「주택법」 제2조 제1호의2에 따른 준주택 중 대통령령으로 정하는[24] 오피스텔을 포함한다.

라) 기타

(1) 전세 후 임대주택[25]

'전세 후 임대주택'이란 국가, 지방자치단체, 「한국토지주택공사법」에 따른 한국토지주택공사 또는 「지방공기업법」 제49조에 따라 주택사업을 목적으로 설립된 지방공사가 전세계약의 방식으로 임차하여 공급하는 주택을 말한다.

이는 '건설임대주택' 및 '매입임대주택' 이외의 '제3유형의 임대주택'으로 '전세 후 임대주택'을 2013. 6. 4. 신설한 것이다.

---

24   1. 전용면적이 85㎡ 이하일 것
     2. 상·하수도 시설이 갖추어진 전용입식 부엌, 전용수세식 화장실 및 목욕시설(전용 수세식 화장실에 목욕시설을 갖춘 경우를 포함한다)을 갖출 것[본조 신설 2012. 4. 26.]
25 이는 「임대주택법」 [2013. 6. 4. 법률 제11870회]로 일부 개정된 것에 처음으로 규정하게 되었다.

(2) 장기전세주택26

'장기전세주택'이란 국가, 지방자치단체, 한국토지주택공사 또는 지방공사가 임대할 목적으로 건설 또는 매입하는 주택으로서 20년의 범위에서 전세계약의 방식으로 공급하는 임대주택을 말한다.

(3) 준공공 임대주택27

'준공공 임대주택'이란 국가, 지방자치단체, 한국토지주택공사 또는 지방공사 외의 임대사업자가 10년 이상 계속하여 임대하는 임대주택으로서 다음 각 목의 어느 하나에 해당하는 주택을 말한다. 다만, 공공건설임대주택은 제외한다.

　가. 전용면적 85㎡ 이하의 주택
　나. 「건축법」 제2조 제2항 제1호의 단독주택 중 대통령령으로 정하는28 다가구주택29

(4) 토지임대부 임대주택30

'토지임대부 임대주택'이란, 임대사업자가 토지를 임차하여, 건설·임대하는 주택을 말한다.

이는 '매입임대주택'과 대비되는 '건설임대주택' 중의 하나에 포함되는 것이다.

참고로 위와 같은 '토지임대부 임대주택'과 대비되는 '토지임대부 분양주택31에 관하여, 「토지임대부 분양주택 공급촉진을 위한 특별조치법」(약칭 「토지임대분양주택법」)이 2009. 4. 22. 법률 제9633호로 제정되어 2009. 10. 23. 시행되었으나, 몇 차례의 개정을 거친 후, 2016. 1. 9. 법률 제13805호로 폐지되어 2016. 8. 12. 시행되었다.

26　이는 「임대주택법」 [2009. 3. 25. 법률 제9541호]로 일부 개정된 것에 처음으로 도입되었다.
27　이는 「임대주택법」 [2013. 6. 4. 법률 제11870호]로 일부 개정된 것에 처음으로 규정하게 되었다.
28　「건축법 시행령」 [별표 1] 제1호 다목에 따른 다가구주택.
29　'다가구 주택'이 '준공공 임대주택'으로 등록할 수 있게 된 것은 「임대주택법」 [2015. 5. 18. 개정, 법률 제13328호]에 의한 것이다.
30　이는 「임대주택법」 [2013. 6. 4. 법률 제11870호]로 일부 개정된 것에 처음으로 규정하게 되었다.
31　토지의 소유권은 「토지임대부 분양주택 공급촉진을 위한 특별조치법」 제6조에 따른 토지임대주택 건설사업의 시행자가 가지고, 주택 및 공공복리시설 등에 대한 구분소유권(건물의 전유부분에 대한 구분소유권은 이를 분양받은 자가 가지고, 공용부분·부속건물 및 복리시설은 분양받은 자들이 공유한다)은 주택을 분양받은 자가 가지는 주택을 말한다.

(5) 신혼부부 보금자리 임대주택

① 「임대주택법 시행령」 제2조 제1호의 규정에 따른 전용면적 85㎡ 이하의 공공건설임대주택, ② 국가, 지방자치단체, 대한주택공사 또는 지방공사가 건설하는 「임대주택법」 제16조 제1항 제2호에 따른 건설임대주택(국민임대주택)에 관하여,[32] 구 「주택공급에 관한 규칙」 제19조 제10항 및 제32조 제15항의 규정에 따라 저소득 신혼부부에 대하여 보금자리 임대주택 특별공급제도가 시행되었다「신혼부부 보금자리 주택 특별공급 운영지침」(국토해양부훈령 제99호, 2008. 7. 1. 제정)].

---

32 60㎡ 이하의 분양주택(소형분양주택)도 신혼부부 보금자리 주택의 대상주택에 포함되나, 이는 임대로 공급하는 것이 아니다.

2. 임대주택 관련 법령

가. 임대주택에 관한 근거 법률의 지금까지의 대략적인 제정 및 개정 경과

1) 구「공영주택법」

1963. 11. 30. 법률 제1457호로 제정되어 1963. 12. 31.부터 시행된 구「공영주택법」에는 '공영 주택'이란 정부로부터 대부 또는 보조를 받아 지방자치단체나 대한주택공사가 건설하여 주택 이 없는 국민에게 저렴한 가임(家賃) 또는 분양하는 주택이라고 정의하고(제2조 제1호),「같은 법 시 행규칙」제4조 제2항은 임대를 목적으로 하는 공영주택을 '임대공영주택'이라고 규정하고 있다.

위 구「공영주택법」에서는 입주자는 무주택자인 저소득자이어야 하며(제12조), 입주금 및 가임 은 당해 공영주택의 건설에 소요된 실비를 기준으로 하여야 한다(제11조)는 규정 및 국, 공유지 에 공영주택의 건설 및 대지조성을 위하여 우선권이 있다(제17조)는 등의 규정을 두고 있었다.

2) 구「주택건설촉진법」

1972. 12. 30. 법률 제2409호로 제정되어 1973. 1. 15.부터 시행된 구「주택건설촉진법」에 의 하여 위 구「공영주택법」은 폐지되었으며, 위 구「주택건설촉진법」은 ① '국민주택'이란 한국주 택은행과 지방자치단체가 조달하는 자금 등으로 건설하여 주택이 없는 국민에게 저렴한 가임 또는 가격으로 임대 또는 분양(이하 공급이라 한다)되는 주택이라고 정의하고(제2조 제1호), '민영주 택'이란 국민주택 이외의 주택으로서 대통령령으로 정하는 규모 이상(100호 또는 100세대 이상)의 집단으로 건설하여 공급되는 주택이라고 정의하고(제2조 제2호), 사업주체라 함은 국민주택을 건설, 공급하는 국가, 지방자치단체, 대한주택공사와 기타의 사업자를 말한다(제2조 제3호)고 규 정하고 있다.

이로써 국가, 지방자치단체, 대한주택공사가 아닌 민간사업자도 한국주택은행과 지방자치단 체가 조달하는 자금 등으로 건설한 국민주택을 임대할 수 있는 법적 근거가 처음으로 마련되 었다.

위 구「주택건설촉진법」은 사업계획승인에 관한 규정을 두고(제18조), 또 국민주택의 분양가 격 또는 가임은 당해 국민주택의 건설에 소요되는 실비를 기준으로 정하여야 한다(제21조)고 규정하고, 같은 법 시행령은 국민주택의 입주금, 임대보증금 및 월세액과 유지관리비, 재해보 험료, 연체금 기타 입주자로부터의 징수금 등 공급조건에 관하여는 사업주체가 건설부장관의 승인을 받아야 한다(제21조 제2항)는 등의 규정을 두고 있었다.

한편 구 「주택건설촉진법」은 1977. 12. 31. 법률 제3075호로 전부 개정되었는데, 사업주체 는 주택의 공급 질서를 유지하기 위하여 건설부장관이 정하는 주택의 공급조건, 방법, 및 절 차 등에 따라 주택을 건설, 공급하여야 한다고 규정(제32조 제1항)하고, 사업계획 승인에 관한 규 정(제33조)을 두었다.

이에 구 「주택공급에 관한 규칙」이 1978. 5. 10. 건설부령 제202호로 제정되고 1978. 5. 10. 시행되어 주택의 공급조건, 방법 및 절차 등에 관하여 자세한 규정을 두면서, 「임대주택의 공 급에 관한 규정」(제20조)을 두었다.

3) 구 「임대주택건설촉진법」

그런데 주택문제의 심각성이 날로 더해가고 도시지역에서는 주택가격의 급격한 상승으로 주 택을 구입할 수 없는 계층이 계속 증가하고 있으므로, 주택구입능력이 부족한 가구의 주거생 활의 안정을 도모하기 위하여 장기 임대주택제도를 정착시키고, 건설을 촉진시키기 위한 재정 및 금융 등 투자재원의 확보와 택지 등 각종 지원제도를 마련하며, 임대주택을 효율적으로 관 리할 수 있도록 하기 위하여 1984. 12. 31. 법률 제3783호로 구 「임대주택건설촉진법」이 제정 되었다.

구 「임대주택건설촉진법」은 임대주택의 정의를 임대를 목적으로 건설, 공급되는 주택으로서 구 「주택건설촉진법」 제33조 제1항의 규정에 의하여 주택건설사업계획승인을 얻은 주택(제2조) 으로 정의하고 있는 바와 같이, '건설임대주택'을 의미하는 것이었고, '매입임대주택'을 그 규율 대상으로 하지 않았다.

한편 위 구 「임대주택건설촉진법」은 임대주택의 건설 등[33]에 대한 완결성을 갖춘 법률은 아 니었는 바, 구 「주택건설촉진법」에 의해서 임대주택의 건설, 공급, 관리에 전적으로 의존했다.

---

[33] 임대주택의 '관리'에 관한 별도의 조항도 두지 않았다.

4) 「임대주택법」

그 후 구 「임대주택건설촉진법」은 1993. 12. 27. 전부 개정되면서, 법률명은 구 「임대주택법」으로 바뀌었으며, 이는 '임대주택의 건설 촉진'에 관한 사항뿐만 아니라 '임차가구의 보호(국민의 주거생활 안정)를 위한 임대주택의 공급, 관리 등에 관한 사항을 보완하고자 한 것이다.

그리고 1993. 12. 27. 전부 개정된 구 「임대주택법」에 이르러 ① '임대사업자'는 국가, 지방자치단체, 대한주택공사나 지방공기업법 규정에 의하여 주택사업을 목적으로 설립된 지방공사 또는 단독주택의 경우에는 5호, 공동주택의 경우에는 5세대 이상 주택임대사업을 하기 위하여 등록한 자라고 규정하고, ② '임대주택'은 (a) 임대사업자가 임대를 목적으로 건설하여 임대하는 '건설임대주택'과 (b) 임대사업자가 매매 등에 의하여 소유권을 취득하여 임대하는 '매입임대주택'이라고 명확히 규정하기 시작하였다.

이러한 「임대주택법」은 그 이후로도 임차인 보호 강화 등을 이유로, 새로운 제도 등의 도입을 위해 여러 차례 개정되었는데, 그중에서도 임대사업자와 임차인의 이해관계가 대립되어 분양전환이 지연되는 문제를 해결하기 위하여, '분양전환승인 제도'를 도입한 2008. 3. 21. 법률 제8966호로 전부 개정되어 2008. 6. 22.부터 시행된 것이 중요하다.

5) 「국민임대주택건설 등에 관한 특별 조치법」

'국민임대주택'을 '국가 또는 지방자치단체의 재정 및 「주택법」 제60조의 규정에 의한 국민주택기금을 지원받아 30년 이상 임대할 목적으로 건설 또는 매입되는 주택'이라고 규정하고(제2조 제1호), 국민임대주택의 건설촉진 등을 위하여 필요한 사항을 규정함으로써 국민임대주택사업을 효율적으로 추진하여 저소득층의 주거 안정에 기여하고 나아가 국민의 주거 수준 향상에 이바지함을 목적(제1조)으로 하는 「국민임대주택건설 등에 관한 특별조치법」이 2003. 12. 31. 법률 제7051호로 제정되어 2004. 7. 1.부터 시행되었다.

「국민임대주택건설 등에 관한 특별조치법」은 국민임대주택단지의 조성을 위한 특례조항을 다수 두고 있는데, 이는 임대주택의 건설을 위한 택지를 조성하기 위한 특별법으로 별도로 제정된 것으로, 「임대주택법」의 특별법이라기보다는 「택지개발촉진법」에 대한 특별법적인 성격을 더 강하게 띠는 것이었다.

한편 위 「국민임대주택건설 등에 관한 특별 조치법」은 2012. 12. 31.까지 효력을 가지는 한시법(限時法)이었다(부칙 제2조).

6) 「보금자리주택건설 등에 관한 특별법」

위 「국민임대주택건설 등에 관한 특별 조치법」은 2009. 3. 20. 법률 제9511호로 전부 개정되어 2009. 4. 21.부터 시행되는 「보금자리주택건설 등에 관한 특별법」으로 변경되었다.

위 「보금자리주택건설 등에 관한 특별법」은 무주택 서민과 저소득층의 주거문제 해결을 위하여 '공공분양주택' 및 '다양한 유형의 임대주택'을 수요자 맞춤형 보금자리주택으로 통합하여 도심이나 환경적으로 보전가치가 낮은 훼손된 개발제한구역 등 도시인근의 주거선호가 높은 지역을 중심으로 공공이 직접 신속하게 건설하고, 서민들이 부담 가능한 저렴한 가격에 거주가 가능한 주택이 공급되도록 개선하려는 것을 전부 개정 이유로 한다.

7) 「공공주택건설 등에 관한 특별법」

그리고 위 「보금자리주택건설 등에 관한 특별법」은 2013. 7. 16. 법률 제11926호로 개정되어 2014. 1. 17.부터 시행되는 「공공주택건설 등에 관한 특별법」으로 변경되었다.

'보금자리주택'의 명칭을 '공공주택'으로 변경하였다.

8) 「공공주택 특별법」

위 「공공주택건설 등에 관한 특별법」은 2015. 8. 28. 법률 제13498호로 개정되어 2015. 12. 29.부터 시행되는 「공공주택 특별법」으로 변경되었으며, 「공공주택 특별법」은 공공주택의 건설 이외에 공급, 관리 등에 관한 사항을 포함하게 되었다.

기존에 「임대주택법」에서 규정하고 있던 공공임대주택에 관하여 이를 「공공주택 특별법」으로 이관하고, 그 의미를 일원화함과 동시에 명확하게 규정하게 되었다.

9) 「민간임대주택에 관한 특별법」

그리고 '규제' 중심의 「임대주택법」은 2015. 8. 28. 법률 제13499호로, '지원' 중심의 「민간임대주택에 관한 특별법」으로 전부 개정되었다.

즉, 「민간임대주택에 관한 특별법」은 '민간임대주택의 건설, 공급 및 관리와 민간 주택임대사업자 육성 등에 관한 사항을 정함으로써 민간임대주택의 공급을 촉진하고 국민의 주거생활을 안정시키는 것을 목적(제1조)'으로 하고, 민간임대사업을 육성하기 위하여 「임대주택법」상 임대사업자에 대하여 적용되고 있는 6개의 핵심규제 중 ① 임차인 자격 제한, ② 최초 임대보증금 및 임대료 제한, ③ 분양전환의무, ④ 담보권 설정 제한 등의 4개 규제를 폐지하고, ⑤ 임대의 무기간(8년 또는 4년) 및 ⑥ 임대료 상승 제한(연 5%) 등 2개 규제만 존치하였다.

구분	내용	관련 법령
임차인 선정의 자유	민간임대주택의 임차인 자격 및 선정방법 등 공급에 관한 사항은 임대사업자가 자유롭게 정하고, 민간임대주택의 공급에 관한 사항에 대하여는 「주택법」 제4장을 적용하지 않음에 따라, 유주택자도 민간임대주택에 입주할 수 있게 됨 그러나 공공지원 민간임대주택의 경우에는 예외로 국토교통부장관이 정하는 기준에 따라 공급하여야 함	「민간임대주택에 관한 특별법」 제42조 제1항
최초 임대보증금 및 임대료 제한 배제	민간임대주택의 최초 임대보증금 및 임대료는 임대사업자가 자유로이 정할 수 있도록 함 다만, 임대사업자가 임대의무기간 동안에 임대료의 증액을 청구하는 경우에는 연 5%의 범위 내에서 주거비 물가지수, 인근 지역의 임대료 변동률 등을 고려하도록 함	「민간임대주택에 관한 특별법」 제44조 제1항, 제2항
임대의무기간 제한 완화	기존의 준공공 임대주택으로 등록한 민간건설임대주택 및 민간매입임대주택의 경우 임대의무기간을 10년으로 하였으나, 민간임대주택에 관한 특별법에서는 임대의무기간을 공공지원임대주택 및 준공공임대주택(장기일반민간임대주택)의 경우는 8년, 단기민간임대주택의 경우는 4년으로 완화함.	「민간임대주택에 관한 특별법」 제2조 제5호, 제6호
민간임대주택의 범위 확대	민간임대주택의 대상 주택에 토지를 임차하여 건설된 주택 및 전용면적이 85㎡ 이하이고 상하수도 시설이 갖추어진 전용 입식 부엌, 전용 수세식 화장실 및 목욕시설을 갖춘 오피스텔 등 준주택을 포함함	「민간임대주택에 관한 특별법」 제2조 제1호
	민간임대주택의 대상 주택에 「건축법 시행령」 [별표 1] 제1호 다목에 따른 다가구주택으로서 임대사업자 본인이 거주하는 실(室)을 제외한 나머지 실 전부를 임대하는 주택을 포함함	「민간임대주택에 관한 특별법」 제2조 제1호

나. 현존 또는 장래 있을 임대주택에 관한 근거 법률의 적용에 대하여

1) 공공건설임대주택에 대하여

가) 임대사업자가 공공주택사업자인 경우

「민간임대주택에 관한 특별법」(2015. 8. 28. 법률 제13499호로 전부 개정되어 2015. 12. 29.부터 시행된 것) 시행 당시, 임대사업자가 국가, 지방자치단체, 한국주택토지공사 등의 「공공주택 특별법」에 따른 공공주택사업자에 해당하는 자가 건설하였거나, 건설하고 있는 주택은 「공공주택 특별법」의 규정을 적용한다(「민간임대주택에 관한 특별법」 부칙 제6조 제1항).

나) 임대사업자가 공공주택사업자가 아닌 경우

「민간임대주택에 관한 특별법」(2015. 8. 28. 법률 제13499호로 전부 개정되어 2015. 12. 29.부터 시행된 것)

시행 당시, 「공공주택 특별법」에 따른 공공주택사업자가 아닌 자가 건설하였거나 건설하는 주택으로서 다음 각 호의 어느 하나에 해당하는 주택에 대하여는 종전의 「임대주택법」 제2조 제2호의2에 따른 공공건설임대주택으로 보아 종전의 규정을 적용한다(「민간임대주택에 관한 특별법」 부칙 제6조 제2항).

1. 이 법 시행 당시 국가·지방자치단체의 재정 또는 주택도시기금의 자금을 지원받아 공공건설임대주택으로 건설하였거나 건설하고 있는 주택
2. 이 법 시행 당시 공공사업으로 조성된 택지에 「주택법」 제16조에 따라 공공건설임대주택으로 사업계획승인을 받아 건설하였거나 건설하고 있는 주택
3. 이 법 시행 당시 공공사업으로 조성된 택지를 공공건설임대주택 용도로 공급받아 이 법 시행 후 건설하는 주택

2) 민간임대주택에 대하여

민간건설 임대주택에 관하여 「민간임대주택에 관한 특별법」(2015. 8. 28. 법률 제13499호로 전부 개정되어 2015. 12. 29.부터 시행된 것)의 개정 규정은 위 법 시행 후 최초로 사업계획의 승인을 신청하는 경우부터 적용한다(「민간임대주택에 관한 특별법」 부칙 제2조 제1항).

민간매입 임대주택에 관한 위 법의 개정규정은 위 법 시행 후 최초로 민간매입임대주택으로 등록되어 공급되는 경우부터 적용한다(「민간임대주택에 관한 특별법」 부칙 제2조 제2항).

3) 「임대주택법」상 임대주택에 대하여

한편 원칙적으로 종전의 「임대주택법」에 따라 등록한 임대주택은 종전의 「임대주택법」을 적용한다(「민간임대주택에 관한 특별법」 부칙 제3조 제2항).

따라서 위와 같이 「민간임대주택에 관한 특별법」이 시행되었다고 하더라도, 임대주택은 장기간의 법정 임대의무기간이 있다는 점 등을 고려할 때, 여전히 「임대주택법」의 적용을 받는 현존 임대주택은 존재하고 있는 바, 결국 「임대주택법」은 결코 효력을 상실한 폐지된 법률이라고 볼 수 없고, 여전히 유효하게 존속하여 적용되는 법률이다.

앞서 본 바와 같이 「임대주택법」은 2008. 3. 21. 전부 개정되었는 바, 본서의 본문에서는 편의상 ① 2008. 3. 21. 전부 개정되기 전의 「임대주택법」은 구 「임대주택법」이라고 칭하고, ②

2008. 3. 21. 전부 개정되고 2015. 8. 11. 법률 제13474호**34**로 개정되기 전의 「임대주택법」은 여전히 존속하여 임대주택에 적용되는 법률이므로 「임대주택법」이라고 칭하고자 한다.

다. 2008. 3. 21. '전부 개정'된 「임대주택법」의 적용에 관하여

「임대주택법」은 2008. 3. 21. 법률 제8966호로 전부 개정되어 2008. 6. 22.부터 시행되었다.

1) 법률이 전부 개정된 경우에 관한 일반적인 법리

위와 같이 어떤 법률이 전부 개정된 경우에, 대법원은 기존 법률은 폐지하고 새로운 법률을 제정하는 것과 마찬가지라고 하면서 아래와 같은 일반적인 법리를 판시한 바 있다.

[대법원 2012. 3. 29. 선고 2011두27919 판결]

법률을 개정하면서 종전 법률 부칙의 경과규정을 개정하거나 삭제하는 명시적인 조치가 없다면 개정 법률에 다시 경과규정을 두지 않았다고 하여도 부칙의 경과규정이 당연히 실효되는 것은 아니지만, 개정 법률이 전부 개정인 경우에는 기존 법률을 폐지하고 새로운 법률을 제정하는 것과 마찬가지이어서 종전의 본칙은 물론 부칙 규정도 모두 소멸하는 것으로 보아야 하므로 종전 법률 부칙의 경과규정도 모두 실효되는 것이 원칙이다(대법원 2002. 7. 26. 선고 2001두11168 판결 참조).

다만 전부 개정된 법률에서 종전 법률 부칙의 경과규정을 계속 적용한다는 별도 규정을 두거나, 그러한 규정을 두지 않았다고 하더라도 종전 경과규정의 입법 경위 및 취지, 전부 개정된 법령의 입법 취지 및 전반적 체계, 종전 경과규정이 실효된다고 볼 경우 법률상 공백상태가 발생하는지 여부, 그 밖의 제반 사정 등을 종합적으로 고려하여 종전 경과규정이 실효되지 않고 계속 적용된다고 보아야 할 만한 특별한 사정이 있는 경우에 한하여 그 효력이 존속한다(대법원 2008. 11. 27. 선고 2006두19419 판결 참조).

[대법원 2008. 11. 27. 선고 2006두19419 판결]

법률의 개정 시에 종전 법률 부칙의 경과규정을 개정하거나 삭제하는 명시적인 조치가 없다면 개정 법률에 다시 경과규정을 두지 않았다고 하여도 부칙의 경과규정이 당연히 실효되는 것은 아니지만, 개정 법률이 전문

---

34 이 「임대주택법」은 공포 후 1년 후(2016. 8. 11.)에 시행하는 것이었으나(부칙 제1조), 2015. 8. 28. 법률 제13499호로 전부 개정되어 2015. 12. 29.부터 시행되는 「민간임대주택에 관한 특별법」 부칙 제2조 제2항에 종전의 「임대주택법」에 따라 등록한 임대주택은 종전의 「임대주택법」을 적용한다는 규정 등에 의하여, 위 2015. 8. 11. 법률 제13474호로 개정된 「임대주택법」이 적용될 여지는 없게 되었다.

개정인 경우에는 기존 법률을 폐지하고 새로운 법률을 제정하는 것과 마찬가지여서 종전의 본칙은 물론, 부칙 규정도 모두 소멸하는 것으로 보아야 하므로 종전의 법률 부칙의 경과규정도 실효된다고 보는 것이 원칙이지만, 특별한 사정이 있는 경우에는 그 효력이 상실되지 않는다고 보아야 할 것인 바(대법원 2002. 7. 26. 선고 2001두11168 판결 등 참조), **여기에서 말하는 '특별한 사정'이라 함은 전문 개정된 법률에서 종전의 법률 부칙의 경과규정에 관하여 계속 적용한다는 별도의 규정을 둔 경우뿐만 아니라, 그러한 규정을 두지 않았다고 하더라도 종전의 경과규정이 실효되지 않고 계속 적용된다고 보아야 할 만한 예외적인 특별한 사정이 있는 경우도 포함된다고 할 것이고, 이 경우 예외적인 '특별한 사정'이 있는지 여부를 판단함에 있어서는 종전 경과규정의 입법 경위 및 취지, 전문 개정된 법령의 입법 취지 및 전반적 체계, 종전의 경과규정이 실효된다고 볼 경우 법률상 공백상태가 발생하는지 여부, 기타 제반 사정 등을 종합적으로 고려하여 개별적·구체적으로 판단하여야 한다.**

2) 2008. 3. 21. 전부 개정된 「임대주택법」의 적용에 대하여

가) 분양전환 관련

한편 위 2008. 3. 21. 전부 개정된 「임대주택법」 부칙은 경과 규정을 두고 있는데, 대략 아래와 같다.

법률 제4629호 「임대주택건설촉진법」 개정 법률의 시행일인 1994. 4. 1. 당시 종전의 「임대주택건설촉진법」에 따라 건설·공급된 임대주택은 이 법에 따른 건설임대주택으로 본다. 이 경우 제12조에 따른 임대의무기간은 종전의 규정에 따른다(「임대주택법」 부칙 제9조).

이 법 제21조(건설임대주택의 분양전환승인)의 개정규정은 이 법 시행 당시 종전의 규정에 따라 분양전환계획서를 제출하거나 분양전환의 허가를 신청한 임대사업자에 대하여는 이를 적용하지 아니한다. 다만, 임대사업자가 분양전환계획서의 제출 또는 분양전환의 허가신청을 이 법 시행 이후 6개월 이내에 취소하는 경우에는 그러하지 아니하다(「임대주택법」 부칙 제3조).

대법원은 아래와 같이, 임대주택의 '기본적인 분양전환'과 관련된 법률관계에 관하여, 분양전환 당시의 법률이 적용되어야 한다는 취지로 2008. 3. 21. 전부 개정된 「임대주택법」의 적용에 관하여 아래와 같이 판시한 바 있다.

[대법원 2011. 4. 21. 선고 2009다97079 전원합의체 판결]

임대사업자가 임대주택법 등 관련 법령에 의하여 입주자모집공고를 하면서 분양전환가격 기준을 공고하였다 하더라도 공고 당시에는 임대사업자와 임차인 사이에 임대주택의 우선분양전환 여부 등이 결정되지 아니하여 임대주택의 분양전환가격 등 분양전환에 관한 법률관계가 아직 종결되지 아니한 상태이므로, 그 후 임대주택법 등 관련 법령이 개정되어 그 법률관계에 관하여 개정 전의 법령과 다르게 규정하였다 하더라도 **부칙에서 경과규정을 두지 않는 한 개정된 법령의 시행 후에 이루어지는 임대주택의 분양전환에 관한 법률관계에 관하여는 개정된 법령이 적용되는 것이 원칙이다.**

다만 개정 전 규정의 존속에 대한 임대사업자의 신뢰가 개정 규정이 이루고자 하는 공익상의 요구보다 더 보호가치가 있다고 인정되는 경우에 그러한 신뢰를 보호하기 위하여 적용이 제한될 여지가 있을 뿐이다.

한편 「임대주택법 시행령」 또한 2008. 6. 20. 대통령령 제20849호로 전부 개정되어 2008. 6. 22.부터 시행되었다.

그리고 「임대주택법 시행규칙」 또한 2008. 6. 20. 국토해양부령 제19호로 전부 개정되어 2008. 6. 22.부터 시행되었다.

대법원은 또한 아래와 같이 「임대주택의 분양전환가격 산정」의 근거 법령과 관련하여서도, 분양전환 당시의 시행 중인 법령인 2008. 6. 20. 국토해양부령 제19호로 전부 개정된 「임대주택법 시행규칙」이 적용되어야 한다는 취지의 판시를 한 바 있다.

[대법원 2012. 10. 11. 선고, 2010다102526 판결]

아울러 원심은 이 사건 아파트의 분양전환가격 산정과 관련하여 2000. 8. 3. 건설교통부령 제253호로 개정된 구 임대주택법 시행규칙 제3조의3 제1항 [별표 1]을 적용하였으나, **임대주택의 분양전환에 관한 법률관계에 관하여는 최초 입주자모집이나 임대 개시 당시가 아닌 분양전환 당시의 법령이 적용되어야 함이 원칙이고(대법원 2011. 4. 21. 선고 2009다97079 전원합의체 판결 참조), 원심이 적용한 위 구 임대주택법 시행규칙은 이 사건 아파트의 분양전환이 이루어지기 전에 이미 개정되어 위 분양전환 당시에는 2008. 6. 20. 국토해양부령 제19호로 전부 개정된 임대주택법 시행규칙이 시행되고 있었으므로** 이 사건에서는 위와 같이 개정된 임대주택법 시행규칙에 따라 정당한 분양전환가격이 산정되어야 함을 지적하여 둔다.

나) 기타

그리고 기타 임대주택에 관한 몇 가지 쟁점에 대하여, 과연 ① 2008. 3. 21. 전부 개정된 「임대주택법령」이 적용되어야 하는가, ② 아니면 2008. 3. 21. 전부 개정되기 전의 구 「임대주택법령」이 적용되어야 하는가에 관한 논란이 있다.

쟁점	대법원	법제처
분양전환가격 산정 시 자기자금이자를 산정할 때의 이자율 관련	2008. 6. 20. 국토해양부령 제19호로 전부 개정된 「임대주택법 시행규칙」 [별표 1] 적용	2000. 8. 3. 건설교통부령 제253호로 개정된 구 「임대주택법 시행규칙」 [별표 1] 적용
	대법원 2012. 10. 11. 선고 2010다102526 판결	안건번호: 09-0247, 회신일자: 2009. 8. 28. 안건번호: 13-0499 회신일자: 2014. 2. 4.
2002. 9. 11.~2005. 12. 13.까지 입주자 모집공고를 한 전용면적 60-85㎡인 공공건설임대주택에 관하여 2009. 12. 29. 이후 임차인이 분양전환신청한 경우에 있어서 분양전환가격	2008. 3. 21. 전부 개정된 「임대주택법령」이 적용되어 분양전환가격이 제한된다.	2008. 3. 21. 전부 개정되기 전의 구 「임대주택법령」이 적용되어 분양전환가격이 자율화된다.
	대법원 2011. 7. 14. 선고 2010두19591 판결	안건번호: 10-0466, 회신일자: 2011. 1. 20.
2004. 3. 17. 이전에 임대기간을 10년으로 신고한 공공건설임대주택에 대하여 2008. 6. 22. 이후 분양전환승인 신청한 경우, 분양전환가격 산정 방식	?	?
	① 구 「임대주택법령」이 적용되어 법정 임대의무기간 5년인 공공건설임대주택의 분양전환 가격 산정방식으로 정해야 하는지 아니면 ② 전부 개정된 「임대주택법령」이 적용되어, 법정 임대의무기간 10년인 공공건설임대주택의 분양전환가격 산정방식인 감정평가금액 이하로 정해져야 하는지	

라. 2008. 3. 21. 이후 '일부 개정'된 「임대주택법령」의 적용에 관하여

「임대주택법령」은 2008. 3. 21. 전부 개정된 후에도 아래와 같이 몇 차례의 일부 개정이 있었다.

특히 「임대주택법령」은 '분양전환가격 산정기준'에 관하여 「같은 법 시행규칙」 [별표 1]에 정하고 있는데, 위 시행규칙 [별표 1]은 2008. 3. 21. 이후에도 몇 차례 일부 개정되었는 바, 특히 ① 2009. 12. 16. 국토해양부령 제194호로 일부 개정된 것은 위 시행규칙이 시행된 후 최초로 입주자를 모집하는 임대주택부터 적용되는 것이며(부칙 제2조) ② 2014. 7. 16. 국토해양부령 제113호로 개정된 것은 위 규칙 시행 당시 입주자모집공고 승인을 받았거나, 입주자 모집공고를 한 경우에 대하여는 개정 규정에도 불구하고 종전의 규정에 따라야 한다(부칙 제4조).

따라서 2008. 3. 21. 전에 입주자모집공고를 한 공공건설임대주택에 대하여 2008. 3. 21. 이후에 분양전환계획서를 제출하거나 분양전환의 허가를 신청한 임대주택의 분양전환 가격은 ① 2009. 12. 16. 국토해양부령 제194호로 일부 개정된 시행규칙 [별표 1] 혹은 ② 2014. 7. 16. 국토해양부령 제113호로 일부 개정된 시행규칙 [별표 1]이 아니라, 2008. 6. 20. 국토해양부령 제19호로 개정되어 2008. 6. 22.부터 시행된 시행규칙 [별표 1]이 적용되는 것이다.

결국, 위에서 인용한 [대법원 2012. 10. 11. 선고, 2010다102526 판결]의 판결 취지에 대하여 곡해가 없어야 할 것이다.[35]

---

[35] 본 판시 사안은 당해 임대주택에 대하여 2000. 7.경 김해시장으로부터 사업계획승인을 받았고, 2001. 2. 25. 입주자모집승인을 받

마. 기타 임대주택의 건설, 공급 등과 관련된 법률

임대주택의 건설, 공급 등과 관련된 기타 법률로는 ① 「도시재정비촉진을 위한 특별법」, ② 「도시 및 주거환경 정비법」, ③ 「장기공공임대주택 입주자 삶의 질 향상 지원법」, ④ 「부도 등의 공공건설임대주택에 관한 특별법」, ⑤ 「공동주택관리법」, ⑥ 「주택도시기금법」, ⑦ 「주거기본법」, ⑧ 「주택공급에 관한 규칙」, ⑨ 「주택건설기준 등에 관한 기준」 등이 있다.

바. 기타 다른 법률과의 관계

1) 공공임대주택의 경우

공공임대주택의 '건설, 공급 및 관리'에 관하여 「공공주택 특별법」에서 정하지 아니한 사항은 「주택법」, 「건축법」, 「주택임대차보호법」을 적용한다(「공공주택 특별법」 제5조 제2항).

즉, 공공임대주택의 '건설, 공급'에 관하여 「공공주택 특별법」에서 정하지 아니한 사항에 대하여는 「주택법」이 일반법으로 적용된다(「주택법」 제6조 제1항).

그리고 「공공주택관리법」 제4조 제2항은 임대주택의 '관리'에 관하여 「공공주택 특별법」에 정하지 아니한 사항에 대하여는 이 법을 적용한다고 규정하고 있으므로, 공공임대주택 중 공동주택에 관하여 응당 「공동주택관리법」이 일반법으로 적용된다.

2) 민간임대주택의 경우

민간임대주택의 건설, 공급 및 관리 등에 관하여 「민간임대주택에 관한 특별법」에서 정하지 아니한 사항에 대하여는 「주택법」, 「건축법」, 「공동주택관리법」 및 「주택임대차보호법」을 적용한다(「민간임대주택에 관한 특별법」 제3조).

즉, 민간임대주택의 '건설, 공급'에 관하여 「민간임대주택에 관한 특별법」에서 정하지 아니한 사항에 대하여는 「주택법」이 일반법으로 적용된다(「주택법」 제6조 제1항).

그리고 「공공주택관리법」 제4조 제2항은 임대주택의 '관리'에 관하여 「민간임대주택에 관한

아 그 무렵 입주자모집공고를 하였으며, 2002. 7. 25. 사용승인을 받았으며, 2008. 8. 22. 분양전환승인신청이 있어, 2008. 10. 2. 분양전환승인이 있은 후, 2008. 10. 14.~2008. 10. 20.까지 분양전환계약이 체결된 경우이다.

특별법」에 정하지 아니한 사항에 대하여는 이 법을 적용한다고 규정하고 있으므로, 민간임대 주택 중 공동주택에 관하여 응당 「공동주택관리법」이 일반법으로 적용된다.

3) 「임대주택법」상 임대주택의 경우

「임대주택법」상 임대주택의 '건설, 공급 및 관리'에 관하여 「임대주택법」으로 정하지 아니한 사항에 대하여는 「주택법」과 「주택임대차보호법」을 적용한다. 다만 오피스텔에 대하여는 「주택법」을 적용하지 아니한다(「임대주택법」 제1조 제1항).

'토지임대부 임대주택'에 대하여 이 법에 정하지 아니한 사항은 「주택법」과 「주택임대차보호법」을 적용하되, 그 밖의 사항은 「집합건물의 소유 및 관리에 관한 법률」, 「민법」의 순으로 적용한다(「임대주택법」 제1조 제2항).

「주택법」(2016. 1. 19. 법률 제13805호로 전부 개정되어 2016. 8. 12.부터 시행되기 전의 것) 제6조 제1항은 "임대주택의 건설, 공급 및 관리에 관하여 「민간임대주택에 관한 특별법」 및 「공공주택 특별법」에서 정하지 아니한 사항에 대하여는 「주택법」을 적용한다" 또는 "임대주택의 건설, 공급 및 관리에 관하여 「임대주택법」에서 정하지 아니한 사항에 대하여는 「주택법」을 적용한다"고 규정하고 있었다.

한편 「공동주택관리법」은 2015. 8. 11. 법률 제13474호로 제정되어 2016. 8. 12.부터 시행되었다.

그 이전의 공동주택의 '관리'에 관하여는 「주택법」(2016. 1. 19. 법률 제13805호로 전부 개정되어 2016. 8. 12.부터 시행되기 전의 것), 「주택법 시행령」(2016. 8. 11. 대통령령 제27444호로 전부 개정되어 2016. 8. 12.부터 시행되기 전의 것) 및 구 「주택건설촉진법」에 근거한 「공동주택관리령」 또는 「공동주택관리규칙」이 있었는 바, 「임대주택법」상 임대주택 중 공동주택의 '관리'에 관하여도 위 구 「주택법」과 같은 법 시행령 등이 일반법으로 적용된다.

4) 소결

결국 각 해당 임대주택의 건설, 공급 및 관리에 관하여, 「공공주택 특별법」, 「민간임대주택에 관한 특별법」, 「임대주택법」이 특별법의 지위를 가지며, 위 각 특별법에 정하지 아니한 사항은 「주택법」, 「건축법」, 「공동주택 관리법」, 「주택임대차보호법」이 일반법으로 적용된다.

3. 일반 주택임대차와 「임대주택법」상 임대주택 임대차의 차이

	일반 주택임대차	「임대주택법」상 민간임대사업자의 공공건설임대주택에 관한 임대차
임대차 목적물의 규모	소규모	대규모
임대차계약기간	단기(2년)	장기(5년, 10년)
임차인	사적 자치	- 무주택자 등의 임차인 자격 요건이 있음 - 임차권 양도가 원칙적으로 허용되지 않음 - 최초의 임차인이 장기(5년, 10년)에 걸쳐 지속적으로 임대차계약관계를 유지할 것을 전제로 하고 있음 - 임차인에 대한 우선수분양전환권 보장
임대주택사업에 대한 혜택	특별히 없음	- 상대적으로 저렴한 공공택지 우선분양 - 국민주택기금의 장기저리융자 - 간선시설 우선 설치 - 토지의 수용, 사용권 인정 - 용적률의 완화 - 세금의 감면 등
임대보증금의 이자(운용이익)	소규모, 단기(2년)	대규모, 장기(5년, 10년)
임대료	상대적으로 높음 사적 자치의 원칙이 적용	민간임대사업자는 대규모의 임대보증금을 장기에 걸쳐 운용하는 이익을 보고 있으므로 임대료는 상대적으로 낮아야 하고, 사적 자치의 원칙이 아니라 관계 법령에 근거하여 엄정하게 산정하여야 함

가. 일반 주택임대차의 특징

「임대주택법」상의 임대의무기간과 임대조건의 규제를 받지 않고, 「민법」 혹은 「주택임대차보호법」만의 적용을 받는 일반 주택임대차는 「주택임대차보호법」상 2년이라는 상대적 단기 계약기간을 준수하여야 할 뿐이고, 또 통상 임대사업자의 자기자금으로 임대주택사업을 하는 것이므로, 임대보증금 및 임대료에 관한 임대조건은 임대인 및 임차인 사이의 사적 자치의 원칙이 적용되어야 할 성질의 것으로 볼 수 있다.

나. 「임대주택법」상의 임대주택의 임대차의 특징

그러나 「임대주택법」상 임대의무기간과 임대조건(=임대보증금과 임대료)의 규제를 받는 공공건설임대주택에 있어서는 민간 임대사업자가 공공택지를 상대적으로 저렴하게 분양받고, 주택도시기금을 융자받는 등 여러 가지 혜택을 국가 등으로부터 받고 있으며, 그 임대주택의 규모가 대규모(20호 이상)이고, 5년 또는 10년이라는 장기의 임대차계약기간을 준수하여야 하는 것이 원칙이다.

따라서, 민간 임대사업자가 공공건설임대주택의 임차인으로부터 받을 수 있는 임대보증금 총액이 수백억원이라는 거액에 이를 수 있고, 또 그 수백억원의 임대보증금에 관하여 이자 한 푼 부담함이 없이,[36] 5년 내지 10년이라는 장기의 기간 동안 운용이익을 누릴 수 있는 것이므로, 공공건설임대주택에 대한 임대보증금 및 임대료에 관한 임대조건은 엄정하게 해석하여야 하고, 만연히 사적자치의 원칙에 맡길 수는 없는 것이며, 「임대주택법」 관련 규정을 강행규정(효력규정)으로 해석하여 임차인을 보호하여야 할 필요성이 강하다고 볼 수 있다.

다. 임대차계약에 있어서 '차임'의 본질적인 법적 성격 (=임대목적물의 사용, 수익의 대가)

무릇 '임대차'라는 것은 임대인이 임차인에게 임대차목적물을 사용, 수익하게 할 것을 약정하고, 임차인이 이에 대하여 '차임'을 지급할 것을 약정하는 것이기 때문에(민법 제618조), 그 임대차계약관계에 있어서 '차임'이라는 것은 임대목적물의 '사용, 수익의 대가'라는 본질적인 법적 성격을 갖는 것이다.

그리고 「민법」 제618조에 규정하고 있는 '차임'이라는 것은, 우리나라의 주택임대차계약에 있어서의 보편적인 실상인 '채권적 전세제도(=월 혹은 연 임대료 이외에 전세금과 같은 임대보증금의 지급약정을 별도로 하는 것)'를 고려할 때, '월 혹은 연 임대료'만이 아니라 '채권적 전세금(=임대보증금)'에 관한 '이자'도 포함되는 것으로 보아야 한다.

왜냐하면 「민법」상 임대차 관련 규정에는 '채권적 전세금(=임대보증금)'에 관한 규정이 별도로 존재하지 않기 때문이다. 한편 「주택임대차보호법」 제7조는 '임대차보증금'에 관한 규정을 별도로 두면서 '차임'과 구별하고 있다.

바로 그러한 임대차에 있어서의 '차임(=① 임대보증금에 대한 이자 및 ② 연 임대료)'의 본질적인 성격 때문에, 상대적으로 건설원가가 낮은 임대목적물의 '차임(=① 임대보증금에 대한 이자 및 ② 연 임대료)'은, 상대적으로 건설원가가 높은 임대목적물의 '차임(=① 임대보증금에 대한 이자 및 ② 연 임대료)'보다 낮아야 한다는 명제가 성립할 수 있다.

---

36 「임대주택법 시행규칙」 [별지 제10호 서식] 표준임대차계약서(I) 제1조 제3항 참조
한편 임대사업자는 임차인으로부터 연 임대료로 자기자금이자를 별도로 받을 수 있다. 즉, 임대사업자는 ① 임대의무기간이 5년인 공공건설임대주택은 건설원가에서 주택도시기금을 공제한 금액에 대한 이자, ② 임대의무기간이 10년인 공공건설임대주택은 건설원가에서 주택도시기금 및 최초 임대보증금을 공제한 금액에 대한 이자를 자기자금이자로 받을 수 있다. 그러나 임대사업자가 임대의무기간이 10년인 공공임대주택의 경우로서, 임차인으로부터 최초 임대보증금을 임대료와 상호전환하여 건설원가에서 주택도시기금을 공제한 금액과 같은 금액으로 받았다면, 연 임대료로 자기자금이자를 별도로 받을 수 없을 것이다.

그렇다면, 「임대주택법」의 적용을 받는 공공건설임대주택에 있어서 '차임(=① 임대보증금에 대한 이자 및 ② 연 임대료)'은 구체적으로 어떻게 산정하여야 하는가라는 문제가 생긴다.

① '임대보증금에 대한 이자'에 관하여, 「임대주택법」 제18조 제1항,[37] 「임대주택법 시행규칙」 [별지 제10호 서식] 표준임대차계약서(I) 제1조 제3항에서 **"임차인은 임대기간 동안 임대보증금을 이자 없이 임대사업자에게 예치하여야 한다"**고 규정함으로써, 임대기간 동안 임대보증금에 대한 이자는 임대사업자의 이익으로 귀속되는 것으로 규정하고 있다.

그리고 ② '연 임대료'에 관하여는, 따로 국토해양부 고시에서 상세하게 규정하고 있는 것이다.

라. 공공건설임대주택에 관한 임대보증금의 장기, 대규모의 운용이익

앞서 본 바와 같이 주택임대차에 있어서 그 사용, 수익의 대가로 임차인이 임대인에게 지급하는 '차임'은 ① '연 임대료'뿐만 아니라 ② '임대보증금에 대한 이자' 혹은 '그 운용이익'도 함께 포함하여 인식되어야 한다.

혹 공공건설임대주택에 관하여 「국토교통부 고시」에 정한 '표준임대료'의 구성 항목들은 사실상 임대주택사업에 있어서 '비용적 측면'만을 고려하고, '이윤적 측면'을 고려하지 않은 것이어서, 일반 주택임대차에 있어서의 임대료보다 상대적으로 낮게 한 것은 잘못된 것이라는 임대사업자의 반박이 있을 수 있으나, ① '저소득 임차인의 주거비 부담 완화를 위하여 국민주택기금이나 공공택지를 지원받아 건설되는 공공건설임대주택의 공급취지에 따라 연 임대료의 상한선을 규제한 것'이라는 점, ② 앞서 본 바와 같이 「임대주택법」상 민간임대사업자는 공공건설임대주택에 관하여 대규모의 임대보증금을 장기(5년 혹은 10년)에 걸쳐 이자 한 푼 부담 없이 운용할 수 있는 이익을 취할 수 있다는 점, ③ 임차인들로부터 임대료로 징수하는 임대료 중의 수선유지비를 임대기간 동안 사실상 전부 투입하는 일은 거의 없을 것이라는 점 등이 고려될 수 있다.

참고로 민간임대사업자가 「임대주택법」상 공공건설임대주택사업을 함에 있어서 임차인으로부터 받는 임대보증금은 사실상 임대의무기간 만료 후 분양전환 시 분양전환가격과 상계되는 금액이므로, 민간임대사업자는 이러한 임대보증금을 분양전환가격의 '선수금'으로 간주하고, 부채로 인식하고 싶어 하지도 않는다.

---

[37] 임대주택에 대한 임대차계약을 체결하고자 하는 자는 건설교통부령이 정하는 표준임대차계약서를 사용하여야 한다.

마. 「임대주택법」 제17조 제5항, 「같은 법 시행규칙」 제7조 제1항 제8호에 규정하고 있는 '관리비' 중 '수선유지비'

「임대주택법」 제17조 제5항, 「같은 법 시행규칙」 제7조 제1항 제8호에 규정하고 있는 '관리비' 중의 '수선유지비'는, 「같은 법 시행규칙」 제7조 제1항에 명시하여 규정하고 있는 바와 같이 '사용자 부담(혹은 수익자 부담) 및 공평한 부담의 원칙'에 입각하여 산정되어야 하는 것이며, 「같은 법 시행규칙」 [별표 2]에 정한 '관리비 항목의 구성내역'상 '8. 수선유지비'는 '임차인의 주거생활의 편익을 위하여 제공되는 비용으로서 소모적 지출에 해당하는 비용'을 기준으로 산정되는 것이다.

그리고 「임대주택법 시행규칙」 [별표 10호 서식] 표준임대차계약서(I)[38] 제9조(보수의 한계) 제1항이 "임대주택의 기본적은 보수 및 수선은 임대사업자의 부담이지만, 「주택법 시행규칙」 [별표 5] 장기수선계획의 수립기준상, 수선주기가 6년 이내인 자재의 보수주기 내에서의 보수 또는 수선은 임차인 부담으로 한다"고 규정한 것은, 「주택법」 제16조의 규정에 의한 사업계획승인을 얻어 건설한 공공건설임대주택의 임차인은 ① 「임대주택법」 제14조 제1항, 「같은 법 시행령」 제11조, 「같은 법 시행규칙」 제2조의4 제1항, 「주택공급에 관한 규칙」에 의하여 '무주택자일 것 등의 자격요건'이 필요하며, ② 같은 법 제13조, 「같은 법 시행령」 제10조에 의하여 원칙적으로 임차권을 양도하거나 전대할 수 없고, ③ 같은 법 제15조 제1항에 의하여 '우선수분양전환권'을 가지며, ④ 임대사업자는 특별한 사정이 없는 한, 임차인이 임대차계약의 갱신을 원하는 이상 임대차계약의 갱신을 거절할 수 없는 것(대법원 2005. 4. 29. 선고 2005다8002 판결 참조)이기 때문에, 「민법」, 「주택임대차보호법」만의 적용을 받는 일반 주택임대차와 달리 임차인이 그 인적 동일성을 유지하면서 장기(5년, 10년)의 임대차계약관계를 유지하면서 분양전환받을 때까지 임대주택을 임대목적물로 사용하는 특징에서 기인하는 것으로 볼 수 있다.

바. 결론

따라서 「임대주택법」상의 임대주택의 최초의 임대보증금 및 임대료 관련 규정(위 관련 임대주택법령 규정들[39])에서 규정한 '최초의 표준임대보증금 및 표준임대료'는, 「주택임대차보호법」, 「민법」상의 임대차계약규정과 달리 ① 강행규정(효력규정)이며, ② 엄정하게 산정하여야 하며, ③ 실제 투입한 건축비 등을 기준으로 산정되어야 한다.

---

38 구 「주택법」 제16조(현행 제15조)의 규정에 의한 사업계획승인을 받아 건설한 임대주택용.

39 「임대주택법」 제14조 제1항, 「같은 법 시행령」 제12조 제1항, 제2항, 제3항, 「임대주택법 시행규칙」 제3조의3 제2항, 「같은 법 시행규칙」 [별표 1], 「5년, 10년 임대주택의 표준 임대보증금 및 표준임대료 고시(건설교통부고시 제2004-70호)」.

결국 '위 관련 임대주택법령 규정들'에서 규정한 '표준임대보증금 및 표준임대료'는, 바로 '표준건축비'를 상한선으로 하여 '실제 투입한 건축비와 택지비 등'을 기초로 산정한 '표준형 임대보증금 및 임대료'인 것이다.

즉, 위 '표준형 임대조건'이란 "'표준임대조건'은 '표준건축비'를 기초로 산정한 임대조건이다"라는 일반적인 오해가 있는 것으로 보이기 때문에 사용한 용어에 불과하고, 위 관련 임대주택법령에서 정한 '표준임대보증금 및 표준임대료'는 바로 '실제 투입한 건축비 등'을 기초로 산정한 '표준형 임대조건' 바로 그것인 것이다.

4. 임대주택건설 촉진을 위한 제도

임대주택건설 촉진을 위한 제도를 「임대주택법」에 정한 것을 기준으로 대략 간추리면 아래와 같다.

가. 일반적인 제도

1) 임대주택의 우선 건설 등

국토교통부장관은 구 「주택법」 제7조에 따른 주택종합계획을 수립할 때에는 임대주택의 건설 및 공급에 관한 사항을 포함시켜야 한다. 그리고 구 「주택법」 제7조 제2항에 따른 10년 단위의 계획을 수립하는 경우에는 임대주택의 유형 및 지역별 입주 수요량을 조사하여야 한다. 또한 지방자치단체와 한국토지주택공사가 주택을 건설할 때에는 임대주택을 우선 건설하여야 한다(「임대주택법」 제4조).

국토교통부장관은 구 「주택법」 제7조 제2항에 따른 연도별 주택종합계획을 수립할 때에는 국가, 지방자치단체, 「한국토지주택공사법」에 따른 한국토지주택공사 또는 「지방공기업법」 제49조에 따라 주택사업을 목적으로 설립된 지방공사가 공급할 임대주택용 택지의 공급계획을 포함하여야 한다(「임대주택법 시행령」 제4조 제1항).

2) 임대주택의 건설 재원

국토교통부장관은 임대주택의 원활한 건설을 촉진하기 위하여 「주택도시기금법」에 따른 주택도시기금 중 대통령령으로 정하는 재원[40]을 임대주택의 건설에 우선 사용할 수 있다.

그리고 정부는 매년 예산의 범위에서 임대주택의 건설에 드는 자금을 세출예산에 계상하여야 한다(「임대주택법」 제5조 제1항, 제3항).

---

[40] 1. 정부의 출연금.
2. 「주택도시기금법」 제7조 및 「같은 법 시행령」 제5조에 따른 제2종 국민주택채권의 발행으로 조성된 자금.
3. 「복권 및 복권기금법」 제23조 제1항에 따라 배분된 수익금(「임대주택법」 시행령 제5조).

3) 간선시설의 우선 설치

「주택법」 제23조에 따라 간선시설(幹線施設)을 설치하는 자는 임대주택 건설사업이나 임대주택 건설을 위한 대지조성사업에 필요한 간선시설을 다른 주택건설사업이나 대지조성사업보다 우선하여 설치하여야 한다(「임대주택법」 제13조).

나. 민간 임대사업자의 임대주택 공급 유인 수단

1) 주택도시기금의 장기저리 융자

임대주택의 건설에 사용되는 주택도시기금은 대통령령[41]으로 정하는 바에 따라 장기저리(低利)로 융자하여야 한다(「임대주택법」 제5조 제2항).

임대주택은 분양주택에 비하여 투자자금의 회수기간이 길기 때문에 임대주택의 공급촉진을 위해서는 금융지원이 필수적이라고 할 수 있다. 이러한 상황에서 정책수단으로써 금융지원책은 주택공급자의 임대주택 건설 참여를 유도하는 데 강력한 유인 동기로 작용한다.[42]

특히 1990년에 임대주택에 대한 금융지원이 확대되고, 「임대주택법」 제정으로 민간공급자에 지원이 확대되는 1993년 이후 그 증가세는 두드러지게 나타난다고 한다. 국민주택기금[43]의 이러한 지원결과는 1990년대 중반 이후 임대주택 공급량의 증가로 이어졌다고 한다.

2) 택지의 우선 공급 및 공급가격 할인

국가·지방자치단체 또는 「공공기관의 운영에 관한 법률」 제5조 제3항에 따른 공기업 및 준정부기관(공기업 등)은 그가 소유한 택지나 개발한 택지를 매각하는 경우에는 「주택법」 제25조 제1항에도 불구하고 건설임대주택을 건설하려는 임대사업자에게 우선적으로 매각할 수 있다.

그리고 국가·지방자치단체·한국토지주택공사는 그가 개발한 택지 중 10% 이상을 임대주택 건설용지로 사용하거나 건설임대사업자에게 공급하여야 한다(「임대주택법」 제10조 제1항, 제2항, 「같은 법 시행령」 제11조 제4항). 다만 위와 같이 택지를 매수하거나 공급받은 자는 택지를 취득한 날

---

[41] 주택도시기금의 이자율과 상환기간은 국토교통부장관이 기획재정부장관과 협의하여 정한다(「같은 법 시행령」 제6조).
[42] 이중근, 『임대주택정책론(이론과 실제)』, 2004년. 나남출판, p.155.
[43] 2015. 1. 6. 「주택도시기금법」이 제정되어 2015. 7. 1.부터 시행됨에 따라, '국민주택기금'이 '주택도시기금'으로 개편되었다.

부터 2년 이내에 임대주택을 건설하여야 한다(「임대주택법」 제10조 제3항). 위 2년 이내에 임대주택을 건설하지 아니하면, 국가, 지방자치단체 또는 공기업 등은 그 택지를 환매할 수 있다(「임대주택법」 제11조 제1항).

그리고 구 「주택법」 제38조에 따라 주택을 공급하는 사업주체는 분양(임대를 포함)되지 아니한 주택이 있으면, 이를 임대사업자에게 우선 공급할 수 있다(「임대주택법」 제12조).

한편 민간 임대주택사업자들은 공공개발지뿐만 아니라 사유지를 매입하여 임대주택을 공급할 수도 있는데, 이 과정에서 여러 가지 행정적 편익을 제공받는 경우도 있다고 한다.[44] 토지자원은 한정되어 있기 때문에 주택공급자에게 일정부분의 우선 공급은 커다란 편익으로 볼 수 있다.[45] '주택분양가상한제도'가 시작된 이후인 1983년 당시, 대도시 인근에서는 저렴한 택지를 확보하기가 매우 곤란하였다고 한다. 따라서 한국토지주택공사가 개발한 공공택지를 다른 용도에 우선하여 조성원가의 85%의 수준으로 공급한다는 지원제도는 매우 효과적이었다고 한다.

그러나 대부분의 임대주택 건설용 공영개발택지는 분양주택지에 비해 열악한 조건이었고, 미분양이 우려되는 택지가 임대주택 건설용으로 공급되는 경우가 발생하였다고 한다. 이에 따라 민간 임대주택 공급자들은 택지 확보를 위해 별도로 다른 지역을 알아보게 되었다고 한다.

그런데 1993. 12. 27. 전부 개정된 구 「임대주택법」이 시행되면서, 상징적인 지원에서 벗어나 실질적인 지원이 이루어졌다고 한다. 당시 임대주택용 택지의 공급가격은 임대주택의 규모 및 건설지역에 따라 비임대주택용 택지에 비하여 할인되었는데, 서울특별시를 포함한 수도권의 경우, 전용면적 60㎡ 이하 임대주택용지는 1996년부터 조성원가의 90%에서 70%로, 60㎡ 초과 85㎡ 이하의 경우에는 새롭게 신설하여 조성원가의 90% 수준으로 택지공급가격이 결정되었다고 한다.

3) 민간임대사업자의 제한적인 토지수용권 인정

임대사업자가 전용면적 85㎡ 이하의 임대주택을 ① 단독주택 200호 이상 또는 ② 공동주택

---

44 이중근, 『임대주택정책론(이론과 실제)』, 나남출판, 2004년, p.164.
　　흔히 사유지 매입은 행정적으로 복잡하고 까다로우며, 토지매입 자체 역시 불확실하다. (주)부영이 건설한 '목천 아파트'의 경우, 당시 택지가 준농림지로 규제를 받고 전국적으로 난개발이 사회적 이슈가 되었기 때문에 택지구입이 쉽지 않았다. 정부의 임대주택공급의 적극적 지원정책으로 용도변경 허가를 받을 수 있었다.
45 이중근, 『임대주택정책론(이론과 실제)』, 나남출판, 2004년, p.164.

100세대 이상을 건설하기 위하여 사업 대상 토지 면적의 9/10 이상을 매입한 경우(토지 소유자로 부터 매입에 관한 동의를 받은 경우 포함)로서 나머지 토지를 취득하지 아니하면 그 사업을 시행하기가 현저히 곤란해질 사유가 있는 경우에는 관할 시장 혹은 도지사에게 「공익사업을 위한 토지 등의 취득 및 보상에 관한 법률」 제4조 제5호에 따른 지정을 요청할 수 있다.

위와 같은 지정을 받은 임대사업자가 구 「주택법」 제16조(현행 제15조)에 따라 사업계획승인을 받으면 「공익사업을 위한 토지 등의 취득 및 보상에 관한 법률」 제20조 제1항에 따른 사업인 정을 받은 것으로 본다. 다만 재결신청은 「공익사업을 위한 토지 등의 취득 및 보상에 관한 법률」 제23조 제1항 및 같은 법 제28조 제1항에도 불구하고, 사업계획승인을 받은 주택건설 사업 기간에 할 수 있다(「임대주택법」 제14조**46**).

4) 조세 감면

민간 임대주택사업자에게 임대주택 건설, 보유, 분양전환 등과 관련하여 부여되는 조세는 ① 토지취득 시 발생하는 취득세 등, ② 건물 보전 등기 시 발생하는 취득세 등, ③ 주택보유 시 발생하는 재산세 등 및 ④ 주택양도 시 발생하는 법인세(양도소득), 부가가치세 등이 있는데, 각 이에 대하여 감면된다.

---

46 구 「임대주택법」(1996. 12. 30. 법률 제5228호로 일부 개정되어 1997. 3. 1.부터 시행된 것)에 신설되었다.

5. 임대주택의 임차인의 주거생활 안정을 위한 제도

임대주택의 임차인 주거 생활 안정 등을 위한 제도를 간추려 정리하면 대략 아래와 같다.

가. 임대보증금에 대한 보증 가입 의무 제도

1) 「공공주택 특별법」 관련 규정

「공공주택 특별법」상 공공임대주택의 경우에는 공공주택사업자의 임대보증금에 대한 보증 가입 의무 규정이 없다.

2) 「민간임대주택에 관한 특별법」 관련 규정

가) 임대보증금에 대한 보증 가입 의무

① '민간건설' 임대주택 또는 ② 「민간임대주택에 관한 특별법」 제18조 제6항에 따라 분양주택 전부를 우선 공급받아 임대하는 '민간매입' 임대주택[47]의 임대사업자는 사용검사를 받은 날(사용검사 전에 임차인을 모집하는 경우에는 그날을 말한다)부터 임대의무기간이 종료되는 날까지 임대보증금에 대한 보증에 가입하여야 한다(「민간임대주택에 관한 특별법」 제49조 제1항, 「같은 법 시행령」 제38조 제1항).

임대사업자는 「주택법」 제49조에 따른 사용검사, 임시사용승인 또는 「건축법」 제22조에 따른 사용승인, 임시 사용승인을 신청하기 전에 임대보증금에 대한 보증에 가입하여야 한다(「같은 법 시행령」 제38조 제2항).

임대사업자는 임대보증금에 대한 보증에 가입하였으면 지체 없이 보증서 사본을 민간임대주택의 소재지를 관할하는 시장·군수·구청장에게 제출하여야 한다(「같은 법 시행령」 제38조 제3항).

그리고 위와 같이 제출된 보증서 사본을 받은 시장·군수 또는 구청장은 임대보증금에 대한

---

47 2017. 1. 17. 개정된 「민간임대주택에 관한 특별법」에서 신설되었다.

보증기간이 끝날 때까지 보증서 사본을 보관하여야 한다(「같은 법 시행령」 제38조 제4항).

임대사업자는 임차인이 임대주택에 입주한 후 지체 없이 임차인에게 ① 임대보증금에 대한 보증서 및 ② 보증약관 각각의 사본을 내주어야 한다(「같은 법 시행령」 제38조 제5항).

임대사업자는 위와 같은 ① 임대보증금에 관한 보증 가입 여부, ② 보증계약의 해지 또는 ③ 보증계약의 변경 사항을 임차인이 잘 볼 수 있는 장소에 공고하여야 한다(「같은 법 시행령」 제38조 제6항).

나) 보증 대상

위와 같이 임대보증금에 대한 보증에 가입하는 경우 보증대상은 임대보증금 전액으로 한다. 다만, 임대사업자가 사용검사 전에 임차인을 모집하는 경우 임차인을 모집하는 날부터 사용검사를 받는 날까지의 보증대상액은 임대보증금 중 사용검사 이후 납부하는 임대보증금을 제외한 금액으로 한다(「민간임대주택에 관한 특별법」 제49조 제2항).

그리고 다음 각 호에 모두 해당하는 경우에는, ① 담보권 설정금액과 임대보증금을 합한 금액 - ② 해당 임대주택을 감정평가한 금액의 100분의 60의 금액의 전부를 '보증대상액'으로 한다(「민간임대주택에 관한 특별법」 제49조 제3항, 「같은 법 시행령」 제39조).

1. 근저당권을 세대별로 분리하는 부기에 의한 변경등기를 한 경우(이 경우 등기는 근저당권의 공동담보를 해제하고, 채권최고액을 감액하는 근저당권 변경등기의 방법으로 할 수 있다)
2. 임대사업자가 임대보증금보다 선순위인 제한물권, 압류·가압류·가처분 등을 해소한 경우
3. 임차인이 전세권설정을 요구하고 임대사업자가 이에 동의하여 전세권이 설정된 경우

다) 보증의 가입 기간

임대보증금에 대한 보증의 가입기간은 임대차 계약기간(사용검사 전에 임차인을 모집하는 경우에는 임차인 모집일부터 사용검사일까지를 포함한다)과 같아야 한다(「민간임대주택에 관한 특별법」 제49조 제4항 전문).

라) 보증수수료의 납부방법

임대사업자는 임대보증금에 대한 보증수수료를 1년 단위로 재산정하여 분할 납부할 수 있다. 이 경우 임대사업자는 재산정한 보증수수료를 임대보증금 보증 계약일부터 매 1년이 되는

날까지 납부하여야 한다(「민간임대주택에 관한 특별법」 제49조 제4항 후문, 「같은 법 시행령」 제40조 제3호).

임대보증금에 대한 보증에의 가입 및 임대보증금의 보증수수료 납부는 임대사업자가 하여야 한다. 이 경우 임대사업자는 임차인이 부담하는 보증수수료를 임대료에 포함하여 징수하되, 임대료 납부고지서에 그 내용을 명시하여야 한다(「민간임대주택에 관한 특별법 시행령」 제40조 제2호).

마) 보증수수료의 부담 비율

임대보증금에 대한 보증수수료의 75%는 임대사업자가 부담하고, 25%는 임차인이 부담한다. 다만, 임대사업자가 사용검사 전에 임차인을 모집하는 경우 임차인을 모집하는 날부터 사용검사를 받는 날까지의 보증수수료는 임대사업자가 전액 부담한다(「민간임대주택에 관한 특별법 시행령」 제40조 제1호).

바) 보증계약의 해지

임대보증금에 대한 보증에 가입한 임대사업자가 가입 후 1년이 지났으나 재산정한 보증수수료를 보증회사에 납부하지 아니하는 경우에는 보증회사는 그 보증계약을 해지할 수 있다. 다만, 임차인이 보증수수료를 납부하는 경우에는 그러하지 아니하다.

사) 가산 금리

국토교통부장관은 「민간임대주택에 관한 특별법」 제49조에 따른 보증에 가입하지 아니하거나 보증수수료(분할납부액 포함)를 납부하지 아니한 임대사업자에 대하여 「주택도시기금법」에 따른 주택도시기금 융자금에 대하여 연 1% 포인트의 범위 내에서 가산금리를 부과할 수 있다(「민간임대주택에 관한 특별법」 제63조 제1항).

이에 따른 가산금리 부과의 방법 및 절차 등은 국토교통부령에 정하도록 되어 있는데(「민간임대주택에 관한 특별법」 제63조 제2항), 시장 및 도지사는 임대사업자가 「민간임대주택에 관한 특별법」 제63조 제1항 제1호에 해당하는 것을 확인한 경우, 국토교통부장관에게 법 제63조에 따른 가산금리의 부과를 요청할 수 있다(「민간임대주택에 관한 특별법 시행규칙」 제28조 제1항).

그런데 시장 및 도지사는 다음 각 호의 경우에는 가산금리의 부과 요청을 유예할 수 있다(「민간임대주택에 관한 특별법 시행규칙」 제28조 제2항).

1. 해당 임대사업자가 「민간임대주택에 관한 특별법 시행령」 제46조 각 호의 어느 하나에 해당하는 경우
2. 임차인의 임대보증금이 「주택임대차보호법 시행령」 제10조 제1항에 따른 우선변제를 받을 보증금 이하인 경우로서 「민간임대주택에 관한 특별법」 제49조에 따른 보증에 가입하지 아니하는 것을 임차인이 동의한 경우
3. 임대보증금 보증 가입 절차가 진행 중이라고 보증회사에서 인정하는 경우
4. 임대사업자가 임대보증금 보증에 가입하지 못한 사유가 임차인이 임대차 계약을 체결하지 아니하는 등 임대사업자의 책임이라고 보기 어려운 경우
5. 제1호부터 제4호까지의 규정에 준하는 사유로 가산금리의 부과를 유예하는 것이 불가피하다고 인정되는 경우

　　시장 및 도지사는 기타 가산금리 부과 요청의 방법 및 절차, 부과 요청의 취소 등에 관한 세부적인 사항을 정할 수 있다(「민간임대주택에 관한 특별법 시행규칙」 제28조 제4항).

3) 「임대주택법」 관련 규정

가) 개정 경과

개정일시	취지	내용	관련 규정
2002. 12. 26.	임대사업자의 부도 발생 예방 및 임차인 보호	임대보증금에 대한 보증 제도 신설(보증 가입-임의 규정) 입주 후 분양전환 시점까지 임대사업자로 하여금 임대보증금에 대한 보증에 가입할 수 있도록 함	「임대주택법」 제12조의2 제1항 신설
2003. 6. 25.		민간임대사업자의 공공건설임대주택에 대하여 임대보증금에 대한 보증에 가입할 수 있도록 하고, 건설교통부령이 정하는 바에 따라 보증에의 가입여부를 공고하도록 함	「임대주택법 시행령」 제9조의2
2005. 7. 13.	임대사업자의 부도 발생 예방 및 임차인 보호	민간임대사업자의 공공건설임대주택의 임대보증금에 대한 보증에 의무적으로 가입하도록 함	「임대주택법」 제12조의2 제1항
2005. 12. 13.	임차인 보호	임대보증금에 대한 보증에의 가입 의무가 제외되는 특수목적법인 등의 범위 신설	「임대주택법 시행령」 제9조의2 제4항, 제5항
		임대보증금에 대한 보증수수료 부담비율 신설 (임대사업자:임차인=75:25)	「임대주택법 시행령」 제9조의2 제6항
2007. 7. 19.	임대사업자의 임대보증금의 보증 가입 유도	임대사업자가 전세권 설정, 선순위 담보물권의 해소 등 임차인을 보호하기 위한 요건을 갖춘 경우에는 임대보증금에 관한 보증에 가입하여야 하는 보증대상액을 조정할 수 있도록 함	「임대주택법」 제12조의2 제3항

2008. 3. 21.	임차인의 임대보증금 보호 강화	임대보증금에 대한 보증가입의무를 위반하는 임대사업자에게 국민주택기금 융자금에 대하여 가산금리를 부과할 수 있도록 하고, 가산금리의 부과에도 불구하고 보증가입의무를 이행하지 아니하는 경우에는 과징금을 부과할 수 있도록 함	「임대주택법」 제39조, 제40조 신설
		임대보증금에 대한 보증가입의무를 위반한 임대사업자에게 가입하지 아니한 기간에 따라 임대보증금의 보증수수료의 30/100~50/100에 상당하는 금액까지 과징금을 부과하도록 함	「임대주택법」 시행령 제36조 [별표]
2009. 12. 29.		임대보증금보증 등에 관한 임대사업자의 설명의무를 도입	「임대주택법」 제32조의2 신설
2011. 3. 9.		표준임대차계약서상의 임대차 계약기간 단위로 임대보증금에 대한 보증에 가입하도록 하고, 이 경우 임대사업자는 임대보증금 보증수수료를 1년 단위로 재산정하여 분할납부할 수 있도록 함(신설)	「임대주택법」 제17조 제4항, 제5항
2014. 5. 28.		국가·지방자치단체·한국토지주택공사·지방공사가 단독 또는 공동으로 총지분의 100분의 50을 초과하여 출자한 부동산투자회사가 건설한 임대주택은 임대보증금 반환 보증 가입대상에서 제외함(신설)	「임대주택법」 제17조 제1항 제1호의2
2015. 12. 28.		모든 민간건설임대사업자에게 임대의무기간 동안 보증금 전액에 대한 보증가입을 의무화하고, 보증수수료는 임대사업자가 75%, 임차인이 25% 각각 부담하도록 함	「임대주택법」 시행령 제38조 내지 제40조

나) 원칙

건설임대주택[① 임대사업자가 임대를 목적으로 건설하여 임대하는 주택(토지임대부 임대주택 포함)과 ② 구 「주택법」 제9조에 따라 등록한 주택건설사업자가 같은 법 제16조에 따라 사업계획승인을 받아 건설한 주택 중 사용검사 때부터 분양되지 아니한 주택으로서 「임대주택법」 제6조에 따른 임대사업자 등록을 마치고 임대하는 주택]의 임대사업자는 임대보증금에 관한 보증에 가입하여야 한다(「임대주택법」 제17조 제1항 본문).

그리고 임대사업자는 위와 같이 임대보증금에 대한 보증에 가입하는 경우, 「주택법」 제29조에 따른 사용검사, 임시 사용승인 또는 「건축법」 제22조에 따른 사용승인, 임시 사용승인을 신청하기 전에 가입하여야 하고, 지체 없이 해당 보증서 사본을 임대주택이 있는 곳을 관할하는 시장·군수 또는 구청장에게 제출하여야 한다(「임대주택법 시행령」 제14조 제6항 제3호).

위와 같이 제출된 보증서 사본을 접수한 시장·군수 또는 구청장은 임대기간 동안 보증서 사본을 보관하여야 한다(「임대주택법 시행령」 제14조 제6항 제4호).

또한 임대사업자는 임차인이 임대주택에 입주한 후 지체 없이 임차인에게 ① 임대보증금에 대한 보증서 및 ② 보증약관 각각의 사본을 내주어야 한다(「임대주택법 시행령」 제14조 제3항).

임대사업자는 위와 같은 ① 임대보증금에 관한 보증 가입 여부, ② 보증계약의 해지 또는 ③ 보증계약의 변경 사항을 임차인이 잘 볼 수 있는 장소에 공고하여야 한다(「임대주택법 시행령」 제14조 제2항).

다) 예외

다만, 다음 각 호의 어느 하나에 해당하면, 임대보증금에 관한 보증에 가입하지 아니하여도 된다(「임대주택법」 제17조 제1항 단서, 「같은 법 시행령」 제14조 제4항).

① 국가·지방자치단체·한국토지주택공사·지방공사가 건설한 경우
② 위 ①에 해당하는 자가 단독 또는 공동으로 총지분의 100분의 50을 초과하여 출자한 부동산투자회사가 건설한 경우
③ 임대주택 사업을 단지별로 독립적으로 시행하기 위하여 설립한 '특수 목적 법인 등'으로서, 해당 단지 안에 있는 임대주택의 임대보증금과 주택도시기금 대출금의 합이 '일정 비율 이하'인 경우

ⓐ 위 '특수목적법인 등'이라 함은 다음 각 호의 어느 하나에 해당되는 법인을 말한다.

1. 부동산투자회사
2. 「자본시장과 금융투자업에 관한 법률」에 따른 집합투자기구
3. 「법인세법」 제51조의2 제1항 제6호에 해당되는 투자회사
4. 「상법」에 따른 주식회사 또는 유한회사로서 다음 각 목의 요건을 모두 갖춘 회사[48]
　　가. 본점 외의 영업소를 설치하지 않을 것
　　나. 상시 근무하는 임원을 두지 않을 것
　　다. 직원을 고용하지 않을 것
　　라. 「법인세법 시행령」 제86조의2 제5항 제2호에 따른 자산관리회사 또는 「자본시장과 금융투자업에 관한 법률」 제12조에 따라 인가를 받아 설립된 신탁업자에 관련 사무를 위탁할 것
　　마. 주식을 담보(주택도시기금 융자금에 대한 담보는 제외한다)로 제공하지 않을 것

그러나 위 각 호의 회사 등이 다음 각 호의 어느 하나에 해당되는 경우에는 즉시 임대보증

---

[48]　이에 해당하는 회사는 매 사업연도 말을 기준으로 한 회사의 부채비율 관련 자료와 감사결과를 사업연도 종료 후 90일 이내에 임대주택이 있는 곳을 관할하는 시장, 군수 또는 구청장과 해당 임대주택에 대한 주택도시기금 융자기관에 송부하여야 한다(「임대주택법 시행령」 제15조).

금에 대한 보증에 가입하여야 한다(「임대주택법 시행령」제16조).

1. 「임대주택법」제17조 제1항 제2호의 설립 목적에 위배되는 경우
2. 임대주택의 임대보증금과 주택도시기금 대출금의 합이 「임대주택법 시행령」제14조 제5항의 비율을 초과하는 경우
3. 「임대주택법 시행령」제14조 제4항 제4호에 해당되는 회사가 같은 호 각 목의 요건에 적합하지 않거나 제15조를 지키지 아니한 경우

(b) 위 '일정 비율 이하'란, 해당 단지 안에 있는 임대주택의 임대보증금과 주택도시기금 대출금의 합이 해당 단지 내 임대주택 건설원가의 100분의 80(모회사 또는 최대출자자가 해당 특수 목적 법인 등에 대하여 연대보증을 할 경우에는 100분의 90)을 말한다. 다만, 임대 개시 후 임대보증금 등이 조정된 경우에는 감정평가한 임대주택 가격의 100분의 80(모회사 또는 최대 출자자가 해당 특수 목적 법인 등에 대하여 연대보증을 할 경우 100분의 90)을 말한다(「임대주택법 시행령」제14조 제5항, 「같은 법 시행규칙」제11조).

라) 보증 대상

위와 같은 임대보증금에 대한 보증에 가입하는 경우 보증대상은 '임대보증금 전액'으로 한다(「임대주택법」제17조 제2항).

다만 다음 각 호의 요건을 갖춘 경우에는 「주택도시기금법」에 따른 주택도시기금 융자금과 임대보증금을 합한 금액 중, 당해 임대주택에 대하여 감정평가한 주택가격의 100분의 60을 넘는 금액의 범위에서 '보증대상액(=① 주택도시기금의 융자금과 임대보증금을 합한 금액-② 감정평가로 정하는 당해 임대주택의 주택가격의 60/100에 상당하는 금액)'이 정해진다(「임대주택법」제17조 제3항, 「같은 법 시행령」제14조 제6항 제6호 나목, 「같은 법 시행규칙」제11조).

1. 주택도시기금 융자금 및 이를 담보하는 근저당권을 세대별로 분리하는 부기에 의한 변경 등기를 한 경우(이 경우 등기는 근저당권의 공동담보를 해제하고, 채권최고액을 감액하는 근저당권 변경 등기의 방법으로 할 수 있다)
2. 임대사업자가 임대보증금보다 선순위인 제한물권, 압류·가압류·가처분 등을 해소한 경우
3. 임차인이 전세권설정을 요구하고 임대사업자가 이에 동의하여 전세권이 설정된 경우

마) 보증의 가입 기간

위와 같은 보증의 가입기간은 제32조에 따른 표준임대차계약서상의 임대차 계약기간과 같아야 한다. 이 경우 임대사업자는 임대보증금 보증수수료를 1년 단위로 재산정하여 분할납부할 수 있다(「임대주택법」 제17조 제4항).

바) 보증수수료의 납부방법

임대사업자는 임대보증금 보증수수료를 1년 단위로 재산정하여 분할 납부할 수 있다. 이 경우 임대사업자는 재산정한 보증수수료를 임대보증금 보증 계약일부터 매 1년이 되는 날까지 납부하여야 한다(「임대주택법」 제17조 제4항 후문, 「같은 법 시행령」 제14조 제6항 제7호).

임대보증금에 대한 보증에의 가입 및 임대보증금의 보증수수료 납부는 임대사업자가 하여야 한다. 이 경우 임대사업자는 임차인이 부담하는 보증수수료를 임대료에 포함하여 징수하되, 임대료 납부고지서에 그 내용을 명시하여야 한다(「임대주택법 시행령」 제14조 제6항 제2호).

사) 보증수수료의 부담 비율

임대사업자와 임차인이 부담하는 임대보증금의 보증수수료의 부담 비율은 임대사업자의 경우 보증수수료의 100분의 75, 임차인의 경우 100분의 25로 부담한다(「임대주택법」시행령 제14조 제6항 제1호).

아) 보증계약의 해지

임대보증금에 대한 보증에 가입한 임대사업자가 가입 후 1년이 지났으나, 재산정한 보증수수료를 보증회사에 납부하지 아니하는 경우에는 보증회사는 그 보증계약을 해지할 수 있다. 다만, 임차인이 보증수수료를 납부하는 경우에는 그러하지 아니하다(「임대주택법」 제17조 제5항).

자) 가산 금리

국토교통부장관은 「임대주택법」 제17조에 따른 보증에 가입하지 아니하거나 보증수수료(분할납부액 포함)를 납부하지 아니한 임대사업자에 대하여 「주택도시기금법」에 따른 주택도시기금 융자금에 대하여 연 1% 포인트의 범위 내에서 가산금리를 부과할 수 있다(「임대주택법」 제39조 제1항).

이에 따른 가산금리 부과의 방법 및 절차 등은 국토교통부령에 정하도록 되어 있는데(「임대주택법」 제39조 제3항), 「임대주택법 시행규칙」 제21조의2 제3항은 이에 대하여 다시 시장 및 도지사가 이에 관한 세부적인 사항을 정할 수 있다고 규정하고 있다.

그런데 다음 각 호의 경우에는 시장 및 도지사는 임대사업자에게 가산금리의 부과를 유예할 수 있다(「임대주택법 시행규칙」 제21조의2 제1항).

1. 해당 임대주택이 부도 임대주택 등에 해당하는 경우
2. 임차인의 임대보증금이 「주택임대차보호법 시행령」 제3조 제1항에 따른 우선변제를 받을 보증금 이하인 경우로서 「임대주택법」 제17조에 따른 보증에 가입하지 아니하는 것을 임차인이 동의한 경우
3. 임대보증금 보증 가입 절차가 진행 중이라고 보증회사에서 인정하는 경우
4. 임대사업자가 임대보증금 보증에 가입하지 못한 사유가 임차인이 임대차 계약을 체결하지 아니하는 등 임대사업자의 책임이라고 보기 어려운 경우
5. 제1호부터 제4호까지의 규정에 준하는 사유로 가산금리의 부과를 유예하는 것이 불가피하다고 인정되는 경우

차) 과징금

시장·군수·구청장은 「임대주택법」 제39조의 가산금리의 부과에도 불구하고 최초로 가산금리를 부과한 시점부터 6개월 이상 보증가입 의무를 이행하지 아니한 자에 대하여는 그 위반한 임대보증금 보증수수료의 100분의 50에 상당하는 금액 이하의 과징금을 부과할 수 있다(「임대주택법」 제40조 제1항).

위와 같은 과징금의 부과절차, 납부기한 등 세부적인 시행기준은 대통령령(「임대주택법 시행령」 제36조 [별표 1], 제37조)으로 정한다(「임대주택법」 제40조 제2항).

과징금 부과처분을 받은 자가 과징금을 기한 내에 납부하지 아니하는 때에는 「지방세외수입금의 징수 등에 관한 법률」에 따라 징수한다(「임대주택법」 제40조 제3항).

나. 임대주택에 대한 저당권 설정 등의 제한

1) 「공공주택 특별법」 관련 규정

「공공주택 특별법」에는 공공임대주택에 대한 저당권 설정 등의 제한 규정을 따로 두고 있지 않다.

2) 「민간임대주택에 관한 특별법」 관련 규정

「민간임대주택에 관한 특별법」에는 민간임대주택에 대한 저당권 설정 등의 제한 규정을 따로 두고 있지 않다.

3) 「임대주택법」 관련 규정

가) 개정 경과

개정일시	취지	내용	관련 규정
2002. 12. 26.	임차인 보호	임대사업자로 하여금 제한물권 설정을 제한함으로써 임대사업자에게 부도가 발생하더라도 임차인의 피해를 최소화할 수 있도록 함	「임대주택법」 제12조의3 신설
2007. 7. 19.		2002. 12. 26. 임대주택에 대한 저당권 설정 등을 제한하는 제도가 도입되면서 이를 그 시행일인 2003. 6. 27. 이후 사업계획승인을 얻어 건설하는 임대주택부터 적용하도록 하였는 바, 동 제도의 도입 당시 적용에서 제외되었던 임대주택에 대해서도 임대사업자로 하여금 분양전환 이전까지 제한물권의 설정이나 압류·가압류·가처분 등이 금지된다는 내용의 등기를 2007. 7. 31.까지 신청하도록 함.	「임대주택법」 제18조의2 제3항 신설

나) 내용

임대사업자는 구 「주택법」 제16조(현행 제15조) 제1항에 따른 사업계획의 승인을 받아 시행하는 주택건설사업으로 건설된 임대주택에 대하여는 분양전환 이전까지 다음 각 호의 어느 하나에 해당하는 행위를 하여서는 아니 된다. 다만, 임차인이 동의하거나 그 밖에 대통령령으로 정하는 경우[49]에는 그 행위를 할 수 있다(「임대주택법」 제18조 제1항).

1. 저당권이나 가등기담보 등 담보물권을 설정하는 행위
2. 전세권이나 등기되는 부동산임차권을 설정하는 행위

다. 임대주택에 대한 부기등기

1) 「공공주택 특별법」 관련 규정

「공공주택 특별법」에는 공공임대주택에 대하여, 임대사업자는 소유권보존등기 신청과 동시

---

[49] 달리 규정된 대통령령은 없다.

에 분양전환 이전까지 제한물권의 설정이나 압류·가압류·가처분 등을 할 수 없는 재산임을 부기등기(附記登記) 신청하여야 한다는 규정을 따로 두고 있지 않다.

2) 「민간임대주택에 관한 특별법」 관련 규정

「민간임대주택에 관한 특별법」에는 민간임대주택에 대하여, 임대사업자는 소유권보존등기 신청과 동시에 분양전환 이전까지 제한물권의 설정이나 압류·가압류·가처분 등을 할 수 없는 재산임을 부기등기(附記登記) 신청하여야 한다는 규정을 따로 두고 있지 않다.

3) 「임대주택법」 관련 규정

가) 개정 경과

개정일시	취지	내용	관련 규정
2009. 12. 29.		소유권보존등기를 마친 후 임대 중인 임대주택의 임대사업자가 제한물권 설정 등을 제한하는 내용의 부기등기 신청하여야 하는 기한으로 규정되고 있는 2007. 7. 31.을 삭제함	「임대주택법」 제18조 제3항

나) 내용

임대사업자는 소유권보존등기 신청과 동시에 제1항에 따른 임대주택(토지임대부 임대주택의 경우에는 해당 주택이 건설된 토지에 대한 지상권을 포함한다)에 대하여는 분양전환 이전까지 제한물권의 설정이나 압류·가압류·가처분 등을 할 수 없는 재산임을 부기등기(附記登記) 신청하여야 한다(「임대주택법」 제18조 제2항 본문).

위 부기등기에는 '이 주택은 주택도시기금을 위한 제한물권의 설정을 제외하고는 임차인의 동의 없이는 제한물권을 설정하거나 압류·가압류·가처분 등 소유권에 제한을 가하는 일체의 행위를 할 수 없음'이란 내용을 분명히 적어야 한다(「임대주택법 시행령」 제17조 제1항).

다만, ① 임대사업자가 국가·지방자치단체·한국토지주택공사 또는 지방공사이거나 ② 임대사업자가 해당 임대주택을 「자본시장과 금융투자업에 관한 법률」 제12조에 따라 인가를 받아 설립된 신탁업자 또는 「주택도시기금법」에 따른 주택도시보증공사에 신탁하는 경우에는 그러하지 아니하다(「임대주택법」 제18조 제2항 단서, 「같은 법 시행령」 제17조 제2항).

이미 소유권보존등기를 마친 후 임대 중인 임대주택의 임대사업자는 제2항과 동일한 내용의 등기를 신청하여야 한다(「임대주택법」 제18조 제3항).

위와 같은 부기등기일 후에 해당 임대주택에 제한물권을 설정하거나 압류·가압류·가처분 등을 하면 그 효력이 없다(「임대주택법」 제18조 제4항).

[대법원 2015. 8. 27. 선고 2013다204737 판결]

임대주택법은 금지사항 부기등기의 말소에 관하여 명문의 규정을 두지 않고 있으나, 제3조에서 임대주택의 건설·공급 및 관리에 관하여 이 법으로 정하지 아니한 사항에는 주택법과 주택임대차보호법을 적용한다고 규정하고 있고, 주택법 제40조 제3항 후단과 제4항 후단의 위임에 따른 주택법 시행령 제45조의 규정 내용 등에 비추어 보면, 임대주택법상 금지사항 부기등기는 말소사유에 따라 임대사업자의 신청에 의하여 말소하거나 등기관이 직권 또는 법원의 촉탁에 의하여 말소하는 것으로 해석된다.

위와 같이 임대주택법 제18조에 의한 금지사항 부기등기나 말소는 임대사업자 단독의 신청이나 등기관의 직권 또는 법원의 촉탁에 의하여 이루어지도록 되어 있으므로 말소된 금지사항 부기등기의 회복과 관련하여 임차인과 임대사업자를 등기 절차상의 등기권리자나 등기의무자라고 보기 어렵다. 그런데 말소등기회복청구의 소는 어떤 등기의 전부 또는 일부가 부적법하게 말소된 경우에 말소된 등기를 회복하기 위하여 제기하는 소로서 등기권리자가 등기의무자를 상대로 제기하여야 하는 것이므로, **등기권리자가 아닌 임차인이 등기의무자가 아닌 임대사업자를 상대로 말소된 금지사항 부기등기의 회복을 청구하는 것은 부적법하여 허용될 수 없다.**

라. 기타

기타 임대주택의 임차인 주거 생활의 안정 등의 보호를 위한 것으로는 ① 최초의 임대보증금 및 임대료의 제한, ② 표준임대차계약서 사용 의무, ③ 법정 임대의무기간, ④ 임대보증금 및 임대료 증액 제한, ⑤ 무주택자인 임차인의 우선수분양전환권의 인정, ⑥ 분양전환가격 산정의 법적 제한, ⑦ 분양전환 후 구성되는 입주자대표회의의 특별수선충당금의 인수, ⑧ 부도 임대주택에 대한 경매 제한, ⑨ 임대주택 분쟁조정위원회의 설치 등등이 있다.

임대사업자 및 주택임대관리업자

1. 임대(주택)사업자의 구분 및 등록

가. 공공임대주택사업자

1) 정의

'공공임대주택사업자'란 국가 또는 지방자치단체의 재정이나 주택도시기금을 지원받아 공공임대주택을 건설하거나, 기존주택을 매입 또는 임차하여 임대차로 공급하는 자로서, 국토교통부장관이 지정한 '공공주택사업자'와 '공동 공공주택사업자'를 말한다.

가) 공공주택사업자

국토교통부장관은 다음 각 호의 자 중에서 공공주택사업자를 지정한다(「공공주택 특별법」 제4조 제1항).

1. 국가 또는 지방자치단체
2. 「한국토지주택공사법」에 따른 한국토지주택공사
3. 「지방공기업법」 제49조에 따라 주택사업을 목적으로 설립된 지방공사
4. 「공공기관의 운영에 관한 법률」 제5조에 따른 공공기관 중 대통령령으로 정하는 기관
5. 제1호부터 제4호까지의 규정 중 어느 하나에 해당하는 자가 총지분의 100분의 50을 초과하여 출자, 설립한 법인
6. 주택도시기금 또는 제1호부터 제4호까지의 규정 중 어느 하나에 해당하는 자가 총지분의 전부를 출자(공동으로 출자한 경우를 포함한다)하여 「부동산투자회사법」에 따라 설립한 부동산투자회사

나) 공동 공공주택사업자

국토교통부장관은 「공공주택 특별법」 제4조 제1항 제1호부터 제4호까지의 규정 중 어느 하나에 해당하는 자와 「주택법」 제4조에 따른 주택건설사업자를 공동 공공주택사업자로 지정할 수 있다(「공공주택 특별법」 제4조 제2항).

2) 등록 규정이 없음

위와 같이 「공공주택 특별법」에는 국토교통부장관이 (공동) 공공주택사업자를 지정한다는 규정(「공공주택 특별법」 제4조 제1항)을 두고 있으므로, 공공임대주택에 대한 공공주택사업자의 등록 규정을 따로 두고 있지 않다.

나. (민간)임대(주택)사업자

1) 정의

'(민간)임대(주택)사업자'란 「공공주택 특별법」 제4조 제1항에 따른 공공주택사업자가 아닌 자로서 1호 이상의 민간임대주택을 취득하여 임대하는 사업을 할 목적으로 「민간임대주택에 관한 특별법」 제5조에 따라 등록한 자를 말한다(「민간임대주택에 관한 특별법」 제2조 제7호). 이는 「부가가치세법」 제8조의 규정에 의한 '사업자등록'과는 구별되는 별도의 등록절차이다.

한편 다음과 같이 임대주택 등록 호수에 따라 ① 기업형 임대사업자와 ② 일반형 임대사업자로 구분하기도 하였다.[50]

	8년 이상 임대할 목적으로 다음 호수 이상의 민간임대주택을 취득하였거나 취득하려는 임대사업자	
기업형 임대사업자	민간건설임대주택	민간매입임대주택
	단독주택: 300호 공동주택: 300세대 준주택: 300호	단독주택: 100호 공동주택: 100세대 준주택: 100호
일반형 임대사업자	기업형 임대사업자가 아닌 임대사업자로서 1호 이상의 민간임대주택을 취득하거나 취득하려는 임대사업자	

그런데 2018. 1. 16. 법률 제15356호로 일부 개정되어 2018. 7. 17.부터 시행되는 「민간임대주택에 관한 특별법」에서는 기존의 위 '기업형 임대사업자'와 '일반형 임대사업자'의 구분을 하지 않고, '임대사업자'로 단일화하였다(「민간임대주택에 관한 특별법」 제2조 제7호).

---

[50] 2018. 1. 16. 법률 제15356호로 일부 개정되어 2018. 7. 17. 시행되는 「민간임대주택에 관한 특별법」 이전의 것.

2) 개정 경과

개정일시	취지	내용	관련 규정
2015. 12. 28.	임대사업자의 등록 기준 설정	기업형 임대사업자의 경우 ① 건설임대주택은 300호 또는 300세대 규모 ② 매입임대주택은 100호 또는 100세대 규모	「민간임대주택에 관한 특별법 시행령」 제3조
		기업형 임대주택 공급촉진지구의 지정을 제안한 자는 제안서에 기재된 임대주택규모와 취득한 임대주택을 기준으로 등록할 수 있도록 함	「민간임대주택에 관한 특별법 시행령」 제4조
2017. 1. 17.		다가구주택 내 하나의 실(室)에 본인이 거주하더라도 해당 주택을 임대주택으로 등록할 수 있도록 함	「민간임대주택에 관한 특별법」 제2조
2017. 9. 19.	기업형 임대사업자 등록기준 확대	단독주택 또는 공동주택 이외에 오피스텔 등 준주택에 대하여도 기업형 임대사업자로 등록할 수 있도록 함	「민간임대주택에 관한 특별법 시행령」 제3조 제1호 다목 및 제2호 다목 신설
2018. 1. 16.		기존 임대주택 등록 호수에 따라 기업형 임대사업자와 일반형 임대사업자로 구분하여 등록하던 것을 임대사업자로 단일화함	「민간임대주택에 관한 특별법」 제2조, 제5조

3) 등록 요건

등록이 제한되는 주택의 유형은 없으나, 본인 거주 주택(다가구 주택은 제외), 무허가 주택, 비주거용 오피스텔 등의 경우에는 등록이 제한된다.

그리고 오피스텔의 경우 전용면적이 85㎡ 이하이면서 상하수도 시설이 갖추어진 전용 입식 부엌, 전용 수세식 화장실 및 목욕시설을 갖추었을 때 주거용 등록이 가능하다.

즉, 아래 각 호과 같은 민간임대주택을 임대하려는 자는 특별자치시장·특별자치도지사·시장·군수 또는 구청장에게 등록을 신청할 수 있다. 즉, 민간임대주택사업자의 등록은 법정 의무사항은 아니다.[51]

다만 2인 이상이 공동으로 건설하거나 소유하는 주택의 경우에는 공동명의로 등록하여야 한다(「민간임대주택에 관한 특별법」 제5조 제1항, 「같은 법 시행령」 제4조 제1항).

1. 민간임대주택으로 등록할 주택을 소유한 자
2. 민간임대주택으로 등록할 주택을 취득하려는 계획이 확정되어 있는 자로서 다음 각 목

---

[51] 그러나 정부는 2020년까지 임대사업자 등록이 활발하지 않다고 판단되면, 임대 등록 의무제를 도입할 방침이라고 한다.

의 어느 하나에 해당하는 자

가. 민간임대주택으로 등록할 주택을 건설하기 위하여 「주택법」 제15조에 따른 사업계
획승인을 받은 자

나. 민간임대주택으로 등록할 주택을 건설하기 위하여 「건축법」 제11조에 따른 건축허
가를 받은 자

다. 민간임대주택으로 등록할 주택을 매입하기 위하여 매매계약을 체결한 자

라. 민간임대주택으로 등록할 주택을 매입하기 위하여 분양계약을 체결한 자

3. 민간임대주택으로 등록할 주택을 취득하려는 위 제2호 외의 자로서 다음 각 목의 어느
하나에 해당하는 자

가. 「주택법」 제4조에 따라 등록한 주택건설사업자

나. 「부동산투자회사법」 제2조 제1호에 따른 부동산투자회사

다. 「법인세법」 제51조의2 제1항 제9호에 해당하는 투자회사

라. 「자본시장과 금융투자업에 관한 법률」 제9조 제18항에 따른 집합투자기구

마. 소속 근로자에게 임대하기 위하여 민간임대주택을 건설하려는 고용자(법인으로 한정
한다).

4. 「민간임대주택에 관한 특별법」 제23조 제3항 전단에 따라 기업형 임대주택 공급촉진지
구 지정을 제안한 자로서 제안서에 기재된 민간임대주택(취득한 임대주택을 포함한다)의 규모
가 「민간임대주택에 관한 특별법 시행령」 제3조 제1호[52]에 따른 호수 또는 세대수 이상
인 자

4) 등록 구분

위와 같이 민간임대사업자가 등록을 하는 경우 다음과 같이 구분된다(「민간임대주택에 관한 특
별법」 제5조 제2항[53]).

1. 기업형 임대사업자 및 일반형 임대사업자

가. 기업형 임대사업자 - 「민간임대주택에 관한 특별법 시행령」 제3조 각 호[54]의 구분에

---

[52] 가. 단독주택: 300호
나. 공동주택: 300세대
다. 준주택: 300호
[53] 2018. 1. 16. 일부 개정되기 전의 「민간임대주택에 관한 특별법」.
[54] 1. 민간건설임대주택의 경우
가. 단독주택: 300호
나. 공동주택: 300세대
다. 준주택: 300호
2. 민간매입임대주택의 경우

따른 호수 또는 세대수의 주택을 소유하거나 취득 예정인 경우

　나. 일반형 임대사업자 - 1호 또는 1세대 이상의 주택을 소유하거나 취득 예정인 경우(「민간임대주택에 관한 특별법 시행령」 제4조 제5항)

2. 민간건설 임대주택 및 민간매입 임대주택
3. 기업형 임대주택, 준공공 임대주택 및 단기 임대주택

5) 변경 신고

위와 같이 등록한 자가 그 등록한 사항을 변경하거나 말소하고자 할 경우 시장·군수·구청장에게 신고하여야 한다. 다만, 임대주택 면적을 10% 이하의 범위에서 증축하는 등 국토교통부령으로 정하는 경미한 사항[55]은 신고하지 아니하여도 된다(「민간임대주택에 관한 특별법」 제5조 제3항).

등록한 사항이 변경된 경우에는 변경 사유가 발생한 날부터 30일 이내에 시장·군수·구청장(변경 사항이 임대사업자의 주소인 경우에는 전입지의 시장·군수·구청장을 말한다)에게 신고하여야 하며, 임대사업자 등록 후 1개월이 지나기 전 또는 「민간임대주택에 관한 특별법」 제43조 제1항에 따른 임대의무기간이 지난 후 민간임대주택이 없게 된 경우에는 30일 이내에 말소신고를 하여야 한다(「민간임대주택에 관한 특별법 시행령」 제4조 제6항).

다. 「임대주택법」상 임대(주택)사업자

원칙적으로 종전의 「임대주택법」에 따라 등록한 임대주택은 종전의 「임대주택법」을 적용한다(「민간임대주택에 관한 특별법」 부칙 제3조 제2항).

1) 정의

'임대(주택)사업자'란 ① 국가, 지방자치단체, 한국토지주택공사, 지방공사, ② 「임대주택법」 제6조에 따라 주택임대사업을 하기 위하여 등록한 자, 또는 「임대주택법」 제7조에 따라 설립된 임대주택조합을 말한다(「임대주택법」 제2조 제4호).

　가. 단독주택: 100호
　나. 공동주택: 100세대
　다. 준주택: 100호
[55] 「민간임대주택에 관한 특별법 시행규칙」 제3조 제3항
　민간임대주택 면적을 다음 각 호의 구분에 따른 해당 민간임대주택의 규모 구간을 벗어나지 아니하는 범위에서 10% 이하로 증축하는 것을 말한다.
　1. 40㎡ 이하, 2. 40㎡ 초과 60㎡ 이하, 3. 60㎡ 초과 85㎡ 이하, 4. 85㎡ 초과

즉, 「임대주택법」상 국가, 지방자치단체, 한국토지주택공사, 지방공사, 임대주택조합 이외의 민간임대사업자로서, 「임대주택법」 제6조에 따라 등록하지 아니한 자는 「임대주택법」상 임대사업자가 아니다.

2) 건설임대주택 및 매입임대주택의 경우

가) 개정 경과

개정일시	취지	내용	관련 규정
1993. 12. 27.		기존에는 임대주택과 임대사업자의 개념이 명확히 정립되어 있지 아니하나, 앞으로는 임대주택을 건설임대주택과 매입임대주택으로 구분하고, 임대사업자는 일정 호삭 이상(5호 또는 5세대)의 임대주택을 임대하는 자로서 건설부장관에게 등록한 자로 함	구 「임대주택법」 제2조 제4호
1994. 9. 13.	임대사업자로 등록할 수 있는 자	「주택건설촉진법」 제6조의 규정에 의한 주택건설사업자	구 「임대주택법 시행령」 제6조
		임대를 목적으로 5호 또는 5세대 이상의 주택을 건설하기 위하여 건설허가를 받은 자	
		이를 매입하여 소유권이전등기를 완료한 자	
1997. 4. 1.	임대사업자로 등록할 수 있는 자 추가	임대를 목적으로 주택을 건설하는 토지 소유자	구 「임대주택법 시행령」 제6조 제2항
		소속근로자에게 임대할 목적으로 주택을 건설하는 고용자	
		임대를 목적으로 주택의 매입계약을 체결한 자	
1999. 11. 12.	임대사업자 등록 기준 완화: 주택시장의 활성화를 위하여 임대주택의 공급을 확대하고, 주택전세가격의 안정에 기여하려는 것임	기존에는 5호(단독주택) 또는 5세대(공동주택) 이상의 주택을 보유한 경우에 임대사업자로 등록할 수 있도록 하였으나, 앞으로는 2호(단독주택) 또는 2세대(공동주택) 이상의 주택만 보유하면 임대사업자로 등록 가능	구 「임대주택법 시행령」 제6조 제1항
2000. 1. 12.	지역실정에 맞는 행정이 이루어질 수 있도록 하기 위함	건설교통부장관의 권한 중 임대사업자의 등록에 관한 권한 등을 시장, 군수 또는 구청장에게 이양함	구 「임대주택법」 제6조 제1항
2005. 12. 13.	매입임대주택 임대사업자의 등록기준 강화 - 민간매입임대주택이 조세를 회피하는 수단으로 이용되지 아니하도록 하기 위한 것임 - 투기목적으로 이용하는 것을 방지하기 위함	주택의 수를 2호 또는 2세대에서 5호 또는 5세대로 강화함	구 「임대주택법 시행령」 제6조 제1항
2007. 3. 27.	부도를 발생시킨 임대사업자의 임대사업자등록 제한 - 신용이 좋지 아니한 자의 임대사업자 등록을 미연에 차단함으로써 임차인 보호에 기여	과거 5년 이내에 임대사업에서 부도를 낸 사실이 있는 자 등은 임대사업자로 등록할 수 없도록 함	구 「임대주택법 시행령」 제6조 제2항 단서
2008. 11. 26.	매입임대주택사업의 등록요건 완화 - 지방 주택의 미분양 문제를 해소하기 위함	매입임대사업자가 임대하여야 하는 최소 주택수를 기존 5호 또는 5세대에서 각각 1호 또는 1세대로 완화함	「임대주택법 시행령」 제7조 제1항 제2호

2014. 7. 16.	매입임대주택사업 활성화	1) 종전에는 임대주택의 임대사업자 등록신청일부터 과거 5년 이내에 부도 발생 사실이 없어야 임대사업자 등록이 가능하였으나, 매입임대주택인 경우에는 임대사업자에게 부도가 발생한다고 하더라도 임차인의 주거 안정에 미치는 영향이 적음 2) 앞으로는 매입임대주택의 임대사업자에 대해서는 해당 기간에 부도 발생사실이 있었더라도 임대사업자 등록이 가능하도록 등록요건을 완화하여 매입임대주택 사업이 활성화될 수 있도록 함	「임대주택법 시행령」 제7조 제2항

나) 등록 요건

① 건설임대주택의 경우: 단독주택은 2호(다가구주택은 1호), 공동주택은 2세대, ② 매입임대주택의 경우: 단독주택은 1호, 공동주택은 1세대 이상의 주택을 임대하려는 자는 특별자치도지사·시장·군수 또는 구청장에게 등록을 신청할 수 있다(「임대주택법」 제6조 제1항, 「같은 법 시행령」 제7조 제1항). 즉, 이러한 경우, 임대사업자 등록은 법적 의무사항은 아니다.

위와 같이 임대사업자로 등록할 수 있는 자는 다음 각 호와 같으며, 2인 이상이 공동으로 건설하거나 소유하는 주택의 경우에는 공동 명의로 등록하여야 한다. 다만, 등록신청일부터 과거 5년 이내에 임대주택사업에서 부도(부도 후 부도 당시의 채무를 변제하고, 임대주택사업을 정상화시킨 경우는 제외한다)의 발생사실이 있는 자(부도 당시 법인의 대표자나 임원이었던 자와 부도 당시 법인의 대표자나 임원 또는 부도 당시 개인인 임대사업자가 대표자나 임원으로 있는 법인을 포함한다)는 건설임대주택의 임대사업자로 등록할 수 없다(「임대주택법 시행령」 제7조 제2항).

1. 「주택법」 제9조에 따라 등록한 주택건설사업자
2. 「주택법」 제10조 제1항 및 제3항에 따라 임대를 목적으로 주택을 건설하는 토지소유자 또는 고용자
3. 임대를 목적으로 주택을 건축하기 위하여 「건축법」 제11조에 따라 허가를 받은 자
4. 임대를 목적으로 주택을 소유하고 있거나 이를 매입하기 위한 계약(분양계약을 포함한다)을 체결한 자
5. 「임대주택법 시행령」 제14조 제4항 각 호[56]의 어느 하나에 해당되는 회사 등

---

56 1. 부동산투자회사
2. 「자본시장과 금융투자업에 관한 법률」에 따른 집합투자기구
3. 「법인세법」 제51조의2 제1항 제6호에 해당되는 투자회사
4. 「상법」에 따른 주식회사 또는 유한회사로서 다음 각 목의 요건을 모두 갖춘 회사
　가. 본점 외의 영업소를 설치하지 않을 것
　나. 상시 근무하는 임원을 두지 않을 것
　다. 직원을 고용하지 않을 것
　라. 「법인세법 시행령」 제86조의2 제5항 제2호에 따른 자산관리회사 또는 「자본시장과 금융투자업에 관한 법률」 제12조에 따라 인가를 받아 설립된 신탁업자에 관련 사무를 위탁할 것

다) 등록 절차

임대사업자로 등록하려는 자는 국토교통부령으로 정하는 바에 따라 등록 신청서를 특별자치도지사, 시장, 군수 또는 구청장에게 제출하여야 한다(「임대주택법 시행령」 제8조 제1항).

시장·군수 또는 구청장은 위 등록 신청서를 접수하면 「임대주택법 시행령」 제7조 제2항에 따른 등록 기준에 적합한지를 확인한 후, 적합한 경우에는 임대사업자 등록부에 이를 올리고 등록증을 신청인에게 발급하여야 한다(「임대주택법 시행령」 제8조 제2항).

라) 변경 신고

등록증을 발급받은 자는 등록 사항이 변경된 경우에는 변경 사유가 발생한 날부터 30일 이내에 시장·군수 또는 구청장(변경 사항이 임대사업자의 주소인 경우에는 전입지의 시장·군수 또는 구청장을 말한다)에게 이를 신고하여야 한다. 다만, 등록 사항의 변경이 「임대주택법」 제6조의2에 따른 준공공임대주택의 등록 및 등록 사항의 변경신고로 인한 경우는 제외한다. 그리고 국토교통부령으로 정하는 경미한 사항은 신고하지 아니하여도 된다(「임대주택법」 제6조 제2항, 「같은 법 시행령」 제8조 제3항).

마) 기타

기타 임대사업자의 등록 등에 관한 구체적인 서식 등에 관하여는 「임대주택법 시행규칙」 제3조에 상세히 규정하고 있다.

3) 준공공임대주택의 경우

가) 개정 경과

개정 일시	취지	내용	관련 규정
2013. 6. 4.		임대사업자가 준공공임대주택사업을 하려는 경우 해당 임대주택이 소재하는 시장·군수·구청장에 등록하도록 의무화하고 필요한 등록 요건과 등록 취소요건을 규정함(신설)	「임대주택법」 제6조의2, 제6조의3

마. 주식을 담보(주택도시기금 융자금에 대한 담보는 제외한다)로 제공하지 않을 것

2013. 12. 4.	준공공임대주택의 등록기준 및 등록 절차 신설	준공공임대주택의 등록 기준을 국가, 지방자치단체, 한국토지주택공사, 지방공사 외의 임대사업자가 공급하는 매입임대주택으로, 전용면적이 85㎡ 이하인 주택으로 함	「임대주택법 시행령」 제8조의2 제8조의3
2014. 5. 28.	준공공임대주택 등록 활성화	준공공임대주택 등록요건에서 매입시기 제한(2013. 4. 1. 이후 매입한 주택)을 삭제하고 민간건설임대주택까지 준공공임대주택으로 등록이 가능하도록 함	「임대주택법」 제2조 제2호 및 제3호의3, 법률 제11870호 부칙 제2조 삭제
2014. 7. 16.	준공공임대주택으로의 전환 확대	매입임대주택 외에 민간건설임대주택도 준공공임대주택으로 전환하여 등록할 수 있도록 함	「임대주택법 시행령」 제8조의2 제1호
2015. 5. 18.	다가구주택의 경우 대부분 전용면적 85㎡를 초과하는 바, 이를 준공공임대주택으로 등록할 수 있게 하여 준공공임대주택 제도 활성화하기 위함	다가구주택도 전용면적에 관계없이 준공공임대주택으로 등록할 수 있도록 함	「임대주택법」 제2조 제3호의3
2015. 9. 8.	상동	다가구주택의 경우 전용면적과 관계없이 준공공임대주택으로 등록할 수 있도록 함	「임대주택법 시행령」 제2조의3
		임대사업자 등록기준 중 보유주택수를 건설임대주택인 다가구주택의 경우에는 보유 주택 수를 2호에서 1호로 변경	「임대주택법 시행령」 제7조 제1항 제1호
2017. 1. 17.	영세한 서민이 주로 거주하고 있는 다가구주택도 임대주택으로 등록할 수 있도록 함	다가구주택 내 하나의 실(室)에 본인이 거주하더라도 해당 주택을 임대주택으로 등록할 수 있도록 함	「임대주택법」 제2조

나) 등록 요건

'준공공임대주택'을 임대하려는 자는 해당 주택이 소재하는 시장·군수·구청장에게 이를 등록하여야 한다(「임대주택법」 제6조의2 제1항). 즉, 이러한 경우, 임대사업자 등록은 법정 의무 사항이다.

'준공공임대주택'으로 등록할 수 있는 주택[57]은 다음 각 호의 요건을 모두 갖춘 주택으로 한다(「임대주택법 시행령」 제8조의2).

1. 국가, 지방자치단체, 한국토지주택공사 또는 지방공사 외의 임대사업자가 공급하는 민간건설임대주택 또는 매입임대주택[임대사업자가 준공공임대주택으로 등록하기 전에 임대하고 있는 주택(임대의무기간이 지나지 아니한 주택을 포함한다)을 포함한다]일 것
2. 전용면적이 85㎡ 이하일 것(다가구주택은 제외한다)

---

[57] 「임대주택법」 제6조의2 개정 규정에 따라 등록이 가능한 주택은 2013. 4. 1. 이후 매매계약을 체결한 주택으로 한다. 〈부칙〉 법률 제11870호, 2013. 6. 4. 제2조.

다) 등록 절차

준공공임대주택을 등록하려는 자는 국토교통부령으로 정하는 바에 따라 등록 신청서를 해당 주택이 소재하는 지역의 관할 시장·군수 또는 구청장에게 제출하여야 한다(「임대주택법 시행령」 제8조의3[58]).

해당 주택이 소재하는 지역의 관할 시장·군수 또는 구청장은 제1항의 등록 신청서를 접수하면 「임대주택법 시행령」 제8조의2에 따른 등록기준에 적합한지를 확인한 후 적합한 경우에는 준공공임대주택 등록부에 이를 올리고 등록증을 신청인에게 발급하여야 한다.

라) 변경 신고

등록증을 발급받은 자는 등록 사항이 변경된 경우에는 변경 사유가 발생한 날부터 30일 이내에 해당 주택이 소재하는 지역의 관할 시장·군수 또는 구청장에게 그 사실을 신고하여야 한다.

마) 기타

기타 준공공임대주택의 등록 등에 관한 구체적인 서식 등에 관하여는 「임대주택법 시행규칙」 제3조의2에 상세히 규정하고 있다.

4) 임대주택조합

가) 정의

「임대주택법」상, '임대주택조합'이란 주택을 임대하고자 하는 자가 임대주택을 건설하거나 매입하기 위하여 「임대주택법」 제7조에 따라 설립한 조합을 말한다(「임대주택법」 제2조 제5호).

「공공주택 특별법」 및 「민간임대주택에 관한 특별법」에는 임대주택조합에 관한 규정을 두고 있지 않다.

---

[58] 2013. 12. 4. 개정된 「임대주택법 시행령」에 의해 신설되었다.

나) 개정 경과

개정일시	취지	내용	관련 규정
2002. 12. 26.	민간부분에서의 임대주택건설 촉진	임대주택조합제도 도입 자금력 있는 사람들이 주택임대사업을 목적으로 하는 조합을 결성하여 임대주택을 건설·임대할 수 있는 제도를 마련함	「임대주택법」 제6조의2 내지 제6조의4 신설
2003. 6. 25.		임대주택조합의 설립인가부터 주택건설촉진법에 의한 사업계획승인 등까지의 기간 동안에는 조합원의 사망의 경우를 제외하고는 조합원을 교체할 수 없도록 함으로써 임대주택조합의 안정적인 사업진행을 도모함	「임대주택법 시행령」 제7조의2 제3항 신설

다) 설립

다수의 구성원이 주택을 건설하거나 매입하여 이를 임대할 목적으로 임대주택조합을 설립하려면, 관할 시장·군수·구청장의 인가를 받아야 한다. 인가받은 내용을 변경하거나 인가를 받아 설립된 조합을 해산하려는 경우에도 인가를 받아야 한다(「임대주택법」 제7조 제1항).

위와 같이 인가를 받는 조합의 설립 방법·절차, 조합 구성원의 자격 기준, 조합의 운영 및 관리에 필요한 사항은 대통령령(「임대주택법 시행령」 제9조)으로 정한다.

라) 감독

국토교통부장관 또는 시장·군수·구청장은 주택공급에 관한 질서를 유지하기 위하여 특히 필요하다고 인정하면 국가가 관리하고 있는 행정전산망 등을 이용하여 조합 구성원의 자격 등에 관하여 필요한 사항을 확인할 수 있다(「임대주택법」 제8조 제1항).

시장·군수·구청장은 조합이나 조합의 구성원이 이 법 또는 이 법에 따른 명령이나 처분을 위반하면 조합의 설립 인가를 취소할 수 있다(「임대주택법」 제8조 제2항).

임대주택조합은 대통령령(「임대주택법 시행령」 제10조)으로 정하는 바에 따라 회계감사를 받아야 하며, 그 감사 결과를 관할 시장·군수·구청장에게 보고하고 그 조합의 구성원이 열람할 수 있도록 하여야 한다(「임대주택법」 제8조 제3항).

마) 공동사업주체

임대주택조합은 「주택법」 제9조에 따른 등록사업자(국가·지방자치단체·한국토지주택공사 및 지방공사를 포함한다)와 공동으로 임대주택을 건설할 수 있다. 이 경우 조합과 등록사업자를 「주택법」 제10조에 따른 공동사업주체로 본다(「임대주택법」 제9조).

바) 실태

위와 같은 2명 이상이 모여 임대 수익을 얻을 목적으로 임대주택을 건설하기로 하는 임대주택조합 관련 제도는 2002. 6.경 개정된 「임대주택법」에 처음으로 도입되었으나, 당시 수익형 아파트에 대한 인식이 낮았고, 이어 2008년 글로벌 금융위기 여파로 실제 시행된 사례는 없었다고 한다.

임대주택조합원은 거주지, 주택 보유 여부 등과 무관하게 조합원이 될 수 있다.

그런데, ① 경남 거제시 일운동 소동리 소재에 임대주택을 건설하기 위한 '소동 임대주택조합'이 2013. 1.경에야 비로소 국내 최초로 조합설립인가를 받고, 2014. 8.경 사업승인을 받아, 2019. 3.경 당해 임대주택을 완공할 예정에 있다고 하고, ② 2015. 4.경 '밀양 삼문 미소지움 아파트' 건립을 위한 임대주택조합이 설립되었다고 하는데, 딱히 활성화된 제도는 아닌 것으로 보인다.

2. 임대(주택)사업자의 등록 말소

가. 공공임대주택사업자의 경우

「공공주택 특별법」에는 공공임대주택에 대한 공공주택사업자의 등록 규정을 두고 있지 않으므로, 응당 등록 말소 규정도 없다.

나. 민간임대주택사업자의 경우

1) 민간임대사업자의 등록 말소 요건

시장·군수·구청장은 임대사업자가 다음 각 호의 어느 하나에 해당하면 등록의 전부 또는 일부를 말소할 수 있다. 다만, 제1호에 해당하는 경우에는 등록의 전부 또는 일부를 말소하여야 한다(「민간임대주택에 관한 특별법」 제6조 제1항).

1. 거짓이나 그 밖의 부정한 방법으로 등록한 경우
2. 임대사업자가 「민간임대주택에 관한 특별법」 제5조에 따라 등록한 후, 대통령령으로 정하는 일정 기간 안[59]에 민간임대주택을 취득하지 아니하는 경우
3. 「민간임대주택에 관한 특별법」 제5조 제1항에 따라 등록한 날부터 1개월이 경과하기 전 또는 같은 법 제43조의 임대의무기간이 경과한 후 등록 말소를 신청하는 경우
4. 「민간임대주택에 관한 특별법」 제5조 제4항의 등록기준을 갖추지 못한 경우. 다만, 일시적으로 등록기준에 미달하는 등 대통령령으로 정하는 경우[60]는 그러하지 아니하다.

---

[59] 다만, 제6호의 경우 촉진지구가 지정되지 아니하거나 그 지정이 취소 또는 해제되는 경우에는 제6호에 해당하는 기간 내에도 등록을 말소할 수 있다.
  1. 제4조 제1항 제2호 가목의 자: 임대사업자로 등록한 날부터 6년
  2. 제4조 제1항 제2호 나목의 자: 임대사업자로 등록한 날부터 4년
  3. 제4조 제1항 제2호 다목의 자: 임대사업자로 등록한 날부터 3개월
  4. 제4조 제1항 제2호 라목의 자: 임대사업자로 등록한 날부터 3년
  5. 제4조 제1항 제3호 각 목의 자: 임대사업자로 등록한 날부터 6년
  6. 제4조 제1항 제4호의 자: 촉진지구 지정일부터 6년
[60] 기업형 임대사업자가 일시적인 민간임대주택 매각 등으로 인하여 소유하는 민간임대주택이 「민간임대주택에 관한 특별법 시행령」 제4조 제5항 제1호에 따른 호수 또는 세대수에 미달되었으나 다음 각 호의 구분에 따른 기간 내에 그 기준을 갖춘 경우를 말한다.
  1. 민간건설임대주택의 경우: 2년
  2. 민간매입임대주택의 경우: 3개월

   5. 「민간임대주택에 관한 특별법」 제43조 제2항에 따라 민간임대주택을 양도한 경우

   6. 「민간임대주택에 관한 특별법」 제43조 제4항에 따라 민간임대주택을 양도한 경우

   7. 「민간임대주택에 관한 특별법」 제44조에 따른 임대조건을 위반한 경우

   8. 「민간임대주택에 관한 특별법」 제45조를 위반하여 임대차계약을 해제·해지하거나 재계약
     을 거절한 경우

   9. 「민간임대주택에 관한 특별법」 제50조의 준주택에 대한 용도제한을 위반한 경우

2) 민간임대사업자의 등록 말소 절차

시장·군수·구청장은 민간임대사업자의 등록을 말소하는 경우 청문을 하여야 한다. 다만, 「민간임대주택에 관한 특별법」 제6조 제1항 제3호, 제5호 및 제6호의 경우는 제외한다(「민간임대주택에 관한 특별법」 제6조 제2항).

시장·군수·구청장은 민간임대사업자의 등록을 말소하면 해당 임대사업자의 명칭과 말소 사유 등 필요한 사항을 공고하여야 한다(「민간임대주택에 관한 특별법」 제6조 제3항).

임대사업자가 「민간임대주택에 관한 특별법」 제6조 제1항 제3호에 따라 등록말소를 신청하거나, 같은 조 제2항에 따른 청문 통보를 받은 경우 7일 이내에 그 사실을 임차인에게 통지하여야 한다(「민간임대주택에 관한 특별법」 제6조 제4항).

3) 민간임대사업자 등록 말소 후의 조치

「민간임대주택에 관한 특별법」 제6조 제1항 각 호(제5호는 제외한다)에 따라 등록이 말소된 경우에는 그 임대사업자(해당 주택을 양도한 경우에는 그 양수한 자를 말한다)를 이미 체결된 임대차계약의 기간이 끝날 때까지 임차인에 대한 관계에서 이 법에 따른 임대사업자로 본다(「민간임대주택에 관한 특별법」 제6조 제5항).

다. 「임대주택법」상의 임대주택사업자의 경우

1) 개정 경과

개정일시	취지	내용	관련 규정
2009. 12. 29.		임대사업자 등록말소 요건에 6개월 이상 분양전환에 응하지 아니하는 경우를 추가함	「임대주택법」 제15조 제1항 제4호의2 신설

2) 임대사업자의 등록 말소 요건

시장·군수·구청장은 임대사업자가 다음 각 호의 어느 하나에 해당하면 등록을 말소할 수 있다(「임대주택법」 제15조 제1항).

1. 거짓이나 그 밖의 부정한 방법으로 등록한 경우
2. 제6조 제3항의 등록 기준을 갖추지 못한 경우
3. 제16조의 매각 제한을 위반한 경우
3의2. 제16조 제5항의 용도제한을 위반한 경우
4. 제20조의 임대 조건을 위반한 경우
4의2. 제21조 제8항에 따라 6개월 이상 분양전환에 응하지 아니하는 경우
4의3. 제26조의2에 따른 임차인 현황을 신고하지 아니하거나 거짓으로 신고한 자
5. 이 법 또는 이 법에 따른 명령이나 처분을 위반한 경우

3) 임대사업자의 등록 말소 절차

시장·군수·구청장은 임대사업자의 등록을 말소하면 해당 임대사업자의 명칭과 말소 사유 등 필요한 사항을 공고하여야 한다(「임대주택법」 제15조 제2항).

시장·군수·구청장은 임대사업자의 등록을 말소하려면 청문을 실시하여야 한다(「임대주택법」 제37조).

4) 임대사업자 등록 말소 후의 조치

임대사업자의 등록이 말소된 경우라도 말소 이전에 이미 체결된 임대차계약의 기간이 끝날 때까지는 그 임대사업자와 임차인에게 「임대주택법」을 적용한다(「임대주택법」 제15조 제3항).

5) 준공공 임대주택의 등록 취소

'준공공 임대주택'은 그 등록 취소 규정을 따로 두고 있다(「임대주택법」 제6조의3).

준공공 임대주택이 다음 각 호의 어느 하나에 해당하면 해당 시장·군수·구청장은 그 등록을 취소할 수 있다. 다만 제1호부터 제3호까지에 해당하는 경우에는 등록을 취소하여야 한다(「임대주택법」 제6조의3 제1항).

1. 거짓이나 그 밖의 부정한 방법으로 등록한 경우
2. 제6조의2의 등록기준을 갖추지 못한 경우
3. 제15조에 따라 등록이 말소되는 경우
4. 제16조의 매각 제한을 위반하는 경우
5. 제16조 제5항의 용도제한을 위반하는 경우
6. 제20조의 임대 조건을 위반한 경우
7. 제26조에 따른 임대 조건 신고를 하지 아니하거나 거짓으로 신고한 경우

시장·군수·구청장은 제1항에 따라 등록을 취소하면 해당 준공공임대주택의 주소와 취소사유 등 필요한 사항을 공고하여야 한다.

준공공임대주택의 등록이 취소된 경우라도 취소 이전에 이미 체결된 임대차계약의 기간이 끝날 때까지는 그 임대사업자와 임차인에게 이 법을 적용한다.[61]

3. 민간임대사업자 등록 활성화 방안(2017. 12. 13. 관계부처 합동)

- [부록] '집주인과 세입자가 상생하는 임대주택 등록 활성화 방안' 참조
- [부록] '임대주택 등록 활성화 방안 Q&A' 참조

---

61 [본조신설 2013. 6. 4.].

4. 관련 법령 해석례

가. 임대사업자 등록 말소 신고 가부

민원인 - 일반형 임대사업자가 임대의무기간이 지나기 전에 「민간임대주택에 관한 특별법」 제6조 제1항 각 호 외의 사유로 같은 법 제5조 제3항 본문에 따라 임대사업자 등록 말소를 신고할 수 있는지 여부(「민간임대주택에 관한 특별법」 제6조 제1항 등 관련)

[안건번호: 17-0112, 회신일자: 2017-04-20]

【질의요지】

「민간임대주택에 관한 특별법」(이하 "민간임대주택법"이라 함) 제5조 제1항에서는 주택을 임대하려는 자는 특별자치시장·특별자치도지사·시장·군수 또는 구청장(구청장은 자치구의 구청장을 말함. 이하 "시장·군수·구청장"이라 함)에게 등록을 신청할 수 있다고 규정하고 있고, 같은 조 제2항에서는 같은 조 제1항에 따라 등록하는 경우 기업형 임대사업자 및 일반형임대사업자(제1호), 민간건설임대주택 및 민간매입임대주택(제2호), 기업형임대주택, 준공공임대주택 및 단기임대주택(제3호)에 따라 구분하여야 한다고 규정하고 있으며, 같은 조 제3항 본문에서는 같은 조 제1항에 따라 등록한 자가 그 등록한 사항을 변경하거나 말소하려는 경우 시장·군수·구청장에게 신고하여야 한다고 규정하고 있습니다.

그리고, 민간임대주택법 제6조 제1항 제3호에서는 시장·군수·구청장은 임대사업자가 같은 법 제5조 제1항에 따라 등록한 날부터 1개월이 경과하기 전 또는 같은 법 제43조 제1항에 따른 임대의무기간(이하 "임대의무기간"이라 함)이 경과한 후 등록 말소를 신청하는 경우에는 등록의 전부 또는 일부를 말소할 수 있다고 규정하고 있는바, 일반형임대사업자가 임대의무기간이 지나기 전에 민간임대주택법 제6조 제1항 각 호 외의 사유로 같은 법 제5조 제3항 본문에 따라 등록한 사항의 말소 신고를 할 경우, 시장·군수·구청장은 그 등록을 말소할 수 있는지?

【회답】

일반형임대사업자가 임대의무기간이 지나기 전에 민간임대주택법 제6조 제1항 각 호 외의 사유로 같은 법 제5조 제3항 본문에 따라 등록한 사항의 말소 신고를 할 경우, 시장·군수·구청장은 그 등록을 말소할 수 없습니다.

【이유】

민간임대주택법 제2조 제1호에서는 "민간임대주택"이란 임대 목적으로 제공하는 주택으로서 임대사업자가 같은 법 제5조에 따라 등록한 주택을 말하고, 민간건설임대주택과 민간매입임대주택으로 구분한다고 규정하고 있으며, 같은 조 제6호에서는 "단기임대주택"이란 일반형임대사업자가 4년 이상 임대할 목적으로 취득하여 임대하는 민간임대주택을 말한다고 규정하고 있고, 같은 조 제7호에서는 "임대사업자"란「공공주택 특별법」 제4조 제1항에 따른 공공주택사업자가 아닌 자로서 주택을 임대하는 사업을 할 목적으로 민간임대주택법 제5조에 따라 등록한 자를 말하며, 기업형 임대사업자와 일반형 임대사업자로 구분한다고 규정하고 있고, 민간임대주택법 제5조 제1항에서는 주택을 임대하려는 자는 시장·군수·구청장에게 등록을 신청할 수 있다고 규정하고 있으며, 같은 조 제2항에서는 같은 조 제1항에 따라 등록하는 경우 기업형 임대사업자 및 일반형 임대사업자(제1호), 민간건설임대주택 및 민간매입임대주택(제2호), 기업형 임대주택, 준공공 임대주택 및 단기임대주택(제3호)에 따라 구분하여야 한다고 규정하고 있고, 같은 조 제3항 본문에서는 같은 조 제1항에 따라 등록한 자가 그 등록한 사항을 변경하거나 말소하고자 할 경우 시장·군수·구청장에게 신고하여야 한다고 규정하고 있습니다.

그리고, 민간임대주택법 제6조 제1항 제3호에서는 시장·군수·구청장은 임대사업자가 같은 법 제5조 제1항에 따라 등록한 날부터 1개월이 경과하기 전 또는 임대의무기간이 경과한 후 등록 말소를 신청하는 경우에는 등록의 전부 또는 일부를 말소할 수 있다고 규정하고 있고, 같은 법 제43조 제1항에서는 임대사업자는 임대의무기간 동안 민간임대주택을 계속 임대하여야 하며, 그 기간이 지나지 아니하면 이를 양도할 수 없다고 규정하고 있는바, 이 사안은 일반형임대사업자가 임대의무기간이 지나기 전에 민간임대주택법 제6조 제1항 각 호 외의 사유로 같은 법 제5조 제3항 본문에 따라 등록한 사항의 말소 신고를 할 경우, 시장·군수·구청장은 그 등록을 말소할 수 있는지에 관한 것이라 하겠습니다.

먼저, 민간임대주택법 제5조 제1항에서는 주택을 임대하려는 자는 시장·군수·구청장에게 등록을 신청할 수 있다고 규정하고 있고, 같은 조 제3항 본문에서는 같은 조 제1항에 따라 등록한 자가 그 등록한 사항을 변경하거나 말소하려는 경우 시장·군수·구청장에게 신고하여야 한다고 규정하고 있으며, 같은 법 제6조 제1항 제3호에서는 시장·군수·구청장은 임대사업자가 같은 법 제5조 제1항에 따라 등록한 날부터 1개월이 경과하기 전 또는 임대의무기간이 경과한 후 등록 말소를 신청하는 경우에는 등록의 전부 또는 일부를 말소할 수 있다고 규정하고 있고, 「민간임대주택에 관한 특별법 시행령」 제4조 제6항에서는 임대사업자 등록 후 1개월이 지나기 전 또는 임대의무기간이 지난 후 민간임대주택이 없게 된 경우에는 30일 이내에 말소신고를 하여야 한다고 규정하고 있는 점에 비추어 볼 때, 민간임대주택법 제5조 제3항 본문에 따라 임대사업자가 임대사업자 등록 말소 신고를 하고, 이에 따라 시장·군수·구청장이 등록을 말소할 수 있는 경우는 임대사업자로 등록한 날부터 1개월이 경과하기 전이나 임대의무기간이 지난 후 민간임대주택이 없게 된 경우 등 민간임대주택법 제6조 제1항 각 호의 사유로 한정되는 것이 문언상 명백하다고 할 것입니다.

그리고, 민간임대주택법 제43조 제1항에서는 임대사업자는 임대의무기간 동안 민간임대주택을 계속 임대하여야 하며, 그 기간이 지나지 아니하면 이를 양도할 수 없다고 규정하고 있고, 같은 조 제2항 전단에서는 같은 조 제1항에도 불구하고 임대사업자는 임대의무기간 동안에도 국토교통부령으로 정하는 바에 따라 시장·군수·구청장에게 신고한 후 민간임대주택을 다른 임대사업자에게 양도할 수 있다고 규정하고 있으며, 같은 조 제4항에서는 같은 조 제1항에도 불구하고 임대사업자는 부도, 파산, 그 밖의 대통령령으로 정하는 경제적 사정 등으로 임대를 계속할 수 없는 경우에는 임대의무기간 중에도 대통령령으로 정하는 바에 따라 시장·군수·구청장에게 허가를 받아 임대사업자가 아닌 자에게 민간임대주택을 양도할 수 있다고 규정하고 있는바, 임대사업자는 민간임대주택법 제43조 제2항 전단에 따라 시장·군수·구청장에게 신고한 후 민간임대주택을 다른 임대사업자에게 양도하거나 같은 조 제4항에 따라 부도, 파산, 그 밖의 대통령령으로 정하는 경제적 사정 등으로 임대를 계속할 수 없는 경우로서 시장·군수·구청장에게 허가를 받아 임대사업자가 아닌 자에게 민간임대주택을 양도할 수 있는 경우를 제외하고는 임대의 무기간 동안 민간임대주택을 계속 임대하여야 할 것입니다.

또한, 민간임대주택법은 민간임대주택의 건설·공급 및 관리와 민간 주택임대사업자 육성 등에 관한 사항을 정함으로써 민간임대주택의 공급을 촉진하고 국민의 주거생활을 안정시키는 것을 목적(제1조)으로 하는 법률로서, 같은 법 제43조에서 임대의무기간을 규정하고 있는 입법 취지는 무주택 임차가구의 보호를 강화하기 위한 것으로 보아야 할 것인 바, 일반형임대사업자가 임대의무기간이 지나기 전에 민간임대주택법 제6조 제1항 각 호 외의 사유로 같은 법 제5조 제3항 본문에 따라 등록한 사항의 말소 신고를 할 경우, 시장·군수·구청장이 그 등록을 말소할 수 있다고 해석하는 것은 민간임대주택법의 입법 목적이나 같은 법 제43조의 입법 취지에도 부합하지 않는다고 할 것입니다.

따라서, 일반형임대사업자가 임대의무기간이 지나기 전에 민간임대주택법 제6조 제1항 각 호 외의 사유로 같은 법 제5조 제3항 본문에 따라 등록한 사항의 말소 신고를 할 경우, 시장·군수·구청장은 그 등록을 말소할 수 없다고 할 것입니다.

관계법령
민간임대주택에 관한 특별법 제5조 제3항

나. 경매 관련 임대사업자 등록 가능 여부

민원인 - 경매의 매수인이 매각대금을 완납하기 전에 임대사업자로 등록할 수 있는지 여부(「민간임대주택에 관한 특별법 시행령」 제4조 등 관련)

[법제처 18-0040, 2018. 3. 8, 민원인]

【질의요지】

「민사집행법」 제142조 제1항에 따라 주택에 대한 법원의 매각허가결정이 확정되어 법원이 매각대금의 지급기한을 정하고 매수인에게 이를 통지한 경우, 해당 매수인이 매각대금을 완납하기 전에 「민간임대주택에 관한 특별법 시행령」 제4조 제1항 제2호 다목에 따라 임대사업자로 등록할 수 있는지?

【질의 배경】

민원인은 국토교통부에 「민사집행법」 제142조 제1항에 따라 주택에 대한 법원의 매각허가결정이 확정되어 법원

이 매각대금의 지급기한을 정하고 매수인에게 통지한 경우, 매수인은 매각대금을 완납하기 전에 「민간임대주택에 관한 특별법 시행령」 제4조 제1항 제2호 다목에 따라 임대사업자로 등록할 수 있는지에 관하여 질의하였고, 국토교통부에서 등록할 수 없다고 회신하자 법제처에 법령해석을 요청함.

【회답】

「민사집행법」 제142조 제1항에 따라 주택에 대한 법원의 매각허가결정이 확정되어 법원이 매각대금의 지급기한을 정하고 매수인에게 이를 통지한 경우, 해당 매수인은 매각대금을 완납하기 전에 「민간임대주택에 관한 특별법 시행령」 제4조 제1항 제2호 다목에 따라 임대사업자로 등록할 수 없습니다.

【이유】

「민간임대주택에 관한 특별법」(이하 "민간임대주택법"이라 함) 제5조 제1항에서는 주택을 임대하려는 자는 특별자치시장·특별자치도지사·시장·군수 또는 구청장(자치구의 구청장을 말함)에게 등록을 신청할 수 있다고 규정하고 있고, 「민간임대주택에 관한 특별법 시행령」(이하 "민간임대주택법 시행령"이라 함) 제4조 제1항 제2호 다목에서는 민간임대주택법 제5조 제1항에 따라 임대사업자로 등록할 수 있는 자로 민간임대주택으로 등록할 주택을 매입하기 위하여 매매계약을 체결한 자를 규정하고 있습니다.

한편, 「민사집행법」 제128조 제1항에서는 매각허가결정에는 매각한 부동산, 매수인과 매각가격을 적고 특별한 매각조건으로 매각한 때에는 그 조건을 적어야 한다고 규정하고 있고, 같은 법 제142조 제1항에서는 매각허가결정이 확정되면 법원은 대금의 지급기한을 정하고 이를 매수인과 차순위 매수신고인에게 통지해야 한다고 규정하고 있는바,

이 사안은 「민사집행법」 제142조 제1항에 따라 주택에 대한 매각허가결정이 확정되어 법원이 매각대금의 지급기한을 정하고 매수인에게 이를 통지한 경우, 해당 매수인이 매각대금을 완납하기 전에 민간임대주택법 시행령 제4조 제1항 제2호 다목에 따라 임대사업자로 등록할 수 있는지에 관한 것이라 하겠습니다.

먼저, 임대사업자로 등록할 수 있는 자의 요건으로 민간임대주택법 시행령 제4조 제1항 제1호에서는 민간임대주택으로 등록할 주택을 소유한 자를 규정하고 있고, 같은 항 제2호 다목에서는 민간임대주택으로 등록할 주택을 취득하려는 계획이 확정되어 있는 자로서 그 주택을 매입하기 위하여 매매계약을 체결한 자를 규정하고 있는바, 같은 목은 민간임대주택법으로 등록할 주택을 소유하지 않은 자도 임대사업자로 등록할 수 있도록 하여 임대사업을 하려는 자의 편의를 도모하되, 그 요건을 민간임대주택으로 등록할 주택을 취득하려는 계획이 확정되고 매매계약을 체결한 경우로 한정하고 있으므로, 같은 목에 따른 "매매계약"의 의미는 엄격하게 해석해야 할 것입니다.

그런데, 민간임대주택법 시행령 제4조 제1항 제 2호 다목에 따른 매매계약은 매도인과 매수인의 의사의 합치에 따라 매도인이 주택을 이전하고 매수인이 대금을 지급하는 계약(「민법」 제563조)을 의미하는 반면, 「민사집행법」에 따른 경매는 계약에 따라 주택을 이전하는 것이 아니라 매도인의 의사와 무관하게 법원이 주택을 처분하여 같

은 법 제135조 및 「민법」 제187조 등 법률의 규정에 따라 매수인에게 주택을 이전하는 것을 의미하므로, 민간임대주택법 시행령에 따른 매매계약과 「민사집행법」에 따른 경매는 주택을 취득하기까지의 원인과 절차가 다르다고 할 것인 바, 「민사집행법」에 따른 경매로 장래에 주택을 취득할 수 있다는 사유로 경매를 민간임대주택법 시행령 제4조 제1항 제2호 다목에 따른 매매계약과 같은 것으로 보기는 어렵다고 할 것입니다.

더욱이, 민간임대주택법 시행령 제4조 제1항 제2호에서는 민간임대주택으로 등록할 주택을 취득하기 전에 임대사업자로 등록할 수 있는 사유로 '매매계약'(다목)과 '분양계약'(라목)을 나누어 규정하고 있는데, 이는 분양계약은 매매계약의 한 종류임에도 불구하고 분양사업자가 건축하는 건축물의 전부 또는 일부를 2인 이상에게 판매하는 계약이라는 특성을 고려하여 매매계약(다목)과 항목을 달리하여 규정한 것으로 보이고, 주택을 취득하는 방법은 상속, 공용징수, 판결, 경매 등 다양한 점 등에 비추어 볼 때, 주택을 취득하기 전에 임대사업자로 등록할 수 있는 사유로 매매계약과 분양계약을 체결한 경우를 각각 규정하고 있는 것은 계약상·법률상 원인에 따라 주택을 취득하는 모든 경우를 포함하려는 것이 아니라, 주택을 취득하는 개별 방법에 따라 주택을 매입하는 경우를 특정하려는 것으로 보아야 할 것입니다.

따라서, 「민사집행법」 제142조 제1항에 따라 주택에 대한 매각허가결정이 확정되어 법원이 매각대금의 지급기한을 정하고 매수인에게 이를 통지한 경우, 해당 매수인은 매각대금을 완납하기 전에 민간임대주택법 시행령 제4조 제1항 제2호 다목에 따라 임대사업자로 등록할 수 없다고 할 것입니다.

※ 법령정비 권고사항
민간임대주택법 시행령 제4조 제1항 제2호 다목에서는 임대사업자로 등록할 수 있는 자의 요건을 민간임대주택으로 등록할 주택을 취득하려는 계획이 확정되어 있는 자로서 그 주택을 매입하기 위하여 매매계약을 체결한 자를 규정하고 있는바, 임대사업을 하려는 자는 매매계약뿐만 아니라 경매 등 다양한 방법으로 주택을 취득하고 있는 현실을 고려하여 임대사업자의 등록요건에 관하여 입법 정책적으로 고려할 필요가 있습니다.

다. 오피스텔에 대한 건설임대사업자등록 가부

민원인 - 임대를 목적으로 오피스텔을 건축하기 위하여 건축허가를 받은 경우 건설임대사업자 등록 가부(「임대주택법 시행령」 제7조 제2항 제3호 등 관련)

[법제처 13-0106, 2013. 4. 30, 민원인]

【질의요지】

임대를 목적으로 「임대주택법 시행령」 제2조의2에 따른 오피스텔을 건축하기 위해 「건축법」에 따른 건축허가를 받은 경우 「임대주택법 시행령」 제7조 제2항 제3호에 따라 건설임대사업자로 등록할 수 있는지?

【회답】

임대를 목적으로 「임대주택법 시행령」 제2조의2에 따른 오피스텔을 건축하기 위해 「건축법」에 따른 건축허가를 받은 경우 「임대주택법 시행령」 제7조 제2항 제3호에 따라 건설임대사업자로 등록할 수 없다고 할 것입니다.

【이유】

「임대주택법」 제2조 제2호 가목에서는 임대사업자가 임대를 목적으로 건설하여 임대하는 주택을 "건설임대주택"으로 정의하고 있고, 같은 조 제3호에서는 임대사업자가 매매 등으로 소유권을 취득하여 임대하는 주택을 "매입임대주택"으로 정의하면서 매입임대주택에 「주택법」 제2조 제1호의2에 따른 준주택 중 대통령령으로 정하는 오피스텔을 포함시키고 있고, 「임대주택법 시행령」 제2조의2에서는 "대통령령으로 정하는 오피스텔"이란 전용면적이 85㎡ 이하이고, 상·하수도 시설이 갖추어진 전용입식 부엌, 전용수세식 화장실 및 목욕시설을 갖춘 오피스텔(이하 "오피스텔"이라 함)을 말한다고 규정하고 있는 반면, 「같은 법 시행령」 제7조 제2항 제3호 및 「같은 법 시행규칙」 제3조에 따르면 임대를 목적으로 "주택"을 건축하기 위하여 「건축법」 제11조에 따라 허가를 받은 경우 건설임대사업자로 등록할 수 있도록 규정하고 있는바, 여기서 임대를 목적으로 오피스텔을 건축하기 위하여 「건축법」에 따른 건축허가를 받은 경우 건설임대사업자로 등록할 수 있는지가 문제됩니다.

먼저, 「임대주택법 시행령」 제7조 제2항 제3호에 따라 건설임대사업자로 등록하기 위해서는 "주택"의 건축을 위한 건축허가를 받아야 할 것인 바, 「주택법」 제2조 제1호에서 "주택"을 정의하고 있는 반면, 같은 조 제1호의2 및 「같은 법 시행령」 제2조의2에서는 「건축법 시행령」 [별표 1] 제14호 나목에 따른 오피스텔을 "주택"이 아닌 "준주택"으로 분류하고 있는 점, 「건축법 시행령」 [별표 1]에서는 건축물을 단독주택(1호), 공동주택(2호) 및 업무시설(오피스텔이 포함됨, 14호)로 구분하고 있는 점 등을 고려하면, 「임대주택법 시행령」 제7조 제2항 제3호에 규정된 "주택"은 「주택법」 제2조 제1호의 주택을 의미하는 것으로, "준주택"에 해당하는 오피스텔은 이에 포함되지 않는 것으로 보입니다.

또한, 2012. 1. 26. 「임대주택법」 제2조를 개정하면서 "업무시설인 오피스텔을 임대주택에 포함시킴에 따른 부작용을 최소화하기 위해 오피스텔은 매입임대주택의 형태로만 인정할 필요가 있음"을 이유로 같은 조 제3호의 매입임대주택에는 오피스텔을 포함시키고 있는 반면, 같은 조 제2호의 건설임대주택에는 오피스텔을 포함시키는 규정을 두지 않고 있는바(「임대주택법」 일부 개정법률안 심사보고서 참고), 오피스텔을 이용하여 임대사업을 하려는 경우 매입임대사업자로 등록할 수 있는 것은 별론으로 하고, 건설임대사업자로 등록할 수 없는 것으로 보입니다.

따라서, 임대를 목적으로 「임대주택법 시행령」 제2조의2에 따른 오피스텔을 건축하기 위해 「건축법」에 따른 건축허가를 받은 경우 「임대주택법 시행령」 제7조 제2항 제3호에 따라 건설임대사업자로 등록할 수 없다고 할 것입니다.

임대주택의 건설 또는 매입

1. 건설임대주택

가. 공공건설임대주택

'공공건설임대주택'이란 「공공주택 특별법」 제4조에 따른 공공주택사업자가 직접 건설하여 공급하는 공공임대주택을 말한다(「공공주택 특별법」 제2조 제1의2).

나. 민간건설임대주택

'민간건설임대주택'이란 다음 각 목의 어느 하나에 해당하는 민간임대주택을 말한다(「민간임대주택에 관한 특별법」 제2조 제2호).

가. 임대사업자가 임대를 목적으로 건설하여 임대하는 주택

나. 「주택법」 제4조에 따라 등록한 주택건설사업자가 같은 법 제15조에 따라 사업계획승인을 받아 건설한 주택 중 사용검사 때까지 분양되지 아니하여 임대하는 주택

다. 「임대주택법」상 건설임대주택

「임대주택법」상, '건설임대주택'이란 다음 각 목의 어느 하나에 해당하는 주택을 말한다(「임대주택법」 제2조 제2호).

가. 임대사업자가 임대를 목적으로 건설하여 임대하는 주택[임대사업자가 토지를 임차하여 건설·임대하는 주택('토지임대부 임대주택')을 포함한다.]

나. 「주택법」 제9조에 따라 등록한 주택건설사업자가 같은 법 제16조에 따라 사업계획승인을 받아 건설한 주택 중 사용검사 때까지 분양되지 아니한 주택으로서 제6조에 따른 임대사업자 등록을 마치고 국토교통부령으로 정하는 바에 따라 임대하는 주택

그리고 「임대주택법」상 '공공건설임대주택'이란, 다음 각 목의 어느 하나에 해당하는 건설임대주택을 말한다. 다만, 대통령령으로 정하는 주택은 제외한다(「임대주택법」 제2조 제2호의2).

가. 국가 또는 지방자치단체의 재정으로 건설하는 임대주택

나. 「주택도시기금법」에 따른 주택도시기금의 자금을 지원받아 건설하는 임대주택

다. 공공사업으로 조성된 택지에 「주택법」 제16조에 따라 사업계획승인을 받아 건설하는 임대주택

또한 「임대주택법」상, '민간건설임대주택'이란, 공공건설임대주택이 아닌 건설임대주택을 말한다(「임대주택법」 제2조 제2호의3).

2. 매입임대주택

가. 개념

'매입임대주택'이란 임대사업자가 매매 등으로 소유권을 취득하여 임대하는 주택으로, 임대사업자가 임대를 목적으로 '건설'하여 임대하는 주택과 구별된다.

1) 공공매입임대주택

공공주택사업자가 직접 건설하지 아니하고, 매매 등으로 취득하여 공급하는 공공매입임대주택(「공공주택 특별법」 제2조 제1호의3)이라고 한다.

가) 기존주택의 매입

공공주택사업자는 주택법 제49조에 따른 사용검사 또는 「건축법」 제22조에 따른 사용승인을 받은 다음 각 호의 규모 및 기준의 주택으로서(기존 주택)을 매입하여 공공매입임대주택으로 공급할 수 있다(「공공주택 특별법」 제43조 제1항).

1. 「건축법 시행령」 [별표 1] 제1호 가목부터 다목까지에 따른 단독주택, 다중주택 및 다가구주택
2. 「건축법 시행령」 [별표 1] 제2호에 따른 공동주택(「주택법」 제2조 제6호에 따른 국민주택규모 이하인 것만 해당한다)

국가 또는 지방자치단체는 공공주택사업자가 기존주택을 매입하는 경우 재정이나 주택도시기금에 따른 공공주택 건설자금지원 수준을 감안하여 공공주택사업자를 지원할 수 있다(위 특별법 제43조 제2항).

나) 기존주택의 임차

한편 '공공매입임대주택'에는 포함되지 않지만, 공공주택사업자는 기존주택을 '임차'하여 공공임대주택으로 공급(전대)할 수도 있다(「공공주택 특별법」 제45조의2). 국가 또는 지방자치단체는

이 경우에도 공공주택사업자에게 재정이나 주택도시기금으로 이를 지원할 수 있다.

이 경우 기존주택은 전용면적 85㎡ 이하여야 한다. 다만 입주자가 속한 가구가 ① 가구원수가 5명 이상인 가구 또는 ② 다자녀가구(미성년자인 세 명 이상의 자녀(태아 포함)를 둔 경우에는 전용면적 85㎡를 초과하여도 상관없다(「공공주택 특별법 시행령」 제49조 제2항).

다) 건설 중에 있는 주택의 매입

공공주택사업자 외의 자는 건설 중에 있는 주택(건설을 계획하고 있는 경우 포함)으로서 다음 각호의 규모 및 기준에 해당하는 주택을 공공임대주택으로 매입하여 줄 것을 공공주택사업자에게 제안할 수 있다(위 특별법 제44조 제1항).

1. 「건축법 시행령」 [별표 1] 제1호 가목부터 다목까지에 따른 단독주택, 다중주택 및 다가구주택
2. 「건축법 시행령」 [별표 1] 제2호에 따른 공동주택(「주택법」 제2조 제6호에 따른 국민주택규모 이하인 것만 해당한다)

위와 같은 제안을 하려는 공공주택사업자 외의 자는 건설 중에 있는 주택에 대한 대지의 소유권을 확보하여야 한다(위 특별법 제44조 제2항).

국가 또는 지방자치단체는 공공주택사업자가 위와 같은 제안을 받아 매입하는 경우 재정이나 주택도시기금에 따른 공공주택 건설자금지원 수준을 감안하여 공공주택사업자를 지원할 수 있다(위 특별법 제43조 제2항).

라) 임대주택의 매입

임대의무기간이 30년 이상인 공공임대주택을 공급하려는 공공주택사업자는 「도시재정비 촉진을 위한 특별법」 제31조 제3항, 「도시 및 주거환경정비법」 제55조 제1항 및 제2항 또는 제79조 제5항에 따른 주택을 해당 법령에도 불구하고 사업시행자 또는 조합에 임대주택의 인수를 요청하여 해당 사업시행자 또는 조합이 동의한 경우에는 우선 인수할 수 있다. 이 경우 국가 또는 지방자치단체는 재정이나 주택도시기금에 따른 공공주택 건설자금지원 수준을 감안하여 공공주택사업자를 지원할 수 있다(위 특별법 제45조 제1항, 「같은 법 시행령」 제39조 제1항).

위와 같이 인수한 주택은 ① 영구임대주택, ② 국민임대주택, ③ 행복주택으로 공급하여야

한다(「공공주택 특별법 시행령」 제39조 제2항).

2) 민간매입임대주택

민간임대사업자가 매매 등으로 소유권을 취득하여 임대하는 민간매입임대주택(「민간임대주택에 관한 특별법」 제2조 제3호)이 있다.

민간매입임대주택의 임대사업자는 부동산을 매입할 경우 부동산거래 신고를 하여야 한다(「부동산 거래신고에 관한 법률」 제3조 제1항).

3) 「임대주택법」상 매입임대주택

가) 개정 경과

개정일시	취지	내용	관련 규정
2002. 12. 26.	법률관계 명확히 하기 위함	임대주택 매매계약서에는 임대주택의 매입자가 임대사업자로서의 지위를 승계한다는 뜻을 명시하도록 함	「임대주택법」 제12조 제2항
2005. 9. 16.		매입임대주택의 임대의무기간을 기존 3년에서 5년으로 연장함.	「임대주택법 시행령」 제9조 제1항 제2호
2005. 12. 13.	매입임대주택 임대사업자의 등록기준 강화 - 민간매입임대주택이 조세를 회피하는 수단으로 이용되지 아니하도록 하기 위한 것임 - 투기목적으로 이용하는 것을 방지하기 위함	주택의 수를 2호 또는 2세대에서 5호 또는 5세대로 강화함	「임대주택법 시행령」 제6조 제1항
2008. 11. 26.	매입임대주택사업의 등록요건 완화 - 지방 주택의 미분양 문제를 해소하기 위함	매입임대사업자가 임대하여야 하는 최소 주택 수를 기존 5호 또는 5세대에서 각각 1호 또는 1세대로 완화함	「임대주택법 시행령」 제7조 제1항 제2호
2012. 1. 26.		매입임대주택의 범위에 「주택법」에 따른 준주택 중 대통령령으로 정하는 오피스텔을 포함함	「임대주택법」 제2조 제3호
2014. 7. 16.	매입임대주택사업 활성화	1) 종전에는 임대주택의 임대사업자 등록신청일부터 과거 5년 이내에 부도 발생사실이 없어야 임대사업자 등록이 가능하였으나, 매입임대주택인 경우에는 임대사업자에게 부도가 발생한다고 하더라도 임차인의 주거 안정에 미치는 영향이 적음 2) 앞으로는 매입임대주택의 임대사업자에 대해서는 해당 기간에 부도 발생사실이 있었더라도 임대사업자 등록이 가능하도록 등록요건을 완화하여 매입임대주택 사업이 활성화될 수 있도록 함	「임대주택법시행령」 제7조 제2항

나) 일반 매입임대주택

그리고 「임대주택법」상 매입임대주택이란 임대사업자가 매매 등으로 소유권을 취득하여 임대 하는 주택인 바, 「주택법」 제2조 제1호의2에 따른 준주택 중 ① 전용면적이 85㎡ 이하이고,

② 상, 하수도 시설이 갖추어진 전용입식 부엌, 전용수세식 화장실 및 목욕시설(전용수세식화장실에 목욕시설을 갖춘 경우를 포함한다)을 갖춘 '오피스텔'도 포함된다(「임대주택법」 제2조 제3호, 「같은 법 시행령」 제2조의2).

한편 임대주택을 매각하는 매매계약서에는 임대주택을 매입하는 자가 임대주택을 매각하는 자의 임대사업자로서의 지위를 승계한다는 뜻을 분명하게 밝혀야 한다(「임대주택법」 제16조 제2항).

다) 장기전세주택

'장기전세주택'이란 국가, 지방자치단체, 한국토지주택공사 또는 지방공사가 임대할 목적으로 '매입'하는 주택으로서 20년의 범위에서 전세계약의 방식으로 공급하는 주택이다(「임대주택법」 제2조 제3호의2).

한편 '전세 후 임대주택이란, 국가, 지방자치단체, 한국토지주택공사 또는 지방공사가 전세계약의 방식으로 임차하여 공급하는 주택을 말한다(「임대주택법」 제2조 제1호의2).

나. 임대의무기간의 기산일

1) 공공매입임대주택

「공공주택 특별법」상 공공매입임대주택의 경우, 임대 개시일에 대한 명시적인 규정이 없다.

2) 민간매입임대주택

민간매입임대주택의 경우에는 임대사업자 등록일, 다만 임대사업자 등록 이후 임대가 개시되는 주택은 임대차계약서상의 실제 임대 개시일로 한다(「민간임대주택에 관한 특별법 시행령」 제34조 제1항 제2호).

3) 「임대주택법」상 매입임대주택

「임대주택법」상, 매입임대주택의 경우, 임대 개시일에 대한 명시적인 규정이 없다.

다. 임대의무기간

1) 개정 경과

개정일시	취지	내용	관련 규정
2014. 7. 16.	준공공 임대주택으로의 전환 확대	1) 매입임대주택 외에 민간건설임대주택도 준공공임대주택으로 전환하여 등록할 수 있도록 하고, 전환 등록을 하는 경우 준공공임대주택의 임대의무 기간을 산정할 때 5년의 범위에서 준공공임대주택으로 등록하기 전 임대기간의 2분의 1에 해당하는 기간을 포함하도록 함 2) 민간이 공급하는 임대주택이면서도 장기(10년)의 임대의무기간, 최초 임대료 제한 등을 통하여 공공성을 확보할 수 있는 준공공임대주택으로의 전환을 확대함으로써 임차인 주거안정에 이바지할 수 있도록 함	「임대주택법 시행령」 제8조의2 제1호, 제13조 제1항 제1호

2) 공공매입임대주택

공공매입임대주택의 경우, 공급하는 공공임대주택의 유형에 따라 각 임대의무기간이 정해질 것이다.

3) 민간매입임대주택

민간매입임대주택이 ① 기업형 임대주택인 경우에는 8년 이상, ② 준공공임대주택인 경우에는 8년 이상, ③ 단기 임대주택의 경우에는 4년 이상이다(위 특별법 제43조 제1항).

그리고 ① 공공지원 민간임대주택의 경우에는 8년 이상, ② 장기 일반민간임대주택의 경우에는 8년 이상, ③ 단기 민간임대주택의 경우에는 4년 이상이다.

4) 「임대주택법」상 매입임대주택

① '준공공 임대주택으로 등록한 매입임대주택'은 임대 개시일부터 10년이다.
이 경우 임대사업자가 준공공 임대주택으로 등록하기 전에 임대하고 있는 주택을 「임대주택법」 제6조의2 제1항 및 「같은 법 시행령」 제8조의2 제1호에 따라 준공공 임대주택으로 등록한 경우에는 5년의 범위에서 준공공 임대주택으로 등록하기 전에 임대한 기간의 1/2에 해당하는 기간을 임대의무기간에 포함하여 산정한다(「임대주택법 시행령」 제13조 제1항 제1호).

② '그 밖의 일반 매입임대주택'은 임대 개시일부터 5년이다(「임대주택법 시행령」 제13조 제1항 제2호).

「임대주택법」상, 매입임대주택의 법정 임대의무기간은 당초 당해 임대주택의 임대 개시일로부터 3년이었으나, 「임대주택법 시행령」(2005. 9. 16. 대통령령 제19051호로 개정되어 같은 날부터 시행된 것) 제9조 제1항 제2호에 의해 5년으로 변경되어 지금에 이르고 있다(「임대주택법 시행령」 제13조 제1항 제2호).

임대주택의 공급

1. 입주자모집공고

가. 공공임대주택의 경우

공공주택사업자는 분양전환공공임대주택의 입주자모집공고를 할 때에는 공고문에 다음 각 호의 사항을 포함시켜야 한다(「공공주택 특별법 시행규칙」 제26조).

다만, 전용면적이 85㎡를 초과하는 주택인 경우에는 제1호 및 제3호의 사항을 공고하지 아니할 수 있으며, 분납임대주택(분양전환공공임대주택 중 임대보증금 없이 분양전환금을 분할하여 납부하는 공공건설임대주택을 말한다)의 경우에는 제5호 및 제6호의 사항을 제외한다.

1. [별표 7] 제2호 가목 1)에 따른 최초 입주자모집공고 당시(공공임대주택으로 사업계획 변경승인을 받은 경우에는 사업계획을 변경승인하기 전의 최초 입주자모집공고 당시를 말한다)의 주택가격(건축비와 택지비로 구분하여 공고한다).
   다만, 분납임대주택의 경우에는 [별표 8]에 따른 분납금(「공공주택 특별법 시행령」 제55조 제3항에 따른 분양전환금의 일부를 말한다) 산정기준에 따라 산정한 최초 입주자모집공고 당시의 주택가격을 말한다.
2. 임대의무기간 및 분양전환 시기
3. 분양전환가격의 산정기준
   다만, 분납임대주택의 경우에는 분납금의 납부 시기 및 산정기준을 말한다.
4. 분양전환 시의 해당 공공임대주택에 대한 수선·보수의 범위
5. 「주택임대차보호법」에 따른 임대보증금의 회수에 관한 사항

나. 민간임대주택의 경우

「민간임대주택에 관한 특별법」에는 민간임대주택의 입주자모집공고와 관련한 규정이 없다.

그러나, 동일한 주택단지에서 30호 이상의 민간임대주택을 건설 또는 매입한 임대사업자가 최초로 민간임대주택을 공급하는 경우에는 임차인을 모집하려는 날의 10일 전까지 국토교통부령이 정한 신고서(「민간임대주택에 관한 특별법 시행규칙」 제14조의2 제1항 [별지 제18호의3 서식])에 국토

교통부령이 정한 서류(「민간임대주택에 관한 특별법 시행규칙」 제14조의2 제2항62))를 첨부하여 시장·군수·구청장에게 신고하여야 한다(「민간임대주택에 관한 특별법」 제42조 제4항,63 「같은 법 시행령」 제33조의2).

만약 위와 같은 임차인 모집 신고를 하지 않은 경우, 1천만원 이하의 과태료 부과대상이다(「민간임대주택에 관한 특별법」 제67조 제1항).

다. 「임대주택법」 관련 규정

1) 개정 경과

개정일시	취지	내용	관련 규정
1998. 11. 13.	임대사업자의 부도 등으로 인한 임차인의 피해를 예방	민간건설임대주택의 경우에는 토지소유권을 확보하고 저당권 등을 말소한 후 입주자를 모집하도록 함	구 「임대주택법 시행령」 제11조의2
2005. 9. 22.		임대사업자가 임대보증금에 대한 보증에 가입한 경우에는 보증기관, 보증금액 등을 입주자모집공고의 내용에 포함시키도록 함	구 「임대주택법 시행규칙」 제5조 제6호
2008. 11. 26.		분납임대주택에 관한 부분 신설	「임대주택법 시행규칙」 제5조 각 호
2014. 7. 16.		주택가격을 건축비와 택지비로 구분하여 공고함	「임대주택법 시행규칙」 제5조 제1호

2) 구체적인 내용

임대의무기간이 5년 또는 10년인 임대주택(「임대주택법」 제16조 제1항 제3호 및 같은 항 제4호에 해당하는 임대주택) 중 공공건설임대주택의 입주자 모집을 공고할 경우에는 다음 각 호의 사항을 포함시켜야 한다(「임대주택법 시행규칙」 제5조).

다만, ① 국가, 지방자치단체, 한국토지주택공사 또는 지방공사가 아닌 임대사업자가 건설한 전용면적 85㎡를 초과하는 주택, ② 국가, 지방자치단체, 한국토지주택공사 또는 지방공사가

---

62 1. 다음 각 목의 사항이 포함된 임차인 모집계획안
　　가. 민간임대주택 공급 현황 및 임대 조건
　　나. 임차인의 자격 및 선정방법
　　다. 토지임대계약서·토지사용승낙서 등 토지확보 현황을 증명할 수 있는 서류(토지를 임차하여 건설된 민간임대주택 또는 토지의 소유권을 확보하지 못한 경우만 해당한다)
　　라. 토지 및 주택에 설정된 소유권 외의 권리의 명세
　2. 신고대상 주택이 「민간임대주택에 관한 특별법」 제49조 제1항에 따른 임대보증금에 대한 보증 가입 대상에 해당하는 경우 해당 보증계약의 보증서
63 2017. 1. 17. 개정된 「민간임대주택에 관한 특별법」에 신설되었다.

아닌 임대사업자가 건설한 전용면적 85㎡ 이하인 주택으로서 공공택지 외의 지역에 건설한 임대의무기간이 10년인 주택, ③ 국가, 지방자치단체, 한국토지주택공사 또는 지방공사가 건설한 전용면적 85㎡를 초과하는 주택(「임대주택법 시행령」 제13조 제5항 각 호의 주택)인 경우에는 제1호 및 제3호의 사항을 공고하지 아니할 수 있다.

그리고, 분납임대주택(「임대주택법 시행령」 제22조 제3항에 따른 "임대주택"이라 한다)의 경우에는 제5호 및 제6호의 사항을 제외한다.

1. [별표 1] 제2호 가목 1)에 따른 최초 입주자 모집공고 당시(「주택법」 제16조 제5항에 따라 임대주택으로 사업계획 변경승인을 받은 경우에는 사업계획을 변경승인하기 전의 최초 입주자 모집공고 당시를 말한다)의 주택가격(건축비와 택지비로 구분하여 공고한다).
   다만, 분납임대주택의 경우에는 [별표 1의2]에 따른 분납금(「임대주택법 시행령」 제22조 제3항에 따른 분양전환금의 일부를 말한다) 산정기준에 따라 산정한 최초 입주자 모집 공고 당시의 주택가격을 말한다.
2. 임대의무 기간 및 분양전환 시기
3. 분양전환가격의 산정 기준
   다만, 분납임대주택의 경우에는 분납금의 납부 시기 및 산정 기준을 말한다.
4. 분양전환시의 해당 임대주택에 대한 수선·보수의 범위
5. 「주택임대차보호법」에 따른 임대보증금의 회수에 관한 사항
6. 「임대주택법」 제17조에 따라 임대보증금에 대한 보증에 가입한 경우에는 보증기관, 보증금액, 보증범위, 보증기간, 보증수수료 및 보증수수료 부담주체

라. 「임대주택법」이 시행되기 전의 경과

1) 구 「공영주택법」

1963. 11. 30. 제정된 구 「공영주택법」에서는 사업주체가 공영주택을 건설하거나 공영주택의 건설을 목적으로 대지조성사업을 하고자 할 때에는 건설부령으로 정하는 바에 의하여 그 사업계획서를 작성하여 건설부장관의 승인을 얻어야 한다(제6조 제1항).

그리고 ① 공영주택의 입주금 및 가임(家賃)에 관하여는 구 「공영주택법」(제11조) 및 「같은 법 시행규칙」(제4조, 제5조, 제6조)에 직접 규정을 두고, 이에 대하여 건설부장관의 승인을 얻어야 한다고 규정하고 있으며, ② 입주자의 자격에 관하여는 구 「공영주택법」(제12조 제1항) 및 「같은 법 시행규칙」(제7조)에 직접 규정하고, ③ 입주자의 선정방법은 공모에 의함을 원칙으로 한다고 구

「공영주택법」(제12조 제2항) 및 「같은 법 시행규칙」(제8조)에 규정하고 있었다.

2) 구 「주택건설촉진법」

가) 1972. 12. 30. 제정된 구 「주택건설촉진법령」 등

1972. 12. 30. 제정된 구 「주택건설촉진법」은 국민주택의 건설 등을 위한 사업계획 승인에 관한 규정(제18조)을 두었고, 국민주택의 분양가격 또는 가임은 당해 국민주택의 건설에 소요된 실비를 기준으로 정하여야 한다는 규정(제21조)을 두었고, 「같은 법 시행령」에 국민주택에 입주할 입주자의 선정은 공모에 의함을 원칙으로 하며(제21조 제1항), 국민주택의 입주금, 임대보증금 및 월세액과 유지관리비, 재해보험료, 연체금 기타 입주자로부터의 징수금 등 공급조건에 관하여는 사업주체가 건설부장관의 승인을 받아야 한다고 규정하였다(제21조 제2항).

그런데 1975. 12. 31. 개정된 구 「주택건설촉진법」은 사업주체는 국민주택의 분양가격 또는 가임(家賃)을 당해 국민주택의 건설에 소요된 실비를 기준으로 정하여 건설부장관의 '승인'을 얻어야 한다고 개정하였으며(제21조), 1976. 9. 6. 전부 개정된 구 「주택건설촉진법 시행규칙」에서는 국민주택의 공급조건에 관한 규정을 두었고(제7조), 사업주체가 입주자를 공개모집할 때에는 신문에 공고하여야 한다는 규정을 두었고(제9조), 입주자 선정 시기를 건축공사의 공정이 20% 이상일 때 입주자를 선정하여야 한다는 규정을 두었으며(제10조), 사업주체는 당해 국민주택의 준공검사가 완료된 때에는 지체 없이 구 「주택건설촉진법」 제21조의 규정에 의한 분양가격 승인신청을 하여야 하며, 국민주택의 분양가격은 구 「주택건설촉진법」 제21조의 규정에 의하여 건설부장관이 승인한 가격에 의하는 것이 원칙이지만, 다만 분양가격승인 이전에 분양하는 경우에는 승인을 얻은 사업계획상의 예정가격으로 분양하되, 건설부장관으로부터 분양가격을 승인받기 전에는 예정가격의 80% 이상을 분양대금으로 수령할 수 없다는 등에 관한 규정을 두었으며(제11조), 분양가격 및 가임(임대보증금 및 월세액 등을 포함)의 승인 기준을 직접 규정하고 있었다(제13조, 별표 3).

한편 1977. 6. 29. 개정된 구 「주택건설촉진법 시행규칙」 제7조 제2항의 규정에 의해 국민주택의 우선공급에 관한 사항을 규정할 목적으로 「국민주택우선공급에 관한 규칙」이 1977. 8. 18. 제정되었다.

나) 1977. 12. 31. 전부 개정된 구 「주택건설촉진법령」 등

그런데 1977. 12. 31. 전부 개정된 구 「주택건설촉진법」은 주택 건설 등에 관한 사업계획승인 규정(제33조)를 두고 있지만, 구체적인 주택의 공급조건, 방법 및 절차 등에 관하여는 건설부 장관이 정하도록 위임하게 되었다(제32조).

[대법원 1996. 10. 11. 선고 95누9020 판결]

[1] 구 주택건설촉진법(1994. 1. 7. 법률 제4723호로 개정되기 전의 것) 제33조에 의한 **주택건설사업계획의 승인은 상대방에게 권리나 이익을 부여하는 효과를 수반하는 이른바 수익적 행정처분으로서 법령에 행정처분의 요건에 관하여 일의적으로 규정되어 있지 아니한 이상 행정청의 재량행위에 속한다.**

[2] 민영 주택건설사업계획 승인을 위하여 주택건설사업계획이 갖추어야 할 기준이나 이를 심사·확인하는 방법을 정하는 것 역시 법령에 특별히 규정된 바가 없으면, 행정청의 재량에 속하는 것이므로, **행정청은 법규에 근거가 없더라도 주택건설사업계획이 입지 등의 면에서 승인기준에 적합한지 여부를 심사·확인하는 방법으로 사전에 입지심의 등의 절차를 거치도록 할 수 있고, 그것이 객관적으로 합리적이 아니라거나 타당하지 않다고 보이지 아니하는 이상 사전 입지심의 등을 거치지 않은 사업계획의 승인신청을 반려하는 처분을 하였다고 하더라도 그것이 위법하다고 할 수 없다.**

[대법원 1997. 3. 14. 선고 96누16698 판결]

[1] 주택건설촉진법 제33조에 의한 주택건설사업계획의 승인은 상대방에게 권리나 이익을 부여하는 효과를 수반하는 이른바 수익적 행정처분으로서, 법령에 행정처분의 요건에 관하여 일의적으로 규정되어 있지 아니한 이상 행정청의 재량행위에 속한다.

[2] 재량행위에 있어서는 법령상의 근거가 없다고 하더라도 부관을 붙일 수 있는데, 그 부관의 내용은 적법하고 이행 가능하여야 하며 비례의 원칙 및 평등의 원칙에 적합하고 행정처분의 본질적 효력을 해하지 아니하는 한도의 것이어야 한다.

이에 따라 1978. 5. 10. 구 「주택공급에 관한 규칙」이 제정되었으며, 위 규칙에 입주자의 모집 시기(제7조), 입주자의 모집절차(제8조), 입주자의 모집공고(제9조), 임대주택의 공급(제20조) 등을 구체적으로 규정하였다.

위 규칙에는 사업주체가 입주자를 모집할 때에는 분양가격 또는 임대료 등을 담은 입주자 모집공고안을 작성하여 관할 시장 또는 군수에게 '신고'하여야 한다고 규정하였다(제8조 제2항).

위 구 「주택공급에 관한 규칙」은 다시 1981. 5. 23. 개정되어, 사업주체가 입주자를 모집할 때에는 분양가격 또는 임대료 등을 담은 입주자모집공고안에 관하여 관할 시장 또는 군수의 '승인'을 얻어야 한다[64]고 개정되었다(제8조 제2항).

즉, 구 「주택건설촉진법」 제32조는 사업주체는 주택의 공급 질서를 유지하기 위하여 건설부장관이 정하는 주택의 공급조건, 방법 및 절차 등에 따라 주택을 건설, 공급하여야 한다고 하고, 이에 따라 주택의 공급조건, 방법 및 절차 등에 관하여 규정한 구 「주택공급에 관한 규칙」 제8조 제2항 제1호, 제3항, 제9조 제1항 제4호 등에 의하면 사업주체가 입주자를 모집하고자 할 때에는 주택의 분양가격 등이 표시되어 있는 입주자모집공고안 등의 서류를 갖추어 관할 시장 또는 군수로부터 승인[65]을 얻도록 되어 있으며, 정부에서는 1989. 11. 10.자 건설부 고시 제656호로 이른바 「주택분양가 원가연동제 시행지침」[66]을 실시하기 이전에 있어서도 주택의 분양가 상한선을 미리 정하여 놓고(이를 '행정지도가격'이라 불렀는데 위 원가연동제가 실시되기 이전 수년 동안 전국대도시지역의 분양가 상한선은 평당 금 1,340,000원으로 동결된 바 있다) 사업주체가 승인 신청한 분양가격이 분양가 상한선의 범위 내에 있는 경우에만 그 승인을 해주었다(대법원 1994. 4. 26. 선고 92누19774 판결 참조).

「주택분양가 원가연동제 시행지침」(분양가자율화로 1998. 12. 30. 폐지)

구분	층별	건축비 상한가격(단위: 만원/평, 면적: 전용기준)									
		1989. 11.	1990. 5.	1991. 4.	1992. 1.	1993. 2.	1994. 6.	1995. 3.	1996. 2.	1997. 3.	1998. 1.
18평 이하	15층 이하	98	113	123	131	138	146	153	168	175.5	183
	16층 이상	110	127	138	147	155	164	172	187	195	204
18평 초과 25.7평 이하	15층 이하	98	113	127	135	142	150	158	168	175.5	183
	16층 이상	110	127	143	152	160	169	177	187	195	204
25.7평 초과	15층 이하	101	116	131	139	146	154	162	175	183	191
	16층 이상	113	130	147	157	165	174	183	196	204	214

---

[64] 다만, 사업주체가 국가, 지방자치단체 또는 대한주택공사인 경우에는 그러하지 아니하다.

[65] 입주자모집공고안에 대한 '승인'제도는 1981. 5. 23. 개정된 구 「주택공급에 관한 규칙」 제8조 제2항에 신설되었다(그 전에는 '신고'였다). 그리고 그 당시부터 사업주체가 국가·지방자치단체 또는 대한주택공사인 경우에는 승인을 얻지 않아도 되도록 하였다.

[66] 이에 관한 상위의 위임 법령은 없었던 것으로 보인다. 따라서 행정기관의 내부적인 사무처리지침에 불과하다고 볼 수 있다.

다) 2003. 5. 29. 전부 개정된 구 「주택법령」 등

2003. 5. 29. 전부 개정된 구 「주택법」 등에서도 위와 같은 제도는 대체로 그대로 유지되었다.

즉, 단독주택 혹은 공동주택을 20호 또는 20세대 이상을 건설하여 분양하고자 하는 사업자는 먼저 구 「주택법」 및 구 「주택공급에 관한 규칙」에 의하여, 주택건설사업계획승인을 얻어야 한다. 이때 건설업체는 사업비가 기재된 사업계획승인신청서를 관할 지방자치단체장에게 제출하여야 하고, 이때 기재한 사업비는 최종 분양가 산정 시 상한선으로 작용하여, 사업비를 초과하여 분양가를 설정하고자 하는 경우에는 사업계획 변경승인을 받아야 한다. 건설업체는 관할 지방자치단체장으로부터 사업계획승인을 받으면, 대한주택보증 주식회사에 분양보증을 신청하는데, 이때 세대별, 평형별 분양가를 기재한 분양보증신청서를 제출하게 되고, 이 단계에서 분양가는 거의 특정된다. 분양보증을 받은 건설업체는 해당 지방자치단체장으로부터 입주자모집승인을 받아야 하며, 이때 분양가가 정해진다. 입주자모집공고에 대한 승인을 받은 건설업체는 입주자모집 공고를 내고 공고문에 분양가를 기재하게 되며, 이 분양가로 청약을 받는다.

마. 입주자모집공고안에 대한 승인의 법적 성격

한편 관할 지방자치단체장은 '사업계획승인 단계'에서 '분양가격'에 대한 통제를 하는 것이며, 추후 사업주체가 분양가격이 기재된 입주자모집공고안에 대한 승인 신청을 하는 경우, 그 기재된 분양가격이 사업계획승인 단계에서 승인한 분양가 상한선의 범위 내에 있는 경우에는 입주자모집공고안에 대하여 다시 승인을 하는 것이다.

즉, 분양가격이 기재된 입주자모집공고안에 대한 관할 지방자치단체장의 승인은 '분양가격' 자체를 통제하는 수단이 아니라, '별도의 절차적 통제수단'으로 보아야 한다(대전지방법원 2006. 8. 23. 선고 2006구합1137 판결[67] 참조).

[대전지방법원 2006. 8. 23. 선고 2006구합1137 판결]

입주자모집승인제도는 ① 입주자의 공개모집을 제도적으로 뒷받침하여 주택공급에 관한 각종 규제의 회피를 방지하고 분양절차를 투명화하며, ② 입주자모집 시기 및 조건을 엄격히 제한하고 사전에 그 충족 여부를

---

[67] 위 1심 판결에 대하여 피고(천안시장)가 항소하였으나, 그 항소심(대전고등법원 2006누1997)은 2007. 1. 18. 항소기각 판결을 하였고, 피고(천안시장, 항소인)가 대법원에 상고를 하지 않음에 따라 그대로 확정되었다.

검토함으로써 수분양자가 불측의 재산상 손해를 입게 되는 것을 예방하고, ③ 분양되는 주택의 건축 내역, 입주금 납부 시기 및 방법, 계약 사항 등을 사전에 자세히 공고하도록 함으로써 분양주택의 품질 유지를 도모하고, 분쟁의 소지를 줄이는 데 그 목적이 있다 할 것이다.

이 점에서 입주자모집승인제도는 분양주택에 대한 가격통제나 공급통제 등 앞서 살펴 본 각종 통제 수단과는 그 목적을 달리하여 마련된 별도의 절차적 통제수단이라 할 것이다.

나아가 관계 법령이 주택사업의 주체가 입주자 모집을 함에 있어 구비할 요건, 입주자모집 방법 및 절차에 관하여 상세하게 규정하고 있는 점, 입주자모집 승인은 「주택법」 제16조 소정의 주택건설사업계획 승인을 이미 얻은 자에 대하여 이루어진다는 점 등을 고려할 때 **승인권자인 시장·군수·구청장으로서는 승인 여부를 결정함에 있어 입주자모집 조건, 방법 및 절차에 관하여 검토한 후 사업주체의 입주자모집공고안이 「주택법」, 「주택공급에 관한 규칙」 등 관계 법규가 정한 사항 제반 요건(분양가 상한제 및 분양가 공시 의무화 적용 주택의 경우 이에 관한 사항 포함)이 관계 법령의 규정 및 승인된 주택건설사업계획에 합치하는 경우에는 이를 승인하여야 하며 다른 사유를 들어 이를 거부할 수는 없다 할 것이다.**

그런데 임대주택이 실제 완공되기 전에 입주자를 모집할 경우, 입주자모집 당시의 당해 임대주택의 건축비와 완공 후에 확정할 수 있는 실제 집행(투입)한 건축비가 다를 수 있는데, 이는 임대사업자가 국가 등인 경우와 그 이외의 민간사업자인 경우에도 사정은 같다. 다만 민간 임대사업자의 경우에는 관할 시장 또는 군수인 입주자모집승인권자로부터 별도의 승인 처분을 받아야 할 따름이다.

위와 같은 입주자모집승인권자의 승인 처분은, 강행규정인 「임대주택법」상 공공건설임대주택의 분양전환가격 산정 및 최초 임대보증금 및 임대료 산정을 위한, 임대사업자의 최초 입주자모집 당시 주택가격(건축비 및 택지비) 산정이라는 기본적 법률행위의 효력을 보충하여, 이를 완성시켜주는 보충적 행위에 지나지 않은 강학상 '인가'로 보아야 한다.

따라서, 위와 같은 기본적 법률행위에 하자가 있는 경우(실제 투입한 건축비 등을 기초로 산정한 주택가격과 입주자모집공고안에 기재한 주택가격이 다를 경우), 인가를 받더라도 그 하자가 치유될 수 없으며, 인가도 효력을 발생하지 않는 것으로 되는 것이므로, 설사 관할 지방자치단체장인 입주자모집승인권자의 승인처분이 있었다고 하더라도 기본적 법률행위의 하자가 치유되는 것은 아니다(대법원 1996. 5. 16. 선고 95누4810 전원합의체 판결 등 참조).

그리고 위와 같은 입주자모집승인권자의 승인은 '기속재량행위'라고 보아야 할 것이다(창원지방법원 2014. 8. 28. 선고 2013가합30301 판결 참조).

[창원지방법원 2014. 8. 28. 선고 2013가합30301 판결]

살피건대, ① 구 임대주택법 시행규칙 제9조 제1항 별표 1에 따르면 입주자모집 승인권자가 건축비 및 택지비를 기준으로 하여 최초 입주자모집 당시의 주택가격을 산정하도록 규정되어 있으나, 이는 원고들(임차인)과 피고(임대사업자) 사이의 분양계약에서 분양대금의 액수를 정함에 있어 하나의 요소가 될 뿐이고, 입주자모집 승인권자인 김해시가 분양대금을 결정할 권한까지 갖는 것은 아니므로, 이 사건 각 분양계약이 김해시가 결정한 분양대금에 따라 체결되었다고 할 수 없고, ② 입주자모집 승인권자가 위와 같이 산정한 주택가격이 명시된 입주자모집공고를 승인하였다고 하더라도 이는 아직 실제 투입한 건축비 등이 확정되지 않은 시점에서 입주자모집이라는 절차에 관하여 이루어진 행위일 뿐 이후 분양전환가격을 산정하고 분양대금을 결정하여 체결된 분양계약의 효력과는 무관하며, ③ 원고들의 피고에 대한 분양대금 지급의무는 원고들과 위 피고 사이의 각 분양계약을 원인으로 하여 발생한 것일 뿐, 김해시의 행정처분을 원인으로 발생한 것이 아니므로, 피고의 위 주장은 이유 없다.

2. 임차인 자격 및 선정 방법

가. 공공임대주택의 경우

1) 공공주택의 입주자 자격

공공주택의 입주자의 자격, 선정방법 및 입주자 관리에 관한 사항은 국토교통부령으로 정한다. 이 경우 공공주택의 유형 등에 따라 달리 정할 수 있다(「공공주택 특별법」 제48조 제1항, 「같은 법 시행규칙」 제13조).

공공주택의 입주자 자격, 입주자 선정방법 및 입주자 관리는 이 규칙에서 정하는 바에 따르되, 이 규칙에서 정하지 아니한 사항은 「주택공급에 관한 규칙」이 정하는 바에 따른다(「공공주택 특별법」 제48조 제1항, 「같은 법 시행규칙」 제13조 제1항).

국토교통부장관은 「공공주택 특별법 시행규칙」에서 정하는 공공주택의 입주자 자격 외에 부동산, 자동차 등 자산에 관한 별도의 요건을 정할 수 있다. 이 경우 공공주택 유형별로 달리 정할 수 있다(「공공주택 특별법」 제48조 제1항, 「같은 법 시행규칙」 제13조 제2항).

국토교통부장관, 시·도지사 또는 공공주택사업자는 「공공주택 특별법 시행규칙」에서 정하는 공공주택의 입주자 자격, 입주자 선정방법 및 입주자 관리에 관한 세부적인 사항을 따로 정할 수 있다(「공공주택 특별법」 제48조 제1항, 「같은 법 시행규칙」 제13조 제3항).

공공주택사업자는 「주택공급에 관한 규칙」 제21조에 따른 입주자모집공고를 할 때 제1항부터 제3항까지에 따른 내용을 포함하여 공고하여야 한다(「공공주택 특별법」 제48조 제1항, 「같은 법 시행규칙」 제13조 제4항).

공공주택사업자는 청년층, 장애인, 고령자 및 저소득층 등 주거취약계층에게 공공주택을 우선 공급하여야 한다. 이 경우 주거취약계층의 요건, 우선공급 비율 등 필요한 사항은 국토교통부령으로 정한다(「공공주택 특별법」 제48조 제2항).

2) 영구임대주택의 입주자 선정 등

공공주택사업자는 「공공주택 특별법 시행령」 제2조 제1항 제1호에 따른 영구임대주택을 공급하는 경우에는 [별표 3]에 따라 입주자를 선정하여야 한다(「공공주택 특별법」 제48조 제1항, 「같은 법 시행규칙」 제14조 제1항).

제1항에도 불구하고 주택과 사회복지시설이 복합 설치된 영구임대주택으로서 고령자 주거 안정을 위하여 국토교통부장관이 해당 지방자치단체와의 협의를 거쳐 지정한 주택(고령자복지 주택)은 65세 이상으로서 다음 각 호의 순위에 해당하는 사람을 입주자로 선정하여야 한다. 다만, 기존 영구임대주택 단지를 「장기공공임대주택 입주자 삶의 질 향상 지원법」에 따라 증축한 경우에는 같은 법 제10조의2 제7항에 따라 단지 내 기존 입주자 중 고령자·장애인을 우선 선정하여야 한다(「같은 법 시행규칙」 제14조 제2항).

1. 제1순위: [별표 3] 제1호 나목에 해당하는 사람 중 같은 호 가목에 따른 수급자 선정기준의 소득 인정액 이하인 사람
2. 제2순위: [별표 3] 제1호 가목에 해당하는 사람
3. 제3순위: [별표 3] 제1호 자목에 해당하는 사람

공공주택사업자는 고령자복지주택의 입주자를 선정하는 경우 같은 순위에서 경쟁이 있는 때에는 단독세대주(「주택공급에 관한 규칙」 제2조 제3호에 따른 단독세대주를 말한다)인 고령자를 우선 선정하여야 하며, 제2항에 따라 입주자를 선정하고 남은 고령자복지주택에 대해서는 입주자를 제2항에 따라 다시 선정하거나 제1항에 따라 선정하여야 한다(「같은 법 시행규칙」 제14조 제3항).

제1항 및 제2항에도 불구하고 한국토지주택공사가 건설·공급하는 영구임대주택의 경우 [별표 3] 제1호 가목부터 카목까지, [별표 3] 제2호 가목부터 라목까지에 해당하는 입주자 자격을 가진 사람에 대해서는 시·도지사가 입주자를 선정하여 한국토지주택공사에 그 명단을 통보해 주어야 한다. 다만, 다음 각 호의 어느 하나에 해당하는 경우에는 시장·군수 또는 구청장이 시·도지사와 협의하여 입주자를 우선 선정할 수 있다(「같은 법 시행규칙」 제14조 제4항).

1. 제2항에 따라 입주자를 선정하는 경우
2. 장기공공임대주택 입주자 삶의 질 향상 지원법」에 따라 증축되는 주택에 단지 내 기존 입주자 중 고령자·장애인을 우선 선정하고 남은 주택의 입주자를 선정하는 경우
3. 해당 단지 내 기존 입주자가 「장기공공임대주택 입주자 삶의 질 향상 지원법」에 따라 증축되는 주택으로 이전하여 남는 해당 단지 내 주택의 입주자를 선정하는 경우

제1항에 따라 입주자를 선정하는 경우, 「주택공급에 관한 규칙」 제57조는 적용하지 아니한

다(「같은 법 시행규칙」 제14조 제5항).

공공주택사업자는 영구임대주택단지 안의 복리시설 중 사회복지관을 관할 지방자치단체의 장에게 무상으로 사용하게 할 수 있다(「같은 법 시행규칙」 제14조 제6항).

3) 국민임대주택의 입주자 선정 등

공공주택사업자는 「공공주택 특별법 시행령」 제2조 제1항 제2호에 따른 국민임대주택을 공급하는 경우에는 [별표 4]에 따라 입주자를 선정하여야 한다(「공공주택 특별법」 제48조 제1항, 「같은 법 시행규칙」 제15조 제1항).

공공주택사업자는 제1항에 따라 입주자를 선정하고 남은 주택이 있는 경우에는 제1항에도 불구하고 입주자 자격을 일부 완화하거나 선착순의 방법으로 입주자를 선정할 수 있다(위 시행규칙 제15조 제2항).

시·도지사는 지방자치단체 또는 지방공사가 국민임대주택을 건설하여 공급하는 경우에는 제1항 및 제2항의 규정에도 불구하고 해당 지역의 실정을 고려하여 다음 각 호의 기준을 별도로 정할 수 있다.

1. 입주자의 선정 순위
2. 국민임대주택을 우선공급받을 수 있는 대상자 및 그 공급비율

공공주택사업자는 제15조에도 불구하고 다음 각 호의 사업의 시행을 위하여 철거되는 주택의 소유자 및 세입자에 대하여 해당 주택건설지역(「주택공급에 관한 규칙」 제2조 제2호에 따른 주택건설지역을 말한다. 이하 같다) 또는 인근 주택건설지역에서 건설되는 국민임대주택 건설량의 30%의 범위에서 해당 공공사업의 시행기간 동안 이를 사용하게 할 수 있다.

1. 공공주택사업
2. 「택지개발촉진법」에 따른 택지개발사업
3. 「도시 및 주거환경정비법」에 따른 주거환경개선사업 및 재개발사업
4. 「도시개발법」에 따른 도시개발사업
5. 「산업입지 및 개발에 관한 법률」에 따른 산업단지개발사업(개발계획상 주택건설용지에 관한 계획이 포함된 경우로 한정한다)
6. 「공공기관 지방이전에 따른 혁신도시건설 및 지원에 관한 특별법」에 따른 혁신도시개발사업

4) 행복주택의 입주자 선정 등

공공주택사업자는 「공공주택 특별법 시행령」 제2조 제1항 제3호에 따른 행복주택을 공급하는 경우에는 [별표 5] 제1호 및 제2호에 따라 입주자를 선정하여야 한다(「공공주택 특별법」 제48조 제1항, 「같은 법 시행규칙」 제17조).

행복주택의 임대차계약은 2년마다 갱신하며, 입주자의 최대 거주기간은 [별표 5] 제3호 및 제4호에 따른다.

5) 장기전세주택의 입주자 선정 등

공공주택사업자는 「공공주택 특별법 시행령」 제2조 제1항 제4호에 따른 장기전세주택을 공급하는 경우에는 다음 각 호에 따라 입주자를 선정하여야 한다(「공공주택 특별법」 제48조 제1항, 「같은 법 시행규칙」 제18조 제1항).

1. 전용면적이 85㎡ 이하인 주택: 제15조에 따라 입주자를 선정하되, 별표 4에 따른 소득요건의 50% 범위에서 공공주택사업자가 별도로 소득요건을 정할 수 있다.
2. 전용면적이 85㎡를 초과하는 주택: 「주택공급에 관한 규칙」 제4장에 따라 입주자를 선정하되, 소득요건은 공공주택사업자가 별도로 정할 수 있다.

공공주택사업자는 제1항에도 불구하고 같은 순위에서 경쟁이 있는 때에는 다음 각 호의 내용이 포함된 기준을 별도로 정하여 입주자를 선정할 수 있다(「같은 법 시행규칙」 제18조 제2항).

1. 주택청약종합저축(「주택공급에 관한 규칙」 제75조 제2항에 따른 주택청약종합저축을 말한다. 이하 같다)
   가입기간 또는 납입횟수·금액
2. 무주택기간(「주택공급에 관한 규칙」 제2조 제8호 가목에 따른 무주택기간을 말한다. 이하 같다)
3. 부양가족수(「주택공급에 관한 규칙」 제2조 제8호 나목에 따른 부양가족수를 말한다. 이하 같다)
4. 해당 주택건설지역 거주기간
5. 과거 장기전세주택 입주자 선정 여부
6. 그 밖에 공공주택사업자가 필요하다고 판단하는 사항

제1항 및 제2항에도 불구하고 국토교통부장관, 지방자치단체 및 공공주택사업자는 제2항 제1호부터 제5호까지의 규정을 고려하여 별도의 우선공급 대상자 및 입주자 선정을 위한 가점·감점기준을 정하고, 장기전세주택 전체 건설량의 10% 범위에서 우선공급할 수 있다(「같은 법

시행규칙」 제18조 제3항).

6) 분양전환 공공임대주택 등의 입주자 선정 등

공공주택사업자는 「공공주택 특별법 시행령」 제2조 제1항 제5호에 따른 분양전환 공공임대
주택을 공급하는 경우에는 [별표 6]에 따라 입주자를 선정하여야 한다(「공공주택 특별법」 제48조 제
1항, 「같은 법 시행규칙」 제19조).

7) 기존주택 매입임대주택의 입주자 선정 등

공공주택사업자, 시장·군수 또는 구청장은 「공공주택 특별법 시행령」 제2조 제1항 제6호에
따른 기존주택 매입임대주택을 공급하는 경우에는 다음 각 호에 해당하는 사람을 입주자로
선정하여야 한다(「공공주택 특별법」 제48조 제1항, 「같은 법 시행규칙」 제20조 제1항).

1. 무주택세대구성원(「주택공급에 관한 규칙」 제2조 제4호에 따른 무주택세대구성원을 말한다)으로서 다
   음 각 목의 어느 하나에 해당하는 사람
   가. 「국민기초생활 보장법」 제7조 제1항 제1호에 따른 생계급여 수급자 또는 같은 항 제
      3호에 따른 의료급여 수급자
   나. 「한부모가족지원법 시행규칙」 제3조에 따라 여성가족부장관이 정하는 기준에 해당
      하는 지원대상 한부모가족
   다. 해당 세대(신청자 본인 및 배우자, 「공공주택 특별법 시행령」 제42조 제1항 각 호로 구성된 세대를 말한
      다. 이하 같다)의 월평균소득이 전년도 도시근로자 가구당 월평균소득의 50% 이하인
      사람. 다만, 국토교통부장관이 필요하다고 인정하는 경우에는 전년도 도시근로자
      가구당 월평균소득 이하의 범위에서 소득기준을 달리 정할 수 있다.
2. 「긴급복지 지원법」에 따라 긴급지원대상자로 선정된 사람, 「국가유공자 등 예우 및 지원
   에 관한 법률」에 따른 국가유공자 등 국토교통부장관이 정하는 사람
3. 그 밖에 국토교통부장관이 정하는 사람

제1항에 따른 입주자 선정의 구체적인 기준 및 절차 등은 국토교통부장관이 정한다(「같은 법
시행규칙」 제20조 제2항).

8) 기존주택 전세임대주택의 입주자 선정 등

공공주택사업자, 시장·군수 또는 구청장은 「공공주택 특별법 시행령」 제2조 제1항 제7호에

따른 기존주택 전세임대주택을 공급하는 경우에는 다음 각 호에 해당하는 사람을 입주자로 선정하여야 한다(「공공주택 특별법」 제48조 제1항, 「같은 법 시행규칙」 제21조 제1항).

1. 무주택세대구성원으로서 해당 세대의 월평균소득이 전년도 도시근로자 가구당 월평균 소득의 50% 이하인 사람. 다만, 국토교통부장관이 필요하다고 인정하는 경우에는 전 년도 도시근로자 가구당 월평균소득 이하의 범위에서 소득기준을 달리 정할 수 있다.
2. 제1호의 소득기준에 해당하는 세대의 구성원으로서 대학 소재 지역 외의 지역 출신인 대 학생
3. 그 밖에 국토교통부장관이 정하는 사람

제1항에 따른 입주자 선정의 구체적인 기준 및 절차 등은 국토교통부장관이 정한다(「같은 법 시행규칙」 제21조 제2항).

9) 부도 임대주택의 입주자 선정에 관한 특례

공공주택사업자는 법 제41조 또는 「부도공공건설임대주택 임차인 보호를 위한 특별법」에 따라 부도 임대주택(법률 제13499호로 개정되기 전의 「임대주택법」 제2조 제2호의2에 해당하는 주택 중 같은 조 제8호의 부도 임대주택 등을 말한다)을 매입하여 공공임대주택으로 공급하는 경우에는 무주택세대 구성원에 대하여 1세대 1주택의 기준으로 다음 각 호의 순위에 따라 입주자를 우선 선정하여 야 한다(「공공주택 특별법」 제48조 제1항, 「같은 법 시행규칙」 제22조 제1항).

1. 제1순위: 해당 임대주택에 거주하는 임차인(해당 임대주택에 거주하지 아니하는 자로서 등기되는 부 동산임차권 또는 전세권을 설정한 임차인을 포함한다)
2. 제2순위: 해당 임대주택의 임차인과 임대차 계약을 체결하고 그 임대주택에 거주하는 자
3. 제3순위: 해당 임대주택단지 안의 부도 임대주택에 거주하는 자

공공주택사업자는 제1항에 따라 입주자를 선정하고 남은 주택이 있는 경우에는 제13조부 터 제17조까지 및 제19조에 따라 입주자를 선정하여야 한다(「같은 법 시행규칙」 제22조 제2항).

10) 장애인, 고령자 등 주거약자용 주택의 입주자 선정에 관한 특례

공공주택사업자는 「장애인·고령자 등 주거약자 지원에 관한 법률 시행령」 제6조 제1항 제1 호 가목에 해당하는 주택(이하 '주거약자용 공공건설임대주택'이라 한다)을 공급하는 경우에는 다음 각 호의 구분에 따라 입주자를 선정하여야 한다(「공공주택 특별법」 제48조 제1항, 「같은 법 시행규칙」

제23조 제1항).

1. 영구임대주택: 「장애인·고령자 등 주거약자 지원에 관한 법률」 제2조 제1호에 따른 주거약자에 대하여 다음 각 목의 순위에 따라 입주자를 선정한다.
    가. 제1순위: 다음의 어느 하나에 해당하는 사람
     1) [별표 3] 제1호 가목 또는 사목에 해당하는 사람
     2) [별표 3] 제1호 나목에 해당하는 사람 중 같은 호 가목에 따른 수급자 선정기준의 소득인정액 이하인 사람
    나. 제2순위: [별표 3] 제1호 자목에 해당하는 사람
    다. 제3순위: [별표 3] 제1호 나목부터 바목까지 또는 아목에 해당하는 사람
    라. 제4순위: [별표 3] 제1호 차목에 해당하는 사람
    마. 제5순위: [별표 3] 제1호 카목에 해당하는 사람
2. 국민임대주택: 주거약자에 대하여 [별표 4] 제1호의 순위에 따라 입주자를 선정한다.
3. 행복주택: [별표 5]에 따라 입주자를 선정한다.

공공주택사업자는 제1항에 따라 입주자를 선정하는 경우 같은 순위에서 경쟁이 있으면 다음 각 호의 내용이 포함된 기준을 별도로 정하여 입주자를 선정할 수 있다(「같은 법 시행규칙」 제23조 제2항).

1. 부양가족 수
2. 해당 주택건설지역 거주기간
2의2. 장애등급
3. 그 밖에 공공주택사업자가 필요하다고 판단하는 사항

공공주택사업자는 제1항 및 제2항에 따라 입주자를 선정하고 남은 주거약자용 공공건설임대주택에 대해서는 제1항부터 제3항까지의 규정에 따라 입주자를 다시 선정하거나 제14조 또는 제15조에 따라 선정하여야 한다(「같은 법 시행규칙」 제23조 제3항).

11) 창업지원주택 및 지역전략산업지원주택 입주자 선정에 관한 특례

공공주택사업자는 국토교통부장관이 행복주택 또는 기존주택매입임대주택 중에서 청년 창업인에게 공급이 필요하다고 인정하여 지정한 '창업지원주택' 또는 지역전략산업(「국가균형발전특별법」 제2조 제4호의 지역특화산업, 「지역특화발전특구에 대한 규제특례법」 제2조 제5호의 특화사업 등 지역의 발전을 위하여 주거지원이 필요하다고 국토교통부장관이 인정하는 산업 또는 사업을 말한다)에 종사하는 자에게 공급이 필요하다고 인정하여 지정한 주택(지역전략산업지원주택)을 공급하는 경우에는 제17조 제

1항(별표 5] 제2호 가목은 제외한다) 및 제20조에도 불구하고 다음 각 호의 구분에 따른 자를 그 입주자로 선정하여야 한다(『공공주택 특별법』제48조 제1항, 『같은 법 시행규칙』제23조의2 제1항).

1. 창업지원주택: 다음 각 목의 어느 하나에 해당하는 사람
   가. 『1인 창조기업 육성에 관한 법률』제2조에 해당하는 사람
   나. 해당 지방자치단체장이 지역전략산업 등의 육성을 위하여 필요하다고 인정한 창업자 및 예비 창업자
2. 지역전략산업지원주택: 지역전략산업에 종사하는 사람 등 해당 지방자치 단체장이 지역전략산업의 육성을 위하여 필요하다고 인정한 사람

제1항에 따른 창업지원주택 및 지역전략산업지원주택의 입주자는 국토교통부장관이 정하는 청년으로서 다음 각 호의 요건을 갖추어야 한다(『같은 법 시행규칙』제23조의2 제2항).

1. 국토교통부장관이 정하는 청년에 해당할 것
2. 무주택세대구성원일 것
3. 다음 각 목의 구분에 따른 요건을 갖춘 사람일 것
   가. 행복주택: [별표 5] 제1호 나목 1) 가) (2)부터 (4)까지의 요건에 모두 해당하는 사람
   나. 기존주택매입임대주택: 제20조 제1항 각 호에 해당하는 사람

제1항에도 불구하고 공공주택사업자는 창업지원주택 및 지역전략산업지원주택을 해당 주택의 5% 이하의 범위에서 창업지원 또는 지역전략산업지원을 목적으로 하는 행정기관 또는 비영리법인(국토교통부장관이 정하는 자로 한정한다)에 공급할 수 있다. 이 경우 해당 행정기관 또는 비영리법인은 공급받은 주택을 제1항 각 호 및 제2항의 요건을 갖춘 사람에게 제공하여야 한다(『같은 법 시행규칙』제23조의2 제3항).

창업지원주택 및 지역전략산업지원주택이 주거약자용 공공건설임대주택에 해당하는 경우 공공주택사업자는 제23조에도 불구하고 제1항 각 호 및 제2항의 요건을 갖춘 주거약자를 입주자로 선정하여야 하며, 그 남는 주택에 대해서는 제23조에 따라 입주자를 선정하여야 한다(『같은 법 시행규칙』제23조의2 제4항).

한국토지주택공사 또는 지방공사가 건설·공급하는 창업지원주택 및 지역전략산업지원주택의 경우 해당 공공주택사업자가 요청하면 시·도지사 또는 시장·군수·구청장이 입주자를 선정하여 해당 공공주택사업자에게 그 명단을 통보해 줄 수 있다(『같은 법 시행규칙』제23조의2 제5항).

제1항 및 제3항에 따라 입주자를 선정하고 남은 창업지원주택 및 지역전략산업지원주택에 대해서는 제1항부터 제3항까지의 규정에 따라 입주자를 다시 선정하거나 제17조 또는 제20조에 따라 선정하여야 한다(「같은 법 시행규칙」 제23조의2 제6항).

제1항부터 제6항까지에서 규정한 사항 외에 창업지원주택 및 지역전략산업지원주택의 입주자 선정에 필요한 구체적인 기준 및 방법 등은 국토교통부장관이 정한다(「같은 법 시행규칙」 제23조의2 제7항).

나. 민간임대주택의 경우

임대사업자는 임대기간 중 민간임대주택의 임차인 자격 및 선정방법 등에 대하여 다음 각 호에서 정하는 바에 따라 공급하여야 한다(「민간임대주택에 관한 특별법」 제42조 제1항).

1. 공공지원민간임대주택의 경우: 주거지원대상자 등의 주거안정을 위하여 국토교통부령으로 정하는 기준에 따라 공급
2. 장기일반민간임대주택 및 단기민간임대주택의 경우: 임대사업자가 정한 기준에 따라 공급

공공지원민간임대주택의 임차인은 국토교통부령으로 정하는 임차인의 자격을 갖추어야 하며, 거짓이나 그 밖의 부정한 방법으로 공공지원민간임대주택을 공급받아서는 아니 된다(「민간임대주택에 관한 특별법」 제42조 제2항).

민간임대주택의 공급에 관한 사항에 대해서는 「주택법」 제20조, 제54조, 제57조부터 제63조까지, 제64조 및 제65조를 적용하지 아니한다. 다만, 공공지원민간임대주택의 임차인 자격 확인 등 임차인의 원활한 모집과 관리가 필요한 경우에 국토교통부령으로 정하는 바에 따라 일부 적용할 수 있다(「민간임대주택에 관한 특별법」 제42조 제3항).

동일한 주택단지에서 30호 이상의 민간임대주택을 건설 또는 매입한 임대사업자가 최초로 민간임대주택을 공급하는 경우에는 시장·군수·구청장에게 대통령령으로 정하는 방법에 따라 신고하여야 한다(「민간임대주택에 관한 특별법」 제42조 제4항).

다. 「임대주택법」상 임대주택의 경우

1) 개정 경과

개정일시	취지	내용	관련 규정
1997. 4. 1.		건설임대주택의 경우 종전에는 주택의 종류에 관계없이 무주택세대주에게 공급하도록 하던 것을, 앞으로는 민간건설임대주택의 경우에는 임대사업자가 자율적으로 임차인을 선정할 수 있도록 함	「임대주택법 시행령」 제11조
2003. 6. 25.		민간이 자체자금으로 건설하는 민간건설임대주택의 임차인의 자격은 당해 임대사업자가 스스로 정하도록 하였던 것을, 공공택지 내 민간건설임대주택의 임차인은 공공건설임대주택의 경우와 같이 건설교통부령이 정하는 바에 따르도록 함	「임대주택법 시행령」 제11조
2004. 3. 17.		공공택지에 건설, 임대하는 주택을 공공건설임대주택으로 분류함으로써 임차인의 자격 및 선정방법 등에 제한을 받도록 함	「임대주택법 시행령」 제2조 제1호
2011. 8. 4.		영구임대주택 등의 공급을 신청하는 자는 신청자 본인 및 배우자, 그 밖에 대통령령으로 정하는 자와 관련된 금융정보, 신용정보 및 보험정보를 금융기관으로부터 제공받는 데 필요한 동의서면을 국토해양부장관에게 제출하도록 함(신설)	「임대주택법」 제20조의2
		국토해양부장관은 영구임대주택 등의 공급을 신청하는 신청자등이 제출한 동의서면을 전자적 형태로 바꾼 문서에 의하여 금융기관 등의 장에게 금융정보·신용정보 또는 보험정보의 제공을 요청할 수 있도록 함(신설)	「임대주택법」 제20조의3 제1항
		국토해양부장관은 영구임대주택 등의 공급을 신청하는 신청자의 자격을 확인하기 위하여 필요한 국세·지방세, 건강보험·국민연금 등에 관한 자료의 제공을 관계 기관의 장에게 요청할 수 있도록 함(신설)	「임대주택법」 제20조의4 제1항
2012. 4. 26.		매입임대주택 중 국가, 지방자치단체, 한국토지주택공사 및 지방공사가 공급하는 매입임대주택(공공매입임대주택)의 임차인은 무주택 세대주를 대상으로 선정하도록 함	「임대주택법 시행령」 제19조 제2항
2012. 4. 26.		공공매입임대주택의 임차인은 기초생활 수급자, 한 부모 가족 등을 제1순위자로 하고, 해당 세대의 월평균소득이 전년도 도시근로자 가구당 월평균소득의 50% 이하인 자 등을 제2순위자로 선정하도록 함	「임대주택법 시행규칙」 제12조의2
2014. 5. 28.		영구임대주택 등의 공급을 신청하는 자의 자격을 확인하기 위한 자료요청사항에 주민등록 전산정보 포함	「임대주택법」 제20조의4 제1항
2015. 7. 24.		공공매입임대주택의 임차인의 자격을 공공건설임대주택의 임차인 자격에 맞추어 무주택 세대주에서 무주택 세대 구성원으로 확대함	「임대주택법 시행령」 제19조 제2항

2) 공공건설임대주택[68]의 경우

---

[68] 구 「임대주택법」(1996. 12. 30. 법률 제5228호로 일부 개정되어 1997. 3. 1.부터 시행되기 전의 것)에는 임대의무기간 종료 후 '건설임대주택'을 매각하는 경우 무주택세대주에게 우선 매각하도록 하였으나, 1996. 12. 30. 개정된 구 「임대주택법」부터는 '공공건설임대주택'에 한하여 무주택세대주에게 우선 매각하도록 개정되었다.

구 「임대주택법」(1996. 12. 30. 법률 제5228호로 일부 개정되어 1997. 3. 1.부터 시행된 것)
제15조(건설임대주택의 무주택세대주에의 우선매각) 임대사업자는 임대의무기간이 경과한 후 대통령령이 정하는 건설임대주택을 매각하는 경우에는 대통령령이 정하는 바에 따라 일정기간의 무주택세대주에게 우선하여 매각하여야 한다.

건설임대주택 중 「주택법」 제16조(현행 제16조)에 따른 사업계획승인을 받아 건설한 '공공건설임대주택'의 임차인은 「주택공급에 관한 규칙」이 정하는 바에 따른다(「임대주택법 시행령」 제19조 제1항, 「같은 법 시행규칙」 제12조 제1항).

공공건설임대주택의 임대사업자는 매년 1회 이상 「주택공급에 관한 규칙」 제21조의2 제1항에 따라 해당 임대주택의 임차인에 대하여 주택소유 여부를 확인하여야 한다(「임대주택법 시행규칙」 제12조 제3항).

공공건설임대주택의 임대사업자는 주택소유 여부를 확인한 결과 공공건설임대주택을 임대받을 자격이 없거나, 우선분양전환 받을 수 있는 자격이 없는 자에게는 공공건설임대주택을 임대하거나 우선분양전환하여서는 아니 된다(「임대주택법 시행규칙」 제12조 제3항 본문).

다만, 임대차계약기간 중이거나 임대차계약을 갱신할 경우로서 임차인이 상속·판결 또는 혼인 등 부득이한 사유로 다른 주택을 소유하게 되어 제2항 또는 제3항에 따른 확인 결과 부적격자로 통보받은 날부터 6개월간은 그러하지 아니하다(「임대주택법 시행규칙」 제12조 제3항 단서).

그러나 임대차계약기간 중이거나 임대차계약을 갱신할 경우로서 임차인이 상속·판결 또는 혼인 등 부득이한 사유로 다른 주택을 소유하게 되어 제2항 또는 제3항에 따른 확인 결과 부적격자로 통보받은 날부터 6개월 이내에 해당 주택을 처분한 경우에는 공공건설임대주택을 임대하거나 우선분양전환할 수 있다.

구 「임대주택법 시행령」 [시행 1997. 4. 1.] [대통령령 제15331호, 1997. 4. 1. 일부개정]
제11조(건설임대주택의 임차인의 자격과 선정방법) 법 제14조의 규정에 의하여 건설임대주택 중 주택건설촉진법 제33조의 규정에 의한 사업계획승인을 얻어 건설한 공공건설임대주택의 임차인의 자격 및 선정방법에 관하여는 주택건설촉진법 제32조의 규정을 적용하고, 그 외의 건설임대주택의 임차인의 자격과 선정방법은 당해 임대사업자가 정한다.

위 시행령 부칙
제2항 제11조의 개정규정은 이 영 시행 후 최초로 임차인을 선정하는 임대주택부터 적용한다.

구 「임대주택법」(1996. 12. 30. 법률 제5228호로 일부 개정되어 1997. 3. 1.부터 시행되기 전의 것)
제15조(건설임대주택의 무주택세대주에의 우선매각) 임대사업자는 임대의무기간이 경과한 후 건설임대주택을 매각하는 경우에는 대통령령이 정하는 바에 따라 일정기간의 무주택세대주에게 우선하여 매각하여야 한다.

구 「임대주택법 시행령」 [시행 1996. 2. 15.] [대통령령 제14915호, 1996. 2. 15., 타법개정]
제11조(건설임대주택의 임차인의 자격과 선정방법) ①법 제14조의 규정에 의하여 건설임대주택 중 주택건설촉진법 제33조의 규정에 의한 사업계획승인을 얻어 건설한 임대주택의 임차인의 자격은 무주택세대주인 자로 하되, 공공건설임대주택의 경우에는 입주자모집공고일 1년 전부터 입주 시까지 무주택세대주인 자로 한다.

3) 그 이외의 건설임대주택의 경우

건설임대주택 중 「주택법」 제16조에 따른 사업계획승인을 받아 건설한 공공건설임대주택 이외의 건설임대주택의 임차인의 자격 및 선정 방법은 해당 임대사업자가 정한다(「임대주택법 시행령」 제19조 제1항).

4) 공공매입임대주택의 경우

공공매입임대주택의 임차인은 무주택 세대 구성원을 대상으로 선정하여야 하며, 다음 순위에 따라 선정한다(「임대주택법 시행령」 제19조 제2항, 「같은 법 시행규칙」 제12조의2 제1항).

가) 제1순위에 해당하는 사람: 다음 각 목의 어느 하나에 해당하는 사람
　　가. 「국민기초생활 보장법」 제2조 제2호에 따른 수급자
　　나. 「한부모가족지원법 시행규칙」 제3조에 따라 여성가족부장관이 정하는 기준에 해당하는 한부모 가족
나) 제2순위에 해당하는 사람: 다음 각 목의 어느 하나에 해당하는 사람. 다만, 토지·건물 및 자동차 등 재산의 가액이 국토교통부장관이 정하여 고시하는 금액을 넘는 사람은 제외한다.
　　가. 해당 세대의 월평균소득(세대주와 동일한 세대별 주민등록표상에 기재되어 있지 아니한 세대주의 배우자 및 배우자와 동일한 세대를 이루고 있는 세대원의 소득을 포함한다. 이하 이 호에서 같다)이 매년 통계청장이 공표하는 전년도 도시근로자 가구당 월평균소득[태아를 포함한 가구원(家口員) 수가 4명 이상인 세대는 가구원수별 가구당 월평균소득으로 한다. 이하 이 호에서 같다]의 50% 이하인 사람
　　나. 「장애인복지법」 제32조 제1항에 따라 장애인등록증이 발급된 자로서 해당 세대의 월평균소득이 가목에 따른 전년도 도시근로자 가구당 월평균소득 이하인 사람

5) 공공매입임대주택 외의 매입임대주택의 경우

공공매입임대주택 외의 매입임대주택의 임차인의 자격 및 선정 방법은 해당 임대사업자가 정한다(「임대주택법 시행령」 제19조 제3항).

6) 미분양주택의 경우

가) 공공성이 있는 주택으로 20호 이상인 경우

「주택법」 제9조에 따른 등록사업자가 「임대주택법」 제6조에 따라 임대사업자 등록을 마치고 구 「주택법」 제16조(현행 제15조)에 따라 사업계획승인을 받아 건설한 주택 중 사용검사를 받을 때까지 분양되지 아니한 주택을 임대하는 경우에는 해당 주택이 국민주택기금을 지원받아 건설되거나 공공사업에 따라 조성된 택지에 건설된 주택으로서 그 수가 20호 이상인 경우에는 「주택공급에 관한 규칙」이 정하는 바에 따라 임차인을 선정한다(「임대주택법 시행규칙」 제2조).

나) 그 이외의 경우

위와 같이 공공성이 있는 미분양주택으로서 20호 이상인 경우 이외에는 해당 사업자가 정하는 바에 따라 임차인을 선정한다(「임대주택법 시행규칙」 제2조).

라. 관련 법령 해석례

1) 당첨자 관련

민원인 - 분양전환공공임대주택의 입주자로 선정된 자가 주택공급계약 체결 후 입주금을 완납하지 않고 계약을 해제하거나 해지한 경우 당첨자로 보지 않는 자에 해당하는지 여부(구 「주택공급에 관한 규칙」 제57조 제4항 제3호 등 관련)

[안건번호: 17-0522, 회신일자: 2018-01-16]

【질의요지】

분양전환공공임대주택의 입주자로 선정된 자가 주택공급계약을 체결한 후 입주금을 완납하지 않고 그 계약을 해제하거나 해지한 경우, 2017년 11월 24일 국토교통부령 제468호로 일부 개정되어 같은 날 시행되기 전의 「주택공급에 관한 규칙」 제57조 제4항 제3호에 따라 당첨자로 보지 않는 "공공임대주택을 공급받은 후 사업주체에게 그 주택을 명도한 자"에 해당하는지?

【회답】

분양전환공공임대주택의 입주자로 선정된 자가 주택공급계약을 체결한 후 입주금을 완납하지 않고 그 계약을 해제하거나 해지한 경우에는 2017년 11월 24일 국토교통부령 제468호로 일부 개정되어 같은 날 시행되기 전의 「주택공급에 관한 규칙」 제57조 제4항 제3호에 따라 당첨자로 보지 않는 "공공임대주택을 공급받은 후 사업주체에게 그 주택을 명도한 자"에 해당하지 않습니다.

【이유】

2017년 11월 24일 국토교통부령 제468호로 일부 개정되어 같은 날 시행되기 전의 「주택공급에 관한 규칙」(이하 "구 주택공급규칙"이라 함) 제54조 제1항에 따르면, 「공공주택 특별법 시행령」 제2조 제1항 제5호에 따른 분양전환 공공임대주택(이하 "분양전환공공임대주택"이라 함) 등 같은 항 제1호에 따른 재당첨 제한 대상 주택에 당첨된 자의 세대에 속한 자는 같은 항 제2호에 따른 재당첨 제한기간 동안 다른 분양주택(분양전환공공임대주택을 포함하며, 이하 같음)의 입주자로 선정될 수 없고, 구 주택공급규칙 제54조 제2항 및 제3항에 따르면, 전산관리지정기관(국토교통부장관이 지정·고시하는 입주자저축 전산관리업무 담당기관을 말하며, 이하 같음)은 같은 규칙 제57조 제1항에 따라 통보받은 당첨자명단을 전산검색하여 재당첨제한 적용주택의 당첨자가 된 자의 세대에 속한 자의 명단을 발견한 때에는 지체 없이 사업주체에게 그 사실을 통보해야 하며, 그 통보를 받은 사업주체는 이들을 입주자 선정대상에서 제외하거나 주택공급계약을 취소해야 합니다.

그리고, 구 주택공급규칙 제57조 제1항에서는 사업주체는 당첨자의 명단이 확정된 경우에는 그 명단을 지체 없이 전산관리지정기관에 통보해야 한다고 규정하고 있고, 같은 조 제4항에서는 전산관리지정기관이 통보받은 당첨자명단을 관리함에 있어서 "공공임대주택을 공급받은 후 사업주체에게 그 주택을 명도한 자"(제3호) 등은 당첨자로 보지 않고, 이 경우 사업주체는 그 명단을 전산관리지정기관에 통보하여 당첨자명단에서 삭제하게 해야 한다고 규정하고 있는바, 이 사안은 분양전환공공임대주택의 입주자로 선정된 자가 주택공급계약을 체결한 후 입주금을 완납하지 않고 그 계약을 해제하거나 해지한 경우 구 주택공급규칙 제57조 제4항 제3호에 따라 당첨자로 보지 않는 "공공임대주택을 공급받은 후 사업주체에게 그 주택을 명도한 자"에 해당하는지에 관한 것이라 하겠습니다.

먼저, "명도"의 문언적 의미를 살펴보면, 건물, 토지, 선박 따위를 남에게 주거나 맡기는 것을 뜻하므로(국립국어원 표준국어대사전 참조), 해당 건물, 토지 선박 따위를 점유하거나 소유하고 있을 것을 전제한다고 할 것인 바, 구 주택공급규칙 제57조 제4항 제3호에서 "공공임대주택을 공급받은 후 사업주체에게 그 주택을 명도한 자"란 입주자가 주택공급계약에 따른 입주금을 모두 납부하여 입주를 시작했거나 입주 가능한 상태가 된 시점 이후에 사업주체에게 그 주택을 명도한 자를 의미한다고 할 것이고(법제처 2005. 11. 25. 회신 05-0085 해석례 참조), 이렇게 해석하지 않으면 같은 항에서 당첨자로 보지 않는 "계약을 체결하지 아니하였거나 해약한 자"의 경우를 취학·질병요양·근무상 또는 생업상의 사정으로 세대원 전원이 다른 주택건설지역으로 퇴거했거나(제1호) 세대주 및 세대원 전원이 국외 이주한 경우(제2호)로 한정하여 규정한 것이 무의미해지는 결과가 된다고 할 것입니다.

그리고, 「공공주택 특별법」 제5조 제1항에 따르면 공공주택사업에 관하여는 같은 법이 다른 법률에 우선하여 적용되는데, 「같은 법 시행규칙」 제25조 제1항 및 제2항에서는 공공임대주택(「공공주택 특별법」 제2조 제1항 가목에 따른 공공주택으로서 분양전환공공임대주택을 포함하며, 이하 같음)의 입주자는 해당 주택에서 퇴거할 때에는 공공주택사업자에게 그 주택을 명도해야 한다고 규정하는 등 입주자가 공공임대주택에 입주한 후 그 주택에서 퇴거할 때 공공주택사업자에게 해당 주택을 명도해야 하는 경우에 대하여 규정하고 있는바, 구 주택공급규칙 제57조 제4항 제3호에서 당첨자로 보지 않는 자로 규정하고 있는 "공공임대주택을 공급받은 후 사업주체에게 그 주택을 명도한 자"란 「공공주택 특별법 시행규칙」 제25조 제1항 및 제2항에 규정된 자를 말하는 것이라고 할 것이므로, 해당 규정은 주택공급계약에 따른 입주금을 완납하여 입주를 시작했거나 입주가 가능한 상태에 이른 사람이 그 주택을 사업주체에게 명도한 경우를 의미한다고 보아야 할 것입니다.

아울러, 구 주택공급규칙 제54조 제1항부터 제3항까지의 규정에서는 주택이 투기의 수단으로 전락하는 것을 방지하고 실수요자에게 우선적으로 주택을 공급받을 수 있는 기회를 부여하기 위하여, 이미 주택에 당첨된 자에 대하여 일정기간 다른 분양주택에 대한 재당첨을 제한하고 있는바(서울북부지방법원 2007. 7. 12. 선고 2007가합1931 판결례 참조), 같은 규칙 제57조 제4항에서 공공임대주택을 공급받은 후 사업주체에게 그 주택을 명도한 자 등을 당첨자로 보지 않도록 하고 당첨자명단에서 삭제하도록 한 것은, 분양주택의 당첨자로 선정된 사실이 있는 자의 재당첨을 제한하는 원칙에 대한 예외를 규정한 것이라는 점에 비추어 보더라도, 같은 항에 따라 당첨자로 보지 않는 경우의 범위를 문언의 범위를 넘어 확장하여 해석하는 것은 허용되지 않는다고 할 것입니다.

따라서, 분양전환공공임대주택의 입주자로 선정된 자가 주택공급계약을 체결한 후 입주금을 완납하지 않고 그 계약을 해제하거나 해지한 경우에는 구 주택공급규칙 제57조 제4항 제3호에 따라 당첨자로 보지 않는 "공공임대주택을 공급받은 후 사업주체에게 그 주택을 명도한 자"에 해당하지 않는다고 할 것입니다.

관계법령
「주택공급에 관한 규칙」 제57조

2) 영구임대주택의 예비입주자 선정 방법

민원인 - 영구임대주택의 예비입주자 선정 방법(「주택공급에 관한 규칙」 제31조 등 관련)

[안건번호: 15-0318 회신일자: 2015. 7. 28.]

【질의요지】

「주택공급에 관한 규칙」 제29조 제3항에 따라 영구임대주택의 입주자가 퇴거함으로써 사업주체에게 명도된 영구임대주택의 예비입주자를 선정하는 경우, 같은 규칙 제31조에서 규정하고 있는 영구임대주택의 입주자 선정 기준을 반드시 모두 적용해야 하는지?

【회답】

「주택공급에 관한 규칙」 제29조 제3항에 따라 영구임대주택의 입주자가 퇴거함으로써 사업주체에게 명도된 영구임대주택의 예비입주자를 선정하는 경우, 같은 규칙 제31조에서 규정하고 있는 영구임대주택의 입주자 선정 기준을 반드시 모두 적용해야 하는 것은 아닙니다.

【이유】

「주택공급에 관한 규칙」 제31조에서는 「임대주택법」에 따라 영구적인 임대의 목적으로 건설된 주택(이하 "영구임대주택"이라 함)에 입주할 수 있는 무주택세대구성원의 요건 및 우선공급 대상 등 영구임대주택의 입주자선정 등에 대한 특례를 규정하고 있는 한편, 같은 규칙 제3조 제2항 제4호에서는 임대주택의 입주자가 퇴거함으로써 사업주체에게 명도된 주택을 공급하는 경우에는 같은 규칙 제4조, 제8조의2, 제21조의2, 제22조 및 제29조만을 적용하도록 규정하고 있는바,

이 사안은 영구임대주택의 입주자가 해당 임대주택에서 퇴거하여 「주택공급에 관한 규칙」 제29조 제3항에 따라 사업주체에게 임대주택이 명도된 경우로서, 사업주체가 명도된 영구임대주택의 예비입주자를 모집할 때에 같은 규칙 제31조에서 규정하고 있는 영구임대주택의 입주자선정 등에 대한 특례를 반드시 적용해야 하는지에 관한 것이라 하겠습니다.

먼저, 「임대주택법」 제2조 제1호에서는 임대주택을 임대 목적에 제공되는 건설임대주택 및 매입임대주택으로 정의하면서, 같은 법 제16조 제1항 제1호에서는 영구임대주택을 건설임대주택 중 국가나 지방자치단체의 재정으로 건설하는 임대주택 또는 국민주택기금의 자금을 지원받아 영구적인 임대를 목적으로 건설한 임대주택으로 규정하고 있는바, 일반적으로 법령의 문언에서 사용되는 임대주택의 범위에는 영구임대주택도 포함된다고 할 것입니다.

또한, 「주택공급에 관한 규칙」은 「주택법」에 따라 주택 및 복리시설을 건설·공급하는 경우 공급조건·방법 및 절차 등에 관한 사항을 정하기 위한 규정인 바(제1조), 같은 규칙 제31조에서 규정하고 있는 영구임대주택의 입주자선정 등에 대한 특례는 영구임대주택을 건설하여 공급하는 경우에 적용되는 입주자 선정에 대한 일반적인 규정이라고 할 것입니다.

그런데, 건설·공급이 완료된 영구임대주택의 입주자가 퇴거하여 해당 주택의 입주 희망자 집단을 구성하기 위하여 예비입주자를 선정하는 것은 「주택공급에 관한 규칙」 제29조 제3항에 따라 입주자가 퇴거함으로써 사업주체에게 명도된 임대주택을 공급하는 것에 해당하고, 이 경우에는 같은 규칙 제3조 제2항 제4호에서 같은 규칙 제4조, 제8조의2, 제21조의2, 제22조 및 제29조만을 적용하도록 규정하고 있으므로, 영구임대주택을 최초 건설하여 공급하는 때에 적용되는 같은 규칙 제31조가 적용되지 않음이 문언상 명백하다고 할 것입니다.

한편, 「주택공급에 관한 규칙」 제16조에 따라 예비입주자를 선정할 때 같은 규칙 제31조를 적용하는 것과 마찬가지로 영구임대주택의 입주자가 퇴거하여 해당 주택에 입주할 예비입주자를 모집할 때에도 같은 규칙 제31조를 적용해야 한다는 의견이 있을 수 있습니다. 하지만, 「주택공급에 관한 규칙」 제16조는 같은 규칙 제11조부터 제13조까지의 규정에 따라 최초 주택공급 시에 미계약자 발생 등으로 입주자가 모집 인원에 미달되는 경우에 적용되는 규정으로, 이 사안과 같이 최초 주택공급이 완료된 후 임대주택의 입주자가 퇴거함으로써 공가가 발생하여 주택을 공급하는 경우에 대해서까지 적용되어야 하는 규정은 아니라고 할 것이므로, 그러한 의견은 타당하지 않다고 할 것입니다.

이상과 같은 점을 종합해 볼 때, 「주택공급에 관한 규칙」 제29조 제3항에 따라 영구임대주택의 입주자가 퇴거함으로써 사업주체에게 명도된 영구임대주택의 예비입주자를 선정하는 경우, 같은 규칙 제31조에서 규정하고 있는 영구임대주택의 입주자 선정 기준을 반드시 모두 적용해야 하는 것은 아니라고 할 것입니다.

관계법령
주택공급에 관한 규칙 제3조 제2항 제5호, 제31조

3) 국민임대주택의 입주자 모집 방법

민원인 - 국민임대주택의 입주자 모집 방법(「주택공급에 관한 규칙」 제32조 등 관련)

[법제처 15-0019, 2015. 2. 17., 민원인]

【질의요지】

최초 공급 시 입주자와 예비입주자를 선정하여 입주가 완료된 국민임대주택의 입주자가 퇴거할 경우 해당 주택에 입주할 예비입주자를 추가로 모집할 때 「주택공급에 관한 규칙」 제32조 제1항부터 제3항까지, 제12항 및 제15항부터 제19항까지를 반드시 적용해야 하는지?

【질의 배경】

입주가 완료된 국민임대주택에 입주할 사람을 모집할 때에도 국민임대주택의 입주자에 관한 특례 규정이 적용되는지

【회답】

최초 공급 시 입주자와 예비입주자를 선정하여 입주가 완료된 국민임대주택의 입주자가 퇴거할 경우 해당 주택에 입주할 입주자를 국민임대주택의 사업주체가 추가로 모집할 때, 「주택공급에 관한 규칙」 제32조 제1항부터 제3항까지, 제12항 및 제15항부터 제19항까지에서 규정하고 있는 입주자 선정 기준을 반드시 적용해야 하는 것은 아닙니다.

【이유】

「주택공급에 관한 규칙」 제3조 제2항 제5호에서는 임대주택의 입주자가 퇴거함으로써 사업주체에게 명도된 주택을 공급하는 경우에는 같은 규칙 제4조, 제21조의2, 제22조 및 제29조만을 적용한다고 규정하고 있고, 같은 규칙 제32조 제1항부터 제3항까지, 제12항 및 제15항부터 제19항까지에서는 국가·지방자치단체·한국토지주택공사 또는 지방공사가 건설하는 「임대주택법」 제16조 제1항 제2호에 따른 건설임대주택(이하 "국민임대주택"이라 함)을

공급할 때 50㎡ 미만인 주택은 무주택세대주로서 해당 세대의 월평균소득이 전년도 도시근로자 가구당 월평균소득의 70% 이하인 자에게 공급하도록 하는 등 입주자 선정 기준을 규정하고 있는바,

이 사안은 최초 공급 시 입주자와 예비입주자를 선정하여 입주가 완료된 국민임대주택의 입주자가 퇴거할 경우 해당 주택에 입주할 입주자를 국민임대주택의 사업주체가 추가로 모집할 때에「주택공급에 관한 규칙」제32조 제1항부터 제3항까지, 제12항 및 제15항부터 제19항까지에서 규정하고 있는 입주자 선정 기준을 반드시 적용해야 하는지에 관한 것이라 하겠습니다.

먼저, 국민임대주택의 입주자를 선정하는 경우에는「주택공급에 관한 규칙」제32조에 따라야 하고, 같은 규칙 제16조에 따라 예비입주자를 선정하여야 하는바, 위 규정들은 국민임대주택의 공급에 관한 일반적인 규정으로서 법령에서 입주자 선정에 관하여 별도의 규정이 없다면 위 규정들을 따라야 할 것입니다.

그런데, 최초 공급이 완료된 국민임대주택의 입주자가 퇴거할 경우 해당 주택에 입주할 입주자를 모집하는 행위는 계약 만료 등의 사유로 기존 입주자가 실제로 퇴거함으로써 사업주체에게 명도되는 주택의 공급을 원활하게 하기 위하여 사전에 해당 주택에 입주하려는 사람을 미리 선정하는 절차입니다. 그렇다면, 이와 같은 입주자의 모집은 기존 입주자가 퇴거함으로써 사업주체에게 명도된 주택에 새로 입주할 사람을 선정하는 것과 마찬가지라고 할 것이므로,「주택공급에 관한 규칙」제3조 제2항 제5호에 해당한다고 할 것입니다.

한편,「주택공급에 관한 규칙」제16조에 따라 예비입주자를 선정할 때 같은 규칙 제32조를 적용하는 것과 마찬가지로 최초 공급이 완료된 국민임대주택의 입주자가 퇴거할 경우 해당 주택에 입주할 입주자를 모집할 때에도 같은 조를 적용해야 한다는 의견이 있을 수 있습니다. 하지만「주택공급에 관한 규칙」제16조는 같은 규칙 제11조부터 제13조까지의 규정에 따라 최초 공급 시에 미계약자 발생 등으로 입주자가 모집 인원에 미달되는 경우에 적용되는 규정으로, 이 사안과 같이 분양이 완료된 후 입주를 할 사람을 선정하는 행위인 같은 규칙 제3조 제2항 제5호에 해당하는 경우에 대해서는 적용되지 않는 것으로 보아야 합니다.

이상과 같은 점을 종합해 볼 때, 최초 공급 시 입주자와 예비입주자를 선정하여 입주가 완료된 국민임대주택의 입주자가 퇴거할 경우 해당 주택에 입주할 입주자를 국민임대주택의 사업주체가 추가로 모집할 때,「주택공급에 관한 규칙」제32조 제1항부터 제3항까지, 제12항 및 제15항부터 제19항까지에서 규정하고 있는 입주자 선정 기준을 반드시 적용해야 하는 것은 아닙니다.

임대주택의 임차인 관리

1. 임대주택의 임차인 관리

가. 공공임대주택의 경우

1) 임차인의 명도의무

공공임대주택의 입주자는 해당 주택에서 퇴거할 때에는 공공주택사업자에게 그 주택을 명도하여야 한다(「공공주택 특별법 시행규칙」 제25조 제1항).

공공임대주택의 입주자로 선정된 자는 공공임대주택의 임대기간 만료 시까지 거주할 수 있다. 다만, 임대기간 만료 전에 다음 각 호의 어느 하나에 해당하는 경우에는 공공주택사업자에게 해당 공공임대주택을 명도하여야 한다(「공공주택 특별법 시행규칙」 제25조 제2항).

1. 전용면적이 85㎡ 이하인 공공임대주택(「주택공급에 관한 규칙」 제25조 제6항에 따라 공급하는 주택은 제외한다)으로서 입주자 본인 또는 그 세대에 속한 자가 다른 주택을 소유하거나 다른 공공임대주택에 당첨되어 입주하는 경우
2. 전용면적이 85㎡를 초과하는 공공임대주택과 「주택공급에 관한 규칙」 제25조 제6항에 따라 공급하는 공공임대주택으로서 입주자 본인 또는 그 세대에 속한 자가 다른 공공임대주택에 당첨되어 입주하는 경우

다만, 「공공주택 특별법 시행규칙」 제25조 제2항 단서에도 불구하고 다른 공공임대주택 입주자의 세대에 속한 [별표 5] 제1호 가목 1)에 해당하는 자가 행복주택에 당첨되어 입주하는 경우에는 다른 공공임대주택 입주자는 해당 공공임대주택을 공공주택사업자에게 명도하지 아니할 수 있다(「공공주택 특별법 시행규칙」 제25조 제9항).

2) 임차인의 자격 확인 등

공공임대주택의 공공주택사업자는 다음 각 호의 어느 하나에 해당하는 경우에는 미리 「주택공급에 관한 규칙」 제52조 제1항에 따라 주택소유 여부를 확인하여야 한다(「공공주택 특별법 시행규칙」 제25조 제3항).

1. 임대차계약을 체결하는 경우

2. 「공공주택 특별법 시행령」 제48조 제1항 각 호에 따른 임차권의 양도 또는 공공임대주택의 전대(轉貸)에 대한 동의를 하는 경우
3. 「공공주택 특별법 시행령」 제54조2 제2항 제2호에 따라 임대의무기간 중에 분양전환하는 경우
4. 「공공주택 특별법 시행령」 제55조 제1항에 따라 공공임대주택을 우선분양전환하는 경우

공공임대주택의 공공주택사업자는 「주택공급에 관한 규칙」 제52조 제1항에 따라 해당 공공임대주택의 임차인에 대하여 매년 1회 이상 주택소유 여부를 확인하여야 한다(「공공주택 특별법 시행규칙」 제25조 제4항).

공공임대주택의 공공주택사업자는 「주택공급에 관한 규칙」 제57조에 따라 해당 공공임대주택의 임차인에 대하여 다른 공공임대주택의 당첨 여부를 2년마다 확인하여야 한다(「공공주택 특별법 시행규칙」 제25조 제5항).

공공주택사업자는 다른 공공임대주택에의 당첨이 확인된 입주자에게 그 사실을 통보하고 10일 이상의 기간을 정하여 소명자료를 제출받아 다른 공공임대주택에 입주하였는지 여부를 확인하여야 한다(「공공주택 특별법 시행규칙」 제25조 제6항).

공공임대주택의 공공주택사업자는 다음 각 호의 어느 하나에 해당하는 경우에는 주택소유 여부를 확인하지 아니할 수 있다(「공공주택 특별법 시행규칙」 제25조 제7항).

1. 해당 공공임대주택에 최초로 입주하는 경우로서 「주택공급에 관한 규칙」 제27조 제5항에 따라 선정된 임차인과 임대차계약을 체결하는 경우
2. 「공공주택 특별법 시행령」 제47조 제1항 제12호 다목 및 라목에 해당하는 경우

공공임대주택의 공공주택사업자는 주택을 소유한 것으로 확인된 자에 대해서는 임대 또는 제3항 각 호의 행위를 해서는 아니 된다. 다만, 다음 각 호의 어느 하나에 해당하는 경우에는 그러하지 아니하다(「공공주택 특별법 시행규칙」 제25조 제8항).

1. 임대차계약기간 중이거나 재계약을 하는 경우와 제3항 제2호에 해당하는 경우로서 영 제47조 제1항 제12호 각 목에 해당하는 경우
2. 제3항 제3호 및 제4호에 해당하는 경우로서 영 제55조 제1항 제2호·제4호 및 제5호에 해당하는 경우

3) 임차인의 금융정보 등 제공에 따른 동의서 제출

공공주택의 공급을 신청(재계약을 체결하는 경우를 포함)하는 자는 신청자 본인 및 배우자, 그 밖에 대통령령으로 정하는 자(신청자 등[69])와 관련된 다음 각 호의 자료 또는 정보를 「공공주택 특별법」 제48조의5 제1항에 따른 금융기관 등으로부터 제공받는 데 필요한 동의서면을 국토교통부장관에게 제출하여야 한다(「공공주택 특별법」 제48조의4 제1항).

1. 「금융실명거래 및 비밀보장에 관한 법률」 제2조 제2호·제3호에 따른 금융자산 및 금융거래의 내용에 대한 자료 또는 정보 중 예금·적금·저축의 잔액 또는 불입금·지급금과 유가증권 등 금융자산에 대한 증권·증서의 가액(금융정보[70])
2. 「신용정보의 이용 및 보호에 관한 법률」 제2조 제1호에 따른 신용정보 중 채무액과 연체정보(신용정보[71])
3. 「보험업법」 제4조 제1항 각 호에 따른 보험에 가입하여 납부한 보험료, 환급금 및 지급금(보험정보[72])

제1항에 따른 동의 방법·절차 등에 필요한 사항과 구체적인 자료 또는 정보의 내용은 대통령령으로 정한다(「공공주택 특별법」 제48조의4 제2항).

4) 금융정보 등의 제공

국토교통부장관은 「금융실명거래 및 비밀보장에 관한 법률」 제4조 제1항과 「신용정보의 이

---

[69] 「같은 법 시행령」 제42조 제1항
  1. 신청자의 세대주
  2. 신청자와 동일한 세대별 주민등록표상에 등재되어 있는 다음 각 목의 사람
    가. 신청자의 직계존·비속
    나. 제1호의 배우자 및 직계존·비속
  3. 신청자의 배우자와 동일한 세대별 주민등록표상에 등재되어 있는 신청자의 직계존·비속
[70] 「같은 법 시행령」 제42조 제2항 제1호
    가. 보통예금, 저축예금, 자유저축예금 등 요구불예금: 최근 3개월 이내의 평균 잔액
    나. 정기예금, 정기적금, 정기저축 등 저축성예금: 잔액 또는 총납입금
    다. 주식, 수익증권, 출자금, 출자지분: 최종 시세가액. 이 경우 비상장주식의 평가에 관하여는 「상속세 및 증여세법 시행령」 제54조 제1항을 준용한다.
    라. 채권, 어음, 수표, 채무증서, 신주인수권 증서: 액면가액
    마. 연금저축: 정기적으로 지급된 금액 또는 최종 잔액
[71] 「같은 법 시행령」 제42조 제2항 제2호
    가. 대출 현황 및 연체 내용
    나. 신용카드 미결제 금액
[72] 「같은 법 시행령」 제42조 제2항 제3호
    가. 보험증권: 해약하는 경우 지급받게 될 환급금 또는 최근 1년 이내에 지급된 보험금
    나. 연금보험: 해약하는 경우 지급받게 될 환급금 또는 정기적으로 지급되는 금액

용 및 보호에 관한 법률」제32조 제1항에도 불구하고 공공주택의 공급을 신청하는 신청자 등이 제48조의4 제1항에 따라 제출한 동의서면을 전자적 형태로 바꾼 문서에 의하여 금융기관 등(「금융실명거래 및 비밀보장에 관한 법률」제2조 제1호에 따른 금융회사 등, 「신용정보의 이용 및 보호에 관한 법률」제25조에 따른 '신용정보집중기관'을 말한다)의 장에게 금융정보·신용정보 또는 보험정보(이하 '금융정보 등'이라 한다)의 제공을 요청할 수 있다(「공공주택 특별법」제48조의5 제1항).

금융정보 등의 제공을 요청받은 금융기관 등의 장은 「금융실명거래 및 비밀보장에 관한 법률」제4조 제1항과 「신용정보의 이용 및 보호에 관한 법률」제32조 제1항 및 제3항에도 불구하고 명의인의 금융정보 등을 제공하여야 한다.

금융정보 등을 제공한 금융기관 등의 장은 금융정보 등의 제공사실을 명의인에게 통보하여야 한다. 다만, 명의인의 동의가 있는 경우에는 「금융실명거래 및 비밀보장에 관한 법률」제4조의2 제1항과 「신용정보의 이용 및 보호에 관한 법률」제35조에도 불구하고 통보하지 아니할 수 있다.

제1항 및 제2항에 따른 금융정보 등의 제공요청 및 제공은 「정보통신망 이용촉진 및 정보보호 등에 관한 법률」제2조 제1항 제1호에 따른 정보통신망을 이용하여야 한다. 다만, 정보통신망의 손상 등 불가피한 사유가 있는 경우에는 그러하지 아니하다.

위 업무에 종사하거나 종사하였던 자는 업무를 수행하면서 취득한 금융정보 등을 이 법에서 정한 목적 외의 다른 용도로 사용하거나 다른 사람 또는 기관에 제공하거나 누설하여서는 아니 된다.

국토교통부장관은 「공공주택 특별법」제48조의5에 따라 금융기관 등의 장에게 '신청자 등'에 대한 '금융정보 등'의 제공을 요청하는 경우에는 요청 내용에 다음 각 호의 사항을 포함하여야 한다(「공공주택 특별법 시행령」제43조 제1항).

1. 신청자 등의 성명과 주민등록번호
2. 제공을 요청하는 금융정보 등의 범위와 조회기준일 및 조회기간

제1항에 따라 금융정보 등의 제공을 요청받은 금융기관 등의 장이 국토교통부장관에게 해당 금융정보 등을 제공할 때에는 다음 각 호의 사항을 포함하여야 한다.

1. 신청자 등의 성명과 주민등록번호

2. 금융정보 등을 제공하는 금융기관 등의 명칭

3. 제공대상 금융상품명과 계좌번호

4. 금융정보 등의 내용

국토교통부장관은 금융기관 등이 가입한 협회, 연합회 또는 중앙회의 정보통신망을 이용하여 해당 금융기관 등의 장에게 금융정보 등을 제공하도록 요청할 수 있다.

5) 자료요청

국토교통부장관은 공공주택의 공급을 신청하는 자의 자격을 확인 또는 「공공주택 특별법」 제49조의7에 따른 공공주택 거주자 실태조사를 위하여 필요한 자료로서 신청자에 대한 다음 각 호의 자료를 관계 기관의 장에게 요청할 수 있다. 이 경우 자료의 제공을 요청받은 관계 기관의 장은 특별한 사유가 없으면 이에 따라야 한다(「공공주택 특별법」 제48조의6 제1항).

1. 「가족관계의 등록 등에 관한 법률」 제9조 제1항에 따른 가족관계 등록사항 또는 「주민등록법」 제30조 제1항에 따른 주민등록전산정보자료(주민등록번호·외국인등록번호 등 고유식별번호를 포함한다)

2. 국세 및 지방세에 관한 자료

3. 국민연금·공무원연금·군인연금·사립학교교직원연금·별정우체국연금·장애인연금·건강보험·고용보험·산업재해보상보험·보훈급여 등 각종 연금·보험·급여에 관한 자료

4. 「부동산등기법」 제2조 제1호에 따른 등기부, 「건축법」 제38조에 따른 건축물대장, 「자동차관리법」 제5조에 따른 자동차등록원부 등 부동산 및 자동차에 관한 자료

5. 출입국 사실에 관한 자료

국토교통부 소속 공무원 또는 소속 공무원이었던 자와 제53조에 따라 업무를 위임·위탁받은 기관의 소속 임직원은 제1항에 따라 제공받은 정보와 자료를 이 법에서 정한 목적 외의 다른 용도로 사용하거나 다른 사람 또는 기관에 제공하거나 누설하여서는 아니 된다.

제1항에 따라 국토교통부장관 또는 제53조에 따라 업무를 위임·위탁받은 기관에 제공되는 자료에 대하여는 사용료, 수수료 등을 면제한다.

6) 자료 및 정보의 수집 등

국토교통부장관 및 제53조에 따라 제48조의4부터 제48조의6까지의 업무를 위임·위탁받은

기관의 장은 공공주택의 공급을 위하여 제48조의5 및 제48조의6에 따라 제공받은 자료 또는 정보를 수집·관리·보유 또는 활용할 수 있다(「공공주택 특별법」 제48조의7).

나. 공공지원민간임대주택의 경우

1) 임차인의 자격 확인

임대사업자는 '공공지원민간임대주택'의 임차인(입주를 신청하는 자와 계약 중인 임차인을 포함한다) 자격 확인이 필요한 경우, 임차인 및 배우자, 임차인 또는 배우자와 세대를 같이하는 세대원('임차인 등')으로부터 소득자료를 제출받아 확인하여야 한다(「민간임대주택에 관한 특별법」 제42조의3).

2) 임차인의 금융정보 등 제공에 따른 동의서 제출

공공지원민간임대주택의 임차인은 '임차인 등'과 관련된 다음 각 호의 정보 또는 자료를 「민간임대주택에 관한 특별법」 제42조의5 제1항에 따른 금융기관 등으로부터 제공받는 데 필요한 동의서면을 국토교통부장관에게 제출하여야 한다(「민간임대주택에 관한 특별법」 제42조의4 제1항).

1. 「금융실명거래 및 비밀보장에 관한 법률」 제2조 제2호·제3호에 따른 금융자산 및 금융거래의 내용에 대한 자료 또는 정보 중 예금·적금·저축의 잔액 또는 불입금·지급금과 유가증권 등 금융자산에 대한 증권·증서의 가액(금융정보)
2. 「신용정보의 이용 및 보호에 관한 법률」 제2조 제1호에 따른 신용정보 중 채무액과 연체정보(신용정보)
3. 「보험업법」 제4조 제1항 각 호에 따른 보험에 가입하여 납부한 보험료, 환급금 및 지급금 (보험정보)

제1항에 따른 동의 방법·절차 등에 필요한 사항과 구체적인 자료 또는 정보의 내용은 대통령령으로 정한다.

3) 금융정보 등의 제공

국토교통부장관은 「금융실명거래 및 비밀보장에 관한 법률」 제4조 제1항과 「신용정보의 이용 및 보호에 관한 법률」 제32조 제1항에도 불구하고 공공지원민간임대주택의 '임차인 등'이 제출한 동의서면을 전자적 형태로 바꾼 문서에 의하여 금융기관 등(「금융실명거래 및 비밀보장에 관한 법률」 제2조 제1호에 따른 금융회사 등, 「신용정보의 이용 및 보호에 관한 법률」 제25조에 따른 '신용정보집중기관'

을 말한다)의 장에게 금융정보·신용정보 또는 보험정보(이하 '금융정보 등'이라 한다)의 제공을 요청할 수 있다(「민간임대주택에 관한 특별법」 제42조의5 제1항).

금융정보 등의 제공을 요청받은 금융기관 등의 장은 「금융실명거래 및 비밀보장에 관한 법률」 제4조 제1항과 「신용정보의 이용 및 보호에 관한 법률」 제32조 제1항 및 제3항에도 불구하고 명의인의 금융정보 등을 제공하여야 한다(「민간임대주택에 관한 특별법」 제42조의5 제2항).

제2항에 따라 금융정보 등을 제공한 금융기관 등의 장은 금융정보 등의 제공사실을 명의인에게 통보하여야 한다. 다만, 명의인의 동의가 있는 경우에는 「금융실명거래 및 비밀보장에 관한 법률」 제4조의2 제1항과 「신용정보의 이용 및 보호에 관한 법률」 제35조에도 불구하고 통보하지 아니할 수 있다(「민간임대주택에 관한 특별법」 제42조의5 제3항).

금융정보 등의 제공요청 및 제공은 「정보통신망 이용촉진 및 정보보호 등에 관한 법률」 제2조 제1항 제1호에 따른 정보통신망을 이용하여야 한다. 다만, 정보통신망의 손상 등 불가피한 사유가 있는 경우에는 그러하지 아니하다(「민간임대주택에 관한 특별법」 제42조의5 제4항).

제1항·제2항 및 제4항에 따른 금융정보 등의 제공요청 및 제공 등에 필요한 사항은 대통령령으로 정한다(「민간임대주택에 관한 특별법」 제42조의5 제5항).

4) 자료 요청

국토교통부장관은 공공지원민간임대주택의 임차인 자격을 확인하기 위하여 필요한 자료로서 임차인등에 대한 다음 각 호의 자료를 관계 기관의 장에게 요청할 수 있다. 이 경우 자료의 제공을 요청받은 관계 기관의 장은 특별한 사유가 없으면 이에 따라야 한다(「민간임대주택에 관한 특별법」 제42조의6 제1항).

1. 「가족관계의 등록 등에 관한 법률」 제9조 제1항에 따른 가족관계 등록사항 또는 「주민등록법」 제30조 제1항에 따른 주민등록전산정보자료, 「출입국관리법」에 따른 외국인 등록 자료
2. 국세 및 지방세에 관한 자료
3. 국민연금·공무원연금·군인연금·사립학교교직원연금·별정우체국연금·장애인연금·건강보험·고용보험·산업재해보상보험·보훈급여 등 각종 연금·보험·급여에 관한 자료
4. 「부동산등기법」 제2조 제1호에 따른 등기부, 「건축법」 제38조에 따른 건축물대장, 「자동차관리법」 제5조에 따른 자동차등록원부 등 부동산 및 자동차에 관한 자료

제1항에 따라 국토교통부장관 또는 제62조에 따라 업무를 위임·위탁받은 기관에 제공되는 자료에 대해서는 사용료, 수수료 등을 면제한다(「민간임대주택에 관한 특별법」 제42조의6 제2항).

5) 자료 및 정보의 수집 등

국토교통부장관 및 「민간임대주택에 관한 특별법」 제62조에 따라 제42조의4부터 제42조의6까지의 업무를 위임·위탁받은 기관의 장은 공공지원민간임대주택 공급을 위하여 제42조의5 및 제42조의6에 따라 제공받은 자료 및 정보를 수집·관리·보유 또는 활용할 수 있다(「민간임대주택에 관한 특별법」 제42조의7 제1항).

국토교통부장관 및 지방자치단체의 장은 제42조의5 및 제42조의6에 따른 자료 및 정보를 확인하기 위하여 「사회복지사업법」 제6조의2 제2항에 따른 정보시스템을 연계하여 사용할 수 있다.

국토교통부 소속 공무원 또는 소속 공무원이었던 자, 제62조에 따라 업무를 위임·위탁받은 기관의 소속 임직원 및 제42조의5에 따른 업무에 종사하거나 종사하였던 자는 제42조의5 및 제42조의6에 따라 얻은 정보와 자료를 이 법에서 정한 목적 외의 다른 용도로 사용하거나 다른 사람 또는 기관에 제공하거나 누설해서는 아니 된다.

다. 「임대주택법」상 임대주택의 경우

1) 개정 경과

개정일시	취지	내용	관련 규정
2012. 1. 26.		국토해양부장관은 대통령령으로 정하는 임대주택에 중복하여 입주 또는 계약하고 있는 임차인이 있는지를 확인하도록 하고, 임대사업자는 국토해양부장관이 지정, 고시하는 전산관리지정기관에 임차인의 정보를 통보하도록 함	「임대주택법」 제19조의3 신설
		국토해양부장관 등은 영구임대주택 등의 공급을 신청한 자에 대하여 제공받은 자료 및 정보 등을 수집, 관리, 보유, 활용할 수 있도록 함	「임대주택법」 제20조의6 신설

2) 내용

「임대주택법」에도 위와 관련된 사항에 관하여 「임대주택법」 제20조의2(임대주택 지원 신청자의 금융정보 등의 제공에 따른 동의서 제출[73]), 「임대주택법」 제20조의3(금융정보 등의 제공[74]), 「임대주택법」 제20조의4(자료요청), 「임대주택법」 제20조의6(자료 및 정보 수집 등), 「임대주택법」 제20조의7(임대주택정보체계[75])의 규정을 두고 있다.

국토교통부장관은 임대주택정보체계의 구축, 운영에 관한 업무를 한국토지주택공사에 위탁한다(「임대주택법」 제20조의7 제4항, 「같은 법 시행규칙」 제21조의6).

---

73 「임대주택법 시행규칙」 제21조의3(금융정보 등의 제공에 따른 동의서 제출 대상 임대주택 등).
74 「임대주택법 시행규칙」 제21조의4(금융정보 등의 요청 및 제공).
75 「임대주택법 시행규칙」 제21조의5(임대주택정보체계의 구축, 운영 등).

2. 임대주택정보체계

가. 공공임대주택의 경우

국토교통부장관은 공공주택의 원활한 공급 및 관리를 위하여 다음 각 호의 정보를 관리할 수 있는 정보체계를 구축·운영할 수 있다(「공공주택 특별법」 제51조 제1항, 「같은 법 시행령」 제58조).

1. 공공주택의 입주자 모집 및 관리에 관한 사항
2. 공공주택사업에 관한 정보 및 자료

위 정보체계는 「사회복지사업법」 제6조의2에 따른 정보시스템과 전자적으로 연계하여 활용할 수 있다(「공공주택 특별법」 제51조 제2항).

국토교통부장관 및 제1항에 따른 업무를 위임·위탁받은 기관의 장은 제1항에 따른 관련 정보체계를 구축·운영하기 위하여 필요한 사항에 대하여 관련 기관·단체 등에 자료를 요청할 수 있다. 이 경우 관련 기관·단체 등은 특별한 사유가 없는 한 그 요청에 따라야 한다(「공공주택 특별법」 제51조 제3항).

그리고 시장·군수·구청장과 공공주택사업자는 임대주택, 임대사업자(시행자를 포함한다), 임차인(공공임대주택에 한정한다), 임대차계약 등 대통령령으로 정하는 자료를 국토교통부령으로 정하는 절차 및 방법에 따라 국토교통부장관에게 제공하여야 한다(「민간임대주택에 관한 특별법」 제60조 제2항).

나. 민간임대주택의 경우

1) 개정 경과

개정일시	취지	내용	관련 규정
2017. 12. 26.	임대조건 신고 기간의 변경	「민간임대주택에 관한 특별법」 제5조에 따라 주택을 임대하려는 자는 지방자치단체의 장에게 등록을 신청할 수 있으며, 등록된 자는 제43조에 따라 임대의무기간 내 주택 매각 금지의무, 제46조에 따라 지방자치단체의 장에게 임대차계약 신고의무가 적용되고 있음 하지만 등록한 임대사업자가 지방자치단체에 신고하는 등록주택 현황과 임대차계약 신고내용의 검증이 이루어지지 않아, 임대사업자별 주택 보유호수, 주택 유형 등의 세부적인 통계가 확보되지 못하는 실정임 이에 국토교통부장관이 임대주택정보체계 운영 시 통계의 정확성을 제고하기 위하여 주민등록·국세·지방세 등 대통령령으로 정하는 자료를 관계 기관의 장에게 요청할 수 있도록 근거를 마련하려는 것임	「민간임대주택에 관한 특별법」 제60조 제3항

2) 내용

국토교통부장관은 임대주택에 대한 국민의 정보 접근을 쉽게 하고 관련 통계의 정확성을 제고하기 위하여 임대주택정보체계를 구축·운영할 수 있다(「민간임대주택에 관한 특별법」 제60조 제1항).

국토교통부장관은 정보체계상의 임대주택 등록자료와 임대주택 통계의 정확성을 제고하기 위하여 주민등록·국세·지방세 등 대통령령으로 정하는 자료를 관계 기관의 장에게 요청할 수 있다. 이 경우 관계 기관의 장은 자료의 사용 목적·방법, 자료 사용의 안전성 등을 검토하여 정당한 이유가 없으면 요청에 따라야 한다(「민간임대주택에 관한 특별법」 제60조 제3항[76]).

지방자치단체의 장은 임대주택을 효율적으로 관리하기 위하여 정보체계에서 제공하는 자료를 활용할 수 있다. 이 경우 국토교통부장관은 정보체계 운영을 위하여 불가피한 사유가 있거나 개인정보 보호를 위하여 필요하다고 인정할 때에는 제공하는 정보의 종류와 내용을 제한할 수 있다(「민간임대주택에 관한 특별법」 제60조 제4항).

제1항부터 제4항까지의 업무에 종사하고 있거나 종사하였던 자는 제2항부터 제4항까지에 따라 받은 정보 또는 자료를 이 법에서 정한 목적 외의 다른 용도로 사용하거나 다른 자 또는 기관에 제공하거나 누설하여서는 아니 된다.

---

[76] 2017. 12. 26. 개정된 「민간임대주택에 관한 특별법」에서 신설되었다.

정보체계의 구축·운영에 필요한 사항은 대통령령으로 정한다.

다. 「임대주택법」상 임대주택의 경우

1) 개정 경과

개정일시	취지	내용	관련 규정
2014. 5. 28.	임대주택 관리의 공공성과 효율성 제고	국토교통부장관이 임대주택정보체계를 구축, 운영할 수 있도록 함(신설)	「임대주택법」 제20조의7 제1항
		임대사업자는 국토교통부령이 정하는 바에 따라 임차인에 관한 정보 등을 국토교통부장관에게 제공하도록 함(신설)	「임대주택법」 제20조의7 제2항
		지방자치단체의 장이 공공임대주택정보체계를 연계하거나 활용할 수 있도록 함(신설)	「임대주택법」 제20조의7 제3항
		국토교통부장관은 임대주택정보체계의 구축·운영에 관한 업무를 전문성이 있는 기관·단체에 위탁할 수 있도록 하고, 필요한 경비를 지원할 수 있도록 함(신설)	「임대주택법」 제20조의7 제4항
		임대주택정보체계 구축을 위해 얻은 자료를 다른 용도로 사용하거나 누설하지 않도록 함(신설)	「임대주택법」 제20조의7 제5항

2) 내용

국토교통부장관은 임대주택 관리의 공공성과 효율성을 제고하기 위하여 임대주택정보체계 (이하 "정보체계"라 한다)를 구축·운영할 수 있다(「임대주택법」 제20조의7 제1항).

임대사업자(「임대주택법」 제6조에 따라 주택임대사업을 하기 위하여 등록한 자 또는 「임대주택법」 제7조에 따라 설립된 임대주택조합의 경우에는 「임대주택법」 제26조에 따라 임대조건을 신고받는 시장·군수·구청장을 말한다)는 정보체계의 구축·운영을 위하여 국토교통부령으로 정하는 바에 따라 다음 각 호의 자료를 국토교통부장관에게 제공하여야 한다.

1. 종류, 유형, 면적 등 임대주택에 관한 자료
2. 임대사업자의 성명·주민등록번호(법인의 경우에는 명칭, 대표자의 성명 및 법인등록번호를 말한다)
3. 임차인(같이 거주하는 세대원을 포함한다)의 성명·주민등록번호(영구임대주택 등에 한정한다)
4. 임대조건 등 임대차계약에 관한 자료
5. 그 밖에 임대주택 관리에 관하여 국토교통부령으로 정하는 자료

지방자치단체의 장은 임대주택을 보다 효율적으로 관리하기 위하여 정보체계를 연계하거나 활용할 수 있다. 이 경우 미리 국토교통부장관과 협의하여야 한다.

국토교통부장관은 정보체계의 구축·운영에 관한 업무를 임대주택 업무에 전문성이 있는 기관 또는 단체에 위탁할 수 있다. 이 경우 그에 필요한 경비의 전부 또는 일부를 지원할 수 있다.

제1항부터 제4항까지의 업무에 종사하고 있거나 종사하였던 사람은 제2항 및 제3항에 따라 받은 자료를 이 법에서 정한 목적 외의 다른 용도로 사용하거나 다른 사람 또는 기관에 제공하거나 누설하여서는 아니 된다.

정보체계의 구축·운영, 제4항에 따른 업무위탁 등에 관하여 필요한 사항은 대통령령으로 정한다.

3. 임대주택 거주자 실태조사

가. 공공임대주택의 경우

국토교통부장관 또는 지방자치단체의 장은 다음 각 호의 사항을 확인하기 위하여 입주자에게 필요한 서류 등의 제출을 요구할 수 있으며, 소속 공무원으로 하여금 해당 주택에 출입하여 조사하게 하거나 관계인에게 필요한 질문을 하게 할 수 있다. 이 경우 서류 등의 제출을 요구받거나 해당 주택의 출입·조사 또는 필요한 질문을 받은 입주자는 모든 세대원의 해외출장 등 특별한 사유가 없는 한 이에 따라야 한다(「공공주택 특별법」 제49조의7 제1항).

1. 임차인의 실제 거주 여부
2. 제49조의4에 따른 임차권의 양도 및 전대 여부
3. 제49조의6에 따른 입주자의 실제 거주 여부
4. 임대주택이 다른 용도로 사용되고 있는지 여부

국토교통부장관 또는 지방자치단체의 장은 위 조사를 위하여 필요하면 관계 행정기관 및 관련 단체 등에 대하여 주민등록정보 및 실제 거주여부를 확인하기 위한 자료의 제공을 요구할 수 있다. 이 경우 자료의 제공을 요구받은 관계 행정기관 및 관련 단체 등은 특별한 사유가 없는 한 이에 따라야 한다(「공공주택 특별법」 제49조의7 제2항).

출입·조사·질문을 하는 자는 국토교통부령으로 정하는 증표를 지니고 이를 관계인에게 내보여야 하며, 조사자의 이름·출입시간 및 출입목적 등이 표시된 문서를 관계인에게 교부하여야 한다(「공공주택 특별법」 제49조의7 제3항).

거주 여부 등을 확인하기 위하여 국토교통부장관 또는 지방자치단체의 장이 관계 행정기관 및 관련 단체 등에 대하여 요청할 수 있는 자료 등 필요한 사항은 대통령령[77]으로 정한다(「공공주택 특별법」 제49조의7 제4항, 「같은 법 시행령」 제52조).

---

[77] 1. 주민등록표 등본, 초본, 2. 국민연금보험료 납입증명서, 3. 건강보험료 납부확인서, 4. 고용보험료 납입증명서, 5. 전화사용료 납부확인서, 6. 케이블 텔레비전 수신료 납부확인서, 7. 인터넷 사용료 납부확인서, 8. 신용카드 대중교통 이용명세서, 9. 자녀의 재학증명서.

　　국토교통부장관 또는 지방자치단체의 장은 제1항 제2호에 따라 불법 사실이 확인된 임차인에 관한 정보를 전산관리지정기관에 통보하여야 한다(「공공주택 특별법」 제49조의7 제5항).

　　전산관리지정기관은 위 제5항에 따른 정보를 전산관리하여야 한다(「공공주택 특별법」 제49조의7 제6항).

나. 민간임대주택의 경우

　　「민간임대주택에 관한 특별법」에는 민간임대주택에 대한 거주자실태조사에 관한 규정이 없다.

다. 「임대주택법」상 임대주택의 경우

1) 개정 경과

개정 일시	취지	내용	관련 규정
2011. 8. 4.	예외적으로 허용하는 임대주택 전대 및 임차권 양도가 시세차익의 수단으로 악용되는 것을 방지하기 위함.	국토해양부장관 또는 시장·군수·구청장은 공공건설임대주택에 거주하는 임차인의 실제 거주 여부, 임차권의 양도 및 임대주택의 전대 여부를 확인하기 위하여 임대사업자 및 임차인에게 필요한 서류 제출을 요구할 수 있으며, 실태조사를 위하여 관계 행정기관 및 단체에게 필요한 서류의 열람, 복사, 발급을 청구할 수 있도록 하고, 거주자 실태조사를 위한 서류 등의 제출을 거부하거나 해당 주택의 출입·조사 또는 질문을 방해하거나 기피한 자에게 5백만원 이하의 과태료를 부과함(신설)	「임대주택법」 제19조의2, 제44조 제2항 제1호
2012. 1. 26.		임대주택 거주자 실태조사 대상에 오피스텔을 포함	「임대주택법」 제19조의2
		오피스텔 임대사업자로 하여금 시장·군수·구청장에게 임차인 현황을 신고하도록 함	「임대주택법」 제26조의2
2015. 1. 16.	임대주택 거주자 실태조사의 내실 있는 추진과 그 실효성을 제고하기 위함	현행 법률은 임대주택 거주자 실태조사를 하는 경우에 필요한 서류를 관계 행정기관 및 관련 단체 등에게 요청할 수 있도록 하고 있으나, 필요한 서류를 구체적으로 명시하고 있지 아니하여 개인의 고유식별정보 등이 포함된 서류는 해당 보유기관이 법적 근거 미비를 이유로 제공하지 아니하는 경우가 있어 실효성 있는 실태조사에 한계가 있음 이에 임대주택 거주자 실태조사의 내실 있는 추진과 그 실효성을 제고하기 위하여 관계 행정기관 등에 요청할 수 있는 서류 및 정보를 구체적으로 명시함	「임대주택법」 제20조의4 제1항

2) 내용

　　국토교통부장관 또는 시장·군수·구청장은 다음 각 호의 사항을 확인하기 위하여 필요한 경우 임대사업자 및 임차인에게 필요한 서류 등의 제출을 요구할 수 있으며, 소속 공무원으로 하여금 해당 임대주택에 출입하여 조사하게 하거나 관계인에게 필요한 질문을 하게 할 수 있다. 이 경우 임대사업자 및 임차인은 특별한 사유가 없는 한 이에 따라야 한다(「임대주택법」 제19조의2 제1항).

1. 공공건설임대주택에 거주하는 임차인의 실제 거주 여부
2. 「임대주택법」 제19조에 따른 임차권의 양도 및 임대주택의 전대 여부
3. 오피스텔이 다른 용도로 사용되고 있는지 여부

국토교통부장관 또는 시장·군수·구청장(「임대주택법」 제38조 제1항에 따라 권한을 위탁받은 임대사업자를 포함한다)은 위 실태조사를 위하여 필요한 경우 관계 행정기관 및 관련 단체 등에 필요한 서류의 열람·복사나 그 서류의 발급을 무료로 청구할 수 있다. 이 경우 서류의 열람 등을 청구받은 관계 행정기관 및 관련 단체 등은 특별한 사유가 없는 한 이에 따라야 한다(「임대주택법」 제19조의2 제2항).

위 실태조사를 하는 자는 그 권한을 표시하는 증표를 지니고 이를 관계인에게 보여주어야 하며, 조사자의 이름·출입시간 및 출입목적 등이 표시된 문서를 관계인에게 주어야 한다(「임대주택법」 제19조의2 제3항).

국토교통부장관 또는 시장·군수·구청장은 「임대주택법」 제19조의2 제1항에 따른 임대주택 거주자 실태조사실시에 앞서 조사일시, 조사 목적 및 내용, 조사방법 등을 포함한 조사계획을 수립하여야 한다(「임대주택법」 제19조의2 제4항, 「같은 법 시행령」 제18조의2).

「임대주택법」 제19조의2 제1항에 따라 서류 등의 제출을 요구받은 임대사업자 및 임차인은 해당 서류 등을 국토교통부장관 또는 시장·군수·구청장에게 직접 제출하거나 우편·모사전송 또는 정보통신망에 의하여 제출할 수 있다.

「임대주택법」 제19조의2 제1항에 따라 국토교통부장관 또는 시장·군수·구청장이 소속 공무원으로 하여금 관계인에게 필요한 질문을 하게 하는 경우 전화·우편·모사전송 또는 정보통신망을 활용할 수 있다.

「임대주택법」 제19조의2 제3항에 따라 실태조사를 하는 자의 권한을 표시하는 증표에 관한 사항은 국토교통부령으로 정한다.

위 사항 외에 실태조사의 방법에 관하여는 「행정조사기본법」에서 정하는 바에 따른다.

4. 임대주택의 중복 입주 등의 확인 대상

가. 공공임대주택의 경우

국토교통부장관은 공공임대주택에 중복하여 입주 또는 계약하고 있는 임차인(임대차계약 당사자를 말한다)이 있는지를 확인하여야 한다(「공공주택 특별법」 제48조의3 제1항).

공공주택사업자는 다음 각 호에 해당하는 임차인에 관한 정보를 국토교통부장관이 지정·고시하는 전산관리지정기관에 통보하여야 한다(「공공주택 특별법」 제48조의3 제2항).

1. 임차인의 성명
2. 임차인의 주민등록번호
3. 임대주택의 유형
4. 거주지 주소
5. 최초 입주일자

전산관리지정기관은 위 정보를 전산관리하여야 하며, 임차인에 관한 정보가 분실·도난·변조 또는 훼손되지 아니하도록 안정성 확보에 필요한 조치를 강구하여야 한다(「공공주택 특별법」 제48조의3 제3항).

공공임대주택 중복 입주 또는 계약 여부 확인 방법 및 절차, 중복 입주자 또는 계약자에 대한 조치 등에 필요한 사항은 국토교통부령으로 정한다(「공공주택 특별법」 제48조의3 제4항).

공공주택사업자는 임차인에 관한 「공공주택 특별법」 제48조의3 제2항 각 호의 사항(임차인 정보)을 매 분기마다 그 분기가 끝나는 달의 다음 달 15일까지 전산관리지정기관에 통보하여야 한다. 이 경우 임차인 정보를 최초로 통보한 이후에는 새로 임대차계약을 체결하거나 임대차계약을 해지하는 등 임대차계약 사항에 변경이 있는 임차인에 관한 임차인 정보만을 통보할 수 있다(「공공주택 특별법」 제48조의3 제4항, 「같은 법 시행규칙」 제27조).

위 통보를 받은 전산관리지정기관은 해당 분기가 끝나는 달의 다음 달 말일까지 임차인이 공공임대주택에 중복하여 입주 또는 계약하고 있는지 여부를 공공주택사업자에게 통보하여야 한다.

위 통보를 받은 공공주택사업자는 그 사실을 해당 임차인에게 즉시 통보하고 10일 이상의 기간을 정하여 소명할 기회를 주어야 한다.

나. 민간임대주택의 경우

국토교통부장관 및 지방자치단체의 장은 공공지원민간임대주택과 「공공주택 특별법」 제2조 제1호 가목에 따른 공공임대주택에 중복하여 입주 또는 계약하고 있는 임차인(임대차계약 당사자를 말한다)이 있는지를 확인할 수 있다(「민간임대주택에 관한 특별법」 제42조의2 제1항).

임대사업자는 다음 각 호에 해당하는 공공지원민간임대주택 임차인에 관한 정보를 국토교통부장관이 지정·고시하는 전산관리지정기관에 통보하여야 한다(「민간임대주택에 관한 특별법」 제42조의2 제2항).

1. 임차인의 성명
2. 임차인의 주민등록번호
3. 민간임대주택의 유형
4. 거주지 주소
5. 최초 입주일자

전산관리지정기관은 위 정보를 전산으로 관리하여야 하며, 임차인에 관한 정보가 분실·도난·위조·변조 또는 훼손되지 아니하도록 안정성 확보에 필요한 조치를 마련하여야 한다(「민간임대주택에 관한 특별법」 제42조의2 제3항).

공공지원민간임대주택과 공공임대주택의 중복 입주 또는 계약 여부 확인 방법 및 절차, 중복 입주자 또는 계약자에 대한 조치 등에 필요한 사항은 국토교통부령으로 정한다(「민간임대주택에 관한 특별법」 제42조의2 제4항).

그리고 임대사업자는 공공지원민간임대주택의 임차인(입주를 신청하는 자와 계약 중인 임차인을 포함한다. 이하 이 조, 제42조의4 및 제42조의6에서 같다) 자격 확인이 필요한 경우 임차인 및 배우자, 임차인 또는 배우자와 세대를 같이하는 세대원(이하 "임차인 등"이라 한다)으로부터 소득 자료를 제출받아 확인하여야 한다(「민간임대주택에 관한 특별법」 제42조의3).

다. 「임대주택법」상 임대주택의 경우

국토교통부장관은 대통령령으로 정하는 임대주택[78]에 중복하여 입주 또는 계약하고 있는 임차인(임대차계약 당사자를 말한다. 이하 이 조에서 같다)이 있는지 여부를 확인하여야 한다(「임대주택법」 제19조의3 제1항, 「같은 법 시행령」 제18조의3).

임대주택의 임대사업자는 다음 각 호에 해당하는 임차인에 관한 정보를 국토교통부장관이 지정·고시하는 전산관리지정기관에 통보하여야 한다.

1. 임차인의 성명
2. 임차인의 주민등록번호
3. 임대주택의 유형
4. 거주지 주소
5. 최초 입주일자

전산관리지정기관은 제2항에 따른 정보를 전산관리하여야 하며, 임차인에 관한 정보가 분실·도난·변조 또는 훼손되지 아니하도록 안정성 확보에 필요한 조치를 강구하여야 한다.

제1항에 따른 임대주택 중복 입주 또는 계약 여부 확인 방법 및 절차, 중복 입주자 또는 계약자에 대한 조치 등에 관하여 필요한 사항은 국토교통부령으로 정한다.

---

78 공공건설임대주택과 다음 각 호의 어느 하나에 해당하는 자가 건설 또는 매입하여 공급하는 임대주택을 말한다.
  1. 국가 또는 지방자치단체
  2. 한국토지주택공사
  3. 지방공사
  4. 「공공주택건설 등에 관한 특별법」 제4조 제1항 제4호에 따른 공공기관 또는 같은 조 제2항에 따른 공동시행자

CHAPTER

06

임대주택의 임대차계약

1. 임대차계약의 체결 시의 법적 의무 사항 등

가. 임대사업자의 설명의무

1) 「공공주택 특별법」 관련 규정

「공공주택 특별법」에는 임대사업자의 설명의무에 관한 별도의 규정을 두고 있지 않다.

2) 「민간임대주택에 관한 특별법」 관련 규정

민간임대주택에 대한 임대차계약을 체결하거나 월임대료를 임대보증금으로 전환하는 등 계약내용을 변경하는 경우에는 임대사업자는 다음 각 호의 사항을 임차인에게 설명하고 이를 확인받아야 한다(「민간임대주택에 관한 특별법」 제48조).

1. 「민간임대주택에 관한 특별법」 제49조에 따른 임대보증금에 대한 보증의 보증기간 등 대통령령[79]으로 정하는 사항
2. 민간임대주택의 선순위 담보권 등 권리관계에 관한 사항.[80] 이 경우 등기부등본을 제시하여야 한다.
3. 임대의무기간 중 남아 있는 기간
4. 「민간임대주택에 관한 특별법」 제44조 제2항에 따른 임대료 증액 제한에 관한 사항

임대사업자는 「민간임대주택에 관한 특별법」 제48조 제1항에 따라 임차인과 임대차계약을 체결하거나 계약내용을 변경하는 경우에는 위 사항이 포함된 표준임대차계약서를 임차인에게 내주고 임차인이 이해할 수 있도록 설명하여야 하며, 임차인은 서명 또는 기명날인의 방법으

---

[79] 「민간임대주택에 관한 특별법 시행령」 제37조 제1항
   1. 보증대상액
   2. 보증기간
   3. 보증수수료 산정방법 및 금액, 분담비율, 납부방법
   4. 보증기간 중 임대차계약이 해지·해제되거나 임대보증금의 증·감이 있는 경우에 보증수수료의 환급 또는 추가 납부에 관한 사항
   5. 임대차 계약기간 중 보증기간이 만료되는 경우에 재가입에 관한 사항
[80] 「민간임대주택에 관한 특별법 시행령」 제37조 제2항
   1. 임대주택에 설정된 제한물권, 압류·가압류·가처분 등에 관한 사항
   2. 임대사업자의 국세·지방세 체납에 관한 사항

로 확인하여야 한다(「민간임대주택에 관한 특별법 시행령」 제37조 제3항).

임대사업자가 위 설명의무를 게을리 하면 500만원 이하의 과태료 부과 처분을 받을 수 있다(「민간임대주택에 관한 특별법」 제67조 제2항 제3호).

3) 「임대주택법」 관련 규정

가) 개정 경과

개정일시	취지	내용	관련 규정
2009. 12. 29.	임차인 보호 강화	임대보증금에 대한 보증에 가입하여야 하는 임대사업자는 보증기간 등 대통령령으로 정하는 사항을 임차인에게 이해할 수 있도록 설명하고 이를 확인받아야 함	「임대주택법」 제32조의2 제1항(신설)
2011. 3. 9.	임차인 보호 강화	공공건설임대주택의 임대사업자는 임대차계약 체결 시 임차인에게 해당 임대주택의 등기부등본을 제시하여 선순위 근저당 등 권리관계를 성실·정확하게 설명하고 이를 확인받도록 함	「임대주택법」 제32조의2 제2항(신설)

나) 임대보증금에 대한 보증 가입 설명의무

임대보증금에 대한 보증에 가입하여야 하는 임대사업자는 보증기간 등 대통령령[81]으로 정하는 사항을 임차인에게 이해할 수 있도록 설명하고 이를 확인받아야 한다(「임대주택법」 제32조의2 제1항).

다) 임대주택에 대한 권리관계 설명의무

그리고 임대보증금에 대한 보증에 가입하여야 하는 임대사업자는 임대차계약 체결 시 임차인에게 해당 임대주택의 등기부등본을 제시하여 선순위 근저당 등 권리관계[82]를 성실, 정확하게 설명하고 이를 확인받아야 한다.

---

[81] 「임대주택법 시행령」 제30조의2 제1항
  1. 보증대상액
  2. 보증기간
  3. 보증수수료 산정방법 및 금액, 분담비율, 납부방법
  4. 보증기간 중 임대차계약이 해지·해제되거나 임대보증금의 증·감이 있는 경우에 보증수수료의 환급 또는 추가 납부에 관한 사항
  5. 임대차 계약기간 중 보증기간이 만료되는 경우에 재가입에 관한 사항
[82] 「임대주택법 시행령」 제30조의2 제2항
  1. 임대주택에 설정된 제한물권, 압류·가압류·가처분 등에 관한 사항
  2. 임대사업자의 국세·지방세 체납에 관한 사항

라) 설명 및 확인 방법

임대보증금에 대한 보증에 가입하여야 하는 임대사업자가 임차인과 임대차계약을 체결하는 경우에는 위 사항들이 포함된 표준임대차계약서를 임차인에게 내주고 임차인이 이해할 수 있도록 설명하여야 하며, 임차인은 서명 또는 기명날인의 방법으로 확인하여야 한다(「임대주택법 시행령」 제30조의2 제3항).

나. 임대보증금과 임대료를 상호전환할 경우 고지의무

임대사업자가 임대보증금과 임대료를 상호전환하고자 하는 경우에는 해당 주택의 건설을 위한 주택도시기금 융자금 및 저당권 등 담보물권 설정금액 등 대통령령으로 정하는 사항[83]을 임차인에게 알려주어야 한다(「임대주택법」 제20조 제4항).

다. 표준임대차계약서 사용 의무

1) 「공공주택 특별법」 관련 규정

「공공주택 특별법」에 정한 공공임대주택에 대한 임대차계약을 체결하려는 자는 국토교통부령으로 정하는 표준임대차계약서(「공공주택 특별법 시행규칙」 [별지 제5호] 서식,[84] [별지 제6호] 서식,[85] [별지 제7호 서식[86])를 사용하여야 한다(「공공주택 특별법」 제49조의2 제1항).

2) 「민간임대주택에 관한 특별법」 관련 규정

「민간임대주택에 관한 특별법」상 민간임대주택에 대하여 임대차계약을 체결하려는 자는 국토교통부령으로 정하는 표준임대차계약서(「민간임대주택에 관한 특별법 시행규칙」 별지 제24호 서식,[87] 별

---

83 「임대주택법 시행령」 제21조의2 제1항
  1. 해당 주택의 건설을 위한 주택도시기금 융자금
  2. 저당권, 전세권 등 해당 주택에 대한 제한물권 설정금액
  3. 가압류, 가처분 등 해당 주택에 대한 보전처분 여부
  4. 해당 주택의 신탁 여부
  5. 임대보증금과 임대료의 상호전환으로 변동되는 임대보증금에 대한 보증 가입 계획
84 분납임대주택을 제외한 공공건설임대주택용.
85 분납임대주택용.
86 그 밖의 공공임대주택용.
87 구 「주택법」 제16조(현행 「주택법」 제15조)에 따라 사업계획승인을 받아 건설한 민간임대주택용.

지 25호의2 서식**88**)를 사용하여야 한다(『민간임대주택에 관한 특별법』 제32조 제1항).

3) 「임대주택법」 관련 규정

「임대주택법」상 임대주택에 대하여 임대차계약을 체결하려는 자는 국토교통부령으로 정하는 표준임대차계약서(『임대주택법 시행규칙』 별지 제20호 서식,**89** 별지 20호의2 서식,**90** 별지 제21호 서식**91**)를 사용하여야 한다(『임대주택법』 제32조 제1항).

라. 관련 판례

1) 표준임대차계약서를 위반한 임대차계약의 효력(=유효)

[대법원 2000. 10. 10. 선고, 2000다32055 판결]

임대주택법 및 같은 법 시행령에 의하면 임대사업자가 임대주택에 대한 임대차계약을 체결하는 경우 '임대보증금, 임대료, 임대차계약기간 등'이 기재된 표준임대차계약서를 작성하여야 하고(같은 법 제18조 제1항, 제2항), 위 임대조건에 관한 사항(변경 내용 포함)을 관할 시장, 군수 또는 구청장에게 신고하여야 하며(같은 법 제16조 제1항, 제3항, 같은 법 시행령 제14조 제1항), 시장, 군수 또는 구청장은 그 신고내용이 인근의 유사한 임대주택에 비하여 현저히 부당하다고 인정되는 경우나 관계 법령에 부적합하다고 인정되는 경우에는 그 내용의 조정을 권고할 수 있고(같은 법 제16조 제2항, 같은 법 시행령 제14조 제2항), 만일 임대사업자가 임대조건을 신고하지 않는 경우에는 1년 이하의 징역 또는 금 1천만 원 이하의 벌금형에, 표준임대차계약서를 작성하지 않고 임대차계약을 체결한 경우에는 금 500만원 이하의 과태료에 각 처하도록(같은 법 제23조 제2호, 제25조 제1항 제1호) 각 규정하고 있으나, **임대사업자와 임차인 간에 체결된 임대주택에 대한 임대차계약이 같은 법 제16조, 제18조, 같은 법 시행령 제14조 등에 위반되었다고 하더라도 그 사법적 효력까지 부인된다고 할 수는 없다.**

---

88   그 밖의 민간임대주택용.
89   구 『주택법』 제16조(현행 『주택법』 제15조)에 따라 사업계획승인을 받아 건설한 임대주택용.
90   분납임대주택용.
91   그 밖의 임대주택용.

2. 최초의 임대보증금 및 임대료의 상한에 관하여

가. 공공임대주택의 최초의 임대보증금 및 임대료의 상한

1) 영구, 국민, 행복, 분양전환 공공임대주택의 경우

가) 상한인 표준임대보증금 및 표준임대료에 관한 국토교통부 고시

공공임대주택 중, ① 영구임대주택, ② 국민임대주택, ③ 행복주택, ④ 분양전환 공공임대주택의 최초의 임대료(=임대보증금 및 월 임대료)는 국토교통부장관이 정하여 고시하는 '표준임대보증금 및 표준임대료'를 초과할 수 없다(「공공주택 특별법 시행령」 제44조 제1항 본문).

국토교통부장관은 위 '표준임대보증금 및 표준임대료'를 산정할 때에는 ① 공공임대주택과 그 부대시설[92]에 대한 건설원가, ② 재정 및 주택도시기금 지원 비율, ③ 해당 공공임대주택 주변지역의 임대료 수준, ④ 임대보증금의 보증수수료(임차인 부담분에 한함), ⑤ 감가상각비, 수선유지비 및 화재보험료 ⑥ 주택도시기금의 융자금에 대한 지급이자, 대손충당금 및 각종 공과금을 고려하여야 한다(「공공주택 특별법 시행령」 제44조 제2항 전단).

위 '표준임대보증금 및 표준임대료'와 관련하여 국토교통장관이 정하는 고시[93]는 ① 「영구임대주택의 표준임대보증금 및 표준임대료 산정기준」(국토교통부 고시 제2016-772호, 2016. 11. 25. 개정), 「2017년도 영구임대주택의 법정영세민 표준임대보증금 및 표준임대료」(국토교통부 고시 제2017-132호, 2017. 3. 2. 개정), ② 「국민임대주택의 표준임대보증금 및 표준임대료」(국토교통부 고시 제2016-1101호,[94] 2016. 12. 30. 개정) ③ 「행복주택의 표준임대보증금 및 표준임대료 등에 관한 기준」(국토교통부 고시 제2016-56호, 2016. 3. 29. 개정), ④ 분양전환 공공임대주택에 관하여는[95] 「임대주택 표준임대보증금 및 표준임대료」(국토교통부 고시 제2015-638호,[96] 2015. 8. 28. 개정)가 적용 또는 준용되는 것으

---

[92] 참고로 국토교통부장관이 고시하는 「공공건설 임대주택 표준건축비」(국토교통부 고시 제2016-339호)는 임대주택의 부대시설에 대한 건축비용이 포함되어 산정된 것이다.

[93] 「공공주택 특별법 시행령」 제44조 제1항은 최초의 임대료(=임대보증금 및 월 임대료)라고 규정하고 있지만, 그 위임에 따라 규정한 국토교통부장관 고시는 '연 임대료' 산정방식으로 규정하고 있다.

[94] 위 고시의 '1. 적용범위'에 관하여 현행 법령에 맞추어 수정이 필요하다고 본다.

[95] 법제처의 국가법령정보센터에는 이와 관련된 고시는 별도로 게재하고 있지 않은데, 아마도 '임대주택 표준임대보증금 및 표준임대료(국토교통부 고시 제2015-638호)'를 그대로 준용하고 있는 것이 아닌가 싶다.

[96] 위 고시의 '1. 적용범위'에 관하여 현행 법령에 맞추어 수정이 필요하다고 본다.

로 보인다.

참고로 ②「국민임대주택의 표준임대보증금 및 표준임대료」(국토교통부 고시 제2016-1101호, 2016. 12. 30. 개정)는 「공공주택 특별법 시행령」 제44조 제2항 전단의 위임에 따라, (a) 표준임대보증금을 산정함에 있어 지역계수를 반영하도록 되어 있으며, 또 (b) 할증비율을 적용하여 산출한 국민임대주택 표준임대보증금 및 표준임대료가 인근 지역에 소재한 다른 주택의 전·월세 시세 등과 비교하여 높을 경우 다른 주택의 전·월세 시세로 부과할 수 있다는 규정 등을 따로 두고 있으며, ③「행복주택의 표준임대보증금 및 표준임대료 등에 관한 기준」(국토교통부 고시 제2016-56호, 2016. 3. 29. 개정)에서는 당해 행복주택의 표준임대보증금을 산정함에 있어서는 임대시세를 반영하도록 규정하고 있다(제2조, 제4조).

나) 공공건설임대주택의 건설원가

① '공공건설임대주택의 건설원가'는 「같은 법 시행규칙」 [별표 7] 제2호 가목에 정한 산정기준에 따라 산출한 가격으로 한다(「공공주택 특별법 시행령」 제44조 제2항 후단, 「같은 법 시행규칙」 제29조).

한편 위 시행규칙은 [별표 7] '제2호 가목'이라고만 규정하고 있어, 혹 "제2호 가목. 건설원가 = 최초 입주자모집 당시의 주택가격 + 자기자금이자 - 감가상각비"로 산정된 '건설원가'가 '공공건설임대주택의 건설원가'라는 오해가 있을 수 있다. 그러나 최초의 '표준임대료(=임대보증금 및 월 임대료)'를 산정함에 기준이 되는 공공건설임대주택의 건설원가에 '자기자금이자' 및 '감가상각비'를 고려하여 이를 공제하여야 할 하등의 이유는 없는 것이므로, '공공건설임대주택의 건설원가'란 [별표 7] 제2호 가목 '1) 최초 입주자 모집 공고 당시의 주택 가격: 건축비와 택지비의 합계액'을 의미하는 것으로 보아야 할 것이다.

더불어 위 시행규칙 [별표 7] 제2호 라목에는 공공임대주택의 가격산정의 기준이 되는 건축비와 택지비에 관하여 상세히 규정하고 있으므로, 결국 최초의 임대보증금 및 임대료를 산정함에 있어 당해 공공임대주택의 건설원가는 위 시행규칙 [별표 7] 제2호 가목 1), 라목 전체에 의하여 산정되는 것이다.

특히 위 시행규칙 [별표 7] 제2호 가목 1), 라목 1) 가)는 '건축비'는 '표준건축비를 상한으로 한다'고 규정하고 있으므로, 최초의 임대료(=임대보증금 및 월 임대료)를 산정함에 있어 기준이 되는 당해 공공건설임대주택의 건설원가는 표준건축비를 상한으로 하여 산정되는 것이지 표준건축비만을 기준으로 산정되는 것이 아니다. 관념적으로는 임대사업자가 공공건설임대주택을 완공하기 전인 최초 입주자모집 공고 당시의 건축비를 표준건축비보다 낮게 추정한 건축비를 산정할 수도 있는데,[97] 이 경우 위 시행규칙 [별표 7] 제2호 가목 1), 라목 1) 가)에 따라 산정된 당해 공공건설임대주택의 건설원가는 표준건축비보다 낮게 추정한 건축비를 기초로 산정되어야 하는 것이다.[98]

다) 표준임대보증금 및 표준임대료의 실질적인 의의

결국 당해 공공건설임대주택의 건설원가를 기초로 하여 국토교통부장관이 고시한 '표준임대보증금 및 표준임대료'는 '표준건축비(국토교통부 고시 제2016-339호)'를 바로 적용하여 산정된 것이 아니다.

즉, 국토교통부장관이 고시한 '표준임대보증금 및 표준임대료'는 공공임대주택의 최초의 임대보증금 및 임대료의 상한을 의미하는 것인 바, 상한인 표준건축비를 기초로 당해 공공건설임대주택의 건설원가를 산정한 경우, 위 고시에 따라 상한인 표준임대보증금 및 표준임대료가 정해지는 것이다.

따라서 실제 투입한 건축비를 기초로 당해 공공건설임대주택의 건설원가를 정하고 이를 기초로 위 국토교통부장관이 고시한 '표준임대보증금 및 표준임대료'의 내용대로 산정한 임대보증금과 임대료가 바로 '표준임대보증금 및 표준임대료'가 되는 것이며, 임대사업자는 바로 이와 같이 산정한 표준임대보증금 및 표준임대료를 초과하여 최초의 임대조건을 정할 수는 없는 것이다.

사실 위 국토교통부가 고시한 '표준임대보증금 및 표준임대료'는 임대보증금과 임대료의 상호 전환의 기준이 된다는 의미에서 표준(형)인 것이지, 표준건축비를 기초로 산정된 임대조건이 아니다. 따라서 오해의 소지가 없게 하기 위해서는 '표준형 임대보증금 및 표준형 임대료'라는 표현이 더 적절하다고 본다.

그런데 대법원은 「임대주택법」상 공공건설임대주택의 최초의 임대보증금 및 임대료에 관하여는 실제 투입한 건축비를 기준으로 산정할 수 없다는 취지의 판결(대법원 2013. 2. 14. 선고 2012다51202(본소), 2012다51219(반소) 판결 참조)을 한 바 있는데, 이에 대하여는 의문이 많다. 이에 관하여는 후술한다.

---

97 그러나 현실적으로는 임대사업자는 공공건설임대주택이 완공될 때까지 투입될 추정 건축비를 상한인 표준건축비로 할 것이다.
98 이때 위 시행규칙 [별표 7] 제2호 라목 나) 내지 바)에 정한 '가산비용'이 추가될 수 있음은 물론이다.

라) 표준임대보증금 및 표준임대료의 상호 전환

최초의 임대보증금과 임대료는 임차인이 동의한 경우에 임대차계약에 따라 상호 전환할 수 있다(「공공주택 특별법 시행령」 제44조 제3항 전단). 이 경우 최초의 전환된 임대보증금은 해당 임대주택과 그 부대시설에 대한 건설원가[99]에서 주택도시기금의 융자금을 뺀 금액을 초과할 수 없다(「공공주택 특별법 시행령」 제44조 제3항 전단).

마) 예외

다만, 위 국토교통부장관이 고시하는 '표준임대보증금 및 표준 임대료'는 (a) 전용면적이 85㎡를 초과하거나, (b) '분납임대주택'(=분양전환 공공임대주택 중 임대보증금 없이 분양전환금을 분할하여 납부하는 공공건설 임대주택을 말한다) 또는 (c) '장기전세주택'으로 공급하는 공공임대주택의 최초의 '임대보증금'에는 적용하지 아니한다(「공공주택 특별법 시행령」 제44조 제1항 단서).

(c) '장기전세주택'으로 공급하는 공공임대주택의 최초의 임대보증금은 해당 임대주택과 그 유형, 규모, 생활여건 등이 비슷한 인근 주택의 전세계약금액을 고려하여 국토교통부령으로 정하는 바에 따라 산정한 금액을 초과할 수 없다(「공공주택 특별법 시행령」 제44조 제5항).

위 국토교통부령으로 정하는 바에 따라 산정한 금액이란 "공공주택사업자가 장기전세주택으로 공급하는 공공건설임대주택과 같거나 인접한 시, 군 또는 자치구에 있는 주택 중 해당 공공임대주택과 유형, 규모, 생활여건 등이 비슷한 2개 또는 3개 단지의 공동주택의 전세계약금액을 평균한 금액의 80%"를 말한다(「공공주택 특별법 시행규칙」 제30조).

그리고 ④ 분양전환 공공임대주택 중 '분납임대주택'의 임대료는 임차인이 미리 납부한 분양전환가격에 해당하는 금액(분양전환금) 등을 고려하여, 국토교통부장관이 따로 정하여 고시(국토교통부 고시 제2013-691호, 2013. 11. 20. 개정)하는 표준임대료를 초과할 수 없다(「공공주택 특별법 시행령」 제44조 제4항).

2) 기존주택매입임대주택의 경우

공공임대주택 중, 기존주택매입임대주택의 최초의 임대료는 해당 임대주택과 그 규모, 생활여건 등이 비슷한 주변지역 임대주택의 임대료를 고려하여 국토교통부령으로 정하는 바에 따

---

[99] 위 시행규칙 [별표 기 제2호 가목 1), 라목 전체에 의하여 산정된 건설원가.

라 산정한 금액으로 한다(「공공주택 특별법 시행령」 제44조 제6항).

위 국토교통부령으로 정하는 바에 따라 산정한 금액이란 해당 기존주택매입임대주택의 주변지역 임대주택의 임대료(임대보증금 및 월 임대료를 말한다)에 대한 감정평가금액의 50%(「공공주택 특별법 시행규칙」 제20조 제1항 제1호 다목 단서에 따라 입주자의 소득기준을 달리 정하는 경우에는 100%) 이내의 금액을 말한다(「공공주택 특별법 시행규칙」 제31조 전문).

나. 민간임대주택의 최초의 임대보증금 및 임대료의 상한

민간임대주택의 최초 임대보증금 및 임대료는 임대사업자가 자율로 정하는 것이 원칙이다 (「민간임대주택에 관한 특별법」 제44조 제1항 본문).

그러나 '공공지원 민간임대주택'의 최초 임대보증금 및 월 임대료는 국토교통부령으로 정하는 기준에 따라야 한다(「민간임대주택에 관한 특별법」 제44조 제1항 단서[100]).

다. 「임대주택법」상 건설임대주택의 경우

1) 공공건설임대주택의 최초의 임대보증금 및 임대료의 상한

가) 개정 경과

개정일시	취지	내용	관련 규정
1985. 12. 23.	임대보증금과 임대료 규제	① 국가, 지방자치단체 또는 대한 주택공사가 임대하는 공공임대주택-건설부장관이 정하여 고시하는 표준임대보증금 및 표준임대료의 범위 안에서 정하도록 함	「임대주택건설촉진법 시행규칙」 제3조
		② 국민주택기금을 지원받은 민간임대주택의 경우에는 표준임대보증금 및 표준임대료의 150%의 범위 안에서 정하되, 임대보증금은 당해 주택가격에서 국민주택기금의 융자금을 제외한 나머지 금액을 초과하지 아니하는 범위 안에서 정하도록 하며, 국민주택기금을 지원받지 아니한 민간임대주택의 경우에는 자율적으로 결정할 수 있도록 함	「임대주택건설촉진법 시행규칙」 제4조
1986. 3. 14.		'표준임대보증금 및 표준임대료' 최초 고시	건설부 고시 제99호

---

[100] 2018. 1. 16. 개정된 것으로 2018. 7. 17.부터 시행된다. 따라서 아직 이와 관련된 국토교통부령은 없다.

1986. 10. 13.		국민주택기금을 융자받아 건설한 민간임대주택의 임대보증금 및 임대료는 현행 규정상 건설부장관이 고시하는 표준임대보증금 및 표준임대료의 각 100분의 150을 넘을 수 없도록 되어 있어 임대보증금 및 임대료를 서로 가감 또는 전환하는 경우에 그 금액이 각각의 한도액을 초과하는 때에는 가감 또는 전환자체를 할 수 없었기 때문에 임대인 및 임차인에게 불편을 초래하였으므로 앞으로는 임대인과 임차인의 합의에 의하여 임대보증금 및 임대료를 서로 가감 또는 전환하는 경우에는 표준임대보증금 및 표준임대료의 각 100분의 150을 넘을 수 있도록 함으로써 임대보증금 및 임대료의 상호 가감 또는 전환이 가능하도록 함	「임대주택건설촉진법 시행규칙」 제4조 제1항
2002. 9. 11.		민간이 국민주택기금의 지원을 받아 임대주택을 건설하는 경우 임대보증금을 제한함에 있어서, 종전에는 건설원가에서 기금지원금액을 차감한 금액인 임대보증금상한선의 100%에 해당하는 금액까지를 임대보증금으로 받을 수 있던 것을. 앞으로는 수도권의 경우 임대보증금상한선의 90%, 그 밖의 지역의 경우 임대보증금상한선의 80%에 해당하는 금액을 임대보증금으로 받을 수 있도록 함	「임대주택법 시행령」 제12조 제3항
2008. 3. 21.		국가·지방자치단체·대한주택공사·지방공사가 건설한 임대주택은 임대보증금 및 임대료 등 임대조건을 정하는 경우 임차인의 소득수준 및 임대주택 규모 등을 고려하여 차등적용 할 수 있도록 함	「임대주택법」 제20조 제3항 신설
2011. 3. 2.	민간의 임대주택 공급 확대	민간이 건설하는 공공건설임대주택의 최초 임대보증금 상한을 상향조정하여 한국토지주택공사, 지방공사 등 공공사업자가 건설하는 경우와 동일하게 함	「임대주택법 시행령」 제21조 제3항
2012. 4. 26.		공공매입임대주택의 최초 임대보증금은 해당 임대주택의 주변지역 임대주택의 임대보증금에 대한 감정평가금액의 50% 이내의 금액으로 하도록 함	「임대주택법 시행규칙」 제12조의4

나) 원칙

구 「주택법」 제16조(현행 제15조)에 따라 사업계획승인을 받아 건설한 공공건설임대주택의 '최초의 임대보증금 및 임대료'는 원칙적으로 국토교통부장관이 고시하는 '표준임대보증금 및 표준임대료'를 초과할 수 없다(「임대주택법 시행령」 제21조 제1항 본문).

국토부장관은 '표준임대보증금 및 표준임대료'를 산정할 때에는 임대주택과 그 부대시설에 대한 건설원가, 재정 및 주택도시기금 지원 비율, 해당 임대주택 주변지역의 임대보증금 및 임대료 수준, 임대보증금의 보증수수료(임차인 부담분에 한함), 감가상각비, 수선유지비, 화재보험료 주택도시기금의 융자금에 대한 지급이자, 대손충당금 및 제세공과금 등을 고려하여야 한다(「임대주택법 시행령」 제21조 제2항 전단). 이 경우 임대주택의 건설원가는 「임대주택법 시행규칙」 [별표 1] 제2호 가목에 정한 산정기준에 따라 산출한 가격을 말한다(「임대주택법 시행령」 제21조 제2항 후단, 「같은 법 시행규칙」 제9조 제2항).

한편 건설임대주택의 최초 임대보증금과 임대료는 임차인의 동의가 있는 경우에는 임대차계약에 따라 상호전환할 수 있다(「임대주택법 시행령」 제21조 제3항 전단). 이 경우 최초의 전환된 임대보증금은 해당 임대주택과 그 부대시설에 대한 건설원가에 주택도시기금의 융자금을 뺀 금액을 초과할 수 없다(「임대주택법 시행령」 제21조 제3항 후단).

(1) 관련 국토교통부장관의 고시

위 국토교통부장관이 고시한 것으로 ① 임대의무기간 5년 또는 10년인 공공건설임대주택에 적용되는 「임대주택 표준임대보증금 및 표준임대료」(국토교통부 고시 제2015-445호, 2015. 7. 1. 개정), ② 「국민임대주택[101]의 표준임대보증금 및 표준임대료」(국토교통부 고시 제2015-446호, 2015. 7. 1. 개정), ③ 「영구임대주택의 표준임대보증금 및 표준임대료 산정기준」(국토교통부 고시 제2015-447호, 2015. 7. 1. 개정), ④ 「행복주택의 표준임대보증금 및 표준임대료 등에 관한 기준」(국토교통부 고시 제2015-304호, 2015. 5. 15. 제정) 등이 있다.

(2) 관련 국토교통부장관의 고시 이전

당초 대한주택공사는 '체증식 임대료 제도'를 적용하여 입주 초 연도에 낮은 임대료를 적용하고, 매년 5%씩 임대료가 인상되도록 하였다. 다만 임대보증금은 정부의 전·월세 가격 안정화 정책에 부응하기 위하여 인상하지 않았다. 임대의무기간 20년인 임대주택은 임대료 갱신을 5년 단위로 하였다.[102]

(3) 관련 국토교통부장관의 고시의 초기의 연혁

'표준임대보증금 및 표준임대료'에 대한 고시는 1986. 3. 14. 제정된 '건설부 고시' 제99호가 효시이다.

구 「임대주택건설촉진법」의 제정 목적은 ① 임대주택의 건설을 확대하기 위한 각종 지원제도와 ② 국가의 지원을 받은 임대주택의 임대료의 상한선을 규정하는 데 있었다.

위 '건설부 고시 제99호'는 구 「임대주택건설촉진법」의 적용대상이 되는 주택으로 1986. 3. 14. 이후 입주자를 모집하는 임대주택부터는 전국을 5개 급지로 구분하여 동일 급지에 대한 동일한 임대조건을 적용토록 하였으며, 호당 임대보증금 및 임대료는 표준임대보증금 및 표준임대료에 전용면적(㎡)을 곱하여 산정하고, 공유면적이 전체면적의 10%를 초과하면 그 초과면

---

[101] 「임대주택법」에는 '국민임대주택'에 관한 정의 규정을 직접 두지 않고 있다. 그러나 2000. 5. 26. 개정된 「주택공급에 관한 규칙」 제32조(신설) 제1항에서는 「임대주택법」에 의한 공공건설임대주택으로서 국가·지방자치단체·대한주택공사 또는 지방공사가 건설하는 「같은 법 시행령」 제9조 제1항 제2호의 임대주택을 국민임대주택'이라고 규정하고 있다.
한편 2003. 12. 31. 제정된 「국민임대주택건설 등에 관한 특별조치법」 제2조 제1호에 "국민임대주택"이라 함은 국가 또는 지방자치단체의 재정 및 주택법 제60조의 규정에 의한 국민주택기금을 지원받아 30년 이상 임대할 목적으로 건설 또는 매입되는 주택을 말한다고 규정하고 있다.

[102] '임대주택건설 22년', 대한주택공사, 1993년, p.18.

적을 포함하여 산정하였다. 단, 정부방침에 의하여 표준임대조건을 적용한 1986~1989년까지 4년 동안은 임대료가 동결되었다.

1986년 이래 정부가 표준임대조건을 계속 동결함에 따른 사업주체의 임대사업 손실을 보전하고, 특히 민간임대사업자의 임대주택건설촉진 및 시중 전세가와의 이중가격 구조에서 오는 임대주택 불법전매, 전대행위를 방지하기 위하여 1990. 3. 5. 표준임대조건을 변경 고시(건설부 고시 제97호)하여 1986년 최초 고시 금액에 매년 1. 1.을 기준으로 「주택임대차보호법」에서 정한 임대료 등의 증액청구비율(1/20) 이내에서 경과 연수에 복리로 곱하여 산출한 금액을 초과할 수 없도록 하여 임대료 인상 소급 적용이 가능하도록 현실화하고, 매년 임대료 조정근거도 마련하였다.

이에 따라 1990년도 임대보증금 및 임대료는 1986년 최초 임대료 고시 단가 대비 21.5% 인상이 가능하였으나, 정부의 주택가격 안정 및 저소득 서민층의 주거비부담 경감을 위하여 기존 임대주택은 임대료를 조정하지 않았고, 신규 임대주택만 보증금 및 임대료를 각각 10% 인상하였으며, 1991년도에는 기존 임대주택에 대해 물가상승억제 및 시중 전세가격 안정을 위하여 1986년 이래 최초로 임대료만 5% 인상하였고, 신규 임대주택은 보증금, 임대료를 각각 5% 인상하였다.

아울러 1991년부터는 '표준임대차계약서'를 개정하여, 신규 임대주택 임대료를 매년 5%씩 5년 동안 체증식으로 인상할 수 있도록 일괄 계약하였다.

1991. 4. 23.에는 '건설부 고시 제203호'로 장기 임대주택에 대한 국민주택기금 이자율을 5%에서 3%로 조정함에 따라, 1989. 4. 14. 이전에 국민주택기금을 대출받아 건설되는 임대주택의 임대료는 장기임대주택자금 이자율을 2% 인하하여 발생하는 당해 주택에 대한 원리금 납부액의 감소액을 차감한 금액을 초과할 수 없도록 하였다.

당시의 대한주택공사의 임대료는 표준임대료의 82~90% 수준에 불과하여 임대료 인하요인이 없었으나, 금리가 5%에서 3%로 인하됨에 따른 이자 상환 감소액 월 666,000,000원을 1991. 6.부터 전 임대주택 81,059호를 대상으로 세대당 월 2,900~1,500원씩 임대료를 인하(5년 임대 76,059호: 11.9%, 20년 임대 5,000호: 16.3%)함으로써 인하 후 대한주택공사의 임대료는 표준임대료의 72~78%, 민간 임대주택의 55% 수준에 불과, 저소득층의 주거비 부담 완화 및 시중의 전·월세 가격 등 주택가격 안정을 통한 정책목표 실현을 도모하였다.[103]

---

[103] '임대주택건설 22년', 대한주택공사, 1993년, p.19~20.

[표준임대료 및 표준임대료 고시 개정 경과]

고시	근거 법령	적용 대상	주요 내용	개정 경과
1984. 12. 31. 구 「임대주택건설촉진법」 제정 ① 공공임대주택 – 국가, 지방자치단체 또는 대한주택공사가 임대하는 임대주택: 건설교통부장관이 고시하는 표준임대보증금 및 표준임대료의 범위 안에서 정함 ② 민간임대주택 – 공공임대주택 이외의 임대주택 (a) 국민주택기금의 융자를 받아 건설한 민간임대주택: 표준임대보증금 및 표준임대료의 150 %의 범위 안에서 정함 (b) 그 외 민간임대주택 – 임대사업자가 임대보증금 및 임대료 자율로 정함				
건설부 고시 제99호 (1986. 3. 14.)	구 「임대주택건설촉진법」 제9조, 「같은 법 시행규칙」 제3조	공공임대주택	이 고시에는 표준임대보증금의 산정 기준이 되는 당해 공공임대주택의 가격(건설원가)에 관한 규정이 없음 「임대주택건설촉진법 시행규칙」 제4조 제2항, 제3항: 국민주택기금의 융자를 받아 건설한 민간임대주택에 대한 임대보증금은 당해 임대주택의 가격에서 국민주택기금에 의한 융자금을 제외한 나머지 금액을 초과할 수 없다(시행규칙 제4조 제2항). 제2항의 규정에 의한 임대주택의 가격은 「주택건설촉진법」 제33조의 규정에 의하여 승인된 사업계획상의 사업비를 기준으로 하여 산정한다(시행규칙 제4조 제3항).	
건설부 고시 제97호 (1990. 3. 5.) 표준임대보증금 및 표준임대료	상동	상동	상동	
건설부 고시 제 203호 (1991. 4. 23.)	상동	상동	상동	
건설부 고시 제1993-399호 (1993. 10. 14.)	구 「임대주택건설촉진법」 제9조, 「같은 법 시행규칙」 제3조	1. 영구임대주택 중 청약저축가입자 (철거세입자 포함)가 입주하는 주택 2. 공공임대주택	당해 주택 건설원가의 20/100에 상당하는 금액으로 한다. 이 경우 당해 주택의 건설원가는 「주택분양가 원가연동제 시행지침」에 의하여 산출한 가격으로 하되, 주택건설주체가 택지를 직접 개발한 경우의 택지비는 조성원가(당해 지구 내에 유사용지를 공급한 사례가 있는 경우, 그 공급가격)를 기준으로 한다. 구 「임대주택건설촉진법 시행규칙」 제4조 제2항, 3항: 국민주택기금의 융자를 받아 건설한 민간임대주택에 대한 임대보증금은 당해 임대주택의 가격에서 국민주택기금에 의한 융자금을 제외한 나머지 금액을 초과할 수 없다(시행규칙 제4조 제2항). 제2항의 규정에 의한 임대주택의 가격은 「주택건설촉진법」 제33조의 규정에 의하여 승인된 사업계획상의 사업비를 기준으로 하여 산정한다(시행규칙 제4조 제3항).	
1993. 12. 27. 임대주택법 전부개정 ① 공공건설임대주택 – 국가 또는 지방자치단체의 재정으로 건설하거나 국민주택기금에 의한 자금을 지원받아 건설하여 임대하는 주택: 건설교통부장관이 고시하는 표준임대보증금 및 표준임대료의 범위 안에서 정함(다만, 민간건설 중형공공임대주택의 임대료의 경우는 적용 안 됨) ② 민간건설임대주택 – 공공건설임대주택 외의 건설임대주택: 임대사업자가 임대보증금 및 임대료 자율로 정함				

토지주택연구원(이종권, 김경미, 권치홍, 박상학), '공공임대주택 50년 성과와 과제', 한국토지주택공사, 2013. 5. 10. p.75.

1994. 9. 27. 건설부 고시 제 1994-359호 (1994. 9. 27.) 임대주택의 표준임 대보증금 및 표준 임대료	「임대주택법」 제14조, 「같은 법 시행령」 제12조	공공건설임대주택으로 「주택건설촉진법」 제33조의 규정에 의하여 사업계획승인을 얻어 건설한 임대주택	이 고시에는 표준임대보증금의 산정 기준이 되는 당해 공공건설임대주택의 건설원가에 관한 규정이 없음 시행령 제12조 제3항: 공공건설임대주택에 대한 최초의 임대보증금은 당해 임대주택의 건설원가에서 국민주택기금에 의한 융자금을 차감한 금액을 초과할 수 없다. 이 경우 임대주택의 **건설원가는 「주택건설촉진법」 제32조의 규정에 의하여 건설교통부장관이 정하는 공급조건에 의하여 산출한 가격을 말함**(시행령 제12조 제3항)	종전 「임대주택건설촉진법」 제9조 및 동법 시행규칙 제3조의 규정에 의한 표준임대보증금 및 표준임대료에 관한 고시 (건설부 고시 제203호, 제568호, 제1992-474호, 제1993-399호)는 「임대주택법」 제14조 및 「같은 법 시행령」 제12조의 규정에 의한 고시로 봄
건설교통부 고시 제1995-381호 (1995. 11. 16.) 임대주택의 표준임 대보증금 및 표준 임대료	「임대주택법」 제14조, 「같은 법 시행령」 제12조	공공건설임대주택으로, 「주택건설촉진법」 제33조의 규정에 의하여 사업계획승인을 얻어 건설한 임대주택 중 임대 의무기간이 5년인 임대주택에 적용	이 고시에 ① 임대의무기간이 5년임 임대주택 중 민간사업자의 표준임대보증금은 **「주택건설촉진법」 제32조의 규정에 의하여 건설교통부장관이 정하는 공급조건에 의하여 산출한 주택분양가(건설원가)**에서 국민주택기금에 의한 융자금을 공제한 금액 중 임대주택의 보증금으로 반영할 일정비율을 곱하여 산출한 금액이다. ② 국가, 지방자치단체, 지방공사 및 대한주택공사의 표준임대보증금은 민간 사업자에게 적용하는 금액의 70%를 초과할 수 없음	종전 「임대주택건설촉진법」 제9조 및 「동법 시행규칙」 제3조의 규정에 의한 표준임대보증금 및 표준임대료에 관한 고시 (건설부 고시 제568호, 제1992-474호, 제1993-399호)는 「임대주택법」 제14조 및 「같은 법 시행령」 제12조의 규정에 의한 고시로 봄
건설교통부고시 제1996-251호 (1996. 8. 2.)	「임대주택법 시행령」 제9조 제1항 제1호	상동		
1997.8.5. 건설교통부고시 제1997-266호 임대주택의 표준임 대보증금 및 표준 임대료	「임대주택법」 제14조, 「같은 법 시행령」 제12조	상동	표준임대보증금은 **건설교통부장관이 정하는 공급조건에 의하여 산출한 주택분양가(건설원가)**에서 국민주택기금 융자금을 공제한 금액의 50/100에 해당하는 금액	건설교통부고시 제1995-381호(1995. 11.16.) 폐지 이 고시 시행당시 종전 규정에 의하여 입주자모집공고 승인을 받은 주택에 대해서는 종전 규정에 의함 (부칙 제3항)
1999. 1. 28. 「임대주택법 시행규칙」 [별표 2] (제3조의3 관련) - 분양전환가격 산정기준 신설				
건설교통부고시 제1999-35호 (1999. 2. 5.) 공공건설임대주택의 표준임대보증금 및 표준임대료	「임대주택법 시행령」 제12조	상동	건설교통부고시 제1993-399호(1993.10.14.) 및 건설교통부고시 제1997-266호(1997.8.5.)의 고시 내용 중 표준임대보증금 및 표준임대료의 산정기준이 되는 주택의 가격은 「임대주택법 시행규칙」 별표2(제3조의3 관련)의 규정에 의한 최초 입주자모집 당시의 주택가격으로 함	
건설교통부고시 제2004-70호 (2004. 4. 2.)	「임대주택법 시행령」 제12조	공공건설임대주택으로, 구 「주택법」 제16조의 규정에 의하여 사업계획승인을 얻어 건설한 공공건설임대주택 중 임대의무기간이 5년 또는 10년인 임대주택에 적용	표준임대보증금은 건설교통부장관이 정하는 공급조건에 의하여 산출한 주택분양가(건설원가)에서 국민주택기금 융자금을 공제한 금액의 50/100에 해당하는 금액	건설교통부고시 제1997-266호(1997.8.5.)는 폐지 [공공건설임대주택의 표준임대보증금 및 표준임대료]에 관한 건설교통부고시 제1999-35호(1999. 2. 5.)는 이 고시내용 중 **표준임대보증금 및 표준임대료의 산정기준이 되는 주택의 가격에 적용됨**(부칙 제3조)

183

앞의 [표준임대료 및 표준임대료 고시 개정 경과]에서 확인할 수 있는 것은 국민주택기금의 융자를 받아 건설된 공공건설임대주택에 대한 최초의 표준임대보증금 및 표준임대료는 '원가연동제'를 기초로 하여 산정된 당해 임대주택에 대한 주택가격(건설원가)이 기준이 되었다는 것이다.

다) 예외

(1) 전용면적 85㎡를 초과하는 공공건설임대주택 및 분납임대주택의 경우

다만, ① 전용면적이 85㎡를 초과한 건설임대주택 및 ② 국가, 지방자치단체, 한국토지주택공사 또는 지방공사가 건설하는 공공건설임대주택 중 임대보증금 없이 분양전환금을 분할하여 납부하는 임대주택(분납임대주택)의 경우에는 국토교통부장관이 고시하는 위 최초의 (표준)임대보증금 및 임대료를 적용하지 아니한다(「임대주택법 시행령」 제21조 제1항 단서).

위 ② 분납임대주택의 임대료는 임차인이 미리 납부한 분양전환가격에 해당하는 금액(분양전환금) 등을 고려하여 국토교통부장관이 따로 고시(국토교통부 고시 제2013-691호, 2013.11.20. 개정)하는 표준임대료를 초과할 수 없다(「임대주택법 시행령」 제21조 제4항).

(2) 장기전세주택의 경우

그리고 '장기전세주택'으로 공급하는 공공건설임대주택의 '최초의 임대보증금'은 임대사업자가 장기전세주택으로 공급하는 공공건설임대주택과 같거나 인접한 시, 군, 구에 있는 주택 중 해당 임대주택과 유형, 규모, 생활여건 등이 비슷한 2개 또는 3개 단지의 공동주택의 전세계약 금액을 평균한 금액이 80%이다(「임대주택법 시행령」 제21조 제1항 단서, 「같은 법 시행규칙」 제12조의3).

(3) 개정 경과

제정 및 개정일시	내용	근거 법령
2002. 9. 11.	다만, 민간건설 중형공공임대주택의 임대료의 경우에는 이를 적용하지 아니한다.	구 「임대주택법 시행령」 제12조 제1항 단서
2004. 3. 17.	다만, 「임대주택법 시행령」 제9조 제5항 제1호(국가·지방자치단체·대한주택공사 또는 지방공사가 아닌 임대사업자가 건설한 전용면적 60㎡를 초과하는 주택)의 공공건설임대주택의 임대료의 경우에는 이를 적용하지 아니한다.	
2005. 9. 16.	다만, 「임대주택법 시행령」 제9조 제5항 제1호(국가·지방자치단체·대한주택공사 또는 지방공사가 아닌 임대사업자가 건설한 전용면적 60㎡를 초과하는 주택) 및 제3호(국가·지방자치단체·대한주택공사 또는 지방공사가 건설한 전용면적 85㎡를 초과하는 주택)의 공공건설임대주택의 임대료의 경우에는 이를 적용하지 아니한다.	

| 2008. 11. 26. | 다만, 「임대주택법 시행령」 제13조 제5항 제1호(국가·지방자치단체·대한주택공사 또는 지방공사가 아닌 임대사업자가 건설한 전용면적 85㎡를 초과하는 주택), 제3호(국가·지방자치단체·대한주택공사 또는 지방공사가 건설한 전용면적 85㎡를 초과하는 주택) 및 제22조 제3항(분납임대주택)에 따른 공공건설임대주택의 임대료에는 이를 적용하지 아니한다. | 「임대주택법 시행령」 제21조 제1항 단서 |
| 2009. 6. 25. | 다만, 「임대주택법 시행령」 제13조 제5항 제1호, 제3호 및 제22조 제3항에 따른 공공건설임대주택의 임대료와 장기전세주택으로 공급하는 공공건설임대주택의 최초의 임대보증금에는 이를 적용하지 아니한다. | |

2) 공공매입임대주택의 최초의 임대보증금 및 임대료의 상한

'공공매입임대주택'의 최초의 임대보증금은 해당 공공매입임대주택의 주변지역 임대주택의 임대보증금 및 임대료에 대한 감정평가금액의 50% 이내의 금액을 말한다. 다만, 공공매입임대주택의 최초 임대보증금 및 임대료에 관하여 다른 법령에 특별한 규정이 있는 경우에는 그에 따른다(「임대주택법 시행규칙」 제12조의4).

3) 준공공 임대주택의 최초의 임대보증금 및 임대료의 상한

'준공공 임대주택'의 최초의 임대보증금은 해당 준공공 임대주택이 소재한 특별자치도·시·군 또는 자치구나 그와 인접한 시·군 또는 자치구에 소재한 주택 중 규모와 생활여건 등이 비슷한 주택의 평균적인 실거래가격을 말한다(「임대주택법 시행령」 제21조 제7항, 「같은 법 시행규칙」 제12조의5 제1항).

라. 관련 법령 해석례

1) 최초 임대보증금의 표준임대보증금 초과 금지의 의미

천안시 - 공공건설임대주택 최초 임대보증금의 표준임대보증금 초과 금지(2015. 12. 28. 대통령령 제26763호로 개정되기 전의 「임대주택법 시행령」 제21조 제1항 등 관련)

[안건번호: 15-0607, 회신일자: 2016-03-22]

【질의요지】

구 「임대주택법 시행령」(2015. 12. 28. 대통령령 제26763호로 전부 개정되어 같은 해 12. 29. 시행되기 전의 것을 말함) 제21조 제1항에 따른 공공건설임대주택 최초 임대보증금의 표준임대보증금 초과 금지가, 각 세대의 최초 임대보증금이 세대별 표준임대보증금을 초과해서는 안 된다는 의미인지, 전체 세대의 최초 임대보증금 합계액이 세대별 표준임대보증금 합계액을 초과해서는 안 된다는 의미인지?

【회답】

구 「임대주택법 시행령」(2015. 12. 28. 대통령령 제26763호로 전부 개정되어 같은 해 12. 29. 시행되기 전의 것을 말함) 제21조 제1항에 따른 **공공건설임대주택 최초 임대보증금의 표준임대보증금 초과 금지는 각 세대의 최초 임대보증금이 세대별 표준임대보증금을 초과해서는 안 된다는 의미입니다.**

【이유】

구 「임대주택법」(2015. 8. 28. 법률 제13499호로 전부 개정되어 같은 해 12. 29. 시행되기 전의 것을 말함. 이하 같음) 제20조 제1항에서는 임대주택의 임차인의 자격, 선정 방법, 임대보증금, 임대료 등 임대 조건에 관한 기준은 대통령령으로 정한다고 규정하고 있고, 그 위임에 따른 구 「임대주택법 시행령」(2015. 12. 28. 대통령령 제26763호로 전부 개정되어 같은 해 12. 29. 시행되기 전의 것을 말함. 이하 같음) 제21조 제1항에서는 공공건설임대수택(다만, 국가·지방자치단체·한국토지주택공사 또는 지방공사가 건설한 전용면적 85㎡를 초과하는 주택 등은 제외함) 중 「주택법」 제16조에 따라 사업계획승인을 받아 건설한 임대주택의 최초의 임대보증금 및 임대료는 국토교통부장관이 정하여 고시하는 표준임대보증금 및 표준임대료를 초과할 수 없다고 규정하고 있습니다.

한편, 「임대주택 표준임대보증금 및 표준임대료」(국토교통부 고시 제2015-638호) 제2호에서는 표준임대보증금은 건설교통부장관(현 국토교통부장관)이 정하는 공급조건에 의해 산출한 주택분양가에서 국민주택기금융자금을 공제한 금액의 100분의 50에 해당하는 금액으로 한다고 규정하고 있는바,

이 사안은 구 「임대주택법 시행령」 제21조 제1항에 따른 최초 임대보증금의 표준임대보증금 초과 금지가, 각 세대의 최초 임대보증금이 세대별 표준임대보증금을 초과해서는 안 된다는 의미인지, 전체 세대의 최초 임대보증금 합계액이 세대별 표준임대보증금 합계액을 초과해서는 안 된다는 의미인지에 관한 것이라 하겠습니다.

먼저, 임대보증금은 통상 세대로로 그 금액이 정해지기 때문에 "각 세대"를 전제로 한 개념이라 할 것이고, 구 「임대주택법 시행령」 제21조 제1항에서는 "최초 임대보증금"은 표준임대보증금을 초과할 수 없다고 규정하고 있을 뿐, "최초 임대보증금의 합계액"이 표준임대보증금의 합계액을 초과할 수 없다고 규정하고 있지는 않으므로, 그 문언상 최초 임대보증금이 표준임대보증금을 초과했는지의 판단은 "각 세대"를 기준으로 해야 할 것입니다.

그리고, 구 「임대주택법」은 임대주택의 건설을 촉진하고 국민주거생활의 안정을 도모하기 위해 필요한 사항을 규정함을 목적으로 하고 있고, 그 목적 달성을 위해 임대사업자에게 각종 지원과 더불어 제한을 하고 있는바, 구 「임대주택법 시행령」 제21조 제1항에서 공공건설임대주택의 최초 임대보증금이 표준임대보증금을 초과할 수 없도록 규제하고 있는 취지는 임대사업자가 자의적으로 임대보증금을 정하는 것을 방지하고 합리적인 임대보증금으로 임대주택을 공급하도록 함으로써 국민주거생활의 안정을 도모하기 위함입니다(법제처 2011. 9. 22. 회신 11-0401 해석례 및 대법원 2010. 7. 22. 선고 2010다23425 판결례 참조).

그런데, 만일 최초 임대보증금의 표준임대보증금 초과 여부를 "각 세대별"로 판단하는 것이 아니라 "전체 세대"

를 기준으로 판단할 수 있다고 하게 되면, 전체 세대의 최초 임대보증금 합계액이 표준임대보증금 합계액을 넘지 않는 범위에서, 임대사업자는 자유롭게 각 세대별 최초 임대보증금 액수를 그 상한에 아무런 제한 없이 달리 정할 수 있게 됩니다. 예를 들면, 표준임대보증금이 동일하게 1억원인 경우에 어떤 세대는 최초 임대보증금을 1억5천만원으로 다른 세대는 5천만원으로 3배 혹은 그 이상의 편차가 있는 임대보증금을 정할 수도 있게 되는 등 임대보증금 산정 시 임대사업자의 자의가 개입될 여지가 매우 크게 될 것입니다. 따라서 이러한 해석은 임차인의 최초 임대보증금에 대한 예측가능성을 박탈함으로써 주거 안정을 저해하는 결과가 되므로, 타당하지 않다고 할 것입니다.

또한, 구 「임대주택법 시행령」 제21조 제3항에서는 "제1항에 따른 공공건설임대주택의 최초 임대보증금과 임대료는 같은 항에도 불구하고 임차인의 동의가 있는 경우에는 임대차계약에 따라 상호 전환할 수 있다"고 규정하고 있습니다. 그런데, 임대보증금과 임대료의 상호 전환이 가능하려면 최초 임대보증금과 임대료가 개별 임차인별로 확정되어 있어야 한다고 할 것이므로, 구 「임대주택법 시행령」 제21조 제3항에서의 "제1항에 따른 최초 임대보증금"은 "각 세대별로 확정된" 금액임을 알 수 있으며, 이와 같이 확정된 "각 세대별" 최초 임대보증금이 같은 조 제1항에 따라 표준임대보증금을 초과할 수 없다고 보는 것이 같은 조 제1항 및 제3항을 조화롭게 해석하는 방법이라고 할 것입니다.

한편, 「주택법」 제38조의2에 따른 분양가상한제의 경우, 분양가심사위원회에서 해당 공동주택 "단지 전체에 대한 분양가격 총액"을 심사·결정하고 사업주체는 그 범위에서 자유롭게 "각 세대별 분양가격"을 결정하는 방식으로 운영되고 있으므로, 이 사안에서도 임대사업자는 전체 세대의 최초 임대보증금 합계액이 표준임대보증금 합계액을 넘지 않는 범위에서 각 세대별 최초 임대보증금을 자유롭게 결정할 수 있다고 해석하는 것이 타당하다는 의견이 있을 수 있습니다.

그러나, 분양가상한제는 일반인에게 공급하는 공동주택 분양가격의 상한을 제한함으로써 부동산 투기를 예방하기 위함에 주된 목적이 있으므로(대법원 2013. 7. 25. 선고 2011다38875, 38882 판결례 참조), 해당 공동주택 "단지 전체의 분양가격 상한"을 통제하는 것만으로도 그 입법 목적을 달성할 수 있는 반면, 최초 임대보증금의 표준임대보증금 초과 금지 제도는 앞서 본 바와 같이 임대사업자가 자의적으로 임대보증금을 정하는 것을 방지하고 합리적인 임대보증금으로 임대주택을 공급하도록 함으로써 무주택 서민의 주거생활 안정을 도모하기 위함에 주된 목적이 있으므로, 그 입법 목적을 달성하려면 "각 세대별 최초 임대보증금 상한"을 통제할 필요가 있다는 점에서, 그와 같은 의견은 타당하지 않다고 할 것입니다.

이상과 같은 점을 종합해 볼 때, 구 「임대주택법 시행령」 제21조 제1항에 따른 최초 임대보증금의 표준임대보증금 초과 금지는 각 세대의 최초 임대보증금이 세대별 표준임대보증금을 초과해서는 안 된다는 의미라고 할 것입니다.

3. 주택분양가격 규제 제도[104]

공공건설임대주택에 대한 ① 최초의 표준 임대보증금 및 표준임대료 산정의 기준 및 ② 분양전환가격의 산정 기준의 한 요소인 '당해 임대주택의 건설원가(입주자모집 당시의 주택가격)'의 정확한 의미를 이해하기 위해서는 그동안 우리나라의 주택분양가격 규제 제도가 어떻게 변천해 왔는지 살펴보는 것이 반드시 필요하다고 보이는 바, 이에 간략하게 정리해 보기로 한다.

가. 주택분양가격 규제 제도의 변천 과정

1) 공영주택 가격 규제 개념의 출현(1963. 11. 30.)

주택분양가격에 관한 규제는 1963. 11. 30. 법률 제1457호로 제정되어 1963. 12. 31. 시행된 구 「공영주택법」을 시초로 하고 있다.

위 구 「공영주택법」은 지방자치단체와 대한주택공사가 정부와 협조하여 공영주택을 건설하여 주택이 없는 서민에게 주택을 공급함으로써 국민의 주거생활의 안정과 공공복리의 증진에 기여함을 목적(제1조)으로 하여 제정된 것이다.

위 법에서 '공영주택'이라 함은 '정부로부터 대부 또는 보조를 받아 지방자치단체나 대한주택공사가 건설하여 주택이 없는 국민에게 저렴한 가임(家賃) 또는 가격으로 임대 또는 분양하는 주택'을 말한다(제2조 제1호).

사업주체는 공영주택을 건설하거나 공영주택의 건설을 목적으로 대지조성사업을 하고자 할 때에는 건설부령으로 정하는 바에 의하여 그 사업계획서를 작성하여 건설부장관의 승인을 얻어야 한다(구 「공영주택법」 제6조 제1항).

그리고 공영주택의 입주금 및 가임은 당해 공영주택의 건설에 소요된 '실비(대지조성비, 공영주택 및 복리시설의 건축비, 그리고 건설부대비용)'를 기준으로 하고, ① '분양공영주택의 입주금'은 건설실비로부터 대부금을 공제한 금액으로 하며, ② '임대공영주택의 입주금'은 월 임대료의 12배 이

---

104 이하, 한국건설기술연구원(이유섭, 강태경, 허영기, 안방률), 한국감정원(김양수, 박차현, 김기홍), '새로운 건축비 산정기준 수립 연구', 건설교통부, 2005년, p.10~14 및 김지현, '부동산 정책, 법제 격차분석', 한국법제연구원, 2010년, p.38~60 발췌 인용.

내의 금액으로 하며, ③ '분양공영주택의 가임(분양부금)'은 대부금에 대한 원리상환금에 유지관리비 및 재해보험료를 부가한 금액으로 하며, ④ '임대공영주택의 가임(임대료)'은 건설실비를 공영주택의 내구년수로 제한 금액에 유지관리비 및 재해 보험료를 부가함 금액으로 한다(구 「공영주택법」 제11조, 「같은 법 시행규칙」 제3조, 제4조, 제5조).

위 사업계획서에는 공영주택건설계획서(별지 제1호 서식), 소요건설비내역서(별지 제2호 서식), 소요자금과 분양 또는 임대계획서(별지 제3호 서식) 등등의 서류를 갖추어 제출하여야 한다(구 「공영주택법 시행규칙」 제1조 제1항).

한편 민간건설주택의 분양가격은 민간건설업체가 자유롭게 결정하였으며, 구 「공영주택법」의 규정은 민간건설업체에 대하여 단지 권장사항에 불과하였다.

2) 민간주택건설사업자가 건설한 국민주택에 대한 가격 규제 개념의 출현(1972. 12. 30.)

1970년대에 들어 급격한 도시화 과정을 거치면서 정부는 빈약한 재정 상태에서 도시형 주택을 대량으로 공급해야만 했으며, 주택공급의 대부분을 민간에 의존할 수밖에 없었던 정부는 주택건설을 촉진하기 위하여 계속하여 민간건설주택에 대하여 분양가격 규제를 하지 않았다.

즉, 1972. 12. 30. 법률 제2409호로 제정되어 1973. 1. 15. 시행된 구 「주택건설촉진법」에 따라 1973. 1. 15. 이후에는 '국민주택'의 사업계획서에 대하여 건설부장관의 '승인'을 받도록 규정하였으며(구 「주택건설촉진법」 제18조 제1항), '국민주택의 분양가격 또는 가임은 당해 국민주택의 건설에 소요된 실비를 기준으로 정하여야 한다'고 규정하였음에도(구 「주택건설촉진법」 제21조), 실제로는 민간주택건설사업자가 건설한 '국민주택'에 대한 가격상한제는 실시하지 않았다.

그리고 당시에는 '민영주택'의 경우에는 사업계획서에 대하여 건설부장관의 승인을 받도록 규정하고 있지 않았다.

개념	정의	근거 규정
국민주택	이 법에 의하여 한국주택은행과 지방자치단체가 조달하는 자금 등으로 건설하여 주택이 없는 국민에게 저렴한 가임 또는 가격으로 임대 또는 분양(이하 "공급"이라 한다)되는 주택을 말한다.	구 「주택건설촉진법」 제2조 제1호
민영주택	국민주택 이외의 주택으로서 대통령령으로 정하는 규모[105] 이상의 집단으로 건설하여 공급되는 주택을 말한다.	구 「주택건설촉진법」 제2조 제2호
사업주체	국민주택을 건설·공급하는 국가, 지방자치단체, 대한주택공사와 기타의 사업자를 말한다.	구 「주택건설촉진법」 제2조 제3호

다만, 대한주택공사 등의 공공기관은 원가개념에서 분양가를 결정하도록 하고, 구 「공영주택법」에 따라 시장가격보다 낮은 분양가격으로 '국민주택'을 공급하도록 하였다.

3) 분양가 상한제 도입(1977. 7.)

그런데 1970년 중반부터 중동에서 유입된 자본 등이 부동산 시장에 유입되면서 아파트 가격이 급등하여 사회적 문제로 이슈화되었다. 즉, 주택수의 불균형이 만성화되면서 기존주택의 거래가격이 신규주택의 분양가격보다 훨씬 높은 상황이 지속된 결과, 신규주택에 한 투기 수요가 확산되고 분양가격이 상승하는 양상을 보이게 되었다. 이에 따라 신규주택의 분양가격을 일정한 수준으로 유지함으로써 주택수요자가 적절한 가격으로 주택을 구입할 수 있도록 민간주택건설사업자가 공급하는 아파트에 분양가격규제를 실시해야 한다는 여론이 형성되었다.

이에 따라 정부는 1977. 7.경부터 아파트 분양가격을 규제하기 위하여 주택건설사업계획서에 주택가격을 포함시켜 정부가 정한 상한선보다 낮아야 사업계획을 승인하는 방식으로(행정지도 개념 도입) 분양가격을 통제하기 시작하였다.

이와 관련하여 관련 법령의 구체적인 개정 과정을 보면 다음과 같다.

우선 1975. 12. 31. 개정되어, 같은 날 시행된 구 「주택건설촉진법」은 행정절차를 대폭 간소화하기 위해 사업계획승인으로 건축법에 의한 건축허가, 도시계획법에 의한 허가 및 일단의 주택지 조성사업의 도시계획의 결정을 갈음하도록 하는 등을 개정하였다.[106]

그리고 ① 위 1975. 12. 31. 개정된 구 「주택건설촉진법」은 '사업주체는 국민주택(민영주택도 포함됨)을 건설하거나, 국민주택을 건설하기 위한 대지조성사업을 하고자 할 때에는 미리 사업계획을 작성하여 건설부장관의 승인을 얻어야 하며(구 「주택건설촉진법」 제18조 제1항), 국민주택의 분양가격 또는 가임을 당해 국민주택의 건설에 소요된 실비를 기준으로 정하여 건설부장관의 승인을 얻어야 한다'고 개정하였으며(구 「주택건설촉진법」 제21조), ② 1976. 3. 29. 개정된 구 「주택건설촉진법 시행령」 제22조의2는 '위 국민주택의 분양가격 및 가임(임대보증금 및 월세액 등을 포함

---

105 구 「주택건설촉진법」 제2조 제2호의 규정에 의한 집단적으로 건설하는 민영주택의 규모는 100호 이상으로 한다. 연립주택 및 아파트의 경우에는 100세대 이상이 입주할 수 있는 규모를 말한다(구 「주택건설촉진법 시행령」 제2조).

106 법 제18조
⑥ 건설부장관이 국가 또는 대한주택공사인 사업주체에 대하여 제1항의 승인을 하고자 할 때에는 대통령령이 정하는 바에 따라 관계 부, 처, 청의 장과 협의하여야 한다. 〈신설 1975·12·31〉

한다)의 승인기준은 건설부령으로 정한다'는 규정을 신설하였으며, ③ 1976. 9. 6. '전부 개정'되어 1976. 9. 27. 시행된 구 「주택건설촉진법 시행규칙」 제4조(사업계획의 승인 신청 등), 제9조(입주자의 모집[107]), 제10조(입주자 선정 시기[108]), 제11조(국민주택의 분양가격 및 입주금 등[109]), 제13조(분양가격 등의 승인 기준) [별표 3[110]], 제32조(민영주택의 준용[111]) 등을 규정하였다.

---

107 제1항 사업주체가 입주자를 공개모집할 때에는 다음 각 호의 사항을 신문에 공고하여야 한다.

108 사업주체는 시장 또는 군수가 당해 국민주택 건축공사의 공정이 20% 이상임을 확인한 때에 입주자 선정을 하여야 한다. 다만, 국가, 지방자치단체 또는 대한주택공사가 사업주체인 경우에는 그러하지 아니하다.

109 제11조(국민주택의 분양가격 및 입주금 등)

① 국민주택의 분양가격은 법 제21조의 규정에 의하여 건설부장관이 승인한 가격에 의한다. 다만, 분양가격승인 이전에 분양하는 경우에는 승인을 얻은 사업계획상의 예정가격으로 분양하되, 건설부장관으로부터 분양가격을 승인받기 전에는 예정가격의 80% 이상을 분양대금으로 수령할 수 없다.

② 입주금은 계약금·중도금 및 잔금으로 구분하되 계약금은 입주금의 20%, 중도금은 입주금의 60% 이내로 하며, 중도금은 1월 간격으로 2회 이상 분납하도록 하여야 한다. 다만, 이미 준공되었거나, 입주 예정 시기가 2월 미만인 경우에는 중도금 및 잔금을 일시에 납부하게 할 수 있다.

③ 국민주택을 분양함에 있어서는 다음 각 호의 사항을 계약서에 명시하여야 한다.

　1. 세대당 대지면적(아파트와 연립주택인 경우에는 공유지분을 명시할 것)

　2. 세대당 주택면적(아파트와 연립주택인 경우에는 전용면적과 공용면적을 구분할 것)

　3. 부대시설 및 복리시설의 내역

④ 사업주체는 당해 국민주택의 준공검사가 완료된 때에는 지체 없이 법 제21조의 규정에 의한 분양가격 승인신청을 하여야 한다. 다만, 분양가격 사정에 지장이 없는 경우에는 준공검사 전이라도 이를 신청할 수 있다.

110 [별표 3]

1. 국민주택 분양가격 승인 기준

구분	구성 요소	비고
가. 직접비	(1) 대지비 　(가) 소지비　　　　(나) 조성비(재료비 및 노무비) (2) 건축공사비(재료비 및 노무비) (3) 부대공사비 　(가) 전기공사비(재료비 및 노무비)　(나) 급수위생공사비(재료비 및 노무비) 　(다) 난방공사비(재료비 및 노무비)　(라) 부대시설비(재료비 및 노무비) (4) 제역무비 　(가) 가설경비 (나) 기계경비　(다) 운반비　(라) 동력비, 용수비 및 광열비 　(마) 시험비　(바) 특허사용료 (사) 감리비　(아) 설계용역비　(자) 노무비(현장 감독)	시장(상가를 포함한다), 목욕탕, 의료시설 등 별도로 임대 또는 분양할 수 있는 시설에 소요되는 공사비는 주택가격 산정에서 제외한다.
나. 간접비	(1) 제잡비 　(가) 제세공과금　(나) 융자금에 대한 건설기간 중 이자　(다) 분할 등기비 　(라) 측량비　(마) 광고료(선전비 포함)　(바) 이윤　(사) 기타 일반관리비	제잡비율은 21% 이하로 한다.

　2. 가임(家賃) 승인기준

가. 임대보증금: 주택가격의 15% 이내로 한다. 다만, 정부의 대도시 인구분산정책에 기여하기 위한 경우에는 건설부장관이 따로 정할 수 있다.

나. 임대료: 다음 각 호의 산출기준에 의한다.

　(1) 원금: 「법인세법 시행령」 제49조 및 「법인세법 시행규칙」 제27조의 규정에 의한 건물 및 설비의 내용연수에 따라 산출한 감가상각비의 상당액으로 한다.

　(2) 이자: 융자금의 이자율을 적용 산출한 금액으로 한다.

　(3) 재해보험료: 재무부장관이 승인한 보험료율에 의한다.

　(4) 수선유지비: 연간 주택가격(대지비를 제외한다)의 0.5% 이내로 한다.

　(5) 대손충당금: 연간 (1) 내지 (4)의 합산금액의 1% 이내로 한다.

111 민영주택의 경우에는 국민주택에 대한 분양가격의 승인 기준을 정한 구 「주택건설촉진법 시행규칙」 제13조를 준용한다는 규정이 없다.

한편 1977. 3. 14. 개정된 구 「주택건설촉진법 시행령」 제2조는 '민영주택'의 범위를 50호 또는 50세대 이상으로 개정하였다.

그리고 구 「주택건설촉진법」은 1977. 12. 31. 법률 제3075호로 전부 개정되어 1978. 1. 31.부터 시행되었다. 국민주택과 50세대 이상의 집단으로 건설하여 공급하는 국민주택 이외의 주택으로 구분하고,[112] 사업주체도 국가, 지방자치단체, 대한주택공사와 같은 법 제6조 규정에 의하여 등록한 주택건설사업자로 규정하였다(제3조 제1, 2, 3호).

또한 같은 법 제32조의 규정에 근거하여 주택의 공급조건, 방법, 절차 등에 관하여 구 「주택공급에 관한 규칙」이 1978. 5. 10. 건설부령 제202호로 제정되어 1978. 5. 10.부터 시행되었다.

한편 1981. 5. 23. 개정된 구 「주택공급에 관한 규칙」은 입주자모집공고안에 대한 '승인'[113] 제도를 신설하였다(구 「주택공급에 관한 규칙」 제8조 제2항).

4) 분양가의 자율적 규제(1981. 6.)

1979년 제2차 오일쇼크가 발생하면서 부동산 시장은 크게 위축되었다. 정부의 부동산 규제가 겹쳐지면서 주택 건설량은 급속히 감소하여 1978년 연간 30만호 건설실적은 1979년 15만호로 떨어졌다. 이에 정부는 1981년 6월 주택경기 활성화 대책을 마련하면서 민간 아파트(국민주택규모 이상)의 분양가를 자율화시키는 한편, 분양가 자율화에 따른 여론의 부담을 고려하여 주택건설업체가 분양주택의 가격을 자율적으로 규제하도록 하였다.

5) 분양가 상한제 재도입(1982. 12.)

이처럼 민간의 자율규제라는 형식을 띠기는 하였지만, 분양가격에 대한 간접적인 통제가 진행되는 상황에서 1982년 후반부터 주택가격이 다시 상승하기 시작하였다. 이에 1982. 12. 분양가격 상한제를 다시 도입하여 일괄 규제하면서 채권입찰제를 도입하고 제2종 국민주택채권을 발매하기 시작하였다. 이는 1989. 11. 10. 분양가 원가연동제가 도입될 때까지 지속되었다.

---

[112] 기존의 '민영주택'이라는 개념은 1978. 5. 10. 제정된 구 「주택공급에 관한 규칙」 제2조 제4호에 '국가, 지방자치단체 및 대한주택공사 이외의 사업주체가 자기자금으로 건설하는 주택'이라고 정의하였다.

[113] 이전에는 '신고' 제도였다.

6) 원가연동제로의 변경(1989. 11. 10.)

그러나 이러한 분양가 규제는 실제 건축비와의 차이로 인해 불합리하다는 논의에 따라 상한가 대신, '분양가 원가연동제'를 도입하여(1989. 11. 10. 「주택분양가 원가연동제 시행지침」 제정, 건설부 고시 제656호) 자재가 등 원가를 건설비에 반영하여 건설비를 현실화하도록 제도를 개선하였다.

1989. 11. 10. 「주택분양가 원가연동제 시행지침」(건설부 고시 제656호)이 제정된 것은 당시 200만호 주택건설을 차질 없이 추진하기 위해서 시행된 것이기도 하며 기존의 분양가 상한 제도를 철폐하여, 주택분양가는 택지비, 건축비 및 적정이윤을 합한 금액 이하로 연동시키는 원가연동제를 도입하여 분양가 규제에 다소간의 탄력을 주게 되었다.

당시, 공공분양 택지비는 분양가격으로, 민간개발 택지비는 공시지가와 감정원, 감정평가업자 복수 평가가격으로 하며, 건축비는 건설부장관이 물가상승률 등을 고려하여 매년 고시하는 '표준건축비'를 적용하였는데, 원가연동제하에서 '표준건축비'는 전용면적과 공동주택의 층고를 감안하여 차등하여 산정하게 되었다.

이에 초기의 분양가에 대한 직접 규제보다는 다소 완화되었으나 여전히 건축비를 일정 금액 수준 이하로 통제하는 틀은 유지한 형태가 된다. 이처럼 원가연동제는 건설업계의 분양가격 요구 수준에는 다소 미흡하더라도 실 건축비를 보장함으로써 주택건설을 촉진시키게 되었다.

그리고 1989년에는 선택사양제도가 건축비의 7% 범위 내에서 실시되었으며, 채권액의 상한선도 지정되었다. 1993년 9월에는 주차장 설치기준의 강화로 대부분의 아파트 단지에서 지하주차장을 설치하게 되자, 지역별로 통일된 지하 주차장 설치비용 기준을 마련하였다. 이러한 원가연동제는 1998. 12. 30. 「주택분양가 원가연동제 시행지침」이 폐지될 때까지 운영되었다.

7) 분양가 규제의 완화(1992. 하반기)

분양가의 직접 규제가 완화된 형태인 원가연동제가 도입되었음에도 불구하고, 표준건축비가 비현실적인 상황에서 제대로 된 원가를 추정하기 힘들다 보니 건설업계에서는 수익을 실현하기가 상당히 힘들어졌다.

이에 따라 1995년부터 양질의 주택공급을 확대하고 주택산업의 선진화를 위해 분양가격의 단계적 자율화가 추진되었다. 즉, 1992년 하반기 주상복합건물의 건설을 촉진하기 위한 주상복합아파트의 분양가 자율화를 시발로, 1995년 일부 지역 중대형 아파트 분양가 규제 폐지, 1996년 철골조 아파트 분양가 자율화, 1997년에 수도권 이외 지역의 아파트 분양가 규제가 폐지되었다. 1998년에는 민영주택의 전용면적 85㎡ 초과 아파트의 분양가가 자율화되었고, 아시아 외환위기 이후인 1998. 12. 30.에는 주택의 분양가 상한제가 폐지되어(「주택분양가 원가연동제 시행지침」 폐지), 1999. 1. 국민주택기금을 지원받는 전용면적 60㎡ 이하인 분양주택[114]을 제외하고는 분양가격이 전면적으로 자율화되었다.

따라서 1999. 1. 이후 2005년까지 분양가격 산정에 제약을 받는 '분양주택'은 국민주택기금을 지원받아 건설하는 전용면적 60㎡ 이하의 국민주택뿐이었다.

8) 지방자치단체장의 분양가 자율 조정(2002. 4.)

양질의 주택공급과 주택산업의 선진화라는 명분하에 신규 아파트의 분양가격이 1999년부터 본격적으로 자율화되었지만 그 기저에는 침체된 한국경제를 되살리기 위한 부동산 경기 활성화 전략과 맞물려 있다. 그런데 분양가 자율화 이후 주택가격 급등이라는 진통을 겪게 된다. 시민단체와 언론에서는 분양가 자율화를 주택가격 상승의 주범으로 지목하였다. 즉, 분양가자율화 이후 건설업체가 지나치게 높게 분양가격을 책정하여 과도한 폭리를 취하고 있으며 이렇게 상승한 아파트 분양가격은 인근 주변 아파트 시세 및 재건축 예정 아파트의 가격을 상승시킨다는 것이다. 이에 따라 건설업체의 이윤을 밝히고 분양가를 낮춰 주택시장을 정상화해야 한다는 사회적 요구가 증대하였다.

2002. 4. 재정경제부, 건설교통부, 국세청, 서울특별시 등 4개 관계부처들은 분양가격 과다 산정에 대해서 자율적으로 조정하도록 권고하는 방안을 채택하면서, 분양가격에 대한 간접적인 통제가 다시 시작되었다.

9) 원가연동제에 의한 분양가 상한제 재도입과 분양원가공개(2005. 1. 8.)

주택가격 급등을 해소하기 위한 정책적 노력에도 불구하고 주택시장은 안정 기조를 찾지 못하였다. 실제로 개발이익환수, 후분양제, 기반시설부담금제도, 금융규제 강화 등 여러 정책에도 불구하고 주택가격의 상승기조가 꺾이지 않자 분양원가를 공개하고 분양가를 다시 규제하여야 한다는 요구가 시민단체를 중심으로 점차 거세지기 시작하였다.

---

[114] 1998. 12. 30. 「주택분양가 원가연동제 시행지침」이 폐지되면서, 국민주택기금을 지원받아 건설하는 전용면적 60㎡ 이하인 분양주택에 대하여만 「국민주택기금 운영 및 관리규정」에서 분양가격 산정방식을 정하고 있었다.

이에 2005. 1. 8. 구 「주택법」 개정을 통하여 분양가격규제를 재도입하게 되었다. 2005. 3. 이후 분양되는 공공택지 내에서 건설, 공급하는 주거전용면적이 85㎡ 이하인 공동주택에 대하여 원가연동제를 도입하고, 택지비, 공사비, 설계감리비, 부대비, 가산비의 5개 항목으로 나누어 분양원가의 일부를 공개하도록 하였다. 또한 공공택지 냉에서 택지를 공급받는 자에게 귀속되는 개발이익을 환수하여 서민들의 주거안정을 위한 주택자금으로 활용할 수 있도록 하기 위하여 85㎡ 초과의 공동주택에 대하여 택지에 대한 채권입찰제를 전면 시행하게 되었다.

2005. 8. 부동산 투기 근절 및 국민 주거안정 도모 방안으로 발표된 '8·31 부동산종합대책' 속에는 공공택지 내의 모든 규모의 공동주택으로 분양가상한제의 적용대상을 확대하는 내용이 포함되었으며, 이러한 내용은 2005. 12. 구 「주택법」 개정으로 반영되어 2006. 2.부터 시행되었다. 이는 판교 분양을 앞두고 부동산 투기를 억제하기 위한 조치로, 공공택지 안에서 감정가격 이하로 택지를 공급받아 건설·공급하는 공동주택으로 확대되는 것을 주요 골자로 한다. 분양가 상한제 적용주택으로서 주거전용면적이 85㎡ 이하인 공동주택과 공공택지 안에서 주거전용면적이 85㎡를 초과하는 공공주택 전체에 대해서는 택지비, 직접 공사비, 간접 공사비, 설계비, 감리비, 부대비, 가산비의 7개 항목으로 분류하여 공시하고, 주거전용면적 85㎡ 초과 주택 중 민간주택에 대해서 택지비와 택지매입원가를 공시하도록 하고 채권매입제도를 병행하여 시행하도록 하였다.

이후 2007. 4. 구 「주택법」 개정을 통해 분양가상한제 적용범위를 민간에서 공급하는 주택으로 확대시켜 공공택지와 민간택지에서 건설, 공급하는 20세대 이상의 모든 공동주택에 대하여 분양가상한제를 적용하게 되었다. 또한 공공택지 분양가상한제 아파트의 분양가격을 검증하기 위해 2007년부터 지방자치단체와 한국토지주택공사 및 지방공사에 자문위원회를 설치하였으며, 분양가 심의를 위한 분양가심사위원회 제도를 신설하여 운영하게 되었다. 이후 고급화되어가는 주택수요에 대응하기 위한 건설업계의 요구를 받아들여 2008. 8. 주상복합주택과 민간택지 가산비를 추가 인정하였다.

[주택분양가격 규제 내용의 변천][115]

연도	구분	내용	근거 법령
1963.	공용주택 가격 규제 개념 출현	- 공영주택의 입주금 및 가임(家賃)은 정부보조금을 제외한 사업주체의 당해 공영주택건설에 소요된 설비를 기준으로 하여 산정하도록 하여 주택가격을 건설원가와 연계하여 결정하도록 함	구「공영주택법 시행규칙」 제4조, 제5조
1973. 2.	민영주택 가격규제 개념출현	- 공공주택 및 민영주택의 사업승인권자(지차체장)가 주택분양가격 승인(권장, 승인 형태)	구「주택건설촉진법」 제18조 제1항
1977. 7.	분양가격 상한제 도입	- 20호 이상의 주택건설 및 공급계획 승인 시 행정지도 개념 도입(평당 55만원, 공급되는 주택의 규모에 차등을 두지 않고 모든 신축 주택에 대하여 연도별로 일률적인 가격이 적용됨	
1981. 6.	분양가격 규제 해제	- 주택건설업체가 짓는 국민주택규모(전용면적: 25.7평) 이상의 아파트에 대해 분양가격 규제를 해제하고, 주택건설 지정업체의 소형주택 건설 의무 규정을 폐지함)	
1982. 12.		- 분양가격 상한제 재도입	
1983. 1.		- 분양가상한제 보완: 채권입찰제 도입	
1985~1987.	운영방식 조정	- 평당 건축비 177,000원으로 고정, 평당 분양가 1,150,000원까지는 자율 분양, 1,340,000원까지는 택지비 심의위원회를 거치되 1,340,000원 이하로 묶음	
1988.	택지비 심의제 폐지	- 택지비심의제를 폐지하고 국민주택규모 이하는 1,268,000원, 국민주택규모 이상은 1,340,000원으로 규제	
1989. 11.	분양가 원가연동제 실시	- 분양가 상한제도 철폐 - 원가연동제 실시[116] (주택분양가=택지비+건축비+이윤) * 공공분양 택지비는 분양가격으로 민간개발 택지비는 공시지가와 감정원, 감정평가업자 복수 평가가격으로 함. 건축비는 매년 건설부 장관이 고시 - 선택사양제도 실시(건축비의 7% 범위 내에서 실시하되, 전용 18평 이상 주택에 한하여 적용) - 채권액의 상한선 지정	주택분양가원가연동제시행지침 (건설부 고시 제656호)
1992.		- 도심공동화 방지 및 주상복합건물의 건설촉진을 위해 주상복합아파트 분양가 자율화	
1993. 9.	지하 주차장 설치기준 마련	- 지역별로 통일된 지하 주차장 설치비용 기준 마련(전용면적 25.7평 이하는 평당 960,000원, 전용면적 25.7평 이상은 평당 1,010,000원)	
1995. 5.	건축비, 공사비 변경 및 추가	- 주차장 건축비는 아파트 건축비의 80% 적용 - 연약지반 공사비 추가 가능	

---

115 『주택백서』, 건설교통부, 2002년.
한국건설기술연구원(이유섭, 강태경, 허영기, 안방률), 한국감정원(김양수, 박차현, 김기홍) '새로운 건축비 산정기준 수립 연구', 건설교통부, 2005. 3. 9., p. 10.
김지현, '부동산 정책, 법제 격차분석', 한국법제연구원, 2010. 1. 15., p.48.
임덕호, '주택공급제도 개선 방안' 공공택지 및 분양주택 공급제도에 관한 공청회, 국토연구원, 2004년 p.19.
장성수, '분양가상한제 시행에 따른 주택업계 대응방안', 주택산업연구원, 2007년. 각 발췌 인용.
116 원가연동제의 적용을 받는 대상 주택은 구「주택건설촉진법」 제33조 제1항의 결정에 의한 주택건설사업계획승인을 받아 일반에게 분양되는 주택이다.

1995. 8.	분양가 원가연동제 개정	- 사양선택에 대한 추가비용은 건축비의 15% 이내로 상향조정함 - 연립주택의 경우 20%를 가산한 가격을 건축비 상한가격으로 함 - 철골조로 건축하는 아파트는 16%를 가산	
1995. 11.		- 강원, 충북, 전북, 제주의 전용면적 85㎡ 초과 자율화	
1996. 6.		단독, 연립주택 및 전용 면적 85㎡ 초과하는 철골아파트 분양가 규제 폐지(1996. 7. 1.부터 시행)	
1996. 12.		- 수도권 및 대도시 지역을 제외한 지역 분양가 자율화	
1997. 1.		- 강원, 충북, 전북, 제주의 전용면적 85㎡ 이하 자율화 - 대전, 충남, 경북, 경남의 전용면적 85㎡ 초과 자율화	
1997. 6.		- 수도권 이외 지역 전면 자율화, 수도권 지역에서 공공택지 및 공공자금 지원 없이 후 분양하는 주택의 분양가 자율화 - 전용면적 85㎡ 이하 철골조 아파트 자율화	
1998. 2.		- 수도권 민간택지에 건설되는 아파트 분양가 자율화	
1998. 9.		- 수도권 공공택지 내 전용면적 85㎡ 초과 아파트 분양가 자율화	
1999. 1.		- 수도권 공공택지 내 전용면적 85㎡ 이하 아파트 분양가 자율화(국민주택기금을 지 원받아 건설하는 전용면적 60㎡ 이하 아파트 이외 분양가 전면 자율화)	
2005. 3.		- 공공택지 내 전용면적 85㎡ 이하 아파트 분양가 원가연동제 재도입 및 분양원가 일부 공개	
2005. 8.		- 공공택지 내 전용면적 85㎡ 초과 아파트 분양가 원가연동제 재도입 및 분양원가 일부 공개	
2006. 2.		- 공공택지 내 모든 아파트 분양가의 분양가 상한제 실시 - 85㎡ 이하 아파트 분양가 상한제 - 85㎡ 초과 아파트 분양가 상한제 및 채권입찰제	
2007. 4.		- 민간택지에 건설되는 아파트의 분양가 상한제 전면 실시 - 분양가심사위원회 설치	
2008. 8.		- 주상복합주택과 민간 택지의 가산비 추가 인정	

나. 분양가 규제 방식의 유형

분양가격 규제제도는 크게 1) 분양가격의 상한선을 정한 '상한 가격 규제 방식'과 2) 건축비
의 상한가격을 규제하되, 이를 매년 인상, 조정할 수 있도록 한 '원가연동제 방식'으로 구분된
다.[117]

1) 상한 가격 규제 방식

상한 가격 규제 방식은 주택의 전용면적을 기준으로 평당 가격의 상한선을 규제하는 방식
으로 시행되었다. 이 시기의 아파트 분양가격 규제 제도는 ① 1981년 이전의 '시가 연동기'와

---

[117] 한국건설기술연구원(이유섭, 강태경, 허영기, 안방률), 한국감정원(김양수, 박차현, 김기홍), '새로운 건축비 산정기준 수립연구', 건
설교통부, 2005년, p.12~22 발췌 인용.

② 1982년 이후의 '획일적 규제기'로 분류되며, 이 시기의 아파트 분양가 상한가의 변천 내용은 아래 표와 같다.

[주택분양가 상한가의 변천 내용[118]] (단위: 만원/평)

연도 구분	1977년	1978년	1979년	1980년	1981년	1982년	1985년	1988년
85㎡ 이하	55	68	78	90	105	105	115	126.8
85㎡ 초과						134	134	134

① '시가 연동기'(1977~1981년)에는 주택규모에 관계없이, 평당 가격의 상한선을 규제하였다. 그러나 분양가격의 상한선을 매년 시장 가격에 연동하여 조정함으로써 가격 규제에 따른 부작용에 대하여 부분적으로 완화하는 데 일조하였다.

한편 1978. 8. 8. 부동산투기억제대책이 시행되면서 주택건설이 크게 감소하자, 정부는 1981. 6. 주택경기활성화 대책을 발표하였다. 이 조치에 의하여 국민주택 규모를 초과하는 민간건설 아파트의 분양가격을 자율화하였고, 아울러 주택건설지정업자가 건설하는 아파트의 50% 이상을 국민주택규모 이하로 건설하도록 하는 소형 주택건설 의무 규정도 폐지되었다.

② 그러나 일련의 주택경기활성화 조치로 주택가격이 다시 상승하면서, 부동산 투기가 전국적으로 발생함에 따라 1982. 12. 주택경기억제대책을 발표하면서 분양가의 상한가격을 다시 규제하고, 주택규모별로 분양가격의 상한선을 차등화하였다.

'획일적 규제 시기'의 규제 내용을 보면, 전용 면적 85㎡ 초과 아파트의 분양가격 상한선은 평당 1,340,000원으로 일률적으로 규제되었고, 국민주택 규모 이하의 아파트에 대한 분양가격 상한가는 소형 아파트 건설을 유도하기 위하여 연도별로 소폭 인상하였다.

2) 원가연동제 방식

1989. 11.부터 시행된 '원가연동제'는 민간 아파트의 분양가를 택지비와 적정 이윤을 포함시킨 건축비를 상한가격으로 규제하는 방식을 의미한다. 이 방식은 분양가격은 규제하되 택지비는 실비를 반영하고, '표준건축비'는 필요 시 조정하여 인상시켜주는 방식으로 획일적인 가격규제의 문제점을 해결하기 위해 도입·시행되었다. 특히 원가연동제는 200만 호 주택건설계획

---

118 윤주현, 신석하, '주택분양가격규제의 시장효과 및 관련 제도 연구', 국토연구원, 1994년.

을 차질 없이 추진하기 위하여 도입하게 된 계기가 되었는데, 민간 주택건설사업자의 분양가격 요구수준에 다소 미흡하더라도, '실제 건축비'와 '적정 이윤'을 보장함으로써 주택건설을 촉진시키고 입주자 부담을 경감하자는 취지로 시행되었다. 1989. 11. 10. 제정된 「주택분양가 원가연동제 시행지침」(건설부 고시 제656호)에 의하여 고시되는 '건축비 상한가격'의 변화 내용은 아래 표와 같다.

「주택분양가 원가연동제 시행지침」[119] - 분양가 자율화로 1998. 12. 30. 폐지

구분	층별	건축비 상한가격(단위: 만원/평, 면적: 전용기준)									
		1989. 11.	1990. 5.	1991. 4.	1992. 1.	1993. 2.	1994. 6.	1995. 3.	1996. 2.	1997. 3.	1998. 1.
18평 이하	15층 이하	98	113	123	131	138	146	153	168	175.5	183
	16층 이상	110	127	138	147	155	164	172	187	195	204
18평 초과 25.7평 이하	15층 이하	98	113	127	135	142	150	158	168	175.5	183
	16층 이상	110	127	143	152	160	169	177	187	195	204
25.7평 초과	15층 이하	101	116	131	139	146	154	162	175	183	191
	16층 이상	113	130	147	157	165	174	183	196	204	214

다. 분양가 규제제도의 성과

1) 긍정적 효과

주택 분양가격 규제정책의 기조는 분양가 상승을 억제하여 실수요자가 주변 시세보다 저렴하게 주택을 구입할 수 있는 기회를 제공함으로써 서민주거안정에 기여하는 데 있다.

분양가 규제제도의 긍정적인 효과를 살펴보면, 먼저 건설업체들이 과도한 분양가의 책정을 통한 폭리를 취하지 못하도록 분양가 산정을 통제함으로써 주택가격의 안정을 추구할 수 있다는 것이다. 한 분양가 규제를 통해 염가에 주택을 분양받을 기회를 제공함으로서 주택청약저축, 예금, 부금의 가입이 활성화되었다. 이에 1981~1991년간 국민주택기금 신규 조달자금의 26.3%가 조성되었고, 주택은행의 신규 조달 자금의 46.5%가 조성되는 등 주택공급업체의 건설자금으로 쓰여 주택공급물량을 크게 확대시키는 계기가 되었던 예를 들 수 있다. 1989년 이후부터 1998년까지는 원가연동제 형식으로 분양가 규제를 지속함에도 불구하고, 연 평

---

[119] 건설교통부, 『주택백서』, 2002년.

균 58만호 이상의 주택 건설로 주택가격의 상승세는 1990년을 정점으로 안정되기 시작하여, 1995년도까지 하락 내지는 보합세가 유지되었다. 전국주택보급률의 경우도 1990년에 72.4% 수준에서 머물다가 지속인 공급확대로 2002년에는 100%를 넘어서고 있으며, 만성이었던 주택부족 현상이 상당부분 해소되고 충분한 공급이 이루어졌음을 알 수 있다.

2) 부정적 효과

그러나 부정적인 효과로는 장기간에 걸친 주택 분양가격규제는 주택공급을 위축시키고 시세차익을 노린 투기 수요를 유발하여 주택과소비를 확산시키는 등 심각한 자원배분의 효율성을 떨어뜨리는 부작용을 지적하고 있다.[120] 또한 주택공급측면에서 생산 과정에 들어가는 비용(택지비, 노무비, 자재비 등)에 대한 적절한 통제 없이 최종 공사비만을 통제함으로써 각종 수익을 주택 분양 입주자에게 집중시키게 되었고, 이는 주택건설업체의 채산성 악화를 초래하였으며, 주택건설업체의 낮은 이윤 발생으로 기술개발에 한 투자가 줄어들어 건설업체들은 분양가 규제상황에서 최대한의 이익을 내기 위해 저품질 내지는 규격 미달의 자재 사용 등으로 건설비용을 낮추려는 경향을 갖게 되었으며, 이는 부실시공의 원인이 되어 사회인 문제로 발생할 수도 있다는 것이다.

이와 같이 분양가격 규제제도는 분양가 상승을 억제하는 효과는 있었다고 할 수 있으나, 주택가격 구조의 왜곡, 주택의 품질저하 및 획일화, 주택건설업계의 자율성 제약 등의 부작용에 대한 우려로 1992년 하반기부터 점차 규제가 완화되기 시작하였다.

라. 분양가 자율화 제도의 성과

1) 긍정적 효과

주택의 품질 향상 및 부가가치의 창출을 위한 주택건설업체들의 노력이 증대되었다. 예를 들면, 소비자의 취향 등을 고려한 다양한 평면 설계라든지 필로피 시공 등 신구조, 신공법과 친환경주택 등 주택품질의 고급화, 다양화되는 추세를 보여 왔다. 또한 주택의 공급부족이 해소되고 국민의 생활 여건이 성숙함에 따라 다양한 요구를 하는 수요자가 생기게 될 것이고, 이러한 요구를 수용하기에는 분양가의 자율화를 통한 시장원리의 작동이 긍정적인 효과로 나타났다.

---

[120] 최진영, '아파트 분양가 자율화 이후 주택시장 활성화 방안에 관한 연구', 건국대학교, 2001년.

2) 부정적 효과

2001년부터 경기 회복과 시중 부동자금의 주택 시장으로의 유입 등으로 인해 주택가격이 큰 폭으로 상승하였다. 즉, 1999. 1.부터 분양가 자율화 정책 이후 주택공급 확충을 통한 집값 안정차원에서 공공택지는 감정가로 공급하여 '저렴한 택지공급+주변시세수준의 분양주택의 양산' 체제로 운영하여 왔다. 이와 같이 공공택지는 저렴하게 공급되는 데 비해 분양가는 시세에 따라 결정되어 시행사 및 주택건설업체들이 과도하게 이익을 향유하고 있다는 사회적 비판이 확산되었다.[121]

이에 정부에서는 분양가 자율화 제도의 부작용에 대한 문제를 해소하기 위하여 2005년부터 공공택지에서 공급되는 85㎡ 이하 주택은 분양가상한제를 시행하고 분양원가 주요항목을 공개하여 원가연동제의 확대시행을 골자로 하는 주택공급제도 개편을 추진하게 된 것이다.

---

[121] 경제정의실천연합회 기자회견자료(2014. 3. 3., 2014. 3. 8.).

4. 표준건축비와 가산비용

최근 대법원은 「임대주택법」상 공공건설 임대주택의 분양전환가격을 산정함에 있어서, 당해 임대주택의 입주자모집 당시의 주택가격은 표준건축비의 범위 내에서 실제로 투입한 건축비를 의미하는 것이고, 표준건축비를 의미하는 것은 아니라고 판시한 바 있는데(대법원 2011. 4. 21. 선고 2009다97079 전원합의체 판결), 이때 실제 투입한 건축비에 포함되는 항목을 특정함에 있어서는 먼저 표준건축비는 구체적으로 어떠한 항목을 기준으로 어떻게 산정된 것인지 알아야 할 필요가 있다고 본다.

가. 표준건축비

1) 의의

'공공건설임대주택에 관한 표준건축비(국토해양부 고시 제2016-399호, 2016. 6. 8.)'는 임대주택 단지에 설치되는 제반 시설물 설치에 소요되는 비용을 모두 포함하고 있다. 즉, 주거시설과 관리사무실, 주민복리시설 등 아파트단지에 설치되는 제반 시설물과 조경, 단지 내 도로 등의 설치비용을 포함하고 있는데, 상가시설 건축비는 제외하고 있다. 그리고 지상건축물과 지하층을 연결하는 피트층, 지하저수조, 오수정화조 등 파일공사 비용 등도 포함되어 있다. 다만, 주택건축물에 있어 지하에 설치되는 지하주차장(지하주차장에 부속되는 기계실 및 전기실 등 포함) 설치에 소요되는 비용은 표준건축비와는 별도로 가산비용으로 구분하여 산정한다. 이는 지하주차장의 경우 임대주택단지마다 설치면적의 크기가 달라 비용의 단위당 건축비의 일관성을 확보하기 어려우므로 표준건축비와는 분리하여 산정하는 것이다.

즉, '표준건축비'는 임대주택 단지를 구성하는 주거시설, 경비실, 관리사무실, 단지 내 도로, 조경시설, 부대복리시설(지하주차장 및 상가 제외) 등을 건설하는 데 소요되는 총 비용을 산출한 후, 이를 '주택공급면적'으로 나누어 산출되는 것(단위: 천원/㎡)이다.

2) 개정 경과

'표준건축비'는 당초 200만 호 주택건설을 차질 없이 추진하기 위하여, 분양아파트에 적용할 목적으로 1989. 11. 10. 제정된 「주택분양가 원가연동제 시행지침」(건설부 고시 제656호)에 근거하여 고시된 것이었다.

그런데, 위 시행지침이 1998. 12. 30. 폐지되면서, 아파트의 분양가가 전면적으로 자율화되었는데, 구 「임대주택법 시행규칙」이 1999. 1. 28. 개정되면서 [별표 2] '공공건설임대주택의 매각가격의 산정기준'이 신설되었는데, 여기서 당해 임대주택의 최초 입주자모집 당시의 주택가격 등을 산정하기 위하여, 다시 고시(건교부고시 제1999-19호, 1999. 1. 28.)되게 되었다.

[표준건축비 산정기준의 변천 과정][122]

연도	적용기준	비고
1989. 11.	- 주택분양가 원가연동제 실시 - 대한주택공사의 전용 면적 25평 15층 아파트 기준 설정	「주택분양가 원가연동제 시행지침」 제정 (건설부 고시 제656호)
1990. 5.	- 정부 노임 적용 - 대한주택공사 상승률과 동일 - 지하주차장 공사비 적용	
1991. 4.	- 정부 노임 적용 후 2%를 감하여 선택사양에 추가(7%→9%) - 18평 미만 신설(25평 미만보다 3%를 감)	
1992. 1.	- 정부 노임 28% 상승하였으나, 표준건축비는 노무비 10%만 반영	
1993. 2.	- 정부 노임 25% 상승하였으나, 표준건축비는 노무비 10%만 반영	
1995. 10.	- 공급가격 산정 시 택지비에 아래에 해당하는 비용 가산 가능 연약지반공사비 암석지반공사비 차수벽설치비용 방음시설 설치비용	1994. 7. 시중 노임으로 변경
1989. 9.	- 국민주택규모(전용면적 85㎡) 이하만 적용	
1998. 12.	- 「주택분양가 원가연동제 시행지침」 폐지	
1999. 1.	- 구 「임대주택법 시행규칙」 [별표 2] 신설 - 「국민주택기금운용 및 관리 규정」 개정(15층을 기준으로 구분, 평형 구분 폐지) - 공공임대주택 매각가격 산정 기준 신설(표준건축비 고시) - 국민주택기금 융자금을 받은 민간 임대사업자의 임대주택건축비 상한선 규제	건교부고시 제1999-19호 (1999.1.28.)
2000. 8.	- 저층의 공사비를 현실화하고, 민간건설업체의 소형 주택건설기피 현상을 방지하기 위해 현행과 같이 층별, 규모별로 구분된 16종의 표준건축비 발표	건교부고시 제2000-196호 (2000.8.1.)
2002. 12.	- 2001년 하반기부터 소형 주택 건설 의무 비율 시행으로 합리적인 표준건축비 조정 필요(일괄 상승률 9.2%)	건교부고시 제2002-270호 (2002.2.12.)
2004. 9.	- 2003년도 급격한 자재 및 노임 변화에 따른 조정 필요 - 원가연동제 및 분양가 공개와 관련하여 현실적인 건설원가 반영을 위해 조정(상승율 평균 25.3%)	건교부고시 제2004-232호 (2004.9.20.)
2008. 12.	- 2004. 9. 이후 노무비 4.4%, 자재비 2.3%, 법정경비 1.4% 총 8.1% 인상 요인 반영 - 「소방법」 및 「주택건설기준」 등 법령 강화에 따라 0.7% 인상요인 반영 - 2004. 9. 이후 관계 법령에 의하여 추가된 제 경비는 현행 가산항목으로 규정하고 있으나, 이를 표준건축비에 포함하여 산정	국토해양부 고시 제2008-707호 (2008.12.9.)
2016. 6.	- 2009년 이후 생산자 물가, 인건비 상승 등을 감안하여 표준건축비를 5% 인상	국토해양부 고시 제2016-339호 (2016.6.8.)

122 한국건설기술연구원(이유섭, 강태경, 안방률, 백승호, 박원영), '공공건설임대주택 표준건축비 개선방안 연구', 국토해양부, 2008년, p.21. 발췌 인용.

203

[주택분양가 원가연동제 시행지침에 따른 표준건축비]
(분양가자율화로 1998. 12. 30. 폐지)[123]

구분	층별	건축비 상한가격 (단위: 만원/평, 면적: 전용기준)									
		1989. 11.	1990. 5.	1991. 4.	1992. 1.	1993. 2.	1994. 6.	1995. 3.	1996. 2.	1997. 3.	1998. 1.
18평 이하	15층 이하	98	113	123	131	138	146	153	168	175.5	183
	16층 이상	110	127	138	147	155	164	172	187	195	204
18평 초과 25.7평 이하	15층 이하	98	113	127	135	142	150	158	168	175.5	183
	16층 이상	110	127	143	152	160	169	177	187	195	204
25.7평 초과	15층 이하	101	116	131	139	146	154	162	175	183	191
	16층 이상	113	130	147	157	165	174	183	196	204	214

[공공건설 임대주택에 대한 표준건축비][124]

(단위: 천원/㎡)

구분 (주거전용면적기준) 1999. 1.		건축비 상한가격 (주택공급면적에 적용)					
		1999. 1.	2000. 8.	2002. 12.	2004. 9.	2008. 12.	2016. 6.
5층 이하	40㎡ 이하		714.6	780.3	856.6	977.2	1,026.1
	40㎡ 초과 ~50㎡ 이하		676.3	738.5	870.7	993.3	1,043.0
	50㎡ 초과 ~60㎡ 이하		663.5	724.5	843.6	962.4	1,010.5
	60㎡ 초과		638	696.6	852.1	972.2	1,020.8
6~10층 이하	40㎡ 이하		683.2	746.0	919.7	1,049.3	1,101.8
	40㎡ 초과 ~50㎡ 이하		646.6	706.0	932.2	1,063.5	1,116.7
	50㎡ 초과 ~60㎡ 이하		634.4	692.7	903.5	1,030.9	1,082.4
	60㎡ 초과		610	666.1	906.4	1,034.2	1,085.9

---

123 '2008년도 임대주택 업무편람, 매뉴얼', 국토해양부, 2008년, p.131.

124 한국건설기술연구원(이유섭, 강태경, 안방률, 백승호, 박원영), '공공건설임대주택 표준건축비 개선방안 연구', 국토해양부, 2008년, p.19. 발췌 인용.

11~15층 이하, 11~20층 이하125	40㎡ 이하	평형 구분 없이 15층 이하 555	621.6	678.7	850.8	991.4	1,041.0
	40㎡ 초과 ~50㎡ 이하		588.3	642.4	860.4	1,001.0	1,051.1
	50㎡ 초과 ~60㎡ 이하		577.2	630.3	837.2	970.9	1,019.4
	60㎡ 초과		555	606.0	835.3	970.4	1,018.9
16층 이상, 21층 이상126	40㎡ 이하	평형 구분 없이 16층 이상 617	691	754.5	868.9	1,008.4	1,058.8
	40㎡ 초과 ~50㎡ 이하		654	714.1	877.4	1,018.1	1,069.0
	50㎡ 초과 ~60㎡ 이하		641.7	700.7	851.0	988.1	1,037.5
	60㎡ 초과		617	673.7	850.5	987.4	1,036.8

3) 표준건축비의 활용

1998. 12. 30. 원가연동제가 폐기되어 전면적인 분양가격 자율화제도가 운영되어 왔지만, 예외적으로 「주택건설촉진법」에 따라 사업계획승인을 받고 국민주택기금을 지원받아 건설하는 전용면적 60㎡ 이하의 국민주택은 표준건축비를 적용하여 분양가격을 규제하여 왔다.

그리고 표준건축비는 ① 공공건설 임대주택의 분양전환가격의 산정기준, ② 공공건설 임대주택의 최초 임대보증금 산정을 위한 건설원가 산정기준, ③ 민간임대사업자가 국민주택건설자금을 융자받아 전용면적 60㎡ 이하인 국민주택을 건설하고자 할 때의 분양가격 산정기준으로 활용하여 왔다.127

위 표준건축비는 공공건설임대주택에 적용되는 것으로, 분양주택에 적용하기 위한 기준인 '기본형 건축비(분양가상한제 적용주택의 기본형 건축비와 가산비용, 국토교통부 고시 제2018-127호)'와는 차이가 있다.

---

125 2008. 12. 9. 개정된 것부터 11~20층 이하로 바뀌었다.
126 2008. 12. 9. 개정된 것부터 21층 이상으로 바뀌었다.
127 ③ 내용은 1999. 1.경의 '국민주택기금운용 및 관리 규정'에 의한 것이었는데, 위 규정은 2005. 12. 29. 개정으로 폐지되었다.

4) 표준건축비의 산정 방법[128]

가) 총론

공공건설임대주택의 표준건축비는 소형 및 임대주택 건설 경험이 많은 대한주택공사(한국토지주택공사)를 통하여 세대면적별/층별 중·소형아파트 건축비를 실사하여 산출한 결과를 표준건축비로 고시하고 있으며, 필요 시 물가상승 등을 반영하여 국토해양부장관이 조정, 고시하게 된다.

표준건축비는 아파트 단지에 설치되는 제반 시설물 설치에 소요되는 비용을 모두 포함하고 있다. 즉, 주거시설과 관리사무실, 주민복리시설 등 아파트 단지에 설치되는 제반 시설물과 조경, 단지 내 도로 등의 설치비용을 포함하고 있는데, 상가 시설 건축비는 제외하고 있다. 또한 지상건축물과 지하층을 연결하는 피트층, 지하저수조, 오수정화조 등 파일공사 비용 등도 포함하고 있다.

즉, 공공건설임대주택 단지를 구성하는 주거시설, 경비실, 관리사무시 및 복리시설(지하주차장 제외) 등 모든 시설의 건설과정에 투입되는 총 비용을 산출한 후, 총 주택공급면적으로 나눈 값이 '주택공급면적 기준단위면적당 표준건축비(국토교통부 고시 제2016-339호)'가 되는 것이다.

[표준건축비 구성 체계]
(가산비용 제외)

공사비	건축	건축공사비
	기계	옥내외 급수, 위생, 난방, 소방시설 및 도시가스공사비
	전기	옥내외 전기 공사비
	통신	통신공사비
	단지토목	단지 내 대지조성공사비
	단지조경	단지 내 조경공사비
	공동시설	주민공동시설, 경비실, 관리실 등
	기타 시설	지상과 연결되는 피트층, 파일, 지하저수조, 오수정화조 등(지하 주차장 제외)
설계, 감리비	설계비	설계용역비
	감리비	주택감리비, 시공감리비
부대비용	제인입비용	수도, 전기, 가스 등의 인입비용
	홍보판촉비	홍보판촉 등

---

128 이하 한국건설기술연구원(책임연구원 이유섭, 선임연구원 강태경, 연구원 안방률, 백승호, 박원용), '공공건설임대주택 표준건축비 개선방안 연구', 국토해양부, 2008년 발췌 인용.
위 연구 논문에서 제시하는 개정 표준건축비 총 3개의 안 중 제1안이 2008. 12. 9. 개정된 표준건축비로 개정되었다.
앞서 본 바와 같이 「공공건설임대주택에 대한 표준건축비」는 2008. 12. 9. 개정된 이후, 2016. 6. 8. 개정된 것이 마지막인데, 2016. 6. 8. 개정되게 된 근거가 된 별도의 연구 논문이 있다면, 그 내용을 확인하여 개정된 표준건축비의 구체적인 산정 방법도 확인할 필요가 있다고 본다.

나) 각론

(1) 공사비

일반적으로 공사비를 구성하는 세부항목은 「국가를 당사자로 하는 계약에 관한 법률」 및 회계 예규 등에 기초하여 ① 직접 공사비, ② 간접 공사비, ③ 일반관리비 및 ④ 이윤으로 구분할 수 있다.

① 직접 공사비는 계약목적물, 즉 주택단지에 설치되는 제반 시설물의 시공을 위하여 투입되는 재료비, 직접 노무비, 직접 공사경비의 합계액을 의미한다.[129]

② 간접 공사비는 간접노무비, 산재보험료, 고용보험료, 국민건강보험료, 국민연금보험료, 건설근로자 퇴직공제 부금비, 산업안전보건관리비, 환경보전비 등과 같이 공사 목적물의 실체를 형성하기 위하여 직접 투입되는 비용은 아니지만, 공사현장관리와 산업안전보건법 등 관련 법령에 의하여 정해진 법정 경비 등을 의미한다.[130]

간접공사비를 구성하는 세부비목은 직접공사비 또는 직접공사비 중 직접 노무비 등을 기준금액으로 하여 법정요율 또는 다수기업의 평균치를 나타내는 공신력이 있는 기관의 통계자료를 토대로 각 중앙관서의 장 또는 계약담당공무원이 정한 요율을 적용하여 산출하고 있다. 따라서 간접공사비는 직접공사비를 기준금액으로 하여 '법령 등'에 기초하여 일정요율에 의하여 산출한다.

③ '일반관리비'는 주택건설회사가 공사를 시행함에 있어 기업의 유지를 위한 관리활동 부문에서 발생하는 제비용을 말하며, ④ '이윤'은 주택건설회사의 영업이익을 의미한다.

건설공사에서 ③ '일반관리비'는 직접공사비와 간접공사비를 합한 금액의 6% 이내, '이윤'은 직접공사비 중 재료비를 제외한 금액과 간접공사비 및 일반관리비를 합한 금액의 15% 이내로 산정하도록 규정하고 있다(「국가를 당사자로 하는 계약에 관한 법률 시행규칙」 제8조 제1항, 제2항).

그런데 공공건설임대주택의 표준건축비를 산정함에 있어서는 아래와 같은 한국토지주택공사 등 공공발주기관에서 실제 적용하는 요율을 기초로 한다.

---

[129] '예정가격작성기준(기획재정부계약예규)' 제38조 제2항.
[130] '예정가격작성기준(기획재정부계약예규)' 제39조.

구분		산정기준	적용요율(%)
간접 공사비	간접노무비	[직접 노무비]×요율	9.23
	산재보험료	[노무비]×요율	3.60
	고용보험료	[노무비]×요율	0.85
	건강보험료	[직접 노무비]×요율	1.49
	국민연금보험료	[직접 노무비]×요율	2.43
	산업안전보건 관리비	[재료비+직접 노무비+관급자재비]×요율	1.88
	기타 경비	[재료비+직접 노무비]×요율	4.86
	하도급 수수료	[직접 공사비]×요율	0.023
	공사이행보증 수수료	[직접 공사비]×요율	0.09
	부가가치세	[재료비]×요율	10
일반관리비		[직접 공사비+간접 공사비]×요율	3.5
이윤		[직접 공사비(재료비 제외)+간접 공사비+일반관리비]×요율	9.0

(2) 설계비

'설계비'라 함은 건축물의 건축, 대수선, 건축설비의 설치 또는 공작물의 축조를 위한 도면, 구조계산서 및 공사시방서, 기타 관련 법령에서 정하는 공사에 필요한 서류(설계도서)를 작성하고, 그 설계도서에서 의도한 바를 해설하며, 지도, 자문하는 행위에 대한 대가를 의미한다.

'설계비'는 건축사 용역의 범위 및 대가기준에 근거하여 공사비 비율방식으로 산정하였다.

'설계비'는 「건축사법」 제19조의3에 의하여, 국토해양부장관이 건축물의 설계 및 공사감리의 품질을 보장하기 위하여 부실과 분쟁을 예방할 수 있도록 건축사와 공공발주사업자 간에 협의에 의하여 약정할 수 있는 용역의 범위와 그 대가에 관한 기준을 정하여 공고하도록 하고 있다.

이에 따라 공고된 「공공발주사업에 대한 건축사의 업무범위와 대가기준」(국토교통부 고시 제2015-911호)에 의하면, 설계비의 산정은 공사비요율방식과 실비정액가산방식 등을 규정하고 있으나, 설계용역업무의 특성상 공사비요율방식을 적용하여 설계비를 추정한다.

설계비를 추정하기 위해서는 공사규모와 임대주택의 동별 구성방법 등 설계 내용 등에 따라

약간의 차이는 있으나, 공사규모는 500억원 기준 10개동으로 구성되는 임대주택단지로 설계하는 것을 가정하여 설계비를 산정하였다.

(3) 감리비

'감리비'라 함은 건축물, 건축설비 또는 공작물이 설계도서의 내용대로 시공되는지 확인하고 품질관리, 공사관리 및 안전관리 등에 대하여 지도, 감독하는 용역에 대한 대가를 의미한다.

현행 공동주택에 관한 감리는 「주택법」에 의한 '주택감리' 및 「건설기술관리법」에 의한 '책임감리'로 구분되며, 주택사업시행자에 따라 적용되는 법령이 다르다. 즉, 사업주체가 국가, 지방자치단체, 한국토지주택공사, 지방공사인 경우에는 「주택법」에 따른 주택건설공사 감리제도의 적용을 받지 아니하고, 「건설기술관리법」에 의한 '책임감리' 또는 '한국토지주택공사법'에 따른 '자체감리'의 적용되며, 민간주택사업자가 임대주택을 건설하는 경우에는 「주택법」에 의한 '주택감리'가 적용된다.

이에 감리비도 「건설기술관리법」에 의한 '책임감리'를 적용하는 경우에는 「건설공사 감리대가기준」(국토해양부 고시 제2013-20호)에 의하여 산정하며, 「주택법」에 의한 '주택감리'를 적용하는 경우에는 「주택건설공사 감리비 지급기준」(국토해양부 주택건설공급과-4213호, 2014. 8. 11.)에 의하여 산정한다.

이와 같이 감리비는 감리방식에 따라 차이를 보이고 있으나, 2008년 당시 임대주택의 약 90% 이상을 공공기관에서 공급하는 측면을 감안할 때 책임감리비를 적용하는 것이 타당하다. 그러나 한국토지주택공사 등 자체 기술인력을 보유하고 있는 정부투자기관의 경우 소속직원이 감리원의 배치기준에 따라 감독업무를 수행하는 공사감독을 대행하는 경우 책임감리를 대체할 수 있도록 규정하고 있다.[131] 이에 근거하여 2008년 당시 한국토지주택공사는 책임감리방식을 채택하는 것을 원칙으로 하고 있지만, 실제 약 70% 정도는 소속직원이 공사 감독하는 방식을 채택한다.

이에 한국토지주택공사의 공사감독에 소요되는 비용을 엄격하게 규명하기에는 한계가 있으므로 2008년 표준건축비를 추정하는 과정에서는 민간 주택사업자가 채택하는 「주택법」에 의한 감리를 수행하는 것을 전제로 하는 비용을 반영하였다.

---

[131] 구 「건설기술관리법 시행령」 제50조 제2항 제3호.

(4) 부대비용

'부대비용'에는 ① 주택단지경계선까지 인입되어 있는 수도, 가스, 전기 등을 주택단지로 인입하는 데 소요되는 제인입비용과 ② 임대주택의 홍보판촉비를 한국토지주택공사의 실적자료를 활용하여 산출한다.

그런데 '표준건축비 고시'에는 공공건설임대주택 건물에 대한 소유권보존등기비용(취득세, 등록세, 농어촌특별세, 교육세 등)이 부대비용에 포함되어 산출되어 있는 것은 아닌 것으로 보인다.

참고로 한국토지주택공사가 건설한 공공건설임대주택은 취득세, 등록세 등에 관하여 전용면적 혹은 신축 시기별로 면제 또는 감경되고, 민간임대주택사업자의 경우에는 당해 임대주택에 대한 취득세, 등록세 등이 감경되지만, 그 면제 또는 감경되는 비율이 서로 시기적으로 같지는 않다.

그런데 「임대주택법 시행규칙」 [별표 1] 제2호 라목 (1) (마)는 임대사업자는 임대주택의 건설과 관련된 법령 또는 조례 등의 개정으로 인하여 주택건설에 추가되거나 감액되는 비용이 있는 경우에는 그 비용을 표준건축비에 추가하거나 표준건축비에 감액할 수 있다고 규정하고 있으므로, 각 임대주택사업자별로 정해지는 소유권보존등기비용을 표준건축비에 가산할 수 있다고 할 것이다.

반면에 2005. 1. 8. 개정된 구 「주택법」 제38조의2에 정한 분양가상한제가 적용되는 공공주택에 대한 '기본형 건축비'에는 '부대비용' 속에 '소유권보존등기비용'이 포함되어 있다. 참고로 대법원은 위 분양가상한제 적용 주택 중 국민주택규모의 공동주택에 대하여, 실제 사업주체가 건물보존등기비용을 면제받았다고 하더라도 분양가 상한금액을 산정함에 있어 위 면제된 건물보존등기비용을 공제할 필요는 없다는 취지의 판시를 한 바 있다[대법원 2013. 7. 25. 선고 2011다38875,38882 판결 참조].

[대법원 2013. 7. 25. 선고 2011다38875,38882 판결]

기록에 의하면, 원심 제4차 변론기일에서 원고 42가 **기본형 건축비 중 지상층 건축비의 부대비용에는 건물보존등기비가 포함되는데, 인천광역시 감면 조례 제21조 제1항에 의해 이 사건 아파트에 대해 취득세와 등록세가 면제되어 피고가 부담할 건물보존등기비용이 없으므로 기본형건축비에서 건물보존등기비용이 공제되어야 하고** 그에 따라 기본형 건축비에 연동하는 주택성능등급비용의 산정도 달라져야 한다는 등의 취지로 주장하였음에도 원심이 이에 대하여 아무런 판단을 하지 않았음은 위 상고이유의 주장과 같다. 그러나 이 사건 아파트에 대해 취득세와 등록세가 면제된다고 하더라도, **앞에서 살펴본 바와 같이 구 주택법 제38조의2 제1**

항, 제3항에서 분양가 상한금액을 구성하는 기본형 건축비는 국토해양부장관이 정하여 고시한다고 규정하고 있을 뿐, 달리 국토해양부장관이 고시한 기본형 건축비에서 개별 공동주택건설사업에서 실제 소요되지 않는 비용을 제외하도록 정한 규정은 없고, 기본형 건축비 그 자체가 일정 시점에서의 공동주택에 관한 각종 법령을 준수하면서 주거환경 및 품질에 관한 최근의 추세를 반영하는 보편적인 공동주택을 건설하는 데 소요되는 적정한 비용의 기준에 해당하므로, 국토해양부장관이 고시한 기본형 건축비를 구성하는 여러 항목의 비용 중 개별 공동주택건설사업에서 실제로 소요되지 않는 비용이 있더라도 이를 분양가 상한금액을 산정함에 있어 기본형 건축비에서 공제할 필요는 없다.

(5) 모델주택의 건축비 산출

'모델주택'을 대상으로 하여 상기한 공사비 산정기준에 따라 소요되는 비용을 산정한다. 모델주택은 기본적으로 주거전용면적 59㎡형을 15층으로 건설하는 것을 전제로 한다. 그리고 모델주택도 현행 주택시설기준에 부합하도록 경량 및 중량충격음 방지시설과 소방법에 의한 전층 스프링클러가 설치되는 것을 전제로 하여 공사비를 산출한다.

그리고 이렇게 산출된 모델주택의 건축비는 공공발주기관의 설계가격으로서 실제 건설공사는 경쟁 입찰을 통하여 선정된 업체가 수행하게 되므로 경쟁과정에서 설계가 대비 입낙찰가격의 조정이 이루어지게 된다. 즉, 공공발주기관의 설계가격 기준으로 산출된 금액은 공사입찰계약 과정에서 낙찰률(입찰가격/예정가격)이 발생하게 되며, 적격심사대상공사에 입찰 금액 적정성 평가기준을 준용할 경우 통상적인 적정 낙찰률은 88% 수준이다.

5) 분양가 상한제가 적용되는 분양주택에 대한 기본형 건축비와의 차이

가) 자재의 사양 수준 등의 차이

분양가 상한제가 적용되는 분양주택에 대한 기본형 건축비와 공공건설 임대주택에 대한 표준건축비를 비교해 보면 약 15~19% 정도 차이가 있는데 이는 분양주택에 설치되는 자재의 사양 수준 등이 더 높은 데 일부 기인한다.

나) 낙찰률의 반영 여부

그리고 분양가 상한제에서 기본형 건축비는 분양가격 책정을 위한 상한의 기능을 담당하고 있으므로, 공사입찰계약과정에서 통상적으로 발생되는 낙찰률을 반영하고 있지 않다. 이는 민간에서 자체 공급하는 공동주택의 경우 낙찰률이 존재하지 않으므로 일률적으로 낙찰률을 반영하는 것은 불합리하게 될 뿐만 아니라 낙찰률을 반영하게 되면 건설할 수 있는 최소 가격으로 하한금액이 될 수 있어 분양가 상한제의 기본 취지를 저해할 우려가 있기 때문이다.

반면 공공건설 임대주택에 대한 표준건축비는 분양전환가격 및 임대보증금 등을 산정하는 기준으로서 원가의 개념, 즉 실제 집행한 금액을 기준으로 표준건축비를 산출하는 것이 타당하므로 '낙찰률(입찰가격/예정가격)'[132]을 반영하여 공사비를 산정한 결과이다.

나. 가산비용

1) 의의

'가산비용'이란 표준건축비에 일률적으로 포함하기 어려운 ① 지하층 건축비와 주택품질 및 주거환경의 질적 향상을 유도하기 위해 법적으로 규정하는 비용 등을 말한다.

「공공주택 특별법 시행규칙」 [별표 7] '공공건설임대주택 분양전환가격의 산정기준' 제2항 라목 1) 나) 내지 바)[133]에 규정하고 있는 것이 바로 그것이다.

'공공건설임대주택 분양전환가격의 산정기준' 제2항 라목 1)

나) 다음의 구조형식에 해당하는 주택에 대해서는 다음의 구분에 따른 금액을 표준건축비에 더할 수 있다.
  (1) 철근콘크리트 라멘구조(무량판구조를 포함한다)로 건축하는 주택: 표준건축비의 5㎡에 상당하는 금액
  (2) 철골철근콘크리트구조로 건축하는 주택: 표준건축비의 10㎡에 상당하는 금액
  (3) 철골조로 건축하는 주택: 표준건축비의 16㎡에 상당하는 금액

다) 주택사업자가 해당 주택의 시공 및 분양에 필요하여 납부한 보증수수료는 표준건축비에 더할 수 있다.

라) 사업계획승인권자로부터 최초 입주자모집공고에 포함하여 승인을 받은 지하층 면적(지하주차장 면적을 포함하되, 지하피트(방습·방열 및 배관설비 설치 등을 위한 공간을 말한다)는 제외한다)는 표준건축비의 100분의 63에 상당하는 금액을 표준건축비에 더할 수 있다.

마) 공공주택사업자는 공공임대주택의 건설과 관련된 법령 또는 조례 등의 개정으로 주택건설에 추가

---

132 참고로 2008. 12. 9. 개정된 표준건축비는 낙찰률을 88%(당시 「국가를 계약 당사자로 하는 법률」상 적격심사 기준임)를 적용하여 산출된 것이다.

133 또는 「임대주택법 시행규칙」 [별표 1] '공공건설임대주택 분양전환가격의 산정 기준' 제2항 라목 1) 나) 내지 바).

되거나 감액되는 비용이 있는 경우에는 그 비용을 표준건축비에 추가하거나 표준건축비에서 감액할 수 있다.

바) 그 밖에 표준건축비에 더할 수 있는 항목은 다음과 같다.

    ⑴ 공공주택사업자가 발코니 새시를 한꺼번에 시공하는 주택인 경우 표준건축비의 100분의 5 이내에서 드는 비용

    ⑵ 「도서개발 촉진법」 제2조에 따른 도서지역에 건축하는 주택인 경우 표준건축비의 100분의 3

    ⑶ 「폐기물관리법」 제15조의2에 따른 음식물류 폐기물 공동 처리시설의 설치비

    ⑷ 「공동주택 분양가격의 산정 등에 관한 규칙」 [별표 1의3] 제3호.**134**의 비용

    ⑸ 공공주택사업자가 발코니를 확장하는 주택인 경우 발코니 확장비용[⑴에 따른 비용은 제외한다.]

주택 건축물에 있어 지하에 설치되는 지하주차장(지하주차장에 부속되는 기계실 및 전기실 등 포함) 설치에 소요되는 비용은 표준건축비와 별도로 가산비용으로 구분하여 산정하도록 하고 있는 이유는, 지하주차장의 경우 공동주택 단지마다 설치 면적의 크기가 달라 비용의 단위당 건축비의 일관성을 확보하기가 어렵기 때문이다.

따라서 지하주차장 설치비용은 표준건축비와는 분리하여 산정하는 것을 원칙으로 한 것이다.

2) 개정 경과

개정일시	내용	관련 규정
1999. 1. 29. 신설	(나) 철골조로 건축하는 주택의 건축비는 표준건축비에 16㎡를 가산한 금액으로 한다. (다) 주택사업자가 당해 주택의 시공 및 분양에 필요하여 납부한 보증수수료는 표준건축비에 포함할 수 있다. (라) 사업계획승인권자로부터 최초 입주자모집공고에 포함하여 승인을 얻은 세대별 주택공급면적 및 대지면적에 산입되지 아니하는 지하층이나 지하주차장을 설치하는 경우에는 그 면적에 대한 표준건축비의 80㎡에 상당하는 금액을 건축비로 인정할 수 있다. (마) 임대사업자는 임대주택의 건설과 관련된 법령 또는 조례 등의 개정으로 인하여 주택건설에 추가로 소요되는 비용은 이를 표준건축비에 가산할 수 있다.	구 「임대주택법 시행규칙」 [별표 2] 제2호 라목 (1) (나) 내지 (마) 신설
2000. 8. 3.	(라) 사업계획승인권자로부터 최초 입주자모집공고에 포함하여 승인을 얻은 지하층면적(지하주차장 면적을 포함한다)중 지상층 바닥면적 합계의 15분의 1까지는 표준건축비의 100㎡를 인정하고, 나머지 부분에 대하여는 표준건축비의 80㎡에 상당하는 금액을 건축비로 인정할 수 있다.	구 임대주택법 시행규칙 [별표 1] 제2호 라목 (1) (라) 개정
2002. 9. 11.	바) 임대사업자가 발코니 새시를 일괄 시공하는 주택의 경우에는 표준건축비의 5㎡를 가산할 수 있다.	구 임대주택법 시행규칙 [별표 1] 제2호 라목 (1) (바) 추가

---

134 「주택법」 제39조에 따라 공동주택성능에 대한 등급을 발급받은 경우나 소비자만족도 우수업체로 선정된 경우 추가로 인정되는 비용으로서 국토교통부장관이 정하여 고시하는 산정기준 및 가산비율 등에 따라 산정하는 비용.

2004. 3. 22.	(바) 그 밖에 건축비에 가산할 수 있는 항목은 다음과 같다. 1) 임대사업자가 발코니 샤시를 일괄 시공하는 주택의 경우 표준건축비의 5㎡ 2) 공용면적에서 제외되는 설비 덕트의 설치비용 3) 1세대에 2개 이상의 욕실을 설치하는 경우 이에 소요되는 비용 4) 「도시개발촉진법」 제2조의 규정에 의한 도서지역에 건축하는 주택의 경우 표준건축비의 3㎡	구 「임대주택법 시행규칙」 [별표 1] 제2호 라목 (1) (바) 개정
2005. 9. 22.	5) 「건설노동자의 고용개선 등에 관한 법률」 제10조의 규정에 의한 건설근로자퇴직공제부금 6) 「건축물의 설비기준 등에 관한 규칙」 제13조 제1항 제7호의 규정에 의한 가스보일러 공동연도 설치비 7) 「폐기물관리법」 제15조의 규정에 의한 음식물류 폐기물 공동처리시설비 8) 「하도급거래 공정화에 관한 법률」 제13조의2의 규정에 의한 하도급대금지급보증 수수료	구 「임대주택법 시행규칙」 [별표 1] 제2호 라목 (1) (바) 개정
2009. 6. 26.	나) 철근콘크리트 라멘구조(무량판구조를 포함한다)로 건축하는 주택의 건축비는 표준건축비에 5㎡를 더한 금액으로 하고, 철골철근콘크리트구조로 건축하는 주택의 건축비는 표준건축비에 10㎡를 더한 금액으로 하며, 철골조로 건축하는 주택의 건축비는 표준건축비에 16㎡를 더한 금액으로 한다. 라) 사업계획승인권자로부터 최초 입주자 모집 공고에 포함하여 승인을 받은 지하층 면적(지하주차장 면적을 포함하되, 지하피트(방습·방열 및 배관설비 설치 등을 위한 공간을 말한다)는 제외한다]는 표준건축비의 100분의 63에 상당하는 금액을 건축비로 인정할 수 있다. 바) 그 밖에 건축비에 가산할 수 있는 항목은 다음과 같다. (1) 임대사업자가 발코니 새시를 한꺼번에 시공하는 주택인 경우 표준건축비의 100분의 5 이내에서 드는 비용 (2) 「도시개발촉진법」 제2조에 따른 도서지역에 건축하는 주택인 경우 표준건축비의 100분의 3 (3) 「폐기물관리법」 제15조에 따른 음식물류 폐기물 공동 처리시설의 설치비 (4) 「공동주택 분양가격의 산정 등에 관한 규칙」 별표 1 제3호의 비용 (5) 임대사업자가 발코니를 확장하는 주택인 경우 발코니 확장비용[(1)에 따른 비용은 제외한다] 기존의 바) (1) 내지 (8)이 위와 같이 (1) 내지 (5)로 바뀜(일부 삭제 및 개정)	「임대주택법 시행규칙」 [별표 1] 제2호 라목 (1) 나) 라) 바) 개정
2015. 12. 29.	상동	「공공주택 특별법 시행규칙」 [별표 7] 제2호 라목 (1) 나) 내지 바)

다. 해당 임대주택단지에 대한 최종적인 건축비의 상한 산정 방법

'주택공급면적 기준 단위 면적당 표준건축비(국토교통부 고시 제2016-339호)'를 해당 공공건설임대 주택 단지의 총 주택공급면적(지상층 면적=지하층 및 상가 제외)에 곱함으로써 해당 임대주택 단지 의 건축비의 '일응의 상한가격(기본 상한가격)'이 산정되게 된다.

그리고 해당 임대주택단지의 '최종적인 건축비의 상한'은 위 건축비의 '일응의 상한가격(기본 상한가격)'에 위 '가산비용(지하주차장 건설 투입비용 등 기타)'을 더함으로써 정해진다.

이에 대한 더 구체적인 설시는 아래 대법원 판례를 참조하기 바란다.

[대법원 2015. 4. 23. 선고 2013다211193 판결]

(1) 이 사건 아파트에 대한 분양전환가격의 구성요소인 건축비를 산정할 때 적용되는 구 임대주택법 시행규칙(2009. 6. 26. 국토해양부령 제144호로 개정되기 전의 것) 제14조, 제9조 제1항 [별표 1]의 「공공건설임대 주택 분양전환가격의 산정기준」(이하 '이 사건 산정기준'이라 한다) 제2항 (라)목 1)의 가)호는 "건축비의 상한

가격은 국토해양부장관이 따로 고시하는 가격(이하 '표준건축비'라 한다)으로 한다. 이 경우 건물의 층수는 동별로 해당 동의 최고층을 기준으로 적용한다."고 규정하고, 라)호는 "사업계획승인권자로부터 최초 입주자 모집 공고에 포함하여 승인을 받은 지하층 면적(지하주차장 면적을 포함한다) 중 지상층 바닥 면적 합계의 15분의 1까지는 표준건축비의 100분의 100을 인정하고, 나머지 부분에 대하여는 표준건축비의 100분의 80에 상당하는 금액을 건축비로 인정할 수 있다."고 규정하고 있다.

한편 이 사건 아파트의 최초 입주자 모집 당시 시행되던 구 「공공건설임대주택 표준건축비」(2002. 12. 2. 건설교통부고시 제2002-270호. 이하 '이 사건 표준건축비 고시'라 한다) 제1항은 이 사건 아파트에 해당하는 11층 이상 15층 이하, 전용면적 50㎡ 초과 60㎡ 이하의 공공건설임대주택의 1㎡당 건축비 상한가격을 630,300원(이하 '이 사건 1㎡당 건축비 상한가격 630,300원'이라 한다)으로 정하여 주택공급면적에 적용하도록 규정하고 있다. 그리고 구 「주택공급에 관한 규칙」(2003. 6. 27. 건설교통부령 제361호로 개정되기 전의 것) 제2조 제10호, 제8조 제5항, 구 건축법 시행령(2003. 11. 29. 대통령령 제18146호로 개정되기 전의 것) 제119조 제1항 제3호에 의하면, '주택공급면적'은 사업주체가 공급하는 주택의 면적으로서 건축물의 각층 또는 그 일부로서 벽·기둥 기타 이와 유사한 구획의 중심선으로 둘러싸인 부분의 수평투영면적인 바닥면적을 의미하고, '주거전용면적', '주거공용면적'(계단·복도·현관 등 공동주택의 지상층에 있는 공용면적), '기타 공용면적'(주거공용면적을 제외한 지하층·관리사무소·노인정 등)으로 구분된다.

이 사건 표준건축비 고시는 공공건설임대주택의 1㎡당 건축비 상한가격에 적용하는 '주택공급면적'의 구체적 의미를 따로 규정하지 아니하였다. 그러나 기록에 의하면 **이 사건 표준건축비 고시에서의 공공건설임대주택의 1㎡당 건축비 상한가격은 임대주택 단지를 구성하는 주거시설, 경비실, 관리사무실 및 복리시설(지하주차장 제외) 등 모든 시설의 건설과정에서 투입되는 총비용에 대한 것임을 알 수 있다.** 그리고 이 사건 표준건축비 고시의 근거가 되는 구 임대주택법 시행규칙(2003. 6. 27. 건설교통부령 제360호로 개정되기 전의 것) 제3조의3 제1항 [별표 1]의 「공공건설임대주택 매각가격(분양전환가격)의 산정기준」에서도 분양전환가격의 구성요소인 건축비에 관하여 제2항 (라)목 (1)의 (가)호에서 "건축비의 상한 가격은 건설교통부장관이 따로 고시하는 가격(이하 '표준건축비'라 한다)으로 한다."고 규정하고, (라)호에서 "사업계획승인권자로부터 최초 입주자모집공고에 포함하여 승인을 얻은 지하층 면적(지하주차장 면적을 포함한다) 중 지상층 바닥면적 합계의 15분의 1까지는 표준건축비의 100㎡를 인정하고, 나머지 부분에 대하여는 표준건축비의 80㎡에 상당하는 금액을 건축비로 인정할 수 있다."고 규정하고 있다. 이와 같이 공공건설임대주택의 1㎡당 건축비 상한가격이 지하주차장 건설에 투입되는 비용을 제외한 것인 데다가, 위 [별표 1] 제2호 (라)목 (1)의 (나)호 이하에서는 (가)호에 의한 건축비 상한가격으로서의 표준건축비에 대한 가산항목을 정하면서 (라)호에서 지하층 면적에 대한 가산에 관하여 특별히 규정하고 있는 점에 비추어 보면, **이 사건 표준건축비 고시 상의 1㎡당 건축비 상한가격은 공공건설임대주택의 건축비 상한가격을 정할 때 '지하주차장을 포함한 지하층 면적'을 제외한 면적에 대하여 이를 적용한 후 다시 지하층 면적에 대한 표준건축비를 가산함을 전제로 규정된 것이라고 봄이 합리적이다.**

(2) 따라서 이 사건 산정기준 제2항 (라)목 1)의 가)호 및 라)호에 따라 이 사건 아파트에 대하여 가)호에 의

한 건축비의 상한가격(이하 '기본 상한가격'이라 한다)과 라)호에 의한 지하층 면적에 대한 표준건축비 가산금액(이하 '지하층 가산금액'이라 한다)을 산정함에 있어서는, 우선 원심이 인정한 이 사건 아파트 전체 계약면적 34,026.5788㎡(주거전용면적과 주거공용면적 및 기타 공용면적을 모두 합산한 면적이다)에서 기록상 알 수 있는 이 사건 아파트 전체 지하층 면적 501.78㎡를 제외한 이 사건 아파트 전체 지상층 면적 33,524.7988㎡(=34,026.5788㎡-501.78㎡. 주거전용면적과 주거공용면적 및 기타 공용면적의 지상층 면적을 합산한 면적과 동일하다)에 대하여 이 사건 1㎡당 건축비 상한가격 630,300원을 적용하여야 한다. 나아가 이 사건 아파트 전체 지하층 면적 501.78㎡가 이 사건 아파트의 지상층 바닥면적 합계의 15분의 1에 이르지 아니하는 이상 표준건축비의 100%를 인정하여야 하므로, 이에 대하여도 이 사건 1㎡당 건축비 상한가격 630,300원을 적용하여 지하층 가산금액을 산정한 후 이를 기본 상한가격에 가산하여야 한다. 결국 이 사건 아파트에 대한 기본 상한가격과 지하층 가산금액을 합산한 금액은 이 사건 아파트 전체의 계약면적 34,026.5788㎡에 대하여 이 사건 1㎡당 건축비 상한가격 630,300원을 적용하여 계산한 금액이 된다.

(3) 원심은 이 사건 아파트 전체 계약면적 34,026.5788㎡에 대하여 이 사건 1㎡당 건축비 상한가격 630,300원을 적용하여 기본 상한가격을 산정한 후 이 사건 아파트 전체 지하층 면적 501.78㎡에 대한 지하층 가산금액은 별도로 가산하지 아니하였다. 그러나 원심이 이와 같이 산정한 금액이 이 사건 아파트에 대한 정당한 기본 상한가격과 지하층 가산금액을 합산한 금액과 동일하므로, 원심판결에는 상고이유의 주장과 같이 임대주택법상 표준건축비 적용대상이 되는 면적에 관한 법리를 오해하는 등으로 판결 결과에 영향을 미친 위법이 있다고 할 수 없다.

라. 표준건축비에 부가가치세가 포함되어 있다는 의미

그리고, 위 표준건축비에는 '부가가치세'가 포함[135]되어 있다.

1) 국민주택규모의 공급 및 건설용역에 대한 부가가치세 면제

한편 「조세특례제한법」 제106조 제1항 제4호, 「같은 법 시행령」 제106조 제4항은 국민주택규모(세대별 전용면적 85㎡ 이하, 수도권을 제외한 도시지역이 아닌 읍 또는 면 지역은 세대별 전용면적 100㎡ 이하)의 주택의 경우에는 그 주택의 공급 및 당해 주택의 건설용역에 대하여 부가가치세가 면제된다고 규정하고 있다.

따라서 ① 사업자(주택 공급자, 분양자)가 위 국민주택규모의 주택을 분양할 경우, 사업자(공급자, 분양자)는 '분양대금(공급가액)'만을 수분양자로부터 받을 수 있을 뿐, 그 '분양대금(공급가액)'에 부가가치세의 세율 10%를 더한 금액을 받을 수 없으며, ② 사업자(주택 공급자, 분양자)가 위 국민주

---

[135] 2008. 12. 9. 개정된 건설교통부 고시 제2008-207호부터 표준건축비에 부가가치세가 포함되어 있다고 규정하였다.

택규모의 주택을 시공사에 발주하여 도급계약을 체결한 경우, 시공사는 위 사업자(주택공급자, 분양자)에게 건설용역대금(공급가액)만 받을 수 있을 뿐, 그 건설용역대금(공급가액)에 부가가치세의 세율 10%를 더한 금액을 받을 수 없다.

국민주택 공급 및 건설용역에 대한 면세제도가 국민들의 주거 안정을 위하여, 국민주택 규모의 주택 취득자들이 부가가치세를 부담하지 않도록 하기 위해, 「부가가치세법」시행(1977. 7. 1.) 초기부터 도입되어 시행되고 있다(1976. 12. 22. 법률 제2934호로 제정된 구「부가가치세법」제12조 제1항 제17호, 「같은 법 시행령」제38조 제12호).

당초 부가가치세 제도 도입 시, 국민주택 규모의 주택에도 부가가치세 제도를 시행할 경우, 부가가치세만큼의 주택가격 상승을 초래하기 때문에 국민주택 규모에는 부가가치세 면세제도를 도입한 것이다.

2) 부가가치세 면세(일부 면제)와 영세율(전부 면제)의 구분

그런데 위와 같이 국민주택규모의 주택의 경우, 그 주택의 공급 및 당해 주택의 건설용역에 대하여 부가가치세가 '면세'될 뿐 '영세율'이 적용되는 것이 아니다.

부가가치세는 모든 재화, 용역의 공급에 대하여 과세함을 원칙으로 하지만, 조세정책적 목적에 의하여 과세를 면제하여야 할 경우가 있다. 현행법상 부가가치세를 면제하는 방법에는 ① 완전면제인 '영세율'과 ② 부분면제인 '면세'가 있다.

① 영세율이란 일정한 재화 또는 용역의 공급에 대하여 零(0, Zero)의 세율을 적용하는 제도를 말한다. 이 경우에 그 거래의 매출세액은 '0'이 되므로 거래상대방은 부가가치세를 거래징수당하지 않게 된다. 한편, 당해 사업자는 그 재화 또는 용역과 관련하여 이미 부담한 매입세액을 전액 환급받게 되는데, 이는 이론상 정부가 전 단계까지 납부받은 부가가치세를 모두 반환하는 셈이다. 따라서 영세율 제도는 당해 적용단계에서 창출된 부가가치세에 대해 과세하지 않을 뿐 아니라 그 전 단계까지 창출된 부가가치에 대해 이미 과세된 것까지도 모두 취소하는 의미를 갖는 제도라고 할 수 있다. 그 결과 당해 재화, 용역의 부가가치세 부담이 완전히 제거되고 거래상대방은 부가가치세를 전혀 부담하지 않게 된다. 그리하여 이것을 이론상 '완전 면제'라고 부르고 있다.

이에 비하여 ② '면세'란, 일정한 재화 또는 용역의 공급에 대하여 부가가치세 납세의무를 면제하는 제도를 말한다. 따라서 면세사업자는 당해 거래단계에서 창출한 부가가치세에 대하여 세액을 면제받아 납세의무가 없다. 이 경우에 그 거래의 매출에 과세하는 세액이 존재하지 않으며, 그 면세되는 재화 등을 생산, 취득하기 위하여 부담한 매입세액도 공제, 환급되지 않는다. 그러므로 재화 등의 전체 거래단계에서 창출된 부가가치 전체에 대하여 면세하는 것이 아니라 면세단계에서 창출된 부가가치에 대해서만 면세하는 결과가 된다.

따라서 면세사업자는 재화, 용역을 매입할 때 거래징수당한 부가가치세를 면세 재화 또는 용역을 공급할 때 그 가격에 포함시켜 공급받는 자에게 전가하지 않을 수 없다. 그 결과 면세의 전 단계에서 이미 부과된 부가가치세는 면세재화 또는 용역의 가격에 포함되어 여전히 잔존하게 되며, 부가가치세의 부담이 완전히 제거되지 않는다. 그리하여 이것을 이론상 '부분 면제'라고 부르고 있다.[136]

3) 거래징수 당한 매입부가가치세의 건설원가에의 전가(轉嫁)

위 국민주택규모 이하의 공공건설임대주택의 공급자 또는 건설용역자인 면세사업자는 면세사업자가 아닌 자재상으로부터 건축자재를 구입함에 있어 매입부가가치세를 거래징수 당한 경우, 그 거래징수 당한 매입부가가치세는 매입세액으로 공제를 받지 못하는 바, 결국 거래징수 당한 매입부가가치세는 당해 거래의 원가에 가산하여 최종 거래 상대방에게 전가하게 된다. 즉, 당해 공공건설임대주택을 민간건설임대사업자가 직접 시공한 경우에는 자재상으로부터 건축 자재를 구입하면서 매입부가가치세 상당액을 거래징수 당한 경우, 동액 상당액을 건설원가에 반영할 수 있다.

4) 결론

즉, 위 표준건축비 고시에 부가가치세가 포함되어 있다고 규정하는 의미는, 바로 국민주택규모 이하의 공공건설임대주택 공급자의 경우, 당해 임대주택의 건설에 있어서 건축자재 등을 구입하면서 거래징수 당한 매입부가가치세를 건설원가에 포함할 수 있다는 의미이다.

따라서 수요자(매수인, 수분양자)로서는 국민주택 규모 주택에는 부가가치세가 면세되기 때문에 국민주택 초과 주택에 비하여 가격면에서 유리하다고 생각될지 모르나, 건설업체는 건설과정에서 부담한 부가가치세를 공제받지 못하기 때문에 결국 주택분양가격에 반영한다. 이에 국민주택 규모의 부가가치세 면세는 주택가격을 인하시키지 아니하며 부가가치세를 징수한 후 최종 주택 수요자가 환급을 받는 제도를 도입하여야 한다고 주장하는 자[137]도 있다.[138]

---

136 김두형, 『부가가치세법』, 한일조세연구소, 2004, p.19~20 발췌 인용.
137 최진호, '주택부족문제 해결을 위한 정책분석 연구', 서울대학교 행정대학원 석사학위논문, 1987년, p.91.
138 노기원, 황욱선, 이종광, 김용수, '국민주택 공급 및 건설용역에 대한 부가가치세 영세율 적용에 관한 연구', 한국건설관리학회, 2010년 참조.

5) 분쟁 사례의 일례

주택공급자 A는 국민주택규모 이하의 공동주택(아파트)을 분양함에 있어, 분양계약서상의 분양대금 내역에 ① 대지가격, ② 건물가격, ③ 부가가치세로 구분하여 표시하고, 위 세 항목을 합한 가격으로 수분양자로부터 분양대금을 지급받았다.

구분	주택형		층별 구분	분양대금 내역(원)			총 분양금액 (총공급금액, 원)
	㎡	형별		대지가격	건물가격	부가가치세	
국민 주택	112.927	A	1층	113,659,114	143,764,442	14,376,444	271,800,000
	112.629	B	1층	109,014,144	137,805,324	13,780,532	260,600,000

이에 위 공동주택(아파트)의 수분양자들은 당해 공동주택(아파트)은 국민주택규모에 해당하는 주택으로 「조세특례제한법」에 따라 부가가치세가 면제되어야 함에도, 주택공급자 A는 부가가치세를 포함한 가격으로 분양대금을 지급받았으므로, 위 부가가치세 상당액은 부당이득한 것이라는 취지의 소를 제기하였다.

그런데 원심법원은 이 사건 각 분양계약서의 분양대금 내역란에 총 분양대금이 단지 대지가격, 건물가격, 부가가치세로 금액이 나누어 기재되었을 뿐이고, 이러한 사정만으로 주택공급자 A가 수분양자들에게 면제된 부가가치세를 분양대금에 포함하여 부당하게 부담하게 한 것이라고 인정하기에 부족하고 달리 이를 인정한 증거가 없다고 판시하였다(서울고등법원 2011. 3. 30. 선고 2010나47874, 2010나47881 판결 참조).

이에 대한 상고심(대법원 2013. 7. 25. 선고 2011다38875,38882 판결) 또한 원심 판결과 동일한 취지의 판시를 하였다.

위 사건에서 주택공급자 A가 분양계약서에 위와 같이 부가가치세를 따로 구분하여 기재한 정확한 이유는 알 수 없지만, 일응 건축 자재 등을 매입하면서 거래징수 당한 매입부가가치세로 보아야 할 것으로 사료된다.

5. 최초의 임대보증금 및 임대료 산정 방법

가. 연혁

1) 구 「공영주택법령」

1963. 11. 30. 법률 제1457호로 제정되어 1963. 12. 31.부터 시행된 구 「공영주택법」에는 '공영주택'이란 정부로부터 대부 또는 보조를 받아 지방자치단체나 대한주택공사가 건설하여 주택이 없는 국민에게 저렴한 가임(家賃) 또는 분양하는 주택이라고 정의하고(제2조 제1호), 「같은 법 시행규칙」 제4조 제2항은 임대를 목적으로 하는 공영주택을 '임대공영주택'이라고 규정하고 있다.

위 구 「공영주택법령」에서는 임대공영주택에 대한 임대보증금 및 임대료에 관하여 직접적인 규정을 두고 있다.

즉, 위 구 「공영주택법」 제11조에서는 '입주금 및 가임(家賃)'은 당해 공영주택의 건설에 소요된 실비를 기준으로 하여야 한다고 규정하고 있으며, 「같은 법 시행규칙」 제4조 제2항은 임대공영주택의 입주금은 월임대료의 12배 이내의 금액으로 한다고 규정하고, 「같은 법 시행규칙」 제5조 제2항은 임대공영주택의 가임(임대료)은 제3조의 규정에 의한 건설실비를 공영주택의 내구년수로 제한 금액에 유지관리비 및 재해보험료를 부가한 금액으로 한다고 규정하고, 또 제6조 제1항은 전조의 유지관리비는 월임대료 및 월분양부금의 15% 이내이어야 하고, 연 1,000원을 초과하지 못한다고 규정하고, 같은 조 제2항은 사업주체는 제4조 및 전조의 규정에 의하여 입주금 및 가임을 정할 때에는 도지사를 경유하여 건설부장관의 승인을 얻어야 한다고 규정하고 있었다.

근거 규정	공포일자	적용 대상	내용
「공영주택법」 제11조	1963. 11. 30. (제정)	「공영주택법」 제2조 제1호에 정한 공영주택	- 공영주택의 입주금 및 가임은 당해 공영주택의 건설에 소요된 실비를 기준으로 하되 이에 관하여 필요한 사항은 건설부령으로 정한다.
「공영주택법 시행규칙」	1965. 8. 13. (제정)		- 임대공영주택의 입주금은 월 임대료의 12배 이내의 금액으로 한다(제4조 제2항).
			- 임대료는 제3조의 규정에 의한 건설실비를 공영주택의 내구년수로 제한 금액에 유지관리비 및 재해보험료를 부가한 금액으로 한다(제5조 제2항).
			- 사업주체는 제4조 및 전조의 규정에 의하여 입주금 및 가임을 정할 때에는 도지사를 경유하여 건설부장관의 승인을 얻어야 한다(제6조 제2항).

2) 구 「주택건설촉진법령」

가) 1972. 12. 30. 제정된 구 「주택건설촉진법」

1972. 12. 30. 법률 제2409호로 제정되어 1973. 1. 15.부터 시행된 구 「주택건설촉진법」은 ① '국민주택'이란 한국주택은행과 지방자치단체가 조달하는 자금 등으로 건설하여 주택이 없는 국민에게 저렴한 가임 또는 가격으로 임대 또는 분양(이하 공급이라 한다)되는 주택이라고 정의하고(제2조 제1호), '민영주택'이란 국민주택 이외의 주택으로서 대통령령으로 정하는 규모 이상(100호 또는 100세대 이상)의 집단으로 건설하여 공급되는 주택이라고 정의하고(제2조 제2호), 사업주체라 함은 국민주택을 건설, 공급하는 국가, 지방자치단체, 대한주택공사와 기타의 사업자를 말한다(제2조 제3호)고 규정하고 있다.

그리고 위 구 「주택건설촉진법」은 '국민주택'의 분양가격 또는 가임은 당해 국민주택의 건설에 소요되는 실비 기준으로 정하여야 한다는 규정(제21조)을 두었다. 그러나 '민영주택'의 경우에는 위 제21조의 규정을 준용하지 않는다(제26조).

그런데 1975. 12. 31. 개정된 구 「주택건설촉진법」 제21조는 사업주체는 국민주택의 분양가격 또는 가임을 당해 국민주택의 건설에 소요된 실비를 기준으로 정하여 건설부장관의 승인을 얻어야 한다고 개정되었다. 이에 1976. 3. 29. 개정된 구 「주택건설촉진법 시행령」 제22조의3은 법 제21조의 규정에 의한 분양가격 및 가임(임대보증금 및 월세액 등을 포함한다)의 승인기준은 건설부령으로 정한다는 규정을 신설하였으며, 1976. 9. 6. 전부 개정된 구 「주택건설촉진법 시행규칙」 제13조는 **위 분양가격 및 가임의 승인기준에 관하여 [별표 3]에 구체적으로 규정하고 있다.**[139]

나) 1977. 12. 31. 전부 개정된 구 「주택건설촉진법」

한편 위 구 「주택건설촉진법」은 1977. 12. 31. 전부 개정되었는데, 제32조 제1항에 사업주체

---

[139] 2. 가임승인기준
  가. 임대보증금: 주택가격의 15% 이내로 한다. 다만, 정부의 대도시 인구분산정책에 기여하기 위한 경우에는 건설부장관이 따로 정할 수 있다.
  나. 임대료: 다음 각 호의 산출기준에 의한다.
  (1) 원금: 「법인세법 시행령」 제49조 및 「법인세법 시행규칙」 제27조의 규정에 의한 건물 및 설비의 내용연수에 따라 산출한 감가상각비의 상당액으로 한다.
  (2) 이자: 융자금의 이자율을 적용 산출한 금액으로 한다.
  (3) 재해보험료: 재무부장관이 승인한 보험료율에 의한다.
  (4) 수선유지비: 연간 주택가격(대지비를 제외한다)의 0.5% 이내로 한다.
  (5) 대손충당금: 연간 (1) 내지 (4)의 합산금액의 1% 이내로 한다.

는 주택의 공급 질서를 유지하기 위하여 건설부장관이 정하는 주택의 공급조건, 방법 및 절차 등에 따라 주택을 건설, 공급하여야 한다는 규정을 두고, 제33조에 주택건설 등에 대한 사업 계획승인에 관한 사항을 규정하고 있을 뿐, 임대주택의 임대보증금 등에 관한 규정을 직접 규정하고 있지 않다. 위 법 제32조의 규정에 따라, 1978. 5. 10. 구 「주택공급에 관한 규칙」이 제정되었다.

근거 규정	공포일자	적용 대상	내용	개정 또는 폐지
「주택건설촉진법」 제21조	1972. 12. 30. (제정)	「주택건설촉진법」 제2조 제1호에 정한 국민주택	- 국민주택의 분양가격 또는 가임은 당해 국민주택의 건설에 소요된 실비를 기준으로 정하여야 한다.	1975. 12. 31. 「주택건설촉진법」 에서 개정
「주택건설촉진법」 제21조	1975. 12. 31.	「주택건설촉진법」 제2조 제1호에 정한 국민주택	- 사업주체는 국민주택의 분양가격 또는 가임을 당해 국민주택의 건설에 소요된 실비를 기준으로 정하여 건설부장관의 승인을 얻어야 한다.	1977. 12. 31. 「주택건설촉진법」 에서 전부 개정됨
「주택건설촉진법」 제22조의2	1976. 3. 29.	「주택건설촉진법」 제2조 제1호에 정한 국민주택	- 법 제21조의 규정에 의한 분양가격 및 가임(임대보증금 및 월세액 등을 포함한다)의 승인기준은 건설부령으로 정한다.	
「주택건설촉진법 시행규칙」 제13조	1976. 9. 6.	「주택건설촉진법」 제2조 제1호에 정한 국민주택	- 시행령 제22조의2의 규정에 의한 분양가격 및 가임의 승인기준은 별표 3과 같다.	
「주택건설촉진법」 제32조 제1항	1977. 12. 31. (전부개정)	「주택건설촉진법」 제2조 제2호에 정한 주택 (국민주택 포함)	- 사업주체는 주택의 공급질서를 유지하기 위하여 **건설부장관이 정하는 주택의 공급조건**, 방법 및 절차 등에 따라 주택을 건설·공급하여야 한다.	

3) 구 「임대주택건설촉진법령」

가) 공공임대주택의 경우

1984. 12. 31. 제정된 구 「임대주택건설촉진법」 제9조는 임대주택의 효율적 관리를 위한 입주자선정방법, 임대보증금, 임대료, 임대기간 등 임대조건에 관한 기준은 건설부령으로 정한다는 명시적 규정을 두었으며, 이에 1985. 12. 23. 제정된 「같은 법 시행규칙」 제3조 제1항은 국가 등이 임대하는 임대주택(공공임대주택)의 임대보증금 및 임대료는 건설부장관이 정하여 고시하는 표준임대보증금 및 표준임대료를 초과할 수 없다고 규정하였다.

건설부장관은 위 공공임대주택에 대한 표준임대보증금 및 표준임대료에 관하여 1986. 3. 14. '건설부 고시 제99호'를 최초로 공포하였다. 위 건설부 고시 제99호는 공공임대주택에 대하여 전국을 5개의 급지로 구분하고, 각 급지별로 적용될 표준임대보증금 및 표준임대료를 '정액'으로 확정하였다.

위 건설부 고시는 그 후 몇 차례의 개정이 있었는데, 1993. 10. 14.에 이르러 표준임대보증금을 당해 임대주택 건설원가의 20%에 상당하는 금액으로 한다고 개정함에 따라, 당해 임대주택의 건설원가를 정의할 필요가 있었는 바, 이때 **당해 임대주택의 건설원가는 「주택분양가 원가연동제 시행지침」에 의하여 산출한 가격'으로 한다고 규정하였다**(건설부 고시 제1993-399호).

나) 민간임대주택 중 국민주택기금으로 건설된 경우

한편 위 시행규칙 제4조 제1항은 공공임대주택 외의 임대주택(민간임대주택)의 임대보증금 및 임대료는 제3조의 규정에 의한 표준임대보증금 및 표준 임대료의 각 100분의 150에 해당하는 금액을 초과할 수 없는데, 다만 국민주택기금을 융자받지 아니하고 건설된 민간임대주택의 경우에는 그러하지 아니하다고 규정하였다.

즉, 국민주택기금의 융자를 받아 건설한 민간임대주택에 대한 임대보증금은 당해 '임대주택의 가격'에서 국민주택기금에 의한 융자금을 제외한 나머지 금액을 초과할 수 없다고 규정하였으며(구 「임대주택건설촉진법 시행규칙」 제4조 제2항), **위 '임대주택의 가격'은 구 「주택건설촉진법」 제33조의 규정에 의하여 승인된 '사업계획상의 사업비'를 기준으로 하여 산정한다고** 규정하였다(구 「임대주택건설촉진법 시행규칙」 제4조 제3항).

근거 규정	공포일자	적용 대상	내용	개정 또는 폐지
「임대주택건설촉진법」 제9조	1984. 11. 28. (제정)	「임대주택건설촉진법」 제2조가 정한 임대주택	- 임대주택의 효율적 관리를 위한 입주자선정방법, 임대보증금, 임대료, 임대기간 등 임대조건에 관한 기준은 건설부령으로 정한다.	
「임대주택건설촉진법 시행규칙」 제3조	1985. 12. 23. (제정)	공공임대주택	① 국가·지방자치단체 또는 대한주택공사가 임대하는 임대주택(공공임대주택)의 임대보증금 및 임대료는 건설부장관이 정하여 고시하는 표준임대보증금 및 표준임대료를 초과할 수 없다. ② 건설부장관은 제1항의 규정에 의한 표준임대보증금 및 표준임대료를 산정함에 있어서는 임대주택 및 그 부대시설에 대한 상각비, 수선유지비, 일반관리비, 화재보험료, 국민주택기금에 의한 융자금에 대한 지급이자, 대손충당금등을 고려하여야 한다.	
건설부 고시 제99호	1986. 3. 14.	「임대주택건설촉진법」 제9조, 「동법 시행규칙」 제3조	- 급지 구분: 전국을 5개로 구분 - 각 급지별로 동일하게 적용될 표준임대보증금 및 표준임대료를 정액으로 규정	건설부 고시 제97호로 폐지 (1990. 3. 5.)
건설부 고시 제97호	1990. 3. 5.	「임대주택건설촉진법」 제9조 동법 시행규칙 제3조 (공공임대주택6)	- 급지 구분: 전국을 5개로 구분 - 각 급지별로 동일하게 적용될 표준임대보증금 및 표준임대료를 정액으로 규정	
건설부 고시 제568호	1990. 9. 1.	「임대주택건설촉진법」 제9조 동법 시행규칙 제3조 (영구임대주택140)	- 급지 구분: 전국을 3개로 구분 - 각 급지별로 동일하게 적용될 표준임대보증금 및 표준임대료를 정액으로 규정	
건설부 고시 제203호	1991. 4. 23.	「임대주택건설촉진법」 제9조 동법 시행규칙 제3조 (공공임대주택141)	- 급지 구분: 전국을 5개로 구분 - 각 급지별로 동일하게 적용될 표준임대보증금 및 표준임대료를 정액으로 규정 - 국민주택기금 중 장기임대주택 자금의 이자율의 인하에 따라 임대료를 차감함	건설교통부고시 제1995-381호로 폐지 (1995. 11. 16.)

제1992-474호	1992. 8. 27.	「임대주택건설촉진법」 제9조 동법 시행규칙 제3조 (영구임대주택에 입주하는 법정 영세민 등이 아닌 자에게 적용)	- 4급지 신설	건설교통부고시 제2005-366호 로 개정
건설부 고시 제1993-399호	1993. 10. 14.	「임대주택건설촉진법」 제9조 동법 시행규칙 제3조 (공공임대주택[142])	- 급지 구분: 전국을 5개지로 구분 - 표준임대보증금은 당해 주택 건설원가의 20/100에 상당하는 금액으로 한다. - **건설원가: 「주택분양가연동제시행지침」에 의하여 산출한 가격**	건설교통부고시 제1996-251호 로 개정 (1996. 8. 2.)
「임대주택건설촉진법 시행규칙」 제4조	1985. 12. 23. (제정)	민간임대주택	① 공공임대주택 외의 임대주택(민간임대주택)의 임대보증금 및 임대료는 제3조의 규정에 의한 표준임대보증금 및 표준임대료의 각 100분의 150에 해당하는 금액을 초과할 수 없다. 다만, 국민주택기금에서 융자를 받지 아니하고 건설된 민간임대주택의 경우에는 그러하지 아니하다. ② 국민주택기금의 융자를 받아 건설한 민간임대주택에 대한 임대보증금은 당해 임대주택의 가격에서 국민주택기금에 의한 융자금을 제외한 나머지 금액을 초과할 수 없다. ③ 제2항의 규정에 의한 임대주택의 가격은 주택건설촉진법 제33조의 규정에 의하여 승인된 사업계획상의 사업비를 기준으로 하여 산정한다.	

4) 구 「임대주택법령」

위 구 「임대주택건설촉진법」은 1993. 12. 27. 구 「임대주택법」으로 전부 개정되었다.

구 「임대주택법 시행령」 제12조 제1항은 "공공건설임대주택 중 「주택건설촉진법」 제33조의 규정에 의하여 사업계획승인을 얻어 건설한 임대주택의 임대보증금 및 임대료는 건설부장관이 정하여 고시하는 표준임대보증금 및 표준임대료를 초과할 수 없다"고 규정하고, 같은 조 제3항은 "공공건설임대주택에 대한 최초의 임대보증금은 당해 임대주택의 건설원가에서 국민주택기금에 의한 융자금을 차감한 금액을 초과할 수 없다. **이 경우 임대주택의 건설원가는 구 주택건설촉진법 제32조의 규정에 의하여 건설부장관이 정하는 공급조건에 의하여 산출한 가격[143]을 말한다.**"라고 규정하였다.

참고로 위 구 「임대주택법」에서는 민간주택건설사업자가 국민주택기금에 의한 자금을 지원받아 건설하여 임대하는 주택도 '공공건설임대주택'의 개념으로 포섭하였다(구 「임대주택법 시행령」

---

140 민간임대주택건설사업자가 국민주택기금을 융자받아 건설한 임대주택은 포함되지 않음.
141 민간임대주택건설사업자가 국민주택기금을 융자받아 건설한 임대주택은 포함되지 않음.
142 민간임대주택건설사업자가 국민주택기금을 융자받아 건설한 임대주택은 포함되지 않음.
143 구 「주택건설촉진법」 제32조의 위임에 따른 구 「주택공급에 관한 규칙」 제8조, 제9조에 정한 관할 시장·군수·구청장이 승인한 입주자모집공고안에 기재된 분양가격을 일컫는 것으로 보인다.

제2조 제1호)

이에 건설부 고시(제1995-381호)의 '표준임대보증금 및 표준임대료'가 있는데, 위 고시에는 ① 국가 등이 건설한 공공건설임대주택에 대한 표준임대보증금 및 표준임대료는 기존의 고시대로 전국을 5개 급지로 구분하여 각 적용할 표준임대보증금 및 표준임대료를 정하고, ② 국민주택기금을 융자받아 민간주택건설사업자가 건설한 임대의무기간 5년인 공공건설임대주택의 임대보증금은 구「주택건설촉진법」제32조의 규정에 의하여 건설교통부장관이 정하는 공급조건에 의하여 산출된 주택분양가(건설원가)에서 국민주택기금에 의한 융자금을 공제한 금액 중 임대주택의 보증금에 반영할 일정 비율(보증금율)을 곱하여 산출한 금액이라고 규정하였다.

그러다가 1999. 2. 5. 개정된 공공건설임대주택의 '표준임대보증금 및 표준임대료'(건설교통부고시 제1999-35호)에 이르러, **"표준임대보증금 및 표준임대료의 산정기준이 되는 주택의 가격은 구「임대주택법 시행규칙」[별표 2](제3조의3 관련)의 규정에 의한 최초 입주자모집 당시의 주택가격으로 한다"**고 규정하게 된 것이다.

한편 위 시행규칙 [별표 2] 제2호 가목 (1)은 최초 입주자모집 당시의 주택가격은 건축비 및 택지비를 기준으로 입주자모집승인권자가 산정한다고 규정하고, 같은 호 라목 (1) (가)는 건축비의 상한가격은 건설교통부장관이 따로 고시하는 가격(표준건축비)으로 한다고 규정하고 있다.

그리고 2000. 7. 22. 구「임대주택법 시행령」제12조 제3항은 공공건설임대주택에 대한 최초의 임대보증금은 당해 임대주택의 건설원가에서 국민주택기금에 의한 융자금을 차감한 금액을 초과할 수 없는데, **이 경우 임대주택의 건설원가는 건설교통부령이 정하는 산정기준에 의하여 산출한 가격을 말한다**고 개정되었으며, 2000. 8. 3. 개정된 구「임대주택법 시행규칙」제3조의3 제2항은 시행령 제12조 제3항 후단의 규정에 의한 공공건설임대주택의 건설원가의 산정기준은 [별표 1[144]] 제2호 가목에 의한다는 규정을 신설하였다.

2004. 4. 2. 개정된 건설교통부 고시(제2004-70호)는 위 건설교통부 고시(제1999-35호)는 이 고시 내용 중 표준임대보증금 및 표준임대료의 산정기준이 되는 주택의 가격에 적용한다고 규정하였다.

위와 같은 규정은 그 후로 계속하여 대체로 그대로 유지되었다. 즉, 공공건설임대주택의 최초의 표준임대보증금 산정의 기준이 되는 당해 임대주택의 가격(건설원가)은 「임대주택법 시행

---

144 기존의 [별표 2]가 2000. 8. 3. 개정된 구「임대주택법 시행규칙」부터 [별표 1]이 되었다.

규칙」[별표 1] 제2호 가목 1) 및 라목 1) 또는 「공공주택 특별법 시행규칙」[별표 7] 제2호 가목 1) 및 라목 1)에 정한 바에 따라 정해진다.

근거 규정	공포일자	적용 대상	내용	개정 또는 폐지
「임대주택법」 제14조	1993. 12. 27. (전부 개정)	「임대주택법」 제2조 제2호가 정한 건설임대주택	건설임대주택의 임차인의 자격, 선정방법, 임대보증금, 임대료 등 임대조건에 관한 기준은 대통령령으로 정한다.	
「임대주택법 시행령」 제12조	1994. 9. 13.	공공건설 임대주택 중 「주택건설촉진법」 제33조의 규정에 의하여 사업계획승인을 얻어 건설한 임대주택	① 공공건설 임대주택 중 「주택건설촉진법」 제33조의 규정에 의하여 사업계획승인을 얻어 건설한 임대주택의 임대보증금 및 임대료는 건설부장관이 정하여 고시하는 표준임대보증금 및 표준임대료를 초과할 수 없다. ② 건설부장관은 표준임대보증금 및 표준임대료를 산정함에 있어서는 임대주택과 그 부대시설에 대한 감가상각비, 수선유지비, 화재보험료, 국민주택기금융자금에 대한 지급이자 및 대손충당금등을 고려하여야 한다. ③ 제1항의 공공건설임대주택에 대한 최초의 임대보증금은 당해 임대주택의 건설원가에서 국민주택기금에 의한 융자금을 차감한 금액을 초과할 수 없다. 이 경우 임대주택의 건설원가는 「주택건설촉진법」 제32조의 규정에 의하여 건설부장관이 정하는 공급조건에 의하여 산출한 가격을 말한다.	
건설부 고시 제1994-359호	1994. 9. 27.	「임대주택법」 제14조, 「같은 법 시행령」 제12조 (공공건설임대주택)	종전 건설부 고시 제203호, 제568호, 제1992-474호, 제1993-399호는 「임대주택법」 제14조, 「같은 법 시행령」 제12조 규정에 의한 고시로 봄.	건설교통부고시 제1995-381호로 폐지 (1995. 11. 16.)
건설교통부고시 제1995-381호	1995. 11. 16.	「임대주택법」 제14조, 「같은 법 시행령」 제12조 (공공건설임대주택) - 「주택건설촉진법」 제33조 규정에 의하여 사업계획승인을 얻어 건설한 임대주택 중 임대의무기간이 5년인 임대주택	- 급지 구분: 전국을 5개지로 구분 - 임대의무기간이 5년인 임대주택 중 민간사업자의 보증금은 주택건설촉진법 제32조의 규정에 의하여 건설교통부장관이 정하는 공급조건에 의하여 산출한 주택분양가(건설원가)에서 국민주택기금에 의한 융자금을 공제한 금액 중 임대주택의 보증금에 반영할 일정비율(보증금율)을 곱하여 산출한 금액 - 국가, 지방자치단체, 지방공사, 대한주택공사의 보증금은 민간사업자에게 적용하는 금액의 70%를 초과할 수 없다. - 종전 건설부 고시 제568호, 제1992-474호, 제1993-399호는 「임대주택법」 제14조, 「같은 법 시행령」 제12조 규정에 의한 고시로 봄.	건설교통부고시 제1997-266호로 폐지 (1997. 8. 5.)
건설교통부고시 제1996-251호	1996. 8. 2.	- 「주택공급에 관한 규칙」 제31조 제1항 제5호-제7호에 해당하는 자가 입주하는 영구임대주택, - 「임대주택법 시행령」 제9조 제1항 제1호(50년)에 해당하는 공공건설임대주택		건설교통부고시 제2005-366호로 개정
건설교통부고시 제1997-266호	1997. 8. 5.	「임대주택법 시행령」 제12조 규정에 의한 공공건설임대주택 (「주택건설촉진법」 제33조의 규정에 의하여 사업계획승인을 얻어 건설한 임대주택 중 임대의무기간이 5년인 임대주택)	- 표준임대보증금은 건설교통부장관이 정하는 공급조건에 의하여 산출한 주택분양가(건설원가)에서 국민주택기금융자금을 공제한 금액의 50%	건설교통부고시 제2004-70호로 폐지 (2004. 4. 2.)

건설교통부고시 제1999-35호	1999. 2. 5.	「임대주택법 시행령」 제12조(임대의무기간이 5년 또는 50년인 공공건설임대주택)	- 건설교통부고시 제1993-399호 및 제1997-266호의 고시 내용 중 표준임대보증금 및 표준임대료의 산정기준이 되는 주택가격은 「임대주택법 시행규칙」[별표 2](제3조의3 관련)의 규정에 의한 최초 입주자 모집 당시의 주택가격으로 한다.	
「임대주택법 시행령」 제12조 제3항	2000. 7. 22.	공공건설 임대주택 중 「주택건설촉진법」 제33조의 규정에 의하여 사업계획승인을 얻어 건설한 임대주택	③ 제1항의 공공건설임대주택에 대한 최초의 임대보증금은 당해 임대주택의 건설원가에서 국민주택기금에 의한 융자금을 차감한 금액을 초과할 수 없다. 이 경우 임대주택의 건설원가는 건설교통부령이 정하는 산정기준에 의하여 산출한 가격을 말한다.	
「임대주택법 시행규칙」 제3조의3	2000. 8. 3.	공공건설 임대주택 중 「주택건설촉진법」 제33조의 규정에 의하여 사업계획승인을 얻어 건설한 임대주택	② 영 제12조 제3항 후단의 규정에 의한 공공건설임대주택의 건설원가의 산정기준은 별표 1의 제2호 가목에 의한다.	
건설교통부고시 제2004-70호	2004. 4. 2.	「주택법」 제16조의 규정에 의하여 사업계획승인을 얻어 건설한 공공건설임대주택 중 임대의무기간이 5년 또는 10년인 임대주택	- 표준임대보증금은 건설교통부장관이 정하는 공급조건에 의하여 산출한 주택분양가(건설원가)에서 국민주택기금융자금을 공제한 금액의 50% - 건설교통부고시 제1999-35호는 이 고시 내용 중 표준임대보증금 및 표준임대료의 산정기준이 되는 주택의 가격에 대하여 적용한다.	
건설교통부고시 제2005-366호	2005. 12. 1.	구 「임대주택법」 제14조 및 「같은 법 시행령」 제12조 규정에 의거한 영구임대주택	- 건설교통부 고시 제1992-474호 및 건설교통부 고시 제1996-251호를 개정	

나. 당해 임대주택에 대한 건설원가의 산정방법

1) 문제의 소재

앞서 본 바와 같이 표준임대보증금을 산정함에 있어 당해 임대주택의 '건설원가'가 정해져야 하는데, 이는 당해 임대주택의 '건설원가'는 ① '표준건축비'를 기초로 산정할 수 있는가, 아니면 ② '실제 투입한 건축비'로 산정하여야 하는가가 문제될 수 있다.

즉, 대법원은 '공공건설임대주택의 분양전환가격 산정'이 문제된 경우에 있어서는, 「임대주택법 시행규칙」[별표 1] 제2호 가목 1) 및 라를 해석함에 있어서 실제 투입한 건축비가 기초가 되어야 하고, 표준건축비가 기초가 될 수 없다고 판시(대법원 2011. 4. 21. 선고 2009다97079 전원합의체 판결 참조)하였음에도, 공공건설임대주택의 '최초의 표준임대보증금'의 산정이 문제된 경우에 있어서는, 이와 달리 실제 투입한 건축비가 아니고, 표준건축비로 산정하더라도 관계법령에 위반하여 과다하게 산정되었다고 볼 수 없다고 판시한 바 있다[대법원 2013. 2. 14. 선고 2012다51202(본소), 2012다51219(반소) 판결 참조**145**].

---

145 그런데 위 대법원 판시에는, 임대사업자가 임차인으로부터 받은 최초의 (전환된) 임대보증금은 「임대주택법 시행령」 제21조 제3

[대법원 2013. 2. 14. 선고 2012다51202(본소), 2012다51219(반소) 판결]

3. 표준임대보증금 및 표준임대료 산정에 관한 법리 오해 주장에 관하여

가. 원심판결 이유에 의하면, 원심은, 구 임대주택법 시행령(2007. 3. 27. 대통령령 제19975호로 개정되기 전의 것, 이하 같다.) 등 관계 법령에 따라 최초 임대보증금 및 임대표의 상한이 되는 표준임대보증금 및 표준임대료는 건설교통부장관이 고시한 공공건설임대주택 표준건축비(2004. 9. 20. 건설교통부고시 제2004-232호)에 따른 표준건축비가 아니라 피고가 실제로 투입한 건축비(이하 '실제 건축비'라 한다)를 기준으로 산정하여야 함에도 표준건축비를 기준으로 산정한 결과 이 사건 임대아파트의 표준임대보증금 및 표준임대료가 이미 과다하게 산정되어 있으므로 피고의 임대보증금 및 임대료증액청구가 인정되어서는 아니 된다는 원고들의 주장을 다음과 같이 판단하여 배척하였다.

즉, ① 구 임대주택법 시행령 제12조 제2항은 건설교통부장관은 공공건설임대주택의 표준임대보증금 및 표준임대료를 산정함에 있어 당해 주택의 건설원가, 당해 임대주택주변지역의 임대보증금 및 임대료 수준 등 그 조항에서 들고 있는 여러 요소를 고려하여야 한다고 정하고 있는 점, ② 구 임대주택법 시행규칙(2006. 8. 7. 건설교통부령 제530호로 개정되기 전의 것, 이하 같다) 제3조의3 제2항과 [별표 1]의 제2호 가목, 라목은 건설교통부장관이 고시하는 표준건축비를 상한가격으로 하여 입주자모집승인권자가 산정한 건축비를 건설원가에 반영하도록 규정하고 있을 뿐, 실제 건축비를 건설원가에 그대로 반영하도록 규정하고 있지 않은 점, ③ 입주자모집승인권자가 건축비와 택지비를 기준으로 '최초 입주자모집 당시의 주택가격'을 산정하는 시점에는 공공건설임대주택이 완공되지 않아 실제 건축비를 산정하는 것이 불가능하므로, 입주자 모집승인권자로서는 공공건설임대주택 표준건축비 고시에서 정한 표준건축비의 범위 내에서 건설원가의 전제가 되는 '최초 입주자모집 당시의 주택가격'을 산정할 수밖에 없는 점, ④ 관계법령에 공공건설임대주택의 완공 후에 실제 건축비를 기준으로 건설원가를 재산정하여 표준임대보증금 및 표준임대료를 조정하도록 하는 규정이 없는 점 등을 종합하여 볼 때, 건설교통부장관이 고시한 공공건설임대주택 표준건축비를 기준으로 하여 산정한 건설원가에 기초한 이 사건 임대아파트에 대한 표준임대보증금 및 표준임대료가 관계 법령을 위반하여 과다하게 산정되었다고 볼 수 없다는 것이다.

나. (1) 관계 법령의 규정들을 종합하여 보면 표준임대보증금 및 표준임대료 중 감가상각비, 수선유지비 및 자기자금이자에 관한 원심의 위와 같은 판단은 정당한 것으로 수긍이 가고, 거기에 표준임대보증금 및 표준임대료의 산정과 관련한 건축비에 관한 법리를 오해한 잘못이 없다(상고이유에서 들고 있는 대법원 2011. 4. 21. 선고 2009다97079 전원합의체 판결은 분양전환가격의 산정기준이 되는 임대주택의 건축비에 관한 것으로 이 사건과 사안을 달리하여 이 사건에 원용하기에 적절하지 않다.)

항의 규정에 따라 당해 임대주택의 건설원가(최초의 입주자모집공고 당시의 당해 공공건설임대주택에 대한 가격)에서 주택도시기금의 융자금을 뺀 금액을 초과할 수 없다는 규정을 위반하였는지 여부에 대한 판단은 없었던 것으로 보인다.

2) 구 「임대주택법」 등 관련 규정 내용

앞서 본 바와 같이 공공건설임대주택에 대한 최초의 표준임대중금은 관련 법령 규정에 당해 임대주택의 '건설원가'를 기준으로 산정하게 되어 있다. 그런데 그 '건설원가'에 대한 규정은 관련 법령에 따라 다소 다르게 규정하고 있는 것으로 보인다.

즉, 이때 당해 임대주택의 '건설원가'는 ① 주택건설에 소요된 실비(구 「공영주택법」 제11조, 「같은 법 시행규칙」 제4조 제2항, 제5조 제2항), ② '주택가격'[146]의 15% 이내(구 「주택건설촉진법 시행규칙」 제13조, [별표 3]), ③ '주택분양가원가연동제 시행지침'에 의하여 산출한 가격(건설부 고시 제1993-399호, 1993. 10. 4.), ④ 구 「주택건설촉진법」 제33조의 규정에 의하여 승인된 사업계획상의 사업비를 기준으로 산정한 금액(1985. 12. 23. 제정된 구 「임대주택건설촉진법 시행규칙」 제4조 제2항), ⑤ 구 「주택건설촉진법」 제32조의 규정에 의하여 건설부장관이 정하는 공급조건에 의하여 산출한 가격(1994. 9. 13. 개정된 구 「임대주택법 시행령」 제12조 제3항), ⑥ 1999. 1. 28. 개정된 구 「임대주택법 시행규칙」 [별표 2]의 규정에 의한 최초 입주자 모집 당시의 주택가격(건설교통부고시 제1999-35호, 1999. 2. 5.), ⑦ 건설교통부령이 정하는 산정기준에 의하여 산출한 가격, 즉 2008. 8. 3. 개정된 구 「임대주택법 시행규칙」 [별표 1] 제2호 가목에 정한 최초 입주자모집 당시의 주택가격(1999. 2. 5. 개정된 구 「임대주택법 시행령」 제12조 제3항, 구 「임대주택법 시행규칙」 제3조의3 제2항)이다.

1994. 9. 13. 개정된 구 「임대주택법 시행령」 제12조 제3항은 임대주택의 '건설원가'는 구 「주택건설촉진법」 제32조의 규정에 의하여 건설부장관이 정하는 공급조건에 의하여 산출한 가격을 말한다고 규정하고 있는 바, 이는 곧 구 「주택건설촉진법」 제32조의 규정에 따라 제정된 구 「주택공급에 관한 규칙」에 의해 관할 시장·군수·구청장이 승인한 당해 임대주택의 입주자 모집공고안에 기재된 '분양가격[147]'을 말한다.

그렇다면 임대주택의 '건설원가'는 당해 임대주택이 임대로 공급되지 아니하고, 분양으로 공급되었을 경우 정해질 수 있는 '분양가격'을 건설원가로 보고, 이를 기준으로 표준임대보증금 등을 산정하는 것이라고 볼 수 있다.

위 분양가격은 ① 1989. 11. 10. 이전에는 사실상 행정지도가격에 의한 분양가 상한제, ② 1989. 11. 10. 「주택분양가 원가연동제 시행지침」 제정 이후에는 원가연동제(표준건축비)에 의한 분양가 상한제에 따라 그 상한선이 규제되었다.

---

146 참고로 여기의 주택가격에는 '이윤'이 포함되어 있다(구 「주택건설촉진법 시행규칙」 제13조 [별표 3] 제1호 참조).
147 따라서 적정이윤이 포함될 수 있다.

한편 1999. 1. 28. 개정된 구 「임대주택법 시행규칙」 [별표 2] 제2호 가목 (1)은 '최초 입주자모집 당시의 주택가격은 건축비 및 택지비를 기준으로 입주자모집승인권자가 산정한다'[148]고 규정하고 있는 바, 결국 1999. 2. 5에 이르러 ① 최초 임대보증금을 산정하는 기준과 ② 분양전환가격을 산정하는 기준 요소 중의 하나가 일치하게 되었다.

3) 최초 입주자모집 당시의 주택가격 산정 방식의 이원화

1998. 11. 13. 구 「임대주택법 시행령」 제9조 제5항이 신설되기 전의 구 「임대주택건설촉진법령」 및 구 「임대주택법령」에는 공공건설임대주택에 대한 분양전환가격 산정기준을 따로 규정하고 있지 않았는 바, 대법원은 당해 임대주택의 분양전환가격은 원칙적으로 임대사업자가 임의로 결정할 수 있다는 취지의 판시를 하기도 하였다[대법원 1994. 1. 11. 선고 93다27161 판결 참조].

[대법원 1994. 1. 11. 선고 93다27161 판결]

【판결요지】

다. 임대주택건설촉진법 제10조 제2항, 「같은 법 시행규칙」 제10조 제1항, 제2항의 각 규정의 취지는 주택공급에 관한 규칙이 20호 이상의 주택을 공급하는 경우에만 적용되는 것과의 균형을 고려하여 임대주택을 분양하는 경우에 있어서도 분양 당시의 임차인이 분양받기를 희망하지 아니하여 분양 당시의 임차인이 아닌 사람에게 20호 이상의 주택을 분양하는 때에는 주택공급에 관한 규칙의 적용을 받도록 하되, 분양 당시의 임차인에게 분양하는 경우나 분양 당시의 임차인이 아닌 사람에게 분양하더라도 그 분양호수가 20호 미만인 경우에는 그 적용을 받지 않도록 한 것으로 보여지므로, **임대인이 임대주택을 분양 당시의 임차인에게 분양하는 경우에는 원칙적으로 주택공급에 관한 규칙의 적용을 받지 아니하고 그 분양가격은 임대인이 임의로 정할 수 있다고 보아야 하고, 다만 그 분양가격이 지나치게 높아서 임차인의 우선분양권을 사실상 박탈하는 것과 같은 정도에 이르는 것은 임대주택건설촉진법 시행규칙 제10조 제2항에 위배되어 허용될 수 없다.**

그리고 대법원은 1999. 1. 28. 개정된 구 「임대주택법 시행규칙」 제3조의3 [별표 2]는 공공건설임대주택의 분양전환가격의 일응의 기준에 불과하다는 취지의 판시를 하기도 하였다[대법원 2004.12.10. 선고 2004다33605 판결].

---

[148] 2014. 7. 16. 개정된 「임대주택법 시행규칙」 제9조 [별표 1] 제2호 가목 1)에서 "최초 입주자모집 공고 당시의 주택가격은 건축비와 택지비의 합계액으로 한다"고 개정되기 전까지 그대로 유지되었다.

[대법원 2004. 12. 10. 선고 2004다33605 판결]

임대주택법[149] 제15조 등 관계 법령은, 임대사업자는 임대의무기간이 경과한 후 임대주택을 분양전환하는 경우에는 입주일 이후부터 분양전환 당시까지 당해 임대주택에 거주한 무주택 세대주인 임차인 등에게 우선 분양전환하여야 하고, 분양전환의 방법·절차 및 가격 등은 임대주택법 시행령 및 동 시행규칙이 정하는 방법·절차 및 가격산정기준에 따라야 한다고 규정하고 있으나, **이 경우 구 임대주택법 시행규칙 제3조의3 [별표 2][150] 건설교통부 중재기준에 위반하여 산정한 분양전환가격으로 분양계약을 체결하였다는 사정만으로 그 사법상의 효력까지 부인된다고 할 수는 없고, 그 분양전환가격이 지나치게 높아서 임차인의 우선분양권을 사실상 박탈하는 것과 같은 정도에 이르러 임대주택법의 입법목적을 본질적으로 침해하는 경우에만 구 임대주택법 시행규칙 제3조의3에 위배되어 허용될 수 없다**고 보아야 한다.

그런데 위 두 대법원 판시[대법원 2013. 2. 14. 선고 2012다51202(본소), 2012다51219(반소) 판결, 대법원 2011. 4. 21. 선고 2009다97079 전원합의체 판결]에 따를 때, 앞서 본 바와 같이 '최초의 입주자모집공고 당시의 당해 임대주택에 대한 가격'은 같은 것인데도 ① '최초의 표준임대보증금'을 산정함에 있어서는, 실제 투입한 건축비를 기초로 당해 임대주택의 입주자모집 당시의 주택가격을 산정할 필요가 없다는 것이고[대법원 2013. 2. 14. 선고 2012다51202(본소), 2012다51219(반소) 판결], ② '분양전환가격'을 산정함에 있어서는 '실제 투입한 건축비'를 기초로 당해 임대주택의 입주자모집 당시의 주택가격을 산정하여야 하게 되었는 바(대법원 2011. 4. 21. 선고 2009다97079 전원합의체 판결), 결국 최초의 입주자 모집 당시의 당해 임대주택 가격의 의미가 이원화되고 말았다.

즉, 앞서 본 바와 같이, 구 「임대주택건설촉진법령」 및 구 「임대주택법령」상 '최초의 입주자모집 당시의 당해 임대주택에 대한 가격(건설원가)'은 당초에는 '최초의 (표준 또는 전환) 임대보증금'을 규제하기 위한 기준이었으며, '분양전환가격의 산정기준'은 아니었다.

그러다가 1998. 11. 13. 개정된 구 「임대주택법 시행령」에 이르러, 최초의 입주자모집공고 당시의 당해 공공건설임대주택에 대한 가격(건설원가)은 비로소 '분양전환가격의 산정기준'이 되었으며, 또 "구 임대주택법 시행규칙 제3조의3 [별표 2]에 정한 기준을 위반하여 산정한 분양전환가격으로 분양계약을 체결하였다는 사정만으로는 그 사법상의 효력까지 부인된다고 할 수 없고, 그 분양전환가격이 지나치게 높아서 임차인의 우선분양권을 사실상 박탈하는 것과 같은 정도에 이른 경우에 허용될 수 없다"(대법원 2004.12.10. 선고 2004다33605 판결)는 것이었다.

---

[149] 구 「임대주택법」(2000. 1. 12. 법률 제6167호로 개정된 것).
[150] 구 「임대주택법 시행규칙」(2000. 8. 3. 건설교통부령 제253호로 개정되기 전의 것).

그런데, 현재에는 "분양전환가격 산정기준에 관한 구 임대주택법 등 관련 법령의 규정들은 강행규정이고, 그 규정들에서 정한 산정기준에 의한 금액을 초과한 분양전환가격으로 체결된 분양전환계약은 그 초과하는 범위 내에서 무효"(대법원 2011. 4. 21. 선고 2009다97079 전원합의체 판결)에 이르게 된 것이다.

4) 입주자모집승인권자가 산정한다는 의미

한편 1999. 1. 28. 신설된 구 「임대주택법 시행규칙」 [별표 2] 제2호 가목 (1)은 '최초 입주자모집 당시의 주택가격을 입주자모집승인권자가 산정한다'[151]고 규정하고, 같은 호 라목 (1)에 건축비의 상한가격은 건설교통부장관이 따로 고시하는 가격(표준건축비)으로 한다고 규정하고 있는 바, 이는 기존의 구 「주택공급에 관한 규칙」에 정한 내용을 사실상 그대로 원용하고 있는 것이며, 이에 건설교통부 고시 제1999-25호(1999. 2. 5.) 또한 이를 원용하고 있는 것이다.

정부는 1989. 11. 10.부터 일반 분양아파트에 관한 분양가격을 원가와 연동하는 분양가원가연동제를 시행(「주택분양가 원가연동제 시행지침」, 건설부 고시 제656호)하였으며, 이는 1998. 12. 30.에 이르러 폐지되었다. 또한 공공임대주택에 관하여, 1993. 5. 1. 「공공임대주택건설 및 관리지침」을 제정하였으며, 여기에 '공공임대주택의 입주자모집공고 시의 분양가격은 원가연동제에 의하여 산정한 입주자모집공고 시의 분양가격'이라고 규정하였는데, 이는 1999. 1. 28. 개정된 구 「임대주택법 시행규칙」 제3조의3 [별표 2]가 신설되면서 폐지되었다.

따라서 1999. 1. 28. 신설된 구 「임대주택법 시행규칙」 제3조의3 [별표 2] 제2호 가목 (1) '최초 입주자모집 당시의 주택가격을 입주자모집승인권자가 산정한다'는 의미는, 비록 일반 분양주택에 대한 '분양가원가연동제'가 1998. 12. 30. 폐지되었지만, 공공건설임대주택에 관하여는 여전히 '표준건축비'를 상한('가산비용'[152] 추가 가능, 이하 같다)으로 하여[153, 154] 산정된 건설원가와 연동하여 당해 임대주택의 입주자모집 당시의 주택가격을 규제하겠다는 의미이다.

즉, 입주자모집승인권자가 당해 임대주택의 입주자모집 당시 주택가격을 표준건축비만을 일의적으로 적용하여 산정하여 정한다는 취지가 아니다.

---

[151] 입주자모집승인권자는 당해 임대주택의 건설 주체가 아니기 때문에, 당해 임대주택을 건설함에 있어서 건설원가로 얼마를 들인 것인지 결정할 수가 없다.

[152] 위 구 「임대주택법 시행규칙」 제3조의3 [별표 2] 제2호 라목 (1) (나) 내지 (마).

[153] 위 구 「임대주택법 시행규칙」 제3조의3 [별표 2] 제2호 라목 (1) (가) '건축비의 상한가격은 건설교통부장관이 따로 고시하는 가격(표준건축비)으로 한다.'

[154] 이에 건설교통부장관이 고시하는 「공공건설임대주택에 관한 표준건축비」도 1999. 1. 28에 제정(건교부고시 제1999-19호)되었다.

5) 입주자모집공고 승인에 관한 공정력 논란

혹자는 입주자모집 승인권자가 최초 입주자모집 당시의 당해 임대주택의 가격을 산정하여 정하고, 위 주택가격을 기재한 입주자모집공고안에 대하여 승인하였으므로, 입주자모집공고에 기재된 당해 임대주택의 주택가격은 '공정력'[155]이 있다는 주장을 하고 있는 듯하다.

그러나 관할 시장·군수·구청장은 입주자모집공고안에 기재된 당해 임대주택의 분양가격이 승인받은 주택건설사업계획에 정한 분양가격 상한선 이내이기만 하면 승인할 수밖에 없다.

「임대주택법 시행규칙」 [별표 1] '공공건설임대주택 분양전환가격의 산정기준' 제2호 라. (2) 택지비 부분을 보면, 택지비에 가산할 수 항목에 관하여 '사업계획승인권자'가 사정하여 가산할 수 있다고 규정하고 있는 바, 당해 임대주택의 상한 가격에 대한 통제는 '입주자모집공고 승인권자'가 아닌 '주택건설사업계획승인권자'에게 있음을 알 수 있다.

[대전지방법원 2006. 8. 23. 선고 2006구합1137 판결]

입주자모집승인제도는 분양주택에 대한 가격통제나 공급통제 등 앞서 살펴 본 각종 통제 수단과는 그 목적을 달리하여 마련된 별도의 절차적 통제수단이라 할 것이다.

나아가 관계 법령이 주택사업의 주체가 입주자 모집을 함에 있어 구비할 요건, 입주자모집 방법 및 절차에 관하여 상세하게 규정하고 있는 점, 입주자모집 승인은 주택법 제16조 소정의 주택건설사업계획 승인을 이미 얻은 자에 대하여 이루어진다는 점 등을 고려할 때 승인권자인 시장·군수·구청장으로서는 승인 여부를 결정함에 있어 입주자모집 조건, 방법 및 절차에 관하여 검토한 후 사업주체의 입주자모집공고안이 주택법, 주택공급에 관한 규칙 등 관계 법규가 정한 사항 제반 요건(분양가 상한제 및 분양가 공시 의무화 적용 주택의 경우 이에 관한 사항 포함)이 관계 법령의 규정 및 승인된 주택건설사업계획에 합치하는 경우에는 이를 승인하여야 하며 다른 사유를 들어 이를 거부할 수는 없다 할 것이다.

---

[155] 행정행위에 대한 공정력이란, 현행 실체법에 그 정의 규정을 두고 있는 개념은 아니며, 다만 강학상 논의 되는 것으로, 일응 '일단 행정행위가 행하여지면 비록 행정행위에 하자가 있다고 하더라도(위법 또는 부당하더라도) 그 하자가 중대하고 명백하여 무효로 되는 경우를 제외하고는 당해 행정기관의 판단을 우선하여 권한 있는 기관(처분 행정청 또는 행정심판의 재결청이나 행정소송의 수소법원)에 의하여 취소되기까지는 상대방 및 이해관계인에 대하여 일단 유효한 것으로 통용되는 힘'이라고 정의되고 있다. 과거 공정력을 적법성을 추정하는 효력으로 이해하기도 하였지만, 오늘 날에는 공정력은 행정행위의 적법성을 추정하는 효력은 아니며, 행정행위가 위법인가 아닌가를 묻지 않고 권한 있는 기관에 의해 취소되기 전까지 잠정적으로 통용되도록 하는 힘에 불과하다고 보고 있다. 이러한 의미에서 공정력은 실체법상의 효력이 아니라 절차법상의 효력이라고 할 수 있다. 이에 공정력이라는 개념은 권위주의적인 개념이므로 '행정행위의 잠정적 통용력(通用力)'으로 대체할 것을 제안하는 학자(박균성)도 있다.

따라서 행정행위의 효력을 상실시키는 것이 아니라 행정행위의 위법성을 확인하는 것이 민사소송에서 선결문제가 된 경우에 민사법원은 행정행위의 위법성을 확인 할 수 있다(대법원 1972. 4. 28. 선고 72다337 판결 참조).

즉, 입주자모집승인권자의 당해 임대주택의 가격에 대한 승인은 민간임대사업자가 당해 임대주택에 대하여 투입한 또는 투입할 건설원가가 상한인 표준건축비 이내로 산정함에 따라, 당해 임대주택의 가격이 상한 이내로 특정되었기 때문에 승인한 것일 뿐이며, 그 승인이 당해 임대주택가격의 상한 이내에 대한 것이라면, 그 승인에 있어 어떠한 하자(위법성 등)가 있다고 볼 수 없어, 굳이 '공정력'을 운운할 필요는 없다고 본다.

민간임대사업자가 위와 같이 상한인 표준건축비를 기초로 하여 당해 임대주택을 건설할 것임을 전제로 한 당해 임대주택의 분양가격으로 입주자모집승인권자의 승인을 득하였음에도, 정작 당해 민간임대사업자가 표준건축비보다 낮은 건축비를 투입하여 당해 임대주택을 건설한 것은 민간임대사업자의 잘못일 뿐, 입주자모집승인권자의 잘못이라고는 할 수 없는 노릇이다.

6) 2005. 1. 8. 개정된 「주택법」에 정한 분양가 상한제와의 비교

2005. 1. 8. 개정된 구 「주택법」은 제38조의2 제1항을 신설하여, 사업주체가 구 「주택법」 제16조(현행 제15조) 제1항의 규정에 의하여 공공택지 안에서 건설, 공급하는 주거전용면적이 85㎡ 이하인 공동주택(사용검사가 완료된 후 입주자를 모집하는 경우의 공동주택은 제외)에 대하여는 건설교통부령이 정하는 기준에 따라 산정되는 분양가격 이하로 공급하여야 한다고 규정하고 같은 조 제2항에서는 분양가 상한제 적용주택에 대하여 입주자모집승인을 얻은 때에는 입주자모집공고안에 택지비, 공사비, 설계 감리비, 부대비, 기타 건설교통부령이 정하는 비용의 구분에 따라 분양가격을 공개하여야 한다는 규정을 두게 되었다.

이는 1998. 12. 30. 「주택분양가 원가연동제 시행지침」이 완전 폐지되어 전면적으로 주택분양가가 자율화된 이후, 다시 원가연동제를 기반으로 하는 분양가 상한제가 도입된 것이다. 구 「주택법」은 위와 같이 2001. 1. 8. 개정된 이후 몇 차례의 개정을 통하여 연가연동제를 기반으로 하는 분양가 상한제가 적용되는 공동주택에 대하여 그 범위를 확대하였다.

위와 같이 일부 분양주택에 대하여 새로 도입된 원가연동제와 관련되어 '기본형 건축비'라는 개념을 두고 있는데, 이는 공공건설임대주택에 적용되는 '표준건축비'와 유사한 것이기는 하나, 동일한 것은 아니다.

한편 위와 같은 분양가 상한제가 적용되는 공동주택을 분양받은 수분양자들이 분양자가 분양가 상한제를 위반하여 과다하게 분양가격을 산정하고 그 분양대금을 지급받았는 바, 이는 관계 법령에 위반한 것으로 부당이득한 것이라며 부당이득반환 청구를 한 사례가 있었다.

위 사례의 주요 기초적 사실관계는 다음과 같다.

① 당해 공동주택은 「주택법」(2007. 10. 17. 개정되기 전의 것) 제38조의2에 정한 분양가 상한제가 적용되는 공동주택이다. ② 분양가심사위원회는 위 공동주택에 대하여 (a) 택지비: 61,706,010,000원, (b) 기본형 건축비: 102,730,356,000원, (c) 그 밖의 가산비용: 29,787,283,000원, 합계 194,223,649,000원을 분양가 상한금액으로 의결하였다. ③ 이 사건 입주자 모집공고에는 분양가 내역이 항목별로 공개되어 있는데, 그 분양가격 내역에 의하면 ① 택지비는 택지매입원가 55,436,020,000원, 기간이자 4,568,228, 000원, 필요적 경비 1,597,952,000원, 그 밖의 비용 103,800,000원 등 합계 61,706,010,000원, ② 공사비는 토목 13공종, 건축 23공종, 기계설비공사 9공종, 그 밖의 3공종(전기, 정보통신, 특수설비공사), 그 밖의 공사비(일반관리비, 이윤)의 합계 84,850,799,000원, ③ 간접비는 설계비 2,240,000원, 감리비 3,100,000,000원, 일반분양시설경비(견본주택건립비) 5,609,542,000원, 분담금 및 부담금 355,015,000원, 기타사업비성 경비 6,575,000,000원 등 합계 17,879,557,000원, ④ 기본형 건축비에 가산되는 그 밖의 가산비용 29,785,289,000원으로 분양가 합계는 194,221,655,000원(=61,706,010,000원+84,850,799,000원+17,879,557,000원+29,785,289,000원), 이하 '이 사건 분양가격'이라 한다)이다.

그런데 대법원은 이에 대하여 아래와 같이 판시(대법원 2013. 7. 25. 선고 2011다38875, 38882 판결)하고 수분양자들의 청구를 기각한 원심판결(서울고등법원 2011. 3. 30. 선고 2010나47874, 2010나47881 판결)을 인용하였다.

[대법원 2013. 7. 25. 선고 2011다38875,38882 판결]

【판시사항】

[1] 사업주체가 구 주택법 제38조의2에서 정하는 기준에 따라 산정되는 분양가 상한금액 이하로 실제 분양가격을 정하여 공동주택을 공급하였으나 **실제 분양가격을 구성하는 택지비 또는 건축비의 항목별 금액이 위 분양가 상한금액을 구성하는 택지비 또는 건축비의 항목별 금액을 초과한 경우, 분양가상한제를 위반한 것인지 여부(원칙적 소극)**

[2] 구 주택법 제38조의2 제1항, 제3항에 따라 국토해양부장관이 고시한 기본형건축비를 구성하는 여러 항목의 비용 중 **개별 공동주택건설사업에서 실제로 소요되지 않는 비용이 있는 경우, 이를 분양가 상한금액을 산정할 때 기본형 건축비에서 공제하여야 하는지 여부(소극)**

[3] 법정 최소 기준 면적을 초과하여 설치한 복리시설로 인한 건축비 가산비용을 그 시설에 대한 공사비로서의 설치비용으로 산정할 수 있는지 여부(한정 적극)

【판결요지】

[1] 구 주택법(2009. 2. 3. 법률 제9405호로 개정되기 전의 것, 이하 '구 주택법'이라 한다) 제38조의2 제1항은 "사업주체가 제38조의 규정에 따라 일반에게 공급하는 공동주택은 이 조에서 정하는 기준에 따라 산정되는 분양가격 이하로 공급하여야 한다. 이 경우 분양가격은 택지비 및 건축비로 구성되며, 구체적인 내역, 산정방식, 감정평가기관 선정방법 등은 국토해양부령으로 정한다."고 규정하고 있고, 같은 조 제2항, 제3항에서 위 제1항의 분양가격의 구성항목인 택지비 및 건축비의 산정 방법에 관하여 규정하고 있을 뿐, 사업주체로 하여금 실제 분양가격을 정할 때 전체 분양가격뿐만 아니라 이를 구성하는 택지비 및 건축비의 개별항목도 같은 조에서 정하는 기준에 따라 산정되는 분양가격(이하 '분양가 상한금액'이라고 한다)을 구성하는 택지비 및 건축비의 항목별 금액 이하로 정하여 공급하도록 하는 규정을 두고 있지 않다. 그런데 구 주택법 제38조의2에서 정한 분양가상한제는 사업주체가 일반에게 공급하는 공동주택의 분양가격의 상한을 제한함으로써 부동산 투기를 예방하고 중산·서민층의 주거비 부담을 완화하여 주택시장의 안정을 도모하는 데 그 취지가 있으므로, 사업주체가 공급하는 공동주택의 실제 분양가격이 구 주택법 제38조의2 제1항에 의해 정해지는 분양가 상한금액 이하로 결정되는 것에 의해 그 입법 취지를 달성할 수 있다. 또 구 주택법 제38조의2 제1항 내지 제3항에서 분양가 상한금액의 구성항목을 택지비 및 건축비로 나누고 그 구체적인 세부내역의 산정 기준을 국토해양부장관이 고시하거나 국토해양부령 등에서 정하도록 규정하고 있는 것은 공동주택 건설에 필요한 각종 비용을 합리적으로 계산하는 기준을 관계 법령에서 정하도록 하여 이를 바탕으로 종국적으로 분양가 상한금액이 적정하게 결정되도록 하는 데 그 취지가 있다. 따라서 이러한 점들을 모두 종합하면, 사업주체가 구 주택법 제38조의2에서 정하는 기준에 따라 산정되는 분양가 상한금액 이하로 실제 분양가격을 정하여 공동주택을 공급하면 구 주택법 제38조의2에 따른 분양가상한제를 준수하는 것이 되고, 다른 특별한 사정이 없는 한 공동주택의 실제 분양가격을 구성하는 택지비 또는 건축비의 항목별 금액이 구 주택법 제38조의2에 따라 산정된 분양가 상한금액을 구성하는 택지비 또는 건축비의 항목별 금액을 초과하였다고 하여 분양가상한제를 위반한 것이라고 할 수 없다.

[2] 구 주택법(2009. 2. 3. 법률 제9405호로 개정되기 전의 것) 제38조의2 제1항, 제3항에서 분양가 상한금액을 구성하는 기본형건축비는 국토해양부장관이 정하여 고시한다고 규정하고 있을 뿐, 달리 국토해양부장관이 고시한 기본형건축비에서 개별 공동주택건설사업에서 실제 소요되지 않는 비용을 제외하도록 정한 규정은 없고, 기본형건축비 자체가 일정 시점에서의 공동주택에 관한 각종 법령을 준수하면서 주거환경 및 품질에 관한 최근의 추세를 반영하는 보편적인 공동주택을 건설하는 데 소요되는 적정한 비용의 기준에 해당하므로, 국토해양부장관이 고시한 기본형건축비를 구성하는 여러 항목의 비용 중 개별 공동주택건설사업에서 실제로 소요되지 않는 비용이 있더라도 이를 분양가 상한금액을 산정할 때 기본형 건축비에서 공제할 필요는 없다.

[3] 구 주택법(2009. 2. 3. 법률 제9405호로 개정되기 전의 것, 이하 같다) 제38조 제1항, 제3항은 분양가 상한금액의 구성항목 중 건축비는 국토해양부장관이 정하여 고시하는 기본형 건축비에 국토해양부령이 정하는 바에 따라 가산한 금액으로 한다고 규정하고 있고, 구 공동주택 분양가격의 산정 등에 관한 규칙(2010. 3. 4. 국토해양부령 제226호로 개정되기 전의 것) 제14조 제2항 [별표 1] 제4호는 법정 최소 기준 면적을 초과하여 설치한 복리시설의 '설치비용'을 기본형건축비에 가산하는 비용으로 규정하고 있으며, 주택법 제38조의4 제1항, 주택법 시행령 제42조의5 제1호는 분양가심사위원회에서 구 주택법 제38조의2 제1항에 따른 분양가격의 적정성 여부를 심의하도록 하고 있다. 그러므로 법정 최소 기준 면적을 초과하여 설치한 복리시설로 인한 건축비 가산비용은 그 적정성이 인정되는 한도 내에서 그 시설에 대한 공사비로서의 설치비용으로 산정할 수 있고, 이를 반드시 기본형 건축비를 기준으로만 산정하여야 한다고 할 수 없다.

7) 결론

사실 앞서 본 바와 같이, ① 구 「주택건설촉진법」 제32조의 규정에 의하여 건설부장관이 정하는 공급조건에 의하여 산출한 가격, ② 「임대주택법 시행규칙 [별표 1] 제2호 가목 (1)에 정한 최초 입주자모집 당시의 주택가격이란, 당해 임대주택이 임대로 공급되지 않고 분양으로 공급되었을 경우의 분양가격을 의미하는 것인데, 이 '분양가격'은 1989. 11. 10. 제정된 「주택분양가 원가연동제 시행지침」에 정한 원가연동제(표준건축비)에 따른 주택분양가 상한 가격 이내로 결정되는 것이다.

한편 2005. 1. 8. 개정된 구 「주택법」 제38조의2는 '분양주택'에 관한 분양가격에 관하여 '기본형 건축비 등'을 기초로 한 원가연동제 방식의 분양가 상한 가격을 규정한 것인데, ① '표준건축비'를 기초로 한 분양가 상한제의 적용을 받는 공공건설 임대주택에 관한 대법원 2011. 4. 21. 선고 2009다97079 전원합의체 판결과 ② '기본형 건축비'를 기초로 한 분양가 상한제의 적용을 받는 공공택지 내에 건설된 분양주택에 관한 위 대법원 2013. 7. 25. 선고 2011다 38875,38882 판결은 주택 분양가격을 산정하는 방식에 있어 일응 서로 배치된다고 보인다.

관련 대법원 판시를 정리하자면, ① 2005. 1. 8. 개정된 「주택법」에 정한 '기본형 건축비'를 기초로 한 분양가 상한제 적용주택의 분양가격은 분양가심사위원회의 승인을 받은 가격 이내라면, (a) 분양가상한금액을 구성하는 택지비 또는 건축비의 항목별 금액을 초과하였다고 하더라도, 또한 (b) 「국가를 당사자로 하는 법률 등」에 정한 이윤 이상이 포함되었다고 하더라도, 분양가 상한제를 위반한 것이라고 할 수 없음에 반해(대법원 2013. 7. 25. 선고 2011다38875,38882 판결), ② 임대주택법의 적용을 받는 공공건설임대주택의 경우에는 (a) 최초 임대보증금 등을 산정함에 있어서, 당해 임대주택의 건설원가(주택가격)는 표준건축비를 기초로 산정한 분양가 상한가격으로 산정한 주택가격으로 하더라도 관계 법령에 위반하여 과다하게 산정되었다고 볼 수 없지만[대법원 2013. 2. 14. 선고 2012다51202(본소), 2012다51219(반소) 판결] (b) 분양전환가격을 산정함에 있어서는 입주자모집 당시의 당해 임대주택의 가격은 실제 투입한 건축비를 기초로 다시 산정한(정상이윤도 포함될 수 없음, 대법원 2015. 12. 23. 선고 2014다17206 판결) 주택가격이어야 한다는 것이다(대법원 2011. 4. 21. 선고 2009다97079 전원합의체 판결).

위 대법원 판결들을 모순 없이 이해하기에는 사실상 어려움이 다소 있지만, 일응 ① 2005. 1. 8. 개정된 구「주택법」에 의한 분양가상한제는 '분양주택'에 대한 것으로, 부동산투기를 예방하고 중산, 서민층의 주거비 부담을 완화하여 주택시장의 안정을 도모하는 데 그 취지가 있으므로, 사업주체가 공급하는 공동주택의 실제 분양가격이 법에 정한 분양가 상한금액 이하로 결정되는 것에 의해 그 입법 취지를 달성할 수 있다고 보는 것임에 반해, ②「임대주택법」의 분양전환가격 산정기준은 (a) 무주택자인 서민의 주거비 부담을 완화하고, (b) 임대사업자의 과도한 초과이익을 얻는 것을 방지하며, (c) 임대사업자로 하여금 주택건설사업계획상의 계획대로[156] 건축비를 실제 투입하여 임대주택을 건설하게 함으로써 임대주택의 품질 향상을 유도한다는 점에서, 실제 투입한 건축비를 기초로 입주자모집 당시의 임대주택가격을 산정하여야 한다고 이해할 수 있겠다.

그렇다면 당해 임대주택에 대한 '최초의 표준임대보증금 등'을 산정하기 위한 기준 또한 임대주택법령에 '건설원가'라고 규정한 취지도 살려, 실제 투입한 건축비 등을 기초로 산정한 당해 임대주택의 입주자모집 당시의 주택가격이어야 한다고 보아야 할 것으로 사료된다. 따라서 당해 임대주택의 '건설원가'는 구「임대주택법 시행규칙」[별표 1] 2. 가. (1) 및 라. 전체로 산정되는데, 그 규정의 문언상 일의적(一義的)으로 표준건축비만을 기초로 산정하여야 하는 것은 아니고, 다만 표준건축비를 상한으로 하여 실제 투입한 건축비를 기초로 산정되어야 한다고 본다.

다만 본서에서는 임대사업자가 직접 시공하여 당해 임대주택을 건설한 경우에는 간접 공사비의 한 구성요소인 '적정이윤'도 실제 투입한 건축비에 포함하는 것으로 본다. 공공건설임대주택에 대한 표준건축비고시는 임대사업자가 당해 임대주택 건설에 있어 다른 주택건설업자(수급인)에게 발주하여 도급계약을 체결한 경우, 수급인의 '적정이윤'도 포함한 공사비를 고려하여 산정된 것인 바, 이 경우와 같게 보는 것이 형평의 원칙에 부합하며, 또 민간임대사업자의 공공건설임대주택 건설 촉진이라는 정책 목표에도 부합하는 것으로 보기 때문이다.

더군다나 앞서 본 바와 같이 관련 규정의 연혁을 보더라도 최초의 표준임대보증금 및 표준

---

[156] 2003. 5. 29. 전부 개정된 구「주택법」제16조 제5항은 사업계획승인을 얻은 사업주체는 승인을 얻은 사업계획대로 사업을 시행하여야 한다고 규정하고 있는 바, 이는 '확인적 규정'이라고 볼 것이다.

임대료를 산정함에 있어서는 원가연동제를 기초하여 당해 임대주택가격(건설원가)을 산정하고 있었으므로, 당해 임대주택가격(건설원가)에는 '적정이윤'이 포함되어 있다고 볼 것이다.

그럼 과연 적정이윤은 어떻게 특정할 것이냐의 문제가 있는데, 2008. 12. 9. 개정된 「표준건축비 고시」(국토해양부 고시 제2008-707호)는 당시 대한주택공사 등 공공발주기관이 적용하고 있는 이윤{=[직접공사비(재료비 제외)+간접 공사비+일반 관리비]×요율(9.0%)}에, 낙찰률 88%를 곱한 금액이 참고가 될 수 있을 것 같다.[157]

---

[157] 한국건설기술연구원(이유섭, 강태경, 안방률, 백승호, 박원영), '공공건설 임대주택 표준건축비 개선방안 연구', 국토해양부, 2008년, p.45, 46, 53.

6. (5년 또는 10년 임대주택) 표준임대보증금 및 표준임대료의 산정 방식에 관하여

가. 총론

1) 원칙

「임대주택법」상 임대의무기간이 5년 또는 10년인 공공건설임대주택의 표준임대보증금과 표준임대료(이하 '표준 임대조건'이라고 함)는 당해 임대주택에 대한 분양전환산정 기준(「임대주택법 시행규칙」 [별표 1] 제2호 가목 (1)에서 정한 당해 임대주택의 건설원가를 기준으로 산정된다.

즉, '최초'의 표준임대조건을 산정하기 위한 「임대주택법 시행령」 제21조 제2항 후단에서 말하는 '건설원가'는 「(5년, 10년) 임대주택의 표준 임대보증금 및 표준임대료 고시」 제2항에서 "표준임대보증금은 국토교통부장관이 정하는 공급조건에 의하여 산출한 주택분양가(이하 "건설원가"라 한다)에서 국민주택기금·융자금(이하 "기금"이라 한다)을 공제한 금액의 100분의 50에 해당하는 금액으로 한다"고 규정하고 있는 것에서 알 수 있는 바와 같이, 위 시행규칙 [별표 1] 제2호 가목 (1)에 정한 '최초 입주자모집 당시의 주택가격'을 의미하는 것이며,[158] 이 '최초 입주자모집 당시의 주택가격'은 최초 입주자모집 당시의 '건축비'와 '택지비'를 기준으로 산정하게 되어 있다.

그리고 위 시행규칙 [별표 1] 제2호 라목은 "'표준건축비'란 국토교통부장관이 따로 고시하는 '건축비'의 '상한가격'을 의미한다"고 규정하고 있다.

그렇다면 '최초의 임대조건'은 '최초의 표준 임대조건'을 '상한선'으로 하는데, 이러한 '최초의 표준 임대조건'은 '건축비'의 '상한선'이 당해 임대아파트의 입주자모집 당시의 '표준 건축비'를 기초로 산정되는 것임을 알 수 있다.

---

[158] "위 건설교통부 고시[5년, 10년 임대주택의 표준 임대보증금 및 표준임대료 고시(건설교통부 고시 제2004-70호]" 〈부칙 3.〉
"「공공건설임대주택의 표준임대보증금 및 표준임대료」에 관한 건설교통부 고시 제1999-35호(1999. 2. 5)는 이 고시내용 중 표준임대보증금 및 표준임대료의 산정기준이 되는 주택의 가격에 대하여 적용된다.
「공공건설임대주택의 표준임대보증금 및 표준임대료」(건설교통부 고시 제1999-35호)"
2. 공공건설 임대주택의 가격
「건설교통부 고시」 제1993-399호('93. 10. 14) 및 「건설교통부 고시」 제1997-266호('97. 8. 5)의 고시 내용 중 표준임대보증금 및 표준임대료의 산정기준이 되는 주택의 가격은, 「임대주택법 시행규칙」(별표2)(제3조의3 관련)의 규정에 의한 최초 입주자 모집 당시의 주택가격으로 한다.

2) '최초의 표준임대보증금'의 산정방식

최초의 표준임대보증금을 산출하기 위해서는 위 「건설교통부고시」 제2호, 부칙 3, "공공건설 임대주택의 표준임대보증금 및 표준임대료(건설교통부고시 제1999-35호)"의 규정상 '주택분양가'(=건설원가=최초 입주자모집 당시의 주택가격)를 산정하여야 하는데, 앞서 본 바와 같이 건설원가(=최초 입주자모집 당시의 주택가격)는 위 시행규칙 [별표 1] 제2호 가목 (1)에 따라 '건축비'와 '택지비'를 더하여 산출되는 것이고, 이때의 '건축비'는 건축비의 상한선인 당해 임대아파트의 입주자모집 당시의 '표준 건축비'로 산정하면 바로 '주택분양가'(=건설원가=최초 입주자모집 당시의 주택가격)에서 국민주택기금융자금을 공제한 금액의 50%가 바로 '최초 임대보증금'의 '상한선'인 '최초의 표준 임대보증금'이 산출되는 것이다.

3) '최초의 표준 임대료'의 산정방식

위 국토교통부 고시 제3항은 아래와 같이 규정하고 있다.

표준임대료는 당해 주택에 대한 감가상각비, 수선유지비, 화재보험료(재해보험료 등), 제세공과금(단, 임대의무기간이 10년인 임대주택의 경우에 한한다), 기금이자, 사업주체의 자체자금에 대한 이자 중 일정비율에 해당하는 금액(이하 "자기자금이자"라 한다)을 합한 금액으로 하며, 각 항목별 산출기준은 다음과 같다.

가. 감가상각비: 기준내용연수 40년, 정액법을 적용

나. 수선유지비: **건축비**[159]에 대하여 연간 1,000분의 4(단, 임대의무기간이 10년인 임대주택의 경우에는 1,000분의 8로 한다)

다. 화재보험료(재해보험료) 및 기금이자: **실제지급금액**

라. 제세공과금: 재산세 및 종합토지세, 도시계획세 등 부가세를 포함

마. 자기자금이자

(1) 임대의무기간이 5년인 임대주택

당해 주택의 건설원가에서 기금을 공제한 금액에 은행법에 의한 금융기관으로서 가계자금대출시장의 점유율이 최상위인 금융 기관의 1년 만기 정기예금의 이율(이하 "정기예금이율"이라 한다)을 적용한 이자액의 100분의 20에 해당하는 금액

(2) 임대의무기간이 10년인 임대주택

당해 주택의 건설원가에서 기금 및 **최초 임대보증금**[160]을 공제한 금액에 정기예금이율을 적용한 이자액에 해당하는 금액

---

159 '표준건축비'라고 규정하고 있지 않음에 주목하여야 한다. 따라서 이는 '실제 투입된 건축비'를 의미하는 것이다. 물론 '실제 투입된 건축비'가 마침 '표준건축비'와 같은 경우도 있을 것이다.

160 '최초의 전환임대보증금', '최초의 표준임대보증금'이라고 규정하고 있지 않고, '최초의 임대보증금'이라고 규정하고 있음에 주목하여야 한다. 이 '최초의 임대보증금'은 임대사업자가 임차인들로부터 최초로 실제 받은 임대보증금을 의미한다.

그러므로, 당해 임대아파트의 입주자모집 당시 실제 투입한 건축비를 기초로 산정한 건설원가(=최초 입주자모집 당시의 주택가격)를 기준으로 이에 대한 감가상각비, 수선유지비 등을 고려하여 산출되는 것이다.

나. 각론

앞서 본 바와 같이 「임대주택법」의 적용을 받는 '공공건설임대주택'에 있어서 그 구체적인 **'차임(=① 임대보증금에 대한 이자 및 ② 연 임대료)'**은 어떻게 산정하여야 하는 문제가 생기는데, 위 국토교통부 고시는 그러한 **'차임(=① 임대보증금에 대한 이자 및 ② 연 임대료)'** 중에서, ② '연 임대료'에 관하여 (a) '표준임대보증금의 상한선 및 표준임대료의 상한선'을 규정하고, (b) 이를 기초로 '임대보증금과 임대료의 상호 전환'에 관하여 규정하고 있다.

1) 감가상각비

가) 그 부담의 주체

'감가상각'이란 건물, 기계장치, 차량 및 비품 등의 고정자산은 사용하거나 시간이 경과함에 따라 노후화되어 가치가 감소하는데, 이러한 고정자산의 가치감소를 인위적 계산방법에 의하여 일정기간에 걸쳐 합리적으로 추정 배분하는 회계절차를 말한다.

「법인세법」상 감가상각자산은 ① 사업자가 소유하면서, ② 그 사업에 제공하고 있는 고정자산으로서 ③ 시간의 경과 또는 사용에 따라 자산의 가치가 감소하는 자산이 그 대상이 된다.

즉, 감가상각비는 사업자가 사업자 소유의, 사업에 제공된 고정자산에 대하여 비용(혹은 손금)으로 인식하는 것이다.

나) 그 산정의 기준

그러나 「법인세법」상 감가상각은 역사적 원가 또는 실제 원가 등으로 불리는 취득원가를 기초로 하는 것이다. 그리고 그 취득원가는 매입가액이나 제작원가에 취득세, 등록세 등의 부대비용을 가산한 금액으로 한다.[161]

---

[161] 「법인세법」 제41조 제1항 제1호, 제2호 및 「같은 법 시행령」 제72조 제2항 제1호, 제2호.

즉, 감가상각비는 사업자가 사업자 소유의, 사업에 제공된 고정자산에 대하여 실제 투입한 실제 원가 등을 기준으로 하여, 비용(혹은 손금)으로 인식하는 것이다.

2) 수선유지비

가) 그 부담의 주체

① 「국토교통부 고시」상의 '임대료' 구성항목 중의 하나인 '수선유지비'는 ② 「임대주택법」 제17조 제5항, 「같은 법 시행규칙」 제7조 제1항 제8호에 규정하고 있는 '관리비' 중의 '수선유지비'와 ③ 「임대주택법」 제17조의4, 동법 시행령 제15조의4에 정한 '특별수선충당금'과 연계되어 이해되어야 하는 바, 그 각각의 법적 성격을 이해하기 대단히 어려울 수 있다.

그러나 일응 임대인은 임대차계약 존속 중에 임차인에 대하여 임대목적물을 사용, 수익에 필요한 상태를 유지하게 할 임대차계약상의 본질적 의무를 부담하는 것(「민법」 제618조, 「민법」 제623조)이기 때문에, 임대목적물에 대한 사용, 수익에 필요한 상태를 유지하기 위한 수선, 유지비는 응당 임대사업자가 부담하여야 한다.

따라서 「임대주택법」의 적용을 받은 공공건설임대주택에 관한 임대사업자와 임차인 사이의 계약 역시 임대차계약이기 때문에, 임차인이 임대차목적물에 관하여 사용, 수익할 수 있는 상태를 유지하기 위한 수선, 유지비는 임대사업자가 부담하여야 하는 것으로 볼 수 있다.

나) 그 산정의 기준

「국토교통부 고시」상의 '임대료' 구성 항목 중의 하나인 '수선유지비'는, 일응 임대사업자가 임차인에게 임대기간 동안 임대목적물에 관하여 사용, 수익 상태를 유지하여야 하는 의무[162]

---

[162] 건설교통부 유권해석은 이 "임대료 산정 항목 중의 수선유지비는 임대주택의 내구성 등 주택의 가치보전을 수반하는 '자본적 지출'에 해당하는 비용"이라고 하고 있다.

그러나 이러한 '임대료 산정항목 중의 수선유지비'가 임대인으로서 임대목적물에 관한 사용, 수익 상태를 유지하여야 하는 본질적 의무에서 기인하는 것이라면, 이는 「법인세법 시행령」 제31조 제2항, 동 시행규칙 제17조 상 '자본적 지출'과 '수익적 지출'의 범위 규정을 고려할 때, '자본적 지출'의 개념에 부합하지 아니하며, 오히려 그 외에 '수익적 지출'도 포함하는 것으로 이해되어야 할 것으로 사료된다.

건설교통부의 위와 같은 유권해석은 "'임대료 산정항목 중의 수선유지비'는 '관리비 중의 수선유지비'인 '소모적 지출'에 대응하여 구별되는 것"이라는 의미로 선해하여야 할 것으로 사료된다.

「법인세법 시행령」 제31조 제2항

를 이행하기 위한 목적이 있는 것으로 볼 수 있는 것인데, 5년 내지 10년 이내의 장기의 임대의무기간 동안에 임대목적물에 관한 사용, 수익 상태를 유지하여야 할 필요성은, 임대기간 초기보다는 노후화가 상당히 진행된 임대의무기간 말기 무렵에 크게 대두되어 그 비용이 일거에 다액이 투입될 수도 있는 것이므로, 이를 대비하여 임대기간동안 '안분(균분)하여' '일정액'(=건축비의 연간 4/1,000 또는 연간 8/1,000)을 임대료 중의 수선유지비로 징수할 수 있다는 취지라고 보아야 한다.

따라서 국토교통부 고시는 임대사업자가 임대의무기간(5년 또는 10년) 동안 임대주택을 주거용 목적으로 사용하기 위하여 수선, 유지함에 있어서 소요되는 추정(예상) 비용을 임대기간 중에 안분 혹은 균분하여 건축비의 연간 4/1,000(임대의무기간 5년) 또는 연간 8/1,000(임대의무기간 10년)이라는 일의적(一義的)인 정액 금액을 임차인으로부터 연 임대료로 징수할 수 있다고 규정하고 있는 것이다.

그러나 임대의무기간 중 어느 때에 임대목적물인 임대주택이 주거용 목적으로 사용, 수익할 수 있는 상태가 아닐 때에는, ① 임대사업자는 (a) 응당 그 때까지 임차인으로부터 임대료 중의 수선유지비로 실제 징수한 금액을 사용하여 또는 (b) 임대료 중의 수선유지비로 실제 징수한 금액을 초과하여 수선, 유지 비용이 소요되는 경우에는, 임대사업자 자신의 추가 비용으로 임대주택을 주거용 목적으로 사용, 수익할 수 있는 상태로 곧바로 수선, 유지하여야 하는 것이며, 그 추가 소요비용은 잔존 임대기간 동안 임차인으로부터 임대료 중의 수선유지비로 일정액(건축비의 연간 4/1,000 또는 8/1,000)을 징수하여 충당하거나, 혹 그러하고도 부족분이 있다면 이는 결국 임대사업자의 궁극적인 부담으로 귀결되는 것이다.

제1항에서 "자본적 지출"이라 함은 법인이 소유하는 감가상각자산의 내용연수를 연장시키거나 당해 자산의 가치를 현실적으로 증가시키기 위하여 지출한 수선비를 말하며, 다음 각 호의 1에 해당하는 것에 대한 지출을 포함하는 것으로 한다.
1. 본래의 용도를 변경하기 위한 개조
2. 엘리베이터 또는 냉난방장치의 설치
3. 빌딩 등에 있어서 피난시설 등의 설치
4. 재해 등으로 인하여 멸실 또는 훼손되어 본래의 용도에 이용할 가치가 없는 건축물·기계·설비 등의 복구
5. 기타 개량·확장·증설 등 제1호 내지 제4호와 유사한 성질의 것

「법인세법 시행규칙」 제17조(수익적 지출의 범위)]
다음 각 호의 지출은 영 제31조 제2항의 규정에 의한 자본적 지출에 해당하지 아니하는 것으로 한다.
1. 건물 또는 벽의 도장
2. 파손된 유리나 기와의 대체
3. 기계의 소모된 부속품 또는 벨트의 대체
4. 자동차 타이어의 대체
5. 재해를 입은 자산에 대한 외장의 복구·도장 및 유리의 삽입
6. 기타 조업 가능한 상태의 유지 등 제1호 내지 제5호와 유사한 것

임대인으로서의 임대목적물에 대한 수선, 유지의무의 범위와 유사한 것이 「지방세법」 제6조 제6호 상 '건축물의 개수'라는 개념이다. 이 「지방세법」상 '개수'라는 것은 「법인세법」상 '자본적 지출'과 유사하다고도 볼 수 있지만 '수익적 지출'도 포함되는 개념이다.

한편 임차인은 임대사업자가 이러한 임대주택에 대한 수선, 유지의무를 불이행할 때는 임대사업자에게 별도의 청구로서, 임차인의 임대료 이외의 추가 비용 부담 없이, 임대사업자의 비용부담을 기초로, 임대주택을 주거목적으로 사용, 수익할 수 있는 상태로 유지해 주기를 청구할 수 있는 것이다(「임대주택법」 제27조 제2항, 「같은 법 시행령」 제26조 제2항 참조).

그리고 「임대주택법」 제17조의4, 「같은 법 시행령」 제15조의4의 규정에 따라, 임대사업자는 당해 임대주택의 사용검사일(혹은 임시사용승인일)로부터 1년이 경과한 날부터 매월 **표준건축비**의 일정 비율을 임대주택의 주요시설의 교체 및 보수에 필요한 '특별수선충당금'으로 적립하여야 한다.

즉, ① '특별수선충당금'의 구체적인 적립금액에 관하여, 「임대주택법」 제17조의 4, 동법 시행령 제15조의 4 제3항 제1호에서는 '표준건축비'에 대한 일정 비율이라고 명시하고 있는 반면, ② 임대료의 구성항목의 하나인 '수선유지비'에 관한 위 국토교통부 고시 제3호 나목은 '건축비에 대하여 연간 4/1,000(임대의무기간 5년의 경우) 또는 8/1,000(임대의무기간 10년의 경우)'라고 명시하고 있는 것에서 알 수 있는 바와 같이, '임대료' 산정 항목 중의 하나인 '수선유지비'는 '표준건축비'가 아니라 '실제 투입한 건축비'를 의미하는 것이다.

결국 「국토교통부 고시」상 '표준임대료' 구성항목 중의 하나인 '수선유지비'는, 위 국토교통부 고시 제3호 나목은 '건축비에 대하여 연간 4/1,000(임대의무기간 5년의 경우) 또는 8/1,000(임대의무기간 10년의 경우)'로 산출하게 되어 있는 바, 이때의 '건축비'는 '실제 투입한 건축비'를 의미한다는 것이지, 그 '수선유지비' 자체가 '실제 투입된 수선유지비'이어야 한다는 것이 아니다.

3) 화재보험료(재해보험료)

가) 그 부담의 주체

그리고 「화재로 인한 재해보상과 보험가입에 관한 법률」 제2조 제3호, 제5조 제1항 및 제2항, 동법 시행령 제2조 제1항 제12호에 의하여 「주택법」상의 16층 이상의 공동주택 및 부속건물의 소유자는 화재보험 및 재해보험에 의무적으로 가입하여야 하므로, 「주택법」상의 사업계획승인을 받아 건설, 공급한 16층 이상의 임대아파트의 소유자인 임대사업자 역시 위 법에 의하여 당해 16층 이상의 임대아파트단지에 대하여 화재보험 및 재해보험에 가입하여야 할 법적의무가 있는 것이며, 그 화재보험료 및 재해보험료는 임대사업자가 법적으로 부담하여야 할 의무가 있는 것들이다.

나) 그 산정의 기준

위 국토교통부 고시 제3호 다목은 직접 '실제 지급금액'이라고 명시적으로 규정하고 있다.

4) 주택도시기금이자

가) 그 부담의 주체

기금이자 또한 응당 임대사업자가 부담하는 것이다.

나) 그 산정의 기준

위 국토교통부 고시 제3호 다목은 직접 '실제 지급금액'이라고 명시적으로 규정하고 있다.

5) 제세공과금

가) 그 부담의 주체

그리고 재산세, 도시계획세 등은, 「지방세법」상 과세대상물건의 소유자가 지방자치단체에 대하여 납부하여야 할 법적 의무가 있는 것들이므로, 공공건설임대주택의 소유자인 임대사업자 역시 당해 임대아파트에 대한 재산세, 도시계획세 등을 지방자치단체에 납부하여야 할 법적 의무의 주체인 것이다.

나) 그 산정의 기준

'제세공과금'은 '그 개념 자체'에서 응당 '실제 납부한 제세공과금'을 의미하는 것일 수밖에 없는 것입니다.

6) 자기자금이자

가) 그 부담의 주체

'자기자금'이란 임대사업자가 임대주택사업을 하기 위하여 투입한 자금을 의미하는 것이므로, 그러한 자기자금에 대한 이자는 임대사업자가 자기자금을 임대주택사업에 투자함에 따른 기회비용에 해당하는 것이므로 응당 임대사업자가 부담하여야 할 것이다.

나) 그 산정의 기준

위 국토교통부 고시 제3항은 **'사업주체의 자체자금에 대한 이자 중 일정비율에 해당하는 금액을 자기자금이자'**라고 규정하고 있으며, 같은 호 마목은 ① 임대의무기간이 5년인 경우와 ② 임대의무기간이 10년인 경우 자기자금이자 산정방식을 달리 규정하고 있다.

즉, ① 임대의무기간이 5년인 경우에는 '[(a) 건설원가-(b) 기금]을 자기자금으로 보며, ② 임대의무기간이 10년인 경우에는 [(a) 건설원가-(b) 기금-(c) 최초의 임대보증금[163]]을 자기자금으로 보고 있는 것이다.

한편 최초의 임대보증금이 임대료와 상호전환되어 정해지는 경우, 당해 임대주택의 건설원가에서 주택도시기금을 차감한 금액을 초과할 수 없는데(위 국토교통부 고시 제4항 나.),[164] 이는 임대사업자는 임차인으로부터 임대사업자의 자기자금을 상한으로 하여 최초 임대보증금(전환임대보증금 포함)을 받을 수 있다는 취지일 것이다.

그런데 당해 임대주택의 건설원가가 실제 투입한 건축비보다 높은 표준건축비로 산정되고, 최초의 상호전환 전 임대보증금 또한 표준건축비를 기준으로 산정되었다면, 최초의 상호전환된 임대보증금은 임대사업자의 실제 자기자금보다 높아질 수 있게 되는 결과에 이른다.

---

[163] 여기의 '최초의 임대보증금'은 상호전환 전 표준 임대보증금을 의미하는 것으로 보아야 한다. 왜냐하면 이는 '표준임대료'의 산정 방식이기 때문이다.
[164] 임대주택 표준임대보증금 및 표준임대료(국토해양부 고시) 제4항 나. 참조.

[임대의무기간 5년의 경우]

	기금	자기자금	최초 표준임대보증금	최초 상호전환된 임대보증금
표준 건축비를 기초로 산정한 건설원가: 1,000	100	900 (=1,000-100)	450 = (1,000-10)/2	상한 900(=1,000-100)
실제 투입한 건축비를 기초로 산정한 건설원가: 900	100	800 (=900-100)	400 = (900-10)/2	상한 800(=900-100)
				실제 자기자금보다 100(=900-800)을 초과하여 최초 임대보증금을 받을 수 있음

[임대의무기간 10년의 경우]

	기금	최초 표준임대보증금	자기자금	최초 상호전환된 임대보증금
표준 건축비를 기초로 산정한 건설원가: 1,000	100	450 = (1,000-10)/2	450 (=1,000-100-450)	상한 900(=1,000-100)
실제 투입한 건축비를 기초로 산정한 건설원가: 900	100	400 = (900-10)/2	400 (=900-100-400)	상한 800(=900-100)
				실제 자기자금보다 100(=900-800)을 초과하여 최초 임대보증금을 받을 수 있음

따라서 자기자금이란 임대사업자가 당해 임대주택을 건설하면서 실제 투입한 자금을 의미한다고 보아야 한다. 실제 투입한 자금에 추가하여 더한 자금을 임대사업자의 자기자금으로 의제할 수는 없다.

실제 광주고등법원 2009. 11. 11. 선고 2008나7054 판결의 사실관계를 보면, 대한주택공사는 당해 공공건설임대주택 전체에 대하여, ① 실제 투입한 건설원가(=건축비와 택지비)는 총 80,836,010,000원(=건축비: 64,109,274,000원+택지비: 16,726,736,000원)이었는데, ② 국민주택기금융자금은 57,400,000,000원, ③ 임차인으로부터 받은 최초 임대보증금의 합계는 34,440,000,000원으로, 대한주택공사의 자기자금은 -11,003,990,000원[=80,836,010,000원-(57,400,000,000원+34,440,000,000원)]이 되었다. 이는 앞서 본 바와 같이 실제 투입한 건축비가 아니라 표준건축비를 기초로 표준임대보증금 및 표준임대료를 산정한 후, 이를 상호 전환하였기 때문에 위와 같이 마이너스(-)의 자기자금이 산출되는 것이다.

위와 같이 임대사업자의 자기자금이 실제 마이너스(-)임에도, 임차인은 당해 임대주택에 대한 사용대가로서의 임대료에 임대사업자의 자기자금(=표준건축비를 기초로 산정한 건설원가-주택도시기금융자금)에 대한 이자의 20%를 포함하여 지급하여야 한다는 것은 사리에 맞지 않다고 본다.

7) 소결

이와 같이 위 국토교통부 고시상의 표준임대료 산정항목으로 규정하고 있는 각 항목들은, 그 각각의 항목 하나만을 놓고 볼 때 그 부담의 주체는 모두 '임대사업자'인 것이지만, 구 「국토교통부 고시」상의 '표준임대료' 산정항목은, 전용면적 85㎡ 이하인 '공공건설임대주택'에 있어서 임차인이 임대사업자에 지급하여야 할 공공건설임대주택의 사용, 수익의 대가 중에 하나인 '연 임대료'에 대하여 입법자의 결단으로서 그 구체적인 산정기준을 한정하여 정한 것으로 보아야 할 것이다.

그리고 구 「국토교통부 고시」상의 표준임대료 산정항목 중 각 항목들은, ① 그 규정 자체 및 ② 관련 「임대주택법령」상의 규정들을 종합해 볼 때, "임대사업자가 '실제 투입한 건축비, 택지비, 화재(재해)보험료, 제세공과금, 자기자금' 등을 기초로 산출되어야 한다"는 것 또한 입법자의 결단인 것으로 보인다.

다. 임대의무기간 5년, 10년인 임대아파트의 '표준 연 임대료' 산정방식의 차이

임대 의무 기간 표준 연 임대료 산정항목	5년	10년
수선유지비	건축비의 4/1,000	건축비의 8/1,000
자기자금이자	(① 건설원가-② 기금)×1년 정기예금이율×20/100	(① 건설원가-② 기금- ③ 최초의 임대보증금[165])× 1년 정기예금이율
제세공과금	포함시킬 수 없음	포함시킬 수 있음

1) 수선유지비

위 국토교통부 고시상, ① 전용면적 85㎡ 이하이며, 임대의무기간이 5년인 공공건설임대주택은, '연 임대료'로 실제 투입한 건축비의 4/1,000를, ② 전용면적 85㎡ 이하이며, 임대의무기간이 10년인 공공건설임대주택은, '연 임대료'로 실제 투입한 건축비의 8/1,000을 받을 수 있다고 규정하고 있다.

---

[165] 이때의 '최초의 임대보증금'은 상호전환 전 표준임대보증금을 의미하는 것으로 보아야 한다. 왜냐하면 이는 '표준임대료'의 산정방식이기 때문이다.

'수선유지비'만을 놓고 볼 때, 각 총 임대의무기간 동안의 임대료를 산정하면, ① 임대의무기간 5년인 공공건설임대주택은 20/1,000(=4/1,000×5), ② 임대의무기간 10년인 공공건설임대주택은 80/1,000(=8/1,000×10)이 된다.

이는 '수선유지비'의 실제 소요되는 비용적 측면에서 볼 때, 임대의무기간이 10년인 임대아파트는 임대의무기간이 5년인 임대아파트보다 임대의무기간이 2배에 해당하지만, 시간의 경과로 인하여 임대목적물의 노후화에 따라 발생할 수 있는 수선, 유지에 소요되는 비용은 임대의무기간이 5년인 임대주택보다 훨씬 상회할 것으로 예상되고, 임대의무기간 10년의 말기에 이를수록 '기하급수적'으로 증가할 수 있기 때문에, 임대의무기간 5년인 임대아파트보다 2배를 넘는 4배에 이르는 수선유지비를 임대료로 징수할 수 있게 한 취지인 것으로 보인다.

2) 자기자금이자

위 국토교통부 고시 제3호 마목은, ① 전용면적 85㎡ 이하이며, 임대의무기간이 5년인 공공건설임대주택은 '자기자금이자'에 관한 표준 연 임대료로 '[(a) 건설원가-(b) 기금]×1년 만기 정기예금이율×20/100'을, ② 전용면적 85㎡ 이하이며, 임대의무기간이 10년인 공공건설임대주택은 자기자금이자에 관한 표준 연 임대료로 '[(a) 건설원가-(b) 기금-(c) 최초의 임대보증금[166]]×1년 만기 정기예금이율'을 받을 수 있다고 규정하고 있다.

'자기자금이자'에 관하여, ① 임대의무기간 5년인 공공건설임대주택과 ② 임대의무기간 10년인 공공건설임대주택은 다음과 같이 각 임대료를 받을 수 있다.

이에 관하여 1년 만기 정기예금이율을 연 4%로 가정할 때, 자기자금이자에 관한 구체적인 표준 임대료(연) 산정의 예는 아래 표와 같다.

[연 임대료(자기자금이자)](1년 만기 정기예금이율: 연 4% 가정)

		임대의무기간 5년인 임대주택	임대의무기간 10년인 임대주택
표준건축비를 기초로 산정	표준 임대보증금인 경우	7.2=900×0.04×0.2	18=450(=1,000-100-450)×0.04
	전환 임대보증금인 경우[167]	7.2=900×0.04×0.2[168]	0={18[169][=450(=1,000-100-450)×0.04]-18[170][=450(=상한 900-450)×0.04]}
실제 투입한 건축비를 기초로 산정	표준 임대보증금인 경우	6.4=800×0.04×0.2	16=400(=900-100-400)×0.04
	전환 임대보증금인 경우	6.4=800×0.04×0.2[171]	0={16[172][=400(=900-100-400)×0.04]-16[173][=400(=상한 800-400)×0.04]}

---

[166] 여기의 '최초의 임대보증금'은 상호전환 전 표준 임대보증금을 의미하는 것으로 보아야 한다. 왜냐하면 이는 '표준임대료'의 산정 방식이기 때문이다.

즉, 위 국토교통부 고시 제3호 마목에 규정한 바에 따르면, ① 임대의무기간 5년인 경우에는, 임대사업자가 임차인으로부터 지급받은 (표준 또는 전환) 임대보증금을 전혀 반영하지 않고, 임대사업자의 자기자금(=건설원가-국민주택기금)을 산정하여 이에 대한 1년 만기 정기예금이율을 적용한 이자액의 20%만을 자기자금이자 명목으로 표준 연 임대료에 포함하여 받을 수 있음에 반해, ② 임대의무기간 10년인 경우에는 임대사업자가 최초 (표준) 임대보증금을 반영한 자기자금(=건설원가-국민주택기금-임대보증금)에 대한 1년 만기 정기예금이율을 적용한 이자액을 자기자금이자 명목으로 표준 연 임대료로 받을 수 있다는 차이가 있다.

이와 같이 임대의무기간이 5년인 경우와 10년인 경우, 각 임대료 중 자기자금이자의 산정방식이 다른 것은, 구 「임대주택법 시행규칙」 [별표 1]이 정한 임대의무기간이 5년인 경우와 10년인 경우의 각 분양전환가격산정기준이 다른 것에서 기인하는 것으로 보인다.

즉, ① 임대의무기간이 5년인 임대주택의 분양전환가격은 '산정가격'[168]에서 임대기간 중의 감가상각비를 공제한 금액을 상한선으로 하여, 건설원가[169]와 감정평가금액을 산술평균한 가액으로 산정하게 되는 것이고, ② 임대의무기간이 10년인 임대주택의 분양전환가격은 '감정평가금액'을 상한선으로 하여 산정하게 된다.

① 임대의무기간이 5년인 임대주택의 경우에 있어서는 Ⓐ 임대기간 중 임대보증금을 얼마를 받았는지 상관없이, (a) 자기자금(=주택의 건설원가-국민주택기금)에 대한 (b) 입주자모집 당시 1년 만기 정기예금이율을 적용한 이자액의 (c) 20%만을 자기자금이자 명목으로 연 임대료에 포함하여 5년간 징수하였으나, Ⓑ 분양전환가격 산정 시에는 (a) 건설원가(최초 입주자모집당시의 주택가격)에서 (b) 국민주택기금을 공제하고 또 (c) 최초의 상호전환 전 임대보증금(최초의 표준임대보증금)을 공제한 금액에 대하여 (d) 당해 임대주택의 임대시작일과 분양전환 당시 각각의 1년 만기 정기예금평균 이자율을 산술 평균한 이자율을 적용한 (e) 임대기간 5년 동안의 이자를 자기자금이자의 명목으로 반영해 주는 것이므로, 자기자금이자를 임대료와 분양전환가격으로 이중으로 징수한 것으로 보기는 어려운 면이 있다(서울고등법원 2010. 11. 10. 선고 2009나92342 판결 참조).

---

167 임대보증금과 임대료의 상호전환이 있으면, 전환액에 대한 금리는 전환 당시 정기예금이율을 적용하여 연 임대료의 감액 변경이 생긴다(위 국토교통부 고시 제4호 가목).
168 구 「임대주택법 시행규칙」 [별표 1] 제2호 다목.
　　산정가격=분양전환당시의 건축비+입주자모집공고 당시의 택지비+택지비이자.
169 구 「임대주택법 시행규칙」 [별표 1] 제2호 가목.
　　건설원가=최초 입주자모집 당시의 주택가격+자기자금이자-감가상각비.
　　자기자금이자=(최초 입주자모집 당시의 주택가격-국민주택기금융자금-임대보증금과 임대료의 상호전환 전 임대보증금)×이자율×임대기간.

[서울고등법원 2010. 11. 10. 선고 2009나92342 판결]

① 임대료는 임대주택의 사용대가인 반면, 분양전환가격은 임대주택의 취득대가이므로, 임대료에 포함된 자기자금이자와 분양전환가격에 포함된 자기자금이자는 그 성격이 같다고 할 수 없는 점, ② 임대료에 포함된 자기자금이자는 최초 입주자모집 당시의 주택가격에서 국민주택기금융자금을 공제하여 정하여지는 반면, 분양전환가격에 포함된 자기자금이자는 최초 입주자모집 당시의 주택가격에서 국민주택기금융자금을 공제하고 추가로 임대보증금을 공제하여 정하여지므로, 임대료에 포함된 자기자금이자와 분양전환가격에 포함된 자기자금이자는 그 계산방식 또한 다른 점, ③ 임대료에 포함된 자기자금이자는 '입주자모집 당시' 국민은행 1년 만기 정기예금 이자율로 계산되고, 분양전환가격에 포함된 자기자금이자는 '분양전환 당시' 국민은행 1년 만기 정기예금 이자율로 계산되므로 임대료에 포함된 자기자금이자와 분양전환가격에 포함된 자기자금이자 양자 간에도 고려되는 이자율의 시점의 차이에 의해 차이가 있을 뿐만 아니라, 그 어느 것을 기준으로 하더라도 임대주택사업자가 실제 자기자금이자로 지출한 금액과 동일하다고 볼 수 없는 점 등에 비추어 보면, 임대료에 포함된 자기자금이자와 분양전환가격에 포함된 자기자금이자는 그 목적과 계산방법이 다른 별개의 개념으로 봄이 상당하다. 따라서 표준임대료를 산정할 때와 분양전환가격을 산정할 때의 '자기자금이자'가 동일한 내포를 가진 개념임을 전제로 한 원고들의 위 주장은 이유 없다.

그리고 ② 임대의무기간이 10년인 임대주택의 경우에 있어서는 Ⓐ 임대기간 중에 [=건설원가-국민주택기금-최초 (표준)임대보증금]에 대한 1년 만기 정기예금이율 100%를 자기자금이자 명목으로 연 임대료에 포함하여 징수한 것이고, Ⓑ 분양전환가격 산정 시에는 '감정평가금액'을 상한선으로 하여 산정하는 것이고, Ⓒ 「임대주택법 시행규칙」 [별표 1] 제2호 가목의 규정과는 상관없는 것이므로, 이 역시 자기자금이자를 이중으로 징수한 것으로 볼 수는 없다(법령해석 요청에 대한 회신, 법제처 2011. 7. 21. 참조).

[법령해석 요청에 대한 회신, 법제처 2011. 7. 21.]

분양 전환 당시의 주택가치의 평가액인 감정평가금액 산정항목에는 표준임대료 산정 시 반영된 자기자금이자가 반드시 들어간다고 볼 수는 없으므로 자기자금이자가 표준임대료 및 분양전환가격 산정 시 이중으로 계산되는 것은 아니라 할 것입니다.

3) 제세공과금

위 「국토교통부 고시」상, ① 전용면적 85㎡ 이하이며 임대의무기간이 5년인 공공건설임대주택은 '연 임대료'로 제세공과금(재산세, 종합토지세, 도시계획세 등 부가세 포함)을 받을 수 없음에 반해, ② 전용면적 85㎡ 이하이며 임대의무기간이 10년인 공공건설임대주택은 연 임대료로 제세공과금(재산세, 종합토지세, 도시계획세 등 부가세 포함)을 받을 수 있다고 규정하고 있다.

'제세공과금'만을 놓고 볼 때, 왜 임대의무기간 5년인 경우에는 이를 임대료로 징수할 수 없고, 임대의무기간 10년인 경우에는 이를 임대료로 징수할 수 있는지 그 이유를 이해하기 어렵다. 다만, 이는 임대의무기간 10년인 공공건설임대주택의 도입되면서 이에 대한 민간부분의 적극적인 참여를 유도할 필요가 있고, 10년이라는 장기간 동안 사업의 불확실성이 증가한다는 점이 고려된 것이 아닌가 싶다.

7. 최초의 적용되는 표준형 임대보증금 및 표준형 임대료

가. '의의' 및 '구체적인 산정 방식'에 관하여

앞서 본 바와 같이 '표준건축비'란 '건축비'의 '상한선'을 의미하는 것이므로, '실제 투입된 건축비'가 '표준건축비'에 미치지 못한다면, 바로 '실제 투입된 건축비'로 산정한 '건설원가(=주택분양가=최초 입주자모집 당시의 주택가격)'가 바로 당해 임대주택에 대한 '최초 입주자모집 당시의 건설원가'가 될 것이며, 바로 실제 투입된 금액으로 산정된 건설원가를 기준으로 국토교통부 고시 '표준임대보증금과 표준임대료'에 따라 산정한 표준형 임대보증금 및 표준형 임대료가 바로 당해 임대주택에 '최초로 적용되어야만' 하는 '최초의 적용되는 표준형 임대조건(=적용되는 표준형 임대보증금 및 표준형 임대료'가 되는 것이다.

나. '최초의 적용되는 임대조건'의 종류

앞서 본 바와 같이 '최초의 적용되는 임대조건'은 기본적으로 '실제 투입된 건축비와 택지비'[170]를 기준으로 '산정되어야만 하는' 임대조건이다.

그러나 위와 같은 '최초의 적용되는 임대조건'에도 적용되는 표준형 임대보증금과 적용되는 표준형 임대료의 상호 전환을 고려할 때, 수많은 여러 가지 유형이 있을 수 있다.

즉, ① 임대보증금과 임대료의 상호 전환이율이 연 3%라고 가정하고, '실제 투입된 건축비와 택지비'를 기준으로 산정한 ② '표준형 임대보증금'[171]이 100,000,000원, ③ '표준형 임대료'가 연 1,200,000원(=월 100,000원)이라고 전제한 후, 가정적으로 임대사업자와 임차인 사이에 합의에 의하여 위 '표준형 임대보증금'에서 임대보증금을 증액함으로써 '표준형 임대료'의 일부를 임대보증금으로 전환하여 정한 금액을 고려할 때, 관념적으로는 아래 [표]에서 보는 바와 같이 '최초의 전환임대조건'의 유형은 헤아릴 수 없이 많이 존재할 수 있다.

---

170 물론 실제 투입된 건축비와 택지비가 '표준 건축비'를 초과하지 않을 것을 전제로 한다.
171 이처럼 당해 임대주택의 입주자모집공고 당시의 '표준 건축비'를 기초로 산정된 '최초의 표준 임대보증금'과 구별하기 위하여, 편의상 임대보증금과 임대료의 상호 전환 전 임대보증금을 '최초의 표준형 임대보증금'이라고만 칭한다.
참고로 위 「국토교통부 고시」(제2015-638호) 제4호(임대보증금과 임대료의 상호전환)에도 제2호(표준임대보증금), 제3호(표준임대료)와의 개념상의 혼동을 피하기 위하여, 임대보증금, 임대료의 상호전환의 기초가 되는 임대보증금과 임대료를 단순히 '임대보증금과 임대료'라고만 표현하고 있으며, '표준임대보증금과 표준임대료'라고 표현하고 있지 않다.

(표준형 임대보증금: 100,000,000원, 표준형 임대료: 연 1,200,000원(=월 100,000원), 전환이율: 연 3%, 단위: 원)

유형	임대사업자와 임차인 사이에 합의에 의하여 위 최초의 표준형 임대보증금(1억원)에서 임대보증금을 증액하려는 금액 (=임대료의 임대보증금으로의 전환 금액)	최초의 전환된 임대보증금	최초의 전환된 임대료	
			연	월
A	10,000,000	110,000,000	900,000[178]	75,000[179]
B	12,000,000	112,000,000	840,000[180]	70,000[181]
C	15,000,000	115,000,000	750,000[182]	62,500[183]
D	16,500,000	116,500,000	705,000	58,750
E	20,000,000	120,000,000	600,000	50,000
F	30,000,000	130,000,000	300,000	25,000

다. 실제 투입된 건축비로 최초의 임대조건을 산정하여야 하는 이유

'실제 투입된 건축비'가 아닌 당해 임대아파트의 입주자모집 당시의 '표준건축비'로 '최초의 임대조건'을 산정하는 경우에 있어서 불합리한 점은 다음과 같다.

1) '실제 투입된 건축비'가 당해 임대주택의 입주자모집 당시의 '표준건축비'와 '동일'한 경우

실제 투입된 건축자재 등이 당해 임대아파트의 입주자모집 당시의 표준건축비를 산정함에 있어 기준이 된 건축자재 등과 동일한 품질이나 가격이어서, 결국 실제 투입된 건축비가 당해 임대아파트의 입주자모집 당시의 표준건축비와 동일한 경우라면, 실제 투입된 건축비(=표준건축비)를 기준으로 최초의 임대조건을 정함은 당연하다고 할 것이다.

2) 실제 투입된 건축비가 당해 임대주택의 입주자모집 당시의 '표준건축비'를 '하회'하는 경우

그러나 실제 투입된 건축자재 등이 당해 임대아파트의 입주자모집 당시의 표준건축비를 산정함에 있어 기준이 된 건축자재 등보다 훨씬 열등한 품질이어서 훨씬 값싼 가격이라면, 응당 그 열등하고 값싼 건축자재 등을 기초로 산정된 실제 건축비를 기준으로 최초의 임대조건을

---

172 =1,200,000-(10,000,000×0.03)

173 =900,000/12

174 =1,200,000-(12,000,000×0.03)

175 =840,000/12

176 =1,200,000-(15,000,000×0.03)

177 =750,000/12

정하여야 한다.

한편 위 「국토교통부 고시」(제2015-638호) 제2호의 규정상, 임대료는 '감가상각비, 수선유지비, 자기자금이자 등'을 고려하여 산출하게 되어 있다.

만약 임대목적물을 새로 제작하여 임대함에 있어 실제 투입된 것보다 과다하게 계상된 투입 비용(제조원가)을 기준으로 '감가상각비', '수선유지비'를 산출하여 최초의 임대료를 산정한다는 것은, 불합리하다고 본다.

예를 들어 상대적으로 값싼 자재를 가지고 제작한 승용차를 임대(렌트)함에 있어, 상대적으로 매우 비싼 자재를 가지고 제작한 승용차 가격을 기준으로 감가상각비, 수선유지비를 산출한 후, 값싼 승용차에 대한 임대료(렌트요금)를 산정한다는 것은 매우 불합리할 것이다.

만약 임대사업자로 하여금 실제 투입된 건축비가 아닌 표준건축비를 기초로 임대조건을 산정하여 임차인으로부터 이를 받을 수 있다는 것이 정당화될 수 있다면, 최대 이윤 창출을 본질적인 목적으로 하는 임대사업자는 될 수 있으면, 값싼 건축자재를 사용하여 임대주택을 건설하여 임대공급한 후, 임차인과 표준임대조건으로 임대차계약을 하려 할 것이며, 이는 결국 임대주택의 질의 하락을 초래하게 될 것이다.[178]

우리나라의 현실에서 볼 수 있는 바와 같이, 대다수 서민들의 주거 형태라고 할 수 있는 전세나 임대주택의 부족으로 인하여 겪고 있는 전세란, 임대란에 비추어 볼 때, 임차인이 여러 종류의 임대주택 중 양질의 임대주택을 선택할 수 있는 상황이 아닌 바, 이는 결국 위와 같은 임대주택의 질의 하락으로 귀결될 수 있음을 예상할 수 있다.

3) '실제 투입된 건축비'가 당해 임대주택의 입주자모집 당시의 '표준건축비'를 '상회'하는 경우

한편 실제 투입된 건축자재 등이, 당해 임대아파트의 입주자모집 당시의 '표준건축비'를 산정함에 있어 기준이 된 건축자재 등보다, 훨씬 우등한 품질이어서 훨씬 비싼 가격이었다고 하더

---

[178] 한국건설기술연구원(이유섭, 강태경, 허영기, 안방률), 한국감정원(김양수, 박차현, 김기홍), '새로운 건축비 산정기준 수립 연구', 건설교통부, 2005년, p.15에서도 "주택공급측면에서 생산 과정에 들어가는 비용-(택지비, 노무지, 자재비 등)에 대한 적절한 통제 없이 최종 공사비만을 통제함으로써 각종 수익을 주택분양입주자에게 집중시키게 되었고, 이는 주택건설업체의 채산성 악화를 초래하였으며, 주택건설업체의 낮은 이윤 발생으로 기술개발에 대한 투자가 줄어들어 건설업체들은 분양가 규제 상황에서 최대한의 이익을 내기 위해 저품질 내지는 규격 미달의 자재 사용 등으로 건설비용을 낮추려는 경향을 갖게 되었으며, 이는 부실시공의 원인이 되어 사회적인 문제로 발생할 수도 있다는 것이다"라고 기술하고 있다. 이는 분양주택에 대한 설명이지만, 공공건설임대주택에 대하여도 타당한 설명이라고 본다.

라도, 전용면적이 85㎡를 초과하는 임대주택이 아닌 이상, '최초의 임대조건'은 당해 임대아파트의 입주자모집 당시 건설교통부장관이 정하여 고시하는 '최초의 표준임대조건'을 초과할 수는 없는 것이므로, 위 '최초의 표준임대조건'만을 '상한선'으로 최초의 임대조건을 산정하여 임차인으로부터 받아야 할 것이다.

따라서 영리추구를 목적으로 경제적, 합리적 판단을 하는 임대사업자라면 당해 임대아파트의 입주자모집 당시의 표준건축비를 상회하여 실제 건축비를 투입한 후, 당해 임대아파트의 입주자모집 당시의 표준임대조건만으로 임대사업을 하는 선택은 하지 않을 것이기 때문에, 현실에 있어서는 존재하지 않은 경우라고 할 것이다.

라. 관할 시장 등의 승인

관할 시장·군수·구청장이 공공건설임대주택의 입주자모집공고안 중 임대조건(=임대보증금 및 임대료)에 관하여 승인하기까지의 절차를 살펴보면, ① 우선 임대사업자는 임대사업자 스스로 산정한 임대조건(임대보증금, 임대료)에 대하여 그에 관한 자료들을 첨부하여 제출하는 것이고, ② 관할 시장·군수·구청장은 임대사업자가 제출한 위와 같은 자료들을 살펴보면서, 당시의 건설교통부장관이 고시하는 '표준건축비'를 상한으로 하여 임대조건이 산정된 것인지를 검토한 후, 임대사업자가 제출한 임대조건이 당시의 '상한선 이내'의 것임이 확인되면 승인하게 될 것이다.

따라서 ① 만약 임대사업자가 '주택가격 및 임대보증금, 임대료 산출 내역'을 당시의 국토교통부장관이 고시하는 '표준건축비'를 기준으로 산출하여 이를 관할 시장·군수·구청장에게 승인을 얻기 위하여 제출하였다면, 관할 시장·군수·구청장은 응당 그러한 임대조건은 당시의 임대조건의 상한선이므로 이를 승인을 하게 될 것인데, 한편 이는 당해 임대사업자는 당해 임대주택을 향후 '표준건축비'의 산정의 기초가 되었던 양질의 건축자재 등을 실제 투입하여 건축할 계획이라는 것을 의미하는 것이 되는 것이다.

그리고 ② 임대사업자가 '표준건축비'보다 '낮은 건축비'를 향후 실제로 투입하여 건축할 계획이었다면, 그 실제 투입 예정인 건축비를 기초로 산정한 '주택가격 및 임대보증금', '임대료 산출 내역'을 관할 시장에게 승인을 얻기 위하여 제출하게 될 것이고, 관할 시장은 응당 그러한 임대조건은 당시의 임대조건의 상한선 이내이므로 이를 승인을 하게 될 것이다.

한편 ③ 임대사업자가 '표준건축비'보다 '더 많은 건축비'를 투입할 계획이라고 하면서, 그러한 표준건축비를 초과하는 건축비를 기초로 산정한 '주택가격 및 임대보증금', '임대료 산출 내역'을 관할 시장에 제출하는 경우라면, 관할 시장은 그러한 임대조건은 임대조건의 상한선(=표준건축비를 기초로 산정한 임대조건)을 초과하는 것이므로 이를 승인을 하지 않게 될 것이다.

즉, 임대아파트의 입주자모집공고안 중 임대조건에 대한 관할 시장 등의 승인은 ① 임대사업자가 제출한 임대조건이 '표준건축비'를 기초로 산정한 임대조건의 '상한선 이내'라고 판단되면 이를 승인할 수 있는 것일 뿐인 것이고, ② 관할 시장 등이 임대사업자가 표준건축비를 기초로 산정한 임대조건에 관하여 승인을 하였다고 하여, 임대사업자는 향후 임대주택을 완공한 후 최초의 임대차계약을 개시할 때 반드시 '표준건축비'를 기초로 산정한 임대조건으로 일의적(一義的)으로 임대차계약을 체결하는 것을 승인한 것은 아니라고 보아야 할 것이다.

만약 임대사업자가 입주자모집공고안 중 임대조건에 관하여 '표준건축비'를 기초로 산정한 임대조건에 대하여 관할 시장 등의 승인을 득한 후, 실제 임대주택을 건설하면서 표준건축비보다 훨씬 낮은 건축비를 실제 투입하여 임대주택을 완공한 후, '표준건축비'를 기초로 산정한 임대조건으로 임차인과 최초의 임대차계약을 체결하는 것은 「임대주택법」 제42조 제3호에 따라 형사처벌 대상이라고 보아야 한다.

마. 가상적인 사례

이에 관하여 가상적인 사례를 들어 설명해 보면 아래와 같다.

① 甲이라는 택지개발지구 내의 공공택지를 분양받아 임대주택사업을 하려는 사업자가 A, B, C, D라는 4개의 사업자가 있고, ② 위 임대사업자들은 모두 똑같은 전용면적 84㎡인 임대주택 1세대에 관하여 ③ 입주자모집공고 당시의 건설교통부 장관이 고시하는 '표준건축비'를 기초로 산정한 임대조건으로 관할 시장으로부터 입주자모집공고 승인을 받은 후, ④ 각 임대사업자가 각 임대주택을 착공하여 건설, 공급하면서 모두 전용면적 84㎡인 임대주택 1세대에 관하여 실제 투입한 건축비가 다음과 같이 모두 다른 경우가 있을 수 있다.

임대 사업자	임대사업자가 전용면적 84㎡인 임대주택 1세대에 대한 임대조건에 관하여 관할 시장의 승인의 기초로 삼은 건축비 (=표준건축비)	임대사업자가 전용면적 84㎡인 임대주택 1세대에 대하여 **실제 투입한 건축비**	전용면적 84㎡인 임대주택 1세대에 대한 최초 임대차계약체결 시 '표준건축비'를 기초로 최초의 임대조건을 산정하는 경우		최초 임대차계약체결 시 최초의 임대조건 산정의 기초 건축비 (=실제 투입된 건축비)	
			임대보증금	연 임대료	임대보증금	연 임대료
A	100	100	120[185]	12[186]	120	12
B	100	80	120	12	약 118[187]	약 11[188]
C	100	60	120	12	약 116	약 10
D	100	40	120	12	약 114	약 9

이처럼 여러 임대사업자들이 동일한 지역에 동일한 평형의 임대주택을 건설 공급함에 있어 임대사업자들 모두 '표준건축비'를 기초로 산정하여 관할 시장으로부터 임대조건에 관한 승인을 받은 후, 각 임대사업자가 각 임대주택을 착공하여 완공함에 있어 실제 투입한 건축비는 각 임대사업자 별로 상이함에도 모든 임대사업자가 관할 시장으로부터 승인받은 임대조건대로 일의적(一義的)으로 임대조건을 적용하여 최초의 임대차계약을 체결하는 것은 표준건축비보다 하회하는 건축비를 실제 투입하여 임대주택을 건설한 임대사업자 B, C, D에게 부당한 이익을 취하게 하는 것을 용인하는 것이 되는 것이며, 또 위 「국토교통부 고시」(제2015-638호)에 '임대료'의 구체적인 산정항목인 감가상각비, 수선유지비를 고려할 때 매우 부당하다.

만약 「임대주택법령」이 위와 같이 임대주택을 건설, 공급함에 있어 실제 투입한 건축비가 아닌 관할 시장 등으로부터 승인을 받은 표준건축비를 기초로 산정한 임대조건대로 일의적(一義的)으로 최초의 임대차계약을 체결할 수 있다는 것을 용인하는 취지라면, 최대 이윤 창출을 본질적인 목적으로 하는 임대사업자는 우선은 표준건축비를 기초로 산정한 임대조건에 관하여 관할 시장으로부터 승인을 받은 후, 실제 투입한 건축비는 최대한 낮추려고 하게 될 것이고, 이는 결국 임대주택의 품질의 하락으로 귀결될 것이다.

위의 예에서 ① 임대사업자 A는 '실제 투입한 건축비'가 '표준건축비'와 같은 것이어서 「임대주택법령」이 상정한 적법 유효한 임대조건으로 임대차계약을 체결하였다고 볼 수 있지만, ② 임대사업자 B, C, D는 표준건축비대로 임대주택을 건축하겠다고 관할 시장 등으로부터 승인을 받은 후, 실제 임대주택을 건설, 공급함에 있어서는 표준건축비보다 낮은 건축비를 실제 투입하고도 임대사업자 A와 같은 최초의 임대조건으로 최초의 임대차계약을 체결하는 것을 용인하는 것은 ① 임대사업자 A, B, C, D 사이 및 ② 임대사업자 A, B, C, D와 각 임대차계약을 체결한 각 임차인들 사이에 있어서, 형평에 반하는 것이라 할 것이다.

결국 임대사업자 B, C, D는 각 실제 투입한 건축비에 상응하는 각 최초의 임대조건대로 각 임대차계약을 체결하여야만 각 임대사업자들 및 각 임차인들 사이에 있어서 형평에 부합하는 것이라 할 수 있다.

---

179 건축비에 택지비를 더하여 적정하게 산정한 임대보증금이 일응 120이라고 가정해 본다.

180 건축비에 택지비를 더하여 적정하게 산정한 연 임대료가 일응 12라고 가정해 본다.

181 약 118, 약 116, 약 114에 있어서 그 수치는 정확한 것은 아니며 단지 실제 투입된 건축비가 적어질수록 임대보증금도 그에 비례하여 적어져야 한다는 것을 의미한다.

182 약 11, 약 10, 약 9에 있어서 그 수치는 정확한 것은 아니며 단지 실제 투입된 건축비가 적어질수록 연 임대료도 그에 비례하여 적어져야 한다는 것을 의미한다.

8. 「임대주택법」상 최초의 임대보증금 및 임대료의 상한 규정의 체계 부조화

가. 「임대주택법 시행령」 제21조 규정의 대략적인 내용

공공건설임대주택(일부 제외)의 최초의 표준임대보증금 및 표준임대료의 상한을 규정하고 있는 「임대주택법 시행령」 제21조(구 「임대주택법 시행령」 제12조)는 여러 차례의 개정이 있었지만, 대략 ① 제1항에 국토교통부장관이 고시하는 '표준임대보증금 및 표준임대료'를 초과할 수 없다고 규정하고 있으며, ② 제2항에 국토교통부장관이 위 '표준임대보증금 및 표준임대료 고시'를 제정함에 있어서 고려하여야 할 사항을 규정하고 있고, ③ 제3항에 최초의 임대보증금[183]은 당해 임대주택의 건설원가에서 주택도시기금의 융자금을 뺀 금액을 초과할 수 없다(임대보증금 상한선)는 규정을 두고 있다.

나. 「임대주택법 시행령」 제21조 제1항의 구체적인 내용

「임대주택법 시행령」 제21조 제1항은 아래와 같은 대략적인 개정 경과를 거쳐 2005. 9. 16. 개정된 구 「임대주택법 시행령」 제12조 제1항이 그대로 유지되었다.

제정 및 개정일시	내용	근거 법령
1985. 12. 23. 제정	국가·지방자치단체 또는 대한주택공사가 임대하는 임대주택(공공임대주택)의 임대보증금 및 임대료는 건설부장관이 정하여 고시하는 표준임대보증금 및 표준임대료를 초과할 수 없다.	구 「임대주택건설촉진법 시행규칙」 제3조 제1항
	주택도시기금의 융자를 받아 건설한 민간임대주택의 임대보증금 및 임대료는 제3조의 규정에 의한 표준임대보증금 및 표준임대료의 각 100분의 150에 해당하는 금액을 초과할 수 없다.	구 「임대주택건설촉진법 시행규칙」 제4조 제1항
1994. 9. 13. 전부 개정	공공건설임대주택 중 「주택건설촉진법」 제33조의 규정에 의하여 사업계획승인을 얻어 건설한 임대주택의 임대보증금 및 임대료는 건설부장관이 정하여 고시하는 표준임대보증금 및 표준임대료를 초과할 수 없다.	구 「임대주택법 시행령」 제12조 제1항
2005. 9. 16.	공공건설임대주택 중 「주택법」 제16조의 규정에 의하여 사업계획승인을 얻어 건설한 임대주택의 **최초의[190]** 임대보증금 및 임대료는 건설교통부장관이 정하여 고시하는 표준임대보증금 및 표준임대료를 초과할 수 없다.	

---

183 '최초의 전환임대보증금', '최초의 표준임대보증금'이라고 규정하고 있지 않고, '**최초의 임대보증금**'이라고 규정하고 있음에 주목하여야 한다. 이 '**최초의 임대보증금**'은 임대사업자가 임차인들로부터 **최초로 실제 받은 임대보증금**을 의미한다.

184 임대기간 중 임대보증금 및 임대료의 증액이 있을 수 있음을 고려할 때, '최초의'라는 단어를 추가함으로써 규정이 더 명확해졌다고 볼 수 있다.

다. 국토교통부장관 고시 '표준임대보증금 및 표준임대료'의 무효 가능성

「임대주택법 시행령」 제21조 제2항은 국토교통부장관이 '표준임대보증금 및 표준임대료'의 고시를 함에 있어 고려할 사항을 규정하고 있는데, 우선 이에 관하여 아래와 같은 개정 경과가 있었다.

제정 및 개정일시	내용	근거 법령
1985. 12. 23. 제정	건설부장관은 제1항의 규정에 의한 표준임대보증금 및 표준임대료를 산정함에 있어서는 임대주택 및 그 부대시설에 대한 상각비, 수선유지비, 일반관리비, 화재보험료, 국민주택기금에 의한 융자금에 대한 지급이자, 대손충당금 등을 고려하여야 한다.	구 「임대주택건설촉진법 시행규칙」 제3조 제2항
1994. 12. 23.	건설교통부장관은 표준임대보증금 및 표준임대료를 산정함에 있어서는 임대주택과 그 부대시설에 대한 감가상각비, 수선유지비, 화재보험료, 국민주택기금융자금에 대한 지급이자, 대손충당금 및 **제세공과금** 등을 고려하여야 한다.	
2005. 9. 16.	건설교통부장관은 표준임대보증금 및 표준임대료를 산정함에 있어서는 **임대주택과 그 부대시설에 대한 건설원가, 재정 및 국민주택기금 지원비율, 당해 임대주택 주변지역의 임대보증금 및 임대료 수준**, 감가상각비, 수선유지비, 화재보험료, 국민주택기금융자금에 대한 지급이자, 대손충당금 및 제세공과금 등을 고려하여야 한다. 이 경우 임대주택의 건설원가는 건설교통부령이 정하는 산정기준에 의하여 산출한 가격을 말한다.	구 「임대주택법 시행령」 제12조 제2항
2005. 12. 13.	건설교통부장관은 표준임대보증금 및 표준임대료를 산정함에 있어서는 임대주택과 그 부대시설에 대한 건설원가, 재정 및 국민주택기금 지원 비율, 당해 임대주택 주변지역의 임대보증금 및 임대료 수준, **임대보증금 보증수수료(임차인 부담분에 한한다)**, 감가상각비, 수선유지비, 화재보험료, 국민주택기금융자금에 대한 지급이자, 대손충당금 및 제세공과금 등을 고려하여야 한다. **이 경우 임대주택의 건설원가는 건설교통부령이 정하는 산정기준에 의하여 산출한 가격을 말한다.**	

이처럼 국토교통부장관이 '표준임대보증금 및 표준임대료'를 고시함에 있어 ① 2005. 9. 16. 개정된 구 「임대주택법 시행령」 제12조 제2항에서 '당해 임대주택 주변지역의 임대보증금 및 임대료 수준 등'을, ② 2005. 12. 13. 개정된 구 「임대주택법 시행령」 제12조 제2항에서 '임대보증금에 대한 보증수수료(임차인 부담분)'을 추가하여 고려하도록 규정하고 있지만, '표준임대보증금 및 표준임대료'의 국토교통부장관의 고시(국토교통부 고시 제2015-638호)는 전혀 이를 고려하지 않고 있다.

이로써 「임대주택법 시행령」 제21조 제1항과 제2항은 상호 충돌하게 된다.

그렇다면 「임대주택법 시행령」 제21조 제2항이 유효하다면, 국토교통부장관의 고시(국토교통부 고시 제2015-638호)는 상위 법령에서 이미 전제하고 있는 사항을 위임을 받아 제정된 하위 법령임에도 이를 제한하고 있는 것으로 무효가 될 수 있다고 본다.

그런데 ② 「국민임대주택의 표준임대보증금 및 표준임대료」(국토교통부 고시 제2015-446호, 2015. 7. 1. 개정)는 「임대주택법 시행령」 제21조 제2항 전단의 위임에 따라, (a) 표준임대보증금을 산정함에 있어 지역계수를 반영하도록 되어 있으며, 또 (b) 할증비율을 적용하여 산출한 국민임대주택 표준임대보증금 및 표준임대료가 인근 지역에 소재한 다른 주택의 전, 월세시세 등과 비교하여 높을 경우 다른 주택의 전·월세 시세로 부과할 수 있다는 규정 등을 따로 두고 있으며, ③「행복주택의 표준임대보증금 및 표준임대료 등에 관한 기준」(국토교통부 고시 제2015-304호, 2015.5.15. 제정)에서는 당해 행복주택의 표준임대보증금을 산정함에 있어서 '임대시세'를 반영하도록 규정하고 있다(제2조, 제4조).

결국 위 관련 규정이 전부 유효하다고 보는 경우, '국민임대주택' 및 '행복주택'의 표준임대보증금 및 표준임대료를 산정하는 경우에 한하여, 당해 임대주택 주변지역의 임대보증금 및 임대료 수준 등을 고려하겠다는 것이 입법자의 결단인 것으로 보아야 할 것이다.

라. 최초의 임대보증금[185]의 상한 규정

「임대주택법 시행령」 제21조 제3항은 '최초의(전환된[186]) 임대보증금'은 '당해 임대주택의 건설원가(같은 조 제2항 후단에 따른 건설원가=시행규칙 [별표 1] 제2호 가목 1) 및 라목 전체에 따라 산정된 주택가격)에서 주택도시기금의 융자금을 뺀 금액을 초과할 수 없다'고 규정하고 있다. 이는 곧 임대사업자로 하여금 임차인으로부터 당해 임대주택의 건설원가에서 주택도시기금의 융자금을 뺀 금액을 초과하여 받는 것을 금지하는 규정이다.

한편 같은 조 제2항에서는 '당해 임대주택 주변지역의 임대보증금의 수준 등'을 고려하여 최초의 '표준 임대보증금'을 정할 수 있다는 취지의 규정을 두고 있은데, 설사 '표준 임대보증금'이 위와 같이 주변지역의 임대보증금의 수준 등을 고려하여 정해지더라도, 실제로 임대사업자가 임차인으로부터 받을 수 있는 최초의 임대보증금은 같은 조 제3항의 규정에 정한 상한을 초과할 수는 없는 것이다.

혹 같은 조 제2항의 '당해 임대주택 주변지역의 임대보증금의 수준 등'을 고려하여 최초의 '표준 임대보증금'을 정할 수 있다는 규정을 임대의무기간이 5년 또는 10년인 공공건설임대주택에 대하여도 적용하여야 한다면, 같은 조 제3항은 형해화(形骸化)되고, 결국 아무런 의미 없는 규정이 되고 만다.

참고로 「공공주택 특별법 시행령」 ① 제44조 제2항 제3호는 '해당 공공임대주택 주변지역의

---

185 '최초의 전환임대보증금', '최초의 표준임대보증금'이라고 규정하고 있지 않고, '최초의 임대보증금'이라고 규정하고 있음에 주목하여야 한다. 이 '최초의 임대보증금'은 임대사업자가 임차인들로부터 최초로 실제 받은 임대보증금을 의미한다.
186 국토교통부 고시(제2015-638호) '임대주택 표준임대보증금 및 표준임대료' 제4호 나 참조.

임대료 수준'이라고 규정하고 있다.

제정 및 개정일시	내용	근거 법령
1985. 12. 23. 제정	국민주택기금의 융자를 받아 건설한 민간임대주택에 대한 임대보증금은 당해 임대주택의 가격에서 국민주택기금에 의한 융자금을 제외한 나머지 금액을 초과할 수 없다.	구「임대주택건설촉진법 시행규칙」 제4조 제2항
	제2항의 규정에 의한 임대주택의 가격은 주택건설촉진법 제33조의 규정에 의하여 승인된 사업계획상의 사업비를 기준으로 하여 산정한다.	구「임대주택건설촉진법 시행규칙」 제4조 제3항
1994. 9. 13. 전부개정	제1항의 공공건설임대주택에 대한 최초의 임대보증금은 당해 임대주택의 건설원가에서 국민주택기금에 의한 융자금을 차감한 금액을 초과할 수 없다. 이 경우 임대주택의 건설원가는 「주택건설촉진법」 제32조의 규정에 의하여 건설부장관이 정하는 공급조건에 의하여 산출한 가격을 말한다.	구「임대주택법 시행령」 제12조 제3항
2000. 7. 22	제1항의 공공건설임대주택에 대한 최초의 임대보증금은 당해 임대주택의 건설원가에서 국민주택기금에 의한 융자금을 차감한 금액을 초과할 수 없다. **이 경우 임대주택의 건설원가는 건설교통부령이 정하는 산정기준에 의하여 산출한 가격을 말한다.**	
2002. 9. 11	제1항의 공공건설임대주택에 대한 최초의 임대보증금은 다음 각 호의 구분에 따라 정하는 금액을 초과할 수 없다. 이 경우 임대주택의 건설원가는 건설교통부령이 정하는 산정기준에 의하여 산출한 가격을 말한다. **1. 국가·지방자치단체·대한주택공사 또는 지방공사가 건설한 임대주택은 당해 주택의 건설원가에서 국민주택기금에 의한 융자금을 차감한 금액(임대보증금상한선)** **2. 제1호 외의 임대사업자가 건설한 임대주택은 다음 각목의 금액** **가. 수도권(서울특별시·경기도 및 인천광역시를 말한다. 이하 이 항에서 같다)지역에서는 임대보증금상한선의 90%에 해당하는 금액** **나. 수도권 외의 지역에서는 임대보증금상한선의 80%에 해당하는 금액**	
2003. 6. 25	제1항의 공공건설임대주택에 대한 최초의 임대보증금은 다음 각 호의 구분에 따라 정하는 금액을 초과할 수 없다. 이 경우 임대주택의 건설원가는 건설교통부령이 정하는 산정기준에 의하여 산출한 가격을 말한다. 1. 국가·지방자치단체·대한주택공사 또는 지방공사가 건설한 임대주택은 당해 주택의 건설원가에서 국민주택기금에 의한 융자금을 차감한 금액(임대보증금상한선) 2. 제1호 외의 임대사업자가 건설한 임대주택은 다음 각목의 금액. **이 경우 공공택지외의 지역에서 건설한 임대주택은 국민주택기금에 의한 자금을 지원받을 당시에 「주택건설촉진법」 제10조의3의 규정에 의한 기금수탁자와 약정한 임대보증금액을 초과할 수 없다.** 가. 수도권(서울특별시·경기도 및 인천광역시를 말한다. 이하 이 항에서 같다)지역에서는 임대보증금상한선의 90%에 해당하는 금액 나. 수도권 외의 지역에서는 임대보증금상한선의 80%에 해당하는 금액	
2005. 9. 16.	제1항의 공공건설임대주택에 대한 최초의 임대보증금은 다음 각 호의 구분에 따라 정하는 금액을 초과할 수 없다. 1. 국가·지방자치단체·대한주택공사 또는 지방공사가 건설한 임대주택은 당해 임대주택과 그 부대시설에 대한 건설원가(**제2항 후단의 규정에 의한 건설원가를 말한다**)에서 국민주택기금에 의한 융자금을 차감한 금액(임대보증금상한선) 2. 제1호 외의 임대사업자가 건설한 임대주택은 다음 각목의 금액. 이 경우 공공택지 외의 지역에서 건설한 임대주택은 국민주택기금에 의한 자금을 지원받을 당시에 「주택법」 제62조의 규정에 의한 기금수탁자와 약정한 임대보증금액을 초과할 수 없다. 가. 수도권(서울특별시·경기도 및 인천광역시를 말한다. 이하 이 항에서 같다)지역에서는 임대보증금상한선의 90%에 해당하는 금액 나. 수도권 외의 지역에서는 임대보증금상한선의 80%에 해당하는 금액	
2011. 3. 2.	제1항에 따른 공공건설임대주택의 최초 임대보증금과 임대료는 같은 항에도 불구하고 임차인의 동의가 있는 경우에는 임대차계약에 따라 상호전환할 수 있다. 이 경우 최초의 임대보증금은 해당 임대주택과 그 부대시설에 대한 건설원가(제2항 후단에 따른 건설원가를 말한다)에서 국민주택기금의 융자금을 뺀 금액을 초과할 수 없다.	「임대주택법 시행령」 제21조 제3항

마. 최초의 '임대보증금 상한'의 중요성

최초의 표준임대보증금과 표준임대료는 임차인의 동의가 있는 경우 상호전환이 가능한데, 임차인의 동의로 실제 납부할 최초의 상호전환된 임대보증금은 상당한 거액에 이를 수 있다.

그런데 지금까지의 실증적인 경험상, 민간임대사업자가 건설한 임대아파트의 공급이 확대됨에 따라 부도덕한 민간임대사업자의 고의 부도 등 또한 속출하기도 하였다.

이와 같이 민간임대사업자가 부도가 나는 경우, 당해 임대주택에 대한 후속 절차는 통상 ① 분양전환을 하거나 ② 경매절차가 진행되는데, ① 분양전환을 하는 경우에 있어서 대부분의 부도임대아파트의 시세는 국민주택기금융자금과 임대보증금의 합보다 낮기 때문에 임차인이 당해 임대아파트를 분양전환 받는다면 [(국민주택기금 융자금[187]+임대보증금)-시세] 정도의 피해를 입게 되고, ② 경매절차가 진행되는 경우에 있어서는 통상 임대주택의 경락가격이 최초 경매예정가격의 65~70% 수준에서 결정되고, 국민주택기금의 융자금과 임대보증금의 합보다 낮은 경우가 대부분이었기 때문에 당해 임대주택에 대하여 제1순위의 저당권이 설정된 국민주택기금의 융자금 채권보다 후순위일 수밖에 없는 임차인의 임대보증금반환채권은 비록 「주택임대차보호법」상 '우선변제권'을 가지고 있다고 하더라도 임대보증금 전액을 반환받지 못하는 피해가 발생하였던 것이다.[188]

더구나 주택도시기금을 운용하는 국민은행 등이 당해 임대주택에 대한 경락가격이 매우 낮아 국민주택기금융자금의 원금 손실이 예상되는 경우에는 경매를 취소하는 경우도 있었고, 이러한 경우에 있어서는 임차인은 이주하고자 하여도 아예 임대보증금의 일부라도 반환받을 수 없는 경우도 발생하였던 것이다.

이와 같은 현상이 발생하는 근본적인 원인은 표준임대보증금을 전환임대보증금 전환함에 따라 전환임대보증금의 규모가 민간임대사업자의 부도 시 임차인이 당해 임대주택의 경락 등을 통해 얻을 수 있는 금액에 비해 지나치게 높다는 것에 있었던 것이다.[189]

위와 같이 민간임대사업자의 부도 등에 따른 임차인의 피해를 경험함에 따라, 2002. 9. 11.

---

187 통상 임차인이 당해 임대주택을 분양전환(소유권 이전)을 받은 경우, 국민주택기금의 융자금채권은 임차인에게 대환되고, 임대사업자는 국민주택기금의 융자금 반환채무를 면하게 된다.

188 주택산업연구원(이동성, 장성수, 방경식, 구본창, 김태섭, 윤인숙, 박미선, 조영주, 이강미, 박정민), '임대보증금 보증제도 도입방안 연구', 대한주택보증 주식회사, 2002년.

189 '임대보증금 보증제도 도입방안 연구' 참조: 위 연구 결과에 의하면 2002. 1.경 조사가능 임대아파트 17개 단지의 경우 [국민주택기금+임대보증금]이 시세에 대비하여 110.6%에 해당한다고 함).

개정된 구 「임대주택법 시행령」 제12조 제3항은 민간임대사업자가 국민주택기금의 지원을 받아 임대주택을 건설하는 경우 임대보증금을 제한함에 있어서, 종전에는 건설원가에서 기금지원금액을 차감한 금액인 임대보증금상한선의 100%에 해당하는 금액까지를 임대보증금으로 받을 수 있던 것을, 수도권의 경우 임대보증금상한선의 90%, 그 밖의 지역의 경우 임대보증금상한선의 80%에 해당하는 금액을 임대보증금으로 받을 수 있도록 개정되었던 것이다.[190]

그리고 2005. 9. 16. 개정된 구 「임대주택법 시행령」 제12조 제1항이 '공공건설임대주택 중 구 「주택법」 제16조(현행 제15조)의 규정에 의하여 사업계획승인을 얻어 건설한 임대주택의 최초의 임대보증금 및 임대료는 건설교통부장관이 정하여 고시하는 표준임대보증금 및 표준임대료를 초과할 수 없다'고 함으로써 '최초의'를 특별히 명시적으로 기입한 것은 민간임대사업자의 부도 등에 따른 임차인의 '임대보증금'에 대한 피해를 최대한 줄이기 위한 입법자의 의도였던 것으로 보인다.

따라서 최초의 표준임대보증금의 상한선을 확정하는 것은 매우 중요한 의미를 가진다.

필자의 졸견으로는 「임대주택법 시행령」 제21조 제1항, 제2항 규정은 최초의 표준임대보증금 및 표준임대료에 관한 기본적이고 정통적인 「임대주택법령」의 태도에서 벗어난 것으로 입법의 오류가 아닌가 하는 생각이 든다.

---

[190] 주택산업연구원(이동성, 장성수, 방경식, 구본창, 김태섭, 윤인숙, 박미선, 조영주, 이강미, 박정민), '임대보증금 보증제도 도입방안 연구', 대한주택보증 주식회사, 2002년, p.32.

9. 최초의 임대보증금과 임대료의 상호전환에 관하여

가. 총론

1) 공공임대주택의 경우

공공임대주택 중 ① 영구임대주택, ② 국민임대주택, ③ 행복주택의 임대보증금과 월 임대료는 임차인이 동의한 경우에 임대차계약에 따라 상호전환할 수 있다.

다만 이 경우 최초의 전환된 임대보증금은 해당 임대주택과 그 부대시설에 대한 건설원가에서 주택도시기금의 융자금을 뺀 금액을 초과할 수 없다(「공공주택 특별법 시행령」 제44조 제3항).

공공주택사업자가 임대보증금과 임대료를 상호전환하고자 하는 경우에는 해당 주택의 건설을 위한 주택도시기금융자금 및 저당권 등 담보물권 설정 금액 등 대통령령으로 정하는 사항**191**을 임차인에게 알려주어야 한다(「공공주택 특별법」 제49조 제5항).

2) 민간임대주택의 경우

민간임대주택의 임대사업자가 임대의무기간 동안에 임대료의 증액을 청구하면서 임대보증금과 임대료를 상호전환하는 경우에는 국토교통부령이 정한 적용기준**192**에 따라야 한다(「민간임대주택에 관한 특별법」 제44조 제3항).

---

191 「공공주택 특별법 시행령」
제46조(임차인에 대한 정보제공의 내용 및 방법)
① 법 제49조 제5항에서 "해당 주택의 건설을 위한 주택도시기금 융자금 및 저당권 등 담보물권 설정금액 등 대통령령으로 정하는 사항"이란 다음 각 호의 사항을 말한다.
1. 해당 주택의 건설을 위한 주택도시기금 융자금
2. 저당권, 전세권 등 해당 주택에 대한 제한물권 설정금액
3. 가압류, 가처분 등 해당 주택에 대한 보전처분 여부
4. 해당 주택의 신탁 여부
② 공공주택사업자는 제1항 각 호의 정보를 직접 서면 또는 우편(전자우편을 포함한다)으로 임차인에게 알려주어야 한다.
192 「민간임대주택에 관한 특별법 시행규칙」
제18조(임대보증금과 월임대료간 전환) 법 제44조 제2항 후단에 따라 임대보증금을 월임대료로 전환하는 경우에는 「주택임대차보호법」 제7조의2에 따라 적용하는 비율을 초과할 수 없다. 월임대료를 임대보증금으로 전환하는 경우에도 또한 같다.

3) 「임대주택법」상 임대주택의 경우

가) 임대보증금과 임대료의 상호전환의 연혁

구 「임대주택건설촉진법 시행규칙」 제3조 제1항은 공공임대주택(국가·지방자치단체 또는 대한주택공사가 임대하는 임대주택)의 임대보증금 및 임대료는 건설부장관이 정하여 고시하는 '표준임대보증금 및 표준임대료'를 초과할 수 없다고 규정하고 있었다.

그리고 「같은 법 시행규칙」 제4조 제1항, 제2항은 민간임대주택(공공임대주택 외의 임대주택)에 대하여는 국민주택기금을 지원받은 경우에는 위 표준임대보증금 및 표준임대료의 각 100분의 150의 범위 안에서 정하되, 임대보증금은 당해 주택가격에서 국민주택기금의 융자금을 제외한 나머지 금액을 초과하지 아니하는 범위 안에서 정하도록 하며, 국민주택기금을 지원받지 아니하는 경우에는 자율적으로 결정할 수 있도록 하였다.

그런데 위와 같이 국민주택기금을 융자받아 건설한 민간임대주택의 임대보증금 및 임대료는 표준임대보증금 및 표준임대료의 각 100분의 150을 넘을 수 없도록 되어 있어 임대보증금 및 임대료를 서로 가감 또는 전환하는 경우에 그 금액이 각각의 한도액을 초과하는 때에는 가감 또는 전환자체를 할 수 없었기 때문에 임대인 및 임차인에게 불편을 초래하였으므로, 임대인과 임차인의 합의에 의하여 임대보증금 및 임대료를 서로 가감 또는 전환하는 경우에는 표준임대보증금 및 표준임대료의 각 100분의 150을 넘을 수 있도록 함으로써 임대보증금 및 임대료의 상호 가감 또는 전환이 가능하도록 구 「임대주택건설촉진법 시행규칙」(1986. 10. 13. 건설부령 제409호로 일부 개정되어 1986. 10. 13.부터 시행된 것) 제3조 및 제4조가 개정되었다.

개정일시	취지	내용	관련 규정
1986. 10. 13.	상호전환할 수 있다는 규정을 시행규칙에 규정함	공공임대주택외의 임대주택(이하 "민간임대주택"이라 한다)중 국민주택기금의 융자를 받아 건설한 민간임대주택의 임대보증금 및 임대료는 제3조의 규정에 의한 표준임대보증금 및 표준임대료의 각 100분의 150에 해당하는 금액을 넘을 수 없다. 다만, 건설부장관이 정하는 방법에 따라 표준임대보증금의 100분의 150에 해당하는 금액을 임대료로, 표준임대료의 100분의 150에 해당하는 금액을 임대보증금으로 각각 환산하여 전환한 금액의 범위 안에서 임대인과 임차인의 합의에 의하여 임대보증금을 임대료로, 임대료를 임대보증금으로 각각 환산하여 서로 가감하거나 전환하는 때에는 그러하지 아니하며 이 경우 적용하는 이율은 은행법에 의한 은행에서 적용하는 1년 만기 정기예금의 이율을 기준으로 한다.	구 임대주택 건설촉진법 시행규칙 제4조
1993. 10. 14.	상호전환할 수 있다는 규정을 건설부 고시에 규정함	국가, 지방자치단체 및 대한주택공사가 건설하는 공공임대주택의 경우 표준임대보증금과 표준임대료는 입주민의 동의가 있는 경우에 상호전환이 가능하며 이 경우 전환금액에 대한 금리는 연 10%를 적용한다.	구 임대주택건설촉진법 시행규칙 제3조, 건설부 고시 제1993-399호
1994. 9. 13.	최초의 임대보증금 상한선을 시행령에서 규정함	제1항의 공공건설임대주택에 대한 최초의 임대보증금은 당해 임대주택의 건설원가에서 국민주택기금에 의한 융자금을 차감한 금액을 초과할 수 없다.	구 임대주택법 제12조 제3항

1994. 9. 27.		제1호의 규정에 의한 표준임대보증금과 표준임대료는 입주자의 동의가 있는 경우에는 상호전환이 가능하며, 전환금액에 대한 금리는 한국주택은행의 1년 만기 정기예금의 이율을 적용한다.	건설부 고시 제1994-359호 제2호
2002. 9. 11.	최초의 임대보증금 상한선을 시행령에서 규정함	제1항의 공공건설임대주택에 대한 최초의 임대보증금은 다음 각 호의 구분에 따라 정하는 금액을 초과할 수 없다. 이 경우 임대주택의 건설원가는 건설교통부령이 정하는 산정기준에 의하여 산출한 가격을 말한다. 1. 국가·지방자치단체·대한주택공사 또는 지방공사가 건설한 임대주택은 당해 주택의 건설원가에서 국민주택기금에 의한 융자금을 차감한 금액(이하 "임대보증금상한선"이라 한다. 이하 이 항에서 같다) 2. 제1호외의 임대사업자가 건설한 임대주택은 다음 각목의 금액 가. 수도권(서울특별시·경기도 및 인천광역시를 말한다. 이하 이 항에서 같다)지역에서는 임대보증금상한선의 90%에 해당하는 금액 나. 수도권외의 지역에서는 임대보증금상한선의 80%에 해당하는 금액	구 임대주택법 제12조 제3항
2011. 3. 2.	상호전환 및 최초의 임대보증금상한선을 모두 시행령에 규정함	제1항에 따른 공공건설임대주택의 최초 임대보증금과 임대료는 같은 항에도 불구하고 임차인의 동의가 있는 경우에는 임대차계약에 따라 상호전환할 수 있다. 이 경우 최초의 임대보증금은 해당 임대주택과 그 부대시설에 대한 건설원가(제2항 후단에 따른 건설원가)에서 국민주택기금의 융자금을 뺀 금액을 초과할 수 없다.	「임대주택법 시행령」 제21조 제3항 전문, 후문
2012. 12. 18.		임대사업자가 임대보증금과 임대료를 상호전환하려는 경우에는 임차인에게 해당 주택의 국민주택기금 융자금 및 저당권 등 담보물권 설정금액 등을 알려주도록 함.	「임대주택법」 제20조 제4항

나) 「임대주택법령」의 내용

「임대주택법」상 '공공건설임대주택'의 최초 임대보증금과 임대료는 임차인의 동의가 있는 경우에는 임대차계약에 따라 상호전환할 수 있다(「임대주택법 시행령」제21조 제3항 전문).

이 경우 최초의 임대보증금은 해당 임대주택과 그 부대시설에 대한 건설원가(국토교통부령에서 정함)에서 주택도시기금의 융자금을 뺀 금액을 초과할 수 없다(「임대주택법 시행령」제21조 제3항 후문).

임대사업자가 임대보증금과 임대료를 상호전환하고자 하는 경우에는 해당 주택의 건설을 위한 주택도시기금 융자금 및 저당권 등 담보물권 설정금액 등 대통령령으로 정하는 사항[193]을 임차인에게 알려주어야 한다(「임대주택법」제20조 제4항).

---

193 「임대주택법 시행령」제21조의2 제1항
  1. 해당 주택의 건설을 위한 주택도시기금 융자금
  2. 저당권, 전세권 등 해당 주택에 대한 제한물권 설정금액
  3. 가압류, 가처분 등 해당 주택에 대한 보전처분 여부
  4. 해당 주택의 신탁 여부
  5. 임대보증금과 임대료의 상호전환으로 변동되는 임대보증금에 대한 보증 가입 계획

나. 각론
- '최초의 전환 임대보증금 및 전환 임대료의 '의의' 및 '구체적인 산정 방식'에 관하여

1) 2002. 9. 11. 개정된 「임대주택법령」 규정의 내용

'최초의 전환 임대조건'에 관하여 2002. 9. 11. 개정된 구 「임대주택법 시행령」 제12조 제3항[194]은

제12조 (건설임대주택의 임대보증금 및 임대료)

③ 제1항의 공공건설임대주택에 대한 최초의 임대보증금은 다음 각 호의 구분에 따라 정하는 금액을 초과할 수 없다.

1. 국가·지방자치단체·대한주택공사 또는 지방공사가 건설한 임대주택은 당해 임대주택과 그 부대시설에 대한 건설원가(제2항 후단의 규정에 의한 건설원가를 말한다)에서 국민주택기금에 의한 융자금을 차감한 금액(이하 "임대보증금상한선"이라 한다. 이하 이 항에서 같다)

2. 제1호 외의 임대사업자가 건설한 임대주택은 다음 각목의 금액.
   이 경우 공공택지 외의 지역에서 건설한 임대주택은 국민주택기금에 의한 자금을 지원받을 당시에 「주택법」 제62조의 규정에 의한 기금수탁자와 약정한 임대보증금액을 초과할 수 없다.
   가. 수도권(서울특별시·경기도 및 인천광역시를 말한다. 이하 이 항에서 같다)지역에서는 임대보증금상한선의 90%에 해당하는 금액
   나. 수도권 외의 지역에서는 임대보증금상한선의 80%에 해당하는 금액

라고 규정하고 있으며,

위 국토교통부 고시 제4호는

4. 임대보증금과 임대료의 상호전환
   가. 임대보증금과 임대료는 임대차계약 시 임차인의 동의가 있는 경우에는 상호 전환이 가능하며, 이 경우 전환액에 대한 금리는 전환 당시 정기예금이율을 적용한다.

---

[194] 아래에는 2002. 9. 11. 개정된 구 「임대주택법 시행령」 제12조 제3항 규정인데, 이는 2011. 3. 2. 개정된 「임대주택법 시행령」 제21조 제3항에 의하여 임대보증금상한선(=당해 임대주택의 건설원가-국민주택기금융자금)이 다시 100%로 환원되었다. 2011. 3. 2. 개정된 제21조 제3항 규정은 같은 령의 시행(2011. 3. 2.) 후 최초로 임대차계약을 체결하는 공공건설임대주택부터 적용한다(부칙 제2조).

나. 임대보증금을 상호전환할 경우 최초의 임대보증금(전환보증금 포함)은 건설원가에서 기금을 차감한 금액을 초과할 수 없다.[195]

라고 규정하고 있으므로, '최초의 전환임대보증금 및 전환임대료'는 위와 같이 산정된 '최초의 표준임대보증금 및 표준임대료'[196]를 전환 당시(=최초 입주자모집 당시)의 은행법에 의한 금융기관으로서 가계자금대출시장의 점유율이 최상위인 금융기관의 1년 만기 정기예금의 이율(이하 '정기예금이율'이라고만 함)을 적용하여 상호 전환하여 산정함으로써 산정되는 것이다.

결국 '최초의 전환 임대조건'도 '표준임대보증금과 표준임대료'의 '전환금액'을 임대사업자와 임차인 사이에 얼마로 합의할 것이냐에 따라서, 관념적으로는 위 '최초의 전환임대보증금'의 '상한선' 내에서 여러 종류의 '최초의 전환 임대조건'이 있을 수 있다.

2) 임대주택법 시행령 제21조 제1항 및 제3항의 규정 취지

「임대주택법 시행령」 제21조 제1항(=구 「임대주택법 시행령」 제12조 제1항)은 특히 임차인의 '최초의' 임대보증금과 임대료에 관한 규정이라는 점에 주목하여야 한다.

구 「임대주택법 시행령」 제12조 제1항 본문의 개정경과를 보면, ① 2005. 9. 16. 대통령령 제19051호로 개정되기 '전'의 규정에서는 단순히 "공공건설임대주택 중 「주택법」 제16조의 규정에 의하여 사업계획승인을 얻어 건설한 임대주택의 임대보증금 및 임대료는 ……(이하 생략)……"라고만 규정하고 있으나, ② 2005. 9. 16. 대통령령 제19051호로 개정된 규정에서는 "공공건설임대주택 중 「주택법」 제16조의 규정에 의하여 사업계획승인을 얻어 건설한 임대주택의 '최초의' 임대보증금 및 임대료는 ……(이하 생략)……"이라고 개정함으로써, 애써 '최초의' 임대보증금 및 임대료를 강조하고 있음을 볼 수 있다.

이처럼 '최초의' 임대보증금 및 임대료에 관한 것만큼은 구 「임대주택법 시행령」 제12조 제1항 본문상 '표준임대보증금 및 표준임대료'를 원칙으로 하되, '건설교통부 고시 제2004-70호 (2004. 4. 2. 개정)' "임대주택의 표준임대보증금 및 표준임대료"[197]에 의하여 (최초의) 임대차계약

---

[195] 당해 임대주택에 대하여 국민주택기금을 전혀 융자받지 않았다면, 최초의 임대보증금 상한선은 건설원가의 90%이다.
[196] 당해 임대아파트의 입주자모집 당시 표준건축비로 산정된 표준 임대보증금과 표준 임대료.
[197] 위 [건설교통부 고시 제2004-70호]를 근간으로 하여 지금까지 [국토교통부 고시 제2015-638호]로 대체로 그대로 유지되고 있다. 다만, 제4항 가목 "임대보증금과 임대료는 임대차계약 시 임차인의 동의가 있는 경우에는 상호전환이 가능하며, 이 경우 전환액에 대한 금리는 전환당시 정기예금이율을 적용한다"는 규정이, [국토교통부 고시 제2015-445호, 2015. 7. 1., 일부개정]에서는 "임대보증금과 임대료는 임대차계약 시 임차인의 동의가 있는 경우에는 상호전환이 가능하며, 이 경우 전환금액에 대한 금리는 은행 대출금리와 시장 전월세 전환율 등을 참고하여 사업시행자가 별도로 정한다"로 개정되어 지금까지 유지되고 있다.

시 임차인의 동의가 있는 경우에 한하여 전환임대보증금 및 전환임대료로 할 수 있다고 규정하고 있는 의미는 다음과 같은 임차인 보호의 의미가 있다.

첫째, 지금까지의 임대주택에 관한 역사적 경험상, 임대사업자가 (고의)부도 등을 내는 시점은 최초 입주 후 얼마 되지 않은 시점, 즉 최초의 임대차계약기간 2년 내인 경우가 많았던 것을 알 수 있는 바,[198] 통상 임대주택에 입주하려는 임차인으로서는 최초의 임대차계약 시 임대사업자의 자력이나 임대주택사업에 관한 계속 의지에 대하여 정확히 알 수 없는 것이므로, 최초의 임대차계약에 있어서는 전환임대조건보다 낮은 표준임대조건으로 계약할 수 있는 기회가 보장되어야 혹 최초 임대차계약 기간 2년 내에 임대사업자의 부도 등이 발생할 경우 임차인의 임대보증금에 관한 피해를 최소화할 수 있는 것이다.[199]

둘째, 임대사업자에게 지급하여야 할 임대보증금에 있어서, 전환임대보증금에 관한 목돈마련에 충분한 자력이 없고 표준임대보증금 정도만의 자력이 있는 입주 희망자로서는 최초의 임대차계약 체결 시 임대사업자로부터 표준임대조건과 전환임대조건에 관한 선택권이 있음을 명확히 고지, 설명을 받은 경우에 한하여 표준임대조건으로 하여 임대주택에 입주할 수 있는 것이지, 표준임대조건에 관하여는 '구체적인 금액 표시도 없이' 만연히 '전환'이라고만 표시하고 전환임대조건에 관한 구체적인 금액만을 표시한 사안에 있어서는 위와 같이 자력이 충분하지 않은 입주희망자들로 하여금 아예 임대주택에 입주할 기회 자체를 박탈하는 결과가 되는 것이다.[200]

따라서 최초의 임대차계약을 체결하는 경우에 있어서는 임대사업자는 입주희망자에게 반드시 표준임대조건과 전환임대조건의 구체적인 액수를 제시하고 이에 관한 선택권이 있음을 명확히 고지, 설명함으로써 자력이 충분하지 못한 입주희망자에게 표준임대조건을 선택하여 임대주택에 입주할 수 있도록 하여야 자력이 충분하지 못한 서민의 주거권이 보장되는 것이다.

그리고 구 「임대주택법 시행령」 제12조 제1항 및 「건설교통부 고시(제2004-70호)」가 법규명령이고, 효력규정인지 여부는 위 규정의 적용을 받는 「임대주택법」상의 공공건설임대주택 중 구

---

[198] 주택산업연구원(이동성, 장성수, 방경식, 구본창, 김태섭, 윤인숙, 박미선, 조영주, 이강미, 박정민), '임대보증금 보증제도 도입 방안 연구', 대한주택보증 주식회사, 2002년, p.49.

[199] 임차인에게 있어서, 최초 임대차계약 기간 2년 동안은 임대사업자의 자력 및 임대사업 계속의지에 관하여 최초 임대차계약 체결 당시보다 더 많이 파악할 수 있는 최소한의 기간으로 볼 수 있고, 임대차계약의 갱신을 원하는 경우 최초 임대차계약 체결 시보다 좀 더 안심하고 '전환'임대보증금을 선택할 수 있을 것이다.

[200] 간혹 임대사업자 스스로도 당해 임대주택에 관한 당첨자 발표 수 당첨자의 50%가 청약을 포기하였다고 주장하고, 또 당해 임대주택의 총 585 호 중 약 150 호 정도의 임차인은 실제 이 사건 아파트에 거주하지 아니하고 제3자에게 불법전대하고 있는 것으로 알고 있다고 주장하기도 하는 바, 이는 곧 표준임대조건으로 입주를 희망했던 자력이 불충분한 입주희망자의 입주 기회를 박탈하고, 자력이 충분한 투기세력이 임차한 결과가 된 것으로 보아야 할 것이다.

「주택법」 제16조(현행 제15조)의 규정에 의하여 사업계획승인을 얻어 건설한 임대주택(즉 20세대 이상의 대규모 임대주택을 건설하는 경우) '전체의 사정'을 기초로 그 '입법취지 등'을 고려하여 판단할 사안이지, 당해 임대주택에 관하여 임대사업자가 국민주택기금의 융자금을 지원받지 않은 사실이라든지, 임차인이 임대사업자에게 납부하여야 하는 임대보증금에 관하여 자력이 부족한 임차인이 은행 등으로부터 대출을 받아 이를 임대사업자에게 지급함에 있어 임대사업자의 원조가 있었다든지, 그 대출이율이 얼마인지, 임대주택의 소재지가 수도권인지 등의 특별한 사유가 고려될 수는 없다.

3) 상호전환에 관한 임차인의 동의의 의미

「임대주택법 시행령」 제21조 제3항은 최초의 '임대보증금 상한선'에 관한 규정으로 자기자금을 최소화하고 임대주택건설사업을 할 수 있게 하는 '임대사업자를 위한 규정'이고, 같은 조 제1항은 최초의 임대조건은 표준임대보증금 및 표준임대료를 초과할 수 없도록 함으로써 임차인의 임대보증금확보 등을 위한 '임차인 보호 규정'으로 볼 수 있는 바, 같은 조 제1항의 위임에 따른 건설교통부 고시 제2004-70호(2004. 4. 2. 개정) "임대주택의 표준임대보증금 및 표준임대료"의 4. 가, 나가 (최초의) 임대차계약 시 임차인의 동의가 있는 경우에 (임대보증금 상한선까지) 임대료를 임대보증금으로 전환할 수 있도록 규정하고 있는 것은 바로 위 시행령 제12조 제1항 및 제3항의 상반되는 입법 취지를 '임차인의 동의'로서 절충하고자 하는 것으로 볼 수 있을 것이다.

4) 임대보증금과 임대료의 상호전환 규정이 효력규정인지 여부

대법원은 임대보증금과 임대료의 상호전환에 관한 「임대주택법령」은 효력규정에 해당하고, 임대사업자가 임대보증금과 임대료의 상호전환에 대하여 임차인의 동의를 받지 않은 경우, 상호전환된 임대보증금은 표준임대보증금을 초과하는 한도 내에서 일부 무효가 된다고 판시하였다[대법원 2010.7.22, 선고, 2010다23425 판결].

[대법원 2010.7.22, 선고, 2010다23425 판결]

[1] 구 임대주택법(2006. 9. 27. 법률 제8015호로 개정되기 전의 것)이 임대주택의 건설을 촉진하고 국민주거생활의 안정을 도모하기 위하여 필요한 사항을 규정함을 목적으로 하고 있고, 그 목적 달성을 위해 임대사업자에게 각종 지원과 더불어 제한을 하고 있는데, 임대사업자가 자의적으로 임대보증금과 임대료를 정하는 것을 방지하고 합리적인 임대보증금과 임대료로 임대주택을 공급하도록 하는 것이 국민주거생활안정을 도모하는 근간이 된다고 할 것이므로, 구 임대주택법 제14조의 위임에 따라 구 임대주택법 시행령(2007. 3. 27. 대

통령령 19975호로 개정되기 전의 것) 제12조 제1항에서 같은 항 임대주택의 최초 임대보증금 및 임대료는 건설교통부장관이 정하여 고시하는 표준임대보증금 및 표준임대료를 초과할 수 없다고 규정하고 **이에 따라 구 '임대주택의 표준임대보증금 및 표준임대료(건설교통부 고시 제2004-70호)'에서 표준임대보증금 및 표준임대료를 정한 다음 임대보증금과 임대료는 임대차계약시 임차인의 동의가 있는 경우에는 상호전환이 가능하도록 한 규정은 임차인의 동의 없는 상호전환의 사법적 효력을 제한하는 효력규정으로 봄이 상당하다.**

[2] 민법 제137조는 임의규정으로서 의사자치의 원칙이 지배하는 영역에서 적용된다고 할 것이므로, 법률행위의 일부가 강행법규인 효력규정에 위반되어 무효가 되는 경우 그 부분의 무효가 나머지 부분의 유효·무효에 영향을 미치는가의 여부를 판단함에 있어서는 개별 법령이 일부무효의 효력에 관한 규정을 두고 있는 경우에는 그에 따라야 하고, 그러한 규정이 없다면 원칙적으로 민법 제137조가 적용될 것이나 당해 효력규정 및 그 효력규정을 둔 법의 입법 취지를 고려하여 볼 때 나머지 부분을 무효로 한다면 당해 효력규정 및 그 법의 취지에 명백히 반하는 결과가 초래되는 경우에는 나머지 부분까지 무효가 된다고 할 수는 없다.

[3] 임대사업자가 임대주택의 최초의 임대보증금과 임대료를 상호전환하여 임대차계약을 체결한 사안에서, 임차인의 동의 없이 정하여진 위 임대차계약상의 임대보증금은 표준임대보증금을 초과하는 한도 내에서 무효라고 한 사례.

[4] 구 「임대주택의 표준임대보증금 및 표준임대료(건설교통부 고시 제2004-70호)」는 표준임대보증금 및 표준임대료를 정한 다음 임대보증금과 임대료는 임대차계약 시 임차인의 동의가 있는 경우에는 상호전환이 가능하도록 규정하고 있는바, 위 고시에서 말하는 '임차인의 동의'라고 함은 임대주택을 공급받으려고 하는 사람이 표준임대보증금 및 표준임대료로 임대차계약을 체결할 수 있는 상황에서 스스로 상호전환 여부를 선택하는 것을 의미하고, **임대보증금과 임대료가 상호전환된 조건으로만 임대주택을 공급받는 것과 아예 임대주택 청약을 포기하는 두 가지 선택만이 가능한 경우에는 임차인의 동의권이 부여되었다고 볼 수 없다. 따라서 임대사업자가 임대료의 일부를 임대보증금으로 상호전환함으로써 표준임대보증금보다 고액인 임대보증금으로 임차인을 모집하고자 하는 경우 표준금액과 전환금액을 모두 공고 내지 고지하여 임차인을 모집한 후 전환금액에 동의하는 임차인에 한하여 전환금액으로 임대차계약을 체결하여야 한다.**

5) 상호전환 규정을 위반하여 임대차계약상의 임대보증금 부분이 일부 무효가 된 경우의 임대료의 확정에 관하여

가) 쟁점

임대사업자가 임대보증금과 임대료의 상호전환에 대하여 임차인의 동의를 받지 않아, 상호전환된 임대보증금이 표준임대보증금을 초과하는 한도 내에서 일부 무효가 되는 경우, 임대차계약 상의 임대보증금과 임대료는 ① 표준임대보증금과 당초 임대차 계약서상의 임대료(상호전환된 임대료)로 정해지는 것인지, 아니면 ② 표준임대보증금과 표준임대료로 정해지는 것인지 문제된다.

나) 대법원의 전원합의체 판결

이와 관련하여 대법원(대법원 2016. 11. 18. 선고 2013다42236 전원합의체 판결)의 ① 다수의견은 상호전환되기 전의 표준임대보증금과 표준임대료로 임대차계약이 성립하는 것으로 본다는 입장이고, ② 별개의견은 표준임대보증금과 기존의 임대차계약 상의 상호전환된 임대료로 임대차계약이 성립하는 것으로 보는 입장이다.

[대법원 2016. 11. 18. 선고 2013다42236 전원합의체 판결]

【다수의견】

건설교통부 고시에서 말하는 '임차인의 동의'란 임대주택을 공급받으려고 하는 사람이 표준임대보증금과 표준임대료로 임대차계약을 체결할 수 있는 상황에서 스스로 금액의 상호전환 여부를 선택하는 것을 의미한다. 가령 임대사업자가 임대보증금과 임대료를 임의로 상호전환하여 정한 임대차계약 조건을 제시하고 이를 그대로 받아들이거나 아니면 임대주택 청약을 포기하는 것 중에서만 선택할 수 있도록 한 경우에는 임차인에게 동의권이 부여되었다고 볼 수 없다. 따라서 임대사업자가 임대료의 일부를 임대보증금으로 상호전환함으로써 표준임대보증금보다 고액인 임대보증금으로 임차인을 모집하고자 하는 경우에는 표준금액과 전환금액을 모두 공고하거나 고지하여 임차인을 모집한 후 전환금액에 동의하는 임차인에 한하여 그 조건으로 임대차계약을 체결하여야 한다. 그러므로 임차인의 동의 절차를 올바르게 거쳤으면 유효한 임대차계약으로 성립될 수 있는 경우에도, 그러한 절차를 거치지 않고 일방적으로 상호전환의 조건을 제시하여 임대차계약을 체결하였다면 이는 효력규정인 임대주택법령에 위반된 약정으로서 무효가 된다.

건설교통부 고시에 의하여 산출되는 임대보증금과 임대료의 상한액인 표준임대보증금과 표준임대료를 기준으로 계약상 임대보증금과 임대료를 산정하여 임대보증금과 임대료 사이에 **상호전환을 하였으나 절차상 위법이 있어 강행법규 위반으로 무효가 되는 경우에는** 특별한 사정이 없는 한 임대사업자와 임차인이 임대보증금과 임대료의 상호전환을 하지 않은 원래의 임대 조건, 즉 표준임대보증금과 표준임대료에 의한 임대 조건으로 임대차계약을 체결할 것을 의욕하였으리라고 봄이 타당하다. 그러므로 임대차계약은 민법 제138조에 따라 표준임대보증금과 표준임대료를 임대조건으로 하는 임대차계약으로서 유효하게 존속한다.

[대법관 김신, 대법관 김소영, 대법관 권순일, 대법관 박상옥의 별개의견]

공공건설임대주택의 임대차계약에서 임대인이 임대주택법령에 정한 방식에 의한 임차인의 동의 없이 일방적으로 임대보증금과 임대료를 상호전환하여 임대보증금은 표준임대보증금을 초과하는 금액으로, 월 임대료는 표준임대료에 미달하는 금액으로 정함으로써 효력규정인 임대주택법령을 위반한 경우, **임대차계약상의 임대보증금은 표준임대보증금을 초과하는 한도 내에서 무효이나 임대차계약의 나머지 부분까지 무효가 되는 것은 아니므로 임대차계약상의 임대료 부분은 유효하게 존속한다.**

다) 해설

위 사안에서 대법원의 전원합의체의 결론은 '원심판결이 직권조사사항인 선행소송의 확정판결201의 기판력 저촉 여부에 관한 심리 및 판단을 누락하였으므로 파기될 수밖에 없다.'는 것으로 대법원 13명의 일치된 견해였다.

그러나 임대조건의 상호전환에 관하여 임차인의 동의가 없어 무효가 되는 경우 유효하게 존속하는 임대조건이 무엇인가에 관하여,

① 다수의견(9명)은 법률행위가 강행법규에 위반되어 무효가 되는 경우에 그 법률행위가 다른 법률행위의 요건을 구비하고 당사자 쌍방이 위와 같은 무효를 알았더라면 다른 법률행위를 하는 것을 의욕하였으리라고 인정될 때에는 민법 제138조에 따라 다른 법률행위로서 효력을 가진다고 하면서, 이러한 당사자의 가정적 효과의사는 그 법률행위의 경위, 목적과 내용, 무효의 사유 및 강행법규의 입법취지 등을 두루 고려하여 판단할 것이나, 그 결과가 한쪽 당사자에게 일방적인 불이익을 주거나 거래 관념과 형평에 반하는 것이어서는 안 된다고 본 것이다.

---

201 임차인은 2009년경 임대사업자를 상대로 당초 임대차계약은 임차인의 동의 없이 전환임대보증금을 기준으로 체결한 것으로 전환임대보증금과 표준임대보증금의 차액(부당이득)을 반환하라는 소송을 제기하였다. 1심 법원은 임차인인 원고의 청구를 인용하였다. 이에 임대사업자가 항소하였고, 항소심 계속 중에 최초 임대보증금이 표준임대보증금으로 낮아질 경우 그에 상응하는 임대료는 전환이율에 따라 높아져야 한다고 주장하며 항소심 변론 종결일까지 발생한 임대료 차액 상당의 채권으로 임차인의 부당이득(전환임대보증금-표준임대보증금)반환채권과 상계하는 한편 항소심 변론종결일 이후 당해 임대아파트 인도일 까지 표준임대료와 최초 임대료의 차액 상당의 지급을 구하는 예비적 반소를 제기하였다. 항소심은 임대사업자의 예비적 반소를 인용하였다. 임차인은 이에 대하여 상고하였으나 대법원은 항소심판결을 인용하여 상고기각 판결하여 항소심 판결대로 확정되었다.

그런데 임차인은 위 항소심 판결이 확정된 이후에도 당초 임대차계약서상의 최초 임대료(전환임대료)만 지급하고 표준임대료와 최초 임대료의 차액을 지급하지 않았다. 이에 임대사업자는 임대차계약서에 정한 '임차인이 임대료 3개월 이상 연체한 경우 임대차계약을 해지할 수 있다'는 약정에 의해 당해 임차인과의 임대차계약을 해지하였다. 그 후에도 임차인이 당해 임대주택을 임대사업자에게 인도하지 아니하자 임대사업자가 당해 임차인에게 임대아파트 인도청구 소송을 제기하였는바, 1심 법원은 임대사업자의 청구를 인용하였으나, 2심 법원은 임대사업자의 청구를 기각하였다. 이에 관한 상고심이 위 [대법원 2016. 11. 18. 선고 2013다42236 전원합의체 판결]인 것이다.

　따라서 임대사업자가 임차인의 별도의 동의 없이 임대보증금과 임대료의 상호전환된 임대차조건으로 임대차계약을 체결한 경우, 표준임대보증금을 초과하는 임대보증금은 무효가 되고, 표준임대보증금과 표준임대료의 임대조건대로 임대차계약이 유효하게 존속한다고 본 것이다.

　한편 ② 별개의견(4명)은 임대차계약과 보증금계약은 별개의 계약이고, 보증금계약에서 정한 임대보증금이 법령상 상한을 초과하여 그 부분이 무효가 되었다고 하여 별개의 법률행위인 임대차계약에서 정한 차임이 그에 상응하여 증액된다고 보아야 할 이유가 없다고 하면서, 표준임대보증금과 표준임대료는 임대사업자가 정할 수 있는 상한을 의미할 뿐이고, 공공건설임대주택의 임차인은 계약의 내용을 결정하지 못하고 계약 체결 여부만을 선택할 수 있는 것이 현실이며, 임차인은 표준임대료 등을 제시받은 적이 없으므로, 임차인에게 임대보증금이 표준임대보증금으로 변경될 경우 임대료 또한 표준 임대료로 변경될 수 있다는 것에 대한 가정적 의사가 있다고 보기 어렵다고 본 것이다.

　따라서 임대보증금은 표준임대보증금을 초과하는 한도 내에서는 무효이지만, 임대료는 임대차 계약상의 임대료 부분은 그대로 유효하게 존속한다고 본 것이다.

10. 임대보증금과 임대료의 증액에 관하여

가. 임대사업자가 임대보증금과 임대료의 일방적 증액을 청구할 경우

임대사업자가 최초의 임대차계약을 체결한 이후 주거비 물가지수 등의 경제사정이 변동되어 일방적으로 임대보증금과 임대료의 증액을 청구할 수 있는데, 이는 그 법적 성질이 임대사업자의 형성권을 행사하는 것이다. 다만 임대사업자가 임대주택에 대하여 위와 같은 형성권을 행사함에 있어서는 아래의 각 법률이 정한 상한 내에서만 행사하여야 한다. 그 상한 규정은 임차인 보호를 목적으로 하는 강행규정의 성격이 있다할 것이므로, 그 상한을 넘어서는 임대사업자의 형성권 행사는 그 초과하는 부분의 한도 내에서 무효라고 볼 것이다.

1) 공공임대주택의 경우

공공임대주택의 공공주택사업자가 임대료(=임대보증금 및 월 임대료)의 증액을 청구하는 경우(재계약을 포함한다[202])에는 임대료(=임대보증금 및 월 임대료)의 5% 이내의 범위에서 주거비 물가지수, 인근 지역의 임대료 변동률 등을 고려하여 증액 청구하여야 한다.

이 경우 증액이 있은 후 1년 이내에는 증액하지 못한다(「공공주택 특별법」 제49조 제2항).

위와 같이 임대보증금이 증액되는 경우에, 임차인은 그 증액분을 증액된 임대보증금이 적용된 임대차계약을 체결한 날부터 1년 이내에 3회에 걸쳐 분할하여 납부할 수 있다(「공공주택 특별법」 제49조 제3항, 「같은 법 시행령」 제45조 제1항).

공공임대주택의 임대료 등 임대조건을 정하는 경우에는 임차인의 소득수준 및 공공임대주

---

[202] 「주택임대차보호법」보다 더 임차인 보호를 하기 위하여 둔 규정이다.

[대법원 2002. 6. 28. 선고 2002다23482 판결]

주택임대차보호법 제7조에서 "약정한 차임 또는 보증금이 임차주택에 관한 조세·공과금 기타 부담의 증감이나 경제사정의 변동으로 인하여 상당하지 아니하게 된 때에는 당사자는 장래에 대하여 그 증감을 청구할 수 있다. 그러나 증액의 경우에는 대통령령이 정하는 기준에 따른 비율을 초과하지 못한다."고 정하고 있기는 하나, <u>위 규정은 임대차계약의 존속 중 당사자 일방이 약정한 차임 등의 증감을 청구한 때에 한하여 적용되고, 임대차계약이 종료된 후 재계약을 하거나 또는 임대차계약 종료 전이라도 당사자의 합의로 차임 등이 증액된 경우에는 적용되지 않는다.</u>

택의 규모 등을 고려하여 차등적으로 정할 수 있는데, 이 경우 소득수준 중의 변화로 임대료 가 변경되는 경우에는 위 사항이 적용되지 않는다.

2) 민간임대주택의 경우

민간임대주택의 임대사업자는 '임대의무기간 동안'에 임대료의 증액을 청구하는 경우에는 연 5%의 범위에서 주거비 물가지수, 인근 지역의 임대료 변동률 등을 고려하여야 한다(「민간임 대주택에 관한 특별법」 제44조 제2항 본문). 위와 같이 '임대의무기간 동안'이라는 제한이 있으므로, 기 존 임차인과 계약을 갱신하거나 신규 임차인과 계약을 신규 체결하는 경우에도 연 5%의 범위 라는 상한의 규제를 받는다.

참고로 「민간임대주택에 관한 특별법」 제43조 제1항에 따른 임대의무기간 동안 임대기간을 2년으로 정하고 그 임대기간 동안 임대료를 증액하는 청구가 없었던 계약이 만료되어 임대사 업자가 같은 법 제44조 제2항에 따라 임대료의 증액을 청구하는 경우, 2년 전 임대료가 아니 라 1년 전 임대료를 기준으로 5%의 범위에서 임대료를 증액할 수 있다는 것이 법제처의 법령 해석(안건번호: 17-0665, 회신일자: 2018. 1. 30.)이다.

다만 '공공지원 민간임대주택'은 임대의무기간 동안뿐만 아니라 '임대의무기간을 넘는 임대기 간 동안'에 임대료의 증액을 청구하는 경우에도 연 5%의 범위에서 주거비 물가지수, 인근 지역 의 임대료 변동률 등을 고려하여야 한다(「민간임대주택에 관한 특별법」 제44조 제2항 단서).

그런데 위 법률규정의 반대해석상, '공공지원 민간임대주택'이 아닌 민간임대주택의 임대사 업자는 임대의무기간을 넘는 임대기간 동안에 임대료의 증액을 청구하는 경우에는 연 5%의 범위를 초과하여 증액할 수 있다고 볼 수 있을 것이다.

3) 「임대주택법」상 임대주택의 경우

가) 개정 경과

개정일시	취지	내용	관련 규정
2005. 7. 13.	임대사업자가 경제여건을 고려하지 않고 「주택임대차보호법」에 따라 허용되는 최고 한도로 임대료를 증액하여 건설임대주택을 과도한 영리 목적에 이용하는 것을 방지함으로써, 임차인의 주거생활의 안정을 보장하기 위한 것임	**건설임대주택**의 임대사업자가 임대보증금 또는 임대료를 증액 청구하는 경우에는 「주택임대차보호법」이 정한 범위 안에서 주거비물가지수, 인근지역의 전세가격 변동률 등을 고려하도록 함	구 「임대주택법」 제14조 제2항 신설
2012. 1. 26.		임대주택의 임대사업자가 임대보증금 또는 임대료의 증액을 청구하는 경우에는 「주택임대차보호법」으로 정한 범위에서 주거비 물가지수, 인근 지역의 전세가격 변동률 등을 고려하여야 함	「임대주택법」 제20조 제2항

| 2013. 6. 4. | | 임대주택의 임대사업자가 임대보증금 또는 임대료의 증액을 청구하는 경우(갱신 및 신규계약을 포함한다)에는 「주택임대차보호법」 제7조로 정한 범위에서 주거비 물가지수, 인근 지역의 전세가격 변동률 등을 고려하여야 함 | 「임대주택법」 제20조 제2항 |
| | | 국가, 지방자치단체, 한국토지주택공사 또는 지방공사가 공급하는 임대주택의 임대보증금이 증액되는 경우에는 분할 납부할 수 있도록 함 | 「임대주택법」 제20조 제5항 신설 |

나) 내용

임대주택의 임대사업자가 임대보증금 또는 임대료의 증액을 청구하는 경우(갱신 및 신규 계약을 포함한다[203])에는 「주택임대차보호법」 제7조로 정한 범위에서 주거비 물가지수,[204] 인근 지역의 전세 가격 변동률 등을 고려하여야 한다(「임대주택법」 제20조 제2항).

위와 같이 「임대주택법」 제20조 제2항이 2013. 6. 4. 개정되기 전에는, 임대사업자는 당초의 임대차계약을 재계약(갱신)하는 경우에는 「주택임대차보호법」 제7조에 정한 상한을 초과하여 임대조건을 변경할 수 있고, 임차인이 이를 거절할 경우 임대사업자는 임대차계약을 갱신하지 않아도 된다는 취지의 판결을 한 바 있다[대법원 2002. 6. 28. 선고 2002다23482 판결 참조[205]].

[대법원 2002. 6. 28. 선고 2002다23482 판결]

임대주택법 제3조는 임대주택의 건설·공급 및 관리에 관하여 이 법에서 정하지 아니한 사항에 대하여는 주택건설촉진법 및 주택임대차보호법을 적용한다고 규정하고, 주택임대차보호법 제6조 제1항은 임대인이 임대차기간 만료 전 6월부터 1월까지에 임차인에 대하여 갱신거절의 통지 또는 조건을 변경하지 아니하면 갱신하지 아니한다는 뜻의 통지를 하지 아니한 경우에는 그 기간이 만료된 때에 전임대차와 동일한 조건으로 다시 임대차한 것으로 본다고 규정하고 있다.

원심이 확정한 사실관계 및 기록에 의하면, 원고는 피고가 위 1999. 7.경의 통지에 따른 인상된 임대차보증금과 차임을 납부하지 아니하자 2000. 1. 3. 피고에게 같은 달 7.까지 인상된 임대차보증금 및 차임을 납부한

---

203 2013. 6. 4. 개정된 「임대주택법」 제20조 제2항에 추가된 내용이다. 이 개정 규정에 대한 별도의 경과 규정을 부칙에 두고 있지 않다. 따라서 위 개정 시행령이 공포된 후 6개월이 경과한 날에 모든 임대주택에 적용된다고 보아야 할 것이다.

204 '주거비 물가지수'는 '전년도 소비자물가지수 중 전국 평균 주택임차료, 주거시설유지보수비 및 기타 주거관련서비스지수를 가중 평균하여 산정한다.'고 '영구 임대주택의 표준임대보증금 및 표준임대료 산정기준'(국토교통부 고시 제2016-772호, 2016.11.25.) 제2항 가목에 규정되어 있다.

205 참고로 이 대법원 판시 사안은 2005. 7. 13. 개정된 구 「임대주택법」 제14조 제2항이 신설되기 전의 구 「임대주택법」이 적용되는 사안이었다.

후 새로운 임대차계약을 체결하되 만약 이를 납부하지 아니하면 위 임대차계약을 해지하고 이 사건 아파트의 명도절차를 진행하겠다고 통지한 사실이 인정되는바, 위와 같은 통지의 문언 및 원고가 그와 같은 통지를 하게 된 동기와 경위, 위 통지에 의하여 달성하려는 목적, 그리고 이 사건 아파트 임대차계약의 해지 및 명도절차 착수는 피고와의 위 아파트 임대차계약의 갱신을 하지 아니함을 전제로 한다는 점 등을 고려할 때, 위 통지는 기존의 임대차계약 기간 중의 계약해지를 의미하는 외에 장차 이 사건 아파트에 대한 기존의 임대차계약상의 임대차보증금과 차임을 인상하는 것으로 그 계약조건을 변경하지 않으면 계약을 갱신하지 않겠다는 의사표시까지 포함된 것으로 해석하여야 할 것이고, 한편, **주택임대차보호법 제7조에서 "약정한 차임 또는 보증금이 임차주택에 관한 조세·공과금 기타 부담의 증감이나 경제사정의 변동으로 인하여 상당하지 아니하게 된 때에는 당사자는 장래에 대하여 그 증감을 청구할 수 있다. 그러나 증액의 경우에는 대통령령이 정하는 기준에 따른 비율을 초과하지 못한다."고 정하고 있기는 하나, 위 규정은 임대차계약의 존속 중 당사자 일방이 약정한 차임 등의 증감을 청구한 때에 한하여 적용되고, 임대차계약이 종료된 후 재계약을 하거나 또는 임대차계약 종료 전이라도 당사자의 합의로 차임 등이 증액된 경우에는 적용되지 않는다고 할 것이므로(대법원 1993. 12. 7. 선고 93다30532 판결 참조),** 위 통지 당시 그 임대차보증금 및 차임 인상분의 적정 여부는 원고의 이 사건 임대차계약 갱신거절의 의사표시 효력과는 아무런 관계가 없다 할 것이다.

따라서 2013. 6. 4. 개정된 임대주택법 제20조 제2항은 임대주택의 임차인 보호를 위하여 진일보한 개정이라고 볼 수 있다.

한편 국가, 지방자치단체, 한국토지주택공사 또는 지방공사가 공급하는 임대주택의 임대보증금이 증액되는 경우 임차인은 임대보증금의 증액분을 분할하여 납부할 수 있다(「임대주택법」 제20조 제5항).

4) 임대사업자의 임대보증금과 임대료의 증액 청구 시 고려사항

국토교통부장관이 고시하는 표준임대보증금 및 표준임대료 중 표준임대료의 각 구성항목(감가상각비, 수선유지비, 화재보험료, 주택도시기금이자, 제세공과금, 자기자금 이자)이 임대기간 중에 변동이 있는 경우, 임대사업자는 이를 임대료에 반영할 수 있는가가 문제될 수 있다.

앞서 본 바와 같이 임대사업자는 주거비 물가지수, 인근 지역의 전세 가격 변동률, 당해 임대주택과 부대시설 및 부지의 가격에 현저한 변동이 있을 때 등[206]을 이유로 증액할 수 있는데, 감가상각비, 수선유지비, 화재보험료, 주택도시기금이자, 제세공과금, 자기자금 이자의 증감 변경된 사항도 함께 고려할 수 있다고 보아야 하는데, 다만 그 결과 임대조건 증액의 상한

---

206 표준임대차계약서 제5조 참조.

선인 1년 이내에 1/20을 넘지 못하는 한계를 준수하여야만 한다.

한편 임대기간 중 주택도시기금의 이자율이 변동이 있는 경우에 임대료 또한 이를 반영하여야 하는가 문제된 바 있는데, 서울고등법원은 "최초 임대료는 국민주거생활의 안정을 위해 일정 범위 내에서 엄격히 규제하되, 이후 임대료는 임대주택건설사업의 촉진을 위해 임대주택사업자에게 자율성을 부여한다는 데에 그 취지가 있다고 판단되므로, 최초 임대료를 구성하는 국민주택기금융자금의 이자율이 변동되었다고 하더라도 임대주택사업자가 반드시 이를 반영하여 임대료를 정하여야 할 의무가 있다고 보이지 않는다"고 판시한 바 있다(서울고등법원 2010. 11. 10. 선고 2009나92342 판결).

이는 임차인이 분양전환 전까지의 총 임대기간 동안에 임대사업자에게 실제 납부한 총 임대료에서, 총 임대기간 동안에 국민주택기금융자금의 이자율 중 인하(5.5% → 4.5% 또는 4%)된 이자율 상당액은 부당이득이라면서, 임대사업자에게 이를 반환청구한 사안에 대한 법원의 판단이다.

그런데 최초의 임대료는 표준임대보증금 및 표준임대료 고시에 의하여 엄격히 정해지는 것이지만, 총 임대기간 동안의 임대료는 주거비 물가지수, 인근 지역의 전세 가격 변동률에 따라 변동될 수 있으므로, 설사 총 임대기간 중 국민주택기금융자금의 이자율이 인하되었다고 하여, 그 인하된 이자율 상당액만을 특정하여 이를 부당이득이라고 할 수는 없다고 본다.

만약 임대기간 중 국민주택기금 융자금의 이자율이 상승된 경우, 임대사업자는 그 상승된 이자율 상당액을 기존 임대료에 추가하여 부과할 수 있다. 그러나 임대보증금과 임대료의 증액의 상한인 1년 이내에 1/20 이내의 범위 내에서만 가능하다.

따라서 위에서 인용한 서울고등법원 2010. 11. 10. 선고 2009나92342 판결의 판시 내용은 좀 부적절하다고 본다.

참고로 「임대주택법」상 임대주택에 적용될 내용은 아니지만, '사무실 전세'와 관련된 아래와 같은 대법원 판시가 있다.

[대법원 1985. 11. 12. 선고 85누219 판결]

임대인이 그와 특수 관계에 있는 임차인과의 사이에 체결한 당초의 전세계약에서 정한 전세금액이 당시의 정기예금이자율에 비추어 적정하게 책정된 금액인 이상 그 전세계약기간 중 정기예금이자율이 인하되었다고

하여 임대인으로서 임차인에게 인하된 이자율에 상응한 전세금의 증액 또는 이에 상당한 차임액의 추가지급을 당연히 요구할 수 있는 계약상 권리가 있다고 볼 수 없다.

5) 임대사업자의 임대보증금과 임대료의 증액 청구의 적정성 판단

앞서 본 바와 같이 임대사업자의 임대기간 중 임대보증금 또는 임대료에 관한 일방적인 증액 청구는 형성권의 성질을 가지는 바, 재판상 및 재판 외에서 모두 행사할 수 있고, 증액 청구의 의사표시가 임차인에게 도달한 때에 바로 임대보증금 또는 임대료는 객관적으로 상당한 범위 내로 증액된다.

그런데 당사자가 상당하다고 주장하는 증액이 다를 경우에는 결국 법원이 그 상당액을 확정할 수밖에 없다. 다만, 법원이 이를 확정하는 경우에도 그 확정액에 따라 증액의 효력이 발생하는 것은 확정시부터가 아니라 증액청구의 의사표시가 임차인에게 도달한 때로 소급한다.[207]

따라서 만약 임대사업자가 임대보증금 또는 임대료를 1년 이내에 1/20 이내의 증액 청구하였음에도, 임차인이 이에 대하여 동의하지 않는다면, 결국 법원의 재판에 따라 구체적인 증액된 임대조건이 정해질 수밖에 없다.

나. 임대사업자와 임차인의 쌍방 합의에 의해 임대보증금과 임대료를 증액하는 경우

임대사업자와 임차인의 쌍방 합의에 의해 임대보증금과 임대료를 증액함에 있어서는 1년 이내에 1/20이내라는 상한을 초과하더라도 사적자치의 원칙상 유효하다고 볼 것이다.

앞서본 바와 같이 1년 이내의 1/20 이내라는 상한은 임대사업자가 일방적으로 임대보증금과 임대료를 증액 청구하는 경우에 적용되는 것이다.

한편 위 서울고등법원 2010. 11. 10. 선고 2009나92342 판결 사안에 있어서, 분양전환 전까지의 총 임대기간 동안에 임대사업자의 일방적인 임대보증금 및 임대료의 증액 청구가 있었고, 이에 임차인이 상당하다고 보아 증액된 임대보증금 및 임대료를 납부하였다면, 그 증액 청구가 1년 이내에 1/20 이내라는 상한 범위를 지켰다는 전제에서 임대조건 변경 계약에 대한

---

[207] 곽윤직, 『민법 주해 제 15권: 채권 8』, 박영사, 2009년, p.109 참조.

적법 유효한 합의가 있었다고 보아야 하므로, 결국 기 납부한 총 임대료는 법률상 원인 있는 것이므로, 국민주택기금융자금의 인하된 이자율 상당액이 부당이득이라는 주장 자체는 이유 없는 것으로 볼 수도 있겠다.

다. 관련 법령 해석례

1) 갱신계약 체결 시 임대보증금과 임대료의 증액 청구 관련

건설임대주택의 임대사업자가 갱신계약 체결 시, 임대보증금 및 임대료의 20분의 1의 금액을 초과하여 증액 청구하는 것이 「임대주택법」 제20조 제2항에 위반하는지 여부
(「임대주택법」 제20조 제2항 등 관련)[208]

[안건번호: 11-0401, 회신일자: 2011. 9. 22.]

【질의요지】

「임대주택법」에 따른 건설임대주택의 임대사업자가 임대차계약이 끝난 후 갱신계약을 체결하면서 약정한 임대보증금 및 임대료의 20분의 1의 금액을 초과하여 증액청구하는 것이 같은 법 제20조 제2항에 위반하는지?

【대립되는 의견】

가. 갑설

「임대주택법」 제20조 제2항은 건설임대주택의 임대사업자가 임대보증금 또는 임대료의 증액을 청구하는 경우에는 「주택임대차보호법」으로 정한 범위에서 주거비 물가지수, 인근 지역의 전세가격 변동률 등을 고려하여야 한다고 규정하고 있고, 국토해양부 장관이 고시하는 「임대주택의 표준임대 보증금 및 표준임대료」 제5호에서도 임대보증금 및 임대료는 이 고시에 의하여 결정된 금액을 기준으로 하여 「주택임대차보호법」 제7조의 규정에서 정한 차임 등의 증액청구비율을 초과하여 증액할 수 없다고 규정하고 있으며, **갱신계약 시에는 증액청구 비율이 적용되지 않는다고 어디에도 명시하고 있지 않은 이상, 갱신계약 시에도 「주택임대차보호법」 제7조에서 정한 임대료 증액청구 비율이 적용된다고 할 것입니다.**

한편, 임대주택의 임대료 증액청구에 따른 인상률 제한은 2년의 임대차 계약기간 내에만 적용된다는 주장이 있으나, 이는 「주택임대차보호법」을 적용받는 민간 전월세 주택에 한하여 적용되는 사항으로서, 「임대주택법」 제3조

---

208 『법령해석사례집』, 법제처, 2011년.

는 임대주택의 건설·공급 및 관리에 관하여 이 법으로 정하지 아니한 사항에는 「주택법」과 「주택임대차보호법」을 적용한다고 규정하고 있는바, **임대주택에 대하여는 특별법의 성격을 지닌 「임대주택법」이 우선 적용하여야 하는데, 「임대주택법」에서 임대료 증액청구 비율을 명확히 제시하고 있으므로, 증액청구에 관한 사항을 민간 전월세 주택에 적용되는 「주택임대차보호법」을 적용시켜 갱신계약 시에는 증액청구 비율이 적용되지 않는다고 주장하는 것은 타당하지 않고, 「임대주택법」 취지에 반하는 것입니다.**

비록 대법원 2002. 6. 28. 선고 2002다23482 판결은 임대주택의 경우에도 갱신계약을 하는 경우에는 「주택임대차보호법」 제7조에 따른 임대료 증감 청구에 관한 규정이 적용되지 않는다고 하였으나, 이는 2005. 7. 13. 「임대주택법」 제20조 제2항이 신설되기 전의 판례이며, 「임대주택법」의 개정취지를 고려할 때, 동 조항이 신설된 이후에는 임대료 증액에 관한 사항에 대해 「주택임대차보호법」이 아닌 「임대주택법」을 적용하는 것이 타당합니다.

또한, 임대주택의 임대차 계약 갱신 시에는 임대료 인상 제한규정을 적용 받지 않고 임대사업자가 임의로 정하여 임대료를 인상하도록 허용하는 것은 국민주거생활 안정을 도모하기 위하여 국가의 재정 및 국민주택기금, 저렴한 공공택지 등을 지원하고, 임대주택이 저렴하게 공급될 수 있도록 최초 임대보증금 및 임대료를 규제하며, 임차인이 스스로 주거지를 이동하 거나 입주자격을 상실하지 않는 이상 임대주택에 계속적으로 거주할 수 있도록 한 「임대주택법」의 입법취지를 근본적으로 훼손하는 것입니다.

따라서 「임대주택법」 상 임대주택은 임대차기간 뿐 아니라 임대차계약 갱신 시에도 임대보증금 및 임대료를 증액 청구할 경우 5%를 초과할 수 없으며, 이를 초과하여 증액 청구하는 경우에는 「임대주택법」 제20조에 따른 임대조건을 위반한 것입니다.

나. 을설

임대주택이라 하더라도 입주자격 확인, 임대조건 변경 등을 위하여 2년마다 갱신계약을 체결하고 있고, 이러한 갱신계약은 임차인이 동일한 경우라고 하더라도 새로운 계약의 체결로 보아야 하므로, 임대사업자는 종전의 임대조건과 무관하게 새로운 임대조건을 제시할 수 있습니다.

또한, 「임대주택법」 제20조 제2항은 "「주택임대차보호법」으로 정한 범위"라고 규정하고 있는바, 이는 임대료 증액 청구 비율을 포함하여 「주택임대차보호법」이 규정하고 있는 권리, 의무가 모두 임대차계약기간 이내에 한하여 적용되는 것임을 감안할 때, 「임대주택법」상 임대주택도 갱신계약 시에는 임대료 증액청구 비율이 적용되지 않습니다.

대법원 2002. 6. 28. 선고 2002다23482 판결 또한, 「임대주택법」상 임대주택의 건물명도소송과 관련하여, 「주택임대차보호법」 제7조는 임대차계약의 존속 중 당사자 일방이 약정한 차임 등의 증감을 청구한 때에 한하여 적용 되고, 임대차계약이 종료된 후 재계약을 하거나 또는 임대차계약 종료 전이라도 당사자의 합의로 차임 등이 증액된 경우에는 적용되지 않는다고 판시한 바 있습니다.

아울러, 임대주택이라고 하더라도 갱신계약 시까지 임대료 증액을 제한하는 것은 임대사업자의 재산권을 과도하게 침해하는 것으로, 임대주택 건설을 촉진하기 위하여 제정된 「임대주택법」의 취지를 고려할 때, 갱신계약 시에는 5%를 초과하여 임대료를 인상할 수 있다고 할 것입니다.

【회답】

「임대주택법」에 따른 건설임대주택의 임대사업자가 임대차 갱신계약을 체결하면서 약정한 임대보증금 및 임대료의 20분의 1의 금액을 초과하여 증액 청구하는 것은 같은 법 제20조 제2항에 위반된다고 할 것입니다.

【이유】

「임대주택법」은 임대주택의 건설·공급 및 관리와 주택임대사업에 필요한 사항을 정하여 임대주택 건설을 촉진하고 국민의 주거생활을 안정시키는 것을 목적으로 하고(제1조), 같은 법 제2조 제1호 및 제2호에 따르면, "임대 주택"이란 임대 목적에 제공되는 건설임대주택 및 매입임대주택을 말하며, "건설임대주택"이란 임대사업자가 임대를 목적으로 건설하여 임대하는 주택이나, 「주택법」 제9조에 따라 등록한 주택건설사업자가 같은 법 제16조에 따라 사업계획승인을 받아 건설한 주택 중 사용검사 때까지 분양되지 아니한 주택으로서 제6조에 따른 임대사업자 등록을 마치고 국토해양부령 으로 정하는 바에 따라 임대하는 주택을 말하는데, 「임대주택법」 제3조에 따르면, 임대주택의 건설·공급 및 관리에 관하여 이 법으로 정하지 아니한 사항에는 「주택법」과 「주택임대차보호법」을 적용하도록 하고 있습니다.

그리고, 「임대주택법」 제16조 및 「같은 법 시행령」 제13조에서는 임대의무 기간을 두어 그 기간이 지나지 아니하면 매각할 수 없는 것을 원칙으로 하되, 임대의무기간 이내에 임대사업자 간의 매매 등 매각이 가능한 경우와 매각 요건 및 매각 절차 등에 필요한 사항을 별도로 규정하고 있고, 같은 법 제20조 제1항 및 제2항에 따르면, 건설임대주택의 임차인의 자격, 선정방법, 임대보증금, 임대료 등 임대 조건에 관한 기준은 대통령령으로 정하되, 건설임대주택의 임대사업자가 임대보증금 또는 임대료의 증액을 청구하는 경우에는 「주택임대차보호법」으로 정한 범위에서 주거비 물가지수, 인근 지역의 전세가격 변동률 등을 고려하여야 한다고 규정하고 있는데, 「같은 법 시행령」 제21조 제1항은 공공건설임대주택 중 「주택법」 제16조에 따라 사업계획승인을 받아 건설한 임대주택의 최초의 임대보증금 및 임대료는 국토해양부장관이 정하여 고시하는 표준임대보증금 및 표준임대료를 초과할 수 없다고 규정하고 있는바, 건설임대주택에 대한 이러한 규제는 「임대주택법」이 그 목적을 달성하기 위하여 국민주택기금을 장기 저리로 융자하고 (제5조 제2항), 국·공유지 등을 주택건설부지로 우선적으로 매각하며(제10조 제1항), 간선시설을 우선설치(제13조)하는 등 각종 지원을 하는 것과 대응되는 것으로서, 임대사업자가 자의적으로 임대보증금과 임대료 등 임대조건을 정하는 것을 방지하고 합리적인 임대조건으로 임대주택을 공급하도록 하여 국민주거생활안정을 도모하는 근간이 된다고 할 것입니다.

한편, 「주택임대차보호법」은 주거용 건물의 임대차(賃貸借)에 관하여 「민법」에 대한 특례를 규정함으로써 국민주거생활의 안정을 보장함을 목적으로 하는 법으로서(제1조), 임대차 기간을 정하지 아니하거나 2년 미만으로 정한 임대차는 그 기간을 2년으로 보는 것을 원칙으로 하면서(제4조 제1항), 당사자는 약정한 차임이나 보증금이 임차주택에 관한 조세, 공과금, 그 밖의 부담의 증감이나 경제사정의 변동으로 인하여 적절하지 아니하게 된 때에는 장래에 대하여 그 증감을 청구할 수 있되, 증액의 경우에는 약정한 차임 등의 20분의 1의 금액을 초과하지 못한다고 규정하고 있으며(제7조 및 「같은 법 시행령」 제2조 제1항), 임대인이 임대차기간이 끝나기 6개월 전부터 1개월 전까지의 기간에 임차인에게 갱신거절의 통지를 하지 아니하거나 계약조건을 변경하지 아니하면 갱신하지 아니한다는 뜻의 통지를 하지 아니 한 경우나 임차인이 임대차기간이 끝나기 1개월 전까지 통지하지 아니한 경우에는 그 기간이 끝난 때에 전 임대차와 동일한 조건으로 다시 임대차 한 것으로 보면서, 그 임대차의 존속기간은 2년으로 보는바(제6조 제1항 및 제2항), 이는 임대차계약의 갱신 여부를 당사자의 의사에 맡기는 것을 원칙으로 하되, 예외적으로 양 당사자가 임대차계약의 갱신 여부에 대해 의사를 표시하지 않은 경우에 대한 규정을 둔 것으로서, 임대차계약은 당연히 갱신되는 것이 아니라 새로운 계약행위임을 나타낸 것으로 볼 수 있습니다. **그러므로 「주택임대차보호법」 제7조는 임대차계약의 존속 중 당사자 일방이 약정한 차임 등의 증감을 청구한 때에 한하여 적용되고, 임대차계약이 종료된 후 재계약을 하거나 또는 임대차계약 종료 전이라도 당사자의 합의로 차임 등이 증액된 경우에는 적용되지 않는다고 할 것입니다**(대법원 2002. 6. 28. 선고 2002다23482 판결 참조).

그런데, 앞에서 본 바와 같이, 「임대주택법」에서 임대주택에 대하여 임대 의무기간을 두고 있는 것은 장기 임차를 전제로 한 것으로 볼 수 있고, 같은 법 제27조 및 「같은 법 시행령」 제26조는 거짓이나 그 밖의 부정한 방법으로 임대주택을 임대받은 경우 등 한정적인 사유에 해당되는 경우에만 임대차계약을 해제 또는 해지하거나 임대차계약의 갱신을 거절할 수 있다고 규정하고 있는바, **이에 대한 반대 해석상 그러한 갱신거절 등의 사유에 해당하지 않으면 당연히 임대차계약이 갱신되어야 하는 것으로 볼 수 있으므로, 「임대주택법」에 따른 임대차계약의 갱신은 「주택임대차보호법」에 따른 임대차계약의 갱신과 같이 새로운 계약을 체결하는 것이라기보다는, 「임대주택법」 제27조 및 「같은 법 시행령」 제26조에 규정한 사유가 있는지 여부를 점검하기 위한 것에 불과하다고 할 것입니다.**

그렇다면, 「임대주택법」 제20조 제2항의 "임대보증금 또는 임대료의 증액을 청구하는 경우"를 「주택임대차보호법」 제7조의 경우와 같이 임대기간 중에 증액을 하는 경우로 한정할 것이 아니라, 건설임대주택의 특수성에 비추어 볼 때 임대차계약을 갱신하면서 임대보증금 또는 임대료의 증액을 청구하는 경우도 「임대주택법」 제20조 제2항의 "임대보증금 또는 임대료의 증액을 청구하는 경우"로 보아야 할 것입니다. 그렇지 않으면 건설임대주택에 입주해서 장기간 거주할 수 있을 것으로 기대하거나, 장차 임대주택이 분양전환될 때까지 장기간 거주하겠다는 의지를 갖고 입주하는 임차인을 보호할 방법이 없기 때문입니다.

따라서 「임대주택법」 제20조 제2항에서 건설임대주택의 임대사업자가 임대보증금 또는 임대료의 증액을 청구하는 경우에는 그 증액청구비율을 「주택임대차보호법」으로 정한 범위 내로 제한하고 있고, 임대차 갱신계약의 경우에 적용을 배제한다는 명문의 규정이 없는 이상, 임대차 갱신계약의 경우에도 「주택임대차보호법」 제7조 및 「같은 법 시행령」 제2조 제1항에 따라 차임 등의 증액청구는 약정한 차임 등의 20분의 1의 금액을 초과하지 못한다고 할 것이므로, 건설임대주택의 임대사업자가 임대차 갱신계약을 체결하면서 약정한 임대보증금 및 임대료의 20분의 1의 금액을 초과하여 증액 청구하는 것은 같은 법 제20조 제2항에 위반된다고 할 것입니다.

【법령정비 의견】

다만, 현행 「임대주택법」 제20조 제2항은 대법원 2002. 6. 28. 선고 2002다23482 판결이 선고된 후 신설된 조항임에도, 임대차 갱신계약을 체결할 때에도 적용된다는 점을 명확히 하지 아니한 측면이 있으므로, 이에 대한 입법적 보완이 필요합니다.

또한, 위 규정은 건설임대주택의 임대사업자가 임대보증금 또는 임대료의 증액을 청구하는 경우에는 「주택임대차보호법」으로 정한 범위에서 주거비 물가지수, 인근 지역의 전세가격 변동률 등을 고려하여야 한다고 규정하고 있을 뿐, 시행령에 위임하는 규정이 없어, 법문의 규정형식과 표현방식에 비추어 볼 때 일응 훈시규정처럼 보이나, 「같은 법 시행규칙」 제21조 제1항 전단에서는 공공건설임대주택 중 「주택법」 제16조에 따라 사업계획승인을 받아 건설한 임대주택의 최초의 임대보증금 및 임대료는 국토해양부장관이 정하여 고시하는 표준임대보증금 및 표준임대료를 초과할 수 없다고 규정하고 있어, 같은 법 제20조 제2항의 규정이 불명확한 측면이 있으므로, 이에 대한 입법적 보완 역시 필요합니다.

관계법령 및 판례
「임대주택법」 제20조
대법원 2002. 6. 28. 선고 2002다23482 판결

2) 민간임대주택의 임대의무기간 동안에 임대차계약을 갱신할 경우 임대료 증액 청구의 상한

민원인 - 민간임대주택 임대료 증액 청구의 상한(「민간임대주택에 관한 특별법」 제44조 등 관련)

[안건번호: 17-0665 회신일자: 2018-01-30]

【질의요지】

「민간임대주택에 관한 특별법」 제43조 제1항에 따른 임대의무기간 동안 임대기간을 2년으로 정하고 그 임대기간 동안 임대료를 증액하는 청구가 없었던 계약이 만료되어 임대사업자가 같은 법 제44조 제2항에 따라 임대료의 증액을 청구하는 경우, 1년 전 임대료를 기준으로 5%의 범위에서 임대료를 증액할 수 있는지, 아니면 2년 전 임대료를 기준으로 10%의 범위에서 임대료를 증액할 수 있는지?

【회답】

「민간임대주택에 관한 특별법」 제43조 제1항에 따른 임대의무기간 동안 임대기간을 2년으로 정하고 그 임대기간 동안 임대료를 증액하는 청구가 없었던 계약이 만료되어 임대사업자가 같은 법 제44조 제2항에 따라 임대료의 증액을 청구하는 경우, 1년 전 임대료를 기준으로 5%의 범위에서 임대료를 증액할 수 있습니다.

【이유】

「민간임대주택에 관한 특별법」(이하 "민간임대주택법"이라 함) 제44조 제1항에서는 민간임대주택의 최초 임대료(임대보증금과 월임대료를 포함하며, 이하 같음)는 임대사업자가 정한다고 규정하고 있고, 같은 조 제2항에서는 임대사업자가 민간임대주택법 제43조 제1항에 따른 임대의무기간(이하 "임대의무기간"이라 함) 동안 임대료의 증액을 청구하는 경우에는 연 5%의 범위에서 주거비 물가지수, 인근 지역의 임대료 변동률 등을 고려해야 하되, 임대보증금과 월임대료를 상호 간에 전환하는 경우의 적용기준은 국토교통부령으로 정한다고 규정하고 있는바, 이 사안은 임대의무기간 동안에 임대기간을 2년으로 정하고 그 임대기간 동안 임대료를 증액하는 청구가 없었던 계약이 만료되어 임대사업자가 민간임대주택법 제44조 제2항에 따라 임대료의 증액을 청구하는 경우, 1년 전 임대료를 기준으로 5%의 범위에서 임대료를 증액할 수 있는지, 아니면 2년 전 임대료를 기준으로 10%의 범위에서 임대료를 증액할 수 있는지에 관한 것이라 하겠습니다.

먼저, 민간임대주택법 제44조 제2항에서는 임대사업자가 임대의무기간 동안 임대료의 증액을 청구하는 경우에는 "연 5%의 범위에서" 주거비 물가지수 등을 고려해야 한다고 규정하고 있는바, 임대기간을 2년으로 정하고 그 임대기간 동안 임대료를 증액하는 청구 없이 해당 계약이 만료된 경우 "연 5%의 범위"에서 증액할 수 있다는 것이 1년 전 임대료를 기준으로 5%의 범위에서 임대료를 증액할 수 있다는 것을 의미하는지, 아니면 2년 전 임대료를 기준으로 10%의 범위에서 임대료를 증액할 수 있다는 것을 의미하는지 여부가 문언상으로는 명확하지 않으므로 해당 규정의 입법 취지와 입법 연혁 등을 고려하여 살펴야 할 것입니다.

그런데, 2005년 7월 13일 법률 제7598호로 일부개정되어 같은 날 시행된 「임대주택법」(2015. 8. 28. 법률 제13499호로 전부개정되어 2015. 12. 29. 시행된 민간임대주택법으로 제명이 변경되기 전의 것을 말함)에서는 제14조 제2항을 신설하여 건설임대주택의 임대사업자가 임대보증금 또는 임대료의 증액을 청구하는 경우에는 「주택임대차보호법」이 정한 범위에서 주거비물가지수, 인근지역의 전세가격변동률 등을 고려해야 한다고 규정하였는바, 해당 규정의 입법 취지는 임대사업자가 경제 여건을 고려하지 않고 「주택임대차보호법」에 따라 허용되는 최고 한도로 임대료를 증액하여 건설임대주택을 과도한 영리 목적에 이용하는 것을 방지함으로써 임차인의 주거생활의 안정을 보장하기 위한 것이었습니다(2005. 7. 13. 법률 제7598호 일부개정되어 같은 날 시행된 「임대주택법」 일부개정법률안 국회 심사보고서 참조).

그리고, ① 2015년 8월 28일 법률 제13499호로 전부개정되어 2015년 12월 29일 시행된 민간임대주택법에서 민간임대사업을 육성하기 위하여 종전 임대사업자에게 적용된 6가지 규제 중 4가지 규제를 폐지하면서도 임대의무기간 및 임대료 증액 제한에 관한 규정은 유지한 입법 연혁과 ② 민간임대주택법 제4조에서는 국가 및 지방자치단체는 민간임대주택의 공급 확대(제1호) 등을 위하여 「주택도시기금법」에 따른 주택도시기금을 우선적으로 지원하고, 「조세특례제한법」등이 정하는 바에 따라 조세를 감면할 수 있도록 민간임대주택에 대한 혜택을 규정하여 민간임대주택의 공급을 촉진함으로써 국민의 주거생활을 안정시키려는 입법 취지에 비추어 볼 때, 민간임대주택법 제44조 제2항에 따른 "연 5%의 범위"는 임차인의 주거생활을 충분히 보장할 수 있는 방향으로 해석하여야 할 것입니다. 그렇다면, 민간임대주택법 제44조 제2항에 따른 "연 5%의 범위"는 임대의무기간 동안에는 1년 단위로 임대료를 증액하고 그 증액의 범위를 임대료의 5%로 한정하는 의미로서, 이 사안과 같이 임대의무기간 동안에 임대기간을 2년으로 정하고 그 임대기간 동안 임대료를 증액하는 청구가 없었던 계약이 만료되어 임대사업자가 임대료의 증액을 청구하는 경우에는 1년 전 임대료를 기준으로 5%의 범위에서 주거비 물가지수 등을 고려하여 증액할 수 있다고 할 것입니다.

따라서, 임대의무기간 동안에 임대기간을 2년으로 정하고 임대료를 증액하는 청구가 없었던 계약이 만료되어 임대사업자가 민간임대주택법 제44조 제2항에 따라 임대료의 증액을 청구하는 경우, 1년 전 임대료를 기준으로 5%의 범위에서 증액할 수 있습니다.

관계법령
민간임대주택에 관한 특별법 제44조 제2항

11. 임대조건의 신고

가. 공공임대주택의 경우

공공주택사업자는 공공임대주택의 임대조건 등 임대차계약에 관한 사항을 시장, 군수 또는 구청장에게 신고하여야 한다. 이 경우 신고 방법 등은 「민간임대주택에 관한 특별법」 제46조를 준용한다(「공공주택 특별법」 제49조 제6항).

나. 민간임대주택의 경우[209]

1) 개정 경과

개정일시	취지	내용	관련 규정
2018. 1. 16.	임대조건 신고 기간의 변경	임대료 신고제도의 절차상 문제점을 개선하고 지자체의 통제기능이 실효성 있게 작동될 수 있도록 사후신고 제도를 사전신고 제도로 변경하고, 지자체의 조정권고 권한을 신설하여 임차인의 권리를 보호하려는 것임	「민간임대주택에 관한 특별법」 제46조 제2항 제3항

위와 같이 민간임대주택에 대한 임대조건 신고는 지금까지 임대차계약 체결일 등으로부터 3개월 이내에 하여야 하는 사후신고였으나, 다만 100세대 이상의 공동주택에 대한 임대조건에 관하여 관할 지방자치단체장의 통제기능이 실효성 있게 작동될 수 있도록 2018. 1. 16. 「민간임대주택에 관한 특별법」이 개정되어 사전신고로 변경되었다. 이는 2018. 7. 17.부터 시행된다.

2) 임대사업자의 임대조건 신고 의무

임대사업자는 민간임대주택의 ① 임대차기간, ② 임대료, ③ 민간임대주택의 소유권을 취득하기 위하여 대출받은 금액(민간매입임대주택으로 한정함) 및 ④ 임차인(준주택으로 한정함) 등의 임대차계약에 관한 사항을 임대차 계약 체결일(변경신고의 경우에는 변경한 날을 말한다)부터 3개월 이내에 임대조건 신고서에 표준임대차계약서를 첨부하여 ① 해당 민간임대주택의 소재지를 관할하는 시장·군수·구청장 또는 ② 임대사업자 소재지를 관할하는 시장·군수·구청장에게 신고하

---

[209] 이하 2018. 1. 16. 법률 제15356호로 개정되어 2018. 7. 17.부터 시행되는 「민간임대주택에 관한 특별법」 제46조 개정 규정의 내용이다.

여야 한다. 신고한 내용을 변경한 경우에도 같다(「민간임대주택에 관한 특별법」 제46조 제1항, 「같은 법 시행령」 제36조 제2항).

한편 위 제1항의 규정에도 불구하고, 100세대 이상의 공동주택을 임대하는 임대사업자가 임대차계약에 관한 사항을 '변경'하여 신고하는 경우에는 '변경예정일' 1개월 전까지 신고하여야 한다(「민간임대주택에 관한 특별법」 제46조 제2항).

3) 시장·군수·구청장의 조치

② 임대사업자의 주소지를 관할하는 시장·군수 또는 구청장이 임대조건 신고서를 받은 경우 즉시 ① 민간임대주택의 소재지를 관할하는 시장·군수 또는 구청장에게 이송하여야 한다(시행령 제36조 제3항 후문).

① 민간임대주택의 소재지를 관할하는 시장·군수 또는 구청장은 신고 내용을 확인한 후 국토교통부령으로 정하는 바에 따라 임대 조건 신고 대장에 이를 적고, 신고인에게 신고 받은 날(혹은 이송 받은 날)부터 10일 이내에 임대 조건 신고 대장에 신고사실을 적고, 임대조건 신고 증명서를 신고인에게 발급하여야 한다(시행령 제36조 제4항).

'준주택에 관한 임대차계약'을 신고 받은 시장·군수·구청장은 신고된 임차인의 주민등록표 초본을 확인하여야 하며, 임차인의 실제 거주현황을 확인하기 위하여 필요하면 다음 각 호의 자료를 관계 행정기관 및 관련 단체 등에 요청할 수 있다(시행규칙 제19조 제2항).

1. 전화사용료 납부 확인서
2. 케이블텔레비전 수신료 납부확인서
3. 자녀의 재학증명서

4) 시장·군수·구청장의 조정 권고 권한

시장·군수·구청장은 변경신고의 내용이 「민간임대주택에 관한 특별법」 제44조 제2항에 따른 임대료 증액 청구 기준에 비하여 현저히 부당하다고 인정되는 경우에는 그 내용을 조정하도록 권고할 수 있다(「민간임대주택에 관한 특별법」 제46조 제3항).

5) 임대사업자의 재신고 의무

위와 같은 시장·군수·구청장의 조정권고를 받은 임대사업자는 권고사항을 통지받은 날부터 10일 이내에 재신고하여야 한다(「민간임대주택에 관한 특별법」 제46조 제4항).

6) 시장·군수·구청장의 공고 의무

시장·군수 또는 구청장은 임대사업자가 신고한 임대 조건을 매 분기 종료 후 다음 달 말일까지 해당 지방자치단체의 공보에 공고하여야 한다(시행령 제36조 제5항).

다. 「임대주택법」상의 임대주택의 경우

1) 개정 경과

개정일시	취지	내용	관련 규정
2011. 8. 4.		임대사업자의 임대 조건 신고 대상을 모든 임대주택으로 확대하고, 신고 사항에 해당 주택을 임대하기 위한 대출금을 추가함	「임대주택법」 제26조 제1항
2013. 6. 17.	임대조건 신고 기간의 변경	기존에 임대사업자는 임대조건에 관한 사항을 입주예정일 10일 전(변경신고의 경우는 변경일 10일 전)까지 신고하도록 하였으나, 매입임대주택의 경우에는 임대차계약 당일 입주하는 등 현실을 반영하지 못하는 측면이 있어, 현실을 고려하여 임대조건 신고기간을 임대차계약의 체결일로부터 30일 이내(변경신고의 경우는 변경일로부터 30일 이내)로 변경함	「임대주택법 시행령」 제25조 제3항
2015. 7. 24.	임대조건 신고 기간의 변경	임대사업자의 임대조건 신고 편의를 제고하기 위하여 신고기한을 임대차계약 체결일로부터 30일 이내에서 체결일부터 3개월 이내(변경신고의 경우는 변경일로부터 3개월 이내)로 연장함 그리고 신고서를 임대주택 소재지를 관할하는 시장·군수·구청장뿐만 아니라 임대사업자의 주소지를 관할하는 시장·군수·구청장에게도 제출할 수 있도록 함	「임대주택법 시행령」 제25조 제3항

2) 입법론

임대사업자가 최초의 임대보증금 및 임대료의 법정 제한을 받는 임대주택에 대하여 최초의 임대조건을 신고하는 경우, 관할 지자체장은 위 최초의 임대조건이 과연 당초 입주자모집공고 당시의 주택가격으로 완공된 것인지를 심사할 수 있도록 하는 절차가 필요하다고 본다.

물론 기존의 임대주택법 관련 법령에는 공공건설임대주택의 완공 후에 실제 투입한 건축비를 기준으로 건설원가를 재산정하여 표준임대보증금 및 표준임대료를 조정하도록 하는 규정은 명시적으로 없었다고 보는 것이 타당하지만, 임대주택법령의 관련 규정을 총체적으로 볼 때 실제 투입한 건축비를 기준으로 산정한 당해 임대주택가격을 기초로 최초로 임대보증금 및 임대료가 산정되어야 하는 것이 입법자의 기본적인 결단이었다고 보인다.

3) 임대사업자의 임대조건 신고 의무

임대사업자가 임대주택을 임대하려면 ① 임대차 계약기간, ② 임대보증금, ③ 임대료, ④ 분양전환시기 및 분양전환가격 산정 기준(임대주택을 분양전환하려는 경우로서 「주택법」 제16조에 따라 사업계획승인을 받아 공공건설임대주택 중 임대의무기간이 5년 또는 10년인 경우만 해당), ⑤ 매입임대주태의 소유권을 취득하기 위하여 대출받은 금액에 관한 사항을 시장·군수·구청장에게 신고하여야 한다. 신고한 내용을 변경(대출금이 감소하는 경우는 제외한다)하려는 경우에도 또한 같다(「임대주택법」 제26조 제1항, 「같은 법 시행령」 제25조 제1항).

다만, ① 국가, 지방자치단체, 한국토지주택공사 또는 지방공사가 아닌 민간임대사업자가 건설한 전용면적 85㎡를 초과하는 주택, ② 국가, 지방자치단체, 한국토지주택공사 또는 지방공사가 아닌 민간임대사업자가 건설한 전용면적 85㎡를 이하의 주택으로서 공공택지 외의 지역에 건설한 임대의무기간이 10년인 주택, 또는 ③ 국가, 지방자치단체, 한국토지주택공사 또는 지방공사가 건설한 전용면적 85㎡를 초과하는 주택의 경우에는 분양전환가격 산정 기준을 신고하지 않을 수 있다(「임대주택법 시행령」 제25조 제1항 제4호 단서).

위와 같은 임대조건을 신고하려는 임대사업자는 임대차계약의 체결일부터 3개월(변경신고의 경우에는 변경계약의 체결일부터 3개월을 말한다) 이내에 국토교통부령으로 정하는 임대조건 신고서에 표준임대차계약서를 첨부하여 해당 ① 임대주택의 소재지 또는 ② 임대사업자의 주소지를 관할하는 시장·군수 또는 구청장에게 제출하여야 한다(「임대주택법 시행령」 제25조 제3항 전문).

한편 임대 조건을 신고하려는 임대사업자 중 지방자치단체·한국토지주택공사 및 「주택법」 제9조에 따른 등록사업자가 건설한 건설임대주택을 「주택법」 제10조 제3항에 따른 고용자가 매입하여 임대할 경우 또는 「도시 및 주거환경정비법」 제16조에 따른 정비사업조합이 건설한 건설임대주택을 지방자치단체가 매입하여 임대할 경우에는 「임대주택법」 제16조(임대주택의 매각 제한 등) 제1항 제1호부터 제3호까지, 「임대주택법」 제21조(건설임대주택의 우선분양전환), 「임대주택법 시행령」 제19조(임대주택 임차인의 자격 및 선정 방법) 및 「같은 법 시행령」 제21조(임대주택의 임대보증금 및 임대료)의 내용을 임대 조건에 포함하여 신고하여야 한다(「임대주택법 시행령」 제25조 제6항).

오피스텔을 임대하는 임대사업자는 시장·군수·구청장에게 오피스텔의 임대조건을 신고한 날부터 1년이 되는 날이 속하는 달의 말일까지 매년 오피스텔임차인현황신고서(「임대주택법 시행규칙」별지 제17호의2 서식)에 표준임대차계약서 사본을 첨부하여 오피스텔 임차인 현황을 신고하여야 한다(「임대주택법」 제26조의2 제1항, 「같은 법 시행규칙」 제16조의2 제1항).

4) 시장·군수·구청장의 조치

이 경우 ② 임대사업자의 주소지를 관할하는 시장·군수 또는 구청장은 제출받은 임대조건 신고서를 지체 없이 ① 임대주택의 소재지를 관할하는 시장·군수 또는 구청장에게 이송하여야 한다(「임대주택법 시행령」 제25조 제3항 후문).

① 임대주택의 소재지를 관할하는 시장·군수 또는 구청장은 임대사업자의 임대조건 신고 내용이 적정하다고 보는 경우에는 국토교통부령으로 정하는 바에 따라 임대 조건 신고 대장에 이를 적고, 신고인에게 신고받은 날(혹은 이송받은 날)부터 10일 이내에 임대 조건 신고증명서를 발급하여야 한다(「임대주택법 시행령」 제25조 제4항, 제5항).

시장·군수·구청장은 오피스텔 임차인 현황 신고된 임차인의 주민등록표 등본을 확인하여야 하며, 임차인의 실제 거주현황을 확인하기 위하여 필요하면 다음 각 호의 자료를 관계 행정기관 및 관련 단체 등에 요청할 수 있다(「임대주택법 시행규칙」 제16조의2 제2항).

1. 전화사용료 납부 확인서
2. 케이블텔레비전 수신료 납부확인서
3. 자녀의 재학증명서

5) 시장·군수·구청장의 조정 권한

시장·군수·구청장은 임대사업자의 임대조건 신고 내용이 ① 인근의 비슷한 임대주택에 비하여 현저히 부당하다고 인정되는 경우, ② 관계 법령에 부적합하다고 인정되는 경우에는 그 내용을 조정(調整)하도록 권고할 수 있다(「임대주택법」 제26조 제2항).

한편 공공건설임대주택의 임대사업자는 해당 임대주택에 대하여 최초 입주자모집공고를 하여 선정된 임차인과 최초의 임대차계약을 체결한 경우 당해 임대조건에 대하여 관할 시장·군수·구청장에게 신고하게 될 것이다.

이때 관할 시장·군수·구청장은 최초의 임대조건이 과연 실제 투입한 건축비와 택지비 등을 기준으로 산정된 것인지 심사하고 만약 이와 다르다면, 관련 법령에 부적합하다고 인정하여,

임대사업자에게 임대조건의 변경을 권고할 수 있다고 할 것이다.

6) 시장·군수·구청장의 공고 의무

시장·군수 또는 구청장은 임대사업자가 신고한 임대 조건을 매 분기 종료 후 다음 달 말일까지 해당 지방자치단체의 공보에 공고하여야 한다(「임대주택법 시행령」 제25조 제7항).

라. 임대조건 신고의 법적 성격

'신고'란 사인이 행정주체에 대하여 일정한 의사를 표시하거나 사실 또는 관념을 통지하는 통지행위로서 그 통지가 행정기관에 도달하면 그것만으로 일정한 법적 효과가 발생하는 자체 완성적 행위를 말한다.

요건을 갖춘 신고가 있으면 행정청의 수리를 기다리지 아니하고, 신고서가 접수기관에 도달된 때에 신고의 의무를 이행한 것이 되어(「행정절차법」 제40조 제2항 참조), 그로써 바로 법이 정한 신고의 효과가 발생하는 점에서, 신고에 대한 수리 거부는 법률상의 권리의무와 관련이 없는 행위로서 항고소송의 대상이 되지 못한다는 견해도 있으나, 행정청은 형식적 요건 불비 등을 이유로 신고서를 되돌려 보낼 수 있고(「행정절차법」 제40조 제4항 참조), 신고가 수리된 경우와 수리가 거부된 경우와의 사이에 유형, 무형의 실질적인 차이가 있으므로, 신고 수리 거부 처분은 항고소송이 된다고 할 것이다(대법원 1989. 12. 26. 선고 87누308 판결 등 참조).

그리고 실정법상 신고라는 용어를 사용하고 있으나, 위와 같이 자체 완성적인 신고(① 자족적 공법행위로서의 신고)가 아니라, 사인이 한 신고를 행정청이 심사하여 수리하여야만 비로소 효력을 갖는 신고(② 수리를 요하는 신고)가 있는 바, 이 경우 신고수리거부처분이 항고소송의 대상이 됨은 물론이다(대법원 1993. 6. 8. 선고 91누11544 판결, 1995. 2. 24. 선고 94누9146 판결).[210]

그러면 임대조건 신고는 과연 ① 자족적 공법행위로서의 신고인가 아니면 ② 수리를 요하는 신고인가 문제될 수 있다.

---

[210] 『행정구제법』, 사법연수원, 2004년, p.113, 114.

마. 임대조건 신고 의무를 위반한 임대차계약의 사법적 효력

한편 위와 같은 임대조건 신고 의무를 위반하여 체결한 임대차계약에 관하여 그 사법적 효력까지 부인되는 것은 아니라는 대법원 판례가 있다[대법원 2000. 10. 10. 선고 2000다32055 판결].

이는 사적 자치의 원칙상, 임대사업자와 임차인 간에 의사의 합치에 의하여 이미 체결한 임대차계약은 단순히 임대사업자가 임대주택법에 정한 임대조건 신고 의무를 위반하였다는 사유만으로 그 사법적 효력을 부인할 수 없다는 취지로 보인다.

[대법원 2000. 10. 10. 선고 2000다32055 판결]

「임대주택법」 및 「같은 법 시행령」에 의하면 임대사업자가 임대주택에 대한 임대차계약을 체결하는 경우 '임대보증금, 임대료, 임대차계약기간 등'이 기재된 표준임대차계약서를 작성하여야 하고(같은 법 제18조 제1항, 제2항), 위 임대조건에 관한 사항(변경 내용 포함)을 관할 시장, 군수 또는 구청장에게 신고하여야 하며(같은 법 제16조 제1항, 제3항, 「같은 법 시행령」 제14조 제1항), 시장, 군수 또는 구청장은 그 신고내용이 인근의 유사한 임대주택에 비하여 현저히 부당하다고 인정되는 경우나 관계 법령에 부적합하다고 인정되는 경우에는 그 내용의 조정을 권고할 수 있고(같은 법 제16조 제2항, 「같은 법 시행령」 제14조 제2항), 만일 임대사업자가 임대조건을 신고하지 않는 경우에는 1년 이하의 징역 또는 금 1천만 원 이하의 벌금형에, 표준임대차계약서를 작성하지 않고 임대차계약을 체결한 경우에는 금 500만 원 이하의 과태료에 각 처하도록(같은 법 제23조 제2호, 제25조 제1항 제1호) 각 규정하고 있으나, **임대사업자와 임차인 간에 체결된 임대주택에 대한 임대차계약이 같은 법 제16조, 제18조, 「같은 법 시행령」 제14조 등에 위반되었다고 하더라도 그 사법적 효력까지 부인된다고 할 수는 없다.**

바. 관련 법령 해석례

1) 임대조건 변경신고에 대하여 관할 지방자치단체장이 수리하지 않은 경우

국토해양부 - 임대사업자가 「임대주택법」에 의거 임대조건 변경신고를 하였으나, 관할 지방자치단체의 장이 신고를 수리하지 않고 임대조건 신고 증명서를 발급하지 않았을 경우, 변경 신고한 대로 임대료 및 임대보증금을 증액하여 임차인과 계약 가능한지의 여부(「임대주택법」 제26조 제1항 등 관련)

[법제처 09-0330, 2009.11.13, 국토해양부]

【질의요지】

임대사업자가 「임대주택법」 제26조 제1항에 따라 임대조건에 대한 변경신고를 하고 특별자치도지사·시장·군수·구청장으로부터 임대조건 변경신고증명서를 발급받지 않은 채 변경 신고한 임대조건대로 임차인과 임대차계약을 체결한 경우, 임대사업자가 임대조건 변경신고증명서를 발급받지 않고 임대차 계약을 체결하였다는 사유로 그 임대차계약의 사법상 효력이 없다고 할 수 있는지?

【회답】

임대사업자가 「임대주택법」 제26조 제1항에 따라 임대조건에 대한 변경신고를 하고 특별자치도지사·시장·군수·구청장으로부터 임대조건 변경신고증명서를 발급받지 않은 채 변경신고한 임대조건대로 임차인과 임대차계약을 체결한 경우, 임대사업자가 임대조건 변경신고증명서를 발급받지 않고 임대차계약을 체결하였다는 사정만으로는 그 임대차계약의 사법상 효력이 없다고 할 수 없습니다.

【이유】

「임대주택법」 제26조 및 「같은 법 시행령」 제25조에 따르면, 임대사업자가 공공건설임대주택을 임대하려면 임대보증금, 임대료 등 임대조건에 관한 사항을 특별자치도지사·시장·군수·구청장(이하 "시장·군수·구청장"이라 함)에게 신고하여야 하고, 신고한 내용을 변경하려는 경우에도 신고하여야 하며, 시장·군수·구청장은 신고 내용이 인근의 유사한 임대주택에 비하여 현저히 부당하다고 인정되는 경우 등에는 그 내용을 조정하도록 권고할 수 있고, 신고서를 받은 시장·군수 또는 구청장은 그 신고 내용을 확인한 후 조정 권고의 대상에 해당하지 아니한 경우에는 신고를 받은 날부터 10일 이내에 임대조건 신고증명서를 신고인에게 발급하여야 합니다.

일반적으로 행정청에 대한 신고는 일정한 법률사실 또는 법률관계에 관하여 관계 행정청에 일방적으로 통고하는 것을 뜻하는 것으로서, 법에 별도의 규정이 있거나 다른 특별한 사정이 없는 한 행정청에 대한 통고로써 그치는 것(2009. 4. 2. 09-0007 법제처 해석례 참조)이고, 해당 법령에서 신고를 받은 행정청이 소정의 신고를 받은 경우 신고증명서 또는 신고필증을 발급하도록 되어 있다고 하더라도 이는 확인행위로서 신고증명서 또는 신고필증을 교부한 것에 불과하고 그 교부가 없다고 하여 신고의 효력이 부정되는 것은 아닙니다(대법원 1985. 4. 23. 84도2953 판결례 참조).

앞에서 살펴본 바와 같이, 「임대주택법」 제26조에서는 공공건설임대주택의 임대에 있어서 임대조건에 관한 사항을 신고하거나 변경 신고하도록 하면서 신고 내용이 인근의 비슷한 임대주택에 비하여 현저히 부당하다고 인정되는 경우 등에는 그 내용을 조정하도록 권고할 수 있도록 하면서 신고의 절차나 그 밖의 필요한 사항은 대통령령으로 정하도록 하고 있을 뿐, 임대조건 신고를 받은 행정청이 실질적으로 심사하여 그 신고의 수리 여부를 결정할 수 있게 하는 별다른 규정을 두고 있지 않은바, 이는 「임대주택법」에서 규율하는 임대조건의 신고는 그 신고만 하면 행정청의 수리행위 등 별다른 조치를 기다릴 필요 없이 신고의 효력이 있다고 할 것입니다.

그런데, 「임대주택법」 제26조의 위임규정을 근거로 「같은 법 시행령」 제25조에서 조정 권고의 대상을 규정하면서 신고를 받은 시장·군수·구청장이 그 신고 내용을 확인하고 조정 권고의 대상에 해당하지 않으면 신고증명서를 발급하도록 규정하고 있어, 시장·군수·구청장이 신고증명서 발급 절차를 통하여 임대조건의 신고에 대하여 신고수리제도의 규제 정도는 아니지만, 일정한 규제권을 행사할 수 있는 것처럼 보입니다.

그러나, 「임대주택법」 제26조 제2항의 조정 권고제도는 임대차관계에 있어서 임대사업자보다는 상대적으로 약자의 지위에 있는 임차인의 권리를 보호하기 위하여 공공건설임대주택의 임대에 대하여 마련된 제도로서 행정지도를 통하여 부당한 임대조건이 시정되도록 하려는 것이고, 이러한 조정 권고제도는 임대사업자의 자발적인 협력에 의하여 행정청이 의도하는 바를 실현하려는 것으로서 그 실효성이 좀 더 확보되도록 하기 위하여 「임대주택법 시행령」 제26조에서 조정 권고의 대상이 아닌 경우에만 신고증명서를 발급하도록 규정한 것일 뿐 신고효력에 영향을 주는 규제수단으로 보기는 어렵다 할 것이고, 또한 조정 권고제도의 취지에 비추어 보면, 신고증명서가 발급되었다 할지라도 신고된 임대조건이 조정 권고의 대상에 해당된다고 판단되면 행정청은 언제든지 조정을 권고할 수 있다고 할 것입니다.

그렇다면, 변경신고증명서의 발급행위는 변경신고의 확인행위에 불과한 것이라 할 것이고 임대조건 변경신고를 받은 시장·군수·구청장이 그 신고내용이 조정 권고의 대상이 되는 경우에 해당한다고 판단하여 변경신고증명서를 발급하지 않고 있다고 하더라도 그 변경신고의 효력이 없다고 할 수는 없습니다. 또한 임대사업자가 변경신고는 하였으나 변경신고증명서를 발급받지 아니한 채 임차인과 임대차계약을 체결하였다 하더라도 그 사정만으로는 해당 임대차계약의 사법상 효력이 부인된다고 할 수도 없습니다(대법원 2000. 10. 10. 선고 2000다32055, 32062 판결례 참조).

다만, 변경 신고된 임대조건이 임대보증금이나 임대료의 증액제한규정 등 「주택임대차보호법」의 강행규정을 위반한 내용을 담고 있는 경우에는 그 내용으로 체결된 임대차계약은 무효가 될 수 있는데, 이런 경우와 같이 계약의 일반적인 법리에 의하여 해당 임대차계약에 무효나 취소사유가 존재하여 그 임대차계약의 사법상 효력이 부인될 수는 있습니다.

따라서, 임대사업자가 「임대주택법」 제26조 제1항에 따라 임대조건에 대한 변경신고를 하고 시장·군수·구청장으로부터 임대조건 변경신고증명서를 발급받지 않은 채 변경 신고한 임대조건대로 임차인과 임대차계약을 체결한 경우, 임대사업자가 임대조건 변경신고증명서를 발급받지 않고 임대차계약을 체결하였다는 사정만으로는 그 임대차계약의 사법상 효력이 없다고 할 수 없습니다.

12. 임대주택에 대한 임차권의 양도, 전대 등 제한

가. 공공임대주택의 경우

1) 개정 경과

개정일시	취지	내용	관련 규정
2017. 8. 9.		불법적으로 공공임대주택의 임차권을 양도하거나 임대주택을 전대하는 경우에는 국토교통부장관 등이 4년 이내의 범위에서 공공임대주택 입주 자격을 제한할 수 있도록 함	「공공주택 특별법」 제49조의8 신설

2) 원칙적인 금지

공공임대주택의 임차인은 임차권을 다른 사람에게 양도(매매, 증여, 그 밖에 권리변동이 따르는 모든 행위를 포함하되, 상속의 경우는 제외한다)하거나 공공임대주택을 다른 사람에게 전대(轉貸)할 수 없는 것이 원칙이다(「공공주택 특별법」 제49조의4 본문).

한편 국토교통부장관 또는 지방자치단체의 장은 위 규정을 위반하여 공공임대주택의 임차권을 양도하거나 공공임대주택을 전대하는 임차인에 대하여 4년의 범위에서 국토교통부령으로 정하는 바에 따라 공공임대주택의 입주 자격을 제한할 수 있다(「공공주택 특별법」 제49조의8[211]).

3) 예외적인 허용

그러나 근무, 생업, 질병치료 등 대통령령으로 정하는 경우(「공공주택 특별법 시행령」 제48조 제1항)로서, 공공주택사업자의 동의를 받아 양도하거나 전대할 수 있다(「공공주택 특별법」 제49조의4 단서).

---

[211] 위 규정은 2017. 8. 9. 신설되었으며 2018. 2. 10.부터 시행된다.
그리고 위 신설 규정은 이 법 시행 후(2018. 2. 10. 후) 최초로 제49조의4를 위반하여 임차권을 양도하거나 공공임대주택을 전대한 사람(이 법 시행 당시 공공임대주택을 전대하고 있는 사람을 포함한다)부터 적용하며, 이 법 시행 후 최초로 입주자 모집공고를 하는 공공임대주택부터 적용한다(부칙 제2조).

가) 임대의무기간이 10년 이하인 공공임대주택의 경우

공공임대주택(임대의무기간이 10년 이하인 경우로 한정한다) 임차인의 세대구성원 모두가 공공임대주택 입주 후 다음 각 목의 어느 하나에 해당되어 무주택 세대구성원에게 임차권을 양도하거나 임대주택을 전대하는 경우.

가. 다음 1)부터 3)까지의 규정에 모두 해당하는 경우
   1) 근무·생업 또는 질병치료(「의료법」 제3조에 따른 의료기관의 장이 1년 이상의 치료나 요양이 필요하다고 인정하는 경우로 한정한다) 등의 사유로 주거를 이전할 것
   2) 현재 거주하는 시·군 또는 구의 행정구역이 아닌 시·군 또는 구로 주거를 이전할 것
   3) 현재 거주지와 새로 이전하는 거주지 간의 거리(최단 직선거리를 말한다)가 40킬로미터 이상일 것. 다만, 출퇴근 거리 및 교통여건 등을 고려하여 해당 시·도의 조례로 별도 기준을 정하는 경우에는 그에 따른다.
나. 상속 또는 혼인으로 소유하게 된 주택으로 이전할 경우
다. 국외로 이주하거나 1년 이상 국외에 머무를 경우

위와 같은 사유로 임차권의 양도 또는 공공임대주택의 전대에 대한 동의를 받으려는 임차인은 위와 같은 사유 어느 하나에 해당함을 증명하는 자료를 공공주택사업자에게 제출하여야 한다. 이 경우 위 가목에 해당하는 경우에는 공공주택사업자는 임차인에게 다른 시·군 또는 구로의 전입과 관련된 주택임대차계약서, 전세계약서 또는 주택매매계약서 등을 요구할 수 있다(「공공주택 특별법 시행령」 제48조 제2항).

공공주택사업자는 위와 같이 임차인이 공공주택사업자에게 제출한 증명 자료 등에 특별한 문제가 없으면 임차인의 임차권 양도 또는 전대 요구를 받아들여야 한다(「공공주택 특별법 시행령」 제48조 제3항).

나) 법률에 따라 기관 등이 이전하는 경우

다음 각 목의 어느 하나에 해당하는 법률에 따라 이전하는 기관 또는 그 기관에 종사하는 사람이 해당 기관이 이전하기 이전에 공공임대주택을 공급받아 전대하는 경우.

가. 「국가균형발전 특별법」
나. 「신행정수도 후속대책을 위한 연기·공주지역 행정중심복합도시 건설을 위한 특별법」
다. 「도청이전을 위한 도시건설 및 지원에 관한 특별법」

라. 「공공기관 지방이전에 따른 혁신도시 건설 및 지원에 관한 특별법」

공공임대주택을 전대하는 기관 또는 사람은 해당 기관의 이전이 완료된 경우에는 전대차 계약기간이 종료된 후 3개월 이내에 입주자를 입주시키거나 입주하여야 한다. 이 경우 전대차 계약기간은 2년을 넘을 수 없다(「공공주택 특별법 시행령」 제48조 제4항).

다) 혼인 또는 이혼으로 가족 등에게 임차인을 변경하는 경우

임차인이 혼인 또는 이혼으로 공공임대주택에서 퇴거하고, 해당 공공임대주택에 계속 거주하려는 다음 각 목의 어느 하나에 해당하는 사람이 자신으로 임차인을 변경할 경우.

가. 배우자, 직계혈족 및 형제자매
나. 직계혈족의 배우자, 배우자의 직계혈족 및 배우자의 형제자매

나. 민간임대주택의 경우

「민간임대주택에 관한 특별법」은, 사적 자치의 원칙을 존중하여, 민간임대주택(민간건설임대주택과 민간매입임대주택)에 관한 임차권의 양도, 전대에 관한 원칙적인 금지 규정을 두고 있지 않다.

다. 「임대주택법」상 임대주택의 경우

1) 개정 경과

개정일시	취지	내용	관련 규정
2000. 7. 22.	임차인의 편의 도모	자치구에서 다른 자치구로 퇴거하는 경우와 혼인으로 인하여 소유하게 된 다른 주택으로 이전하는 경우에도 임대주택의 임차권을 양도하거나 전대할 수 있도록 함	「임대주택법 시행령」 제10조 제1항
2003. 6. 25.		종전에는 공공건설임대주택의 임차인은 무주택세대주에게 임차권을 양도하거나 주택 소유여부와 관계없이 임대주택을 전대할 수 있었으나, 앞으로는 무주택세대주에게만 전대하도록 하고, 공공택지 내 민간건설임대주택의 경우에도 공공건설임대주택의 예에 따르도록 함	「임대주택법 시행령」 제10조 제1항 제1호
2010. 3. 26.	임차권의 양도, 전대 제도 남용 방지	임차권의 양도 및 전대 요건을 더 엄격하게 규정함	「임대주택법 시행령」 제18조 제1항 제1호
2011. 6. 9.	이전 기관 종사자의 임대주택 전개 기준 완화	세종시 등으로 이전하는 기관 종사자에게 이전시기 전에 공급되는 임대주택의 공동화를 방지하고, 임대주택의 청약을 활성화하기 위해 공급받은 임대주택을 전대할 수 있도록 함. 다만 해당 기관의 이전이 완료된 후에는 계약기간 종료 후 3개월 이내에 입주하도록 하고, 전대차계약기간은 2년을 넘을 수 없도록 함	「임대주택법 시행령」 제18조 제1항 제2호, 같은 조 제4항

2012. 2. 2.	임차인 가족의 주거 안정성 강화	임차인이 혼인 또는 이혼으로 인하여 임대주택에서 퇴거한 경우 해당 임대주택에 계속 거주하기 위하여 임차인으로 변경할 수 있는 사람의 범위를 기존 임차인의 직계존비속, 배우자 또는 형제자매에서 임차인의 배우자, 직계혈족, 형제자매, 직계혈족의 배우자, 배우자의 직계혈족 및 배우자의 형제자매로 확대하여 민법상 가족의 범위와 일치시킴	「임대주택법 시행령」 제18조 제1항 제3호
2014. 11. 11.	민간임대사업자 및 임차인 모두에 대한 과도한 규제 삭제	민간건설임대주택과 민간매입임대주택에 대해서는 임차권 양도 및 전대의 허용 요건에 해당하지 아니하더라도 사적 자치의 원칙에 따라 임대사업자의 동의만 있으면 임차권의 양도 및 전대가 가능하도록 함	「임대주택법 시행령」 제18조 제1항 제4호
2015. 7. 24.		공공건설임대주택의 양도, 전대 허용 대상을 공공건설임대주택 임차인 자격에 맞추어 '무주택 세대주'에서 '무주택 세대 구성원'으로 확대함	「임대주택법 시행령」 제18조 제1항 제1호

2) 원칙적인 금지

임대주택의 임차인은 임차권을 다른 사람에게 양도(매매, 증여, 그 밖에 권리변동이 따르는 모든 행위를 포함하되, 상속의 경우는 제외한다)하거나 임대주택을 다른 사람에게 전대(轉貸)할 수 없는 것이 원칙이다(「임대주택법」 제19조 본문).

이 경우 '무상의 사용대차'로 전대하는 경우에도 금지되는 것이며, 이는 「임대주택법」 제41조 제4항 제5호에 의하여 형사처벌의 대상이 된다는 것이 대법원 판례이다.

[대법원 2017. 1. 12. 선고 2016도17967 판결]

구 임대주택법(2015. 8. 28. 법률 제13499호로 전부 개정되기 전의 것, 이하 '구 임대주택법'이라고 한다)의 입법 목적과 위 법이 임차인의 자격, 선정방법과 임대 조건 등을 엄격히 정하고 있고, 부정한 방법으로 임대주택을 임대받거나, 임차권의 무단 양도, 임대주택의 전대행위를 범죄로 규정하여 처벌까지 하고 있는 점, 위 법에서 금지하는 임차권의 양도는 매매, 증여, 그 밖에 권리변동이 따르는 모든 행위(상속의 경우는 제외)를 포함하고 있는 점을 종합하여 보면, **구 임대주택법 제19조에서 금지하는 임대주택의 전대는 대가 지급 여부와 관계없이 임차인이 임대주택을 다시 제3자에게 사용, 수익하게 하는 행위를 의미하므로 유상의 임대차뿐만 아니라 무상의 사용대차도 포함된다.**

3) 예외적인 허용

「임대주택법」 제19조 단서에서 '대통령령으로 정하는 경우'란 다음 각 호의 어느 하나에 해당하는 경우를 말한다(「임대주택법 시행령」 제18조 제1항).

가) 임대의무기간이 5년 또는 10년인 건설임대주택 및 매입임대주택의 경우

임대의무기간이 5년 또는 10년인 건설임대주택 및 매입임대주택(「임대주택법」 제16조 제1항 제3호 및 제4호에 해당하는 임대주택) 임차인의 세대구성원 모두가 임대주택 입주 후 다음 각 목의 어느 하나에 해당되어 무주택 세대구성원('민간건설임대주택' 및 '매입임대주택'의 경우에는 임차인이 임의로 선정한 사람을 말한다)에게 임차권을 양도하거나 임대주택을 전대(轉貸)하는 경우.

   가. 다음 1)부터 3)까지의 규정에 모두 해당하는 경우

       1) 근무, 생업 또는 질병 치료(「의료법」 제3조에 따른 의료기관의 장이 1년 이상의 치료나 요양이 필요하다고 인정하는 경우에 한정한다) 등의 사유로 주거를 이전할 것

       2) 현재 거주하는 시·군·구(자치구만 해당한다. 이하 같다)의 행정구역과 다른 시·군·구로 주거를 이전할 것

       3) 현재 거주지와 새로 이전하는 거주지 간의 거리(최단 직선거리를 말한다)가 40킬로미터 이상일 것. 다만, 출퇴근 거리 및 교통여건 등을 고려하여 해당 특별시, 광역시, 도 또는 특별자치도의 조례로 별도 기준을 정하는 경우에는 그에 따른다.

   나. 상속 또는 혼인으로 소유하게 된 주택으로 이전할 경우

   다. 국외로 이주하거나 1년 이상 국외에 머무를 경우

나) 법률에 따라 기관 등이 이전하는 경우

다음 각 목의 어느 하나에 해당하는 법률에 따라 이전하는 기관 또는 그 기관에 종사하는 사람이 해당 기관이 이전하기 이전에 임대주택을 공급받아 전대하는 경우.

   가.「국가균형발전 특별법」

   나.「신행정수도 후속대책을 위한 연기·공주지역 행정중심복합도시 건설을 위한 특별법」

   다.「도청이전을 위한 도시건설 및 지원에 관한 특별법」

   라.「공공기관 지방이전에 따른 혁신도시 건설 및 지원에 관한 특별법」

이 경우 임대주택을 전대하는 기관 또는 사람은 해당 기관의 이전이 완료된 경우에는 전대차 계약기간이 종료된 후 3개월 이내에 입주자를 입주시키거나 입주하여야 하고, 전대차 계약기간은 2년을 넘을 수 없다(「임대주택법 시행령」 제18조 제4항).

다) 혼인 또는 이혼으로 가족 등에게 임차인을 변경하는 경우

임차인이 혼인 또는 이혼으로 인하여 임대주택에서 퇴거하고 해당 임대주택에 계속 거주하려는 다음 각 목의 어느 하나에 해당하는 사람이 자신으로 임차인을 변경할 경우

　　가. 배우자, 직계혈족 및 형제자매
　　나. 직계혈족의 배우자, 배우자의 직계혈족 및 배우자의 형제자매

라) 민간건설임대주택 또는 매입임대주택의 경우

민간건설임대주택 또는 매입임대주택(국가, 지방자치단체, 한국토지주택공사 또는 지방공사가 공급하는 매입임대주택(공공매입임대주택)은 제외한다)의 임차인이 위 가) 내지 다)까지의 경우 외의 사유로 임차권을 양도하거나 임대주택을 전대하는 경우.

마) 임대사업자의 동의 절차

「임대주택법」 제19조 단서에 따라 임차권의 양도 또는 임대주택의 전대의 동의를 받으려는 임차인(「임대주택법 시행령」 제18조 제1항 제4호에 해당하는 경우는 제외한다)은 「임대주택법 시행령」 제18조 제1항 제1호부터 제3호까지의 어느 하나에 해당함을 증명하는 자료를 임대사업자에게 제출하여야 한다. 이 경우 「임대주택법 시행령」 제18조 제1항 제1호 가목에 해당하는 경우에는 임대사업자는 임차인에게 다른 시·군·구로의 전입과 관련된 주택임대차계약서, 전세계약서 또는 주택매매계약서 등을 요구할 수 있다(「임대주택법 시행령」 제18조 제2항).

임대사업자는 「임대주택법 시행령」 제18조 제2항에 따라 임차인이 임대사업자에게 제출한 증명 자료 등에 특별한 문제가 없으면 임차인의 임차권 양도 또는 전대 요구를 받아들여야 한다(「임대주택법 시행령」 제18조 제3항).

4) 임차권의 양도, 전대 등 제한 규정을 위반한 계약의 효력

구 「임대주택건설촉진법」 제11조 제1항은 "임대주택의 임차인은 임차권을 타인에게 양도(매매, 증여 기타 권리의 변동을 수반하는 일체의 행위를 포함하되, 상속의 경우를 제외한다)하거나 임대주택을 타인에게 전할 수 없다"고 규정하고 있었다. 그리고 같은 조 제2항은 "제1항의 규정에 위반하여 임차권을 양수받거나 임대주택을 전대 받은 자는 그 권리를 제3자에게 대항할 수 없다"고 규정하고 있었다.

그러나 구 「임대주택건설촉진법」인 1994. 4. 1. 「임대주택법」으로 전부개정된 후로는 위 제2항 규정은 삭제되고 "다만 대통령령이 정하는 경우로서 임대사업자의 동의를 얻은 경우에는 그러하지 아니하다"가 추가되어 지금에 이르고 있다.

따라서 구 「임대주택건설촉진법」 제11조 제1항을 위반한 계약은 같은 조 제2항의 규정에 의해 당사자 사이에는 유효한 것이었고(대법원 1993. 11. 9. 선고 92다43128 판결 참조), 다만 제3자에게 대항할 수 없었을 뿐이었다.

[대법원 1993. 11. 9. 선고 92다43128 판결]

가. 임대주택건설촉진법에 의하여 건설된 아파트의 임차권 양도가 같은 법에 의하여 금지되는 것이라 하여도 임차권 양도계약 자체는 그 당사자 사이에서는 유효한 것이므로 임차권의 양도가 금지되었다는 사정만으로 임차권 양도계약이 해제조건부라고 볼 수도 없다.

나. 위 "가"항의 임차권 양수인이 아파트에 입주하는 것은 임차권 양도계약상 양도인측의 의무에 속하는 것으로서, 양수인이 당국의 규제로 인하여 그에 입주할 수 없게 된다는 사정은 계약의 이행을 일부 불능으로 만드는 사유에 해당되므로 양수인과 양도인측의 법률관계는 원칙적으로 이행불능의 법리에 의하여 규율되어야 하고, 또 그것이 통상적인 당사자의 의사에 부합할 것이다.

그러나 「임대주택법」의 적용을 받는 임대주택에 관한 임차권의 양도, 전대 제한 규정을 위반한 계약은 임대사업자의 동의를 정지조건부[212]로 하는 조건부 계약으로 보아야 할 것이다.

5) 임대보증금반환채권의 양도

위와 같이 임차권의 양도가 금지된다고 하더라도 임대보증금반환채권의 양도마저 금지되는 것은 아니라는 것이 대법원 판례이다.

[대법원 1993. 6. 25. 선고 93다13131 판결]

다만 **임차권의 양도는 금지된다고 하더라도 이 사건 계약에 포함되어 있는 임차보증금반환채권의 양도부분마저 금지되는 것은 아니므로 동 채권의 양도가 금지되어 있다는 사정이 없는 한 피고(임대사업자)는 원고(임차인)에 대하여 동 채권의 양도에 관하여 소외 공사에게 통지를 하거나 그에 대한 승낙을 받아 주어야 할 의무를 부담한다고** 보아야 할 것이며, 이 사건에 있어서 소외 공사가 위 임차보증금반환채권양도 이전에 이루어진 동 채권에 대한 가압류로 인하여 원고에게 새로 임차보증금을 납부하여야 새로운 임대차계약의 체결이 가능하다고 통보함으로써 채권양도에 관하여 소외 공사의 동의를 받아 주어야 하는 피고의 의무는 이행불능

---

212 어떠한 법률행위가 조건의 성취 시 법률행위의 효력이 발생하기로 하는 것.

으로 확정되었다 할 것이고, 위 **임차보증금반환채권의 양도**는 유상계약으로서 피고의 임차보증금반환채권의 양도에 대하여 임대인인 소외 공사가 동의하지 아니하는 것으로 확정되는 경우 민법 제567조에 의하여 매매에 있어서의 매도인의 담보책임에 관한 규정이 준용된다고 할 것이므로 피고는 자신의 의무가 이행불능으로 확정됨에 귀책사유가 없다 할지라도 담보책임의 법리상 이행불능으로 인한 원고의 손해를 배상하여야 할 것이고 이로 인한 원고의 손해는 원고가 소외 공사에 납부한 임차보증금상당액이라 할 것이다.

13. 임대차 계약의 해제, 해지 또는 갱신 거절 등

가. 「공공주택 특별법」 관련 규정

1) 개정 경과

개정일시	취지	내용	관련 규정
2017. 8. 9. (시행 2018. 2. 10.)	수요에 비해 공급 물량이 한정된 공공임대주택을 보다 주거지원이 필요한 사람들에게 효율적으로 배분될 수 있도록 함.	공공임대주택 입주자가 국토교통부령으로 정하는 기준을 초과하여 자산이나 소득을 소유한 경우 공공주택사업자가 임대차계약을 해제·해지하거나 재계약을 거절할 수 있도록 함	「공공주택 특별법」 제49조의3 제1항 제2호 신설

2) 공공주택사업자의 임대차계약 해제, 해지 또는 재계약 거절

공공주택사업자는 임차인이 다음 각 호의 어느 하나에 해당하는 경우에는 임대차계약을 해제 또는 해지하거나 재계약을 거절할 수 있다(「공공주택 특별법」 제49조의3 제1항, 「같은 법 시행령」 제47조).

1. 거짓이나 그 밖의 부정한 방법으로 공공임대주택을 임대받은 경우
2. 임차인의 자산 또는 소득이 제48조에 따른 자격요건을 초과하는 범위에서 국토교통부령으로 정하는 기준을 초과하는 경우
3. 위 법 제48조의3에 따라 임차인이 공공임대주택에 중복하여 입주하거나 계약한 것으로 확인된 경우
4. 위 법 제49조의2에 따른 표준임대차계약서상의 의무를 위반한 경우
5. 위 법 제49조의4를 위반하여 공공임대주택의 임차권을 다른 사람에게 양도하거나 공공임대주택을 전대한 경우
6. 기간 내 입주의무, 임대료 납부 의무, 분납금 납부 의무 등 대통령령으로 정하는 의무를 위반한 경우[213]
7. 공공임대주택을 고의로 파손·멸실하는 등 그 밖에 대통령령으로 정하는 경우[214]

---

[213] 1. 공공주택사업자의 귀책사유 없이 법 제49조의2에 따른 표준임대차계약서상의 임대차 계약기간이 시작된 날부터 3개월 이내에 입주하지 아니한 경우
2. 월 임대료를 3개월 이상 연속하여 연체한 경우
3. 분납임대주택의 분납금(분할하여 납부하는 분양전환금을 말한다)을 3개월 이상 연체한 경우
[214] 1. 공공임대주택 및 그 부대시설을 고의로 파손하거나 멸실한 경우

3) 임차인의 임대차계약 해제, 해지 또는 재계약 거절

공공임대주택에 거주 중인 임차인은 시장·군수 또는 구청장이 임대주택에 거주하기 곤란할 정도의 중대한 하자가 있다고 인정하는 경우 등 대통령령으로 정하는 바[215]에 따라 임대차계약을 해제 또는 해지하거나 재계약을 거절할 수 있다(「공공주택 특별법」 제49조의3 제2항, 「같은 법 시행령」 제47조 제3항).

나. 「민간임대주택에 관한 특별법」 관련 규정

임대사업자는 임차인이 의무를 위반하거나 임대차를 계속하기 어려운 경우 등 대통령령으로 정하는 다음 각 호의 어느 하나의 사유가 발생한 때에는 임대의무기간 동안에도 임대차계약을 해제 또는 해지하거나 재계약을 거절할 수 있다(「민간임대주택에 관한 특별법」 제45조, 「같은 법 시행령」 제35조).

1. 거짓이나 그 밖의 부정한 방법으로 민간임대주택을 임대받은 경우
2. 임대사업자의 귀책사유 없이 시행령 제34조 제1항 각 호의 시점으로부터 3개월 이내에 입주하지 아니한 경우
3. 월 임대료를 3개월 이상 연속하여 연체한 경우
4. 민간임대주택 및 그 부대시설을 임대사업자의 동의를 받지 아니하고 개축·증축 또는 변경하거나 본래의 용도가 아닌 용도로 사용한 경우
5. 민간임대주택 및 그 부대시설을 고의로 파손 또는 멸실한 경우
6. 법 제47조에 따른 표준임대차계약서상의 의무를 위반한 경우

---

2. 공공임대주택 및 그 부대시설을 공공주택사업자의 동의를 받지 아니하고 개축·증축 또는 변경하거나 본래의 용도가 아닌 용도로 사용하는 경우
3. 임차인이 법 제50조의3 제2항 및 이 영 제55조 제2항에 따른 분양전환 신청기간 이내에 우선 분양전환을 신청하지 아니한 경우
4. 공공임대주택(전용면적이 85㎡를 초과하는 주택은 제외한다. 이하 이 호에서 같다)의 임대차계약 기간 중 다른 주택을 소유하게 된 경우. 다만, 다음 각 목의 어느 하나에 해당하는 경우는 제외한다.
   가. 상속·판결 또는 혼인 등 그 밖의 부득이한 사유로 다른 주택을 소유하게 된 경우로서 임대차계약이 해제·해지되거나 재계약이 거절될 수 있다는 내용을 통보받은 날부터 6개월 이내에 해당 주택을 처분하는 경우
   나. 혼인 등의 사유로 주택을 소유하게 된 세대구성원이 소유권을 취득한 날부터 14일 이내에 전출신고를 하여 세대가 분리된 경우
   다. 공공임대주택의 입주자를 선정하고 남은 공공임대주택에 대하여 선착순의 방법으로 입주자로 선정된 경우
5. 임차인이 해당 주택에서 퇴거하거나 다른 공공임대주택에 당첨되어 입주하는 경우
215 1. 시장·군수 또는 구청장이 공공임대주택에 거주하기 곤란할 정도의 중대한 하자가 있다고 인정한 경우
2. 공공주택사업자가 시장·군수 또는 구청장이 지정한 기간에 하자보수명령을 이행하지 아니한 경우
3. 공공주택사업자가 임차인의 의사에 반하여 공공임대주택의 부대시설·복리시설을 파손하거나 철거시킨 경우
4. 공공주택사업자의 귀책사유로 입주기간 종료일부터 3개월 이내에 입주할 수 없는 경우
5. 공공주택사업자가 법 제49조의2에 따른 표준임대차계약서상의 의무를 위반한 경우

다. 「임대주택법」 관련 규정

1) 개정 경과

개정일시	취지	내용	관련 규정
2008. 3. 21.		임차인이 부정한 방법으로 임대주택을 임대받는 경우, 임대주택에 거주하기 곤란할 정도의 중대한 하자가 있는 경우 등 임대사업자와 임차인이 임대차계약의 해제·해지 또는 갱신거절을 할 수 있는 대표적 사유를 법률에서 규정함	「임대주택법」 제27조 신설

2) 임대사업자의 임대차 계약의 해제, 해지 또는 갱신 거절 등

임대사업자는 해당 임대주택에 거주 중인 임차인이 거짓이나 그 밖의 부정한 방법으로 임대주택을 임대받는 등 대통령령으로 정하는 다음 사항에 해당하는 경우에는 임대차계약을 해제 또는 해지하거나 임대차 계약의 갱신을 거절할 수 있다(「임대주택법」 제27조 제1항, 「같은 법 시행령」 제26조 제1항).

가) 거짓이나 그 밖의 부정한 방법으로 임대주택을 임대받은 경우

나) 「임대주택법」 제19조(임대주택의 전대 제한)를 위반하여 임대주택의 임차권을 타인에게 양도하거나 임대주택을 전대한 경우

다) 「임대주택법」 제19조의3(임대주택의 중복 입주 등의 확인)에 따라 임차인이 「임대주택법 시행령」 제18조의3(임대주택의 중복 입주 등의 확인 대상)에 따른 임대주택에 중복하여 입주 또는 계약한 것으로 확인된 경우

라) 임대차 계약기간이 시작된 날부터 3개월 이내에 입주하지 않은 경우. 다만, 임대사업자의 귀책사유로 입주가 지연된 경우에는 그러하지 아니하다.

마) 임대료를 3개월 이상 연속하여 연체한 경우

바) 분납임대주택의 분납금을 3개월 이상 연체한 경우

사) 임대주택 및 그 부대시설을 임대사업자의 동의를 받지 않고 개축·증축 또는 변경하거나 본래의 용도가 아닌 용도로 사용하는 경우

아) 임대주택 및 그 부대시설을 고의로 파손 또는 멸실한 경우

자) 「주택법」 제16조에 따라 사업계획의 승인을 받아 건설한 공공건설임대주택의 임대차 계약기간 중 다른 주택을 소유하게 된 경우. 다만, 상속·판결 또는 혼인 등 그 밖의 부득이한 사유로 다른 주택을 소유하게 되어 부적격자로 통보받은 날부터 6개월 이내에 해당 주택을 처분하는 경우와 해당 임대주택의 입주자 모집 당시 입주자를 선정하고 남은 임대주택의 임차권을 선착순의 방법으로 취득한 경우는 제외한다.

차) 「임대주택법」 제32조에 따른 표준임대차계약서상의 의무를 위반한 경우

카) 임차인이 해당 주택에서 퇴거하거나 다른 임대주택에 당첨되어 입주하는 경우

타) 임차인이 「임대주택법」 제32조 제5항에 따른 분양전환신청기간 이내에 분양전환신청을 하지 않는 경우

3) 임차인의 임대차계약 해제, 해지 또는 갱신 거절 등

임대주택에 거주 중인 임차인은 시장·군수·구청장이 임대주택에 거주하기 곤란할 정도의 중대한 하자가 있다고 인정하는 경우 등 대통령령으로 정하는 다음 사항에 해당하는 경우에는 해당 임대주택 임대사업자와의 계약을 해제 또는 해지하거나 임대차계약의 갱신을 거절할 수 있다(「임대주택법」 제27조 제2항, 「같은 법 시행령」 제26조 제2항).

가) 시장·군수 또는 구청장이 임대주택에 거주하기 곤란할 정도의 중대한 하자가 있다고 인정한 경우

나) 임대사업자가 시장·군수 또는 구청장이 지정한 기간에 하자보수명령을 이행하지 아니한 경우

다) 임대사업자가 임차인의 의사에 반하여 임대주택의 부대·복리시설을 파손하거나 철거시킨 경우

라) 임대사업자의 귀책사유로 입주기간 종료일부터 3개월 이내에 입주할 수 없는 경우

마) 임대사업자가 「임대주택법」 제32조에 따른 표준임대차계약서상의 의무를 위반한 경우

바) 임대사업자가 임대차계약 체결 후 또는 보증기간 만료 후 1개월 이내에 「임대주택법」 제17조에 따른 임대보증금에 관한 보증에 가입하지 않는 경우

라. 관련 대법원 판례

1) 임차인의 원칙적인 갱신권 보장

[대법원 1991. 10. 22. 선고 91다22902 판결]

가. 「임대주택건설촉진법」의 적용을 받는 임대주택의 임대인은 「같은 법 시행규칙」 제9조 각 호 소정의 사유가 있는 경우라야 그 임대차계약을 해지하거나 계약의 갱신을 거절할 수 있고, 그렇지 아니한 경우에는 특별한 사정이 없는 한 임차인이 임대차계약의 갱신을 원하는 때에는 임대인은 임대차계약의 갱신을 거절할 수 없고 당해 임대차계약은 갱신되는 것으로 보아야 한다.

나. 위 "가"항의 임대주택에 있어 위 시행규칙 제9조 제4호에는 '임차인이 임대료를 3월 이상연체'한 경우를 임대차계약의 해지 또는 갱신거절의 사유의 하나로 규정하고 있지만, **임차인이 임대료를 3월 이상 연체한 경우라도 임대인이 위와 같은 권리를 행사하지 아니하고 당해 임대료를 이의 없이 수령하였다면 그 이후에 있어서는 임대인은 이를 이유로 하여 임대차 계약의 해지나 임대차계약의 갱신을 거절할 수 없다.**

다. 위 "가"항의 **임대주택의 임차인이 다른 상당수의 입주자들과 같이 싱크대를 베란다로 옮겨 사용하다가 임대인의 요구로 원상회복한 것은 위 시행규칙 제9조 제5호에서 임대차계약의 해지 또는 갱신거절 사유의 하나로 규정한 '시설물의 무단변경'에 해당하지 않는다고 한 사례.**

(위 시행규칙 제9조 제5호에는 임대주택 및 그 부대시설을 임대인의 동의를 얻지 아니하고 개축, 증축, 또는 변경하거나 본래의 용도 외의 용도로 사용하는 경우를 임대계약의 해지 등 사유로 규정하고 있으나, 원심이 확정한 사실에 의하면 이 사건 건물이 있는 에덴공항아파트에서는 피고를 포함한 입주자들의 상당수가 주방에 있는 싱크대를 베란다에 옮겨 사용하였고, 싱크대를 옮기려면 싱크대 밑의 배수관을 주방의 배수관에서 빼내어 베란다의 배관에 연결하기만 하면 되는 간단한 작업이며, 다만 배수관을 달리하는 경우 생활하수가 바로 하수구로 들어가는 문제가 생겨 원고로부터 이의 시정을 요구받게 되자 개조한 입주자들이 이를 원상회복시켰다는 것인 바, 그렇다면 이와 같은 경위로 피고가 싱크대를 베란다로 옮겨 사용하다가 원고의 요구로 원상회복한 것을 가리켜 임대계약의 해지 또는 갱신을 거절할 수 있는 사유로서 규정한 위 시행규칙 소정의 시설물의 무단변경에 해당한다고 하기는 어려울 것…)

라. 위 "가"항의 임대주택에 있어 임차인의 임대료 지급 채무는 목적물의 사용 수익으로 인하여 자연적으로 발생하며, 특별한 사정이 없는 한 지참채무이지만 임대료의 납부방법에 관하여 임대인이 납부고지서를 발부하면 임차인이 그 고지서를 가지고 정해진 금융기관에 납부하도록 별도의 약정이 되어 있었다면 임대인이 임대료를 수령할 의사가 있는 경우에는 먼저 이 약정에 따른 납부고지서를 발부하여야 할 것이기 때문에, **임대인이 임대차기간이 만료되었음을 이유로 임차인에게 명도를 구하는 소송을 제기하고 위의 납부고지서를 발부하지 아니하여 임차인이 이에 응소하면서 임대료를 납부하지 아니하고 있었다면 이는 위 시행규칙 제9조 제4호 소정의 '임대료 3월 이상 연체'로 인한 임대차계약의 해지 또는 갱신거절 사유에 해당하지 아니한다.**

[대법원 2005. 7. 28. 선고 2004다45967 판결]

임대주택법 제18조 제1항, 제3항에 의하면 임대주택에 대한 임대차계약을 체결하고자 하는 자는 건설교통부령이 정하는 표준임대차계약서를 사용하여야 하고, 임대사업자와 임차인은 표준임대차계약서를 사용하여 체결된 임대차계약을 준수하여야 하는 바, 위 규정에 따라 제정된 표준임대차계약서(임대주택법 시행규칙 제8조, 서식 제10호) 제10조 제1항은 임차인이 같은 항 각 호 중 하나에 해당하는 행위를 하였을 경우에는 임대인은 당해 임대계약을 해지하거나 임대계약의 갱신을 거절할 수 있다고 규정하고 있어, **임대주택법의 적용을 받는 임대주택에 관해서는 표준임대차계약서 제10조 제1항 각 호 중 하나에 해당하는 사유가 있는 경우라야**

임대인이 그 임대차계약을 해지하거나 임대계약의 갱신을 거절할 수 있고, 그렇지 아니한 경우에는 특별한 사정이 없는 한 임차인이 임대차계약의 갱신을 원하는 때에는 임대인은 임대차계약의 갱신을 거절할 수 없다고 보아야 할 것이다(대법원 1999. 6. 25. 선고 99다6708,6715 판결, 2005. 4. 29. 선고 2005다8002 판결 등 참조).

2) 임대사업자의 갱신 거절의 제한 시기

[대법원 1999. 6. 25. 선고 99다6708,6715 판결]

임대인이 임대계약을 해지하지 못하거나 임차인의 임대계약의 갱신을 거절할 수 없는 것은 임대주택이 분양제한 기간 내에 있거나 임대인이 임대주택의 분양제한 기간이 만료되었음에도 임대주택을 분양하지 아니하고 계속하여 임대하는 것을 희망하는 경우에 한하고, 임대인이 임대주택의 분양을 희망하는 경우에 있어서는 그 분양제한 기간이 만료되고 임차인의 우선분양권만 보장한다면 임차인의 임대계약의 갱신을 거절할 수 있다고 보아야 하고, 임차인이 당해 임대주택에 대한 분양계약의 체결을 거절하는 경우에는 임대인은 당해 임대주택을 다른 사람에게 분양하기 위하여 그 임대차계약을 해지할 수 있다고 보는 것이 상당하다.

3) 임대사업자의 갱신 거절의 의사표시

[대법원 2002. 6. 28. 선고 2002다23482 판결]

원고는 피고가 위 1999. 7.경의 통지에 따른 인상된 임대차보증금과 차임을 납부하지 아니하자 2000. 1. 3. 피고에게 같은 달 7.까지 인상된 임대차보증금 및 차임을 납부한 후 새로운 임대차계약을 체결하되 만약 이를 납부하지 아니하면 위 임대차계약을 해지하고 이 사건 아파트의 명도절차를 진행하겠다고 통지한 사실이 인정되는바, 위와 같은 통지의 문언 및 원고가 그와 같은 통지를 하게 된 동기와 경위, 위 통지에 의하여 달성하려는 목적, 그리고 이 사건 아파트 임대차계약의 해지 및 명도절차 착수는 피고와의 위 아파트 임대차계약의 갱신을 하지 아니함을 전제로 한다는 점 등을 고려할 때, **위 통지는 기존의 임대차계약 기간 중의 계약해지를 의미하는 외에 장차 이 사건 아파트에 대한 기존의 임대차계약상의 임대차보증금과 차임을 인상하는 것으로 그 계약조건을 변경하지 않으면 계약을 갱신하지 않겠다는 의사표시까지 포함된 것으로 해석하여야 할 것이고,**……

4) 표준임대차계약서상 임대차계약 해지 사유 중
임대료를 3월 이상 연속하여 연체한 경우의 의미

[대법원 2016. 11. 18. 선고 2013다42236 전원합의체 판결]

구 임대주택법(2008. 2. 29. 법률 제8852호로 개정되기 전의 것, 이하 같다) 제18조 제1항, 제3항과 그 시행규칙(2008. 6. 20. 국토해양부령 제19호로 전부 개정되기 전의 것) 제8조 제1항, 제2항 [별지 제10호 서식](표준임대차계약서)에 의하면, 위 법률의 적용을 받는 임대주택의 임대사업자는 **표준임대차계약서 제10조 제1항**의 각 호에 해당하는 사유가 있으면 임대차계약을 해지할 수 있도록 되어 있고, **제4호에는 임차인이 임대료를 '3월 이상' 연속하여 연체한 경우가 해지사유의 하나로 규정되어 있다.**

여기에 규정된 '3월 이상'은 3개월 이상 연속되어야 하므로 연체횟수가 3회 이상이어야 한다는 것은 의문의 여지가 없다. 그런데 만약 '3월 이상'이 연체횟수만을 의미할 뿐 연체금액의 의미는 배제된다고 보게 되면, 일반적인 임대차에 적용되는 민법 제640조가 "차임연체액이 2기의 차임액에 달하는 때"를 해지사유로 규정한 것과 대비하여 임대주택의 임차인이 오히려 더 불리하게 되는 경우가 발생할 수 있다. 이는 임대주택법의 적용 대상인 임대차계약에 대하여 해지사유를 더 엄격하게 제한하고 있는 입법 취지에 배치되므로, **'3월 이상'은 연체횟수뿐 아니라 연체금액에서도 3개월분 이상이 되어야 한다는 뜻으로 새기는 것이 옳다.**

다른 한편 위 해지사유는 '3월 이상' 연속 연체로 규정되어 있을 뿐 매월 지급할 임대료 전액을 '3월 이상' 연속하여 연체할 것을 요건으로 하고 있지는 않다. **그러므로 매월 임대료 중 일부씩을 3개월 이상 연속하여 연체한 때에도 전체 연체액 합계가 3개월분 임대료 이상이 되는 경우에는 해지사유에 해당한다.** 그와 같이 새기더라도 민법상 일반 임대차보다 임차인에게 불리하지 않고, 이와 달리 매월 임대료의 일부씩만 연체한 경우에는 합계 금액이 아무리 늘어나도 해지를 할 수 없다고 해서는 임대사업자의 지위를 지나치게 불리하게 하는 결과가 되기 때문이다.

5) 임대차계약 해지 불가의 경우(영구임대주택관련)

[대법원 2011. 6. 30. 선고 2011다10013 판결]

갑이 을 공사와 영구임대주택을 임차하기로 하는 계약을 체결하였는데 이후 을 공사가 주택소유 여부 전산 검색 결과 갑의 법률상 배우자 병이 다세대주택 소유권을 취득한 것을 발견하고 임대차계약서상 임차인이 임대차기간 중 다른 주택을 소유하게 된 경우 을 공사가 임대차계약을 해지할 수 있도록 한 조항에 따라 임대차계약의 해지를 통지한 사안에서, **비록 임대차 기간 중에 병이 다세대주택을 소유하였다고 하더라도, 병은 가출한 이후 26년 동안 제3자와 사실혼관계를 형성하고 갑과 연락조차 하지 않고 지내는 등 임대차기간을 전후하여 갑과 동일한 세대를 이룬 바 없고 또 이룰 가능성도 없는 특별한 사정이 있었으므로,** 이와 같은 경우에는

을 공사가 위 계약해지조항을 적용하여 임대차계약을 해지할 수 없다고 한 사례.

6) 임차인의 임대조건 변경 부동의에 따른 임대차 해지 관련

[대법원 2005. 7. 28. 선고 2004다45967 판결]

임대주택법은 임대조건에 관한 사항을 관할 시장·군수 또는 구청장에게 신고하도록 하면서(법 제16조 제1항, 제3항, 법 시행령 제14조 제1항), 그 신고 내용이 인근의 유사한 임대주택에 비하여 현저히 부당하다고 인정되는 경우나 관계 법령에 부적합하다고 인정되는 경우에는 관할 시장·군수 또는 구청장이 그 내용의 조정을 권고할 수 있도록 규정하고 있고(법 제16조 제2항, 법 시행령 제14조 제2항), 주택임대차보호법 제7조 및 같은 법 시행령 제2조는 임차주택의 차임 또는 보증금의 증액청구를 일정한 범위 내로 제한하고 있는바, 이러한 각 규정의 취지와 **표준임대차계약서 제5조**에는 일정한 경우 임대인과 임차인이 임대보증금과 임대료를 조정할 수 있도록 규정되어 있을 뿐 임대인이나 임차인이 일방적으로 변경한 임대조건을 상대방이 수인할 의무까지 규정되어 있는 것이 아닌 점 등에 비추어 보면, 비록 임차인이 임대사업자의 일방적인 임대조건 변경에 동의하지 아니하여 그에 따른 임대사업자의 재계약체결 요구에 응하지 않았다고 하더라도, 특별한 사정이 없는 한 그것만으로는 임차인이 표준임대차계약상의 의무를 위반하였다고 볼 수도 없다 할 것이다(대법원 2005. 7. 22. 선고 2004다45998 판결 참조).

7) 임차인의 분양전환계약 체결 거부에 따른 임대차 해지 관련

[대법원 1994. 1. 11. 선고 93다27161 판결]

임대인이 임대계약을 해지하지 못하거나 임차인의 임대계약의 갱신을 거절할 수 없는 것은 임대주택이 분양제한 기간 내에 있거나 임대인이 임대주택의 분양제한 기간이 만료되었음에도 임대주택을 분양하지 아니하고 계속하여 임대하는 것을 희망하는 경우에 한하고, 임대인이 임대주택의 분양을 희망하는 경우에 있어서는 그 분양제한 기간이 만료되고 임차인의 우선분양권만 보장한다면 임차인의 임대계약의 갱신을 거절할 수 있다고 보아야 하고, **임차인이 당해 임대주택에 대한 분양계약의 체결을 거절하는 경우에는 임대인은 당해 임대주택을 다른 사람에게 분양하기 위하여 그 임대차계약을 해지할 수 있다고 보는 것이 상당하다.**

[대법원 1999. 6. 25. 선고 99다6708 판결]

임대주택법의 적용을 받는 임대인이 임대계약을 해지하지 못하거나 임차인의 임대계약의 갱신을 거절할 수 없는 것은 임대주택이 분양제한기간 내에 있거나 임대인이 임대주택의 분양제한기간이 만료되었음에도 임대주택을 분양하지 아니하고 계속하여 임대하는 것을 희망하는 경우에 한한다 할 것이고, **임대인이 임대주택의 분양을 희망하는 경우에 있어서는 그 분양제한기간이 만료되고 임차인의 우선수분양권만 보장한다면 임**

차인의 임대계약의 갱신을 거절할 수 있다고 보아야 하고, 임차인이 당해 임대주택에 대한 분양계약의 체결을 거절하는 경우에는 임대인은 당해 임대주택을 다른 사람에게 분양하기 위하여 그 임대차계약을 해지할 수 있다고 보는 것이 상당하다.

[대법원 2009. 8. 20. 선고 2009다4022 판결]

이 사건 계약특수조건 제9조 제1항은 "계약일반조건 제12조에 의하여 **임대인이 위 임대주택에 대한 매각을 시행한 때는 임차인은 임대인이 지정한 기간 내에 분양을 받아야 한다.**"고 규정하고 있으나, 임대주택의 건설을 촉진하고 국민주거생활의 안정을 도모함을 목적으로 하는 임대주택법이 무주택 임차인에게 우선수분양권을 인정하고 있는 취지 등에 비추어 볼 때, **위 조항은 우선수분양권을 가진 임차인은 임대인이 지정한 기간 내에 이를 행사하여야 하고 위 기간 내에 행사하지 않으면 우선수분양권을 행사할 수 없다는 의미일 뿐 임차인에게 위 기간 내에 분양계약을 체결할 의무를 부과하는 것은 아니라고 보아야 할 것이고, 위와 같이 임차인에게 분양계약체결의무가 인정되지 않는 이상, 이를 전제로 분양계약체결의무 불이행을 정지조건으로 하는 피고의 이 사건 임대차계약 해지통지는 적법한 해지사유가 없는 것으로서 효력이 없다고 할 것이다.**

임대주택의 관리

1. 임대주택의 관리

가. 공공임대주택의 경우

공공임대주택의 '관리'에 관하여는 「민간임대주택에 관한 특별법」 제51조를 준용한다(「공공주택 특별법」 제50조).

다만 ① 「민간임대주택에 관한 특별법」 제51조 제3항에 따른 자체관리를 위한 시장, 군수 또는 구청장의 인가나 ② 관리비와 관련된 회계감사 등 「민간임대주택에 관한 특별법 시행규칙」 제21조 제1항 및 제22조 제7항, 제8항, 제9항을 준용하지 아니한다(「공공주택특별법 시행령」 제53조, 「같은 법 시행규칙」 제37조).

참고로 공공임대주택에 관하여 '주택관리공단'이 있다. '주택관리공단'은 구 「대한주택공사법」 제3조 제2항에 근거하여 1998. 11. 1. 설립되었다. 정부의 공기업 경영혁신계획에 의거 구 대한주택공사(한국토지주택공사)에서 건설한 아파트의 관리업무를 위탁할 목적으로 구 대한주택공사가 50억원을 출자하여 1998년 ㈜뉴하우징을 설립하였고, 2003년부터 '주택관리공단'으로 명칭이 변경되었다.

'주택관리공단'의 주요 업무는 ① 공공임대주택의 시설물 및 입주자 관리, ② 리모델링 및 유지보수, ③ 공공임대주택의 임대업무 수탁, ④ 입주민 주거복지서비스 제공 및 커뮤니티 육성, ⑤ 공동주택 소방, 안전 점검 용역 수탁 등이다.

나. 민간임대주택의 경우

1) 위탁관리 또는 자체관리

임대사업자는 민간임대주택이 300세대 이상의 공동주택으로 ① 300세대 이상인 공동주택, ② 승강기가 설치된 공동주택, 혹은 ③ 중앙집중식 난방방식의 공동주택인 경우에 해당하면 「공동주택관리법」 제2조 제1항 제15호에 따른 주택관리업자에게 관리를 위탁하거나 자체관리하여야 한다(「민간임대주택에 관한 특별법」 제51조 제2항).

한편 임대사업자가 민간임대주택을 자체관리하려면, 「공동주택관리법 시행령」 [별표 1] 기준에 따른 기술인력 및 장비를 갖추고 시장·군수·구청장의 인가를 받아야 한다(「민간임대주택에 관한 특별법」 제51조 제3항, 「같은 법 시행령」 제41조 제4항).

위와 같은 '자체관리 인가 신청서'에는 ① 기술인력의 인적사항조서 및 장비의 명세서, ② 관리 인력의 인적사항에 관한 서류, ③ 단지배치도를 첨부하여 시장·군수·구청장에게 제출하여야 한다(「같은 법 시행규칙」 제21조 제1항)

2) 공동관리

그리고 임대사업자(둘 이상의 임대사업자를 포함한다)가 동일한 시(특별시, 광역시, 특별자치시, 특별자치도를 포함한다), 군 지역에서 민간임대주택을 관리하는 경우에는 단지별로 임차인 대표회의의 서면동의를 받은 경우로서 둘 이상의 민간임대주택단지가 서로 인접하고 있어 공동으로 관리하는 것이 합리적이라고 특별시장, 광역시장, 시장 또는 군수가 인정하는 경우 공동으로 관리할 수 있다. 이 경우 기술인력 및 장비 기준을 적용할 때에는 둘 이상의 민간임대주택단지를 하나의 민간임대주택단지로 본다(「민간임대주택에 관한 특별법」 제51조 제4항, 「같은 법 시행령」 제5항).

3) 관리 경비 충당

임대사업자는 임차인으로부터 임대주택을 관리하는 데에 필요한 경비를 받을 수 있다(「민간임대주택에 관한 특별법」 제51조 제5항). 그러나 임대사업자는 「민간임대주택에 관한 특별법 시행규칙」 제22조 제1항에 정한 관리비 외에 어떠한 명목으로도 관리비를 징수할 수 없다(「같은 법 시행규칙」 제22조 제3항).

4) 「공동주택관리법」의 적용 사항

① 민간건설임대주택 및 ② 임대사업자가 주택법 제54조에 따라 사업주체가 건설, 공급하는 주택 전체를 매입하여 임대하는 민간매입임대주택의 회계서류 작성, 보관 등 관리에 필요한 사항은 대통령령이 정하는 바에 따라 「공동주택관리법」을 적용한다(「민간임대주택에 관한 특별법」 제51조 제1항)

위에 해당하는 민간임대주택의 관리에 대해서는 「공동주택관리법」 및 「공동주택관리법 시행령」중 다음 각 호의 규정만을 적용한다(「민간임대주택에 관한 특별법 시행령」 제41조 제2항).

1. 「공동주택관리법」 제27조 제1항에 따른 회계서류의 작성·보관에 관한 사항

2. 「공동주택관리법 시행령」 제35조에 따른 행위허가 등의 기준에 관한 사항

3. 「공동주택관리법」 제8조에 따른 구분관리에 관한 사항

4. 「공동주택관리법」 제63조에 따른 관리주체의 업무에 관한 사항

5. 「공동주택관리법 시행령」 제25조 제1항 제1호 가목에 따른 관리비의 집행을 위한 사업자 선정에 관한 사항

6. 「공동주택관리법 시행령」 제23조 제4항에 따른 사용료 부과 및 제29조에 따른 주민운동 시설의 위탁 운영에 관한 사항

7. 「공동주택관리법 시행령」 제19조 제2항에 따른 관리주체의 동의에 관한 사항

8. 「공동주택관리법」 제23조 제4항에 따른 관리비 등의 공개에 관한 사항

9. 「공동주택관리법 시행령」 제36조 및 제44조에 따른 하자 보수에 관한 사항

10. 「공동주택관리법 시행령」 제33조에 따른 시설물의 안전관리에 관한 사항

11. 「공동주택관리법 시행령」 제34조에 따른 공동주택의 안전점검에 관한 사항

12. 「공동주택관리법 시행령」 제69조, 제70조, 제71조 및 제73조에 따른 관리사무소장의 배치와 주택관리사 및 주택관리사보 등에 관한 사항

13. 「공동주택관리법 시행령」 제96조에 따른 공동주택관리의 감독에 관한 사항

다. 「임대주택법」상 임대주택의 경우

1) 개정 경과

개정 일시	취지	내용	관련 규정
1993. 12. 27.		일정 규모 이상의 임대주택은 임대사업자가 자체관리하거나 공동주택관리업자에게 위탁하여 관리하도록 하되, 임대사업자가 임대주택을 자체관리하고자 하는 경우에는 기술인력 및 장비를 갖추도록 함	구 「임대주택법」 제17조
2013. 12. 24.		기존에 임대주택과 분양주택이 혼합된 혼합주택단지의 경우 분양주택의 관리방법을 따르게 하고 있어 주택공급의 물리적 혼합이 사회통합에 도움이 되지 않고 거주자 간 갈등을 유발하는 실정인 바, 주택법을 개정하여 혼합주택단지의 경우 관리방법의 결정 등 주택단지 관리에 관한 사항을 임대사업자와 분양주택 입주자대표회의가 공동으로 결정하게 함	「임대주택법」 제28조 제6항
2015. 5. 18.	임대주택 관리의 효율성 제고	둘 이상의 임대사업자가 동일 시·군에서 임대주택을 자체관리하는 경우 공동관리를 허용하고 있는데, 이를 임대사업자가 하나인 경우나 위탁관리의 경우에도 확대함 즉, 임대사업자 수와 임대주택 관리 방법과 관계없이, 둘 이상의 임대주택단지의 경우 시장·군수의 확인을 거쳐 공동관리가 가능하도록 함	「임대주택법」 제28조 제3항

2) 위탁관리 또는 자체관리

임대사업자는 임대주택이 ① 300세대 이상인 공동주택, ② 승강기가 설치된 공동주택, 혹은 ③ 중앙집중식 난방방식의 공동주택인 경우에는 구 「주택법」 제53조에 따른 주택관리업자에

게 관리를 위탁하거나 자체관리하여야 한다(「임대주택법」 제28조 제1항, 「같은 법 시행령」 제27조 제1항).

임대사업자(국가, 지방자치단체, 한국토지주택공사 및 지방공사가 임대사업자인 경우는 제외)가 해당 임대주택을 자체관리하는 경우에는 구 「주택법 시행령」 [별표 4]의 기준에 따른 기술인력 및 장비를 갖추고 관할 시장·군수·구청장의 인가를 받아야 한다(「임대주택법」 제28조 제2항, 「같은 법 시행령」 제27조 제2항, 「같은 법 시행규칙」 제17조 제1항).

위와 같은 자체관리 인가 신청서에는 ① 기술 인력의 인적사항조서 및 장비의 명세서, ② 관리 인력의 인적사항에 관한 서류, ③ 단지배치도를 첨부하여 시장·군수·구청장에게 제출하여야 한다(「같은 법 시행규칙」 제17조 제1항).

3) 공동관리

한편 임대사업자(둘 이상의 임대사업자를 포함한다)가 동일한 시(특별시와 광역시 포함), 군 지역에서 임대주택을 공동으로 관리할 수 있는 경우는 둘 이상의 임대주택단지가 서로 인접하여 공동으로 관리하는 것이 합리적이라고 시장(특별시장 및 광역시장을 포함한다)·군수가 인정하는 경우 공동으로 관리할 수 있다. 이 경우 기술인력 및 장비의 기준을 적용할 때에는 이를 하나의 임대주택단지로 본다(「임대주택법」 제28조 제3항, 「같은 법 시행령」 제27조 제3항).

4) 관리 경비 충당

임대사업자는 임차인으로부터 임대주택을 관리하는 데에 필요한 경비를 받을 수 있다(「임대주택법」 제28조 제4항). 그러나 임대사업자는 「임대주택법 시행규칙」 제18조 제1항에 정한 관리비 외에 어떠한 명목으로도 관리비를 징수할 수 없다(「같은 법 시행규칙」 제18조 제2항).

라. 공동주택관리법의 적용[216]

1) 임대주택에 대한 「공동주택관리법」의 적용

임대주택의 관리에 관하여 「민간임대주택에 관한 특별법」 또는 「공공주택 특별법」에서 정하지 아니한 사항에 대하여는 「공동주택관리법」을 적용한다(「공동주택관리법」 제4조 제2항).

---

216 「공동주택관리법」은 2015. 8. 11. 법률 제13474호로 제정되어 2016. 8. 12.부터 시행되었다. 기존에는 공동주택의 관리에 관한 사항을 「주택법」에 규정하고 있었으나, 그에 관하여 「공동주택관리법」이 별도로 제정되어 시행된 것이다.

「공동주택관리법」 제2조 제1항 제10호는 '임대사업자'를 공동주택의 관리주체라고 정의하고 있다. 이때의 임대사업자란 「민간임대주택에 관한 특별법」 제2조 제7호에 따른 임대사업자 및 「공공주택 특별법」 제4조 제1항에 따른 공공주택사업자를 말한다(「공동주택관리법」 제2조 제1항 제 20호).

2) 공동관리와 구분관리

공동주택의 입주자대표회의는 해당 공동주택의 관리에 필요하다고 인정하는 경우에는 국토교통부령으로 정하는 바에 따라 인접한 공동주택단지(임대주택단지를 포함한다)와 공동으로 관리하거나 500세대 이상의 단위로 나누어 관리하게 할 수 있다(「공동주택관리법」 제8조 제1항).

공동주택을 '공동관리'하거나 '구분관리'하려는 경우에는 다음 각 호의 사항을 입주자등에게 통지하고, 입주자등의 서면동의를 받아야 한다(「공동주택관리법 시행규칙」 제2조 제1항).
1. 공동관리 또는 구분관리의 필요성
2. 공동관리 또는 구분관리의 범위
3. 공동관리 또는 구분관리에 따른 다음 각 목의 사항
   가. 입주자대표회의의 구성 및 운영 방안
   나. 공동주택관리법 제9조에 따른 공동주택 관리기구의 구성 및 운영 방안
   다. 장기수선계획의 조정 및 공동주택관리법 제30조에 따른 장기수선충당금의 적립 및 관리 방안
   라. 입주자등이 부담하여야 하는 비용변동의 추정치
   마. 그 밖에 공동관리 또는 구분관리에 따라 변경될 수 있는 사항 중 입주자대표회의가 중요하다고 인정하는 사항
4. 그 밖에 관리규약으로 정하는 사항

위에 따른 서면동의는 다음 각 호의 구분에 따라 받아야 한다(「공동주택관리법 시행규칙」 제2조 제2항).

1. 공동관리의 경우: 단지별로 입주자등 과반수의 서면동의. 다만, 제3항 단서에 해당하는 경우에는 단지별로 입주자등 3분의2 이상의 서면동의를 받아야 한다.
2. 구분관리의 경우: 구분관리 단위별 입주자등 과반수의 서면동의. 다만, 관리규약으로 달리 정한 경우에는 그에 따른다.

위 '공동관리'는 단지별로 입주자등의 과반수의 서면동의를 받은 경우(임대주택단지의 경우에는

임대사업자와 임차인 대표회의의 서면동의를 받은 경우를 말한다)로서 국토교통부령으로 정하는 기준에 적합한 경우에만 해당한다(「공동주택관리법」 제8조 제2항).

위 '국토교통부령으로 정하는 기준'이란 다음 각 호의 기준을 말한다. 다만, 특별자치시장·특별자치도지사·시장·군수 또는 구청장이 지하도, 육교, 횡단보도, 그 밖에 이와 유사한 시설의 설치를 통하여 단지 간 보행자 통행의 편리성 및 안전성이 확보되었다고 인정하는 경우에는 제2호의 기준은 적용하지 아니한다(「공동주택관리법 시행규칙」 제2조 제3항).

1. 공동관리 하는 총세대수가 1,500세대 이하일 것. 다만, 의무관리대상 공동주택단지와 인접한 300세대 미만의 공동주택단지를 공동으로 관리하는 경우는 제외한다.
2. 공동주택 단지 사이에 「주택법」 제2조 제12호 각 목[217]의 어느 하나에 해당하는 시설이 없을 것

3) 혼합주택단지의 관리

'혼합주택단지'란 분양을 목적으로 한 공동주택과 임대주택이 함께 있는 '공동주택단지'(「주택법」 제2조 제12호에 따른 주택단지)를 말한다(「공동주택관리법」 제2조 제4호).

공동주택의 입주자대표회의와 임대사업자는 혼합주택단지의 관리에 관한 사항을 공동으로 결정하여야 한다. 이 경우 임차인 대표회의가 구성된 혼합주택단지에서는 임대사업자는 「민간임대주택에 관한 특별법」 제52조 제3항 각 호[218]의 사항을 임차인 대표회의와 사전에 협의하여야 한다(「공동주택관리법」 제10조 제1항).

혼합주택단지의 입주자대표회의와 임대사업자가 혼합주택단지의 관리에 관하여 공동으로

---

217 가. 철도·고속도로·자동차전용도로
　　나. 폭 20미터 이상인 일반도로
　　다. 폭 8미터 이상인 도시계획예정도로
　　라. 가목부터 다목까지의 시설에 준하는 것으로서 대통령령으로 정하는 시설(보행자 및 자동차의 통행이 가능한 도로로서 다음 각 호의 어느 하나에 해당하는 도로를 말한다.
　　　1. 「국토의 계획 및 이용에 관한 법률」 제2조 제7호에 따른 도시·군 계획시설인 도로로서 국토교통부령으로 정하는 도로
　　　2. 「도로법」 제10조에 따른 일반국도·특별시도·광역시도 또는 지방도
　　　3. 그 밖에 관계 법령에 따라 설치된 도로로서 제1호 및 제2호에 준하는 도로)
218 1. 민간임대주택 관리규약의 제정 및 개정
　　2. 관리비
　　3. 민간임대주택의 공용부분·부대시설 및 복리시설의 유지·보수
　　4. 그 밖에 민간임대주택의 유지·보수·관리 등에 필요한 사항으로서 대통령령으로 정하는 사항(1. 하자 보수, 2. 공동주택의 관리에 관하여 임대사업자와 민간임대주택에 관한 특별법 제52조 제1항에 따른 임차인 대표회의가 합의한 사항)

결정하여야 하는 사항은 다음 각 호와 같다(「공동주택관리법 시행령」 제7조 제1항).

1. 「공동주택관리법」 제5조 제1항에 따른 관리방법의 결정 및 변경
2. 주택관리업자의 선정
3. 장기수선계획의 조정
4. 장기수선충당금(「공동주택관리법」 제30조 제1항에 따른 장기수선충당금을 말한다) 및 특별수선충당금(「민간임대주택에 관한 특별법」 제53조 또는 「공공주택 특별법」 제50조의4에 따른 특별수선충당금을 말한다)을 사용하는 주요시설의 교체 및 보수에 관한 사항
5. 「공동주택관리법」 제25조 각 호 외의 부분에 따른 관리비등을 사용하여 시행하는 각종 공사 및 용역에 관한 사항

다만, 다음 각 호의 요건을 모두 갖춘 혼합주택단지에서는 제1항 제4호 또는 제5호의 사항을 입주자대표회의와 임대사업자가 각자 결정할 수 있다(「공동주택관리법 시행령」 제7조 제2항).

1. 분양을 목적으로 한 공동주택과 임대주택이 별개의 동(棟)으로 배치되는 등의 사유로 구분하여 관리가 가능할 것
2. 입주자대표회의와 임대사업자가 공동으로 결정하지 아니하고 각자 결정하기로 합의하였을 것

「공동주택관리법 시행령」 제7조 제1항 각 호의 사항을 공동으로 결정하기 위한 입주자대표회의와 임대사업자 간의 합의가 이루어지지 아니하는 경우에는 다음 각 호의 구분에 따라 혼합주택단지의 관리에 관한 사항을 결정한다(「공동주택관리법 시행령」 제7조 제3항).

1. 「공동주택관리법 시행령」 제7조 제1항 제1호 및 제2호의 사항: 해당 혼합주택단지 공급면적의 2분의 1을 초과하는 면적을 관리하는 입주자대표회의 또는 임대사업자가 결정
2. 「공동주택관리법 시행령」 제7조 제1항 제3호부터 제5호까지의 사항: 해당 혼합주택단지 공급면적의 3분의 2 이상을 관리하는 입주자대표회의 또는 임대사업자가 결정

그리고 입주자대표회의 또는 임대사업자는 「공동주택관리법 시행령」 제7조 제3항에도 불구하고 혼합주택단지의 관리에 관한 「공동주택관리법 시행령」 제7조 제1항 각 호의 사항에 관한 결정이 이루어지지 아니하는 경우에는 「공동주택관리법」 제71조 제1항에 따른 공동주택관리 분쟁조정위원회에 분쟁의 조정을 신청할 수 있다(「공동주택관리법 시행령」 제7조 제4항).

4) 안전 점검

'의무 관리대상 공동주택'[219]의 '관리주체'[220]는 그 공동주택의 기능 유지와 안전성 확보로 입주자 등을 재해 및 재난 등으로부터 보호하기 위하여 「시설물의 안전 및 유지관리에 관한 특별법」 제21조에 따른 지침에서 정하는 안전점검의 실시 방법 및 절차 등에 따라 공동주택의 안전점검을 실시하여야 한다. 다만, 16층 이상의 공동주택 및 사용연수, 세대수, 안전등급, 층수 등을 고려하여 대통령령으로 정하는 15층 이하의 공동주택에 대하여는 대통령령으로 정하는 자로 하여금 안전점검을 실시하도록 하여야 한다(「공동주택관리법」 제33조 제1항).

'관리주체'는 안전점검의 결과 건축물의 구조·설비의 안전도가 매우 낮아 재해 및 재난 등이 발생할 우려가 있는 경우에는 지체 없이 입주자대표회의(임대주택은 임대사업자를 말한다)에 그 사실을 통보한 후 대통령령으로 정하는 바에 따라 시장·군수·구청장에게 그 사실을 보고하고, 해당 건축물의 이용 제한 또는 보수 등 필요한 조치를 하여야 한다(「공동주택관리법」 제33조 제2항).

5) 관리사무소장

'의무 관리대상 공동주택'을 관리하는 임대사업자는 주택관리사를 해당 공동주택의 관리사무소장으로 배치하여야 한다. 다만, 대통령령으로 정하는 세대수[221] 미만의 공동주택에는 주택관리사를 갈음하여 주택관리사보를 해당 공동주택의 관리사무소장으로 배치할 수 있다(「공동주택관리법」 제64조 제1항).

---

219 '의무관리대상 공동주택'이란, 150세대 이상 공동주택 중 해당 공동주택을 전문적으로 관리하는 자를 두고 자치 의결기구를 의무적으로 구성하여야 하는 등 일정한 의무가 부과되는 공동주택(「공동주택관리법」 제2조 제1항 제2호)으로 다음 각 호와 같다(「같은 법 시행령」 제2조).
    1. 300세대 이상의 공동주택
    2. 150세대 이상으로서 승강기가 설치된 공동주택
    3. 150세대 이상으로서 중앙집중식 난방방식(지역난방방식을 포함한다)의 공동주택
    4. 「건축법」 제11조에 따른 건축허가를 받아 주택 외의 시설과 주택을 동일건물로 건축한 건축물로서 주택이 150세대 이상인 건축물
220 「공동주택관리법」 제2조 제1항 제10호
    가. 제6조 제1항에 따른 자치관리기구의 대표자인 공동주택의 관리사무소장
    나. 제13조 제1항에 따라 관리업무를 인계하기 전의 사업주체
    다. 주택관리업자
    라. 임대사업자
    마. 「민간임대주택에 관한 특별법」 제2조 제11호에 따른 주택임대관리업자(시설물 유지·보수·개량 및 그 밖의 주택관리 업무를 수행하는 경우에 한정한다)
221 500세대(「공동주택관리법 시행령」 제69조 제1항).

주택관리사 등은 관리사무소장의 업무를 집행하면서 고의 또는 과실로 입주자 등에게 재산상의 손해를 입힌 경우에는 그 손해를 배상할 책임이 있는데(「공동주택관리법」 제66조 제1항), 이러한 손해배상책임을 보장하기 위하여 대통령령으로 정하는 바에 따라 보증보험 또는 「공동주택관리법」 제82조에 따른 공제에 가입하거나 공탁하여야 하는바(「공동주택관리법」 제66조 제2항), 이러한 보증보험 또는 공제에 가입하거나 공탁을 한 후 해당 공동주택의 관리사무소장으로 배치된 날에 임대사업자에게 보증보험 등에 가입한 사실을 입증하는 서류를 제출하여야 한다(「공동주택관리법」 제6조 제3항 제20호).

6) 주민공동시설의 위탁운영

「주택법」 제15조에 따른 사업계획승인을 받아 건설한 건설임대주택의 관리주체는 주민공동시설(어린이집 제외)을 위탁하려면, ① 임대사업자의 요청 또는 ② 임차인 10분의 1 이상의 요청으로 제안하고, 임차인 과반수의 동의를 받아야 한다. 관리주체가 위탁 여부를 변경하는 경우에도 또한 같다(「공동주택관리법」 제29조 제2항 제2호).

7) 인근 공동주택단지 입주자 등의 주민공동시설 이용의 허용

「주택법」 제15조에 따른 사업계획승인을 받아 건설한 건설임대주택의 관리주체는 주민공동시설(어린이집 제외)을 인근 공동주택단지 입주자 등도 이용할 수 있도록 허용하려면, ① 임대사업자의 요청 또는 ② 임차인 10분의 1 이상의 요청으로 제안하고, 과반의 범위에서 관리규약으로 정하는 비율 이상의 임차인의 동의를 받아야 한다(「공동주택관리법」 제29조의2 제2항 제2호).

8) 임대사업자의 '입주자 등'[222]에 대한 관리요구의 통지

임대사업자는 다음 각 호의 어느 하나에 해당하는 경우에는 「공동주택관리법 시행령」 제8조 제1항을 준용하여 '입주자 등'에게 통지하여야 한다.

1. 「민간임대주택에 관한 특별법」 제2조 제2호에 따른 민간건설임대주택을 같은 법 제43조에 따라 임대사업자 외의 자에게 양도하는 경우로서 해당 양도 임대주택 입주예정자의 과반수가 입주하였을 때
2. 「공공주택 특별법」 제2조 제1호의2에 따른 공공건설임대주택에 대하여 같은 조 제4호에 따른 분양전환을 하는 경우로서 해당 공공건설임대주택 전체 세대수의 과반수가 분양전

---

222 입주자 등은 입주자와 사용자를 말하며, 임대주택의 임차인은 제외된다(「공동주택관리법」 제2조 제5, 6, 7호).

환된 때(「공동주택관리법 시행령」 제8조 제2항)

9) 임대사업자의 분양전환 시 관리업무의 인계

임대사업자는 '건설임대주택'[223]을 분양전환[224]하는 경우, 「공동주택관리법 시행령」 제10조 제1항 및 제4항을 준용하여, 관리주체에게 공동주택의 관리업무를 인계하여야 한다. 이 경우 제4항 제5호의 '입주자'는 '임차인'으로 본다(「공동주택관리법 시행령」 제10조 제5항).

마. 관련 법령 해석례

1) 혼합단지의 경우, 임대주택의 임차인이
   동별 대표자를 선출할 수 있는 사용자에 해당하는지 여부

민원인 - 「임대주택법」에 따른 임차인이 「주택법」 제44조 및 「같은 법 시행령」 제50조 제2항 및 제3항에 따른 사용자에 해당하는지(「주택법」 제44조 등 관련)

[안건번호: 15-0089, 회신일자: 2015-04-27]

【질의요지】

가. 「주택법」 제2조 제6호의2에 따른 혼합주택단지의 경우, 「임대주택법」 제2조 제1호에 따른 임대주택의 임차인이 「주택법 시행령」 제50조 제2항 및 제3항에 따라 동별 대표자를 선출할 수 있는 "사용자"에 해당하는지?

나. 「주택법」 제2조 제6호의2에 따른 혼합주택단지의 경우, 「임대주택법」 제2조 제1호에 따른 임대주택의 임차인이 「주택법」 제44조 제4항 전단에 따라 혼합주택단지에 공통적으로 적용할 수 있는 관리규약을 정할 수 있는 "사용자"에 해당하는지?

【회답】

가. 질의 가에 대하여

---

[223] 「민간임대주택에 관한 특별법」 제2조 제2호에 따른 민간건설임대주택 및 「공공주택 특별법」 제2조 제1호의2에 따른 공공건설임대주택을 말한다.
[224] 「민간임대주택에 관한 특별법」 제43조에 따른 임대사업자 외의 자에게의 양도 및 「공공주택 특별법」 제2조 제4호에 따른 분양전환을 말한다.

「주택법」 제2조 제6호의2에 따른 혼합주택단지의 경우, 「임대주택법」 제2조 제1호에 따른 임대주택의 임차인은 「주택법 시행령」 제50조 제2항 및 제3항에 따라 동별 대표자를 선출할 수 있는 "사용자"에 해당하지 않습니다.

나. 질의 나에 대하여

「주택법」 제2조 제6호의2에 따른 혼합주택단지의 경우, 「임대주택법」 제2조 제1호에 따른 임대주택의 임차인은 「주택법」 제44조 제4항 전단에 따라 혼합주택단지에 공통적으로 적용할 수 있는 관리규약을 정할 수 있는 "사용자"에 해당하지 않습니다.

【이유】

가. 질의 가 및 질의 나의 공통사항

「주택법 시행령」 제50조 제2항 본문에서는 하나의 공동주택단지를 수개의 공구로 구분하여 순차적으로 건설하는 경우(임대를 목적으로 하여 건설한 공동주택은 분양전환된 경우를 말함)에는 먼저 입주한 공구의 입주자 또는 사용자는 같은 조 제1항의 규정에 따라 입주자대표회의를 구성할 수 있다고 규정하고 있고, 같은 조 제3항에서는 동별 대표자는 동별 대표자 선출공고일 현재 당해 공동주택단지 안에서 주민등록을 마친 후 계속하여 6개월 이상 거주하고 있는 입주자 중에서 선거구 입주자 또는 사용자의 보통·평등·직접·비밀선거를 통하여 선출한다고 규정하고 있습니다.

그리고, 「주택법」 제44조 제2항 및 제4항에서는 입주자와 사용자는 시·도지사가 정한 준칙을 참조하여 공동주택관리규약(이하 "관리규약"이라 함)을 정한다고 규정하고 있고, 분양을 목적으로 건설한 공동주택과 「임대주택법」 제2조 제1호에 따른 임대주택이 함께 있는 주택단지(이하 "혼합주택단지"라 함)의 경우 입주자와 사용자, 「임대주택법」 제2조 제4호에 따른 임대사업자는 해당 주택단지에 공통적으로 적용할 수 있는 관리규약을 정할 수 있되, 임대사업자는 「임대주택법」 제29조 제3항에 따라 임차인 대표회의와 사전에 협의하여야 한다고 규정하고 있는바,

나. 질의 가에 대하여

이 사안은 혼합주택단지의 경우 「임대주택법」 제2조 제1호에 따른 임대주택의 임차인이 「주택법 시행령」 제50조 제2항 및 제3항에 따라 동별 대표자를 선출할 수 있는 "사용자"에 해당하는지에 관한 것이라 하겠습니다.

먼저, 「주택법」 제6조 제1항에서는 임대주택의 관리에 관하여 「임대주택법」에서 정하지 아니한 사항에 대해서는 「주택법」을 적용한다고 규정하고 있으므로, 임대주택 관리에 관하여는 「임대주택법」이 우선 적용되고, 「임대주택법」에서 규정하지 아니한 사항에 관해 「주택법」이 보충적으로 적용된다고 할 수 있습니다. 따라서 임대주택과 관련하여 「주택법」에서 규정하고 있는 "사용자"의 범위를 해석하는 경우에도 「임대주택법」의 관련 규정을 먼저 살펴보아야 할 것입니다.

그런데, 「임대주택법」 제28조에서는 임대주택의 관리주체를 임대사업자로 정하고 있고, 같은 법 제29조 및 「같은 법 시행령」 제28조에서는 임대사업자가 20호수 이상의 임대주택을 공급하는 공동주택단지에 입주하는 임차인은 임차인 대표회의를 구성할 수 있다고 규정하고 있습니다. 이처럼 임대주택의 관리주체와 임차인의 대표회의에 관한 사항은 「임대주택법」에서 별도로 규율하고 있다는 점에서 이와 양립할 수 없는 「주택법」의 관련 규정은 임대주택의 경우에는 적용될 여지가 없다고 할 것입니다.

따라서, 「주택법」 제43조에 따른 입주자대표회의에 관한 규정과 「같은 법 시행령」 제50조 제2항 및 제3항에 따른 동별 대표자 선출에 관한 사항은 분양을 목적으로 한 공동주택에만 적용되는 규정으로서, 임대주택에는 처음부터 적용될 여지가 없는 규정이라 할 것입니다.

또한, 「주택법 시행령」 제50조 제 2항 및 제3항에 따른 "사용자"의 범위에 임대주택의 임차인이 포함된다고 해석하게 되면, 임대주택의 임차인은 임차인 대표회의와 입주자대표회의를 모두 구성할 수 있게 되어 이중으로 혼합주택단지의 관리에 참여하는 문제가 있고, 임대주택의 관리주체를 임대사업자로 규정하고 있는 「임대주택법」과 배치되어 임대사업자의 재산권을 제약하게 되는바, 이는 결국 임차인 대표회의를 직접 관리주체로 규정하지 않고 임대사업자와의 사전협의 대상으로만 규정한 「주택법」 제43조 제10항의 취지에도 반한다고 할 것입니다.

이상과 같은 점을 종합해 볼 때, 혼합주택단지의 경우 「임대주택법」 제2조 제1호에 따른 임대주택의 임차인은 「주택법 시행령」 제50조 제2항 및 제3항에 따라 동별 대표자를 선출할 수 있는 "사용자"에 해당하지 않는다고 할 것입니다.

다. 질의 나에 대하여

이 사안은 혼합주택단지의 경우 「임대주택법」 제2조 제1호에 따른 임대주택의 임차인이 「주택법」 제44조 제4항 전단에 따라 혼합주택단지에 공통적으로 적용할 수 있는 관리규약을 정할 수 있는 "사용자"에 해당하는지에 관한 것이라 하겠습니다.

먼저, "질의 가"에서 살펴보았듯이 임대주택의 관리에 있어서는 「임대주택법」이 우선적으로 적용되는데, 「임대주택법」 제29조에서는 임대주택의 관리규약을 임대사업자가 정하되 임차인 대표회의와 협의하도록 규정하고 있어 임대주택의 관리규약에 대해서는 해당 규정이 우선적으로 적용된다고 할 것입니다. 따라서 입주자와 사용자가 공동주택의 관리규약을 정하도록 하고 있는 「주택법」 제44조 제2항은 분양을 목적으로 건설한 공동주택에 적용되는 것입니다.

그렇다면 「주택법」 제44조 제4항은 분양을 목적으로 건설한 공동주택과 임대주택이 함께 있는 경우 관리규약을 정하는 방법에 대한 규정이고, 각각의 공동주택에서 관리규약을 정하는 주체들이 서로 협조하여 해당 공동주택단지에 공통적으로 적용할 수 있는 관리규약을 정하라는 의미입니다. 결국, 「주택법」 제44조 제4항 전단에 따른 "사용자"는 분양을 목적으로 건설한 공동주택의 사용자를 말하는 것이고, 임대주택의 임차인은 이에 해당하지 않는다고 할 것입니다.

   이상과 같은 점을 종합해 볼 때, 혼합주택단지의 경우 「임대주택법」 제2조 제1호에 따른 임대주택의 임차인은 「주택법」 제44조 제4항 전단에 따라 혼합주택단지에 공통적으로 적용할 수 있는 관리규약을 정할 수 있는 "사용자"에 해당하지 않는다고 할 것입니다.

※ 법령정비 권고사항

   다만, 「주택법」 제44조의 규정은 "사용자"라고만 규정함으로써 위와 같은 해석상 혼란을 초래하고 있으므로, 예컨대 "분양을 목적으로 한 공동주택의 사용자"와 같이 그 의미를 분명하게 할 수 있는 입법적 개선 조치가 필요합니다.

관계법령
주택법 제44조

2. 관리비

가. 공공임대주택

「공공주택 특별법」상 공공임대주택에 대한 관리에 관한 사항은 「민간임대주택법에 관한 특별법」제51조를 준용한다(「공공주택 특별법」제50조).

그러나, 관리비와 관련된 회계감사와 관련된 「민간임대주택에 관한 특별법 시행규칙」제22조 제7항, 제8항, 제9항은 준용하지 아니한다(「공공주택 특별법 시행령」제53조, 「같은 법 시행규칙」제37조).

나. 민간임대주택

1) 관리비의 구체적인 명세

민간임대주택의 임대사업자가 임차인으로부터 받을 수 있는 관리에 필요한 경비(이하 "관리비"라 한다)는 다음 각 항목에 대한 월별 비용의 합계액으로 하며, 다음 각 항목별 구성 명세는 [별표]와 같다(「민간임대주택에 관한 특별법 시행규칙」제22조 제1항).

시행규칙 [별표] 관리비 항목의 구성 명세(제22조 제1항 관련)

관리비 항목	구성 내역
1. 일반관리비	가. 인건비: 급여, 제 수당, 상여금, 퇴직금, 산재보험료, 고용보험료, 국민연금, 국민건강보험료 및 식대 등 복리후생비 나. 제사무비: 일반 사무용품비, 도서인쇄비, 교통통신비 등 관리 사무에 직접 드는 비용 다. 제세공과금: 관리기구가 사용한 전기료, 통신료, 우편료 및 관리기구에 부과되는 세금 등 라. 피복비 마. 교육훈련비 바. 차량유지비: 연료비, 수리비 및 보험료 등 차량유지에 직접 드는 비용 사. 그 밖의 부대비용: 관리용품구입비 및 그 밖에 관리업무에 드는 비용
2. 청소비	가. 용역인 경우: 용역금액 나. 직영인 경우: 청소원인건비, 피복비 및 청소용품비 등 청소에 직접 드는 비용
3. 경비비	가. 용역인 경우: 용역금액 나. 직영인 경우: 경비원인건비, 피복비 등 경비에 직접 드는 비용
4. 소독비	가. 용역인 경우: 용역금액 나. 직영인 경우: 소독용품비 등 소독에 직접 드는 비용
5. 승강기유지비	가. 용역인 경우: 용역금액 나. 직영인 경우: 제부대비, 자재비 등. 다만, 전기료는 공공용으로 사용되는 시설의 전기료에 포함한다.
6. 난방비	난방 및 급탕에 소요된 원가(유류대, 난방 및 급탕용수비)에서 급탕비를 뺀 금액

7. 급탕비	급탕용 유류대 및 급탕용수비
8. 수선유지비	가. 보수용역인 경우: 용역금액 나. 직영인 경우: 자재 및 인건비 다. 냉난방시설의 청소비, 소화기충약비 등 임차인의 주거생활의 편익을 위하여 제공되는 비용으로서 소모적 지출에 해당하는 비용
9. 지능형 홈네트워크 설비 유지비	가. 용역인 경우: 용역금액 나. 직영인 경우: 지능형 홈네트워크 설비 관련 인건비, 자재비 등 지능형 홈네트워크 설비의 유지 및 관리에 직접 드는 비용. 다만, 전기료는 공동으로 사용되는 시설의 전기료에 포함한다.

위 각 항목에 따른 비용의 세대별 부담액 산정방법은 사용자 부담과 공평한 부담의 원칙에 따라야 한다. 그리고 임대사업자는 위 관리비 외에 어떠한 명목으로도 관리비를 징수할 수 없다(「민간임대주택에 관한 특별법 시행규칙」 제22조 제3항).

다만, 임대사업자는 인양기 등의 사용료를 해당 시설의 사용자에게 따로 부과할 수 있다(「민간임대주택에 관한 특별법 시행규칙」 제22조 제5항).

2) 임대사업자의 대행 납부

임대사업자는 임차인이 내야 하는 다음 각 호의 사용료 등을 임차인을 대행하여 징수권자에게 낼 수 있다(「민간임대주택에 관한 특별법 시행규칙」 제22조 제4항).

1. 전기료(공동으로 사용하는 시설의 전기료를 포함한다)
2. 수도료(공동으로 사용하는 수도료를 포함한다)
3. 가스 사용료
4. 지역난방방식인 공동주택의 난방비와 급탕비
5. 정화조 오물 수수료
6. 생활 폐기물 수수료

3) 장부 작성 및 열람

임대사업자는 위와 같이 산정·징수한 관리비와 사용료 등의 징수 및 그 사용명세에 관한 장부를 따로 작성하고 증명자료와 함께 보관하여 임차인 또는 임차인 대표회의가 열람할 수 있게 하여야 한다(「민간임대주택에 관한 특별법 시행규칙」 제22조 제6항).

위와 같이 산정·징수한 관리비와 사용료 등의 징수 및 그 사용명세에 대하여 임대사업자와 임차인간의 다툼이 있을 때에는 임차인(임차인 과반수 이상의 결의가 있는 경우만 해당한다) 또는 임차인 대표회의는 임대사업자로 하여금 「공인회계사법」 제7조 제1항에 따라 등록한 공인회계사 또는 같은 법 제23조에 따라 설립된 회계법인으로부터 회계감사를 받고 그 감사결과와 감사 보고서를 열람할 수 있도록 갖춰 둘 것을 요구할 수 있다(「민간임대주택에 관한 특별법 시행규칙」 제22조 제7항).

이 경우 임차인 또는 임차인 대표회의는 시장·군수·구청장에게 공인회계사 등의 선정을 의뢰할 수 있다. 그리고 이에 따른 회계감사 비용은 임차인 또는 임차인 대표회의가 부담한다(「민간임대주택에 관한 특별법 시행규칙」 제22조 제8항, 제9항).

다. 「임대주택법」상 임대주택의 경우

「임대주택법」상 관리비에 관한 규정은 위 「민간임대주택에 관한 특별법」규정과 같다. 다만 임대주택을 주택관리업자에게 위탁하여 관리하는 경우에도 관리비 관련 규정을 준용한다는 규정을 따로 두고 있다(「임대주택법 시행규칙」 제18조 제9항).

3. 특별수선충당금

가. 개념

'특별수선충당금'은[225] 임대주택 중 단지별로 ① 300세대 이상인 공동주택, ② 승강기가 설치된 공동주택 또는 ③ 중앙집중식 난방방식의 공동주택의 어느 하나에 해당하는 임대주택의 주요시설을 교체하고 보수하는 데 필요한 금액을 말한다.

나. 의의

'특별수선충당금'이란 주요시설의 적기교체 및 보수에 필요한 비용으로서, 공동주택의 노후화는 시간의 경과에 따라 서서히 진행되어 축적되는 반면, 수선비용은 일시에 많은 비용이 소요되어 관리주체가 한꺼번에 감당하기 어려운 특성이 있으므로 매월 일정 금액씩 예치하였다가 이를 적기에 사용할 수 있게 하는 것이다.

한편 헌법재판소는 위 특별수선충당금은 실질적으로 임대사업자가 임차인으로부터 수선유지비 명목으로 임대료에 포함하여 징수한 금원 중 일부를 적립하는 것이라는 취지의 판시를 한 바 있다(헌법재판소 2008. 9. 25. 선고 2005헌바81 전원재판부 결정).

[헌법재판소 2008. 9. 25. 선고 2005헌바81 전원재판부 결정]

「임대주택법」상 관련규정의 취지를 종합하면, **이 사건 임대사업자는 임차인들로부터 임대주택의 수선·유지에 필요한 비용(연간 건축비의 10,000의 40)을 수선유지비 명목으로 임대료에 포함하여 징수하고, 그와 같이 징수한 금원 중 일부(연간 건축비의 10,000의 18)를 충당금으로 적립하도록 하고 있다고 보이므로, 임대주택법상 충당금 적립의무는 실질적으로 임차인이 부담하고 있다고 봄이 상당하다.** 따라서 이 사건 제1항 및 제2항은 헌법 제23조 및 제119조에 위배되지 아니한다.

충당금 적립의무를 실질적으로 임대사업자가 부담한다고 볼 수 없는 이상, 이 사건 제3항의 위임에 따른 시

---

[225] 종전의 구 「주택건설촉진법」 제38조의2에 '특별수선충당금'이라는 용어를 사용하였으나, 2003. 5. 구 「주택법」개정에 의해 '장기수선충당금'으로 그 명칭이 바뀌었다. 그러나 「임대주택법」에서는 그대로 '특별수선충당금'이라는 용어를 지금까지 계속 사용하고 있다.

행령이 **임대주택의 충당금 적립요율을 일반 분양주택의 충당금 적립요율보다 더 높게 정하고 있다 하더라도 헌법 제11조에 반하는 것은 아니다.** 또한 임대주택법의 전반적 체계와 관련 규정에 비추어 보면, **충당금은 임대사업자가 임차인으로부터 징수한 수선유지비의 범위 내에서 정하도록 하고 있다고 이해되어** 이 사건 제3항의 위임범위의 대강을 예측할 수 있으므로 헌법 제75조에 반하지 아니한다.

다. 입법 목적

공동주택의 경우 건물의 주요시설의 하자는 많은 사람의 신체의 안전 및 생활의 안정을 위협하게 되고, 시간이 경과할수록 건물의 수선유지에 필요한 소요액이 기하급수적으로 증가하게 된다는 특징이 있어 주요시설의 적기교체 및 보수의 필요성이 매우 절실하다. 특히 임대목적의 공동주택은 임대를 목적으로 하지 않는 공동주택('일반 분양주택')에 비하여 건축비가 저렴하여 건축자재 등 주요시설의 설비가 열등한 경우가 많아 파손 및 교체의 개연성이 크고, 임대주택 임차인의 경우 소유자인 분양주택 입주자에 비하여 시설물에 대한 애착이나 공유의식이 약하여 시설물의 파손이 빈번하고 내구연한이 도래하기 전에 설비를 교체하는 경우가 많이 발생하므로 충당금 적립의 필요성이 더욱 크다.

따라서 입법자는 주택의 수명 단축으로 인한 주거기능의 상실과 주택소유자의 손실을 방지하고, 입주자의 주거안정을 도모하며, 실질적 임대주택의 재고량 감소나 노후주택의 급증 등 사회문제의 확산을 방지하기 위하여 일정규모 이상의 공동주택에 대한 장기수선계획의 수립과 충당금 적립을 의무화하고 있는 것이다(헌법재판소 2008. 9. 25. 선고 2005헌바81 전원재판부 결정).

라. 공공임대주택의 경우

1) 특별수선충당금 적립 의무 대상인 공공임대주택

공공주택사업자는 단지별로 ① 300세대 이상의 공동주택, ② 승강기가 설치된 공동주택 또는 ③ 중앙집중식 난방방식의 어느 하나에 해당하는 공공임대주택의 주요시설을 교체하고 보수하는 데에 필요한 특별수선충당금을 적립하여야 한다(「공공주택 특별법」 제50조의4 제1항, 「같은 법 시행령」 제57조 제1항 본문**226**).

---

226 다만, 1997. 3. 1. 전에 주택건설사업계획의 승인을 받은 공공임대주택은 제외한다(위 시행령 제57조 제1항 단서).

2) 장기수선계획의 수립

공공주택사업자는 해당 임대주택의 공용부분, 부대시설 및 복리시설(분양된 시설은 제외)에 대하여 「공동주택관리법」 제29조에 따른 장기수선계획을 수립하여 「주택법」 제29조에 따른 사용검사를 신청할 때 사용검사신청서와 함께 제출하여야 한다.

그리고 임대기간 중 해당 임대주택단지에 있는 관리사무소에 장기수선계획을 갖춰 놓아야 한다(「공공주택 특별법 시행령」 제57조 제2항).

이러한 '장기수선계획'은 국토교통부령으로 정하는 기준에 따라야 한다.

3) 적립 시기

임대사업자는 특별수선충당금을 사용검사일(또는 임시사용승인일)부터 1년이 지난날이 속하는 달부터 매달 적립하여야 한다(「공공주택 특별법 시행령」 제57조 제4항).

4) 적립 요율

가) 영구임대주택, 국민임대주택, 행복주택, 장기전세주택

영구임대주택, 국민임대주택, 행복주택, 장기전세주택의 경우에는 '국토교통부장관이 고시하는' 표준건축비의 4/10,000가 적립 요율이다.

나) 그 이외의 공공임대주택

「주택법」 제15조 제1항에 따른 사업계획승인 당시 표준건축비의 1/10,000

위와 같이 ① 영구임대주택, 국민임대주택, 행복주택, 장기전세주택과 ② 그 이외의 공공임대주택에 대한 특별수선충당금 적립 기준을 다르게 규정하고 있는 바, 이는 ① 영구임대주택, 국민임대주택, 행복주택, 장기전세주택에 관하여는 장기의 임대의무기간 동안, 국토교통부장관이 고시하는 표준건축비가 변경된 경우에는 변경된 때로부터 변경된 표준건축비가 기준이 되며, ② 그 이외의 공공임대주택은 표준건축비에 대한 변경 고시에 관계없이, 「주택법」 제15조 제1항에 따른 사업계획 승인 당시의 표준건축비만을 기준으로 하여 구체적으로 적립할 특별수선충당금이 정해진다고 볼 것이다.

5) 적립 방법 등

공공주택사업자는 특별수선충당금을 금융회사 등에 예치하여 따로 관리하여야 한다(「공공주택 특별법 시행령」 제57조 제5항).

6) 사용 방법

공공주택사업자는 특별수선충당금을 사용하려면 미리 해당 공공임대주택의 주소지를 관할하는 시장, 군수 또는 구청장과 협의하여야 한다(「공공주택 특별법 시행령」 제57조 제6항).

그리고 기타 특별수선충당금의 사용 방법, 세부 사용절차 등은 장기수선계획에 정한다.

마. 민간임대주택의 경우

1) 특별수선충당금 적립 의무 대상인 민간임대주택

임대사업자는 민간임대주택이 ① 300세대 이상의 공동주택, ② 승강기가 설치된 공동주택 또는 ③ 중앙집중식 난방방식의 공동주택인 경우 당해 임대주택의 주요시설을 교체하고 보수하는 데에 필요한 특별수선충당금을 적립하여야 한다(「민간임대주택에 관한 특별법」 제53조 제1항).

2) 장기수선계획의 수립

민간임대주택사업자는 해당 민간임대주택의 공용부분, 부대시설 및 복리시설(분양된 시설은 제외)에 대하여 「공동주택관리법」 제29조에 따른 장기수선계획을 수립하여 「주택법」 제29조에 따른 사용검사를 신청할 때 사용검사신청서와 함께 제출하여야 한다.

그리고 임대기간 중 해당 임대주택단지에 있는 관리사무소에 장기수선계획을 갖춰 놓아야 한다(「민간임대주택에 관한 특별법 시행령」 제43조 제1항).

이러한 '장기수선계획'은 국토교통부령(「공동주택관리법 시행규칙」 [별표 1])으로 정하는 기준에 따라야 한다.

장기수선계획의 수립기준

1. 건물외부

구분	공사종별	수선방법	수선주기 (년)	수선율 (%)	비고
가. 지붕	1) 모르타르 마감 2) 고분자도막방수 3) 고분자시트방수 4) 금속기와 잇기 5) 아스팔트 쉬글 잇기	전면수리 전면수리 전면수리 부분수리 전면교체 부분수리 전면교체	10 15 20 5 20 5 20	100 100 100 10 100 10 100	시멘트액체방수
나. 외부	1) 돌 붙이기 2) 수성페인트칠	부분수리 전면도장	25 5	5 100	
다. 외부 창·문	출입문(자동문)	전면교체	15	100	

2. 건물내부

구분	공사종별	수선방법	수선주기 (년)	수선율 (%)	비고
가. 천장	1) 수성도료칠 2) 유성도료칠 3) 합성수지도료칠	전면도장 전면도장 전면도장	5 5 5	100 100 100	
나. 내벽	1) 수성도료칠 2) 유성도료칠 3) 합성수지도료칠	전면도장 전면도장 전면도장	5 5 5	100 100 100	
다. 바닥	지하주차장(바닥)	부분수리 전면교체	5 15	50 100	
라. 계단	1) 계단논슬립 2) 유성페인트칠	전면교체 전면도장	20 5	100 100	

3. 전기·소화·승강기 및 지능형 홈네트워크 설비

구분	공사종별	수선방법	수선주기 (년)	수선율 (%)	비고
가. 예비전원(자가발전) 설비	1) 발전기 2) 배전반	부분수선 전면교체 부분교체 전면교체	10 30 10 20	30 100 10 100	
나. 변전설비	1) 변압기 2) 수전반 3) 배전반	전면교체 전면교체 전면교체	25 20 20	100 100 100	고효율에너지기자재 적용
다. 자동화재감지설비	1) 감지기 2) 수신반	전면교체 전면교체	20 20	100 100	
라. 소화설비	1) 소화펌프 2) 스프링클러 헤드 3) 소화수관(강관)	전면교체 전면교체 전면교체	20 25 25	100 100 100	

구분	공사종별	수선방법	수선주기 (년)	수선율 (%)	비고
마. 승강기 및 인양기	1) 기계장치 2) 와이어로프, 쉬브(도르래) 3) 제어반 4) 조속기 5) 도어개폐장치	전면교체 전면교체 전면교체 전면교체 전면교체	15 5 15 15 15	100 100 100 100 100	
바. 피뢰설비 및 옥외전등	1) 피뢰설비 2) 보안등	전면교체 전면교체	25 25	100 100	고휘도방전램프 또는 LED 보안등 적용
사. 통신 및 방송설비	1) 엠프 및 스피커 2) 방송수신 공동설비	전면교체 전면교체	15 15	100 100	
아. 보일러실 및 기계실	동력반	전면교체	20	100	
자. 보안·방범시설	1) 감시반 (모니터형) 2) 녹화장치 3) CCTV(폐쇄회로 텔레비전)카메라 및 침입탐지시설	전면교체 전면교체 전면교체	5 5 5	100 100 100	
차. 지능형 홈네트워크 설비	1) 홈네트워크기기 2) 단지공용시스템 장비	전면교체 전면교체	10 20	100 100	

4. 급수·가스·배수 및 환기설비

구분	공사종별	수선방법	수선주기 (년)	수선율 (%)	비고
가. 급수설비	1) 급수펌프 2) 고가수조 (STS, 합성수지) 3) 급수관(강관)	전면교체 전면교체 전면교체	10 25 15	100 100 100	고효율에너지기자재 적용(전동기 포함)
나. 가스설비	1) 배관 2) 밸브	전면교체 전면교체	20 10	100 100	
다. 배수설비	1) 펌프 2) 배수관(강관) 3) 오배수관(주철) 4) 오배수관(PVC)	전면교체 전면교체 전면교체 전면교체	10 15 30 25	100 100 100 100	
라. 환기설비	환기팬	전면교체	10	100	

5. 난방 및 급탕설비

구분	공사종별	수선방법	수선주기(년)	수선율(%)	비고
가. 난방설비	1) 보일러	전면교체	15	100	고효율에너지기자재 적용 (전동기 포함) 밸브류 포함
	2) 급수탱크	전면교체	15	100	
	3) 보일러수관	전면교체	9	100	
	4) 난방순환펌프	전면교체	10	100	
	5) 난방관(강관)	전면교체	15	100	
	6) 자동제어 기기	전체교체	20	100	
	7) 열교환기	전면교체	15	100	
나. 급탕설비	1) 순환펌프	전면교체	10	100	고효율에너지기자재 적용 (전동기 포함)
	2) 급탕탱크	전면교체	15	100	
	3) 급탕관(강관)	전면교체	10	100	

6. 옥외 부대시설 및 옥외 복리시설

구분	공사종별	수선방법	수선주기(년)	수선율(%)	비고
옥외부대시설 및 옥외 복리시설	1) 아스팔트포장	부분수리	10	50	
		전면수리	15	100	
	2) 울타리	전면교체	20	100	
	3) 어린이놀이시설	부분수리	5	20	
		전면교체	15	100	
	4) 보도블록	부분수리	5	10	
		전면교체	15	100	
	5) 정화조	부분수리	5	15	
	6) 배수로 및 맨홀	부분수리	10	10	
	7) 현관입구·지하주차장 진입로 지붕	전면교체	15	100	
	8) 자전거보관소	전면교체	10	100	
	9) 주차차단기	전면교체	10	100	
	10) 조경시설물	전면교체	15	100	
	11) 안내표지판	전면교체	5	100	

7. 월간 세대별 장기수선충당금 산정방법

월간 세대별 장기수선충당금	=	장기수선계획기간 중의 수선비총액	×	세대당 주택공급면적
		총공급면적×12×계획기간(년)		

3) 적립 시기

임대사업자는 특별수선충당금을 사용검사일(또는 임시사용승인일)부터 1년이 지난날이 속하는 달부터 매달 적립하여야 한다(「민간임대주택에 관한 특별법 시행령」 제43조 제3항).

4) 적립 요율

민간임대주택은 「주택법」 제15조 제1항에 따른 사업계획승인 당시 표준건축비의 1/10,000

이다.

5) 적립 방법 등

민간임대주택사업자는 특별수선충당금을 해당 민간임대주택의 소재지를 관할하는 시장, 군수, 구청자의 공동 명의로 금융회사 등에 예치하여 따로 관리하여야 한다(「민간임대주택에 관한 특별법 시행령」 제43조 제4항).

6) 가산 금리

국토교통부장관은 「민간임대주택에 관한 특별법」 제67조 제1항 제8호에 따라 과태료를 부과받은 시점부터 6개월 이상 특별수선충당금을 적립하지 아니하는 자에 대하여는 「주택도시기금법」에 따른 주택도시기금 융자금에 대하여 연 1% 포인트의 범위 내에서 가산금리를 부과할 수 있다(「민간임대주택에 관한 특별법」 제63조 제1항 제2호).

이에 따른 가산금리 부과의 방법 및 절차 등은 국토교통부령에 정하도록 되어 있다(「민간임대주택에 관한 특별법」 제63조 제2항).

한편 시, 도지사는 해당 임대주택이 「민간임대주택에 관한 특별법」 제63조 제1항 제2호에 해당하는 것을 확인한 경우에는 국토교통부장관에게 가산금리의 부과를 요청할 수 있고(「민간임대주택에 관한 특별법 시행규칙」 제28조 제1항), 그럼에도 불구하고 시, 도지사는 「민간임대주택에 관한 특별법 시행령」 제46조 각 호에 해당하는 경우에는 가산금리의 부과 요청을 유예할 수 있다(「민간임대주택에 관한 특별법 시행규칙」 제28조 제3항).

시, 도지사는 기타 가산금리 부과 요청의 방법 및 절차, 부과 요청의 취소 등에 관한 세부적인 사항을 정할 수 있다(「민간임대주택에 관한 특별법 시행규칙」 제28조 제4항).

7) 사용 방법

공공주택사업자는 특별수선충당금을 사용하려면 미리 해당 공공임대주택의 주소지를 관할하는 시장, 군수 또는 구청장과 협의하여야 한다(「민간임대주택에 관한 특별법 시행령」 제43조 제5항).

그리고 기타 특별수선충당금의 사용 방법, 세부 사용절차 등은 장기수선계획에 정한다.

8) 최초의 입주자대표회의에 인계 등

그리고 임대사업자가 위 민간임대주택을 양도하는 경우에는 특별수선충당금을 「공동주택관리법」 제11조에 따라 최초로 구성되는 입주자대표회의에 넘겨주어야 한다(「민간임대주택에 관한 특별법」 제53조 제2항).

바. 「임대주택법」상의 임대주택

1) 개정 경과

특별수선충당금 관련 규정은 1984년 구 「임대주택건설촉진법」 제정 당시에는 없었으나, 1996년 구 「임대주택법」(1996. 12. 30. 법률 제5228호로 전부 개정되어 1997. 3. 1.부터 시행된 것)으로 전부 개정되면서 제17조의2로 신설[227]되어 지금에 이르고 있다.

그리고 특별수선충당금의 적립 요율은 다음의 표에서 보는 바와 같이 몇 차례 변경이 있어 왔다.

참고로 2008. 6. 20. 대통령령 제20849호로 전부 개정되어 2008. 6. 22.부터 시행된 「임대주택법 시행령」부터 제30조 제3항의 개정 규정은 위 시행령 시행 후 최초로 위 시행령 시행일이 속하는 달에 적립하는 특별수선충당금부터 적용된다(「임대주택법 시행령」 부칙 제4조).

	1997. 4. 1. 일부 개정 시 행령 제15조의2 제3항	2002. 9. 11. 일부 개정 시 행령 제15조의3 제3항	2005. 9. 16. 일부 개정 시 행령 제15조의3 제3항	2008. 6. 20. 전부 개정 시행령 제30조 제3항[234]	2011. 6. 9. 일부 개정 시 행령 제30조 제3항	2013. 12. 4. 일부 개정 시 행령 제30조 제3항	2015. 12. 23. 일부 개정 시 행령 제30조 제3항
임대의무기간 50년인 영구 공공건설임대주택	표준건축비[235조]의 4/10,000	표준건축비[236]의 4/10,000	표준건축비[237]의 4/10,000	표준건축비의 4/10,000	표준건축비의 4/10,000	표준건축비의 4/10,000	표준건축비의 4/10,000
임대의무기간 30년 공공건설 임대주택	무	표준건축비의 3/10,000	표준건축비의 3/10,000	표준건축비의 4/10,000	표준건축비의 4/10,000	표준건축비의 4/10,000	표준건축비의 4/10,000
임대의무기간 20년 공공건설임대주택 (장기전세주택)	무	무	무	무	표준건축비의 4/10,000[238]	표준건축비의 4/10,000	표준건축비의 4/10,000
임대의무기간이 10년인 무주택 근로자를 위한 공공건설임대주택	표준건축비의 3/10,000	표준건축비의 1.5/10,000[239]	표준건축비의 1/10,000	표준건축비의 1/10,000	표준건축비[240]의 1/10,000	표준건축비[241]의 1/10,000	표준건축비의 1/10,000
임대기간 10년으로 신고한 공공건설임대주택[242]	표준건축비의 3/10,000	표준건축비의 1.5/10,000	표준건축비의 1/10,000	표준건축비[243]의 1/10,000	표준건축비[244]의 1/10,000	표준건축비[245]의 1/10,000	표준건축비의 1/10,000
임대의무기간이 5년인 민간건설임대주택	표준건축비의 3/10,000	표준건축비의 1.5/10,000	표준건축비의 1/10,000	표준건축비의 1/10,000	표준건축비의 1/10,000	표준건축비의 1/10,000	표준건축비의 1/10,000

---

[227] 구 「임대주택법」 〈법률 제5228호, 1996. 12. 30.〉 부칙
　　② (건설임대주택의 매각 및 특별수선충당금의 적립에 관한 적용례) 제15조 및 제17조의2의 개정규정은 이 법 시행 후 최초로 주택건설촉진법 제33조 제1항의 규정에 의한 사업계획승인을 얻어 건설하는 임대주택부터 적용한다.

임대의무기간이 10년인 준공공임대주택으로 등록한 민간건설임대주택 또는 민간매입임대주택	무	무	무	무	무	표준건축비의 1/10,000	표준건축비의 1/10,000
임대의무기간 5년인 일반 매입임대주택	무246	무	무247	표준건축비의 1/10,000	표준건축비의 1/10,000	표준건축비의 1/10,000	표준건축비248의 1/10,000

한편 2010. 7. 6. '주택법 시행령' 개정으로 「주택법」이 정한 장기수선충당금 요율과 「임대주택법」이 정한 특별수선충당 요율이 일치하게 되었다.

[대법원 2014. 9. 4. 선고 2013다216150 판결]

원심은, 구 임대주택법(1996. 12. 30. 법률 제5228호로 일부 개정된 것) 부칙 제2조는 '제17조의2의 개정규정은 이 법 시행 후 최초로 주택건설촉진법 제33조 제1항의 규정에 의한 사업계획승인을 얻어 건설하는 임대주택부터 적용한다.'고 규정하고 있고, 구 주택건설촉진법(2003. 5. 29. 법률 제6916호 주택법으로 전부 개정되기 전의 것) 제33조 제1항에 의하면 사업계획의 승인이나 사업계획의 변경승인이나 그 실질에는 큰 차이가 없으므로, 구 임대주택법 부칙 제2조의 '사업계획승인'에는 구 주택건설촉진법 제33조 제1항 전문의 사업계획승인과 같은 항 후문의 사업계획변경 승인이 포함된다고 보아야 한다고 전제하고, 피고가 구 임대주택법이 시행되기 전인 1995. 3. 31. 일반아파트를 건설하는 사업에 관하여 구 주택건설촉진법 제33조에 따라 주택건설

---

228 「임대주택법 시행령」 부칙 제4조
  제30조 제3항의 개정규정은 이 영 시행 후 최초로 이 영 시행일이 속하는 달에 적립하는 특별수선충당금부터 적용한다.
229 구 「주택건설촉진법」 제33조의 규정에 의한 최초의 사업계획승인 당시 건설교통부장관이 정하는 표준건축비를 말한다. 이하 같다(구 「임대주택법 시행령」 제15조의2 제3항 제1호).
230 구 「주택건설촉진법」 제33조의 규정에 의한 최초의 사업계획승인 당시 건설교통부장관이 정하는 표준건축비를 말한다. 이하 같다(구 「임대주택법 시행령」 제15조의2 제3항 제1호).
231 구 「주택법」 제16조(현행 제15조)의 규정에 의한 최초의 사업계획승인 당시 건설교통부장관이 정하는 표준건축비를 말한다. 이하 같다.
232 임대의무기간이 20년인 장기전세주택은 2009. 3. 25. 개정된 「임대주택법」 제16조 제1항 제2호의2로 신설되었으나, 이에 관한 특별수선충당금 적립요율에 대한 명시적인 규정이 없었다. 그런데 2011. 6. 9. 개정된 「임대주택법 시행령」 제30조 제3항 제2호의2로 이에 대한 명시적인 규정을 두게 되었다.
233 1998. 11. 13. 개정된 구 「임대주택법 시행령」에 따라, 기업이 무주택근로자를 위하여 건설하는 사원임대주택의 경우 그 임대의무기간을 10년에서 5년으로 단축되었다. 기업의 주택자금회수를 쉽게 하되, 무주택근로자의 보호를 위하여 기존 사원임대주택의 임대의무기간은 10년으로 하였다(제9조 제1항 제2호 삭제 및 영 부칙 제2항).
234 구 「주택법」 제16조(현행 제15조) 제1항에 따른 사업계획승인 당시 표준건축비.
235 구 「주택법」 제16조(현행 제15조) 제1항에 따른 사업계획승인 당시 표준건축비.
236 2004. 3. 17. 대통령령 제18315호로 일부 개정되어 같은 날 시행된 「임대주택법 시행령」 제9조 제1항 제3호에 임대차 계약 기간을 10년 이상으로 정하여 신고한 공공건설임대주택은 법정 임대의무기간이 10년으로 되는 규정이 신설되었다. 그러나 그 이전에도 임대차 계약 기간을 10년으로 신고한 공공건설임대주택도 존재하였으나, 이는 당시 법령상 임대의무기간은 5년으로 분류되었다.
237 구 「주택법」 제16조(현행 제15조) 제1항에 따른 사업계획승인 당시 표준건축비.
238 구 「주택법」 제16조(현행 제15조) 제1항에 따른 사업계획승인 당시 표준건축비.
239 구 「주택법」 제16조(현행 제15조) 제1항에 따른 사업계획승인 당시 표준건축비.
240 당시 일반 매입임대주택의 임대의무기간은 임대 개시일부터 3년이었음.
241 2005. 9. 16. 시행령 개정으로 일반 매입임대주택의 임대의무기간이 임대 개시일로부터 5년으로 연장됨.
242 구 「주택법」 제16조(현행 제15조) 제1항에 따른 사업계획승인 당시 표준건축비.

사업계획 승인을 받았지만, 특별수선충당금 적립 및 인계의무에 관한 규정인 제17조의2가 신설된 구 임대주택법이 시행된 이후인 1997. 11. 7. 위 아파트 838세대 중 827세대를 공공임대주택으로 건설하기로 하는 내용으로 주택건설사업계획 변경승인을 받았으므로, 이 사건 아파트에 관한 특별수선충당금 적립에 관하여는 구 임대주택법 제17조의2가 적용된다고 판단하였다. 관련 규정과 기록에 비추어 보면, 원심의 이러한 판단은 정당한 것으로 수긍할 수 있고, 거기에 상고이유로 주장하는 바와 같이 구 임대주택법 부칙 제2항에 관한 법리를 오해한 위법이 없다.

2) 장기수선계획의 수립

임대주택 중 단지별로 ① 300세대 이상인 공동주택, ② 승강기가 설치된 공동주택 또는 ③ 중앙집중식 난방방식의 공동주택의 어느 하나에 해당하는 임대주택을 건설한 임대사업자는 해당 임대주택의 공용부분, 부대시설 및 복리시설(분양된 시설은 제외)에 대하여 「주택법」 제47조에 따른 장기수선계획을 수립하여 사용검사를 신청할 때 사용검사신청서와 함께 제출하여야 한다.

그리고 임대기간 중 해당 임대주택단지에 있는 관리사무소에 장기수선계획을 갖춰 놓아야 한다(「임대주택법 시행령」 제30조 제1항).

이러한 장기수선계획은 국토교통부령으로 정하는 기준에 따라야 한다.

3) 적립 시기

임대사업자는 특별수선충당금을 사용검사일(또는 임시사용승인일)부터 1년이 지난 날이 속하는 달부터 매달 적립하여야 한다(「임대주택법 시행령」 제30조 제3항).

4) 적립 요율

가) 임대의무기간이 50년인 임대주택

건설임대주택 중 국가나 지방자치단체의 재정으로 건설하는 임대주택 또는 주택도시기금의 자금을 지원받아 영구적인 임대를 목적으로 건설한 임대의무기간이 50년인 임대주택(「임대주택법」 제16조 제1항 제1호)의 경우에는 '국토교통부장관이 고시하는' 표준건축비의 4/10,000가 적립 요율이다.

한편 2008. 6. 20. 대통령령 제20849호로 전부 개정되어 2008. 6. 22.부터 시행된 「임대주택법 시행령」부터 제30조 제3항 제1호, 제2호에 정한 임대주택에 대하여는 '국토교통부장관이 고시하는 표준건축비'로 규정하고 있음에 반해, 같은 항 제3호에 해당하는 임대주택에 대하여는 '구「주택법」제16조(현행 제15조) 제1항에 따른 사업계획승인 당시 표준건축비'라고 명시하기 시작했다.

그런데 2008. 6. 20. 대통령령 제20849호로 전부 개정되어 2008. 6. 22.부터 시행되기 전의 「임대주택법 시행령」 제15조의4(제15조의2 또는 제15조의3) 제3항에서는 모든 호에 해당하는 임대주택에 대하여 구「주택법」제16조(현행 제15조)의 규정에 의한 최초의 사업계획승인 당시 국토해양부장관이 정하는 표준건축비'를 적용하게 하였다.

이러한 시행령 개정 경과에 비추어 보면, 당해 임대주택에 관하여는 장기의 임대의무기간 동안, 국토교통부장관이 고시하는 표준건축비가 변경된 경우에는 변경된 표준건축비가 기준이 된다고 할 것이다.

나) 임대의무기간이 30년인 임대주택

건설임대주택 중 국가나 지방자치단체의 재정과 주택도시기금의 자금을 지원받아 건설되는 임대의무기간이 30년인 임대주택(「임대주택법」 제16조 제1항 제2호)의 경우에는 국토교통부장관이 고시하는 표준건축비의 4/10,000가 적립 요율이다.

당해 임대주택에 관하여는 장기의 임대의무기간 동안, 국토교통부장관이 고시하는 표준건축비가 변경된 경우에는 '변경된 표준건축비'가 기준이 된다고 할 것이다.

다) 임대의무기간이 20년인 임대주택

임대의무기간이 20년인 임대주택(「임대주택법」 제16조 제1항 제2호의2)인 '장기전세주택'의 경우에는 국토교통부장관이 고시하는 표준건축비의 4/10,000가 적립 요율이다.

당해 임대주택에 관하여는 장기의 임대의무기간 동안, 국토교통부장관이 고시하는 표준건축비가 변경된 경우에는 '변경된 표준건축비'가 기준이 된다고 할 것이다.

라) 임대의무기간이 10년 또는 5년인 임대주택

① 건설임대주택 중 임대의무기간이 10년인 임대주택(「임대주택법」 제16조 제1항 제3호-임대차 계약기간을 10년으로 신고한 임대주택) 또는 ② (a) 임대의무기간이 10년인 준공공임대주택으로 등록한

민간건설임대주택 또는 매입주택과 (b) 임대의무기간이 5년인 일반 매입임대주택(임대주택법 제16조 제1항 제4호)의 경우에는 「주택법」 제16조 제1항에 따른 사업계획승인 당시 표준건축비의 1/10,000[243]가 적립 요율이다(「임대주택법 시행령」 제30조 제3항).

즉, 당해 임대주택에 관하여는 임대의무기간 동안, '구 「주택법」 제16조(현행 제15조) 제1항에 따른 사업계획승인 당시 표준건축비'만이 기준이 된다고 할 것이다.

한때 민간임대주택사업자는 「임대주택법」이 정한 특별수선충당금의 적립을 장기간 거부한 적이 있는데, 이는 실제 투입한 건축비가 아니라 표준건축비를 기준으로 산정하는 것에 불만이 있었던 것도 그 이유 중 하나가 아니었나 싶다.

5) 적립 방법

특별수선충당금은 임대사업자 및 해당 임대주택이 있는 곳을 관할하는 시장, 군수 또는 구청장의 공동 명의로 금융회사 등에 예치하여 따로 관리하여야 한다. 다만 임대사업자가 국가·지방자치단체·한국토지주택공사 또는 지방공사인 경우에는 이를 단독 명의로 금융회사 등에 예치하여 따로 관리할 수 있다(「임대주택법 시행령」 제30조 제4항).

6) 적립 요율의 적용 대상

위와 같은 특별수선충당금의 구체적인 적립 금액을 산정함에 있어, 당해 임대주택의 '전체 건축연면적(전용부분 포함)'을 대상으로 하여 적립 요율을 적용하여야 한다.

그런데 「임대주택법 시행령」 제30조 제1항은 특별수선충당금에 의한 교체·보수대상은 임대주택의 '공용부분, 부대시설과 복리시설(분양된 시설 제외)'에 한하는 것으로 규정하면서도, 그 적립요율은 임대주택의 60~70%를 점하는 '전용부분'까지 포함하는 '전체 건축 연면적'을 대상으로 표준건축비의 4/10,000 또는 1/10,000의 적립요율을 정하고 있는 것으로 해석된다면, 임대사업자는 이에 대하여 위헌, 위법한 법규명령이라는 주장을 하기도 한다.

그러나 이에 대하여 [청주지방법원 2011. 12. 9. 선고 2009가합5671 판결]은 위헌, 위법한 명령이 아니라고 판시한 바 있다.

---

[243] 2005. 9. 16. 구 「임대주택법 시행령」 개정 전에는 1.5/10,000이었다.

[청주지방법원 2011. 12. 9. 선고 2009가합5671 판결]

나아가 특별수선충당금은 주요시설의 교체 및 보수를 위하여 적립하는 것으로서 이 공용부분과 부대시설 및 복리시설에 대한 장기수선계획에 따라 적립되는 것은 피고가 주장하는 바와 같다. 그러나 특별수선충당금을 어느 정도 적립하도록 하는가 하는 문제는 임대주택의 공용부분과 부대시설 및 복리시설에 대한 장기적인 수선을 대비하여 충분한 재원을 마련하고자 하는 목표에 따라 정책적으로 결정하는 사항이고, 특별수선충당금의 산정 근거가 되는 표준건축비를 어떤 기준으로 정할 것인지는 그 사용대상에 전유부분이 포함되지 않는다고 하여 반드시 그 산정 방식도 전유부분을 제외한 면적을 기준으로 하여야 한다고 볼 수 없다.

예컨대 전용면적까지 포함하여 적립요율을 1/10,000로 정할 수도 있고, 아니면 공용면적만을 기준으로 2/10,000로 정할 수도 있어 적립기준이 되는 표준건축비의 대상면적은 적립할 금원을 정하기 위한 하나의 산정기준에 불과하여 그 실제 사용용도와 달리 전용면적을 포함한 전체 면적을 기준으로 하였다고 하여 적립기준에 모순이 있다고는 볼 수 없다.

…… 만일 임대주택의 경우에만 건축비 산정의 기준이 되는 대상면적에는 '공용부분 또는 공용부분, 부대시설 및 복리시설'만 포함된다고 해석하지 아니하고 전유부분을 포함한 전체 건축연면적을 대상으로 하여 건축비를 산정해야 한다고 해석한다면, 이는 주택법 등 관련 법령과도 조화되지 아니하고 분양주택의 소유자와 임대주택 사업자를 부당하게 차별하여 평등의 원칙에 반하는 것으로서 그와 같이 해석하는 한, 위 시행령 조항은 헌법 제107조 제2항에 따라 위헌, 위법한 명령에 해당하여 무효라고 주장한다.

살피건대 분양주택의 장기수선충당금이 공동주택의 주요시설의 교체 및 보수를 위한 자금이라는 사실은 피고가 주장하는 바와 같으나, 앞서 본 바와 같이 임대주택의 특별수선충당금 또한 같은 목적을 위한 자금이고, 다만 그 적립방식을 전체 공급면적을 기준으로 산정하는 것일 뿐이므로 임대주택의 특별수선충당금이 전유부분의 유지, 보수를 위해 사용되는 자금은 아닌 점, 앞서 본 바와 같이 특별수선충당금을 어떤 기준으로 적립할 것인가 하는 것은 정책적 결정사항인 점, 임대주택의 경우 분양주택에 비하여 상대적으로 건축비가 저렴하여 공용부분 등의 장기수선 유지를 위한 특별수선충당금 적립의 필요성이 분양주택에 비하여 큰 점, 임대주택의 소유자는 임대주택 사업자 1명이므로 임대주택법에 따른 법적 강제 외에 사업자의 자율적인 충당금 적립을 기대하기 어려우며, 임대주택 사업자간의 적립금액이 상이할 경우 임대주택간 형평성의 문제가 발생할 수도 있는 점, 임대주택사업자에게는 국가에서 다양한 지원과 혜택을 제공하여 온 점, **특별수선충당금의 적립 부담을 줄이기 위하여 대상 면적을 제한하는 방식이 아니라 적립요율을 점차 완화하는 방식으로 정책이 추진되어 온점(이 법원의 국토해양부장관에 대한 사실조회 결과)등을 고려하면, 이 사건 시행령 조항이 분양주택 소유자와 임대주택 사업자들 부당하게 차별하여 무효라는 피고의 주장 역시 받아들일 수 없다.**

그리고 대법원은 특별수선충당금 산정의 기준이 되는 '주택공급면적'은 '전유면적'과 '공용면적'을 모두 포함하는 것이라고 수차례 판시한 바 있다.

[대법원 2014. 9. 4. 선고 2013다216150 판결]

특별수선충당금 산정의 기준이 되는 '주택공급면적'은 전유면적과 공용면적을 모두 포함하는 것이므로(대법원 2013. 3. 28. 선고 2012다101312 판결 참조), 원심이 피고가 징수·적립하여야 하는 특별수선충당금 산정의 기준으로 주택공급면적을 이 사건 아파트의 전유면적과 공유면적을 모두 포함한 74,054.82㎡로 본 것은 정당하고, 거기에 상고이유로 주장하는 바와 같이 특별수선충당금 산정의 기준이 되는 주택의 면적에 관한 법리를 오해한 위법이 없다.

[대법원 2013. 3. 28. 선고 2012다101312 판결]

구 임대주택법(2002. 12. 26. 법률 제6833호로 개정되기 전의 것) 제17조의3, 「같은 법 시행령」(2003. 6. 25. 대통령령 제18020호로 개정되기 전의 것) 제15조의3, 「같은 법 시행규칙」(2003. 6. 27. 건설교통부령 제360호로 개정되기 전의 것) [별표 1]에 의하면 특별수선충당금은 최초의 사업계획 승인 당시 건설교통부장관(현 국토교통부장관)이 정하는 표준건축비에 대한 일정 비율로 정해지고, 위 표준건축비는 건설교통부 고시에 의한 ㎡당 금액을 주택공급면적에 적용하여 산출하도록 되어 있다.

그리고 구 주택공급에 관한 규칙(2003. 6. 7. 건설교통부령 제358호로 개정되기 전의 것, 이하 같다) 제2조 제10호에 의하면 주택공급면적이라 함은 사업주체가 공급하는 주택의 면적으로서 건축법 시행령 규정에 의한 바닥면적에 산입되는 면적을 의미하고, 구 건축법 시행령(2003. 6. 30. 대통령령 제18039호로 개정되기 전의 것) 제119조 제1항 제3호는 바닥면적에 관하여 '건축물의 각 층 또는 그 일부로서 벽·기둥 기타 이와 유사한 구획의 중심선으로 둘러싸인 부분의 수평투영면적으로 한다.'고 규정하였으며, 한편 위 구 주택공급에 관한 규칙 제8조 제5항은 '입주자모집공고를 함에 있어 공동주택의 공급면적을 세대별로 표시하는 경우에는 공용면적과 전용면적으로 구분하여 표시하되, 이 경우 공급면적은 전용면적과 주거 공용면적 이하로 표시하고 주거 공용면적을 제외한 지하층·관리사무소·노인정 등 기타 공용면적은 이와 따로 표시하여야 한다.'고 규정하였고, 동 규칙 제27조 제5항 제2호도 주택공급계약서에는 '호당 또는 세대 당 주택공급면적 및 대지 면적이 포함되어야 하되, 공동주택의 경우에는 주택공급면적을 전용면적·주거 공용면적 및 기타 공용면적으로 구분 표시하여야 한다.'고 규정하여, 공급면적을 공용면적과 전용면적으로 구분하고, 다시 공용면적을 주거 공용면적과 기타 공용면적으로 세분화하는 규정형식을 취하고 있다. **위 각 규정에 비추어 볼 때 '주택공급면적'은 전유면적과 공용면적을 모두 포함하는 상위의 개념이라고 보아야 한다.** 같은 취지의 원심판결은 정당하고, 거기에 특별수선충당금의 산출에 관한 법리를 오해한 잘못이 없다.

7) 가산 금리

국토교통부장관은 「임대주택법」 제44조 제1항에 따라 과태료를 부과받은 시점부터 6개월 이상 임대주택법 제31조에 따른 특별수선충당금을 적립하지 아니하는 자에 대하여는 「주택도시기금법」에 따른 주택도시기금 융자금에 대하여 연 1% 포인트의 범위 내에서 가산금리를 부과할 수 있다(「임대주택법」 제39조 제2항).

이에 따른 가산금리 부과의 방법 및 절차 등은 국토교통부령에 정하도록 되어 있는데(「임대주택법」 제39조 제3항), 「임대주택법 시행규칙」 제21조의2 제3항은 이에 대하여 다시 시, 도지사가 이에 관한 세부적인 사항을 정할 수 있다고 규정하고 있다.

그러나 시, 도지사는 해당 임대주택이 부도 임대주택 등에 해당하는 경우에는 임대사업자에게 위와 같은 가산금리의 부과를 유예할 수 있다(「임대주택법 시행규칙」 제21조의2 제2항).

8) 사용 방법 등

임대사업자는 특별수선충당금을 사용하려면 미리 해당 임대주택이 있는 곳을 관할하는 시장, 군수 또는 구청장과 협의하여야 한다(「임대주택법 시행령」 제30조 제5항).

그리고 기타 특별수선충당금의 사용 방법, 세부 사용절차 등은 장기수선계획에 정한다.

9) 최초로 구성된 입주자대표회의에 인계 등

임대사업자가 임대의무기간이 지난 후 건설임대주택을 분양전환하려면 위와 같이 적립한 특별수선충당금을 「주택법」 제43조에 따라 최초로 구성되는 입주자대표회의에 넘겨주어야 한다(「임대주택법」 제31조 제2항).

임대사업자는 특별수선충당금을 실제로 적립하였는지와 상관없이 「임대주택법령」에서 정한 기준에 따라 산정한 금액을 분양전환 후 입주자대표회의에게 인계하여야 한다(대법원 2014. 9. 4. 선고, 2013다216150 판결, 대법원 2013. 3. 28. 선고, 2012다101312 판결 참조).

[대법원 2014.9.4. 선고 2013다216150 판결]

임대사업자가 임대주택법에 의하여 적립할 의무를 부담하는 특별수선충당금은 그 임대사업자가 사업주체로서 실제로 적립했는지 여부와 상관없이 임대주택법령에서 정한 기준에 따라 산정된 금액을 분양 전환 후 입주자대표회의에 인계하여야 한다(대법원 2013. 3. 28. 선고 2012다1573 판결 참조).

원심은, 구 임대주택법이 규정하고 있는 임대사업자의 특별수선충당금은 임대주택 장기수선유지계획의 실시에 대비하고 건물의 노후화를 방지함으로써 국민주거생활의 안정을 도모하기 위하여 임대사업자에 의하여

의무적으로 적립되어야 하는 것이므로, **원고와 피고가 관리업무에 관한 인계, 인수를 할 때 이 사건 아파트의 인수 후 발생하는 수선유지비 및 법령 제정 또는 개폐로 인하여 추가 소요되는 시설투자비는 입주자 부담으로 하기로 하는 내용의 합의를 하였다고 하더라도** 그러한 사정만으로는 피고가 관리주체로서 법률상 당연히 부담하던 특별수선충당금의 징수·적립의무 및 이를 전제로 하는 인계의무가 원고의 특별수선충당금에 관한 권리 포기 등으로 인하여 소멸하였다고 볼 수는 없다고 판단하였다. 관련 법리와 기록에 비추어 보면, 원심의 이러한 판단은 정당한 것으로 수긍할 수 있고, 거기에 상고이유로 주장하는 바와 같이 특별수선충당금 인계의무에 관한 법리를 오해한 위법이 없다.

[대법원 2013.3.28. 선고 2012다101312 판결]

임대주택법상의 특별수선충당금은 임대사업자가 사업주체로서 적립 의무를 부담하는 것이므로 임대사업자가 임대아파트 사용승인 후 주택관리업자에게 위탁관리를 시켰다고 하여 특별수선충당금 적립의무가 주택관리업자에게 인계되는 것은 아니고, 분양전환이 되었음에도 입주자대표회의에 의한 자치관리 또는 입주자대표회의에 의한 주택관리업자 선정 등의 절차가 지체될 경우에는 사업주체는 주택법 제43조에 의한 절차에 따라 관리주체를 변경한 후 관리업무를 인계해 주어야 한다.

구 임대주택법(2002. 12. 26. 법률 제6833호로 개정되기 전의 것) 제17조의3이 규정하고 있는 임대사업자의 특별수선충당금은 임대주택 장기수선유지계획의 실시에 대비하고 건물의 노후화를 방지함으로써 국민주거생활의 안정을 도모하기 위하여 임대사업자에 의하여 의무적으로 적립되는 것으로서 주택을 분양하는 사업주체가 부담하는 하자보수의무와는 구별되므로, **임대사업자와 임대아파트 임차인 대표가 일체의 하자보수가 완료된 것으로 간주한다는 내용의 합의를 하였다고 하더라도 이러한 합의는 임대사업자가 부담하는 담보책임을 일부 면제시켜 주는 것이라고 볼 수 있을지언정 이를 근거로 피고가 관리주체로서 부담하는 특별수선충당금의 징수, 적립의무까지 면제된다고 볼 수는 없다.**

10) 적립의무의 종기

가) 쟁점

임대사업자의 특별수선충당금 적립 의무의 종기에 관하여 임대주택법령에 명시적인 규정이 없어, ① 당해 임대주택의 각 세대의 분양전환일까지인가 아니면 ② 분양전환 후 최초로 구성된 입주자대표회의에게 현실적으로 관리권을 인계할 때까지인가 문제될 수 있다.

나) 지지하는 대법원 판결

대법원은 특별수선충당금은 당해 임대주택의 소유자가 부담하는 것이므로, ① 분양전환이 되기 전에는 그 소유자인 임대사업자가 부담하는 것이고, ② 분양전환 된 후에는 새로운 소유자인 수분양전환권자들이 부담하는 것인데, 다만 임대사업자는 새로운 입주자대표회의가 구성되어 관리권을 인계받을 때까지는 당해 주택에 대한 관리주체에 불과하므로, 그 기간 동안에 수분양전환권자들로부터 '장기수선충당금'[244]을 징수하여 받은 적이 없다면, 그 기간 동안의 특별수선충당금을 입주자대표회의에게 인계할 의무는 없다는 취지의 판시를 한 바 있다[대법원 2014. 9. 4. 선고 2013다216150 판결 참조]. 지극히 타당한 판결이라고 본다.

[대법원 2014.9.4. 선고 2013다216150 판결]

가. 원심은, 구 주택건설촉진법 제38조의2에 의하면 관리주체는 공동주택의 주요시설의 교체 및 보수에 필요한 특별수선충당금을 입주자로부터 징수하여 적립하여야 하고, 같은 법 제3조 제4호, 제5호에 의하면 관리주체에는 관리업무를 인계하기 전의 임대주택법에 의한 임대사업자도 포함되는 점 등 그 판시와 같은 사정들을 종합하여 보면, 피고는 이 사건 아파트의 사용검사 후 1년이 경과한 1999. 5. 14.부터 원고에게 현실적으로 관리업무를 인계하기 전날인 2003. 12. 30.까지 특별수선충당금을 적립하여 원고에게 인계할 의무가 있다고 보아, 분양전환 시점이 특별수선충당금 적립의 종기라는 피고의 주장을 배척하였다.

나. 그러나 원심의 이러한 판단은 다음과 같은 이유로 수긍할 수 없다.

(1) 임대사업자는 임대주택이 분양 전환되기 전에는 구 임대주택법에 의한 특별수선충당금을 적립해야 할 의무를 부담하나, **임대주택의 일부 또는 전부가 분양 전환된 경우에는 그때부터 구 주택건설촉진법에 의한 관리주체로서 분양 세대로부터 특별수선충당금을 징수·적립할 의무를 부담하고, 구 임대주택법에 의한 특별수선충당금은 임대사업자가 사업주체로서 실제로 적립했는지 여부와 상관없이 임대주택법령에서 정한 기준에 따라 산정된 금액을 분양 전환 후 입주자대표회의에 인계할 의무를 부담하는 것과 달리, 구 주택건설촉진법에 의한 특별수선충당금은 임대사업자가 세대 소유자 또는 입주자대표회의를 대신하는 관리주체로서 이를 징수·적립하는 것에 불과하므로 실제로 적립한 돈이 있어야만 이를 인계할 의무를 부담한다고 할 것이다**(대법원 2013. 3. 28. 선고 2012다1573 판결 참조).

(2) 원심판결 이유 및 기록에 의하면, 피고는 2003. 7.경 이 사건 아파트를 공공임대주택에서 소유 가능한 일반주택으로 분양 전환한 사실, 원고는 위 분양 전환에 따라 이 사건 아파트에 입주한 사람들이 아파트의 관

---

244 공공건설임대주택이 분양전환되면, 수분양전환권자는 「주택법」에 정한 '장기수선충당금'을 부담하여야 한다.

리를 위하여 임대주택법에 근거하여 구성한 단체로서 2003. 12. 31. 피고로부터 이 사건 아파트에 관한 관리업무를 인계받은 사실, 피고가 특별수선충당금으로 적립한 자금은 없는 사실을 알 수 있다.

이러한 사실들을 앞서 본 법리에 비추어 살펴보면, 피고로서는 2003. 7.경 이 사건 아파트가 분양 전환된 이후로는 구 임대주택법이 아니라 구 주택건설촉진법에 따라 임대사업자가 아니라 입주자대표회의를 대신하는 관리주체로서 특별수선충당금을 징수·적립하여야 하지만 특별수선충당금으로 적립한 자금이 없으므로 2003. 7.경 분양 전환된 이후의 특별수선충당금을 원고에게 인계할 의무는 없다고 봄이 상당하다.

(3) 그럼에도 원심은 이 사건 아파트의 분양전환이 완료된 이후에도 피고가 원고에게 관리권을 인계할 때까지는 여전히 특별수선충당금을 징수하여 적립할 의무가 있다는 이유로 피고의 주장을 배척하였으므로, 이러한 원심판단에는 특별수선충당금 적립의무의 종기에 관한 법리를 오해하였거나 심리를 다하지 아니하여 판결에 영향을 미친 잘못이 있다.

다) 상반된 판결

그런데 위 대법원[대법원 2014.9.4. 선고 2013다216150 판결 참조] 판시 취지와는 다르게 판결한 하급심 판결(광주지방법원 2011. 7. 21. 선고 2010가합9087 판결[245])이 대법원(대법원 2013. 3. 28. 선고 2012다43263 판결)에서 그대로 인용된 의외의 판결이 있다.

[광주지방법원 2011. 7. 21. 선고 2010가합9087 판결]

[1] 임대주택의 임대사업자는 구 임대주택법(2003. 5. 29. 법률 제6916호로 개정되기 전의 것, 이하 '구 임대주택법'이라 한다) 및 구 임대주택법 시행령(2004. 3. 17. 대통령령 제18312호로 개정되기 전의 것)에 따라 특별수선충당금을 적립하여야 하고, 임대의무기간이 경과한 후 건설임대주택을 분양 전환하는 경우에는 특별수선충당금을 최초로 구성되는 입주자대표회의에 인계하여야 한다. 다만 관계 법령상 임대사업자가 특별수선충당금의 적립을 언제까지 하여야 하는지가 다소 불분명하나, 임대사업자는 현실적으로 관리권을 인계하는 전날까지 충당금을 적립하여야 한다고 해석함이 타당하다. 구 임대주택법(2003. 5. 29. 법률 제6916호로 개정되기 전의 것, 이하 '구 주택법'이라 한다) 제3조에 의하면 "임대주택의 건설·공급 및 관리에 관하여 이 법에 정하지 아니한 사항에 대하여는 주택건설촉진법 및 주택임대차보호법을 적용한다."라고 규정하여 임대주택법이 주택법의 특별법적 성격을 가지는 점을 명시하고 있는데, **구 주택법(2003. 12. 31. 법률 제7030호로 개정되기 전의 것) 제51조 제1항에 의하면 관리주체는 장기수선계획에 의하여 공동주택의 주요시설의 교체 및 보수에 필요한 장기수선충당금을 당해 주택의 소유자로부터 징수하여 적립하여야 하고, 구 주택법 제2조**

---

245 이 판결에 대하여 임대사업자(피고)가 항소(광주고등법원 2012. 4. 25. 선고 2011나4321 판결) 및 상고(대법원 2013. 3. 28. 선고 2012다43263 판결)하였으나, 각 항소, 상고 기각판결이 선고되었다.

제12호 (라)목에 의하면 관리주체에는 임대주택법에 의한 임대사업자가 포함된다. 즉 관리주체인 임대사업자는 임대주택법에 의한 특별수선충당금뿐만 아니라 주택법에 의한 장기수선충당금(목적은 특별수선충당금과 같다)을 징수, 적립해야 할 법적 근거가 있고, 임대주택의 일부 또는 전부가 분양 전환된 경우 그때부터 일체의 특별수선충당금 또는 장기수선충당금을 징수, 적립할 의무가 소멸된다고 해석할 수는 없다. 집합건물의 하자는 많은 사람의 신체의 안전 및 생활의 안정을 위협하고, 시간이 경과할수록 건물의 수선유지에 필요한 소요액이 기하급수적으로 증가하게 된다는 특징이 있어 건물의 하자 보수가 적기에 이루어질 수 있도록 적정한 금액의 수선충당금이 적립되어야 할 필요성이 매우 큰데, 이는 집합건물이 존재하는 한 변함없이 인정되는 것이며, 임대주택의 분양 전환 과정에서 입주자대표회의가 구성되기 이전의 기간 또한 마찬가지이다. **물론 위 기간 동안 수선충당금의 최종 부담자는 각 세대, 즉 소유자라고 할 것이지만, 그들 스스로가 수선 충당금을 적립하여 입주자대표회의에 인계할 수는 없는 것이므로, 위 징수, 적립의무는 현실적으로 아파트를 관리하고 있는 자, 즉 임대사업자가 부담한다고 볼 수밖에 없다.**

즉, 특별수선충당금의 최종 부담자가 각 주택의 소유자라고 하더라도 이를 징수, 적립할 의무는 관리자에게 있고, 관리자는 법령에 따라 징수, 적립한 특별수선충당금을 새로운 관리자에게 인계해 줄 의무가 있으므로, 임대사업자가 관리권을 인계할 때까지 실제 적립한 특별수선충당금을 전액 지급함으로써 위 의무를 다하였다고 볼 수 없고, 법령에 규정된 적립 의무에 부족한 금액을 추가로 지급할 의무가 있다.

라) 사안의 정리

이와 관련된 구체적인 사실관계를 하나의 예를 들어 요약하면, ① 민간임대사업자가 건설한 공공건설임대주택으로 임대의무기간이 5년이고, ② 임대의무기간의 1/2가 경과한 시점에 총 500세대 중 300세대에 관하여 조기분양전환을 하고, ③ 임대의무기간이 경과하여 나머지 200세대를 분양전환한 후, 최초의 입주자대표회의가 구성되어 당해 공동주택에 대하여 관리권을 현실적으로 인계한 경우, 민간임대사업자가 당해 공동주택에 대한 최초로 구성된 입주자대표회의에게 인계하여야 할 특별수선충당금은 구체적으로 어떻게 산정하여야 하는가를 본다.

이 경우, 위 '대법원 2014. 9. 4. 선고 2013다216150 판결' 취지에 비추어, 임대사업자는 ① 조기 분양전환한 300세대에 관하여, (a) 분양전환되기 전까지는 소유자로서 「임대주택법」이 정한 '특별수선충당금'을 적립하여야 하고, (b) 분양전환 후에는 「주택법」이 정한 관리주체로서 위 각 300세대의 각 소유자에게 「주택법」에 정한 '장기수선충당금'을 부과 징수하여야 하고, ② 나머지 200세대에 대하여는 (a) 분양전환되기 전까지는 소유자로서 「임대주택법」이 정한 특별수선충당금을 적립하여야 하고, (b) 분양전환 후에는 「주택법」이 정한 관리주체로서 최초로 구성된 입주자대표회의가 구성되어 현실적인 관리권을 인계하기 전날까지 위 각 200세대의 각 소유자에게 「주택법」에 정한 장기수선충당금을 부과 징수하여야 한다고 본다.

문제는 구「주택법 시행령」제66조 제1항(현행「공동주택관리법 시행령」제31조 제1항)은 '장기수선충당금의 요율'은 '관리규약'으로 정하도록 되어 있는바, 이를 정한 관리규약이 없는 경우에는, 임대사업자는 장기수선충당금을 당해 임대주택을 분양전환받은 소유자로부터 부과 징수할 수 없다는 점이다.

그런데 2010. 7. 6. 개정된 구「주택법 시행령」제66조 제1항 단서[246]를 신설하여 "다만, 임대를 목적으로 하여 건설한 공동주택을 분양전환한 이후 관리업무를 인계하기 전까지의 장기수선충당금 요율은「임대주택법 시행령」제30조 제3항에 따른 특별수선충당금 적립요율에 따라야 한다"고 규정함으로써 이를 입법으로 해결하였다.[247]

마) 소멸시효

입주자대표회의가 임대사업자에 대한 특별수선충당금지급청구채권의 소멸시효 기간은 10년이라는 것이 대법원 판례[대법원 2014. 9. 4. 선고 2013다216150 판결]이다.

[대법원 2014. 9. 4. 선고 2013다216150 판결]

원심은, 피고의 원고에 대한 특별수선충당금 적립 및 인계의무는 구 임대주택법 등 관련 법령의 규정이 피고로 하여금 부담하도록 하고 있는 법정채무이고, 아파트 입주자대표회의가 임대사업자에 대하여 특별수선충당금을 청구하는 경우 상거래 관계와 같은 정도로 신속하게 해결할 필요성이 있다고 볼 만한 합리적인 근거도 없는 점 등 그 판시와 같은 사정에 비추어 보면, **원고의 피고에 대한 특별수선충당금채권의 소멸시효기간은 민법 제162조 제1항이 정하고 있는 10년으로 보아야 한다고 판단하였다.**

관련 법리와 기록에 비추어 보면, 원심의 이러한 판단은 정당한 것으로 수긍할 수 있고, 거기에 상고이유로 주장하는 바와 같이 특별수선충당금의 인계의무의 소멸시효기간에 관한 법리를 오해한 위법이 없다.

---

246 현행「공동주택관리법 시행령」제31조 제2항은 "제1항에도 불구하고, 건설임대주택을 분양전환한 이후 관리업무를 인계하기 전까지의 장기수선충당금 요율은「민간임대주택에 관한 특별법 시행령」제43조 제3항 또는「공공주택 특별법 시행령」제57조 제4항에 따른 특별수선충당금 적립요율에 따른다"고 규정하고 있다.

247 2010. 7. 6. 개정된 구「주택법 시행령」부칙에는 위 신설된 제66조 제1항 단서 규정에 대한 경과 규정이 없는 바, 위 개정 규정은「임대주택법」에 따라 분양전환한 공공건설임대주택에 대하여 전면적으로 적용되는 것으로 보아야 할 것이다.

사. 관련 판례

1) 임대사업자 파산 시, 특별수선충당금 관련

[대법원 2015. 6. 24. 선고 2014다29704 판결]

【판시사항】

임대사업자의 파산선고로 파산관재인이 파산선고 후에 파산재단에 속하게 된 임대주택을 관리하다가 임차인 등에게 파산재단의 환가방법으로 임대주택을 분양 전환한 경우, 파산관재인이 입주자대표회의에 파산선고 전후로 특별수선충당금이 실제로 적립되었는지와 상관없이 임대주택법령에서 정한 기준에 따라 산정된 특별수선충당금을 인계하여야 하는지 여부(원칙적 적극)

이 경우 입주자대표회의의 특별수선충당금 지급 청구권이 채무자 회생 및 파산에 관한 법률 제473조 제4호에서 정한 재단채권에 해당하는지 여부(적극)

【판결요지】

특별수선충당금 적립 및 인계 의무를 부담하는 임대사업자의 파산선고로 임대사업자의 파산관재인이 파산선고 후에 파산재단에 속하게 된 임대주택을 관리하다가 임대주택의 임차인 등에게 파산재단의 환가방법으로 임대주택을 분양 전환하게 된 것이라면, **특별한 사정이 없는 한 임대사업자의 파산관재인은 분양 전환 후 주택법에 따라 최초로 구성되는 입주자대표회의에 파산선고 전후로 특별수선충당금이 실제로 적립되었는지 여부와 상관없이 파산재단의 관리·환가에 관한 업무의 일환으로 임대주택법령에서 정한 기준에 따라 산정된 특별수선충당금을 인계할 의무를 부담한다.**

그렇다면 입주자대표회의의 특별수선충당금 지급 청구권은 파산관재인이 한 파산재단인 임대아파트의 관리·환가에 관한 업무의 수행으로 인하여 생긴 것으로서 채무자 회생 및 파산에 관한 법률 제473조 제4호에서 정한 '파산재단에 관하여 파산관재인이 한 행위로 인하여 생긴 청구권'에 해당하여 **재단채권**이다.

2) 특별수선충당금 관련 업무상 횡령죄 성립 여부

[대법원 2017. 2. 15. 선고 2013도14777 판결 업무상횡령]

갑 아파트의 입주자대표회의 회장인 피고인이, 일반 관리비와 별도로 입주자대표회의 명의 계좌에 적립·관리되는 **특별수선충당금을 아파트 구조진단 견적비 및 시공사인을 주식회사에 대한 손해배상청구소송의 변호사 선임료로 사용함으로써 아파트 관리규약에 의하여 정하여진 용도 외에 사용하였다고 하여 업무상횡령으**

로 기소된 사안에서, 특별수선충당금은 갑 아파트의 주요시설 교체 및 보수를 위하여 별도로 적립한 자금으로 원칙적으로 그 범위 내에서 사용하도록 용도가 제한된 자금이나, 당시에는 특별수선충당금의 용도 외 사용이 관리규약에 의해서만 제한되고 있었던 점, 피고인이 구분소유자들 또는 입주민들로부터 포괄적인 동의를 얻어 특별수선충당금을 위탁의 취지에 부합하는 용도에 사용한 것으로 볼 여지가 있는 점 등 제반 사정을 종합하면, 피고인이 특별수선충당금을 위와 같이 지출한 것이 위탁의 취지에 반하여 자기 또는 제3자의 이익을 위하여 자기의 소유인 것처럼 처분하였다고 단정하기 어려우므로, 피고인의 불법영득의사를 인정한 원심판결에 업무상횡령죄의 불법영득의사에 관한 법리오해의 잘못이 있다고 한 사례.

아. 관련 법령 해석례

1) 특별수선충당금 적립요율 변경 개정 관련

민원인 - 임대의무기간이 5년인 공공임대주택의 특별수선충당금 적립 요율 관련 적용 법령관계(개정 「임대주택법 시행령」 제30조 제3항 등 관련)

[안건번호: 15-0746, 회신일자: 2016-02-19]

【질의요지】

구 「임대주택법 시행령」(2000. 7. 22. 대통령령 제16910호로 일부개정되어 같은 날 시행된 것을 말함) 제15조의3 제3항 각 호 외의 부분에서는 법 제17조의3 제3항의 규정에 의한 특별수선충당금은 사용검사 후 1년이 경과한 날부터 매월 적립하되, 적립요율은 "제9조 제1항 제2호 및 제3호의 임대주택은 건축비의 1만분의 3"(제2호) 등 같은 항 각 호의1과 같다고 규정하고 있고,

개정 「임대주택법 시행령」(2008. 6. 20. 대통령령 제20849호로 전부 개정되어 같은 해 6. 22. 시행된 것을 말함) 제30조 제3항 각 호 외의 부분에서는 임대사업자는 법 제31조 제1항에 따른 특별수선충당금을 사용검사일(임시 사용승인을 받은 경우에는 임시 사용승인일을 말함)부터 1년이 지난날이 속하는 달부터 매달 적립하되, 적립요율은 "법 제16조 제1항 제3호 및 제4호의 임대주택의 경우: 「주택법」 제16조 제1항에 따른 사업계획승인 당시 표준건축비의 1만분의 1"(제3호) 등 같은 항 각 호의 비율에 따른다고 규정하고 있으며, 같은 시행령 부칙 제4조에서는 제30조 제3항의 개정규정은 이 영 시행 후 최초로 이 영 시행일이 속하는 달에 적립하는 특별수선충당금부터 적용한다고 규정하고 있는바,

2002년 2월 사업계획 승인을 받고 2008년 2월 사용검사를 완료한 임대의무기간이 5년인 공공임대주택의 경우, 2009년 9월분에 해당하는 특별수선충당금의 적립요율에 대해서 사업계획 승인 당시 법령인 구 임대주택법 시행령 제15조의3 제3항 제2호를 적용해야 하는지 아니면 특별수선충당금 적립 당시 법령인 개정 임대주택법 시행령 제30조 제3항 제3호를 적용해야 하는지?

【회답】

2002년 2월 사업계획 승인을 받고 2008년 2월 사용검사를 완료한 임대의무기간이 5년인 공공임대주택의 경우, 2009년 9월분에 해당하는 특별수선충당금의 적립요율에 대해서는 특별수선충당금 적립 당시 법령인 개정 임대주택법 시행령(2008. 6. 20. 대통령령 제20849호로 전부 개정되어 같은 해 6. 22. 시행된 것) 제30조 제3항 제3호를 적용해야 합니다.

【이유】

구 「임대주택법 시행령」(2000. 7. 22. 대통령령 제16910호로 일부 개정되어 같은 날 시행된 것을 말함. 이하 "구 임대주택법 시행령"이라 함) 제15조의3 제3항에서는 법 제17조의3제3항의 규정에 의한 특별수선충당금은 사용검사 후 1년이 경과한 날부터 매월 적립하되, 적립요율은 제9조 제1항 제2호 및 제3호의 임대주택은 건축비의 1만분의3(제2호) 등 같은 항 각 호의 1과 같다고 규정하고 있습니다.

그리고, 개정 「임대주택법 시행령」(2008. 6. 20. 대통령령 제20849호로 전부개정되어 같은 해 6. 22. 시행된 것을 말함. 이하 "개정 임대주택법 시행령"이라 함) 제30조 제3항에서는 임대사업자는 법 제31조 제1항에 따른 특별수선충당금을 사용검사일(임시 사용승인을 받은 경우에는 임시 사용승인일을 말함)부터 1년이 지난날이 속하는 달부터 매달 적립하되, 적립요율은 "법 제16조 제1항 제3호 및 제4호의 임대주택의 경우: 「주택법」 제16조 제1항에 따른 사업계획승인 당시 표준 건축비의 1만분의 1"(제3호) 등 같은 항 각 호의 비율에 따른다고 규정하고 있고, 같은 시행령 부칙 제4조에서는 제30조 제3항의 개정규정은 이 영 시행 후 최초로 이 영 시행일이 속하는 달에 적립하는 특별수선충당금부터 적용한다고 규정하고 있는바, 이 사안은 2002년 2월 사업계획 승인을 받고 2008년 2월 사용검사를 완료한 임대의무기간이 5년인 공공임대주택의 경우, 2009년 9월분에 해당하는 특별수선충당금의 적립요율은 사업계획 승인 당시 법령인 구 임대주택법 시행령 제15조의3 제3항 제2호를 적용해야 하는지 아니면 특별수선충당금 적립 당시 법령인 개정 임대주택법 시행령 제30조 제3항 제3호를 적용해야 하는지에 관한 것이라 하겠습니다.

먼저, 법령은 일반적으로 장래 발생하는 법률관계를 규율하기 위하여 제정되는 것이므로 그 시행 후의 현상에 대하여 적용되는 것이나, 법령이 개정되는 경우 구 법령과 신 법령의 적용상 혼란을 방지하기 위하여 신법 조항이 어떤 사람 또는 사항에 대하여 적용되는지 그 적용관계를 규정하는 적용례 또는 법령이 개정되어 새로운 법질서가 마련된 경우에 제도의 변화와 법적 안정성을 조화시키기 위하여 일정한 사람이나 사항에 대하여 구 법령의 규정을 적용하도록 하는 경과조치를 두는 경우가 있는데, 이와 같은 적용례나 경과조치를 두지 않았다면 신 법령 시행 이후에는 원칙적으로 신 법령이 적용된다고 할 것입니다(법제처 2010. 12. 23. 회신 10-0423 해석례).

또한, 일반적으로 부칙 적용례 규정은 새로운 법령의 시행에 있어서 최초 적용시기 및 대상 등에 관한 사항을 구체적으로 명기함으로써 해석상 논란을 사전에 방지하기 위하여 두는 것인데(법제처 2011. 12. 19 회신 11-0727 해석례 참조), 개정 임대주택법 시행령 부칙 제4조에서는 같은 시행령 제30조 제3항의 개정규정의 적용에 관하여 "이 영 시행 후 최초로 이 영 시행일이 속하는 달에 적립하는 특별수선충당금부터 적용한다."고 규정하고 있으므로, 개정 임대주택법 시행령의 시행일인 2008년 6월 22일이 속하는 달인 2008년 6월부터 적립하는 특별수선충당금의 적립요율에 관하여는 같은 시행령 제30조 제3항이 적용되어야 하는 것이 문언상 명백하다고 할 것입니다.

그렇다면, 이 사안의 경우 개정 「임대주택법」(2008. 3. 21. 법률 제8966호로 전부개정되어 같은 해 6. 22. 시행된 것) 제16조 제1항 제4호에 따라 임대의무기간이 5년인 공공임대주택의 2009년 9월분에 해당하는 특별수선충당금은 「같은 법 시행령」이 적용되는 기간이므로, 이 때 적립하여야 하는 특별수선충당금의 요율 역시 같은 시행령 제30조 제3항 제3호에 따라 「주택법」 제16조 제1항에 따른 사업계획승인 당시 표준 건축비의 "1만분의 1"이라 할 것이고, 같은 호에서 사업계획승인 당시 표준 건축비를 산정기준의 하나로 삼고 있다고 하여 특별수선충당금의 적립요율도 사업계획승인 당시 법령인 구 임대주택법 시행령에 따라 "1만분의 3"이 적용된다고 볼 수는 없다고 할 것입니다.

따라서, 2002년 2월 사업계획 승인을 받고 2008년 2월 사용검사를 완료한 임대의무기간이 5년인 공공임대주택의 경우, 2009년 9월분에 해당하는 특별수선충당금의 적립요율에 대해서는 특별수선충당금 적립 당시 법령인 개정 임대주택법 시행령 제30조 제3항 제3호를 적용해야 한다고 할 것입니다.

관계법령
임대주택법 시행령 시행 2008. 6. 22. 제20849호 제30조 및 부칙 제4조

4. 분양전환할 목적으로 공급하는 임대주택에 관한 하자담보책임에 관하여

가. 법률 규정

임대 후 분양전환을 할 목적으로 공급하는 임대주택에 대하여 임대사업자에게 하자담보책임이 있는지 혹은 임차인 등에게 하자보수청구권 또는 하자보수추급권(=하자보수의 청구에 갈음한 손해배상청구권)이 있는지에 관하여, 「임대주택법 등」에 명시적인 규정을 두고 있지 않았다.

1) 공공임대주택에 대하여

그런데 「공동주택관리법」(법률 제14793호, 2017. 4. 18. 공포, 10. 19. 시행) 제36조 제2항은 "「공공주택 특별법」 제2조 제1호 가목[248]에 따라 임대한 후 분양전환을 할 목적으로 공급하는 공동주택(공공임대주택)을 공급한 「주택법」 제2조 제10호 각 목에 따른 사업주체는 분양전환이 되기 전까지는 임차인에 대하여 하자보수에 대한 담보책임을 진다"고 규정하게 되었다.[249]

이에 같은 법 제37조 제1항 제5호에 '공공임대주택'의 임차인 또는 입주자대표회의도 하자보수청구권자라고 규정하게 되었다.

그러나 공공임대주택의 임차인에게 「공동주택관리법」 제37조 제2항에 정한 하자보수추급권(=하자보수의 청구에 갈음한 손해배상청구권)은 인정하고 있지 않다.

2) 민간임대주택에 대하여

민간임대주택에 대하여, 임대사업자에게 하자담보책임이 있는지 혹은 임차인 등에게 하자보수청구권 또는 하자보수추급권(=하자보수의 청구에 갈음한 손해배상청구권)이 있는지에 관하여 명시적으로 정한 법률은 없다.[250]

---

[248] 「공공주택 특별법」 제2조 제1호 가목에 정한 '공공임대주택'은 ① 공공건설임대주택과 ② 공공매입임대주택으로 구분되는데, 과연 ② 공공매입임대주택의 경우에도 이러한 하자담보책임이 있다는 것인지는 의문이다.

[249] 다만 위 개정 규정은 「공공주택관리법」(법률 제14793호, 2017. 4. 18., 일부개정, 시행 2017.10.19.) 부칙 제2조에 의하여, 이 법 시행 후 최초로 「주택법」 제49조에 따른 사용검사(같은 법 제49조 제4항 단서에 따라 공동주택의 전부에 대하여 임시 사용승인을 받은 경우에는 그 임시 사용승인일을 말하고, 같은 법 제49조 제1항 단서에 따라 분할 사용검사나 동별 사용검사를 받은 경우에는 그 분할 사용검사일 또는 동별 사용검사일을 말한다)를 받은 임대주택부터 적용한다.

[250] 더불어민주당 소속 신창현 의원은 2018. 2. 20. 민간임대주택사업자에게도 분양전환 이전까지 하자보수의 책임을 부담하도록 하

나. '하자'의 개념

'하자'란 공사상 잘못으로 인하여 균열, 침하, 파손, 들뜸, 누수 등이 발생하여 건축물 또는 시설물의 안정상, 기능상 또는 미관상의 지장을 초래할 정도의 결함을 말하며, 그 구체적인 범위는 아래와 같다(「공동주택관리법」 제36조 제4항, 「같은 법 시행령」 제37조).

1. 내력구조부별 하자: 다음 각 목의 어느 하나에 해당하는 경우
   가. 공동주택 구조체의 일부 또는 전부가 붕괴된 경우
   나. 공동주택의 구조안전상 위험을 초래하거나 그 위험을 초래할 우려가 있는 정도의 균열·침하(沈下) 등의 결함이 발생한 경우
2. 시설공사별 하자: 공사상의 잘못으로 인한 균열·처짐·비틀림·들뜸·침하·파손·붕괴·누수·누출·탈락, 작동 또는 기능불량, 부착·접지 또는 결선(結線) 불량, 고사(枯死) 및 입상(立像) 불량 등이 발생하여 건축물 또는 시설물의 안전상·기능상 또는 미관상의 지장을 초래할 정도의 결함이 발생한 경우

다. 담보책임기간

임대 후 분양전환을 할 목적으로 공급하는 공공임대주택의 '전유부분'이 임차인에게 인도된 날로부터(「공동주택관리법」 제36조 제3항 제1호) 하자보수 담보책임 기간 내에 하자가 발생한 경우, 임차인은 그 담보책임기간 내에 사업주체에게 하자보수를 청구하여야 한다(「공동주택관리법 시행령」 제38조 제1항).

공공임대주택의 '공용부분'에 대한 담보책임기간 기산일은 「주택법」 제49조에 따른 사용검사일, 또는 임시사용승인일, 분할사용검사일, 동별 사용검사일이다.

하자보수담보책임 기간에 정한 아래와 같다(「공동주택관리법 시행령」 제37조).

1. 내력구조부별(「건축법」 제2조 제1항 제7호에 따른 건물의 주요 구조부를 말한다. 이하 같다) 하자에 대한 담보책임기간: 10년
2. 시설공사별 하자에 대한 담보책임기간: [별표 4]에 따른 기간

공공임대주택의 사업주체가 해당 공공임대주택의 전유부분을 임차인에게 인도한 때에는 주

는 「공공주택관리법」 일부 개정안을 대표 발의했다고 한다.

택인도증서를 작성하여 분양전환하기 전까지 보관하여야 한다. 이 경우 사업주체는 주택인도증서를 작성한 날부터 30일 이내에 공동주택관리정보시스템에 전유부분의 인도일을 공개하여야 한다(「공동주택관리법 시행령」 제36조 제3항[251]).

라. 하자보수청구권자

공공임대주택의 '임차인' 또는 '임차인 대표회의'는 공공임대주택에 하자가 발생한 경우에는 담보책임기간 내에 사업주체에게 하자보수를 청구하여야 한다(「공동주택관리법 시행령」 제38조 제1항).

그런데 공공임대주택의 '전유부분'에 관하여는 당해 임차인 또는 임차인을 대행하는 관리주체가 하자보수청구권자이며, '임차인 대표회의'는 청구권자가 아니다.

'임차인 대표회의'는 공공임대주택의 '공용부분'에 관하여 하자보수청구권자이다. 임차인은 공용부분에 관하여 임차인 대표회의에게 하자보수 청구를 할 것을 요청할 수 있다(「공동주택관리법 시행령」 제38조 제2항).

마. 하자보수절차

사업주체는 하자보수를 청구 받은 날(법 제48조 제1항 후단에 따라 하자진단결과를 통보받은 때에는 그 통보받은 날을 말한다)부터 15일 이내에 그 하자를 보수하거나 다음 각 호의 사항을 명시한 하자보수계획을 임차인 또는 임차인 대표회의에 서면(「전자문서 및 전자거래 기본법」 제2조 제1호에 따른 정보처리시스템을 사용한 전자문서를 포함한다)으로 통보하고 그 계획에 따라 하자를 보수하여야 한다. 다만, 하자가 아니라고 판단되는 사항에 대해서는 그 이유를 서면으로 통보하여야 한다.

1. 하자부위, 보수방법 및 보수에 필요한 상당한 기간(동일한 하자가 2세대 이상에서 발생한 경우 세대별 보수 일정을 포함한다)
2. 담당자 성명 및 연락처
3. 그 밖에 보수에 필요한 사항

---

[251] 위 제36조 제3항의 개정규정은 이 영 시행(2017. 10. 19.) 이후 최초로 「주택법」 제49조에 따른 사용검사(같은 법 제49조 제1항 단서에 따라 분할 사용검사나 동별 사용검사를 받은 경우에는 그 분할 사용검사일 또는 동별 사용검사일을 말하고, 같은 법 제49조 제4항 단서에 따라 공동주택의 전부에 대하여 임시 사용승인을 받는 경우에는 그 임시 사용승인일을 말한다)를 받은 공공임대주택부터 적용한다(부칙 제2조).

하자보수를 실시한 사업주체는 하자보수가 완료되면 즉시 그 보수결과를 하자보수를 청구한 임차인 또는 임차인 대표회의에 통보하여야 한다.

바. 담보책임종료

사업주체는 담보책임기간이 만료되기 30일 전까지 그 만료 예정일을 해당 공공임대주택의 임차인 대표회의에 서면으로 통보하여야 한다. 이 경우 사업주체는 다음 각 호의 사항을 함께 알려야 한다(「공동주택관리법 시행령」 제39조 제1항).

1. 임차인 또는 임차인 대표회의가 하자보수를 청구한 경우에는 하자보수를 완료한 내용
2. 담보책임기간 내에 하자보수를 신청하지 아니하면 하자보수를 청구할 수 있는 권리가 없어진다는 사실

위와 같은 통보를 받은 공공임대주택의 임차인 대표회의는 다음 각 호의 구분에 따른 조치를 하여야 한다(「공동주택관리법 시행령」 제39조 제2항).

1. 전유부분에 대한 조치: 담보책임기간이 만료되는 날까지 하자보수를 청구하도록 공공임대주택의 임차인에게 개별통지하고 공동주택단지 안의 잘 보이는 게시판에 20일 이상 게시
2. 공용부분에 대한 조치: 담보책임기간이 만료되는 날까지 하자보수 청구

사업주체는 하자보수 청구를 받은 사항에 대하여 지체 없이 보수하고 그 보수 결과를 서면으로 임차인 또는 임차인 대표회의에 통보하여야 한다. 다만, 하자가 아니라고 판단한 사항에 대해서는 그 이유를 명확히 기재한 서면을 통보하여야 한다(「공동주택관리법 시행령」 제39조 제3항).

보수결과를 통보받은 임차인 또는 임차인 대표회의는 통보받은 날부터 30일 이내에 이유를 명확히 기재한 서면으로 사업주체에게 이의를 제기할 수 있다. 이 경우 사업주체는 이의제기 내용이 타당하면 지체 없이 하자를 보수하여야 한다(「공동주택관리법 시행령」 제39조 제4항).

사업주체와 다음 각 호의 구분에 따른 자는 하자보수가 끝난 때에는 공동으로 담보책임 종료확인서를 작성하여야 한다. 이 경우 담보책임기간이 만료되기 전에 담보책임 종료확인서를 작성해서는 아니 된다(「공동주택관리법 시행령」 제39조 제5항).

1. 전유부분: 입주자
2. 공용부분: 임차인 대표회의 회장

임차인 대표회의의 회장은 공용부분의 담보책임 종료확인서를 작성하려면 다음 각 호의 절차를 차례대로 거쳐야 한다. 이 경우 전체 임차인의 5분의 1 이상이 서면으로 반대하면 임차인 대표회의는 의결을 할 수 없다(「공동주택관리법 시행령」 제39조 제6항).

1. 의견 청취를 위하여 임차인에게 다음 각 목의 사항을 서면으로 개별통지하고 공동주택단지 안의 게시판에 20일 이상 게시할 것
   가. 담보책임기간이 만료된 사실
   나. 완료된 하자보수의 내용
   다. 담보책임 종료확인에 대하여 반대의견을 제출할 수 있다는 사실, 의견 제출 기간 및 의견 제출서
2. 입주자대표회의 의결

사. 하자분쟁조정위원회

하자분쟁조정위원회로부터 조정 등의 신청에 관한 통지를 받은 사업주체 등, 설계자, 감리자, 입주자대표회의 등 및 임차인 등은 분쟁조정에 응하여야 한다. 다만, 조정 등의 신청에 관한 통지를 받은 입주자(공공임대주택의 경우에는 임차인)가 조정기일에 출석하지 아니한 경우에는 하자분쟁조정위원회가 직권으로 「공동주택관리법」 제44조 제1항에 따라 조정안을 결정하고, 이를 각 당사자 또는 그 대리인에게 제시할 수 있다(「공동주택관리법」 제46조 제2항).

아. 하자보수보증금의 범위

건설임대주택이 분양전환되는 경우의 하자보수보증금은 아래의 제1호 또는 제2호에 따른 금액에 건설임대주택 세대 중 분양전환을 하는 세대의 비율을 곱한 금액으로 한다(「공동주택관리법 시행령」 제42조 제2항, 제1항).

1. 「주택법」 제15조에 따른 대지조성사업계획과 주택사업계획승인을 함께 받아 대지조성과 함께 공동주택을 건설하는 경우: 가목의 비용에서 나목의 가격을 뺀 금액의 100분의 3
   가. 사업계획승인서에 기재된 해당 공동주택의 총사업비[간접비(설계비, 감리비, 분담금, 부담금, 보상비 및 일반분양시설경비를 말한다)는 제외한다. 이하 이 항에서 같다]
   나. 해당 공동주택을 건설하는 대지의 조성 전 가격
2. 「주택법」 제15조에 따른 주택사업계획승인만을 받아 대지조성 없이 공동주택을 건설하는 경우: 사업계획승인서에 기재된 해당 공동주택의 총사업비에서 대지가격을 뺀 금액의 100분의 3

자. 하자보수보증금의 예치 및 보관

건설임대주택을 분양전환하려는 임대사업자는 하자보수보증금을 은행에 현금으로 예치하거나 다음 각 호의 어느 하나에 해당하는 자가 취급하는 보증으로서 하자보수보증금 지급을 보장하는 보증에 가입하여야 한다. 이 경우 그 예치명의 또는 가입명의는 사용검사권자(「주택법」 제49조에 따른 사용검사권자 또는 「건축법」 제22조에 따른 사용승인권자를 말한다)로 하여야 한다(「공동주택관리법 시행령」 제41조 제1항).

1. 「주택도시기금법」에 따른 주택도시보증공사
2. 「건설산업기본법」에 따른 건설 관련 공제조합
3. 「보험업법」 제4조 제1항 제2호 라목에 따른 보증보험업을 영위하는 자
4. 「공동주택관리법 시행령」 제23조 제7항 각 호의 금융기관

건설임대주택을 분양전환하려는 임대사업자는 「민간임대주택에 관한 특별법」에 따른 양도신고서, 양도 허가신청서 또는 「공공주택 특별법」에 따른 분양전환 승인신청서, 분양전환 허가신청서, 분양전환 신고서를 사용검사권자에게 제출할 때에 제1항에 따른 현금 예치증서 또는 보증서를 함께 제출하여야 한다(「공동주택관리법 시행령」 제41조 제2항 제3호).

사용검사권자는 입주자대표회의가 구성된 때에는 지체 없이 제1항에 따른 예치명의 또는 가입명의를 해당 입주자대표회의로 변경하고 입주자대표회의에 현금 예치증서 또는 보증서를 인계하여야 한다(「공동주택관리법 시행령」 제41조 제3항).

입주자대표회의는 인계받은 현금 예치증서 또는 보증서를 해당 공동주택의 관리주체(의무 관리대상 공동주택이 아닌 경우에는 '집합건물의 소유 및 관리에 관한 법률'에 따른 관리인을 말한다)로 하여금 보관하게 하여야 한다(「공동주택관리법 시행령」 제41조 제4항).

차. 관련 대법원 판례

1) 분양전환된 임대주택의 하자보수추급권의 기산점 및 제척기간

[대법원 2012. 3. 29. 선고 2011다42270 판결]

1. 구 '집합건물의 소유 및 관리에 관한 법률'(2005. 5. 26. 법률 제7502호로 개정되기 전의 것. 이하 '구 집합건물법'이라고 한다) 제9조 제1항은 집합건물을 건축하여 분양한 자의 담보책임에 관하여 민법 제667조 내지

제671조의 규정을 준용한다고 정하고, 민법 제671조 제1항 단서는 석조, 석회조, 연와조, 금속 기타 이와 유사한 재료로 조성된 건물의 수급인은 목적물의 하자에 관하여 인도 후 10년 동안 담보책임을 진다고 정하고 있다.

한편 2005. 5. 26. 법률 제7502호로 개정된 집합건물법의 부칙 제6조는 공동주택의 담보책임 및 하자보수에 관하여 2005. 5. 26. 법률 제7520호로 개정된 주택법 제46조의 규정에 따르도록 하였고, 위 주택법 제46조 제1항은 민법 제667조 내지 제671조의 규정을 준용하는 위 집합건물법 제9조의 규정을 배제하는 취지의 규정을 두면서 부칙 제3항에 위와 같은 배제규정을 위 개정 주택법 시행 전까지 소급하여 적용하는 내용의 규정을 두었으나, 위 개정 주택법 부칙 제3항은 헌법재판소 2008. 7. 31. 선고 2005헌가16 결정에 의하여 위헌 무효로 선언되었다.

결국 위 개정 주택법, 개정 집합건물법이 시행된 2005. 5. 26. 이전에 사용검사 또는 사용승인을 받은 공동주택에 관하여 구분소유자가 집합건물법에 따라 하자보수에 갈음하는 손해배상을 청구하는 경우에는 담보책임 및 하자보수에 관하여 개정 주택법 제46조를 적용할 수 없고, 구 집합건물법 제9조 제1항과 그에 의하여 준용되는 민법 제667조 내지 제671조에 따라 하자담보책임의 내용 및 범위가 결정된다고 할 것이다(대법원 2008. 12. 11. 선고 2008다12439 판결 참조).

그리고 **민법 제667조 내지 제671조의 하자담보책임기간은 재판상 또는 재판외의 권리행사기간인 제척기간이므로 그 기간의 도과로 하자담보추급권은 당연히 소멸하고,** 이 사건 아파트와 같은 콘크리트 구조물에 대해서는 앞서 본 민법 제671조 제1항 단서가 적용되어 하자담보책임기간은 인도 후 10년이라고 할 것이다(대법원 2010. 1. 14. 선고 2008다88368 판결, 대법원 2011. 4. 14. 선고 2009다82060 판결 등 참조).

2. 나아가 이 사건 아파트와 같이 임대아파트로 건축되어 5년 정도 임대되었다가 분양전환된 아파트의 경우에도 구 집합건물법 제9조 제1항 및 그에 의하여 준용되는 민법 제667조 내지 제671조가 적용될 수 있는지에 대하여 살펴본다.

구 집합건물법 제9조는 집합건물을 건축하여 분양한 자로 하여금 견고한 건물을 짓도록 유도하고 부실하게 건축된 집합건물의 소유자를 두텁게 보호하기 위하여 집합건물을 건축하여 분양한 자의 담보책임에 관하여 민법상 수급인의 담보책임에 관한 규정을 준용하도록 함으로써 담보책임의 내용을 명확히 하는 한편 이를 강행규정으로 하였고, 위 규정에 의한 하자담보추급권은 현재의 집합건물 소유자에게 귀속하는 점, 분양전환가격을 결정함에 있어서 아파트의 노후 정도는 이미 평가되었다고 하더라도 부실시공으로 인한 아파트의 하자까지 모두 반영되어 그 가격이 결정되었다고 단정할 수 없는 점, 분양전환되기 전의 임차기간 동안 입주자들이 임대차계약에 기해 하자보수를 요구할 수 있다고는 하나, 임차인의 지위에서 인정되는 하자보수청구권과 분양을 받은 소유자의 지위에서 인정되는 하자담보추급권은 그 법적 성질 및 기능이 동일하다고 보기는 어려운 점 등에 비추어 볼 때, **분양전환된 임대아파트의 경우에도 구 집합건물법 제9조 제1항 및 이에 의하여 준용되는 민법 제667조 내지 제671조가 적용되고, 그 하자담보책임기간은 민법 제671조 제1항 단서에 의하여 최초 임차인들에게 인도된 때**(하자담보책임기간의 기산점을 이 사건 아파트가 분양전환된 때로 보아야 한다는 원고의 주장을 배척)**로부터 10년이라고 봄이 상당하다.**

5. 주택임대관리업

2015. 8. 28. 법률 제13499호로 전부 개정되어 2015. 12. 29.부터 시행되는 「민간임대주택에 관한 특별법」에서, 기존에 「주택법」에 규정되어 있는 주택임대관리업에 관한 내용을 위 법으로 이관하여, 주택의 소유자로부터 임대관리를 위탁받아 관리하는 '주택임대관리업'에 관한 규정을 두고 있다. 주택임대관리업은 ① 자기관리형 주택임대관리업과 ② 위탁관리형 주택임대관리업으로 구분된다.

가. 등록

주택임대관리업을 하려는 자는 시장·군수·구청장에게 등록할 수 있다(「민간임대주택에 관한 특별법」 제7조 제1항 본문).

다만, 100호 이상의 범위에서 대통령령(「민간임대주택에 관한 특별법 시행령」 제6조 제1항)으로 정하는 규모 이상[252]으로 주택임대관리업을 하려는 자는 등록하여야 한다(「민간임대주택에 관한 특별법」 제7조 제1항 단서).

그러나 국가, 지방자치단체, 「공공기관의 운영에 관한 법률」 제4조 제1항에 따른 공공기관, 「지방공기업법」 제49조 제1항에 따라 설립된 지방공사는 등록하지 아니한다.

위와 같이 주택임대관리업을 등록하는 경우에는 ① '자기관리형 주택임대관리업'과 ② '위탁관리형 주택임대관리업'을 구분하여 등록하여야 한다. 이 경우 ① '자기관리형 주택임대관리업'을 등록한 경우에는 ② 위탁관리형 주택임대관리업도 등록한 것으로 본다.

나. 변경 신고

위와 같이 등록한 자가 등록한 사항을 변경하거나 말소하고자 할 경우 시장·군수·구청장에

---

252 1. 자기관리형 주택임대관리업의 경우
　　가. 단독주택: 100호
　　나. 공동주택: 100세대
　2. 위탁관리형 주택임대관리업의 경우
　　가. 단독주택: 300호
　　나. 공동주택: 300세대

게 신고하여야 한다. 다만, 자본금의 증가 등 국토교통부령으로 정하는 경미한 사항은 신고하지 아니하여도 된다.

이러한 등록 및 신고의 절차 등에 필요한 사항은 대통령령으로 정한다.

다. 등록 기준

위와 같이 주택임대관리업자로 등록을 하려는 자는 다음 각 호의 요건을 갖추어야 한다(「민간임대주택에 관한 특별법」 제8조).

1. 자본금(법인이 아닌 경우 자산평가액을 말한다)이 1억원 이상으로서 대통령령으로 정하는 금액 이상일 것
2. 주택관리사 등 대통령령으로 정하는 전문 인력을 보유할 것
3. 사무실 등 대통령령으로 정하는 시설을 보유할 것[253]

라. 주택임대관리업자의 업무 범위

1) 주요 업무 범위

주택임대관리업자는 임대를 목적으로 하는 주택에 대하여 다음 각 호의 업무를 수행한다(「민간임대주택에 관한 특별법」 제11조 제1항).

1. 임대차계약의 체결·해제·해지·갱신 및 갱신거절 등
2. 임대료의 부과·징수 등
3. 임차인의 입주 및 명도·퇴거 등(「공인중개사법」 제2조 제3호에 따른 중개업은 제외한다)

2) 부수적 업무 범위

주택임대관리업자는 임대를 목적으로 하는 주택에 대하여 부수적으로 다음 각 호의 업무를 수행할 수 있다(「민간임대주택에 관한 특별법」 제11조 제2항).

1. 시설물 유지·보수·개량 및 그 밖의 주택관리 업무

---

[253] 「민간임대주택에 관한 특별법 시행령」 제7조 [별표 1].

2. 그 밖에 임차인의 주거 편익을 위하여 필요하다고 대통령령(「민간임대주택에 관한 특별법 시행령」제10조[254])으로 정하는 업무

3) 위·수탁계약서 작성, 교부 및 보관의무

주택임대관리업자는 위와 같은 업무를 위탁받은 경우 위·수탁계약서를 작성하여 주택의 소유자에게 교부하고 그 사본을 보관하여야 한다(「민간임대주택에 관한 특별법」제13조 제1항).

위·수탁계약서에는 계약기간, 주택임대관리업자의 의무 등 대통령령(「민간임대주택에 관한 특별법 시행령」제12조[255])으로 정하는 사항이 포함되어야 한다.

국토교통부장관은 위·수탁계약의 체결에 필요한 '표준위·수탁계약서'를 작성하여 보급하고 활용하게 할 수 있다.

마. 자기관리형 주택임대관리업자의 의무

임대사업자인 임대인이 자기관리형 주택임대관리업자에게 임대관리를 위탁한 경우 주택임대관리업자는 위탁받은 범위에서 이 법에 따른 임대사업자의 의무를 이행하여야 한다. 이 경우 「민간임대주택에 관한 특별법」제7장의 적용에 있어서 주택임대관리업자를 임대사업자로 본다(「민간임대주택에 관한 특별법」제15조).

자기관리형 주택임대관리업을 하는 주택임대관리업자는 임대인 및 임차인의 권리보호를 위하여 보증상품에 가입하여야 한다(「민간임대주택에 관한 특별법」제14조 제1항).

그리고 자기관리형 주택임대관리업자는 임대인과 주택임대관리계약을 체결하거나 임차인과 주택임대차계약을 체결하는 경우에는 보증상품 가입을 증명하는 보증서를 임대인 또는 임차

---

254 1. 임차인이 거주하는 주거공간의 관리
  2. 임차인의 안전 확보에 필요한 업무
  3. 임차인의 입주에 필요한 지원 업무
255 1. 관리수수료(위탁관리형 주택임대관리업을 등록한 자만 해당한다)
  2. 임대료(자기관리형 주택임대관리업자만 해당한다)
  3. 전대료(轉貸料) 및 전대보증금(자기관리형 주택임대관리업자만 해당한다)
  4. 계약기간
  5. 주택임대관리업자 및 임대인의 권리·의무에 관한 사항
  6. 그 밖에 법 제11조 제1항에 따른 주택임대관리업자의 업무 외에 임대인·임차인의 편의를 위하여 추가적으로 제공하는 업무의 내용

인에게 내주어야 한다(「민간임대주택에 관한 특별법 시행령」 제13조 제2항).

위 보증서는 다음 각 호의 어느 하나에 해당하는 기관이 발행한 것이어야 한다(「민간임대주택에 관한 특별법 시행령」 제13조 제3항).

1. 「주택도시기금법」 제16조에 따른 주택도시보증공사
2. 다음 각 목의 금융기관 중 국토교통부장관이 지정하여 고시하는 금융기관
    가. 「은행법」에 따른 은행
    나. 「중소기업은행법」에 따른 중소기업은행
    다. 「상호저축은행법」에 따른 상호저축은행
    라. 「보험업법」에 따른 보험회사
    마. 그 밖의 법률에 따라 금융업무를 행하는 기관으로서 국토교통부령으로 정하는 것

위와 같은 보증상품의 종류와 가입절차 등에 필요한 사항은 대통령령(「민간임대주택에 관한 특별법 시행령」 제13조 제1항)[256]으로 정한다.

바. 현황 신고 의무

주택임대관리업자는 분기마다 그 분기가 끝나는 달의 다음 달 말일까지 자본금, 전문인력, 관리 호수 등 대통령령(「민간임대주택에 관한 특별법 시행령」 제11조 제1항[257])으로 정하는 정보를 시장·군수·구청장에게 신고하여야 한다. 이 경우 신고 받은 시장·군수·구청장은 국토교통부장관에게 이를 보고하여야 한다(「민간임대주택에 관한 특별법」 제12조 제1항).

위와 같은 신고 및 보고 등에 필요한 사항은 대통령령으로 정한다.

국토교통부장관은 다음 각 호의 정보를 「민간임대주택에 관한 특별법」 제60조 제1항에 따

---

[256] 1. 임대인의 권리보호를 위한 보증: 자기관리형 주택임대관리업자가 약정한 임대료를 지급하지 아니하는 경우 약정한 임대료의 3개월 분 이상의 지급을 책임지는 보증
   2. 임차인의 권리보호를 위한 보증: 자기관리형 주택임대관리업자가 임대보증금의 반환의무를 이행하지 아니하는 경우 임대보증금의 반환을 책임지는 보증
[257] 1. 자본금
   2. 전문인력
   3. 사무실 소재지
   4. 위탁받아 관리하는 주택의 호수·세대수 및 소재지
   5. 보증보험 가입사항(자기관리형 주택임대관리업을 등록한 자만 해당한다)
   6. 계약기간, 관리수수료 등 위·수탁 계약조건에 관한 정보

른 임대주택정보체계 등 대통령령으로 정하는 방식에 따라 공개할 수 있다.

1. 「민간임대주택에 관한 특별법」 제12조 제1항 후단에 따라 보고받은 정보
2. 「민간임대주택에 관한 특별법」 제61조에 따라 보고받은 정보

사. 등록증 대여 등 금지 의무

주택임대관리업자는 다른 자에게 자기의 명의 또는 상호를 사용하여 이 법에서 정한 업무를 수행하게 하거나 그 등록증을 대여하여서는 아니 된다(「민간임대주택에 관한 특별법」 제16조 제1항).

주택임대관리업자가 아닌 자는 주택임대관리업 또는 이와 유사한 명칭을 사용하지 못한다(「민간임대주택에 관한 특별법」 제16조 제2항).

아. 등록 결격 사유

다음 각 호의 어느 하나에 해당하는 자는 주택임대관리업의 등록을 할 수 없다. 법인의 경우 그 임원 중 다음 각 호의 어느 하나에 해당하는 사람이 있을 때에도 또한 같다(「민간임대주택에 관한 특별법」 제9조).

1. 파산선고를 받고 복권되지 아니한 자
2. 피성년후견인 또는 피한정후견인
3. 「민간임대주택에 관한 특별법」 제10조에 따라 주택임대관리업의 등록이 말소된 후 2년이 지나지 아니한 자. 이 경우 등록이 말소된 자가 법인인 경우에는 말소 당시의 원인이 된 행위를 한 사람과 대표자를 포함한다.
4. 「민간임대주택에 관한 특별법」, 「주택법」, 「공공주택 특별법」 또는 「공동주택관리법」을 위반하여 금고 이상의 실형을 선고받고 집행이 종료(집행이 종료된 것으로 보는 경우를 포함한다)되거나 그 집행이 면제된 날부터 3년이 지나지 아니한 사람
5. 「민간임대주택에 관한 특별법」, 「주택법」, 「공공주택 특별법」 또는 「공동주택관리법」을 위반하여 형의 집행유예를 선고받고 그 유예기간 중에 있는 사람

자. 등록 말소 또는 영업 정지 처분

시장·군수·구청장은 주택임대관리업자가 다음 각 호의 어느 하나에 해당하면 그 등록을 말소하거나 1년 이내의 기간을 정하여 영업의 전부 또는 일부의 정지를 명할 수 있다. 다만, 제

1호, 제2호 또는 제6호에 해당하는 경우에는 그 등록을 말소하여야 한다(「민간임대주택에 관한 특별법」 제10조 제1항).

1. 거짓이나 그 밖의 부정한 방법으로 등록을 한 경우
2. 영업정지기간 중에 주택임대관리업을 영위한 경우 또는 최근 3년간 2회 이상의 영업정지 처분을 받은 자로서 그 정지처분을 받은 기간이 합산하여 12개월을 초과한 경우
3. 고의 또는 중대한 과실로 임대를 목적으로 하는 주택을 잘못 관리하여 임대인 및 임차인에게 재산상의 손해를 입힌 경우
4. 정당한 사유 없이 최종 위탁계약 종료일의 다음 날부터 1년 이상 위탁계약 실적이 없는 경우
5. 제8조(주택임대관리업의 등록기준)에 따른 등록기준을 갖추지 못한 경우. 다만, 일시적으로 등록기준에 미달하는 등 대통령령(「민간임대주택에 관한 특별법 시행령」 제8조[258])으로 정하는 경우는 그러하지 아니하다.
6. 제16조(등록증 대여 등 금지) 제1항을 위반하여 다른 자에게 자기의 명의 또는 상호를 사용하여 이 법에서 정한 사업이나 업무를 수행하게 하거나 그 등록증을 대여한 경우
7. 제61조(보고, 검사 등)에 따른 보고, 자료의 제출 또는 검사를 거부·방해 또는 기피하거나 거짓으로 보고한 경우

시장·군수·구청장은 주택임대관리업 등록의 말소 또는 영업정지 처분을 하려면 처분예정일 1개월 전까지 해당 주택임대관리업자가 관리하는 주택의 임대인 및 임차인에게 그 사실을 통보하여야 한다(「민간임대주택에 관한 특별법 시행령」 제9조 제1항).

차. 과징금

시장·군수·구청장은 주택임대관리업자가 민간임대주택에 관한 특별법 제10조 제1항 제3호부터 제5호까지 및 제7호 중 어느 하나에 해당하는 경우에는 영업정지를 갈음하여 1천만원 이

---

258 1. 법 제8조 제1호에 따른 자본금 기준에 미달하였으나 다음 각 목의 어느 하나에 해당하는 경우
　　가. 「채무자 회생 및 파산에 관한 법률」 제49조에 따라 법원이 해당 주택임대관리업자에 대하여 회생절차개시의 결정을 하고 그 절차가 진행 중인 경우
　　나. 회생계획의 수행에 지장이 없다고 인정되는 경우로서 해당 주택임대관리업자가 「채무자 회생 및 파산에 관한 법률」 제283조에 따라 법원으로부터 회생절차종결의 결정을 받고 회생계획을 수행 중인 경우
　　다. 「기업구조조정 촉진법」 제8조에 따라 금융채권자가 금융채권자협의회의 의결을 거쳐 해당 주택임대관리업자에 대한 금융채권자협의회에 의한 공동관리절차를 개시하고 그 절차가 진행 중인 경우
　2. 「상법」 제542조의8 제1항 단서의 적용대상인 법인이 직전 사업연도말 현재 자산총액의 감소로 법 제8조 제1호에 따른 자본금 기준에 미달하게 되었으나, 50일 이내에 그 기준을 갖춘 경우
　3. 전문인력의 사망·실종 또는 퇴직으로 법 제8조 제2호에 따른 전문인력 기준에 미달하게 되었으나 50일 이내에 그 기준을 갖춘 경우

하의 과징금을 부과할 수 있다(「민간임대주택에 관한 특별법」 제10조 제2항).

과징금은 영업정지기간 1일당 3만원을 부과하되, 영업정지 1개월은 30일을 기준으로 한다 (「민간임대주택에 관한 특별법 시행령」 제9조 제3항).

시장·군수·구청장은 주택임대관리업자가 부과받은 과징금을 기한까지 내지 아니하면 「지방세외수입금의 징수 등에 관한 법률」에 따라 징수한다(「민간임대주택에 관한 특별법」 제10조 제3항).
등록말소 및 영업정지처분에 관한 기준과 과징금을 부과하는 위반행위의 종류 및 위반정도에 따른 과징금의 금액 등에 필요한 사항은 대통령령[259]으로 정한다(「민간임대주택에 관한 특별법」 제10조 제4항).

카. 주택임대관리업자협회

주택임대관리업자는 주택임대관리업의 효율적인 업무수행을 위하여 주택임대관리업자단체를 설립할 수 있다(「민간임대주택에 관한 특별법」 제58조 제2항).

이러한 단체(협회)는 법인으로 한다(「민간임대주택에 관한 특별법」 제58조 제3항).

단체(협회)는 그 주된 사무소의 소재지에서 설립등기를 함으로써 성립한다(「민간임대주택에 관한 특별법」 제58조 제4항).

「민간임대주택에 관한 특별법」에 따라, 국토교통부장관, 시·도지사 또는 시장·군수·구청장으로부터 영업의 정지처분을 받은 협회 회원의 권리·의무는 그 영업 및 자격의 정지기간 중에는 정지되며, 임대사업자 등록이 말소된 때에는 협회의 회원자격을 상실한다(「민간임대주택에 관한 특별법」 제58조 제5항).

협회를 설립하려면 5인 이상의 범위에서 대통령령으로 정하는 수 이상의 인원을 발기인으로 하여 정관을 마련한 후 창립총회의 의결을 거쳐 국토교통부장관의 인가를 받아야 한다(「민간임대주택에 관한 특별법」 제59조 제1항).

국토교통부장관은 위 인가를 하였을 때에는 이를 지체 없이 공고하여야 한다(「민간임대주택에 관한 특별법」 제59조 제2항).

---

[259] 「민간임대주택에 관한 특별법 시행령」 제9조 제2항 [별표 2]

임대주택의 매각 제한

1. 「공공주택 특별법」상, '공공임대주택'의 '매각 제한'에 관하여

가. 원칙적인 매각 제한 규정

「공공주택 특별법」상, '공공임대주택'의 공동주택사업자는 공공임대주택을 5년 이상의 범위에서 법정 임대의무기간이 지나지 아니하면, 다른 공공주택사업자, 민간임대사업자 및 거주 임차인 등에게 매각할 수 없는 것이 원칙이다(「공공주택 특별법」 제50조의2 제1항).

나. 임대의무기간

이러한 공공임대주택에 대한 '임대의무기간'은 다음과 같이 구분된다.

1) 임대 개시일로부터 50년

영구 임대주택

2) 임대 개시일로부터 30년

국민 임대주택, 행복주택

3) 임대 개시일로부터 20년

장기전세주택

4) 임대 개시일로부터 10년

위 영구임대주택, 국민임대주택, 행복주택, 장기전세주택에 해당하지 아니하는 공공임대주택 중 임대 조건을 신고할 때, 임대차 계약기간을 10년 이상으로 정하여 신고한 임대주택(소위 10년 임대주택)

5) 임대 개시일로부터 5년

위에서 규정하고 있는 이외의 공공임대주택(소위 5년 임대주택)

다. 임대의무기간 내에 예외적으로 매각이 허용되는 경우

1) 다른 공공주택사업자에게 매각하는 경우

공공임대주택에 대한 공공주택사업자가, 임대의무기간 내에, 법에 정한 특별한 제한 사유 없이, 관할 시장·군수 또는 구청장에게 신고한 후, 다른 공공주택사업자에게 매각할 수 있다 (「공공주택 특별법」 제50조의2 제2항 제1호, 「같은 법 시행규칙」 제38조).

2) 거주 임차인에게 매각하는 경우

공공임대주택에 관하여 임대의무기간이 지나기 전에도 임차인 등에게 분양전환할 수 있는 경우는 다음과 같다.

가) 임대의무기간의 1/2이 경과한 경우

임대 개시 후 해당 주택의 임대의무기간의 1/2이 지난 분양전환 공공임대주택에 대하여 공공주택사업자와 임차인이 해당 임대주택의 분양전환에 합의하여 공공주택사업자가 임차인에게 법 제50조의3에 따라 분양전환하는 경우.

이 경우 거주 임차인이 무주택이어야 한다는 별도의 규정이 없으므로 유주택자도 포함된다고 할 것이다.

나) 공공주택사업자가 경제적 사정 등으로 임대를 계속할 수 없는 경우

공공주택사업자가 경제적 사정 등으로 공공임대주택에 대한 임대를 계속할 수 없는 경우로서 공공주택사업자가 국토교통부장관의 허가를 받아 임차인에게 분양전환하는 경우.
그런데 이 경우에는 「공공주택 특별법」 제50조의3 제1항, 「같은 법 시행령」 제55조 제1항(분양

375

전환 당시까지 거주한 무주택 임차인,**260** 국가기관 또는 법인)에 해당하는 임차인에게 우선적으로 분양전환하여야 한다.

공공주택사업자가 경제적 사정 등으로 임대를 계속할 수 없어 승인 허가를 받으려는 경우에는 다음 각 호의 어느 하나에 해당하는 서류를 국토교통부장관에게 제출하여야 한다.

1. 2년 연속 적자가 발생한 사실을 입증할 수 있는 해당 기간의 손익계산서
2. 2년 연속 부(負)의 영업현금흐름이 발생한 사실을 입증할 수 있는 해당 기간의 현금흐름표
3. 최근 12개월간 해당 공공주택사업자의 전체 공공임대주택 중 임대되지 아니한 주택의 비율이 100분의 20 이상이고 같은 기간 동안 특정 공공임대주택이 계속하여 임대되지 아니하였다는 사실을 입증할 수 있는 서류
4. 관계 법령에 따라 재개발, 재건축 등으로 공공임대주택의 철거가 예정되어 임대사업을 계속하기 곤란한 사실을 입증할 수 있는 서류

다) 기타

주택도시기금의 융자를 받아 주택이 없는 근로자를 위하여 건설한 공공임대주택(1994년 9월 13일 이전에 사업계획승인을 받은 경우로 한정한다)을 시장·군수 또는 구청장의 허가를 받아 분양전환하는 경우.

그리고, 이 경우에도 「공공주택 특별법」 제50조의3 제1항의 요건을 충족하는 임차인에게 우선적으로 분양전환하여야 한다.

---

260 단, 전용면적 85㎡를 초과한 주택의 경우에는 분양전환 당시 거주하고 있는 임차인이고, 무주택을 요건으로 하지 않는다.

2. 「민간임대주택에 관한 특별법」상, 민간임대주택의 '매각 제한'에 관하여

가. 원칙적인 매각 제한 규정

「민간임대주택에 관한 특별법」상, 민간임대주택의 임대사업자는 임대의무기간 동안 민간임대주택을 계속 임대하여야 하며, 그 기간이 지나지 아니하면 이를 양도할 수 없다(「민간임대주택에 관한 특별법」 제43조 제1항).

나. 임대의무기간

- 공공지원민간임대주택: 8년 이상
- 장기일반민간임대주택: 8년 이상
- 단기일반임대주택: 4년 이상

- 기업형임대주택: 8년 이상
- 준공공임대주택: 8년 이상
- 단기일반임대주택: 4년 이상

다. 임대의무기간의 기산점

민간임대주택의 임대의무기간의 기산점은 아래 각 호에 정한 임대사업자 등록일부터이다(「민간임대주택에 관한 특별법 시행령」 제34조 제1항).

1. 민간건설임대주택: 입주지정기간 개시일. 이 경우 입주지정기간을 정하지 아니한 경우에는 법 제5조에 따른 임대사업자 등록 이후 최초로 체결된 임대차계약서상의 실제 임대 개시일을 말한다.
2. 민간매입임대주택: 임대사업자 등록일. 다만, 임대사업자 등록 이후 임대가 개시되는 주택은 임대차계약서상의 실제 임대 개시일로 한다.
3. 법 제5조 제3항 본문에 따라 단기 임대주택을 기업형 임대주택 또는 준공공 임대주택으로 변경 신고한 경우: 다음 각 목의 구분에 따른 시점
   가. 단기 임대주택의 임대의무기간 종료 전에 변경 신고한 경우: 해당 단기 임대주택의 제1호 또는 제2호에 따른 시점

나. 단기 임대주택의 임대의무기간이 종료된 이후 변경 신고한 경우: 변경신고의 수리일부터 해당 단기 임대주택의 임대의무기간을 역산한 날

라. 임대의무기간 내에 예외적으로 양도가 허용되는 경우

1) 다른 임대사업자에게 양도하는 경우

민간임대주택에 대한 임대사업자가, 임대의무기간 내에, 법에 정한 특별한 제한 사유 없이, 관할 시장·군수 또는 구청장에게 신고한 후, 다른 임대사업자(해당 민간임대주택을 양수하여 주택임대사업을 하려는 자를 포함한다)에게 매각할 수 있다(「민간임대주택에 관한 특별법」 제43조 제2항, 「같은 법 시행규칙」 제15조).

2) 임대사업자가 아닌 자에게 양도하는 경우

① 부도, 파산 등의 경제적 사정 등으로 임대를 계속할 수 없는 경우로서 다음 각 호의 사유에 해당하는 경우, 관할 시장·군수·구청장의 허가를 받아 임대사업자가 아닌 자에게 민간임대주택을 양도할 수 있다. 다만, 기업형 임대주택사업자에 대해서는 제3호 및 제4호의 경우로 한정한다(「민간임대주택에 관한 특별법」 제43조 제4항, 「같은 법 시행령」 제15조).

1. 2년 연속 적자가 발생한 경우
2. 2년 연속 부(負)의 영업현금흐름이 발생한 경우
3. 최근 12개월간 해당 임대사업자의 전체 민간임대주택 중 임대되지 아니한 주택이 20% 이상이고 같은 기간 동안 특정 민간임대주택이 계속하여 임대되지 아니한 경우
4. 관계 법령에 따라 재개발, 재건축 등으로 민간임대주택의 철거가 예정되어 민간임대사업을 계속하기 곤란한 경우

② 그리고, 공공지원임대주택을 20년 이상 임대하기 위한 경우로서 필요한 운영비용 등을 마련하기 위하여 제21조의2 제1항 제3호에 따라 20년 이상 공급하기로 한 주택 중 일부를 8년 임대 이후 매각하는 경우에도 관할 시장·군수·구청장의 허가를 받아 임대사업자가 아닌 자에게 민간임대주택을 양도할 수 있다.

마. 민간임대사업자의 폐업

민간임대사업자는 위와 같이 임대주택을 양도할 수 있는 사유가 있어 임대주택을 전부 양도

한 뒤 임대사업을 폐업할 수 있다.

임대사업자가 폐업을 하는 경우에는 지체 없이 폐업신고서를 관할 세무서에 제출해야 하며, 폐업 전에 납부해야 할 세금을 완납하여야 한다(「부가가치세법」 제8조 제6항 본문, 소득세법 제70조 제1항 등).

3. 「임대주택법」상, 임대주택의 '매각 제한'에 관하여

가. 개정 경과

개정일시	취지	내용	관련 규정
1985. 8. 29.		임대주택의 분양제한기간을 5년으로 하되 국가·지방자치단체 또는 대한주택공사가 건설하는 임대주택에 대하여는 이를 연장할 수 있도록 하며, 이를 관철하기 어려운 일정한 사유가 있는 경우에는 그 여건에 따라 그 기간을 단축할 수 있도록 함.	구 「임대주택건설촉진법 시행령」 제6조
1994. 9. 13.		임대주택의 임대의무기간을 건설임대주택은 5년·10년 또는 50년으로 하고 매입임대주택은 3년으로 함	구 「임대주택법 시행령」 제9조 제1항
1996. 12. 30.		종전에는 임대의무기간 종료 후 건설임대주택을 매각하는 경우 무주택세대주에게 우선 매각하도록 하였으나, 앞으로는 공공건설임대주택에 한하여 무주택세대주에게 우선 매각하도록 함	구 「임대주택법」 제15조
1998. 11. 13.	임대사업자의 자금 부담을 덜어주고, 임차인의 내 집 마련 기회 부여	기업이 무주택근로자를 위하여 건설하는 사원임대주택의 경우 그 임대의무기간을 10년에서 5년으로 단축함으로써 기업의 주택자금회수를 쉽게 하되, 무주택근로자의 보호를 위하여 기존 사원임대주택의 임대의무기간은 10년으로 함	구 「임대주택법 시행령」 제3조 제1항 제2호 삭제, 부칙 제2항
		종전에는 임대의무기간 중 임대주택의 매각을 원칙적으로 금지하고 임대사업자의 파산 등의 경우에 한하여 매각을 허용하였으나, 앞으로는 영구임대주택 외의 임대주택은 임대의무기간의 1/2 이상이 경과된 경우로서 임차인이 매입을 원하는 경우에는 이를 허용하도록 함	구 「임대주택법 시행령」 제9조 제2항 제3호
2002. 9. 11.		재정지원을 받아 건설되는 국민임대주택의 임대의무기간을 종전의 10년 또는 20년에서 30년으로 연장함	구 「임대주택법 시행령」 제3조 제1항 제2호
2004. 3. 17.		공공건설임대주택의 종류에 임대의무기간이 10년인 공공건설임대주택을 신설함으로써 장기임대주택의 공급이 확대될 수 있도록 함	구 「임대주택법 시행령」 제3조 제1항 제3호 신설
2005. 9. 16.	매입임대사업자가 임대주택을 투기목적으로 사용하는 것을 차단	매입임대주택의 임대의무기간을 3년에서 5년으로 연장함	구 「임대주택법 시행령」 제3조 제1항 제2호

나. 원칙적인 매각 제한 규정

「임대주택법」상 임대주택의 임대사업자는 「임대주택법」 제16조에 정한 '임대의무기간이 지나지 아니하면, 다른 임대사업자 또는 거주 임차인 등에게 매각할 수 없는 것'이 원칙이다(「임대주택법」 제16조 제1항).

다. 임대의무기간

이러한 임대주택에 대한 '임대의무기간'[261]은 다음과 같이 구분된다.

---

[261] '오피스텔'은 임대의무기간 이내에 주거용이 아닌 다른 용도로 사용할 수 없다. 〈신설 2012. 1. 26.〉

1) 임대 개시일로부터 50년

건설임대주택 중, 국가나 지방자치단체의 재정으로 건설하는 임대주택 또는 주택도시기금의 자금을 지원받아 영구적인 임대를 목적으로 건설한 임대주택의 경우(소위 영구[262] 및 50년[263] 임대주택)

2) 임대 개시일로부터 30년

건설임대주택 중, 국가나 지방자치단체의 재정과 주택도시기금의 자금을 지원받아 건설되는 임대주택의 경우(소위 국민임대주택)[264]

3) 임대 개시일로부터 20년

장기 전세주택의 경우(소위 장기전세주택)[265]

4) 임대 개시일로부터 10년

① 임대의무기간이 임대 개시일로부터 50년 및 30년 이외의 건설임대주택 중 「임대주택법」 제26조에 따라 임대 조건을 신고할 때, 임대차 계약기간을 10년 이상으로 정하여 신고한 임대주택의 경우(소위 10년 임대주택)[266]

---

262 영구임대주택은 진정한 의미의 대한민국 최초의 공공임대주택이라고 할 수 있다. 물론 영구임대주택 이전에도 공공임대주택은 존재하였으나, 일정 기간 경과 후에 분양전환을 전제로 한 임대주택이었기 때문에 사회정책적 의미를 가지기 어려웠다. 영구임대주택은 1988년 '주택 200만 호 건설계획'에서 시작되었다. 이 계획에는 영구임대주택 25만 호 공급계획이 포함되어 있었다. 그러나 실제로는 1989년~1993년에 영구임대주택 19만호가 공급되었다. 이 중에서 중앙정부(LH공사)가 약 14만 호, 지방정부가 5만 호 정도를 공급하였다. 당시에 영구임대주택은 서울에 전체의 1/4에 해당하는 4.7만호, 기타 광역도시(부산, 대구, 광주, 대전, 울산, 인천)에 전체의 2/3가 공급되었다. 영구임대주택은 도시 영세민들을 거주시키기 위한 주택으로 대규모 단지로 조성되었다. 주로 도시 외곽지역에 입지하였으며, 주택규모는 전용면적 23㎡~45㎡의 소형 임대주택으로 공급되었다.
영구임대주택은 정부에서 사업비의 85%를 재정으로 지원하고, 입주자가 15%를 부담하는 구조로 공급되었다. 영구임대주택 프로그램은 계획과 달리 1993년에 19만 호 공급을 끝으로 중단되었다가, 2008년 이후 소량으로 공급이 재개된 상태이다(박은철, 서울시 공공임대주택 정책, 2016. 10. 8.).

263 50년 임대주택은 영구임대주택 프로그램이 종료된 후, 이를 대체할 목적으로 1992년에 추진한 공공임대주택 프로그램이다. '주택 200만 호 건설계획' 추진의 영향으로 1990년대 중반까지는 주택가격이 안정되었고, 전세가격 상승률도 1980년대에 비해 둔화되었다. 이에 정부는 주택의 안정적 공급을 위해서 주택공급주체를 과거의 정부 주도에서 민간 주도로 전환하고자 하였으며, 특히 민간임대산업을 육성을 도모하였다. 이 시기에는 국민주택기금을 융자받은 민간업체들이 5년 임대 후에 분양전환되는 임대주택을 건설하여 공급하는 것이 주를 이루었다. 이러한 경향은 1998년 외환위기하에서 건설경기 활성화라는 정책기조와 연계되어 지속되었다. 이와 같은 공공부분 개입 축소로 인해 영구임대주택 프로그램은 종료되었고, 이를 대체하기 위한 50년 공공임대주택 프로그램이 시작되었다(박은철, 서울시 공공임대주택 정책, 2016. 10. 8.).

264 국민임대주택의 최초 입주 시기는 2001년 8월(경기 수원정자지구)라고 한다.

265 전세임대주택은 2000년대 후반부터 공급되기 시작되었다고 한다.

266 10년 임대주택은 2004년 도입되었으며, 2009. 2. 경기 성남 판교신도시에 최초로 공급되었다고 한다.

② 준공공 임대주택으로 등록한 민간건설임대주택 또는 매입임대주택의 경우

[다만, 이 경우 (ㄱ) 임대주택의 전용면적이 85㎡ 이하(다가구주택 제외)이고, (ㄴ) 국가, 지방자치단체, 한국토지주택공사 또는 지방공사 외의 임대사업자가 공급하는 민간건설임대주택 또는 매입임대주택을 준공공임대주택으로 등록(「임대주택법」 제6조의2 제1항 및 「같은 법 시행령」 제8조의2)하기 전에 임대하고 있는 주택은 5년의 범위에서 준공공 임대주택으로 등록하기 전에 임대한 기간의 1/2에 해당하는 기간을 임대의무기간에 포함하여 산정한다.]

5) 임대 개시일로부터 5년

위에서 규정하고 있는 이외의 임대주택의 경우(소위 5년 임대주택[267])

매입임대주택은 당초 임대의무기간이 3년이었으나, 「임대주택법 시행령」(2005. 9. 16. 대통령령 제19051호로 일부 개정되어 2005. 9. 16.부터 시행된 것) 제9조 제1항 제2호에서 5년으로 개정되어 지금에 이르고 있다. 이와 같이 매입임대주택의 임대의무기간을 3년에서 5년으로 연장한 것은 매입임대주택은 당시 분양전환가격, 임대조건 등에 대한 규제가 없고, 임대의무기간도 짧아 투기목적으로 사용되는 문제가 있어, 이를 차단하고자 함에 있다.

라. 임대의무기간 내에 예외적으로 매각이 허용되는 경우

1) 다른 임대사업자에게 매각하는 경우

임대주택에 대한 임대사업자가 임대의무기간 내에 특별한 사정없이, 관할 시장·군수 또는 구청장에게 신고한 후, 다른 임대사업자에게 매각하는 경우(「임대주택법 시행령」 제13조 제2항 제1호)

2) 거주 임차인에게 매각하는 경우

가) 임대의무기간의 1/2이 경과한 경우

① 건설임대주택 중, 임대조건을 신고할 때 임대차 계약기간을 10년 이상으로 정하여 신고한 임대주택(즉, 임대의무기간이 10년인 임대주택, 임대주택법 제16조 제1항 제3호)과 ② 건설임대주택 및 매

---

[267] 5년 임대주택은 1992년 수립된 제7차 경제개발계획에서 노태우 정부에서 추진한 영구임대주택의 건설이 중단된 이후 이를 대신할 임대주택정책수단 중 하나로 제시되었다.
즉, 제7차 경제개발계획에서는 임대기간이 5년인 5년 임대주택과 임대기간이 50년인 50년 임대주택을 계획기간 내 25만 호 공급하기로 하였다(건설교통부, 대한주택공사, '서민주거안정을 위한 주택백서', 2013, p.133).

입임대주택 중 준공공임대주택으로 등록한 임대주택(임대의무기간 10년) 및 그 밖의 임대의무기간이 5년임 임대주택(「임대주택법」 제16조 제1항 제4호)에 해당하는 임대주택으로서, 임대 개시 후 해당 주택의 임대의무기간의 2분의 1이 지난 경우로서,

임대사업자와 임차인이 해당 임대주택의 분양전환에 합의하여 임대사업자가 국토교통부령으로 정하는 바에 따라 시장·군수 또는 구청장에게 신고(임대사업자가 국가, 지방자치단체, 한국토지주택공사 또는 지방공사인 경우는 제외한다)한 후, 임차인에게 분양전환하는 경우(「임대주택법 시행령」 제13조 제2항 제3호).

이 경우에는 '공공건설임대주택'은 「임대주택법」 제21조(건설임대주택의 우선분양전환) 제1항 또는 제2항에 해당하는 임차인(즉, 우선수분양전환권이 있는 임차인)에게만 분양전환을 할 수 있다고 보아야 한다(즉, 이 경우에는 우선수분양전환권이 없는 임차인이나 다른 임대사업자에게 매각할 수 없다). 그런데 이 경우 「임대주택법」 제21조 제2항에 해당하는 임차인(유주택자인 임차인 포함)도 우선수분양전환권자로 규정하고 있는 것은 매우 의문이며, 입법의 오류가 아닌가 싶다. 이에 관하여는 후술하는 '우선수분양전환권자' 부분에서 서술하기로 한다.

나) 임대사업자가 부도 등으로 임대를 계속할 수 없는 경우

임대주택에 대한 임대사업자가 부도, 파산, 그 밖의 경제적 사정 등으로 임대를 계속할 수 없는 경우로서, 다음 각 목의 구분에 따른 분양전환허가 또는 분양전환승인을 받은 경우(「임대주택법 시행령」 제13조 제2항 제2호)

가. 국가, 지방자치단체, 한국토지주택공사 또는 지방공사가 임대하는 임대주택의 경우에는 국토교통부장관의 허가
나. 가목 외의 공공건설임대주택의 경우 임대주택법 제21조 제3항에 따른 승인
다. 가목 및 나목 외의 임대주택의 경우에는 해당 임대주택이 있는 곳을 관할하는 시장·군수 또는 구청장의 허가

위 가. 및 나.에 따라 분양전환하는 경우에는 「임대주택법」 제21조(건설임대주택의 우선분양전환) 제1항 또는 제2항의 요건을 충족하는 임차인(즉, 우선수분양전환권이 있는 임차인)에게 우선적으로 분양전환하여야 한다.

다) 근로자를 위하여 건설한 임대주택의 경우

주택도시기금의 융자를 받아 주택이 없는 근로자를 위하여 건설한 임대주택(1994. 9. 13. 이전에 사업계획승인을 받은 경우에 한정한다)을 시장·군수·구청장의 허가를 받아 분양전환하는 경우(「임대주택법 시행령」 제13조 제2항 제4호)

이 경우에도 「임대주택법」 제21조(건설임대주택의 우선분양전환) 제1항 또는 제2항의 요건을 충족하는 임차인(즉, 우선수분양전환권이 있는 임차인)에게 우선적으로 분양전환하여야 한다.

4. 관련 법령 해석례

가. 임대의무기간 내에 매매의 예약 등의 계약으로 분양전환가격 상당 금액을 받을 수 있는지 여부

국토교통부 - 「임대주택법」 제16조 제1항에 따른 "매각"의 의미(「임대주택법」 제16조 제1항 등 관련)

[안건번호: 15-0678, 회신일자: 2016-03-07]

【질의요지】

구 「임대주택법」(2015. 8. 28. 법률 제13499호로 전부 개정되어 같은 해 12. 29. 시행되기 전의 것을 말함) 제16조 제1항에서는 임대주택은 임대의무기간이 지나지 아니하면 매각할 수 없다고 규정하고 있는바,

임대사업자가 공공건설임대주택에 대하여 임차인과 매매의 예약 등의 계약을 통해 매매예약금 등의 명목으로 분양전환가격에 상당하는 금액을 받는 것이 구 「임대주택법」 제16조 제1항에 따라 금지되는지?

【회답】

임대사업자가 공공건설임대주택에 대하여 임차인과 매매의 예약 등의 계약을 통해 매매예약금 등의 명목으로 분양전환가격에 상당하는 금액을 받는 것은 구 「임대주택법」(2015. 8. 28. 법률 제13499호로 전부 개정되어 같은 해 12. 29. 시행되기 전의 것을 말함) 제16조 제1항에 따라 금지됩니다.

【이유】

구 「임대주택법」(2015. 8. 28. 법률 제13499호로 전부 개정되어 같은 해 12. 29. 시행되기 전의 것을 말함. 이하 같음) 제2조 제6호에서는 "분양전환"이란 임대주택을 임대사업자가 아닌 자에게 매각하는 것을 말한다고 규정하고 있고, 같은 법 제16조 제1항에서는 임대주택은 임대의무기간이 지나지 아니하면 매각할 수 없다고 규정하고 있으며, 같은 조 제2항에서는 임대주택을 매각하는 매매계약서에는 임대주택을 매입하는 자가 임대주택을 매각하는 자의 임대사업자로서의 지위를 승계한다는 뜻을 분명하게 밝혀야 한다고 규정하고 있습니다.

한편, 구 「임대주택법」 제20조 제1항에서는 임대주택의 임차인의 자격, 선정 방법, 임대보증금, 임대료 등 임대조건에 관한 기준은 대통령령으로 정한다고 규정하고 있고, 이에 따라 구 「임대주택법 시행령」(2015. 12. 28. 대통령령 제26763호로 전부 개정되어 같은 해 12. 29. 시행되기 전의 것을 말함. 이하 같음) 제21조 제1항에서는 공공

건설임대주택 중 「주택법」 제16조에 따라 사업계획승인을 받아 건설한 임대주택의 최초의 임대보증금 및 임대료는 국토교통부장관이 정하여 고시하는 표준임대보증금 및 표준임대료를 초과할 수 없다고 규정하고 있으며, 같은 조 제3항에서는 제1항에 따른 공공건설임대주택의 최초 임대보증금과 임대료는 같은 항에도 불구하고 임차인의 동의가 있는 경우에는 임대차계약에 따라 상호전환할 수 있고, 이 경우 최초의 임대보증금은 해당 임대주택과 그 부대시설에 대한 건설원가에서 주택도시기금의 융자금을 뺀 금액을 초과할 수 없다고 규정하고 있는바,

이 사안은 임대사업자가 공공건설임대주택에 대하여 임차인과 매매의 예약 등의 계약을 통해 매매예약금 등의 명목으로 분양전환가격에 상당하는 금액을 받는 것이 구 「임대주택법」 제16조 제1항에 따라 금지되는지에 관한 것이라 하겠습니다.

먼저, 구 「임대주택법」은 민간임대주택의 건설·공급 및 관리 등에 관한 사항을 정함으로써 민간임대주택의 공급을 촉진하고 국민의 주거생활을 안정시키기 위한 법률로서(제1조) 이와 같은 목적을 달성하기 위하여 임대사업자에 대한 지원과 더불어 각종 의무 또는 제한에 관한 사항을 규정하고 있는바, 임대의무기간 내 임대주택의 매각 금지 의무를 규정하고 있는 같은 법 제16조 제1항은 국가의 지원 정도에 따라 50년부터 10년까지의 임대의무기간을 정하여 그 기간 동안 매각을 제한함으로써 임대주택이 임대의 목적이 아닌 분양 등의 다른 목적으로 사용되는 것을 방지하기 위한 취지라고 할 것입니다.

그리고, 구 「임대주택법」 제20조 제1항 및 구 「임대주택법 시행령」 제21조에서는 임대사업자가 자의적으로 임대보증금과 임대료를 정하는 것을 방지하고 합리적인 임대보증금과 임대료로 임대주택을 공급하도록 하고 있는데, 이는 국민주거생활의 안정을 도모하는 근간이 된다고 할 것이므로(대법원 2010. 7. 22. 선고 2010다23425 판결례 참조), 임대사업자가 임차인으로부터 받을 수 있는 금액은 임대차계약에 따른 임대보증금과 임대료로 한정되고, 이러한 임대보증금과 임대료도 국토교통부장관이 정하여 고시하는 표준임대보증금 및 표준임대료를 초과할 수는 없다고 할 것입니다.

이와 같이 구 「임대주택법」에서는 임대의무기간 내에 임대주택의 매각을 금지하는 동시에(제16조 제1항) 임대차계약에 따른 임대보증금 및 임대료를 엄격하게 제한하고 있는바(제20조 제1항), **임대사업자가 임대의무기간이 지나지 아니한 임대주택에 대하여 임차인과 매매의 예약 등의 계약을 통해 매매예약금 등의 명목으로 분양전환가격에 상당하는 금액을 받는 것은 사실상 구 「임대주택법」에서 허용하는 범위를 초과하여 임대보증금 및 임대료를 받는 것이 됨은 물론 임대의무기간이 지나지 아니한 공공건설임대주택을 매각하는 결과가 되어 임대주택법 제16조 제1항 및 제20조 제1항의 입법 취지를 무력화하는 것이므로 허용될 수 없다고 할 것입니다.**

따라서, 임대사업자가 공공건설임대주택에 대하여 임차인과 매매의 예약 등의 계약을 통해 매매예약금 등의 명목으로 분양전환가격에 상당하는 금액을 받는 것은 구 「임대주택법」 제16조 제1항에 따라 금지된다고 할 것입니다.

나. 준공공임대주택의 임대 중 재개발, 재건축되는 경우 임대기간 계산 방법

준공공임대주택의 임대 중 재개발·재건축되는 경우 임대기간 계산 방법
(양도, 서면-2016-법령해석 재산-4571 [법령해석과-3885] , 2016.11.25.)

【사실관계】

○ 甲은 2016.8. 아파트를 매입하고 지방자치단체와 세무서에 준공공임대주택 사업자등록을 할 예정임
○ 해당 아파트는 6~7년 후 재건축 예정이며, 재건축이 되면 기존 건물에 대한 임대사업자등록을 말소하여야 하고 재건축으로 준공된 신축아파트에 대해 다시 준공공임대주택으로 등록하여야 함

[국토교통부 민원회신(2015.11.18.)]

임대주택이 재개발·재건축으로 멸실되는 경우 해당 임대주택의 임대기간은 종료되는 것이며, 재개발·재건축으로 인하여 신축주택을 취득하는 경우에는 주택을 새로이 취득하는 것으로서 과거 멸실된 주택과 연속성이 없음

【질의】

준공공임대주택이 「도시 및 주거환경정비법」에 따라 재개발 또는 재건축되는 경우 임대기간 산정방법

【회신】

「조세특례제한법」 제97조의5에 따른 준공공임대주택을 임대하던 중 「도시 및 주거환경정비법」에 따른 주택재건축사업 또는 주택재개발사업의 사유가 발생한 경우 주택재건축사업 또는 주택재개발사업 전과 후 준공공임대주택의 임대기간을 통산하는 것임

다. 임대차계약기간의 의미

민원인 - 「공공주택 특별법 시행령」 제54조 제1항 제5호에 따른 "임대차 계약기간"의 의미(「공공주택 특별법 시행령」 제54조 제1항 제5호 등 관련)

[법제처 17-0609, 2018.3.8, 민원인]

【질의요지】

공공주택사업자가 분양전환공공임대주택의 임대조건을 신고할 때 임대차계약 신고서(구 「임대주택법」에 따른

임대조건 신고서를 포함하며, 이하 같음)에 입주자모집공고 시 공고한 분양전환 시기까지의 총 임대기간보다 짧은 기간으로 임대차 계약기간을 기재한 경우, 「공공주택 특별법 시행령」 제54조 제1항 제5호에 따른 "임대차 계약기간"은 입주 개시일부터 분양전환 시기까지의 총 임대기간을 의미하는지, 아니면 임대차계약 신고서의 임대차 계약기간란에 기재된 기간을 의미하는지?

【질의 배경】

민원인은 10년 후 분양전환 예정으로 공고된 분양전환공공임대주택의 임차인으로서 임대차 계약기간란에 계약기간을 2년으로 기재하였으므로 해당 임대주택의 임대의무기간은 「공공주택 특별법 시행령」 제54조 제1항 제6호에 따라 5년으로 보아야 한다고 생각하여 국토교통부에 질의하였으나, 국토교통부에서 해당 임대주택의 임대의무기간은 10년이라는 취지로 답변하자, 법제처에 법령해석을 요청함.

【회답】

공공주택사업자가 분양전환공공임대주택의 임대조건을 신고할 때 임대차계약 신고서에 입주자모집공고 시 공고한 분양전환 시기까지의 총 임대기간보다 짧은 기간으로 임대차 계약기간을 기재한 경우, 「공공주택 특별법 시행령」 제54조 제1항 제5호에 따른 "임대차 계약기간"은 입주개시일부터 분양전환 시기까지의 총 임대기간을 의미합니다.

【이유】

「공공주택 특별법」 제50조의2 제1항에서는 공공주택사업자는 공공임대주택을 5년 이상의 범위에서 대통령령으로 정한 임대의무기간이 지나지 않으면 매각할 수 없다고 규정하고 있고, 그 위임에 따라 「같은 법 시행령」 제54조 제1항 제5호에서는 같은 항 제1호부터 제4호까지의 규정에 해당하지 않는 공공임대주택 중 임대조건을 신고할 때 임대차 계약기간을 10년 이상으로 정하여 신고한 주택의 임대의무기간을 그 공공임대주택의 임대 개시일부터 10년으로 규정하고 있습니다.

그리고, 「공공주택 특별법」 제49조 제6항에서는 공공주택사업자는 공공임대주택의 임대조건 등 임대차계약에 관한 사항을 시장·군수 또는 구청장에게 신고해야 하고, 이 경우 신고 방법 등은 「민간임대주택에 관한 특별법」(이하 "민간임대주택법"이라 함) 제46조를 준용한다고 규정하고 있고, 민간임대주택법 제46조 제1항 전단에서는 임대사업자는 민간임대주택의 임대차기간, 임대료 및 임차인(준주택에 한정함) 등 대통령령으로 정하는 임대차계약에 관한 사항을 신고해야 한다고 규정하고 있으며, 그 위임에 따라 「같은 법 시행령」 제36조 제1항에서는 같은 법 제46조 제1항에 따라 임대사업자가 신고해야 하는 사항으로 임대차기간(제1호) 등을 규정하고 있는바,

이 사안은 공공주택사업자가 분양전환공공임대주택의 임대조건을 신고할 때 임대차계약 신고서에 입주자모집공고 시 공고한 분양전환 시기까지의 총 임대기간보다 짧은 기간으로 임대차 계약기간을 기재한 경우, 「공공주택 특별법 시행령」 제54조 제1항 제5호에 따른 "임대차 계약기간"은 입주 개시일부터 분양전환 시기까지의 총 임대기간을 의미하는지, 아니면 임대차계약 신고서의 임대차 계약기간란에 기재된 기간을 의미하는지에 관한 것이라 하

겠습니다.

먼저, 법해석의 목표는 어디까지나 법적 안정성을 저해하지 않는 범위에서 구체적 타당성을 찾는 데에 두어야 하고, 나아가 그러기 위해서는 가능한 한 법률에 사용된 문언의 통상적인 의미에 충실하게 해석하는 것을 원칙으로 하면서, 법률의 입법 취지와 목적, 법질서 전체와의 조화 등을 고려하는 체계적·논리적 해석방법을 추가적으로 동원함으로써 위와 같은 법해석의 요청에 부응하는 타당한 해석을 해야 합니다(대법원 2013. 1. 17. 선고 2011다 83431 전원합의체 판결례 참조).

그런데, 「공공주택 특별법 시행령」 제2조 제1항 제5호에서는 분양전환공공임대주택을 일정 기간 임대 후 분양전환할 목적으로 공급하는 공공임대주택으로 규정하고 있고, 「공공주택 특별법」 제50조의2 제1항에서는 "임대의무기간이 지나지 않으면 매각할 수 없다"고 규정하고 있으며, 같은 법 제50조의3 제1항에서는 공공주택사업자가 분양전환공공건설임대주택을 "임대의무기간이 지난 후 분양전환하는 경우" 분양전환 당시까지 거주한 무주택자인 임차인 등에게 우선 분양전환하도록 규정하고 있고, 「같은 법 시행규칙」 제26조에서는 분양전환공공임대주택의 입주자모집공고 시 공고문에 "임대의무기간 및 분양전환 시기(제2호)"를 포함시키도록 규정하고 있는바, 이러한 공공주택 특별법령의 규정들은 "분양전환 시기"와 "임대의무기간의 만료 시기"가 같다는 것을 전제로 임대의무기간이 지나면 분양전환을 할 수 있도록 한 것으로 보입니다.

그리고, 공공주택사업자가 분양전환공공임대주택의 임대조건 신고 시 작성하는 임대차계약 신고서(「공공주택 특별법」 제49조 제6항, 민간임대주택법 제46조, 「같은 법 시행령」 제36조, 「같은 법 시행규칙」 제19조 제1항 및 별지 제21호 서식)에는 임대조건란에 임대차 계약기간을 기재하도록 되어 있는 한편, 임대차계약 신고서에 첨부되는 표준임대차계약서(「공공주택 특별법」 제49조의2 및 「같은 법 시행규칙」 별지 제5호 서식)에는 분양전환공공임대주택의 경우 임대의무기간을 5년 또는 10년 등으로 선택하도록 되어 있으며, 표준임대차계약서의 내용에는 분양전환공공임대주택의 분양전환 시기 등이 포함됩니다(「공공주택 특별법 시행규칙」 제32조 제2항 제1호).

이와 같이 공공주택사업자가 분양전환공공임대주택의 임대조건 신고 시 작성하는 임대차계약 신고서와 이 때 첨부하는 표준임대차계약서의 내용을 아울러 살펴보면, 입주자모집공고 시 결정된 분양전환 시기를 표준임대차계약서에 포함시켜 임대조건 신고 시 그 내용을 다시 한 번 확인할 수 있도록 규정하고 있는바, 분양전환공공임대주택의 분양전환 시기 및 임대의무기간이 임대차계약 신고서의 임대차 계약기간란에 기재된 계약기간에 따라서만 결정되는 것으로 볼 수는 없다고 할 것입니다.

그렇다면, 「공공주택 특별법」 제50조의2 및 「같은 법 시행령」 제54조는 국가의 지원정도에 따라 공공임대주택의 임대의무기간을 정하여 그 기간 동안 매각을 제한함으로써 공공임대주택이 임대의 목적이 아닌 분양 등 다른 목적으로 사용되는 것을 방지하기 위한 취지의 규정으로서, 같은 영 제54조 제1항 제5호 및 제6호에서는 같은 항 제1호부터 제4호까지의 규정에 해당하지 않는 공공임대주택에 대해서 임대조건 신고 시 임대차 계약기간을 10년 이상으로 정하여 신고한 경우 임대의무기간은 임대 개시일부터 10년, 임대조건 신고 시 임대차 계약기간을 10년 미만으로 정하여 신고한 경우 임대의무기간은 임대 개시일부터 5년으로 규정하고 있는바, 공공주택 특별법령에서는 공공임대주택을 최소한 5년 이상의 기간 동안 의무적으로 임대하도록 규정하고 있는 점(「공공주택 특별법」 제

50조의2 제1항)에 비추어 볼 때, 「공공주택 특별법 시행령」 제54조 제1항 제5호에 따른 "임대차 계약기간"은 5년 이상의 기간으로서 입주개시일부터 분양전환 시기까지의 총 임대기간을 의미한다고 보아 "분양전환 시기"와 "임대의무기간의 만료 시기"가 일치하도록 해석하는 것이 합리적이라고 할 것입니다.

한편, 「공공주택 특별법 시행령」 제54조 제1항 제5호에 따른 "임대차 계약기간"은 문언상 분양전환 시기와는 상관없이 임대조건 신고 시 임대차계약 신고서의 임대차 계약기간란에 기재한 기간을 의미한다는 의견이 있을 수 있으나, 임대차계약 신고서(민간임대주택법 시행규칙 별지 제21호 서식)에는 임대조건란에 임대보증금과 임대료, 임대차 계약기간을 기재하도록 되어 있는바, 임대차계약 신고서의 임대차 계약기간란에 기재된 임대차 계약기간은 공공주택사업자와 임차인과의 계약 사항으로 볼 수 있는데, 자력으로 주택을 취득할 수 없는 취약 계층이 장기간 저렴한 비용으로 안정적으로 주거공간을 사용할 수 있도록 하려는 공공임대주택제도의 취지를 고려할 때, 분양전환공공임대주택의 임대의무기간이 공공주택사업자와 임차인 개인과의 계약 내용에 따라 달리 정해진다고 보기는 어렵다는 점에서 그러한 의견은 타당하지 않다고 할 것입니다.

이상과 같은 점을 종합해 볼 때, 공공주택사업자가 분양전환공공임대주택의 임대조건을 신고할 때 임대차계약 신고서에 입주자모집공고 시 공고한 분양전환 시기까지의 총 임대기간보다 짧은 기간으로 임대차 계약기간을 기재한 경우, 「공공주택 특별법 시행령」 제54조 제1항 제5호에 따른 "임대차 계약기간"은 입주개시일부터 분양전환 시기까지의 총 임대기간을 의미한다고 할 것입니다.

※ 법령정비 권고사항
임대의무기간 산정 기준에 대하여 해석상의 혼란이 있는바, 「공공주택 특별법 시행령」 제54조 제1항 제5호를 정비하여 분양전환공공임대주택의 임대의무기간은 입주자모집공고 시 공고한 분양전환 시기까지의 총 임대기간이라는 점을 명확하게 규정할 필요가 있습니다.

라. 임대주택의 매각시기를 특정하는 방법

민원인 - 임대주택의 매각시기를 정함에 있어 20년, 10년 및 5년 외의 다른 연수로 정할 수 있는지 여부[구 「임대주택법 시행규칙」(2000. 8. 3. 건설교통부령 제253호로 일부개정·시행된 것) 별지 제10호 서식 등 관련]

[법제처 13-0063, 2013. 4. 26. 민원인]

【질의요지】

구 「임대주택법 시행령」(2000. 7. 22. 대통령령 제16910호로 일부개정·시행된 것) 제9조 제1항 제2호·제3호 및 구 「임대주택법 시행규칙」(2000. 8. 3. 건설교통부령 제253호로 일부개정·시행된 것) 제2조의2에 따라 임대의무기간이 각각 20년, 10년, 5년인 임대주택에 대해 표준임대차계약서(구 「임대주택법 시행규칙」 별지 제10호 서식)를 사용하여 임대차계약을 체결할 경우, 주택의 매각시기를 각각의 임대의무기간 보다 길게 다른 연수로 정할 수 있는지?

【회답】

구 「임대주택법 시행령」(2000. 7. 22. 대통령령 제16910호로 일부 개정·시행된 것) 제9조 제1항 제2호·제3호 및 구 「임대주택법 시행규칙」(2000. 8. 3. 건설교통부령 제253호로 일부개정·시행된 것) 제2조의2에 따라 임대의무기간이 각각 20년, 10년, 5년인 임대주택에 대해 표준임대차계약서(구 「임대주택법 시행규칙」 별지 제10호 서식)를 사용하여 임대차계약을 체결할 경우, 주택의 매각시기를 각각의 임대의무기간보다 길게 다른 연수로 정할 수 있습니다.

【이유】

구 「임대주택법」(2000. 1. 12. 법률 제6167호로 일부 개정되어 2000. 7. 13. 시행된 것을 말하며, 이하 "구법"이라 함) 제18조 제1항에 따르면 임대주택에 대한 임대차계약을 체결하려는 자는 건설교통부령이 정하는 표준임대차계약서를 사용하여야 하고, 구 「임대주택법 시행규칙」(2000. 8. 3. 건설교통부령 제253호로 일부개정·시행된 것을 말하며, 이하 "구 시행규칙"이라 함) 제8조 제1항 및 제2항에 따르면 구 「주택건설촉진법」(2000. 1. 28. 법률 제6250호로 일부 개정되어 2000. 3. 1. 시행된 것) 제33조에 따른 사업계획승인을 얻어 건설한 임대주택의 경우 별지 제10호 서식에 따르도록 규정하고 있으며, 구 시행규칙 별지 제10호 서식 4. 계약조건 중 제12조 제1항 제1호에서는 "위 주택의 매각 시기는 최초 입주 지정기간 종료 후 ( )년으로 한다."고 규정하고 있습니다.

그런데, 구법 제12조 본문, 구 「임대주택법 시행령」(2000. 7. 22. 대통령령 제16910호로 일부개정·시행된 것을 말하며, 이하 "구 시행령"이라 함) 제9조 제1항 제2호·제3호 및 구 시행규칙 제2조의2에 따르면 임대주택의 임대의무기간을 국가 또는 지방자치단체의 재정이나 국민주택기금에 의한 자금 지원 여부 및 전용면적에 따라 각각 20년, 10년 및 5년으로 규정하면서, 이 기간이 경과하지 아니하면 원칙적으로 임대주택을 매각할 수 없다고 규정하고 있는바, 위 임대주택에 대하여 표준임대차계약서(구 시행규칙 별지 제10호 서식에 따른 것을 말하며, 이하 같음)를 사용하여 임대차계약을 체결할 경우, 주택의 매각시기를 각각의 임대의무기간 보다 길게 다른 연수로 정할 수 있는지가 문제될 수 있습니다.

먼저, 구법 상 임대의무기간은 임차인의 주거안정 등을 위하여 소극적으로 임대의무기간 내에 매각할 수 없음을 규정한 것일 뿐, 그 기간이 경과할 경우 임대사업자에게 매각할 의무를 부과하는 것은 아니라고 할 것이고, 나아가 임차인에게도 임대사업자의 의사에 반하여 임대주택을 즉시 매각하라고 요구할 권리가 당연히 발생한다고는 볼 수 없으며, 임대사업자가 임대주택을 매각하고자 할 경우 임차인과 약정을 하는 등 일정한 행위를 할 것이 요구된다는 점에서, 임대의무기간이 경과한 후 매각할 것인지, 혹은 계속 임대할 것인지의 문제는 당사자의 사적 자치에 맡길 문제라고 할 것입니다.

한편, 구 시행규칙 제4조 제2항에서 시장·군수 또는 구청장은 입주자모집공고 및 임대조건신고 내용을 고려하여 임대의무기간 만료 6월 전에 임대사업자 및 임차인에 대하여 매각을 위하여 필요한 준비를 하도록 권고할 수 있음을 근거로 임대의무기간이 지나면 임대사업자는 임대주택을 매각하여야 한다는 주장이 있을 수 있으나, 위 규정은 입주자모집공고 및 임대조건신고의 내용을 고려하여 임대사업자와 임차인 사이에 매각 여부 및 매각시기 등에 관하여 권고할 수 있다는 것일 뿐, 매각해야 할 법적 구속력이 발생하는 것은 아니라고 할 것이므로, 이러한 규정만으로 임대사업자에게 매각 여부 및 매각시기를 임대의무기간으로 제한한다고 볼 수 없다고 할 것입니다.

따라서, 구 시행령 제9조 제1항 제2호·제3호 및 구 시행규칙 제2조의2에 따라 임대의무기간이 각각 20년, 10년, 5년인 임대주택에 대해 표준임대차계약서를 사용하여 임대차계약을 체결할 경우, 주택의 매각시기를 각각의 임대의무기간 보다 길게 다른 연수로 정할 수 있습니다.

CHAPTER

임대주택의 분양전환

09

1. 「임대주택법」상, 임대주택의 분양전환에 관하여

가. 개정 경과

개정일시	취지	내용	관련 규정
1984. 12. 31. (제정)		'분양제한'이라는 용어를 사용함	구「임대주택건설촉진법」 제10조
1993. 12. 27. (전부개정)		'매각제한'이라는 용어를 사용함	구「임대주택법」 제12조
		건설임대주택의 무주택세대주에의 우선매각	구「임대주택법」 제15조
1996. 12. 30.		종전에는 임대의무기간 종료 후 건설임대주택을 매각하는 경우 무주택세대주에게 우선 매각하도록 하였으나, 앞으로는 공공건설임대주택에 한하여 무주택세대주에게 우선 매각하도록 함	구「임대주택법」 제15조
2002. 12. 26.		'분양전환'이라 함은 임대주택을 임대사업자 외의 자에게 매각하는 것을 말한다는 정의 규정 신설	구「임대주택법」 제2조 제5호 신설

나. 분양전환의 개념

① 구 「임대주택건설촉진법」 제10조, 「같은 법 시행령」 제6조에서는 '분양제한'이라는 용어를 사용하였고, ② 구 「임대주택법」 제12조에서는 '매각제한'이라는 용어를, 「같은 법 시행령」 제9조에서는 '임대의무기간'이라는 용어를 사용하여, 원칙적으로 일정 기간(임대의무기간) 내에 매각을 할 수 없고, 다만 예외적 (a) 다른 임대사업자에게 매각하는 경우와 (b) 임대사업자가 파산하거나 기타 경제적 사정 등으로 임대를 계속할 수 없을 때에는 무주택세대주인 임차인에게 '우선적'으로 매각할 수 있다고 규정하였다.

따라서 임대의무기간 내에 임대사업자가 파산하거나 기타 경제적 사정 등으로 임대를 계속할 수 없을 때는 당해 임대주택을 무주택세대주인 임차인에게 우선적으로 매각할 수 있고, 이러한 경우 우선권이 없는 자도 당해 임대주택을 매수할 수 있었다.

한편 구 「임대주택법」 제15조에서 '건설임대주택의 무주택세대주에의 우선매각' 규정을 두고, 임대의무기간이 경과 한 후 건설임대주택을 매각하는 경우에는 무주택세대주인 임차인에게 당해 건설임대주택을 우선하여 매각할 수 있다고 규정하였다.

그러다가 2002. 12. 26. 개정된 구 「임대주택법」 제2조의 제5호에서 '분양전환이란 임대주택을 임대사업자 외의 자에게 매각하는 것을 말한다.'라는 정의 규정을 신설하면서, 같은 법 제12조에서는 여전히 '임대주택의 매각제한 등' 규정을 유지하면서, 위 조항과 관련된 「같은 법 시행령」 제9조 제2항 제3호에 임대의무기간의 1/2이 경과된 경우로서 임대사업자와 임차인 사이에 당해 임대주택의 '분양전환'[268]에 합의한 경우 임차인에게 '분양전환'할 수 있다는 규정[269]을 두게 되었으며, 이는 그 후 개정된 임대주택법에도 줄곧 유지되었다.

결국 임대주택의 '분양전환'이라 함은, 일응 '임대사업자가 당해 임대주택에 관하여 소유권을 보유한 채, 임차인과 임대차 계약 관계를 유지하다가, 일정 기간 후(임대의무기간 또는 임대의무기간의 1/2)당해 임대주택에 대하여 '임차인 등'[270]에게 소유권을 이전한다는 의미를 갖는 것'으로, 「임대주택법」상의 임대주택의 지위를 상실하는 것[271]을 의미한다.

따라서 「임대주택법」 제2조 제6호(분양전환, 구 「임대주택법」 제2조 제5호)에 정한 '임대사업자가 아닌 자'라 함은 ① '매각 당시 당해 임대주택의 거주 임차인' 및 ② '당해 임대주택에 대한 임차인도 아니고 다른 임대사업자도 아닌 자'는 포함되지만 ③ 당해 임대주택에 대한 당초의 임대사업자 이외의 다른 임대사업자'는 포함되지 않는 것이다.

즉, 「임대주택법」 제2조 6호에 정한 '분양전환'이란 ① 임대주택을 당해 임대주택에 거주한 임차인 또는 ② 당해 임대주택에 대한 임차인도 아니고, 다른 임대사업자도 아닌 자'에게 매각되는 경우를 말한다.

그리고 ① 임대주택을 당해 임대주택에 거주한 임차인에게 매각하는 것을 '우선분양전환'이라고 하고, ② 당해 임대주택에 대한 임차인도 아니고, 다른 임대사업자도 아닌 자'에게 매각하는 것을 '일반분양전환'이라고 구분할 수 있다.

따라서 본서에서는 위와 같이 분양전환절차를 통하여 당해 임대주택의 소유권을 이전받는 자를 '(우선) 수분양전환권자'라고 표현하기로 한다.

---

268 그 이전에는 '매매'라는 용어를 사용하였다.
269 1998. 11. 13. 개정된 「임대주택법 시행령」 제9조 제2항 제3호가 신설되었다.
270 무주택세대주인 임차인은 우선권이 있는 수분양전환권자이고, 그러한 우선권이 없는 자도 당해 임대주택을 분양전환(매수)할 수 있었으므로, '임차인 등'이라 한다.
271 물론 기존에 「임대주택법」상의 임대주택을 분양받은 자가 다시 이를 「임대주택법」상 임대주택으로 등록하고 임대를 개시하는 경우에는 다시 「임대주택법」상 임대주택의 지위를 취득하게 될 것이다.

다. 매각의 개념

앞서 본 바와 같이 '임대주택'상 임대주택의 '매각'이란, ① 분양전환절차를 통하여 우선수분양전환권이 있는 거주 임대차인에게 당해 임대주택의 소유권을 이전하는 것, ② 분양전환절차에서 우선수분양전환권이 없는 자(다른 임대사업자 불포함)에게 당해 임대주택의 소유권을 이전하는 것 및 ③ 분양전환 절차가 아닌 방법[(a) 당초 임대사업자가 임대의무기간 내에 특별한 사유 없이 관할 관청에 신고한 후 당해 임대주택을 매각[272]하거나 (b) 당초 임대사업자의 부도 등으로 당해 임대주택을 매각하는 경우[273] 또는 (c) 분양전환승인 받은 이후 임차인이 6개월 이상 분양전환에 응하지 아니하여 매각하는 경우[274] 등]으로 다른 임대사업자에게 당해 임대주택의 소유권이 이전하는 것을 모두 포함하는 것으로, '분양전환'보다 상위 개념이라고 할 수 있다.

그리고 본서에서는 분양전환절차를 통하지 않고, 당해 임대주택의 소유권을 이전받는 자를 '(우선)수분양전환권자'와 달리 '매수자' 혹은 '매입자'로 표현하고자 한다.

위와 같이 분양전환절차를 통하지 않고, 당해 임대주택의 소유권이 다른 임대사업자에게 이전되는 경우에는 당해 임대주택의 임대주택법상 임대주택의 지위를 상실하지 않는다.

라. 분양전환에 있어서 여러 가지 경우에 관하여

1) 우선분양전환

한편 임대사업자가, 구 「주택법」 제16조(현행 제15조)에 따라 사업계획승인을 받아 건설한 공공건설임대주택에 대하여, 분양전환 당시 임대주택에 거주하는 임차인에게 매각하는 것을 '우선분양전환'이라 하고, 이는 다시 (a) 임대의무기간이 지난 후, 우선수분양전환권이 있는 거주 임차인(유주택자, 무주택자 불문)[275]에게 매각하는 '일반적인 우선분양전환(「임대주택법」 제21조 제1항)'과

---

[272] 「임대주택법 시행령」 제13조 제2항 제1호.
[273] 「임대주택법 시행령」 제13조 제2항 제2호.
[274] 「임대주택법」 제21조 제7항.
[275] 「임대주택법」 제21조 제1항
  1. 입주일 이후부터 분양전환 당시까지 해당 임대주택에 거주한 무주택자인 임차인
  2. 건설임대주택에 입주한 후, 상속·판결 또는 혼인으로 인하여 다른 주택을 소유하게 된 경우, 분양전환 당시까지 거주한 자로서 그 주택을 처분하여 무주택자가 된 임차인
  3. 제19조 단서에 따라 임차권을 양도받은 경우에는 양도일 이후부터 분양전환 당시까지 거주한 무주택자인 임차인
  4. 선착순의 방법으로 입주자로 선정된 경우에는 분양전환 당시까지 거주한 무주택자인 임차인
  5. 분양전환 당시 해당 임대주택의 임차인인 국가기관 또는 법인
  - 같은 조 제2항

(b) 임대의무기간이 지나지 않은 경우로서, (ㄱ) 임대의무기간 1/2가 경과한 후, 임대사업자와 임차인 사이에 분양전환하기로 합의한 경우(「임대주택법」 제16조 제3항, 「같은 법 시행령」 제13조 제2항 제3호) 또는 (ㄴ) 임대사업자의 '부도 등'[276]으로(「임대주택법」 제21조 제2항, 「임대주택법」 제16조 제3항, 「같은 법 시행령」 제13조 제2항 제2호) 전용면적 85㎡를 초과하는(「임대주택법 시행령」 제22조 제1항) 임대주택에 관하여 임대를 계속할 수 없는 경우, 당해 임대주택 거주 임차인(유주택자, 무주택자 불문)에게 매각하는 '특수한 우선분양전환'으로 구분(「임대주택법」 제21조 제2항)될 수 있다.

2) 일반분양전환

그리고 임대사업자가 구 「주택법」 제16조(현행 제15조)에 따라 사업계획승인을 받아 건설한 공공건설임대주택에 대하여, 임대의무기간이 경과한 후,[277] 우선수분양전환권이 있는 거주 임차인에 대한 우선분양전환을 실시하였으나, 우선수분양전환권이 있는 임차인이 여러 가지 사유로 우선 분양전환받기를 포기한 경우 등으로, 당해 임대주택에 관하여 우선수분양전환권이 있는 임차인 이외의 자(다른 임대사업자 제외)에게 매각되는 것을 일응 '일반분양전환'이라고 칭할 수 있다.

한편 임대사업자는 「임대주택법」 제21조 제7항에 따라 우선분양전환하고 남은 임대주택이 20세대 이상인 경우에는 이를 「주택공급에 관한 규칙」이 정하는 바에 따라 공급하여야 한다(「같은 법 시행규칙」 제13조 제5항).

3) 특수한 유형의 분양전환

가) 토지임대부 임대주택의 분양전환

토지임대부 임대주택을 「토지임대부 분양주택 공급촉진을 위한 특별조치법」에 따른 '토지임대부 분양주택'으로 분양전환하려는 경우에는 시장, 군수 또는 구청장의 승인을 받아 분양전환할 수 있다(「임대주택법 시행령」 제23조의3).

---

[276] 「임대주택법」 제2조 제7호 나목의 경우에는 같은 목에 따른 대통령령으로 정하는 기간(6개월)에 1년을 더한 기간을 초과하여 이자를 내지 아니한 경우에만 부도 등으로 본다.

[277] 공공건설임대주택에 관하여, 임대의무기간 1/2이 경과한 후 임대사업자와 임차인 사이에 분양전환에 합의하여 분양전환하는 경우에는 임대주택법 제21조 제1항 또는 제2항에 해당하는 임차인에게만 분양전환할 수 있으므로(「임대주택법 시행령」 제13조 제2항 3호 후단), 이러한 우선수분양전환권이 없는 자는 당해 임대주택을 매수할 수 없다.

나) 도시형 생활주택의 분양전환

도시형 생활주택으로서 공공건설임대주택에 해당하는 경우에는, 「임대주택법」 제21조(건설임대주택의 우선분양전환)를 적용하지 아니한다(「임대주택법」 제21조의3 제1항).

다) 분양전환금 분납 임대주택

국가, 지방자치단체, 한국토지주택공사 또는 지방공사가 건설하는 공공건설임대주택 중 임대보증금 없이 분양전환금을 분할하여 납부하는 임대주택(분납임대주택)의 경우에는 임대사업자가 임차인으로부터 임대 개시 전 또는 임대기간 중 분양전환금의 일부(분납금)를 미리 받을 수 있다(「임대주택법 시행령」 제22조 제3항).

이에 따른 분양전환금의 분납 기준 및 분납 방법 등에 관하여 「임대주택법 시행규칙」 제14조의2[별표 1의2]에 정하고 있다.

2. 임대의무기간 경과 후의 분양전환 '절차'에 관하여

가. 공공임대주택의 경우

공공주택사업자는 임대 후 분양전환을 할 목적으로 건설한 공공건설임대주택을 임대의무기간이 지난 후 분양전환하는 경우에는 분양전환 당시까지 거주한 무주택자, 국가기관 또는 법인으로서 대통령령으로 정한 임차인에게 우선분양전환 하여야 한다. 이 경우 분양전환의 방법·절차 등에 관하여 필요한 사항은 대통령령으로 정한다(「공공주택 특별법」 제50조의3 제1항).

임차인이 대통령령으로 정하는 기간 이상 제1항에 따른 우선분양전환에 응하지 아니하는 경우에는 공공주택사업자는 국토교통부령으로 정하는 바에 따라 해당 공공건설임대주택을 제3자에게 매각할 수 있다(「공공주택 특별법」 제50조의3 제2항).

분양전환가격 산정을 위한 감정평가는 공공주택사업자가 비용을 부담하는 조건으로 대통령령으로 정하는 바에 따라 시장·군수·구청장이 감정평가법인을 선정하여 시행한다. 다만, 감정평가에 대하여 대통령령으로 정하는 사항에 해당하여 공공주택사업자 또는 임차인 과반수 이상의 동의를 받은 임차인(임차인 대표회의가 구성된 경우 임차인 대표회의를 말한다)이 이의신청을 하는 경우 시장·군수·구청장은 이의신청을 한 자가 비용을 부담하는 조건 등 대통령령으로 정하는 바에 따라 한 차례만 재평가하게 할 수 있다(「공공주택 특별법」 제50조의3 제3항).

나. 민간임대주택의 경우

「민간임대주택에 관한 특별법」에는 임대의무기간에 관한 규정(「민간임대주택에 관한 특별법」 제43조 제1항)을 두고 있지만, 임대의무기간 경과 후 거주 임차인에게 우선수분양권을 인정하는 등의 분양전환과 관련된 규정은 없다.

다. 「임대주택법」상 공공건설임대주택의 경우

1) 개정 경과

개정일시	취지	내용	관련 규정
2008. 3. 21.		임대사업자가 임대의무기간 경과하거나 부도 등이 발생하여 분양전환하려는 경우, 시장·군수 또는 구청장의 승인을 받도록 하고, 시장·군수 또는 구청장은 분양전환승인 신청을 받은 경우 30일 이내에 승인하도록 함	「임대주택법」 제21조 제3항, 제4항 신설
		임대사업자가 임대의무기간 경과 후 또는 부도 등이 발생 후 1년 이상 분양전환절차에 착수하지 않을 경우, 임차인이 임차인 총수의 3분의 2 이상의 동의를 받아 직접 분양전환승인을 신청할 수 있도록 함	「임대주택법」 제21조 제5항 신설
		분양전환 승인 이후에 임차인이 6개월 이상 분양전환에 응하지 않는 경우 임대사업자의 제3자 매각을 허용하고, 반대로 임대사업자가 응하지 아니하는 경우 임차인에게 매수청구권을 부여하도록 함	「임대주택법」 제21조 제7항, 제8항 신설
2009. 12. 29.		분양전환 당시 해당 임대주택에 거주하는 임차인에게 우선 분양전환 할 수 있는 요건 및 임차인이 직접 분양전환승인신청을 할 수 있는 요건을 부도 등이 발생한 경우로 완화하고, 임차인이 직접 분양전환승인신청을 할 수 있는 기간을 6개월로 단축함	「임대주택법」 제21조 제2항, 제5항
2014. 5. 28.		임차인이 분양전환승인을 받은 이후에도 임대사업자가 4개월 이상 분양전환에 응하지 아니하는 경우에는 임차인은 승인을 받은 분양전환가격에 따라 매도할 것을 청구할 수 있도록 함	「임대주택법」 제21조 제8항

2) 분양전환 승인

가) 임대사업자의 분양전환 승인 신청

(1) 민간임대사업자의 경우

임대사업자가 국가, 지방자치단체, 한국토지주택공사 또는 지방공사가 아닌 민간임대사업자가 구 「주택법」 제16조에 따라 사업계획승인을 받아 건설한 공공건설임대주택을 임대의무기간이 지난 후 분양전환하는 경우에는 국토교통부령으로 정하는 서류(「임대주택법 시행규칙」 제13조 제1항 [별지 제13호 서식 - 임대주택 분양전환 승인 신청서)를 첨부하여 시장·군수·구청장에게 제출하고, 분양전환에 관한 승인(분양전환승인)을 신청하여야 한다(「임대주택법」 제21조 제3항).

임대사업자는 위와 같은 임대주택 분양전환승인신청서에, ① 분양받기를 희망하지 아니하는 임차인 명단, ② 분양포기확인서 등 분양받기를 희망하지 아니한다는 사실을 증명하는 서류, ③ 분양전환가격 산정의 근거서류, ④ 특별수선충당금적립 통장 사본, ⑤ 하자보수보증금 예치증서를 함께 첨부하여야 한다(「임대주택법 시행규칙」 제13조 제1항).

다만 (a) 임대사업자가 부도 등의 경제적 사정 등으로 임대를 계속할 수 없는 경우, (b) 입주자모집공고 또는 임대차계약서에 분양전환시기 및 분양전환가격의 산정 기준을 명기한 경우, 또는 (c) 임차인 총수의 2/3 이상과 분양전환가격, 하자보수범위 등에 관하여 합의한 경우에는, 위 ② 분양포기확인서 등 분양받기를 희망하지 아니한다는 사실을 증명하는 서류를 제출하지 않을 수 있다(「임대주택법 시행규칙」 제13조 제3항 제2호).

이러한 경우, 시장·군수·구청장은 분양전환승인 신청을 받은 경우 30일 이내에 승인을 하여야 한다(「임대주택법」 제21조 제4항 본문). 그리고 시장·군수·구청장은 임대사업자가 제출한 분양전환 승인 신청서에 대하여 보완 또는 보정이 필요하면 분양전환승인신청서를 접수한 날부터 10일 이내에 그 보완 또는 보정을 요구할 수 있다(「임대주택법 시행규칙」 제13조 제4항).

이 경우 시장·군수·구청장은 대통령령으로 정하는 분양전환가격으로 승인하여야 하며, 이를 조정하거나 변경하여서는 아니 된다(「임대주택법」 제21조 제4항 후문).

한편 시장·군수·구청장은 입주자모집공고 및 임대조건 신고 내용을 고려하여 임대의무기간이 끝나는 날 6개월 전에 임대사업자 및 임차인에 대하여 분양전환을 위하여 필요한 준비를 하도록 권고할 수 있다(「임대주택법 시행규칙」 제13조 제2항).

(2) 국가 등의 임대사업자의 경우

임대사업자가 국가·지방자치단체·한국토지주택공사 또는 지방공사인 경우에는 당해 임대주택에 대한 관할 시장·군수·구청장에게 분양전환승인을 신청할 필요가 없다(「임대주택법」 제21조 제3항).

나) 임차인의 분양전환승인신청권

임대사업자가 제1항에 따른 임대의무기간 경과 후 또는 부도 등, 파산, 그 밖에 대통령령으로 정하는 경우가 발생한 후 각각 6개월 이상[278] 관할 시장·군수·구청장에게 분양전환승인을 신청하지 아니하는 경우, 임차인(임차인 대표회의가 구성된 경우는 임차인 대표회의를 말한다)은 임차인 총수의 3분의 2 이상의 동의를 받아 직접 분양전환승인을 신청할 수 있다(「임대주택법」 제21조 제

---

278 「임대주택법」(2009. 12. 29. 법률 제9863호로 개정되어 2009.12.29. 시행된 것) 전에는 '1년 이상'으로 규정하고 있었으나 2009. 12. 29. 개정된 「임대주택법」에서 '6개월 이상'으로 단축되었다.
이러한 개정 규정은 2009. 12. 29. 후 최초로 임차인이 직접 분양전환승인신청을 할 수 있는 사유가 발생하는 분부터 적용한다(부칙 제3조).

5항).

이러한 경우 임대사업자는 분양전환승인 신청서류 작성에 협조하여야 한다(「임대주택법」 제21조 제6항).

그리고 시장·군수·구청장은 임차인이 제출한 분양전환 승인신청서에 대하여 보완 또는 보정이 필요하면 분양전환승인신청서를 접수한 날부터 10일 이내에 그 보완 또는 보정을 요구할 수 있다(「임대주택법 시행규칙」 제13조 제4항).

3) 임대사업자의 제3자에의 매각

임대사업자가 분양전환승인을 받은 이후에도 임차인이 6개월 이상 분양전환에 응하지 아니하는 경우에는 임대사업자는 해당 임대주택을 분양전환가격으로 국토교통부령으로 정하는 바에 따라 제3자에게 매각할 수 있다(「임대주택법」 제21조 제7항).

임대사업자의 신청에 따라 분양전환승인이 이루어진 경우, 분양전환승인일부터 6개월이 지나면 곧바로 임차인의 우선수분양전환권이 소멸하는 것은 아니고, 임대사업자가 분양전환승인일 이후로서 임차인에게 분양전환승인에 따라 분양전환신청을 할 것을 적법하게 안내 또는 통보한 날부터 6개월이 지나도록 임차인이 분양전환에 응하지 아니하는 경우 임차인의 우선수분양전환권은 소멸하여, 임대사업자는 해당 임대주택을 제3자에게 매각할 수 있다는 것이 대법원 판례[대법원 2014. 6. 26, 선고, 2014다4880,4897,4903, 판결]이다.

[대법원 2014. 6. 26. 선고 2014다4880,4897,4903 판결]

임대주택법의 위 규정은 임차인의 우선분양전환권을 실질적으로 보장하여 임차인이 안정적으로 임대주택을 분양받을 수 있도록 하기 위한 취지인 점, 임대주택법은 임대사업자가 분양전환승인을 신청하는 경우의 절차를 규정하면서 시장 등이 분양전환승인을 한 경우 이를 임차인에게 통보하는 절차를 별도로 규정하고 있지 않아 임차인으로서는 분양전환승인을 알지 못할 가능성이 있는 점, 임대주택법 제21조 제7항은 임대사업자가 임대주택을 제3자에게 매각할 수 있는 요건을 「임차인이 6개월 이상 분양전환에 '응하지' 아니하는 경우」라고 규정하여 임대사업자의 임차인에 대한 분양전환신청의 안내 내지 통보를 전제하고 있다고 보이는 점 등을 고려하면, **임대사업자의 신청에 따라 분양전환승인이 이루어진 경우, 분양전환승인일로부터 6개월이 지나면 곧바로 임차인의 우선분양전환권이 소멸하여 임대사업자가 해당 임대아파트를 제3자에게 매각할 수 있는 것은 아니고, 분양전환승인일 이후로서 임대사업자로부터 분양전환승인에 따라 분양전환신청을 할 것을 적법하게 안내 또는 통보받은 날부터 6개월이 지나도록 임차인이 분양전환에 응하지 아니하는 경우에는 임차인의 우**

선분양전환권이 소멸하여 임대사업자는 해당 임대주택을 제3자에게 매각할 수 있다고 할 것이다. 한편 임대사업자가 안내 또는 통보한 분양전환신청기간이 6개월에 미치지 못하였더라도, 임대사업자가 임차인에게 6개월 이상의 분양전환신청기간을 실질적으로 보장하여 우선분양전환의 기회를 부여하였는데도 임차인이 그 분양전환에 응하지 아니한 경우에는 임차인의 우선분양전환권은 소멸하였다고 볼 것이다.

그리고 임대사업자는 위와 같이 분양전환을 하고 남은 임대주택이 20세대 이상인 경우에는 그 남은 주택을 주택공급에 관한 규칙이 정하는 바에 따라 공급하여야 한다(임대주택법 시행규칙 제13조 제7항).

4) 임차인의 매도청구권

임차인이 당해 임대주택에 대한 분양전환승인을 받은 이후에도 임대사업자가 4개월 이상[279] 분양전환에 응하지 아니하는 경우에는 임차인은 임대사업자에게 승인을 받은 분양전환가격에 따라 매도할 것을 청구할 수 있다(「임대주택법」 제21조 제8항).

5) 분양전환 시 임차인의 일정 기간 계속 거주할 수 있는 권리

임대사업자가 「임대주택법」 제21조에 따라 분양전환을 하는 경우에는 임대차계약기간이 종료되었음에도 불구하고 「임대주택법」 제21조 제4항에 따른 분양전환승인 이후 분양전환신청기간이 종료하기 전까지는 임차인이 정당하게 임차한 것으로 본다. 이 경우 분양전환신청기간은 분양전환승인일부터 90일 이상으로 한다(「임대주택법」 제32조 제5항[280]).

임대사업자가 임차인에게 분양전환기간을 정하여 통보하면서, 동시에 "분양전환기간이 지나면, '불법거주배상금'을 부과하고, 별도의 명도소송을 제기하겠다"고 한 경우가 통례였으나, 일정 기간 임차인의 거주권을 보장하기 위하여 위와 같은 규정이 2009. 3. 25. 개정된 「임대주택법」에서 신설된 것이다.

---

279 「임대주택법」(2014. 5. 28. 법률 제12704호로 개정되어 2014. 5. 28. 시행되기 전의 「임대주택법」에는 '6개월'로 규정하고 있었으나, 신속한 분양전환을 통해 임차인의 권익을 보호할 수 있도록 임차인의 매도청구권 발생 시기를 분양전환승인 후 4개월로 단축되는 것으로 개정되었다.
그리고 위와 같은 4개월 단축 개정규정은 2014. 5. 28. 이후 분양전환승인을 신청하는 경우부터 적용된다(부칙 제3조).
280 2009. 3. 25. 개정된 「임대주택법」에서 신설되었다.

라. 관련 법령회신 사례

1) 임대의무기간이 만료된 '민간건설임대주택'의 매각 방법

민원인 - 임대의무기간이 만료된 '민간건설임대주택'의 매각 방법(구 「주택법」 제38조 등 관련)

[안건번호: 16-0580 회신일자: 2016-12-16]

【질의요지】

구 「주택법」(2015. 8. 28. 법률 제13498호로 타법개정되기 전의 것을 말하며, 이하 "구 「주택법」"이라 함) 제16조 제1항에 따른 호수 이상으로 건설·공급하는 건축주 등인 사업주체는 구 「주택법」 제38조 제1항·제2항 및 구 「주택공급에 관한 규칙」(2015. 12. 29. 국토교통부령 제268호로 전부개정되기 전의 것을 말하며, 이하 "구 「주택공급에 관한 규칙」"이라 함)에 따라 주택을 공급하여야 하는바,

구 「임대주택법 시행령」(2015. 12. 28. 대통령령 제26763호로 전부개정되기 전의 것을 말하며, 이하 "구 「임대주택법 시행령」"이라 함) 제13조 제1항 제2호에 따른 임대의무기간의 적용을 받는 구 「임대주택법」(2015. 8. 28. 법률 제13499호로 전부개정되기 전의 것을 말하며, 이하 "구 「임대주택법」"이라 함) 제2조 제2호의3에 따른 민간건설임대주택(이하 "민간건설임대주택"이라 함)의 임대의무기간이 만료되어 임차인에게 분양전환하고 남은 세대가 구 「주택법」 제16조 제1항에 따른 호수 이상인 경우, 민간건설임대주택의 남은 세대를 제3자에 매각할 때에 구 「주택법」 제38조 제1항·제2항 및 구 「주택공급에 관한 규칙」에 따라 공급하여야 하는지?

【회답】

민간건설임대주택의 임대의무기간이 만료되어 임차인에게 분양전환하고 남은 세대가 구 「주택법」 제16조 제1항에 따른 호수 이상인 경우, 민간건설임대주택의 남은 세대를 제3자에 매각할 때에 구 「주택법」 제38조 제1항·제2항 및 구 「주택공급에 관한 규칙」에 따라 공급하여야 하는 것은 아닙니다.

【이유】

구 「주택법」 제16조 제1항에서는 대통령령으로 정하는 호수 이상의 주택건설사업을 시행하려는 자 등은 사업계획승인권자에게 사업계획승인을 받도록 규정하고 있고, 그 위임에 따라 「같은 법 시행령」 제15조 제1항에서는 사업계획승인을 받아야 하는 주택 호수의 기준을 원칙적으로 30호 또는 30세대로 하되, 단지형 연립주택 등의 경우에는 50호 또는 50세대로 규정하고 있으며, 구 「주택법」 제38조 제1항 각 호 외의 부분에서는 같은 법 제16조 제1항에 따른 호수 이상으로 건설·공급하는 건축주 등인 사업주체로 하여금 같은 조 각 호에 따

라 주택을 공급하도록 규정하고 있고, 같은 법 제38조 제1항 제2호에서는 사업주체가 건설하는 주택을 공급하려는 경우에는 국토교통부령으로 정하는 입주자모집의 조건 등에 적합하도록 규정하고 있으며, 같은 조 제2항에서는 주택을 공급받으려는 자는 국토교통부령으로 정하는 입주자자격, 재당첨 제한 및 공급 순위 등에 맞게 주택을 공급받아야 한다고 규정하고 있고, 그 위임에 따라 구 「주택공급에 관한 규칙」에서는 주택 및 복리시설의 공급조건·방법 및 절차 등에 관한 사항을 규정하고 있습니다.

한편, 구 「임대주택법」 제2조 제2호의3에서는 같은 조 제2호의2에 따른 공공건설임대주택이 아닌 건설임대주택을 민간건설임대주택으로 정의하고 있고, 같은 법 제16조 제1항 제4호 및 구 「임대주택법 시행령」 제13조 제1항 제2호에서는 준공공임대주택으로 등록한 민간건설임대주택 또는 매입임대주택이 아닌 그 밖의 임대주택은 5년이 지나지 않으면 매각할 수 없도록 임대의무기간을 규정하고 있는바, 이 사안은 민간건설임대주택의 임대의무기간이 만료되어 임차인에게 분양전환하고 남은 세대가 구 「주택법」 제16조 제1항에 따른 호수 이상인 경우, 민간건설임대주택의 남은 세대를 제3자에 매각할 때에 구 「주택법」 제38조 제1항·제2항 및 구 「주택공급에 관한 규칙」에 따라 공급하여야 하는지에 관한 것이라 하겠습니다.

먼저, 구 「임대주택법」 제2조에서는 건설임대주택을 공공건설임대주택(제2호의2)과 공공건설임대주택이 아닌 건설임대주택인 민간건설임대주택(제2호의3)으로 구분하여 규정하고 있고, 같은 법 제3조 제1항 및 구 「주택법」 제6조 제1항에서는 임대주택의 건설·공급 및 관리에 관하여 구 「임대주택법」에서 정하지 아니한 사항은 구 「주택법」에 따르도록 규정하고 있는데, 구 「임대주택법」 제20조 제1항에서는 임대주택의 임차인의 자격, 선정 방법, 임대보증금, 임대료 등 임대 조건에 관한 기준은 대통령령으로 정하도록 규정하고, 그 위임에 따라 구 「임대주택법 시행령」 제19조 제1항에서는 건설임대주택 중 구 「주택법」 제16조에 따른 사업계획승인을 받아 건설한 공공건설임대주택 임차인의 자격 및 선정 방법은 국토교통부령으로 정하는 바에 따르며, 그 외의 건설임대주택 임차인의 자격 및 선정 방법은 해당 임대사업자가 정하도록 규정하고 있고, 그 위임에 따라 구 「임대주택법 시행규칙」(2015. 8. 28. 법률 제13499호로 전부개정되기 전의 것을 말하며, 이하 "구 「임대주택법 시행규칙」"이라 함) 제12조 및 제12조의2부터 제12조의5까지의 규정에서는 각각 공공건설임대주택의 임차인의 자격 및 선정 방법 등에 관해서는 구 「주택공급에 관한 규칙」에 따르도록 규정하고 있습니다.

그러므로, 구 「임대주택법 시행령」 제19조 제1항에 따라 공공건설임대주택의 공급에 대해서는 구 「주택법」 및 구 「주택공급에 관한 규칙」이 적용되지만, 공공건설임대주택이 아닌 민간건설임대주택의 임차인 자격 및 선정 방법은 해당 임대사업자가 정하도록 되어 있으므로, 민간건설임대주택의 임차인 자격 및 선정 방법에 대하여 구 「주택법」 및 구 「주택공급에 관한 규칙」을 적용하여야 하는 것은 아니라고 할 것이며, 나아가 임대의무기간이 만료되어 임차인에게 분양전환하고 남은 세대가 구 「주택법」 제16조 제1항에 따른 호수 이상이라고 하더라도, 민간건설임대주택의 남은 세대를 분양할 때에 구 「주택법」이나 구 「주택공급에 관한 규칙」을 적용하여야 하는 것은 아니라고 할 것입니다.

더욱이, 구 「임대주택법」 제21조 제1항에서는 임대의무기간이 지난 후 「주택법」 제16조에 따라 사업계획승인을 받아 건설한 "공공건설임대주택"을 분양전환하는 경우에 대해서만 임차인에게 우선 분양전환하도록 규정하고 있으며, 구 「임대주택법」 제21조 제7항에서는 "공공건설임대주택"을 분양전환하고 남은 세대를 분양전환가격으로 국토교통부령으로 정하는 바에 따라 제3자에게 매각할 수 있도록 규정하고, 그 위임에 따라 구 「임대주택법 시행규칙」 제13조 제5항에서는 "공공건설임대주택"을 분양전환하고 남은 임대주택이 20세대 이상인 경우에 그 남은 임대주택을 구 「주택공급에 관한 규칙」이 정하는 바에 따라 공급하도록 규정하고 있을 뿐, 민간건설임대주택에 대해서는 임차인 우선 분양전환에 관한 규정이나 임대기간 만료 후 제3자 매각에 대하여는 규정하고 있지 않으므로, 분양전환하고 남은 민간건설임대주택이 구 「주택법」 제16조 제1항에 따른 호수 이상이라고 하더라도 명문의 규정 없이 구 「주택법」이나 구 「주택공급에 관한 규칙」을 적용하여야 하는 것은 아니라고 할 것입니다.

아울러, 종전에는 건설임대주택의 경우 그 종류에 관계없이 무주택세대주에게 공급하도록 하고 임대의무기간 종료 후에는 무주택인 임차인에게 우선매각하도록 하던 것을 민간건설임대주택의 경우에는 임대사업자가 자율적으로 임차인 및 매각대상자를 선정할 수 있도록 하기 위하여 구 「임대주택법」 및 구 「임대주택법 시행령」이 개정된 연혁에 비추어 보아도 민간건설임대주택의 남은 세대를 분양할 때에 구 「주택법」이나 구 「주택공급에 관한 규칙」을 적용하여야 하는 것은 아니라고 할 것입니다(법률 제5228호 임대주택법 일부개정법률 개정이유서, 대통령령 제15331호 「임대주택법 시행령」 일부개정령 개정이유서 및 건설교통부령 제98호 「임대주택법 시행규칙」 일부개정령 개정이유서 참조).

따라서, '민간건설임대주택'의 임대의무기간이 만료되어 임차인에게 분양전환하고 남은 세대가 구 「주택법」 제16조 제1항에 따른 호수 이상인 경우, 민간건설임대주택의 남은 세대를 제3자에 매각할 때에 구 「주택법」 제38조 제1항·제2항 및 구 「주택공급에 관한 규칙」에 따라 공급하여야 하는 것은 아니라고 할 것입니다.

관계법령
주택공급에 관한 규칙 제3조

3. 「임대주택법」상 관할 지방자치단체장의 '분양전환승인' 제도

가. 관할 지자체장의 '분양전환승인' 제도의 도입 경위

구 「임대주택법」(2008년 전부 개정되기 전의 것, 이하 구 「임대주택법」이라고 한다)에서는 임대사업자가 공공건설 임대주택을 임대의무기간 도래 후, 우선수분양전환권이 있는 임차인에게 우선분양전환하는 경우, 구 「임대주택법령」 규정에 따른 분양전환가격으로 입주자모집공고와 표준임대차계약서 등의 내용을 가지고 '분양전환계획서'만 관할 지자체장에 제출하면 되었으며, 임대사업자가 고의로 우선분양전환을 지연하여도 관할 지자체장이 이에 직접적으로 관여할 수 있는 구체적인 법적 근거는 존재하지 않았다.[281]

한편 구 「임대주택법」에서는 임대사업자가 '분양전환가격'에 대하여 임차인과 협의 등으로 우선분양전환이 지연되었을 뿐만 아니라, 관할 지자체장도 임대사업자가 제출한 분양전환계획서의 분양전환가격이 높을 경우 임차인 등을 의식하여 분양전환가격에 대하여 임차인과 협의, 조정 등을 요구하여 임대사업자에게도 불리한 측면이 있었다.

결국 구 「임대주택법」에서는 임대사업자는 당초 입주자모집공고나 임대차계약서상의 계약상의 의무를 저버리고, 임차인에 대한 우선분양전환가격을 더 높게 책정하여 사업수익을 더 얻기 위하여 임대의무기간이 만료하였음에도 우선분양전환절차를 지연하는 등 임차인과의 분쟁이 많이 발생하게 되었던 것이다.

이러한 경우 임차인으로서는 장기간 법률적으로 불안정한 지위에 처하게 되는 바, 임차인에게 우선분양전환절차를 개시할 수 있도록 할 필요성도 제기되었던 것이다.

이에 우선분양전환 지연에 따른 임차인의 주거불안 해소, 임대사업자의 자금조기 회수, 분양전환가격 산정의 신뢰성 제고 등을 위하여, 「임대주택법」이 전면 개정되었던 것이며, 「임대주택법」은 임대사업자의 분양전환 절차의 적정성 여부를 통제할 필요성 및 임대사업자와 임차

---

[281] 사실 구 「임대주택법」에서도 임대사업자가 공공건설임대주택에 관하여 언제 분양전환할 것인지, 분양전환가격을 어떻게 정할 것인지에 관하여 아무런 규제 없이 자유로이 정할 수 있는 것은 아니며, 당초 '입주자(임차인)모집공고'와 '표준임대차계약서' 등에 약정한 '분양전환 시가나, 가격 등에 관하여 계약상의 의무를 부담하게 된다.

인간 근본적인 분쟁을 예방할 필요성에 의해 관할 지자체장에 의한 '분양전환승인제도'가 도입된 것이다.

[분양전환 절차 관련 임대주택법 개정 비교]

요건	구 「임대주택법」	「임대주택법」
임대의무기간 경과	임대사업자의 분양전환계획서 제출	관할 지자체장의 분양전환 승인
부도, 파산 기타 경제적 사유	분양전환허가	- 지자체장에게 30일 이내에 승인할 의무 부과 - 분양전환가격의 조정, 변경 불가 - 임차인의 직접 분양전환 신청 가능 - 제3자 매각 또는 매도청구권 인정

결국 「임대주택법」에서는 공공건설임대주택 분양전환가격의 산정기준(「임대주택법 시행규칙」 제9조, [별표 1])에 따라 산출된 우선분양전환가격을 승인할 경우, 관할 지자체장은 이를 조정하거나 변경하지 못하도록 규정(「임대주택법」 제21조 제4항 단서)하여, 임대사업자에게는 재산권 확보는 물론 임차인 요구 등으로 분양전환이 지연되는 일이 없이 정상적으로 추진되어 사업이익을 조기에 회수할 수 있게 된 것이다.

나. 관할 지자체장의 '분양전환승인'의 법적 성질(=강학상 인가)

1) '강학상 인가'

「임대주택법」에 따를 경우, 임대사업자는 공공건설 임대주택을 우선분양전환할 때 관할 지자체장의 승인을 득하여야 하는데, 이때 관할 지자체장의 (우선)분양전환 승인에는 (우선)분양전환가격도 포함되어 있으나, 「임대주택법」 제21조 제4항은 관할 지자체장은 우선분양전환가격을 조정할 수 없도록 제한하고 있으므로, 위 승인 처분의 효력은 '제한적'으로 해석하여야 하며, 최근 대법원 판결도 이와 같은 취지로 판시한 바 있다(대법원 2015. 3. 26. 선고 2012두20304 판결).

결국 우선분양전환가격과 이를 전제로 한 우선분양전환에 대한 관할 지자체장의 '승인'은 '강학상 인가'와 같은 기능을 하게 되는 것이다.

한편 '강학상 인가'란 제3자가 한 법률행위의 효력을 완성시켜 주는 행정행위를 말하는 것으로, 사인 상호 간의 법률행위는 사적 자치의 원칙 상 행정주체의 관여 없이도 완전히 효력을 발생하는 것이 원칙이나, 예외적으로 공익과 관련이 있는 법률행위인 경우에는 법령이 행정청의 동의를 법률행위의 효력발생요건으로 하는 것이다(인가의 보충성).

2) 기본행위의 하자는 '유지'됨

법령상 '인가'의 대상인 '기본 행위'가 부존재하거나 무효인 경우, '인가' 자체는 설령 적법하다 하더라도, 그 대상을 결여하므로 보충성에 비추어 인가도 무효이며, 기본행위는 당연히 효력을 발생할 수 없다[대법원 1996.05.16. 선고 95누4810 전원합의체 판결].

3) 지자체장의 승인에도 불구하고 분양전환가격의 무효 가능성

앞서 본 바와 같이 공공건설임대주택의 분양전환에 대한 관할 지자체장의 '승인'이 있었다고 하더라도, 그 '승인'은 '강학상 인가'로서의 '보충성'을 가지는 것에 불과하므로, 만약 구체적인 분양전환가격이 「임대주택법령」에 반하는 것이라면, 민사적 측면에서 여전히 '무효'인 것이다.

더군다나, 관할 지자체장은 「임대주택법」 제21조 제10항 등에 따라 정하는 분양전환가격으로 승인하여야 하며, 이를 조정하거나 변경할 수도 없다(「임대주택법」 제21조 제4항).

다. 관련 판례

1) '인가'의 기본적인 법적 성질

[대법원 1996. 5. 16. 선고 95누4810 전원합의체 판결]

[1] 민법 제45조와 제46조에서 말하는 재단법인의 정관변경 "허가"는 법률상의 표현이 허가로 되어 있기는 하나, 그 성질에 있어 법률행위의 효력을 보충해 주는 것이지 일반적 금지를 해제하는 것이 아니므로, 그 법적 성격은 인가라고 보아야 한다.

[2] 인가는 기본행위인 재단법인의 정관변경에 대한 법률상의 효력을 완성시키는 보충행위로서, **그 기본이 되는 정관변경 결의에 하자가 있을 때에는 그에 대한 인가가 있었다 하여도 기본행위인 정관변경 결의가 유효한 것으로 될 수 없으므로** 기본행위인 정관변경 결의가 적법 유효하고 보충행위인 인가처분 자체에만 하자가 있다면 그 인가처분의 무효나 취소를 주장할 수 있지만, 인가처분에 하자가 없다면 **기본행위에 하자가 있다 하더라도 따로 그 기본행위의 하자를 다투는 것은 별론으로 하고** 기본행위의 무효를 내세워 바로 그에 대한 행정청의 인가처분의 취소 또는 무효확인을 소구할 법률상의 이익이 없다.

2) '분양전환승인'의 구체적인 의미에 관하여

[대법원 2015. 3. 26. 선고 2012두20304 판결, 임대주택분양전환승인처분취소]

이와 같은 임대주택 분양전환승인 및 우선분양전환에 관한 규정의 형식과 내용에 더하여, ① 임대주택법은 시장 등이 임대주택의 분양전환을 승인할 때 **임차인에게 우선 분양전환하여야 할 임대주택과 제3자에게 매각할 수 있는 임대주택을 구분하여 승인하도록 규정하고 있지 아니하고**, 분양전환승인 신청서 서식에도 우선 공급 세대수와 일반 공급 세대수만 기재하도록 하고 있을 뿐 **분양전환 세대별로 임차인에 대한 우선 공급 여부까지 기재하도록 하고 있지는 아니한 점**, ② 시행규칙 제13조 제1항이 분양전환승인 신청서에 첨부하도록 규정한 서류들만으로는 **분양전환승인 신청 세대의 우선분양전환권 존재 여부까지 심사할 자료로 충분하지 아니한 점**, ③ 더욱이 임대주택법 제21조 제7항에 따르면 우선분양전환권을 보유한 임차인은 분양전환승인 이후 6개월까지 분양전환에 응할지 여부의 선택권을 가진다고 볼 수 있는데, 시행규칙이 분양전환승인 신청서의 첨부서류로서 '분양받기를 희망하지 아니하는 임차인 명단', '분양포기확인서 등 분양받기를 희망하지 아니한다는 사실을 증명하는 서류' 등을 규정하였다고 하여, **임차인이 분양전환승인 신청 전에 미리 우선분양전환권을 포기할 수 있고 이에 따라 우선분양전환권의 보유 여부가 확정된다고 볼 수는 없는 점**, ④ **따라서 분양전환승인 신청서에 기재하는 우선 공급 세대수와 일반 공급 세대수는 잠정적인 것에 불과하고** 시행규칙이 분양전환승인 신청서에 위 서류를 첨부하도록 규정한 것은 승인의 대상이 되는 분양전환사업의 전체적인 현황을 파악하려는 행정청의 업무편의를 위한 것으로 볼 수 있는 점 등을 종합적으로 고려하면, **임대주택법 제21조의 분양전환승인은 임대주택이 임대의무기간의 경과 등으로 분양전환의 요건을 충족하는지 여부 및 신청서에 기재된 분양전환가격이 법령의 규정에 따라 적법하게 산정된 것인지 여부를 심사하여 승인하는 것에 그칠 뿐이고, 해당 임대주택에 관하여 우선분양전환권 있는 임차인의 존재 여부 또는 임차인의 우선분양전환권 포기 여부를 심사하여 해당 임대주택을 임차인에게 우선 분양전환할 것인지 아니면 제3자에게 매각할 것인지까지 승인하는 것은 아니라고 할 것이다.**

[대구고등법원 2009. 8. 3. 자 2009루17 결정]

임차인에게 분양전환승인신청권을 인정하고 있는 현행 임대주택법의 적용을 회피할 의도로 임대주택의 임대사업자가 제출한 분양전환계획서는 분양전환가격이 명시적으로 기재되어 있지 않고 이를 특정할만한 아무런 자료도 없어 위법할 뿐만 아니라, 관련 법령에서 첨부서류로 요구하는 분양전환가격 산출근거 서류에도 하자가 있어 그 제출이 위법하므로, 행정기관의 거듭된 보완 요구에도 불구하고 사업자가 그 서류를 적법하게 보완하지 못한 이상 행정기관이 그 서류를 반려하고 임차인에게 분양전환승인처분을 한 것은 적법하다고 한 사례.

3) 임차인 대표회의의 '분양전환승인처분의 취소 청구'의 원고 적격 유무

[대법원 2010. 5. 13. 선고 2009두19168 판결, 분양전환승인의취소]

구 임대주택법(2009. 12. 29. 법률 제9863호로 개정되기 전의 것) 제21조 제5항, 제9항, 제34조, 제35조 규정의 내용과 입법 경위 및 취지 등에 비추어 보면, 임차인 대표회의도 당해 주택에 거주하는 임차인과 마찬가지로 임대주택의 분양전환과 관련하여 그 승인의 근거 법률인 구 임대주택법에 의하여 보호되는 구체적이고 직접적인 이익이 있다고 봄이 상당하다. **따라서 임차인 대표회의는 행정청의 분양전환승인처분이 승인의 요건을 갖추지 못하였음을 주장하여 그 취소소송을 제기할 원고적격이 있다고 보아야 한다.**

4. 우선수분양전환권자

가. 공공임대주택의 경우

1) 우선수분양전환권자에 관하여

가) 임대의무기간 경과 후에 분양전환하는 경우

공공주택사업자는 임대 후 분양전환을 할 목적으로 건설한 공공건설임대주택을 임대의무기간이 지난 후 분양전환하는 경우에는 분양전환 당시까지 거주한 무주택자, 국가기관 또는 법인으로서 대통령령으로 정한 임차인에게 우선분양전환하여야 한다(「공공주택 특별법」 제50조의3 제1항 전문).

위 '대통령령으로 정한 임차인'이란 다음 각 호의 어느 하나에 해당하는 임차인을 말한다 (「공공주택 특별법 시행령」 제55조의3 제1항).

1. 입주일 이후부터 분양전환 당시까지 해당 임대주택에 거주한 무주택자인 임차인
2. 공공건설임대주택에 입주한 후 상속·판결 또는 혼인으로 다른 주택을 소유하게 된 경우 분양전환 당시까지 거주한 사람으로서 그 주택을 처분하여 무주택자가 된 임차인
3. 「공공주택 특별법」 제49조의4 단서에 따라 임차권을 양도받은 경우에는 양도일 이후부터 분양전환 당시까지 거주한 무주택자인 임차인
4. 선착순의 방법으로 입주자로 선정된 경우에는 분양전환 당시까지 거주하고 분양전환 당시 무주택자인 임차인
5. 전용면적 85㎡ 초과 주택에 분양전환 당시 거주하고 있는 임차인
6. 분양전환 당시 해당 임대주택의 임차인인 국가기관 또는 법인

즉, 이러한 경우, 위 대통령령으로 정한 임차인이 우선수분양전환권자이다.

나) 임대의무기간 경과 전에 분양전환하는 경우

(1) 임대의무기간 1/2 경과 후 분양전환하는 경우

공공주택사업자는 공공임대주택을 5년 이상의 범위에서 대통령령으로 정한 임대의무기간이 지나지 아니하면 매각할 수 없는 것이 원칙인데(「공공주택 특별법」 제50조의2 제1항), 그럼에도 불구하고 임대의무기간의 1/2이 지나 공공주택사업자가 임차인과 합의한 경우에는 임대의무기간이 지나기 전에도 공공임대주택을 매각할 수 있다(「공공주택 특별법」 제50조의2 제2항 제2호, 「같은 법 시행령」 제54조 제1항 제2호).

이러한 경우 우선수분양전환권자가 누구인가에 관하여 「임대주택법」관련 법령과는 달리 「공공주택 특별법령」에는 명시적으로 규정하고 있지 않으나, 이는 오히려 임대주택법령보다 타당한 입법 태도로 보이고(이와 관련하여서는 후술하는 「임대주택법」상 임대주택의 경우'에서 서술하기로 한다), 응당 임대사업자와 합의한 임차인이 '수분양전환권자'[282]라고 할 것이다.

(2) 근로자를 위하여 건설한 공공임대주택의 경우

주택도시기금의 융자를 받아 주택이 없는 근로자를 위하여 건설한 공공임대주택(1994년 9월 13일 이전에 사업계획승인을 받은 경우로 한정한다)을 시장·군수 또는 구청장의 허가를 받아 분양전환하는 경우 「공공주택 특별법」 제50조의3 제1항의 요건을 충족하는 임차인에게 우선적으로 분양전환하여야 한다(「공공주택 특별법」 제54조 제2항).

(3) 공공주택사업자의 경제적 사정 등으로 임대를 계속할 수 없어 분양전환하는 경우

공공주택사업자는 공공임대주택을 5년 이상의 범위에서 대통령령으로 정한 임대의무기간이 지나지 아니하면 매각할 수 없는 것이 원칙인데(「공공주택 특별법」 제50조의2 제1항), 그럼에도 불구하고 공공주택사업자가 경제적 사정 등으로 공공임대주택에 대한 임대를 계속할 수 없는 경우로서 공공주택사업자가 국토교통부장관의 허가를 받은 경우에는 임대의무기간이 지나기 전에도 공공임대주택을 매각할 수 있다(「공공주택 특별법」 제50조의2 제2항 제2호, 「같은 법 시행령」 제54조 제2항 제1호 전문).

이러한 경우 「공공주택 특별법」 제50조의3 제1항에 해당하는 임차인에게 우선적으로 분양전환하여야 하므로(「같은 법 시행령」 제54조 제2항 제1호 후문), 위 임차인이 '우선수분양전환권자'이다.

---

[282] 우선수분양전환권자가 아니다. 유일한 수분양전환권자인 것이다.

2) 일반 수분양전환권자에 관하여

가) 임대의무기간 경과 후에 분양전환하는 경우

임차인이 임대의무기간이 종료한 후 공공주택사업자가 임차인에게 분양전환을 통보한 날부터 6개월 이상 우선분양전환에 응하지 아니하는 경우에는 공공주택사업자는 국토교통부령으로 정하는 바에 따라 해당 공공건설임대주택을 제3자에게 매각할 수 있다(「공공주택 특별법」 제50조의3 제2항).

이와 관련 국토교통부령은 다음과 같은 「공공주택 특별법 시행규칙」 제42조 제4항 규정이다.

공공주택사업자는 「공공주택 특별법」 제50조의3 제2항에 따라 분양전환하고 남은 주택은 분양전환가격으로 매각하여야 하며, 분양전환하고 남은 주택이 30세대 이상인 경우에는 그 남은 공공임대주택을 「주택공급에 관한 규칙」이 정하는 바에 따라 공급하여야 한다. 다만, 공공임대주택으로 활용할 목적으로 다른 공공주택사업자에게 공급하는 경우에는 그러하지 아니하다(「공공주택 특별법 시행규칙」 제42조 제4항).

즉, 이러한 경우, 우선수분양전환권이 있는 임차인에게 분양전환하고 남은 임대주택에 대하여 「주택공급에 관한 규칙」이 정하는 바에 따라 선정된 자는 '일반수분양전환권자'이다.

나) 임대의무기간 경과 전에 분양전환하는 경우

그리고 임대의무기간이 경과하기 전에도, 공공주택사업자가 경제적 사정 등으로 공공임대주택에 대한 임대를 계속할 수 없는 경우 우선수분양전환권이 없는 자도 '일반수분양전환권자'로서 당해 임대주택을 분양전환받을 수 있다. 그런데 이러한 경우 '일반수분양전환권자'의 선정 방법에 관하여 명시적인 규정이 없다.

그러나 임대의무기간이 경과하기 전, 임대의무기간 1/2 경과 후 분양전환하는 경우에는 임대사업자와 합의한 임차인 이외의 자는 '일반수분양전환권자'로 당해 임대주택을 분양전환받을 수 없다고 할 것이다.

나. 민간임대주택의 경우

「민간임대주택에 관한 특별법」에는 임대의무기간에 관한 규정(「민간임대주택에 관한 특별법」 제43

조 제1항)을 두고 있지만, 임대의무기간 경과 후 거주 임차인에게 우선수분양전환권을 인정하는 등의 분양전환과 관련된 규정은 없다.

다. 「임대주택법」상, 임대주택의 경우

임대사업자가 공공건설임대주택에 관하여, 임대의무기간 경과 후, 분양전환함에 있어서, 「임대주택법」이 정한 분양전환가격으로 우선수분양전환권자에게 우선분양전환하여야 할 의무를 부담하는 것이고, 분양전환 당시, 임대사업자의 부도, 파산 등의 여부에 관계없이, 일반 제3자에게도 「임대주택법」이 정한 분양전환가격으로[283] 매각할 수 있는 것이 원칙이다.

한편 임대주택이 분양전환되는 경우는, 임대의무기간이 경과되기 전에라도, 아래와 같이 여러 경우로 나누어 볼 수 있는데, 각 경우에 임대주택을 법에 정한 분양전환가격으로 우선적으로 분양받을 수 있는 '우선수분양전환권자'가 누구인지 정리하면 일응 아래와 같다.

1) 우선수분양전환권자에 관하여

가) 임대의무기간 경과 후에 분양전환하는 경우

(1) 개정 경과

개정일시	취지	내용	관련 규정
1994. 9. 13.		임대의무기간이 경과하여 매각하는 경우 ① 공공건설임대주택은 입주 후 매각 당시까지 무주택자인 임차인에게, ② 민간건설임대주택은 매각 당시 무주택자인 임차인에게 우선 매각하도록 함	구 「임대주택법 시행령」 제13조
1996. 12. 30. (시행: 1997. 3. 1.)		종전에는 임대의무기간 종료 후 건설임대주택을 매각하는 경우 무주택세대주에게 우선매각하도록 하였으나, 앞으로는 공공건설임대주택에 한하여 무주택세대주에게 우선 매각하도록 함	구 「임대주택법」 제15조
1997. 4. 1.		건설임대주택의 경우 종전에는 주택의 종류에 관계없이 무주택세대주에게 공급하도록 하고 임대의무기간 종료 후에는 무주택인 임차인에게 우선매각하도록 하던 것을, 앞으로는 민간건설임대주택의 경우에는 임대사업자가 자율적으로 임차인 및 매각 대상자를 선정할 수 있도록 함	구 「임대주택법 시행령」 제13조
2005. 7. 13.		우선수분양전환권자에 대하여 임대주택법에 직접 규정하고, 임대사업자의 부도 등의 경우 분양전환 당시 당해 임대주택에 거주하는 임차인(유주택자 포함)에게 우선 분양할 수 있다는 규정을 신설함	구 「임대주택법」 제15조 제1항, 제2항 (신설)

---

[283] 「임대주택법」 제21조 제7항 참조. 제3자에 대한 매각가격에 관하여 논란이 있을 수 있다.

2005. 9. 16.		임대사업자의 부도 발생 시 당해 임대주택에 거주하는 임차인 중 주택을 소유한 임차인 등에게도 우선수분양전환권 부여함	구 「임대주택법 시행령」 제13조 제2항 제1호
2009. 3. 25.		건설임대주택의 우선분양전환 대상이 되는 임차인의 자격요건에 해당 임대주택 거주 요건을 명시함	「임대주택법」 제21조 제1항 제2호 제4호
		임대주택 분양전환 승인 후 90일 이상 분양전환 신청기간을 부여하고 해당 기간에는 임대차 계약기간이 종료되었더라도 정당한 임차로 보도록 함	「임대주택법」 제32조 제5항 신설

(2) 일반적인 경우

임대사업자가, 임대의무기간이 지난 후, 「주택법」 제16조에 따라 사업계획승인을 받아 건설한 공공건설임대주택을 분양전환하는 경우에는 「임대주택법」 제21조 제1항에 정한 다음 각 호의 어느 하나에 해당하는 '무주택 거주 임차인',[284] '거주 국가기관 또는 법인'에게 우선분양전환하여야 한다(「임대주택법」 제21조 제1항).

1. 입주일 이후부터 분양전환 당시까지 해당 임대주택에 거주한 무주택자인 임차인
2. 공공임대주택에 입주한 후 상속·판결 또는 혼인으로 인하여 다른 주택을 소유하게 된 경우 분양전환 당시까지 해당 주택을 처분하여 무주택자로 된 임차인
3. 사업시행주체의 동의를 받고 임차권을 양도받은 경우에는 양도일 이후부터 매각당시까지 무주택자인 임차인
4. 선착순의 방법으로 입주자로 선정된 경우에는 분양전환 당시까지 무주택자인 임차인
5. 분양전환 당시 해당 임대주택의 임차인인 국가기관 또는 법인

따라서 ① 위 각 무주택자인[285] 거주 임차인 및 ② 거주 국가기관 또는 법인은 우선수분양전환권자이다.

「주택공급에 관한 규칙」에 정한 무주택세대주에 해당하는지 여부는 공부상 기준으로 하는 것이 원칙이라는 것이 판례[대법원 1994. 9. 27. 선고 94다21429 판결 참조]이며, 주택의 명의수탁자는 「임대주택법」상의 무주택세대주에 해당하지 않는다고 본 판례[서울고등법원 2004. 3. 11. 선고 2003나58753 판결 참조]가 있다.

---

284 2005. 7. 13. 법률 제7598호로 개정된 임대주택법 제15조 제1항은 종래 '무주택 세대주 임차인'으로 한정되었던 우선분양전환 대상자의 범위를 '무주택자인 임차인'으로 확대하였다.

285 「임대주택법」상, 우선수분양자의 소득, 자산 기준을 적용하지 않아, 소득 및 자산의 유무 및 다과(多寡)에 상관없이 무주택 요건을 충족하면 우선수분양자가 될 수 있다.

[대법원 1994. 9. 27. 선고 94다21429 판결]

주택건설업자가 주택을 판매용으로 신축·취득한 경우, 주택공급에관한규칙 제2조 제7호 소정의 "무주택세대주"의 판단에 있어 당해 주택을 제외할 것인지 여부(=소극)

주택건설촉진법 제32조의 규정에 의하여 주택의 공급조건, 방법 및 절차 등에 관하여 규정하고 있는 주택공급에관한규칙 제2조 제7호에서 말하는 무주택세대주인지 여부의 판단은 원인무효이거나 다른 특별한 사정이 없는 한 **공부상의 소유권자를 기준으로 판단하여야 하고**, 대외적으로 완전한 소유권을 취득하는 한 당해 소유명의가 명의신탁 혹은 채권담보 내지 그 실행의 목적으로 마쳐진 것이라고 하더라도 그를 무주택세대주로 볼 수 없고 설사 주택건설업자가 주택을 판매용으로 신축하여 취득하였다고 할지라도 그 법리는 달리 볼 수 없다.

[서울고등법원 2004. 3. 11. 선고 2003나58753 판결]

무주택인 임차인 내지 무주택세대주인지 여부는 원인무효이거나 다른 특별한 사정이 없는 한 공부상의 소유권자를 기준으로 판단하여야 하고, 당해 소유명의가 명의신탁 등의 목적으로 마쳐진 것이라고 하더라도 그를 무주택세대주로 볼 수는 없다 … 원고는 이른바 부동산의 명의수탁자에 해당한다고 할 것이어서 무주택인 임차인 또는 무주택세대주에 해당한다고 할 수 없(다.)

부동산실명법 제4조에서는 원칙적으로 명의신탁약정에 의한 부동산의 물권변동을 무효라고 하면서도(제2항), 그 무효를 제3자에게 대항하지 못한다(제3항)고 규정하고 있는바, 명의수탁자인 원고는 비록 이 사건 재건축아파트의 소유권자가 아니라고 하더라도 부동산실명법 제4조 제3항의 규정에 의하여 유효한 처분행위도 할 수 있으므로 … 명의수탁자는 그로 인한 이익과 함께 등기명의를 보유함으로써 입게 되는 불이익도 감수하여야 하고, 만일 원고와 같은 주택의 명의수탁자를 무주택자로 인정할 경우 탈법의 수단으로 악용됨으로써 주택이 없는 국민의 주거생활안정과 주택공급질서를 확립하고자 하는 임대주택법 제15조의 규정 취지를 저해할 우려가 크다고 할 것이며, 원고와 같이 신탁자의 강제집행을 면탈할 목적으로 등기명의를 수탁받은 자를 무주택자로 인정할 경우 간접적으로 '부동산에 관한 소유권 기타 물권을 실체적 권리관계에 부합하도록 실권리자 명의로 등기하게 함으로써 부동산등기제도를 악용한 투기·탈세·탈법행위 등 반사회적 행위를 방지하고 부동산거래의 정상화와 부동산가격의 안정을 도모'하고자 하는 부동산실명법의 취지 또한 저해될 가능성이 농후한 점 등을 고려하면, 원고가 이 사건 재건축아파트에 관하여 소유권자로서 등기된 것이 부동산실명법 시행 이후라고 하더라도 무주택인 임차인에 해당되지 않는다고 보는 것이 상당하다.

한편 위에서 정한 '임차인'이란, 어디까지나 위 법률이 정한 요건과 절차에 따라 임대주택에 관하여 임대사업자와 임대차계약을 체결한 당사자 본인으로서의 임차인을 의미한다고 할 수밖에 없고, 이와 달리 당사자 일방의 계약목적, 경제적 부담이나 실제 거주사실 등을 고려한 실질적 의미의 임차인까지 포함한다고 볼 수 없다(대법원 2009. 4. 23. 선고 2006다81035 판결 참조).

[대법원 2009. 4. 23. 선고 2006다81035 판결]

따라서 임대주택법에서 말하는 '임차인'이란 임대주택법에 따라 임대차계약을 체결하고, 그 법의 규율을 받으면서 권리를 행사하고 의무를 이행하여야 할 당사자로서의 임차인이라고 하여야 한다. 그런데 이와 달리 원심과 같이, 임대차를 통하여 달성하려는 목적, 재정적 부담 또는 실제 거주자와 같은 실질적 측면에서 사회통념상 임차인으로 여겨지는 자를 '실질적 의미의 임차인'이라 하여 위 법상 임차인의 의미를 확대하거나 변경하여 해석하는 것은, 우선 '실질적 의미의 임차인'이라는 개념 자체가 모호한데다가, 그 판단 기준으로 거론되는 것들이 임대차계약 이면의 사정 또는 임대주택에 대한 다양한 사용·수익의 방식 등에 불과하다는 점, 그러한 해석은 위에서 본 임대주택법의 취지와 전체 법체계, 법률용어의 일반적 의미에 반할 뿐만 아니라 상대방 당사자인 임대사업자측의 의사와 신뢰에 반하는 것인 점, 나아가 임대주택법에 따른 임대주택의 공급 및 관리에도 혼란을 초래할 우려가 있다는 점에서 그대로 받아들일 수 없다.

특히 이 사건에서 문제가 되는 임대주택법 제15조는, 임대주택의 임대의무기간이 경과한 후 기존 임차인 중에서 무주택 등 일정한 자격요건을 갖춘 자에게 우선분양전환권이라는 특혜를 부여하는 규정인데, **여기에서의 임차인을 위와 같이 '실질적 의미의 임차인'이라고 해석한다면, 당초 임대주택법이 정한 요건과 절차에 따라 임차인으로 선정되어 임대차계약을 체결한 당사자로서의 임차인이 아니더라도 따로 실질적 측면에서 임차인이라고 해야 할 자가 있으면 그를 임차인으로 인정하고 그에게 우선분양전환권을 부여하게 되어 임대주택법의 기본 취지에 반하는 결과를 초래할 뿐만 아니라, 나아가 임대차계약을 체결하였던 임차인이 중도에 우선분양전환권자로서의 자격요건을 상실한 후 무주택자인 친·인척 등을 입주시키고 그를 내세워 임대주택을 분양받는 등 다양한 방법으로 임대주택법의 취지를 몰각시킬 우려마저 있다.** 이는 임대주택법을 포함하여 법질서의 규범성과 안정성을 크게 해치는 결과가 될 뿐이다.

결론적으로, 임대주택법 제15조 제1항에서 규정하는 '임차인'이란 어디까지나 위 법률이 정한 요건과 절차에 따라 임대주택에 관하여 임대사업자와 임대차계약을 체결한 당사자 본인으로서의 임차인을 의미한다고 할 수밖에 없고, 이와 달리 당사자 일방의 계약목적, 경제적 부담이나 실제 거주사실 등을 고려한 '실질적 의미의 임차인'까지 포함한다고 변경, 확장 해석하는 것은 앞서 본 법률 해석의 원칙과 기준에 어긋나는 것으로서 받아들일 수 없다.

그리고 위 제1호, 제4호에 정한 '무주택자인 임차인'이란, '임차인이 속한 세대의 세대주를 포함한 세대원(세대주와 동일한 세대별 주민등록표상에 등재되어 있지 아니한 세대주의 배우자 및 배우자와 동일한 세대를 이루고 있는 세대원을 포함한다) 전원이 주택을 소유하고 있지 아니한 임차인'을 의미한다(대법원 2015. 10. 29. 선고 2014다75462 판결 참조). 그리고 임차인이 입주 시부터 다른 주택을 소유하다가 분양전환 당시 이미 이를 멸실시켰더라도, 구 「주택공급에 관한 규칙」 제6조 제3항 제7호[286]에

---

[286] 건물등기부 또는 건축물대장등의 공부상 주택으로 등재되어 있으나 주택이 낡아 사람이 살지 아니하는 폐가이거나 주택이 멸실

해당한다고 볼 수 없다는 전제에서, 해당 임차인은 우선분양전환 대상자에 해당하지 아니한다(대법원 2015. 10. 29. 선고 2014다75462 판결 참조).

[대법원 2015. 10. 29. 선고 2014다75462 판결]

가. (1) **구 임대주택법(2014. 5. 28. 법률 제12704호로 개정되기 전의 것**. 이하 같다)은 임대주택 건설을 촉진하고 국민의 주거생활을 안정시키는 것을 목적으로 하는 법률로서(제1조), 제21조 제1항은 임대사업자가 임대의무기간이 지난 후 주택법 제16조에 따라 사업계획승인을 받아 건축한 주택 중 주택법 제60조에 따라 국민주택기금의 자금을 지원받아 건설한 임대주택 등을 분양전환하는 경우 '입주일 이후부터 분양전환 당시까지 해당 임대주택에 거주한 무주택자인 임차인'(제1호), '선착순의 방법으로 입주자로 선정된 경우에는 분양전환 당시까지 거주한 무주택자인 임차인'(제4호) 등에게 우선 분양전환하여야 한다고 규정하고 있다.

(2) 구 임대주택법 시행령(2013. 3. 23. 대통령령 제24443호로 개정되기 전의 것) 제19조 제1항, 임대주택법 시행규칙 제12조 제1항의 위임에 따라 공공건설임대주택의 임차인의 자격 및 선정방법에 관하여 규정한 구 「주택공급에 관한 규칙」(2013. 3. 23. 국토교통부령 제1호로 개정되기 전의 것. 이하 '구 주택공급규칙'이라 한다)은 국민주택 등의 공급대상을 입주자 모집공고일부터 입주 시까지 무주택세대주로 한정하고 있는데(제4조 제2항 제1호), 여기서 **'무주택세대주'는 세대주를 포함한 세대원(세대주와 동일한 세대별 주민등록표상에 등재되어 있지 아니한 세대주의 배우자 및 배우자와 동일한 세대를 이루고 있는 세대원을 포함한다) 전원이 주택을 소유하고 있지 아니한 세대의 세대주를 말한다(제2조 제9호).**

또한 구 주택공급규칙은 입주자의 모집절차(제8조), 주택의 공급방법(제10조), 임대주택의 종류별 공급방법(제11조 내지 제13조)을 구체적으로 규정하고 있는데, **임대주택의 입주자가 퇴거함으로써 사업주체에게 명도된 주택을 공급하는 경우에는 이러한 규정은 적용되지 아니하나,** 공급대상이 입주 시까지 무주택세대주일 것을 요구하는 제4조는 그대로 적용된다고 규정하면서도(제3조 제2항 제5호), 제11조 내지 제13조의 규정에 의하여 입주자를 선정하고 남은 주택이 있는 경우에는 제4조를 적용하지 아니하고 선착순의 방법에 의하여 입주자를 선정할 수 있도록 규정하고 있다(제10조 제6항).

(3) 나아가 구 주택공급규칙은 사업주체에게 입주대상자로 선정된 자의 무주택기간 및 주택소유 여부에 관하여 주택전산망을 이용한 조회를 의뢰할 의무를 부과하고(제21조의2 제1항), 제10조 제6항에 따라 선착순의 방법에 의하여 공급하는 주택을 제외한 85㎡ 이하의 임대주택으로서 입주자 본인 또는 그 세대에 속한 자가 다른 주택을 소유하는 등의 경우에는 임대기간 만료 전에 사업주체에게 해당 임대주택을 명도하도록 규정하

되었거나 주택이 아닌 다른 용도로 사용되고 있는 경우로서 사업주체로부터 제21조의2제3항의 규정에 의한 부적격자로 통보받은 날부터 3월 이내에 이를 멸실시키거나 실제 사용하고 있는 용도로 공부를 정리한 경우.

고 있다(제29조 제4항 제1호).

임대주택법 시행규칙 제12조도 공공건설임대주택의 임대사업자가 임대차계약을 체결하거나(다만 해당 임대주택에 최초로 입주하는 경우로서 「주택공급에 관한 규칙」 제10조 제6항에 따라 선정된 임차인과 임대차계약을 체결하는 경우는 제외한다), 공공건설임대주택을 우선 분양전환하는 경우 등에는 미리 주택소유 여부를 확인하고(제2항), 매년 1회 이상 임대주택 임차인의 주택소유 여부를 확인하며(제3항), 그 결과 공공건설임대주택을 임대받을 자격이 없거나 우선 분양전환 받을 수 있는 자격이 없는 자에게는 공공건설임대주택을 임대하거나 우선 분양할 수 없도록 규정하고 있다(제4항).

나. 이러한 구 임대주택법의 입법 목적, 관련 법령 및 구 주택공급규칙의 규정 내용 등에 비추어 보면, ① 구 임대주택법 및 관련 법령이 임대주택의 공급대상과 공급방법을 엄격하게 정하면서도 예외적으로 구 주택공급규칙 제10조 제6항에서 선착순의 방법으로 입주자를 선정할 수 있도록 규정하고 선착순의 방법으로 입주자로 선정된 경우 우선 분양전환의 요건을 완화하고 있으므로, **구 임대주택법 제21조 제1항 제4호에 정한 '선착순의 방법으로 입주자로 선정된 경우'는 '구 주택공급규칙 제10조 제6항에 따라 선착순의 방법으로 입주자로 선정된 경우'를 의미한다고 해석함이 타당하고,** ② 구 임대주택법 및 관련 법령은 국민주택 등의 공급대상을 원칙적으로 '무주택세대주'로 엄격히 한정함과 동시에 입주자 본인뿐만 아니라 **다른 세대원이 주택을 소유하게 되는 경우에도 해당 임대주택을 명도하도록 규정하고 있으므로, 구 임대주택법 제21조 제1항 제1호, 제4호에 정한 '무주택자인 임차인'은 '임차인이 속한 세대의 세대주를 포함한 세대원(세대주와 동일한 세대별 주민등록표상에 등재되어 있지 아니한 세대주의 배우자 및 배우자와 동일한 세대를 이루고 있는 세대원을 포함한다) 전원이 주택을 소유하고 있지 아니한 임차인'을 의미한다고 해석함이 타당하다.**

임차인이 선착순의 방법으로 임차권을 취득한 경우에는 분양전환 당시까지 소유주택을 처분하여 무주택자가 되면 임대주택을 우선분양전환받을 수 있다(대법원 2015. 2. 26. 선고 2014도14871 판결 참조). 또한 임차인에게 갱신거절 등 사유가 존재하였으나 임대사업자가 임대차계약을 해제 또는 해지하거나 갱신을 거절하지 아니하고 임대차계약을 유지하다가 임대의무기간이 경과하였다면 임차인이 임대주택을 우선분양전환받을 수 있는 자격을 당연히 상실한다고 볼 수 없다(대법원 2015. 2. 26. 선고 2014도14871 판결 참조).

[대법원 2015. 2. 26. 선고 2014도14871 판결]

구 임대주택법(2009. 3. 25. 법률 제9541호로 개정되기 전의 것)은 제21조 제1항에서 "임대사업자가 임대의무기간이 지난 후 주택법 제16조에 따라 사업계획승인을 받아 건설한 주택 중 주택법 제60조에 따라 국민주택기금의 자금을 지원받아 건설하거나 공공사업으로 조성된 택지에 건설하는 임대주택을 분양전환하는 경우에는 다음 각 호의 어느 하나에 해당하는 임차인에게 우선 분양전환하여야 한다."고 규정한 다음 제1호 내지 제5호의 규정을 열거하면서 **제4호에서 "선착순의 방법으로 입주자로 선정된 경우에는 분양전환 당시까지**

무주택자인 임차인"을 규정하고 있고, 주택공급에 관한 규칙 제10조 제6항은 선착순의 방법에 의하여 입주자를 선정하는 경우에는 무주택자일 것을 요구하고 있지 아니하며, 구 임대주택법 시행령(2009. 6. 25. 대통령령 제21557호로 개정되기 전의 것) 제26조 제1항 제7호는 임차인이 임대차계약기간 중 다른 주택을 소유하게 된 경우 임대사업자가 임대차계약을 해제 또는 해지하거나 계약갱신을 거절할 수 있도록 하면서도 임차인이 임차권을 선착순의 방법으로 취득한 경우는 제외하고 있다.

위와 같은 관련 규정의 취지를 종합하면, 임차인이 선착순의 방법으로 임차권을 취득한 경우에는 분양전환 당시까지 소유주택을 처분하여 무주택자가 되면 임대주택을 우선 분양전환받을 수 있다.

[2] ……, 구 임대주택법(2009. 3. 25. 법률 제9541호로 개정되기 전의 것) 제21조 제1항 제4호에 규정된 '분양전환 당시까지 무주택인 임차인'이란 해당 임대주택을 유일하고도 단일한 거주지로 하여 임대차계약기간 개시일 무렵부터 분양전환 당시까지 임차인 본인이 직접 거주하거나 당초 임차인과 동거하던 세대 구성원 일부가 그 기간 동안 계속 거주하는 경우의 그 임차인을 의미한다.

[3] 구 임대주택법(2009. 3. 25. 법률 제9541호로 개정되기 전의 것, 이하 같다) 제27조 제1항은 "임대사업자는 해당 임대주택에 거주 중인 임차인이 거짓이나 그 밖의 부정한 방법으로 임대주택을 임대받는 등 대통령령으로 정하는 사항에 해당하는 경우에는 임대차계약을 해제 또는 해지하거나 임대차계약의 갱신을 거절할 수 있다."고 규정하고 있고, 구 임대주택법 시행령(2009. 6. 25. 대통령령 제21557호로 개정되기 전의 것)은 제26조 제1항에서 "법 제27조 제1항에서 '대통령령으로 정하는 사항에 해당하는 경우'란 다음 각 호의 어느 하나에 해당하는 경우를 말한다."고 규정한 다음 제1호 내지 제10호에서 임대사업자가 임대차계약을 해제 또는 해지하거나 임대차계약의 갱신을 거절할 수 있는 사유(이하 '갱신거절 등 사유'라고 한다)를 열거하고 있는데, 갱신거절 등 사유가 발생하였다 하더라도 사유가 강행규정 위반에 해당하지 않는 한 임대사업자가 임대차계약을 해제 또는 해지하거나 갱신을 거절할지 여부는 원칙적으로 임대사업자의 재량이라고 보아야 하는 점, 구 임대주택법 제21조 등 관련 법령 어디에서도 임차인에게 갱신거절 등 사유가 존재하는 경우에는 임차인이 임대주택을 우선 분양전환받을 수 없다고 규정하고 있지 아니한 점을 종합하여 보면, 갱신거절 등 사유가 구 임대주택법 제21조에서 정한 우선 분양전환받을 수 있는 임차인의 요건을 충족하지 못하는 사유에 해당하여 임차인이 임대주택을 우선 분양전환받지 못하는 경우는 별론으로 하고, 임차인에게 갱신거절 등 사유가 존재하였으나 임대사업자가 임대차계약을 해제 또는 해지하거나 갱신을 거절하지 아니하고 임대차계약을 유지하다가 임대의무기간이 경과하였다면 임차인이 임대주택을 우선 분양전환받을 수 있는 자격을 당연히 상실한다고 볼 수 없다.

(3) 임대의무기간 경과 후에 임대사업자의 '부도 등'으로 분양전환하는 경우

공공건설임대주택의 임대사업자가, 임대의무기간이 지난 후, '부도 등'의 사유로 분양전환하는 경우에는 '무주택 거주 임차인', '거주 국가기관 또는 법인' 이외에 '유주택자인 거주 임차인'

도 포함된다(「임대주택법」 제21조 제2항[287]).

이 경우에는 당해 임대주택이 전용면적 85㎡를 초과하는 것이어야 하고(「임대주택법」 제21조 제2항, 「같은 법 시행령」 제22조 제1항), 또 '부도 등'이라 하면, 「임대주택법」 제2조 7호 각목에 정한 경우이나, 다만 나목의 경우에는 주택도시기금 융자금을 1년 6개월을 초과하여 이자를 내지 아니한 경우만을 말한다.

결국 이 경우, ① 무주택자인 거주 임차인 및 ② 거주 국가기관 또는 법인 이외에 ③ 유주택자인 거주 임차인도 우선수분양전환권자이다(대법원 2012. 11. 29. 선고 2011다84335 판결 참조).

[대법원 2012. 11. 29. 선고 2011다84335 판결]

임대주택법 제21조 제1항은 기본적으로 '무주택 임차인' 등에 대한 우선 분양전환의무를 규정하고 있을 뿐이므로, 분양전환 당시 '유주택 임차인'들이 거주하고 있는 임대주택은 임대사업자의 부도, 파산 등의 여부에 관계없이 해당 임차인을 포함한 일반 제3자에게 매각할 수 있음이 원칙이다.

2005. 7. 13 법률 제7598호로 개정되기 전의 구 임대주택법 당시에는 '무주택 세대주인 임차인'에게만 우선 분양전환권을 부여하고, 분양전환가격은 우선 분양전환권자에 대한 분양전환의 경우에만 적용된 관계로 나머지 임차인들은 임대사업자가 요구하는 가격에 따라 분양전환을 받을 수밖에 없었고, 특히 임대사업자가 부도, 파산한 경우에는 분양전환가격을 둘러싼 임대사업자와 일반 임차인들 간의 의견 차이로 인해 제대로 분양전환이 이루어지지 아니하는 폐단이 있었다. 이에 **2005. 7. 13 법률 제7598호로 법을 개정하면서 제15조 제1항에서 종래 '무주택 세대주인 임차인'에 한정하던 우선 분양전환권자의 범위를 '무주택 임차인'으로 확대하고, 제2항에서 현행과 같이 '유주택 임차인'에 대한 우선 분양전환 관련 규정을 신설하였는바, 이는 결국 임대사업자의 부도, 파산의 경우에는 당해 임대주택에 거주하는 모든 임차인에게 우선 분양전환권을 부여하여 분양전환가격을 적용받도록 함으로써 원활한 분양전환을 촉진하려는 것이었다.**

나) 임대의무기간 경과 전에 분양전환하는 경우

---

287 공공건설임대주택에 대한 우선수분양전환권자의 자격요건에 관하여는 「임대주택법」(2008. 3. 21. 법률 제8966호로 전부 개정되어 2008. 6. 22부터 시행된 것)부터 제21조 제1항 및 제2항에 규정하게 되었고, 그 전에는 구 「임대주택법 시행령」 제13조에 규정하고 있었다. 그리고 구 「임대주택법 시행령」 제13조 제2항에서 임대사업자의 부도발생 시 당해 임대주택에 거주하는 임차인 중 주택을 소유한 임차인 등이 우선분양전환 자격을 부여받지 못하도록 규정하고 있어 임대주택의 분양전환에 대한 합의도출에 어려움이 있으므로, 이를 개선하기 위하여 구 「임대주택법 시행령」(2005. 9. 16. 대통령령 제19051호로 일부 개정되어 2005. 9. 16부터 시행된 것)에서 제13조 제1항을 삭제하고 제2항을 개정하여 임대사업자의 부도발생 시 당해 임대주택에 거주하는 임차인인 유주택자도 우선수분양전환권자가 될 수 있었다.

(1) 개정 경과

개정일시	취지	내용	관련 규정
1998. 11. 13.		종전에는 임대의무기간 중 임대주택의 매각을 원칙적으로 금지하고 임대사업자의 파산 등의 경우에 한하여 매각을 허용하였으나, 앞으로는 영구임대주택 외의 임대주택은 임대의무기간의 1/2 이상이 경과된 경우로서 임차인이 매입을 원하는 경우에는 이를 허용하도록 함으로써 임대사업자에게는 자금부담을 덜어주고, 임차인에게는 내 집 마련의 기회를 줄 수 있도록 함	구 「임대주택법 시행령」제9조 제2항 제3호
2003. 6. 25.		공공택지를 공급받은 임대사업자가 「주택건설촉진법」에 의한 사업계획승인을 얻어 건설한 민간건설임대주택을 임대의무 기간 내에 분양전환하는 경우, 종전에는 주택을 소유한 임차인에게도 분양전환할 수 있었으나, 앞으로는 공공건설임대주택의 경우와 마찬가지로 무주택자인 임차인에게만 분양전환할 수 있도록 함	구 「임대주택법 시행령」 제9조 제2항 제3호 후단 신설
2005. 9. 16.		임대사업자의 부도 발생 시 당해 임대주택에 거주하는 임차인 중 주택을 소유한 임차인 등에게도 우선수분양전환권을 부여함.	구 「임대주택법 시행령」 제13조 제2항 제1호
2009. 12. 16.		50년의 의무임대기간이 적용되는 근로자 임대주택(1994. 9. 13. 이전에 사업계획승인을 받은 경우)에 대하여 시장·군수·구청장의 허가를 받아 분양전환을 할 수 있도록 함	「임대주택법 시행령」제13조 제2항 제4호 신설

(2) 임대의무기간 1/2 경과 후 분양전환하는 경우

(가) 「임대주택법령」의 문언해석

관련 「임대주택법령」을 문언해석하면, 임대의무기간이 10년 또는 5년인 임대주택에 관하여, 임대의무기간 내에 임대의무기간 1/2이 경과한 후, 임대사업자와 임차인이 해당 임대주택의 분양전환에 합의하여 분양전환하는 경우에는 「임대주택법」 제21조 제1항과 제2항에 정한 '무주택자인 거주 임차인'(국가기관 또는 법인 포함) 및 '유주택자인 거주 임차인'이 '우선수분양전환권자'이다(「임대주택법」 제16조 제3항, 제1항 제3,4호, 「임대주택법 시행령」 제13조 제2항 제3호 후단).

(나) 입법의 오류라는 의문

그런데 이러한 경우, 「임대주택법」 제21조 제2항에 해당하는 임차인(유주택자인 임차인 포함)이 '우선수분양전환권자'라고 규정한 것은 아래에서 보는 바와 같이 입법의 오류가 아닌가 싶다.

먼저 결론을 요약하자면, ① 임대의무기간 경과 전에 임대사업자의 부도 등으로 분양전환하는 경우의 우선수분양전환권자에 대하여는 「임대주택법 시행령」 제13조 제4항(구 「임대주택법 시행령」 제9조 제4항, 제13조 제2항 등)에 별도로 규정하고 있고, ② 임대의무기간 경과 전 1/2이 경과한 후 임대사업자와 임차인이 합의하여 분양전환하는 경우의 우선수분양전환권자로, 굳이 임대기간 경과 후 임대사업자의 부도 등의 사유로 분양전환하는 경우의 우선수분양전환권자(「임대주택법」제21조 제2항)를 규정할 하등의 이유가 없다고 보기 때문이다. ③ 그리고 이에 관한 구 「임대주택법령」의 개정 연혁을 보더라도, 기존에는 임대의무 기간 경과 전 1/2 경과 후 임대사 업자와 임차인 사이에 합의하여 분양전환하는 경우 '수분양전환권자'[288]는 무주택자인 임차인 이었다.

(다) 관련 법령의 연혁

① 2003. 6. 23. 개정된 구 「임대주택법 시행령」제9조 제2항 제3호 후단(신설)에는 "이 경우 공공건설임대주택 및 공공사업에 의하여 조성된 택지(공공택지)를 공급받은 임대사업자가 「주택 건설촉진법」제33조의 규정에 의한 사업계획승인을 받아 건설한 민간건설임대주택(공공택지 내 민간건설임대주택)의 경우에는 무주택자인 임차인에 한하여 분양전환을 할 수 있다"고 규정하고 있었으나,[289] ② 2005. 12. 13. 개정된 구 「임대주택법」 시행령 제9조 제2항 제3호 '후단'에는 "이 경우 공공건설임대주택의 경우에는 구 「임대주택법」제15조 제1항 또는 제2항(「임대주택법」제21조 제1항, 제2항)[290]에 해당하는 임차인에 한하여 분양전환을 할 수 있다"고 개정되었고, 이는 그 후 개정된 「임대주택법 시행령」제13조 제2항 제3호 후단에도 그대로 유지되었다.

이는 2005. 9. 16. 개정되기 전의 구 「임대주택법」 및 관련 구 「임대주택법 시행령」에서는 ① 임대의무기간 경과 전 1/2 경과 후 분양전환하는 경우 수분양전환권자[291]에 대한 규정(구 「임대 주택법 시행령」제9조 제2항 제3호 후단)과 ② 임대의무기간 경과 전 임대사업자의 부도 등으로 분양 전환하는 경우 '우선수분양전환권자'에 대한 규정(구 「임대주택법 시행령」제9조 제4항, 제13조 제2항) 및 ③ 임대의무기간 경과 후 분양전환하는 경우 '우선수분양전환권자'에 대한 규정(구 「임대주택법 시 행령」제13조 제2항)이 각 별도로 존재하고 있었다.

그런데, 2005. 9. 16. 개정된 구 「임대주택법」에 직접 임대의무기간 경과 후에 분양전환하는 경우의 '우선수분양전환권자'에 대하여 ① 일반적인 경우에 관하여는 제15조 제1항에, ② 임대 사업자의 부도 등으로 분양전환하는 경우에 관하여는 제15조 제2항에 직접 규정하게 됨에 따 라, 관련 구 「임대주택법 시행령」제9조 제2항 제3호 후단은 같은 시행령 제9조 제4항의 규정 과 같이 만연히 구 「임대주택법」제15조 제2항의 요건을 충족한 임차인도 '우선수분양전환권

---

[288] 우선수분양전환권자가 아니다. 유일한 수분양전환권자이다.
[289] 2004. 3. 17. 개정된 구 「임대주택법 시행령」제2조 제1호 다목에 공공택지에 「주택법」제16조(현행 제15조)에 따라 사업계획승인 을 받아 건설하여 임대하는 주택도 공공건설임대주택의 개념에 포함됨으로써, 구 「임대주택법 시행령」제9조 제2항 제3호 후단 은 "이 경우 공공건설임대주택의 경우에는 무주택자인 임차인에 한하여 분양전환을 할 수 있다"로 규정하게 되었다.
[290] "제1항의 규정에 불구하고 임대사업자의 부도 등 대통령령이 정하는 경우에는 분양전환 당시 당해 임대주택에 거주하는 임차인 에게 우선 분양전환할 수 있다."
[291] 우선수분양전환권자가 아니다. 그냥 유일하게 인정된 수분양전환권자이다.

자'로 규정하게 된 것으로 보인다.

[관련 근거 법령 규정]

		임대의무기간 경과하기 전의 분양전환			임대의무기간 경과한 후의 분양전환	
		임대사업자와 임차인이 합의 하여 임대의무기간 1/2이 경과한 후 분양전환하는 경우		임대사업자의 부도 등으로 임대를 계속할 수 없어 분양전환하는 경우	임대사업자의 부도 등으로 임대를 계속할 수 없어 분양전환하는 경우	
분양전환을 할 수 있는 근거 규정	구 「임대주택법」 제12조 제1항 단서298 또는 구 「임대주택법」 제12조 제3항299	「임대주택법」 제16조 제3항	구 「임대주택법」 제12조 단서 또는 구 「임대주택법」 제12조 제3항	「임대주택법」 제16조 제3항	구 「임대주택법」 제15조 제2항300	「임대주택법」 제21조 제2항
	구 시행령 제9조 제2항 제3호 전단	시행령 제13조 제2항 제3호 전단	구 시행령 제9조 제2항 제2호	시행령 제13조 제1항 제2호		
우선 수분양전환 권자의 근거 규정	구 「임대주택법 시행령」 제9조 제2항 제3호 후단301	시행령 제13조 제2항 제3호 후단	구 「임대주택법」 제13조 제2항, 구 시행령 제9조 제4항, 제13조 제2항302 또는 구 시행령 제9조 제4항303	시행령 제13조 제4항	구 「임대주택법」 제15조 제2항	「임대주택법」 제21조 제2항

[임대의무기간 경과 전 1/2 경과한 후에 분양전환하는 경우, 우선수분양전환권자의 근거 규정의 변화]

1998. 11. 13. 개정된 구 「임대주택법 시행령」 제9조 제2항 제3호(신설)	임대의무기간이 5년인 공공건설임대주택과 민간건설임대주택 및 임대의무기간이 3년인 매입임대주택으로서, 임대 개시 후 당해 주택의 임대의무기간의 1/2(매입임대주택의 경우에는 임대개시 후 최초로 체결한 임대차계약기간)이 경과된 경우로서 임대사업자와 임차인(무주택자인 경우에 한하인)이 당해 임대주택의 매매에 합의하여 건설교통부령이 정하는 바에 따라 임대사업자가 시장·군수 또는 구청장에게 신고한 후 임차인에게 매각할 수 있다.
2003. 6. 25. 개정된 구 「임대주택법 시행령」 제9조 제2항 제3호 후단(신설)	이 경우 공공건설임대주택 및 공공사업에 의하여 조성된 택지(공공택지)를 공급받은 임대사업자가 「주택건설촉진법」 제33조의 규정에 의한 사업계획승인을 받아 건설한 민간건설임대주택(공공택지 내 민간건설임대주택)의 경우에는 무주택자인 임차인에 한하여 분양전환을 할 수 있다.
2004. 3. 17. 개정된 구 「임대주택법 시행령」 제9조 제2항 제3호 후단	이 경우 공공건설임대주택의 경우에는 무주택자인 임차인에 한하여 분양전환을 할 수 있다.
2005. 7. 13. 개정된 구 「임대주택법」 제15조 제1항, 제2항(신설)	임대의무기간 경과 후의 우선수분양전환권자에 대한 규정을 구 「임대주택법」 제15조 제1항 및 제2항에 직접 규정함. 특히 임대의무기간 경과 후 임대사업자가 부도 등의 경우 분양전환당시 당해 임대주택에 거주하는 임차인에게 우선 분양전환할 수 있다는 규정(제2항)을 신설했다.
2005. 12. 13. 개정된 구 「임대주택법 시행령」 제9조 제2항 제3호 후단	이 경우 공공건설임대주택의 경우에는 구 「임대주택법」 제15조 제1항 또는 제2항에 해당하는 임차인에 한하여 분양전환을 할 수 있다.
2008. 6. 20. 전부 개정된 「임대주택법 시행령」 제13조 제2항 제3호 후단	이 경우 공공건설임대주택은 「임대주택법」 제21조 제1항 또는 제2항에 해당하는 임차인에게만 분양전환을 할 수 있다.

---

292 2005. 7. 13. 개정되기 전의 구 「임대주택법」

293 2005. 7. 13. 개정된 구 「임대주택법」

294 2005. 7. 13. 개정된 구 「임대주택법」 제15조 제2항이 신설되었다.

295 2003. 6. 23. 개정된 구 「임대주택법 시행령」에서 위 후단이 신설되었다.

296 2005. 9. 16. 개정되기 전의 구 「임대주택법 시행령」

297 2005. 9. 16. 개정된 구 「임대주택법 시행령」

[임대의무기간 경과 전에 임대사업자의 부도 등으로 분양전환하는 경우
우선수분양전환권자의 근거 규정의 변화]

2005. 9. 16. 개정되기 전 구 「임대주택법 시행령」 제9조 제4항	임대사업자는 구 「임대주택법 시행령」 제2항 제2호(부도 등 분양전환)의 규정에 의하여 임대주택을 분양전환하는 경우에는 <같은 영 제13조 제2항>의 요건을 충족하는 임차인에게 우선적으로 분양전환하여야 한다.
	<같은 영 제13조 제2항> 구 임대주택법 제15조의 규정에 의하여 임대의무기간이 경과한 후 제1항의 규정에 의한 건설임대주택을 분양전환하는 경우에는 다음 각 호의 1에 해당하는 자에게 우선적으로 분양전환하여야 한다. 1. 입주일 이후부터 분양전환 당시까지 당해 임대주택에 거주한 무주택자인 임차인 2. 제1항의 규정에 의한 건설임대주택에 입주한 후 상속·판결 또는 혼인으로 인하여 다른 주택을 소유하게 된 경우 분양전환 당시까지 당해 주택을 처분하여 무주택자로 된 임차인 3. 제10조의 규정에 의하여 임차권을 양도받은 경우에는 양도일이후부터 분양전환 당시까지 무주택자인 임차인 4. 주택공급에관한규칙 제10조 제6항의 규정에 의한 선착순의 방법으로 입주자로 선정된 경우에는 분양전환 당시까지 무주택자인 임차인 5. 분양전환당시 당해 임대주택의 임차인인 국가기관 또는 법인
2005. 7. 13. 개정된 구 「임대주택법」 제15조 제1항, 제2항(신설)	임대의무기간 경과 후의 우선수분양전환권자에 대한 규정을 구 임대주택법 제15조 제1항 및 제2항에 직접 규정함. 특히 임대의무기간 경과 후 임대사업자가 부도 등의 경우 분양전환당시 당해 임대주택에 거주하는 임차인에게 우선 분양전환할 수 있다는 규정(제2항)을 신설함.
2005. 9. 16. 개정된 구 「임대주택법 시행령」 제9조 제4항	임대사업자는 구 「임대주택법 시행령」 제2항 제2호(부도 등 분양전환)의 규정에 의하여 임대주택을 분양전환하는 경우에는 구 임대주택법 제15조 제1항 또는 제2항의 요건을 충족하는 임차인에게 우선적으로 분양전환하여야 한다.

(3) 근로자를 위하여 건설한 임대주택의 경우

주택도시기금의 융자를 받아 주택이 없는 근로자를 위하여 건설한 임대주택(1994년 9월 13일 이전에 사업계획승인을 받은 경우로 한정한다)을 시장·군수 또는 구청장의 허가를 받아 분양전환하는 경우 「임대주택법」 제21조 제1항 또는 같은 조 제2항의 요건을 충족하는 임차인에게 우선적으로 분양전환하여야 한다(「임대주택법 시행령」 제13조 제2항 제4호).

(4) 임대사업자의 '부도 등'으로 분양전환하는 경우

임대사업자가 부도, 파산, 그 밖의 경제적 사정 등으로 임대를 계속할 수 없는 경우에는, 「임대주택법」 제21조 제1항 또는 같은 조 제2항에 정한 '무주택자인 거주 임차인'(국기기관 또는 법인 포함) 및 '유주택자인 거주 임차인'에게 우선적으로 분양전환하여야 한다(「임대주택법」 제16조 제3항, 「임대주택법 시행령」 제13조 제4항, 제2항 제2호).

따라서 이러한 경우 반대 해석상, 우선수분양전환권자에게 분양전환을 하고 남은 당해 임대주택에 대하여 우선수분양전환권자 이외의 자도 분양전환받을 수 있다. 그러나 이러한 경우 분양전환받을 수 있는 우선수분양전환권자 이외의 자의 선정 방법에 관하여는 명시적인

규정이 없다.[298]

2) 일반 수분양전환권자에 관하여

가) 임대의무기간 경과 후에 분양전환하는 경우

앞서 본 바와 같이, 공공건설임대주택에 대하여 임대의무기간이 경과한 후에 분양전환을 한 경우, 우선수분양전환권자에게 분양전환을 한 후 남은 임대주택의 경우에는, 우선수분양전환권자가 아닌 제3자에게도 매각할 수 있다.

다만 이러한 경우 20세대 이상을 매각하는 경우에는 「주택공급에 관한 규칙」에 정한 바에 따라 매수자를 정해야 한다(「임대주택법 시행규칙」 제13조 제1항).

나) 임대의무기간 경과 전에 분양전환하는 경우

그리고 임대의무기간이 경과하기 전이나, 임대사업자가 부도, 파산, 기타 경제적 사정으로 임대를 계속할 수 없는 경우, 우선수분양전환권이 없는 자도 당해 임대주택을 분양전환받을 수 있다.

그런데 임대의무기간이 경과하기 전, 임대의무기간 1/2이 경과한 후 임대사업자와 임차인 사이에 합의하여 분양전환하는 경우에는 합의한 임차인 이외의 자는 '일반수분양전환권자'로 분양전환받을 수 없다고 할 것이다.

다) 남은 문제점에 관하여

한편 이러한 우선수분양전환권이 없는 제3자(다른 임대사업자 포함)에게 임대주택을 매각하는 경우 그 매각 가격은 우선수분양전환권자에게 매각한 분양전환가격이어야 하는가, 아니면 그 보다 높은 가격이어도 상관없는 것인가에 대한 논란이 있을 수 있다.

---

[298] 반면에, 임대의무기간이 경과한 후의 우선분양전환과 관련된 「임대주택법」 제21조 제7항에 의해 20세대 이상의 당해 임대주택을 제3자에게 매각하는 경우, 그 제3자인 수분양전환권자(매수자)의 선정은 주택공급에 관한 규칙에 따른다는 명시적인 「임대주택법 시행규칙」 제13조 제5항의 규정이 있다.

라. 거주 무주택 임차인에게 부여되는 우선수분양전환권의 한계

「임대주택법」의 적용을 받는 공공건설임대아파트에 거주하는 모든 임차인에게 우선수분양전환권을 보장하는 것이 아니다.

즉, 우선수분양전환권이 보장되는 임차인은 임대의무기간 만료 도래 당시 당해 임대아파트에 거주하는 무주택 임차인인 것이 원칙이고, 이러한 임차인에게 임대사업자가 우선수분양전환권을 부여하였음에도 당해 임차인이 우선분양전환절차에 불응하거나 명시적으로 우선분양전환권을 포기하면, 우선수분양전환권을 상실하게 되는 것이다(대법원 2014. 6. 26. 선고 2014다4880 판결 참조).

[대법원 2014. 6. 26. 선고 2014다4880,4897,4903 판결]

임대사업자의 신청에 따라 분양전환승인이 이루어진 경우, 분양전환승인일로부터 6개월이 지나면 곧바로 임차인의 우선분양전환권이 소멸하여 임대사업자가 해당 임대아파트를 제3자에게 매각할 수 있는 것은 아니고, 분양전환승인일 이후로서 임대사업자로부터 분양전환승인에 따라 분양전환신청을 할 것을 적법하게 안내 또는 통보받은 날부터 6개월이 지나도록 임차인이 분양전환에 응하지 아니하는 경우에는 임차인의 우선분양전환권이 소멸하여 임대사업자는 해당 임대주택을 제3자에게 매각할 수 있다고 할 것이다. 한편 **임대사업자가 안내 또는 통보한 분양전환신청기간이 6개월에 미치지 못하였더라도, 임대사업자가 임차인에게 6개월 이상의 분양전환신청기간을 실질적으로 보장하여 우선분양전환의 기회를 부여하였는데도 임차인이 그 분양전환에 응하지 아니한 경우에는 임차인의 우선분양전환권은 소멸하였다고 볼 것이다.**

① 피고가 이 사건 임대아파트 1,392세대에 관하여 분양전환승인을 신청하자, 여수시장은 2010. 10. 12. 이 사건 임대아파트 1,392세대 가운데 원고들이 포함된 1,155세대에 대하여 분양전환가격을 정하여 이 사건 분양전환을 승인한 사실, ② 피고는 2010. 10. 22. 여수시장으로부터 분양전환승인을 받은 사실과 함께 분양전환신청기간을 2010. 11. 1.부터 2010. 11. 6.까지로 정한 우선분양전환공고문을, 다시 2010. 11. 25. 우선분양계약체결기간을 2010. 12. 8.부터 2010. 12. 10.까지로 정한 우선분양계약안내문을, 다시 2011. 1. 17. 우선분양계약체결기간을 2011. 1. 24.부터 2011. 1. 28.까지 정한 우선분양전환안내문을, 다시 2011. 2. 10. 우선분양계약체결기간을 2011. 3. 3.부터 2011. 3. 5.까지로 정한 우선분양계약안내문을, 다시 2011. 3. 11. 우선분양계약체결기간을 2011. 3. 14.부터 2011. 3. 18.까지로 정한 우선분양전환안내문을, 다시 2011. 4. 5. 우선분양계약체결기간을 2011. 4. 14.부터 2011. 4. 15.까지로 정한 우선분양전환안내문을 각 공고한 사실(이하 '이 사건 각 공고'라고 한다), ③ 위 공고문 내지 안내문에는 "반드시 지정기간 내에 우선분양전환을 신청하시기 바랍니다. 공고기일까지 우선분양전환을 신청하지 않는 세대의 경우 우선분양전환을 포기하는 것으로 간주되어 공고기일 이후에는 우선분양전환을 받을 수 없사오니 이점 유의하시기 바랍니다."라는 취지가 기재되어 있는 사실, ④ 그러나 피고는 공고한 우선분양전환 신청기간과 관계없이 분양전환을 원하는 임차인들의 우선분양전환신청을 받아들여 실제로 임차인들 중 일부와 위 각 공고에서 정한 이외의 기간에 분양계약을 체결한 사실, ⑤ 원고

들이 이 사건 각 공고에서 정한 지정기간 이후에는 더 이상 분양전환신청을 할 수 없다는 인식으로 '우선분양전환 신청기간'을 문제 삼은 것이 아니라 '분양전환가격'을 문제 삼아 분양전환신청을 하지 않고 있다가 이 사건 소를 제기한 사실, ⑥ 피고는 2012. 6. 제3자에게 이 사건 임대아파트를 일반분양한 사실 등을 알 수 있다.

위 사실관계를 앞서 본 법리에 비추어 살펴보면, **임대사업자인 피고가 이 사건 각 공고를 통하여 원고들에게 안내 또는 통보한 우선분양계약체결기간의 합계가 6개월에 미치지 못하였지만, 피고는 2010. 10. 22.부터 제3자에게 이 사건 임대아파트를 일반분양한 2012. 6.까지 임대주택법 제21조 제7항이 정한 6개월이 넘는 기간 동안 원고들에게 실질적으로 분양전환신청의 기회를 보장한 것으로 볼 수 있고, 원고들은 위 기간 동안 얼마든지 피고에게 분양전환신청을 할 수 있었는데도 분양전환가격을 문제 삼으며 분양전환신청을 하지 않았던 것이므로, 원고들은 임대주택법 제21조 제7항이 정한 6개월 이상 분양전환에 응하지 아니하여 이 사건 임대주택에 대한 우선분양전환권이 소멸하였다고 볼 여지가 많다.**

임대사업자는 당해 거주 임차인이 위와 같이 우선분양전환권을 상실한 경우, ① 임대기간 만료를 원인으로 하여 당해 임대아파트의 명도를 청구하여, 당해 거주 임차인이 아닌 제3자에게 매각할 수 있으며, ② 경우에 따라서는 당해 거주 임차인과 임대차계약을 갱신하여 임대차계약을 유지할 수도 있다.

한편 임대사업자가 임대주택을 우선수분양전환권자가 아닌 제3자에게 매각한 경우에도 그 사법적 효력은 부인되는 것은 아니라는 것이 대법원 판례[대법원 1997.6.13. 선고, 97다3606, 판결, 건물명도]이다.

[대법원 1997. 6. 13. 선고 97다3606 판결, 건물명도]

[1] 임대주택법 제15조(1993. 12. 27. 법률 제4629호로 구 임대주택건설촉진법이 전문 개정된 것) 등 관계 법령의 규정에 의하면, 임대사업자는 임대의무기간이 경과한 후 임대주택을 매각하는 경우에는 매각 당시 무주택자인 임차인에게 우선적으로 매각하여야 한다고 규정하고 있으나, 이러한 경우 **위 법령에 위반하여 우선 매각 대상자가 아닌 제3자에게 이를 매각하였다는 사정만으로는 그 사법상의 효력이 무효로 되는 것은 아니다**(임대주택법에 규정된 임대주택인 아파트는 임차인만이 이를 분양받을 수 있는 것이므로 같은 법에 위반하여 마쳐진 등기명의인의 소유권이전등기는 무효라는 임차인의 주장을 배척한 것이 정당하다고 한 사례, 대법원 1993. 1. 26. 선고 92다39112 판결, 1993. 11. 9. 선고 92다43128 판결 등 참조).

[2] 임대주택인 아파트에 대한 임대차계약기간이 종료된 후에 분양계약의 체결을 거절하여 임대인으로부터 그 임대차계약의 해지통보를 받은 임차인은 등기명의인 제3자의 명도청구를 거절할 수 없다.

마. 관련 법령 해석례

1) 우선수분양전환권자로서의 무주택자인 임차인의 의미

민원인 - 공공건설임대주택의 우선 분양전환 요건으로서의 "무주택자인 임차인"의 의미(2015. 8. 28. 법률 제13499호로 전부개정되기 전의 「임대주택법」 제21조 제1항 제1호 등 관련)

[안건번호: 16-0217 회신일자: 2016-08-26]

【질의요지】

구 「임대주택법」(2015. 8. 28. 법률 제13499호로 전부개정되기 전의 것을 말함) 제21조 제1항 제1호에 따르면, 임대사업자가 임대의무기간이 지난 후 공공건설임대주택을 분양전환하는 경우에는 "입주일 이후부터 분양전환 당시까지 해당 임대주택에 거주한 무주택자인 임차인"에게 우선 분양전환하여야 하는바,

"임차인만 무주택자이면" 공공건설임대주택을 우선 분양전환받을 수 있는 것인지, 아니면 임차인뿐만 아니라 "임차인의 배우자도 무주택자이어야" 공공건설임대주택을 우선 분양전환받을 수 있는 것인지?

【회답】

임차인뿐만 아니라 임차인의 배우자도 무주택자이어야 공공건설임대주택을 우선 분양전환받을 수 있습니다.

【이유】

구 「임대주택법」(2015. 8. 28. 법률 제13499호로 전부개정되기 전의 것을 말함. 이하 "구 「임대주택법」"이라 함) 제21조 제1항에서는 임대사업자가 임대의무기간이 지난 후 「주택법」 제16조에 따라 사업계획승인을 받아 건설한 공공건설임대주택을 분양전환하는 경우에는 같은 항 각 호의 어느 하나에 해당하는 임차인에게 우선 분양전환하여야 한다고 규정하고 있고, 구 「임대주택법」 제21조 제1항 제1호에서는 "입주일 이후부터 분양전환 당시까지 해당 임대주택에 거주한 무주택자인 임차인"을 규정하고 있는바, 이 사안은 "임차인만 무주택자이면" 공공건설임대주택을 우선 분양전환받을 수 있는 것인지, 아니면 임차인뿐만 아니라 "임차인의 배우자도 무주택자이어야" 공공건설임대주택을 우선 분양전환받을 수 있는 것인지에 관한 것이라 하겠습니다.

먼저, 구 「임대주택법」 제20조 제1항에서는 "임대주택의 임차인의 자격 등 임대조건"에 관한 기준은 대통령령으로 정한다고 규정하고 있고, 구 「임대주택법 시행령」(2015. 12. 28. 대통령령 제26763호로 전부개정되기 전의 것을 말함. 이하 "구 「임대주택법 시행령」"이라 함) 제19조 제1항에서는 "공공건설임대주택 임차인의 자격 및 선정 방법"은 국토교통부령으로 정하는 바에 따른다고 규정하고 있으며, 구 「임대주택법 시행규칙」(2015. 12. 29. 국토교통부령 제270호로 전부개정되기 전의 것을 말함. 이하 "구 「임대주택법 시행규칙」"이라 함) 제12조 제1항에서는 "공공

건설임대주택 임차인의 자격 및 선정 방법"에 관하여는 「주택공급에 관한 규칙」에서 정하는 바에 따른다고 규정하고 있습니다.

그런데, 구 「주택공급에 관한 규칙」(2015. 12. 29. 국토교통부령 제268호로 전부개정되기 전의 것을 말함. 이하 "구 「주택공급에 관한 규칙」"이라 함) 제2조 제4호에서는 "공급"을 주택의 분양 또는 임대로, 같은 조 제9호에서는 "무주택세대구성원"을 세대주 및 세대원[주택공급을 신청하려는 세대주 또는 세대원의 배우자로서 해당 세대주 또는 세대원과 동일한 세대별 주민등록표상에 등재되어 있지 않은 사람(가목) 등을 포함함] 전원이 주택을 소유하고 있지 아니한 세대의 세대주 및 세대원으로 각각 규정하면서, 같은 규칙 제4조 제1항 제1호에서는 구 「주택법」(2015. 12. 29. 법률 제13687호로 일부 개정되어 같은 날 시행되기 전의 것을 말함. 이하 같음) 제2조 제3호의2에 따른 국민주택 등(공공택지에 구 「주택법」 제16조에 따라 사업계획의 승인을 받아 건설하여 임대하는 공공임대주택 중 주거전용면적이 85㎡ 이하인 주택 등을 말함)은 입주자모집공고일 현재 해당 주택건설지역에 거주하는 무주택세대구성원에게 1세대 1주택의 기준으로 공급한다고 규정함으로써, **공공건설임대주택을 공급 즉, 분양 또는 임대받을 수 있는 자격이 있는 "임차인"을 "무주택세대구성원"으로 규정하고 있다고 할 것입니다.**

그리고, 구 「주택공급에 관한 규칙」 제10조 제5항 제3호에서는 공공건설임대주택에 공급신청을 한 자가 입주자모집공고일 후에 공급신청인 및 공급신청인의 세대에 속한 자가 다른 주택에 당첨되어 한 세대에 2주택 이상 중복 당첨된 경우에는 그 중 하나의 주택에만 공급계약을 체결할 수 있다고 규정하고 있고, 같은 규칙 제23조 제1항에서는 임대주택에 당첨된 자의 세대에 속한 자는 당첨일부터 일정기간(1년, 3년 또는 5년) 다른 분양주택의 입주자로 선정될 수 없다고 규정하고 있으며, 같은 규칙 제29조 제4항 단서에서는 임대주택의 입주자로 선정된 자는 임대기간 만료 전에 입주자 본인 또는 그 세대에 속한 자가 다른 주택을 소유하거나 다른 임대주택에 당첨되어 입주하는 등에 해당할 경우 사업주체에게 해당 임대주택을 명도해야 한다고 규정하고 있는바, **이는 공공건설임대주택을 공급받은 임차인에게 그 공급 당시에 요구하던 "무주택세대구성원"이라는 입주요건을 해당 주택에 입주한 이후에도 계속하여 "유지"하고 있을 것을 요구하고 있는 것이라고 보아야 할 것입니다.**

그렇다면, 공공건설임대주택의 우선 분양전환 요건에 관한 구 「임대주택법」 제21조 제1항 제1호에 따른 "임차인"도 "무주택세대구성원으로서의 임차인"을 의미한다고 보아야 할 것이므로, 임차인 본인뿐만 아니라 그 배우자를 포함한 세대주 및 세대원 전원이 무주택자이어야 해당 임차인은 공공건설임대주택을 우선 분양전환받을 수 있는 자격이 인정된다고 할 것입니다.

또한, 구 「임대주택법」시행 전의 법률인 종전의 「임대주택법」(2005. 7. 13. 법률 제7598호로 일부개정되기 전의 것) 제15조 제1항에서는 임대사업자는 임대의무기간이 경과한 후 대통령령으로 정하는 건설임대주택을 분양전환하는 경우에는 대통령령으로 정하는 "무주택세대주인 임차인"에게 우선 분양전환하여야 한다고 규정하고 있었고, 그 위임에 따른 종전의 「임대주택법 시행령」(2005. 9. 16. 대통령령 제19051호로 일부개정되기 전의 것) 제13조 제2항 제1호에서는 우선 분양전환 대상자 중 하나로 입주일 이후부터 분양전환 당시까지 해당 임대주택에 거주한 "무주택자인 임차인"을 규정하고 있었으며, **한편 종전의 「주택공급에 관한 규칙」(2006. 2. 24. 건설교통부령 제498호로 일부개정되기 전의 것) 제2조 제9호에서는 "무주택세대주"를 세대주를 포함한 세대원(세대주와 동일한 세대별 주민등록표상에 등재되어 있지 않은 세대의 배우자 및 배우자와 동일한 세대를 이루고 있는 세대원을 포함**

함) 전원이 주택을 소유하고 있지 아니한 세대의 세대주로 규정함으로써, 과거에도 세대주 및 세대원 전원이 무주택자인 경우에만 그 세대주인 임차인에게 우선 분양전환 자격을 부여하고 있었음을 알 수 있습니다.

그런데, 위와 같이 대통령령에 위임되어 규정되어 있던 우선 분양전환 요건을 법률로 상향 규정하기 위해 임대주택법 일부 개정 법률안(의안번호 제171952호, 김동철의원 대표발의)이 발의되었고, 해당 법률안이 의안번호 제172094호 임대주택법 일부 개정 법률안(건설교통위원장 대안)으로 흡수·폐기되는 과정에서 구 「임대주택법」 제21조 제1항 제1호와 같은 내용으로 표현이 일부 수정된 후 최종적으로 법률 제7598호로 공포·시행되었는바, 이는 당초 개정안의 발의 이유가 대통령령에 규정되어 있던 내용을 그 내용변경 없이 "단순히 법률로 상향" 규정하기 위한 것이었고(의안번호 제171952호 임대주택법 일부개정법률안에 대한 국회 검토보고서 참조), **해당 개정안이 건설교통위원장 대안으로 흡수·폐기되는 과정에서 법률상의 "무주택세대주인 임차인"이라는 표현이 "무주택자인 임차인"으로 일부 수정된 것도 그 실질적인 내용을 변경하려는 의도가 아니라 "단순한 자구수정"에 불과하였다는 점**(의안번호 제172094호 임대주택법 일부 개정 법률안에 대한 국회 검토보고서 참조) 등에 비추어 보면, 구 「임대주택법」 제21조 제1항 제1호의 개정규정은 우선 분양전환 요건으로서의 "임차인"의 자격을 당시 시행되던 「주택공급에 관한 규칙」에서 이미 "무주택세대주"일 것으로 정하고 있었기 때문에 이와 중복되는 내용을 법률에서 삭제한 것일 뿐, 우선 분양전환 대상자의 범위를 확대하려는 취지는 아니었다고 보아야 할 것입니다.

나아가, 위와 같이 임차인뿐만 아니라 그 세대주 및 세대원 전원이 무주택자이어야 공공건설임대주택을 우선 분양전환받을 수 있는 자격이 인정된다고 해석하는 것이 국민의 주거생활 안정 도모라는 구 「임대주택법」의 입법목적(제1조 참조)과 임대주택이라는 한정된 자원을 분양하는 데 있어 아직 주택을 소유하고 있지 못한 실수요자를 우선적으로 배려하려는 우선 분양전환 제도의 취지(대법원 2009. 4. 23. 선고 2006다81035 판결례 참조)에 보다 부합하는 것이라고 할 것입니다.

이상과 같은 점을 종합해 볼 때, 임차인뿐만 아니라 임차인의 배우자도 무주택자이어야 해당 임차인은 공공건설임대주택을 우선 분양전환받을 수 있다고 할 것입니다.

※ 법령정비의견

○ 구 「임대주택법」(2015. 8. 28. 법률 제13499호로 전부개정되기 전의 것) 제21조 제1항 제1호에서는 공공건설임대주택의 우선 분양전환 요건 중 하나로, "입주일 이후부터 분양전환 당시까지 해당 임대주택에 거주한 무주택자인 임차인"을 규정하고 있는데, 이 규정에서 "무주택자"인 임차인이 구 「주택공급에 관한 규칙」(2015. 12. 29. 국토교통부령 제268호로 전부개정되기 전의 것) 제2조 제9호에 따른 "무주택세대구성원"으로서의 임차인을 의미하는 것이라면, **위 구 「임대주택법」 제21조 제1항 제1호의 "무주택자인 임차인"을 "무주택세대구성원인 임차인"으로 변경하는 등 법령을 정비할 필요가 있다고 할 것입니다.**

2) 임대주택을 전대한 임차인이 우선수분양전환권자로 인정될 수 있는지 여부

민원인 - 구 「임대주택법」 제19조 단서에 따라 임대주택을 전대한 임차인은 같은 법 제21조 제1항 제1호에 따라 해당 임대주택에 거주한 것으로 볼 수 있는지 여부(구 「임대주택법」 제21조 제1항 제1호 등 관련)

[안건번호: 17-0426 회신일자: 2017-09-29]

【질의요지】

2015년 5월 18일 법률 제13328호로 일부개정되어 2015년 9월 19일 시행된 「임대주택법」(이하 "구 임대주택법"이라 함) 제19조에서는 임대주택의 임차인은 임차권을 다른 사람에게 양도(매매, 증여, 그 밖에 권리변동이 따르는 모든 행위를 포함하되, 상속의 경우는 제외함. 이하 같음)하거나 임대주택을 다른 사람에게 전대(轉貸)할 수 없으나(본문), 대통령령으로 정하는 경우로서 임대사업자의 동의를 받은 경우에는 양도하거나 전대할 수 있다고(단서) 규정하고 있고, 구 임대주택법 제21조 제1항 각 호 외의 부분에서는 임대사업자가 임대의무기간이 지난 후 「주택법」 제16조에 따라 사업계획승인을 받아 건설한 공공건설임대주택을 분양전환하는 경우에는 같은 항 각 호의 어느 하나에 해당하는 임차인에게 우선 분양전환하여야 한다고 규정하고 있으며, 같은 항 제1호에서는 "입주일 이후부터 분양전환 당시까지 해당 임대주택에 거주한 무주택자인 임차인"을 규정하고 있는바, 임차인이 구 임대주택법 제19조 단서에 따라 임대주택을 다른 사람에게 전대한 경우, 해당 임차인이 같은 법 제21조 제1항 제1호에 따라 임대주택에 거주한 것으로 볼 수 있는지?

【회답】

임차인이 구 임대주택법 제19조 단서에 따라 임대주택을 다른 사람에게 전대한 경우, 해당 임차인은 같은 법 제21조 제1항 제1호에 따라 임대주택에 거주한 것으로 볼 수 있습니다.

【이유】

구 임대주택법 제19조에서는 임대주택의 임차인은 임차권을 다른 사람에게 양도하거나 임대주택을 다른 사람에게 전대할 수 없으나(본문), 대통령령으로 정하는 경우로서 임대사업자의 동의를 받은 경우에는 양도하거나 전대할 수 있다고(단서) 규정하고 있습니다. 그리고, 구 임대주택법 제21조 제1항 각 호 외의 부분에서는 임대사업자가 임대의무기간이 지난 후 「주택법」 제16조에 따라 사업계획승인을 받아 건설한 공공건설임대주택을 분양전환하는 경우에는 같은 항 각 호의 어느 하나에 해당하는 임차인에게 우선 분양전환하여야 한다고 규정하고 있고, 같은 항 제1호에서는 "입주일 이후부터 분양전환 당시까지 해당 임대주택에 거주한 무주택자인 임차인"을 규정하고 있는바, 이 사안은 임차인이 구 임대주택법 제19조 단서에 따라 임대주택을 다른 사람에게 전대한 경우, 해당 임차인이 같은 법 제21조 제1항 제1호에 따라 임대주택에 계속 "거주"한 것으로 볼 수 있는지에 관한 것이라 하겠습니다.

먼저, 구 임대주택법은 임대주택 건설을 촉진하고 국민의 주거생활을 안정시키는 것을 목적으로 하고(제1조), 그 목적을 달성하기 위하여 임대사업자에 대한 각종 지원을 규정하는 한편, 일정한 제한을 부과하면서, 임대의무기간이 지난 후 무주택 임차인 등에게 임대주택의 우선 분양전환권을 인정하고 있는바(제21조), 같은 법 제21조 제1항 제1호에 따른 공공건설임대주택의 우선 분양전환 대상 임차인의 범위를 해석하는 경우에는 임차인이 안정적으로 임대주택을 사용한 후 분양전환을 받을 수 있는 기회를 우선적으로 부여받을 수 있도록 함으로써 임차인의 주거생활을 안정시키려는 해당 법률의 입법 목적에 부합하도록 해석할 필요가 있다고 할 것입니다.

그런데, 구 임대주택법 제19조 단서 및 2015년 9월 8일 대통령령 제26514호로 일부개정되어 2015년 9월 19일 시행된 「임대주택법 시행령」(이하 "구 「임대주택법 시행령」"이라 함) 제18조 제1항에서는 임대주택의 전대가 허용되는 경우로 임차인이 근무·생업 또는 질병치료 등의 사유로 주거를 이전하는 경우(제1호 가목), 임차인이 상속 또는 혼인으로 소유하게 된 주택으로 이전할 경우(제1호 나목), 임차인이 국외로 이전하거나 1년 이상 국외에 머무를 경우(제1호 다목), 「국가균형발전 특별법」 등에 따라 이전하는 기관 또는 그 기관에 종사하는 사람이 해당 기관이 이전하기 이전에 임대주택을 공급받아 전대하는 경우(제2호) 등을 규정하고 있는바, ① 이와 같이 예외적이고 불가피한 사정으로 인하여 임대주택을 전대한 임차인을 해당 임대주택의 실수요자가 아니라고 보기는 어렵다고 할 것이고, ② 전차인이 임차인을 대신하여 임대주택에 거주하는 것에 대하여 임대사업자의 동의를 받는다는 점 등을 고려하면, 전차인의 거주로서 구 임대주택법 제21조 제1항 제1호에 따른 임차인의 거주 요건을 갈음할 수 있다고 할 것이므로, 이 경우 임차인은 같은 호에 따라 해당 임대주택에 거주한 것으로 볼 수 있다고 할 것입니다.

또한, 「주택법」 제16조에 따라 사업계획승인을 받아 건설한 공공건설임대주택의 임차인은 해당 주택건설지역에의 거주 및 무주택 요건 등을 충족하여야 하고, 공개모집을 통하여 법령에서 정한 기준 및 절차에 따라 선정되는 등 그 자격 요건과 선정 방식 등이 엄격하며[구 임대주택법 제20조 제1항, 구 「임대주택법 시행령」 제19조 제1항, 2015. 5. 8. 국토교통부령 제201호로 일부 개정되어 같은 날 시행된 「임대주택법 시행규칙」 제12조 제1항, 2015. 9. 1. 국토교통부령 제227호로 일부 개정되어 같은 날 시행된 「주택공급에 관한 규칙」(이하 "주택공급에 관한 규칙"이라 함) 참조], 이러한 요건과 절차에 따라 임차인으로 선정된 자에 대해서는 임대기간 만료 시까지 임대주택에 거주할 수 있는 권리(주택공급에 관한 규칙 제29조 제4항)와 해당 임대주택을 우선 분양전환 받을 수 있는 권리(구 임대주택법 제21조 제1항)를 부여하고 있는바, 이러한 관련 규정의 내용에 비추어 볼 때, 구 임대주택법 제19조 단서에서 임대주택의 전대를 예외적으로 허용하고 있는 취지는 임차인이 임대주택을 전대하더라도 임차인의 지위를 박탈하지 않고 그 권리를 인정하기 위한 것이라 할 것이고, 같은 법에서 임차인이 임대주택을 전대한 경우 우선 분양전환에 관한 규정을 별도로 두고 있지 않는 것도 임차인이 임대주택을 적법하게 전대한 경우에는 임차인이 임대주택에 거주한 것으로 보아 같은 법 제21조 제1항 제1호에 따른 우선 분양전환권이 있음을 전제하고 있기 때문이라고 할 것입니다.

만약, 임차인이 구 임대주택법 제19조 단서에 따라 임대주택을 전대한 경우 같은 법 제21조 제1항 제1호에 따라 해당 임대주택에 거주한 것으로 볼 수 없다고 해석한다면, 임대차계약상의 임차인이 아닌 전차인은 우선 분양전환의 대상이 되는 임차인에 해당하지 않는다는 점에 비추어 볼 때(대법원 2009. 4. 23. 선고 2006다81035 판결례 참조), 결국 그 임대주택에 대해서는 임차인과 전차인 중 누구도 우선 분양전환의 대상이 될 수 없는데, 이는 임차인의 안정적인 주거를 확보해주려는 같은 법의 입법 목적에 반한다는 점도 이 사안을 해석하는데 고려하여야 할 것입니다.

이상과 같은 점을 종합해 볼 때, 임차인이 구 임대주택법 제19조 단서에 따라 임대주택을 다른 사람에게 전대한 경우, 해당 임차인은 같은 법 제21조 제1항 제1호에 따라 임대주택에 계속 거주한 것으로 볼 수 있다고 할 것입니다.

※ 법령정비 권고사항

○ 해석상의 혼란을 방지하기 위하여 구 임대주택법 제21조 제1항의 규정을 정비하여, 같은 법 제19조 단서에 따라 임대주택을 다른 사람에게 전대한 임차인의 경우에는 같은 법 제21조 제1항 제1호부터 제4호까지의 규정에 따라 거주한 것으로 볼 수 있다는 점을 명확히 할 필요가 있습니다.

관계법령
민간임대주택에 관한 특별법 시행령 제18조
민간임대주택에 관한 특별법 제21조

3) 민간건설임대주택의 분양전환 관련

민원인 - 임대의무기간이 만료된 민간건설임대주택의 매각 방법(구 「주택법」 제38조 등 관련)

[법제처 16-0580, 2016.12.16, 민원인]

【질의요지】

구 「주택법」(2015. 8. 28. 법률 제13498호로 타법개정되기 전의 것을 말하며, 이하 "구 「주택법」"이라 함) 제16조 제1항에 따른 호수 이상으로 건설·공급하는 건축주 등인 사업주체는 구 「주택법」 제38조 제1항·제2항 및 구 「주택공급에 관한 규칙」(2015. 12. 29. 국토교통부령 제268호로 전부 개정되기 전의 것을 말하며, 이하 "구 「주택공급에 관한 규칙」"이라 함)에 따라 주택을 공급하여야 하는바,

구 「임대주택법 시행령」(2015. 12. 28. 대통령령 제26763호로 전부 개정되기 전의 것을 말하며, 이하 "구 「임대주택법 시행령」"이라 함) 제13조 제1항 제2호에 따른 임대의무기간의 적용을 받는 구 「임대주택법」(2015. 8. 28. 법률 제13499호로 전부개정되기 전의 것을 말하며, 이하 "구 「임대주택법」"이라 함) 제2조 제2호의3에 따른 민간건설임대주택(이하 "민간건설임대주택"이라 함)의 임대의무기간이 만료되어 임차인에게 분양전환하고 남은 세대가 구 「주택법」 제16조 제1항에 따른 호수 이상인 경우, 민간건설임대주택의 남은 세대를 제3자에 매각할 때에 구 「주택법」 제38조 제1항·제2항 및 구 「주택공급에 관한 규칙」에 따라 공급하여야 하는지?

【질의배경】

○ 민원인은 민간건설임대주택의 임대의무기간 만료 후 제3자에게 매각 시에 구 「주택법」 및 구 「주택공급에 관한 규칙」에 따라 공급하여야 하는지 국토교통부에 질의하였는데, 국토교통부로부터 민간건설임대주택에 대해서는

구 「주택법」 및 구 「주택공급에 관한 규칙」에 따라 공급하여야 한다는 규정이 없다는 답변을 받자 이에 이의가 있어 직접 법제처에 법령해석을 요청함.

【회답】

민간건설임대주택의 임대의무기간이 만료되어 임차인에게 분양전환하고 남은 세대가 구 「주택법」 제16조 제1항에 따른 호수 이상인 경우, 민간건설임대주택의 남은 세대를 제3자에 매각할 때에 구 「주택법」 제38조 제1항·제2항 및 구 「주택공급에 관한 규칙」에 따라 공급하여야 하는 것은 아닙니다.

【이유】

구 「주택법」 제16조 제1항에서는 대통령령으로 정하는 호수 이상의 주택건설사업을 시행하려는 자 등은 사업계획승인권자에게 사업계획승인을 받도록 규정하고 있고, 그 위임에 따라 「같은 법 시행령」 제15조 제1항에서는 사업계획승인을 받아야 하는 주택 호수의 기준을 원칙적으로 30호 또는 30세대로 하되, 단지형 연립주택 등의 경우에는 50호 또는 50세대로 규정하고 있으며, 구 「주택법」 제38조 제1항 각 호 외의 부분에서는 같은 법 제16조 제1항에 따른 호수 이상으로 건설·공급하는 건축주 등인 사업주체로 하여금 같은 조 각 호에 따라 주택을 공급하도록 규정하고 있고, 같은 법 제38조 제1항 제2호에서는 사업주체가 건설하는 주택을 공급하려는 경우에는 국토교통부령으로 정하는 입주자모집의 조건 등에 적합하도록 규정하고 있으며, 같은 조 제2항에서는 주택을 공급받으려는 자는 국토교통부령으로 정하는 입주자자격, 재당첨 제한 및 공급 순위 등에 맞게 주택을 공급받아야 한다고 규정하고 있고, 그 위임에 따라 구 「주택공급에 관한 규칙」에서는 주택 및 복리시설의 공급조건·방법 및 절차 등에 관한 사항을 규정하고 있습니다.

한편, 구 「임대주택법」 제2조 제2호의3에서는 같은 조 제2호의2에 따른 공공건설임대주택이 아닌 건설임대주택을 민간건설임대주택으로 정의하고 있고, 같은 법 제16조 제1항 제4호 및 구 「임대주택법 시행령」 제13조 제1항 제2호에서는 준공공임대주택으로 등록한 민간건설임대주택 또는 매입임대주택이 아닌 그 밖의 임대주택은 5년이 지나지 않으면 매각할 수 없도록 임대의무기간을 규정하고 있는바,

이 사안은 민간건설임대주택의 임대의무기간이 만료되어 임차인에게 분양전환하고 남은 세대가 구 「주택법」 제16조 제1항에 따른 호수 이상인 경우, 민간건설임대주택의 남은 세대를 제3자에 매각할 때에 구 「주택법」 제38조 제1항·제2항 및 구 「주택공급에 관한 규칙」에 따라 공급하여야 하는지에 관한 것이라 하겠습니다.

먼저, 구 「임대주택법」 제2조에서는 건설임대주택을 공공건설임대주택(제2호의2)과 공공건설임대주택이 아닌 건설임대주택인 민간건설임대주택(제2호의3)으로 구분하여 규정하고 있고, 같은 법 제3조 제1항 및 구 「주택법」 제6조 제1항에서는 임대주택의 건설·공급 및 관리에 관하여 구 「임대주택법」에서 정하지 아니한 사항은 구 「주택법」에 따르도록 규정하고 있는데, 구 「임대주택법」 제20조 제1항에서는 임대주택의 임차인의 자격, 선정 방법, 임대보증금, 임대료 등 임대 조건에 관한 기준은 대통령령으로 정하도록 규정하고, 그 위임에 따라 구 「임대주택법 시행령」 제19조 제1항에서는 건설임대주택 중 구 「주택법」 제16조에 따른 사업계획승인을 받아 건설한 공공건설임대주

택 임차인의 자격 및 선정 방법은 국토교통부령으로 정하는 바에 따르며, 그 외의 건설임대주택 임차인의 자격 및 선정 방법은 해당 임대사업자가 정하도록 규정하고 있고, 그 위임에 따라 구 「임대주택법 시행규칙」(2015. 8. 28. 법률 제13499호로 전부개정되기 전의 것을 말하며, 이하 "구 「임대주택법 시행규칙」"이라 함) 제12조 및 제12조의2부터 제12조의5까지의 규정에서는 각각 공공건설임대주택의 임차인의 자격 및 선정 방법 등에 관해서는 구 「주택공급에 관한 규칙」에 따르도록 규정하고 있습니다.

그러므로, 구 「임대주택법 시행령」 제19조 제1항에 따라 공공건설임대주택의 공급에 대해서는 구 「주택법」 및 구 「주택공급에 관한 규칙」이 적용되지만, 공공건설임대주택이 아닌 민간건설임대주택의 임차인 자격 및 선정 방법은 해당 임대사업자가 정하도록 되어 있으므로, 민간건설임대주택의 임차인 자격 및 선정 방법에 대하여 구 「주택법」 및 구 「주택공급에 관한 규칙」을 적용하여야 하는 것은 아니라고 할 것이며, **나아가 임대의무기간이 만료되어 임차인에게 분양전환하고 남은 세대가 구 「주택법」 제16조 제1항에 따른 호수 이상이라고 하더라도, 민간건설임대주택의 남은 세대를 분양할 때에 구 「주택법」이나 구 「주택공급에 관한 규칙」을 적용하여야 하는 것은 아니라고 할 것입니다.**

더욱이, 구 「임대주택법」 제21조 제1항에서는 임대의무기간이 지난 후 「주택법」 제16조에 따라 사업계획승인을 받아 건설한 "공공건설임대주택"을 분양전환하는 경우에 대해서만 임차인에게 우선 분양전환하도록 규정하고 있으며, 구 「임대주택법」 제21조 제7항에서는 "공공건설임대주택"을 분양전환하고 남은 세대를 분양전환가격으로 국토교통부령으로 정하는 바에 따라 제3자에게 매각할 수 있도록 규정하고, 그 위임에 따라 구 「임대주택법 시행규칙」 제13조 제5항에서는 "공공건설임대주택"을 분양전환하고 남은 임대주택이 20세대 이상인 경우에 그 남은 임대주택을 구 「주택공급에 관한 규칙」이 정하는 바에 따라 공급하도록 규정하고 있을 뿐, 민간건설임대주택에 대해서는 임차인 우선 분양전환에 관한 규정이나 임대기간 만료 후 제3자 매각에 대하여는 규정하고 있지 않으므로, 분양전환하고 남은 민간건설임대주택이 구 「주택법」 제16조 제1항에 따른 호수 이상이라고 하더라도 명문의 규정 없이 구 「주택법」이나 구 「주택공급에 관한 규칙」을 적용하여야 하는 것은 아니라고 할 것입니다.

아울러, 종전에는 건설임대주택의 경우 그 종류에 관계없이 무주택세대주에게 공급하도록 하고 임대의무기간 종료 후에는 무주택인 임차인에게 우선매각하도록 하던 것을 민간건설임대주택의 경우에는 임대사업자가 자율적으로 임차인 및 매각대상자를 선정할 수 있도록 하기 위하여 구 「임대주택법」 및 구 「임대주택법 시행령」이 개정된 연혁에 비추어 보아도 민간건설임대주택의 남은 세대를 분양할 때에 구 「주택법」이나 구 「주택공급에 관한 규칙」을 적용하여야 하는 것은 아니라고 할 것입니다(법률 제5228호 임대주택법 일부개정법률 개정이유서, 대통령령 제15331호 임대주택법 시행령 일부개정령 개정이유서 및 건설교통부령 제98호 임대주택법 시행규칙 일부개정령 개정이유서 참조).

따라서, 민간건설임대주택의 임대의무기간이 만료되어 임차인에게 분양전환하고 남은 세대가 구 「주택법」 제16조 제1항에 따른 호수 이상인 경우, 민간건설임대주택의 남은 세대를 제3자에 매각할 때에 구 「주택법」 제38조 제1항·제2항 및 구 「주택공급에 관한 규칙」에 따라 공급하여야 하는 것은 아니라고 할 것입니다.

5. 분양전환가격의 산정기준의 연혁

가. 구 「공영주택법령」

사업주체는 재해 기타 특별한 사유로 인하여 임대공영주택 또는 복리시설을 계속 관리하기 곤란하거나 불가능하게 된 때에는 도지사를 경유하여 건설부장관의 승인을 얻어 당해 임대공영주택 또는 복리시설을 분양 또는 매도할 수 있다고 규정하고(구 「공영주택법」 제16조, 「같은 법 시행규칙」 제10조) 있는데, 이때의 분양가격 또는 매도가격에 관한 별도의 규정을 두고 있지는 않았다.

나. 구 「주택건설촉진법령」

구 「주택건설촉진법령」에서도 임대로 제공된 국민주택의 분양가격 또는 매도가격에 관한 규정은 별도로 규정하고 있지 않았다.

즉, 1984. 12. 31. 구 「임대주택건설촉진법령」 제정 전에는, 임대주택에 대한 분양전환 산정기준에 대하여 법령에 규정한 바가 없었다. 이에 대한주택공사는 임대주택에 대한 분양전환가격을 감정가격으로 책정하였는데, 그 결과 감정가격이 실제 거래시세보다도 높은 경우가 발생하여 미분양이 발생하게 되었다. 그러자 대한주택공사는 1981. 10에 1982년도 분양전환 임대주택의 분양가격을 책정하면서 건설원가에서 임대기간의 감가상각비를 뺀 다음 임대주택 건설에 투입된 공사자금에 대한 이자를 가산한 금액으로 분양가격을 책정하게 되었으며, 지구별 분양가격은 한 지구 한 지구 결정한 것이 아니라 분야 대상 지구 전체의 건설원가를 기준으로 하여 총 분양가격을 산출하고 이렇게 나온 가격을 5개 급지별로 차등을 두어 지구별 연건과 관계없이 분양가격이 같도록 결정하였다.

1982년부터 공급된 5년 임대주택의 분양전환은 1988. 2. '전주 우아지구' 210호부터 시작하였다. 대한주택공사의 분양전환 가격산정방법은 종전에 동일 급지에 획일적으로 동일 가격을 적용하던 방법을 개선하여, 지구별 특성을 고려하여 분양가격을 지별로 산정하되, 도시세, 분양여건, 거래시세 등을 고려하여 지구별로 분양가격을 가감 조정할 수 있도록 하였다.[299]

---

299 '임대주택건설 22년', 대한주택공사, 1993년, p.21~22.

다. 구 「임대주택건설촉진법령」

1984. 12. 31. 제정된 구 「임대주택건설촉진법령」상에도 공공임대주택 등에 관하여 임대의무 기간에 관한 규정을 두고 그 이전에 매각할 수 없다는 규정을 두고 있었을 뿐이며, 분양전환 가격 산정 기준을 정하는 규정을 별도로 두고 있지 않았다.

한편 구 「주택건설촉진법」 제32조는 사업주체는 주택의 공급 질서를 유지하기 위하여 건설 부장관이 정하는 주택의 공급조건, 방법 및 절차 등에 따라 주택을 건설, 공급하여야 한다고 하고, 이에 따라 주택의 공급조건, 방법 및 절차 등에 관하여 규정한 구 「주택공급에 관한 규칙」 제8조 제2항 제1호, 제3항, 제9조 제1항 제4호 등에 의하면 사업주체가 입주자를 모집하고 자 할 때에는 주택의 분양가격 등이 표시되어 있는 입주자모집공고안 등의 서류를 갖추어 관할 시장 또는 군수로부터 승인[300]을 얻도록 되어 있으며, 정부에서는 1989. 11. 10.자 건설부고시 제656호로 이른바 '주택분양가원가연동제시행지침'[301]을 실시하기 이전에 있어서도 주택의 분양가상한선을 미리 정하여 놓고(이를 '행정지도가격'이라 불렀는데 위 원가연동제가 실시되기 이전 수년 동안 전국 대도시 지역의 분양가상한선은 평당 금 1,340,000원으로 동결된 바 있다) 사업주체가 승인 신청한 분양가격이 분양가상한선의 범위 내에 있는 경우에만 그 승인을 해주었다(대법원 1994. 4. 26. 선고 92누19774 판결 참조).

1) 1990. 10. 13. 민간임대주택의 분양전환가격 중재 기준

한편 정부는 1990. 10. 13. '민간임대주택의 분양전환가격 중재 기준'을 제정하여 공포하기도 하였다.

[대법원 1994. 1. 11. 선고 93다27161 판결]

【판결요지】

다. 임대주택건설촉진법 제10조 제2항, 「같은 법 시행규칙」 제10조 제1항, 제2항의 각 규정의 취지는 주택공급에 관한 규칙이 20호 이상의 주택을 공급하는 경우에만 적용되는 것과의 균형을 고려하여 임대주택을 분양하는 경우에 있어서도 분양 당시의 임차인이 분양받기를 희망하지 아니하여 분양 당시의 임차인이 아닌 사

---

[300] 입주자모집공고안에 대한 '승인'제도는 1981. 5. 23. 개정된 구 「주택공급에 관한 규칙」 제8조 제2항에 신설되었다(그 전에는 '신고'였다). 그리고 그 당시부터 사업주체가 국가·지방자치단체 또는 대한주택공사인 경우에는 승인을 얻지 않아도 되도록 하였다.
[301] 이에 관한 상위의 위임 법령은 없었던 것으로 보인다. 따라서 행정기관의 내부적인 사무처치지침에 불과하다고 볼 수 있다.

람에게 20호 이상의 주택을 분양하는 때에는 주택공급에 관한 규칙의 적용을 받도록 하되, 분양 당시의 임차인에게 분양하는 경우나 분양 당시의 임차인이 아닌 사람에게 분양하더라도 그 분양호수가 20호 미만인 경우에는 그 적용을 받지 않도록 한 것으로 보여지므로, **임대인이 임대주택을 분양 당시의 임차인에게 분양하는 경우에는 원칙적으로 주택공급에 관한 규칙의 적용을 받지 아니하고 그 분양가격은 임대인이 임의로 정할 수 있다고 보아야 하고, 다만 그 분양가격이 지나치게 높아서 임차인의 우선분양권을 사실상 박탈하는 것과 같은 정도에 이르는 것은 임대주택건설촉진법 시행규칙 제10조 제2항에 위배되어 허용될 수 없다.**

【이유】

제2점에 대하여

1. 주택건설촉진법 제32조 제1항에 의하면, 같은 법에 의하여 주택건설사업을 시행하는 사업주체는 주택의 공급 질서를 유지하기 위하여 건설부장관이 정하는 주택의 공급조건, 방법 및 절차 등에 따라 주택을 건설, 공급하여야 한다고 되어 있고, 그에 따라 주택의 공급조건, 방법 및 절차 등에 관한 사항을 규정한 주택공급에 관한 규칙 제3조, 제8조, 제9조의 규정에 의하면 같은 규칙은 주로 단독주택은 20호 이상, 공동주택은 20세대 이상의 주택을 공급하는 경우에 이를 적용하되, 사업주체가 입주자를 모집하고자 할 때에는 입주자 모집공고안 등 일정서류를 갖추어 시장 또는 군수의 승인을 얻어야 하고, 시장 또는 군수는 사업주체로부터 입주자 모집공고의 승인신청이 있을 때에는 분양가격 등의 내용이 포함된 입주자 모집공고 안의 타당성 여부 등을 확인하여 그 승인 여부를 결정하도록 규정되어 있어 행정당국이 주택의 분양가격을 합리적이고 타당한 범위 내로 제한할 수 있도록 하고 있음에 반하여, **임대주택건설촉진법 제10조 제2항은 임대주택의 분양조건, 방법 및 절차에 관여하는 건설부령이 정하는 바에 의한다고 규정하고, 「같은 법 시행규칙」 제10조 제1항은 임대인이 임대주택을 분양하고자 할 때에는 미리 별지 제1호 서식의 분양계획서를 관할시장, 군수에게 제출하여야 한다고 규정하고, 그 제2항은 임대인이 임대주택을 분양하고자 하는 경우에는 분양 당시의 임차인에게 우선적으로 분양하여야 한다고만 규정하고 있을 뿐 그 분양가격의 타당성 여부에 대한 행정당국의 승인을 받아야 한다는 등의 제한규정이 마련되어 있지 아니하고,** 다만 위 제2항 단서에는 분양 당시의 임차인이 분양받기를 희망하지 아니하는 임대주택의 수가 20호 이상인 경우에는 그 주택은 주택공급에 관한 규칙이 정하는 바에 의하여 분양하여야 한다고 규정되어 있는바, 그 규정의 취지는 주택공급에 관한 규칙이 20호 이상의 주택을 공급하는 경우에만 적용되는 것과의 균형을 고려하여 임대주택을 분양하는 경우에 있어서도 분양 당시의 임차인이 분양받기를 희망하지 아니하여 분양 당시의 임차인이 아닌 사람에게 20호 이상의 주택을 분양하는 때에는 주택공급에 관한 규칙의 적용을 받도록 하되, 분양 당시의 임차인에게 분양하는 경우나 분양 당시의 임차인이 아닌 사람에게 분양하더라도 그 분양호수가 20호 미만인 경우에는 그 적용을 받지 않도록 한 것으로 보여지므로, 임대인이 임대주택을 분양 당시의 임차인에게 분양하는 경우에는 원칙적으로 주택공급에관한규칙의 적용을 받지 아니하고 그 분양가격은 임대인이 임의로 정할 수 있다고 보아야 할 것이고, 다만 그 분양가격이 지나치게 높아서 임차인의 우선분양권을 사실상 박탈하는 것과 같은 정도에 이르는 것은 임대주택건설촉진법시행규칙 제10조 제2항에 위배되어 허용될 수 없다고 할 것이다.

2. 따라서 주택건설업자가 주택건설촉진법에 의한 국민주택기금의 자금지원을 받아 임대주택을 건설하였다고 하더라도 이를 분양함에 있어 그 분양가격의 책정에 관한 제한규정이 마련되어 있지 아니한 이상 그 분양가격을 일응 주택건설업자가 자유로이 책정할 수밖에 없다고 본 원심의 조처는 정당한 것으로 수긍이 되고, 사실이 원심이 인정한 바와 같아서 이 사건 임대주택이 분양될 무렵인 1991. 3. 7.경의 이 사건 임대주택의 감정가격은 원고가 책정한 평당 분양가격 금 1,250,000원의 2배에 가까운 평당 금 2,472,685원에 이르고, 1992. 3. 3.경의 감정가격은 평당 금 2,780,000원에 이르며, **건설부가 마련한 민간 임대주택의 분양전환가격 중재기준에 따른 이 사건 임대주택의 분양가격도 원고가 책정한 분양가격보다 높은 평당 금 1,543,671원에 이르고,** 이 사건 임대주택이 분양된 지 불과 1년 후인 1992. 3.경 대구시내 민영주택의 평당 분양가격은 금 2,800,000원 정도라면 이 사건 임대주택의 분양가격이 지나치게 높아 임차인의 우선분양권을 사실상 박탈하는 것과 같은 정도에 이른 것으로 볼 수도 없으므로 임차인에게 부여된 우선분양권을 박탈한 것이라는 피고의 주장을 배척한 원심의 조처도 정당하고, 거기에 임대주택건설촉진법의 법리를 오해한 위법이 있다고 할 수 없다.

3. 논지는 임대주택건설촉진법 시행규칙 제4조 제3항을 들어 임대주택의 분양가격이 주택건설촉진법 제33조의 규정에 의하여 승인된 사업비에 적정이윤을 더한 금액을 초과할 수 없다는 것이나, 위의 규정은 임대주택의 임대보증금 및 임대료 등의 기준을 정하는 규정이지 분양가격의 기준을 정하는 규정으로 볼 수 없으므로 받아들일 수 없다.

[대법원 1996. 8. 23. 선고 95다38110 판결]

【판결요지】

[1] 구 임대주택건설촉진법(1993. 12. 27. 법률 제4629호 임대주택법으로 전문 개정되기 전의 것) 제10조 제2항은 임대주택의 분양 조건, 방법 및 절차에 관하여는 건설부령이 정하는 바에 의한다고 규정하고, 「같은 법 시행규칙」(1994. 11. 2. 건설부령 제568호 임대주택법 시행규칙으로 전문 개정되기 전의 것) 제10조 제2항은 임대인이 임대주택을 분양하고자 하는 경우에는 분양 당시의 임차인에게 우선적으로 분양하여야 한다고 규정하고 있을 뿐, 그 분양가격의 타당성 여부에 대한 별도의 제한규정이 마련되어 있지 아니하며, 임대인과 임차인들 사이에 체결된 임대차계약서 제14조 제2항은 임차인은 임대인이 정하는 아파트 가격 및 대금납부 등 임대인이 제시하는 조건에 의하여 분양받아야 한다고 규정하고 있으므로, 임대인이 임대주택을 분양 당시의 임차인들에게 분양하는 경우 분양가격은 임대인이 임의로 정할 수 있다고 보아야 할 것이고, 다만 그 분양가격이 지나치게 높아서 임차인의 우선분양권을 사실상 박탈하는 것과 같은 정도에 이르는 것은 그 시행규칙 제10조 제2항에 위배되어 허용될 수 없다.

[2] 위 [1]항의 경우, **임대인이 건설부장관이 통보한 '민간임대주택의 분양전환가격 중재기준'에 따라 원가연동제에 의한 가격을 산정하여 분양가격을 결정한 것은 합리성 있고, 임대인이 결정한 분양가격이 지나치게 고액이어서 임차인들의 우선분양권을 사실상 박탈하는 것과 같은 정도에 이른다고 볼 수 없다**고 판단한 원심

판결을 수긍한 사례.

【이유】

(1) 제1, 2점에 대하여

원심은, 피고(서울특별시 도시개발공사)는 1987. 5.경부터 임대 중이던 서울 양천구의 목동신시가지 임대아파트를 분양전환함에 있어 1992. 11. 28. 그 분양가격을 국민주택 규모 이하는 평당 금 1,375,000원, 국민주택 규모 초과는 평당 금 1,588,000원으로 결정하여 공고한 사실, 당시 위 법에 따라 분양 조건을 규정한 건설부령이 마련되어 있지 아니하였으므로 피고는 건설부장관이 1990. 10. 13. 통보한 '민간임대주택의 분양전환가격 중재기준'을 그대로 수용하여 위 분양가격을 결정하였는바, 위 중재기준에 의하면 분양가격은 건설원가와 감정평가가격의 산술평균가격으로 함을 원칙으로 하되, 다만 이 경우에도 분양가 원가연동제에 의한 분양가격에서 감가상각비를 공제한 금액을 초과할 수 없도록 되어 있으며, 한편 분양가 원가연동제는 원래 민간업체가 건설한 아파트의 분양에 관하여 그 분양가격을 택지비와 건축비에 연계시켜 결정하도록 한 것으로서, 위 중재기준에 따라 산정한 이 사건 아파트의 분양가격은 위 산술평균가격의 원칙에 의하면 평당 금 2,610,000원인 반면, 위 단서에 정한 원가연동제를 적용하면 위 공고된 금액에 불과하여 이에 따라 분양가격이 결정된 사실, 이 사건 아파트는 건설비로 평당 금 1,034,000원이 투입되었으며, 1992. 5.을 기준으로 한 감정가격은 평당 금 3,930,000원 내지 5,130,000원 정도이고, 1993. 2.경의 실제 거래가격은 평당 금 5,000,000원이 넘는 사실, 한편 대한주택공사가 1992년 및 1993년에 분양전환한 인천, 안성, 성남, 광명, 서울 상계, 평택, 의정부 등지의 임대아파트의 분양가격은 최저 평당 금 1,030,000원에서 최고 평당 금 1,379,000원이었던 사실 등을 확정한 다음, 그 판시와 같은 사정에 비추어 보면 피고가 건설부장관의 위 중재기준에 따라 원가연동제에 의한 가격을 산정하여 분양가격을 결정한 것은 합리성이 있을 뿐 아니라 피고가 결정한 분양가격이 지나치게 고액이어서 임차인들의 우선분양권을 사실상 박탈하는 것과 같은 정도에 이른다고 볼 수 없다고 판단하였는바, 기록에 의하여 살펴보면, 원심의 위와 같은 판단은 정당하고, 거기에 소론과 같은 위 중재기준 및 분양가 원가연동제나 임차인의 우선분양권에 관한 법리오해의 위법이 있다고 할 수 없으며, 이 사건 분양가격의 결정은 건설부장관의 위 중재기준 및 분양가 원가연동제가 적용되어야 하는 범위에 포함되지 아니함을 들어 원심판결을 공격하는 논지는 위 결정된 분양가격의 합리성에 관한 원심판결의 취지를 잘못 이해한 데에서 나온 것에 불과하다.

(2) 제3점에 대하여

소론이 지적하는 점들에 관하여 기록상 나타난 사정을 참작하여 보더라도, 원심이 그 판시와 같은 인정사실에 기초하여, 피고 측이 이 사건 아파트에 관한 임대차계약 당시 장차 분양전환이 될 경우 분양가격은 임대차 당시의 분양가격과 동일할 것이라는 신뢰를 위 원고들에게 제공하였다고 볼 수 없다는 등의 이유로, 피고가 위와 같이 이 사건 분양가격을 결정한 것은 신의성실의 원칙에 위배되지 않는다고 판단한 조치는 정당한 것으로 여겨지고, 거기에 신의성실의 원칙에 관한 법리오해의 위법이 있다고 할 수 없다.

2) 1993. 5. 1. 공공임대주택 건설 및 관리지침

그리고 건설교통부장관은 1993. 5. 1. '공공임대주택 건설 및 관리지침(건설부 주택국 주택정책과 503-7360**302**)'을 제정, 시행하였는 바, 바로 여기에 사업주체가 국가, 지방자치단체, 주택공사, 주택건설사업자인 경우에 공공임대주택에 대한 분양전환가격 산정기준을 정하고 있는데, '공공임대주택의 분양전환가격'의 산정기준은 ① 건설원가와 감정평가가격의 산술평균가격으로 하되, 이 경우에도 분양전환 시의 원가연동제에 의하여 산출한 당해 주택의 분양(예상)가격에서 감가상각비를 공제한 금액을 초과할 수 없고, ② 건설원가 = 입주자모집공고 시의 분양가격 + 임대기간 중의 자기자금이자 - 임대기간 중의 감가상각비이며, ③ **분양가격은 원가연동제에 의하여 산정한 입주자모집공고 시의 분양가격**이라고 규정하였다.

3) 1993. 9. 1 개정된 구 「주택공급에 관한 규칙」

한편 1993. 9. 1. 개정된 구 「주택공급에 관한 규칙」에는 사업주체와 입주자 사이의 분쟁의 소지를 없애기 위하여 ① 입주자모집공고(제9조 제1항 제12호 신설) 및 ② 임대차계약 체결 시(제19조 제4항 제7호 신설)에, 분양전환조건 등(분양전환시기와 분양예정가격의 산출기준 등)을 명시하도록 하기 시작하였다.

이에 임대주택사업자는 임대차계약서에 "분양전환가격은 입주자모집공고에서 정한 바에 따르되 '공공임대주택건설 및 관리지침'에 의하여 건설원가와 감정평가가격의 산술평균가격으로 하고, 다만 분양전환 당시의 「주택분양가 원가연동제 시행지침」에 의하여 산출한 당해 주택의 분양(예상)가격에서 임대기간 중의 감가상각비를 공제한 금액을 초과할 수 없다"는 규정을 두었다.

[서울고등법원 2006. 7. 21. 선고 2005누20179 판결]

개정 전의 임대주택법 시행령 하에서는 임대주택법 시행규칙(1999. 1. 28. 부령 제165호로 개정되기 전의 것. 이하 '개정 전 임대주택법 시행규칙'이라 한다)에 임대주택의 분양 및 매각에 관하여 매각가격의 산정기준, 매각가격산출 근거서류를 제시하도록 규정하고 있다(규칙 제2조의2 제3호, 제4조 제1항 제3호). 그리고 매각가격의 구체적인 산정기준은 다시 '공공임대주택건설 및 관리지침'에 정해져 있다. 개정 후의 임대주택법 시행

---

302 이에 관한 상위의 위임 법령은 없었던 것으로 보인다. 따라서 행정기관의 내부적인 사무처치지침에 불과하다고 볼 수 있다.

령 하에서는 임대주택법 시행규칙(1999. 1. 28. 부령 제165호로 개정되어 2000. 8. 3 부령 제253호로 개정되기 전의 것. 이하 '개정된 임대주택법 시행규칙'이라 한다)에 직접 매각가격의 산정기준을 규정하고 있다(규칙 제3조의3 별표2).

위 임대주택 관련규정에 따르면, 1999. 1. 28. 이전까지의 임대주택 매각가격은 건설원가와 감정평가가격의 산술평균 가격으로 해야 한다. 다만, 위 가격은 매각 당시의 주택분양가원가연동제시행지침에 따라 산출한 당해 주택의 분양(예상) 가격에서 임대기간 중의 감가상각비를 공제한 금액을 초과할 수 없다. 여기서 위 분양(예상) 가격은 택지비(입주자 모집공고 당시 택지비+택지비 이자)와 건축비(분양 당시의 원가연동제에 의한 건축비)의 합계액이다.

[대법원 2009. 1. 30. 선고 2006두14049 판결]

그런데 ① 1996년 및 1997년에 시행되던 구 임대주택법(2002. 12. 26. 법률 제6833호로 개정되기 전의 것, 이하 같다) 제15조는 "임대사업자는 임대의무기간이 경과한 후 대통령령이 정하는 건설임대주택을 매각하는 경우에는 대통령령이 정하는 바에 따라 일정기간의 무주택세대주에게 우선하여 매각하여야 한다."고 규정하고, 그 위임을 받은 구 「임대주택법 시행령」(1998. 11. 13. 대통령령 제15928호로 개정되기 전의 것) 제13조는 제3항에서 " 제2항의 규정에 의하여 공공건설임대주택을 매각하는 경우 매각방법 및 절차에 관하여 필요한 사항은 건설교통부령으로 정한다."고 규정하고 있을 뿐 그 매각가격의 산정기준에 대하여는 별도의 규정을 두지 아니한 채, 다만 건설교통부 내부 사무처리준칙인 '공공임대주택건설 및 관리지침'(이하 '이 사건 지침'이라 한다)에서 입주자모집공고 시 그 공고내용에 포함되는 것 중의 하나로 '매각가격(분양전환가격) 산정기준'을 정하고 있을 뿐이고, ② 그 후 「임대주택법 시행령」이 1998. 11. 13. 대통령령 제15928호로 개정되면서 제13조 제3항에서 임대주택을 우선 매각하는 경우에 있어서의 그 매각가격의 산정기준에 관하여도 건설교통부령에 위임함에 따라 구 임대주택법 시행규칙(1999. 1. 28. 건설교통부령 제165호로 개정된 것, 이하 '개정 후 임대주택법 시행규칙'이라 한다) 제3조의3 [별표 2]에서 '공공건설임대주택 매각가격(분양전환가격)의 산정기준'을 규정하여 임대주택의 매각가격에 대한 제한을 가하고 있으므로, 원고들이 소외 회사들의 주식을 증여받은 때인 1996년 및 1997년 당시에는 임대주택법령에서 직접적으로 매각가격에 대한 제한을 가하고 있지는 않다.

그러나 앞서 본 바와 같이 이 사건 지침은 입주자모집공고 시 그 공고내용에 포함되는 것 중의 하나로 '매각가격(분양전환가격) 산정기준'을 정하고 있는데, 그 '매각가격(분양전환가격) 산정기준'에 의하면 임대주택의 매각가격은 "분양전환 당시의 주택분양가 원가연동제 시행지침에 의하여 산출한 당해 주택의 분양가격에서 임대기간 중의 감가상각비를 초과할 수 없고, 그 당해 주택의 분양가격은 택지비와 분양전환 당시의 건축비의 합계액으로 한다"는 취지로 규정하여 임대주택의 매각가격에 대한 제한을 가하고 있다. 한편, 구 주택공급에 관한 규칙(1998. 6. 15. 건설교통부령 제137호로 개정되기 전의 것) 제8조 제1항 제1호, 제4항 제8호, 구 임대주택법 시행규칙(1999. 1. 28. 건설교통부령 제165호로 개정되기 전의 것, 이하 같다) 제2조의2 제3호에 의하면, 임대사업자는 입주자를 모집하고자 할 때에는 장래의 매각가격의 산정기준이 포함되어 있는 입주자모집공고안을 마련하여 입주자모집승인권자인 시장 또는 군수의 승인을 얻어 이를 공고하여야 하고, 그 후 임차인과 임대차계약을 체결할 때에는 구 임대주택법 제18조, 구 임대주택법 시행규칙 제8조에 의하여 위와 같이 공고된 당해 임대주택의 매각가격 산정기준을 표준임대차계약서의 내용에 포함시켜 이를 준수하여야 하며, 만일 이를 준수하지 아니할 때에는 구 임대주택법 제25조에 의하여 과태료에 처하게 될 뿐만 아니라, 임대주택을 실제로 매각할 때에는 구 임대주택법 시행규칙 제4조 제1항 제3호에 의하여 그 매각가격의 산출근거 서류를 제출하여야 하는바, 이러한 제반 사정을 종합하여 보면 임대사업자가 임대의무기간이 만료되어 임대주택을 매각하는 경우에는 이 사건 지침에서 정한 매각가격 산정기준에 따른 제한을 받는다고 할 것이다.

따라서 비록 원고들이 소외 회사들의 주식을 증여받은 당시인 1996년 및 1997년에는 임대주택법령에서 직접적으로 임대주택의 매각가격에 대한 제한을 가하고 있지는 않지만, 임대사업자로서는 이 사건 지침에서 정한 매각가격 산정기준을 준수하여야 하므로, 그 산정기준에서 정하고 있는 임대주택의 토지에 대한 최고 거래 한도액인 택지비보다 높은 개별공시지가를 기준으로 이 사건 토지의 가액을 산정할 수는 없다고 할 것이다.

라. 구 「임대주택법령」

1) 1998. 11. 13. 개정된 구 「임대주택법 시행령」

1998. 11. 13. 개정된 구 「임대주택법 시행령」은 제9조(임대주택의 임대의무기간 등) 제5항을 신설하여 공공건설임대주택을 같은 영 제9조 제2항 제2호(임대사업자의 파산 등) 또는 제3호(임대의무기간의 1/2 경과 후)의 규정에 의하여 임대주택을 매각하는 경우, 그 매각격의 산정기준을 건설교통부령으로 정한다고 규정이 신설되었다.

그리고 구 「임대주택법 시행령」 제13조(공공건설임대주택의 우선매각 등) 제2항에 임대의무기간이 경과한 후 당해 임대주택의 매각 시 매각가격 산정기준은 위 제9조 제5항의 규정에 의하도록 하는 규정을 신설하였다.

2) 1999. 1. 28. 개정된 구 「임대주택법 시행규칙」

위 구 「임대주택법 시행령」의 위임에 따라, 1999. 1. 28. 개정된 「같은 법 시행규칙」 제3조의3 [별표 2] '공공건설임대주택 매각가격(분양전환가격)의 산정기준'이 신설되기에 이르렀다.

그리고 위 시행규칙 제3조의3 [별표 2] 제2호 라 (1) (가)는 건축비의 상한 가격은 건설교통부장관이 따로 고시하는 가격(표준건축비)으로 한다고 규정하였는 바, 이에 따라 1999. 1. 28. 표준건축비에 대한 고시(건교부고시 제1999-19호)도 공포되었다.

위 [별표 2]는 '공공임대주택건설 및 관리지침'[303]의 내용을 더 구체화한 것으로, 드디어 공공 건설임대주택의 분양전환가격 산정기준이 상위 법령의 위임의 근거를 둠으로써 대외적 구속력이 있는 법규명령의 효력(광주고등법원 2009. 11. 11. 선고 2008나7054 판결)을 가지게 되었다.

그리고 위 「주택분양가 원가연동제 시행지침」도 1998. 12. 30.자로 폐지되었다.

위 구 「임대주택법 시행규칙」 제3조의3 [별표 2] 제2호 가목 (1)은 "최초 입주자모집 당시의 주택가격은 건축비 및 택지비를 기준으로 입주자모집승인권자가 산정한다"고 규정하였다.

위 규정은 2014. 7. 16. 개정된 「임대주택법 시행규칙」 [별표 1] 제2호 가목 1) "최초 입주자모집 공고 당시의 주택가격은 건축비와 택지비의 합계액으로 한다"고 개정될 때가지 그대로 유지되었다.

---

[303] 이 지침은 구 「임대주택법 시행규칙」 [별표 2]가 1999. 1. 28. 제정됨으로써 위 지침은 같은 날 폐지되었다(국토해양부 공공주택과 - 2040, 2005. 5. 30.자 질의회신, 법제처 안건번호 12-0717, 2013. 3. 25.자 질의회신 참조).

6. 분양전환가격의 산정 기준 해설

가. 「공공주택 특별법」상 공공임대주택의 분양전환가격 산정기준

공공주택사업자가 임대 후 분양전환을 할 목적으로 건설한 공공건설임대주택에 대한 분양전환가격의 산정기준은 「공공주택 특별법 시행규칙」 제40조 [별표 기에 정하고 있다.

그 내용은 「임대주택법 시행규칙」 제9조 [별표 1]과 거의 같다. 이에 대한 상세한 설명은 아래 「임대주택법 시행규칙」 제9조 [별표 1]의 설명으로 갈음한다.

한편 '분납임대주택'의 경우에는 「공공주택 특별법 시행규칙」 제40조 [별표 8]에 규정하고 있다. 이는 「임대주택법 시행규칙」 제14조의2 [별표 1의2]의 규정 내용과 같다.

나. 「민간임대주택에 관한 특별법」상 민간임대주택의 분양전환가격 산정기준

현행 「민간임대주택에 관한 특별법」에는 민간임대주택에 대한 분양전환 관련 규정 자체가 없다. 그러나 2018. 1. 16. 개정된 「민간임대주택에 관한 특별법」에는 '공공지원민간임대주택'이 신설되었는데, 이와 관련된 분양전환절차에 관한 규정을 두고 있지 않은 바, 과연 이러한 공공지원민간임대주택에 대하여도 분양전환 시, 분양전환가격 등의 제한 없이 자율화한다는 취지인지 의문이 많다.

다. 「임대주택법」상, 공공건설임대주택의 분양전환가격 산정기준

1) 「임대주택법 시행규칙」 [별표 1] 규정의 내용

「임대주택법」상 공공건설임대주택의 분양전환가격의 산정기준은 「임대주택법 시행규칙」 제14조, 제9조 [별표 1]에 상세히 규정하고 있다.

한편 '분납임대주택'의 경우에는 「임대주택법 시행규칙」 제14조의2 [별표 1의2]에 규정하고 있다.

「임대주택법 시행규칙」[별표 1] 〈개정 2014. 7. 16.〉

공공건설임대주택 분양전환가격의 산정기준(제9조 관련)

1. 분양전환가격의 산정

가. 임대의무기간이 10년인 경우 분양전환가격은 감정평가금액을 초과할 수 없다.**304**

나. 임대의무기간이 5년인 경우 분양전환가격은 건설원가와 감정평가금액을 산술평균한 가액(價額)으로 하되, 임대주택의 건축비 및 택지비를 기준으로 분양전환 당시에 산정한 해당 주택의 가격(이하 "산정가격"이라 한다)에서 임대기간 중의 감가상각비(**최초 입주자 모집 공고 당시의 주택가격을 기준으로 산정한다.305**)를 뺀 금액을 초과할 수 없다.

다. **306**

2. 항목별 산출방법

가. 건설원가=**최초 입주자 모집 공고 당시의 주택가격**+자기자금이자-감가상각비

　　1) **최초 입주자 모집 공고 당시의 주택가격307**: 건축비와 택지비의 합계액으로 한다.

　　2) 자기자금이자=(최초 입주자 모집 공고 당시의 주택가격-국민주택기금 융자금-**임대보증금과 임대료의 상호전환 전 임대보증금308**)×이자율×임대기간

　　　가) 이자율: 해당 임대주택의 임대시작일과 분양전환 당시 각각의 **「은행법」에 따른 은행의 1년 만기 정기예금 평균 이자율을 산술평균한 이자율309**

　　　나) 임대기간: 임대시작일부터 분양전환시작일 전날까지의 기간

　　3) 감가상각비: 계산은 임대기간 중 「법인세법 시행령」 제26조에 따른 계산방식에 따른다.

나. 감정평가금액: **310**법 제21조 제9항에 따라 두 곳의 감정평가법인**311**이 평가한 해당 주택의 감정평가

---

304 임대의무기간이 10년인 임대주택(2004년 도입)의 분양전환가격 산정 시 감정평가금액을 적용하도록 한 것은 임대주택사업이 장기화될수록 사업의 수익성이 떨어지기 때문에 민간임대건설사업자의 참여를 유도하기 위한 것이라고 한다.

305 2013. 12. 5. 개정되면서 최초로 삽입되었다.

306 "다. 임대사업자의 부도 또는 파산으로 인하여 분양전환하는 경우로서 임차인의 동의가 있는 경우에는 가목 및 나목의 규정에 의하여 산정한 분양전환가격을 5% 범위 내에서 증액할 수 있다"는 규정은 2009. 6. 26. 개정되면서 삭제되었다.

307 2014. 7. 16. 개정되기 전에는 '최초 입주자모집 당시의 주택가격'으로 기재되었으며, 이는 '건축비와 택지비를 기준으로 입주자모집승인권자가 산정한다'고 규정하고 있었다.

308 2002. 9. 11. 개정되기 전에는 '임대보증금'이라고만 규정하고 있었다.

309 2009. 12. 16. 개정되기 전에는 "은행법에 의한 금융기관으로서 가계자금 대출시장의 점유율이 최상위인 금융기관의 1년 만기 정기예금이자율의 산술평균이자율"이라고 규정하고 있었다.

　　2002. 9. 11. 개정되기 전에는 '분양전환당시의 한국주택은행의 1년만기 정기예금 이자율'이라고 규정하고 있었다.

310 2009. 6. 26. 개정되기 전에는 '분양하기로 결정된 날을 기준으로'가 명시되어 있었다.

311 2007. 3. 27. 개정되기 전에는 감정평가업자(법인을 포함한다)고 규정하고 있었다.

금액을 산술평균한 금액으로 한다.[312]

1) 임대사업자 또는 임차인은 제7조, 제8조(제7조와 제8조의 경우에는 임차인은 제외한다) 및 제13조에 따른 임대주택분양전환 허가신청서, 분양전환 신고서 또는 분양전환승인 신청서를 제출하기 전에 특별자치도지사·시장·군수·구청장에게 분양전환가격을 산출하기 위하여 감정평가법인의 선정을 요청하여야 하며, 특별자치도지사·시장·군수·구청장은 요청을 받은 날부터 30일 이내에 영 제23조에 따라 감정법가법인을 선정하여 감정평가를 의뢰하여야 한다. 감정평가법인은 감정평가 후 감정평가서를 특별자치도지사·시장·군수·구청장에게 제출하여야 한다.

2) 같은 단지에서 20호 또는 20세대 이상의 임대주택을 분양전환하는 경우 감정평가의 대상 주택은 분양전환대상 호수 또는 세대수의 10% 범위에서 동·규모·층 및 방향 등을 고려하여 정할 수 있다.

3) 감정평가금액 중 최고 평가액이 최저 평가액의 100분의 110을 초과하는 경우에는 재평가하여야 하며, 이 경우 임대사업자 또는 임차인은 「부동산 가격공시 및 감정평가에 관한 법률」 제41조 제1항 및 「같은 법 시행령」 제81조 제2항 제9호에 따라 업무를 위탁받은 기관에 재평가 이전의 감정평가에 관한 타당성 조사를 요구할 수 있다.

4) 그 밖에 감정평가법인의 선정 및 이의신청 등에 관한 사항은 법 제21조 제9항 및 영 제23조에 따른다.

다. 산정가격=분양전환 당시의 **표준건축비(국토교통부장관이 고시하는 가격을 말한다.[313] 이하 같다)+최초[314] 입주자 모집 공고 당시의 택지비+택지비 이자**

택지비 이자=택지비×이자율×임대기간

※ 이자율 및 임대기간의 계산은 자기자금 이자의 계산과 같은 방법에 따른다.

라. 건축비 및 택지비: 임대주택의 가격산정의 기준이 되는 건축비 및 택지비는 다음과 같다.

1) 건축비

가) 건축비는 **최초 입주자 모집 공고 당시의 건축비로 하되, 그 상한 가격은 표준건축비로 한다.[315]** 이 경우 건물의 층수는 동별로 해당 동의 최고층을 기준으로 적용한다.

나) 다음의 구조형식에 해당하는 주택에 대해서는 다음의 구분에 따른 금액을 표준건축비에 더할 수 있다.

(1) **철근콘크리트 라멘구조(무량판구조를 포함한다)로 건축하는 주택: 표준건축비의 5%에 상당하는 금액**

(2) **철골철근콘크리트구조로 건축하는 주택: 표준건축비의 10%에 상당하는 금액**

---

[312] 이하 감정평가액에 관한 부분은 보다 공정한 감정결과를 얻기 위해 수차례의 개정이 있었다.

[313] 2014. 7. 16. 개정되기 전에는 **분양전환 당시의 건축비**'라고만 규정하고 있었다.

[314] 2014. 7. 16. 개정되면서 '**최초**'라는 부분이 추가되었다.

[315] 2014. 7. 16. 개정되기 전에는 '건축비의 상한 가격은 국토교통부장관이 따로 고시하는 가격(표준 건축비)으로 한다'고 규정하고 있었다.

(3) 철골조로 건축하는 주택: 표준건축비의 16%에 상당하는 금액[316]

다) 주택사업자가 해당 주택의 시공 및 분양에 필요하여 납부한 보증수수료는 표준건축비에 더할 수 있다.

라) **사업계획승인권자로부터 최초 입주자 모집 공고에 포함하여 승인을 받은 지하층 면적[지하주차장 면적을 포함하되, 지하피트(방습·방열 및 배관설비 설치 등을 위한 공간을 말한다)는 제외한다]은 표준건축비의 100분의 63에 상당하는 금액을 표준건축비에 더할 수 있다.[317]**

마) 임대사업자는 임대주택의 건설과 관련된 법령 또는 조례 등의 개정으로 주택건설에 추가되거나 감액되는 비용이 있는 경우에는 그 비용을 표준건축비에 추가하거나 표준건축비에서 감액할 수 있다.

바) 그 밖에 표준건축비에 더할 수 있는 항목은 다음과 같다.

(1) **임대사업자가 발코니 새시를 한꺼번에 시공하는 주택인 경우 표준건축비의 100분의 5 이내에서 드는 비용**

(2) **「도서개발 촉진법」 제2조에 따른 도서지역에 건축하는 주택인 경우 표준건축비의 100분의 3**

(3) **「폐기물관리법」 제15조의2에 따른 음식물류 폐기물 공동 처리시설의 설치비**

(4) **「공동주택 분양가격의 산정 등에 관한 규칙」 별표 1의3 제3호의 비용**

(5) **임대사업자가 발코니를 확장하는 주택인 경우 발코니 확장비용[(1)에 따른 비용은 제외한다][318]**

2) 택지비

가) 국가, 지방자치단체나 한국토지주택공사 등 「공공기관의 운영에 관한 법률」에 따른 공공기관이 「택지개발촉진법」 등 법률에 따라 개발·공급하는 택지(이하 "공공택지"라 한다)인 경우에는 그 공급가격

나) 임대사업자가 취득 또는 보유하고 있는 공공택지가 아닌 택지(이하 "사업자보유택지"라 한다)인 경우에는 최초 입주자 모집 공고 전[토지지임대부 임대주택인 경우에는 분양전환 승인 전을 말하며, 마)에 해당하는 경우는 제외한다]에 임대사업자의 비용부담으로 사업계획승인권자[토지지

---

316 2009. 6. 26. 개정되기 전에는 '철골조로 건축하는 주택의 건축비는 표준건축비에 16%를 가산한 금액으로 한다'라고만 규정하고 있었다.

317 2009. 6. 26. 개정되기 전에는 '사업승인권자로부터 최초 입주자모집공고에 포함하여 승인을 얻은 지하층면적(지하주차장 면적을 포함한다) 중 지상층 바닥면적 합계의 15분의 1까지는 표준건축비의 100%를 인정하고, 나머지 부분에 대하여는 표준건축비의 80%에 상당하는 금액을 건축비로 인정할 수 있다'고 규정하고 있었다.

318 2009. 6. 26. 개정되기 전에는
 1) 임대사업자가 발코니 샤시를 일괄 시공하는 주택의 경우 표준건축비의 5% 이내에서 소요되는 비용
 2) 공용면적에서 제외되는 설비 덕트의 설치비용
 3) 1세대에 2개 이상의 욕실을 설치하는 경우 이에 소요되는 비용
 4) 「도서개발촉진법」 제2조의 규정에 의한 도서지역에 건축하는 주택의 경우 표준건축비의 3%
 5) 「건설노동자의 고용개선 등에 관한 법률」 제10조의 규정에 의한 건설근로자퇴직공제부금
 6) 「건축물의 설비기준 등에 관한 규칙」 제13조 제1항 제7호의 규정에 의한 가스보일러 공동연도 설치비
 7) 「폐기물관리법」 제15조의 규정에 의한 음식물류 폐기물 공동처리시설비
 8) 「하도급거래 공정화에 관한 법률」 제13조의2의 규정에 의한 하도급대금지급보증 수수료
 라고 규정하고 있었다.

임대부 임대주택인 경우에는 분양전환승인권자를 말하며, 마)에 해당하는 경우는 제외한다]
가 두 곳의 감정평가법인에 의뢰하여 감정평가한 가격의 산술평균가격

다) 공공택지의 택지비에 가산할 수 있는 항목은 다음과 같다. 다만, 국가, 지방자치단체, 한국토
지주택공사 또는 지방공사가 아닌 임대사업자인 경우에는 사업계획승인권자가 이를 고려하
여 가산할 수 있다.

(1) 택지를 공급받기 위하여 선수금, 중도금 등 택지비의 일부 또는 전부를 선납한 경우에는 선납
일부터 최초 입주자 모집 공고 후 6개월이 되는 날까지의 택지대금에 대한 기간이자. 이 경우
기간이자는 최초 입주자 모집 공고 당시의 「은행법」에 따른 은행의 1년 만기 정기예금 평균 이
자율을 적용하되, 일할 계산한다.

(2) 제세공과금, 등기수수료 등 필요적 경비

(3) 그 밖에 택지와 관련된 것임을 증명할 수 있는 비용

라) 사업자보유택지의 택지비에 가산할 수 있는 항목은 다음과 같다. 이 경우 감정평가가 가능한
항목은 감정평가에 포함하여 감정평가하고, 감정평가가 곤란한 항목은 사업계획승인권자가
고려하여 가산할 수 있다.

(1) 「주택법」 제23조에 따라 사업시행자가 부담하는 간선시설의 설치비용

(2) 진입도로의 개설에 편입되는 사유지의 감정평가 가격

(3) 지장물의 철거 비용

(4) 그 밖에 택지와 관련된 것을 증명할 수 있는 비용

마) **토지임대부 임대주택을 「토지임대부 분양주택 공급촉진을 위한 특별조치법」에 따른 토지임
대부 분양주택으로 분양전환하는 경우 분양전환가격 산정 시 택지비는 제외한다.**[319]

2) 위 [별표 1]의 개정 경과와 각 (구) 임대주택법 시행규칙 부칙 내용

가) 개정 경과

위 [별표 1]은 2000. 8. 3., 2002. 9. 11., 2003. 6. 27., 2003. 12. 15., 2004. 3. 22., 2005. 9.
22., 2005. 12. 14., 2007. 3. 27., 2008. 3. 14., 2009. 6. 26., 2009. 12. 6., 2011. 6. 9., 2013. 3.
23., 2013. 12. 5., 2014. 7. 16. 개정이 있었다.

---

[319] 2013. 12. 5. 새로 규정되었다.

나) 각 (구) 「임대주택법 시행규칙」 부칙 내용

그리고 위 [별표 1]과 관련하여 각 개정된 (구) 「임대주택법 시행규칙」 '부칙' 규정을 보면 아래와 같은 바, [별표 1]의 각 개정 규정은 각 시행규칙 시행 후 최초로 입주자(임차인)를 모집하는 임대주택부터 적용한다는 명시적인 경과 규정이 있으므로, 이에 따라야 할 것이다.

개정일자	부칙 내용	근거 법령
2003. 6. 27.	③ (분양전환가격 산정에 관한 적용례) [별표 1]의 개정규정은 이 규칙 시행 후 최초로 입주자를 모집하는 임대주택부터 적용한다.	건설교통부령 제360호
2005. 9. 22.	② (건축비에 가산할 수 있는 항목에 관한 적용례) [별표 1] 제2호 라목 (1) (바) 5) 내지 8)의 개정규정은 이 규칙 시행 후 최초로 입주자를 모집하는 임대주택부터 적용한다.	건설교통부령 제471호
2005. 12. 14.	② (감정평가업자의 선정 등에 관한 적용례) 감정평가업자의 선정 및 표준건축비의 추가·감액에 관한 [별표 1]의 개정규정은 이 규칙 시행 후 최초로 임대주택분양전환허가신청서·분양전환신고서 또는 임대주택분양전환계획서를 접수하는 분부터 적용한다.	건설교통부령 제481호
2007. 3. 27.	② (분양전환가격 산정기준에 관한 적용례) [별표 1] 제2호 나목[326]의 개정규정은 이 규칙 시행 후 최초로 임대주택분양전환허가신청서, 분양전환신고서 또는 임대주택분양전환계획서를 제출하는 분부터 적용한다.	건설교통부령 제553호
2009. 6. 26.	제2조(건축비에 가산할 수 있는 항목에 관한 적용례) [별표 1] 제2호 라목의 개정규정은 이 규칙 시행 후 최초로 입주자를 모집하는 것부터 적용한다.	국토해양부령 제144호
2009. 12. 16.	제2조(분양전환가격 산정기준에 관한 적용례) [별표 1] 제2호 가목 및 라목의 개정규정은 이 규칙 시행 후 최초로 입주자를 모집하는 임대주택부터 적용한다.	국토해양부령 제194호
2014. 7. 16.	제4조(분양전환가격의 산정기준 등에 관한 경과조치) 이 규칙 시행 당시 입주자 모집공고 승인을 받았거나 입주자 모집공고를 한 경우에 대해서는 제5조, [별표 1] 및 [별표 1의2]의 개정규정에도 불구하고 종전의 규정에 따른다.	국토교통부령 제113호

다) 구체적인 적용 법령

다만, 「임대주택법」이 2008. 3. 21. 법률 제8966호로 전부 개정되어 2008. 6. 22. 시행되었는데, 그 부칙 제3조는 "제21조 개정규정은 이 법 시행 당시 종전의 규정에 따라 분양전환계획서를 제출하거나 분양전환의 허가를 신청한 임대사업자에 대하여는 이를 적용하지 아니한다. 다만 임대사업자가 분양전환계획서의 제출 또는 분양전환의 허가신청을 이 법 시행 이후 6개월 이내에 취소하는 경우에는 그러하지 아니하다"고 규정하였다.

따라서 위 전부 개정된 「임대주택법」이 시행된 후, 분양전환계획서를 제출하는 등 하여 분양전환을 실시하는 경우에는 분양전환과 관련된 구 「임대주택법」(「임대주택법」이 2008. 3. 21. 법률 제

---

[326] 감정평가와 관련된 것이다.

8966호로 전부 개정되기 전의 것) 제15조 및 「같은 법 시행규칙」(2008. 6. 20. 국토해양부령 제19호로 전부 개정되어 2008. 6. 22. 시행되기 전의 것) [별표 1]을 적용해야 하는 것이 아니다.

그러므로 비록 전부 개정된 「임대주택법」이 시행되기 전에 이미 입주자를 모집하여 임대차 관계를 유지해 온 임대주택의 경우라도, 전부 개정된 「임대주택법」이 시행된 후 분양전환을 실시하는 경우에는 2008. 6. 20. 국토해양부령 제19호로 전부 개정되어 2008. 6. 22. 시행된 시행규칙 [별표 1]에 정한 대로 분양전환가격을 산정하여야 한다[대법원 2012. 10. 11. 선고 2010다102526 판결].

그리고 2008. 6. 20. 이후에 각 개정된 시행규칙 [별표 1]의 개정 내용은 각 개정 규칙 시행 후 최초로 입주자를 모집한 후 분양전환을 하는 임대주택에 대하여 적용한다.

예를 들어 2008. 6. 22. 이전에 최초로 입주자(임차인)를 모집하고, 임대의무기간 동안 임대를 계속해 오다가 임대의무기간이 도래하여 2014. 7. 16. 이후에 분양전환계획서를 제출하는 임대주택의 경우, 분양전환가격 관련 적용되는 시행규칙 [별표 1]은 2008. 6. 22. 시행된 시행규칙 [별표 1]이다.

3) 위 [별표 1]의 구체적인 내용에 관하여

① 임대의무기간이 10년인 공공건설임대주택의 분양전환 가격은 분양전환 당시 감정평가금액을 초과할 수 없다.

한편 ② '임대의무기간이 5년'인 공공건설임대주택의 분양전환가격 산정 방식은 매우 복잡한데, 일응 다음과 같이 간략한 표로 정리할 수 있다.

분양전환 가격	=산술 평균 가격 [=(① 건설원가+② 감정평가금액)/2]		≤(산정가격-감가상각비) [=① 분양전환 당시의 표준건축비+② 최초 입주자 모집 공고 당시의 택지비+③ 택지비 이자]		
	① 건설원가	② 감정평가금액	① 분양전환 당시의 표준건축비	② 최초 입주자 모집 공고 당시의 택지비	③ 택지비 이자
	(a) 최초 입주자모집공고 당시의 주택가격 (=건축비+택지비) + (b) 자기자금이자 - (c) 감가상각비	2곳의 감정평가법인이 평가한 금액의 산술평균금액 (분양전환 당시시세)	국토교통부장관 고시		

건축비	택지비	
	공공택지	(민간) 사업자보유자택지
최초 입주자 모집 공고 당시의 건축비 (다만, 그 상한가격은 표준건축비이다)	공급가격	2곳의 감정평가법인이 평가한 금액의 산술평균금액 (최초 입주자 모집 공고 전)
위 표준건축비라는 상한가격에 추가로 더할 수 있는 금액(추가비용)이 있다.	추가로 더할 수 있는 금액이 있다.	추가로 더할 수 있는 금액이 있다.

가) 건설원가

(1) 최초 입주자 모집 당시의 주택가격

최초 입주자 모집 당시의 주택가격은 "건축비와 택지비의 합계액"이다. 한편 2014. 7. 17. 개정되기 전에는 "건축비와 택지비를 기준으로 입주자모집승인권자가 산정한다"고 규정하고 있었다.

(가) 개정 경과

개정일시	취지	내용	관련 규정
1999. 1. 28. 제정		최초 입주자 모집 당시의 주택가격: 건축비와 택지비를 기준으로 입주자모집승인권자가 산정한다고 규정하였다.	「임대주택법 시행규칙」 [별표 2] 제2항 가목 (1)
		"건축비의 상한가격은 표준건축비로 한다"라고 규정하고 하였다.	「임대주택법 시행규칙」 [별표 2] 제2항 라목 (1) (가)
2014. 7. 16.		"최초 입주자 모집 공고 당시의 주택가격"이라고 개정되었다.	「임대주택법 시행규칙」 [별표 1] 제2호 가목 (1)
		"건축비는 최초 입주자 모집 공고 당시의 건축비로 하되, 그 상한 가격은 표준건축비로 한다"라고 개정되었다.	「임대주택법 시행규칙」 [별표 1] 제2호 라목 (1) (가)

(나) 개정 규정의 적용 범위

아무튼 2014. 7. 16. 개정된 위 [별표 1] 제2호 가목 (1) 및 [별표 1] 제2호 라목 (1) (가)는 2014. 7. 16. 이후에 ① 입주자모집공고 승인을 받거나, ② 입주자 모집공고를 한 임대주택의

경우부터 적용된다.[321]

　① 임대사업자가 (a) 국가, 지방자치단체, 한국토지주택공사 또는 지방공사 및 (b) 위에 해당하는 자가 단독 또는 공동으로 총지분의 50%를 초과하여 출자한 부동산투자회사 이외의 자인 경우에는(「주택공급에 관한 규칙」 제20조 제1항, 제18조, 구 「주택공급에 관한 규칙」 제8조 제1항) 임대주택의 입주자를 모집을 하려면 입주자모집공고안 등에 대하여 시장, 군수, 구청장의 승인을 받아야 하고, ② 임대사업자가 (a) 국가, 지방자치단체, 한국토지주택공사 또는 지방공사 및 (b) 위에 해당하는 자가 단독 또는 공동으로 총지분의 50%를 초과하여 출자한 부동산투자회사인 경우에는 위와 같은 승인을 받지 않고 입주자모집공고를 할 수 있다.

(다) 건축비

① 추정된 건축비

　한편 "최초 입주자 모집 당시의 주택가격을 건축비와 택지비를 기준으로 입주자모집승인권자가 산정한다"라는 의미는, (민간)임대사업자[322]가 입주자승인권자(관할 시장·군수·구청장)에게 당해 분양전환예정 임대주택의 최초 입주자 모집공고 당시의 주택가격(건축비와 택지비를 구분하여야 함[323]) 등이 포함된 입주자모집공고안에 대하여 승인신청을 하면, 입주자승인권자는 당해 임대주택의 당시[324] 주택가격을 산정하는 요소 중 하나인 건축비에 대하여 표준건축비 이내로 산정된 것인지 여부 등을 심의한 후 적정하면 승인한다는 것이다.

　그런데 임대주택도 착공 시 또는 전체 층수의 1/2 이상에 해당하는 층수의 골조공사가 완성된 때 등에도 입주자를 모집할 수 있는 바,[325] 이러한 경우 최초 입주자 모집 공고 당시의 주택가격은 임대주택이 완공되기 전의 가격이 된다.

　따라서 임대주택이 실제 완공된 후 확정되는 실제 투입된 건축비와 최초 입주자모집공고 승

---

321 〈국토교통부령 제113호, 2014. 7. 16.〉 부칙(시행: 2014. 7. 16.)
　　제4조(분양전환가격의 산정기준 등에 관한 경과조치)
　　이 규칙 시행 당시 입주자 모집공고 승인을 받았거나 입주자 모집공고를 한 경우에 대해서는 제5조, |별표 1| 및 |별표 1의2|의 개정규정에도 불구하고 종전의 규정에 따른다.
322 임대사업자가 국가·지방자치단체·대한주택공사 또는 지방공사인 경우에는 관할 시장·군수·구청장에게 승인을 받을 필요가 없다 (현행 '주택공급에 관한 규칙' 제20조, '구 주택공급에 관한 규칙' 제8조 제1항).
323 「임대주택법 시행규칙」 제5조.
324 입주자모집공고는 최초 청약신청 접수일 5일 이전에 하여야 한다(구 「주택공급에 관한 규칙」 제8조 제4항, 현 「주택공급에 관한 규칙」 제21조 제2항).
325 구 「주택공급에 관한 규칙」 제7조 |별표 2|, 현 「주택공급에 관한 규칙」 제15조.

인 당시의 건축비는 다를 수 있다.[326]

한편 비록 국가, 지방자치단체, 한국토지주택공사 등이 임대사업자인 경우는 관할 시장·군수·구청장으로부터 입주자모집공고안에 대하여 승인을 받지 않지만, 역시 임대주택이 완공되기 전에 입주자모집공고를 내고 입주자를 모집할 수 있으므로, 이 경우에도 입주자모집공고에 기재된 당해 임대주택에 대한 최초 입주자모집공고 당시의 건축비와 실제 완공된 후 확정되는 실제 투입된 건축비가 다를 수 있다.

따라서 임대주택이 완공되기 전에 승인된 입주자모집공고에 기재된 당해 임대주택의 입주자모집공고 당시의 주택가격을 산정하는 요소 중 하나인 건축비란, (민간 및 국가, 지방자치단체, 한국토지주택공사 등의) 임대사업자가 표준건축비를 상한으로 하여 '추정한 건축비'라고 할 수 있다.

그러나 승인된 입주자모집공고에 기재된 당해 임대주택에 대한 건축비는 개념적으로는 '추정한 건축비'라고 할 수 있지만, 실제로는 모두 표준건축비와 같은 금액으로 기재되었을 것이다. 임대사업자로서는 표준건축비보다 낮은 금액으로 추정한 건축비를 입주자모집공고에 기재할 특별한 이유가 없기 때문이다.[327]

그리고 임대사업자는 최대 이윤 추구를 위하여, 임대주택 완공 시까지 실제 투입한 건축비에 관하여 승인된 입주자모집공고에 기재한 (표준)건축비보다 최대한 낮게 축소하려 할 수 있다.

② 상한인 표준건축비

'공공건설임대주택의 표준건축비(국토교통부 고시 제2016-339호)'는 '건축비의 상한가격'으로 '주택공급면적'에 적용(천원/㎡)하는 것인데, 이때 '주택공급면적'이란 '주택공급에 관한 규칙' 제21조 제5항에 따른 '공급면적' 중 '그 밖의 공용면적(=주거공용면적을 제외한 지하층, 관리사무소, 노인정 등 공용면적)'을 제외한 면적, 즉 ① '주거전용면적'(=주거의 용도로만 쓰이는 면적) 및 ② '주거공용면적'(=계단, 복도, 현관 등 공동주택의 지상층에 있는 공용면적)을 말하며, 위 표준건축비에는 부가가치세가 포함되어 있다.

---

326 김종보, '임대주택의 분양전환과 분양가격', 서울대학교 법학 제54권 제3호, 2013년. p.729~762 참조.
327 한편 (민간)임대사업자는 공공건설임대주택 완공 후 임대주택에 대한 취득세를 납부하기 위하여 관할 세무서에 제출하는 자료(과세표준)는 모두 실제 투입한 건축비일 것이다. 당해 임대주택에 대한 취득세의 과세표준(공사비용 등)을 실제보다 높게 할 특별한 이유가 없기 때문이다.

[대법원 2011. 4. 21. 선고 2009다97079 전원합의체 판결]

구 임대주택법 시행규칙(2008. 6. 20. 국토해양부령 제19호로 전부 개정되기 전의 것) 제3조의3 제1항 [별표 1]의 각 규정에 의하면, 표준건축비는 분양전환가격에 반영되는 건축비의 상한가격을 의미하는 것으로서 건축비와는 명확히 구별되고, 분양전환가격의 산정기초가 되는 건설원가는 표준건축비가 아닌 건축비를 기준으로 하고 있음이 분명하다. **그렇다면 분양전환가격 산정의 기초가 되는 건축비는 특별한 사정이 없는 한 표준건축비의 범위 내에서 실제로 투입된 건축비를 의미하고 표준건축비를 의미하는 것은 아니라고 해석하여야 한다.**

[대법원 2015. 12. 23. 선고 2014다17206 판결, 부당이득금반환]

[4] 분양전환가격 산정의 기초가 되는 건축비는 특별한 사정이 없는 한 표준건축비의 범위 내에서 실제로 투입된 건축비(이하 '실제 건축비'라 한다)를 의미하는데, **여기에서 '실제 건축비'는 임대사업자가 임대주택을 건축하기 위하여 투입한 직·간접의 비용 전부를 의미하고, 특정한 항목의 금전이 '실제 건축비'에 해당하는지는 금전의 성격, 일반적인 회계처리의 기준 등을 종합적으로 고려하여 구체적·개별적으로 판단하여야 한다.**

[대법원 2015. 4. 23. 선고 2013다211193 판결]

甲 공사가 구 주택건설촉진법에 따라 직접 조성한 택지에 국민주택기금의 자금을 지원받아 전용면적 50㎡ 초과 60㎡ 이하의 공공건설임대주택으로 건설한 아파트를 임대의무기간이 지난 후 임차인에게 우선 분양전환하였는데, 분양전환가격의 구성요소인 건축비의 상한가격 산정이 문제된 사안에서, 최초 입주자 모집 당시 시행되던 구 **'공공건설임대주택 표준건축비'(2002. 12. 2. 건설교통부고시 제2002-72호, 이하 '표준건축비 고시'라 한다)에서 정한 '공공건설임대주택의 1㎡당 건축비 상한가격'이 지하주차장 건설에 투입되는 비용을 제외한 것인 점,** 표준건축비 고시의 근거가 되는 구 임대주택법 시행규칙(2003. 6. 27. 건설교통부령 제360호로 개정되기 전의 것) 제3조의3 제1항 [별표 1] 제2호 (라)목 (1)의 (나)호 이하에서 (가)호의 건축비 상한가격으로서 표준건축비에 대한 가산항목을 정하면서 (라)호에서 **지하층 면적에 대한 가산에 관하여 특별히 규정하고 있는 점에 비추어 보면, 건축비 상한가격은 아파트 전체 계약면적 중 '지하주차장을 포함한 지하층 면적'을 제외한 면적에 대하여 표준건축비 고시에서 정한 '공공건설임대주택의 1㎡당 건축비 상한가격'을 적용하여 산정한 '(가)호에 의한 건축비 상한가격'에 '(라)호에 의한 지하층 면적에 대한 표준건축비'를 가산한 금액**이라고 한 사례.

[대법원 2015. 12. 23. 선고 2014다17206 판결]

[5] 타인의 자본을 임대주택 건설에 투입하기 위해서는, 실제 투입한 비용 이외에 타인의 자금을 조달하기 위한 이자라는 비용이 발생하는 반면, 자기자본을 건설에 투입하는 경우에는 이러한 비용이 발생하지 아니하

으로 양자를 달리 취급할 합리적인 이유가 있는 점, 기업회계기준에서도 자기자본비용을 금융비용으로 산정하지 아니하고, 자기자본비용이 경제학적 의미에서 '기회비용'에 해당한다 하더라도 임대주택 건축에 실제 투입된 비용으로 보기는 어려운 점, 구 임대주택법 시행규칙(2008. 6. 20. 국토해양부령 제19호로 전부 개정되기 전의 것) 제3조의3 제1항 [별표 1]이 건축비와 택지비를 서로 다른 기준에 의하여 산정하도록 정하고 있으므로, **택지개발촉진법령의 규정에 의하여 택지비에는 자기자본비용이 산입된다 하더라도 이러한 규정이 없는 건축비의 산정 방법을 택지비의 그것과 동일하게 보아야 할 필요는 없는 점 등을 고려하면, 자기자본비용이 실제로 투입된 건축비에 포함된다고 볼 수 없다.**

[6] 분양전환가격 산정의 기초가 되는 '건축비'의 의미를 실제로 투입한 건축비로 해석하는 이상, 정상이윤이 임대주택의 건설에 실제로 투입한 비용으로 보기 어려운 점, 구 임대주택법(2008. 3. 21. 법률 제8966호로 전부 개정되기 전의 것) 제3조, 구 주택법(2007. 4. 20. 법률 제8383호로 개정되기 전의 것, 이하 같다) 제6조 제1항은 모두 임대주택의 건설·공급 및 관리에 관하여 **임대주택법에서 정하지 아니한 사항에 대하여는 주택법을 적용하도록 규정하고 있고, 구 임대주택법령이 공공임대주택의 분양전환가격에 관하여 상세히 규정하고 있는 이상, 임대주택의 분양전환가격 산정에 관하여 구 주택법 제38조의2 제1항에서 정한 분양가 상한제가 적용되지 않으므로, 분양가 상한제 적용주택의 분양가격 공시항목에 이윤이 포함되었다 하여 임대주택의 실제로 투입된 건축비에도 이윤이 포함되어야 한다고 볼 수 없는 점 등을 고려하면, 정상이윤이 실제로 투입된 건축비에 포함된다고 볼 수 없다.**

그러나 실제 국토교통부장관이 고시하는 '공공건설임대주택에 대한 표준건축비를 개정'함에 있어, '표준건축비 개선 방안 연구 논문'을 보면 '이윤'을 포함하고 있는 바,[328] 이는 「국가를 당사자로 하는 계약에 관한 법률 시행규칙」 제8조(원가계산에 의한 예정가격 결정시의 일반관리비율 및 이윤율) 제2항에 '이윤은 직접공사비 중 재료비를 제외한 금액과 간접공사비 및 일반관리비를 합한 금액의 15% 이내로 산정'하도록 규정하고 있는데, 이를 상한으로 하여 한국토지주택공사 등 공공발주기관이 실제 적용하고 있는 '이윤요율' 9%를 고려하고 있다.

이처럼 건축비의 상한인 공공건설임대주택의 표준건축비에는 이윤이 포함되어 있음에도, 실제 투입한 건축비에는 이윤을 포함할 수 없다는 위 대법원 판례에 대하여는 매우 의문이 많다.

참고로 위 대법원 판시 사안은 한국토지주택공사가 다른 건설업체와 도급계약을 체결하여 당해 임대주택을 건설하였던 것이 아니라, 직접 시공하여 건설한 경우인 것으로 보인다.

---

328 한국건설기술연구원(이유섭, 강태경, 연구원 안방률, 백승호, 박원용), '공공건설임대주택 표준건축비 개선방안 연구', 국토해양부, 2008년, p.45, 46 참조.

임대주택사업자가 다른 건설업체에게 발주하여 당해 임대주택을 건설한 경우, 도급계약서 상의 공사대금에 수급인이 계상한 이윤이 포함되어 있어 이를 지급하였다면, 응당 임대주택사업자의 입장에서는 위 건설업자의 이윤도 실제 투입한 건축비라고 볼 수 있다.

그런데 임대주택사업자가 직접 시공하여 임대주택을 건설한 경우, 과연 정상 이윤은 임대주택사업자의 실제 투입한 건축비로 볼 수 없어 이를 당해 임대주택이 건설원가에서 제외하는 것이 타당한 것인지는 매우 의문이다.

즉, 위 대법원 판례에 따를 때, '정상이윤'은 ① 임대사업자가 당해 임대주택을 직접 시공한 경우에는 건설원가에 포함할 수 없지만, ② 임대사업자가 발주하여 다른 주택건설업체(시공사)에 도급을 준 경우에는 도급 계약상 공사금액에 포함된 이윤은 건설원가에 포함할 수 있다는 것으로 결국 이원화되고 만다.

그런데 「임대주택법 시행규칙」 [별표 1]은 그 어디에도 실제 투입한 건축비를 기초로 한다는 규정은 없고 다만 표준건축비를 상한으로 하여 건축비를 산정한다고 규정하고 있을 뿐임에도 [대법원 2013. 2. 14. 선고 2012다51202(본소), 2012다51219(반소) 판결 참조], 위 대법원 판시[대법원 2015. 12. 23. 선고 2014다17206 판결]는 **"분양전환가격 산정의 기초가 되는 '건축비'의 의미를 실제로 투입한 건축비로 해석하는 이상"**이라고 설시하면서, 사실상 입법행위를 하고 있는 것이다.

한편 「임대주택법 시행규칙」 [별표 1]은 공공건설임대주택의 분양전환가격을 건설원가와 감정평가금액을 산술평균한 가액으로 하고, ① 그 상한을 정하여 분양전환가격의 상승을 일정 이하로 억제함에 따라 임차인이 분양전환을 받을 수 없게 되는 경우를 사전에 방지하고 무주택 서민에게 주택소유의 기회를 부여하려는 취지와, ② 동시에 임대사업자에게도 임대주택건설에 따른 합리적인 이윤을 보장하여 임대주택건설 사업이 위축되는 부작용을 방지하려는 취지를 함께 고려하여, 합리적이고도 적정한 균형점을 찾으려는 정책적 판단에 따른 것이라는 점을 고려할 때,[329] 위 대법원 판시가 타당하다고 보기는 어렵다고 본다.

그리고 관련 규정의 연혁을 보면, ① 1989. 11.부터 '주택분양가 원가연동제'[330]가 시행되었는데, 위 '원가연동제'는 주택건설사업자의 '초과이윤'을 방지하기 위하여 '주택분양가=택지비+건

---

[329] 법제처 법령 해석례[법제처 12-0717, 2013. 3. 25., 민원인] 등 참조.
[330] '분양가격 규제제도'는 크게 ① 분양가격의 상한선을 정한 '상한 가격 규제 방식'과 ② 건축비의 상한가격은 규제하되, 이를 주기적 혹은 비주기적으로 인상, 조정할 수 있도록 한 '원가 연동제 방식'으로 구분된다.
그리고 ① 위 '상한 가격 규제 방식'은 다시 (a) 1981년 이전의 '시가 연동기'와 (b) 1982년 이후부터 1989. 11. 이전까지의 '획일적 규제기'로 구분된다('새로운 건축비 산정 기준 수립 연구', 2005. 3. 연구기관 한국건설기술연구원, 한국감정원, 건설교통부, p. 10~14 참조).

축비+적정이윤'로 정하게 하였으며, ② 1993. 5. 1.부터 시행된 '공공임대주택 건설 및 관리지침' 은, '당해 임대주택에 대한 분양전환가격'은 '건설원가'와 '감정평가금액'의 산술평균가격으로 정 하는데, 이때 (a) '건설원가'는 입주자모집공고 시의 '분양가격'에 임대기간 중의 자기자금이자를 더하고, 임대기간 중의 감가상각비를 공제하여 산정하고, (b) 위 '분양가격'은 '원가연동제'에 의 하여 산정한 입주자모집공고시의 분양가격이라고 규정하고 있었으며, ③ 1998. 12. 30. 「주택 분양가 원가연동제 시행지침」이 폐지되었음에도, ④ '공공임대주택 건설 및 관리지침'은 계속 유지되다가, ⑤ 1999. 1. 28. 신설[331]된 구 「임대주택법 시행규칙」 제3조의3 [별표 2]는, 기존의 '원 가연동제'를 그대로 반영하여[332] 당해 임대주택의 건설원가는 표준건축비를 상한으로 하여 산 정되도록 규정하였던 점을 볼 때, 당해 임대주택의 건설원가에는 '정상이윤'이 포함되어 있는 것으로 보아야 마땅하다고 본다.

③ 표준건축비에 추가할 수 있는 가산비용

앞서 본 바와 같이 위 '표준건축비'는 '주거전용면적'과 '주거공용면적'에 대한 건축비의 상한 가격에 불과하여, 공공건설임대주택 건설에 기본적이고 필수적인 비용에 대하여 산정된 일종 의 표준적인 상한가격인 것이고, 공공건설임대주택의 최종적인 건축비의 상한가격으로는 볼 수 없다.

'가산비용'은 표준건축비에 일률적으로 포함하기 어려운 지하층 건축비와 주거품질 및 주거 환경의 질적 향상을 유도하기 위해 법적으로 따로 규정하는 비용을 말한다.

따라서, 공공건설임대주택에 대한 최초 입주자모집공고 당시의 주택가격을 산정함에 있어서 는 ① 위 표준건축비에 ② 「임대주택법 시행규칙」 [별표 1] 제2호 라목 1) 나) 내지 바)에 규 정한 '가산비용'을 더한 가격이 '최종적인 상한가격'이 된다(법제처 13-0139, 2013. 6. 18, 민원인, 참조).

[대법원 2015. 2. 12. 선고 2013다81200 판결]

임대주택 관련 법령의 목적 및 제도적 취지와 구 임대주택법 시행규칙(2006. 8. 7. 건설교통부령 제530호 로 개정되기 전의 것, 이하 같다)의 규정체계 및 개정연혁 등에 비추어 보면, 구 임대주택법 시행규칙 [별표 1] 의 **제2호 (라)목 (1)에 규정된 건축비는 공공건설임대주택의 최초 입주자모집 당시의 가격 산정의 기준이 되**

---

331 '공공임대주택 건설 및 관리지침'은 1999. 1. 29. 폐지되었다.
332 1999. 1. 28. 이후에도 국민주택기금을 지원받은 공공임대주택과 전용면적 60㎡ 이하 공공분양주택은 여전히 원가연동제 방식 으로 분양가를 규제받았다(새로운 건축비 산정 기준 수립 연구, 2005. 3. 연구기관 한국건설기술연구원, 한국감정원, 건설교통 부, p.1 참조).

는 것으로서 그 상한가격은 건설교통부장관이 따로 고시하는 표준건축비에 같은 목 (1)의 (나) 이하에 규정된 비용을 가산하거나 공제하는 방식으로 산정되어야 한다고 해석함이 타당하다 할 것이다.

원심판결 이유를 이러한 법리와 기록에 비추어 살펴보면, 원심이 그 판시와 같은 이유를 들어 이 사건 임대 아파트의 **표준건축비에 주택임대보증 수수료, 지하층 건축비, 발코니 섀시 설치비용, 설비덕트 설치비용, 욕실 설치비용, 건설근로자 퇴직공제부금, 하도급대금 지급보증 수수료 등을 가산하여 그 건축비 상한가격을 산정한 것은 정당한 것으로 수긍이 가고**, 거기에 상고이유의 주장과 같은 건축비와 표준건축비의 해석에 관한 법리오해, 대법원판례 위반, 판단누락, 석명권 불행사에 따른 심리미진 등의 위법이 없다.

[대법원 2015. 4. 23. 선고 2013다211193 판결]

甲 공사가 구 주택건설촉진법에 따라 직접 조성한 택지에 국민주택기금의 자금을 지원받아 전용면적 50㎡ 초과 60㎡ 이하의 공공건설임대주택으로 건설한 아파트를 임대의무기간이 지난 후 임차인에게 우선 분양전환하였는데, 분양전환가격의 구성요소인 건축비의 상한가격 산정이 문제 된 사안에서, 최초 입주자 모집 당시 시행되던 구 '공공건설임대주택 표준건축비'(2002. 12. 2. 건설교통부고시 제2002-72호, 이하 '표준건축비 고시'라 한다)에서 정한 '공공건설임대주택의 1㎡당 건축비 상한가격'이 지하주차장 건설에 투입되는 비용을 제외한 것인 점, 표준건축비 고시의 근거가 되는 구 임대주택법 시행규칙(2003. 6. 27. 건설교통부령 제360호로 개정되기 전의 것) 제3조의3 제1항 [별표 1] 제2호 (라)목 (1)의 (나)호 이하에서 (가)호의 건축비 상한가격으로서 표준건축비에 대한 가산항목을 정하면서 (라)호에서 지하층 면적에 대한 가산에 관하여 특별히 규정하고 있는 점에 비추어 보면, 건축비 상한가격은 아파트 전체 계약면적 중 '지하주차장을 포함한 지하층 면적'을 제외한 면적에 대하여 표준건축비 고시에서 정한 '공공건설임대주택의 1㎡당 건축비 상한가격'을 적용하여 산정한 '(가)호에 의한 건축비 상한가격'에 '(라)호에 의한 지하층 면적에 대한 표준건축비'를 가산한 금액이라고 한 사례.

참고로 대법원 2011. 4. 21. 선고 2009다97079 전원합의체 판결의 취지를 이해함에 있어 오해가 없어야 할 것이다.

(라) 택지비

택지비를 산정함에 있어서도 민간임대주택사업자가 한국토지주택공사와 체결한 약정 대금으로 할 것인지 아니면 선납으로 할인받아 납부한 실제 대금으로 볼 것인지 등등의 문제가 있다.

우선 대법원은 택지비 산정과 관련하여 「주택분양가 원가연동제 시행지침」은 당해 임대주택의 분양전환이 이루어질 당시에는 이미 폐지(1998. 12. 30.)되었으므로, 당해 사건의 택지비 산정에 관하여 적용할 수 없다고 판시하였다[대법원 2011. 7. 28. 선고 2010다55309 판결].

[대법원 2011. 7. 28. 선고 2010다55309 판결]

원심은 이 부분 쟁점에 관하여 판단하면서 구 임대주택법 시행규칙 이외에 '주택분양가원가연동제시행지침'을 인용하고 있으나, 위 지침은 이 사건 임대주택의 분양전환이 이루어질 당시에는 이미 폐지되어 이 사건 택지비의 산정에 관하여 적용될 수 없는 것이다. 이점을 지적하는 취지의 원고들의 상고이유는 이유 있다.

[대법원 2015. 9. 15. 선고 2015다210811 판결]

구 임대주택법 시행규칙 제3조의3 제1항 [별표 1] 제2호 (라)목 (2) (다)에서는 공공택지의 택지비에 가산할 수 있는 항목으로서, 택지를 공급받기 위하여 선수금·중도금 등 택지비의 일부 또는 전부를 선납한 경우에는 선납일부터 입주자모집공고 후 6월이 되는 날까지의 택지대금에 대한 기간이자를 가산할 수 있고, 이자율은 '최초 입주자모집공고 당시의 은행법에 의한 금융기관으로서 가계자금 대출시장의 점유율이 최상위인 금융기관의 1년 만기 정기예금이자율'에 의하도록 규정하고 있다. **위 규정은 임대사업자가 공공택지를 공급받는 과정에서 선수금·중도금을 선납한 경우에 입주자모집을 통하여 임대차보증금 등을 회수할 때(최초 입주자모집공고일로부터 6개월이 되는 날이다)까지의 기간 동안 선납금에 대하여 그 금융이자를 지급해 줌으로써 임대사업자의 실제 투입 비용을 보전해 주는 데 그 의의가 있는 것이다.**

[대법원 2015. 2. 12. 선고 2013다81200 판결]

원심은 그 판시와 같은 이유를 들어, **설령 입주자모집공고 승인 이후 3년이 지나서 이 사건 임대아파트 부지의 매매대금이 당초 39,292,800,000원에서 152,593,390원만큼 감액 정산되었더라도 이 사건 임대아파트 부지 매매계약 당시의 매매대금을 기준으로 산정된 택지비가 관계 법령을 위반하여 과다하게 산정된 것은 아니라고 보아, 감액된 매매대금을 공제한 금액으로 택지비가 새로 산정되어야 한다는 원고들의 주장을 배척하였다.**

원심판결 이유를 관련 법리와 기록에 비추어 살펴보면 원심의 이러한 조치는 정당한 것으로 수긍이 가고, 거기에 상고이유의 주장과 같은 택지비 산정에 관한 법리오해 등의 위법이 없다.

[대법원 2011. 7. 28. 선고 2010다55309 판결]

구 임대주택법 시행규칙(2008. 6. 20. 국토해양부령 제19호로 전부 개정되기 전의 것) 제3조의3 제1항 [별표 1] 제2호 (라)목 (2) (가)에서는 분양전환가격의 구성요소 중 하나인 **택지비의 산정기준**에 관하여, "국가·지방자치단체와 한국토지공사·대한주택공사 등 공공기관이 「택지개발촉진법」등 법률에 의하여 개발·공급하는 택지(이하 '공공택지'라 한다)의 경우에는 그 공급가격"이라고 규정하고 있는바, **여기에서 '공급가격'이라고 함**

은 택지가 공급될 당시 시행되는 택지개발촉진법, 택지개발촉진법 시행령 및 그로부터 위임을 받은 사항을 정한 택지개발촉진법 시행규칙, 택지개발업무처리지침 등 관련 법령(이하 '택지개발촉진법 등 관련 법령'이라고한다)에서 정한 택지공급가격에 관한 기준에 위반하지 아니하는 범위 내에서 임대사업자가 택지공급자로부터 실제로 공급받은 택지의 가격을 의미한다고 해석된다. 따라서 택지개발촉진법 등 관련 법령에 위반한 공급가격을 택지비로 하여 이를 기초로 산정한 임대주택의 분양전환가격으로 체결된 분양계약은 강행법규인 구 임대주택법 등 관련 법령에 위반한 것으로서 정당한 분양전환가격을 초과하는 범위 내에서 무효이다.

구 임대주택법 시행규칙에서 택지대금과 관련한 이자로서 명시적으로 택지비에의 가산을 인정하는 것은 택지대금을 선납한 경우 그에 대한 일정 기간, 일정 이율에 의한 금액에 한정하고 있는 점, 임대사업자가 택지공급자와 사이에 택지대금을 분할하여 지급하기로 하면서 이자율 및 분할납부기간 등을 정하여 지급한 약정 이자를 택지비에 가산할 수 있다면 임대사업자의 임의적인 선택에 따라 임차인이 분양전환 시 부담하는 분양 대금이 가중될 수 있어 임대사업자가 자의적으로 분양전환가격을 정하는 것을 방지하고 합리적인 가격에 임 대주택의 분양이 이루어지도록 함으로써 국민주거생활의 안정을 도모하고자 하는 임대주택법의 입법 목적에 반하는 점 등을 고려하면, **임대사업자가 택지 매수대금을 분할하여 지급함으로 인하여 택지 공급자에 대하여 부담하는 약정이자는 택지비에 가산할 수 있는 '택지와 관련된 비용'에 해당한다고 할 수 없다.**

[대법원 2011. 4. 21. 선고 2009다97079 전원합의체 판결]

대한주택공사의 존립 목적과 업무 범위 등에 비추어 볼 때, 대한주택공사가 공공건설임대주택을 건설하여 임대·분양하려는 민간 임대사업자에게 택지를 공급하는 경우에는 조성원가의 할인가격을 적용하면서, 스스로 개발한 택지 위에 직접 공공건설임대주택을 건설하여 임대·분양하는 경우에는 아무런 제한 없이 조성원가혹은 그 이상으로 택지비를 산정하여 무주택 임차인에게 그 비용을 부담시킬 수 있다고 보는 것은 합리적 이유가 없고 형평을 상실한 것일 뿐만 아니라, 대한주택공사의 존립 목적에 정면으로 배치되고 경제적 약자 계층에 주거기반을 제공하여 주거생활의 안정을 도모하려는 임대주택법의 입법 목적에도 반한다. 따라서 **대한주택공사가 스스로 개발한 택지 위에 직접 공공건설임대주택을 건설한 경우 그 공공건설임대주택의 분양전환가격에 반영되는 택지비는 구 임대주택법 시행규칙(2008. 6. 20. 국토해양부령 제19호로 전부 개정되기 전의 것) 제3조의3 제1항 [별표 1]과 구 택지개발업무처리지침(택지 58540-647, 1995. 8. 10. 제정) 제18조 제1항 [별표 3] 등 관련 법령을 유추 적용하여 임대주택건설용지의 조성원가를 일정비율로 할인한 택지공급 가격이라고 보아야 한다.**

[대법원 2015. 12. 23. 선고 2014다17206 판결]

[2] 구 택지개발촉진법(1997. 12. 13. 법률 제5454호로 개정되기 전의 것) 제18조 제2항, 구 택지개발촉진법 시 행령(1999. 6. 11. 대통령령 제16395호로 개정되기 전의 것) 제7조 제5항의 위임에 따른 구 택지개발업무처리지 침(택지 58540-390 1997. 7. 23. 개정) 제13조 제1항, 제3항 본문, 제3항 단서 제5호, 구 임대주택법 시행규칙

(2002. 9. 11. 건설교통부령 제330호로 개정되기 전의 것) 제2조의3 제1호의 문언·취지·체계 등에 비추어 보면, **대한주택공사가 스스로 택지개발사업에 의하여 조성한 택지 위에 최초 국민주택건설 사업계획 승인을 받았다가 그 후 사정변경에 의하여 주택건설 사업계획 변경승인을 받아 동일한 택지 위에 임대주택을 건설하게 된 경우에도, 최초 주택건설 사업계획 승인을 받을 무렵 택지의 공급이 있었다고 봄이 타당하므로, 그 무렵 시행되는 택지개발업무처리지침이 정한 그 용도의 택지에 대한 공급가격 기준에 따라 택지비를 산정하여야 한다.**

[3] 구 임대주택법령 및 택지개발촉진법령 등 관계 법령의 문언·취지 등에 더하여, 구 임대주택법 시행규칙 (2008. 6. 20. 국토해양부령 제19호로 전부 개정되기 전의 것) 제3조의3 제1항 [별표 1] 제2호 (라)목 (2)의 (가)는 '택지비'에 관하여 '택지개발촉진법 등 법률에 의하여 개발·공급하는 택지의 경우에는 그 공급가격'이라고만 정하고 있을 뿐 **택지조성원가의 산정 기준 등에 관하여 아무런 규정을 두고 있지 아니한 점**, 구 택지개발촉진법(1997. 12. 13. 법률 제5454호로 개정되기 전의 것) 제18조 제3항, 구 택지개발촉진법 시행규칙(1999. 6. 11. 건설교통부령 제196호로 전부 개정되기 전의 것) 제8조 [별표] '택지조성원가산정표'는 택지조성원가의 구성요소와 산정방식을 구체적으로 정하고 있는데, **택지개발촉진법령은 사업완료 이전 추정 조성원가에 의한 택지공급을 금지하고 있지 아니할 뿐만 아니라 추정 조성원가와 실제 조성원가가 상이한 경우 정산에 관한 규정도 두고 있지 아니한 점**, 한편 임대사업자가 스스로 택지개발사업에 의하여 조성한 택지 위에 임대주택을 건설한 경우 택지개발촉진법령을 유추적용하여 할인율을 적용하도록 한 취지는 특정한 시점을 기준으로 당시 시행중인 법령에 의한 상한가격으로 택지의 공급을 의제하는 것이고, 만약 택지공급이 의제되는 시점이 택지 조성사업이 완료되기 이전이라면 당시에는 실제 조성원가가 존재할 수 없으므로 사전에 산출한 추정 조성원가에 의할 수밖에 없는 점 등을 종합하면, **임대사업자가 스스로 택지를 개발하여 공공건설임대주택을 건설한 경우 추정 조성원가 산정 과정에 택지개발촉진법 등 관련 법령에서 정한 택지공급가격에 관한 기준에 위반되는 등의 특별한 사정이 없는 한, 택지공급이 의제되는 시점에 존재하는 추정 조성원가에 할인율을 적용하여 택지비를 산정하였다고 하여 택지개발촉진법령 또는 임대주택법령에 위반된다고 볼 수 없다. 따라서 사후적으로 확정된 실제 조성원가가 추정 조성원가에 미치지 못하여 추정 조성원가 중 실제 조성원가를 초과하는 부분이 분양전환가격에 반영되었더라도 그 범위 내에서 분양전환계약이 무효라고 볼 수 없다.**

[대법원 2015. 4. 23. 선고 2013다202601 판결]

구 임대주택법 시행규칙(2011. 4. 11. 국토해양부령 제350호로 개정되기 전의 것, 이하 같다) 제14조에 따르면, 국민주택기금의 자금을 지원받아 건설하거나 공공사업에 의하여 조성된 택지에 건설하는 전용면적 85㎡ 이하 임대의무기간 5년인 공공건설임대주택을 임차인에게 우선하여 분양전환할 때 그 분양전환가격은 구 임대주택법 시행규칙 제9조 [별표 1] '공공건설임대주택 분양전환가격의 산정기준'(이하 '이 사건 별표'라 한다)에 따라 산정하여야 한다고 규정하고 있다.

이 사건 별표에 따르면, 임대의무기간이 5년인 임대주택의 분양전환가격은 건설원가와 감정평가금액의 산술평균한 가액으로 하는데, 여기서 건설원가는 '최초 입주자 모집 당시의 주택가격+자기자금이자-감가상각비'로 산정하고, 최초 입주자 모집 당시의 주택가격은 건축비와 택지비의 합계액으로 하며[1. 나. 및 2. 가. 1], 그 중 택지비는, '국가, 지방자치단체나 한국토지주택공사 등 「공공기관의 운영에 관한 법률」에 따른 공공기관 이 택지개발촉진법 등 법률에 따라 개발·공급하는 택지(이하 '공공택지'라 한다)인 경우에는 그 공급가격'**[이 사건 별표 2. 라. 2) 가)호, 이하 '이 사건 별표 가)호'라 한다]**으로 하고, '임대사업자가 취득 또는 보유하고 있 는 공공택지가 아닌 택지(이하 '사업자보유택지'라 한다)인 경우에는 최초 입주자 모집 공고 전에 임대사업자 의 비용부담으로 사업계획승인권자가 두 곳의 감정평가법인에 의뢰하여 감정평가한 가격의 산술평균가격'**[이 사건 별표 2. 라. 2) 나)호, 이하 '이 사건 별표 나)호'라 한다]**으로 하도록 되어 있다.

이와 같이 이 사건 별표는 공공건설임대주택의 분양전환가격의 산정요소인 택지비에 관하여 해당 택지가 공공택지인 경우와 사업자보유택지인 경우를 구분하여 그 산정방법을 달리 정하고 있는데, **이 사건 별표 가)** 호는 그 문언 상 임대사업자가 국가·지방자치단체·공공기관 등으로부터 택지개발촉진법 등 법률에 따라 개발 된 택지를 공급받는 경우에 직접 적용된다고 볼 수 있다. 임대사업자가 직접 공공사업에 따라 택지를 조성하 고 그 택지에 전용면적 85㎡ 이하 임대의무기간 5년인 공공건설임대주택을 건설하였으나 택지를 조성한 근 거 법령 등에 조성된 대지의 공급과 그 가격에 관하여 정하고 있지 아니한 경우에도 이러한 택지를 이 사건 별 표 가)호 규정의 '공공택지'와 달리 보기 어려우므로, 임대주택의 부지가 사업자보유택지임을 전제로 하는 이 사건 별표 나)호 규정을 적용할 수 없고 이 사건 별표 가)호 규정을 유추적용하여야 한다.

그러나 이때 택지를 조성한 근거 법령 등에 조성된 택지의 공급가격에 관하여 정하고 있지 아니한 이상 이 사건 별표 가)호의 '공급가격' 부분을 그대로 적용할 수 없으므로, 택지의 취득에 소요된 비용만을 분양전환 가격에 반영하게 함으로써 임대사업자에게 택지와 관련된 초과수익이 발생하지 아니하게 하면서 임차인으로 하여금 임대사업자가 손실을 입지 아니하는 범위 내에서 가능한 한 낮은 가격에 임대주택을 분양전환받을 수 있도록 하고자 하는 이 사건 별표 가)호의 입법 취지 등에 비추어 볼 때 **이 사건 별표 가)호 규정의 '공급가격' 을 실제 소요된 '택지의 조성원가'로 보아 분양전환가격의 구성요소인 택지비를 산정함이 타당하다.**

[대법원 2015. 4. 23. 선고 2013다211193 판결]

구 임대주택법 시행규칙(2009. 12. 16. 국토해양부령 제194호로 개정되기 전의 것) 제9조 제1항 [별표 1] 의 '공공건설임대주택 분양전환가격의 산정기준'(이하 '[별표 1]'이라 한다)은 공공건설임대주택의 분양전환가 격의 구성요소인 **택지비에 관하여 해당 택지가 공공택지인 경우와 사업자보유택지인 경우를 구분하여 산정 방법을 달리 정하고 있는데**, [별표 1] 제2호 (라)목 2)의 가)호 규정(이하 '[별표 1] 가)호 규정'이라 한다)은 문 언 상 **임대사업자가 국가·지방자치단체·공공기관 등으로부터 택지개발촉진법 등 법률에 따라 개발된 공공택 지를 공급받는 경우에 직접 적용된다.** 임대사업자가 직접 공공사업에 따라 택지를 조성하고 택지에 전용면적 85㎡ 이하 임대의무기간 5년인 공공건설임대주택을 건설하였으나 택지를 조성한 근거 법령 등에 조성된 택 지의 공급과 공급가격에 관하여 정하고 있지 아니한 경우에도 이러한 택지를 [별표 1] 가)호 규정의 '공공택 지'와 달리 보기 어려우므로, 임대주택의 부지가 사업자보유택지임을 전제로 하는 [별표 1] 제2호 (라)목 2)의나)호 규정을 적용할 수 없고 [별표 1] 가)호 규정을 유추 적용하여야 한다. 그러나 이때 택지를 조성한 근거 법령 등에 조성된 택지의 공급가격에 관하여 정하고 있지 아니한 이상 [별표 1] 가)호의 '공급가격' 부분을 그대로 적용할 수 없으므로, 택지의 취득에 소요된 비용만을 분양전환가격에 반영하게 함으로써 임대사업자에게 택지와 관련된 초과 수익이 발생하지 아니하게 하면서 임차인으로 하여금 임대사업자가 손실을 입지 아니하는 범위 내에서 가능한 한 낮은 가격에 임대주택을 분양전환받을 수 있도록 하고자 하는 **[별표 1] 가)호의 입법 취지** 등에 비추어 볼 때 **[별표 1] 가)호 규정의 '공급가격'을 '택지의 조성원가'로 보아 분양전환가격의 구성 요소인 택지비를 산정함이 타당하다.**

(2) 자기자금이자

(가) 산정 방식

'자기자금이자'는 최초 입주자모집 당시의 주택가격에서 국민주택기금융자금과 임대보증금과 임대료의 상호전환 전 임대보증금을 공제한 금액에 이자율과 임대기간을 곱한 방식으로 산정된다.

> 자기자금이자=(최초 입주자모집 당시의 주택가격-주택도시기금융자금-임대보증금과 임대료의 상호전환 전 임대보증금[333])×이자율×임대기간

이때 '이자율'은 '당해 임대주택의 임대 개시일과 분양전환 당시 각각의 은행법에 의한 금융기관으로서 가계자금 대출시장의 점유율이 최상위인 금융기관의 1년 만기 정기예금이자율의 산술평균 이자율'을 말한다.[334]

(나) 상호전환 전 임대보증금으로 규정한 취지

이때 '상호전환 전 임대보증금(표준형 임대보증금)'이라고 규정한 것은, 최초의 표준임대보증금은 당해 임대주택에 대한 건설원가에서 주택도시기금을 공제한 금액의 50%로 정해짐에 따라, 임대사업자의 자기자금(=건설원가-주택도시기금) 중 50%는 최초의 표준 임대보증금 상당액으로 늦

---

[333] 2002. 9. 11. 개정되기 전에는 '임대보증금'이라고만 규정하고 있었으나, 2002. 9. 11. 개정된 구「임대주택법 시행규칙」[별표 1]부터 '임대보증금과 임대표의 상호 전환 전 임대보증금'으로 개정되었다.

[334] 2002. 9. 11. 개정되기 전에는 **분양전환 당시**의 한국주택은행의 1년 만기 정기예금이자율'이라고만 규정하고 있었으나, 2002. 9. 11. 개정된 구「임대주택법 시행규칙」[별표 1]부터 '<u>당해 임대주택의 임대 개시일과 분양전환 당시 각각의 은행법에 의한 금융기관으로서 가계자금 대출시장의 점유율이 최상위인 금융기관의 1년 만기 정기예금이자율의 산술평균 이자율</u>'로 개정되었다.

어도 임대개시 시점에 이미 충당되었고,[335] 자기자금의 나머지 50%에 대하여는 임대기간 동안 보전받지 못하여, 그에 대한 이자를 분양전환 시 분양전환가격에 더하여 반영한다는 취지이다.

대법원도 [별표 1] 제2호 (가)목에 정한 건설원가에 자기자금이자를 포함한 것은 임대아파트 건설과정에서 임대사업자가 투여한 자기자금의 기여를 인정하여 그에 대해 임대기간 동안 발생한 이자를 분양전환가격에 반영할 수 있도록 한 취지라고 판시한 바 있다(대법원 2012. 10. 11. 선고 2010다102526 판결 참조).

한편 임대사업자는 아래 표와 같이 임차인의 동의로 최초 임대보증금을 표준임대보증금과 표준임대료가 상호 전환된 임대보증금(80)으로 받을 수 있는데, 이러한 경우 임대사업자의 자기자본의 기여는 ⑧(10)에 불과하므로, 분양전환가격에 추가될 자기자금이자는 ⑧(10)에 대한 임대기간 동안의 이자만이 반영되어야 하는 것이 아닌가 하는 의문이 생길 수 있다.

그러나 최초의 임대보증금이 위와 같이 상호 전환된 임대보증금(80)으로 지급되었다고 하더라도, 임차인은 전환된 임대보증금(35)에 대한 정기예금이자율 상당액만큼 임대료가 감액된 것이므로, 결국 상호 전환된 임대보증금이 임대개시 시점에 지급되었다고 하더라도(그리고 임대기간 중 임대보증금이 증액되었다고 하더라도), 분양전환가격 산정 시에는 건설원가(100)에 주택도시기금(10) 및 표준임대보증금(45[336])을 공제한 금액(45[337])에 대한 이자를 자기자금이자로 가산하여야 하는 것이다.

건설원가(100)			
주택도시기금(10)	표준임대보증금(45)	Ⓐ(45)	
		전환된 임대보증금(35)	⑧(10)

(다) 상호전환 전 임대보증금의 산정기준 시

앞서 본 바와 같이 자기자금이자를 산정함에 있어 '임대보증금과 임대료의 상호 전환 전 임대보증금(표준형 임대보증금)'이 고려되는데, 여기서 ① 임대기간 동안 표준형 임대보증금이 변동

---

[335] 공공건설 임대주택의 표준임대차계약서 제1조 제3항은 "임차인은 임대보증금을 이자 없이 임대사업자에게 예치하여야 한다"고 규정하고 있다.

[336] 임대기간 중 표준임대보증금이 증액된 경우에는 그 증액된 금액이 될 것이다. 표준임대보증금보다 표준형 임대보증금이라고 표현하는 것이 더 적절하다.

[337] 임대기간 중 표준(형)임대보증금이 증액되면, 응당 위 공제되어 남은 금액은 감소하게 된다.

이 있으면 그 변동분도 반영되어야 하는가 아니면 ② 분양전환 당시의 표준형 임대보증금인가가 문제될 수 있다.

이와 관련하여 ① 임대사업자는 임대기간 동안 매해 상호전환 전 표준임대보증금을 각각 달리 정하기도 하는 한편, ② 법원은 이는 '분양전환 당시의 표준임대보증금'이라고 판시(서울고등법원 2010. 11. 10. 선고 2009나92342 판결 참조**338**)한 바 있기도 하다.

그런데 임대사업자는 임대보증금을 1년마다 5% 정도를 증액하는 경우 응당 표준형 임대보증금도 증액 변경된다. 이러한 경우에는 응당 분양전환가격 산정 시 자기자금이자를 산정함에 있어서는 그 증액 변동된 표준형 임대보증금을 더 공제하여 계산하여야 할 것이다.

즉, 임대기간 중 상호 전환 전 임대보증금(표준형 임대보증금)에 대하여 증액 변동이 있다면, 그 증액 변동된 금액에 대한 이자로 임대사업자의 자기자금 이자를 추가로 더 보전할 수 있다고 할 것이므로, 분양전환가격 산정 시 자기자금이자를 산정함에 있어서는 그 증액 변동된 임대보증금을 더 공제하여 계산하는 것이 옳기 때문이다.

대법원도 "분양전환가격 산정 시 자기자금이자를 산정함에 있어서는 임대기간 동안 변경된 표준임대보증금을 주택가격에서 공제하여 각 기간별로 자기자금이자를 계산하여야 한다"는 취지의 판시(대법원 2012. 10. 11. 선고 2010다102526 판결 참조)를 한 바 있다.

[대법원 2012. 10. 11. 선고 2010다102526 판결]

원심판결의 이유에 의하면, 원심은 임대주택법 제2조에 따른 공공건설임대아파트인 이 사건 아파트의 정당한 분양전환가격을 정하기 위하여 구 임대주택법 시행규칙(2003. 6. 27. 건설교통부령 제360호로 개정되기 전의 것) 제3조의3 제1항 [별표 1] 제2호 (가)목에 따라 건설원가 및 거기에 포함시킬 **자기자금이자를 계산하면서** '최초 입주자모집 당시의 주택가격'에서 공제할 '임대보증금'을 '분양전환 당시의 표준임대보증금'으로 보았다.

그러나 위 조항에서 건설원가에 자기자금이자를 포함시킨 것은 임대아파트의 건설과정에서 임대사업자가 투여한 자기자금의 기여를 인정하여 그에 대하여 임대기간 동안 발생한 이자를 분양전환가격에 반영할 수 있

---

338 "또한 분양전환가격에 포함되는 자기자금이자를 산정함에 있어서의 임대보증금은 '표준임대보증금'으로 보아야 함은 앞서 본 바와 같은 바, 위와 같이 이자율을 '분양전환 당시'의 국민은행 1년 만기 일반정기예금 이자율로 봄이 상당한 이상 자기자금이자를 산정할 때의 다른 독립변수인 표준임대보증금도 '분양전환 당시의 표준임대보증금으로 봄이 상당하다."
　참고로, 위 판시는 당해 임대주택의 분양전환가격 산정에 관한 기준을 2002. 9. 11. 개정되기 전의 구 「임대주택법 시행규칙」 [별표 1]을 적용한 경우이다.

도록 한 취지라고 할 것이므로, 임대기간 중 임대사업자가 수령한 표준임대보증금이 변경되어 임대사업자가 투여한 자기자금이 변동된 경우에는 그와 같이 변경된 표준임대보증금을 주택가격에서 공제하여 각 기간별로 자기자금이자를 계산함이 상당하다.

그런데 원심은 이 사건 아파트의 표준임대보증금이 임대기간 동안 변경되었음에도 '분양전환 당시의 표준임대보증금'을 전 임대기간에 적용하여 자기자금이자를 산정하였으니, 이러한 원심의 판단에는 자기자금이자 산정에 적용할 임대보증금에 관한 법리를 오해하여 판결 결과에 영향을 미친 잘못이 있다고 할 것이고, 이 점을 지적하는 상고이유 주장에는 정당한 이유가 있다.

한편 ② 분양전환 가격 산정 시, 임대사업자의 임대기간 동안의 자기자금이자를 산정하는 것이므로, 응당 '분양전환 당시'의 상호전환 전 임대보증금 또는 표준임대보증금을 당해 임대주택가격에서 공제할 수는 없을 것이다.

(라) 이자율 관련

이자율은 '1년 만기 정기예금이자율'이 기준이 된다고 위 [별표 1]에 명시하고 있음에도, 임대사업자는 1년 만기 정기예금이자율이 아닌 우대 특별금리인 '1년 만기 수퍼정기예금의 이자율'을 기초로 산정하기도 한다.

그러나 이는 위 [별표 1]의 문언에 반한다고 할 것이다(서울고등법원 2010. 11. 10. 선고 2009나92342 판결 참조).

[서울고등법원 2010. 11. 10. 선고 2009나92342 판결]

② 분양전환가격은 임대주택사업자뿐만 아니라 임차인에게도 분양전환여부를 결정하는 중요한 요소이므로 그 예측가능성이 담보되어야 하는 점 등을 고려해 보면, 위 '분양전환 당시의 국민은행 1년 만기 정기예금이자율'은 분양전환 당시 그 예측가능성이 담보되는 '국민은행 1년 만기 일반정기예금의 이자율'을 의미한다고 봄이 상당하고(국민은행 1년 만기 수퍼정기예금의 이자율은 앞서 본 바와 같이 예금액이 100만 원 이상인 경우에 적용되는 것이므로 일종의 우대·특별금리라 할 것이다)….

그리고 '이자율'을 특정할 때 과연 ① 최초 입주자 모집 당시 시행되던 구 「임대주택법 시행규칙」[339] [별표 1]에 따라[340] 정해야 하는지, ② 분양전환 당시 시행되는 「임대주택법 시행규칙」[341] [별표 1]에 따라[342] 정해야 하는지도 문제 될 수 있다.

이에 관하여, 서울고등법원 2010. 11. 10. 선고 2009나92342 판결은 ① 최초 입주자 모집 당시 시행되던 구 「임대주택법 시행규칙」[343] [별표 1]에 따라[344] 정하여야 한다는 취지의 판시를 하였지만, 이에 대한 상고심인 대법원(대법원 2012. 10. 11. 선고 2010다102526 판결)은 ② 분양전환 당시 시행되는 「임대주택법 시행규칙」 [별표 1]에 따라 정해져야 한다는 취지의 판결을 하였다.

[대법원 2012. 10. 11. 선고 2010다102526 판결]

원심은 이 사건 아파트의 분양전환가격 산정과 관련하여 2000. 8. 3. 건설교통부령 제253호로 개정된 구 임대주택법 시행규칙 제3조의3 제1항 [별표 1]을 적용하였으나, 임대주택의 분양전환에 관한 법률관계에 관하여는 최초 입주자모집이나 임대 개시 당시가 아닌 분양전환 당시의 법령이 적용되어야 함이 원칙이고(대법원 2011. 4. 21. 선고 2009다97079 전원합의체 판결 참조), 원심이 적용한 위 구 임대주택법 시행규칙은 이 사건 아파트의 분양전환이 이루어지기 전에 이미 개정되어 위 분양전환 당시에는 2008. 6. 20. 국토해양부령 제19호로 전부 개정된 임대주택법 시행규칙이 시행되고 있었으므로, 이 사건에서는 위와 같이 개정된 임대주택법 시행규칙에 따라 정당한 분양전환가격이 산정되어야 함을 지적하여 둔다.

그런데 법제처는 이 경우, ① 최초 입주자 모집 당시 시행되던 구 「임대주택법 시행규칙」[345] [별표 1]에 따라 정하여야 한다는 입장을 취하고 있다(법제처 안건번호: 09-0247, 회신일자: 2009-08-28).

(마) 분양전환가격 산정 시 자기자금이자와 임대료의 구성항목인 자기자금이자

이에 관하여 '서울고등법원 2010. 11. 10. 선고 2009나92342 판결' 및 '법제처 2011. 7. 21. 법령해석 요청에 대한 회신'은 그 목적과 계산방법이 서로 다른 별개의 개념으로 봄이 상당하며, 이중으로 계산되는 것은 아니라고 한다.

즉, ① 분양전환가격 산정 시 자기자금이자와 ② 임대료의 구성항목인 자기자금이자는 그

---

339 2000. 8. 3. 건설교통부령 제253호로 개정된 것.
340 [별표 1] 제2호 가목 (2) (가) '이자율'은 분양전환당시의 한국주택은행의 1년 만기 정기 예금 이자율을 적용한다.
341 2008. 6. 10. 국토해양부령 제19호로 전부 개정된 것.
342 [별표 1] 제2호 가목 (2) (가) '이자율'은 당해 임대주택의 임대 개시일과 분양전환당시 각각의 은행법에 의한 금융기관으로서 가계자금 대출시장의 점유율이 최상위인 금융기관의 1년 만기 정기예금이자율의 산출평균이자율로 정한다.
343 2002. 9. 11. 건설교통부령 제330호로 일부 개정되기 전의 것.
344 [별표 1] 제2호 가목 (2) (가) '이자율'은 분양전환당시의 한국주택은행의 1년 만기 정기 예금 이자율을 적용한다.
345 2002. 9. 11. 건설교통부령 제330호로 일부 개정되기 전의 것.

계상방식이 서로 다를 뿐만 아니라, 전자는 취득대금에 관한 것이고, 후자는 임대목적물의 사용대가에 관한 것으로 근본적으로 그 법적 성질이 다르다는 것을 주 근거로 한다.

(3) 감가상각비

감가상각비의 계산은 임대기간 중 「법인세법 시행령」 규정에 의한 계산방식에 따른다.[346] 따라서 정액법인 '최초 입주자 모집 공고 당시의 주택가격(취득가격)×임대기간/내용연수'로 산정한다.

참고로 ① 1995. 3. 30. 개정된 「법인세법 시행규칙」 [별표 1]은 '철골·철근콘크리트조, 철근콘크리트조, 석조, 연와석조, 철골조의 모든 건축물의 기준 내용연수를 40년이라고 규정하고 있었고, 이는 지금까지도 그대로 유지되고 있으나, ② 그 이전에는 '철근콘크리트조 또는 철골·철근콘크리조의 아파트용 건물'의 내용연수는 50년이라고 규정하고 있었다.

나) 감정평가

「임대주택법」 제21조 제9항에 따라 두 곳의 감정평가법인이 평가한 해당 주택의 감정평가금액을 산술평균한 금액으로 한다. 감정평가와 관련되어서도 「임대주택법 시행규칙」 [별표 1]의 구체적인 내용에 있어 많은 개정이 있었는데, 이는 좀 더 공정한 감정평가금액을 산출하기 위해서였다.

공공건설임대주택에 대한 분양전환 가격 산정을 위한 감정평가 방법도 수차례의 개정이 있었지만, 큰 쟁점으로는 보이지 않으므로, 현행 감정평가 방법에 관하여만 간략히 기술하기로 한다.

(1) 공공임대주택의 경우[347]

(가) 감정평가 기관

분양전환가격 산정을 위한 감정평가는 공공주택사업자가 비용을 부담하는 조건으로 관할 시장·군수·구청장이 감정평가법인을 선정하여 시행한다(「공공주택 특별법」 제50조의3 제1항).

---

[346] 「임대주택법 시행규칙」 [별표 1] 제2호 가목 (3).

[347] 전용면적이 85㎡를 초과하는 공공건설임대주택을 분양전환하는 경우에는 적용되지 않는다(공공주택 특별법 시행령 제56조 제7항).

시장·군수 또는 구청장은 「임대주택법」 제21조 제9항에 따라 감정평가를 「부동산 가격공시 및 감정평가에 관한 법률 시행령」 제7조 제2항에 따라 국토교통부장관이 고시[348]하는 기준을 충족하는 감정평가법인 두 곳에 의뢰하여야 한다(「공공주택 특별법」 제50조의3 제1항, 「같은 법 시행령」 제56조 제1항).

따라서 감정평가법인이 아닌 개인으로서의 감정평가사는 임대주택의 분양전환가격 산정을 위한 감정평가를 할 수 없다.

(나) 감정평가 기준 시점

감정평가를 의뢰받은 감정평가법인은 공공주택사업자 또는 임차인(임차인 대표회의가 구성된 경우 임차인 대표회의를 말한다)이 감정평가법인을 선정하여 줄 것을 요청한 날을 기준으로 평가한다(「같은 법 시행령」 제56조 제2항).

(다) 감정평가 완료 시점

감정평가법인은 제1항에 따라 감정평가를 의뢰받은 날부터 20일 이내에 감정평가를 완료하여야 한다. 다만, 시장·군수 또는 구청장이 인정하는 부득이한 사유가 있는 경우에는 10일의 범위에서 이를 연장할 수 있다(「같은 법 시행령」 제56조 제3항).

(라) 감정평가에 대한 이의 신청

① 관계 법령을 위반하여 감정평가가 이루어진 경우이거나 ② 부당하게 평가되었다고 인정하는 감정평가에 대하여 임대사업자 또는 임차인 과반수 이상의 동의를 받은 임차인(임차인 대표회의가 구성된 경우 임차인 대표회의를 말한다)이 이의신청을 하는 경우 1회에 한하여 재평가하게 할 수 있다(「공공주택 특별법」 제50조의3 제3항 단서, 「같은 법 시행령」 제56조 제4항).

이때의 이의신청은 시장·군수·구청장에게 감정평가결과를 통보받은 날부터 30일 이내에 하여야 한다.

---

[348] 표준지공시지가 조사, 평가를 위한 감정평가업자 선정에 관한 기준(국토교통부 고시 제2017-544호 2017. 8. 8. 일부 개정).

(마) 재평가

재평가는 그 사유를 명시하여 당초의 감정평가 절차에 따르되, 당초 감정평가한 감정평가법인에 의뢰하여서는 아니 된다(「같은 법 시행령」 제56조 제5항).

재평가의 기한에 관하여는 20일 이내에 감정평가 완료 및 10일 범위에서 연장에 관한 규정을 준용하며, 재평가의 비용은 이의신청을 한 자가 부담한다(「같은 법 시행령」 제56조 제6항).

(2) 민간임대주택의 경우

「민간임대주택에 관한 특별법」상 민간임대주택에 대하여는 분양전환가격에 대한 제한 규정이 없으므로 위와 같은 당해 임대주택에 대한 분양전환가격 산정을 위한 감정평가 관련 규정도 없다.

(3) 「임대주택법」상 임대주택의 경우

(가) 감정평가 기관

분양전환가격 산정을 위한 감정평가는 분양전환승인 신청인이 비용을 부담하는 조건으로 관할 시장·군수·구청장이 감정평가법인을 선정하여 시행한다(「임대주택법」 제21조 제9항 본문).

시장·군수 또는 구청장은 「임대주택법」 제21조 제9항에 따라 감정평가를 「부동산 가격공시 및 감정평가에 관한 법률 시행령」 제7조 제2항에 따라 국토교통부장관이 고시하는 기준을 충족하는 감정평가법인(「국유재산법 시행령」 제2조에 따른 주식회사 한국감정원을 포함한다. 이하 "감정평가법인"이라 한다) 두 곳에 의뢰하여야 한다(「임대주택법 시행령」 제23조 제1항).

따라서 감정평가법인이 아닌 개인으로서의 감정평가사는 임대주택의 분양전환가격 산정을 위한 감정평가를 할 수 없다.

(나) 감정평가의 기준 시점

감정평가를 의뢰받은 감정평가법인은 임대사업자 또는 임차인(임차인 대표회의가 구성된 경우 임차인 대표회의를 말한다)이 감정평가법인을 선정하여 줄 것을 요청한 날을 기준으로 평가한다(「임대주택법 시행령」 제23조 제2항).

(다) 감정평가 완료 시점

감정평가법인은 제1항에 따라 감정평가를 의뢰받은 날부터 20일 이내에 감정평가를 완료하여야 한다. 다만, 시장·군수 또는 구청장이 인정하는 부득이한 사유가 있는 경우에는 10일의 범위에서 이를 연장할 수 있다(「임대주택법 시행령」 제23조 제3항).

(라) 감정평가에 대한 이의 신청

① 관계 법령을 위반하여 감정평가가 이루어진 경우이거나, ② 부당하게 평가되었다고 인정하는 감정평가에 대하여 임대사업자 또는 임차인 과반수 이상의 동의를 받은 임차인(임차인 대표회의가 구성된 경우 임차인 대표회의를 말한다)이 이의신청을 하는 경우 1회에 한하여 재평가하게 할 수 있다(「임대주택법」 제21조 제9항 단서, 「같은 법 시행령」 제23조 제5항).

이때의 이의신청은 시장·군수·구청장에게 감정평가결과를 통보받은 날부터 30일 이내에 하여야 한다(「임대주택법 시행령」 제23조 제4항).

(마) 재평가

재평가는 그 사유를 명시하여 당초의 감정평가 절차에 따르되, 당초 감정평가한 감정평가법인에 의뢰하여서는 아니 된다(「임대주택법 시행령」 제23조 제6항).

재평가의 기한에 관하여는 20일 이내에 감정평가 완료 및 10일 범위에서 연장에 관한 규정을 준용하며, 재평가의 비용은 이의신청을 한 자가 부담한다(「임대주택법 시행령」 제23조 제7항).

다) 산정가격 관련 분양전환 당시의 건축비-[별표 1] 제2호 다목

위 [별표 1] 제2호 다목은 당초 "산정가격=**분양전환 당시의 건축비**+입주자모집공고당시의 택지비+택지비 이자"라고 규정되어 있었으나, 2014. 7. 16. 개정되면서, "산정가격=**분양전환 당시의 표준건축비**+최초 입주자모집공고당시의 택지비+택지비 이자"라고 개정되었다.

2014. 7. 16. 개정되기 전의 규정인 '분양전환 당시의 건축비'가 과연 '**건설 당시의 실제 투입한 건축비**'를 의미하는 것인지에 관하여 의문을 제기하기도 하였으나, 문언 해석상, '**건설 당시의** 건축비'가 아닌 **분양전환 당시의** 건축비'임이 분명하다고 할 것이지만, '분양전환 당시의 표준건축비'를 의미하는 것인지 여부에 관하여 논란이 있을 수 있다.

그런데 이에 관하여 대법원은 위 [별표 1] 제2호 다목에 정한 **분양전환 당시의 건축비**는 '**분양전환 당시의 표준건축비**'를 의미하는 것이라고 판시하였다[대법원 2015. 5. 28. 선고 2013다203901,203918 판결].

[대법원 2015. 5. 28. 선고 2013다203901,203918 판결]

구 임대주택법 시행규칙(2003. 6. 27. 건설교통부령 제360호로 개정되기 전의 것) 제3조의3 제1항 [별표 1](이하 '[별표 1]'이라 한다) 제1항 (가)목, (나)목, 제2항 (가)목, (나)목, (다)목, (라)목 (1)의 체계 및 문언, [별표 1] 제1항 (가)목에서 임대주택 분양전환가격의 산정기준을 정하면서 같은 항 (나)목에서 상한을 별도로 설정한 취지 등에 비추어 보면, **[별표 1] 제2호 (다)목에서 말하는 분양전환가격의 상한을 산정하기 위한 '산정가격'에 반영되는 건축비는 같은 항 (라)목 (1)에서 정한 임대주택의 가격산정의 기준이 되는 '건축비'를 가리키고, 결국 '산정가격'의 기초가 되는 '분양전환 당시의 건축비'란 같은 항 (라)목 (1)에 따라 분양전환 당시의 표준건축비를 기준으로 산출된 '건축비'를 의미한다.**

한편 2014. 7. 16. 위 [별표 1] 제2호 다목이 개정하면서 '분양전환 당시의 표준건축비'로 명문화되었다.

라) 분양전환가격의 최고 상한

앞서 본 바와 같이 매우 복잡하게 산정된 분양전환가격도, 위 산정가격에서 임대기간 중의 감가상각비를 뺀 금액을 초과할 수 없으므로, 결국 당해 임대의무기간이 5년인 공공건설임대주택의 분양전환가격의 최고 상한선은 바로 [산정가격-감가상각비]이다.

그런데 이때의 '감가상각비'는 또 과연 ① 당해 임대주택의 최초 입주자모집공고 당시의 '취득가액'인지 아니면 ② 분양전환 당시의 '취득가액'인지 문제될 수 있는데, 2014. 7. 16. 개정된 「임대주택법 시행규칙」 [별표 1] 제1호 나목에 '최초 입주자 모집 공고 당시의 주택가격을 기준으로 산정한'고 명시적으로 명문화하였다.

4) 토지 임대부 임대주택의 분양전환가격

그리고 토지임대부 '임대'주택이 '공공건설 임대주택'인 경우, 이를 토지임대부 '분양'주택으로 분양전환하는 경우에도, 「임대주택법 시행규칙」 제9조 [별표 1]에 정한 가격으로 우선분양전환 가격이 정하여져야 한다.

5) 분납 임대주택의 분양전환가격

다만 분납임대주택의 경우에는 「임대주택법 시행규칙」 제9조 [별표 1의2]에 정한 가격으로 우선분양전환가격이 정하여져야 한다(「임대주택법 시행령」 제23조의3 제3항 제2호, 본조 신설: 2013. 12. 4.).

6) 공공분양주택의 분양가격과의 차이점

참고로 '공공분양주택'의 분양가격은 '공공건설임대주택(특히 5년 임대주택)'의 분양전환가격 산정방식과 다르며, 이에 적용되는 비용요소도 다르다.

'공공분양주택'의 분양가격은 「공동주택 분양가격 산정 등에 관한 규칙」 제7조 제1항[349]에 의해 기본형 건축비, 건축비 가산비용, 택지비용을 합하여 결정된다.

또한 공공건설임대주택(특히 5년 임대주택)의 분양전환가격 산정 시 건설원가의 상한선인 '표준건축비'와 분양가상한제 적용을 받는 '공공분양주택'의 '기본형 건축비'는 성격이 상이하다.

결국, 공공건설임대주택(특히 5년 임대주택)의 건설원가는 공공분양주택의 분양가격보다 낮은 수준이라는 것을 알 수 있다. 즉, 「공공건설임대주택」(특히 5년 임대주택)은 일반 공공분양주택보다 더 저렴한 가격으로 무주택자의 내 집 마련을 촉진하려는 정책이라고 할 수 있다.

라. 대법원 전원합의체 판결의 적용 범위에 관하여

1) 대법원 전원합의체 판결의 주요 취지

[대법원 2011. 4. 21. 선고 2009다97079 전원합의체 판결]은 "구 「임대주택법 시행규칙」(2008. 6. 20. 국토해양부령 제19호로 전부 개정되기 전의 것) 제3조의3 제1항 [별표 1]의 각 규정에 의하면, 표준건축비는 분양전환가격에 반영되는 건축비의 상한가격을 의미하는 것으로서 건축비와는 명확히 구별되고, 분양전환가격의 산정기초가 되는 건설원가는 표준건축비가 아닌 건축비를 기준으로 하고 있음이 분명하다. 그렇다면 분양전환가격 산정의 기초가 되는 건축비는 특별한 사정이 없는 한 표준건축비의 범위 내에서 실제로 투입된 건축비를 의미하고 표준건축비를 의미

---

349 제7조(분양가상한제 적용주택의 분양가격 산정방식 등)
　① 「주택법」 제57조 제1항에 따른 분양가상한제 적용주택의 분양가격 산정방식은 다음과 같다. 〈개정 2016. 8. 12.〉
　분양가격=기본형건축비+건축비 가산비용+택지비
　제8조(공공택지의 택지 공급가격에 가산하는 비용)

하는 것은 아니라고 해석하여야 한다"고 판시하였다.

2) 민간건설임대사업자의 공공건설임대주택에 대한 적용 여부

위 대법원 판결 사안은 당해 임대주택의 임대사업자가 한국토지주택공사였던 사안이었는데, 과연 최초 입주자모집 당시 주택가격(건축비 및 택지비)에 대하여 입주자모집승인권자로부터 승인을 받은 민간건설임대사업자의 공공건설임대주택에 대하여도, 위 대법원 판시 취지가 적용되어야 하는 것인지 논란이 있을 수 있다.[350]

그런데 원칙적으로 임대사업자가 국가, 지방자치단체, 한국토지주택공사 등뿐만 아니라 그이외의 민간사업자인 경우라도, 당해 임대주택이 '공공건설임대주택'이고 임대의무기간이 5년인 경우에는 「임대주택법령」이 정한 분양전환 산정방식에 따라 분양전환가격이 결정되어야 하는데,[351] 「임대주택법 시행규칙」 [별표 1]은 분양전환가격을 산정함에 있어서 건축비는 표준건축비를 상한가격으로 하고 있으므로, 응당 민간건설임대사업자의 공공건설임대주택에 대하여도 위 대법원 판시 취지가 적용되어야 한다고 본다.

한편 임대의무기간이 5년인 공공건설임대주택의 임대사업자가 국가, 지방자치단체, 한국토지주택공사인 경우와 민간건설임대사업자인 경우, 분양전환가격 산정의 기준이 달라진다면, 당해 임대주택의 임차인 사이에 합리적인 이유 없이 형평에 반하는 결과에 이른다.[352]

민간건설임대사업자의 임대주택에 대하여는, 국가 등의 임대사업자가 공급하는 임대주택과 달리, 실제로 투입한 건축비보다 더 높은 건축비(상한: 표준건축비)를 기초로 하는 분양전환가격 산정을 허용한다면, 민간건설임대사업자는 최대 이윤을 얻기 위해서 실제 투입한 건축비를 최대한 축소하게 될 것이며, 이는 당해 임대주택의 품질 저하라는 결과를 낳게 되는 바, 결국 민간 임대사업자가 공급하는 공공건설임대주택의 임차인은 더 나쁜 품질의 임대주택에 대하여 더 높은 가격으로 분양전환을 받거나, 더 높은 임대보증금 및 임대료를 지급하게 될 수 있다.

참고로, 「임대주택법」상 강행규정인 분양전환가격 규정의 적용을 받는 임대주택은 비록 당해 임대주택의 임대사업자가 민간인 경우라도, 당해 임대주택은 '공공건설임대주택'에 한한다

---

350 이명웅, '임대주택 분양전환가격 산정기준, 실제 건축비의 적용 한계', 법률신문, 2016년.
351 「임대주택법」 제21조 제10항, 「같은 법 시행령」 제23조 제8항, 「같은 법 시행규칙」 제14조, 제9조 제1항.
352 민간임대사업자의 입장에서는 구 「임대주택법」이 임대주택건설 공급 촉진 또한 주목적으로 하고 있으므로, 국가 등이 공급하는 임대주택과 달리 실제 투입한 건축비보다 높은 건축비를 기준으로 분양전환가격이 산정되어야 한다는 주장을 할 수 있으나, 당해 임대주택이 공공건설임대주택인 이상, 합리적 이유 없이 민간임대사업자에게 추가 이윤을 귀속하게 할 수는 없는 점, 공공건설임대주택의 임차인 사이에 합리적 이유 없이 차등을 둘 수도 없는 점 등에 비추어 온당한 것으로 보기는 어렵다고 본다.

는 점 유의하여야 한다.

3) 실제 투입한 건축비의 산정 방식

가) 문제의 소재

대법원이 공공건설임대주택의 분양전환가격을 산정함에 있어서는 실제 투입한 건축비로 산정하여야 한다는 판결(대법원 2011. 4. 21. 선고 2009다97079 전원합의체 판결)을 하였는 바, 과연 실제 투입한 건축비를 어떻게 산정하여야 하는가가 문제된다.

왜냐하면, 임대사업자는 당해 임대주택에 대한 실제 투입한 건축비와 관련된 자료는 이미 10년 전에 작성된 것으로 지금은 보관하고 있지 않다는 등을 이유로 임차인이나 법원에 열람 또는 제출을 하지 않고 있기 때문이다.

나) 실제 투입한 건축비의 산정 방식

(1) 현재의 상황

실제 투입한 건축비에 관하여 ① 어떤 법원(서울중앙지방법원 2013. 8. 13. 선고 2011가합93822 판결, 청주지방법원 2015. 7. 1. 선고 2012가합5305 판결, 창원지방법원 2014. 8. 28. 선고 2013가합30301 판결 등 참조)은 임대사업자가 당해 임대주택 신축 시 관할지자체장에 자진 신고하면서 제출한 취득세 과세표준자료에 기재된 금액을 실제 투입한 건축비로 보는 경우도 있고,[353] ② 임대주택건설사업자가 조세 경감 목적으로 취득세를 과소 신고하는 경향이 있어 취득세 과세표준 자료에 포함되지 않지만, 실제로 투입된 건축비가 존재할 수 있으므로[354] 취득세 과세표준 자료를 실제 투입한 건축비로 볼 수 없으므로,[355] 법원이 산정한 감정인의 건축비 감정 결과에 따라 실제 투입한 건축비를 산정해야 한다고 보는 법원(부산고등법원 창원재판부 2016. 8. 18. 선고 2014나21628 판결 참조)도 있다.

---

353 안전행정부도 이와 같은 취지의 유권해석을 하기도 하였다고 한다.
354 임대사업자는 「지방세법 시행령」 제18조 제2항을 거론하며, 취득세 과세표준액에는 일반관리비, 홍보비, 수도비용, 가스비용, 전기비용, 자기자본비용, 이윤, 부가가치세 기타 가산비용이 제외되어 있으므로, 위 과세표준액을 실제 투입한 건축비로 볼 수 없다고 주장한다.
355 국토교통부도 같은 입장이다.

(2) 표준건축비 산출 방법이 준거가 됨

이처럼 실제로 투입된 건축비의 항목들을 구체적으로 어떻게 정할 것이냐가 문제되는데, 일응 이를 정하기 위해서는 건축비의 상한인 '공공건설임대주택의 표준건축비(국토교통부 고시 제2016-339호)'의 구체적인 산출 방법을 알아야 할 필요가 있다고 본다. 이와 관련하여서는 앞서 서술한 '표준건축비 등 부분을 참고하기 바라며, 더 구체적인 내용에 대하여는 '공공건설임대주택 표준건축비 개선방안 연구'[356]가 매우 좋은 자료가 될 수 있다고 본다.

(3) 「지방세법」상 취득세의 과세표준과의 구별

한편 「지방세법」상 취득세의 과세표준은 지금까지 몇 차례 개정이 있었는 바, 그 개정 경과를 자세히 살펴볼 필요가 있다.

왜냐하면, 당해 임대주택에 관하여 임대의무기간이 경과하여 분양전환하는 경우 5년 이상이 경과한 것이므로, 과연 임대사업자가 당해 임대주택의 취득당시의 지방세법상 취득세의 과세표준은 어떻게 정해졌는지 확정할 필요가 있기 때문이다.

(가) 부가가치세

현행 「지방세법 시행령」 제18조 제2항 제4호는 부가가치세는 취득세의 과세표준에서 제외된다고 규정하고 있다.

즉, 이는 취득세 과세 대상 물건의 취득자는 이를 취득함에 있어 매도자에게 거래징수당한 '매입부가가치세'가 있을 수 있는데, 이 '매입부가가치세'는 취득세 과세 표준에서 제외된다는 의미이다.

[부가가치세의 과세표준 범위 포함 여부]
(행자부 세정-2857, 2004. 9. 2.)

시행회사와 시공회사 간의 도급계약서에 재료비 등 매입부가가치세를 포함한 가액을 총공사비로 기재하여 계약을 체결하고, 공사를 완료한 후 시공회사가 동 금액으로 세금계산서를 발행하였다면 시행회사가 취득한

---

[356] 한국건설기술연구원(이유섭, 강태경, 안방률, 백승호, 박원영), '공공건설임대주택 표준건축비 개선방안 연구', 국토해양부, 2008년.

부동산의 취득세 과세표준액은 총공사비에서 부가가치세를 제외한 금액으로 하는 것임.

 - 재료비 등 매입부가가치세의 취득세 등 포함여부를 판단함에 있어서 개별 재료비의 부가가치세를 공제하는 것이 아니라 총공사비에서 매입부가가치세를 공제하는 것임.

그런데 '표준건축비'에는 임대사업자가 당해 임대주택을 건설하는 과정에서 거래징수 당한 매입부가가치세가 포함되어 있다.

한편 위 (매입)부가가치세가 취득세의 과세표준에서 제외된 것은 아래와 같은 개정 경과가 있었다.

개정일시	취지	내용	관련 규정
1993. 12. 31.		제1항의 규정에 의한 취득가격은 과세대상 물건의 취득의 시기를 기준으로 그 이전에 당해 물건을 취득하기 위하여 거래상대방 또는 제3자에게 지급하였거나 지급하여야 할 일체의 비용(「법인세법」 제16조 제11호의 규정에 의한 건설자금에 충당한 금액의 이자, 소개수수료, 설계비등 취득에 소요된 직접·간접비용을 포함하고, **법인이 아닌 자가 취득하는 경우에는 연체료·할부이자 및 부가가치세를 제외한다**)을 말한다. 다만, 매매계약서상의 약정금액을 일시급등의 조건으로 할인한 경우에는 그 할인된 금액으로 한다.	구 「지방세법 시행령」 제82조의3 제2항
1995. 8. 21.	법인에게 적용하는 취득세 과세표준에서 개인이 취득하는 경우와 같이 부가가치세를 제외하도록 함	제1항의 규정에 의한 취득가격은 과세대상 물건의 취득의 시기를 기준으로 그 이전에 당해 물건을 취득하기 위하여 거래상대방 또는 제3자에게 지급하였거나 지급하여야 할 일체의 비용[소개수수료, 설계비, 연체료, 할부이자 및 「법인세법」 제16조 제11호의 규정에 의한 건설자금에 충당한 금액의 이자 등 취득에 소요된 직접·간접비용(부가가치세를 제외한다)을 포함하되, 법인이 아닌 자가 취득하는 경우에는 연체료 및 할부이자를 제외한다]을 말한다. 다만, 매매계약서상의 약정금액을 일시급등의 조건으로 할인한 경우에는 그 할인된 금액으로 한다.	상동

위와 같이 1993. 12. 31. 개정된 구 「지방세법 시행령」 제82조의3 제2항이 개정되기 전에는 취득자가 취득 과정에서 거래징수당한 매입부가가치세도 취득세 과세표준에 포함되어 있었다(대법원 1990. 7. 10. 선고 88누2809 판결 참조).

[대법원 1990. 7. 10. 선고 88누2809 판결]

지방세법 제111조 제1항 소정의 취득가액은 취득시점을 기준으로 당해 물건을 취득하는 데 직접, 간접으로 소요된 일체의 비용을 뜻하는 것인 바, 소외 회사가 이 사건 건물 중 자신의 지분에 대하여는 건축주로서, 공사도급인인 원고의 지분에 대하여는 수급인으로서 신축공사를 시행하였고 원고로부터 약정도급금액과 그 부가가치세만을 수령하였다면 소외 회사가 원고로부터의 수급금액을 넘어 공사비를 지출하였다고 하더라도, 원고와 소외 회사 사이에 실제소요공사비를 절반씩 부담하기로 약정하였다거나 위 건물 중 원고의 지분에 대한 공사도급금액에 관하여 별도의 증감합의가 있었다고 볼 수 없는 이상, **원고가 이 사건 건물 중 자신의 지분을 취득하는 데 소요된 비용은 위 공사도급금액 및 그 부가가치세액의 합계액으로 보아야 한다.**

(나) 광고선전비 등

개정일시	취지	내용	관련 규정
2010. 1. 1. (같은 날 시행)		제1항에도 불구하고 다음 각 호의 어느 하나에 해당하는 비용은 취득가격에 포함하지 아니한다. 1. 취득하는 물건의 판매를 위한 광고 선전비 등의 판매비용과 그와 관련한 부대비용 2. 「전기사업법」, 「도시가스사업법」, 「집단에너지사업법」, 그 밖의 법률에 따라 전기·가스·열 등을 이용하는 자가 분담하는 비용 3. 이주비, 지장물 보상금 등 취득 물건과는 별개의 권리에 관한 보상 성격으로 지급되는 비용 4. 부가가치세 5. 제1호부터 제4호까지의 비용에 준하는 비용	구 「지방세법 시행령」 제82조의2 제2항 (신설)

이처럼 '광고선전비 등'이 취득세의 과세표준에서 제외된 것은 2010. 1. 1. 이후에 당해 임대주택을 취득한 경우에 적용된다.

그런데 표준건축비에는 주택 임대 등을 위한 홍보판촉비, 모델주택의 건축비, 수도, 가스 및 전기 분담금의 성격인 제인입비용이 포함되어 있다.

(다) 기타

기타 공공건설임대주택 건설에 실제로 투입한 비용으로 볼 수 있는 항목과 취득세 과세표준의 구성 항목에 관하여 살펴보면 아래와 같다.

항목	취득세 과세표준	실제 투입 비용
주택사업자가 당해 주택의 시공 및 분양에 필요하여 납부한 보증수수료	- 포함되지 않음 - 대법원 2010. 12. 23. 선고 2009두12150 판결	- 포함됨 - 「임대주택법 시행규칙」 [별표 1] 제2호 라목 (1) (다)
건설근로자 퇴직공제 부금, 퇴직급여충당금	- 포함되지 않음 - 행자부 세정 - 45, 2005. 12. 13.[363]	- 포함됨 - 「임대주택법 시행규칙」 [별표 1] 제2호 라목 (1) (바) 5

[대법원 2010. 12. 23. 선고 2009두12150 판결]

[1] 구 지방세법(2005. 12. 31. 법률 제7843호로 개정되기 전의 것) 제111조 제5항 제3호, 제7항, 구 지방세법 시행령(2010. 1. 1. 대통령령 제21975호로 개정되기 전의 것) 제82조의3 제1항 본문 규정에서 말하는 '취득가격'에는 과세대상물건의 취득 시기 이전에 거래상대방 또는 제3자에게 지급원인이 발생 또는 확정된 것으로

---

357 건축공사가 종료된 이후에 발생할 비용을 미리 계상한 하자보수충당금과 건축비용과 별개인 퇴직급여충당금은 취득세 과세표준에 포함하지 않는 것이 타당함.

서 당해 물건 자체의 가격(직접비용)은 물론 그 이외에 실제로 당해 물건 자체의 가격으로 지급되었다고 볼 수 있거나(취득자금이자, 설계비 등) 그에 준하는 취득절차비용(소개수수료, 준공검사비용 등)도 간접비용으로서 이에 포함된다 할 것이나, 그것이 취득의 대상이 아닌 물건이나 권리에 관한 것이어서 당해 물건 자체의 가격이라고 볼 수 없는 것이라면 과세대상물건을 취득하기 위하여 당해 물건의 취득시기 이전에 그 지급원인이 발생 또는 확정된 것이라도 이를 당해 물건의 취득가격에 포함된다고 보아 취득세 과세표준으로 삼을 수 없다.

[2] 아파트 건설회사가 공동주택(아파트) 및 단지 내 상가를 신축하기로 하고 대한주택보증 주식회사와 주택분양보증계약을 체결한 후 주택분양보증수수료를 지급하고 위 건축물에 대한 사용승인을 받은 다음 위 주택분양보증수수료를 제외한 공사대금 등을 과세표준으로 하여 취득세 등을 신고·납부한 사안에서, 주택분양보증은 사업주체가 파산 등의 사유로 분양계약을 이행할 수 없게 되는 경우 수분양자들에게 당해 주택의 분양(사용검사를 포함한다)의 이행 또는 입주금의 환급을 책임지는 보증으로서, 사업주체의 신축건물 취득을 보증하기 위한 제도가 아니라 사업주체의 수분양자에 대한 분양계약(판매계약) 이행을 보증하기 위한 제도인 점 등 여러 사정을 종합하여 보면, 위 주택분양보증수수료는 건축물 자체의 가격은 물론 그 이외에 실제로 건축물 자체의 가격으로 지급되었다고 볼 수 있거나 그에 준하는 취득절차비용 등 간접비용에도 포함된다고 할 수 없으므로, 건축물의 취득가격에 산입하여 한 과세부과 처분은 위법하다고 본 원심판단을 수긍한 사례.

4) 실제 투입한 건축비에 대한 입증책임

응당 (민간)임대사업자가 실제 투입한 건축비에 대한 자료를 가지고 있음에도, 「상법」 제33조 제1항 본문에 의하면 상업장부 또는 영업에 관한 중요 서류의 보존기간은 10년인데, 당해 임대주택에 대한 건설원가 산정에 관한 서류들은 그 작성일로부터 위 10년의 보존기간이 모두 경과하여 이를 보유하고 있지 않다고 주장하기도 한다.

이와 관련하여 ① 분양전환가격을 산정함에 있어 건설원가 산출내역에 관한 항목별 자료가 반드시 있어야 할 것으로 보이는 점, ② 전국적인 규모로 분양주택을 건설, 공급하는 건설회사의 경우 그 업무의 편의 등을 위하여 위와 같은 자료를 보유, 관리하고 있는 점, ③ 상법 제541조 제1항에 회사의 장부와 영업 및 청산에 관한 중요서류는 본점 소재지에서 청산종결의 등기를 한 후 10년간, 전표 또는 이와 유사한 서류는 5년간 이를 보존하여야 하는 점 등에 비추어 볼 때 건설원가 산출 내역에 대한 자료를 임대사업자가 현재 보유, 관리하고 있을 상당한 개연성이 있다고 판단한 경우(청주지방법원 충주지원 2008. 2. 15.자 2007카합154 결정 참조)도 있고,

임대사업자가 "이미 10년여 전에 아파트가 준공되었으며, 더구나 분양전환까지 진행해 실제 투입한 건축비 관련 자료를 모두 보관하고 있지 않다"고 주장하자, 이에 대하여 "임대사업자가 실제 투입한 건축비 산정에 필요한 자료를 제출하기 곤란한 상황이어서 취득세 과세표준에 반

영되지 않은 건축비에 관한 입증책임을 임대사업자 측에 부담시키는 것은 형평에 반한다"고 판시(서울중앙지방법원 2018. 2. 22. 선고)한 경우도 있다.

5) 임차인의 원가공개청구 관련

가) 임대사업자가 국가 등인 경우

(1) 분양전환절차중지 가처분 또는 본안 소송

공공건설임대주택의 임차인이 '한국토지주택공사'를 상대로 "최초 입주자 모집 당시 주택가격 건설원가인 택지비 및 건축비 산출내역에 관한 정보를 열람할 때까지 우선분양전환절차를 중지하고, 그 중지된 기간에 임차인 이외의 제3자와 분양전환계약을 체결하여서는 안 된다"는 취지의 소송을 제기한 바, 당심 법원은 임차인의 청구를 인용한 판결을 한 바 있다(의정부지방법원 2006. 9. 20. 선고 2006가합4028 판결).

위 1심 판결의 취지는 다음과 같다.

[의정부지방법원 2006. 9. 20. 선고 2006가합4028 판결]

[1] 임대주택법 제15조에 정한 무주택세대주인 임차인의 우선분양권은 국민주택기금의 자금을 지원받아 건설하거나 공공사업에 의하여 조성된 택지에 건설하는 임대주택을 임대의무기간이 지난 후에 분양전환함에 있어 임차인이 제3자에 우선하여 매각 상대방이 되어 분양받거나 분양받지 않을 것을 선택할 수 있는 지위 또는 자격인 바, 임대주택법령이 단순히 임차인에게 우선분양권이 있음을 선언하는 데 그치지 않고 분양전환절차는 물론 분양전환가격의 산정기준(그 요소가 되는 건축비 및 택지비)에 관하여 매우 자세한 규정을 두고 있는 점 등에 비추어 보면, 무주택세대주인 임차인의 우선분양권은 임대주택법령에 의하여 구체적 권리로 인정되었다고 보아야 한다.

[2] 임대주택법상 무주택세대주인 임차인이 임대인으로부터 분양전환가격을 이루는 건설원가와 감정평가액의 액수가 얼마인지 외에 택지비와 건축비가 어떠한 계산근거에 의하여 산정되었는지에 관하여 정보를 얻지 못하는 한 그 택지비, 건축비가 임대주택법령에서 정한 산정기준에 부합하는 것인지 여부를 알 수 없고, 임대주택법령에 의하여 구체적 권리로 보장된 우선분양권을 실질적으로 침해당하는 손해를 입게 되므로, 임차인은 건설임대주택에 관한 우선분양권을 실질적으로 보장받고 손해를 피하기 위하여 임대인에게 건설임대주택의 택지비 및 건축비 산정의 근거자료에 대한 열람을 청구할 수 있다.

그러나 위 사건의 항소심(서울고등법원 2008. 5. 20. 선고 2006나100099 판결)에서는 2008. 5. 20. 임차인의 청구를 기각한 판결을 선고하였고, 상고심인 대법원(대법원 2008다39700)에서도 임차인의 상고에 대하여 2008. 10. 9. 심리불속행기각 판결을 선고하였다.

위 항소심의 판결 이유의 취지는 다음과 같다.

[서울고등법원 2008. 5. 20. 선고 2006나100099 판결]

3) 그렇다면, 위와 같은 임대주택법령의 입법취지 및 당사자 사이의 임대차계약 내용 등에 비추어 볼 때, 임대주택법령의 입법취지 및 당사자 사이의 임대차계약 내용 등에 비추어 볼 때, 원고들이 공공건설임대주택인 이 사건 아파트의 분양전환 당시의 임차인으로서 이 사건 아파트를 다른 사람에 우선하여 분양받을 수 있는 지위에 있다고 하더라도, 원고들이 피고가 지정한 분양전환기간 내에 이 사건 아파트를 분양받기로 한 약정이 무효라고 볼 사정이 없는 이상, **위와 같은 약정이 포함된 임대차계약에 의하여 이 사건 아파트에서 거주해 오다가 그 분양전환 단계에 와서야, 분양전환가격 산출의 기초가 되는 최초 입주자모집 당시의 주택가격이 이미 공고되었음에도, 분양전환가격의 적정성 내지 타당성 여부를 직접 심사, 확인하기 위하여 피고로부터 별지 2. 정보 목록 기재 정보를 교부받을 때까지 피고에 대하여 우선분양전환절차의 중지 및 제3자와의 분양계약 체결의 금지를 구하는 것은 허용될 수 없다고 할 것이다.**

4) 가사 피고가 임대주택법 시행규칙 제3조의3 [별표 1]이 정한 공공건설임대주택 분양전환가격의 산정기준에 위반하여 산정한 분양전환가격으로 분양계약을 체결하였다고 하더라도, 그러한 사정만으로 그 분양계약의 사법상의 효력이 당연히 부인된다고 할 수는 없고, 그 분양전환가격이 지나치게 높아서 임차인의 우선분양권을 사실상 박탈하는 것과 같은 정도에 이르러 임대주택법의 입법목적을 본질적으로 침해하는 경우에만 임대주택법 시행규칙 제3조의3에 위배되어 허용될 수 없으며(대법원 2004. 12. 10. 선고 2004다33605 판결 등 참조), 이 경우에도 앞서 본 바와 같은 임대차계약상의 약정에 따라 일단 분양전환계약을 체결한 당사자는 분양전환계약 전체를 무효로 보아 이미 납부한 대금 전액의 반환을 구하거나 적정한 범위를 초과하여 납부한 대금의 반환을 구하는 등의 방법을 통해서 임차인의 우선분양권을 실질적으로 보장받을 수 있다고 할 것이므로, 피고에 대하여 우선분양전환절차의 중지 및 제3자와의 분양계약 체결의 금지를 구하는 원고들의 이 사건 청구는 어느 모로 보나 이유 없다{피고가 산정한 이 사건 아파트의 분양전환가격이 원고들의 우선분양권을 사실상 박탈하는 것과 같은 정도로 지나치게 높다고 인정할 증거도 없고, **피고가 이 사건 아파트의 임차인들과 분양전환계약을 체결함에 있어 법원의 확정판결에 의하여 피고가 산정한 분양전환가격의 부당성 및 적정한 가격이 확정될 경우에는 적정 금액과 분양전환가격과의 차액을 반환하겠다고 약정한 것으로 보이는 이 사건의 경우(을 27호증의 2, 3, 을 30호증 참조)에는 더욱 그러하다}.**

(2) 정보비공개결정처분 취소소송

한편 위 사건의 임차인은 한국토지주택공사를 상대로 서울행정법원 2005구합37311호로 '정보비공개결정처분취소의 소'를 제기하여, 2006. 6. 1. 위 법원으로부터 '피고가 2005. 11. 4. 원고(임차인)에 대하여 한 피고 소유의 이 사건 아파트 최초 입주자모집 당시의 전용면적 59.21~59.42㎡형 주택가격 건설원가인 택지비 15,849,000원, 아파트 건축비 52,929,000원, 법정초과 지하층 건축비 9,829,000원의 산출내역에 관한 정보공개거부처분을 취소한다.'라는 내용의 판결을 선고받았고, 이에 대하여 피고가 항소(서울고등법원 2006누13857) 및 상고(대법원 2007두2562)를 제기하였으나 모두 기각됨으로써 위 판결이 그대로 확정되었다.

나) 임대사업자가 민간임대사업자인 경우

(1) 분양전환절차중지 가처분 또는 본안 소송

공공건설임대주택의 임차인이 '민간임대사업자'를 상대로 당해 "임대주택에 대한 최초 입주자 모집 당시 주택가격 건설원가인 건축비 및 택지비 산출내역에 관한 정보를 열람할 때까지 우선분양전환 절차를 중지하고, 최초입주자 모집 당시 주택가격 건설원가 산출내역에 관한 정보를 공개하라"는 신청 취지의 '분양전환계약 절차 중지 및 분양원가공개이행가처분 신청'을 제기함에 따라, 당해 법원은 이를 인용한 결정을 한 바 있다(청주지방법원 충주지원 2008. 2. 15.자 2007카합154 결정 참조).

위 임차인의 가처분신청을 인용한 주요 취지는 "임차인의 우선분양권이 실질적으로 보장되기 위해서는 분양전환가격이 관계 법령이 정하는 기준에 부합하여야 하는 것은 물론이고, 그 분양전환가격이 위 기준에 부합하는지 여부에 관하여 판단할 수 있는 정보(건설원가의 주를 이루는 최초 입주자 모집 당시 주택가격 산정의 기초가 되는 택지비와 건축비 산출의 내역 및 그 근거 자료)를 임차인에게 제공하는 것이 필수적이다"는 것이었다.

이에 민간임대사업자는 위 결정에 대하여 가처분 이의신청을 하였고, 당해 같은 법원[358]은 다시 민간임대사업자의 가처분이의신청을 인용하는 결정을 하였다(청주지방법원 충주지원 2008카합84 가처분이의).

위 법원이 가처분이의신청을 인용한 취지는 "임대차계약 상의 약정에 따라 일단 분양전환계약을 체결한 당사자는 분양전환계약 전체를 무효로 보아 이미 납부한 대금 전액의 반환을 구

---

[358] 법원의 가처분 결정에 대하여 이의신청을 하면, 가처분 결정을 한 당해 법원이 이의신청에 대하여 판단한다.

하거나 적정한 범위를 초과하여 납부한 대금의 반환을 구하는 등의 방법을 통해서 임차인의 우선분양권을 실질적으로 보장받을 수 있다고 할 것이므로, 채무자에 대하여 우선분양전환절 차의 중지 및 제3자와의 분양계약 체결의 금지를 구하는 채권자 등의 이 사건 청구는 어느 면에서 보나 이유 없다"는 것이었다.

(2) 정보비공개결정처분 취소소송 불가능

한편 ① 한국토지주택공사와 같은 공공기관의 경우에는 「공공기관의 정보공개에 관한 법률」이 적용되므로, 당해 임차인은 행정소송으로 정보비공개결정처분취소소송을 통하여 관련 정보를 열람할 수도 있지만, ② 민간임대사업자의 경우에는 위 법률이 적용되지 않으므로, 당해 임대주택의 임차인은 실제 관련 정보를 열람하기가 훨씬 어렵다고 할 것이다.

다) 현재의 상황

그런데 대법원이 공공건설임대주택의 분양전환가격을 산정함에 있어서는 실제 투입한 건축비로 산정하여야 한다는 판결(대법원 2011. 4. 21. 선고 2009다97079 전원합의체 판결)을 하였으므로, 이제 와서는 위 가처분 신청을 인용한 결정(청주지방법원 충주지원 2008. 2. 15.자 2007카합154 결정 참조)이 주목을 받게 되었다.

그러나 과연 임대사업자가 최초 입주자 모집 당시 주택가격 산정의 기초가 되는 택지비와 건축비 산출의 내역 및 그 근거 자료 등의 법정 보존기간이 지나 가지고 있다고 주장할 경우, 이에 대하여 관련 자료 등을 가지고 있을 개연성이 크다고 하여 가처분 신청을 인용해도 좋은지는 의문이 많다.

마. 「임대주택법 시행규칙」 [별표 1] 제2호 라목 1) 가) 개정 규정에 대한 평가

앞서 본 바와 같이, 2014. 7. 16. 개정된 「임대주택법 시행규칙」 [별표 1] 제2호 라목 1) 가)는 '최초 입주자 모집 공고 당시의 주택가격: 건축비와 택지비의 합계액으로 한다'고 개정되었는데, 그 개정이유에서 '임대의무기간이 5년인 공공건설임대주택의 분양전환가격 산정기준이 불명확하여 임대사업자와 임차인 사이에 분쟁이 빈번하게 발생하고 있는 바, 최초 입주자 모집 공고 시점에서 건축비와 택지비를 구분하여 공고하도록 하고, 분양전환가격을 산정할 때에는 공고한 건축비를 그대로 적용하도록 하여 분양전환가격의 산정기준을 정비하였다'고 밝히고 있다.

그런데 앞서 본 바와 같이 먼저 입주자 모집 공고를 하여 입주인(임차인)을 모집한 후, 임대주택을 완공하여, 입주를 시작한 임대주택의 경우, ① 관념적으로는 최초 입주자 모집 공고 당시의 (추정된) 건축비는 표준건축비보다는 낮더라도 실제 투입한 건축비보다는 높을 수도 있으나, ② 실제로는 표준건축비를 기초하여 산정한 건축비를 입주자모집공고에 기재할 가능성이 매우 높을 것이라는 점에서, 2014. 7. 16. 개정된 위 [별표 1] 제2호 라목 1) 가)는 위 [대법원 2011. 4. 21. 선고 2009다97079 전원합의체 판결의 취지를 전혀 고려하지 않은 개정이라고 할 것이다.

따라서, 임대주택(아파트)에 대하여 완공 전 입주자모집공고를 할 수 있는 제도가 유지되는 이상, 분양전환가격 산정에 관한 논란은 계속될 것으로 보이고, 오히려 위 '개정 이유'로 말미암아 혼란이 더 가중될 것으로 보인다.

바. 기타 관련 판례

1) '분양전환가격 산정 기준 시기' 관련

[대법원 2012. 8. 30. 선고 2010다73826,73833 판결]

구 임대주택법 시행규칙(2005. 12. 14. 건설교통부령 제481호로 개정되기 전의 것) 제3조의3 제1항 [별표 1] 제2호 (나)목 (1)에서는 분양전환가격 산정의 기준이 되는 감정평가금액은 '분양하기로 결정된 날'을 기준으로 2인의 감정평가업자가 평가한 당해 주택의 감정평가금액의 산술평균금액으로 하고, 감정평가업자의 선정은 임대인과 임차인이 각각 1인씩을 선정하되, 임대인과 임차인이 선정하지 못할 불가피한 사유가 있는 때에는 관할 시장·군수가 선정하도록 규정하고 있다.

따라서 이 사건의 경우 구 「임대주택법 시행규칙」 제3조의3 [별표 1]의 공공건설임대주택 분양전환가격의 산정기준에 따른 정당한 분양전환가격은 '분양하기로 결정된 날'을 기준으로 산정하여야 하고, 이는 원고들과 피고 사이에 분양전환의 합의가 이루어진 2003. 8. 20. 무렵으로 볼 수 있다 할 것인데, 법령상 기준에 적합한 방법으로 선정한 두 곳의 감정평가업체에 의한 감정평가 결과로서 기록상 알 수 있는 그 시기에 가장 가까운 감정가격은 2차 합의에 따라 산정된 기준가격이라고 보이므로 이를 기준으로 분양전환가격을 산정할 수는 있겠으나, 적법하게 선정된 감정평가업체의 감정평가 결과에 의한 것도 아니고 평가의 기준시점도 법령 규정에 의한 시기보다 무려 4년 6개월여가 경과한 이후인 2008. 2.경을 기준으로 산정한 위 3차 합의에 의한 분양전환가격을 적용할 수는 없다고 할 것이다.

2) '분양전환가격 산정에 관한 적용 법령' 관련

[대법원 2012. 10. 11. 선고 2010다102526 판결]

아울러 원심은 이 사건 아파트의 분양전환가격 산정과 관련하여 2000. 8. 3. 건설교통부령 제253호로 개정된 구 임대주택법 시행규칙 제3조의3 제1항 [별표 1]을 적용하였으나, **임대주택의 분양전환에 관한 법률관계에 관하여는 최초 입주자모집이나 임대 개시 당시가 아닌 분양전환 당시의 법령이 적용되어야 함이 원칙이고**(대법원 2011. 4. 21. 선고 2009다97079 전원합의체 판결 참조), 원심이 적용한 위 구 임대주택법 시행규칙은 이 사건 아파트의 분양전환이 이루어지기 전에 이미 개정되어 위 분양전환 당시에는 2008. 6. 20. 국토해양부령 제19호로 전부 개정된 임대주택법 시행규칙이 시행되고 있었으므로 이 사건에서는 위와 같이 개정된 임대주택법 시행규칙에 따라 정당한 분양전환가격이 산정되어야 함을 지적하여 둔다.

[대법원 2011. 4. 21. 선고 2009다97079 전원합의체 판결]

임대사업자가 임대주택법 등 관련 법령에 의하여 입주자모집공고를 하면서 분양전환가격 기준을 공고하였다 하더라도 공고 당시에는 임대사업자와 임차인 사이에 임대주택의 우선분양전환 여부 등이 결정되지 아니하여 임대주택의 분양전환가격 등 분양전환에 관한 법률관계가 아직 종결되지 아니한 상태이므로, 그 후 임대주택법 등 관련 법령이 개정되어 그 법률관계에 관하여 개정 전의 법령과 다르게 규정하였다 하더라도 **부칙에서 경과규정을 두지 않는 한** 개정된 법령의 시행 후에 이루어지는 임대주택의 분양전환에 관한 법률관계에 관하여는 개정된 법령이 적용되는 것이 원칙이다. 다만 개정 전 규정의 존속에 대한 임대사업자의 신뢰가 개정 규정이 이루고자 하는 공익상의 요구보다 더 보호가치가 있다고 인정되는 경우에 그러한 신뢰를 보호하기 위하여 적용이 제한될 여지가 있을 뿐이다.

3) '분양전환가격산정'에 당사자 간에 다툼이 있는 경우

[대법원 2012. 8. 30. 선고 2010다73826,73833 판결]

구 임대주택법 시행규칙(2005. 12. 14. 건설교통부령 제481호로 개정되기 전의 것, 이하 '구 임대주택법 시행규칙'이라고만 한다) 제3조의3 [별표 1]의 '구 공공건설임대주택 분양전환가격의 산정기준'은 임대주택의 분양전환가격 산정에 관하여 건설원가, 감정평가금액, 건축비 및 택지비, 분양전환가격의 상한액 등 상세한 기준을 규정하고 있다. **따라서 임대아파트의 의무임대기간이 만료함에 따라 임대인과 임차인 사이에 분양전환의 합의가 성립한 경우 그 분양전환가격의 액수가 그 합의 성립 당시에 구체적으로 특정되어 있지 아니하다 하더라도, 위와 같이 구 임대주택법 시행규칙에 의하여 사후에라도 이를 특정할 수 있는 방법과 기준이 구체적으로 정해져 있는 이상 당사자 사이에 임대아파트 분양계약의 성립을 인정하는데 장애가 되지 아니하고, 이 경우 그 기준에 따른 분양전환가격의 산정에 관하여 당사자 간에 다툼이 있는 경우에는 법원이 구 임대주택법 시행규칙 등에 의하여 이를 정할 수 있다**(대법원 2004. 12. 9. 선고 2004다2984 판결 등 참조).

4) 비상장법인인 공공건설 임대주택 사업자가 발행한 주식을 증여받은 경우 증여세 과세 표준

[대법원 2009. 1. 30. 선고 2006두14049 판결]

비상장법인인 공공건설 임대주택 사업자가 발행한 주식을 증여받은 사안에서, 사업자는 건설교통부 지침의 매각가격 산정기준에서 정한 최고 거래한도액인 택지비를 초과하여 분양전환할 수 없으므로, 택지비보다 높은 가액인 상속세 및 증여세법상의 보충적 평가방법에 따른 개별공시지가를 기준으로 그 토지의 가액을 산정할 수 없다고 한 사례

사. 관련 법령 해석례

1) '산정가격' 관련

국토해양부 - 「임대주택법 시행규칙」 별표 1 제2호 다목의 '산정가격' 계산 시 "분양전환 당시의 건축비"의 의미 (「임대주택법」 제21조 등 관련)

[안건번호: 11-0758 회신일자: 2012-01-12]

【질의요지】

「임대주택법」 제21조 제1항에 따라 임대의무기간이 5년인 공공건설임대주택을 우선 분양전환하기 위해 분양전환가격을 산정하는 경우, 「임대주택법 시행규칙」 [별표 1] 제2호 다목의 산정가격 계산식 중 "분양전환 당시의 건축비"는 건설 당시 실제 건축비를 의미하는지?

【회답】

「임대주택법」 제21조 제1항에 따라 임대의무기간이 5년인 공공건설임대주택을 우선 분양전환하기 위해 분양전환가격을 산정하는 경우, 「임대주택법 시행규칙」 [별표 1] 제2호 다목의 산정가격 계산식 중 "분양전환 당시의 건축비"는 건설 당시 실제 건축비를 의미한다고 할 수는 없습니다.

【이유】

「임대주택법」 제21조 제1항 및 제10항에 따르면 임대사업자는 임대의무기간이 지난 후 국민주택기금의 자금을 지원받아 건설하거나 공공사업으로 조성된 택지에 건설한 임대주택을 분양전환하는 경우에는 임차인에게 우선 분양전환하여야 하고, 그 분양전환의 방법·절차 및 가격 등에 관하여 필요한 사항은 대통령령으로 정하도록 규정하

고 있으며, 이에 따라 「같은 법 시행령」 제23조 제8항에서는 법 제21조 제1항부터 제9항까지의 규정에 따라 공공건설임대주택을 분양전환하는 경우 분양전환가격 산정의 기준·방법 및 절차 등에 관하여 제1항부터 제7항까지 규정된 것 외에 필요한 사항은 국토해양부령으로 정한다고 규정하고 있고, 「같은 법 시행규칙」 제9조 및 제14조에 따르면 영 제23조 제8항에 따른 공공건설임대주택의 분양전환가격 산정 기준은 [별표 1]과 같다고 규정하고 있습니다.

그런데, 「임대주택법 시행규칙」 [별표 1]의 제1호 나목 및 제2호 다목에 따르면 "임대의무기간이 5년인 경우 분양전환가격은 건설원가와 감정평가금액을 산술평균한 가액으로 하되, 임대주택의 건축비 및 택지비를 기준으로 분양전환 당시에 산정한 당해 주택의 가격(이하 "산정가격"이라 함)에서 임대기간 중의 감가상각비를 공제한 금액을 초과할 수 없다"고 규정하고 있고, 그 산정가격은 "분양전환 당시의 건축비"와 "입주자 모집 공고 당시의 택지비" 및 "택지비 이자"를 합산한 가격으로 규정하고 있는바, 산정가격이란 임대주택의 건축비 및 택지비를 기준으로 분양전환 당시에 산정한 해당 주택의 가격이라 할 것이므로, [별표 1] 제2호 다목의 산정가격의 계산식 중 "분양전환 당시의 건축비"란 임대주택의 건축비를 기준으로 "분양전환 당시에" 산정한 해당 건축비를 의미한다고 할 것입니다.

한편, 임대주택 건설원가 중 건축비를 계산함에 있어 건축비의 상한선인 표준건축비를 적용해서는 안 되고 건설당시 실제 건축비를 적용해야 하므로(대법원 2011. 4. 21. 선고 2009다97079 판결례 참조), 산정가격 계산 시 "분양전환 당시의 건축비"를 건설원가 계산 시의 건축비와 달리 볼 이유가 없다는 주장이 있을 수 있으나, **「임대주택법 시행규칙」 [별표 1]에 따르면 제2호 가목의 건설원가에는 건축비와 택지비를 기준으로 입주자모집 승인권자가 산정한 "최초 입주자 모집 당시의" 주택가격을 적용하도록 하고 있는 반면, 같은 호 다목의 산정가격에는 "분양전환 당시의" 건축비를 적용하도록 되어 있어, 적용되는 건축비의 기준 시점이 다르다 할 것입니다.**

만일 산정가격을 계산할 때에도 "분양전환 당시의 건축비"에 건설 당시 실제 건축비를 적용한다면, 「같은 법 시행규칙」 [별표 1] 제1호 나목에서 임대의무기간이 5년인 경우 분양전환가격은 "건설원가와 감정평가금액을 산술평균한 가액"으로 하되, "산정가격에서 임대기간 중의 감가상각비를 공제한 금액"을 초과할 수 없다고 규정하고 있는데, 현실적으로 감정평가금액이 건설원가보다 높은 대부분의 경우 "건설원가와 감정평가금액을 산술평균한 가액"이 "산정가격에서 임대기간 중의 감가상각비를 공제한 금액"보다 높게 되어, 결국 임대주택의 분양전환가격은 산정가격을 기준으로 결정하게 되므로 「임대주택법 시행규칙」 별표 1 제1호 나목의 규정이 무의미해진다고 할 것입니다.

따라서, 「임대주택법」 제21조 제1항에 따라 임대의무기간이 5년인 공공건설임대주택을 우선 분양전환하기 위해 분양전환가격을 산정하는 경우, 「임대주택법 시행규칙」 [별표 1] 제2호 다목의 산정가격 계산식 중 "분양전환 당시의 건축비"는 건설 당시 실제 건축비를 의미한다고 할 수는 없습니다.

관계법령
임대주택법 시행령 제23조
임대주택법 시행규칙 제14조
임대주택법 제21조

2) '자기자금이자' 관련

공공건설임대주택인 임대아파트로서 전용면적 85㎡ 이하이고 임대의무기간이 10년인 경우, 표준임대료 산정 시 반영된 자기자금이자가 분양전환 가격 산정 시에도 이중으로 반영되는 것은 아닌지 여부(구 「주택법」 제15조 등 관련)

[안건번호: 11-0236 회신일자: 2011-07-21]

【질의요지】

공공택지에 공급되는 공공건설임대주택으로 2006. 3. 29. 임차인 모집공고를 하고, 같은 해 5월경 임대차계약한 전용면적 85㎡ 이하이고 임대의무기간이 10년인 임대아파트의 경우 표준임대료 산정 시 반영된 자기자금이자가 분양전환 가격 산정 시에도 이중으로 반영되는 것은 아닌지?

【회답】

공공택지에 공급되는 공공건설임대주택으로 2006. 3. 29. 임차인 모집공고를 하고, 같은 해 5월경 임대차계약한 전용면적 85㎡ 이하이고, 임대의무기간이 10년인 임대아파트의 경우, 표준임대료 산정 시 반영된 자기자금이자가 분양전환 가격 산정 시에도 이중으로 반영되는 것은 아닙니다.

【이유】

2006. 3. 29. 임차인 모집공고를 하고 같은 해 5월경 임대계약한 이 사안의 경우에 적용되는 구 「임대주택법」(2005. 7. 13. 법률 제7598호로 개정된 것을 말함) 제15조 제1항은, 임대사업자는 임대의무기간이 경과한 후 입주일 이후부터 분양전환 당시까지 당해 임대주택에 거주한 무주택자인 임차인 등에게 우선 분양전환하도록 규정하고 있고, 같은 조 제3항은 분양전환의 방법·절차 및 가격 등에 관하여 필요한 사항은 대통령령으로 정하도록 하고 있으며, 구 「임대주택법 시행령」(2005. 12. 13. 대통령령 제19178호로 개정된 것을 말함) 제13조 제3항은 법 제15조 제1항 및 제2항의 규정에 의하여 공공건설임대주택(제9조 제5항 각 호의 공공건설임대주택은 제외함)을 분양전환하는 경우 분양전환가격의 산정기준에 관하여는 제9조 제5항의 규정에 의한 기준에 의하며, 분양전환의 방법 및 절차는 건설교통부령이 정하는 바에 의한다고 규정하고 있고, 같은 시행령 제9조 제5항은 전용면적 85㎡를 초과하는 주택 또는 공공택지 외의 지역에 건설한 임대의무기간이 10년인 주택을 제외한 공공건설임대주택을 분양전환하는 경우 그 분양전환가격의 산정기준은 건설교통부령으로 정한다고 규정하고 있으며, 구 「임대주택법 시행규칙」(2005. 12. 14. 건설교통부령 제481호로 개정된 것을 말함) 제3조의3 제1항은 영 제9조 제5항의 규정에 의한 공공건설임대주택 분양전환가격의 산정기준은 별표 1과 같다고 규정하고 있고, 별표 1 제1호 가목은 임대의무기간이 10년인 경우 분양전환가격은 감정평가금액을 초과할 수 없다고 규정하고 있습니다.

또한, 구 「임대주택법」(2005. 7. 13. 법률 제7598호로 개정된 것을 말함) 제14조 제1항은 건설임대주택의 임차인의 자격·선정방법·임대보증금·임대료 등 임대조건에 관한 기준은 대통령령으로 정한다고 하고 있고, 구 「임대주택법 시행령」(2005. 12. 13. 대통령령 제19178호로 개정된 것을 말함) 제12조 제1항은 임대주택의 최초의 임대보증금 및 임대료는 건설교통부장관이 정하여 고시하는 표준임대보증금 및 표준임대료를 초과할 수 없다고 규정하고 있으며, 임대주택의 표준임대보증금 및 표준임대료에 관한 고시(2004. 4. 2. 건설교통부고시 제2004-70호) 제3호에서 표준임대료는 당해 주택에 대한 감가상각비, 수선유지비, 화재보험료, 제세공과금(임대의무기간이 10년인 경우에 한함), 기금이자, 사업주체의 자체자금에 대한 이자 중 일정비율에 해당하는 금액(위 고시에서는 위 금액을 '자기자금이자'로 약칭하고 있음)을 합한 금액으로 하도록 규정하여 자기자금이자를 표준임대료 산정시 반영하도록 하고 있습니다.

그런데 구 「임대주택법 시행규칙」(2005. 12. 14. 건설교통부령 제481호로 개정된 것을 말함) 별표 1 제2호 가목에서 건설원가를 "건설원가=최초 입주자모집당시의 주택가격+자기자금이자-감가상각비"로 규정하고 있어 건설원가의 산출에는 자기자금이자가 포함되어 있다 할 것이나, 건설원가는 임대의무기간이 5년인 경우의 분양전환가격 산정에 적용되는 것이고, 임대의무기간이 10년인 경우에는 감정평가금액을 초과할 수 없다고 명시되어 있어 위 건설원가 항목이 임대의무기간이 10년인 경우에는 반드시 적용된다고 볼 수는 없습니다.

한편, 구 「임대주택법 시행규칙」(2005. 12. 14. 건설교통부령 제481호로 개정된 것을 말함) 제2조의3에서는, 공공건설임대주택의 입주자모집공고를 할 때에는 별표 1의 공공건설임대주택 분양전환가격의 산정기준에 따라 산정한 입주자모집공고 당시의 주택가격, 분양전환가격의 산정기준 등을 포함시켜야 한다고 규정하고 있는바, 입주자모집공고 당시의 주택가격을 분양전환 가격으로 오해할 소지가 있으나, '별표 1의 공공건설임대주택 분양전환가격의 산정기준에 따라 산정한 입주자모집공고 당시의 주택가격'은 별표 1 제2호 가목 (1)의 '최초 입주자모집당시의 주택가격'을 말한다고 할 것이고, '최초 입주자모집당시의 주택가격'은 건축비 및 택지비를 기준으로 입주자모집승인권자가 산정한 가격으로 규정되어 있으며, 임대의무기간이 10년인 경우 분양전환가격의 산정기준은 별표 1 제1호 가목에 따라 감정평가금액을 초과할 수 없다고만 규정하고 있으므로, 분양전환가격과 '별표 1의 공공건설임대주택 분양전환가격의 산정기준에 따라 산정한 입주자모집공고 당시의 주택가격'은 전혀 별개의 것이라 할 것입니다.

또한, 임대의무기간이 10년인 임대주택의 분양전환가격 산정기준 설정의 취지를 살펴보면 기존 민간부문에서 주로 공급한 임대의무기간 5년인 임대주택이 임대의무기간 2분의 1 경과 후 분양전환이 가능하기 때문에 사실상 분양주택에 가까워 임대주택으로서 기능이 미흡한 까닭에 장기임대주택 공급을 확대하기 위하여 임대의무기간 10년인 임대주택제도를 도입하면서 민간부문의 적극적인 참여를 유도할 필요가 있고, 임대개시 10년 후 분양전환 시까지 기간이 길어 사업의 불확실성이 증가할 뿐만 아니라 주택가격의 급등락할 가능성도 있어, 입주자 모집 시의 건축비 및 택지비 등을 기준으로 하는 임대의무기간 5년인 경우의 분양전환가격 산정 기준을 동일하게 적용할 수 없게 되므로, 임대의무기간이 10년의 경우 분양전환 시의 객관적 주택가격을 가장 충실히 반영하고자 감정평가금액을 분양전환가격 산정기준으로 하고 있는 것입니다.

따라서, 공공택지에 공급되는 공공건설임대주택으로 2006. 3. 29. 임차인 모집공고를 하고 같은 해 5월경 임대차계약한 전용면적 85㎡ 이하이고 임대의무기간이 10년인 임대아파트의 경우 구 「임대주택법 시행규칙」(2005. 12. 14. 건설교통부령 제481호로 개정된 것을 말함) 별표 1 제1호 가목에서 명문으로 분양전환가격은 감정평가금액을 상한으로 한다고 규정하고 있을 뿐이므로 **분양 전환 당시의 주택가치의 평가액인 감정평가금액 산정항목에는 표준임대료 산정시 반영된 자기자금이자가 반드시 들어간다고 볼 수는 없으므로 자기자금이자가 표준임대료 및 분양전환가격 산정 시 이중으로 계산되는 것은 아니라 할 것입니다.**

3) '자기자금이자' 계산 시 적용되는 '이자율' 관련

2002. 7. 15. 입주자 모집 공고한 5년 임대주택의 분양전환가격 산정에 필요한 자기자금이자 계산 시 적용되는 이자율(「임대주택법 시행규칙」 별표 1 관련)

[안건번호: 09-0247 회신일자: 2009-08-28]

【질의요지】

2002. 7. 15. 입주자 모집 공고한 5년 임대주택의 분양전환가격 산정에 필요한 자기자금이자 계산 시 적용되는 이자율은 입주자 모집 공고 당시의 「임대주택법 시행규칙」(2002. 9. 11. 건설교통부령 제330호로 일부개정되기 전의 것) [별표 1]에 따른 이자율을 적용하여야 하는지, 아니면 현행 「같은 법 시행규칙」 [별표 1]에 따른 이자율을 적용하여야 하는지?

【회답】

2002. 7. 15. 입주자 모집 공고한 5년 임대주택의 분양전환가격 산정에 필요한 자기자금이자 계산 시 적용되는 이자율은 입주자 모집 공고 당시의 「임대주택법 시행규칙」(2002. 9. 11. 건설교통부령 제330호로 일부개정되기 전의 것) 별표 1에 따른 이자율을 적용하여야 합니다.

【이유】

종전 「임대주택법 시행규칙」(2002. 9. 11. 건설교통부령 제330호로 일부개정되기 전의 것) 별표 1은 공공건설임대주택 매각가격, 즉 분양전환가격의 산정방법에 대하여 규정하면서 제2호 가목에서 건설원가 산출에 필요한 자기자금이자 계산 시 적용되는 이자율은 분양전환당시의 한국주택은행의 1년 만기 정기예금 이자율을 적용하는 것으로 규정하였습니다.

위와 같은 별표 1의 자기자금이자 계산 시 적용되는 이자율은 2002. 9. 11. 건설교통부령 제330호로 일부 개정되어 해당 임대주택의 임대시작일과 분양전환 당시 각각의 「은행법」에 따른 금융기관으로서 가계자금 대출시장의 점유율이 최상위인 금융기관의 1년 만기 정기예금의 이자율을 산술평균한 이자율을 적용하는 것으로 개정되었고, 「같은 법 시행규칙」 부칙 제2조는 이러한 개정규정은 이 규칙 시행 후 최초로 입주자를 모집하는 임대주택부터 적용한다는 적용례 규정을 두었습니다.

그 후 2008. 6. 20. 「같은 법 시행규칙」은 국토해양부령 제19호로 전부 개정되었는바, 이에 따라 공공건설임대주택 매각가격(분양전환가격)에 대하여 별표 1로 규정하고, 자기자금이자 계산 시 적용되는 이자율은 해당 임대주택의 임대시작일과 분양전환 당시 각각의 「은행법」에 따른 금융기관으로서 가계자금 대출시장의 점유율이 최상위인 금융기관의 1년 만기 정기예금의 이자율을 산술평균한 이자율을 적용하는 것으로 규정되었으며, 이와 같은 이자율 관련 개정규정에 대한 적용례 또는 경과규정은 두지 않았습니다.

이와 같이 법령 개정의 형태가 전부 개정인 경우에는 기존 법령을 폐지하고 새로운 법령을 제정하는 것과 마찬가지이어서 종전의 본칙은 물론 부칙 규정도 모두 소멸하는 것으로 보는 것이 원칙입니다. 다만, 특별한 사정이 있는 경우에는 그 효력이 상실되지 않는다고 보아야 하는데 여기에서 말하는 '특별한 사정'은 전부 개정된 법령에서 종전의 법령 부칙의 적용례에 관하여 계속 적용한다는 별도의 규정을 둔 경우뿐만 아니라, 그러한 규정을 두지 않았다고 하더라도 종전의 적용례가 실효되지 않고 계속 적용된다고 보아야 할 예외적인 사정이 있는 경우도 포함합니다. 이 경우 예외적인 '특별한 사정'이 있는지 여부를 판단함에 있어서는 종전 적용례의 입법 경위 및 취지, 전문 개정된 법령의 입법 취지 및 전반적 체계, 종전의 적용례가 실효된다고 볼 경우 법률상 공백상태가 발생하는지 여부, 기타 제반 사정 등을 종합적으로 고려하여 개별적, 구체적으로 판단하여야 할 것입니다.

이 사안에서는 2002. 9. 11. 건설교통부령 제330호로 개정된 「임대주택법 시행규칙」 부칙 제 2항에서 규정하고 있던 별표 1의 적용례 규정 즉, 자기자금이자 계산 시 적용되는 이자율에 관한 개정내용은 공포한 날(2002. 9. 11.) 이후 최초로 입주자를 모집하는 임대주택부터 적용한다는 규정은 2008. 6. 20. 「같은 법 시행규칙」이 국토해양부령 제19호로 전부개정됨에 따라 그 효력을 상실하였다고 보아야 할 것인지, 아니면 예외적인 사정 즉 특별한 사정이 있어서 종전의 적용례가 실효되지 않고 계속 적용된다고 보아야 할 것인지가 문제된다고 할 것입니다.

2008. 6. 20. 국토해양부령 제19호로 전부 개정된 「임대주택법 시행규칙」은 「임대주택법」이 2008. 3. 21. 법률 제8966호로 개정됨에 따라 같은 법에서 위임된 사항과 그 시행에 필요한 사항을 정하는 한편, 어려운 용어와 표현 등을 이해하기 쉽게 고치며, 복잡한 문장 등은 체계를 정리하여 쉽고 간결하게 하여 국민이 법 문장을 이해하기 쉽게 정비하기 위하여 이루어진 것인데, 이 사안에서 문제되는 「같은 법 시행규칙」 별표 1의 이자율산출방법에 관한 규정은 건설교통부령 제330호의 규정내용에서 실질적인 내용의 변경 없이 종전의 "당해"를 "해당"으로 바꾸는 등의 형식적인 문구의 변경만을 개정내용으로 하였습니다.

또한, 건설교통부령 제330호가 개정 및 시행된 2002. 9. 11. 전에 공공건설임대주택의 분양전환가격 산정 시 필요한 자기자금이자계산에 적용되는 이자율에 관하여 같은 부령 부칙 제2항에서 같은 부령 시행 후 최초로 입주자를 모집하는 임대주택부터 적용하도록 정책결정하였고, 국토해양부령 제19호로 전부 개정될 때에도 [별표 1]의 내용에 변경이 없었던 점에 비추어 보면, 국토해양부령 제19호로 전부개정 시 자기자금 이자계산에 적용되는 이자율에 관하여 특별한 정책변경의 의사가 있었다고 볼 수 없고, 그럼에도 그 부칙에서 국토해양부령 제330호 부칙 제2항을 승계하여 규정하지 못한 것은 입법 상 누락으로 보이는바, 이는 특별한 사정이 있는 경우에 해당하므로 국토해양부령 제330호 부칙 제2항의 효력이 실효되지 않았다고 할 것입니다.

아울러, 건설교통부령 제330호 부칙 제2항의 적용례에 따라 이자율을 계산한다 하더라도 공공임대주택의 임대사업자 또는 입주자 등에게 예측하지 못한 부담을 지우는 것이라고는 볼 수 없는 반면, 공공건설 임대주택 분양전환가격 산정 시 필요한 자기자금이자계산에 적용되는 이자율에 관한 규정은 국민의 재산권과 관련된 규정으로서 일관된 정책투입이 필요하고, 명시적인 입법조치 없이 이를 변경하는 것은 2002년 9월 전에 입주자모집공고에 따라 체결된 임대계약에 대하여 6년 동안이나 종전의 이자율 규정을 적용하다가 아무런 사정변경이 없음에도 불구하고 갑자기 새로운 이자율 규정을 소급적용하게 되어 국민의 법적 안정성 및 신뢰보호를 해칠 수 있다고 할 것이므로, 이 사안에서는 종전의 적용례가 실효되지 않고 계속 적용된다고 보아야 할 예외적인 사정 즉 특별한 사정이 있다고 할 수 있습니다.

따라서, 2002. 7. 15. 입주자 모집 공고한 5년 임대주택의 분양전환가격 산정에 필요한 자기자금이자 계산 시 적용되는 이자율은 입주자 모집 공고 당시의 「임대주택법 시행규칙」(2002. 9. 11. 건설교통부령 제330호로 일부개정되기 전의 것) 별표 1에 따른 이자율을 적용하여야 합니다.

관계법령
임대주택법 시행규칙

1999. 4. 19. 입주자 모집 공고한 임대의무기간 5년인 임대주택의 분양전환가격 산정에 필요한 자기자금이자 계산 시 적용되는 이자율 규정(「임대주택법 시행규칙」 별표 1 관련)

[안건번호: 13-0499 회신일자: 2014-02-04]

【질의요지】

1999. 4. 19. 입주자 모집 공고한 임대의무기간 5년인 임대주택의 분양전환가격 산정에 필요한 자기자금이자 계산 시 적용되는 이자율 규정은 입주자 모집 공고 당시의 「임대주택법 시행규칙」(2002. 9. 11. 건설교통부령 제330호로 일부개정·시행되기 전의 것) 별표 1에 따른 이자율 규정인지, 아니면 해당 임대주택의 분양전환 당시에 시행되는 「임대주택법 시행규칙」 별표 1에 따른 이자율 규정인지?

【회답】

1999. 4. 19. 입주자 모집 공고한 임대의무기간 5년인 임대주택의 분양전환가격 산정에 필요한 자기자금이자 계산 시 적용되는 이자율 규정은 입주자 모집 공고 당시의 「임대주택법 시행규칙」(2002. 9. 11. 건설교통부령 제330호로 일부개정·시행되기 전의 것) 별표 1에 따른 이자율을 적용하여야 합니다.

【이유】

「임대주택법 시행규칙」 제14조에 따르면 공공건설임대주택의 분양전환가격 산정 기준에 관하여는 별표 1이 적용되는데, 해당 별표 1 제1호 나목에 따르면 임대의무기간이 5년인 경우 분양전환가격은 건설원가와 감정평가금액을 산술평균한 가액으로 하도록 규정되어 있고, 이 때 건설원가 산출 시에는 자기자금이자를 계산하여야 하며(같은 표 제2호 가목), 같은 표 제2호 가목 2) 가)에서는 자기자금이자 산출 시 적용되는 이자율(이하 "이 사안 이자율"이라 함)에 대하여 규정하고 있습니다.

한편, 「임대주택법 시행규칙」(2002. 9. 11. 건설교통부령 제330호로 일부개정·시행되기 전의 것) 별표 1 제2호 가목 2) 가)에서는 이 사안 이자율을 "분양전환당시의 한국주택은행의 1년만기 정기예금 이자율"로 규정하고 있었는데, 「임대주택법 시행규칙」이 2002. 9. 11. 건설교통부령 제330호로 일부개정·시행되면서 이 사안 이자율을 "당해 임대주택의 임대 개시일과 분양전환 당시 각각의 은행법에 의한 금융기관으로서 가계자금 대출시장의 점유율이 최상위인 금융기관의 1년 만기 정기예금이자율의 산술평균이자율"로 개정하면서 부칙에서 적용례를 두어 별표 1의 개정규정은 이 규칙 시행 후 최초로 입주자를 모집하는 임대주택부터 적용한다고 규정하였으며, 2008. 6. 20.에는 「임대주택법 시행규칙」이 국토해양부령 제19호로 전부 개정되어 2008. 6. 22. 시행되면서 이 사안 이자율을 "해당 임대주택의 임대시작일과 분양전환 당시 각각의 「은행법」에 따른 금융기관으로서 가계자금 대출시장의 점유율이 최상위인 금융기관의 1년 만기 정기예금의 이자율을 산술평균한 이자율"이라고 규정하면서 이에 대하여는 부칙에서 별도의 경과규정이나 적용례를 두지 아니하였는바, 이 사안에서는 1999. 4. 19. 입주자 모집 공고한 임대의무기간 5년인 임대주택의 분양전환가격 산정에 필요한 자기자금이자 계산 시 적용되는 이자율 규정은 입주자 모집 공고 당시의 「임대주택법 시행규칙」(2002. 9. 11. 건설교통부령 제330호로 일부개정·시행되기 전의 것) 별표 1에 따른 이자율 규정인지, 아니면 해당 임대주택의 분양전환 당시에 시행되는 「임대주택법 시행규칙」 별표 1에 따른 이자율 규정인지가 문제될 수 있습니다.

살피건대, 법령이 전부 개정된 경우에는 기존 법령을 폐지하고 새로운 법령을 제정하는 것과 마찬가지이므로 종전의 본칙은 물론 부칙 규정도 모두 소멸하는 것으로 보는 것이 원칙이지만 특별한 사정이 있는 경우에는 그 부칙의 효력이 상실되지 않는다고 보아야 할 것인데, 여기서 '특별한 사정'은 전부 개정된 법령에서 종전 법령의 부칙의 경과규정을 계속 적용한다는 별도의 규정을 둔 경우뿐만 아니라 그러한 규정을 두지 않았다고 하더라도 종전의 경과규정이 실효되지 않고 계속 적용된다고 보아야 할 만한 예외적인 사정이 있는 경우도 포함한다고 할 것인 바, 이 경우 '예외적인 특별한 사정'이 있는지 여부는 종전 경과규정의 입법 경위 및 취지, 전부 개정된 법령의 입법 취지 및 체계, 종전의 경과규정이 실효된다고 볼 경우 법률상 공백상태가 발생하는지 여부, 기타 제반 사정 등을 종합적으로 고려하여 판단하여야 할 것입니다(대법원 2012. 1. 27. 선고 2011두815 판결례 참조).

그렇다면, 이 사안 이자율 규정에 관한 「임대주택법 시행규칙」 별표 1의 개정 연혁을 살펴보건대, 「임대주택법 시행규칙」(2002. 9. 11. 건설교통부령 제330호로 일부개정·시행된 것) 별표 1에서는 이 사안 이자율 규정을 종전의 "분양전환당시의 한국주택은행의 1년 만기 정기예금이자율"에서 "당해 임대주택의 임대 개시일과 분양전환 당시 각각의 은행법에 의한 금융기관으로서 가계자금 대출시장의 점유율이 최상위인 금융기관의 1년 만기 정기예금이자율의 산술평균이자율"로 바꾸어 그 내용을 개정하면서 부칙 제2항에 적용례를 두어 별표 1의 개정규정은 해당 부령 시행 후 최초로 입주자를 모집 하는 임대주택부터 적용하도록 정책결정을 하였으나,

이후 2008. 6. 20. 국토해양부령 제19호로 전부 개정된 「임대주택법 시행규칙」은 2008. 3. 21. 법률 제8966호로 전부 개정된 「임대주택법」에서 위임된 사항과 그 시행에 필요한 사항을 정하는 한편, 어려운 용어와 표현 등을

이해하기 쉽게 고치며 복잡한 문장 등은 체계를 정리하여 국민이 법 문장을 이해하기 쉽게 정비하려는 것이 그 입법목적이었으며, 이 사안 이자율 규정에 관하여는 전부개정 전 「임대주택법 시행규칙」(2002. 9. 11. 건설교통부령 제330호로 일부개정·시행된 것) 별표 1의 규정에서 실질적인 내용 변경 없이 종전의 "당해"를 "해당"으로, "임대 개시일"을 "임대 시작일"로 바꾸는 등 형식적인 문구만을 변경한 점에 비추어 볼 때, 이 사안 이자율 규정을 2008. 6. 20. 국토해양부령 제19호로 전부 개정할 때에 특별한 정책변경의 의사는 없었다고 보는 것이 상당하다고 할 것인바, 이 사안 이자율의 적용례에 관한 「임대주택법 시행규칙」(2002. 9. 11. 건설교통부령 제330호로 일부개정·시행된 것)의 부칙 제2항의 규정은 실효되지 아니한다고 보아야 할 것입니다(법제처 2009. 8. 28. 회신 09-0247 해석례 참조).

한편, 임대주택의 분양전환에 관한 법률관계에 관하여는 원칙적으로 분양전환 당시의 법령이 적용되어야 한다는 의견이 있을 수 있으나, 기본적으로는 그러한 견해에 따른다고 하더라도 입주자 모집 공고 이후에 관련 법령이 전부 개정된 때에는 종전의 법령에 따르도록 하는 명문의 경과규정이 있는 경우이거나 이 사안과 같이 그러한 규정이 없더라도 종전의 경과규정이 실효되지 않고 계속 적용된다고 보아야 할 만한 예외적인 특별한 사정이 있는 경우에는 임대주택 분양전환에 관한 종전의 법령이 적용될 수 있다고 보는 것이 합리적이라고 할 것인 바, 이 사안의 경우 앞서 살펴본 바와 같이 예외적인 특별한 사정이 인정되는 것으로 보입니다.

따라서, 1999. 4. 19. 입주자 모집 공고한 임대의무기간 5년인 임대주택의 분양전환가격 산정에 필요한 자기자금이자 계산 시 적용되는 이자율 규정은 입주자 모집 공고 당시의 「임대주택법 시행규칙」(2002. 9. 11. 건설교통부령 제330호로 일부개정·시행되기 전의 것) 별표 1에 따른 이자율 규정이라고 할 것입니다.

관계법령
임대주택법 시행규칙 제14조
임대주택법 제1조
임대주택법 시행령 제23조
임대주택법 시행령 제13조
임대주택법 시행규칙 제1조
임대주택법 시행규칙 제9조
임대주택법 시행규칙 제8조
임대주택법 제2조
임대주택법 제16조
임대주택법 제21조

4) 표준건축비에 더할 수 있는 가산비용 관련

민원인 – 공공건설임대주택 분양전환가격 산정 시 표준건축비에 다른 비용을 추가할 수 있는지 여부(「임대주택법 시행규칙」 별표 1 등 관련)

[법제처 13-0139, 2013.6.18, 민원인]

【질의요지】

「임대주택법 시행규칙」 별표 1 제2호 라목 1)의 가)에서는 건축비의 상한 가격은 국토교통부장관이 따로 고시하는 가격으로 하며 그 가격을 "표준건축비"라고 규정하고 있는데, 같은 목 1)의 라)에서는 **사업계획승인권자로부터 최초 입주자 모집 공고에 포함하여 승인을 받은 지하층 면적은 표준건축비의 100분의 63에 상당하는 금액을 건축비로 인정할 수 있다고 규정하고 있고, 같은 목 1)의 바)에서는 도서지역에 건축하는 주택인 경우의 비용이나 음식물류 폐기물 공동 처리시설의 설치비 등 그 밖에 건축비에 가산할 수 있는 항목을 규정하고 있는바**, 같은 목 1)의 라) 및 바)에서 규정한 비용을 표준건축비에 추가할 수 있는지?

【회답】

「임대주택법 시행규칙」 별표 1 제2호 라목 1)의 라) 및 바)에서 규정한 비용을 표준건축비에 추가할 수 있다고 할 것입니다.

【이유】

「임대주택법」 제16조에서는 임대주택은 임대의무기간이 지나지 아니하면 매각할 수 없다고 규정하고 있고, 같은 법 제21조에서는 임대주택을 분양전환하는 경우에는 임차인에게 우선 분양전환하도록 규정하고 있으며, 같은 조 제10항에서는 분양전환의 방법·절차 및 가격 등에 관하여 필요한 사항은 대통령령으로 정한다고 규정하고 있고, 같은 항의 위임에 따라 「같은 법 시행령」 제23조 제8항에서는 공공건설임대주택을 분양전환하는 경우 분양전환가격 산정의 기준·방법 및 절차 등에 관하여 같은 조 제1항부터 제7항까지에 규정된 것 외에 필요한 사항은 국토교통부령으로 정한다고 규정하고 있으며, 「같은 법 시행규칙」 제9조 및 제14조에 따르면 공공건설임대주택의 분양전환가격 산정 기준은 별표 1에 따르도록 되어 있습니다.

한편, 「임대주택법 시행규칙」 별표 1 제1호 나목에서는 임대의무기간이 5년인 경우 분양전환가격은 건설원가와 감정평가금액을 산술평균한 가액으로 하되, 임대주택의 건축비 및 택지비를 기준으로 분양전환 당시에 산정한 해당 주택의 가격에서 임대기간 중의 감가상각비를 뺀 금액을 초과할 수 없다고 규정하고 있고, 같은 표 제2호 라목 1)의 가)에서는 건축비의 상한 가격은 국토교통부장관이 따로 고시하는 가격으로 하며 그 가격을 "표준건축비"라고 규정하고 있는데, 같은 목 1)의 라)에서는 사업계획승인권자로부터 최초 입주자 모집 공고에 포함하여 승인을 받은 지하층 면적(지하주차장 면적을 포함하되, 지하피트(방습·방열 및 배관설비 설치 등을 위한 공간을 말함)는 제외함)은 표준건축비의 100분의 63에 상당하는 금액을 건축비로 인정할 수 있다고 규정하고 있고, 같은 목 1)의 바)에서는 도서지역에 건축하는 주택인 경우의 비용이나 음식물류 폐기물 공동 처리시설의 설치비 등 그 밖에 건축비에 가산할 수 있는 항목을 규정하고 있는바, 이 사안에서는 같은 목 1)의 라) 및 바)에서 규정한 비용을 표준건축비에 추가할 수 있는지 여부가 문제됩니다.

먼저, 「임대주택법 시행규칙」 별표 1 제2호 라목 1)의 가)에 따라 **국토교통부장관이 고시하는 표준건축비는 「주**

택공급에 관한 규칙」 제8조 제7항에 따른 공동주택의 주거전용면적과 주거공용면적만을 기준으로 하여 규정된 것으로서, 해당 공동주택의 지하층이나 관리사무소 및 노인정 등 그 밖의 공용면적에 대해서는 그 적용범위에서 제외하고 있습니다(「공공건설임대주택 표준건축비」(국토해양부 고시 제2012-533호) 참조).

한편, 「임대주택법 시행규칙」 별표 1 제2호 라목 1)의 나)에서는 철근콘크리트 라멘구조 등 특정한 구조로 건축하는 경우 표준건축비 자체에 일정한 금액을 더하여 건축비를 산출하도록 규정하고 있고, 같은 목 1)의 다)에서는 주택 시공 및 분양에 필요하여 납부한 보증수수료를 표준건축비에 포함할 수 있도록 규정하고 있으며, 같은 목 1)의 마)에서는 임대주택 건설과 관련된 법령 또는 조례 등의 개정으로 주택건설에 추가되는 비용을 표준건축비에 추가할 수 있다고 규정하고 있는 점에 비추어 볼 때, 같은 목 1)의 가)에 따라 고시된 **표준건축비는 임대주택의 최종적인 건축비의 상한 가격이라기보다는 임대주택 건설에 기본적이고 필수적인 비용에 대하여 산정된 일종의 표준적인 가격으로 보는 것이** 「임대주택법 시행규칙」 별표 1에 따른 건축비 규정 체계에 부합하는 해석이라고 할 것입니다.

그런데, 「임대주택법 시행규칙」 별표 1 제2호 라목 1)의 라) 및 바)에서는 임대주택의 지하층 면적과 도서지역에 건축하는 임대주택 등의 경우 표준건축비의 일정 비율에 해당하는 금액을 건축비로 인정할 수 있도록 규정하고 있고, 음식물류 폐기물 공동처리시설 및 임대주택의 발코니 확장비용 등을 건축비에 가산할 수 있도록 규정하고 있는바, 이는 모든 임대주택에 해당되는 비용은 아니지만 임대주택의 품질 및 주거환경의 질적 향상을 위해 소요되는 비용을 건축비로 인정하고 있는 규정으로서, 같은 목 1)의 나), 다) 및 마)에서 **임대주택 건축 및 분양에 소요된 비용을 표준건축비에 가산할 수 있도록 규정한 점에** 비추어 보건대 「임대주택법 시행규칙」 별표 1에서는 같은 표 제2호 라목 1)의 라) 및 바)에서 규정하고 있는 비용들도 표준건축비에 추가할 수 있다는 것을 이미 예정하고 있다고 보는 것이 합리적이라고 할 것입니다.

만약, 「임대주택법 시행규칙」 [별표 1] 제2호 라목 1)의 라) 및 바)에서 규정하고 있는 비용들을 표준건축비에 가산할 수 없다고 보게 된다면, 임대주택의 부실시공 및 품질저하 등에 따른 임대주택의 공급 질서 교란의 문제가 발생할 우려가 있는데, 이는 임대주택 건설을 촉진하고 국민의 주거생활을 안정시키는 것을 목적으로 하는 입법취지(「임대주택법」 제1조)에도 부합하지 않게 된다고 할 것입니다.

따라서, 「임대주택법 시행규칙」 별표 1 제2호 라목 1)의 라) 및 바)에서 규정한 비용을 표준건축비에 추가할 수 있다고 할 것입니다.

※ 법령정비 의견
「임대주택법 시행규칙」 별표 1 제2호 라목 1)의 가)에 따라 고시된 표준건축비와 같은 목 1)의 라) 및 바)에서 규정한 비용의 관계를 명확히 하기 위한 입법조치가 필요하다고 할 것입니다.

5) 분양전환 시 감가상각비 산출 기준

민원인 - 임대주택의 분양전환 시 산정가격의 감가상각비 산출 기준(「임대주택법 시행규칙」 별표 1 등 관련)

[법제처 12-0717, 2013.3.25, 민원인]

【질의요지】

「임대주택법 시행규칙」 별표 1 제1호 나목에 따르면 임대의무기간이 5년인 경우 분양전환가격은 건설원가와 감정평가금액을 산술평균한 가액으로 하되, 임대주택의 건축비 및 택지비를 기준으로 분양전환당시에 산정한 해당 주택의 가격에서 임대기간 중의 감가상각비를 뺀 금액을 초과할 수 없다고 규정하고 있는바, 임대기간 중의 감가상각비는 취득가액에 감가상각률을 곱하여 산출되는데, 여기서 감가상각비 계산을 위한 취득가액은 최초 입주자 모집 공고 당시의 취득가액인지, 아니면 분양전환 당시의 취득가액인지?

【회답】

「임대주택법 시행규칙」 별표 1 제1호 나목에서 감가상각비의 계산을 위한 취득가액은 최초 입주자 모집 공고 당시의 취득가액이라고 할 것입니다.

【이유】

「임대주택법 시행규칙」 별표 1에서는 공공건설임대주택의 분양전환가격의 산정기준에 대하여 규정하면서, 제1호 나목에서 임대의무기간이 5년인 경우 분양전환가격은 건설원가와 감정평가금액을 산술평균한 가액(價額)으로 하되, 임대주택의 건축비 및 택지비를 기준으로 분양전환 당시에 산정한 해당 주택의 가격(이하 "산정가격"이라 함)에서 임대기간 중의 감가상각비를 뺀 금액(이하 "분양전환가격 상한"이라 함)을 초과할 수 없다고 규정하고 있는데, 항목별 산출방법을 규정하고 있는 같은 표 제2호 가목·다목에서는 분양전환가격 중 "건설원가"를 "최초 입주자 모집 당시의 주택가격+자기자금이자-감가상각비"로 규정하면서 이 중 감가상각비의 계산은 임대기간 중 「법인세법 시행령」 제26조에 따른 계산방식에 따른다고 하고 있고, "산정가격"은 "분양전환 당시의 건축비+입주자 모집 공고 당시의 택지비+택지비 이자"로 규정하고 있으나, 같은 표 제1호 나목 중 분양전환가격 상한을 산출할 때 필요한 감가상각비에 대해서는 별도로 규정하고 있지 않습니다.

한편, 「법인세법 시행령」 제26조에 따르면 건축물 등의 감가상각비는 정액법(감가상각자산의 취득가액에 내용연수에 따른 상각률을 곱하는 방법)에 따라 산출하도록 되어 있고, 분양전환가격 상한의 감가상각비 역시 별도의 규정이 없지만 위와 같은 방법으로 계산할 수 있을 것인데, 다만, 산정가격 중 건축비는 분양전환 당시를 기준으로 한다는 점에 비추어 볼 때, 「임대주택법 시행규칙」 별표 1 제1호 나목의 분양전환가격 상한의 감가상각비 계산을 위한 취득가액이 최초 입주자 모집 공고 당시의 취득가액인지 또는 분양전환 당시의 취득가액인지가 문제될 수 있습니다.

살피건대, 「임대주택법 시행규칙」 별표 1 제2호에서는 항목별 산출방법을 규정하면서 건설원가 산정 시 필요한 감가상각비 산출방법만 규정하고, 분양전환가격 상한 책정 시 필요한 감가상각비 산출방법은 규정하고 있지 않은 바, 원래 공공건설임대주택의 분양전환가격 산정기준은 구 「공공임대주택건설 및 관리지침」에서 규정하고 있다가 해당 지침이 폐지되면서 구 「임대주택법 시행규칙」(1999. 1. 28. 건설교통부령 제165호로 개정된 것을 말하며, 이하 같음)에 반영되었는데, 구 「공공임대주택건설 및 관리지침」에서는 분양전환가격 상한 산정 시 산정가격에서 공제되는 감가상각비는 건설원가 산정 시 고려되는 감가상각비와 동일한 방법으로 산정한다고 규정하고 있었지만 구 「임대주택법 시행규칙」에서는 이 부분에 대하여 규정하지 않고 있는 점에 비추어 볼 때, 이는 건설원가 산출 시 필요한 감가상각비와 분양전환가격 상한 산출 시 필요한 감가상각비를 동일하게 판단한 결과로 보입니다.

또한, 「임대주택법 시행규칙 [별표 1]의 공공건설임대주택의 분양전환가격 및 그 상한에 관한 규정은, 분양전환 가격을 건설원가와 감정평가금액을 산술평균한 가액으로 하고 그 상한을 정하여 분양전환 가격의 상승을 일정 이하로 억제함에 따라 임차인이 분양전환을 받을 수 없게 되는 경우를 사전에 방지하고 무주택 서민에게 주택소유의 기회를 부여하려는 취지와, 동시에 임대사업자에게도 임대주택건설에 따른 합리적인 이윤을 보장하여 임대주택건설 사업이 위축되는 부작용을 방지하려는 취지를 함께 고려하여 합리적이고도 적정한 균형점을 찾으려는 정책적 판단에 따른 것이라 할 것인 바, 이러한 판단에 따라 임대기간 중의 감가상각비 계산을 위한 취득가액을 분양전환 당시의 취득가액이 아닌 최초 입주자 모집 공고 당시의 취득가액을 기준으로 함으로써 임대기간 중 이미 발생한 가치감소분을 반영한다고 하여, 이를 현저히 불합리하다고 볼 수도 없을 것입니다.

즉, 「임대주택법 시행규칙」 별표 1 제1호 나목의 "임대기간 중의 감가상각비"는 문언 상 "이미" 발생한 가치감소분, 즉, 최초 입주자 모집 공고 이후 임대주택 자산의 가치감소분을 반영하기 위한 것이라 볼 수 있을 것이고, 그렇다면 해당 감가상각비는 최초 입주자 모집 공고 당시 취득가액을 기준으로 산출하는 것으로 보아야 할 것입니다.

따라서, 「임대주택법 시행규칙」 별표 1 제1호 나목에서 감가상각비의 계산을 위한 취득가액은 최초 입주자 모집 공고 당시의 취득가액이라고 할 것입니다.

※ 법령정비의견
「임대주택법 시행규칙」 별표 1 제1호 나목의 "임대기간 중의 감가상각비"의 산출방법 등에 대해 명시적으로 규정하고 있지 않으므로, 법적 안정성과 국민의 예측가능성 제고를 위해 별도의 입법조치를 통해 이를 명확히 할 필요가 있다고 할 것입니다.

6) 택지비 산출 기준

민원인 - 공공건설임대주택 분양전환가격 산정 시 택지비 산출기준 (「임대주택법 시행규칙」 별표 1 등 관련)

[법제처 13-0065, 2013. 5. 7. 민원인]

【질의요지】

「임대주택법 시행규칙」별표 1 제2호 라목 2) 가)에서는 공공건설임대주택의 분양전환가격 구성요소인 택지비에 대하여 공공택지인 경우에는 그 공급가격이라고 규정하고 있는바, **이 경우 택지비는 임대사업자가 택지공급자와 택지매매계약을 체결할 때 납부하기로 한 공급가격인지, 아니면 임대사업자가 택지 구입을 위해 계약 체결 후 실제로 납부한 금액인지?**

【회답】

「임대주택법 시행규칙」 별표 1 제2호 라목 2) 가)에 따른 택지비는 임대사업자가 택지공급자와 택지매매계약을 체결할 때 납부하기로 한 공급가격이라고 할 것입니다.

【이유】

「임대주택법」 제16조에서는 임대주택은 임대의무기간이 지나지 아니하면 매각할 수 없다고 규정하고 있고, 같은 법 제21조에서는 임대주택을 분양전환하는 경우에는 임차인에게 우선 분양전환하도록 규정하고 있으며, 같은 조 제10항에서는 분양전환의 방법·절차 및 가격 등에 관하여 필요한 사항은 대통령령으로 정한다고 규정하고 있는데, 「같은 법 시행령」 제23조 제8항에서는 같은 법 제21조 제1항부터 제9항까지의 규정에 따라 공공건설임대주택을 분양전환하는 경우 분양전환가격 산정의 기준·방법 및 절차 등에 관하여 제1항부터 제7항까지에 규정된 것 외에 필요한 사항은 국토교통부령으로 정한다고 규정하고 있고, 「같은 법 시행규칙」 제9조 및 제14조에 의하여 공공건설임대주택의 분양전환가격 산정 기준은 [별표 1]에 따라야 합니다.

한편, 「임대주택법 시행규칙」 [별표 1] 제1호 나목에서는 임대의무기간이 5년인 경우 분양전환가격은 건설원가와 감정평가금액을 산술평균한 가액으로 하되, 임대주택의 건축비 및 택지비를 기준으로 분양전환 당시에 산정한 해당 주택의 가격에서 임대기간 중의 감가상각비를 뺀 금액을 초과할 수 없다고 규정하고 있고, [같은 표] 제2호 라목에서는 임대주택의 가격산정의 기준이 되는 건축비 및 택지비에 대하여 규정하고 있으며, 같은 목 2) 가)에서는 국가·지방자치단체나 한국토지주택공사 등 「공공기관의 운영에 관한 법률」에 따른 공공기관이 「택지개발촉진법」 등 법률에 따라 개발·공급하는 택지(이하 "공공택지"라 함)인 경우에는 그 공급가격이 택지비라고 규정하고 있는 바, 이 경우 "택지비"는 임대사업자가 택지공급자와 택지매매계약을 체결할 때 납부하기로 한 공급가격인지, 아니면 임대사업자가 택지 구입을 위해 계약 체결 후 실제로 납부한 금액인지가 문제될 수 있습니다.

먼저, 「임대주택법」은 임대주택 건설을 촉진하고 국민의 주거생활을 안정시키는 것을 목적으로 하고, 그 목적 달성을 위해 임대사업자에게 각종 지원과 제한을 부과하는 한편, 특히 임대의무기간 경과 후 무주택 임차인에게 임대주택의 우선분양전환권을 인정하고 분양전환가격의 산정기준을 상세히 규정함으로써 임대사업자가 자의적으로 분양전환가격을 정하는 것을 방지하고 있는바, 만약 임대사업자가 이러한 분양전환가격 산정기준에 기속되지 않는다고 해석하게 되면 임대사업자가 경제적 이익이나 사업운영의 편의를 위하여 임의로 분양전환가격 산정기준을 초과하여 분양전환가격을 정하고 추가적인 분양대금을 보유하는 것이 허용되게 되어 「임대주택법」의 입법취지를 훼손하게 되는 점에 비추어 볼 때, 「임대주택법 시행규칙」 별표 1에서 정하고 있는 분양전환가격 산정기준에 관한 규정들은 강행법규에 해당한다고 보아야 할 것이므로(대법원 2011. 4. 21. 선고 2009다97079 판결, 대법원 2011. 7. 28. 선고 2010다55309 판결 참조), 이러한 강행법규로서의 성질을 지니는 분양전환가격 산정기준에 관한 규정들은 그 입법취지에 비추어 신중하게 해석하여야 할 것입니다.

그런데, 「임대주택법 시행규칙」 [별표 1] 제2호 라목 2) 가)에서는 공공택지의 택지비를 "그 공급가격"이라고만 명시하고 있을 뿐, "그 공급가격"의 구체적인 의미나 산출 방법에 대하여는 별도로 규정하지 아니하고 있는데, 공공건설임대주택의 분양전환가격 및 그 상한에 관한 규정은 서민의 주택소유 기회를 안정적으로 보장함과 동시에 임대사업자에게도 임대주택건설에 따른 합리적인 이윤을 보장하여 임대주택건설 사업이 위축되는 부작용을 방지하려는 정책적 판단에 따라 도입된 것으로서(법제처 2013. 3. 25. 회신 12-0717 해석례 참조), 법령 소관 중앙행정기관이 그러한 입법취지를 **고려하여 공공건설임대주택 분양전환시장의 안정성과 예측 가능성을 제고하기 위하여 임대사업자가 택지공급자와 택지매매계약을 체결할 때 납부하기로 한 공급가격을 택지비로 계산하여 왔다면, 이는 강행법규의 성질을 지니는 분양전환가격 산정기준에 관한 규정에 위반되지 아니하는 범위 내에서 정책의 안정적이고 효율적인 투입을 도모하는 합리적인 해석이라고 할 것입니다.**

한편, 「임대주택법 시행규칙」 [별표 1] 제2호 라목 다)에서 공공택지의 택지비에 가산할 수 있는 항목을 별도로 규정하고 있는 점에 비추어 볼 때, 택지비는 택지매매계약 체결 당시의 공급 가격에 약정이자·지연손해금·선납할인금 등도 반영되는 것으로서 임대사업자가 택지 구입을 위해 실제로 납부한 금액으로 보아야 한다는 견해가 있을 수 있으나, 임대주택법령에서는 약정이자·지연손해금·선납할인금 등에 대하여는 택지비의 산출기준으로 규정하고 있지 않을 뿐만 아니라 해당 비용들은 임대사업자 또는 택지공급자의 임의적인 선택과 합의에 따라 결정되는 성격을 가지고 있는 점에 비추어 볼 때, 임대주택법령에서 규정하고 있지 아니한 다른 비용들을 택지비의 산출기준으로 인정하는 것은 임대사업자의 자의적인 분양전환가격 산정을 방지하고 합리적인 분양전환가격에 분양이 이루어지도록 하려는 입법취지에 반한다고 할 것입니다.

따라서, 「임대주택법 시행규칙」 [별표 1] 제2호 라목 2) 가)에 따른 택지비는 임대사업자가 택지공급자와 택지매매계약을 체결할 때 납부하기로 한 공급가격이라고 할 것입니다.

7. 분양전환가격 제한 규정이 강행규정인지 여부

「임대주택법」은 수차례에 걸쳐 일부 또는 전부 개정되었는데, 특히 분양전환관련 규정과 관련하여, 「임대주택법」이 2008. 3. 21. 법률 제8966호로 전면 개정되어 2008. 6. 22.부터 시행이 있었는 바, 아래에서는 ① 2008. 3. 21. 전부 개정되기 전의 것을 구 「임대주택법」이라고 하고, ② 2008. 3. 21. 전부 개정된 이후의 것은 「임대주택법」이라고 칭한다.

가. 2008. 3. 21. 전부 개정된 「임대주택법」의 내용

1) 주요 내용(「임대주택법」 제21조)

「임대주택법」이 2008. 3. 21. 법률 제8966호로 '전부 개정'되어 2008. 6. 22.부터 시행되었는 바, 이로써 구 「임대주택법」은 사실상 폐지되고, 「임대주택법」이 새로 '제정된 것'과 마찬가지가 되었다(대법원 2008. 11. 27. 선고, 2006두19419 판례 참조).

한편 「임대주택법」의 우선분양전환과 관련하여 새롭게 도입된 주요 골자는 아래와 같다.

- 우선분양전환방식의 변경: 관할 시장·군수·구청장의 '분양전환 승인제도'의 도입(「임대주택법」 제21조 제3항)
- 관할 시장·군수·구청장가 임대사업자의 의견을 듣지 않고, 감정평가법인 선정(「임대주택법」 제21조 제9항)
- 관할 시장·군수·구청장은 법령에 정한 방법, 절차에 따라 정해진 분양전환가격으로 승인하여야 하며, 이를 조정하거나 변경하여서는 아니 됨(「임대주택법」 제21조 제4항)
- 제3자에게 매각 시에도 임차인에 대한 우선분양전환가격으로 매각할 것을 규정함(「임대주택법」 제21조 제7항).

2) 「임대주택법」의 전부 개정의 취지

가) 구 「임대주택법」(2008. 3. 21. 전부 개정되기 전의 것)에 따른 임대사업자의 분양전환 지연 시도 등

임대사업자는 「임대주택법」이 개정되기 직전 무렵에 당해 임대아파트에 관하여 임대의무기간이 경과하였음에도, 당해 임대아파트에 대한 시세 감정평가 결과 감정가액이 못마땅하여 분양전환가격을 높이기 위해 분양전환계획서를 아예 관할 시장·군수·구청장에게 제출도 하지 않고, 지연시키는 일을 여러 차례 시행하기도 하였다.

이러한 문제점을 발견한 국토해양부에서는 이러한 임대사업자의 행위를 막기 위하여 「임대주택법」을 전면 개정한 것이다.

그러자 임대사업자는 「임대주택법」 제21조 제3항 등 관련 조항에 관하여 '임대사업자의 재산권과 영업의 자유를 침해'한다고 주장하며, 헌법재판소에 헌법소원(헌법재판소 2010.7.29. 선고 2008헌마581,582)을 제기하기도 하였다.

나) 「임대주택법」(2008. 3. 21. 전부 개정된 것)에 관한 국토해양부장관의 의견의 요지

위 헌법소원심판 사건(헌법재판소 2010.7.29. 선고 2008헌마581,582)에서 '국토해양부장관'은 「임대주택법」 제21조의 개정취지를 아래와 같이 피력하였다.

(1) 2008헌마581 사건

분양전환은 입주자 모집공고와 표준임대차계약서의 임대차계약에 명시된 시기 및 분양전환가격 산정기준에 따라 진행되어야 함에도 불구하고, **임대사업자가 임대의무기간 경과 후 분양전환가격을 높이기 위하여 분양전환을 지연하거나** 임대사업자의 부도, 파산 등으로 분양전환절차가 제대로 진행되지 않는 사례가 다수 발생하였다. **이에 기존의 분양전환계획서 제출방식으로는 이러한 문제를 해결하기 어렵다고 보아 지방자치단체장에 의한 분양전환승인 제도를 새로이 도입하게 된 것이다.**

임차인에게 분양전환승인신청권을 부여한 것은 그동안 임대사업자의 자의에 맡겨져 있던 분양전환절차를 임차인도 개시할 수 있도록 하여 임차인이 불안정한 지위에서 벗어날 수 있도록 한 것이고, 임차인의 매도청구권에 상응하여 임대사업자에게는 제3자 매각이 허용되고 있으므로 청구인의 영업의 자유, 재산권, 평등권이 침해되지 않는다.

임대사업자의 의견을 듣지 않고 시장·군수·구청장이 감정평가법인을 선정하도록 한 것은, 분양전환가격산정의 공정성, 객관성을 도모하고 분양전환가격을 합리적으로 결정하여 업체선정 및 감정가격에 대한 다툼을 막기 위한 것이다.

(2) 2008헌마582 사건

청구인 주장대로 개정법 시행 이전에 입주자 모집공고를 한 임대주택단지에 대하여 개정 전 임대주택법을 적용하면, 분양전환 지연으로 인한 부작용이 계속되어 임대주택법령 개정의 효과가 제대로 발휘되지 못할 것이다. 또한 현재 임대 중인 단지에 개정법을 적용하더라도 분양전환 시기나 분양전환가격의 산정기준에는 변함이 없으므로 임대사업자와 임차인에게 재산상 손실이 발생하지 않는다.

3) 헌법재판소의 판시 내용

위 헌법소원심판 사건(헌법재판소 2010. 7. 29. 선고 2008헌마581,582)에서 헌법재판소는 아래와 같이 판시하였다.

이러한 사정을 종합하여 볼 때, **임대주택의 분양전환의 본질을 순전히 사인 간(私人 間) 매매로 파악해야 한다는 청구인의 주장은 수긍하기 어렵다.** 만일 청구인 주장과 같이 분양전환절차에 시장·군수·구청장이 적극적으로 개입하지 않고 임대사업자와 임차인에게 맡기는 방식에 의할 경우 분양전환시기 및 분양전환가격의 산정기준 등을 입주자 모집단계에서부터 미리 공고하고 임대차계약에 명시하도록 한 취지를 충분히 달성하지 못하게 될 우려가 크다.

또한 시장·군수·구청장이 분양전환승인을 할 경우 반드시 대통령령으로 정하는 분양전환가격으로 승인하여야 하고 이를 조정하거나 변경하지 못하게 함으로써 임대사업자가 임차인과 협상하는 번거로움 없이 신속히 분양전환을 추진하여 사업이익을 회수할 수 있게 된다는 점, 같은 정도로 입법목적을 달성하면서 기본권을 덜 침해하는 수단이 명백히 존재한다고 보기 어려운 점까지 보태어 보면, 이 사건 분양전환승인조항이 최소 침해성 원칙에 위반된다고 할 수 없다.

이 사건 **분양전환승인조항에 의하여 보호하려는 공익은 분양전환절차의 지연을 방지하고 무주택 임차인들의 주거안정을 실질적으로 보장하기 위한 것**으로, 이로 인한 공익이 임대사업자가 침해받는 사익보다 더 크다고 할 것이므로, 법익균형성의 요건도 갖추었다고 할 것이다.

그렇다면 이 사건 분양전환승인조항은 과잉금지원칙에 위반하여 청구인의 영업의 자유를 침해한다고 보기 어렵다.

나. 대법원의 판시 내용의 변천

1) 원칙적으로 분양전환가격의 자율성 인정

[대법원 2004. 12. 10. 선고 2004다33605 판결]

임대주택법[359] 제15조 등 관계 법령은, 임대사업자는 임대의무기간이 경과한 후 임대주택을 분양전환하는 경우에는 입주일 이후부터 분양전환 당시까지 당해 임대주택에 거주한 무주택 세대주인 임차인 등에게 우선 분양전환하여야 하고, 분양전환의 방법·절차 및 가격 등은 「임대주택법 시행령」 및 동시행규칙이 정하는 방법·절차 및 가격산정기준에 따라야 한다고 규정하고 있으나, **이 경우 구 임대주택법 시행규칙 제3조의3 [별표 2][360] 건설교통부 중재기준에 위반하여 산정한 분양전환가격으로 분양계약을 체결하였다는 사정만으로 그 사법상의 효력까지 부인된다고 할 수는 없고, 그 분양전환가격이 지나치게 높아서 임차인의 우선분양권을 사실상 박탈하는 것과 같은 정도에 이르러 임대주택법의 입법목적을 본질적으로 침해하는 경우에만 구 임대주택법 시행규칙 제3조의3에 위배되어 허용될 수 없다고 보아야 한다.**

2) 분양전환가격 산정 규정에 대한 강행법규성 인정

가) 구 「임대주택법」(2008. 3. 21. 전부 개정되기 전의 것) 규정[361]에 대하여

[대법원 2011. 4. 21. 선고 2009다97079 전원합의체 판결]

- 대법원 2004. 12. 10. 선고 2004다33605 판결(변경)

구 임대주택법(2008. 3. 21. 법률 제8966호로 전부 개정되기 전의 것, 이하 '구 임대주택법'이라 한다) 등 관련 법령은 임대주택의 건설을 촉진하고 국민주거생활의 안정을 도모함을 입법 목적으로 하고 있고, 그 목적 달성을 위해 임대사업자에게 각종 지원과 더불어 각종 제한을 부과하면서, 특히 임대의무기간 경과 후 무주택 임차인에게 임대주택의 우선분양전환권을 인정하고 분양전환가격의 산정기준을 상세히 규정함으로써 임대사업자가 자의적으로 분양전환가격을 정하는 것을 방지하고 합리적인 분양전환가격에 임대주택의 분양이 이루어지도록 하고 있다. 그런데도 임대사업자가 위와 같은 분양전환가격 산정기준에 기속되지 않는다고 해석하게 되면, 임대사업자가 임대의무기간이 경과한 후 임의로 분양전환가격 산정기준을 초과하여 분양전환가

---

359 구 「임대주택법」(2000. 1. 12. 법률 제6167호로 개정된 것).
360 구 「임대주택법 시행규칙」(2000. 8. 3. 건설교통부령 제253호로 개정되기 전의 것).
361 구 임대주택법(2008. 3. 21. 법률 제8966호로 전부 개정되기 전의 것).

격을 정한 다음 임차인에게 그에 따라 분양계약을 체결할 것을 통고하고 이에 응한 임차인에게서 분양전환가격 산정기준을 초과한 분양대금을 수령하여 이를 보유하는 것이 허용되게 되어 구 임대주택법 등 관련 법령의 입법 취지를 심하게 훼손할 뿐만 아니라, **만일 임차인이 구 임대주택법 등 관련 법령이 정한 분양전환가격 산정기준에 따를 것을 요구하면서 분양계약 체결을 거절할 경우 임대사업자가 이를 이유로 임차인의 우선분양전환권을 박탈하고 임대주택을 제3자에게 매각하여 시세 차익을 독점할 수 있게 되는 등 임대주택제도가 임대사업자의 경제적 이익을 위한 수단으로 변질될 우려도 있다.** 이는 구 임대주택법의 입법 목적을 본질적으로 침해하는 것이므로, 이를 방지하고 구 임대주택법의 입법 목적을 달성하기 위해서는 구 임대주택법 등 관련 법령에 정한 분양전환가격 산정기준을 위반하여 임대주택을 분양전환한 임대사업자에게 형사적 처벌을 가하는 것만으로는 부족하고 산정기준을 위반하여 정한 **분양전환가격에 의한 경제적 이익이 임대사업자에게 귀속되는 것을 금지시킬 필요가 있다. 따라서 분양전환가격 산정기준에 관한 구 임대주택법 등 관련 법령의 규정들은 강행법규에 해당한다고 보아야 하고, 그 규정들에서 정한 산정기준에 의한 금액을 초과한 분양전환가격으로 체결된 분양계약은 초과하는 범위 내에서 무효이다.**

나) 임대주택법(2008. 3. 21. 전부개정된 것)[362] 규정에 대하여

「임대주택법」은 2008. 3. 21. 법률 제8966호로 전부 개정되어 '분양전환승인제도 등'이 도입되었는데, 대법원은 구 임대주택법 제21조 관련 조항에 대하여 아래와 같은 판시를 한 바 있다.

[대법원 2012. 11. 29. 선고 2011다84335 판결]

① 법 제21조 제1항은 기본적으로 '무주택 임차인' 등에 대한 우선 분양전환의무를 규정하고 있을 뿐이므로, 분양전환 당시 '유주택 임차인'들이 거주하고 있는 임대주택은 임대사업자의 부도, 파산 등의 여부에 관계없이 해당 임차인을 포함한 일반 제3자에게 매각할 수 있음이 원칙이다. 따라서 법 제21조 제2항을 임대사업자의 부도, 파산 등을 요건으로 임대사업자로 하여금 '유주택 임차인'에 대한 우선 분양전환을 선택할 수 있도록 하는 취지의 수권규정으로 해석하면 이는 결국 의미 없는 입법이 되고 만다.

② 법 제21조 제3항, 제4항은, 제1항 및 제2항에 따라 건설임대주택을 분양전환하고자 하는 경우 임대사업자는 시장 등에게 분양전환에 관한 승인을 신청하여야 하고, 이 경우 시장 등은 30일 이내에 대통령령이 정하는 분양전환가격으로 승인하여야 한다고 규정하고, 제7항은 임대사업자가 분양전환승인을 받은 이후에도 임차인이 6개월 이상 분양전환에 응하지 아니하는 경우 임대사업자는 해당 임대주택을 분양전환가격으로 국토해양부령이 정하는 바에 따라 제3자에게 매각할 수 있다고 규정하고 있으며, 그 위임을 받은 법 시행규칙

---

362 구 임대주택법(2008. 3. 21. 법률 제8966호로 전부 개정된 것).

(2008. 6. 20. 국토해양부령 제19호로 전부 개정된 것, 이하 같다) 제13조 제7항은, 임대사업자는 법 제21조 제7항에 따라 분양전환하고 남은 임대주택이 20세대 이상인 경우에는 이를 '주택공급에 관한 규칙'이 정하는 바에 따라 공급하여야 한다고 규정하고 있다.

위 각 법 조항은 법에서 신설된 것으로서 종전에는 임대사업자가 임대주택을 분양전환하는 경우 시장 등에게 분양전환가격산출 근거서류 등을 첨부한 분양전환계획서를 제출하면 충분하였으나, 이제는 시장 등으로부터 분양전환가격을 포함한 분양전환승인을 받도록함으로써 법령이 정한 분양전환가격 산정기준의 준수 여부에 대한 통제를 강화하는 한편 그 승인된 분양전환가격은 임대주택의 우선 분양전환뿐만 아니라 일반 제3자에 대한 매각에 있어서도 동일하게 적용하도록 하여 임대주택제도가 임대사업자의 경제적 이익을 위한 수단으로 변질되는 것을 근본적으로 막을 수 있게 되었다. 이처럼 가격 유인이 사라진 상황에서 임대사업자에게 굳이 현재의 임차인을 배제하고 '주택공급에 관한 규칙'이 정하는 번거로운 절차에 따라 일반 제3자에게 임대주택을 매각할 수 있도록 할 어떤 합리적인 이유를 상정하기 어렵다.

다) 중요한 참조 판례

구 「임대주택법」의 적용을 받는 공공건설 임대주택으로, 임대사업자가 ① 임대의무기간 5년이 경과하여 우선수분양전환권이 있는 임차인에게 '우선분양전환'하였음에도, ② 임차인 5세대만 우선 분양신청하여 우선분양전환된 후, ③ 남은 나머지 221세대에 대하여 「주택공급에 관한 규칙」 제8조에 의하여 '공개모집절차'를 실시하였으나, 아무도 모집에 응하지 않자, ④ 미분양 잔여 세대에 관하여 임대차계약을 계속하다가, 공가세대가 발생할 때마다 순차적으로 분양을 실시하면서, 당초의 분양전환가격보다 더 높은 매각가격으로 매각한 사례가 있었다.

이에 우선분양전환가격보다 더 높은 매각가격으로 매수한 수분양자들이, 「임대주택법」 제21조 제7항은 "우선수분양전환권이 있는 임차인에게 분양전환한 후 남은 임대아파트에 관하여 제3자에게 매각하는 경우에도 당초의 분양전환가격으로 매각하여야 한다"는 규정이 '신설'되었으므로, 임대사업자에게, (a) 더 높은 매각가격과 (b) 당초의 분양전환가격의 차익에 대하여 '부당이득반환청구소송'을 제기하였다.

위 사안에서 대법원은, '공공건설 임대아파트'에 관하여 임대사업자가 2006. 3. 동두천시에 (우선) 분양전환계획서를 제출하였으므로, 「임대주택법」[363] 부칙 제3조에 의하여 구 「임대주택법」이 적용되기 때문에, 「임대주택법」 제21조가 적용될 수 없고, '구 임대주택법 제15조'가 적용되어야 한다고 하면서, "구 「임대주택법」 제15조 등'에는 우선분양전환 후 남은 임대주택의

---

363 2008. 3. 21. 법률 제8966호로 전부 개정된 것[시행 2008. 6. 22.].

분양가격에 관해서는 아무런 규정을 두고 있지 않았으므로, 임대사업자가 미분양 공가세대에 관하여 당초의 분양전환가격보다 더 높은 가격으로 매각하더라도 아무런 하자가 없다"는 취지의 판시[대법원, 2011. 4. 14. 선고 2010다92919 참조]를 한 바 있다.

[대법원 2011. 4. 14. 선고 2010다92919 판결]

구 임대주택법(2008. 3. 21. 법률 제8966호로 전부 개정되기 전의 것, 이하 '구법'이라 한다)는, ……(중략)…… 우선분양전환하고 남은 임대주택이 20세대 이상의 공동주택인 때에는 그 주택은 '주택공급에 관한 규칙'이 정하는 바에 따라 공급하여야 한다(제5항)는 규정을 두고 있는 외에는, **우선분양전환 후 남은 임대주택의 분양가격에 관해서는 아무런 규정을 두고 있지 않다.**

(중략)

위 인정 사실에 의하면, **신법**[364] **시행 당시 피고가 구법**[365] **제15조에 따라 분양전환계획서를 제출한 상태였으므로, 신법 부칙 제3조에 따라 이 사건 아파트의 분양전환에 대해서는 신법 제21조**[366]**가 적용될 수 없고, 구법 제15조가 적용되어야 한다.** 따라서 피고로서는 구법 제15조에 따라 이 사건 아파트를 무주택 임차인 등에게 우선적으로 분양전환한 다음, **남은 221세대에 대하여 주택공급에 관한 규칙이 정한 바에 따라 분양하면 되고, 그 분양가격을 반드시 분양전환가격과 동일한 가격으로 정하여 분양하여야 할 의무는 없다.** 또한 주택공급에 관한 규칙 제8조에 따라 추첨에 의한 공개모집을 실시하였음에도 분양되지 아니한 주택이 있는 경우에는 같은 규칙 제10조 제6항에 따라 선착순의 방법에 의하여 이를 분양할 수 있는 것이므로, 피고가 우선분양전환 절차 및 위 규칙 제8조에 따른 공개모집 절차를 거치고도 분양되지 않은 세대에 대하여 다시 추첨에 의한 공개모집 절차를 거치지 않은 채 임의 매각한 것이 위법하다고 볼 수도 없다.

다. 법정 '분양전환가격 산정기준'을 초과한 경우

1) 초과한 부분에 대하여 무효

[대법원 2011. 4. 21. 선고 2009다97079 전원합의체 판결]

---

[364] 2008. 3. 21. 법률 제8966호로 전부 개정된 것.
[365] 2008. 3. 21. 법률 제8966호로 전부 개정되기 전의 것.
[366] 한편 「임대주택법」 제21조 제7항은 임대사업자가 분양전환승인을 받은 이후에도 임차인이 6개월 이상 분양전환에 응하지 아니하는 경우에는 해당 임대주택을 <u>분양전환가격으로</u> 국토교통부령으로 정하는 바에 따라 제3자에게 매각할 수 있다고 규정하고 있다.

임대사업자가 구 임대주택법(2008. 3. 21. 법률 제8966호로 전부 개정되기 전의 것, 이하 '구 임대주택법'
이라 한다) 등 관련 법령이 시행되기 전에 임차인들과 임대계약을 체결하면서 분양전환가격 산정요소의 하나
인 임대주택의 건설원가에 관하여 합의하였으므로 그 건설원가를 기초로 분양전환가격을 산정하여 체결한
분양계약은 유효하다고 주장한 사안에서, 그러한 합의가 있었다 하더라도 **구 임대주택법 등 관련 법령이 시행
된 후에 분양전환이 이루어지는 경우에는 분양전환에 관한 법률관계가 그 시점에 완결적으로 형성되므로 이
에 관하여는 구 임대주택법 등 관련 법령이 적용되어야 하고,** 분양전환가격 산정기준에 관한 구 임대주택법
등 관련 법령의 규정들이 강행법규인 이상 산정기준을 초과하는 분양전환가격으로 체결한 분양계약은 그 한
도 내에서 무효라고 한 사례.

2) 소멸시효

위와 같이 「임대주택법령」에 정한 분양전환산정기준에 의한 금액을 초과하여 분양대금을 납
입한 경우, 임대사업자에게 그 초과 부분에 대하여 부당이득반환 청구를 할 수 있을 것인데,
이에 관한 소멸시효는 5년이라고 대법원은 판시한 바 있다[대법원 2015. 9. 15. 선고 2015다210811 판결
참조].

[대법원 2015. 9. 15. 선고 2015다210811 판결, 부당이득금]

상행위로부터 생긴 채권뿐 아니라 이에 준하는 채권에도 상법 제64조가 적용되거나 유추적용될 수 있는바
(대법원 2003. 4. 8. 선고 2002다64957, 64964 판결, 대법원 2014. 7. 24. 선고 2013다214871 판결 참조),
원고들이 구하는 이 사건 부당이득반환채권은 피고가 상행위로 체결한 이 사건 아파트 분양계약에 기하여 원
고들이 분양대금을 납부함에 따라 발생한 것으로서 근본적으로 상행위에 해당하는 분양계약에 기초하여 발
생한 것으로 볼 수 있고, 피고가 일률적인 산정방식에 따라 정한 분양전환가격으로 다수의 임차인들과 분양계
약을 체결하였다가 강행법규인 관련 법령에서 정한 산정기준에 의한 정당한 분양전환가격을 초과하는 범위
내에서 각 계약이 무효가 됨으로써 **분양대금과 정당한 분양전환가격의 차액에 대한 반환의무를 부담하게 된
사정을 비롯한 부당이득반환채권의 발생 경위나 원인 등에 비추어 보면, 그로 인한 거래관계를 신속하게 해결
할 필요가 있으므로, 그 소멸시효기간에는 상법 제64조가 적용되어 5년의 소멸시효가 적용되는 것으로 보아
야 한다.**

라. 「임대주택법」[367] 제21조 제7항이 강행규정인지 여부

「임대주택법」 제21조 제7항은 임대사업자가 분양전환승인을 받은 이후에도 임차인이 6개월

---

[367] 「임대주택법」(2008. 3. 21. 법률 제8966호로 전부 개정된 것).

이상 분양전환에 응하지 아니하는 경우에는 해당 임대주택을 분양전환가격으로 국토교통부령으로 정하는 바에 따라 제3자[368]에게 매각할 수 있다고 규정하고 있는바, 이 조항 또한 강행규정인지 여부가 문제될 수 있다.

이와 관련하여 우선 이때의 '제3자'란 ①, ② 임대의무기간 경과 후 최초 분양전환을 실시하여, 우선수분양전환권자로서 분양전환을 받은 거주 무주택자인 임차인 이외의 자 중, '분양받은 자'로 한정한다는 전제에서, 아래와 같은 견해 대립이 있을 수 있다.

1) 소극설

① 분양전환가격의 산정기준에 관한 강행적 규정은 우선수분양전환권을 갖는 무주택 임차인을 위한 것이지, 일반수분양자들을 대상으로 한 것이라고 보기 어려운 점, ② 「임대주택법 시행규칙」 제13조 제5항에는 일반분양 시 분양방법 등에 관하여 분양전환하고 남은 임대주택이 20세대 이상인 경우 「주택공급에 관한 규칙」이 정하는 바에 따르도록 별도로 규정하고 있는 점, ③ 위 조항을 강행규정으로 해석할 경우, 분양전환되는 임대주택에 대한 제3자의 매수 수요가 높아짐에 따라 해당 임대주택의 가격이 상승하게 되고, 이로써 오히려 국민 주거생활의 안정이라는 「임대주택법」의 입법 취지가 몰각될 여지가 있고, ④ 임대주택제도가 제3자의 경제적 이익을 위한 수단으로 변질될 우려가 있는 점을 이유로, 임대주택의 분양전환과정에서 일반분양절차로 분양받은 사람은 「임대주택법」관련 법령상 분양전환가격 산정기준을 준수할 것을 요구할 권리를 가지지 않는다고 봄으로써(서울고등법원 2017. 3. 17. 선고 2016나2040932 판결 참조[369]), 「임대주택법」 제21조 제7항은 강행규정이 아니라고 본다.

2) 적극설

① 「임대주택법 시행규칙」 제13조 제5항에 따른 「주택공급에 관한 규칙」은 '수분양자 선정'을 위한 규정일 뿐, '분양가격'에 관하여 규정하고 있지 않다는 점,[370] ② 분양전환되는 임대주택에 대한 제3자의 매수 수요가 높아지더라도 '분양전환가격'으로 매수하는 것이므로 당해 임대주

---

368 이때의 제3자는 임대의무기간이 경과하여 최초 분양전환을 실시한 경우, 우선수분양권자로 분양전환을 받은 거주 무주택자인 임차인 이외의 자를 의미한다고 할 것이다. 그런데 그 이외의 자는 ① 분양전환 후 남은 세대(20세대 이상)에 관하여 「주택공급에 관한 규칙」에 따라 일반분양에 따라 분양받은 자, ② 분양전환 후 남은 세대(20세대 미만)에 관하여 「주택공급에 관한 규칙」에 따르지 않고 분양받은 자 ③ 우선수분양전환권자인 거주 무주택자인 임차인이나 분양전환을 받기를 포기하고 계속 임대차 관계를 유지한 자, ④ 최초 분양전환 후 남은 세대에 관하여 새롭게 임대차 계약을 체결한 임차인으로 세분될 수 있다.

369 위 사건은 현재 대법원 2017다221150 부당이득금반환 사건으로 심리 중에 있음.

370 공동주택에 대한 분양가격에 관한 규정은 「공동주택 분양가격의 산정 등에 관한 규칙」이 있고, 이는 「주택법」 제54조 제1항 제2호 나목 및 제57조에 따라 분양가상한제 적용 주택의 선택품목제도, 분양가격 산정방식, 분양가격 공시의 방법 및 절차 등에 관한 사항을 규정함을 목적으로 한다.

택에 대한 가격이 상승할 수가 없다는 점, ③ 임대사업자가 임대주택을 제3자에게 분양전환가격보다 높은 가격으로 매각할 수 있다면, 오히려 우선수분양전환권이 있는 무주택자인 거주 임차인의 우선수분양전환권을 부인 또는 박탈하려는 시도를 할 것을 예상할 수 있다는 점, ③ 위 규정은 제3자에게 매각하는 경우에도 분양전환(승인)가격으로 매각하라 신설 규정인 바, 이는 위 전부 개정의 취지(임대사업자의 분양전환절차 지연 방지 등)에 비추어, 임대의무기간 만료 당시 거주 무주택 임차인에 대한 우선분양전환 후, 즉시 제3자에게라도 분양전환승인가격으로 매각함으로써 주택공급을 늘리라는 취지로 보아야 한다는 점, ④ 대법원도 위 신설 규정이 적용되는 공공건설임대주택의 경우에는 제3자에게도 승인받은 분양전환가격으로만 매각할 수 있다는 여지를 남긴 판시를 한 바가 있다는 점(대법원 2011. 4 .14. 선고 2010다92919 판결 참조) 등을 이유로 「임대주택법」 제21조 제7항은 강행규정이라고 본다.

더군다나, 대법원의 판결(대법원 2011. 4. 21. 선고 2009다97079 전원합의체 판결 참조)에서의 구체적인 판시 내용, 국토해양부 장관의 의견 및 헌법재판소의 판시 내용의 취지는, 「임대주택법」의 제21조에 정한 우선분양전환 관련 조항은 "분양전환가격에 의한 경제적 이익이 임대사업자에게 귀속되는 것을 금지하는 것"이고, 분양전환절차 지연을 방지하는 것에 있다는 것이므로, 「임대주택법」의 적용을 받는 공공건설임대아파트의 경우에 있어서는 우선수분양전환권을 갖는 임차인 이외의 제3자에게 매각하는 경우에도 분양전환승인가격으로만 매각할 수 있을 뿐이라고 해석되어야 한다고 본다.

한편 「임대주택법」 제21조 제7항에 정한 '제3자'에는 '다른 임대사업자도 포함'되는 것이라고 본다.

마. 관할 지방자치단체장으로부터 재차 승인받아 분양전환하는 경우

물론 이때의 '제3자'에 ③ 우선수분양전환권자인 거주 무주택자인 임차인이나 분양전환을 받기를 포기하고 계속 임대차 관계를 유지한 자, ④ 최초 분양전환 후 남은 세대에 관하여 새롭게 임대차 계약을 체결한 임차인도 포함된다고 보고, 관할 지차제장으로부터 재차 승인받아 분양전환을 하는 경우에도 최초의 분양전환가격으로만 재차 분양전환되어야 하느냐의 문제와 연결되는 바, 이 경우에도 적극설과 소극설로 나뉠 수 있다.

8. 거주 임차인에 대한 재차 분양전환의 문제

가. 재차 분양전환을 하는 경우

(1) 2008. 6. 22. 이전에 공공건설임대주택에 대하여 법정 및 약정 임대의무기간이 경과하여 분양전환절차를 진행하여 임대사업자와 임차인 사이에 분양전환에 관한 합의는 이루었으나, 분양전환가격에 합의에 이르지 못하여 장기간 분양전환이 실시되지 못하다가 수년이 지나 분양전환가격을 재산정하여 재차 분양전환절차를 실시하는 경우가 있었다.

(2) 그리고 임대사업자가 ① 공공건설임대주택에 대하여 임대의무기간이 경과하여 분양전환을 실시하였는데, ② 우선수분양전환권이 있는 임차인 상당수가 분양전환 받는 것을 포기하는 등의 사유로 분양전환되지 않고 남은 세대가 상당수(20세대 이상)가 있고, ③ 이에 주택공급에 관한 규칙에 의해 일반분양하였으나, 또다시 분양이 되지 않아, ④ 임대사업자는 그 남은 세대에 대하여 임대 또는 공가(空家)로 유지하다가, ⑤ 부도 등, 파산의 경우가 아님에도, 수년이 지나 주택가격이 상승하자, 「임대주택법」 제21조 규정에 의거, 재차 당해 임대주택에 대한 시세 감정평가를 하여 관할 지자체장의 승인을 받아 재차 분양전환을 하는 경우가 있다.

(3) 그리고 공공건설임대주택에 대하여 임대의무기간이 경과하기 전에 임대의무기간 1/2이 경과하여 임대사업자와 임차인이 합의하여 분양전환을 실시하였으나, 당시 분양전환되지 않고 남은 임대주택에 대하여 임대의무기간이 지나 다시 분양전환하는 경우가 있다.

나. 관련 규정의 부재

특히 위 (2)와 같은 재차 분양전환에 대하여 임대주택법에 직접 규정하고 있지는 않기 때문에, 이러한 '재차 분양전환'이 적법한 것인지 논란이 될 수 있다.

다. 2008. 6. 22. 이전에 매각(분양전환)계획서를 제출한 경우

2008. 6. 22. 「임대주택법」이 전부 개정되기 전에는 임대사업자가 매각(분양전환)계획서를 관할 지자체장에 제출만하면 되었다. 이에 임대사업자와 임차인 사이에 분양전환에 관한 합의에는 이르렀으나, 분양전환가격에 관하여 임대사업자와 임차인 사이에 장기간 분쟁이 있어 장기간 동안(약 4년 6개월에) 분양전환이 실시되지 않은 경우가 있었다.

이러한 경우에는 최초 분양전환의 합의가 있었던 당시를 기준 시점으로 하여 분양전환가격이 정하여야지, 장기간이 경과한 후를 기준 시점으로 하여 분양전환가격이 다시 정해질 수는 없다(대법원 2012.08.30. 선고 2010다73826,73833 판결 참조).

[대법원 2012. 8. 30. 선고 2010다73826,73833 판결]

한편 구 임대주택법 시행규칙 제3조의3 제1항 [별표 1] 제2호 (나)목 (1)에서는 분양전환가격 산정의 기준이 되는 감정평가금액은 '분양하기로 결정된 날'을 기준으로 2인의 감정평가업자가 평가한 당해 주택의 감정평가금액의 산술평균금액으로 하고, 감정평가업자의 선정은 임대인과 임차인이 각각 1인씩을 선정하되, 임대인과 임차인이 선정하지 못할 불가피한 사유가 있는 때에는 관할 시장·군수가 선정하도록 규정하고 있다.

따라서 이 사건의 경우 구 임대주택법 시행규칙 제3조의3 [별표 1]의 공공건설임대주택 분양전환가격의 산정기준에 따른 정당한 분양전환가격은 '분양하기로 결정된 날'을 기준으로 산정하여야 하고, 이는 원고들과 피고 사이에 분양전환의 합의가 이루어진 2003. 8. 20. 무렵으로 볼 수 있다 할 것인데, 법령상 기준에 적합한 방법으로 선정한 두 곳의 감정평가업체에 의한 감정평가 결과로서 기록상 알 수 있는 그 시기에 가장 가까운 감정가격은 2차 합의에 따라 산정된 기준가격이라고 보이므로 이를 기준으로 분양전환가격을 산정할 수는 있겠으나, 적법하게 선정된 감정평가업체의 감정평가 결과에 의한 것도 아니고 평가의 기준시점도 법령 규정에 의한 시기보다 무려 4년 6개월여가 경과한 이후인 2008. 2.경을 기준으로 산정한 위 3차 합의에 의한 분양전환가격을 적용할 수는 없다고 할 것이다.

그럼에도 원심이 구 임대주택법 등 관련 법령의 분양전환가격 산정기준을 위반하여 산정한 분양전환가격으로 분양계약을 체결하기로 합의한 경우라도 그 합의의 사법상 효력까지 부인할 수 없다는 전제하에, 정당한 분양전환가격을 초과하는 3차 합의에서 합의된 분양전환 기준가격이 유효하다고 판단한 것은, 구 임대주택법 등 관련 법령이 규정하는 분양전환가격 산정기준의 해석·적용에 관한 법리를 오해하여 판결 결과에 영향을 미친 잘못이 있다. 이 점을 지적하는 상고이유의 주장은 이유 있다.

라. 분양전환되지 않은 남은 세대에 대한 임대차의 자격 요건

우선 임대사업자가 공공건설임대주택에 대하여 임대의무기간이 경과하여 분양전환을 실시하였으나, 분양전환되지 않고 남은 세대에 대하여, 「주택공급에 관한 규칙」에 의해 일반분양하였으나, 또다시 분양이 되지 않아, 기존 임차인이 임대차계약을 재계약하거나 새로운 임차인이 새롭게 임대차계약을 체결하는 경우에도 당해 임차인은 원칙적으로 「임대주택법령」 및 「주택공급에 관한 규칙」이 정한 임차인 자격요건을 갖추어야 할 것이다.

마. 거주 임차인에 대한 재차 분양전환의 문제

1) 임차인의 분양전환신청권의 유무

그런데 임대의무기간이 경과하여 최초 분양전환을 실시한 후 분양전환되지 않은 남은 세대에 관하여, 재계약을 한 임차인 및 새롭게 임차인이 된 자(유주택자 포함)는 임대사업자가 부도 등, 파산의 경우라면, 「임대주택법」 제21조 제2항, 제5항에 근거하여 분양전환 신청권을 행사하여 분양전환을 받을 수 있을 것이다.

이러한 경우 분양전환가격은 최초의 승인받은 분양전환가격으로 정해지는 것인지, 아니면 재차 분양전환 당시 다시 시세 감정평가를 하여 다시 정해져야 하는지 문제될 수 있는데, 다시 정해져야 한다고 보는 것이 타당하다고 본다.

그런데 임대사업자가 부도 등, 파산의 경우가 아니라면, 「임대주택법」 제21조 제1항, 제5항에 근거하여 분양전환 신청권을 행사할 수 있는지 문제된다.

당해 공공건설임대주택에 대하여, 분양전환되지 않고 남은 세대에 대하여, 임대사업자와 임차인 사이의 임대차계약서에 분양전환시기를 약정한 경우라면, 임차인은 「임대주택법」 제21조 제1항, 제5항에 따라 분양전환 신청권을 행사할 수 있다고 볼 것이나, 그러한 약정이 없는 경우라면 당해 임차인에게 분양전환신청권을 인정하기 어려울 것이다.

그러한 약정이 없는 경우라면, 임대사업자에게 당해 공공건설임대주택에 대하여 분양전환하여야 할 법적 혹은 계약상 의무가 없기 때문이다. 그리고 공공건설임대주택은 일정한 시기가 지나면 응당 분양전환되어야 할 법적 당위가 있다고 볼 수는 없고, 계속 임대주택으로 남아 서민의 주거공간 제공에 기여하는 공익도 있다고 볼 수 있기 때문이다.

2) 임대사업자의 분양전환신청

한편 임대사업자가 부도 등, 파산의 경우가 아니고, 최초 분양전환을 실시한 후 남은 잔존 세대에 대하여 수년 후[371]에 다시 당해 거주 임차인을 상대로 '재차' 분양전환절차를 진행하는 경우가 있다.

---

[371] 이에 관하여 법적으로 제한하고 있는 기간에 관한 규정은 없다.

가) 전부 개정된 임대주택법이 2008. 6. 22. 시행되기 전에 분양전환계획서가 제출되었으나 분양전환되지 않은 남은 세대에 관하여 계속 임대한 후 2008. 6. 22. 이후 재차 분양전환하려는 경우

국민주택기금을 지원받아 건설한 공공건설임대주택의 법정 임대의무기간이 경과한 후 2008. 6. 22.[372] 이전에 구「임대주택법령」에 따라 임대주택매각계획서를 제출하여 우선 분양을 하였으나, 당시 분양전환되지 아니한 잔여 세대에 대하여「주택공급에 관한 규칙」에 따라 입주자모집승인을 받아 일반 분양하였으나, 이 또한 분양이 되지 아니하여 다시 임차인을 모집한 후 계속 임대사업을 하고 있는 임대사업자가 2008. 6. 22. 이후 다시 임대주택을 분양전환하려는 경우,「임대주택법」제21조에 따라, 분양전환에 관한 관할 지차제장의 승인을 받아야 하는지 문제 된다.

이에 대하여 법제처의 유권해석(법제처 안건번호: 11-0115, 회신일자: 2011. 4. 14.)은 "2008. 6. 22. 이전에 구「임대주택법」에 따른 분양전환은 이미 종료된 것이고, 2008. 6. 22. 이후에 다시 분양전환하려는 경우에는「임대주택법」부칙 제3조를 적용하여「임대주택법」제21조에 따른 분양전환 승인 없이 분양전환을 할 수 없다"는 취지이다. 즉, 이러한 경우「임대주택법」제21조에 따라 승인을 받아 다시 분양전환하여야 한다는 것이다.

나) 2008. 6. 22. 이후, 승인을 받고 분양전환을 실시하였으나, 분양전환되지 않은 남은 세대에 관하여 계속 임대 후 재차 분양전환하려는 경우

그런데 임대사업자가 부도 등, 파산의 경우가 아니라면, 재차 분양전환할 것인지 아니면 계속 임대차를 유지할 것인지를 자율적으로 정할 수 있다고 할 것인데, 만약 임대사업자가 재차 분양전환을 하고자 하는 경우, ① 우선수분양권자는 누구로 정해야 할지 ② 분양전환가격은 어떻게 정해져야 하는지 문제될 수 있다.

먼저 이러한 경우 ① 당해 임대주택에 거주하는 무주택 임차인은 우선수분양권자로 인정되어야 할 것이다.

한편 이러한 경우, ②분양전환가격에 관한 문제에 대하여 (a) 거주 임차인은「임대주택법」제21조 제7항 규정을 들어, 재차 분양전환하는 경우에도 최초 승인받은 분양전환가격대로 분양

---

[372]「임대주택법」이 2008. 3. 22. 전부 개정되어 시행된 날.

하여야 한다고 주장하는 반면,[373] (b) 임대사업자는 최초 승인받을 당시의 감정평가금액보다 더 높은 감정평가금액을 기초로 재차 분양전환승인 신청하여 분양전환을 실시하여야 한다고 주장한다.

위와 같이 재차 승인받아 분양전환하는 경우, 분양전환 가격을 다시 산정한 것이 적법한 것인지에 대하여도 논란이 있는 것이다.

(1) 위법하다는 입장

① 「임대주택법」은 임대의무기간 경과 후 관할 지자체장으로부터 분양전환승인을 받아 우선 분양전환하고 남은 잔존 세대에 관하여, 제3자에게 '우선분양전환가격'으로 매각할 수 있다고 규정하고 있으며, '수분양자의 자격 선정'은 20세대 이상인 경우에는 「주택공급에 관한 규칙」에 따라 정할 수 있다고 규정하고 있을 뿐인 점, ② 따라서 이미 「임대주택법」에 따라 승인을 받아 우선분양전환한 후, 미분양 잔존세대에 대하여 임대를 하고 수년이 지나 '당초 승인받은 우선 분양전환가격보다 더 높은 매각가격'으로 관할 지자체장의 재차 승인을 받아 재차 분양전환을 한 것은 「임대주택법」 제21조 제7항 위반으로 보아야 한다는 점 등을 근거로 한다.

(2) 적법하다는 입장

① 「임대주택법」 제21조 제7항에 정한 제3자는 일반 분양자에 한하는 것이고, 임대차 계약 관계를 유지하고 있는 거주 임차인을 포함하는 것은 아니라고 보아야 한다는 점, ② 분양전환 당시의 시점으로 분양전환가격을 재산정하는 것은 조리상 당연하다고 보아야 하는 점 등, ③ 현실로 관할 지자체장으로부터 분양전환가격을 재산정하여 재차 승인받은 사례가 다수 존재한다는 점 등을 근거로 한다.

---

[373] 이러한 임차인들의 주장의 전제는 「임대주택법」 제21조 제7항에 정한 제3자에는 ① 최초의 분양전환 당시 우선수분양권을 포기하고 임대차계약을 계속 유지한 임차인, ② 최초의 분양전환 후 새롭게 임대차계약을 체결한 임차인도 포함된다는 전제에 있다.

사. 기타 관련 판례

1) 분양전환 가격 산정의 기준시기

[대법원 2012. 8. 30. 선고 2010다73826 판결]

따라서 이 사건의 경우 구 임대주택법 시행규칙 제3조의3 [별표 1]의 **공공건설임대주택 분양전환가격의 산정기준에 따른 정당한 분양전환가격은 '분양하기로 결정된 날'[374]을 기준으로 산정하여야 하고**, 이는 원고들과 피고 사이에 분양전환의 합의가 이루어진 2003. 8. 20. 무렵으로 볼 수 있다 할 것인데, 법령상 기준에 적합한 방법으로 선정한 두 곳의 감정평가업체에 의한 감정평가 결과로서 기록상 알 수 있는 그 시기에 가장 가까운 감정가격은 2차 합의에 따라 산정된 기준가격이라고 보이므로 이를 기준으로 분양전환가격을 산정할 수는 있겠으나, 적법하게 선정된 감정평가업체의 감정평가 결과에 의한 것도 아니고 **평가의 기준시점도 법령 규정에 의한 시기보다 무려 4년 6개월여가 경과한 이후인 2008. 2.경을 기준으로 산정한 위 3차 합의에 의한 분양전환가격을 적용할 수는 없다고 할 것이다.**

2) 주택공급에 관한 규칙에 위반한 경우, 계약의 사법적 효력이 부인되는지 여부(소극)

[대법원 1997. 9. 26. 선고 97다10208 판결]

구 주택건설촉진법(1994. 1. 7. 법률 제4723호로 개정되기 전의 것) 제32조 제1항은 사업주체는 주택의 공급 질서를 유지하기 위하여 건설부장관이 정하는 주택의 공급 조건·방법 및 절차 등에 따라 주택을 건설·공급하여야 한다고 하고, 구 주택공급에 관한 규칙(1993. 9. 1. 건설부령 제537호로 개정되기 전의 것) **제8조 제1항은 사업주체는 공개 모집에 의하여 입주자를 모집하되, 모집 결과 신청자 수가 공급하는 주택 수에 미달하는 경우에는 제4조 제1항에 불구하고 주거 이전을 목적으로 주택을 공급받고자 하는 세대주 등 소정의 요건에 해당하는 자 중에서 선착순의 방법에 의하여 입주자를 선정할 수 있다고 하고, 같은 규칙 제11조는 주택의 공급 신청을 하고자 하는 자는 세대주임을 입증하는 서류인 주민등록표등본과 인감증명서 등 소정의 서류를 첨부하여야 한다고 규정하고 있으며, 같은 법 제52조 제1항 제2호는 같은 법 제32조를 위반한 자를 형사처벌하도록 규정하고 있으나, 주택공급계약이 같은 법 제32조, 같은 규칙 제8조[375] 제1항, 제11조[376]에 위반되었다고 하더라도 사법적 효력까지 부인된다고 할 수는 없다.**

---

374 구 「임대주택법 시행규칙」 [별표 1] 제2호 나목이 2009. 6. 26. 개정되기 전에는 '분양하기로 결정된 날을 기준으로'가 명시되어 있었다.

375 (입주자의 모집절차) ① 사업주체가 입주자를 모집할 때에는 공개모집에 의하되, 추첨의 방법에 의한다. 다만, 모집결과 신청자 수가 공급하는 주택 수에 미달하는 경우에는 제4조 제1항의 규정에 불구하고 다음 각 호의 1에 해당하는 자중에서 선착순의 방법에 의하여 선정할 수 있다.

376 (제출서류).

[대법원 2007. 8. 23. 선고 2005다59475 판결]

주택공급계약이 구 주택건설촉진법(2002. 8. 26. 법률 제6732호로 개정되기 전의 것) 제32조, 구 주택공급에 관한 규칙(1995. 11. 6. 건설교통부령 제39호로 개정되기 전의 것) 제27조 제4항,[377] 제3항[378]에 위반하였다고 하더라도 그 사법적 효력까지 부인된다고 할 수는 없다.

아. 관련 법령 해석례

1) 재차 분양전환하려는 경우, 승인이 필요한지 여부

전라남도 여수시 - 임대주택매각계획서에 따라 임대주택을 우선 분양한 후, 잔여분에 대하여 계속 임대사업을 하는 자가 다시 분양을 할 경우 분양전환에 관한 승인이 필요한지 여부(「임대주택법」 제21조 등 관련)

[법제처 11-0115, 2011.4.14, 전라남도 여수시]

【질의요지】

국민주택기금의 자금을 지원받아 건설한 공공건설임대주택의 임대의무기간이 경과한 후 2003년 3월에 임대주택매각계획서를 제출하여 우선분양을 하고 분양이 되지 아니한 잔여 세대에 대하여 「주택공급에 관한 규칙」에 따라 입주자모집 승인을 받아 일반분양을 하였으나 분양이 되지 아니하여 다시 임차인을 모집한 후 계속 임대사업을 하고 있는 임대사업자가 2011년에 다시 임대주택을 분양하려면 「임대주택법」 제21조에 따라 분양전환에 관한 승인을 받아야 하는지?

【회답】

국민주택기금의 자금을 지원받아 건설한 공공건설임대주택의 임대의무기간이 경과한 후 2003년 3월에 임대주택매각계획서를 제출하여 우선분양을 하고 분양이 되지 아니한 잔여 세대에 대하여 「주택공급에 관한 규칙」에 따라 입주자모집 승인을 받아 일반분양을 하였으나 분양이 되지 아니하여 다시 임차인을 모집한 후 계속 임대사업을 하고 있는 임대사업자가 2011년에 다시 임대주택을 분양하려면 「임대주택법」 제21조에 따라 분양전환에 관한 승인

---

377 ④ 사업주체가 입주자모집공고에서 정한 입주예정일내에 입주를 시키지 못한 경우에는 실입주개시일이전에 납부한 입주금에 대하여 입주 시 입주자에게 제3항의 규정에서 정한 연체요율을 적용한 금액을 지체상금으로 지급하거나 주택잔금에서 해당액을 공제하여야 한다.

378 ③ 사업주체와 계약을 체결한 자가 중도금을 기한 내에 납부하지 아니한 경우에는 계약 시 정한 금융기관(은행법에 의한 은행을 말한다. 이하 같다)에서 적용하는 연체금리의 범위 안에서 정한 연체요율에 따라 산출하는 연체료(금융기관의 연체금리가 변동된 때에는 변동된 연체요율을 적용하여 산출한 연체료를 말한다)를 납부할 것과 해약조건 등을 정할 수 있다. 이 경우 해약은 중도금을 계속하여 3회 이상 납부하지 아니하는 경우에 한하되, 해약하고자 하는 경우 사업주체는 14일 이상 유예기간을 정하여 2회 이상 입주자에게 통보하여야 한다.

을 받아야 합니다.

【이유】

「임대주택법」 제16조, 제21조 및 「같은 법 시행규칙」 제13조를 종합하면, 임대사업자가 임대의무기간이 지난 후 「주택법」 제16조에 따라 사업계획승인을 받아 건설한 주택 중 국민주택기금의 자금을 지원받아 건설하는 임대주택 등을 분양전환하는 경우에는 소정의 임차인에게 우선 분양전환을 하여야 하고, 임대주택 분양전환 승인신청서에 분양받기를 희망하지 아니하는 임차인 명단 등을 첨부하여 시장·군수·구청장에게 제출하여 분양전환에 관한 승인(이하 "분양전환승인"이라 함)을 신청하도록 하고 있으며, 분양전환하고 남은 임대주택이 20세대 이상인 경우 임대사업자는 그 남은 임대주택을 「주택공급에 관한 규칙」이 정하는 바에 따라 공급하도록 하고 있습니다.

한편, 이 사안의 경우와 같이 공공건설임대주택의 임대사업자가 2003년 3월에 임대주택매각계획서를 제출할 당시의 적용 법령을 살펴보면, 구 「임대주택법」(2002. 12. 26. 법률 제6833호로 개정되어 2003. 6. 27. 시행되기 전의 것을 말함) 제15조, 구 「임대주택법 시행령」(2003. 6. 25. 대통령령 제18020호로 개정되어 2003. 6. 27. 시행되기 전의 것을 말함) 제13조 및 구 「임대주택법 시행규칙」(2003. 6. 27. 건설교통부령 제360호로 개정되기 전의 것을 말함) 제4조에서는 구 「주택건설촉진법」 제33조에 따라 사업계획승인을 받아 건설한 공공건설임대주택의 임대의무기간이 경과한 후 매각하는 경우에는 임대주택매각계획서를 시장·군수 또는 구청장에게 제출하도록 하고 있습니다.

또한, 구 「임대주택법」(2002. 12. 26. 법률 제6833호로 개정되어 2003. 6. 27. 시행된 것을 말함) 제15조 및 구 「임대주택법 시행령」(2003. 6. 25. 대통령령 제18020호로 개정되어 2003. 6. 27. 시행된 것을 말함) 제13조 및 구 「임대주택법 시행규칙」(2003. 6. 27. 건설교통부령 제360호로 개정된 것을 말함) 제4조에서는 "매각" 및 "임대주택매각계획서"가 "분양전환" 및 "임대주택분양전환계획서"로 각각 변경되었으나, 관련 부칙에서는 별다른 경과조치나 적용례를 두고 있지 않습니다.

그리고, 앞서 살펴본 바와 같은 「임대주택법」 제21조에 따른 우선 분양전환 규정의 경우 종전에는 임대주택분양전환계획서(2003. 6. 27. 이전에는 임대주택매각계획서를) 시장·군수 또는 구청장에게 제출하도록 하던 것이 2008. 3. 21. 법률 제8966호로 「임대주택법」이 전부개정되면서 임대주택 분양전환 승인신청서를 시장·군수 또는 구청장에게 제출하여 분양전환승인을 받도록 변경되었는바, 건설임대주택의 분양전환승인에 관한 적용례를 정한 구 「임대주택법」(2008. 3. 21. 법률 제8966호로 전부개정된 것을 말함) 부칙 제3조에서는 같은 법 제21조의 개정규정은 이 법 시행 당시 종전의 규정에 따라 분양전환계획서를 제출한 임대사업자에 대해서는 적용하지 아니하도록 하고 있습니다.

그런데, 위와 같은 부칙 규정은 법령을 개정하면서 구 법률관계에서 신 법률관계로 전환하는 과정이 순조롭게 되도록 하는 잠정적 조치나 경과적 조치로서 두는 것인데, 이는 본칙과는 달리 잠정적 성격을 띠거나 일시적 조치의 성격을 띠는 것이라고 할 것인 바, 구 「임대주택법」(2008. 3. 21. 법률 제8966호로 전부개정된 것을 말함) 부칙 제3조는 개정 법률 시행 전에 이미 구 「임대주택법」(2008. 3. 21. 법률 제8966호로 전부개정되기 전의 것을 말함)

에 따라 분양전환계획서를 제출하였으나, 해당 법률 시행 당시 아직 그 분양전환계획서에서 정한 분양전환을 시작하지 아니하거나 진행 중인 경우에 대해서는 동일한 분양전환계획서에서 정한 바대로 분양전환을 계속 할 수 있도록 하려는 잠정적 조치나 경과적 조치로 보아야 할 것이지, 종전에 분양전환계획서를 제출하였던 사실이 있었던 모든 임대사업자에게 아무런 제한 없이 적용되는 규정이라고 보기는 어렵습니다.

그렇다면, 이 사안과 같이 임대사업자가 2003년 3월에 이미 임대주택매각계획서를 제출하여 우선분양 및 일반분양을 하였다면, 그 당시 임대주택매각계획서를 구 「임대주택법 시행규칙」(2003. 6. 27. 건설교통부령 제360호로 개정된 것을 말함) 제4조에 따른 임대주택분양전환계획서로 볼 수 있는지는 별론으로 하더라도, 위와 같은 임대주택매각계획서에서 정하는 바에 따라 행한 매각절차는 이미 종료된 것으로 보는 것이 타당하다고 할 것이므로, 그 후에도 계속하여 구 「임대주택법」(2008. 3. 21. 법률 제8966호로 전부개정된 것을 말함) 부칙 제3조를 적용하여 「임대주택법」 제21조에 따른 분양전환승인 없이 분양전환을 할 수 있다고는 볼 수 없습니다.

따라서, 국민주택기금의 자금을 지원받아 건설한 공공건설임대주택의 임대의무기간이 경과한 후 2003년 3월에 임대주택매각계획서를 제출하여 우선분양을 하고 분양이 되지 아니한 잔여 세대에 대하여 「주택공급에 관한 규칙」에 따라 입주자모집 승인을 받아 일반분양을 하였으나 분양이 되지 아니하여 다시 임차인을 모집한 후 계속 임대사업을 하고 있는 임대사업자가 2011년에 다시 임대주택을 분양하려면 「임대주택법」 제21조에 따라 분양전환승인을 받아야 합니다.

9. 분양전환 가격 제한 대상 임대주택

가. 개정 경과

개정일시	취지	내용	관련 규정
2002. 9. 11.	임대주택건설의 활성화 도모	민간이 국민주택기금의 지원을 받아 건설하는 중형 (전용면적 60㎡ 초과, 85㎡ 이하) 공공건설 임대주택의 분양전환 가격 자율화	구 「임대주택법 시행령」 제9조 제5항
2004. 3. 17.		전용면적 60㎡ 이하의 공공건설임대주택 중 공공택지 외의 지역에서 민간이 건설하여 10년 이상 임대하는 주택에 대하여는 분양전환가격을 제한하지 아니하도록 함	구 「임대주택법 시행령」 제9조 제5항 제2호
2005. 9. 16.	공공기관이 공급하는 대형 임대주택의 경우는 민간건설 임대주택의 경우와 같이 수익성을 확보하고자함	공공기관이 공급하는 대형 임대주택(전용면적 85㎡ 초과)의 분양전환가격 산정기준을 자율화함(신설)	구 「임대주택법 시행령」 제9조 제5항 제3호
2005. 12. 13.	중형(전용면적 60㎡ 초과, 85㎡ 이하) 임대주택의 분양가자율화로 인한 임차인의 부담 증가를 완화하고자함	중형(전용면적 60㎡ 초과, 85㎡ 이하) 공공건설임대주택의 분양전환가격 산정기준을 전용면적 60㎡ 이하의 규모의 임대주택과 같이 정함	구 「임대주택법 시행령」 제9조 제5항 제1호 제2호

나. 임대주택법이 법정한 가격으로 분양전환하여야 하는 경우 (=공공건설임대주택)

1) 일반적인 경우

① 일반적으로 구 「주택법」 제16조(현행 제15조)에 따라 사업계획승인을 받아 건설한 '공공건설 임대주택'을 임대의무기간 경과 후 '우선분양전환'하는 경우, 그 분양전환의 가격 등에 관하여 필요한 사항은 대통령령으로 정하도록 규정하고 있고(「임대주택법」 제21조 제10항), 「임대주택법 시행령」 제23조 제8항에 분양전환 가격과 관련된 규정을 두고 있으며, 「임대주택법 시행규칙」 제14조, 제9조 [별표 1]에 그 구체적인 규정을 두고 있는 바, 이러한 경우, 당해 공공건설임대주택의 우선분양전환가격은 위 법 규정대로 정하여져야 한다.

2) 예외적인 경우

그리고 ② 임대사업자가 '부도 등'으로 임대를 계속할 수 없어, 임대의무기간 내에 우선분양전환 하는 경우(「임대주택법 시행령」 제13조 제2항 제2호)와 ③ 임대의무기간의 1/2가 경과한 후, 임대

사업자와 임차인이 합의하여 우선분양전환하는 경우(「임대주택법 시행령」 제13조 제2항 제3호)에
도, 「임대주택법 시행규칙」 제9조 [별표 1]에 정한 가격으로 우선분양전환가격이 정하여져야
한다.

다만, 위와 같은 ②, ③의 경우라도, 당해 임대주택이

1. 국가·지방자치단체, 한국토지주택공사 또는 지방공사가 아닌 임대사업자가 건설한 전용
   면적 85㎡를 초과하는 주택,
2. 국가·지방자치단체, 한국토지주택공사 또는 지방공사가 아닌 임대사업자가 건설한 전용면
   적 85㎡ 이하의 주택으로서 공공택지 외의 지역에 건설한 임대의무기간이 10년인 주택,
3. 국가·지방자치단체·한국토지주택공사 또는 지방공사가 건설한 전용면적 85㎡를 초과하
   는 주택인 경우에는

「임대주택법 시행규칙」 제9조 [별표 1]에 정한 분양전환가격의 제한을 받지 아니한다(「임대주택
법 시행령」 제13조 제5항).

다. 「임대주택법」이 법정한 분양전환가격의 제한을 받지 않은 경우

1) 민간건설임대주택

위와 같이 「임대주택법」이 법정한 분양전환가격의 제한을 받는 것은 '공공건설임대주택'이고,
'민간건설임대주택 등'은 법정한 분양전환가격의 제한을 받지 않고, 자율적으로 정할 수 있다.

2) 일부 공공건설임대주택

그런데 국가 등이 아닌 임대사업자가 건설한 전용면적 60㎡ 초과 85㎡ 이하인 중형 공공
건설임대주택에 대하여, 2002. 9. 11.부터 2005. 12. 13.까지의 기간에 입주자 모집 공고를 하
고,[379] 2009. 12. 29. 이후 「임대주택법」 제21조 제5항에 따라 임차인(임차인 대표회의 포함)이 직접
분양전환승인을 신청한 경우, 분양전환가격 제한 대상 임대주택인지 논란이 있었다.

가) 국토교통부의 입장

이에 관하여 국토교통부는 2011. 1. 20.경 법령 해석례(안건번호: 10-0466 참조)에서 분양전환가

---

[379] 구 「임대주택법」관련 규정은, 임대주택의 공급 활성화 차원에서, 위 기간 동안에 입주자모집공고를 한 전용면적 60㎡ 초과 85㎡
이하인 공공건설임대주택에 대하여 법정의 분양전환가격 제한을 받지 않도록 하였다.

격 제한을 받지 않는다는 입장이라고 밝혔다.

나) 대법원의 입장

그러나 대법원의 입장은 이와 반대이다. 대법원의 판시 사항은 다음과 같다.

민간임대사업자인 (주)부영이 2009. 1. 경 청주 부영임대아파트 3단지 소재 당해 임대주택(전용면적: 84.9916㎡, 입주자모집공고일: 2003. 4. 17.)에 대하여, 분양전환가격 자율화 대상 아파트로 판단하고 분양전환가격을 약 1억1,800만원으로 책정해서 청주시장으로부터 분양전환승인을 받자, 당해 임대주택의 임차인 대표회의가 청주시장의 위 승인처분을 취소하라는 소송을 제기하였으나, 결국 파기 환송심인 대전고등법원 2010. 8. 26. 선고 2010누915 판결에서, 당해 임대주택은 구 「임대주택법」에 정한 법정 분양전환가격의 제한을 받는다고 판시하였고, 이는 그대로 대법원 2011.7.14. 선고 2010두19591 판결로 확정되었다.

[대법원 2011. 7. 14. 선고 2010두19591 판결]

지난 2003년 공급돼 2008년 분양전환된 이 아파트는 전용면적이 84.9916㎡이고, 구 임대주택법상 부칙 조항이나 경과규정이 임대주택법 시행령 개정에도 불구하고 계속 적용된다는 특별한 규정이 없으므로 임대주택법 시행령 상 분양전환 가격 산정기준의 적용을 받는다.

법령의 개정 시 종전 법령 부칙의 경과규정을 개정·삭제하는 명시적 조치가 없다면 개정 법령에 다시 경과규정을 두지 않아도 부칙의 경과규정이 당연히 실효되는 것은 아니지만, 개정 법령이 전부 개정인 경우에는 기존 법령을 폐지하고 새로운 법령을 제정하는 것과 마찬가지여서 종전 본칙은 물론 부칙 규정도 모두 소멸한다.

지난 2002년 개정된 임대주택법이 국가·지자체·LH공사 또는 지방공사가 아닌 임대사업자가 공공건설 임대주택으로 '60㎡'를 초과하는 주택에 대해서는 국토해양부령으로 정하는 분양전환 가격 산정기준의 적용을 받지 않도록 규정했어도, 2005년 동법 개정에 따라 2008년 개정·시행에 들어간 임대주택법 시행령이 별도의 경과규정을 두지 않은 채 85㎡를 초과하지 않는 공공건설 임대주택도 분양전환 가격 산정기준의 적용을 받도록 전부 개정됐다. 그러므로 구 법의 규정이 계속 적용되고, 지난 2008년 전부 개정된 임대주택법 시행령의 관련 조항은 실효됐다는 피고 시장의 주장은 이유 없다.

지난 2008년 개정된 임대주택법 조항은 분양전환 가격에 대한 다툼으로 분양전환이 지연되는 문제를 조속히 시정, 임차인들의 주거안정을 도모하려는 데에 있고, 이러한 공익은 임대사업자의 신뢰이익에 비해 크다. 이 아파트의 분양전환 가격이 규율되더라도 이를 두고 신뢰보호원칙에 반한다고 보기는 어렵다.

라. 관련 법령 해석례

1) 분양전환가격 산정기준의 적용 관련

국토교통부
「임대주택법」 제21조 등(분양전환가격 산정기준의 적용) 관련 질의

안건번호: 10-0466 회신: 법제처 법령해석총괄과-297(2011. 1. 20.)

【질의요지】

국가·지방자치단체·대한주택공사 또는 지방공사가 아닌 임대사업자가 건설한 전용면적 60㎡ 초과 85㎡ 이하인 공공건설임대주택에 대하여 2002. 9. 11. 부터 2005. 12. 13.까지의 기간에 입주자 모집 공고를 하고, 2009. 12. 29. 이후 「임대주택법」 제21조 제5항에 따라 임차인(임차인 대표회의 포함)이 직접 분양전환승인을 신청한 경우, 2005. 12. 13. 대통령령 제19178호로 개정되어 2005. 12. 14. 시행된 「임대주택법 시행령」 부칙 제2항이 적용되어 분양전환가격 산정기준 적용대상에서 제외되는지?

【대립되는 의견】

가. 갑설

2005. 12. 13. 일부 개정된 「임대주택법 시행령」(대통령령 제19178호) 제9조 제5항에서 국가·지방자치단체·대한주택공사 또는 지방공사가 아닌 임대사업자가 건설한 전용면적 85㎡를 초과하는 주택 등을 제외한 공공건설임대주택을 분양 전환하는 경우, 임대주택법령 상의 분양전환가격 산정기준의 적용을 받도록 규정하고 있고, 같은 영 부칙 제2항에서 제9조 제5항 제1호 및 제2호의 개정 규정은 이 영 시행(2005. 12. 14.)후 최초로 입주자를 모집하는 임대주택부터 적용하도록 하고 있습니다.

따라서, 2005. 12. 14. 전에 입주자모집 공고를 했다면, 종전 「임대주택법 시행령」 제9조 제5항에 따라 60㎡ 초과 85㎡ 이하의 주택은 임대주택법령상 의 분양전환가격 산정기준의 적용을 받지 않습니다.

나. 을설

임대사업자가 분양전환 승인을 신청하는 경우에는 2002. 9. 11부터 2005. 12. 13.까지의 기간에 입주자 모집공고를 하였기 때문에 현행 임대주택법령 상의 분양전환가격 산정기준 적용대상에서 제외됩니다.

다만, 임차인이 분양전환 승인을 신청할 수 있는 권리는 종전 규정에는 없었다가 2008. 3. 21. 전부 개정되어 2008. 6. 22. 시행된 「임대주택법」에서 신설된 것이고, 특히 현행 「임대주택법」 부칙 제3조에 따르면 같은 법 제

21조 제5항의 개정규정 중 임차인이 직접 분양전환승인신청을 할 수 있는 기간의 산정에 관한 사항은 이 법 시행 후 최초로 임차인이 같은 항에 따라 직접 분양전환승인신청을 할 수 있는 사유가 발생하는 분부터 적용한다고 규정하고 있으므로, 2002. 9. 11.부터 2005. 12. 13.까지의 기간에 입주자 모집공고를 한 임대주택이라 할지라도 임차인이 「임대주택법」 제21조 제5항의 적용을 받아 분양전환승인을 신청하였다면 같은 법에 따라 분양전환가격 산정기준을 적용하여야 할 것입니다.

【회답】

국가·지방자치단체·대한주택공사 또는 지방공사가 아닌 임대사업자가 건설한 전용면적 60㎡ 초과 85㎡ 이하인 공공건설임대주택에 대하여 2002. 9. 11. 부터 2005. 12. 13.까지의 기간에 입주자모집공고를 하고, 2009. 12. 29. 이후 「임대주택법」 제21조 제5항에 따라 임차인(임차인 대표회의 포함)이 직접 분양전환승인을 신청한 경우, 대통령령 제19178호 「임대주택법 시행령」 부칙 제2항이 적용되어 분양전환가격 산정기준 적용 대상에서 제외됩니다.

【이유】

2005. 12. 13. 대통령령 제19178호로 개정되기 전의 「임대주택법 시행령」 제9조 제5항에 따르면 "국가·지방자치단체·대한주택공사 또는 지방공사(이하 "국가 등"이라 함)가 아닌 임대사업자가 건설한 공공건설임대주택으로서 전용면적 60㎡를 초과하는 주택"은 분양전환가격 산정기준 적용대상에서 제외하도록 규정하였고, 2005. 12. 13. 대통령령 제19178호로 개정되어 2005. 12. 14. 시행된 「임대주택법 시행령」(이하 "일부 개정 시행령"이라 함) 제9조 제5항 제1호에서는 "국가 등이 아닌 임대사업자가 건설한 전용면적 85㎡를 초과하는 주택"은 분양전환가격 산정기준 적용대상에서 제외하도록 규정하면서, 같은 영 부칙 제2항에 "제9조 제5항 제1호의 개정 규정은 같은 영 시행 후 최초로 입주자를 모집하는 임대주택부터 적용"한다는 적용례를 두었습니다. 그 후 2008. 3. 21. 법률 제8966호로 전부 개정된 「임대주택법」(이하 "전부 개정법률"이라 함)에 따라 2008. 6. 20. 대통령령 제20849호로 전부 개정되어 2008. 6. 22. 시행된 「임대주택법 시행령」(이하 "전부 개정 시행령"이라 함) 제13조 제5항 제1호에서는 일부 개정 시행령 제9조 제5항 제1호의 규정내용을 그대로 두면서, 이와 관련하여 일부 개정 시행령 부칙 제2항을 승계하는 규정을 두지 않았습니다.

법령이 전문 개정인 경우에는 기존 법령을 폐지하고 새로운 법령을 제정 하는 것과 마찬가지여서 종전의 본칙은 물론 부칙 규정도 모두 소멸하는 것으로 보아야 하므로, 종전의 법령 부칙의 경과 규정도 실효된다고 보는 것이 원칙이지만 특별한 사정이 있는 경우에는 그 효력이 상실되지 않는다고 보아야 할 것인 바, 여기에서 말하는 '특별한 사정'이라 함은 전문 개정 된 법령에서 종전의 법령 부칙의 경과 규정에 관하여 계속 적용한다는 별도의 규정을 둔 경우뿐만 아니라, 그러한 규정을 두지 않았다고 하더라도 종전의 경과 규정이 실효되지 않고 계속 적용된다고 보아야 할 만한 예외적인 특별한 사정이 있는 경우도 포함된다고 할 것이고, 이 경우 예외적인 '특별한 사정'이 있는지는 종전 경과규정의 입법 경위 및 취지, 전문 개정된 법령의 입법 취지 및 전반적 체계 등을 종합적으로 고려하여 개별적·구체적으로 판단하여야 할 것입니다(대법원 2008. 11. 27. 선고, 2006두19419 판례 참조).

우선, 일부 개정 시행령 부칙 제2항 적용례의 취지는 종전에는 분양전환가격을 자율적으로 정하던 60㎡ 초과 85㎡ 이하인 임대주택도 일부 개정 시행령에 따라 분양전환가격 산정기준을 따르도록 변경되었음에도 불구하고, 일부 개정 시행령 시행 전에 이미 입주자 모집을 한 경우는 그 적용대상에서 제외하기 위하여 같은 영 시행일 (2005. 12. 14.) 이후 최초로 입주자를 모집하는 임대주택부터 적용하도록 정책 결정을 한 것인데, 전부 개정 시행령에서는 분양전환가격 산정기준 적용대상의 변경이 없었던 점에 비추어 보면 일부 개정 시행령 부칙 제2항에서 "이 영 시행 후 최초로 입주자를 모집하는 임대주택부터 적용"하도록 한 것을 특별히 변경할 의사가 있었다고는 볼 수 없습니다. 그럼에도 전부 개정 시행령 부칙에서 일부 개정 시행령 부칙 제2항을 승계하여 규정하지 못한 것은 입법 상 누락으로 보인다 할 것인 바, 이는 위의 '특별한 사정'이 있는 경우에 해당하여 일부 개정 시행령 부칙 제2항의 효력이 실효되지 않았다고 할 것이므로(2010. 4. 23. 10-0034 해석례 참조), 2002. 9. 11.부터 2005. 12. 13.까지 입주자모집공고를 한 국가 등이 아닌 임대사업자가 건설한 전용면적 60㎡ 초과 85㎡ 이하인 공공건설임대주택의 분양전환 시 이는 분양전환가격 산정기준 적용대상에서 제외된다 할 것입니다.

한편, 「임대주택법」 제21조 제5항의 임대사업자가 분양전환승인을 신청하지 아니하는 경우 임차인(임차인 대표회의 포함)이 직접 분양전환승인을 신청할 수 있다는 규정은 전부개정 법률에서 신설된 것이고, 전부개정 법률이 2009. 12. 29. 법률 제9863호로 개정되면서 임차인이 직접 분양전환승인신청을 할 수 있는 기간이 1년에서 6개월로 단축되고, 그 부칙 제3조에 "임차인이 직접 분양전환승인신청을 할 수 있는 기간의 산정에 관한 사항은 같은 법 시행 후 최초로 임차인이 같은 항에 따라 직접 분양전환승인신청을 할 수 있는 사유가 발생하는 분부터 적용한다."는 적용례를 두었습니다.

이와 같이, 「임대주택법」 부칙 제3조는 임차인의 분양전환승인신청 및 신청요건의 변경 등에 따른 적용례로서, 분양전환가격 산정기준 적용대상의 변경에 따른 일부개정 시행령 제9조 제5항의 적용례인 부칙 제2항과는 서로 다른 사항을 규율하고 있는 것이므로, 임차인이 직접 분양전환승인신청을 할 수 있는 사유가 발생했는지 여부와는 관계없이 국가 등이 아닌 임대사업자가 건설한 전용면적 60㎡ 초과 85㎡ 이하인 공공건설 임대주택에 대하여 2002. 9. 11. 부터 2005. 12. 13.까지의 기간에 입주자모집공고를 한 경우에는 일부 개정 시행령 부칙 제2항의 적용대상이 된다 할 것입니다.

따라서, 국가 등이 아닌 임대사업자가 건설한 전용면적 60㎡ 초과 85㎡ 이하인 공공건설임대주택에 대하여 2002. 9. 11. 부터 2005. 12. 13.까지의 기간에 입주자모집공고를 하고, 2009. 12. 29. 이후 「임대주택법」 제21조 제5항에 따라 임차인(임차인 대표회의 포함)이 직접 분양전환승인을 신청한 경우, 대통령령 제19178호 「임대주택법 시행령」 부칙 제2항이 적용되어 분양전환가격 산정기준 적용대상에서 제외됩니다.

관계법령 및 판례
「임대주택법」 제21조 「임대주택법 시행령」 제13조
대법원 2008. 11. 27. 선고 2006두19419 판결

10. 임대의무기간이 10년인 공공건설임대주택

가. 도입

2004. 3. 17. 개정된 구 「임대주택법 시행령」 제9조 제1항 제3호(신설)는 임대조건 신고 시 임대차계약기간을 10년 이상으로 정하여 신고한 주택은 당해 임대주택의 임대 개시일부터 10년이라는 법정 임대의무기간이 정해진다. 위와 같은 개정 규정은 위 시행령이 시행(2004. 3. 17.) 후 최초로 임대조건을 신고하는 분부터 적용된다(부칙 제2항).

한편 2004. 3. 17. 구 「임대주택법 시행령」이 개정되기 전에도 임대차계약기간을 10년 이상으로 정하여 신고한 경우가 있었는데, 이러한 경우 2004. 3. 17. 개정 전의 구 「임대주택법령」에 따라 법정 임대의무기간은 5년인 경우에 해당한다.

나. 분양전환가격에 관하여

1) 2004. 3. 17. 개정 후

2004. 3. 17. 구 「임대주택법 시행령」 제9조 제1항 제3호가 신설됨에 따라, 2004. 3. 22. 구 「임대주택법 시행규칙」 [별표 1]도 개정되어 임대의무기간이 10년인 경우 분양전환가격은 감정평가금액을 초과할 수 없다는 규정이 신설되었다.

2) 2004. 3. 17. 개정 전

2004. 3. 17. 개정된 구 「임대주택법 시행령」 제9조 제1항 제3호는 그 령이 시행된 후 최초로 임대조건을 신고한 분부터 적용되므로, 그 이전에 임대차계약기간을 10년 이상이라고 신고한 경우라도 법정 임대의무기간은 5년인 임대주택에 해당한다.

따라서 2004. 3. 17. 이전에 임대차계약기간을 10년 이상으로 신고한 공공건설임대주택은 약정 임대차계약기간 10년 이상이 경과하여 분양전환하는 경우 2004. 3. 22. 개정되기 전의 구 임대주택법 시행규칙 [별표 1]에 따라 법정 임대의무기간이 5년인 경우의 분양전환가격산정 방식으로 분양전환가격이 산정되어야 할 것으로 본다.

3) 2008. 3. 21. 전부 개정 후

그런데 2008. 3. 21. 구 「임대주택법령」은 전부 개정되었는데, 만약 2004. 3. 17. 이전에 임대차계약기간을 10년 이상이라고 신고한 공공건설임대주택에 대하여 2008. 3. 17. 전부 개정된 「임대주택법」이 2008. 6. 22. 시행된 이후에 분양전환승인신청서가 제출된다면, 당해 임대주택은 구 「임대주택법령」이 적용되어 법정 임대의무기간이 5년인 임대주택에 관한 분양전환가격 산정기준에 따라 산정되어야 하는지, 아니면, 전부 개정된 「임대주택법령」에 따라 감정평가금액으로 산정되어야 하는지 문제될 수도 있는데, 이와 관련하여 법원의 입장이나 법제처 등의 입장이 각 무엇인지 궁금하다.

다. 임대조건에 관하여

임대차계약기간이 10년 이상이란 건 상당한 장기이다. 따라서 이에 관한 임대사업자가 10년 이상 동안 임대보증금과 임대료에 있어서 과도한 이익을 취하는 것을 방지하기 위하여, 최초의 임대보증금 및 임대료를 산정함에 있어서는 실제 투입한 건축비로 산정한 당해 임대주택의 가격을 기준으로 하여야 할 것으로 본다.

라. 관련 판례

1) 임대의무기간이 10년인 공공건설임대주택에 대한 분양전환가격 산정 시 고려사항 등

[서울고등법원 2010. 4. 8. 선고 2009나64965 판결: 상고[380]]

[1] 공공건설임대주택의 임차인이, 비록 우선분양전환청구권을 행사할 수 있는 자격요건의 구비 여부가 확정되지 않았고 분양전환시점이 도래하지 않았더라도, 표준임대차계약서상 분양전환의 가격조건 조항이 강행법규를 위반하여 임차인의 법적 지위에 불안한 점이 있다면, 법적 불안정을 해소하기 위하여 위 조항의 무효확인을 구할 법적 이익이 있다고 본 사례.

[2] 10년 공공건설임대주택 표준임대차계약서에서 "임대주택의 분양전환가격 산정기준은 분양전환 당시의 감정평가금액으로 한다."라고 정한 사안에서, 위 조항은 입주자 모집공고에 포함된 내용 중 일부이고, 구 임대주택법 시행규칙(2006. 8. 7. 건설교통부령 제530호로 개정되기 전의 것) 제3조의3 [별표 1] 제1호 (가)목의 내용을 그대로 임대차계약에 포함시킨 것에 불과한 점 등에 비추어, 위 조항은 거래상 일반적이고 공통된

---

380 대법원 2012. 7. 12. 선고 2010다36261 판결: 상고인(임차인) 상고기각.

것이어서 고객이 별도의 설명 없이도 충분히 예상할 수 있었던 사항이거나 이미 법령에 의하여 정하여진 것을 되풀이하거나 부연하는 정도에 불과한 사항이고, 계약의 성질상 설명이 현저히 곤란한 것에 해당하므로, **대한 주택공사가 임차인들에게 명시·설명하지 않았더라도 이를 임대차계약의 내용으로 주장할 수 있다고 본 사례.**

[3] 구 임대주택법(2006. 9. 27. 법률 제8015호로 개정되기 전의 것) 제15조는 '건설임대주택을 임차인에게 우선 분양하는 방법·절차 및 가격 등' 즉, 급부행정의 영역을 규율하고 있는 것이므로, 그 성격상 임차인에 대한 관계에서 기본권을 제한하거나 침해하는 것이 아니고, 또한 위 법률조항의 위임사항의 중심적 개념인 '분양(전환)'은 부동산에 관한 사법상의 처분으로서, 그 성질은 어디까지나 사경제적 작용인 점에서 위 법률조항에 의한 위임사항은 결국 성질상 법률유보사항이 아니다. 따라서 애당초 법률로 정할 사항이 아닌 이상, 여기에 위임입법을 통제하는 포괄위임금지의 원칙이 적용될 여지가 없다. 나아가 구체적으로 임대주택의 분양전환가격을 어떻게 결정할 것인지는, 구체적인 주택공급 상황, 주택가격 동향, 경제사정, 임대주택의 공급주체, 임대기간 등의 변화에 따라서 달라져야 할 성질의 것이고, 그 세부적인 사항을 모두 국회에서 제정한 특별법이나 대통령령에 빠짐없이 규정하도록 요구하는 것은 불가능하거나 부적당하다. 결국, 이 같은 이유 때문에 구 임대주택법 제15조 제3항은 법률에서 그 대강의 내용을 규정한 다음 대통령령에 의하여 부분적인 보충을 할 수 있도록 하는 입법방식을 취한 것인데, 구 「임대주택법 시행령」(2007. 3. 27. 대통령령 제19975호로 개정되기 전의 것) 제13조 제3항이 준용하는 제9조 제5항은 이를 더 구체화한 다음 구체적인 분양전환가격의 산정기준을 다시 건설교통부령에 재위임하고 있는바, 이들 규정들과 관련 규정들을 종합하여 보면, 시행규칙에 의하여 보충될 내용의 대강을 충분히 예측할 수 있고, 오히려 관련 법령들을 종합하여 보면, 10년 공공임대주택의 분양전환가격은 주변시세보다는 저렴한 수준에서 결정되도록 되어 있고, 가격이 급등할 경우 적정한 가격으로 제한할 수 있도록 분양전환가격의 상한선도 규정하고 있으며, 임차인의 우선분양권은 임대기간 만료 이후 분양전환 시 예상되는 기대이익에 불과할 뿐 재산권이라고 볼 수 없고, 민간건설임대주택은 공공건설임대주택과 달리 분양전환가격 산정기준에 대한 제한이 없어 임대사업자가 분양전환가격을 자유롭게 정할 수 있는 관계로, 임차인들은 도리어 구 임대주택법 시행규칙(2006. 8. 7. 건설교통부령 제530호로 개정되기 전의 것) 제3조의3 [별표 1] 제1호 (가)목으로 인하여 민간건설임대주택의 임차인보다 저렴한 가격으로 분양전환받을 수 있는 혜택을 누리고 있는 면이 있으므로, 위 시행규칙 제3조의3 [별표 1] 제1호 (가)목이 포괄위임금지의 원칙에 관한 헌법 제75조에 위배된다고 볼 수는 없다.

[4] 10년 공공건설임대주택 표준임대차계약서에서 "임대주택의 분양전환가격 산정기준은 분양전환 당시의 감정평가금액으로 한다."라고 정한 경우, 위 조항 및 그 근거가 된 구 임대주택법 시행규칙(2006. 8. 7. 건설교통부령 제530호로 개정되기 전의 것) 제3조의3 [별표 1] 제1호 (가)목에서 규정하는 '감정평가금액'을 적용함에 있어서, 분양전환을 통하여 임대사업자는 합리적인 한계를 넘어서 폭리를 취하게 되는 데 반하여, 분양전환가격이 지나치게 높아 임차인들의 우선분양권은 사실상 박탈하는 것과 같은 결과가 초래되어서는 안 된다. 따라서 **분양전환 시에 감정평가금액을 구체적으로 산정함에 있어서는, 평가 결과가 크게 부적정할 경우 적정하다고 판단되는 다른 방식으로 평가할 수 있다고 규정한 감정평가에 관한 규칙 제10조 제2항의 입법 취지를 십분 감안하여, 폭등한 가격이 그대로 반영되게 되는 거래사례비교법만을 고집할 것이 아니라, 비용성의 원리**

를 따르는 평가방식인 원가법에 따른 감정평가금액을 고려하는 등으로(감정평가에 관한 규칙 제10조 제1항 참조), 분양전환 당시의 시장상황에 따른 합리적인 대응이 필요하다.

마. 관련 법령 해석례

1) 임대의무기간 10년인 공공건설임대주택의 분양전환가격 산정방식

민원인 - 임대의무기간이 10년인 공공건설임대주택의 분양전환가격 산정 방식((구)임대주택법 시행규칙 별표 1 등 관련)

[법제처 17-0325, 2017.9.13. 민원인]

【질의요지】

2015. 9. 8. 대통령령 제26514호로 일부개정되어 2015. 9. 19. 시행된 「임대주택법 시행령」(이하 "구 임대주택법 시행령"이라 함) 제23조의3 제3항 제2호에서는 임대사업자가 토지를 임차하여 건설·임대하는 주택(이하 "토지임대부 임대주택"이라 함)이 공공건설임대주택인 경우의 분양전환 가격은 국토교통부령으로 정하는 바에 따라 산정한 가격에 따른다고 규정하고 있고, 그 위임에 따라 2015. 5. 8. 국토교통부령 제201호로 일부 개정되어 같은 날 시행된 「임대주택법 시행규칙」(이하 "구 임대주택법 시행규칙"이라 함) 제9조 제1항 본문 및 같은 규칙 [별표 1] 제1호 가목에서는 임대의무기간이 10년인 경우의 분양전환가격은 감정평가금액을 초과할 수 없다고 규정하고 있으며, 같은 호 나목에서는 임대의무기간이 5년인 경우 분양전환가격은 건설원가와 감정평가금액을 산술평균한 가액(價額)으로 하되, 임대주택의 건축비 및 택지비를 기준으로 분양전환 당시에 산정한 해당 주택의 가격(이하 "산정가격"이라 함)에서 임대기간 중의 감가상각비(최초 입주자 모집 공고 당시의 주택가격을 기준으로 산정. 이하 같음)를 뺀 금액을 초과할 수 없다고 규정하고 있는바,

구 임대주택법 시행규칙 [별표 1] 제1호 가목에 따른 임대의무기간이 10년인 공공건설임대주택의 분양전환가격은 같은 호 나목에 따른 "산정가격"에 따라 산정해야 하는 것인지?

【질의 배경】

○ 민원인은 임대의무기간이 10년인 공공건설임대주택의 임차인으로서, 구 임대주택법 시행규칙 [별표 1] 제1호 가목에서 임대의무기간이 10년인 공공건설임대주택의 분양전환가격 산정방식을 구체적으로 정하지 않고 감정평가금액을 초과할 수 없다는 규정만 두고 있는바, 그 범위 내에서 같은 호 나목에 따른 "산정가격"에 따라 분양전환가격을 산정해야 하는 것인지 국토교통부에 질의하였고, 그와 같이 산정할 법령상 근거가 없다는 회신을 받자, 이러한 회신이 타당한지 법제처에 법령해석을 요청함.

【회답】

구 임대주택법 시행규칙 [별표 1] 제1호 가목에 따른 임대의무기간이 10년인 공공건설임대주택의 분양전환가격은 같은 호 나목에 따른 "산정가격"에 따라야 하는 것은 아닙니다.

【이유】

2015. 5. 18. 법률 제13328호로 일부 개정되어 2015. 9. 19. 시행된 「임대주택법」(이하 "구 임대주택법"이라 함) 제2조 제2호 가목에서는 "건설임대주택"의 하나로 "임대사업자가 임대를 목적으로 건설하여 임대하는 주택(토지임대부 임대주택을 포함함)"을 규정하고 있고, 같은 조 제2호의2 다목에서는 "공공건설임대주택"의 하나로 "공공사업으로 조성된 택지에 「주택법」 제16조에 따라 사업계획승인을 받아 건설하는 임대주택"을 규정하고 있습니다.

그리고, 구 임대주택법 제16조 제1항에서는 임대주택은 임대의무기간이 지나지 않으면 매각할 수 없다고 규정하면서, 건설임대주택 중 국가나 지방자치단체의 재정으로 건설하는 임대주택 또는 주택도시기금의 자금을 지원받아 영구적인 임대를 목적으로 건설한 임대주택은 그 임대주택의 임대 개시일부터 50년(제1호), 건설임대주택 중 국가나 지방자치단체의 재정과 주택도시기금의 자금을 지원받아 건설되는 임대주택은 임대 개시일부터 30년(제2호), 같은 항 제1호와 제2호 외의 건설임대주택 중 같은 법 제26조에 따라 임대 조건을 신고할 때 임대차 계약기간을 10년 이상으로 정하여 신고한 주택은 그 임대주택의 임대 개시일부터 10년(제3호), 같은 항 제1호부터 제3호까지의 규정에 해당하지 아니하는 건설임대주택 및 매입임대주택은 대통령령으로 정하는 기간(제4호) 등을 임대의무기간으로 규정하고 있습니다.

또한, 구 임대주택법 시행령 제23조의3 제3항 제2호에서는 토지 임대부 임대주택이 공공건설임대주택인 경우 분양전환 가격은 국토교통부령으로 정하는 바에 따라 산정한 가격에 따른다고 규정하고 있고, 그 위임에 따라 구 임대주택법 시행규칙 제9조 제1항 본문 및 같은 규칙 [별표 1] 제1호 가목에서는 임대의무기간이 10년인 경우 분양전환가격은 감정평가금액을 초과할 수 없다고 규정하고 있으며, 같은 호 나목에서는 임대의무기간이 5년인 경우 분양전환가격은 건설원가와 감정평가금액을 산술평균한 가액으로 하되, "산정가격"에서 임대기간 중의 감가상각비를 뺀 금액을 초과할 수 없다고 규정하고 있는바, 이 사안은 구 임대주택법 시행규칙 [별표 1] 제1호 가목에 따른 임대의무기간이 10년인 공공건설임대주택의 분양전환가격은 같은 호 나목에 따른 "산정가격"에 따라 산정해야 하는 것인지에 관한 것이라 하겠습니다.

먼저, 공공건설임대주택의 분양전환가격 산정 기준에 관한 구 임대주택법 시행규칙 [별표 1] 제1호 가목에서는 임대의무기간이 10년인 경우의 분양전환가격은 감정평가금액을 초과할 수 없다고 규정하고 있는 반면, 같은 호 나목에서는 임대의무기간이 5년인 경우 분양전환가격은 건설원가와 감정평가금액을 산술 평가한 가액으로 하되, 산정가격에서 임대기간 중의 감가상각비를 뺀 금액을 초과할 수 없도록 상한선을 함께 규정하고 있는바, 이와 같이 공공건설임대주택의 임대의무기간이 10년인 경우와 5년인 경우를 나누어 분양전환가격 산정 기준을 다르게 규정하고 있는 조문의 내용 및 규정 체계에 비추어 볼 때, 같은 호 나목에 따른 분양전환가격 산정 기준의 일부가 같은 호 가목에 따른 분양전환가격 산정 시 적용된다고 보기는 어렵다고 할 것이고, 임대의무기간이 10년인 공공건설임대주택에 대해서는 같은 호 가목에 따라 임대사업자가 감정평가금액을 초과하지 않는 범위 내에서 분양전환가격을 정할 수 있다고 할 것입니다.

그리고, ① 구 임대주택법령의 취지는 자력으로 주택을 취득할 수 없는 취약 계층이 장기간 저렴한 비용으로 안정적으로 주거공간을 "사용"할 수 있게 하여 재산 형성의 기회를 부여하는 것이지 일정 기간 경과 후 주택의 "소유"까지 보장해주려는 것은 아니라고 할 것이고, ② 구 임대주택법 시행규칙 [별표 1] 제1호 가목 및 나목에서 공공건설임대주택의 임대의무기간이 10년인 경우와 5년인 경우의 분양전환가격 산정 기준을 다르게 정한 것은 두 임대주택의 성격이 다르고 그 임대주택의 공급에 따른 수익성에 차이가 있기 때문이라 할 것이며, ③ 같은 호 가목에서 임대의무기간이 10년인 공공건설임대주택의 분양전환가격이 감정평가금액을 초과할 수 없도록 규정한 것은 합리적인 범위 내에서 임대주택공급에 참여한 임대사업자의 수익성을 보장하되, 분양전환가격이 지나치게 높아져 임차인들의 우선분양전환권을 사실상 박탈하게 되거나 임대사업자가 지나치게 높은 시세차익을 얻는 것을 방지하기 위해 분양전환 당시의 주변시세 등을 고려하기 위함이라고 할 것인 바(서울고등법원 2010. 4. 8. 선고 2009나64965 판결례, 대법원 2012. 7. 12. 선고 2010다36261 판결례 참조), 이러한 점들에 비추어 볼 때 설령 임대의무기간이 10년인 공공건설임대주택의 분양전환가격을 같은 호 나목의 "산정가격"에 따라 산정하는 것이 같은 호 가목의 감정평가금액에 따라 산정하는 것보다 임차인의 주택 취득에 더 유리하다고 하더라도, 그러한 사정만으로 임대의무기간이 5년인 공공건설임대주택의 분양전환가격 산정에 대한 같은 호 나목의 규정의 일부를 임대의무기간이 10년인 경우에 대해서도 적용해야 한다고 해석할 수는 없다고 할 것입니다.

따라서, 구 임대주택법 시행규칙 [별표 1] 제1호 가목에 따른 임대의무기간이 10년인 공공건설임대주택의 분양전환가격은 같은 호 나목에 따른 "산정가격"에 따라 산정해야 하는 것은 아니라고 할 것입니다

임차인 대표회의

1. 공공임대주택의 경우

공공임대주택에 관한 임차인 대표회의에 관하여는 「민간임대주택에 관한 특별법」 제52조를 준용한다(「공공주택 특별법」 제50조).

2. 민간임대주택의 경우

가. 임차인 대표회의의 구성

임대사업자가 20세대 이상의 민간임대주택을 공급하는 공동주택단지에 입주하는 임차인은 임차인 대표회의를 구성할 수 있다(「민간임대주택에 관한 특별법」 제52조 제1항, 「같은 법 시행령」 제42조 제1항).

임대사업자는 입주예정자의 과반수가 입주한 때에는 과반수가 입주한 날부터 30일 이내에 입주현황과 임차인 대표회의를 구성할 수 있다는 사실을 입주한 임차인에게 통지하여야 한다. 다만, 임대사업자가 본문에 따른 통지를 하지 아니하는 경우 시장·군수·구청장이 임차인 대표회의를 구성하도록 임차인에게 통지할 수 있다(「민간임대주택에 관한 특별법」 제52조 제2항).

임차인 대표회의는 민간임대주택의 동별 세대수에 비례하여 선출한 대표자(동별 대표자)로 구성한다(「민간임대주택에 관한 특별법 시행령」 제42조 제4항).

동별 대표자로 될 수 있는 자는 해당 공동주택단지에서 6개월 이상 계속 거주하고 있는 임차인으로 한다. 다만, 최초로 임차인 대표회의를 구성하는 경우에는 그러하지 아니하다(「민간임대주택에 관한 특별법 시행령」 제42조 제5항).

임차인 대표회의는 회장 1명, 부회장 1명 및 감사 1명을 동별 대표자 중에서 선출하여야 한다(「민간임대주택에 관한 특별법 시행령」 제42조 제6항).

나. 임차인 대표회의의 역할

임차인 대표회의가 구성된 경우에는 임대사업자는 다음 각 호의 사항에 관하여 협의하여야 한다(「민간임대주택에 관한 특별법」 제52조 제3항, 「같은 법 시행령」 제42조 제2항). 임차인 대표회의가 이에 대하여 임대사업자에게 협의를 요청하면 임대사업자는 협의에 성실히 응하여야 한다(「민간임대주택에 관한 특별법 시행령」 제42조 제3항).

1. 임대주택 관리규약의 제정 및 개정
2. 관리비
3. 민간임대주택의 공용부분·부대시설 및 복리시설의 유지·보수
4. 하자 보수
5. 공동주택의 관리에 관하여 임대사업자와 임차인 대표회의가 합의한 사항

다. 임차인 대표회의의 소집 등

임차인 대표회의를 소집하려는 경우에는 소집일 5일 전까지 회의의 목적·일시 및 장소 등을 임차인에게 알리거나 공시(公示)하여야 한다(「민간임대주택에 관한 특별법 시행령」 제42조 제7항).

임차인 대표회의는 그 회의에서 의결한 사항, 임대사업자와의 협의결과 등 주요 업무의 추진 상황을 지체 없이 임차인에게 알리거나 공시하여야 한다(「민간임대주택에 관한 특별법 시행령」 제42조 제8항).

임차인 대표회의는 회의를 개최하였을 때에는 회의록을 작성하여 보관하고, 임차인이 회의록의 열람을 청구하거나 자기의 비용으로 복사를 요구할 경우에는 이에 따라야 한다(「민간임대주택에 관한 특별법 시행령」 제42조 제9항).

3. 「임대주택법」상 임대주택의 경우

가. 개정 경과

개정일시	취지	내용	관련 규정
2000. 1. 12.		임차인 대표회의 규정 신설	「임대주택법」 제17조의2 신설
2008. 3. 21.		임대사업자는 입주예정자의 과반수가 입주한 때에는 입주현황과 임차인 대표회의를 구성할 수 있다는 사실을 임차인에게 통지하도록 하고, 임대사업자가 통지하지 않는 경우 시장·군수·구청장이 직접 통지할 수 있도록 함	「임대주택법」 제29조 제2항 신설
2012. 12. 18.		임차인 대표회의가 구성된 경우에는 임대사업자가 임대주택의 관리규약 등 임대주택의 관리에 관한 사항에 대하여 임차인 대표회의와 협의하는 것을 의무화함	「임대주택법」 제29조 제3항

나. 일반적인 경우

1) 임차인 대표회의의 구성

임대사업자가 20호 이상의 임대주택을 공급하는 공동주택단지에 입주하는 임차인은 임차인 대표회의를 구성할 수 있다(「임대주택법」 제29조 제1항, 「같은 법 시행령」 제28조 제1항).

임대사업자는 입주예정자의 과반수가 입주한 때에는 과반수가 입주한 날부터 30일 이내에 입주현황과 임차인 대표회의를 구성할 수 있다는 사실을 입주한 임차인에게 통지하여야 한다. 다만, 임대사업자가 본문에 따른 통지를 하지 아니하는 경우 시장·군수·구청장이 임차인 대표회의를 구성하도록 임차인에게 통지할 수 있다(「임대주택법」 제29조 제2항).

임차인 대표회의는 회장 1명, 부회장 1명 및 감사 1명을 동별 대표자 중에서 선출하여야 한다(「임대주택법 시행령」 제28조 제6항).

동별 대표자로 될 수 있는 자는 해당 공동주택단지에서 6개월 이상 계속 거주하고 있는 임차인으로 한다. 다만, 최초로 임차인 대표회의를 구성하는 경우에는 그러하지 아니하다(「임대주택법 시행령」 제28조 제5항).

2) 임차인 대표회의의 역할

임차인 대표회의가 구성된 경우에는 임대사업자는 다음 각 호의 사항에 관하여 협의하여야 한다(「임대주택법」 제29조 제2항, 「같은 법 시행령」 제28조 제2항). 임차인 대표회의가 이에 대하여 임대사업자에게 협의를 요청하면 임대사업자는 협의에 성실히 응하여야 한다.

1. 임대주택 관리규약의 제정 및 개정
2. 관리비
3. 임대주택의 공용부분·부대시설 및 복리시설의 유지·보수
4. 하자 보수
5. 공동주택의 관리에 관하여 임대사업자와 임차인 대표회의가 합의한 사항

3) 임차인 대표회의의 소집 등

임차인 대표회의를 소집하려는 경우에는 소집일 5일 전까지 회의의 목적·일시 및 장소 등을 임차인에게 알리거나 공시(公示)하여야 한다(「임대주택법 시행령」 제28조 제7항).

임차인 대표회의는 그 회의에서 의결한 사항, 임대사업자와의 협의결과 등 주요 업무의 추진 상황을 지체 없이 임차인에게 알리거나 공시하여야 한다(「임대주택법 시행령」 제28조 제8항).

임차인 대표회의는 회의를 개최하였을 때에는 회의록을 작성하여 보관하고, 임차인이 회의록의 열람을 청구하거나 자기의 비용으로 복사를 요구할 경우에는 이에 따라야 한다(「임대주택법 시행령」 제28조 제9항).

4) 부도 임대주택 등의 경우

가) 임차인 대표회의의 설립신고

부도 임대주택 등의 발생 신고를 받은 시장·군수·구청장은 해당 부도 임대주택 등에 임차인 대표회의가 구성될 수 있도록 적극 지원하여야 하며, 부도 임대주택 등에서 구성된 임차인 대표회의는 대통령령으로 정한 절차에 따라 설립신고를 하여야 한다(「임대주택법」 제30조 제1항).

설립신고를 할 때에는 다음 각 호의 사항이 포함된 설립신고서에 부도 임대주택 등의 임차인 대표회의 창립총회 회의록을 첨부하여야 한다(「임대주택법 시행령」 제29조 제1항).

1. 임차인 대표회의 구성일
2. 회장·부회장·감사의 주소 및 성명

부도 임대주택 등의 임차인 대표회의의 설립신고를 받은 시장·군수 또는 구청장은 그 신고 내용을 확인한 후 부도 임대주택 등의 임차인 대표회의 신고증명서를 국토교통부령으로 정하는 바에 따라 발급하여야 한다(「임대주택법 시행령」 제29조 제2항).

나) 임차인 대표회의의 역할

설립 신고한 부도 임대주택 등의 임차인 대표회의가 해당 주택 등의 관리를 위하여 「임대주택법」 제29조 제3항 각 호의 사항 등에 관하여 임대사업자에게 협의를 요청하면 임대사업자는 협의에 성실히 응하여야 한다.

임대사업자가 행방불명되거나 실종된 경우, 부도 임대주택 등의 임차인 대표회의는 부도 임대주택 등의 관리를 위하여 시장·군수·구청장에게 임대사업자를 대신하여 임대주택 공용부분을 유지·보수하는 등 「임대주택법」 제28조에 따른 그 임대주택의 관리를 할 수 있도록 승인을 요청할 수 있다(「임대주택법」 제30조 제3항, 「같은 법 시행령」 제29조 제4항).

위와 같은 승인 요청을 받은 시장·군수·구청장은 「임대주택법」 제33조의 임대주택분쟁조정위원회의 심의를 거쳐 이를 승인할 수 있다.

다. 관련 법령 해석례

1) 임대주택의 동별 대표자에 대하여 주택법이 적용되는지 여부

민원인 - 임대주택의 동별 대표자에 대한 「주택법 시행령」 제50조 제8항의 적용 여부(「주택법 시행령」 제50조 제8항 등 관련)

[안건번호15-0525 회신일자2015-09-21]

【질의요지】

「임대주택법 시행령」 제28조 제4항에 따른 동별 대표자에 대하여 「주택법 시행령」 제50조 제8항에 따른 동별 대표자의 임기 및 중임을 제한하는 규정이 적용되는지?

【회답】

「임대주택법 시행령」 제28조 제4항에 따른 동별 대표자에 대하여는 「주택법 시행령」 제50조 제8항에 따른 동별 대표자의 임기 및 중임을 제한하는 규정이 적용되지 않습니다.

【이유】

「임대주택법」 제29조 제1항 및 「같은 법 시행령」 제28조 제1항에서는 임대사업자가 20호 이상의 임대주택을 공급하는 공동주택단지에 입주하는 임차인은 임차인 대표회의를 구성할 수 있다고 규정하고 있고, 「같은 법 시행령」 제28조 제4항에서는 임차인 대표회의는 임대주택의 동별 세대수에 비례하여 선출한 대표자(이하 같은 법에서 "동별 대표자"라 함)로 구성한다고 규정하고 있으며, 같은 법 제3조에서는 임대주택의 건설·공급 및 관리에 관하여 이 법으로 정하지 아니한 사항에는 「주택법」과 「주택임대차보호법」을 적용한다고 규정하고 있습니다.

그리고, 「주택법」 제43조 제1항에서는 대통령령으로 정하는 공동주택을 건설한 사업주체는 입주예정자의 과반수가 입주할 때까지 그 공동주택을 관리하여야 하며, 입주예정자의 과반수가 입주하였을 때에는 입주자에게 그 사실을 알리고 그 공동주택을 제2항에 따라 관리할 것을 요구하여야 한다고 규정하고 있고, 같은 조 제3항에서는 입주자는 제1항에 따른 요구를 받았을 때에는 그 요구를 받은 날부터 3개월 이내에 입주자대표회의를 구성하고, 그 공동주택의 관리방법을 결정(주택관리업자에게 위탁하여 관리하는 방법을 선택한 경우에는 그 주택관리업자의 선정을 포함함)하여 이를 사업주체에게 통지하고, 관할 시장·군수·구청장에게 신고하여야 한다고 규정하고 있으며, 「같은 법 시행령」 제50조 제1항 전단에서는 입주자대표회의는 4명 이상으로 구성하되, 동별 세대수에 비례하여 법 제44조 제2항에 따른 공동주택관리규약(이하 "관리규약"이라 함)으로 정한 선거구에 따라 선출된 대표자(이하 같은 법에서 "동별 대표자"라 함)로 구성한다고 규정하고 있고, 같은 영 제50조 제8항에서는 동별 대표자의 임기는 2년으로 하며 한번만 중임할 수 있다고 규정하고 있는바,

이 사안은 「임대주택법 시행령」 제28조 제4항에 따른 동별 대표자에 대하여, 같은 법 제3조에 따라 「주택법」이 적용되어, 동별 대표자의 임기 및 중임을 제한하고 있는 「주택법 시행령」 제50조 제8항이 적용되는지에 관한 것이라 하겠습니다.

먼저, 「임대주택법」 및 「같은 법 시행령」에서는 임대사업자가 20호 이상의 임대주택을 공급하는 공동주택단지에 입주하는 임차인은 임차인 대표회의를 구성할 수 있고, 임차인 대표회의는 동별 대표자로 구성한다고만 규정하고 있을 뿐, 동별 대표자의 임기 및 중임 제한에 관해서는 별도의 규정을 두고 있지 않습니다.

한편, 「임대주택법」 제3조 제1항에서는 임대주택의 관리에 관하여 「임대주택법」으로 정하지 아니한 사항에는 「주택법」을 적용한다고 규정하고 있으나, 「주택법」에서는 임차인 대표회의의 구성 및 운영 등에 관하여 별도의 규정을 두고 있지 않습니다. 다만, 「주택법」에서는 공동주택의 입주자대표회의에 관한 규정을 두고 있는바, 입주자대표회의에 관한 규정이 임차인 대표회의에 적용될 수 있는지를 살펴보아야 할 것입니다.

그런데, 입주자대표회의는 「주택법」 제43조 제3항에 따라 필수적으로 설치되고, 같은 조 제8항 및 「같은 법 시행령」 제51조에 따라 공동주택의 관리에 관한 주요 사항을 직접 결정하는 공동주택의 관리주체인 반면, 임차인 대표회의는 법령에 따라 반드시 구성해야 하는 것은 아니고, 임대주택 관리규약의 제정·개정 및 관리비 등 임대주택 관리에 관한 주요 사항도 임대사업자와 협의해 결정하는 바, 입주자대표회의와 임차인 대표회의는 그 구성의 강제성 여부, 기능 등에 차이가 있으므로 입주자대표회의에 관한 규정이 임차인 대표회의에 바로 적용될 여지는 없다고 할 것입니다(법제처 2014. 12. 16. 회신 14-0741 해석례 참조).

더욱이, 「주택법 시행령」 제46조 제2항에서는 공동주택의 관리에 관한 사항 중에서 임대를 목적으로 하여 건설한 공동주택에 대하여 적용되는 「주택법」 및 「같은 법 시행령」의 규정들을 제한적으로 열거하면서, 이 사안에서 문제되고 있는 입주자대표회의를 구성하는 동별 대표자의 임기 및 중임을 제한하는 규정인 「주택법 시행령」 제50조 제8항은 적용대상에서 배제하고 있는 점, 임기 및 중임제한 규정은 개인의 직업선택의 자유나 경제활동의 자유 등 사회활동을 제한하는 규정이므로 명확한 규정 없이는 준용될 수 없다는 점 등에 비추어 보더라도, 입주자대표회의를 구성하는 동별 대표자의 임기 및 중임 제한에 관한 규정은 임차인 대표회의를 구성하는 동별 대표자에 대해서는 적용되지 않는다고 할 것입니다.

이상과 같은 점을 종합해 볼 때, 「임대주택법 시행령」 제28조 제4항에 따른 동별 대표자에 대하여는 「주택법 시행령」 제50조 제8항에 따른 동별 대표자의 임기 및 중임을 제한하는 규정이 적용되지 않는다고 할 것입니다.

관계법령
임대주택법 제3조, 주택법 시행령 제50조 제8항

2) 임차인 대표회의의 임원 선출방법

민원인 - 임차인 대표회의 임원의 선출방법(「임대주택법」 제29조 등 관련)

[법제처 14-0741, 2014.12.16, 민원인]

【질의요지】

「임대주택법」에 따른 임대주택의 임차인 대표회의에서 회장 등의 임원을 선출하려는 경우, 반드시 「주택법 시행령」 제50조 제6항에 따른 입주자대표회의 임원의 선출방법에 따라 임원을 선출해야 하는지?

【질의배경】

○ 임대주택의 임차인 대표회의에서 회장 등 임원을 선출하는 방법에 대하여 민원인과 국토교통부의 견해가 달라 민원인이 법제처에 법령해석을 요청함.

【회답】

「임대주택법」에 따른 임대주택의 임차인 대표회의에서 회장 등의 임원을 선출하려는 경우, 반드시 「주택법 시행령」 제50조 제6항에 따른 입주자대표회의 임원의 선출방법에 따라 임원을 선출해야 하는 것은 아닙니다.

【이유】

「임대주택법」 제29조 제1항 및 「같은 법 시행령」 제28조 제1항에서는 임대사업자가 20호 이상의 임대주택을 공급하는 공동주택단지에 입주하는 임차인은 임차인 대표회의를 구성할 수 있다고 규정하고 있고, 「같은 법 시행령」 제28조 제6항에서는 임차인 대표회의는 회장 1명, 부회장 1명 및 감사 1명을 동별 대표자 중에서 선출하여야 한다고 규정하고 있으며, 같은 법 제3조 제1항에서는 임대주택의 건설·공급 및 관리에 관하여 이 법으로 정하지 아니한 사항에는 「주택법」을 적용한다고 규정하고 있습니다.

그리고 「주택법」 제2조 제14호 라목에서는 「임대주택법」 제2조 제4호에 따른 임대사업자를 공동주택을 관리하는 관리주체의 하나로 규정하고 있고, 「주택법 시행령」 제46조 제2항에서는 임대를 목적으로 하여 건설한 공동주택에 대해서는 법 제45조의4 제1항에 따른 회계서류의 작성·보관에 관한 사항(제1호) 및 제47조에 따른 행위허가 등의 기준에 관한 사항(제2호) 등만 적용된다고 규정하고 있으며, 「주택법 시행령」 제50조 제6항에서는 입주자대표회의 임원 선출과 관련하여 500세대 이상인 공동주택은 전체 입주자등의 보통·평등·직접·비밀선거를 통하여 후보자가 2명 이상인 경우에는 다득표자 선출(제1호) 등의 방법으로 동별 대표자 중에서 회장과 감사를 선출한다고 규정하고 있는바,

이 사안은 「임대주택법」에 따른 임대주택의 임차인 대표회의에서 회장 등의 임원을 선출하려는 경우, 같은 법 제3조에 따라 「주택법」을 적용하여 「주택법 시행령」 제50조 제6항에서 정한 방법으로 임원을 선출해야 하는지에 관한 것이라 하겠습니다.

먼저, 「임대주택법」 및 「같은 법 시행령」에서는 임대사업자가 20호 이상의 임대주택을 공급하는 공동주택단지에 입주하는 임차인은 임차인 대표회의를 구성할 수 있고, 임차인 대표회의는 회장 1명, 부회장 1명 및 감사 1명을 동별 대표자 중에서 선출하여야 한다고만 규정하고 있을 뿐, 임차인 대표회의 임원의 선출방법에 관해서는 별도의 규정을 두고 있지 않습니다.

한편, 「임대주택법」 제3조 제1항에서는 임대주택의 관리에 관하여 「임대주택법」으로 정하지 아니한 사항에는 「주택법」을 적용한다고 규정하고 있으나, 「주택법」에서는 임차인 대표회의의 구성 및 운영 등에 관하여 별도의 규정을 두고 있는 것은 아닙니다. 다만, 「주택법」에서는 임대주택의 임차인 대표회의와 유사한 기구로서 공동주택의 입주자대표회의에 관하여 규정하고 있는바, 입주자대표회의에 관한 규정이 임차인 대표회의에 적용될 수 있는지를 살펴보아야 할 것입니다.

그런데, 입주자대표회의는 「주택법」 제43조 제3항에 따라 필수적으로 설치되고, 같은 조 제8항 및 「같은 법 시

행령」제51조에 따라 공동주택의 관리에 관한 주요 사항을 직접 결정하는 공동주택의 관리주체인 반면, 임차인 대표회의는 법령에 따라 반드시 구성해야 하는 것은 아니고, 임대주택 관리규약의 제정·개정 및 관리비 등 임대주택 관리에 관한 주요 사항도 임대사업자와 협의해 결정하는 바, 입주자대표회의와 임차인 대표회의는 그 구성의 강제성 여부, 기능 등에 본질적 차이가 있어 입주자대표회의에 관한 규정이 임차인 대표회의에 바로 적용될 여지는 없다고 할 것입니다.

더욱이, 「주택법 시행령」제46조 제2항에서는 공동주택의 관리에 관한 사항 중에서 임대를 목적으로 하여 건설한 공동주택에 대하여 적용되는 「주택법」및 「같은 법 시행령」의 규정들을 제한적으로 열거하면서, 이 사안에서 문제되고 있는 공동주택 관리주체의 임원 선출방법을 규정한 「주택법 시행령」제46조 제2항은 적용 대상에서 배제하고 있는 점에 비추어 보더라도 입주자대표회의의 임원 선출방법은 임차인 대표회의에 적용되지 않는다고 할 것입니다.

이상과 같은 점을 종합해 볼 때, 「임대주택법」에 따른 임대주택의 임차인 대표회의에서 회장 등의 임원을 선출하려는 경우, 반드시 「주택법 시행령」제50조 제6항에 따른 입주자대표회의 임원의 선출방법에 따라 임원을 선출해야 하는 것은 아닙니다.

임대주택분쟁조정위원회

1. 공공임대주택의 경우

공공임대주택에 대한 분쟁조정위원회 등에 관하여는 「민간임대주택에 관한 특별법」 제55조를 준용한다(「공공주택 특별법」 제50조).

공공주택사업자와 임차인 대표회의는 다음 각 호의 어느 하나에 해당하는 분쟁에 관하여 조정위원회에 조정을 신청할 수 있다(「민간임대주택에 관한 특별법」 제56조 제2항).

1. 「민간임대주택에 관한 특별법」 제56조 제1항 각 호의 사항
2. 공공임대주택의 분양전환가격, 다만 분양전환승인에 관한 사항은 제외한다.

2. 민간임대주택의 경우

가. 구성

시장·군수·구청장은 임대주택에 관한 학식 및 경험이 풍부한 자 등으로 임대주택분쟁조정위원회를 구성한다(「민간임대주택에 관한 특별법」 제55조 제1항, 「같은 법 시행령」 제44조 제1항).

임대주택분쟁조정위원회의 위원장을 제외한 위원은 다음 각 호의 어느 하나에 해당하는 사람 중에서 해당 시장·군수·구청장이 성별을 고려하여 임명하거나 위촉한다. 이 경우 공무원이 아닌 위원이 6명 이상이 되어야 한다.

1. 법학, 경제학이나 부동산학 등 주택 분야와 관련된 학문을 전공한 사람으로서 「고등교육법」 제2조 제1호, 제2호 또는 제5호에 따른 학교에서 조교수 이상으로 1년 이상 재직한 사람 1명 이상
2. 변호사, 회계사, 감정평가사 또는 세무사로서 1년 이상 근무한 사람 1명 이상
3. 「공동주택관리법」 제67조 제2항에 따른 주택관리사가 된 후 관련 업무에 3년 이상 근무한 사람 1명 이상
4. 국가 또는 다른 지방자치단체에서 민간임대주택 또는 공공임대주택 사업의 인·허가 등

관련 업무를 수행하는 5급 이상 공무원으로서 해당 기관의 장이 추천한 사람 또는 해당 지방자치단체에서 민간임대주택 또는 공공임대주택 사업의 인·허가 등 관련 업무를 수행하는 5급 이상 공무원 1명 이상

5. 한국토지주택공사 또는 지방공사에서 민간임대주택 또는 공공임대주택 사업 관련 업무에 종사하고 있는 임직원으로서 해당 기관의 장이 추천한 사람 1명 이상

조정위원회는 위원장 1인을 포함하여 10인 이내로 구성한다(「민간임대주택에 관한 특별법」 제55조 제2항).

위원장은 해당 지방자치단체의 장이 된다(「민간임대주택에 관한 특별법」 제55조 제3항).

조정위원회의 부위원장은 위원 중에서 호선(互選)한다(「민간임대주택에 관한 특별법 시행령」 제44조 제2항).

공무원이 아닌 위원의 임기는 2년으로 하되, 두 차례만 연임할 수 있다(「민간임대주택에 관한 특별법 시행령」 제44조 제3항).

나. 조정신청 및 조정사항

임대사업자와 임차인 대표회의는 다음 각 호의 어느 하나에 해당하는 분쟁에 관하여 조정위원회에 조정을 신청할 수 있다(「민간임대주택에 관한 특별법」 제56조 제1항).

1. 「민간임대주택에 관한 특별법」 제44조에 따른 임대료의 증액
2. 「민간임대주택에 관한 특별법」 제51조에 따른 주택관리
3. 「민간임대주택에 관한 특별법」 제52조 제3항 각 호의 사항
4. 다음 각 호의 어느 하나에 해당하는 임대사업자의 민간임대주택에 대한 분양전환, 주택관리, 주택도시기금 융자금의 변제 및 임대보증금 반환 등에 관한 사항(「같은 법 시행령」 제46조)

1. 발행한 어음 및 수표를 기한까지 결제하지 못하여 어음교환소로부터 거래정지 처분을 받은 임대사업자
2. 「주택도시기금법」에 따른 주택도시기금 융자금에 대한 이자를 6개월을 초과하여 내지 아니한 임대사업자
3. 「민간임대주택에 관한 특별법」 제49조 제1항에 따라 임대보증금에 대한 보증에 가입하여야 하는 임대사업자로서 임대보증금에 대한 보증의 가입 또는 재가입이 거절된 이후 6개

월이 지난 자

4. 모회사(「상법」제342조의2에 따른 모회사를 말한다)가 제1호의 처분을 받은 경우로서 자기자본
   전부가 잠식된 임대사업자

다. 조정의 효력

임대사업자와 임차인 대표회의가 조정위원회의 조정안을 받아들이면 당사자 간에 조정조서
와 같은 내용의 합의가 성립된 것으로 본다(「민간임대주택에 관한 특별법」제57조).

라. 회의

조정위원회의 회의는 위원장이 소집한다(「민간임대주택에 관한 특별법 시행령」제45조).

위원장은 회의 개최일 2일 전까지는 회의와 관련된 사항을 위원에게 알려야 한다.

조정위원회의 회의는 재적위원 과반수의 출석으로 개의하고, 출석위원 과반수의 찬성으로
의결한다.

위원장은 조정위원회의 사무를 처리하도록 하기 위하여 해당 지방자치단체에서 민간임대주
택 또는 공공임대주택 관련 업무를 하는 직원 중 1명을 간사로 임명하여야 한다.

간사는 조정위원회의 회의록을 작성하여 「공공기록물 관리에 관한 법률」에 따라 보존하되,
그 회의록에는 다음 각 호의 사항이 포함되어야 한다.

1. 회의 개최 일시와 장소
2. 출석위원의 서명부
3. 회의에 상정된 안건 및 회의결과
4. 그 밖에 논의된 주요 사항 등

조정위원회의 회의에 참석한 위원에게는 예산의 범위에서 수당과 여비 등을 지급할 수 있
다. 다만, 공무원인 위원이 소관 업무와 직접적으로 관련되어 조정위원회에 출석하는 경우에
는 그러하지 아니하다.

조정위원회는 해당 임대주택의 분쟁을 조정하기 위하여 필요한 자료를 임대사업자 또는 공

공주택사업자에게 요청할 수 있다.

「민간임대주택에 관한 특별법 시행령」에 규정된 사항 외에 조정위원회의 회의·운영 등에 필요한 사항은 조정위원회의 의결을 거쳐 위원장이 정한다(「민간임대주택에 관한 특별법 시행령」 제47조).

3. 「임대주택법」상 임대주택의 경우

가. 개정 경과

개정일시	취지	내용	관련 규정
2000. 1. 12.	임차인 권익 보호	임대주택분쟁조정위원회 신설	「임대주택법」 제18조의2 신설
2006. 9. 27.	부도 임대주택에 대한 관리체계 정비	부도 임대주택을 매각하는 경우 시장·군수·구청장은 임대주택분쟁조정위원회의 심의를 거쳐 승인하도록 함	「임대주택법」 제17조의3 제4항 신설
		임대사업자의 부도 등이 발생한 경우 국민주택기금의 수탁자는 그 사실을 시장·군수·구청장에게 신고하여야 하며, 신고를 받은 시장·군수·구청장은 그 부도 임대주택 등의 임차인에게 그 사실을 알려야 함	「임대주택법」 제15조의3 신설
		임대사업자의 소재불명 등의 경우 시장·군수·구청장은 임대주택분쟁조정위원회의 심의를 거쳐 부도 임대주택의 관리에 관한 사항을 승인할 수 있도록 하며, 시장·군수·구청장이 부도발생신고를 받은 경우에는 의무적으로 임대주택분쟁조정위원회를 구성하도록 하려는 것임	「임대주택법」 제18조의2 제6항 신설
2007. 7. 19.		부도 임대주택 등의 분양전환의 조정안에 관하여 임대사업자가 소재불명이나 그 밖에 대통령령으로 정하는 사항에 해당되어 대통령령으로 정하는 기간 내에 협의에 응하지 아니하는 경우에는 시장·군수 또는 구청장이 당해 임대주택의 담보권자 피담보채권액의 4분의 3 이상에 해당하는 채권자의 동의를 받아 건설교통부령으로 정하는 바에 따라 공고한 때에 조정조서와 동일한 내용의 합의가 성립된 것으로 본다는 규정 신설	「임대주택법」 제18조의4 단서 신설
2008. 3. 21.		임대주택 관련 분쟁을 해결하기 위하여 임대사업장별로 구성하도록 하고 있는 임대주택분쟁조정위원회를 시·군·구에 상설조직으로 설치하도록 함	「임대주택법」 제33조

나. 구성

시장·군수·구청장은 임대주택에 관한 학식 및 경험이 풍부한 자 등으로 임대주택분쟁조정위원회를 구성한다(「임대주택법」 제33조 제1항, 「같은 법 시행령」 제33조 제1항).

임대주택분쟁조정위원회의 위원은 다음 각 호의 어느 하나에 해당하는 자 중에서 해당 시장·군수 또는 구청장이 임명하거나 위촉하되, 다음 각 호의 어느 하나에 해당하는 위원은 각각 1명 이상 위촉하여야 하고, 민간위원은 6명 이상 위촉하여야 한다.

1. 법학 또는 경제학이나 부동산학 등 주택 분야와 관련된 학문을 전공한 자로서 「고등교육법」 제2조 제1호·제2호 또는 제5호에 따른 학교에서 조교수 이상으로 1년 이상 재직한 사람
2. 변호사·회계사·감정평가사 또는 세무사로서 1년 이상 근무한 사람
3. 「주택법」 제56조 제2항에 따른 주택관리사로서 관련 업무에 3년 이상 근무한 사람

　　4. 국가 또는 다른 지방자치단체에서 임대주택사업의 인가·허가 등 관련 업무를 수행하는 5
　　　급 이상 공무원으로서 해당 기관의 장이 추천한 사람 또는 해당 지방자치단체에서 임대
　　　주택사업의 인가·허가 등 관련 업무를 수행하는 5급 이상인 공무원
　　5. 한국토지주택공사 또는 지방공사에서 임대주택사업 관련 업무에 종사하고 있는 임직원
　　　으로서 해당 기관의 장이 추천한 사람

조정위원회는 위원장 1인을 포함하여 10인 이내로 구성한다(「임대주택법」 제33조 제2항).
위원장은 해당 지방자치단체의 장이 된다(「임대주택법」 제33조 제3항).

조정위원회의 부위원장은 위원 중에서 호선(互選)한다(「임대주택법 시행령」 제33조 제2항).

공무원이 아닌 위원의 임기는 2년으로 하되, 연임할 수 있다(「임대주택법 시행령」 제33조 제3항.

다. 분쟁 조정 사항

　임대주택분쟁조정위원회는 임대사업자와 임차인 대표회의 간의 「임대주택법」 제29조 제3항
각 호에 규정된 사항과 제28조 및 제30조에 따른 임대주택 관리 등 대통령령으로 정하는 다
음 각 호의 사항에 관한 분쟁을 조정한다(「임대주택법」 제33조 제1항, 「같은 법 시행령」 제31조).

　　1. 부도 임대주택 등의 분양전환, 주택관리, 주택도시기금 융자금의 변제 및 임대보증금 반
　　　환 등에 관한 사항
　　2. 「임대주택법」 제30조 제3항에 따른 부도 임대주택 등의 관리에 관한 사항

라. 조정 신청

　임대사업자와 임차인 대표회의는 다음 각 호의 어느 하나에 해당하는 분쟁에 관하여 조정
위원회에 조정을 신청할 수 있다. 다만, 제2호 및 제3호의 경우에는 분양전환승인에 관한 사
항을 제외한다(「임대주택법」 제34조).

　　1. 「임대주택법」 제29조 제3항 각 호의 사항
　　2. 공공건설임대주택의 분양전환가격
　　3. 부도 임대주택 등의 분양전환, 주택관리 등 「임대주택법 시행령」 제31조 작호에 정하는 사항

마. 조정의 효력

임대사업자와 임차인 대표회의가 조정위원회의 조정안을 받아들이면 당사자 간에 조정조서와 같은 내용의 합의가 성립된 것으로 본다(임대주택법 제35조).

바. 회의

조정위원회의 회의는 위원장이 소집한다(「임대주택법 시행령」 제34조).

위원장은 회의 개최일 2일 전까지는 회의와 관련된 사항을 위원에게 알려야 한다.

조정위원회의 회의는 재적위원 과반수의 출석으로 개의하고, 출석위원 과반수의 찬성으로 의결한다.

위원장은 조정위원회의 사무를 처리하도록 하기 위하여 해당 지방자치단체의 임대주택 업무 관련 직원 중 1명을 간사로 임명하여야 한다.

간사는 조정위원회의 회의록을 작성하여 「공공기록물 관리에 관한 법률」에 따라 보존하되, 그 회의록에는 다음 각 호의 사항이 포함되어야 한다.

1. 회의 개최 일시와 장소
2. 출석위원의 서명부
3. 회의에 상정된 안건 및 회의결과
4. 그 밖에 논의된 주요 사항 등

조정위원회의 회의에 참석한 위원에게는 예산의 범위에서 수당과 여비 등을 지급할 수 있다. 다만, 공무원인 위원이 소관 업무와 직접적으로 관련되어 조정위원회에 출석하는 경우에는 그러하지 아니하다.

조정위원회는 해당 임대주택의 분쟁을 조정하기 위하여 필요한 자료를 임대사업자에게 요청할 수 있다. 이 경우 임대사업자는 이에 성실히 따라야 한다.

「임대주택법 시행령」에 규정된 사항 외에 조정위원회의 회의·운영 등에 필요한 사항은 조정위원회의 의결을 거쳐 위원장이 정한다(「임대주택법 시행령」 제35조).

특례 규정

1. 준공공 임대주택

가. 개념

'준공공 임대주택'이란, 국가, 지방자치단체, 한국토지주택공사 또는 지방공사 외의 임대사업자가 10년 이상 계속하여 임대하는 임대주택으로서 ① 전용면적이 85㎡ 이하의 주택과 ② 「건축법」 제2조 제2항 제1호의 단독주택 중 「건축법 시행령」 [별표 1] 제1호 다목에 따른 다가구주택을 말한다.

다만 이 경우 공공건설임대주택은 제외한다(「임대주택법」 제2조 제3호의3).

나. 융자 지원

국토교통부장관은 임대사업자가 준공공 임대주택을 개량하는 경우 이를 위한 비용의 전부 도는 일부를 「주택도시기금법」에 따른 주택도시기금에서 융자 지원을 할 수 있다(「임대주택법」 제5조의2).

다. 등록

준공공 임대주택을 임대하려는 자는 해당 주택이 소재하는 시장·군수·구청장에게 이를 등록하여야 한다(「임대주택법」 제6조의2 제1항).

위와 같은 등록 대상 주택은 ① 국가, 지방자치단체, 한국토지주택공사 또는 지방공사 외의 임대사업자가 공급하는 민간건설임대주택 또는 매입임대주택(임대사업자가 준공공 임대주택으로 등록하기 전에 임대하고 있는 주택(임대의무기간이 지나지 아니한 주택을 포함한다)을 포함한다)이고, ② 전용면적이 85㎡ 이하인 주택(다만 다가구주택은 제외)이다.

위와 같은 등록을 하려는 자는 해당 주택이 소재하는 지역의 관할 시장·군수·구청장에게 등록 신청서를 제출하여야 한다(시행령 제8조의3 제1항, 시행규칙 제3조의2 제1항, 별지 제5호의2 서식-준공공 임대주택 등록신청서).

위와 같이 등록한 자가 그 등록한 사항을 변경하려면, 변경사유가 발생한 날로부터 30일 이내에 시장·군수·구청장에게 신고하여야 한다(「임대주택법」 제6조의2 제2항, 시행령 제8조의3 제3항).

그리고 '준공공임대주택 등록부'는 전자적 처리가 불가능한 특별한 사유가 없으면, 전자적 처리가 가능한 방법으로 작성, 관리하여야 한다(시행령 제8조의3 제4항).

라. 등록 취소

준공공 임대주택이 ① 거짓이나 그 밖의 부정한 방법을 등록한 경우, ② 법정 등록기준을 갖추지 못한 경우, ③ 임대사업자 등록이 말소되는 경우, ④ 임대주택의 매각제한 규정(임대주택법 제16조)을 위반한 경우, ⑤ 오피스텔을 임대의무기간 이내에 주거용이 아닌 다른 용도로 사용하는 경우, ⑥ 임대주택법 제20조에 정한 임대조건을 위반한 경우, ⑦ 임대조건을 신고하지 아니하거나 거짓으로 신고한 경우에는 해당 시장·군수·구청장은 그 등록을 취소할 수 있다.

다만 해당 시장·군수·구청장은 위 ①부터 ③까지에 해당하는 경우에는 등록을 취소하여야 한다(「임대주택법」 제6조의 3 제1항).

해당 시장·군수·구청장은 위와 같이 등록을 취소하면 해당 준공공임대주택의 주소와 취소 사유 등을 공고하여야 한다(「임대주택법」 제6조의 3 제2항).

위와 같이 등록이 취소된 경우라도 취소 이전에 이미 체결된 임대차계약의 기간이 끝날 때까지는 그 임대사업자와 임차인에게 「임대주택법」을 적용한다(「임대주택법」 제6조의 3 제3항).

2. 토지임대부 임대주택

가. 개념

임대사업자가 토지를 임차하여 건설, 임대하는 주택을 토지임대부 임대주택이라고 한다(「임대주택법」 제2조 제2호 가목).

나. 토지 임대차 관계

1) 표준임대차계약 사용의무

토지임대부 임대주택의 토지의 임대차 관계는 토지소유자와 임대사업자 간의 임대차 계약에 따른다. 다만, 위 임대차계약은 국토교통부령으로 정하는 표준임대차계약[381]을 사용하여야 한다(「임대주택법」 제16조의2 제1항, 제3항).

2) 법정 지상권의 성립

임대사업자가 토지 소유자와 위와 같은 임대차 계약을 체결한 경우 해당 토지임대부 임대주택의 소유권을 목적으로 그 토지 위에 위 임대차계약에 따른 임대기간[382] 동안 지상권이 설정된 것으로 본다(「임대주택법」 제16조의 2 제2항).

3) 토지 임대료의 책정 기준

공기업 등이 소유하거나 개발한 택지를 임차하여 토지임대부 임대주택을 건설하는 경우 토지 임대료는 해당 택지의 조성원가 또는 감정가격 등을 기준으로 산정하되, 구체적인 토지임대료의 책정 기준은 아래와 같다(「임대주택법」 제16조의 2 제4항, 「같은 법 시행령」 제13조의2 제1항).

---

[381] 「임대주택법 시행규칙」 제10조의2 별지 제12호의2 서식.
[382] 다만 「민법」 제280조에 따른 지상권의 존속기간보다 단축하지 못한다.
　　 「민법」 제280조 제1항
　　 1. 석조, 석회조, 연와조 또는 이와 유사한 견고한 건물이나 수목의 소유를 목적으로 하는 때에는 30년
　　 2. 전호 이외의 건물의 소유를 목적으로 하는 때에는 15년
　　 3. 건물 이외의 공작물의 소유를 목적으로 하는 때에는 5년

① 공기업 등이 '개발'한 공공택지에 토지임대부 임대주택을 건설하는 경우

해당 공공택지의 용도에 따라 산정한 공급가격(「택지개발촉진법」 제18조에 따라 산정한 공급가격을 말한다)에 5년 만기 국고채 금리(토지임대차계약 체결 예정일이 속하는 달의 전전달의 국고채 평균 유통금리를 말한다)를 적용하여 산정한 금액을 12개월로 분할한 금액

② 공기업 등이 '매입 등'의 방법으로 소유한 택지에 토지임대부 임대주택을 건설하는 경우

「부동산 가격공시 및 감정평가에 관한 법률」 제2조 제5호에 따른 표준지공시지가를 기준으로 그 공시기준일부터 토지임대차계약 체결 예정일까지의 기간 동안 다음 각 목의 사항을 고려하여 국토교통부령으로 정하는 바에 따라 감정평가한 금액에 토지임대차계약 체결 예정일이 속하는 달의 전전달의 「은행법」에 따른 은행의 3년 만기 정기예금 평균이자율을 적용하여 산정한 금액을 12개월로 분할한 금액

가. 해당 택지의 위치·형상·환경 및 이용 상황
나. 「국토의 계획 및 이용에 관한 법률 시행령」 제125조 제1항에 따라 국토교통부장관이 조사한 지가변동률
다. 「한국은행법」 제86조에 따라 한국은행이 조사·발표하는 생산자물가지수에 따라 산정된 생산자물가상승률

4) 토지 임대료의 증액

토지소유자는 토지임대부 임대주택을 건설하는 임대사업자와 토지임대차계약을 체결한 날부터 2년 이내에는 토지임대료의 증액을 청구할 수 없으며, 2년이 지난 후 토지임대료의 증액을 청구하는 경우 그 증액률은 해당 특별자치도·시·군 또는 자치구의 지가변동률을 고려하여 산정하되, 「주택임대차보호법 시행령」 제8조 제1항에 따른 차임(借賃) 등의 증액청구 한도비율을 초과해서는 아니 된다.

5) 임대료의 임대보증금으로의 전환

이 경우 토지의 임대료는 월별 임대료를 원칙으로 하되, 토지소유자와 임대사업자가 합의한 경우 임대료를 보증금 형태로 전환하여 납부할 수 있다(「임대주택법」 제16조의 2 제4항).

위와 같이 토지의 임대료를 보증금으로 전환하려는 경우 해당 보증금을 산정할 때 적용하는 이자율은 「은행법」에 따른 은행의 3년 만기 정기예금 평균이자율 이상이 되어야 한다(「같은 법 시행령」 제13조의3).

3. 도시형 생활주택의 특례

가. 개념

'도시형 생활주택'[383]이란 300세대 미만의 국민주택규모[384]에 해당하는 주택으로서, 「국토의

---

[383] • 인허가 기준(「주택법 시행령」 제3조, 제15조)
- 30세대 이상: 「주택법」에 의한 사업승인 대상 (단, 다음의 요건을 모두 갖춘 단지형 연립주택 또는 단지형 다세대주택의 경우 50세대 이상, 2014. 6. 11. 「주택법 시행령」 제15조 개정)
세대별 주거전용 면적이 30㎡ 이상일 것
해당 주택단지 진입도로의 폭이 6미터 이상일 것
- 30세대 미만: 「건축법」에 의한 건축허가
준주거지역 및 상업지역에서 300세대 미만의 주택(도시형생활주택 포함)과 주택이외 용도의 복합건축물

• 그간의 관련 법령 개정 경위
- 2009. 5. 4.: 「주택법령」에 도시형생활주택 제도 도입 시행
유형: 단지형다세대, 원룸형, 기숙사형
- 2009. 11. 5.: 전세시장 안정대책 일환으로 도시형생활주택 규제완화(「주택법령」)
주차장기준 추가완화(세대당 기준 → 전용면적 기준으로 개선)
세대당 전용면적 상향, 국민주택기금 지원기준 마련 등
- 2009. 11. 11.: 「건축조례」 개정(인동간격 완화)
단지형다세대: 1배 → 0.25배, 그 외 공동주택: 1배 → 0.8배
- 2010. 04. 20.: 「주택법 시행령」개정(도시형생활주택 유형 추가)
단지형 연립 주택형 신설
- 2010. 04. 29.: 「도시계획조례시행규칙」개정
도시형생활주택(150세대 미만)은 지구단위계획수립 의무대상에서 제외
- 2010. 07. 06.: 「주택법 시행령」 개정(인허가 간소화)
30세대 미만과, 준주거지역 및 상업지역 안의 300세대 미만 공동주택(도시형생활주택 포함)의 주상복합 건축물은 「건축법」에 의한 건축허가대상으로 간소화
기숙사형 폐지
- 2010. 07. 15.: 「주차장 조례」개정
건축법에 의한 건축허가 대상 도시형생활주택(30세대 미만)도 주차장완화기준 적용
- 2011. 03. 30.: 「주택법」 제2조 개정
건립규모 150세대 미만 → 300세대 미만으로 확대(2011. 7. 1. 시행)
- 2011. 04. 06.: 「주택시행령」 제3조 개정
원룸형과 그 밖의 주택 1세대에 한해 복합 허용
- 2011. 07. 01.: 「주택시행령」 제3조, 주택건설기준 등에 관한 규정 제7조 개정
전용면적 30㎡ 이상의 원룸형 두 개의 공간으로 구획 가능
도시형생활주택 150세대 이상의 경우는 관리사무소 설치기준 적용
단지형다세대/연립 150세대 이상의 경우는 어린이놀이터, 경로당 설치 기준 적용
- 2013. 05. 31.: 「주택법 시행령」 및 주택건설기준 등에 관한 규정 개정
원룸형 주택에 대한 입지제한을 시·도 조례로 정할 수 있도록 함
주차기준 강화: 원룸형 60㎡/1대에서 세대당 0.6대(전용 30㎡ 이하 0.5대)
- 2013. 6. 17.: 「주택법 시행령」 일부 개정
원룸형 주택의 최소면적기준을 상향

[384] "국민주택규모"란 주거전용면적이 1호(戶) 또는 1세대 당 85㎡ 이하인 주택(「수도권정비계획법」 제2조 제1호에 따른 수도권을 제외한 도시지역이 아닌 읍 또는 면 지역은 1호 또는 1세대당 주거전용면적이 100㎡ 이하인 주택)을 말한다(「주택법」 제2조 제6호).

계획 및 이용에 관한 법률」제36조 제1항 제1호에 따른 '도시지역'에 건설하는 다음 각 호의 주택을 말한다(「주택법」제2조 제20호, 「같은 법 시행령」제10조).

① 원룸형 주택-다음 각 목의 요건을 모두 갖춘 공동주택
　　가. 세대별 주거전용면적은 50㎡ 이하일 것
　　나. 세대별로 독립된 주거가 가능하도록 욕실 및 부엌을 설치할 것
　　다. 욕실 및 보일러실을 제외한 부분을 하나의 공간으로 구성할 것. 다만, 주거전용면적이 30㎡ 이상인 경우에는 두 개의 공간으로 구성할 수 있다.
　　라. 지하층에는 세대를 설치하지 아니할 것
② 단지형 연립주택-원룸형 주택이 아닌 연립주택
③ 단지형 다세대주택-원룸형 주택이 아닌 다세대주택

나. 분양전환 관련 특례

1) 원칙

도시형생활주택으로서 '공공건설임대주택'에 해당하는 경우에는 「임대주택법」제21조(건설임대주택의 우선분양전환)를 적용하지 아니한다(「임대주택법」제21조의3 제1항).

2) 임대의무기간이 경과한 경우

그러나 임대사업자가 도시형 생활주택을 임대의무기간이 경과하여 분양전환하는 경우에는 국토교통부령으로 정하는 서류(① 분양전환가격 산정의 근거서류, ② 특별수선충당금 적립통장 사본, ③ 하자보수보증금 예치증서)를 첨부하여 시장·군수·구청장에게 제출하고, 분양전환승인을 신청하여야 한다.

3) 부도 등이 발생한 경우

그리고 임대사업자가 부도 등(「임대주택법」제2조 제7호 나목의 경우에는 같은 목에 따른 대통령령으로 정하는 기간(6개월)에 1년을 더한 기간을 초과하여 이자를 내지 아니한 경우에만 부도 등으로 본다) 또는 파산이 각각 발생한 후 6개월 이상 분양전환승인을 신청하지 아니하는 경우에는 임차인(임차인 대표회의가 구성된 경우에는 임차인 대표회의)은 임차인 총수의 3분의 2 이상의 동의를 받아 직접 분양전환승인을 신청할 수 있다.

임차인이 위와 같은 분양전환승인을 받은 이후에도 임대사업자가 6개월 이상 분양전환에 응하지 아니하는 경우에는 임차인은 승인을 받은 분양전환가격에 따라 매도할 것을 청구할 수 있다.

4) 분양전환가격

분양전환가격 산정기준은 「임대주택법 시행규칙」 제9조 제1항을 준용한다(시행규칙 제14조의3 제4항).

5) 우선수분양전환권자

임대사업자는 임차인이 위와 같이 분양전환승인을 신청하거나 매도청구를 하는 경우 해당 임대주택에 거주하는 임차인에게 우선분양전환할 수 있다. 다만, 임차인이 무주택자인 경우에는 우선분양전환하여야 한다(「임대주택법」 제21조의3 제5항).

6) 경매 제한

도시형 생활주택 중, '부도 등'이 발생하였거나, 임대사업자의 파산으로 인하여 파산재단에 속하게 된 임대주택에 대하여는 경매신청이 제기된 해당 임대주택의 담보권자 피담보채권액의 4분의 3 이상의 금액에 해당하는 채권자의 동의를 임차인이 받은 경우 부도 등 발생일 또는 파산선고일부터 분양전환승인이 있을 때까지 「민사집행법」에 따른 경매를 진행할 수 없다. 다만, 임차인 총수의 3분의 2 이상의 동의가 있는 경우에는 그러하지 아니하다(「임대주택법」 제21조의2).

4. 오피스텔에 관한 특례 규정

가. 임차인 현황 신고

오피스텔을 임대하는 임대사업자는 임차인 현황을 시장, 군수 구청장에게 신고하여야 한다(「임대주택법」 제26조의2 제1항).

나. 임대주택의 관리 규정의 부적용

오피스텔에 대하여는 「임대주택법」 제28조가 정한 임대주택의 관리에 관한 규정을 적용하지 아니한다(「임대주택법」 제31조의 2).

다. 임차인 대표회의 규정의 부적용

오피스텔에 대하여는 「임대주택법」 제29조가 정한 임대주택의 관리에 관한 규정을 적용하지 아니한다(「임대주택법」 제31조의 2).

라. 특별수선충당금 적립 의무 면제

오피스텔에 대하여는 「임대주택법」 제31조가 정한 특별수선충당금 적립 규정을 적용하지 아니한다(「임대주택법」 제31조의 2).

부도 임대주택

1. 부도 등 발생 시의 절차

가. 「공공주택 특별법」

「공공주택 특별법」에는 임대사업자의 부도 등의 경우에 관한 규정을 두고 있지 않다.

나. 「민간임대주택에 관한 특별법」

「민간임대주택에 관한 특별법」에는 임대사업자의 부도 등의 경우에 관한 규정을 두고 있지 않다.

다만 「임대주택법」 제2조 제2호의2의 공공건설임대주택 중 공공주택사업자가 아닌 자가 건설한 주택에 대하여 위 법 시행 후 같은 조 제7호의 부도 등이 발생한 경우에는 임대주택법령에 따른다(부칙 제8조).

다. 「임대주택법」 관련 규정

1) 개정 경과

개정일시	취지	내용	관련 규정
2007. 3. 27.	임대사업자의 부도에 따른 피해 최소화	임대사업자의 부도 등의 범위 신설	구 「임대주택법 시행령」 제2조의2
2007. 10. 16.		임대사업자의 부도 등의 범위 확대 (임대사업자의 모회사의 관계에 있는 회사가 부도가 발생한 경우로서 해당 임대사업자의 자기자본의 전부가 잠식된 경우를 '부도 등'의 범위에 추가함)	구 「임대주택법 시행령」 제2조의2 제2항
2012. 12. 18.		부도 등의 경우에 임대보증금에 대한 보증의 가입 또는 재가입이 거절되어 일정기간을 경과한 경우를 추가함	「임대주택법」 제2조 제7호 다목
2013. 6. 17.		임대보증금에 대한 보증의 가입 또는 재가입이 거절된 이후 일정한 기간이 경과한 경우도 부도 등의 범위에 포함	「임대주택법 시행령」 제3조 제2항

2) 부도 발생의 신고

구 「주택법」 제62조에 따른 기금수탁자는 부도 등이 발생하면 지체 없이 관할 시장·군수·구청장에게 그 사실을 신고하여야 한다(「임대주택법」 제23조 제1항).

그리고 위와 같은 신고를 받은 시장, 군수 또는 구청장은 지체 없이 실태조사를 실시하여 실태조사서를 작성하여야 한다(시행령 제24조 제1항, 제2항).

또한 위와 같은 신고를 받은 시장·군수·구청장은 부도 등의 발생 현황을 시·도지사에게 지체 없이 보고하여야 하며, 시·도지사는 이를 국토교통부장관에게 지체 없이 보고하여야 한다(「임대주택법」 제23조 제2항).

그리고 신고를 받은 시장·군수·구청장은 해당 부도 임대주택 등의 임차인에게 부도 등의 발생 사실 및 대책 등을 알려야 한다(「임대주택법」 제23조 제3항).

3) 부도 임대주택 등의 조사

시장·군수·구청장은 임대차관계, 관리현황 등 해당 부도 임대주택 등의 실태를 대통령령으로 정하는 바에 따라 조사하여 관할 시·도지사에게 보고하여야 한다(「임대주택법」 제24조 제1항).

시·도지사는 시장·군수·구청장의 보고를 받으면 지체 없이 이를 국토교통부장관에게 보고하여야 한다(「임대주택법」 제24조 제2항).

부도 임대주택 등의 임대사업자, 구 「주택법」 제53조에 따른 주택관리업자, 같은 법 제62조에 따른 기금수탁자, 임차인 등은 시장·군수·구청장이 ① 세대별 임대차계약의 내용에 관한 자료, ② 공가세대 현황에 대한 자료, ③ 임대료 및 관리비의 연체 현황에 관한 자료, ④ 주택도시기금의 대출과 관련된 자료, ⑤ 분양전환 및 경매진행 현황에 관한 자료, ⑥ 그 밖에 임대사업자와 임차인 간의 분쟁에 관한 자료의 제출을 요구하면 이에 협조하여야 한다(「임대주택법」 제24조 제3항, 「같은 법 시행령」 제24조 제3항).

4) 부도 임대주택 등의 임차인 대표회의

「임대주택법」 제23조에 따라 부도 임대주택 등의 발생 신고를 받은 시장·군수·구청장은 해당 부도 임대주택 등에 같은 법 제29조에 따른 임차인 대표회의가 구성될 수 있도록 적극 지원하여야 하며, 부도 임대주택 등에서 같은 법 제29조에 따라 구성된 임차인 대표회의는 대통령령으로 정한 절차에 따라 설립신고를 하여야 한다.

위와 같이 설립 신고한 부도 임대주택 등의 임차인 대표회의가 해당 주택 등의 관리를 위하여 「임대주택법」 제29조 제3항 각 호의 사항 등 대통령령으로 정하는 사항에 관하여 임대사업자에게 협의를 요청하면, 임대사업자는 협의에 성실히 응하여야 한다.

임대사업자가 행방불명되거나 실종된 경우에는 부도 임대주택 등의 임차인 대표회의는 부도 임대주택 등의 관리를 위하여 시장·군수·구청장에게 임대사업자를 대신하여 임대주택 공용부분을 유지·보수하는 등 「임대주택법」 제28조에 따른 그 임대주택의 관리를 할 수 있도록 승인을 요청할 수 있다.

위와 같은 요청을 받은 시장·군수·구청장은 제33조의 임대주택분쟁조정위원회의 심의를 거쳐 이를 승인할 수 있다(「임대주택법」 제29조).

2. 부도 임대주택의 매입

가. 공공주택사업자의 부도 임대주택의 매입

1) 개정 경과

개정일시	취지	내용	관련 규정
2005. 12. 7. (시행 2006. 6. 7.)		부도 임대주택 중에서 현행 국민주택기금 융자금 미상환 임대주택만을 매입하여 국민임대주택으로 공급할 수 있도록 하고 있는 것을 건설된 부도 임대주택까지도 매입대상으로 확대함	「국민임대주택건설 등에 관한 특별조치법」 제27조의2
2013. 7. 16.	임차인 보호	현행법상 국민주택기금융자금미상환임대주택은 사업시행자가 경매의 방법으로 매입하도록 하고 있어 사업시행자가 아닌 제3자가 낙찰 받을 경우 임차인의 임대보증금을 보전할 방법이 없으며, 사업시행자가 낙찰 받는 경우에도 임대보증금 보전에 관한 별도 규정이 없어 임차인은 법원 배당금액 외의 임대보증금을 보전 받을 수 없는 문제가 있는 바, 임차인이 사업시행자에게 매입동의를 할 경우 「임대주택법」 제22조에 따른 우선매수권을 양도한 것으로 간주하도록 하고, 사업시행자는 정부 지원금액 범위에서 수리비 등을 제외하고 남은 금액으로 임대보증금을 보전할 수 있도록 하는 한편, 그 적용대상을 국민주택기금융자금미상환임대주택뿐만 아니라 '부도 등'이 발생한 모든 공공건설임대주택으로 확대함	「공공주택건설 등에 관한 특별법」 제41조

2) 매입 대상 부도 임대주택

공공주택사업자는 '부도 임대주택'[법률 제13499호로 개정되기 전의 「임대주택법」 제2조 제2호의2에 해당하는 주택(공공건설임대주택) 중, 같은 조 제8호의 '부도 임대주택 등'을 말한다] 중에 국토교통부장관이 지정, 고시하는 주택을 매입하여 공공임대주택으로 공급할 수 있다(「공공주택 특별법」 제41조 제1항).

이때 국토교통부장관이 지정, 고시하는 부도 임대주택에 관하여, 「공공주택 업무처리지침」(2018. 1. 25. 국토교통부훈령 제973호로 일부 개정되어 2018. 1. 25.부터 시행된 것) 제7장 제1절에 규정하고 있다.

즉, 공공주택사업자(한국토지주택공사 및 지방공사에 한한다)가 매입할 수 있는 부도 임대주택은 국민주택규모 이하로 하되 부도 등이 발생하기 전에 임대사업자와 정당한 임대차계약을 체결하고 당해 계약을 체결한 임차인이 거주하였거나 거주하고 있는 주택에 한한다(실제로 거주한 경우나 거주하고 있는 경우를 포함한다).

그러나 다음 각 호의 어느 하나에 해당하는 자가 매입요청한 주택은 매입대상주택에서 제외한다(「공공주택 업무처리지침」 제40조 제1항).

1. 부도 등의 발생 사실을 알면서 거짓으로 임대차계약을 체결한 자
2. 부도 등이 발생하기 전에 임대사업자와 정당하게 체결된 임대차계약을 원인으로 하는 전세권의 등기 또는 「주택임대차보호법」 제3조의3에 의하여 임차권의 등기 등이 경료 되었음에도 이에 반하여 당해 주택에 새로이 임대차계약을 체결한 자
3. 대물변제를 원인으로 임대차계약을 체결한 자

3) 매입 절차

가) 임차인 등의 매입 요청

「임대주택법」 제30조에 따라 설립 신고한 부도 임대주택의 임차인 대표회의는 공공주택 업무처리지침 제40조의 매입대상주택에 해당하는 경우 공공주택사업자에게 부도 임대주택의 매입을 요청할 수 있다. 다만, 임차인 대표회의가 구성되지 못하거나 임차인 대표회의가 매입요청을 해태하는 등 다음 각 호의 어느 하나에 해당하는 경우 임차인은 직접 부도 임대주택의 매입을 요청할 수 있다(「공공주택 업무처리지침」 제40조의2 제1항).

1. 「임대주택법」 제30조에 따라 임차인 대표회의의 설립신고를 하지 못한 경우
2. 「임대주택법」 제2조 제8호에 따른 부도 임대주택 등의 수가 20호 미만으로 임차인 대표회의를 구성할 수 없는 경우
3. 임차인 대표회의가 임차인으로부터 아래 각 호의 서류를 제출받은 날부터 1년이 되는 날까지 공공주택사업자에게 부도 임대주택의 매입요청을 하지 아니한 경우

그리고 임차인 대표회의 등이 당해 부도 임대주택의 매입을 요청하는 경우에는 다음 각 호의 서류를 첨부하여 제출하여야 한다(「공공주택 업무처리지침」 제40조의2 제2항).

1. 매입요청서
2. 임대사업자와 임차인이 체결한 임대차 계약서
3. 임대보증금을 지급하였음을 확인할 수 있는 증빙서류
4. 임대료 납부현황 및 그 증빙서류
5. 사용료 및 관리비 납부현황 및 그 증빙서류
6. 주민등록등본

7. 그 밖에 공공주택사업자가 필요하다고 인정하는 서류

나) 공공주택사업자의 해당 주택에 대한 협의 및 조사

공공주택사업자는 「공공주택 특별법」 제41조에 따라 주택을 매입하고자 하는 때에는 다음 각 호에서 정하는 바에 따라 해당 주택에 대한 협의 및 조사를 하여야 한다(「공공주택 업무처리지침」 제41조).

1. 사전에 「주택도시기금법」 제10조 제3항에 따른 주택도시기금 기금재수탁자와 협의하여야 한다.
2. 기금재수탁자는 매입이 원활히 이루어질 수 있도록 공공주택사업자의 자료제공 요구 등에 적극적으로 협조하여야 한다.
3. 매입 대상주택 임대사업자 등의 협조 하에 임차인을 대상으로 단지시설물에 대한 안전진단, 실태조사 등을 실시할 수 있으며, 매입에 대한 의견을 청취할 수 있다.
4. 경매절차가 진행 중인 매입대상에 대하여 기금재수탁자에게 매각절차 중지신청을 요청할 수 있다.
5. 공공주택사업자는 매입과 관련하여 취득한 정보를 다른 목적으로 사용할 수 없다.
6. 공공주택사업자는 당해 부도 임대주택 소재 지방자치단체의 장과 「공공주택 업무처리지침」 제43조 제3항에 따른 주택수리비 재정지원, 부도 임대주택 매입 및 운영을 위한 행정지원 등에 대해 협의하고 필요시 협약을 체결하여야 한다.

다) 공공주택사업자의 매입대상주택 지정 신청

공공주택사업자는 부도 임대주택을 매입하려는 경우에는 다음 각 호의 사항이 포함된 신청서를 작성하여, 국토교통부장관에게 매입대상주택 지정을 신청하여야 한다. 이 경우 「임대주택법」 제2조 제7호 나목[385]에 해당하는 부도 임대주택에 대해서는 매입대상주택 지정신청 전에 주택도시기금 대출 금융기관과 협의하여야 한다(「공공주택 특별법 시행령」 제36조 제1항).

1. 매입 대상 주택 호수
2. 매입 시기
3. 매입에 드는 비용

---

[385] 6개월을 초과하여 「주택도시기금법」에 따른 주택도시기금 융자금에 대한 이자를 내지 아니한 경우.

4. 그 밖에 국토교통부령으로 정하는 사항

위 그 밖에 국토교통부령으로 정하는 사항은 「공공주택 업무처리지침」 제42조에 규정하고 있다. 즉, 공공주택사업자는 「공공주택 업무처리지침」 제41조에 따른 부도 임대주택의 매입협의 및 조사결과를 바탕으로 매입이 필요하다고 인정되는 경우 국토교통부장관에게 매입대상 주택으로 지정·고시를 요청할 수 있다. 이 경우 다음 각 호의 사항이 포함된 [별지] 제3호 서식에 따른 매입지정신청서, [별지] 제4호 서식 및 제5호 서식에 따른 부속서류를 국토교통부장관에게 제출하여야 한다.

1. 매입대상 주택의 호수
2. 매입 시기
3. 매입 소요비용
4. 매입희망 임차인 현황
5. 예상 임대조건
6. 「공공주택 업무처리지침」 제43조 제1항 제2호에 따른 입찰가격, 「공공주택 특별법」 법 제 41조 제2항에 따른 우선매수권 행사 범위 및 「공공주택 업무처리지침」 제40조 제2항에 따른 경매 추진 계획
7. 「공공주택 업무처리지침」 제41조 제6호에 따라 체결한 부도 임대주택 매입 협약서

라) 국토교통부장관의 현장조사 및 의견 청취

국토교통부장관은 부도 임대주택의 매입여부 판단에 필요한 현장조사를 시행할 수 있고, 임차인의 의견을 청취할 수 있으며, 해당 지방자치단체장의 재정지원이나 분할매입에 대한 의견을 청취할 수 있다(「공공주택 업무처리지침」 제42조 제2항).

그리고 국토교통부장관은 부도 임대주택의 매입여부를 판단하기 위하여 다음 각 호에 해당하는 5인 이상의 관계 전문가로 부도 임대주택 매입대상심의위원회를 구성할 수 있다(「공공주택 업무처리지침」 제42조 제3항).

1. 국토교통부 담당 공무원
2. 공공주택사업자의 등기이사
3. 「주택도시기금법」 제10조 제3항에 따른 주택도시보증공사의 기금사업본부장
4. 지방자치단체의 장
5. 1인 이상의 외부전문가

위 심의위원회는 다음 각 호의 사항을 고려하여 매입여부를 판단하여야 한다(「공공주택 업무처리지침」 제42조 제4항).

1. 해당 지방자치단체의 매입비용 분담비율
2. 주택의 노후상태
3. 매입 후 예상임대수요
4. 단지 및 주택의 규모
5. 공공주택사업자 및 주택도시보증공사의 의견
6. 임차인의 임대료, 사용료 및 관리비 납부현황 등을 고려한 임대보증금 보전규모, 매입대 상주택 입주자 매입동의 비율, 임차인 보호의 시급성
7. 임대사업자의 임대주택법령 준수 여부
8. 「임대주택법」 제17조에 따른 임대보증금에 대한 보증가입 여부 등

또한 심의위원회는 임대사업자의 고의부도 여부 등을 확인하기 위하여 「행정절차법」에 의한 청문 등을 실시할 수 있다(「공공주택 업무처리지침」 제42조 제5항).

마) 국토교통부장관의 지정, 고시

국토교통부장관은 심의위원회 심의결과에 따라 매입대상 부도 임대주택으로 결정되면, 이를 관보에 지정·고시하고 공공주택사업자, 주택도시보증공사, 임차인 대표회의 및 해당 지방자치단체의 장에게 즉시 통보하여야 한다.

4) 매입 방법

공공주택사업자가 부도 임대주택을 매입하는 방법은 「민사집행법」에 따른 경매 방법으로 한다(「공공주택 업무처리지침」 제40조 제2항).

부도 임대주택매입을 위한 경매·낙찰의 절차는 다음 각 호와 같다(「공공주택 업무처리지침」 제43조 제1항).

1. 「공공주택 업무처리지침」 제42조 제6항에 따라 지정·고시가 있는 주택에 대해서 기금수탁자는 관할법원에 경매신청(재개신청을 포함한다)을 한 후 신청결과 등을 공공주택사업자에게 통보하여야 한다.
2. 공공주택사업자는 국가 또는 지방자치단체가 지원하는 재정이나 기금 범위 내에서 사전

에 검토된 입찰가격으로 응찰하여야 한다.

3. 매각이 되면 공공주택사업자는 매각잔금 납입 후 이 사실을 국토교통부장관에게 보고
하여야 한다.

위와 같이 매각이 된 주택은 공공주택사업자가 매각잔금을 완납한 날로부터 공공주택(「공공
주택 특별법」 제2조 제1호 나목(공공분양주택)은 제외한다)으로 전환된다.

5) 임차인의 우선매수권의 양도 의제

국토교통부장관이 매입 대상 부도 임대주택으로 지정, 고시를 하기 전에 부도 임대주택의
임차인이 공공주택사업자에게 매입을 동의한 경우에는 임차인에게 부여된 우선매수할 권리
(「임대주택법」 제22조에 따른 권리)를 공공주택사업자에게 양도한 것으로 본다. 이 경우 공공주택
사업자는 「민사집행법」 제113조에서 정한 보증의 제공 없이 우선매수 신고를 할 수 있다(「공
공주택 업무처리지침」 제40조 제3항).

6) 국가 또는 지방자치단체의 지원

국가 또는 지방자치단체는 공공주택사업자가 부도 임대주택을 매입하는 경우 재정이나 주
택도시기금에 따른 공공주택 건설자금지원 수준을 감안하여 공공주택사업자를 지원할 수 있
다(「공공주택 특별법」 제41조 제3항).

국가 및 지방자치단체가 공공주택사업자에게 지원하는 기준은 다음 각 호와 같다(「공공주택
업무처리지침」 제43조 제3항).

1. 국가: 공공주택 건설자금 수준의 재정 또는 기금
2. 지방자치단체: 부도 임대주택 매입 후 5년 간 소요되는 주택수리비(주택법 제47조 및 「같은 법
시행규칙」 [별표] 5 장기수선계획의 수립기준에 따라 산출된 비용을 말하며, 매입주택에 대한 수리비를 포함한
다)에 해당하는 금액

공공주택사업자가 재정이나 주택도시기금을 지원받은 경우, 공공주택사업자는 지원받는 금
액의 범위에서 주택 수리비 등을 제외하고 남은 금액을 임차인의 임대보증금 보전비용으로
사용할 수 있다(「공공주택 특별법」 제41조 제4항).

7) 임차인의 임대보증금 보전

공공주택사업자는 위와 같이 지정·고시된 매입대상주택이 「민사집행법」에 따른 경매 및 배당절차에 따라 임차인의 임대보증금에 대한 배당액이 확정된 경우 그 배당액 등을 확인하여야 한다(「공공주택 업무처리지침」 제43조의2 제1항).

공공주택사업자는 위와 같이 지원받은 금액에서 다음 각 호의 금액을 공제한 금액을 임차인의 임대보증금으로 보전하여야 한다(「공공주택 업무처리지침」 제43조의2 제2항).

1. 「공공주택 업무처리지침」 제43조 제3항에 따른 주택수리비
2. 「민사집행법」에 따른 매각대금
3. 임차인이 임대사업자로부터 이미 지급받은 임대보증금
4. 임차인의 미납 임대료
5. 임차인의 공용부분에 대한 미납 사용료 및 관리비
6. 제1항 및 기타 법원 판결 등의 사유로 임대보증금을 공제할 필요가 있는 경우의 그 금액

기금재수탁자가 경매 등의 방법으로 「주택도시기금법」 제3조에 따른 주택도시기금의 융자금 및 그 이자를 회수한 부도 임대주택의 경우에는 주택도시기금 융자금의 이자 회수금을 당해 부도 임대주택을 취득한 공공주택사업자에게 제2항에 따라 산정된 임차인의 임대보증금 보전금으로 지급할 수 있다(「공공주택 업무처리지침」 제43조의2 제3항).

공공주택사업자가 제3항에 따라 기금재수탁자로부터 주택도시기금 융자금의 이자 회수금을 지급받은 경우에는 제2항에 따른 당해 부도 임대주택 임차인의 임대보증금 보전금으로 사용하여야 한다(「공공주택 업무처리지침」 제43조의2 제4항).

공공주택사업자가 부도 임대주택 임차인의 임대보증금 보전액을 확정한 경우에는 그 사실을 해당 임차인에게 통지하여야 한다(「공공주택 업무처리지침」 제43조의2 제5항).

8) 부도 임대주택의 공급 및 임대조건

공공주택사업자가 「공공주택 특별법」 제41조 제1항에 따라 부도 임대주택을 매입한 경우에는 ① 영구임대주택, ② 국민임대주택, ③ 행복주택, 또는 ④ 분양전환공공임대주택으로 공급하여야 한다(공공주택 특별법 제36조 제4항).

그리고 공공주택사업자가 「공공주택 특별법」 제41조 제1항에 따라 부도 임대주택을 매입한 경우에는 공공주택으로 공급할 수 있으며, 전용면적 60㎡ 이하의 주택은 제4조 제1호 나목[386]으로, 전용면적 60㎡ 초과 주택은 제4조 제2호 가목[387]으로 공급한다(「공공주택 업무처리지침」 제44조 제1항 전문).

이 경우 전용면적 60㎡ 초과 주택의 '임대의무기간 기산일'은 「부도공공건설임대주택 임차인 보호를 위한 특별법」 제10조 제3항을 준용한다(「공공주택 업무처리지침」 제44조 제1항 후문).

입주자 선정 및 입주자격은 「주택공급에 관한 규칙」 제32조의 3의 규정에 따른다(「공공주택 업무처리지침」 제44조 제2항).

임대조건은 「임대주택법」 제20조 및 「같은 법 시행령」 제21조에 따른다(「공공주택 업무처리지침」 제44조 제3항).

부도 임대주택의 임차인은 해당 공공주택에 계속 거주하기를 원하면 종전에 임차인과 임대사업자가 약정한 임대조건에 따라 3년 이내의 기간 동안 임차할 수 있다(「공공주택 업무처리지침」 제44조 제4항).

부도 임대주택 공급과 관련하여 이 지침에서 정하지 아니한 사항은 「주택공급에 관한 규칙」 등 관련 법령에 따른다(「공공주택 업무처리지침」 제44조 제5항).

나. 민간임대주택의 경우

「민간임대주택에 관한 특별법」에는 민간임대주택사업자에게 부도 등이 발생한 경우에 관한 특별한 규정을 두고 있지 않다. 다만 임대사업자는 임대의무기간 중에 부도, 파산, 그 밖의 대

---

[386] 「공공주택 업무처리지침」(2016. 4. 29. 국토교통부훈령 제705호로 일부 개정되어 같은 날 시행된 것) 제4조(장기공공임대주택)는 영 제2조 제1항 중 제1호부터 제3호까지를 장기공공임대주택이라고 한다고만 규정하고 있다. 위 2016. 4. 29. 개정되기 전의 공공주택업무처리지침 제4조(공공주택의 유형)에는 장기 공공임대주택, 공공임대주택 등의 구체적인 분류 규정이 있다.
따라서 제4조 제1호 나목은 위 2016. 4. 29. 개정되기 전의 「공공주택업무처리지침」 제4조 제1호 나목인 국민임대주택: 「임대주택법」 제16조 제1항 제2호에 따라 임대의무기간이 30년인 임대주택을 말하는 것으로 보인다.
[387] 위 2016. 4. 29. 개정되기 전의 「공공주택업무처리지침」 제4조 제2호 가목인 10년 임대주택: 「임대주택법」 제16조 제1항 제3호에 따라 임대의무기간이 10년인 임대주택을 말하는 것으로 보인다.

통령령**388**으로 정하는 경제적 사정 등으로 임대를 계속할 수 없는 경우에는 대통령령**389**으로 정하는 바에 따라 시장·군수·구청장의 허가를 받아 임대사업자가 아닌 자에게 민간임대주택을 양도할 수 있다는 규정을 두고 있다(「민간임대주택에 관한 특별법」 제43조 제4항).

다. 「임대주택법」상 임대주택의 경우**390**

1) 개정 경과

개정일시	취지	내용	관련 규정
2005. 7. 13.	임차인 보호	건설임대주택을 경매하는 경우 우선분양전환을 받을 수 있는 임차인은 매각 기일까지 민사집행법에 의한 보증을 제공하고 최고매수신고가격과 같은 가격으로 임대주택의 우선매수 신고를 할 수 있고, 동 신고를 한 경우에는 최고가매수신고인을 「민사집행법」에 의한 차순위 매수신고인으로 보도록 함(신설)	「임대주택법」 제15조의2 신설
2008. 3. 21.	임차인 보호	부도 등이 발생한 공공건설임대주택을 매입 또는 낙찰 받은 자는 당초 입주자 모집 공고에서 정한 임대의무기간 동안은 당해 임대주택에 거주하는 임차인에게 임대하도록 함	「임대주택법」 제25조 신설
2009. 12. 29.		부도 임대주택 등을 다른 임대사업자가 매입하려면 임대의무기간과 관계없이 임대주택의 향후 관리계획 및 국민주택기금융자금 변제계획 등 일정 요건을 갖추어 매입 허가를 받도록 함	「임대주택법」 제16조 제3항 단서 삭제, 제16조 제4항
2011. 3. 9.	임차인 보호	「민사집행법」에 따라 경매하는 경우 공공건설임대주택에 대해서만 인정되고 있는 임차인의 우선매수청구권을 민간건설임대주택 및 매입임대주택에 대해서도 인정하도록 함	「임대주택법」 제22조
2009. 12. 29.		부도 등이 발생하였거나 임대사업자의 파산으로 파산재단에 속하게 된 건설임대주택에 대하여는 해당 임대주택의 담보권자 피담보채권액의 4분의 3 이상의 금액에 해당하는 채권자의 동의를 받는 경우 분양전환승인이 있을 때까지 경매를 금지함	「임대주택법」 제21조의2 신설

---

388 「민간임대주택에 관한 특별법 시행령」 제34조 제2항
　다만, 기업형 임대주택사업자에 대해서는 제3호 및 제4호의 경우로 한정한다.
　1. 2년 연속 적자가 발생한 경우
　2. 2년 연속 부(負)의 영업현금흐름이 발생한 경우
　3. 최근 12개월간 해당 민간임대사업자의 전체 민간임대주택 중 임대되지 아니한 주택이 20% 이상이고 같은 기간 동안 특정 민간임대주택이 계속하여 임대되지 아니한 경우
　4. 관계 법령에 따라 재개발, 재건축 등으로 민간임대주택의 철거가 예정되어 민간임대사업을 계속하기 곤란한 경우
389 「민간임대주택에 관한 특별법 시행령」 제34조 제3항
　시장·군수·구청장은 제2항 제3호 또는 제4호에 해당하여 법 제43조 제4항에 따른 양도허가를 하려는 경우에는 해당 사유가 발생한 주택에 한정하여 허가하여야 한다.
390 「민간임대주택에 대한 특별법」〈법률 제13499호, 2015. 8. 28.〉 부칙 제8조(부도 등에 관한 경과조치)
　이 법 시행 당시 종전의 「임대주택법」 제2조 제8호의 부도 임대주택 등에 관해서는 종전의 규정에 따른다. 종전의 「임대주택법」 제2조 제2호의2의 공공건설임대주택 중 공공주택사업자가 아닌 자가 건설한 주택에 대하여 이 법 시행 후 같은 조 제7호의 부도 등이 발생한 경우에도 같다.

2) 부도 임대주택의 일반적인 매입절차

부도 임대주택 등을 다른 임대사업자가 매입하려면 임대주택의 향후 관리계획, 「주택도시기금법」에 따른 주택도시기금 융자금의 변제계획 등 대통령령으로 정하는 요건을 갖추어 시장·군수·구청장에게 매입허가를 신청하여야 하며, 시장·군수·구청장이 매입허가신청을 받은 경우에는 제33조에 따른 임대주택분쟁조정위원회의 심의를 거쳐 부도 임대주택 등의 매입허가 여부를 결정하여야 한다(「임대주택법」 제16조 제4항).

3) 부도 임대주택 등에 대한 경매제한

임대의무기간이 경과한 공공건설임대주택과 법 제21조의3 제1항에 따른 도시형 생활주택 중, 부도 등이 발생하였거나 임대사업자의 파산으로 인하여 파산재단에 속하게 된 임대주택에 대하여는 경매신청이 제기된 해당 임대주택의 담보권자 피담보채권액의 4분의 3 이상의 금액에 해당하는 채권자의 동의를 임차인이 받은 경우, 부도 등 발생일 또는 파산선고일부터 법 제21조 제4항에 따른 분양전환승인이 있을 때까지 「민사집행법」에 따른 경매를 진행할 수 없다. 다만, 임차인 총수의 3분의 2 이상의 동의가 있는 경우에는 그러하지 아니하다.

4) 부도 임대주택 등의 경매에 관한 특례[391]

'임대주택'[392]을 「민사집행법」에 따라 경매하는 경우, 해당 임대주택의 임차인은 매각 기일까지 같은 법 제113조에 따른 보증을 제공하고 최고매수신고가격과 같은 가격으로 채무자인 임대사업자의 임대주택을 우선매수하겠다는 신고를 할 수 있다(「임대주택법」 제22조 제1항).

위와 같이 우선매수신고를 할 수 있는 자는 「임대주택법」 제21조 제1항의 건설임대주택의 경우에는 같은 조에 따라 우선분양전환을 받을 수 있는 임차인에 한하며, 그 외의 임대주택의 경우에는 임대차계약의 당사자에 한한다(「임대주택법」 제22조 제2항).

위와 같은 임차인에는 임대사업자의 동의를 받지 않은 무단 전차인은 포함되지 않는다(대법원 2009. 3. 17. 자, 2008마1306 결정 참조).

---

391 위 특례 규정은 구 「임대주택법」(2005. 7. 13. 법률 제7598호로 일부 개정되어 2005. 7. 13.부터 시행된 것) 제15조의2로 신설되었다. 위 신설 규정은 위 법 시행일 당시 「민사집행법」 제115조의 규정에 의한 매각기일이 종결되지 않은 건설임대주택에도 적용한다(부칙 제3항).

392 「임대주택법」(2011. 3. 9. 법률 제10463호로 일부 개정되어 2011. 6. 10.부터 시행된 것) 이전에는 제22조 제1항에 '공공건설임대주택'만을 대상으로 하였으나, 위 2011. 3. 9. 개정된 「임대주택법」부터는 제22조 제1항에 '민간건설임대주택' 및 '매입임대주택'도 포함시켰다. 위 제22조 개정 규정은 공포한 날(2011. 3. 9.)부터 시행한다(부칙 제1조 단서).

[대법원 2009. 3. 17. 자 2008마1306 결정]

원심은 그 채택증거를 종합하여, **구 임대주택법(2008. 3. 21. 법률 제8966호로 전문 개정되기 전의 것, 이하 '법'이라고 한다) 제15조의2, 제15조 제2항에서 정한 임대사업자의 부도에 따른 당해 임대주택 거주 임차인의 우선 분양전환권 및 민사집행법에 의한 매각절차에서의 우선매수권의 대상이 되는 이 사건 임대아파트**를 2003. 9. 30.경 임대사업자의 동의 없이 신청외 1이 최초 임차인이던 신청 외 2로부터 그 임차권을 양도받았다가 2007. 3. 1. 재항고인에게 이를 무단 전대한 사실, 2006년 3월경 위 임대아파트에 관하여 임의경매절차가 개시되어 신청 외 3이 최고가매수신고인이 되었으나 집행법원은 법 제15조의2, 제15조 제2항을 근거로 임차인 우선매수신청을 한 재항고인을 최고가매수신고인으로 하여 매각허가결정을 선고한 사실을 인정한 다음, 법 제13조는 임대주택 임차인의 임차권 양도 및 전대를 원칙적으로 금지하고 있고, 예외적으로 구 임대주택법 시행령(2008. 6. 20. 대통령령 제20849호로 전문 개정되기 전의 것) 제10조 제1항이 정하는 세 가지 경우에 해당하고 임대사업자의 동의를 얻은 경우에 한해 그 양도 및 전대를 허용하고 있는 점 및 법 제15조 제1항, 제2항, 제15조의2에서 임차인에게 우선분양권이나 우선매수권을 부여한 것은 자격 있는 적법한 임차인에게 우선적 권리를 줌으로써 거주의 안정성을 도모하고자 하는 취지인 점 등에 비추어 법 제15조 제2항에서 말하는 '분양전환 당시 당해 임대주택에 거주하는 임차인'은 임대사업자와 임대차계약을 체결한 임차인이나 위 시행령 제10조 제1항에 정한 요건을 갖춘 임차인을 뜻한다고 보아야 할 것이므로, 임대사업자의 동의를 받지 아니한 무단 전차인에 불과한 재항고인은 위 우선매수권 있는 임차인에 해당하지 아니한다는 이유를 들어, 이와 달리 재항고인의 우선매수신청을 받아들인 집행법원의 매각허가결정을 유지한 제1심 결정을 취소하였다.

위 법 및 시행령 등 관련 법령을 살펴보면, 원심이 들고 있는 위의 사정들에다가 법 제14조, 제16조, 제22조, 위 시행령 제11조, 「같은 법 시행규칙」 제2조의4 등의 규정에서 임대주택 임차인의 자격 및 선정방법과 임대사업자의 임대조건 등을 엄격히 규율하는 한편, 사위 기타 부정한 방법에 의한 임대주택의 임차 혹은 임차권의 무단 양도나 전차 등의 행위를 범죄로 규정하여 처벌까지 하고 있는 점, **법 제15조 제2항은 같은 조 제1항에서 정한 임대주택 임차인의 우선분양권의 발생요건에 관한 원칙과 달리 법 제15조 제2항에서 정한 부도 등 특별한 상황이 발생할 경우에는 법정 임대의무기간의 경과 등의 요건이 충족되지 아니한 경우에도 거주 임차인에게 예외적으로 같은 권리를 부여한다는 취지로 해석이 될 뿐, 법에 의하여 엄격히 금지되고 있는 임차권의 무단 양도나 전차의 행위를 추인하는 것이라고 볼 수는 없는 점** 등의 사정을 보태어 보면, 이와 같은 취지로 해석한 원심결정은 정당하다.

이러한 경우 법원은 최고가매수신고가 있더라도 위와 같은 임차인에게 매각을 허가하여야 한다(「임대주택법」 제22조 제3항).

위와 같은 임차인이 우선매수신고를 하면, 최고가매수신고인을 「민사집행법」 제114조의 차순위 매수신고인으로 본다(「임대주택법」 제22조 제4항).

5) 부도 임대주택의 매입 후의 임대조건 등

부도 등이 발생한 공공건설임대주택을 매입 또는 낙찰 받은 자는 당초 입주자 모집공고에서 정한 임대의무기간 동안은 매입 또는 낙찰 당시의 임차인(「임대주택법」 제19조를 위반하지 아니한 임차인으로 동일 임대주택에의 계속 거주를 희망하는 경우에 한한다)에게 임대하여야 한다. 이 경우 잔여 임대의무기간이 2년 미만인 경우는 최소 2년간 임대하여야 한다(「임대주택법」 제25조 제1항).

위와 같이 매입 또는 낙찰 받은 자는 매입 또는 낙찰 당시의 잔여계약기간에는 매입 또는 낙찰 당시의 임대조건으로 임대하여야 하고, 그 밖의 임대의무기간에는 제20조에서 정한 임대보증금 및 임대료에 관한 기준을 따라야 한다(「임대주택법」 제25조 제2항).

라. 관련 법령 해석례

1) 임대의무기간 경과 후 부도 임대주택을 매입하려는 경우 관련

천안시 - 건설임대주택의 임대의무기간 경과 후 부도 임대주택을 다른 임대사업자가 매입하려는 경우 「임대주택법」 제16조 제3항 단서의 적용 여부(「임대주택법」 제16조 관련)

[안건번호: 09-0228 회신일자: 2009-08-28]

【질의요지】

건설임대주택의 임대의무기간 경과 후 부도 임대주택을 다른 임대사업자가 매입하려는 경우 「임대주택법」 제16조 제3항 단서가 적용되는지

【대립되는 의견】

가. 갑설

「임대주택법」 제16조 제3항 단서 및 같은 조 제4항은 부도 임대주택의 임대사업자 간 매각 시, 매입하는 임대사업자로 하여금 매입허가를 신청하도록 하고, 이 경우 시장·군수·구청장은 임대주택분쟁조정위원회의 심의를 거쳐 매입허가 여부를 결정하도록 엄격하게 제한하고 있습니다.

매수인은 「임대주택법 시행령」 제13조 제7항에 따라 분양전환계획을 포함한 임대주택의 향후 관리계획, 국민주택기금의 융자금 및 임대보증금 등의 변제를 위한 재원 조달계획, 부도 임대주택 등의 정상화를 위한 보증가입 또는 특수 목적 법인 등의 설립계획 등을 갖추고 시장·군수·구청장에게 매입허가를 신청하도록 하여, 부도 임대주택

임차인의 보증금, 임차지위 및 우선분양전환자격 등 임차인의 권리를 보호하고, 국민주택기금의 융자금을 확보하며, 부도 임대주택의 정상화를 도모하기 위하여 규정하고 있습니다.

위 단서조항의 적용 목적은 임대의무기간의 경과 여부에 따라 달라지지 않는 것이므로 개정취지를 살려 임대의무기간의 경과와 관계없이 부도 임대주택을 임대사업자간 매각할 경우 위 단서조항을 적용함이 타당합니다.

나. 을설

「임대주택법」 제16조는 제1항이 임대의무기간 이내에 매각할 수 없음을 규정하고 있고, 제3항에서는 임대의무기간 이내에 임대사업자에게 매각이 가능한 경우와 매각요건 및 매각절차를 규정하고 있으며, 같은 항 단서에서는 부도 임대주택 등을 다른 임대사업자가 매입하는 경우에는 시장·군수·구청장의 매입허가를 받아야 하는 것으로 규정하고 있습니다.

따라서, 「임대주택법」 제16조 제3항은 임대의무기간 이내에 임대주택을 다른 임대사업자에게 매각할 수 있는 경우를 규정하는 것이고, 위 같은 항 단서는 임대의무기간 이내에 부도 임대주택 등을 다른 임대사업자가 매입하는 경우 부도임대사업자로부터 임차인의 임대의무기간 및 임대보증금을 보호하기 위한 차원의 단서 규정으로 해석됩니다.

【회답】

건설임대주택의 임대의무기간 경과 후 부도 임대주택을 다른 임대사업자가 매입하려는 경우, 「임대주택법」 제16조 제3항 단서가 적용되지 않습니다.

【이유】

「임대주택법」 제16조 제1항에서는 임대주택은 같은 항 각 호로 정한 임대의무기간이 지나지 아니하면 매각할 수 없다고 규정하고 있고, 같은 조 제3항은 제1항에도 불구하고 임대의무기간 이내에 임대사업자 간의 매매 등 매각이 가능한 경우와 매각 요건 및 매각 절차 등에 필요한 사항은 대통령령으로 정하되, 다만 부도 등이 발생한 부도 임대주택 등을 다른 임대사업자가 매입하려면 임대주택의 향후 관리계획, 주택법 제60조에 따른 국민주택기금 융자금의 변제계획 등 대통령령으로 정하는 요건을 갖추어 시장·군수·구청장에게 매입허가를 신청하여야 한다고 규정하고 있으며, 같은 조 제4항은 제3항 단서에 따라 매입허가신청을 받은 시장·군수·구청장은 임대주택분쟁조정위원회의 심의를 거쳐 부도 임대주택 등의 매입허가 여부를 결정하여야 한다고 규정하고 있습니다.

위 「임대주택법」 제16조 제3항 단서 및 제4항은 임대주택사업자가 부도 상태에서 임대주택사업장을 다른 임대사업자에게 매각하는 경우, 실질적으로 관리능력이 있는 임대사업자가 매수할 수 있도록 시장 등이 임대주택분쟁조정위원회의 심의를 거쳐 허가하도록 하는 것으로서 부도가 발생한 임대사업자가 책임회피 등을 위해 임대주택사업 수행능력이 부족한 다른 임대사업자에게 부도사업장을 매각함으로써 부도 임대주택의 관리부실, 임차인의 주거안정을 위한 임대인·임차인 간 임대차관계의 연속성 저해 등의 부작용을 방지하기 위한 것을 그 목적으로 하고 있습니다.

법령문장에 있어 단서는 동일한 조·항·호·목 등에 있는 본문의 내용을 전제로 하여 예외적이거나 특수한 상황을 정하고 있는 것이라 할 것인 바, 이 사안에서 문제되는 같은 법 제16조 제3항 단서는 같은 항 본문에서 규정하고 있는 임대의무기간 이내의 임대주택 매각을 전제로 하여 그 매각되는 임대주택이 부도 임대주택일 경우에 그 임대주택을 매입하는 임대사업자가 잔여 임대의무기간 동안 임차인에게 안정적으로 주택임대를 할 수 있는 자격과 능력이 있는 자인지와 국민주택기금융자의 변제의무를 이행할 수 있는 자인지 여부 등 부도 임대주택의 매각에 따른 예외적인 요건 검토에 필요한 사항을 규정하고 있는 것이라 할 것입니다.

아울러, 같은 법 제25조는 부도 등이 발생한 공공건설임대주택을 매입 또는 낙찰받은 자는 당초 입주자모집공고에서 정한 임대의무기간 동안은 매입 또는 낙찰 당시의 임차인에게 임대하여야 하고 이 경우 잔여 임대의무기간이 2년 미만인 경우는 최소 2년간 임대하여야 한다고 규정하고 있고, 같은 법 제16조 제3항의 위임사항 등을 정하고 있는 같은 법 시행령 제13조 제2항부터 제4항까지의 규정에서 부도 임대주택의 매각과 관련된 사항에 관하여는 임대의무기간 이내인 경우를 상정하고 있는 점을 고려하면, 제16조 제3항 단서는 임대의무기간 이내에 임대주택을 매각하는 경우를 전제로 한 규정으로 보는 것이 체계적인 해석이 될 것입니다.

나아가 이 법의 주된 목적이 임차인의 주거안정 등 임차인 보호와 임대인·임차인 간 임대차관계의 연속성 저해 등의 부작용 방지에 있다고 하더라도 임대주택의 매각이 임대의무기간 이내에 이루어진 것인지 여부와 관계없이 임대주택을 매각하는 매매계약서에는 임대주택을 매각하는 자가 임대주택을 매각하는 자의 임대사업자로서의 지위를 승계한다는 뜻을 분명하게 밝혀야 한다고 규정하고 있는 같은 법 제16조 제2항에 의하여 임차인 보호의 목적을 달성할 수 있는 것이므로, 제16조 제3항 단서의 의미가 임대의무기간 경과 후의 부도 임대주택 매각에 대하여까지 시장·군수·구청장의 허가 등 행정청이 개입하도록 한 것이라고 할 수는 없다 할 것입니다.

따라서, 건설임대주택의 임대의무기간 경과 후 부도 임대주택을 다른 임대사업자가 매입하려는 경우, 「임대주택법」 제16조 제3항 단서가 적용되지 않습니다.

관련 법령
「임대주택법」 제21조 제9항
「임대주택법 시행령」 제23조 제1항, 제5항

3. 부도공공건설임대주택 임차인 보호를 위한 특별법

가. 개정 경과

개정일시	취지	내용	관련 규정
2007. 1. 19. 제정	국민주택기금의 지원을 받아 민간사업자가 건설한 공공임대주택의 부도로 인하여 임대보증금을 환불받지 못하고 주거불안을 겪고 있는 사회적 약자인 저소득 임차인의 임대보증금 보호와 주거불안 해소를 위하여 부도 임대주택 임차인에 대한 임대보증금 보장과 장기간 안정적으로 거주할 수 있는 주거보장을 위한 대책을 마련하려는 것임.	이 법은 2005년 12월 13일 당시 임대 중인 공공건설임대주택으로서 이 법 시행일 이전에 「임대주택법」 제2조 제6호의 부도 등이 발생한 임대주택에 한하여 적용함	법 제2조 제1항
		부도 임대주택은 주택매입사업시행자가 임차인과 합의한 경우 외에는 「민사집행법」에 따른 경매의 방법으로 매입하도록 함	법 제5조
		주택매입사업시행자는 임차인의 임대보증금에서 임차인이 경매 시 배당받은 금액, 미납한 임대료, 공용부분에 대한 미납 사용료 및 관리비 등을 공제한 금액을 임차인에게 지급하도록 함	법 제7조 제1항
		주택매입사업시행자는 매입한 부도 임대주택을 국민임대주택 등으로 공급할 수 있도록 하고, 부도 임대주택의 임차인을 입주자로 우선 선정하도록 함	법 제10조 제1항, 제2항
		국가 및 지방자치단체는 주택매입사업시행자가 부도 임대주택을 매입하는 경우 매입비용 등에 대해 국민임대주택건설자금 지원 수준으로 주택매입사업시행자에게 재정 및 국민주택기금을 지원할 수 있도록 함	법 제11조 제1항
2008. 3. 21.	주택매입사업시행자 외의 제3자가 부도 임대주택을 매입한 경우 「임대주택법」 제13조의 전대제한의무를 위반하지 아니한 자로서 계속 거주를 희망하는 임차인에 한하여 종전의 임대조건을 적용하도록 하는 등 부도난 임대주택의 임차인 보호대책을 보완하려는 것임	경매 외 협의매수로 부도 임대주택을 매입한 경우에도 국민주택기금 융자금에 대한 이자 회수금을 임대보증금 보전금으로 사용할 수 있도록 함	법 제7조 제2항
		주택매입사업시행자가 부도 임대주택을 매입하여 국민임대주택 외의 주택으로 공급하는 경우 이를 건설임대주택으로 봄	법 제10조 제1항 후단 신설
		주택매입사업시행자 외의 제3자가 부도 임대주택을 매입한 경우 임대주택의 전대제한의무를 위반하지 않은 임차인에 한하여 3년의 범위에서 대통령령으로 정하는 기간 동안 종전 임대조건으로 임대하도록 함	법 제10조 제4항
2013. 5. 22.	이 법의 적용대상을 이 법 시행 전에 부도 등이 발생한 공공건설임대주택에 한하여 이를 매입하여 보금자리주택 등으로 공급할 수 있도록 함으로써 임차인의 주거안정을 도모하고, 부도 등이 발생한 날 전에 임대사업자와 임차인이 체결한 계약서에 한해서 임대보증금이 보전되는 것을 원칙으로 하되, 선의의 피해자를 구제하기 위하여 임차인이 부도 등이 발생한 후에 체결한 최초의 임대차계약서로서 확정일자 등 임대주택을 점유한 날을 증명할 경우에는 임대보증금을 보전할 수 있도록 하며, 중소기업, 사내근로복지기금법인 등 영세한 법인의 임차주택도 임대보증금 보전 대상에 포함하고, 부도 등이 발생한 임대주택을 매입하여 보금자리주택으로 공급한 경우 이의 분양전환 시 의무임대기간 기산일을 당초 임대 개시일로 하여 분양전환에 상당한 기간이 소요되는 문제를 해소하는 등 임차인 보호를 강화하려는 것임		

나. 목적

공공건설임대주택에 관하여, 아래 항에 정한 사유(이하 '부도 등'이라고 함)가 발생한 경우 당해 공공건설임대주택을 매입하여 공공주택 등으로 공급함으로써, 당해 임차인의 보호와 주거안정 지원을 목적으로 한다(「부도공공건설임대주택 임차인 보호를 위한 특별법」 제1조).

① 임대사업자가 발행한 어음 및 수표를 기한까지 결제하지 못하여 어음교환소로부터 거래정지 처분을 받은 경우
② 6개월을 초과하여 「주택도시기금법」에 따른 주택도시기금 융자금에 대한 이자를 내지 아니한 경우
③ 「임대주택법」 제17조에 따라 임대보증금에 대한 보증에 가입하여야 하는 임대사업자가 임대보증금에 대한 보증의 가입 또는 재가입이 거절된 이후 6개월을 경과한 경우
④ 임대사업자의 모회사(母會社)(「상법」 제342조의2에 따른 모회사를 말한다)가 위 ①의 거래정지 처분을 받은 경우로서 해당 임대사업자의 자기자본의 전부가 잠식된 경우(「임대주택법」 제2조 제7호).

다. 적용 대상

위 법은 공공건설임대주택으로서 이 법 시행(2015. 12. 29.[393]) 전에 부도 등이 발생한 임대주택에 한하여 적용한다(「부도공공건설임대주택 임차인 보호를 위한 특별법」 제2조 제1항).

그리고 임차인의 임대보증금 보전의 기준이 되는 임대차계약서는 '부도 등'이 발생한 날 전에 임대사업자와 임차인이 체결한 계약서에 한한다. 다만, 임차인이 '부도 등'이 발생한 후에 체결한 최초의 임대차계약서로서 확정일자 등 임대주택을 점유한 날을 증명하는 경우에는 이를 인정할 수 있다(「부도공공건설임대주택 임차인 보호를 위한 특별법」 제2조 제2항).

라. 부도 임대주택 매입사업의 시행자

부도 임대주택의 매입사업은 「공공주택 특별법」 제4조에 따른 공공주택사업자가 시행한다(「부도공공건설임대주택 임차인 보호를 위한 특별법」 제4조).

---

[393] 「부도공공건설임대주택 임차인 보호를 위한 특별법」은 2007. 1. 19. 법률 제8252호로 제정되어 2007. 4. 20.부터 시행되었다. 위 법 제정 당시에는 2005. 12. 31. 당시 임대 중인 공공건설임대주택으로서 위 법 시행 전에 임대주택법에 정한 부도 등이 발생한 임대주택에 한하여 적용되었으나, 그 후 수차례 개정되어 지금에 이르고 있다.

주택매입사업시행자가 부도 임대주택을 매입하고자 하는 경우에는 국토교통부장관에게 매입대상주택의 지정을 신청하여야 한다(「부도공공건설임대주택 임차인 보호를 위한 특별법」 제9조 제1항).

마. 매입 방법

부도 임대주택의 매입은 '민사집행법'에 따른 경매의 방법에 한한다. 다만 주택매입사업시행자와 임차인이 합의한 경우에는 그러하지 아니하다(「부도공공건설임대주택 임차인 보호를 위한 특별법」 제5조).

「임대주택법」 제30조의 규정에 따라 설립 신고한 부도 임대주택 등의 임차인 대표회의는 주택매입 사업시행자에게 부도 임대주택의 매입을 요청할 수 있다. 다만 다음 각 호의 경우에는 임차인은 부도 임대주택의 매입을 요청할 수 있다(「부도공공건설임대주택 임차인 보호를 위한 특별법」 제6조 제1항, 「같은 법 시행령」 제2조).

1. 2008. 4. 19.까지 「임대주택법」(법률 제13499호로 개정되기 전의 것) 제30조에 따라 부도 임대주택 등의 임차인 대표회의의 설립신고를 하지 못한 경우
2. 공동주택단지 안 「임대주택법」 제2조 제8호의 부도 임대주택 등의 수가 20호 미만으로 임차인 대표회의를 구성할 수 없는 경우
3. 임차인 대표회의가 임차인으로부터 법 제6조 제2항 각 호의 서류를 제출받은 날부터 1년이 되는 날까지 법 제4조에 따른 주택매입사업시행자에게 부도 임대주택 등의 매입요청을 하지 아니한 경우

임차인 대표회의 등이 위와 같이 매입 요청한 경우 「임대주택법」 제22조의 규정에 따라 임차인에게 부여된 우선 매수할 수 있는 권리를 주택매입사업시행자에게 양도한 것으로 간주한다. 이 경우 주택매입사업시행자는 「민사집행법」 제113조의 규정에서 정한 보증의 제공 없이 우선 매수 신고할 수 있다(「부도공공건설임대주택 임차인 보호를 위한 특별법」 제12조).

바. 매입대상주택

임차인 대표회의 등이 매입 요청한 부도 임대주택 중 매입대상주택은 법 시행일 전에 임대사업자와 정당한 임대차계약을 체결하고 당해 계약을 체결한 임차인이 거주하였거나 거주하고 있는 주택에 한한다[실제로 거주한 경우나 거주하고 있는 경우를 포함한다(「부도공공건설임대주택 임차인 보호를 위한 특별법」 시행지침 제5조)].

그러나 다음 각 호의 어느 하나에 해당하는 자가 매입 요청한 주택은 매입대상주택에서 제외한다.

1. 부도 등의 발생 사실을 알면서 거짓으로 임대차계약을 체결한 자
2. 이미 경매개시결정의 등기, 전세권의 등기 또는 주택임대차보호법 제3조의3에 의하여 임차권의 등기 등이 경료되었음에도 이에 반하여 당해 주택에 새로이 임대차계약을 체결한 자
3. 법인 그 밖의 단체
4. 대물변제를 원인으로 임대차계약을 체결한 자

사. 임차인 등의 임대보증금 보전

주택매입사업시행자가 경매 등의 방법으로 부도 임대주택을 취득한 경우에는 주택매입사업시행자 또는 임대주택분쟁조정위원회가 확인, 조정한 임차인의 임대보증금에서 다음 각 호의 금액을 공제한 금액을 임차인에게 지급하여야 한다(「부도공공건설임대주택 임차인 보호를 위한 특별법」 제7조 제1항).

1. 임차인이 집행법원으로부터 배당받은 금액
2. 임차인의 미납 임대료
3. 임차인의 공용부분에 대한 미납 사용료 및 관리비
4. 임차인이 임대사업자로부터 이미 지급받은 임대보증금
5. 기타 법원 판결 등의 사유로 임대보증금을 공제할 필요가 있는 경우의 그 금액

위 ① 제2호의 금액은 임차인이 퇴거한 날 또는 주택매입사업시행자가 부도 임대주택을 취득한 날 전일까지, ② 제3호의 금액은 임차인이 퇴거한 날 또는 주택매입사업시행자와 새로운 임대차계약을 체결한 날 전일까지 계산하며, 임대료의 미납시점이 불분명한 경우에는 임대차계약서상 잔금납부 지정일부터 미납한 것으로 간주한다. 다만 미납임대료가 3년분을 초과할 경우에는 임차인이 퇴거한 날(임차인이 임대사업자와 적법하게 임대차계약을 해지하고 당해 주택을 명도한 날을 말한다. 이하 같다) 또는 주택매입사업시행자가 부도 임대주택을 취득한 날 전일부터 역산하여 3년분으로 한다(「부도공공건설임대주택 임차인 보호를 위한 특별법 시행지침」 제8조 제3항).

주택도시기금 수탁자가 경매 등의 방법으로 주택도시기금의 융자금 및 그 이자를 회수한 부도 임대주택의 경우에는 위 융자금의 이자 회수금을 당해 부도 임대주택을 취득한 주택매입사업시행자에게 임차인의 임대보증금 보전금으로 지급할 수 있다(「부도공공건설임대주택 임차인 보호를 위한 특별법」 제7조 제3항).

임대보증금 보전을 받고자 하는 임차인은 임대보증금을 「민사집행법」 제84조[394]의 규정에서 정하는 기간에 집행법원에 배당요구를 하여야 한다(「부도공공건설임대주택 임차인 보호를 위한 특별법」 제7조 제5항). 그리고 이러한 임차인은 배당절차에서 임대보증금에 대한 배당액이 확정된 경우 그 사실을 주택매입사업시행자에게 신고하여야 한다.

요건	산정금액	지급받는 자
1. 주택매입사업시행자가 「민사집행법」에 따른 경매 등의 방법으로 부도 임대주택을 취득한 경우 2. 「중소기업기본법」에 따른 중소기업, 중소기업이 「근로복지기본법」에 따라 설립한 사내근로복지기금법인, 그 밖에 「부도공공건설임대주택 임차인 보호를 위한 특별법 시행령」으로 정하는 법인이 임차한 주택에 입주한 자가 주민등록을 마친 경우	임대보증금(주택매입사업시행자 또는 임대주택분쟁조정위원회가 확인·조정함)에서 다음의 금액을 공제한 금액 1. 임차인이 집행법원으로부터 배당받은 금액 2. 임차인의 미납 임대료 3. 임차인의 공용부분에 대한 미납 사용료 및 관리비 4. 그 밖에 국토교통부장관이 정하는 비용	「민사집행법」 제84조에 따른 기간에 집행법원에 배당요구를 한 임차인에게 지급
「주택도시기금법」 제10조 제2항 및 제3항에 따라 주택도시기금 운용·관리에 관한 사무를 위탁받은 자가 경매 등의 방법으로 「주택도시기금법」에 따른 주택도시기금의 융자금 및 그 이자를 회수한 부도 임대주택의 경우	주택도시기금 융자금의 이자 회수금	부도 임대주택을 취득한 주택매입사업시행자에게 지급하면 주택매입사업시행자는 이를 임차인의 임대보증금 보전금으로 사용

위와 같이 보전된 임대보증금은 「민사집행법」 제246조의 규정을 준용하여 이를 압류하지 못한다(「부도공공건설임대주택 임차인 보호를 위한 특별법」 제14조).

아. 공공주택 등으로 공급

1) 주택매입사업시행자가 매입한 경우

주택매입사업시행자가 부도 임대주택을 매입한 경우에는 공공주택 등으로 공급할 수 있다.

---

394 제84조(배당요구의 종기결정 및 공고)

① 경매개시결정에 따른 압류의 효력이 생긴 때(그 경매개시결정전에 다른 경매개시결정이 있는 경우를 제외한다)에는 집행법원은 절차에 필요한 기간을 감안하여 배당요구를 할 수 있는 종기(終期)를 첫 매각기일 이전으로 정한다.

② 배당요구의 종기가 정하여진 때에는 법원은 경매개시결정을 한 취지 및 배당요구의 종기를 공고하고, 제91조 제4항 단서의 전세권자 및 법원에 알려진 제88조 제1항의 채권자에게 이를 고지하여야 한다.

③ 제1항의 배당요구의 종기결정 및 제2항의 공고는 경매개시결정에 따른 압류의 효력이 생긴 때부터 1주 이내에 하여야 한다.

④ 법원사무관등은 제148조 제3호 및 제4호의 채권자 및 조세, 그 밖의 공과금을 주관하는 공공기관에 대하여 채권의 유무, 그 원인 및 액수(원금·이자·비용, 그 밖의 부대채권(附帶債權)을 포함한다)를 배당요구의 종기까지 법원에 신고하도록 최고하여야 한다.

⑤ 제148조 제3호 및 제4호의 채권자가 제4항의 최고에 대한 신고를 하지 아니한 때에는 그 채권자의 채권액은 등기사항증명서 등 집행기록에 있는 서류와 증빙(證憑)에 따라 계산한다. 이 경우 다시 채권액을 추가하지 못한다. 〈개정 2011.4.12.〉

⑥ 법원은 특별히 필요하다고 인정하는 경우에는 배당요구의 종기를 연기할 수 있다.

⑦ 제6항의 경우에는 제2항 및 제4항의 규정을 준용한다. 다만, 이미 배당요구 또는 채권신고를 한 사람에 대하여는 같은 항의 고지 또는 최고를 하지 아니한다.

이 경우 공공주택 외의 주택으로 공급하는 주택은 「임대주택법」 제2조 제2호의 건설임대주택으로 본다(「부도공공건설임대주택 임차인 보호를 위한 특별법」 제10조 제1항).

위와 같이 공공주택 등으로 공급한 경우, 부도 임대주택의 임차인에 대하여는 주택공급에 관한 규칙에서 정하는 바에 따라 입주자로 우선 선정하여야 한다(「부도공공건설임대주택 임차인 보호를 위한 특별법」 제10조 제2항).

주택매입사업시행자가 부도 임대주택을 매입하여 공공주택 등으로 공급한 후 「임대주택법」에 따라 분양전환하는 경우, 임대의무기간의 기산일은 해당 부도 임대주택의 당초 임대 개시일로 한다(「부도공공건설임대주택 임차인 보호를 위한 특별법」 제10조 제3항).

2) 주택매입사업시행자 외의 자가 매입한 경우

주택매입사업시행자 외의 자가 부도 임대주택을 매입한 경우에는 당해 부도 임대주택의 임차인(「임대주택법」 제19조를 위반하지 아니한 임차인들로 동일 임대주택에의 계속 거주를 희망하는 경우에 한한다)에게 3년의 동안 종전에 임차인과 임대사업자가 약정한 임대조건으로 임대하여야 한다(「부도공공건설임대주택 임차인 보호를 위한 특별법」 제10조 제5항).

자. 관련 판례

1) 주택매입사업시행자 외의 자가 부도 임대주택을 매입한 경우, 임대차계약 관련

[대법원 2011. 9. 8. 선고 2011다54 판결, 건물명도등]

'부도공공건설임대주택 임차인 보호를 위한 특별법' 제10조 제4항은 "주택매입사업시행자 외의 자가 부도 임대주택을 매입한 경우에는 당해 부도 임대주택의 임차인(임대주택법 제19조를 위반하지 아니한 임차인으로 동일 임대주택에의 계속 거주를 희망하는 경우에 한한다)에게 3년의 범위 이내에서 대통령령으로 정하는 기간 동안 종전에 임차인과 임대사업자가 약정한 임대조건으로 임대하여야 한다."라고 하여, **주택매입사업시행자 외의 자가 부도 임대주택을 매입한 경우에 부도 임대주택을 매입한 자에게 임차인과 사이에 그 주택을 종전 임대차계약과 동일한 조건으로 임대할 의무를 부과하고 있을 뿐, 당해 부도 임대주택에서 거주하는 임차인의 요구에 따라 임대차계약이 당연히 성립한 것으로 보도록 규정하거나, 임차인에게 종전 임대조건보다 유리한 조건으로 임대하도록 요구할 권리를 부여하고 있지 않다.**

따라서 부도 임대주택을 매입한 자는 임차인이 임대주택에서 계속 거주하기를 희망하는 경우에 한하여 임차인과 3년의 범위 내에서 종전 임대조건으로 임대차계약을 체결할 의무가 있으나, 부도 임대주택을 매입한 자가 임차인에게 종전 임대조건으로 임대차계약을 체결할 것을 청약하였음에도 이를 거절하는 등으로 임차인이 종전 임대조건으로는 임대차계약을 체결하지 아니할 뜻을 명확히 하였다면 부도 임대주택을 매입한 자의 위 조항에 따른 임대차계약 체결 의무는 소멸한다고 보아야 한다.

2) 주택매입사업시행자의 임대보증금 보전의무 규정의 의미

[대법원 2013. 2. 28. 선고 2011다49608,49615 판결]

원심[청주지방법원 2011. 5. 20. 선고 2010나3286(본소), 2010나3293(반소)[395]]은, 위 특별법 제7조 제1항에 의하면 주택매입사업시행자가 부도임대주택을 취득한 경우에는 임차인의 임대보증금에서 임차인의 미납 임대료를 공제한 금액을 임차인에게 지급하여야 하고, 위 특별법 시행지침 제8조 제3항 단서에 의하면 미납임대료가 3년분을 초과할 경우에는 임차인이 퇴거한 날(임차인이 임대사업자와 적법하게 임대차계약을 해지하고 당해 주택을 명도한 날) 또는 주택매입사업시행자가 부도임대주택을 취득한 날 전일부터 역산하여 3년분만을 공제할 것을 규정하고 있는데, **위 규정은 부도임대주택에 대해 새로이 소유권을 취득하여 임대사업자의 지위에 놓이게 된 주택매입사업시행자의 임대차보증금 보전의무만을 규정하는 것이지 위 부도임대주택에 대한 기존 임대인의 차임채권 범위까지 제한하는 규정으로 볼 수 없다고 판단하였다.**

원심판결 이유를 관련 법령과 기록에 비추어 살펴보면, 원심의 이러한 판단에 위 특별법의 해석에 관한 법리를 오해하는 등의 위법이 없다.

차. 관련 법령 해석례

1) 주택매입사업시행자 외의 자의 범위

건설교통부 - 「부도공공건설임대주택 임차인 보호를 위한 특별법」 제10조 제4항(주택매입사업시행자 외의 자의 범위) 관련

[법제처 07-0365, 2007. 11. 28, 건설교통부]

---

395 [청주지방법원 2011. 5. 20. 선고 2010나3286(본소), 2010나3293(반소) 판결]

그러나 위 규정은 부도임대주택에 대해 새로이 소유권을 취득하여 임대사업자의 지위에 놓이게 된 주택매입사업시행자의 임대차보증금 보전의무만을 규정하는 것이지 위 부도임대주택에 대한 기존 임대인의 차임채권 범위까지 제한하는 규정이라고 볼 수는 없으므로, 피고들(임차인)이 위 3년분의 차임 및 부당이득채권을 공제한 나머지 금원만을 한국토지주택공사로부터 회수하였다고 하여 이로써 피고들이 원고에 대한 차임 및 부당이득반환채무를 면제받았다고 볼 수는 없다.

【질의요지】

「부도공공건설임대주택 임차인 보호를 위한 특별법」제10조 제4항의 "주택매입사업시행자 외의 자"의 범위에 임차인이 주택매입사업시행자(대한주택공사)에게 매입요청하여 건설교통부장관이 매입대상주택으로 지정·고시한 주택을 경매에서 낙찰받은 제3자에 한정되는지, 아니면 일반적인 민사집행절차(경매)에 따라 부도임대주택을 낙찰받은 제3자까지 포함되는지?

【회답】

「부도공공건설임대주택 임차인 보호를 위한 특별법」제10조 제4항의 "주택매입사업시행자 외의 자"에는 일반적인 민사집행절차(경매)에 따라 부도임대주택을 매입한 제3자까지 포함된다고 할 것입니다.

【이유】

○ 「부도공공건설임대주택 임차인 보호를 위한 특별법」(이하 "특별법"이라 함) 제1조는 "부도 등"이 발생한 공공건설임대주택을 매입하여 국민임대주택 등으로 공급함으로써 임차인의 보호와 주거안정 지원을 목적으로 한다고 규정하고 있고, 같은 법 제4조에는 부도임대주택의 매입사업은 「국민임대주택건설 등에 관한 특별조치법」제4조에 따른 주택사업시행자(이하 "주택매입사업시행자"라 함)가 시행하도록 하고 있으며, 같은 법 제5조에는 부도임대주택의 매입은 주택매입사업시행자와 임차인이 합의한 경우 외에는 「민사집행법」에 따른 경매의 방법에 한한다고 되어 있습니다.

○ 특별법 제6조는 임차인 대표회의와 임차인이 주택매입사업시행자에게 부도임대주택의 매입을 요청할 수 있도록 하고 있는데, 특별법에서는 주택매입사업시행자가 임차인 대표회의와 임차인의 매입요청을 받은 부도임대주택을 경매의 방법에 의해 주택매입사업시행자 외의 제3자가 매입하는 것을 제한하고 있지 아니하고, 나아가 일반적인 민사집행절차를 통하여 주택매입사업시행자 외의 제3자가 부도임대주택을 매입하는 것을 제한하는 규정도 없습니다.

○ 그리고, 특별법 제10조 제1항 및 제2항에서는 주택매입사업시행자가 부도임대주택을 매입한 경우에는 국민임대주택 등으로 공급할 수 있도록 하되 국민임대주택 등으로 공급하는 경우 부도임대주택의 임차인에 대하여 입주자로 우선 선정하도록 하고 있는데, 「같은 법 시행령」제3조에서는 임차인이 해당 국민임대주택 등에 계속 거주하기를 원하는 경우 종전에 임차인과 임대사업자가 정한 임대조건에 따라 3년 동안 임차할 수 있도록 하고 있습니다.

○ 위와 같이 특별법의 제정목적이 부도임대주택을 매입하여 국민임대주택 등으로 공급함으로써 임차인의 보호와 주거안정 지원을 목적으로 하고 있는 점, 임차인이 매입요청을 받은 주택을 경매의 방법에 의해 주택매입사업시행자 외의 제3자가 매입하는 것이 가능할 뿐만 아니라, 일반적인 민사집행절차를 통하여 주택매입사업시행자 외의 제3자도 부도임대주택의 매입이 가능한 점, 같은 법 제10조 제2항에서 주택매입사업시행자가 매입한 부도임대주택을 국민임대주택 등으로 공급하는 경우 종전의 임차인에게 우선 공급하도록 하고 있는 점, 국민임대주택 등

에 계속 거주하고자 하는 임차인에게 3년의 임차권을 보장하고 있는 점 등을 종합하여 보면, 주택매입사업시행자 외의 자가 부도임대주택을 매입한 경우에 해당 부도임대주택의 임차인에게 3년 동안 임대하도록 하고 있는 특별법 제10조 제4항의 취지는 임차인 대표회의와 임차인이 주택매입사업시행자에게 부도임대주택의 매입을 요청한 경우뿐만 아니라 일반 경매절차에 참여하여 부도임대주택을 낙찰받은 제3자에 대해서도 3년간의 임대의무를 부과함으로써 특별법의 적용대상에 해당되는 부도임대주택의 임차인을 보호하려는 것이라 할 것입니다.

○ 따라서, 특별법 제10조 제4항에서 "주택매입사업시행자 외의 자"에는 일반적인 민사집행절차(경매)에 따라 부도임대주택을 매입한 제3자까지 포함된다고 할 것입니다.

2) 임대 중인 공공건설임대주택의 범위

경상남도 양산시 - 「부도공공건설임대주택 임차인 보호를 위한 특별법」 제2조 제1항(임대 중인 공공건설임대주택의 범위) 관련

[법제처 08-0152, 2008.6.25]
【질의요지】

「부도공공건설임대주택 임차인 보호를 위한 특별법」 제2조 제1항은 "이 법은 2005년 12월 13일 당시 임대 중인 공공건설임대주택으로서 이 법 시행 전에 「임대주택법」 제2조 제7호의 부도 등이 발생한 임대주택에 한하여 적용한다."고 규정하고 있는데, 이 경우 공공건설임대주택이 「주택법」 제29조 제4항 단서에 따라 임시사용승인을 받은 후에 입주·사용 중인 경우에도 「부도공공건설임대주택 임차인 보호를 위한 특별법」 제2조 제1항의 "임대 중인 공공건설임대주택"에 포함되는지?

【회답】

공공건설임대주택이 「주택법」 제29조 제4항 단서에 따라 임시사용승인을 받은 후에 입주·사용 중인 경우에도 「부도공공건설임대주택 임차인 보호를 위한 특별법」 제2조 제1항의 "임대 중인 공공건설임대주택"에 포함된다고 할 것입니다.

【이유】

○ 「부도공공건설임대주택 임차인 보호를 위한 특별법」 제1조에서 이 법은 「임대주택법」 제2조 제7호의 부도 등이 발생한 공공건설임대주택을 매입하여 국민임대주택 등으로 공급함으로써 임차인의 보호와 주거안정 지원을 목적으로 한다고 규정하고 있고, 「부도공공건설임대주택 임차인 보호를 위한 특별법」 제2조 제1항은 이 법은 2005년 12월 13일 당시 임대 중인 공공건설임대주택으로서 이 법 시행 전에 「임대주택법」 제2조 제7호의 부도 등이 발생한 임대주택(이하 "부도임대주택"이라 함)에 한하여 적용한다고 규정하고 있습니다.

○ 그리고, 「임대주택법」 제2조 제2호 및 「같은 법 시행령」 제2조 제1호에서는 공공건설임대주택은 국가 또는 지방자치단체의 재정으로 건설·임대하는 주택, 「주택법」 제60조에 의한 국민주택기금의 자금을 지원받아 건설·임대하는 주택 또는 공공사업에 의하여 조성된 택지에 「주택법」 제16조에 의한 사업계획승인을 얻어 건설·임대하는 주택을 말한다고 규정하고 있고, 「임대주택법」 제2조 제7호에서는 "부도 등"이란 임대사업자가 발행한 어음 및 수표를 기한까지 결제하지 못하여 어음교환소로부터 거래정지 처분을 받은 경우, 대통령령으로 정하는 기간을 초과하여 「주택법」 제60조에 따른 국민주택기금 융자금에 대한 이자를 내지 아니한 경우 또는 이와 유사한 경우로서 대통령령으로 정하는 경우를 말한다고 규정하고 있으며, 「임대주택법 시행령」 제2조의2 제1항은 「임대주택법」 제2조 제6호(2008. 3. 21. 법률 제8966호로 전부개정된 것의 제2조 제7호를 말함. 이하 같음) 나목에서 "대통령령으로 정하는 기간"이란 6개월을 말한다고 규정하고 있으며, 「임대주택법 시행령」 제2조의2 제2항은 「임대주택법」 제2조 제6호 다목에서 "대통령령으로 정하는 경우"란 임대사업자와 「상법」 제342조의2에 따른 모회사의 관계에 있는 회사가 「임대주택법」 제2조 제6호 가목에 따른 처분을 받은 경우로서 해당 임대사업자의 자기자본의 전부가 잠식된 경우를 말한다고 규정하고 있습니다.

○ 한편, 「임대주택법 시행규칙」 제2조의4 제1항에서 공공건설임대주택의 임차인의 자격 및 선정방법에 관하여는 「주택공급에 관한 규칙」이 정하는 바에 의한다고 규정하고 있고, 「주택공급에 관한 규칙」 제2조 제4호에서 "공급"이라 함은 「주택법」 제38조의 적용대상이 되는 주택 및 복리시설을 분양 또는 임대하는 것을 말한다고 규정하고 있으며, 「주택공급에 관한 규칙」 제27조 제1항에서 사업주체는 제12조의2 제4항·제21조의2 및 제22조에 따른 전산검색 및 세대주 등의 확인 결과에 따른 정당한 당첨자와 공급계약을 체결하여야 한다고 규정하고 있습니다.

○ 그런데, 「주택법」 제29조 제1항에서 사업주체는 같은 법 제16조에 따른 사업계획승인을 얻어 시행하는 주택건설사업 또는 대지조성사업을 완료한 경우에는 주택 또는 대지에 대하여 국토해양부령이 정하는 바에 의하여 시장·군수·구청장(국가·대한주택공사 및 한국토지공사가 사업주체인 경우와 대통령령이 정하는 경우에는 국토해양부장관을 말함)의 사용검사를 받아야 한다고 규정하고 있고, 같은 법 제29조 제4항에서 사업주체 또는 입주예정자는 제1항에 의한 사용검사를 받은 후가 아니면 주택 또는 대지를 사용하게 하거나 이를 사용할 수 없다. 다만, 대통령령이 정하는 경우로서 사용검사권자의 임시사용승인을 얻은 경우에는 그러하지 아니하다고 규정하고 있습니다.

○ 위와 같은 관계 법령을 살펴보면, 공공건설임대주택의 임대차계약은 「주택공급에 관한 규칙」 제27조 제1항에 따라 공급계약을 체결함으로써 성립하고, 임대계약의 대상인 공공건설임대주택의 입주·사용은 「주택법」 제29조 제1항에 따른 사용검사 또는 같은 조 제4항 단서에 따른 임시사용승인을 받은 후에 할 수 있는 것이므로 공공건설임대주택의 공급계약에 따라 임차인이 입주하여 사용하고 있다면, 임대주택을 사용할 수 있는 근거가 「주택법」 제29조 제1항에 따른 사용검사를 받은 것인지 또는 같은 조 제4항 단서에 따른 임시사용승인을 받은 것인지를 불문하고 해당 임대주택은 임대 중에 있다고 보아야 할 것입니다.

○ 그러나 「부도공공건설임대주택 임차인 보호를 위한 특별법」의 입법취지가 공공건설임대주택의 임대사업자가 임대사업을 영위하던 중 부도 등이 발생하여 보증금 회수, 분양에 의한 소유권 취득 등이 불확실하게 된 임차인의 주거불안정을 해소하기 위하여 부도 등이 발생한 공공건설임대주택을 매입하여 국민임대주택 등으로 공급함으로써 임차인의 보호와 주거안정을 지원함에 있고, 같은 법 제4조에서 부도임대주택의 매입사업을 「국민임대주택

건설 등에 관한 특별조치법」 제4조에 따른 주택사업시행자(이하 "주택매입사업시행자"라 함)가 시행하도록 규정하고 있으며,「부도공공건설임대주택 임차인 보호를 위한 특별법」 제6조에서는 부도임대주택 등의 임차인 대표회의 또는 임차인은 주택매입사업시행자에게 해당 부도임대주택의 매입을 요청할 수 있다고 규정하고 있고,「부도공공건설임대주택 임차인 보호를 위한 특별법」 제9조에서는 주택매입사업시행자가 부도임대주택을 매입하고자 하는 경우에 국토해양부장관에게 매입대상주택의 지정을 신청하면, 국토해양부장관은 연차별 매입계획을 수립하여 주택매립사업시행자가 매입하고자 신청한 부도임대주택을 매입대상주택으로 지정·고시할 수 있다고 규정하고 있는바, 위와 같은 입법취지 및 부도임대주택의 매입절차에 관한 규정을 살펴보면, 임차인 대표회의 또는 임차인이 주택매입사업시행자에게 부도임대주택의 매입을 요청한다고 하더라도 주택매입사업시행자가 반드시 국토해양부장관에게 매입대상주택의 지정을 신청을 하여야 하는 것은 아니라고 할 것이고, 또한 국토해양부장관은 주택매입사업시행자가 매입대상주택 지정을 신청한 부도임대주택에 대하여 국토해양부장관이 정하는 기준에 따라 연차별 매입계획을 수립하여 지정·고시하는 것이므로「부도공공건설임대주택 임차인 보호를 위한 특별법」 제2조 제1항의 "임대 중인 공공건설임대주택"의 범위와「부도공공건설임대주택 임차인 보호를 위한 특별법」 제9조에 따라 국토해양부장관이 매입대상주택으로 지정·고시하는 부도임대주택의 범위는 서로 다르다고 할 것입니다.

○ 따라서 공공건설임대주택이「주택법」 제29조 제4항 단서에 따라 임시사용승인을 받은 후에 입주·사용 중인 경우에도「부도공공건설임대주택 임차인 보호를 위한 특별법」 제2조 제1항의 "임대 중인 공공건설임대주택"에 포함된다고 할 것입니다.

CHAPTER

14

보칙

1. 민간임대사업자협회

임대사업자는 민간임대사업의 건전한 발전을 도모하기 위하여 임대사업자단체(협회)를 설립할 수 있다(「민간임대주택에 관한 특별법」 제58조 제1항).

이러한 단체(협회)는 법인으로 한다(「민간임대주택에 관한 특별법」 제58조 제3항).

단체(협회)는 그 주된 사무소의 소재지에서 설립등기를 함으로써 성립한다(「민간임대주택에 관한 특별법」 제58조 제4항).

「민간임대주택에 관한 특별법」에 따라, 국토교통부장관, 시·도지사 또는 시장·군수·구청장으로부터 영업의 정지처분을 받은 협회 회원의 권리·의무는 그 영업 및 자격의 정지기간 중에는 정지되며, 임대사업자 등록이 말소된 때에는 협회의 회원자격을 상실한다(「민간임대주택에 관한 특별법」 제58조 제5항).

협회를 설립하려면 5인 이상의 범위에서 대통령령으로 정하는 수 이상의 인원을 발기인으로 하여 정관을 마련한 후 창립총회의 의결을 거쳐 국토교통부장관의 인가를 받아야 한다(「민간임대주택에 관한 특별법」 제59조 제1항).

국토교통부장관은 위 인가를 하였을 때에는 이를 지체 없이 공고하여야 한다(「민간임대주택에 관한 특별법」 제59조 제2항).

CHAPTER

벌칙 **15**

1. 과태료

가. 공공임대주택의 경우

1) 서류 등의 제출 거부 등을 한 자

국토교통부장관 또는 지방자치단체의 장은 공공임대주택에 관하여 ① 임차인의 실제 거주 여부, ② 임차권의 양도 및 전대 여부, ③ 입주자의 실제 거주여부, ④ 임대주택이 다른 용도로 사용되고 있는지 여부에 관한 사항을 확인하기 위하여 입주자에게 필요한 서류 등의 제출을 요구할 수 있으며, 소속 공무원으로 하여금 해당 주택에 출입하여 조사하게 하거나 관계인에게 필요한 질문을 하게 할 수 있다(「공공주택 특별법」 제49조의7 제1항 전문).

이 경우 서류 등의 제출을 요구받거나 해당 주택의 출입, 조사 또는 필요한 질문을 받은 입주자는 모든 세대원의 해외출장 등 특별한 사유가 없는 한 이에 따라야 한다(「공공주택 특별법」 제49조의7 제1항 후문).

그런데 이러한 서류 등의 제출을 거부하거나 해당 주택의 출입, 조사 또는 질문을 방해하거나 기피한 자에 대하여는 국토교통부장관이 300만원 이하의 과태료를 부과, 징수한다(「공공주택 특별법」 제60조 제1항 제5호, 제2항).

2) 임대차계약을 신고하지 아니한 자 등

그리고 공공주택사업자는 공공임대주택의 임대조건 등 임대차계약에 관한 사항을 시장, 군수 또는 구청장에게 신고하여야 한다(「공공주택 특별법」 제49조 제6항).

이러한 임대차계약을 신고하지 아니하거나 거짓으로 신고한 자에 대하여는 국토교통부장관이 300만원 이하의 과태료를 부과, 징수한다(「공공주택 특별법」 제60조 제1항 제6호, 제2항).

3) 과태료의 부과 징수권자

위와 같은 과태료는 국토교통부장관이 부과 징수한다(「공공주택 특별법」 제60조 제2항).

나. 민간임대주택의 경우

1) 1,000만원 이하의 과태료

1. 「민간임대주택에 관한 특별법」(이하 같다) 제42조(민간임대주택의 공급) 제3항을 위반하여 신고를 하지 아니한 임대사업자
2. 제43조(임대의무기간 및 양도 등)를 위반하여 임대의무기간 중에 민간임대주택을 임대하지 아니하거나 양도한 자
3. 제44조(임대료)에 따른 임대조건 등을 위반하여 민간임대주택을 임대한 자
4. 제45조(임대차계약의 해제, 해지)를 위반하여 임대차계약을 해제·해지하거나 재계약을 거절한 임대사업자
5. 제46조(임대차계약 신고)에 따른 임대차계약 신고를 하지 아니하거나 거짓으로 신고한 자
6. 제47조(표준임대차계약서)에 따른 표준임대차계약서를 사용하지 아니한 임대사업자
7. 제50조(준주택의 용도제한)를 위반하여 준주택을 주거용이 아닌 용도로 사용한 자
8. 제53조(특별수선충당금) 제1항 및 제2항에 따라 특별수선충당금을 적립하지 아니하거나 입주자대표회의에 넘겨주지 아니한 자

2) 500만원 이하의 과태료

1. 제7조(주택임대관리업의 등록)를 위반하여 등록사항 변경신고 또는 말소신고를 하지 아니한 주택임대관리업자
2. 제12조(주택임대관리업자의 현황 신고)에 따른 현황 신고를 하지 아니한 주택임대관리업자
3. 제48조(설명의무)에 따른 설명의무를 게을리 한 임대사업자
4. 제50조(준주택의 용도제한) 제2항, 제60조(임대주택정보체계) 및 제61조(보고, 검사 등)에 따른 보고, 자료의 제출 또는 검사를 거부·방해 또는 기피하거나 거짓으로 보고한 자
5. 제52조(임차인 대표회의) 제3항을 위반하여 임차인 대표회의와 관리규약 제정·개정 등을 협의하지 아니한 임대사업자

3) 100만원 이하의 과태료

1. 제5조(임대사업자의 등록) 제3항을 위반하여 등록사항 말소신고를 하지 아니한 임대사업자
2. 제13조(위수탁계약서) 제1항 및 제2항에 따른 위·수탁계약서 작성·교부 및 보관의무를 게을리 한 주택임대관리업자
3. 제52조(임차인 대표회의) 제2항을 위반하여 임차인 대표회의를 구성할 수 있다는 사실을 임

차인에게 통지하지 아니한 임대사업자

4) 과태료의 부과 징수권자

위와 같은 과태료는 국토교통부장관 또는 시장·군수·구청장이 부과 징수한다(「민간임대주택에 관한 특별법」 제67조 제4항).

다. 「임대주택법」상 임대주택의 경우

1) 개정 경과

개정 일시	취지	내용	관련 규정
2009. 12. 29.		임대보증금보증 등에 관한 임대사업자의 설명의무를 도입하고, 이를 위반하는 경우 과태료를 부과하도록 함	「임대주택법」 제44조 제1항 제3호 신설
2012. 1. 26.		오피스텔은 임대의무기간 이내에 주거용이 아닌 다른 용도로 사용할 수 없도록 하고, 위반 시 과태료를 부과할 수 있도록 함	「임대주택법」 제44조 제1항 제1호
		오피스텔 임대사업자의 임차인 현황 신고 의무 위반 시 과태료로 부과하도록 함	「임대주택법」 제44조 제2항 제4호 신설
		표준임대차계약서 사용 의무를 위반한 임대사업자에 대하여 부과하는 과태료 상한을 5백만원에서 1천만원으로 상향 조정함	「임대주택법」 제44조 제1항 제3호
2014. 5. 28.	임대사업자의 위반행위에 대한 제재를 완화하여 임대주택 등 록 촉진	민간임대사업자의 밍대의무기간, 임대조건 위반행위와 민간임대사업자 및 공공임대사업자의 임대조건 신고의무 위반에 대한 제재를 형벌에서 과태료로 전환함	「임대주택법」 제41조, 제42조 및 제44조

2) 3,000만원 이하의 과태료

「임대주택법」(이하 같다) 제16조(임대주택의 매각 제한 등)를 위반하여 민간건설임대주택 또는 매입임대주택을 매각한 자

3) 1,000만원 이하의 과태료

1. 제16조(임대주택의 매각 제한 등) 제5항(오피스텔의 주거용 사용)을 위반한 자
2. 제16조의2(토지임대부 임대주택의 토지 임대차 관계 등) 제3항(표준임대차계약서 사용)을 위반한 자
2의2. 제20조(임대주택의 임대 조건 등)에 따른 임대 조건 등을 위반하여 민간건설임대주택 또는 매입임대주택을 임대한 자

2의3. 제26조(임대조건신고)제1항에 따른 임대 조건 신고를 하지 아니하거나 거짓으로 신고한 자

3. 제31조(특별수선충당금의 적립 등)제1항 및 제2항을 위반한 자

4. 제32조(표준임대차계약서 등)를 위반한 임대사업자

4) 500만원 이하의 과태료

1. 제19조의2(임대주택 거주자 실태 조사) 제1항에 따른 서류 등의 제출을 거부하거나 해당 주택의 출입·조사 또는 질문을 방해하거나 기피한 자

2. 제21조(건설임대주택의 우선분양전환) 제6항(분양전환승인 신청서류 작성에 협조)을 위반한 임대사업자

3. 제21조의3(도시형 생활주택에 대한 특례) 제6항(분양전환승인 신청서류 작성에 협조)을 위반한 임대사업자

4. 제26조의2(오피스텔 임차인 현황 신고) 제1항을 위반한 임대사업자

5. 제32조의2(설명의무)를 위반한 임대사업자

6. 제36조(감독)에 따른 국토교통부장관과 시장·군수·구청장의 조치를 위반한 자

5) 과태료의 부과 징수권자

위와 같은 과태료는 국토교통부장관 또는 시장·군수·구청장이 부과 징수한다(「임대주택법」 제44조 제4항).

2. 형사처벌

임대주택과 관련하여, 형사처벌 규정은 아래와 같다.

가. 공공임대주택의 경우

1) 3년 이하의 징역 또는 2,000만원 이하의 벌금

「공공주택 특별법」(이하 같다) 제48조의6(자료요청) 제2항[제48조의5(금융정보 등의 제공) 제5항을 위반한 경우는 제외한다)을 위반하여 정보 또는 자료를 사용·제공 또는 누설한 자(「공공주택 특별법」 제57조의3)

2) 2년 이하의 징역 또는 2,000만원 이하의 벌금

1. 거짓이나 그 밖의 부정한 방법으로 임대주택을 임대받거나 임대받게 한 자
2. 제49조의4(공공임대주택의 전대 제한)를 위반하여 공공임대주택의 임차권을 양도하거나 공공임대주택을 전대한 자 및 이를 알선한 자(「공공주택 특별법」 제57조의4)

3) 양벌 규정

법인의 대표자나 법인 또는 개인의 대리인, 사용인, 그 밖의 종업원이 그 법인 또는 개인의 업무에 관하여 제57조, 제57조의2부터 제57조의4까지 또는 제58조의 위반행위를 하면 그 행위자를 벌하는 외에 그 법인 또는 개인에게도 해당 조문의 벌금형을 과(科)한다. 다만, 법인 또는 개인이 그 위반행위를 방지하기 위하여 해당 업무에 관하여 상당한 주의와 감독을 게을리하지 아니한 경우에는 그러하지 아니하다(「공공주택 특별법」 제59조).

나. 민간임대주택의 경우

1) 5년 이하의 징역 또는 5,000만원 이하의 벌금

「민간임대주택에 관한 특별법」(이하 같다) 제42조의7(자료 및 정보의 수집 등) 제3항, 제59조의2(임대사업 등의 지원) 제3항 및 제60조(임대주택정보체계) 제5항을 위반하여 정보 또는 자료를 사용·제공 또는 누설한 자(「민간임대주택에 관한 특별법」 제65조 제1항)

2) 2년 이하의 징역 또는 2,000만원 이하의 벌금

1. 제7조(주택임대관리업의 등록)에 따른 등록을 하지 아니하고 주택임대관리업을 한 자 또는 거 짓이나 그 밖의 부정한 방법으로 등록한 자

2. 제10조(주택임대관리업의 등록말소 등)에 따른 영업정지기간 중에 주택임대관리업을 영위한 주 택임대관리업자

3. 제14조(보증상품의 가입)에 따른 보증상품에 가입하지 아니한 주택임대관리업자

4. 제16조(등록증 대여 등 금지) 제1항을 위반하여 다른 자에게 자기의 명의 또는 상호를 사용 하여 이 법에서 정한 사업이나 업무를 수행하게 하거나 그 등록증을 대여한 주택임대관 리업자

5. 제16조(등록증 대여 등 금지) 제2항을 위반하여 주택임대관리업자가 아니면서 주택임대관리 업 또는 이와 유사한 명칭을 사용한 자

6. 제49조(임대보증금에 대한 보증)에 따라 임대보증금에 대한 보증에 가입하여야 하는 임대사 업자로서 보증에 가입하지 아니한 자(「민간임대주택에 관한 특별법」 제65조 제2항)

3) 1년 이하의 징역 또는 1,000만원 이하의 벌금

1. 거짓 또는 부정한 방법으로 제23조(시행자)에 따른 시행자 지정 또는 변경을 받은 자

2. 제26조(촉진지구 지정 등의 고시 등) 제3항을 위반하여 촉진지구 내에서 시장·군수·구청장의 허가를 받지 아니하고 건축물의 건축 등의 행위를 하거나 거짓 또는 부정한 방법으로 허가를 받은 자

3. 거짓 또는 부정한 방법으로 제28조(지구계획 승인 등)에 따른 지구계획 승인[제41조의2(촉진지 구 밖의 사업에 대한 준용)에 따라 준용하는 경우를 포함한다.]을 받은 자

4. 제28조(지구계획 승인 등) 제1항에 따른 지구계획의 승인 또는 변경승인[제41조의2(촉진지구 밖 의 사업에 대한 준용)에 따라 준용하는 경우를 포함한다.]의 내용을 위반하여 사업을 시행 한 자

5. 제42조(민간임대주택의 공급) 제2항을 위반하여 공공지원 민간임대주택을 공급받은 자

6. 제51조(민간임대주택의 관리)를 위반하여 민간임대주택을 관리한 자(「민간임대주택에 관한 특별 법」 제65조 제3항)

4) 양벌 규정

법인의 대표자, 대리인, 사용인, 그 밖의 종업원이 그 법인의 업무에 관하여 제41조(벌칙)와 제42조(벌칙)에 따른 위반행위를 하면, 그 행위자를 벌할 뿐만 아니라 그 법인에도 해당 조문의

벌금형을 과(料)한다. 다만, 법인이 그 위반행위를 방지하기 위하여 해당 업무에 관하여 상당한 주의와 감독을 게을리 하지 아니한 때에는 그러하지 아니하다(「민간임대주택에 관한 특별법」 제46조 제1항).

개인의 대리인, 사용인, 그 밖의 종업원이 그 개인의 업무에 관하여 제41조(벌칙)와 제42조(벌칙)에 따른 위반행위를 하면, 그 행위자를 벌할 뿐만 아니라 그 개인에게도 해당 조문의 벌금형을 과한다. 다만, 개인이 그 위반행위를 방지하기 위하여 해당 업무에 관하여 상당한 주의와 감독을 게을리 하지 아니한 때에는 그러하지 아니하다(「민간임대주택에 관한 특별법」 제46조 제2항).

다. 「임대주택법」상 임대주택의 경우

1) 개정 경과

개정 일시	취지	내용	관련 규정
2011. 3. 9.		임대보증금에 대한 보증에 가입하지 아니한 임대사업자에게 부과하는 벌칙을 1년 이하의 징역 또는 1천만원 이하의 벌금에서 2년 이하의 징역 또는 2천만원 이하의 벌금으로 강화함	「임대주택법」 제41조 제4호 신설
2012. 12. 18.		저당권 설정 등의 제한 의무를 위반한 경우 2년 이하의 징역 또는 2천만원 이하의 벌금에 처하도록 함	제41조 제4항 제4호

2) 5년 이하의 징역 또는 3,000만원 이하의 벌금

「임대주택법」(이하 같다) 제20조의3(금융정보 등의 제공) 제5항을 위반하여 금융정보 등을 사용·제공 또는 누설한 자(「임대주택법」 제41조 제1항)

3) 3년 이하의 징역 또는 3,000만원 이하의 벌금

제17조(임대보증금에 대한 보증)에 따라 임대보증금에 대한 보증에 가입하여야 하는 임대사업자로서 보증에 가입하지 아니한 자(「임대주택법」 제41조 제2항)

제20조의4(자료요청) 제2항[제20조의3(금융정보 등의 제공) 제5항을 위반한 경우는 제외한다.] 또는 제20조의7(임대주택정보체계) 제5항을 위반하여 정보 또는 자료를 사용·제공 또는 누설한 자(「임대주택법」 제41조 제3항)

4) 2년 이하의 징역 또는 2,000만원 이하의 벌금

1. 거짓이나 그 밖의 부정한 방법으로 임대주택을 임대받거나 임대받게 한 자
2. 조합의 조합원이 아닌 자로서 조합의 가입을 알선하면서 주택가격 외의 수수료나 금품을 받은 자
3. 제16조(임대주택의 매각 제한 등)를 위반하여 공공건설임대주택을 매각한 자
4. 제18조(저당권 설정 등의 제한) 제1항을 위반한 자
5. 제19조(임대주택의 전대 제한)를 위반하여 임대주택의 임차권을 양도하거나 임대주택을 전대한 자 및 이를 알선한 자
6. 제21조(건설임대주택의 우선분양전환)를 위반하여 임대주택을 분양전환한 자
7. 제21조의3(도시형 생활주택에 대한 특례) 제5항을 위반하여 도시형 생활주택을 분양전환한 자
   (「임대주택법」 제41조 제4항)

5) 1년 이하의 징역 또는 1,000만원 이하의 벌금

1. 제8조(조합에 대한 감독) 제3항에 따른 회계감사를 받지 아니한 자
2. 삭제 〈2011. 3. 9.〉
3. 제20조(임대주택의 임대조건 등)에 따른 임대 조건 등을 위반하여 공공건설임대주택을 임대한 자
4. 삭제 〈2014. 5. 28.〉
5. 제28조(임대주택의 관리)를 위반하여 임대주택을 관리한 자

6) 양벌 규정

법인의 대표자, 대리인, 사용인, 그 밖의 종업원이 그 법인의 업무에 관하여 제41조(벌칙)와 제42조(벌칙)에 따른 위반행위를 하면, 그 행위자를 벌할 뿐만 아니라 그 법인에도 해당 조문의 벌금형을 과(科)한다. 다만, 법인이 그 위반행위를 방지하기 위하여 해당 업무에 관하여 상당한 주의와 감독을 게을리 하지 아니한 때에는 그러하지 아니하다(「임대주택법」 제43조 제1항).

개인의 대리인, 사용인, 그 밖의 종업원이 그 개인의 업무에 관하여 제41조(벌칙)와 제42조(벌칙)에 따른 위반행위를 하면, 그 행위자를 벌할 뿐만 아니라 그 개인에게도 해당 조문의 벌금형을 과한다. 다만, 개인이 그 위반행위를 방지하기 위하여 해당 업무에 관하여 상당한 주의와 감독을 게을리 하지 아니한 때에는 그러하지 아니하다(「임대주택법」 제43조 제2항).

판례 색인

법령 해석례 색인

참/고/문/헌

1. 한국건설기술연구원(이유섭, 강태경, 안방률, 백승호, 박원영), '공공건설임대주택 표준건축비 개선방안 연구', 국토해양부, 2008년

2. '2008년도 임대주택 업무편람, 매뉴얼', 국토해양부, 2008년

3. 토지주택연구원(이종권, 김경미, 권치홍, 박상학), '공공임대주택 50년 성과와 과제', 한국토지주택공사, 2015년

4. 이중근, 『임대주택정책론(이론과 실제)』, 나남출판, 2004년

5. '임대주택건설 22년', 대한주택공사, 1993년

6. 한국건설기술연구원(이유섭, 강태경, 허영기, 안방률), 한국감정원(김양수, 박차현, 김기홍), '새로운 건축비 산정기준 수립 연구', 건설교통부, 2005년

7. 김지현, '부동산 정책, 법제 격차 분석', 한국법제연구원, 2010. 1. 15.

8. 『주택백서』, 건설교통부, 2002년

9. 임덕호, '주택공급제도 개선 방안' 공공택지 및 분양주택 공급제도에 관한 공청회, 국토연구원, 2004년

10. 장성수, 분양가상한제 시행에 따른 주택업계 대응방안, 주택산업연구원, 2007년

11. 윤주현, 신석하, '주택분양가격규제의 시장 효과 및 관련 제도 연구', 국토연구원, 1994년

12. 최진영, '아파트 분양가 자율화 이후 주택시장 활성화 방안에 관한 연구, 건국대학교, 2001년

13. 경제정의실천연합회 기자회견자료(2014. 3. 3., 2014. 3. 8.)

14. 김두형, 『부가가치세법』, 한일조세연구소, 2004년

15. 최진호, '주택부족문제 해결을 위한 정책분석 연구, 서울대학교 행정대학원 석사학위논문, 1987년

16. 노기원, 황욱선, 이종광, 김용수, '국민주택 공급 및 건설용역에 대한 부가가치세 영세율 적용에 관한 연구', 한국건설관리학회, 2010년

17. 주택산업연구원(이동성, 장성수, 방경식, 구본창, 김태섭, 윤인숙, 박미선, 조영주, 이강미, 박정민), '임대보증금 보증제도 도입방안 연구', 대한주택보증 주식회사, 2002년

18. 박은철, 서울시 공공임대주택 정책, 서울연구원, 2016년

19. 곽윤직, 『민법 주해 제15권: 채권 8』, 박영사, 2009년

20. 박균성, 『행정법 강의』, 박영사, 2006년

21. 『행정구제법』, 사법연수원, 2004년

22. 이명웅, '임대주택 분양전환가격 산정기준, 실제 건축비의 적용 한계', 법률신문, 2016년

부록

1.
집주인과 세입자가 상생하는
임대주택 등록 활성화 방안

2017. 12. 13.

관계부처 합동

순/서

Ⅰ. 추진 배경

◈ 주거복지 로드맵(11.29)을 통해 무주택 임차인의 주거안정을 위한 **공적임대주택 85만호 공급계획**을 수립한 데 이어,

○ 私的 **전월세주택 세입자**(임차가구의 **70%**)의 주거불안을 해소하기 위해 사실상 **전월세상 한제**가 적용되는 **등록 민간임대주택 확충방안** 마련

임대차시장 현황

□ **(가구기준)** '16년 기준 전체 1,937만 가구 중 **자가거주 1,102만**(자가점유율 56.8%) 가구를 제외한 835만 가구가 임차가구이고,

○ 이 중에서 **공공임대 136만, 법인임대 42만, 무상임대 77만** 가구를 제외한 **총 580만 가구**가 私的 임대차시장에서 **전월세 형태**로 거주

□ **(주택기준)** '16년 기준 주택재고 총 1,988만채 중 **개인**이 보유한 주택은 1,759만채이고, 이 중 **임대용 주택**은 총 595만채로 추정

○ 임대용 주택 중 임대사업자로 **등록**하여 **임대료 인상**(연 5%)과 **임대기간**(4~8년)이 규제되는 **등록임대주택**은 79만채(임대용 주택의 13%)

  * 등록 민간임대주택은 사실상 계약갱신청구권과 전월세상한제가 적용

⇨ 여전히 **516만채(87%)**의 私的 임대주택에 거주하는 세입자들은 잦은 이사와 과도한 임대료 상승 등으로 **주거불안**에 수시로 노출

총 1,937만 가구			총 주택 1,988만채		
자가 거주 1,102만	임차가구 835만		LH·법인 등 229만채	개인 1,759만채	
	私的 전월세 580만	LH 등 136만		자가주택 1,164만채	임대주택 595만채
		법인 등 42만			등록임대 79만채
		무상 77만			

임대주택 등록 활성화 필요성

□ 私的 임대주택에 거주하는 세입자의 주거불안 해소 필요

○ 전월세는 **한집에 거주하는 기간이 평균 3.5년**으로 짧고(자가 10.6년), 10년('07~'16)간 **전국 아파트 전셋값이 73% 상승**하는 등 주거불안 심각

□ **자가보유 촉진과 공적임대 확대는 현실적 한계**

○ **자가보유율**은 선진국 대부분이 **60% 내외**(한국 59.9%)이며, **대출**에 기반한 자가보유 촉진은 **가계부채 건전성** 등을 고려할 필요

○ **공적임대주택**은 향후 5년간 **85만호**를 공급하여 '22년에는 **재고 200만호**를 확보할 계획이나, 재정여력 등 고려 시 **추가확대에 제약**

⇨ 집주인과 세입자가 **상생*** 가능한 등록 민간임대주택을 늘릴 필요

> * 임대주택으로 등록 시 집주인은 폭넓은 세제감면 혜택을 받게 되고, 세입자는 임대료 급증 걱정 없이 4년 또는 8년 이상 안정적으로 거주 가능

□ **최근 등록이 빠르게 늘고 있으나 등록률은 여전히 낮은 수준**

○ 개인의 **등록 민간임대주택**은 최근 4년간 **2배 증가**('12년 40만채→'16년 79만채)하였으나, 전체 **임대용 민간주택의 13%** 수준

- 여전히 많은 집주인들이 **4년 또는 8년간 주택 매각이 제한**되고, **건강보험료 증가** 부담 등을 우려

⇨ **등록에 소극적**이고, 등록하더라도 **4년 단기임대(93%) 위주**로 등록

구분(연말기준)	'12	'13	'14	'15	'16
등록 임대사업자(만명)	5.4	7.9	10.4	13.8	20.2
등록 민간임대주택(만호)	40	43	46	59	79

◆ 세입자의 **주거안정**을 위해서는 등록에 따른 **부담은 최소화**하고, **혜택은 늘려** 집주인들의 **자발적 임대주택 등록**을 늘려나가되,

○ **임차인 권리보호 강화**와 함께 임대차 시장 **정보인프라 구축** 필요

Ⅱ. 기본 방향

◆ 민간임대주택 **등록촉진**, 임차인 **권리보호** 강화 등을 통해 私的 **전월세주택** 세입자도 안심하고 오래 살 수 있는 주거환경 조성

○ 향후 5년간 **공적임대주택 85만호** 공급과 함께 **등록임대 100만호 확충**을 통해 '22년에 임차가구의 45%에게 **전월세상한제 혜택** 제공

집주인과 세입자가 상생하는 임대차 시장 정착

집주인	세입자

임대주택 등록 시 지원 확대

1 지방세 감면 확대
- '21년까지 취득세·재산세 감면
- (8년 임대 시) 40㎡ 이하 소형주택 재산세 감면 호수기준(2호) 폐지
- (8년 임대 시) 다가구주택(모든 가구당 40㎡ 이하)도 감면

2 임대소득세 감면 확대
- 1주택만 임대해도 감면
- 필요경비율 차등화 (등록 70%, 미등록 50%)

3 양도세 감면 확대
- (8년 임대 시) 양도세 중과배제, 장기보유특별공제 70% 적용

4 종부세 감면기준 개선
- (합산배제) 5년→8년 임대 시

5 건보료 부담 완화
- (4년 임대) 40% (8년 임대) 80% 감면

주거안정 강화

1 4~8년간 거주 가능
- 이사 걱정 없이 한집에서 오래 거주
- 이사 및 중개비용 절감

2 임대료 절감: 연 5% 이내 인상

⇨ 전월세상한제 수혜대상 확대 ('16년) 23%→('22년) 45%

권리보호 및 거래안전 강화

1 권리보호 강화
- 계약갱신 거절 통지기간 단축
- 임대차 분쟁조정위원회 실효성 강화

2 거래안전 강화
- 소액보증금 최우선변제범위 확대
- 전세금 반환보증 활성화

임대차시장 정보 인프라 구축

1 정보 인프라 구축: 임대등록시스템 및 임대차시장 정보 DB 구축
2 행정지원 강화: 등록절차 간소화, 임차인에게 등록임대주택 정보제공 등

Ⅲ. 세부 추진방안

1 임대주택 등록 활성화

◆ 旣 예고된 대로 '19년부터 **임대소득 과세와 건보료 부과**를 시행하되, 등록사업자에 대해서는 **부담이 최소화**되도록 인센티브를 확대

◆ 장기임대주택 등록을 유도하기 위해 8년 **장기임대 위주로 지원**

① 지방세 감면 확대

□ **(현행)** 임대주택으로 등록한 공동주택·오피스텔에 대해 취득세·재산세를 **면적과 임대기간**
에 따라 차등하여 감면 중 (**'18년 말 일몰 예정**)

구분		40㎡ 이하	40~60㎡	60~85㎡
취득세	공통	공동주택 건축·분양 또는 주거용 오피스텔 분양 시		
	4년 단기	면제 (1호 이상) (취득세액 200만원 초과 시 85% 감면)		–
	8년 장기			50% 감면 (20호 이상 시)
재산세	공통	2호 이상 임대 시 공동주택 건축·매입 또는 주거용 오피스텔 매입 시		
	4년 단기	면제 (재산세액 50만원 초과 시 85% 감면	50% 감면	25% 감면
	8년 장기		75% 감면	50% 감면

□ **(개선)** 취득세·재산세 감면기간을 연장하고, 재산세 감면대상 확대

○ **(감면연장)** 등록 임대주택에 대한 **취득세·재산세 감면기한**을 '18년에서 **'21년까지 3년**
간 연장(사후심층평가 후 '18년 세법 개정)

○ **(재산세)** 8년 **이상** 장기임대하는 **소형주택**(전용 40㎡ 이하)에 한하여 **1호만 임대**하는
경우에도 **재산세 감면** 혜택 부여 ('19년 시행)

- 아울러 **서민이 주로 거주**하는 **다가구주택**(모든 가구당 40㎡ 이하)에 대해서도 8년
이상 임대 시 **재산세 감면혜택** 부여 ('19년 시행)

② 임대소득 과세 정상화 및 등록사업자 감면 확대

□ **(현행)** 주택임대소득 연 **2천만원 초과**에 대해서는 **종합과세** 중이며, **2천만원 이하**는
분리과세 대상이나 **'18년까지 과세 유예**

○ **(경비 공제)** 연 2천만원 이하 분리과세 시 **필요경비율 60%**를 적용하고 다른 종합소득금
액이 2천만원 이하이면 **기본공제 400만원** 추가

  * 연소득 1천만원 이하는 과세표준 0원으로 비과세 [(1천만원×40%)-400만원=0원 연소득 2천만원은 과표
    400만원으로 세금 56만원[(2천만원×40%)-400만원]*14%

○ **(임대보증금)** 부부합산 보유주택이 **2주택 이하**인 경우는 **비과세**

- **3주택 이상**은 보증금 합계액에서 **3억원을 제외**한 금액의 60%에 대해 **이자상당액**
  ('17년, 연 1.6%)을 **간주임대료로 환산**하여 과세

* 이와 별도로 '18년까지 전용 60㎡ & 3억 이하 소형주택은 과세대상에서 제외

○ (등록 시 감면) 4년 임대 시 30%, 8년 75% 감면 중(6억원+85㎡ 이하)

□ (개선) 예정대로 '19년부터 2천만원 이하도 분리과세하되, **필요경비율 차등화** 및 **감면대상 확대**를 통해 **등록사업자의 부담은 완화**

○ (정상과세) '18년까지 유예되어 있는 **연 2천만원 이하** 임대소득에 대한 과세를 **추가 유예 없이** '19년부터 **정상 과세**(분리과세)

○ (필요경비율 조정) 분리과세 시 적용하는 필요경비율(현행 60%)을 **등록사업자는 70%, 미등록사업자는 50%로 차등 조정**('19년)

* 주택임대소득 외 다른 종합소득금액이 2천만원 이하(기본공제 적용)인 경우, 등록 시 임대소득 1,333만원까지, 미등록 시 8백만원까지 소득세 부담 없음

○ (감면기준 확대) 현재 3호 이상→1호 이상으로 확대('18년 시행)

《임대소득세 납부금액》

* 8년 임대 시, 지방소득세 별도

임대소득	현재 기준		개 선	
	등록	미등록	등록	미등록
연 1,000만원	0원	0원	0원	14만원/년
연 1,500만원	7만원/년	28만원/년	2만원/년	49만원/년
연 2,000만원	14만원/년	56만원/년	7만원/년	84만원/년

③ 양도소득세 감면 확대

□ 8년 이상 임대사업자를 중심으로 감면혜택 강화

○ (장특공제 확대) 준공공임대로 등록하여 8년 이상 임대 시에는 **양도세 장기보유특별공제 비율을 50%에서 70%로 상향**('19년 시행)

○ (장기임대 유도) 양도세 중과배제, 장기보유특별공제 및 종부세 합산배제 대상을 5년 이상 임대→**준공공임대로 등록하여 8년 이상 임대**하는 경우로 **개선**하여 장기임대주택 공급 유도('18.4월 시행)

구분		현행	개선
양도세	준공공임대 장기보유특별공제	8년 이상 임대 시 85㎡ 이하 <u>50%</u> 적용	<u>70%</u>
		10년 이상 70% 적용	
	중과배제	<u>5년 이상</u> 임대하는 6억원 이하 주택	<u>8년 이상</u>
종부세	합산배제		

617

④ 건강보험료 정상부과 및 등록사업자 감면

□ 임대소득 정상과세에 따라 건보료도 정상부과('19년 소득분부터) 하되,

○ '20년 말까지 등록한 연 2천만원 이하 분리과세 대상 사업자는 **임대의무기간 동안 건보료 인상분 대폭 감면**(8년 임대 시 80%, 4년 40%)

  * 연 2천만원 초과 임대소득에 대해서는 현재도 소득세와 건보료 부과 중

《가입유형별 건보료 인상분 추정》

현재 가입유형	미등록 시 평균인상액	등록 시 평균인상액	
		8년 임대	4년 임대
피부양자*	154만원/년	31만원/년	92만원/년
지역가입자	16만원/년	3만원/년	9만원/년
직장가입자	10만원/년	2만원/년	6만원/년

  * 임대소득세 부과로 피부양자가 지역가입자로 전환된 경우의 건보료 부담액
  (다만, 등록 시에는 임대소득이 연 1,333만원 이하인 경우 피부양자 자격유지)

○ **'21년 이후** 건보료 감면에 따른 등록증가 효과, 건보료 부과체계 개편 추이 등을 고려하여 **감면 연장여부** 검토

참고1   임대소득 과세대상 개요

▨ 비과세 대상   ▢ 분리과세('19년부터 과세)   ▨ 종합과세(과세 중)

구 분			전세	월세
1주택 보유자	공시가격 9억 초과	2천만원 초과	비과세	종합과세
		2천만원 이하		분리과세
	공시가격 9억 이하			비과세
2주택 보유자	2천만원 초과		비과세	종합과세
	2천만원 이하			분리과세
3주택 이상 보유자	2천만원 초과		비과세 (60㎡ & 3억 이하)	종합과세
	2천만원 이하			분리과세

□ '19년부터 연 2천만원 이하 임대소득에 대해서도 과세 예정이나,

  ○ **등록 시는 경비율 70%**가 적용되므로, **연 1,333만원까지 소득세 부담이 없으며** (주택임대소득 외 다른 종합소득금액이 2천만원 이하인 경우), **초과 시에도 소**

득세 대폭 감면(4년 임대 30%, 8년 75%)

⇨ 임대소득이 **연 2천만원**이 있는 8년 장기임대 등록사업자가
부담하는 소득세(지방소득세 별도)는 **연 7만원 수준**

* [2,000만원×(1-70%)]-400만원(기본공제)]×14%(세율)=28만원
→28만원×[1-75%(감면율)]=7만원

○ 다만, 등록하지 않을 경우 **면세점은 연 8백만원**으로 축소되고, **최대 연 84만원
의 소득세**(지방소득세 별도) 납부

□ **전세보증금**의 경우 부부 합산 **2주택** 이하 보유자의 전세보증금은 **과세되지 않고 3
채 이상**부터 간주임대료로 환산되어 과세되나,

○ 이 경우에도 **소형주택**(60㎡&3억원 이하)은 과세되지 않으며,
비소형주택의 보증금도 3억원까지 과세대상에서 제외

□ **월세**의 경우는 **1주택 보유자**가 보유한 공시가격 9억원 이하의 주택(전체 주택의
99.3%, 수도권은 98.5%)은 비과세 대상

참고2 보유호수별 소득세 및 건보료 부담

◆ 이번 방안으로 세부담이 늘어나는 **주요 대상**은 3주택 이상을 보유한 **다주택자**
이면서 등록하지 않고 있는 **고액 임대사업자**

◆ **1주택 보유자**는 사실상 소득세나 건보료 **부담증가가 없고,**
2주택 보유자의 경우에도 **등록 시**에는 부담이 크게 완화

《'16년 통계청 주택소유 현황》 * 다가구 거처 미구분

구분	1주택 보유자	2주택 보유자	3주택 이상 보유	합계
인원	1,133만명 (85.1%)	156만명 (11.7%)	41만명 (3.1%)	1,331만명 (100%)
주택	1,022만호 (70.4%)	268만호 (18.5%)	162만호 (11.1%)	1,452만호 (100%)

① 연 2천만원 이상 종합과세 대상자

○ 연 2천만원 이상 임대소득 사업자는 **종합과세** 대상자로 구분하여 **현재도 소득
세와 건보료를 정상 부과** 중으로,

- 실제로 '16년은 임대사업자 총 3.3만명의 임대수입 1.5조원(1인당 47백만원)에 대
해 소득세 **1,468억원**(1인당 445만원)을 징수

《국세청 임대소득세 징수현황》

구 분	귀속연도	'13년	'14년	'15년	'16년
2천만원 초과	신고인원(명)	24,474	27,666	30,414	33,025
	수입금액(억원)	11,104	13,163	14,536	15,776
추정 임대소득세액(억원)		956	1,163	1,316	1,468

○ 임대사업자로 등록 시는 2천만원 이하 임대소득자와 동일하게 **세제감면 혜택**을 폭넓게 지원 중이나, **건보료는 감면 없음**

⇨ **고액** 임대사업자의 성실한 **신고**를 유도하고 **임대등록**을 촉진하기 위해 '18.4월 부터 **임대차시장 DB**를 운영할 예정

② **연 2천만원 이하 분리과세 대상자**

① **1주택 보유 시**

○ 본인 소유주택을 **전세로 임대**한 경우

⇨ 소득세와 건보료 **부담이 발생하지 않음**

○ 본인 소유주택을 **보증부월세로 임대**한 경우

⇨ 공시가격 9억원 이하 주택(전국 99.0%)을 임대 시에는 **비과세**

② **2주택 보유 시**

○ 본인거주 주택 1채 외, **나머지 1채를 전세로 임대**한 경우

⇨ 소득세와 건보료 **부담이 발생하지 않음**

○ 본인거주 주택 1채 외, **나머지 1채를 보증부월세로 임대**한 경우

⇨ **등록 시 연 1,333만원(월 111만원)까지 비과세**되며 **초과** 시에도 **소득세**(4년 30%, 8년 75%), **건보료**(4년 40%, 8년 80%) 감면

⇨ 그러나, **미등록**한 경우 연 임대소득 **800만원(월 66만원)까지만 비과세**되며, **초 과** 시에는 소득세 및 건보료 **감면 없음**

③ **3주택 보유 시**

○ 본인 거주 주택 1채 외, **나머지 2채를 전세로 임대**한 경우

⇨ **보증금**도 간주임대료로 환산하여 **소득세가 부과**되며, 소형주택(전용 60㎡ 및 공 시가격 3억원 이하)은 주택 수 산정 시 **제외**(비과세)

○ 본인 거주 주택 1채 외 **1채는 전세, 1채는 보증부 월세**인 경우

+본인 거주 주택 1채 외 **2채가 모두 보증부 월세**인 경우

⇨ **등록** 시 보증금을 환산한 **간주임대료와** 월세의 합계액이 **연 1,333만원** 이하인 경우 **비과세, 초과** 시에도 소득세·건보료 **감면**

⇨ **미등록** 시 간주임대료와 월세 합계가 **800만원 이하**만 **비과세**

2   임차인 보호 강화

① 임차인 권리보호 강화

□ **(전세금반환보증 활성화)** 임대인 동의절차* 즉각 폐지, 가입대상 **보증금 한도 상향**(수도권 5→7억, 지방 4→5억), 저소득·신혼·다자녀가구 등 배려계층 **보증료 할인 확대** (30→40%) 등을 통해 활성화('18.2)

  * 현재는 유선확인 절차를 거쳐 임대인이 동의하지 않을 경우 보증가입 불가

□ **(계약갱신 거절기간 단축)** 임대차계약 갱신거절 통지기간을 **'계약 만료 1개월 前'**에서 **'계약 만료 2개월 前'**까지로 단축(주임법, '18.下)

  * 2개월 전에 거절을 통지하지 않으면 동일조건으로 다시 임대차한 것으로 간주

□ **(임대차분쟁조정위원회 실효성 강화)** 분쟁조정 신청이 있는 경우 피신청인의 **의사와 관계없이 조정절차를 개시**(주임법, '18.下)

  * 현재는 임차인이 분쟁조정을 신청해도 피신청인이 거부하면 조정 개시 불가

□ **(소액보증금 보호 강화)** 다른 담보물권자보다 우선하여 변제받을 수 있는 **최우선 변제 소액보증금* 상향**(시행령, '18.下)

  * 현행 우선변제금액: 서울 3,400만원, 그 외 지역별로 1,700만원 ~ 2,700만원
   ⇨ 차임 및 보증금 실태파악, 시장영향 등을 고려하여 조정범위 검토

② 임대주택 등록의무화 및 계약갱신청구권·전월세상한제

□ '18년에 조세개혁특위 등을 통해 **다주택자**에 대한 **임대보증금 과세, 보유세** 등 부동산 **과세체계**에 대한 **종합적인 개편방안** 마련

□ 이번 활성화방안을 통해 자발적 임대주택 등록을 유도하면서, 향후 **시장 상황** 등을 감안하여 **'20년 이후 등록 의무화**를 단계적으로 추진

○ 아울러, **임대차시장 DB**를 통한 임대사업 현황분석, **등록 의무화** 등과 연계하여 **계약갱신청구권 및 전월세상한제**를 도입

3 | 임대차시장 정보인프라 구축 및 행정지원 강화

① 임대차시장 정보인프라 구축

□ **(현황)** 여러 기관이 **주택소유**(재산세, 건축물대장), **임대차계약**(확정일자, 월세세액공제) 자료를 분산 관리하여 **정확한 시장현황 파악이 곤란**

○ 등록 **임대사업자**의 주택 매각, 임대조건 변경, 주민등록 전출입 등에 대해서도 **체계적 관리가 미흡**

□ **(개선)** 국토부, 국세청, 행안부가 보유한 **주택소유, 임대차계약 자료를 연계**하여 주택보유 및 임대사업 현황을 파악하는 **DB 구축**('18.4)

○ 등록 임대사업자 관리를 위하여 **임대등록시스템도 신규 구축**('18.4)

⇨ 이를 통해 **3주택 이상 다주택자 위주**로 주택보유현황, 미등록 임대사업자 정보를 **국세청, 건강보험공단** 등과 **정기적으로 공유**

② 임대인 행정지원 및 임차인 정보제공 강화

□ **(현황)** 사업자 등록을 위해 **지자체와 세무서**에 각각 **별도의 등록** 신청이 필요하며, 주소지가 아닌 곳에서는 임대사업 **등록이 불가**

○ 임차인은 **등록주택을 찾기 어렵고**, 지자체 업무과다로 등록 시 혜택과 의무사항에 대한 **충분한 안내가 부족**한 상황

□ **(개선)** 지자체에 임대 등록 시 **세무서에도 자동으로 등록 신청**이 되도록 하고, 주소지가 아닌 **임대주택 소재지에서도 등록 허용**('18.4)

○ **마이홈**(www.myhome.go.kr, 콜센터 1670-8004, 전국 42개 상담센터)을 통해 임대사업자 **등록과정을 지원**하고, 지자체 **전담인력도 확충**

○ 임대차 계약 시 **임대인이 임차인에게 등록임대 여부, 임차인 권리** 등을 **고지토록** 하고, 등록임대주택을 **마이홈에서 쉽게 찾도록** 지원

Ⅳ. 기대 효과

□ **세입자: 계약갱신청구권+전월세상한제 사실상 적용**

○ 세입자는 **경제적인 혜택**과 함께 장기간 **안정적으로 거주 가능**

- (임대기간) 임대인은 임차인에게 **귀책사유*가 없는 한** 임대의무기간 **4년 또는 8년 동안 재계약 거절 불가** ☞ **계약갱신청구권**

   * (예) 월임대료 3개월 이상 연속 연체, 임대인 동의 없이 시설 개축·증축 등

- (임대료 인상) 연 5% 이내에서 임대료 증액 제한 ☞ **전월세상한제**

⇨ 급격한 **임대료 인상과 이사 걱정 없이** 4년 또는 8년 동안 **안정적으로 거주 가능**하고, 잦은 이사에 따른 **비용도 절감 가능**

《임차인의 경제적 혜택 사례》

◆ 전세가격 3억원 등록임대주택에 8년간 거주 시: 연간 약 200만원 절감

○ 전세보증금 대출금 이자비용 절감액*: 연간 약 160만원
   * 최근 전셋값 인상률 대비 등록 시 임대료 인상률 제한 적용
○ 이사비용 및 중개수수료 절감액: 연간 약 40만원
   * 등록 시 8년간 이사 횟수 1회, 미등록 시 2.2회(평균 거주기간 3.5년) 가정

□ **집주인: 경제적 혜택+사회적 기여**

○ 임대주택 등록 시 현행 국세 및 지방세 감면 혜택 외에 **재산세와 소득세의 감면대상이 추가로 확대**되고,

   * 재산세 감면대상 확대: 다가구 주택 및 1호만 임대하는 소형주택 추가
   * 소득세 감면대상: 1호를 임대하는 경우에도 감면 혜택 부여

- 연 2천만원 이하 임대소득에 대한 **'19년 본격 과세**에도 불구하고, **필요경비율 조정** 등에 따라 **감면 대상이 확대**되는 효과

   * 등록 시 현재는 연 1,000만원부터 과세되나, '19년부터 연 1,333만원부터 과세

- 특히, 그간 임대등록 의사결정에 **걸림돌**로 지적되어 왔던 **건강보험료 부담도 크게 완화**되어 등록에 따른 경제적 혜택 증가

   * '19년에 임대소득세가 부과되더라도 등록 시는 연 1,333만원 이하는 피부양자 유지(미등록 시는 연 800만원 이하만 피부양자 유지)

   * 피부양자가 지역가입자로 전환되더라도, 8년 임대 등록 시에는 연 31만원만 추가 부담하는 반면 미등록 시에는 연 153만원의 건보료를 추가 부담

○ 또한 그간 다주택자가 **소득세·건보료 부담을 피하기 위해** 임대사업 등록을 하지 않는다는 비판에 대해서도,

- 임대등록 활성화를 통해 **미등록사업자에** 대해서도 **정당한 세금과 건보료를 납부**하게 하여 **사회적 책임을** 유도

⇨ 집주인은 자발적인 임대등록을 통해 **세금·건보료 혜택**을 받고, 세입자에게 **임대료 급등 없이** 오랫동안 살 수 있는 주택을 제공

□ 사회 전체: 임대차 시장 안정+재정 절감

○ 주거복지로드맵에 따라 '22년까지 **등록임대 200만호**(향후 5년간 100만호 순증)와 **공적임대 200만호**(향후 5년간 85만호 순증) 등 **공적 규제가** 적용되는 임대주택을 **총 400만호** 확보

* 등록임대 100만호 증가는 공공임대 100만호 확충과 유사한 효과가 있으며
  공공임대주택 건설을 위한 재정 및 기금 75조원 절감 가능

⇨ '16년에는 **전체 임차가구**(835만 가구)의 23%가 **계약갱신청구권과 전월세상한제가 적용**되는 주택에 거주하고 있으나, '22년에는 **전체 임차가구**(약 900만 가구)의 45%로 확대되어 주거안정 강화

○ 아울러 임대주택 등록이 확대되면 **미등록 임대주택의 임대료 인상과 무리한 퇴거 요구를 억제**하여 전월세 시장의 전반적인 안정에 기여

⇨ 등록사업자에 대한 **혜택 강화**를 통해 *私的* 임대주택을 **등록임대주택으로 전환**하여 **집주인과 세입자가 상생**하는 임대차 시장 구축

V. 향후 추진계획

구분	조치사항	추진일정
1단계	① 전세금 반환보증 활성화	'18.2월
	② 임대차시장 정보 인프라 구축 ① 주택보유 및 임대사업 현황파악 DB 구축 ② 임대등록 지원강화 및 임차인 정보제공 강화	'18.4월
	③ 양도세 중과배제 및 종부세 합산배제 등록기준 조정 (5→8년 임대)	'18.4월
	④ 임차인 보호 강화를 위한 주임법령 개정	'18.下
2단계	① 임대소득 과세 및 건보료 부과 정상 ('19년 소득분부터)	'19.1월

	① 소득세 정상 부과 ('20.5월 ~)
	 ・ 연 2천만원 이하 임대소득 분리과세 실시
	 ・ 분리과세 필요경비율 차등적용
	    (등록 시 70%, 미등록 시 50%)
	 ② 임대소득자 건보료 정상 부과 ('20.11월 ~)
	
	 ② 등록 시 혜택 강화
	
	 ① 국세감면 (8년 이상 임대 시)
	 ・ 양도세 장특공제 비율 확대(50→70%)
	 ② 지방세 감면
	 ・ (4년 이상 임대 시)
	    취득세・재산세 감면 일몰 연장('18년→'21년)
	 ・ (8년 이상 임대 시) 재산세 감면(소형주택은 1채
	    임대 시도 면제, 소형 다가구주택도 면제)
	 ③ 건보료 감면
	 ・ 4년 임대 시 40%, 8년 임대 시 80%
		시행

3단계	① 임대등록 의무제 단계적 도입 ② 계약갱신청구권 및 전월세상한제 도입	'20년 이후

VI. 과제별 조치사항

추진과제	조치사항	추진일정	담당
1. 임대주택 등록 활성화			
1-1. 지방세 감면 확대			
① 취득세・재산세 감면 일몰 연장('18→'21)	지방세특례제한법 개정	'18.下	행안부
② 소형주택(40㎡ 이하) 재산세 감면 호수기준 폐지	지방세특례제한법 개정	'18.下	행안부
③ 다가구주택(모든 임차가구당 면적 40㎡ 이하) 재산세 감면	지방세특례제한법 개정	'18.下	행안부
1-2. 임대소득 과세 정상화 및 등록사업자 감면 확대			
① 2천만원 이하 주택임대소득 분리과세 시행	별도 조치 불필요	'19년 ~	기재부
② 분리과세 필요경비율 차등	소득세법 및 동법 시행령 개정	'18.下	기재부
① 소득세 감면 호수기준 완화	조세특례제한법 개정	완료	기재부

추진과제	조치사항	추진일정	담당
1-3. 양도세·종부세 감면 요건 강화			
① 준공공임대 양도세 장기보유특별공제율 확대	조세특례제한법 개정	'18.下	기재부
② 양도세 중과배제, 장특공제 종부세 합산배제 적용 대상 임대기간 연장 (5년→8년)	소득세법 시행령 종합부동산세법 시행령	'18.上	기재부
1-4. 건강보험료 정상부과 및 등록사업자 감면 확대			
① 2천만원 이하 주택임대소득 건강보험료 부과	별도 조치 불필요	'19년 ~	복지부
① 등록 임대사업자 건보료 감면 (8년 80%, 4년 40%)	관련 고시 개정	'19년	복지부
2. 임차인 보호 강화			
2-1. 임차인 권리보호 및 거래안전 강화			
① 전세금반환보증 활성화	HUG 내부규정 개정	'18.2월	국토부
② 계약갱신 거절기간 단축	주택임대차보호법 개정	'18.下	법무부
③ 주택임대차 분쟁조정위원회 실효성 강화	주택임대차보호법 개정	'18.下	법무부
④ 소액보증금 최우선변제범위 확대	주택임대차보호법 시행령 개정	'18.下	법무부
2-2. 임대등록 의무화, 계약갱신청구권·전월세상한제 도입			
① 부동산 과세체계 개편	조세재정개혁 특위 논의 등을 거쳐 마련	'18년	기재부
② 단계적 등록의무화	향후 시장상황 등 감안 단계적 등록의무화	'20년 이후	국토부
③ 계약갱신청구권, 전월세상한제	등록의무화와 연계, 단계적 도입	'20년 이후	법무부 국토부
3. 정보 인프라 구축 및 행정지원 강화			
3-1. 임대인 관리 기반 구축			
① 임대차시장 DB 구축 및 임대등록 시스템 구축	·민간임대주택법 개정 ·DB 및 시스템 시범운영	기 조치 '18.4월	국토부
② 지자체 담당공무원 증원	기준인건비 반영 및 지자체별 채용	'18.上	행안부 지자체
3-2. 임대사업자 행정지원 및 임차인 정보제공 강화			
① 등록절차 간소화	민간임대주택특별법 시행령 개정	'18.上	국토부
② 임차인 정보제공 강화	민간임대주택특별법 개정 및 시스템 구축	'18.上	국토부

참고3 현행 등록임대주택 세제감면 제도 및 달라지는 점

* 주택가액은 <u>공시가격</u>, 면적은 <u>전용면적</u> 기준

1. 지방세

□ 현행

구분		전용면적(㎡)			비고
		40 이하	40 ~ 60	60 ~ 85	
취득세 (지특법 제31조, 제77조의2)	단기(4년) · 기업형 · 준공공 (8년)	면제 * 1호 이상 임대 ** 다만, 취득세액 200만원 초과시 85% 감면		50% 감면 * 8년 이상 20호 이상 임대 시	① '18.12.31일까지 등록하는 경우 적용 - 공동주택 신축, 공동주택·주거용 오피스텔의 최초 분양 받은 경우에 한정 - 신축의 경우, 토지 취득일로부터 2년 이 내 착공 시에만 적용
재산세 (지특법 제31조)	단기	면제 * 재산세액 50만원 초과 시 85% 감면	50%	25%	① 18.12.31일까지 등록하는 경우 적용 ② 2호 이상 임대 시 감면 ③ 공동주택 건축·매입, 오피스텔 매입
	기업형 · 준공공		75%	50%	

【달라지는 점】

① 취득세/재산세 감면기간 연장 '18.12.31→'21.12.31

② 재산세 감면: 2호 이상→1호 이상(8년 이상+40㎡ 이하 한정, '19년~)

③ 재산세 감면: 공동주택, 오피스텔→다가구 포함(8년 이상+40㎡ 이하 한정, '19년~)

2. 임대소득세

□ 현행

구분	전용면적(㎡)			비고
	40 이하	40 ~ 60	60 ~ 85	
단기	30% 감면			① '18년까지 2천만원 이하 임대소득 비과세 ② 85㎡ & 6억원 이하 주택(오피스텔 포 함)+3호 이상 임대하는 경우 적용 ③ 분리과세 시 필요경비율 60% 인정
기업형 준공공	75% 감면			

【달라지는 점】

① 2천만원 이하 비과세를 '18년에 예정대로 종료하고 분리과세 시행('19년~)

② 감면대상: 3호 이상→1호 이상 임대('18.1월~)

③ 필요경비율: 60%→등록 시 70%, 미등록 시 50%('19년~)

3. 양도소득세

□ 현행

단기 · 기업형 · 준공공	① 양도소득세 장기보유특별공제율 적용(소득공제율)

구분	3~4년	4~5년	5~6년	6~7년	7~8년	8~9년	9~10년	10년~
미등록	10%	12%	15%	18%	21%	24%	27%	30%
단기	10%	12%	15%	20%	25%	30%	35%	40%
기업형·준공공	10%	12%	15%	20%	25%	50%	50%	70%

☞ (예시). 준공공임대주택으로 등록하여 10년 이상 임대한 경우 장기보유특별공제 70%

② 다주택자 중과/장특 배제(수도권 6억원/비수도권 3억 이하, 5년 이상 임대 시)

【달라지는 점】

① 장기보유특별공제 확대: 8~9년 50% 10년 이상 70%→8년 이상 70%('19년~)

② 다주택자 중과배제/장특공제 적용대상: 5년 이상→8년 이상 임대('18.4월~)

4. 종합부동산세

□ 현행

건설형 임대	합산배제	① 149㎡ 이하 & 6억 이하+2호 이상+ 5년 이상 임대 시 적용
매입형 임대		① 수도권 6억/비수도권 3억 이하 + 1호 이상 +5년 이상 임대 시 적용

【달라지는 점】

① 합산배제 적용대상: 5년 이상 임대→8년 이상 임대('18.4월~)

2.
임대주택 등록 활성화 방안
Q & A

2017. 12.

관계부처 합동

순 / 서

⑱ 2천만원 이하 임대소득에 대한 건보료 부과는 어떠한 절차를 거쳐 언제부터 시행되는지?

⑲ 양도세·종부세 혜택 임대기간 강화(5년→8년)의 시행 시기는?

'18. 4. 이전에 등록한 5년 임대도 혜택을 받을 수 있는지?

⑳ 다가구주택에 대한 재산세 감면 혜택을 부여하는 경우, 개별가구의 면적 산출방식은?

㉑ 이번 제도 개선으로 집주인 동의 없이도 전세금 반환 보증 가입이 가능해지는지?

1. 총괄

---
① 임대주택 등록 활성화 방안의 추진배경과 의의는?

□ 그간 지속적인 공공임대주택 공급 확대에도 불구하고, 여전히 **임차가구의 약 70%**가 **개인이 사적으로 임대하는 주택**에 거주하여,

○ **과도한 임대료 인상과 잦은 이사** 등으로 주거불안에 자주 노출

□ **자가보유 촉진, 공공임대주택 확대**가 현실적으로 어려운 상황에서 임차가구의 주거 불안을 해소하기 위해서는

○ **사적 전월세 주택을 임대기간이 보장되고, 임대료 인상이 제**한되는 **등록임대주택**으로 전환하여, 오랫동안 안심하고 살 수 있는 주택을 늘릴 필요가 있고,

○ 이를 위해 임대주택을 등록에 따르는 **부담은 줄이고, 혜택은 늘려** 집주인들의 자발적인 등록을 촉진함으로써 **집주인과 세입자가 상생**할 수 있는 임대차 시장을 구축하고자 함

□ 이번 임대주택 등록 활성화 방안이 시행되면,

○ 세입자 입장에서는 **사실상 계약갱신청구권과 전월세상한제**가 적용되는 주택이 크게 늘어 급격한 임대료 인상과 이사 걱정 없이 4년 또는 8년 동안 안정적으로 거주할 수 있게 되고,

○ 집주인 입장에서는 임대주택 등록에 따라 **'19년부터 예정**되어 있는 연 2천만원 이하 임대소득에 대한 **과세와 건강보험료 부담을 대폭 감면** 받을 수 있고, **세입자의 주거 안정에도 기여** 가능

○ 사회 전체적으로도 등록임대주택을 활용해 서민 주거안정을 강화함으로써 **공공임대주택 공급에 드는 비용을 절감**하여 다른 분야에 활용할 수 있고, 전월세 시장과 집값 안정 효과도 기대

2. 임대사업자 등록제도 관련

② 임대사업자 등록을 위한 절차는?

□ 현재는 단독 또는 공동주택을 1호(1세대)이상 **소유**하거나, 분양·매매·건설 등을 통해 주택을 **소유할 예정인** 사업자는 사업자 주소지의 **시·군·구청을 방문**하거나 **정부 24(www.gov.kr)**를 통해 신청하면 됨

○ 향후에는 **사업자 주소지**뿐 아니라 **임대주택 소재지**의 **시·군·구청**을 방문하여 등록 가능하도록 개선할 예정이며

○ **정부24(www.gov.kr)**뿐 아니라 **새로운 임대등록시스템***을 활용하여 지자체 방문 없이 **온라인**으로 사업자 등록신청이 가능하게 할 예정

* '18.4월부터 운영하고, 마이홈 포털(www.myhome.go.kr)과도 연계

③ 등록 가능한 임대주택에 제한이 있는지?

□ **등록이 제한되는 주택의 유형은 없으나**, 본인 거주 주택(다가구 제외), 무허가 주택, 비주거용 오피스텔* 등의 경우 등록이 제한됨

* 오피스텔의 경우 전용면적이 85㎡ 이하이면서 상하수도 시설이 갖추어진 전용 입식 부엌, 전용 수세식 화장실 및 목욕시설을 갖춘 주거용만 등록이 가능

④ 등록한 임대주택을 임대의무기간 중간에 매각할 수 있는지? 매각이 가능한 경우 와 중도 매각 시 불이익은?

□ **원칙적으로** 등록 임대주택은 임대의무기간 내 **매각이 금지**되며 **무단 매각 시 과태료(주택당 최대 1천만원)**가 부과됨

○ 다만, 지자체에 **양도신고**를 한 후 다른 **임대사업자**(임대사업자로 등록예정인 경우도 포함)에게는 양도할 수 있고, **양도허가***를 받은 경우에는 **일반인**에게도 양도 가능

* 임대사업자가 2년 연속 적자, 2년 연속 부(負)의 영업현금흐름, 재개발·재건축 등의 경제적 사정이 발생할 경우 지자체에 양도허가 신청 가능

⑤ 4년 단기임대로 등록한 후에 8년 장기임대로 변경할 수 있는지?

☐ 그간에는 **임대사업자 등록 시** 처음에 선택한 **임대주택 유형**을
중간에 변경하는 것이 **불가능**하였으나,

○ 지난 9월 **민간임대주택에 관한 특별법 시행령 개정**을 통해 임대의무기간이 4년인
단기임대주택을 임대의무기간 8년인 **기업형 또는 준공공** 임대주택으로 **변경**을 허용
하였음

☐ 8년 장기임대로 변경할 경우 잔여기간 동안은 8년 등록임대주택 기준에 따라 **재산
세, 임대소득세 감면, 종합부동산세 합산배제** 등 혜택을 적용받을 수 있음

⑥ 등록 임대주택에 대한 임대료 인상제한 내용은?

☐ 등록임대주택은 임대의무기간 동안 **연 5% 이내**에서 임대료 증액이 제한되어 **사실상
전월세상한제**가 도입되는 효과

* (민간임대특별법 제44조 제2항) 임대사업자가 임대의무기간 동안에 임대료의 증액을 청구하는 경우
에는 연 5%의 범위에서 주거비 물가지수, 인근 지역의 임대료 변동률 등을 고려하여야 함

⑦ 등록 임대주택에 거주하는 임차인은 얼마 동안 거주할 수 있는지?

☐ 임차인에게 귀책사유*가 없는 한 **임대의무기간 종료 시까지 안정적으로 거주할 수 있으며,**
임대의무기간 종료 후에도 임대사업자와 협의 후 지속 거주 가능 ☞ 실질적으로 **계
약갱신청구권**이 도입되는 효과

* 귀책사유: 월 임대료를 3개월 이상 연속 연체한 경우, 주택 또는 그 부대시설을 임대사업자 동의
없이 개축·증축·변경한 경우 등

⑧ 중간에 임대조건이 바뀌거나 임차인이 변경되면 신고를 해야 하는지? 이런 변경
신고 시에도 지자체에 가야 하는지?

☐ 임대사업자는 **임대차기간, 임대료** 등 **임대차계약에 대한 사항**을 **계약 체결일로부터
3개월 이내**에 사업자 주소지 또는 임대주택 소재지 시군구청에 신고(방문 또는 인터

넷)하여야 하고, 신고한 사항이 **변경되는 경우**에도 **3개월 이내에 변경신고**를 하여야 함

* 「민간임대주택에 관한 특별법」 제67조, 임대차계약 신고를 하지 아니하거나 거짓으로 신고한 자에게는 1천만원 이하의 과태료를 부과한다.

---

⑨ **임대주택의 전대가 가능한지?**

□ 임차인은 **사업자와 협의 후 전대를 할 수 있음**

○ 다만, 임차인이 사업자와 **협의 없이** 무단으로 양도·전대할 경우 **임대차계약 해지 등의 사유**에 해당될 수 있음

---

⑩ **현재 임대사업자 등록 후 세금 혜택을 받으려면 구청과 세무서를 각각 방문해야 하는 불편함이 있는데?**

□ '18.4월부터 새로운 임대등록 시스템을 운영할 예정이며, 이를 통해 임대인이 **지자체에 임대사업자 등록**을 신청할 때 임대인의 희망에 따라 **자동으로 세무서에도 등록 신청**이 되도록 개선할 계획

---

⑪ **세입자가 본인이 등록 임대주택에 거주하는지를 어떻게 확인할 수 있는지?**

□ 현재는 **등록임대주택 여부**를 임대차계약 시 **임차인이 확인**하여야 함

□ '18.4월부터는 임대차계약 시 임대인이 **등록 임대주택 여부**, 임차인의 권리 등을 임차인에게 **고지**하도록 하고, 새롭게 운영되는 임대등록시스템 등을 통해서 **등록임대주택을 검색**할 수 있도록 할 예정

---

⑫ **임대사업자 등록 제도에 대해 상담할 수 있는 곳이 있는지?**

□ 임대사업자로 등록하기를 원하는 사업자는 우선 **해당 주소지의 시·군·구청**에 문의할 수 있고,

○ LH 공사의 **마이홈 콜센터(1670-8004)**, 전국 42개소에 있는 **오프라인 마이홈 상담센터, 마이홈포털(http://myhome.go.kr)**을 통해 임대사업자 등록 절차 및 등록 시 혜택 등을 상담받을 수 있음

3. 임대인 세제 및 건보료 부과 관련

⑬ 임대사업자 등록을 하면 세제, 건보료 혜택은 모든 주택이 적용받을 수 있는지?

□ **국세와 지방세** 감면은 **주택유형과 주택규모** 등에 따라 **감면 대상 여부 및 감면폭에** 차등이 있으며

○ **건강보험료**는 연 2천만원 이하의 임대소득에 한해 임대의무기간 동안 **40%(4년 임대), 80%(8년 임대) 감면할 예정**임

구분		주택 유형	주택 규모	주택 가액	임대소득 규모	임대 기간
국세	양도세 (중과배제, 장특공제 등)	모든 주택	제한없음 *준공공임대 장특공제 85㎡ 이하	수도권 6억, 지방 3억 이하 *준공공임대장 특공제 제한 없음	제한 없음	8년 이상
	종부세 (합산배제)	모든 주택	제한 없음	수도권 6억, 지방 3억 이하	제한 없음	8년 이상
	임대소득세 (감면)	모든 주택	85㎡ 이하 * 수도권 외 읍면지역은 100㎡	전국 6억원 이하	제한 없음	4년 및 8년 차등
지방세	취득세 (면제·감면)	공동주택	85㎡ 이하	제한 없음	제한 없음	4년 이상
	재산세 (면제·감면)	공동주택 * 40㎡ 이하 다가구주택	85㎡ 이하	제한 없음	제한 없음	4년 이상 *일부는 8년 이상
건보료 감면		모든 주택	제한 없음	제한 없음	연 2천만원 이하	4년 및 8년 차등

⑭ 현재 소득세가 비과세되고 있는 2천만원 이하 주택임대소득의 과세시점, 과세대상 소득 및 신고방법은?

□ **(과세시점 및 과세대상 소득)** '19년 1월 1일 이후 발생하는 임대소득부터 임대소득세가 과세됨

○ 따라서, **'18년 12월 31일 이전에 임대차 계약**을 한 경우에도 **'19년 1월 1일 이후 계약기간에 대한 임대소득**은 소득세 과세대상에 해당

□ **(신고방법)** 해당 과세기간의 주택임대소득에 대해 **다음 해 5월 중** 주소지 관할 세

무서에 **소득세를 신고·납부함**('19년 임대소득분은 '20년 5월에 신고·납부)

○ 2천만원 이하 주택임대소득자의 경우에는 **분리과세**[*] **방식과 종합과세**[**] **방식 중 선택**하여 **소득세를 신고·납부**할 수 있음

　　* (분리과세) 2천만원 이하 주택임대소득을 다른 종합소득과 분리하여 14% 세율로 과세

　　** (종합과세) 다른 종합소득과 합산하여 기본세율(6~42%)로 과세

---

⑮ 주택임대소득(월세+간주임대료)이 과세되는 대상자는 누구인지?

☐ **(1주택 소유자)** 부부합산 1주택 소유자의 경우 **월세 소득만 과세대상**에 해당되고 보증금은 비과세

○ 다만, 기준시가 **9억원 이하**[*] 주택의 월세 소득은 **비과세되고**, 주택가액이 **9억원을 초과**하는 경우만 **과세대상**에 해당

　　* 국외 소재 주택의 경우 주택 가액과 무관하게 임대료(월세)에 대해 소득세 과세

☐ **(2주택 소유자)** 부부합산 2주택 소유자의 경우 **월세 소득만 과세대상**에 해당되고 보증금은 비과세

☐ **(3주택이상 소유자)** 부부합산 3주택 이상 소유자의 경우 **월세 소득과 임대보증금에 대**한 **간주임대료를 합산하여 과세**

○ 간주임대료 계산 시 **소형주택**(전용면적 60㎡ & 기준시가 3억원 이하)의 보증금과 **비소형주택의 보증금 합계 3억원**까지는 **과세대상에서 제외함**

○ 이에 따라 **비소형주택의 전세 임대**만 있는 경우 **임대사업자로 등록** 시 보증금의 합계가 **16.8억원**, 미등록 시 **11.3억원** 이상인 경우에만 **과세대상**이 됨

◇ 간주임대료: (비소형주택의 임대보증금 - 3억원)×60%×이자상당액('17년 기준 연 1.6%)-임대사업부분에서 발생한 수입이자 및 배당금의 합계액

◇ 과세대상소득: [(월세 소득+간주임대료)-(월세 소득+간주임대료)×(1-50%[*] or 70%[**])-400만원]×14%[***]

　　* 임대사업자 미등록 시 기본공제율　　** 임대사업자 등록 시 기본공제율

　　*** 임대소득 2천만원 이하 분리과세 시 단일세율 적용

☐ **(면세점)** 분리과세를 적용할 경우 임대사업자 등록 여부에 따라 소득세 면세점이 달라짐

○ 주택임대소득 외 다른 종합소득금액이 2천만원 이하*인 경우

　* 주택임대소득 외 다른 종합소득금액이 2천만원 이하인 경우 기본공제(4백만원) 적용

- 임대사업자로 **등록 시**는 과세대상 임대소득 **연 1,333만원(월 111만원)까지**, 미등록 시는 **연 800만원(월 66만원)까지** 소득세 부담이 없음

<임대소득 과세 기준('19년 이후 적용)>

임대(월세+간주임대료) 소득		임대사업자 미등록 시	임대사업자 등록 시
2천만원 초과		종합과세	종합과세
2천 만원 이하	~1333만원	분리과세	분리과세
	1333만원~8백만원	분리과세	과세 제외
	8백만원~	과세 제외	과세 제외

⑯ 주택임대소득 외 다른 종합소득금액이 2천만원 이하인 사람이 2천만원 이하 주택임대소득에 대하여 분리과세 방식으로 소득세를 신고할 경우 세부담 수준은?

□ (임대사업자 등록) 임대사업자로 등록할 경우 **필요경비율을 70%** 인정받아 **연 임대소득 1,333만원*까지 과세되지 않고**, 추가적인 감면(4년 임대 30%, 8년 임대 75%)도 받을 수 있음

　* [1,333만원×(1-70%) - 400만원**(기본공제)] = 0원
　** 주택임대소득 외 다른 종합소득금액이 2천만원 이하인 경우 기본공제(4백만원) 적용

○ 이에 따라 **연 2천만원의 임대소득이 있는 사람이 8년 장기임대하는 경우**(감면 요건 충족*) 부담하는 소득세는 **연 7만원** 수준**임
　(4년 임대 시에도 연 20만원 수준임)

　* (소득세 감면 요건) 사업자 등록+85㎡ 이하+기준시가 6억원 이하
　** [2,000만원×(1 - 70%)] - 400만원(기본공제)]×14%(세율)=연 28만원
　　→ 연 28만원×[1-75%(감면율)]=연 7만원
　※ 지방소득세(10%) 0.7만원을 포함 시 연 7.7만원

□ (임대사업자 미등록) 그러나, 임대사업자로 등록하지 않을 경우 **필요경비율을 50% 만 인정**받아 소득세 면세점이 **연 8백만원으로 축소**되고, **소득세 감면도 없음**

　* [800만원×(1-50%)-400만원(기본공제)]=0원

○ 따라서, **연 2천만원의 임대소득이 있는 경우 연간 84만원*의 소득세**를 납부해야 하며, 이

는 8년 등록임대 사업자가 부담하는 소득세(연 7만원)의 12배 수준임

* [2,000만원×(1-50%)]-400만원(기본공제)]×14%(세율)=84만원

※ 지방소득세(10%) 8.4만원을 포함 시 92.4만원

---

⑰ 2천만원 초과 주택임대소득자도 임대사업자로 등록 시에 건강보험료 감면을 받을 수 없는지?

□ 2천만원 초과 주택임대소득은 **종합과세 대상**으로 **이미 보험료가 부과**되고 있으므로, 임대 등록 시에도 **보험료 감면은 없음**

○ **2천만원 이하** 주택임대소득에 대한 **등록 시 건강보험료 감면**은 임대등록에 따른 인센티브 부여로 **임차인의 주거안정을 강화**하고, 임대소득 과세 대상전환으로 인한 보험료 **상승 충격 완화**를 위한 취지

○ 다만, 2천만원 초과 임대소득자도 등록 시, 소득세, 재산세, 취득세, 종합부동산세 감면 등 각종 인센티브를 적용받을 수 있음

---

⑱ 2천만원 이하 임대소득에 대한 건보료 부과는 어떠한 절차를 거쳐 언제부터 시행되는지?

□ 건강보험료는 **과세소득을 기준***으로 부과되며,

○ 현재도 연 2천만원 초과 임대소득은 건보료가 부과 중이며,

○ '19년부터 2천만원 이하 주택의 임대소득도 과세됨에 따라 건보료도 **'19년 소득분부터 부과**됨

□ **'19년 임대소득분에 대한 건보료**는 '20.10월에 국세청이 건강보험공단에 제공한 과세자료를 토대로, '20.11월에 부과됨

---

⑲ 양도세·종부세 혜택 임대기간 강화(5년→8년)의 시행 시기는?
'18.4월 이전에 등록한 5년 임대도 혜택을 받을 수 있는지?

□ **'18.4.1일 이후**에는 양도세 중과배제 및 종부세 합산 배제 혜택을 받기 위해서는 8년 임대주택(준공공임대주택)으로 **등록***하여 8년 이상 임대하여야 함

* 임대사업자 등록(지자체) 및 면세사업자 신고(세무서) 필요(원스톱 신청 추진)

□ 다만, 이미 임대주택을 등록하여 임대하고 있거나 '18.3.31일까지 **신규등록** 하는 경우에는 **현재와 같이 5년간 임대**하면 **양도세 중과 배제 및 종부세 합산 배제 혜택**을 받을 수 있음

---

⑳ 다가구주택에 대한 재산세 감면 혜택을 부여하는 경우, 개별 가구의 면적 산출 방식은?

□ '18.4월부터 **건축물 대장**을 통해 재산세 감면 대상이 되는 다가구주택*의 **가구별 면적 확**인이 가능토록 관련규정을 개정**할 계획

  * 8년 이상, 사업자 거주 가구外에 모든 가구가 가구당 40㎡ 이하인 경우에 한정

  ** 현재 건축물대장에는 다가구주택의 가구별 면적 기재의무가 없어 확인이 어려우나, 건축법 시행규칙 등을 개정하여 건축물대장에 다가구의 가구별 면적을 표기하도록 변경

○ **신규 건축물**은 건축물대장에 다가구주택의 **가구별 면적을 구분 표기**하도록 하고, **기존 건축물**은 임대인의 신청을 통해 건축물대장에 층별 가구수 및 **가구별 면적**을 표기하도록 변경을 허용

  * (기존 건축물) '18.4월부터 신규 대장 양식을 통해 변경기재가 가능하도록 하고, 재산세 감면은 임대인이 건축물 대장을 변경하여 확인 가능한 경우에 한해 감면

㉑ 이번 제도 개선으로 집주인 동의 없이도 전세금 반환보증 가입이 가능해지는지?

□ 집주인 동의여부와 관계 없이 전세금 반환보증에 바로 가입 가능

○ 지금까지는 전세보증금 반환보증 채권을 HUG로 양도하기 위해 **내용 증명 및 임대인 유선 절차**를 거쳐 임대인이 동의하지 않을 경우 가입할 수 없었고,

  - 임대인이 동의한다 하더라도 가입 **신청부터 완료까지 1~2주의 기간이 소요**되어 제도 활성화의 장애요인으로 작용

□ 내년 2월부터는 **임대인 유선확인 절차를 생략**하고, 임대인의 동의 **여부와 관계 없이 반환보증에 바로 가입을 허용**할 계획

○ 다만, 임대인에게 전세보증금 반환보증 채권 양도에 대한 **내용 증명**은 **현행과 같이 발송**할 필요

3.
표준임대보증금 및 표준임대료 고시

순 / 서

- 영구임대주택의 표준임대보증금 및 표준임대료 산정기준
- 2018년도 영구임대주택의 생계, 의료급여 수급자 등의 표준임대보증금 및 표준임대료
- 임대주택 표준임대보증금 및 표준임대료
- 국민임대주택의 표준임대보증금 및 표준임대료
- 행복주택의 표준임대보증금 및 표준임대료 등에 관한 기준
- 분납임대주택의 표준임대료

영구임대주택의 표준임대보증금 및 표준임대료 산정기준

[시행 2016. 12. 30.] [국토교통부고시 제2016-772호, 2016. 11. 25., 일부개정]

국토교통부(주거복지기획과) 044-201-4740

1. 적용범위

이 고시는「공공주택특별법 시행령 」제44조 제1항에 따라 「공공주택특별법 시행령 」제2조 제1호 및 「공공주택특별법 시행규칙」【별표3】 제1호를 적용받는 영구임대주택에 대하여 적용한다.

2. 표준임대보증금 및 표준임대료

가. 생계·의료급여수급자 등(「공공주택특별법 시행규칙」【별표3】 제1호 가목부터 라목까지에 해당하는 사람을 말하며, 나목의 경우에는 소득 인정액이 생계급여 또는 의료급여 수급자에 해당하는 기준을 충족하는 사람에 한다. 이하 같다)

국토교통부장관은 전년도 표준임대보증금 및 표준임대료에 주거비물가지수[전년도 소비자물가지수 중 전국평균 주택임차료, 주거시설유지보수비 및 기타주거관련서비스 지수를 가중 평균하여 산정]상승률을 곱하여 산정한 표준임대보증금 및 표준임대료를 매년 3월 2일까지 고시한다. 다만, 주택건설에 투입되는 주요 건설자재의 가격 변동 등 특별한 사정이 있는 경우에는 표준임대보증금 및 표준임대료의 적정성을 재검토하여 고시하여야 한다.

나. 일반 등(생계·의료급여수급자 등에 해당하는 사람을 제외한 입주자를 말하며, 종전의 청약저축가입자로서 입주한 사람을 포함한다. 이하 같다.)

　　1) 표준임대보증금

해당 주택가격(「공공주택특별법 시행규칙」【별표7】에 따라 산출한 "최초 입주자 모집 당시의 주택가격"을 말한다. 이하 같다)의 100분의 20에 해당하는 금액

　　2) 표준임대료

표준임대료는 해당 주택가격의 100분의 10에 상당하는 금액에 「은행법」에 따른 은행의 1년 만기 정기예금 평균이자율(이하 "정기예금이율"이라 한다)을 곱하여 산출한 금액과 감가상각비, 수선유지비, 화재보험료, 대손충당금 및 국민주택기금이자를 합한 금액으로 하며 각 항목별 산출기준은 다음과 같다.
　　　가) 감가상각비: 건물내용연수 50년, 잔존가액 10%, 정액법을 적용하여 산출한 금액
　　　나) 수선유지비: 건축비의 1,000분의 5
　　　다) 화재보험료(재해보험료) 및 기금이자: 실제 지급금액
　　　라) 대손충당금: 감가상각비, 수선유지비, 화재보험료 및 국민주택기금이자를 합한 금액의 1%
　　다.「장기공공임대주택 입주자 삶의 질 향상 지원법」제10조의2 제1항에 의해 영구임대주택 단지 내 별도의 동으로 증축되는 주택에 입주한 사람

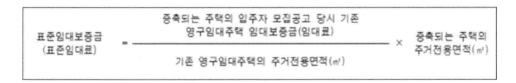

$$표준임대보증금(표준임대료) = \frac{증축되는\ 주택의\ 입주자\ 모집공고\ 당시\ 기존\ 영구임대주택\ 임대보증금(임대료)}{기존\ 영구임대주택의\ 주거전용면적(㎡)} \times 증축되는\ 주택의\ 주거전용면적(㎡)$$

3. 임대보증금 및 임대료의 할증

가. 생계·의료급여수급자 등이 소득수준의 향상으로 생계·의료급여수급자 등에서 제외된 후에도 계속 당해 임대주택에 거주를 희망하는 경우에는 다음의 방법에 따라 임대보증금 및 임대료를 부과한다. 다만, 해당 세대의 월평균소득이 전년도 도시근로자 가구 월평균소득의 50%(공공주택특별법 시행규칙 별표3 제 1호 나목, 마목, 바목 및 아목과 제2호 가목에 해당하는 경우에는 70%)를 초과하는 경우에는 재계약 차수에 관계없이 일반 등에게 적용하는 임대보증금 및 임대료를 적용하며, 공공주택특별법 시행규칙 별표3 제1호 다목 및 제2호 나목에 해당하는 사람은 소득수준에 따른 임대료 할증을 적용하지 아니한다.

    1) 최초 계약 시: 계약 당시 생계·의료급여수급자 등에게 적용하는 임대보증금 및 임대료에 차등부 과금액의 30%에 해당하는 금액을 합한 금액

    2) 1차 재계약 시: 계약 당시 생계·의료급여수급자 등에게 적용하는 임대보증금 및 임대료에 차등 부과금액의 60%에 해당하는 금액을 합한 금액

    3) 2차 재계약 시: 계약 당시 일반 등이 적용받는 임대보증금 및 임대료

나. "차등부과금액"이라 함은 계약시점에서 일반 등에게 적용하는 임대보증금 및 임대료에서 생계·의료급여수급자 등에게 적용하는 임대보증금 및 임대료를 차감한 금액을 말한다.

다. 일반 등에게 적용하는 임대보증금 및 임대료를 적용받는 임차인(일반 등에게 적용하는 임대보증금 및 임대료를 적용받는 생계·의료급여수급자 등이 재계약하는 경우를 포함한다. 이하 같다.)은 2년 단위 갱신계약시마다 이전 임대보증금 및 임대료(라목에 따른 할증을 적용하지 않은 금액을 말한다)에서 20%씩 증액한다. 다만, 이전 임대보증금 및 임대료가 인근지역의 국민임대주택의 임대보증금 및 임대료를 상회하는 경우에는 주거비 물가지수와 인근지역의 전세가격 변동률을 고려하여 「주택임대차보호법」에서 정하는 범위에서 증액한다.

라. 일반 등에게 적용하는 임대보증금 및 임대료를 적용받는 임차인이 2년 단위 갱신 계약 시 소득에 관한 입주자격을 초과한 경우에는 다목에 따라 이전 임대보증금 및 임대료에서 증액하는 비율에 아래에서 정한 비율을 합하여 증액한다. 다만, 다목에 따라 적용하려는 임대보증금 및 임대료 또는 아래에서 정하는 비율을 합하여 증액하려는 임대보증금 및 임대료가 인근지역의 국민임대주택의 임대보증금 및 임대료를 상회하는 경우에는 아래에서 정한 비율에서 1/2을 감한 비율을 합하여 증액한다.

재계약요건	할증구간 (도시근로자 가구 월평균소득 기준)	할증비율	
		소득 초과자의 최초 갱신계약	소득 초과자의 2회차이상 갱신계약
전년도 도시근로자 가구 월평균소득의 75% 이하	52.5%초과 55%이하	0%	20%
	55%초과 65%이하	20%	40%
	65%초과 75%이하	40%	80%
전년도 도시근로자 가구 월평균소득의 105% 이하	73.5%초과 77%이하	10%	20%
	77%초과 91%이하	20%	40%
	91%초과 105%이하	40%	80%

마. 영구임대주택의 재계약요건을 초과한 입주자가 공공주택 업무처리지침에 따라 1회에 한해 갱신계약을 체결하는 경우에는 다목에 따라 이전 임대보증금 및 임대료(생계·의료급여수급자 등에서 제외되면서 동시에 재계약요건을 초과한 경우에는 일반 등에게 적용하는 임대보증금 및 임대료를 말한다)에서 증액하는 비율에 80%를 추가한 비율로 증액한다. 다만, 다목에 따라 적용하려는 임대보증금 및 임대료 또는 라목에서 정하는 비율을 합하여 증액하려는 임대보증금 및 임대료가 인근지역의 국민임대주택의 임대보증금 및 임대료를 상회하는 경우에는 40%를 추가한 비율로 증액한다.

4. 임대보증금과 임대료의 상호전환

임대보증금과 임대료는 임대차 계약 시 임차인의 동의가 있는 경우에는 상호 전환이 가능하며, 이 경우 전환금액에 대한 금리는 전환 당시의 정기예금이율을 적용한다.

5. 임대보증금과 임대료의 증액제한

가. 임대보증금 및 임대료는 임대차 계약기간 이내에는 이 고시에 따라 결정된 금액을 기준으로 하여 「주택임대차보호법」 제7조에서 정한 차임 등의 증액청구 비율을 초과하여 증액할 수 없다.

나. 가목에 따른 증액청구는 임대차계약 또는 약정한 차임 등의 증액이 있은 후 1년 이내에는 하지 못한다.

6. 재검토 기한

이 고시는 「훈령·예규 등의 발령 및 관리에 관한 규정」(대통령훈령 제248호)에 따라 이 훈령 발령 후의 법령이나 현실 여건의 변화 등을 검토하여 이 고시의 폐지, 개정 등의 조치를 하여야 하는 기한은 2018년 8월 19일로 한다.

부칙 <제2016-772호, 2016. 11. 25.>
제1조 (시행일) 이 고시는 2016년 12월 30일부터 시행한다.
제2조 (경과조치)
① 이 훈령 시행일 이전에 입주자모집공고를 하여 시행일 이후 체결하는 최초계약에 대하여는 종전의 규정에 따른다.
② 이 훈령 시행일 이전에 입주한 기존 임차인이 이 훈령 시행일 이후 최초로 체결하는 갱신계약에 대하여는 종전의 규정에 따른다.

2018년도 영구임대주택의 생계·의료급여 수급자 등의
표준임대보증금 및 표준임대료

[시행 2018. 3. 2.] [국토교통부고시 제2018-140호, 2018. 3. 2., 제정]

국토교통부(주거복지기획과) 044-201-3361

(단위 : 원/㎡, 주거전용면적 기준)

구 분	급지기준	표준임대보증금	표준임대료
1급지	서울특별시	99,029	1,973
2급지	광역시 및 수도권	93,913	1,870
3급지	인구 30만 이상 도시, 도청소재지	89,006	1,771
4급지	그 밖의 지역	84,484	1,680

부칙 <제2018-140호, 2018. 3. 2.>

이 고시는 발령한 날부터 시행한다.

임대주택 표준임대보증금 및 표준임대료

[시행 2015. 8. 28.] [국토교통부고시 제2015-638호, 2015. 8. 28., 일부개정]

국토교통부(주거복지기획과) 044-201-4868

1. 적용 범위

이 고시는 「임대주택법」 제14조 및 「동법 시행령」 제12조에 의거 「주택법」 제16조의 규정에 의하여 사업계획승인을 얻어 건설한 공공건설임대주택 중 임대의무기간이 5년 또는 10년인 임대주택에 대하여 적용한다.

2. 표준임대보증금

표준임대보증금은 건설교통부장관이 정하는 공급조건에 의하여 산출한 주택분양가(이하 "건설원가"라 한다)에서 국민주택기금융자금(이하 "기금"이라 한다)을 공제한 금액의 100분의 50에 해당하는 금액으로 한다.

3. 표준임대료

표준임대료는 당해 주택에 대한 감가상각비, 수선유지비, 화재보험료(재해보험료 등), 제세공과금(단, 임대의무기간이 10년인 임대주택의 경우에 한한다), 기금이자, 사업주체의 자체자금에 대한 이자 중 일정비율에 해당하는 금액(이하 "자기자금이자"라 한다)을 합한 금액으로 하며, 각 항목별 산출기준은 다음과 같다.

가. 감가상각비: 기준내용연수 40년, 정액법을 적용
나. 수선유지비: 건축비에 대하여 연간 1,000분의4(단, 임대의무기간이 10년인 임대주택의 경우에는 1,000분의8로 한다)
다. 화재보험료(재해보험료) 및 기금이자: 실제지급금액
라. 제세공과금: 재산세 및 종합토지세, 도시계획세 등 부가세를 포함
마. 자기자금이자

　　(1) 임대의무기간이 5년인 임대주택

당해 주택의 건설원가에서 기금을 공제한 금액에 은행법에 의한 금융기관으로서 가계자금대출시장의 점유율이 최상위인 금융 기관의 1년 만기 정기예금의 이율(이하 "정기예금이율"이라 한다)을 적용한 이자액의 100분의 20에 해당하는 금액

　　(2) 임대의무기간이 10년인 임대주택

당해 주택의 건설원가에서 기금 및 최초 임대보증금을 공제한 금액에 정기예금이율을 적용한 이자액에 해당하는 금액

4. 임대보증금과 임대료의 상호전환

가. 임대보증금과 임대료는 임대차계약 시 임차인의 동의가 있는 경우에는 상호전환이 가능하며, 이 경우 전환금액에 대한 금리는 은행 대출금리와 시장 전월세 전환율 등을 참고하여 사업시행자가 별도로 정한다.

나. 임대보증금을 상호전환할 경우 최초의 임대보증금(전환보증금 포함)은 건설원가에서 기금을 차감한 금액을 초과할 수 없다.

5. 임대보증금과 임대료의 변경 및 증액제한

임대보증금 및 임대료는 이 고시에 의하여 결정된 금액을 기준으로 하여 주택임대차보호법 제7조의 규정에서 정한 차임 등의 증액청구비율을 초과하여 증액할 수 없다.

6. 재검토기한

이 고시는 「훈령·예규 등의 발령 및 관리에 관한 규정」에 따라 이 훈령 발령 후의 법령이나 현실여건의 변화 등을 검토하여 이 고시의 폐지, 개정 등의 조치를 하여야 하는 기한은 2018년 8월 19일로 한다.

부칙 <제2015-638호, 2015. 8. 28.>
이 고시는 고시한 날부터 시행한다.

국민임대주택의 표준임대보증금 및 표준임대료

[시행 2017. 6. 30.] [국토교통부고시 제2016-1101호, 2016. 12. 30., 일부개정]

국토교통부(주거복지기획과) 044-201-3359

1. 적용범위

이 고시는 공공건설임대주택 중「주택공급에 관한 규칙」제32조에 의한 국민임대주택에 대하여 적용한다.

2. 표준임대보증금

표준임대보증금은 다음의 산식에 의하여 산정한다.

> 표준임대보증금 = 당해주택가격 × 20/100 × 규모계수 × 지역계수

가. 당해 주택가격: 임대주택법 시행규칙 제3조의3 [별표 1] 의 규정에 의하여 산출한 "최초 입주자모집당시의 주택가격"

나. 규모계수

구 분	규모계수
30제곱미터 이하 (주거환경개선사업지구내에 한한다.)	0.25
36제곱미터 이하	0.75 (기초생활수급권자는 0.5)
36제곱미터 초과	당해 주택의 전용면적/36 (1.3을 초과하지 아니한다)

* 면적은 소수점 이하는 절사하여 계산한다.

다. 지역계수

구 분	권역구분 기준	지역계수
1권역	수도권지역중 과밀억제권역 및 인구 50만명 이상 도시	1.15
2권역	1권역외의 수도권지역, 광역시(군지역은 제외), 도청소재지	1.0
3권역	기타 지역	0.85

* 수도권 및 과밀억제권역은 수도권정비계획법령상의 구분에 따른다.
* 인구 50만명 이상은 최초 입주자 모집공고일 기준으로 전년도말 인구수를 말하며, 전년도 통계가 없으면 전전년도말 인구수를 기준으로 한다.

3. 표준임대료

표준임대료는 당해 주택에 대한 감가상각비, 연간 수선유지비, 화재보험료(재해보험료), 국민주택기금이자, 사업주체의 자체자금에 대한 이자 중 일정비율에 해당하는 금액(이하 "자기자금이자" 라 한다)을 합

한 금액으로 하며, 각 항목별 산출기준은 다음과 같다.

가. 감가상각비 : 건물내용연수 50년, 잔존가액 10%, 정액법을 적용하여 산정한 금액
나. 연간 수선유지비 : 건축비의 1,000분의 4
다. 화재보험료 및 기금 이자 : 실제 지급금액
라. 자기자금이자 : 당해 주택의 주택가격 중 사업주체가 직접 부담한 금액에 은행법에 의한 금융기관으로서 가계자금대출시장의 점유율이 최상위인 금융기관의 1년만기 정기예금의 이율을 적용한 이자액의 100분의 50에 해당하는 금액

4. 임대보증금과 임대료의 상호전환

가. 임대보증금과 임대료는 임대차계약 시 임차인의 동의가 있는 경우에는 상호전환이 가능하며, 이 경우 전환금액에 대한 금리는 은행 대출금리와 시장 전월세 전환율 등을 참고하여 사업시행자가 별도로 정한다.
나. 임대보증금과 임대료를 상호전환할 경우 최초의 임대보증금은 주택가격에서 기금지원액을 차감한 금액을 초과할 수 없다.
다. 임대사업자와 임차인의 동의가 있는 경우 나항에도 불구하고, 최초의 임대보증금에서 추가로 임대료를 임대보증금으로 전환할 수 있다.

5. 임대보증금과 임대료의 변경 및 증액제한

임대보증금 및 임대료는 이 고시에 의하여 결정된 금액을 기준으로 하여 주택임대차보호법 제7조의 규정에서 정한 차임 등의 증액청구비율을 초과하여 증액할 수 없다.

6. 「주택공급에 관한 규칙」 제32조의 규정에 의한 국민임대주택의 입주자격 요건을 충족하지 못하는 자 등에게는 다음의 방법에 따라 표준임대보증금 및 표준임대료를 부과한다.

가. 적용대상

(1) 「주택공급에 관한 규칙」 제32조의 규정에 의하여 국민임대주택에 입주하는 자중 소득요건 또는 입주자격을 충족하지 못하는 자
(2) 국민임대주택의 입주자격을 충족하는 자로 입주하였으나 당해 임대주택에 입주하던 중 소득요건을 충족하지 못하게 된 후에 당해 임대주택에 거주를 계속 희망하는 자

나. 부과방법

(1) 가목(1)에 해당하는 자
국민임대주택의 표준임대보증금 및 표준임대료에 아래 다목 (1)의 소득초과자의 2회차 이상 갱신계약에 해당하는 할증비율로 산출한 금액을 부과
(2) 가목(2)에 해당하는 자
국민임대주택의 표준임대보증금 및 표준임대료에 아래 다목 (1)의 소득기준 초과비율에 따른 할증비율로 산출한 금액을 부과

다. 부과금액

(1) 소득기준 초과정도에 따라 국민임대주택의 표준임대보증금 및 표준임대료에 아래에서 정한 비율을 곱하여 산출한 금액

소득기준 초과비율	할증비율	
	소득초과자의 최초 갱신계약	소득초과자의 2회차 이상 갱신계약
10%이하	100%	110%
10%초과 30%이하	110%	120%
30%초과 50%이하	120%	140%

(2) 소득이 국민임대주택 일반 공급 입주자격 요건의 150%를 초과하거나 자산이 국민임대주택의 자산요건을 초과한 입주자가 재계약을 체결하는 경우에는 국민임대주택의 표준임대보증금 및 표준임대료에 140%의 할증비율을 곱하여 산출한 금액

(3) (1)항 및 (2)항에 적용하는 국민임대주택의 표준임대보증금 및 표준임대료는 최초 입주자모집 당시의 표준임대보증금 및 표준임대료에 임대주택법 제14조 제2항에 따라 증액 청구한 비율을 임대기간 경과 연수에 복리로 곱하여 산출한 금액으로 한다.

(4) 임대사업자는 위 할증비율을 적용하여 산출한 국민임대주택 표준임대보증금 및 표준임대료가 인근 지역에 소재한 다른 주택의 전·월세시세 등과 비교하여 높을 경우 다른 주택의 전·월세시세로 부과할 수 있다.

7. 기타

사업주체는 표준임대보증금 및 표준임대료의 범위내에서 지역적인 특성과 당해 주택 주변지역의 임대료 수준 등을 감안하여 임대보증금과 임대료를 차등적으로 적용할 수 있다.

8. 재검토기한

이 고시는 「훈령·예규 등의 발령 및 관리에 관한 규정」에 따라 이 훈령 발령 후의 법령이나 현실여건의 변화 등을 검토하여 이 고시의 폐지, 개정 등의 조치를 하여야 하는 기한은 2018년 8월 19일로 한다. <개정 2012. 8. 20.>

부칙 <제2016-1101호, 2016. 12. 30.>

제1조(시행일) 이 고시는 2017년 6월 30일부터 시행한다.

제2조(기존 입주자에 대한 경과조치) 2016년 12월 30일 이전의 입주자 모집 공고에 따라 국민임대주택에 입주한 임차인이 이 훈령 시행일 이후 최초로 체결하는 갱신계약에 대하여는 종전의 규정에 따른다.

행복주택의 표준임대보증금 및 표준임대료 등에 관한 기준

[시행 2016. 3. 29.] [국토교통부고시 제2016-56호, 2016. 3. 29., 일부개정]

국토교통부(행복주택기획과) 044-201-4524

제1조(목적) 이 고시는 공공임대주택 중 「공공주택 특별법 시행령」 제2조 제1항 제3호에 따른 행복주택의 표준임대보증금 및 표준임대료와 입주자에게 임대보증금 및 임대료를 부과하는 방법 등을 정함으로써 입주자의 주거비 부담을 경감하고, 행복주택이 주변 민간임대 시장에 미치는 영향을 최소화하며, 행복주택 사업의 지속가능성을 높이는 것을 목적으로 한다.

제2조(임대시세의 결정) ① 행복주택의 사업시행자(이하 "사업시행자"라 한다)는 행복주택의 표준임대보증금 및 표준임대료를 결정하기 위한 기초자료로서 임대시세(임대보증금 및 임대료를 제5조에 따른 시장전환율을 적용하여 전액 임대보증금으로 전환한 값을 말한다. 이하 같다)를 결정하여야 한다.

② 사업시행자는 다음 각 호에 따라 주변 지역 주택(「주택법」 제2조 제1호 및 제1호의2에 따른 주택 및 준주택을 말한다. 이하 이조에서 같다)의 임대차 거래 사례 등을 조사하여 행복주택의 임대시세를 결정하여야 한다.

1. 지역범위 및 조사대상: 해당 행복주택과 같거나 인접한 시·군·자치구에 소재한 주택 중 규모와 생활여건 등이 비슷한 대표성을 가진 주택을 조사

2. 기간 및 계약형태: 최근 1년간의 전세 및 월세 임대차 계약 사례를 조사(다만, 최근 1년 이내에 임대차 계약 사례가 없는 경우에는 최근의 거래 사례를 조사)

3. 주택 유형(단독주택, 아파트, 다세대주택, 기숙사, 오피스텔, 도시형생활주택 등의 분류를 말한다): 입주 대상이 주로 이용하는 주택 유형, 제1호에 따른 지역 범위 내 분포한 주택 유형, 해당 행복주택의 유형을 고려

③ 제2항에도 불구하고 사업시행자는 제2항 각 호에 따라 임대시세를 결정할 수 없는 경우에는 자체적으로 마련하는 별도의 기준에 따라 임대시세를 결정할 수 있다.

④ 사업시행자는 행복주택의 최초 입주자모집공고일을 기준으로 최초 임대시세를 결정하여야 하며, 입주자모집공고일이 있는 다음 해부터는 매년 4월 1일을 기준으로 임대시세를 갱신하여야 한다.

제3조(공급대상별 차등화) ① 행복주택의 표준임대보증금 및 표준임대료는 「공공주택 특별법 시행규칙」(이하 "규칙"이라 한다) 별표5 제1호에 따른 공급대상별로 차등적으로 정한다.

② 제1항에 따라 표준임대보증금 및 표준임대료를 차등적으로 정하기 위한 공급대상별 임대료 계수(이하 "공급대상 계수"라 한다)는 다음의 표와 같다.

공급대상	공급대상 계수
신혼부부	0.80
산업단지근로자	0.80
고령자	0.76
사회초년생	0.72
대학생	0.68
주거급여수급자	0.60

③ 규칙 별표5 제2호 가목에 따른 기존거주자인 입주자는 규칙 별표5 제1호에 따른 공급대상의 어느 하나에 해당하는 경우 해당 공급대상 계수를 적용하여 제4조 및 제5조에 따라 표준임대보증금 및 표준임대

료를 산정하고, 그렇지 아니하는 경우에는 제9조에 따라 임대보증금 및 임대료를 부과한다.

제4조(표준임대보증금) 공급대상별 표준임대보증금은 다음의 계산식에 따라 산정한다.

$$표준임대보증금 = 임대시세 \times 공급대상 계수 \times 50/100$$

제5조(표준임대료) 공급대상별 표준임대료는 다음의 계산식에 따라 산정한다. 이 경우 시장전환율이란 실제 해당 지역에서 적용되는 전월세 전환율을 말한다.

$$표준임대료 = 표준임대보증금 \times 시장전환율$$

제6조(임대보증금 및 임대료의 상한) ① 행복주택의 최초의 임대보증금과 임대료(제7조에 따라 임대보증금 및 임대료를 상호 전환하지 않은 경우를 말한다. 이하 임대보증금 및 임대료의 상한을 정하는 경우 같다)는 각각 제4조 및 제5조에 따라 최초로 산정한 표준임대보증금과 표준임대료를 초과할 수 없다.
② 최초 입주자 모집 이후 기존 입주자의 퇴거 등으로 인해 행복주택에 신규로 입주하는 사람의 임대보증금 및 임대료는 제2조 제4항에 따라 해당 시점에 갱신된 임대시세로 산정된 표준임대보증금 및 표준임대료를 초과할 수 없다.

제7조(임대보증금 및 임대료의 상호 전환) ① 임대보증금과 임대료는 임대차계약 시 임차인의 동의가 있는 경우에는 상호 전환할 수 있다.
② 제1항에 따라 임대보증금과 임대료를 상호 전환할 때 금액의 한도 및 전환금액에 대한 금리는 은행 대출 금리와 시장 전월세 전환율 등을 참고하여 사업시행자가 별도로 정한다.

제8조(임대보증금 및 임대료의 증액 제한) ① 임대보증금 및 임대료는 「공공주택 특별법」 제49조 제2항에 따른 범위를 초과하여 증액할 수 없다.
② 임대차계약을 갱신할 때의 임대보증금 및 임대료는 제2조 제4항에 따른 해당 시점의 임대시세로 산정한 표준임대보증금 및 표준임대료를 초과할 수 없다.

제9조(임대보증금 및 임대료의 할증) ① 제6조 및 제8조에도 불구하고 규칙 별표5 제1호에 따른 행복주택 입주자격을 충족하지 못하는 사람 등에게는 다음 각 호에 따라 임대보증금 및 임대료를 부과한다.
1. 적용 대상: 다음 각 목의 어느 하나에 해당하는 사람
  가. 규칙 별표5 제2호 가목에 따른 기존거주자로서 규칙 별표5 제1호에 따른 공급대상의 자격을 갖추지 못한 사람
  나. 규칙 별표5 제1호에 따른 공급대상의 자격을 갖추고 행복주택에 입주하였으나, 거주 중 소득기준을 초과하였음에도 해당 행복주택에서 퇴거하지 않는 사람
  다. 공급신청자가 공급량에 미달하는 등의 사유로 사업시행자가 추가로 모집한 사람
2. 부과 방법
  가. 제1호 가목 또는 다목에 해당하는 사람: 공급대상 계수를 0.80으로 하여 제4조 및 제5조에 따라 산정한 표준임대보증금 및 표준임대료를 임대보증금 및 임대료로 부과. 다만, 갱신계약 시에는 표준임대보증금 및 표준임대료에 해당 세대의 월평균소득이 전년도 도시근로자 가구당 월평균소득을 초과하는 비율에 따라 제3호에 따른 할증비율로 산정한 금액을 임대보증금 및 임대료로 부과
  나. 제1호 나목에 해당하는 사람: 제4조 및 제5조에 따른 표준임대보증금 및 표준임대료에 제3호에 따른 할증비율로 산정한 금액을 임대보증금 및 임대료로 부과
3. 할증 비율

소득기준 초과 비율	할증비율	
	최초 갱신계약 시	2회차 이상 갱신계약 시
10%이하	110%	120%
10%초과 30%이하	120%	130%
30%초과	130%	140%

② 사업시행자는 제1항에 따라 산정한 임대보증금 및 임대료가 주변 임대 시세보다 높은 경우에는 공급 대상 계수를 1로 하여 계산한 표준임대보증금 및 표준임대료를 임대보증금 및 임대료로 부과할 수 있다.

제10조(재검토기한) 국토교통부장관은 「훈령·예규 등의 발령 및 관리에 관한 규정」에 따라 이 고시에 대하여 2016년 7월 1일 기준으로 매3년이 되는 시점(매 3년째의 6월 30일까지를 말한다)마다 그 타당성을 검토하여 개선 등의 조치를 하여야 한다.

부칙 <제2016-56호, 2016. 3. 29.>
이 고시는 발령한 날부터 시행한다.

분납임대주택의 표준임대료

[시행 2013. 11. 20.] [국토교통부고시 제2013-691호, 2013. 11. 20., 일부개정]

국토교통부(주거복지기획과) 044-201-3361

1. 표준임대료

표준임대료=최초 입주자모집 당시의 주택가격×(1+이자율)납부시점의 임차연수×(1-분납율의 합)×임대료율

가. 최초 입주자 모집 당시의 주택가격: 건축비 및 택지비를 기준으로 입주자모집 승인권자가 산정한다. 이 경우 건축비 및 택지비의 산출은 「임대주택법 시행규칙」 별표 1 제2호 라목에 따른다.

나. 이자율: 해당 분납임대주택의 임대시작일과 분납금 납부일(다만, 최초 표준임대료의 경우 입주자모집공고일) 당시 각각의 「은행법」에 따른 금융기관의 1년 만기 정기예금 평균 이자율을 산술평균한 이자율

다. 납부시점의 임차연수: 최초 입주지정기간이 끝난 날부터 12개월을 1년으로 임차연수를 산정한다. 다만, 최초 임대차기간에 적용하는 임차연수는 0으로 한다.

라. 분납율의 합
  1) 최초 입주지정기간이 끝난 날부터 4년 전일까지의 기간: 100분의 30
  2) 임대기간 중 4년부터 8년 전일까지의 기간: 100분의 50
  3) 임대기간 중 8년부터 분양전환시작일 전날까지의 기간: 100분의 70

마. 임대료율: 분납금 납부일(다만, 최초 표준임대료의 경우 입주자모집공고일) 당시 국민주택기금 중 공공임대주택자금의 입주자 앞 대출 이율

2. 표준임대료 산정 및 적용

표준임대료는 분납율의 합이 변경되는 시점에 산정하여 적용한다. 다만, 최초 표준임대료는 입주자모집공고 당시를 기준으로 산정하여 적용한다.

3. 임대료의 변경 및 증액제한

임대료의 변경 및 증액은 「임대주택법」 및 「주택임대차보호법」에서 정하는 바를 위반하여서는 아니 되고, 「주택임대차보호법 시행령」 제2조에 따른 차임 등의 증액청구는 약정한 차임 등의 100분의 5에 해당하는 금액을 초과하지 못하며, 임대차계약 또는 약정한 차임 등의 증액이 있은 후 1년 이내에는 그 차임 등을 증액하지 못한다.

부칙 <제2013-691호, 2013. 11. 20>
① (시행일) 이 고시는 발령한 날부터 시행한다.
② (적용례) 이 고시는 시행일 이후 최초로 입주자모집공고를 시행하는 단지부터 적용한다. 다만, 그 이전에 입주자모집공고를 시행한 단지의 경우에도 임대사업자와 임차인의 합의하는 경우에는 이 고시를 적용할 수 있다.

4.
「공공주택 특별법 시행규칙」 관련 별지 및 별표

순 / 서

가. 별지

제1호 서식: 공공주택지구 지정제안서

제2호 서식: 사업계획(승인신청서, 변경승인신청서)

제3호 서식: 사업계획(승인서, 변경승인서)

제4호 서식: 금융정보 등(금융, 신용, 보험정보) 제공 동의서

제5호 서식: 표준임대차계약서(Ⅰ)(공공건설임대주택용)

제6호 서식: 표준임대차계약서(Ⅱ)(분납임대주택용)

제7호 서식: 표준임대차계약서(Ⅲ)(그 밖의 공공임대주택용)

제8호 서식: 공공주택 거주사항조사원증

제9호 서식: 공공임대주택 매각신고서

제10호 서식: 공공임대주택 분양전환 허가신청서

제11호 서식: 검사 공무원증

나. 별표

별표 1: 조성원가 산정표(제8조 제3항 관련)

별표 2: 입찰자의 계약 이행능력 심사기준(제11조 제1항 관련)

별표 3: 영구임대주택의 입주자 자격(제14조 제1항 관련)

별표 4: 국민임대주택의 입주자 자격(제15조 제1항 관련)

별표 5: 행복주택의 입주자 자격 및 거주기간(제17조 제1항 및 제2항 관련)

별표 6: 분양전환공공임대주택 및 공공분양주택의 입주자 자격(제19조 관련)

별표 7: 공공건설임대주택 분양전환가격의 산정기준(제26조 제1호, 제29조, 제40조 관련)

별표 8: 분납임대주택의 분양전환가격, 분납금 및 반환금의 산정기준(제26조 제1호, 제33조, 제40
조 및 제41조 관련)

■ 공공주택 특별법 시행규칙 [별지 제1호 서식]

공공주택지구 지정제안서

(앞쪽)

접수번호			접수일	

제안자	기관명(법인명)	
	대 표 자	
	주　　소	

지구 개요	지 구 명	
	위　　치	
	면　　적	
	용 도 지 역	
	계획 인구 및 세대수	

「공공주택 특별법」 제6조 및 같은 법 시행령 제7조에 따라 위와 같이 공공주택지구의 지정을 제안합니다.

년　　월　　일

제안자　　　　　　　　　　　　　　　　(서명 또는 인)

경유자　　　　　　　　　　　　　　　　(서명 또는 인)

국토교통부장관　　귀하

첨부서류	1. 주택지구에 관한 조사서류 2. 축척 2만5천분의 1 또는 5만분의 1인 위치도 3. 주택지구의 경계와 그 결정 사유를 표시한 축척 5천분의 1인 지형도 4. 도시의 현황을 기록한 서류 5. 편입농지 및 임야 현황에 관한 조사서류 6. 해당 지역의 현황 사진 7. 수용하거나 사용할 「공익사업을 위한 토지 등의 취득 및 보상에 관한 법률」 제3조에서 정하는 토지·물건 및 권리의 소재지, 지번, 지목, 면적, 소유권 및 소유권 외의 권리의 명세와 그 소유자 및 권리자의 성명(법인인 경우에는 명칭), 주소를 적은 서류(주택지구를 지정하기 전까지 제출할 수 있습니다) 8. 「환경영향가법」에 따른 전략환경영향평가 및 「자연재해대책법」에 따른 사전재해영향성검토 관련 자료(주거지역에서 10만 ㎡ 이하의 규모로 주택지구를 지정하는 경우는 제외합니다) 9. 주택지구 주변의 광역교통체계 관련 자료(주택지구의 면적이 100만 ㎡ 이상인 경우에만 제출합니다) 10.「국토의 계획 및 이용에 관한 법률」에 따른 도시·군기본계획 변경에 필요한 서류(같은 법에 따른 광역도시계획에 해당 주택지구의 지정에 관한 사항이 포함된 경우에는 도시·군기본계획의 부문별 계획 중 인구배분계획 및 토지용도배분계획의 변경에 필요한 서류만 제출합니다)	수수료 없음
담당 공무원 확인사항	사업시행 지역의 지적도 및 임야도	

210mm×297mm[백상지 80g/㎡(재활용품)]

(뒤쪽)

처리절차

이 신청서는 아래와 같이 처리됩니다.

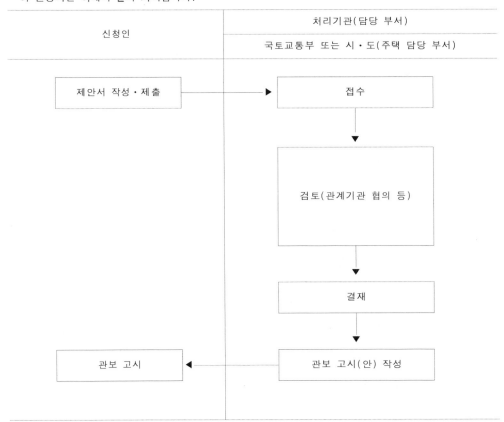

신청인	처리기관(담당 부서)
	국토교통부 또는 시·도(주택 담당 부서)

제안서 작성·제출 → 접수

↓

검토(관계기관 협의 등)

↓

결재

↓

관보 고시 ◄---- 관보 고시(안) 작성

■ 공공주택 특별법 시행규칙 [별지 제2호 서식]

사업계획 [ ] 승 인 신 청 서
[ ] 변경승인신청서

※ 제7쪽의 작성방법을 읽고 작성하시기 바라며, [ ]에는 해당하는 곳에 √표를 합니다.

(8쪽 중 제1쪽)

접수번호			접수일	

승인번호(연도 – 시·군·구 구분 – 구분 – 일련번호)

□□□□ – □□□□□□ – – □□□□□

사업 구분	[ ] 주택건설사업			[ ] 대지조성사업		
	[ ] 승인			[ ] 변경승인		

① 사업 주체	상 호			등록번호		
	대표자			법인등록번호 (생년월일)		
	영업소 소재지				(전화:)	

② 설계자	성 명		(서명 또는 인)	자격번호		
	사무소명			등록번호		
	사무소 소재지				(전화:)	

③ 시공자	상 호			등록번호		
	대표자		(서명 또는 인)	법인등록번호 (생년월일)		
	영업소 소재지				(전화:)	

④ 대지 조건	대지 위치					
	지번	지목	대지 면적	최저 대지폭	최고 대지폭	등기 명의자
			m²	m	m	
			m²	m	m	
			m²	m	m	
	용도지역		용도지구		용도구역	
	대지 현황					
	주변 현황					

사업계획 개요(※ 전체 사업계획에 대한 개요를 적습니다.)

대지면적(m²)		건축면적(m²)			
건폐율(%)		연면적(m²)			
용적률 산정용 연면적(m²)		용적률(%)			
⑤ 건축물 명칭		주 건축물 수	동	부속 건축물	동, m²
⑥ 주 용도		⑦ 주택 형태		총 세대수	세대
총 주차대수	대	착공 예정일		사용검사 예정일	

	시설 종류	설치 현황	단지 내 현황	단지 외 현황
⑧ 부대시설				

※ 전기, 도로, 상하수도, 통신설비, 개별난방 또는 중앙(지역)난방, 주차장, 조경시설, 관리사무소, 보안등, TV공청시설, 비상급수시설, 그 밖의 시설로 구분하여 적습니다.

	시설 종류	주 용도	면적(㎡)	개수	그 밖의 현황
⑨ 복리시설 분양시설					

※ 어린이놀이터, 운동장, 주민운동시설, 경로당, 보육시설, 문고, 유치원, 근린생활시설, 그 밖의 시설로 구분하여 적습니다.

⑩ 오수정화시설	형식		용량	(인용)

주차장	구분	옥내	옥외	인근	면제
	자주식	대, ㎡	대, ㎡	대, ㎡	대
	기계식	대, ㎡	대, ㎡	대, ㎡	

변경사항	※ 변경승인의 경우에만 적되, 기재사항이 많은 경우에는 별도로 제출하여야 합니다.

일괄처리 사항			

※ 「공공주택건설 등에 관한 특별법」 제35조 제4항에 규정되어 있는 다른 법률에 따른 일괄처리 사항을 구분하여 적습니다.

「공공주택 특별법」 제35조 제1항 및 같은 법 시행령 제29조에 따라 위와 같이 사업계획([ ] 승인 [ ] 변경승인)을 신청합니다.

년   월   일

사업주체   (서명 또는 인)

국토교통부장관
시·도지사   귀하

210㎜×297㎜[백상지 80g/㎡(재활용품)]

Ⅰ. 동별 개요

주/부속 구분	[ ] 주 건축물　　　　　　[ ] 부속 건축물
⑪ 동 명칭 및 번호	
주 용도	

주택 유형별 세대수	공공부문			
	[ ] 국민임대	[ ] 공공분양	[ ] 사원임대	[ ] 근로복지
	세대	세대	세대	세대

주 구조	
지붕	
건축면적(㎡)	
연면적(㎡)	
지하면적(㎡)	
용적률 산정용 연면적(㎡)	
층수	지하:　　　　　층,　지상:　　　　　층
높이(m)	
승강기	승용 승강기:　　　대,　비상용 승강기:　　　대
층높이	
반자 높이	
계단 유효 폭	
복도 너비	
외벽 두께	
인접세대와 벽 두께	

Ⅱ. 층별 개요

동별 명칭 및 번호			
⑫ 층 구분	⑬ 구조	⑭ 용도	⑮ 바닥면적(㎡)

Ⅲ. 형별 개요

⑯ 형별 구분	⑰ 복층 여부	주택 구분	세대수	전용면적 (㎡)	공용면적 (㎡)	면적합계 (㎡)	침실		부엌		화장실		거실		목욕탕	
							개수	㎡	개수	㎡	개수	㎡	개수	㎡	개수	㎡
㎡ 형		[ ]국민 [ ]민영														
㎡ 형		[ ]국민 [ ]민영														
㎡ 형		[ ]국민 [ ]민영														
㎡ 형		[ ]국민 [ ]민영														
㎡ 형		[ ]국민 [ ]민영														
㎡ 형		[ ]국민 [ ]민영														
㎡ 형		[ ]국민 [ ]민영														
㎡ 형		[ ]국민 [ ]민영														
㎡ 형		[ ]국민 [ ]민영														
㎡ 형		[ ]국민 [ ]민영														
㎡ 형		[ ]국민 [ ]민영														
㎡ 형		[ ]국민 [ ]민영														
㎡ 형		[ ]국민 [ ]민영														
㎡ 형		[ ]국민 [ ]민영														
㎡ 형		[ ]국민 [ ]민영														
㎡ 형		[ ]국민 [ ]민영														

Ⅳ. 사업비/자금계획

구분 [ ]	사업비(천원)		자금계획(천원)	
	대지비		사업주체 자금	
	주택건축비		주택도시기금	
	부대·복리시설 설치비		금융기관 자금	
	간선시설 설치비		그 밖의 자금	
	소계			
	일반분양비			
	사업비 합계		자금계획 합계	

구분 [ ]	사업비(천원)		자금계획(천원)	
	대지비		사업주체 자금	
	주택건축비		주택도시기금	
	부대·복리시설 설치비		금융기관 자금	
	간선시설 설치비		그 밖의 자금	
	소계			
	일반분양비			
	사업비 합계		자금계획 합계	

구분 [ ]	사업비(천원)		자금계획(천원)	
	대지비		사업주체 자금	
	주택건축비		주택도시기금	
	부대·복리시설 설치비		금융기관 자금	
	간선시설 설치비		그 밖의 자금	
	소계			
	일반분양비			
	사업비 합계		자금계획 합계	

변경사유	※ 사업비/자금계획을 변경하려는 경우 변경사유를 간략하게 적습니다.

※ 구분[ ]은 형별로 작성하되, 형별로 구분되지 않는 경우에는 아파트·상가로 구분하여 작성합니다.

	첨부서류
신청인 제출서류	1. 주택과 부대시설 및 복리시설의 배치도 2. 주택지구 조성공사 설계도(「주택법 시행규칙」 별표 3에 따른 도서 중 위치도, 지형도, 평면도 및 부대시설 설계도로서 주택지구 조성공사를 우선 시행하는 경우에만 제출합니다) 3. 수용하거나 사용할 「공익사업을 위한 토지 등의 취득 및 보상에 관한 법률」제3조에서 정하는 토지·물건 및 권리의 소재지, 지번, 지목, 면적, 소유권 및 소유권 외의 권리의 명세와 그 소유자 및 권리자의 성명(법인의 경우에는 명칭), 주소를 적은 서류(「주택법」제18조에 따라 토지를 수용하거나 사용하려는 경우만 해당합니다) 4. 「공공주택 특별법」제29조에 따른 공공시설 등의 귀속조서 및 도면 5. 「공공주택 특별법」제35조 제6항에 따른 협의에 필요한 서류 6. 축척 1만분의 1 이상 5만분의 1 이하인 간선시설 설치계획도 7. 「주택법 시행규칙」 별표 2에 따른 서류
담당 공무원 확인사항	토지이용계획확인서

승인 안내			
제출하는 곳	국토교통부 또는 시·도	처리부서	공공주택 담당부서
수수료	없음	처리기간	60일

근거 법규

1. 「공공주택 특별법」제35조
2. 「공공주택 특별법 시행령」제29조
3. 「공공주택 특별법 시행규칙」제10조

작성 방법

①·②·③: 여러 사람인 경우에는 ○○○ 외 ○명으로 적고, "○○○ 외 ○명"의 현황도 제출합니다.

④: 필지가 여럿인 경우에는 각 필지별로 적습니다.

⑤: 건축물을 총칭할 수 있는 명칭을 반드시 적습니다(예: 쌍둥이빌딩, ○○아파트).

⑥: 복합용도인 경우에는 주용도 하나만 적습니다("주상복합" 등으로 적지 않습니다).

⑦: 단독주택·다가구주택·다세대주택·연립주택·아파트로 구분하여 적습니다.

⑧·⑨: 시설의 종류별로 적습니다.

⑩: 여러 형식이 함께 쓰이는 경우에는 대표형식을 적고(그 밖의 형식도 제출합니다), 용량은 대표형식과 그 밖의 형식을 합한 용량을 적습니다.

⑪: 동 명칭 및 번호는 다른 동과 중복되지 않도록 명확하게 적습니다(예: 101동, A동, 가동 등).

⑫ ~ ⑮:

신축 예) 지하 1층(부설 주차장) 지상 20층 공동주택을 아래와 같이 신축하려는 경우

　　　- 구조: 철근콘크리트, - 용도: 아파트, - 각 층 바닥면적: 850.27㎡

층 구분	구조	용도	바닥면적(㎡)
-1	철근콘크리트	아파트(주차장)	850.27
1	철근콘크리트	아파트	850.27
2	철근콘크리트	아파트	850.27
…	…	…	…
옥탑	철근콘크리트	아파트(물탱크실)	20.45

⑯: 85㎡ A형, 112㎡ B형 등으로 적습니다.

⑰: 복층인 경우에는 "복층"으로 적습니다.

처리절차

이 신청서는 아래와 같이 처리됩니다.

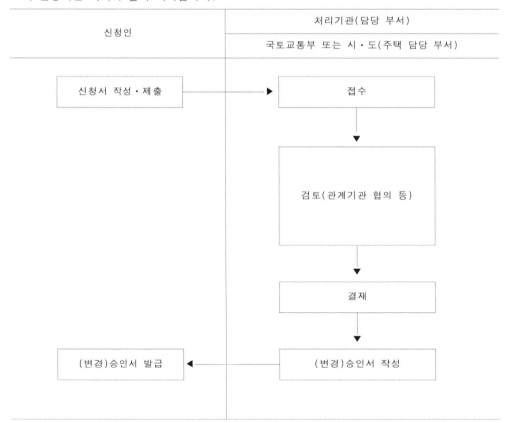

신청인	처리기관(담당 부서)
	국토교통부 또는 시 · 도(주택 담당 부서)

신청서 작성 · 제출 → 접수

검토(관계기관 협의 등)

결재

(변경)승인서 발급 ◄ (변경)승인서 작성

■ 공공주택 특별법 시행규칙 [별지 제3호 서식]

사업계획 [ ] 승 인 서
[ ] 변경승인서

사업 구분	[ ] 주택건설사업		[ ] 대지조성사업		
	[ ] 승인		[ ] 변경승인		
승인번호					
상호		등록번호			
대표자		법인등록번호 (생년월일)			
영업소 소재지					
대지 위치		대지면적(㎡)			
건축면적(㎡)		건폐율(%)			
연면적(㎡)		용적률(%)			
동 수(주/부)		세대수			
주택 형별		총사업비			천원
착공 예정일		사용검사 예정일			
동 고유번호	동 명칭 및 번호	연면적(㎡)	동 고유번호	동 명칭 및 번호	연면적(㎡)
변경 사항					

「공공주택 특별법」 제35조 제1항에 따라 위와 같이 사업계획을 ([ ] 승인 [ ] 변경승인)합니다.

년   월   일

국토교통부장관
시 · 도지사   직인

210㎜×297㎜[백상지 80g/㎡(재활용품)]

공공주택특별법 시행규칙 [별지 제4호 서식] <개정 2017. 6. 20.> [앞면]

금융정보 등(금융·신용·보험정보) 제공 동의서

1. 공공임대주택 신청자 인적사항

관 계	성 명	주민등록번호 (외국인등록번호)
신청자		□□□□□□ - □□□□□□□
주 소		

2. 금융정보 등 제공 동의자(신청자 또는 신청자의 세대원 등)

신청자와의 관 계	동의자 성 명	주민등록번호 (외국인등록번호)	금융정보 등의 제공을 동의함[1] (서명 또는 인)	금융정보 등의 제공 사실을 동의자에게 통보하지 아니함[2] (서명 또는 인)
		□□□□□□ - □□□□□□□		
		□□□□□□ - □□□□□□□		
		□□□□□□ - □□□□□□□		
		□□□□□□ - □□□□□□□		

1) 「공공주택 특별법」 제48조의4 및 같은 법 시행령 제42조에 따라 공공임대주택의 입주자 선정에 필요한 금융재산조사를 위하여 금융기관 등이 신청자 본인, 배우자, 신청자의 세대주, 신청자와 세대주의 직계존속·비속의 금융정보 등을 국토교통부장관에게 제공하는 것에 동의합니다.

2) 금융기관 등이 금융정보 등을 국토교통부장관에게 제공한 사실을 동의자에게 통보하지 않는 데에 동의합니다(동의하지 않는 경우 금융기관 등이 금융정보 등의 제공사실을 정보제공 동의자 개인에게 우편으로 송부하게 됩니다).

3. 금융정보 등의 제공 범위, 대상 금융기관 등의 명칭: 뒷면 참조

4. 금융정보 등의 제공 동의 유효기간: 제출일부터 6개월

5. 정보제공 목적: 「공공주택 특별법」에 따른 공공임대주택의 입주자 선정 지원

□□□□년 □□월 □□일

금융기관장·신용정보집중기관장 귀하

210㎜×297㎜[일반용지 60g/㎡(재활용품)]

[뒷면]

금융기관 등의 명칭

1. 「금융실명거래 및 비밀보장에 관한 법률」제2조 제1호에 따른 금융회사 등

　가. 「은행법」에 따른 은행

　나. 「중소기업은행법」에 따른 중소기업은행

　다. 「한국산업은행법」에 따른 한국산업은행

　라. 「한국수출입은행법」에 따른 한국수출입은행

　마. 「한국은행법」에 따른 한국은행

　바. 「자본시장과 금융투자업에 관한 법률」에 따른 투자매매업자·투자중개업자·집합투자업자·신탁업자·증권금융회사·종합금
　　　융회사 및 명의개서 대행회사

　사. 「상호저축은행법」에 따른 상호저축은행 및 상호저축은행중앙회

　아. 「농업협동조합법」에 따른 조합과 그 중앙회 및 농협은행

　자. 「수산업협동조합법」에 따른 조합 및 중앙회

　차. 「신용협동조합법」에 따른 신용협동조합 및 신용협동조합중앙회

　카. 「새마을금고법」에 따른 금고 및 중앙회

　타. 「보험업법」에 따른 보험회사

　파. 「우체국예금·보험에 관한 법률」에 따른 체신관서

　하. 「금융실명거래 및 비밀보장에 관한 법률 시행령」제2조에 따른 기관

2. 「신용정보의 이용 및 보호에 관한 법률」제25조에 따른 신용정보집중기관: 전국은행연합회 등

금융정보 등의 범위

1. 금융정보

가. 보통예금, 저축예금, 자유저축예금 등 요구불 예금: 최근 3개월 이내의 평균 잔액

나. 정기예금, 정기적금, 정기저축 등 저축성예금: 잔액 또는 총 납입금

다. 주식, 수익증권, 출자금, 출자 지분: 최종 시세가액. 이 경우 비상장주식의 평가에 관하여는 「상속세 및 증여세법 시행령」제54
　　조 제1항을 준용합니다.

라. 채권, 어음, 수표, 채무증서, 신주인수권 증서: 액면 가액

마. 연금저축: 정기적으로 지급된 금액 또는 최종 잔액

2. 신용정보

가. 대출 현황 및 연체 내용

나. 신용카드 미결제 금액

3. 보험정보

가. 보험증권: 해약하는 경우 지급받게 될 환급금 또는 최근 1년 이내에 지급된 보험금

나. 연금보험: 해약하는 경우 지급받게 될 환급금 또는 정기적으로 지급되는 금액

유의사항

1. 공공임대주택의 공급을 신청(재계약을 체결하는 경우를 포함합니다)하는 자가 이 동의서 제출을 2회 이상 거부·기피할 경우 신청이
　각하되거나, 「공공주택 특별법」제49조의3에 따라 임대차계약이 해지·해제되거나 재계약이 거절될 수 있습니다.

2. 이 동의서는 최초로 공공임대주택의 공급을 신청하거나 재계약을 체결할 때 한 번만 제출하면 되며, 앞면에서 "유효기간"이란 동의서
　제출일부터 6개월 이내에 금융정보 등을 조회한다는 의미입니다. 향후, 재계약을 체결할 때 동의서면을 추가로 제출하지 않아도 사업
　주체는 금융정보 등의 제공을 요청할 수 있으나, 동의 대상자가 추가된 경우에는 추가된 동의 대상자에 대한 동의서면을 별도로 제출하여야
　합니다.

3. 동의자의 금융정보 등은 공공임대주택의 입주자 선정 및 재계약 시 자격확인을 위한 금융재산조사 목적 외에 다른 용도로 사용하거
　나 다른 사람 또는 기관에 제공되지 않으며, 이를 위반한 자에 대해서는 「공공주택 특별법」제57조에 따라 5년 이하의 징역 또는
　3천만원 이하의 벌금에 처할 수 있습니다.

210㎜×297㎜[백상지(80g/㎡') 또는 중질지(80g/㎡')]

■ 공공주택 특별법 시행규칙 [별지 제5호 서식]

표준임대차계약서(Ⅰ)

(공공건설임대주택용)

(제1쪽)

　아래 표시주택을 임대차함에 있어 임대인　　　　　　(이하 "갑"이라 한다)과 임차인　　　　　　(이하 "을"이라 한다)은 아래의 내용으로 임대차계약을 체결하고 이를 증명하기 위하여 계약서 2통을 작성하여 "갑"과 "을"이 각각 기명날인한 후 각 1통씩 보관한다.

1. 계약자

가. 갑

　1) 회사명:　　　　　　　　　　　(서명 또는 인)

　2) 주소(주사무소 소재지):　　　　　　　　　(전화번호)

　3) 사업자 등록번호:

나. 을

　1) 성명:　　　　　　　　　　　(서명 또는 인)

　2) 주소:　　　　　　　　　　　(전화번호)

　3) 주민등록번호:

2. 계약일:　　　년　　　월　　　일

3. 공공임대주택의 표시

주택 소재지						
주택 유형	아파트[ ] 연립주택[ ] 다세대주택[ ] 다가구주택[ ] 그 밖의 주택[ ]					
공공임대주택 면적	방의 수	규모별	면적(㎡)			
			전용 면적	공용면적		합계
				주거공용 면적	그 밖의 공용면적(지하주차장 면적을 포함한다)	
「공공주택 특별법」 제2조에 따른 공공임대주택의 종류	영구임대주택[ ] 　　　　　　　분양전환공공임대주택 국민임대주택[ ] 　　　　　　　임대의무기간 10년 [ ] 행복주택 　　[ ] 　　　　　　임대의무기간 5년 [ ] 장기전세주택[ ] 　　　　　　기타 공공임대주택[ ]					
공공임대주택에 딸린 부대시설·복리시설의 종류						
담보물권 설정 여부	없음[　　　　　　　　　 있음[ ] 　　　　　　　　　　　　　-담보물권의 종류: 　　　　　　　　　　　　　-설정금액: 　　　　　　　　　　　　　-설정일자:					

※ 전용면적, 주거공용면적 및 그 밖의 공용면적의 구분은 「주택공급에 관한 규칙」 제21조 제3항에 따른다.

4. 계약조건

　제1조(임대보증금, 월 임대료 및 임대차 계약기간) ① "갑"은 위 표시주택(이하 "공공임대주택"이라 한다)의 임대보증금, 월 임대료 및 임대차 계약기간을 아래와 같이 정하여 "을"에게 임대한다.

구분	임대보증금	월 임대료
금액		
임대차 계약기간		

210mm×297mm[백상지 80g/㎡(재활용품)]]

② "을"은 제1항의 임대보증금을 아래와 같이 "갑"에게 지불하기로 한다.

계약금	원정은 계약 시에 지불
중도금	원정은 . .에 지불
잔 금	원정은 . .에 지불

③ "을"은 제1항과 제2항에 따른 임대보증금을 이자 없이 "갑"에게 예치하여야 하며, 제2항의 지불 기한까지 내지 않는 경우에는 연체이율(연   %)을 적용하여 계산한 연체료를 가산하여 내야 한다. 이 경우 연체이율은 「은행법」에 따른 은행으로서 가계자금 대출시장의 점유율이 최상위인 금융기관의 가계자금 대출이자율과 연체 가산율을 합산한 이율을 고려하여 결정한다.

④ "을"은 당월 분 임대료를 매달 말일까지 내야하며, 이를 내지 아니할 경우에는 연체된 금액에 제3항에 따른 연체요율을 적용하여 계산한 연체료를 더하여 내야 한다.

제2조(공공임대주택의 입주일) 위 임대주택의 입주일은   .   .   .부터   .   .   .까지로 한다.

제3조(월 임대료의 계산) ① 월 임대료는 월 단위로 산정한다. 다만, 임대기간이 월의 첫날부터 시작되지 아니하거나 월의 말일에 끝나지 않는 경우에는 그 임대기간이 시작되거나 끝나는 월의 월 임대료는 일할로 산정한다.

② 입주 월의 월 임대료는 입주일부터 계산한다. 다만, 입주지정기간이 지나 입주하는 경우에는 입주지정기간이 끝난 날부터 계산한다.

제4조(관리비와 사용료) ① "을"은 관리비와 사용료를 "갑" 또는 "갑"이 지정한 관리주체에게 따로 특약으로 정하는 기한까지 내야하며, 이를 내지 않을 경우에는 "갑"은 "을"로 하여금 연체된 금액에 대하여 제1조 제3항에 따른 연체요율을 적용하여 계산한 연체료를 더하여 내게 할 수 있다. 다만, 「주택법」 제2조 제6의2에 따른 혼합주택단지의 경우에는 입주자대표회의와 공공주택사업자가 공동으로 결정한 연체요율을 적용한다.

② "갑"이 관리비와 사용료를 징수할 때에는 관리비와 사용료의 부과 명세서를 첨부하여 "을"에게 이를 낼 것을 통지하여야 한다.

제5조(임대 조건 등의 변경) "갑"과 "을"은 다음 각 호의 어느 하나에 해당할 경우에는 임대보증금, 월 임대료, 관리비, 사용료 또는 제납입금을 조정할 수 있다. 다만, 임대보증금과 월 임대료(이하 "차임 등"이라 한다)의 조정은 「임대주택법」 및 「주택 임대차보호법」에서 정하는 바를 위반하여서는 안 되고, 「주택임대차보호법 시행령」 제8조에 따른 차임 등의 증액청구는 약정한 차임 등의 20분의 1에 해당하는 금액을 넘지 못하며, 임대차계약 또는 약정한 차임 등의 증액이 있은 후 1년 이내에는 그 차임 등을 증액하지 못한다.

1. 물가, 그 밖의 경제적 여건의 변동이 있을 때
2. "갑"이 임대하는 주택 상호간 또는 인근 유사지역의 공공임대주택 간에 임대조건의 균형상 조정할 필요가 있을 때
3. 임대주택과 부대시설 및 부지의 가격에 현저한 변동이 있을 때

제6조("을"의 금지행위) "을"은 다음 각 호의 어느 하나에 해당하는 행위를 해서는 안 된다.

1. 「공공주택특별법」을 위반하여 임차권을 양도하거나 임대주택을 타인에게 전대하는 행위
2. 공공임대주택 및 그 부대시설을 개축·증축 또는 변경하거나 본래의 용도가 아닌 용도로 사용하는 행위
3. 공공임대주택 및 그 부대시설을 파손 또는 멸실하는 행위
4. 공공임대주택 및 그 부대시설의 유지·관리를 위하여 "갑"과 "을"이 합의한 사항을 위반하는 행위

제7조("을"의 의무) ① "을"은 위 주택을 선량한 관리자로서 유지·관리하여야 한다.

② "을"은 제2조에 따른 입주기간 내에 위 주택에 입주하여야 하며, "을"을 포함하여 위 주택에 입주한 자는 입주와 동시에 「주민등록법」에 따른 전입신고를 하여야 한다. 다만, "갑"의 사전 동의를 받은 경우에는 그러하지 아니하다.

제8조(공공임대주택관리의 범위) 위 주택의 공동부분과 그 부대시설 및 복리시설은 "갑" 또는 "갑"이 지정한 주택관리업자가 관리하고, 주택과 그 내부시설은 "을"이 관리한다.

제9조(보수의 한계) ① 위 주택의 보수와 수선은 "갑"의 부담으로 하되, 위 주택의 전용부분과 그 내부시설물을 "을"이 파손하거나 멸실한 부분 또는 소모성 자재(「주택법 시행규칙」 별표 5의 장기수선계획의 수립기준상 수선주기가 6년 이내인 자재를 말한다)의 보수주기에서의 보수 또는 수선은 "을"의 부담으로 한다.

② 제1항에 따른 소모성 자재와 제1항에 따른 소모성 자재 외의 소모성 자재의 종류와 그 종류별 보수주기는 제16조에 따른 특약으로 따로 정할 수 있다. 다만, 본문에도 불구하고 벽지·장판·전등기구 및 콘센트의 보수주기는 다음 각 호와 같다.

1. 벽지 및 장판: 10년(변색·훼손·오염 등이 심한 경우에는 6년으로 하며, 적치물의 제거에 "을"이 협조한 경우만 해당한다)

2. 전등기구 및 콘센트: 10년. 다만, 훼손 등을 이유로 안전상의 위험이 우려되는 경우에는 조기 교체하여야 한다.

제10조(임대차계약의 해제 및 해지) ① "을"이 다음 각 호의 어느 하나에 해당하는 행위를 한 경우에는 "갑"은 이 계약을 해제 또는 해지하거나 재계약을 거절할 수 있다.

1. 거짓이나 그 밖의 부정한 방법으로 공공임대주택을 임대받은 경우

2. 법 제49조의4를 위반하여 공공임대주택의 임차권을 타인에게 양도하거나 공공임대주택을 전대한 경우

3. 임대차 계약기간이 시작된 날부터 3개월 이내에 입주하지 않은 경우. 다만, "갑"의 귀책사유로 입주가 지연된 경우에는 그렇지 않다.

4. 임대료를 3개월 이상 연속하여 연체한 경우

5. 공공임대주택 및 그 부대시설을 "갑"의 동의를 받지 않고 개축·증축 또는 변경하거나 본래의 용도가 아닌 용도로 사용하는 경우

6. 공공임대주택 및 그 부대시설을 고의로 파손 또는 멸실한 경우

7. 공공임대주택의 임대차 계약기간 중 다른 주택을 소유하게 된 경우. 다만, 다음 각 목의 경우에는 제외한다.

　가. 상속·판결 또는 혼인 등 그 밖의 부득이한 사유로 다른 주택을 소유하게 되어 부적격자로 통보받은 날부터 6개월 이내에 해당 주택을 처분하는 경우

　나. 혼인 등의 사유로 주택을 소유하게 된 세대구성원이 소유권 취득 후 14일 이내에 전출신고를 하여 세대가 분리된 경우

　다. 전용면적 85㎡ 초과 공공임대주택에 입주하고 있는 경우

　라. 해당 공공임대주택의 입주자 모집 당시 입주자를 선정하고 남은 공공임대주택의 임차권을 선착순의 방법으로 취득한 경우

8. 임차인이 해당 주택에서 퇴거하거나 다른 공공임대주택에 당첨되어 입주하는 경우

9. 임차인이 법 제32조 제5항에 따른 분양전환신청기간 이내에 분양전환신청을 하지 않는 경우

10. 그 밖에 이 표준임대차계약서상의 의무를 위반한 경우

② "을"은 다음 각 호의 어느 하나에 해당하는 경우에 이 계약을 해제 또는 해지하거나 임대차계약의 갱신을 거절할 수 있다.

1. 특별자치도지사·시장·군수·구청장이 공공임대주택에 거주하기 곤란할 정도의 중대한 하자가 있다고 인정한 경우

2. "갑"이 특별자치도지사·시장·군수·구청장이 지정한 기간에 하자보수명령을 이행하지 않은 경우

3. "갑"이 "을"의 의사에 반하여 공공임대주택의 부대시설·복리시설을 파손하거나 철거시킨 경우

4. "갑"의 귀책사유로 입주기간이 끝난 날부터 3개월 이내에 입주할 수 없는 경우

5. "갑"이 이 표준임대차계약서상의 의무를 위반한 경우

제11조(임대차계약 중도 해지) ① 공공주택사업자가 임대하는 공공건설임대주택에 거주하는 "을"이 제10조 제2항에 해당하지 않는 사유로 임대주택 임대차계약을 중도에 해지(「주택 임대차보호법」 제6조의2에 따라 묵시적 갱신에 의한 임대차계약을 해지하는 경우는 제외한다)하는 경우에는 "갑"에게 계약 해지 예정일 1개월 전까지 통보(계약 해지 예정일까지의 기간이 1개월 이상 남은 경우에는 변경 후 계약 해지 예정일이 1개월 이상 남는 범위에서 변경 통보 가능)하여야 하며, 통보를 받은 "갑"은 "을"의 퇴거에 적극 협조하여야 한다.

② 제1항에 따라 "을"이 계약 해지를 통보하였으나 계약 해지 예정일 전에 퇴거하는 경우에는 월 임대료 정산 완료일부터 계약 해지 예정일까지의 월 임대료를 "갑"에게 지불해야 한다. 다만, 후속 임차인이 정해진 경우에는 월 임대료 정산 완료일부터 후속 임차인의 입주일 하루 전일까지의 월 임대료를 "갑"에게 지불한다.

제12조(임대보증금의 반환) ① "을"이 "갑"에게 예치한 임대보증금은 이 계약이 끝나거나 해제 또는 해지되어 "을"이 "갑"에게 주택을 명도(明渡)함과 동시에 반환한다.

② 제1항에 따라 반환할 경우 "갑"은 주택 및 내부 일체에 대한 점검을 실시한 후 "을"이 "갑"에게 내야 할 월 임대료, 관리비 등 제반 납부금액과 제9조 제1항에 따른 "을"의 수선유지 불이행에 따른 보수비 및 제16조에 따른 특약으로 정한 위약금, 주택 인도 지연에 따른 배상금, 손해금 등 "을"의 채무를 임대보증금에서 우선 공제하고 그 잔액을 반환한다

③ "을"은 위 주택을 "갑"에게 명도할 때까지 사용한 전기·수도·가스 등의 사용료(납부시효가 끝나지 아니한 것을 말한다) 지불 영수증을 "갑"에게 제시 또는 예치하여야 한다.

제13조(공공임대주택의 분양전환) ① "갑"은 위 주택이 「공공주택 특별법 시행령」제2조 제1항 제5호에 따른 분양전환공공임대주택에 해당하는 경우에는 다음 각 호의 조건에 따라 분양전환한다.

1. 위 주택의 분양전환 시기는 최초 입주지정기간이 끝난 후 ( )년으로 한다.

2. 위 임대주택의 분양전환가격 산정기준은 입주자 모집 공고에서 정한 바에 따른다. 다만, 입주자 모집 공고에서 정하지 않은 경우에는 별도 특약으로 정한다.

② "갑"이 「공공주택 특별법」제50조의2제2항 제1호에 따라 위 주택을 다른 공공주택사업자(이하 "병"이라 한다)에게 매각하는 경우에는 "병"과의 매매계약서에서 "갑"의 공공주택사업자로서의 지위를 "병"이 승계한다는 뜻을 명시한다.

제14조(공공임대주택 중복입주 방지를 위한 입주자 정보의 통보) "갑"은 「공공주택 특별법」제48조의3에 따라 공공임대주택 중복입주 여부 확인 등을 위하여 "을"의 성명, 주민등록번호, 주소, 입주일자 등을 국토교통부장관이 정하는 전산관리지정기관에 알릴 수 있다.

제15조(소송) 이 계약에 관한 소송의 관할 법원은 "갑"과 "을"이 합의하여 결정하는 관할법원으로 하며, "갑"과 "을" 간에 합의가 이루어지지 않은 경우에는 위 주택 소재지를 관할하는 법원으로 한다.

제16조(특약) "갑"과 "을"은 제1조부터 제15조까지에서 규정한 사항 외에 필요한 사항에 대하여는 따로 특약으로 정할 수 있다. 다만, 특약의 내용은 「약관의 규제에 관한 법률」을 위반해서는 안된다.

◆ 주택월세 소득공제 안내

근로소득이 있는 거주자(일용근로자는 제외한다)는 「소득세법」 및 「조세특례제한법」에 따라 주택월세에 대한 소득공제를 받을 수 있으며, 자세한 사항은 국세청 콜센터(국번 없이 126)로 문의하시기 바랍니다.

■ 공공주택 특별법 시행규칙 [별지 제5호 서식]

표준임대차계약서(Ⅰ)

(공공건설임대주택용)

(제1쪽)

아래 표시주택을 임대차함에 있어 임대인　　　　(이하 "갑"이라 한다)과 임차인　　　　(이하 "을"이라 한다)은 아래의 내용으로 임대차계약을 체결하고 이를 증명하기 위하여 계약서 2통을 작성하여 "갑"과 "을"이 각각 기명날인한 후 각 1통씩 보관한다.

1. 계약자
  가. 갑
    1) 회사명:　　　　　　　　　　(서명 또는 인)
    2) 주소(주사무소 소재지):　　　　　　　　　(전화번호)
    3) 사업자 등록번호:
  나. 을
    1) 성명:　　　　　　　　　　(서명 또는 인)
    2) 주소:　　　　　　　　　　　(전화번호)
    3) 주민등록번호:
2. 계약일:　　년　　월　　일
3. 공공임대주택의 표시

주택 소재지						
주택 유형	아파트[ ]　연립주택[ ]　다세대주택[ ]　다가구주택[ ]　그 밖의 주택[ ]					
공공임대주택 면적	방의 수	규모별	면적(㎡)			
			전용 면적	공용면적		합계
				주거공용 면적	그 밖의 공용면적(지하주차장 면적을 포함한다)	
「공공주택 특별법」제2조에 따른 공공임대주택의 종류	영구임대주택[ ]　　　　　분양전환공공임대주택 국민임대주택[ ]　　　　　　임대의무기간 10년 [ ] 행복주택　 [ ]　　　　　　임대의무기간　5년 [ ] 장기전세주택[ ]　　　　　기타 공공임대주택[ ]					
공공임대주택에 딸린 부대시설·복리시설의 종류						
담보물권 설정 여부	없음[ ]		있음[ ] -담보물권의 종류: -설정금액: -설정일자:			

※ 전용면적, 주거공용면적 및 그 밖의 공용면적의 구분은 「주택공급에 관한 규칙」 제21조 제3항에 따른다.

4. 계약조건
  제1조(임대보증금, 월 임대료 및 임대차 계약기간) ① "갑"은 위 표시주택(이하 "공공임대주택"이라 한다)의 임대보증금, 월 임대료 및 임대차 계약기간을 아래와 같이 정하여 "을"에게 임대한다.

구분	임대보증금	월 임대료
금액		
임대차 계약기간		

210㎜×297㎜[백상지 80g/㎡(재활용품)]]

② "을"은 제1항의 임대보증금을 아래와 같이 "갑"에게 지불하기로 한다.

계약금	원정은 계약 시에 지불	
중도금	원정은	. .에 지불
잔 금	원정은	. .에 지불

③ "을"은 제1항과 제2항에 따른 임대보증금을 이자 없이 "갑"에게 예치하여야 하며, 제2항의 지불 기한까지 내지 않는 경우에는 연체이율(연   %)을 적용하여 계산한 연체료를 가산하여 내야 한다. 이 경우 연체이율은 「은행법」에 따른 은행으로서 가계자금 대출시장의 점유율이 최상위인 금융기관의 가계자금 대출이자율과 연체 가산율을 합산한 이율을 고려하여 결정한다.

④ "을"은 당월 분 임대료를 매달 말일까지 내야하며, 이를 내지 아니할 경우에는 연체된 금액에 제3항에 따른 연체요율을 적용하여 계산한 연체료를 더하여 내야 한다.

제2조(공공임대주택의 입주일) 위 임대주택의 입주일은   .   .   .부터   .   .   .까지로 한다.

제3조(월 임대료의 계산) ① 월 임대료는 월 단위로 산정한다. 다만, 임대기간이 월의 첫날부터 시작 되지 아니하거나 월의 말일에 끝나지 않는 경우에는 그 임대기간이 시작되거나 끝나는 월의 월 임 대료는 일할로 산정한다.

② 입주 월의 월 임대료는 입주일부터 계산한다. 다만, 입주지정기간이 지나 입주하는 경우에는 입 주지정기간이 끝난 날부터 계산한다.

제4조(관리비와 사용료) ① "을"은 관리비와 사용료를 "갑" 또는 "갑"이 지정한 관리주체에게 따로 특약으로 정하는 기한까지 내야하며, 이를 내지 않을 경우에는 "갑"은 "을"로 하여금 연체된 금액 에 대하여 제1조 제3항에 따른 연체요율을 적용하여 계산한 연체료를 더하여 내게 할 수 있다. 다 만, 「주택법」제2조 제6의2에 따른 혼합주택단지의 경우에는 입주자대표회의와 공공주택사업자가 공동으로 결정한 연체요율을 적용한다.

② "갑"이 관리비와 사용료를 징수할 때에는 관리비와 사용료의 부과 명세서를 첨부하여 "을"에게 이를 낼 것을 통지하여야 한다.

제5조(임대 조건 등의 변경) "갑"과 "을"은 다음 각 호의 어느 하나에 해당할 경우에는 임대보증금, 월 임대료, 관리비, 사용료 또는 제납입금을 조정할 수 있다. 다만, 임대보증금과 월 임대료(이하 "차임 등"이라 한다)의 조정은 「임대주택법」 및 「주택 임대차보호법」에서 정하는 바를 위반하 여서는 안 되고, 「주택임대차보호법 시행령」제8조에 따른 차임 등의 증액청구는 약정한 차임 등 의 20분의 1에 해당하는 금액을 넘지 못하며, 임대차계약 또는 약정한 차임 등의 증액이 있은 후 1년 이내에는 그 차임 등을 증액하지 못한다.

1. 물가, 그 밖의 경제적 여건의 변동이 있을 때
2. "갑"이 임대하는 주택 상호간 또는 인근 유사지역의 공공임대주택 간에 임대조건의 균형상 조 정할 필요가 있을 때
3. 임대주택과 부대시설 및 부지의 가격에 현저한 변동이 있을 때

제6조("을"의 금지행위) "을"은 다음 각 호의 어느 하나에 해당하는 행위를 해서는 안 된다.

1. 「공공주택특별법」을 위반하여 임차권을 양도하거나 임대주택을 타인에게 전대하는 행위
2. 공공임대주택 및 그 부대시설을 개축·증축 또는 변경하거나 본래의 용도가 아닌 용도로 사용하는 행 위
3. 공공임대주택 및 그 부대시설을 파손 또는 멸실하는 행위
4. 공공임대주택 및 그 부대시설의 유지·관리를 위하여 "갑"과 "을"이 합의한 사항을 위반하는 행 위

제7조("을"의 의무) ① "을"은 위 주택을 선량한 관리자로서 유지·관리하여야 한다.

② "을"은 제2조에 따른 입주기간 내에 위 주택에 입주하여야 하며, "을"을 포함하여 위 주택에 입주한 자는 입주와 동시에 「주민등록법」에 따른 전입신고를 하여야 한다. 다만, "갑"의 사전 동 의를 받은 경우에는 그러하지 아니하다.

제8조(공공임대주택관리의 범위) 위 주택의 공동부분과 그 부대시설 및 복리시설은 "갑" 또는 "갑"이 지정한 주택관리업자가 관리하고, 주택과 그 내부시설은 "을"이 관리한다.

제9조(보수의 한계) ① 위 주택의 보수와 수선은 "갑"의 부담으로 하되, 위 주택의 전용부분과 그 내 부시설물을 "을"이 파손하거나 멸실한 부분 또는 소모성 자재(「주택법 시행규칙」 별표 5의 장기 수선계획의 수립기준상 수선주기가 6년 이내인 자재를 말한다)의 보수주기에서의 보수 또는 수선 은 "을"의 부담으로 한다.

② 제1항에 따른 소모성 자재와 제1항에 따른 소모성 자재 외의 소모성 자재의 종류와 그 종류별 보수주기는 제16조에 따른 특약으로 따로 정할 수 있다. 다만, 본문에도 불구하고 벽지·장판·전등기구 및 콘센트의 보수주기는 다음 각 호와 같다.

1. 벽지 및 장판: 10년(변색·훼손·오염 등이 심한 경우에는 6년으로 하며, 적치물의 제거에 "을"이 협조한 경우만 해당한다)

2. 전등기구 및 콘센트: 10년. 다만, 훼손 등을 이유로 안전상의 위험이 우려되는 경우에는 조기 교체하여야 한다.

제10조(임대차계약의 해제 및 해지) ① "을"이 다음 각 호의 어느 하나에 해당하는 행위를 한 경우에는 "갑"은 이 계약을 해제 또는 해지하거나 재계약을 거절할 수 있다.

1. 거짓이나 그 밖의 부정한 방법으로 공공임대주택을 임대받은 경우

2. 법 제49조의4를 위반하여 공공임대주택의 임차권을 타인에게 양도하거나 공공임대주택을 전대한 경우

3. 임대차 계약기간이 시작된 날부터 3개월 이내에 입주하지 않은 경우. 다만, "갑"의 귀책사유로 입주가 지연된 경우에는 그렇지 않다.

4. 임대료를 3개월 이상 연속하여 연체한 경우

5. 공공임대주택 및 그 부대시설을 "갑"의 동의를 받지 않고 개축·증축 또는 변경하거나 본래의 용도가 아닌 용도로 사용하는 경우

6. 공공임대주택 및 그 부대시설을 고의로 파손 또는 멸실한 경우

7. 공공임대주택의 임대차 계약기간 중 다른 주택을 소유하게 된 경우. 다만, 다음 각 목의 경우에는 제외한다.

　가. 상속·판결 또는 혼인 등 그 밖의 부득이한 사유로 다른 주택을 소유하게 되어 부적격자로 통보받은 날부터 6개월 이내에 해당 주택을 처분하는 경우

　나. 혼인 등의 사유로 주택을 소유하게 된 세대구성원이 소유권 취득 후 14일 이내에 전출신고를 하여 세대가 분리된 경우

　다. 전용면적 85㎡ 초과 공공임대주택에 입주하고 있는 경우

　라. 해당 공공임대주택의 입주자 모집 당시 입주자를 선정하고 남은 공공임대주택의 임차권을 선착순의 방법으로 취득한 경우

8. 임차인이 해당 주택에서 퇴거하거나 다른 공공임대주택에 당첨되어 입주하는 경우

9. 임차인이 법 제32조 제5항에 따른 분양전환신청기간 이내에 분양전환신청을 하지 않는 경우

10. 그 밖에 이 표준임대차계약서상의 의무를 위반한 경우

② "을"은 다음 각 호의 어느 하나에 해당하는 경우에 이 계약을 해제 또는 해지하거나 임대차계약의 갱신을 거절할 수 있다.

1. 특별자치도지사·시장·군수·구청장이 공공임대주택에 거주하기 곤란할 정도의 중대한 하자가 있다고 인정한 경우

2. "갑"이 특별자치도지사·시장·군수·구청장이 지정한 기간에 하자보수명령을 이행하지 않은 경우

3. "갑"이 "을"의 의사에 반하여 공공임대주택의 부대시설·복리시설을 파손하거나 철거시킨 경우

4. "갑"의 귀책사유로 입주기간이 끝난 날부터 3개월 이내에 입주할 수 없는 경우

5. "갑"이 이 표준임대차계약서상의 의무를 위반한 경우

제11조(임대차계약 중도 해지) ① 공공주택사업자가 임대하는 공공건설임대주택에 거주하는 "을"이 제10조 제2항에 해당하지 않는 사유로 임대주택 임대차계약을 중도에 해지(「주택 임대차보호법」 제6조의2에 따라 묵시적 갱신에 의한 임대차계약을 해지하는 경우는 제외한다)하는 경우에는 "갑"에게 계약 해지 예정일 1개월 전까지 통보(계약 해지 예정일까지의 기간이 1개월 이상 남은 경우에는 변경 후 계약 해지 예정일이 1개월 이상 남는 범위에서 변경 통보 가능)하여야 하며, 통보를 받은 "갑"은 "을"의 퇴거에 적극 협조하여야 한다.

② 제1항에 따라 "을"이 계약 해지를 통보하였으나 계약 해지 예정일 전에 퇴거하는 경우에는 월 임대료 정산 완료일부터 계약 해지 예정일까지의 월 임대료를 "갑"에게 지불해야 한다. 다만, 후속 임차인이 정해진 경우에는 월 임대료 정산 완료일부터 후속 임차인의 입주일 하루 전일까지의 월 임대료를 "갑"에게 지불한다.

제12조(임대보증금의 반환) ① "을"이 "갑"에게 예치한 임대보증금은 이 계약이 끝나거나 해제 또는 해지되어 "을"이 "갑"에게 주택을 명도(明渡)함과 동시에 반환한다.

② 제1항에 따라 반환할 경우 "갑"은 주택 및 내부 일체에 대한 점검을 실시한 후 "을"이 "갑"에게 내야 할 월 임대료, 관리비 등 제반 납부금액과 제9조 제1항에 따른 "을"의 수선유지 불이행에 따른 보수비 및 제16조에 따른 특약으로 정한 위약금, 주택 인도 지연에 따른 배상금, 손해금 등 "을"의 채무를 임대보증금에서 우선 공제하고 그 잔액을 반환한다.

③ "을"은 위 주택을 "갑"에게 명도할 때까지 사용한 전기·수도·가스 등의 사용료(납부시효가 끝나지 아니한 것을 말한다) 지불 영수증을 "갑"에게 제시 또는 예치하여야 한다.

제13조(공공임대주택의 분양전환) ① "갑"은 위 주택이 「공공주택 특별법 시행령」 제2조 제1항 제5호에 따른 분양전환공공임대주택에 해당하는 경우에는 다음 각 호의 조건에 따라 분양전환한다.

 1. 위 주택의 분양전환 시기는 최초 입주지정기간이 끝난 후 ( )년으로 한다.

 2. 위 임대주택의 분양전환가격 산정기준은 입주자 모집 공고에서 정한 바에 따른다. 다만, 입주자 모집 공고에서 정하지 않은 경우에는 별도 특약으로 정한다.

② "갑"이 「공공주택 특별법」 제50조의2제2항 제1호에 따라 위 주택을 다른 공공주택사업자(이하 "병"이라 한다)에게 매각하는 경우에는 "병"과의 매매계약서에서 "갑"의 공공주택사업자로서의 지위를 "병"이 승계한다는 뜻을 명시한다.

제14조(공공임대주택 중복입주 방지를 위한 입주자 정보의 통보) "갑"은 「공공주택 특별법」 제48조의3에 따라 공공임대주택 중복입주 여부 확인 등을 위하여 "을"의 성명, 주민등록번호, 주소, 입주일자 등을 국토교통부장관이 정하는 전산관리지정기관에 알릴 수 있다.

제15조(소송) 이 계약에 관한 소송의 관할 법원은 "갑"과 "을"이 합의하여 결정하는 관할법원으로 하며, "갑"과 "을" 간에 합의가 이루어지지 않은 경우에는 위 주택 소재지를 관할하는 법원으로 한다.

제16조(특약) "갑"과 "을"은 제1조부터 제15조까지에서 규정한 사항 외에 필요한 사항에 대하여는 따로 특약으로 정할 수 있다. 다만, 특약의 내용은 「약관의 규제에 관한 법률」을 위반해서는 안 된다.

◈ 주택월세 소득공제 안내

 근로소득이 있는 거주자(일용근로자는 제외한다)는 「소득세법」 및 「조세특례제한법」에 따라 주택월세에 대한 소득공제를 받을 수 있으며, 자세한 사항은 국세청 콜센터(국번 없이 126)로 문의하시기 바랍니다.

■ 공공주택 특별법 시행규칙 [별지 제6호 서식]

표준임대차계약서(Ⅱ)

(분납임대주택용)

(제1쪽)

아래 표시주택을 임대차함에 있어 임대인　　　　(이하 "갑"이라 한다)과 임차인　　　　(이하 "을"이라한다)은 아래의 내용으로 임대차계약을 체결하고 이를 증명하기 위하여 계약서 2통을 작성하여 "갑"과 "을"이 각각 기명날인한 후 각 1통씩 보관한다.

1. 계약자
가. 갑
  1) 회사명:　　　　　　　　　(서명 또는 인)
  2) 주소(주사무소 소재지):　　　　　　　　　(전화번호)
  3) 사업자 등록번호:
나. 을
  1) 성명:　　　　　　　　　(서명 또는 인)
  2) 주소:　　　　　　　　　(전화번호)
  3) 주민등록번호:
2. 계약일:　　　년　　　월　　　일
3. 공공임대주택의 표시

주택 소재지							
주택 유형	아파트[　] 연립주택[　] 그 밖의 주택[　]						
공공임대주택 면적	방의 수	규모별	면적(㎡)				
			전용 면적	공용면적			합계
				주거공용 면적	그 밖의 공용면적(지하주차장 면적을 포함한다)		
공공임대주택에 딸린 부대시설·복리시설의 종류							
담보물권 설정 여부	없음[　]			있음[　] −담보물권의 종류: −설정금액: −설정일자:			

※ 전용면적, 주거공용면적 및 그 밖의 공용면적의 구분은 「주택공급에 관한 규칙」 제21조 제3항에 따른다.

4. 계약조건
제1조(분납금·월 임대료 및 임대차 계약기간) ① "갑"은 위 표시주택(이하 "공공임대주택"이라 한다)의 분납금, 월 임대료 및 임대차 계약기간을 다음 각 호와 같이 정하여 "을"에게 임대한다.
  1. 분납금

구분	금액		납부기한	분납율
계약 시		원	계약일	100분의 10
중도금 납부 시		원	．　．　．	100분의 10
입주 시		원	．　．　．	100분의 10

210mm×297mm[백상지 80g/㎡(재활용품)]

(제2쪽)

구 분	금 액	납부기한	분납율
임대시작일부터 4년 경과 시	원 ＊ 산정기준: 다음 중 적은 금액(다만, 감정평가에 따른 분납금 산정은 임차인이 원하는 경우에만 한다) 1) 해당 분납임대주택의 최초 입주자모집 공고 당시의 주택가격×(1+이자율)^4×0.2 2) 해당 분납임대주택의 감정평가 금액×0.2	． ． ．	100분의 20
임대시작일부터 8년 경과 시	원 ＊ 산정기준: 다음 중 적은 금액(다만, 감정평가에 따른 분납금 산정은 임차인이 원하는 경우에만 한다) 1) 해당 분납임대주택의 최초 입주자모집 공고 당시의 주택가격×(1+이자율)^8×0.2 2) 해당 분납임대주택의 감정평가 금액×0.2	． ． ．	100분의 20
분양전환 시	해당 분납임대주택의 감정평가금액×0.3	분양전환일	100분의 30

※ 분납금 산정에 필요한 항목별 산출방법은 다음과 같다.
가. 최초 입주자모집 공고 당시의 주택가격: 건축비와 택지비의 합계액으로 한다. 이 경우 건축비 및 택지비의 산출은 별표 7 제2호 라목에 따른다.
나. 이자율: 해당 분납임대주택의 임대시작일과 분납금 납부일 당시 각각 「은행법」에 따른 은행의 1년 만기 정기예금 평균 이자율을 산술평균한 이자율
다. 감정평가금액: 임대사업자는 분납금 산정 전에 특별자치도지사·시장·군수·구청장에게 감정평가금액 산출을 위한 감정평가법인의 선정을 요청하여야 하며, 그 밖의 사항은 영 제56조 및 이 규칙 별표 7 제2호 나목에 따른다.

2. 월 임대료: 원
3. 임대차 계약기간: ． ． ．부터   ． ． ． 까지
② "을"은 제1항 제1호의 분납금을 납부기한 내에 "갑"에게 지불하기로 한다.
③ "을"이 제1항 제1호의 분납금을 납부기한까지 내지 않는 경우에는 연체이율(연   %)을 적용하여 계산한 연체료를 가산하여 내야 한다. 이 경우 연체이율은 「은행법」에 따른 은행으로서 가계자금 대출시장의 점유율이 최상위인 금융기관의 가계자금 대출이자율과 연체 가산율을 합산한 이율을 고려하여 결정한다.
④ "을"은 당월 분 월 임대료를 매달 말일까지 내야하며, 이를 내지 아니할 경우에는 연체된 금액에 제3항에 따른 연체요율을 적용하여 계산한 연체료를 더하여 내야 한다.
제2조(공공임대주택의 입주일) 위 임대주택의 입주일은   ． ． ．부터   ． ． ．까지로 한다.
제3조(월 임대료의 계산) ① 월 임대료는 월 단위로 산정한다. 다만, 임대기간이 월의 첫날부터 시작되지 아니하거나 월의 말일에 끝나지 아니하는 경우에는 그 임대기간이 시작되거나 끝나는 월의 월 임대료는 일할로 산정한다.
② 입주 월의 월 임대료는 입주일부터 계산한다. 다만, 입주지정기간이 지나 입주하는 경우에는 입주지정기간이 끝난 날부터 계산한다.
제4조(관리비와 사용료) ① "을"은 관리비와 사용료를 "갑" 또는 "갑"이 지정한 관리주체에게 따로 특약으로 정하는 기한까지 내야하며, 이를 내지 않을 경우에는 "갑"은 "을"로 하여금 연체된 금액에 대하여 제1조 제3항에 따른 연체요율을 적용하여 계산한 연체료를 더하여 내게 할 수 있다. 다만, 「주택법」제2조 제6의2에 따른 혼합주택단지의 경우에는 입주자대표회의와 공공주택사업자가 공동으로 결정한 연체요율을 적용한다.
② "갑"이 관리비와 사용료를 징수할 때에는 관리비와 사용료의 부과 명세서를 첨부하여 "을"에게 이를 낼 것을 통지하여야 한다.
제5조(임대 조건 등의 변경) "갑"과 "을"은 다음 각 호의 어느 하나에 해당할 경우에는 임대보증금, 월 임대료, 관리비, 사용료 또는 제납입금을 조정할 수 있다. 다만, 임대보증금과 월 임대료(이하 "차임 등"이라 한다)의 조정은 「공공주택 특별법」 또는 「주택임대차보호법」에서 정하는 바를 위반하여서는 안 되고, 「주택임대차보호법 시행령」제8조에 따른 차임 등의 증액청구는 약정한 차임 등의 20분의 1에 해당하는 금액을 초과하지 못하며, 임대차계약 또는 약정한 차임 등의 증액이 있은 후 1년 이내에는 그 차임 등을 증액하지 못한다.
1. 물가, 그 밖의 경제적 여건의 변동이 있을 때
2. "갑"이 임대하는 주택 상호간 또는 인근 유사지역의 공공임대주택 간에 임대조건의 균형상 조정할 필요가 있을 때
3. 공공임대주택과 부대시설 및 부지의 가격에 현저한 변동이 있을 때

제6조("을"의 금지행위) "을"은 다음 각 호의 어느 하나에 해당하는 행위를 해서는 안 된다.

1. 「공공주택 특별법」을 위반하여 임차권을 양도하거나 공공임대주택을 타인에게 전대하는 행위
2. 공공임대주택 및 그 부대시설을 개축·증축 또는 변경하거나 본래의 용도가 아닌 용도로 사용하는 행위
3. 공공임대주택 및 그 부대시설을 파손 또는 멸실하는 행위
4. 공공임대주택 및 그 부대시설의 유지·관리를 위하여 "갑"과 "을"이 합의한 사항을 위반하는 행위

제7조("을"의 의무) ① "을"은 위 주택을 선량한 관리자로서 유지·관리하여야 한다.

② "을"은 제2조에 따른 입주기간 내에 위 주택에 입주하여야 하며, "을"을 포함하여 위 주택에 입주한 자는 입주와 동시에 「주민등록법」에 따른 전입신고를 하여야 한다. 다만, "갑"의 사전 동의를 받은 경우에는 그러하지 아니하다.

제8조(공공임대주택 관리의 범위) 위 주택의 공동부분과 그 부대시설 및 복리시설은 "갑" 또는 "갑"이 지정한 주택관리업자가 관리하고, 주택과 그 내부시설은 "을"이 관리한다.

제9조(보수의 한계) ① 위 주택의 보수와 수선은 "갑"의 부담으로 하되, 위 주택의 전용부분과 그 내부시설물을 "을"이 파손하거나 멸실한 부분 또는 소모성 자재(「주택법 시행규칙」 별표 5의 장기수선계획의 수립기준상 수선주기가 6년 이내인 자재를 말한다)의 보수주기에서의 보수 또는 수선은 "을"의 부담으로 한다.

② 제1항에 따른 소모성 자재와 제1항에 따른 소모성 자재 외의 소모성 자재의 종류와 그 종류별 보수주기는 제16조에 따른 특약으로 따로 정할 수 있다. 다만, 본문에도 불구하고 벽지·장판·전등기구 및 콘센트의 보수주기는 다음 각 호와 같다.

1. 벽지 및 장판: 10년(변색·훼손·오염 등이 심한 경우에는 6년으로 하며, 적치물의 제거에 "을"이 협조한 경우만 해당한다)
2. 전등기구 및 콘센트: 10년. 다만, 훼손 등을 이유로 안전상의 위험이 우려되는 경우에는 조기 교체하여야 한다.

제10조(임대차계약의 해제 및 해지) ① "을"이 다음 각 호의 어느 하나에 해당하는 행위를 한 경우에는 "갑"은 이 계약을 해제 또는 해지하거나 재계약을 거절할 수 있다.

1. 거짓이나 그 밖의 부정한 방법으로 공공임대주택을 임대받은 경우
2. 법 제49조의4를 위반하여 공공임대주택의 임차권을 타인에게 양도하거나 공공임대주택을 전대한 경우
3. 임대차 계약기간이 시작된 날부터 3개월 이내에 입주하지 않은 경우. 다만, "갑"의 귀책사유로 입주가 지연된 경우에는 그렇지 않다.
4. 월 임대료를 3개월 이상 연속하여 연체한 경우
5. 분납임대주택의 분납금을 3개월 이상 연체한 경우
6. 공공임대주택 및 그 부대시설을 "갑"의 동의를 받지 않고 개축·증축 또는 변경하거나 본래의 용도가 아닌 용도로 사용하는 경우
7. 공공임대주택 및 그 부대시설을 고의로 파손 또는 멸실한 경우
8. 공공임대주택의 임대차 계약기간 중 다른 주택을 소유하게 된 경우. 다만, 다음 각 목의 경우에는 제외한다.
   가. 상속·판결 또는 혼인 등 그 밖의 부득이한 사유로 다른 주택을 소유하게 되어 부적격자로 통보받은 날부터 6개월 이내에 해당 주택을 처분하는 경우
   나. 혼인 등의 사유로 주택을 소유하게 된 세대구성원이 소유권 취득 후 14일 이내에 전출신고를 하여 세대가 분리된 경우
   다. 전용면적 85㎡ 초과 공공임대주택에 입주하고 있는 경우
   라. 해당 공공임대주택의 입주자 모집 당시 입주자를 선정하고 남은 공공임대주택의 임차권을 선착순의 방법으로 취득한 경우
9. 임차인이 해당 주택에서 퇴거하거나 다른 공공임대주택에 당첨되어 입주하는 경우
10. 임차인이 법 제32조 제5항에 따른 분양전환신청기간 이내에 분양전환신청을 하지 않는 경우
11. 그 밖에 이 표준임대차계약서상의 의무를 위반한 경우

② "을"은 다음 각 호의 어느 하나에 해당하는 경우에 이 계약을 해제 또는 해지하거나 임대차계약의 갱신을 거절할 수 있다.

1. 특별자치도지사·시장·군수·구청장이 공공임대주택에 거주하기 곤란할 정도의 중대한 하자가 있다고 인정한 경우
2. "갑"이 특별자치도지사·시장·군수·구청장이 지정한 기간에 하자보수명령을 이행하지 않은 경우
3. "갑"이 "을"의 의사에 반하여 공공임대주택의 부대·복리시설을 파손하거나 철거시킨 경우
4. "갑"의 귀책사유로 입주기간이 끝난 날부터 3개월 이내에 입주할 수 없는 경우
5. "갑"이 이 표준임대차계약서상의 의무를 위반한 경우

제11조(임대차계약 중도 해지) ① 공공주택사업자가 임대하는 분납임대주택에 거주하는 "을"이 제10조 제2항에 해당하지 않는 사유로 공공임대주택 임대차계약을 중도에 해지(「주택 임대차보호법」제6조의2에 따라 묵시적 갱신에 의한 임대차계약을 해지하는 경우는 제외한다)하는 경우에는 "갑"에게 계약 해지 예정일 1개월 전까지 통보(계약 해지 예정일까지의 기간이 1개월 이상 남은 경우에는 변경 후 계약 해지 예정일이 1개월 이상 남는 범위에서 변경 통보 가능)하여야 하며, 통보를 받은 "갑"은 "을"의 퇴거에 적극 협조하여야 한다.

② 제1항에 따라 "을"이 계약 해지를 통보하였으나 계약 해지 예정일 전에 퇴거하는 경우에는 월 임대료 정산 완료일부터 계약 해지 예정일까지의 월 임대료를 "갑"에게 지불해야 한다. 다만, 후속 임차인이 정해진 경우에는 월 임대료 정산 완료일부터 후속 임차인의 입주일 하루 전일까지의 월 임대료를 "갑"에게 지불한다.

제12조(반환금의 지급) ① 이 계약이 해제 또는 해지되거나 재계약 등의 사유가 발생하여 "을"이 임차권을 "갑"에게 반납하는 경우, "을"이 "갑"에게 주택을 명도함과 동시에 "갑"은 다음 각 호에 따라 산정된 금액(이하 "반환금"이라 한다)을 "을"에게 지급한다.

1. 해당 분납임대주택에 5년 미만의 기간 동안 거주 후 반납하는 경우: 다음 각 목의 금액 중 적은 금액

    가. 임차인이 이미 납부한 분납금과 분납금 납부일의 다음 날부터 반납일까지의 이자를 합한 금액. 이 경우 이자율은 「은행법」에 따른 금융기관의 1년 만기 정기예금 평균 이자율을 산술평균한 이자율로 한다.

    나. 해당 분납임대주택의 감정평가 금액에 임차인이 납부한 분납금의 합의 비율을 곱한 금액

2. 해당 분납임대주택에 5년 이상의 기간 동안 거주 후 반납하는 경우: 제1호 각 목의 금액을 산술평균한 금액

② 제1항에 따라 반환할 경우 "갑"은 주택 및 내부 일체에 대한 점검을 실시한 후 "을"이 "갑"에게 내야 할 분납금, 월 임대료, 관리비 등 제반 납부금액과 제9조 제1항에 따른 "을"의 수선유지 불이행에 따른 보수비 및 제16조에 따른 특약으로 정한 위약금, 주택 인도 지연에 따른 배상금, 손해금 등 "을"의 채무를 반환금에서 우선 공제하고 그 잔액을 지급한다.

③ "을"은 위 주택을 "갑"에게 명도할 때까지 사용한 전기·수도·가스 등의 사용료(납부시효가 끝나지 아니한 것을 말한다) 지불 영수증을 "갑"에게 제시 또는 예치하여야 한다.

제13조(공공임대주택의 분양전환) "갑"은 최초 입주지정기간이 끝난 후 10년이 지난 시점에 위 주택을 분양전환한다.

제14조(공공임대주택 중복입주 방지를 위한 입주자 정보의 통보) "갑"은 「공공주택 특별법」제48조의3에 따라 공공임대주택 중복입주 여부 확인 등을 위하여 "을"의 성명, 주민등록번호, 주소, 입주일자 등을 국토교통부장관이 정하는 전산관리지정기관에 알릴 수 있다.

제15조(소송) 이 계약에 관한 소송의 관할 법원은 "갑"과 "을"이 합의하여 결정하는 관할법원으로 하며, "갑"과 "을" 간에 합의가 이루어지지 않은 경우에는 위 주택 소재지를 관할하는 법원으로 한다.

제16조(특약) "갑"과 "을"은 제1조부터 제15조까지에서 규정한 사항 외에 필요한 사항에 대하여는 따로 특약으로 정할 수 있다. 다만, 특약의 내용은 「약관의 규제에 관한 법률」을 위반해서는 안 된다.

◈ 주택월세 소득공제 안내

　근로소득이 있는 거주자(일용근로자는 제외한다)는 「소득세법」 및 「조세특례제한법」에 따라 주택월세에 대한 소득공제를 받을 수 있으며, 자세한 사항은 국세청 콜센터(국번 없이 126)로 문의하시기 바랍니다.

■ 공공주택 특별법 시행규칙 [별지 제7호 서식]

표준임대차계약서(Ⅲ)

(그 밖의 공공임대주택용)

(제1쪽)

아래 표시주택을 임대차함에 있어 임대인   (이하 "갑"이라 한다)과 임차인   (이하 "을"
이라 한다)은 아래의 내용으로 임대차계약을 체결하고 이를 증명하기 위하여 계약서 2통을 작성하여
"갑"과 "을"이 각각 서명날인한 후 각 1통씩 보관한다.

※ 개업공인중개사가 임대차계약서를 작성하는 경우에는 계약서 3통을 작성하여 "갑"과 "을" 및 개
  업공인중개사가 각각 서명날인한 후 각 1통씩 보관한다.

1. 계약자

 가. 갑

  1) 회사명: (서명 또는 날인)

  2) 주소(주사무소 소재지):   (전화번호)

  3) 사업자 등록번호:

 나. 을

  1) 성명: (서명 또는 날인)

  2) 주소: (전화번호)

  3) 주민등록번호:

2. 개업공인중개사

  1) 사무소명:

  2) 대표자 성명: (서명 및 날인)

  3) 주소(주사무소 소재지):   (전화번호)

  4) 허가번호:

3. 계약일: 년   월   일

4. 공공임대주택의 표시

주택 소재지					
주택 유형	아파트[ ] 연립주택[ ] 다세대주택[ ] 다가구주택[ ] 그 밖의 주택[ ]				
공공임대주택 면적	방의 수	규모별	면적(㎡)		
			전용면적	공용면적	합계
				주거공용면적	그 밖의 공용면적(지하주차장 면적을 포함한다)	
「공공주택 특별법」 제2조에 따른 공공임대주택의 종류	기존주택매입임대주택[ ], 기타 공공임대주택[ ]				
공공임대주택에 딸린 부대시설·복리시설의 종류					
담보물권 설정 여부	없음[ ]	있음[ ] -담보물권의 종류: -설정금액: -설정일자:			

※ 전용면적, 주거공용면적 및 그 밖의 공용면적의 구분은 「주택공급에 관한 규칙」 제21조 제3
  항에 따른다.

210mm×297mm[백상지 80g/㎡(재활용품)]

5. 계약조건

제1조(임대보증금, 월 임대료 및 임대차 계약기간) ① "갑"은 위 표시주택의 임대보증금, 월 임대료 및 임대차 계약기간을 아래와 같이 정하여 "을"에게 임대한다.

구분	임대보증금	월 임대료
금액		
임대차 계약기간		

② "을"은 제1항의 임대보증금을 아래와 같이 "갑"에게 지불하기로 한다.

계약금	원정은 계약 시에 지불		
중도금	원정은	.	.에 지불
잔 금	원정은	.	.에 지불

③ "을"은 제1항과 제2항에 따른 임대보증금을 이자 없이 "갑"에게 예치하여야 하며, 제2항의 지불기한까지 내지 않는 경우에는 연체이율(연   %)을 적용하여 계산한 연체료를 가산하여 내야 한다. 이 경우 연체이율은 「은행법」에 따른 은행으로서 가계자금 대출시장의 점유율이 최상위인 금융기관의 가계자금 대출이자율과 연체 가산율을 합산한 이율을 고려하여 결정한다.

④ "을"은 당월 분 월 임대료를 매달 말일까지 내야하며, 이를 내지 않는 경우에는 연체된 금액에 제3항에 따른 연체이율을 적용하여 계산한 연체료를 더하여 내야 한다.

제2조(공공임대주택의 입주일) 위 공공임대주택의 입주일은   . . .부터   . . .까지로 한다.

제3조(임대 조건 등의 변경) "갑"과 "을"은 다음 각 호의 어느 하나에 해당할 때에는 임대보증금, 월 임대료, 관리비, 사용료 및 제납입금을 조정할 수 있다. 다만, 임대보증금과 월 임대료(이하 "차임 등"이라 한다)의 조정은 「공공주택 특별법」 및 「주택임대차보호법」에서 정하는 바를 위반하여서는 안 되고, 「주택임대차보호법 시행령」 제8조에 따른 차임 등의 증액청구는 약정한 차임 등의 20분의 1에 해당하는 금액을 넘지 못하며, 임대차계약 또는 약정한 차임 등의 증액이 있은 후 1년 이내에는 그 차임 등을 증액하지 못한다.

1. 물가, 그 밖의 경제적 여건의 변동이 있을 때
2. "갑"이 임대하는 주택 상호간 또는 인근 유사지역의 임대주택 간에 임대조건의 균형상 조정할 필요가 있을 때
3. 공공임대주택과 그 부대시설 및 부지의 가격에 현저한 변동이 있을 때

제4조("을"의 금지행위) "을"은 다음 각 호의 어느 하나에 행위를 해서는 안 된다.

1. 「공공주택 특별법」을 위반하여 임차권을 양도하거나 공공임대주택을 타인에게 전대하는 행위
2. 공공임대주택 및 그 부대시설을 개축·증축 또는 변경하거나 본래의 용도가 아닌 용도로 사용하는 행위
3. 공공임대주택 및 그 부대시설을 파손 또는 멸실하는 행위
4. 공공임대주택 및 그 부대시설의 유지·관리를 위하여 "갑"과 "을"이 합의한 사항을 위반하는 행위

제5조("을"의 의무) ① "을"은 위 주택을 선량한 관리자로서 유지·관리하여야 한다.

② "을"은 제2조에 따른 입주기간 내에 위 주택에 입주하여야 하며, "을"을 포함하여 위 주택에 입주한 자는 입주와 동시에 「주민등록법」에 따른 전입신고를 하여야 한다. 다만, "갑"의 사전 동의를 받은 경우에는 그러하지 아니하다.

제6조(보수의 한계) ① 위 주택의 보수 및 수선은 "갑"의 부담으로 하되, 위 주택의 전용부분과 그 내부시설물을 "을"이 파손하거나 멸실한 부분 또는 소모성 자재(「주택법 시행규칙」 별표 5의 장기수선계획의 수립기준상 수선주기가 6년 이내인 자재를 말한다)의 보수주기에서의 보수 또는 수선은 "을"의 부담으로 한다.

② 제1항에 따른 소모성 자재 및 제1항에 따른 소모성 자재 외의 소모성 자재의 종류와 그 종류별 보수주기는 제14조에 따른 특약으로 따로 정할 수 있다. 다만, 본문에도 불구하고 벽지·장판·전등기구 및 콘센트의 보수주기는 다음 각 호와 같다.

1. 벽지 및 장판: 10년(변색·훼손·오염 등이 심한 경우에는 6년으로 하며, 적치물의 제거에 "을"이 협조한 경우만 해당한다)
2. 전등기구 및 콘센트: 10년. 다만, 훼손 등을 이유로 안전상의 위험이 우려되는 경우에는 조기 교체하여야 한다.

제7조(임대차계약의 해제 및 해지) ① "을"이 다음 각 호의 어느 하나에 해당하는 행위를 한 경우에는 "갑"은 이 계약을 해제 또는 해지하거나 재계약을 거절할 수 있다.

1. 거짓이나 그 밖의 부정한 방법으로 공공임대주택을 임대받은 경우

2. 법 제49조의4를 위반하여 공공임대주택의 임차권을 타인에게 양도하거나 공공임대주택을 전대한 경우

3. 임대차기간이 시작된 날부터 3개월 이내에 입주하지 않은 경우. 다만, "갑"의 귀책사유로 입주가 지연된 경우에는 그렇지 않다.

4. 월 임대료를 3개월 이상 연속하여 연체한 경우

5. 공공임대주택 및 그 부대시설을 "갑"의 동의를 받지 않고 개축·증축 또는 변경하거나 본래의 용도가 아닌 용도로 사용하는 경우

6. 공공임대주택 또는 그 부대시설을 고의로 파손하거나 멸실한 경우

7. 그 밖에 이 표준임대차계약서상의 의무를 위반한 경우

② "을"은 다음 각 호의 어느 하나에 해당하는 경우에 이 계약을 해제 또는 해지하거나 재계약을 거절할 수 있다.

1. 특별자치도지사·시장·군수·구청장이 공공임대주택에 거주하기 곤란할 정도의 중대한 하자가 있다고 인정한 경우

2. "갑"이 특별자치도지사·시장·군수·구청장이 지정한 기간에 하자보수명령을 이행하지 않은 경우

3. "갑"이 "을"의 의사에 반하여 공공임대주택의 부대시설·복리시설을 파손하거나 철거시킨 경우

4. "갑"의 귀책사유로 입주기간 끝난 날부터 3개월 이내에 입주할 수 없는 경우

5. "갑"이 이 표준임대차계약서상의 의무를 위반한 경우

제8조(임대차계약 중도 해지) ① 공공주택사업자가 임대하는 공공임대주택에 거주하는 "을"이 제7조 제2항에 해당하지 않는 사유로 공공임대주택 임대차계약을 중도에 해지(「주택 임대차보호법」제6조의2에 따라 묵시적 갱신에 의한 임대차계약을 해지하는 경우는 제외한다)하는 경우에는 "갑"에게 계약 해지 예정일 1개월 전까지 통보(계약 해지 예정일까지의 기간이 1개월 이상 남은 경우에는 변경 후 계약 해지 예정일이 1개월 이상 남는 범위에서 변경 통보 가능)하여야 하며, 통보를 받은 "갑"은 "을"의 퇴거에 적극 협조하여야 한다.

② 제1항에 따라 "을"이 계약 해지를 통보하였으나 계약 해지 예정일 전에 퇴거하는 경우에는 월 임대료 정산 완료일부터 계약 해지 예정일까지의 월 임대료를 "갑"에게 지불해야 한다. 다만, 후속 임차인이 정해진 경우에는 월 임대료 정산 완료일부터 후속 임차인의 입주일 하루 전일까지의 월 임대료를 "갑"에게 지불한다.

제9조(임대보증금의 반환) ① "을"이 "갑"에게 예치한 임대보증금은 이 계약이 끝나거나 해제 또는 해지되어 "을"이 "갑"에게 주택을 명도함과 동시에 반환한다.

② 제1항에 따라 반환할 경우 "갑"은 주택 및 내부 일체에 대한 점검을 실시한 후 "을"이 "갑"에게 내야 할 월 임대료, 관리비 등 제반 납부액과 제6조 제1항에 따른 "을"의 수선유지 불이행에 따른 보수비 및 제11조에 따른 특약으로 정하는 위약금, 주택 인도 지연에 따른 배상금 또는 손해금 등 "을"의 채무를 임대보증금에서 우선 공제하고 그 잔액을 반환한다.

③ "을"은 위 주택을 "갑"에게 명도할 때까지 사용한 전기·수도·가스 등의 사용료(납부시효가 끝나지 아니한 것을 말한다)지불 영수증을 "갑"에게 제시 또는 예치하여야 한다.

제10조(공공임대주택의 매각) "갑"이 「공공주택 특별법」제50조의2제2항 제1호에 따라 위 주택을 다른 공공주택사업자(이하 "병"이라 한다)에게 매각하는 경우에는 "병"과의 매매계약서에 "갑"의 공공주택사업자로서의 지위를 "병"이 승계한다는 뜻을 명시한다.

제11조(공공임대주택 중복입주 방지를 위한 입주자 정보의 통보) "갑"은 「공공주택 특별법」제48조의3에 따라 공공임대주택 중복입주 여부 확인 등을 위하여 "을"의 성명, 주민등록번호, 주소, 입주일자 등을 국토교통부장관이 정하는 전산관리지정기관에 알릴 수 있다.

제12조(소송) 이 계약에 관한 소송의 관할 법원은 "갑"과 "을"이 합의하여 결정하는 관할법원으로 하며, "갑"과 "을" 간에 합의가 이루어지지 않은 경우에는 위 주택소재지를 관할하는 법원으로 한다.

제13조(중개대상물의 확인·설명) 개업공인중개사가 임대차계약서를 작성하는 경우에는 중개대상물확인·설명서를 작성하고, 업무보증 관계증서(공제증서 등) 사본을 첨부하여 임대차계약을 체결할 때 "갑"과 "을"에게 교부한다.

제14조(특약) "갑"과 "을"은 제1조부터 제13조까지에서 규정한 사항 외에 필요한 사항에 대하여는 따로 특약을 정할 수 있다. 다만, 특약의 내용은 「약관의 규제에 관한 법률」을 위반해서는 안 된다.

◆ 주택월세 소득공제 안내

　근로소득이 있는 거주자(일용근로자는 제외한다)는「소득세법」및「조세특례제한법」에 따라 주택월세에 대한 소득공제를 받을 수 있으며, 자세한 사항은 국세청 콜센터(국번 없이 126)로 문의하시기 바랍니다.

■ 공공주택 특별법 시행규칙 [별지 제8호 서식]

(앞쪽)

제 호

공공주택 거주사항 조사원증

사 진

3cm×4cm

(모자 벗은 상반신으로
뒤 그림 없이 6개월
이내 촬영한 것)

성 명
(영문명)
국토교통부
(지방자치단체)

60mm×90mm[보존용지(1종) 120g/㎡]

(색상: 연하늘색)

(뒤쪽)

공공주택 거주사항 조사원증

소 속:
직위(직급):
성 명:
생년월일:
유효기간: . . .부터 . . .까지

위 사람은 「공공주택 특별법」 제49조의7제3항에 따라 공공주택 입주자가 실제 거주하는지 여부 등을 확인하기 위하여 해당 주택을 출입하여 조사하거나 필요한 질문을 할 수 있는 사람임을 증명합니다.

년 월 일

국토교통부장관
(지방자치단체의 장) [직인]

1. 이 증은 다른 사람에게 대여 또는 양도할 수 없습니다.
2. 이 증을 습득한 경우에는 가까운 우체통에 넣어 주십시오.

■ 공공주택 특별법 시행규칙 [별지 제9호 서식]

공공임대주택 매각신고서

접수번호		접수일자		처리기간	10일

공공주택 사업자 (매도인)	법인명		법인등록번호	
	상호		전화번호	
	주소(사무소 소재지)			

공공임대 주택	매각 호수(세대수)	
	종류	영구임대주택 [ ], 국민임대주택 [ ], 행복주택 [ ], 5년 분양전환공공임대주택 [ ], 10년 분양전환공공임대주택[ ], 분납임대주택 [ ], 기존주택매입임대 [ ], 그 밖의 유형 [ ]
	유형	아파트[ ], 연립주택[ ], 다세대주택[ ], 단독주택[ ], 오피스텔[ ]
	주소(사무소 소재지)	

공공주택 사업자 (매수인)	법인명		법인등록번호	
	상호		전화번호	
	주소(사무소 소재지)			

「공공주택 특별법」 제50조의2제2항 및 같은 법 시행규칙 제38조 제1항에 따라 위와 같이 신고합니다.

년   월   일

신고인

(서명 또는 인)

특 별 자 치 도 지 사
시장·군수·구청장   귀하

담당 공무원 확인사항	1. 매각하려는 주택의 등기사항증명서 2. 매입하는 자의 자 등	수수료 없음

행정정보 공동이용 동의서

본인은 이 건 업무처리와 관련하여 담당 공무원이 「전자정부법」 제36조에 따른 행정정보의 공동이용을 통하여 위의 확인사항 중 제2호의 정보를 확인하는 것에 동의합니다.   *동의하지 않는 경우에는 신청인이 직접 해당 서류의 사본을 제출해야 합니다.

신청인

(서명 또는 인)

처리절차

210mm×297mm[백상지 80g/㎡(재활용품)]

■ 공공주택 특별법 시행규칙 [별지 제10호 서식]   민원24(www.minwon.go.kr)에서도 신청할 수 있습니다.

공공임대주택 분양전환 허가신청서

접수번호		접수일자			처리기간	10일

공공주택 사업자	법인명		법인등록번호	
	상호		전화번호	
	주소(사무소 소재지)			

공공임대 주택	위치	
	임대주택의 종류	10년 분양전환공공임대주택 [ ], 5년 분양전환공공임대주택 [ ], 그 밖의 공공임대주택 [ ]
	임대주택의 유형	아파트[ ], 연립주택[ ], 다세대주택[ ], 단독주택[ ], 오피스텔[ ]

분양전환 조건 등	호수(세대수)		분양전환 (예정)가격	공급대상	
	전용면적	호(세대)		우선공급	일반공급
	m²		원	호(세대)	호(세대)
	m²		원	호(세대)	호(세대)
	m²		원	호(세대)	호(세대)
	합계		원	호(세대)	호(세대)
	분양전환 예정일자				

「공공주택 특별법 시행령」 제54조 제2항 제1호와 같은 법 시행규칙 제39조 제1항에 따라 위와 같이 허가를 신청합니다.

년   월   일

신청인   (서명 또는 인)

국 토 교 통 부 장 관   귀하

신청인 제출서류	1. 분양전환의 구체적인 사유를 적은 서류 2. 분양전환가격 산정의 근거서류 3. 특별수선충당금 적립통장 사본(특별수선충당금 적립대상 주택만 해당합니다.) 4. 하자보수보증금 예치증서[공동주택의 사용검사일(주택단지 안의 전부에 대하여 임시 사용승인을 받은 경우를 포함한다)부터 10년 이내인 경우만 해당합니다]	수수료 없음
담당 공무원 확인사항	해당 공공임대주택의 등기사항증명서	

처리절차

신청서 작성	→	접수	→	검토	→	결재	→	회신
신청인		(처리기관) 국토교통부		(처리기관) 국토교통부		(처리기관) 국토교통부		신청인

210mm×297mm[백상지 80g/㎡(재활용품)]

■ 공공주택 특별법 시행규칙 [별지 제11호 서식]

(앞쪽)

제 호

검사 공무원증

사 진

3cm × 4cm

(모자 벗은 상반신으로
뒤 그림 없이 6개월
이내 촬영한 것)

성 명
(영문명)

국토교통부

60mm×90mm[보존용지(1종) 120g/㎡]

(색상: 연하늘색)

(뒤쪽)

검사 공무원증

소 속:
직위(직급):
성 명:
생년월일:
검사대상:
유효기간: . . .부터 . . .까
지

　위 사람은「공공주택 특별법」제54조 제
2항 및 같은 법 시행규칙 제44조에 따라
귀하가 시행하는 공공주택사업에 관한 업
무를 검사하는 공무원임을 증명함

년 월 일

국토교통부장관 [직인]

1. 이 증은 다른 사람에게 대여 또는 양도할 수
없습니다.
2. 이 증을 습득한 경우에는 가까운 우체통에
넣어 주십시오.

[별표 1]

조성원가 산정표(제8조 제3항 관련)

조성원가 항목	세부 명세
용지비	용지매입비, 지장물 보상비, 영업·영농·축산·어업 등에 관한 권리의 보상비, 종합토지세·도시계획세·교육세·농어촌특별세 등 용지제세, 보상 관련 용역비, 조사비, 등기비 및 그 부대비용
조성비	부지조성 공사비, 특수구조물 공사비, 가로등 공사비, 전기통신 공사비, 조경 공사비, 정보화시설 공사비, 문화재 시발굴비용, 설계비, 측량비, 조성 관련 용역비 및 그 부대비용 등 해당 주택지구의 조성에 소요된 직접비
직접 인건비	해당 사업을 직접 수행하는 직원의 인건비
이주대책비	이주대책의 시행에 따른 비용 및 손실액
판매비	광고선전비, 판매촉진비, 그 밖에 판매활동에 소요된 비용
일반관리비	인건비, 임차료, 연구개발비, 훈련비, 그 밖에 사업시행과 관련한 일반관리에 소요된 비용(직접 인건비에 포함된 금액은 제외한다)
용지부담금	용지의 형질변경 등을 원인으로 법령에 따라 부과되는 농지부담금, 산림부담금 등 각종 부담금
기반시설 설치비	도로, 상수처리 관련 시설, 하수처리 관련 시설, 에너지·통신시설, 그 밖의 기반시설 등 공공주택지구 밖의 기반시설 설치에 소요된 비용(다른 법령이나 인가·허가 조건에 따라 국가 또는 지방자치단체에 납부하는 부담금 및 공공시설설치비 등을 포함한다)
자본비용	공공주택지구조성사업을 시행하는데 필요한 사업비의 조달에 소요되는 비용
그 밖의 비용	「산업재해보상 보험법」에 따른 보험료, 천재지변으로 발생하는 피해액 및 사업 관련 기부채납금
비고: 조성원가의 구체적 산정기준 및 적용방법은 국토교통부장관이 정하여 고시하는 바에 따른다.	

[별표 2]

<u>입찰자의 계약 이행능력 심사기준(제11조 제1항 관련)</u>

구분(추정가격 기준)	심사 분야		심사 항목
	분야별	배점한도	
1. 300억원 미만 100억원 이상인 공사	합계	100	입찰참가자격 사전심사(PQ심사라 한다. 이하 같다) 항목을 이용
	가. 시공경험	21	
	나. 기술능력	22	
	다. 시공평가 결과	2	
	라. 경영상태	35	
	마. 신인도	±3	
	바. 자재 및 인력 조달 가격의 적절성	20	재료비 및 노무비의 적절성
2. 100억원 미만 50억원 이상인 공사	합계	100	PQ심사 항목을 이용하되, 경영상태는 부채비율, 유동비율 및 영업기간을 평가
	가. 시공경험	50	
	나. 경영상태	50	
	다. 신인도	±1.5	
3. 50억원 미만인 공사	합계	100	
	가. 시공경험	50	해당 공사 추정금액 대비 최근 3년간 해당 업종 실적 누계액 비율
	나. 경영상태	50	1) 최근 연도 부채비율 2) 최근 연도 유동비율 3) 영업기간

[별표 3] 〈개정 2018. 2. 9.〉 [유효기간:2019년 3월 31일] 제2호 가목

영구임대주택의 입주자 자격(제14조 제1항 관련)

1. 일반공급

영구임대주택은 입주자모집공고일 현재 무주택세대구성원으로서 아래에 해당되는 공급신청자를 1세대 1주택의 기준으로 순위에 따라 선정한다. 다만, 무주택세대구성원 여부를 적용할 때 라목 및 아목의 경우에는 세대주 및 세대원 요건을 제외하고, 사목의 경우에는 피부양자의 배우자도 무주택자이어야 한다.

순위	입주자격
1순위	가. 「국민기초생활 보장법」 제7조 제1항 제1호에 따른 생계급여 수급자 또는 같은 항 제3호에 따른 의료급여 수급자(이하 이 별표에서 수급자라 한다)
	나. 다음의 어느 하나에 해당하는 사람으로서 해당 세대의 월평균소득이 전년도 도시근로자 가구당 월평균소득(태아를 포함한 가구원 수가 4명 이상인 세대는 가구원수별 가구당 월평균소득으로 한다. 이하 이 별표에서 같다)의 70% 이하이고 제13조 제2항에 따른 영구임대주택의 자산요건을 충족한 사람 1) 「국가유공자 등 예우 및 지원에 관한 법률」에 따른 국가유공자 또는 그 유족 2) 「보훈보상대상자 지원에 관한 법률」에 따른 보훈보상대상자 또는 그 유족 3) 「5·18민주유공자 예우에 관한 법률」에 따른 5·18민주유공자 또는 그 유족 4) 「특수임무유공자 예우 및 단체설립에 관한 법률」에 따른 특수임무유공자 또는 그 유족 5) 「참전유공자예우 및 단체설립에 관한 법률」에 따른 참전유공자
	다. 「일제하 일본군위안부 피해자에 대한 생활안정지원 및 기념사업 등에 관한 법률」 제3조에 따라 여성가족부장관에게 등록한 일본군위안부 피해자
	라. 「한부모가족지원법 시행규칙」 제3조에 따라 여성가족부장관이 정하는 기준에 해당하는 지원대상 한부모가족
	마. 「북한이탈주민의 보호 및 정착지원에 관한 법률」 제2조 제1호에 따른 북한이탈주민으로서 해당 세대의 월평균소득이 전년도 도시근로자 가구당 월평균소득의 70% 이하이고 제13조 제2항에 따른 영구임대주택의 자산요건을 충족한 사람

	바. 「장애인복지법」 제32조에 따라 장애인등록증이 교부된 사람(지적장애인·정신장애인 및 제3급 이상의 뇌병변장애인의 경우에는 그 배우자를 포함한다. 이하 이 별표에서 같다)으로서 해당 세대의 월평균소득이 전년도 도시근로자 가구당 월평균소득의 70% 이하이고 제13조 제2항에 따른 영구임대주택의 자산요건을 충족한 사람	
	사. 65세 이상의 직계존속(배우자의 직계존속을 포함한다)을 부양(같은 세대별 주민등록표상에 세대원으로 등재되어 있는 경우로 한정한다)하는 사람으로서 가목의 수급자 선정기준의 소득인정액 이하인 사람	
	아. 「아동복지법」 제16조에 따라 아동복지시설에서 퇴소하는 사람 중 아동복지시설의 장이 추천하는 사람으로서 해당 세대의 월평균소득이 전년도 도시근로자 가구당 월평균소득의 70% 이하이고 제13조 제2항에 따른 영구임대주택의 자산요건을 충족한 사람	
	자. 65세 이상인 사람으로서 「국민기초생활 보장법」 제2조 제1호에 따른 수급권자 또는 같은 조 제10호에 따른 차상위계층에 해당하는 사람	
2순위	차. 해당 세대의 월평균소득이 전년도 도시근로자 가구당 월평균소득의 50% 이하인 사람으로서 제13조 제2항에 따른 영구임대주택의 자산 요건을 충족한 사람	
	카. 가목부터 라목까지의 규정에 준하는 사람으로서 국토교통부장관 또는 시·도지사가 영구임대주택의 입주가 필요하다고 인정하는 사람	
	타. 「장애인복지법」 제32조에 따라 장애인등록증이 교부된 사람으로서 해당 세대의 월평균소득이 전년도 도시근로자 가구당 월평균소득 이하이고 제13조 제2항에 따른 영구임대주택의 자산요건을 충족한 사람	

2. 우선공급

가. 해당 세대의 월평균소득이 전년도 도시근로자 가구당 월평균소득의 70% 이하이고 무주택세대구성원으로서 국가보훈처장이 영구임대주택 입주가 필요하다고 인정하는 아래에 해당되는 공급신청자의 경우에는 일반공급에 따른 입주자선정순위에도 불구하고 그 건설량의 10%를 1세대 1주택의 기준으로 우선공급할 수 있다. 이 경우 공급신청자 중 입주자로 선정되지 못한 사람에 대해서는 별도의 신청절차 없이 일반공급 신청자에 포함하여 입주자를 선정하여야 한다.

1) 「국가유공자 등 예우 및 지원에 관한 법률」에 따른 국가유공자 또는 그 유족

2) 「보훈보상대상자 지원에 관한 법률」에 따른 보훈보상대상자 또는 그 유족

3) 「5·18민주유공자 예우에 관한 법률」에 따른 5·18민주유공자 또는 그 유족

4) 「특수임무유공자 예우 및 단체설립에 관한 법률」에 따른 특수임무유공자 또는 그 유족

5) 「참전유공자 예우 및 단체설립에 관한 법률」에 따른 참전유공자

나. 무주택자로서 「국군포로의 송환 및 대우 등에 관한 법률」 제2조 제5호에 따른 등록포로에 대해서는 일반공급에 따른 입주자선정순위에도 불구하고 우선공급할 수 있다.

다. 입주자모집공고일 현재 혼인기간이 5년 이내이고, 그 기간에 출산(임신 중이거나 입양한 자를 포함한다)하여 자녀(미성년자에 한정한다. 이하 이 별표에서 같다)가 있는 무주택세대구성원인 수급자에 대해서는 일반공급에 따른 입주자선정순위에도 불구하고 그 건설량의 10%를 다음의 순위에 따라 1세대 1주택의 기준으로 우선공급할 수 있다.

1) 제1순위: 혼인기간이 3년 이내인 사람

2) 제2순위: 혼인기간이 3년 초과인 사람

라. 다목의 제1순위 및 제2순위에서 경쟁이 있는 경우에는 다음의 순서대로 입주자를 선정하여
  야 한다.

  가) 해당 주택건설지역의 거주자

  나) 자녀 수가 많은 사람

  다) 자녀 수가 같은 경우에는 추첨으로 선정된 사람

마. 다목에 따라 우선 공급하고 남은 주택이 있는 경우에는 수급자 중 자녀가 있는(태아를 포
  함한다) 무주택세대구성원에게 다음 각 호의 순위에 따라 1세대 1주택의 기준으로 공급할
  수 있다.

  1) 자녀 수가 많은 사람

  2) 자녀 수가 같은 경우에는 추첨으로 선정된 사람

[별표 4] 〈개정 2018. 2. 9.〉 [유효기간: 2019년 3월 31일] 제2호 라목

국민임대주택의 입주자 자격(제15조 제1항 관련)

1. 일반공급

국민임대주택은 입주자 모집공고일 현재 무주택세대구성원으로서 아래에 해당되는 공급신청자를 1세대 1주택의 기준으로 순위에 따라 선정한다. 다만, 가목의 경우 단독세대주는 전용면적 40㎡ 이하의 주택에 한정하여 공급하되, 입주자 모집공고 당시 해당 시·군·자치구에 공급되는 주택 중 전용면적 40㎡ 이하의 주택이 없는 경우와 「장애인 고용촉진 및 직업 재활법」 제2조에 따른 중증장애인의 경우에는 전용면적 50㎡ 미만인 주택을 공급할 수 있다.

구분	입주자격	선정순위
가. 전용면적 50㎡ 미만	1) 해당 세대의 월평균소득이 전년도 도시근로자 가구당 월평균소득(태아를 포함한 가구원 수가 4명 이상인 세대는 가구원수별 가구당 월평균소득으로 한다. 이하 이 별표에서 같다)의 50% 이하인 사람 2) 1)에 따른 공급 후 남은 주택에 대해서는 전년도 도시근로자 가구당 월평균소득 70% 이하인 사람	가) 경쟁 시 아래 순위에 따라 입주자를 선정한다. (1) 제1순위: 해당 주택이 건설되는 시·군·자치구에 거주하는 사람 (2) 제2순위: 해당 주택이 건설되는 시·군·자치구에 연접한 시·군·자치구 중 공공주택사업자가 지정하는 시·군·자치구에 거주하는 사람 (3) 제3순위: 제1순위 및 제2순위에 해당되지 아니하는 사람
나. 전용면적 50㎡ 이상 60㎡ 이하	3) 해당 세대의 월평균소득이 전년도 도시근로자 가구당 월평균소득의 70% 이하인 사람(단독세대주는 제외한다)	나) 경쟁 시 아래 순위에 따라 입주자를 선정하며, 동일 순위에서는 해당 주택이 건설되는 시·군·자치구 거주자에게 우선공급할 수 있다. (1) 제1순위: 주택청약종합저축에 가입하여 24회 이상 납입한 사람 (2) 제2순위: 주택청약종합저축에 가입하여 6회 이상 납입한사람 (3) 제3순위: 제1순위 및 제2순위에 해당되지 아니하는 사람
다. 전용면적 60㎡ 초과	4) 해당 세대의 월평균소득이 전년도 도시근로자 가구당 월평균소득 이하인 사람(단독세대주는 제외한다)	

2. 우선공급

공공주택사업자는 일반공급의 입주자선정순위에도 불구하고 아래의 공급비율 범위 내에서 아래에 해당하는 사람에게 국민임대주택을 1세대 1주택의 기준으로 우선 공급할 수 있다. 이 경우 공급신청자 중 입주자로 선정되지 못한 자에 대하여는 별도의 신청절차 없이 일반공급 신청자에 포함하여 입주자를 선정하여야 한다.

구분	공급비율	입주자격
가. 철거민 등	10% 범위 (시·도지사의 승인을 얻은 경우에는 10%를 초과할 수 있다)	무주택세대구성원으로서 아래에 어느 하나에 해당하는 자. 다만, 1), 2), 3), 4), 5) 및 7)에 따라 우선공급을 받을 수 있는 자는 관계법령에 따라 해당 사업을 위한 고시 등이 있은 날 현재 3개월 이상 거주한 자이어야 하고, 6)에 따라 우선공급을 받을 수 있는 자는 재해가 발생한 날 현재 전입신고를 하고 거주하고 있는 사람이어야 하며, 8)에 따라 우선공급을 받을 수 있는 사람은 개발제한구역의 해제를 위한 도시·군관리계획을 결정·고시한 날 현재 해당 지역에 3년 이상 거주하는 사람으로서 시장·군수 또는 구청장(이하 이 별표에서 "시장 등"이라 한다)이 확인하는 경우로 한정한다. 1) 공공주택사업자가 해당 주택건설사업을 위하여 철거하는 주택의 소유자 또는 세입자로서 일반공급의 입주자격(소득요건은 제외한다)을 충족하는 사람 2) 「도시 및 주거환경정비법」에 따른 주거환경개선사업 또는 재개발사업의 시행을 위하여 철거되는 주택의 세입자(주거환경개선사업의 경우에는 주택의 소유자를 포함한다)로서 일반공급의 입주자격(소득요건을 제외한다)을 충족하는 사람 3) 해당 주택이 건설되는 시·군·자치구의 도시·군계획시설사업(「국토의 계획 및 이용에 관한 법률」 제2조 제10호에 따른 도시·군계획시설사업을 말한다)으로 철거되는 주택의 소유자 및 세입자로서 일반공급의 입주자격(소득요건은 제외한다)을 충족하는 사람 4) 공공주택사업자가 공공사업에 의하여 조성된 택지를 공급받아 주택을 건설하는 경우 해당 공공사업의 시행을 위하여 철거되는 주택의 소유자 및 세입자로서 일반공급의 입주자격[「택지개발촉진법」에 따른 택지개발사업 또는 「도시개발법」에 의한 도시개발사업을 위하여 「개발제한구역의 지정 및 관리에 관한 특별조치법」에 따라 개발제한구역을 해제하고 해당 공공사업을 시행하는 경우 해당 공공사업의 시행을 위하여 철거되는 주택의 소유자(「주택공급에 관한 규칙」 제37조 제1호에 따라 분양주택을 특별공급받은 자는 제외한다) 및 세입자의 경우에는 소득요건은 제외한다]을 충족하는 사람 5) 공공주택사업자가 공공사업에 의하여 조성된 택지를 공급받아 주택을 건설하는 경우 연접한 시·군·자치구에서 「택지개발촉진법」에 따른 택지개발사업 및 「산업입지 및 개발에 관한 법률」에 따른 산업단지개발사업(개발계획상 주택건설용지에 관한 계획이 포함된 경우로 한정한다)의 시행을 위하여 철거되는 주택의 세입자로서 일반공급의 입주자격(소득요건은 제외한다)을 충족하는 사람 6) 재해로 인하여 철거되는 주택의 소유자 및 세입자로서 일반공급

의 입주자격을 충족하는 사람

7) 시·도지사, 한국토지주택공사 또는 지방공사가 주택의 내력구조부 등에 중대한 하자가 발생하여 해당 거주자의 보호를 위하여 이주 및 철거가 필요하다고 인정하는 주택의 소유자 및 세입자로서 일반공급의 입주자격을 충족하는 사람

8) 「개발제한구역의 지정 및 관리에 관한 특별조치법 시행령」 제2조 제3항 제2호에 따라 주거환경개선 및 취락정비가 필요하여 개발제한구역이 해제되는 지역에서 다른 지역으로 이주하게 되는 타인의 토지에 소재한 주택의 소유자 또는 세입자로서 일반공급의 입주자격을 충족하는 사람

9) 주택도시기금을 지원받아 건설된 임대주택거주자로서 사업주체의 부도 등으로 인하여 해당 주택에서 퇴거하였거나 퇴거하여야 하는 사람 중 일반공급의 입주자격(소득요건은 제외한다)을 충족하는 자로서 관할 시장 등의 확인을 받은 사람

10) 「공익사업을 위한 토지 등의 취득 및 보상에 관한 법률」 제4조에 따른 공익사업의 시행을 위하여 철거되는 주택[1)부터 5)까지에 해당하는 사업을 위하여 철거되는 주택은 제외한다]을 관계법령에 따라 해당 사업시행을 위한 고시 등이 있은 날 이전부터 소유하고 있는 사람 및 철거되는 주택의 세입자 중 일반공급의 입주자격(소득요건은 제외한다)을 충족하는 사람으로서 관할 시장 등의 확인을 받은 사람

나. 노부모 부양, 장애인, 국가유공자 등	20% 범위	무주택세대구성원[1)의 경우에는 피부양자의 배우자도 무주택자이어야 하며, 9), 10), 11), 12), 15) 및 18)의 경우에는 세대주 및 세대원 요건은 제외한다]으로서 아래의 어느 하나에 해당하는 사람 1) 입주자모집공고일 현재 65세 이상의 직계존속(배우자의 직계존속을 포함한다)을 1년 이상 계속하여 부양(같은 세대별 주민등록표상에 등재되어 있는 경우로 한정한다)하고 있는 사람으로서 일반공급의 입주자격을 충족하는 사람 2) 「장애인복지법」 제32조에 따라 장애인등록증이 교부된 사람(정신지체인·정신장애인 및 제3급 이상의 뇌병변장애인의 경우에는 그 배우자를 포함한다)으로서 일반공급의 입주자격을 충족하는 사람. 이 경우 입주자선정순위는 장애등급이 높은 순서로 정한다. 3) 다음의 어느 하나에 해당하는 사람으로서 일반공급의 입주자격을 충족하는 사람 중 소득수준 등을 고려하여 국가보훈처장이 입주가 필요하다고 인정하는 사람 가) 「국가유공자 등 예우 및 지원에 관한 법률」에 따른 국가유공자 또는 그 유족 나) 「보훈보상대상자 지원에 관한 법률」에 따른 보훈보상대상자 또는 그 유족 다) 「5·18민주유공자 예우에 관한 법률」에 따른 5·18민주유공자 또

는 그 유족

라) 「특수임무유공자 예우 및 단체설립에 관한 법률」에 따른 특수
임무유공자 또는 그 유족

마) 「참전유공자예우 및 단체설립에 관한 법률」에 따른 참전유공
자

4) 「제대군인지원에 관한 법률」에 따른 장기복무 제대군인으로서
일반공급의 입주자격을 충족하는 자 중 소득수준 등을 고려하여 국
가보훈처장이 입주가 필요하다고 인정하는 사람

5) 「북한이탈주민의 보호 및 정착지원에 관한 법률」 제2조 제1호에
따른 북한이탈주민으로서 일반공급의 입주자격을 충족하는 사람

6) 「군사정전에 관한 협정 체결 이후 납북피해자의 보상 및 지원에
관한 법률」 제2조 제3호에 따른 납북피해자로서 일반공급의 입주
자격을 충족하는 사람

7) 「중소기업인력지원 특별법」 제2조 제1호 및 제3조에 따른 중소
기업에 종사하는 근로자로서 일반공급의 입주자격을 충족하는 사
람

8) 일반공급의 입주자격을 충족하는 사람 중 비정규직 근로자의 주
거안정을 위하여 국민임대주택의 우선공급이 필요한 경우로서 고
용노동부장관이 정하는 기준에 해당하는 사람

9) 「가정폭력방지 및 피해자보호 등에 관한 법률」 제2조 제3호에
따른 피해자로서 일반공급의 입주자격(신청자와 동일한 세대별
주민등록표 상에 등재되어 있지 아니한 배우자 및 배우자와 동일
한 세대를 이루고 있는 세대원의 무주택 및 소득요건은 제외한
다)을 충족하는 사람 중 같은 법 시행령 제4조의2에 따라 여성가
족부장관이 정하는 기준에 해당하는 사람

10) 「성폭력방지 및 피해자 보호 등에 관한 법률」 제2조에 따른 성
폭력피해자 또는 성폭력피해자를 보호하는 가족으로서 일반공급
의 입주자격을 충족하는 자 중 여성가족부장관이 정하는 기준에
해당하는 사람

11) 「한부모가족지원법 시행규칙」 제3조에 따라 여성가족부장관이 정
하는 기준에 해당하는 지원대상 한부모가족

12) 소년·소녀가정으로서 시장 등이 국민임대주택의 공공주택사업
자에게 추천하는 사람

13) 「아동복지법」 제3조 제6호에 따른 가정위탁을 통하여 아동을
보호·양육하는 조부모 또는 친인척으로서 일반공급의 입주자격
을 갖춘 자 중 시장 등이 국민임대주택의 공공주택사업자에게 추
천하는 사람

14) 입주자모집공고일 현재 65세 이상인 자로서 일반공급의 입주자
격을 충족하는 자

15) 「범죄피해자 보호법」 제3조 제1항 제1호에 따른 범죄피해자로

		서 일반공급의 입주자격을 갖춘 자 중 법무부장관이 정하는 기준을 충족하는 사람
		16) 「폐광지역 개발 지원에 관한 특별법」 제11조의4에 따른 탄광근로자이거나 탄광근로자였던 자 또는 같은 법 시행령 제16조의3제1항에 따른 유족으로서 입주자모집공고일 현재 폐광지역에 3년 이상 거주한 자 중 일반공급의 입주자격을 갖춘 사람
		17) 투자촉진 또는 지역경제의 활성화 등을 위하여 해외에서 15년 이상 거주한 후 대한민국에 영구귀국 또는 귀화하는 재외동포에게 주택의 특별공급이 필요한 경우로서 해당 시·도지사가 정하여 고시하는 기준에 해당하는 사람
		18) 「국군포로의 송환 및 대우 등에 관한 법률」 제2조 제5호에 따른 등록포로
		19) 1963년 12월 21일부터 1977년 12월 31일까지의 기간 중에 독일 연방공화국으로 진출하였던 근로자 중 간호사, 광부 및 이에 준하는 직업에 종사한 사실이 인정되는 자로서 일반공급의 입주자격을 갖춘 사람
다. 다자녀가구	10% 범위	입주자모집공고일 현재 미성년자인 3명 이상의 자녀(태아를 포함한다. 이하 이 별표에서 같다)를 둔 무주택세대구성원으로서 일반공급의 입주자격을 충족하는 사람
라. 국가유공자 등	10% 범위	일반공급의 입주자격(입주자선정순위는 제외한다)을 충족하고 아래의 어느 하나에 해당하는 무주택세대구성원으로서 국가보훈처장이 국민임대주택 입주가 필요하다고 인정하는 사람 1) 「국가유공자 등 예우 및 지원에 관한 법률」에 따른 국가유공자 또는 그 유족 2) 「보훈보상대상자 지원에 관한 법률」에 따른 보훈보상대상자 또는 그 유족 3) 「5·18민주유공자 예우에 관한 법률」에 따른 5·18민주유공자 또는 그 유족 4) 「특수임무유공자 예우 및 단체설립에 관한 법률」에 따른 특수임무유공자 또는 그 유족 5) 「참전유공자 예우 및 단체설립에 관한 법률」에 따른 참전유공자
마. 영구임대주택 퇴거자	3% 범위	영구임대주택의 입주자로서 입주자격 상실 등의 사유로 그 주택에서 퇴거하는 무주택세대구성원
바. 비닐간이공작물거주자	2%(시·도지사의 승인을 받은 경우에는 10%) 범위	아래의 어느 하나에 해당하는 무주택세대구성원(한 차례로 한정한다) 1) 비닐·부직포 등으로 건축되어 그 전부 또는 일부가 주거의 용도로 제공되는 간이공작물(이하 이 별표에서 "비닐간이공작물"이라 한다)에 거주하고 있는 사람으로서 행정자치부장관으로부터 그 거주사실이 국토교통부장관에게 통보된 사람(이하 "비닐간이

		공작물거주자" 라 한다). 다만, 2007년 11월 21일 이전부터 해당 비닐공작물에 거주하고 있는 사람으로 한정한다. 2) 비닐간이공작물 거주자이었던 사람으로서 국토교통부장관이 정하는 바에 따라 한국토지주택공사 또는 지방공사로부터 전세임대주택을 공급받은 사람
사. 신혼부부	30% 범위	1) 입주자모집공고일 현재 혼인기간이 5년 이내이고 그 기간에 출산(임신 중이거나 입양한 자를 포함한다)하여 자녀(미성년자에 한정한다. 이하 이 별표에서 같다)가 있는 무주택세대구성원으로서 일반공급의 입주자격(입주자 선정순위는 제외한다. 다만, 50㎡ 이상인 주택의 경우에는 주택청약종합저축에 가입하여 6개월이 경과되고 매월 약정납입일에 월납입금을 6회 이상 납입한 자이어야 한다)을 충족하는 자(임신 또는 입양으로 입주자격을 취득한 자는 국토교통부장관이 정하는 출산 등과 관련한 자료를 제출하거나 입주 시까지 입양이 유지되어야 한다) 가) 제1순위: 혼인기간이 3년 이내인 자 나) 제2순위: 혼인기간이 3년 초과인 자 2) 제1순위 및 제2순위 안에서 경쟁이 있는 경우에는 다음 각 목의 순서대로 입주자를 선정하여야 한다. 가) 해당 주택건설지역의 거주자 나) 자녀 수가 많은 자 다) 자녀 수가 같은 경우에는 추첨으로 선정된 자

3. 그 밖의 사항

가. 공공주택사업자는 제1호에 따른 일반공급의 제1순위, 제2순위 및 제3순위에서 경쟁이 있으면 미성년자인 자녀 3명 이상을 둔 공급신청자 중 미성년자인 자녀 수가 많은 순으로 입주자를 선정하여야 하며, 자녀수가 같거나 입주자를 선정하고 남은 주택이 있는 경우와 제2호 나목, 다목, 마목 및 바목에 따른 입주자 선정 시 경쟁이 있는 경우에는 아래의 배점을 합산한 순위에 따라 입주자를 선정하고 동일한 점수인 경우에는 추첨으로 입주자를 선정하되, 동일한 사유로 중복하여 합산하지 아니한다. 다만, 아래 4), 7) 및 8)은 제2호 나목에 따른 우선공급에는 이를 적용하지 아니한다.

1) 공급신청자의 나이
  가) 50세 이상: 3점
  나) 40세 이상 50세 미만: 2점
  다) 30세 이상 40세 미만: 1점
2) 부양가족의 수(태아를 포함한다)
  가) 3인 이상: 3점
  나) 2인: 2점
  다) 1인: 1점

3) 해당 주택건설지역에서의 거주기간

    가) 5년 이상: 3점

    나) 3년 이상 5년 미만: 2점

    다) 1년 이상 3년 미만: 1점

4) 65세 이상의 직계존속(배우자의 직계존속을 포함한다)을 1년 이상 부양하고 있는 경우: 3점

5) 미성년자인 자녀 수

    가) 3자녀 이상: 3점

    나) 2자녀: 2점

6) 주택청약종합저축 납입횟수

    가) 60회 이상 납입한 사람: 3점

    나) 48회 이상 납입한 사람: 2점

    다) 36회 이상 납입한 사람: 1점

7) 「중소기업기본법」 제2조 제1항에 따른 중소기업 중 제 조업에 종사하는 근로자(임원을 제외한다)인 경우: 3점

8) 사회취약계층

    아래 어느 하나에 해당하는 사람의 경우: 3점. 이 경우 둘 이상의 사유에 해당하는 사람의 경우라도 3점만을 부여한다.

    가) 별표3 제1호 가목부터 마목까지, 사목, 아목 및 차목에 해당하는 사람

    나) 「국민기초생활 보장법」 제2조 제10호에 따른 차상위계층에 속한 사람(「국민기초생활 보장법」 제2조 제2호에 따른 수급자로서 같은 법 제7조 제1항 제1호에 따른 생계급여 수급자 또는 같은 항 제3호에 따른 의료급여수급자가 아닌 자와 그 가구원을 포함한다)

    다) 영구임대주택에 거주하는 사람 중 주택청약종합저축가입자

9) 「건설근로자의 고용개선 등에 관한 법률」 제11조에 따른 피공제자 중 1년 이상 공제부금이 적립된 사람: 3점

10) 해당 공공주택사업자가 공급하는 국민임대주택에 대하여 과거에 계약을 체결한 사실이 있는 사람인 경우: 계약체결일부터 경과기간에 따라 -1점에서 -5점의 범위에서 해당 공공주택사업자가 정하는 배점

나. 국민임대주택 공급신청 시 태아를 자녀로 인정받아 입주예정자로 선정된 자는 공공주택사업자가 정한 입주기간이 시작하기 전까지 임신진단서, 출생증명서, 유산·낙태 관련 진단서 등 임신 또는 출산과 관련된 서류를 공공주택사업자에게 제출하여야 하며, 공공주택사업자는 입주예정자가 관련 서류를 제출하지 않거나 「모자보건법」 제14조를 위반하여 인공임신중절수술 등을 한 경우에는 공급계약을 취소하여야 한다.

다. 제1호 및 제2호에 따라 입주자를 선정할 때 제13조 제2항에 따른 국민임대주택의 자산요건을 충족하는 사람을 선정하여야 한다. 다만, 제2호 가목1)부터 5)까지, 9), 10) 및 같은 호 나목9)의 경우에는 제13조 제2항에 따른 자산요건을 적용하지 아니한다.

[별표 5] 〈개정 2017. 12. 28.〉

행복주택의 입주자 자격 및 거주기간(제17조 제1항 및 제2항 관련)

1. 행복주택 입주자의 자격

입주자모집공고일 현재(재계약을 체결하거나 종전 입주자가 퇴거함에 따라 새로운 입주자와 공급계약을 체결하는 경우에는 계약하는 때를 말한다) 다음 각 목에 따라 해당 자격 요건을 만족하는 자에게 1세대 1주택의 기준으로 공급한다. 다만, 대학생, 사회초년생 또는 예비신혼 부부의 경우에는 세대주, 세대원 및 성년자가 아닌 경우에도 공급할 수 있으며, 1인 1주택 또는 2인 1주택의 기준으로 공급할 수 있다.

가. 일반형: 나목에 해당하지 않는 행복주택

구분	공급비율	입주자격
1) 대학생 · 사회초년생 · 신혼부부	80% (세부 비율은 공공주택사업자가 지역 특성을 고려하여 시장 · 군수 또는 구청장(이하 이 별표에서 "시장 등"이라 한다)의 의견을 들어 사업계획승인 전에 정한다)	가) 대학생: 무주택자로서 아래의 요건을 모두 갖춘 사람 (1) 다음의 어느 하나에 해당하는 사람 　(가) 해당 주택건설지역 또는 연접지역(주택건설지역과 연접한 특별시·광역시·특별자치시·특별자치도 또는 시·군의 행정구역을 말한다. 이하 이 별표에서 같다)에 소재하는 대학(「고등교육법」 제2조 제1호부터 제4호까지, 제6호 및 제7호에 따른 학교, 「평생교육법」 제31조 제4항에 따라 교육부장관의 인가를 받은 고등기술학교 및 「근로자직업능력개발법」 제2조 제5호에 따른 기능대학을 말한다. 이하 이 별표에서 같다)에 재학 중이거나 다음 학기에 입학 또는 복학 예정인 사람 　(나) 해당 주택건설지역 또는 연접지역에 거주하거나 해당 주택건설지역 또는 연접지역에 소재하는 대학 또는 고등학교(「초·중등교육법」 제2조 제3호에 따른 고등학교·고등기술학교를 말한다. 이하 이 별표에서 같다)를 졸업 또는 중퇴한 사람으로서 대학 또는 고등학교를 졸업 또는 중퇴한 날부터 2년이 지나지 않았으며, 「소득세법」 제19조 제1항에 따른 사업소득 또는 같은 법 제20조 제1항에 따른 근로소득이 있는 업무(이하 "소득이 있는 업무"라 한다. 이하 이 별표에서 같다)에 종사하지 않는 사람. 다만, 부모의 거주지가 해당 주택건설지역 또는 연접지역에 속하는 경우는 제외한다. (2) 혼인 중이 아닐 것 (3) 대학생 본인과 부모의 월평균소득 합계가 전년도 도시근로자 가구당 월평균소득(태아를 포함한 가구원 수가 4명 이상인 세대는 가구원수별 가구당 월평균소득으로 한다. 이하 이 별표에서 같다)의 100% 이하일 것

(4) 대학생 본인의 자산이 제13조 제2항에 따른 자산요건을 충족할 것

나) 사회초년생: 무주택자로서 아래의 요건을 모두 갖춘 사람

(1) 다음의 어느 하나에 해당하는 사람

(가) 해당 주택건설지역 또는 연접지역에서 소득이 있는 업무에 종사하는 사람

(나) 해당 주택건설지역 또는 연접지역에 거주하는 예술인(「예술인 복지법」 제2조 제2호에 따른 예술인을 말한다. 이하 이 별표에서 같다)

(다) 해당 주택건설지역 또는 연접지역에 소재하는 직장(「국민건강보험법」에 따른 국민건강보험 적용대상 사업장을 말한다. 이하 이 별표에서 같다)에서 퇴직한 후 1년이 지나지 않은 사람으로서 「고용보험법」 제43조에 따라 구직급여 수급자격을 인정받은 사람

(2) 소득이 있는 업무에 종사한 기간이 총 5년이 지나지 않을 것. 다만, 대학 또는 고등학교 재학 중에 소득이 있는 업무에 종사한 기간은 제외한다.

(3) 혼인 중이 아닐 것

(4) 주택공급신청자가 세대원이 있는 세대의 세대주인 경우에는 해당 세대의 월평균소득이 전년도 도시근로자 가구당 월평균소득의 100% 이하일 것

(5) 주택공급신청자의 월평균소득이 전년도 도시근로자 가구당 월평균소득의 80% 이하일 것

(6) 제13조 제2항에 따른 자산요건을 충족할 것

(7) 입주지정기간 만료일까지 주택청약종합저축 가입사실을 증명할 수 있는 자

다) 신혼부부: 무주택세대구성원으로서 아래 (1)부터 (5)까지의 요건을 모두 갖추고 혼인 중인 사람 또는 예비신혼부부(무주택자로서 아래 (1), (2) 및 (4)부터 (7)까지의 요건을 모두 갖추고 혼인을 계획 중이며 입주지정기간 만료일까지 혼인사실을 증명할 수 있는 사람을 말한다. 이하 이 별표에서 같다)

(1) 다음의 어느 하나에 해당하는 사람

(가) 해당 주택건설지역 또는 연접지역에서 소득이 있는 업무에 종사하는 사람

(나) 해당 주택건설지역 또는 연접지역에 거주하는 예술인

(다) 가) (1)의 요건을 갖춘 사람

(2) 해당 주택공급신청자의 혼인 합산 기간이 5년 이내일 것

(3) 해당 세대의 월평균소득이 전년도 도시근로자 가구당 월평균소득의 100% 이하일 것

		(4) 제13조 제2항에 따른 자산요건을 충족할 것
		(5) 본인 또는 배우자 중 1인이 입주자정기간 만료일까지 주택청약종합저축 가입사실을 증명할 수 있는 자
		(6) 혼인으로 구성될 세대의 세대구성원 월평균소득 합계가 전년도 도시근로자 가구당 월평균소득의 100% 이하일 것
		(7) 혼인으로 구성될 세대의 세대구성원 모두 무주택자일 것
2) 주거급여수급자, 고령자	20% (세부 비율은 공공주택사업자가 지역 특성을 고려하여 시장 등의 의견을 들어 사업계획승인 전에 정한다)	가) 무주택세대구성원으로서 아래의 요건을 모두 갖춘「주거급여법」제2조 제2호 및 제3호에 따른 수급권자 또는 수급자(이하 이 별표에서 "주거급여수급자"라 한다). 다만, 해당 주택건설지역의 관할 시·도지사 또는 시장 등의 요청이 있는 경우에는 (1)의 요건을 적용하지 않을 수 있다. (1) 해당 주택선설지역에 거주하는 자일 것 (2) 무주택기간이 1년 이상일 것 (3) 제13조 제2항에 따른 자산요건을 충족할 것 나) 무주택세대구성원으로서 아래의 요건을 모두 갖추고 65세 이상인 사람(이하 이 별표에서 "고령자"라 한다). 다만, 해당 주택건설지역의 관할 시·도지사 또는 시장 등의 요청이 있는 경우에는 (1)의 요건을 적용하지 않을 수 있다. (1) 해당 주택건설지역에 거주하는 사람일 것 (2) 무주택기간이 1년 이상일 것 (3) 해당 세대의 월평균소득이 전년도 도시근로자 가구당 월평균소득의 100% 이하일 것 (4) 제13조 제2항에 따른 자산요건을 충족할 것 (5) 삭제 〈2016.9.30.〉

주: 가) 재계약을 하는 경우에는 1) 가) (1), 1) 나) (2) 및 1) 다) (2)는 적용하지 않고, 신혼부부의 경우 혼인 중일 것을 요건으로 하지 않는다.

　　나) 세대수가 50호 또는 50세대 이하인 경우, 임대주택 유형이 혼합된 경우, 제1호 가목 및 나목의 입주자격 중 하나의 입주자유형에게만 공급하는 경우에는 공공주택사업자가 관할 시장 등의 의견을 들어 공급비율을 별도로 정할 수 있으며, 시·도지사, 시장 등 또는 지방공사가 행복주택의 공공주택사업자인 경우에는 관할 시·도지사가 국토교통부장관과 협의하여 공급비율을 별도로 정할 수 있다.

　나. 산업단지형: 「산업입지 및 개발에 관한 법률」제2조 제8호에 따른 산업단지 또는 같은 법 제46조의2 제1항에 따른 지원단지에 건설되거나 이와 인접한 지역에 건설되는 행복주택(사업계획 승인권자가 산업단지형으로 인정하는 경우로 한정한다)

구분	공급비율	입주자격
1) 산업단지 근로자·대학생·사회초년생·신	90% (세부 비율은 공공주택사업자가 지역 특성을 고려하여	가) 산업단지 근로자: 무주택세대구성원으로서 아래의 요건을 모두 갖추고 「산업입지 및 개발에 관한 법률」제2조 제8호에 따른 산업단지의 입주기업 및 교육·연구기관에 재직 중인 사람

| 혼부부 | 시장 등의 의견을 들어 사업계획승인 전에 정한다) | (1) 해당 주택건설지역 또는 연접지역에 소재한 산업단지의 입주 기업 및 교육·연구기관(입주 예정인 기업 및 교육·연구기관을 포함한다)에 재직 중일 것
(2) 해당 세대의 월평균소득이 전년도 도시근로자 가구당 월평균소득의 100% 이하일 것
(3) 제13조 제2항에 따른 자산요건을 충족할 것
(4) 본인 또는 배우자 중 1인이 입주지정기간 만료일까지 주택청약종합저축 가입사실을 증명할 수 있는 자
나) 대학생·사회초년생·신혼부부: 제1호 가목1)가)부터 다)까지에 해당하는 자 |
| 2) 고령자 | 10% | 제1호 가목 2)에 해당하는 사람 중 고령자 |

2. 입주자 선정 방법

   가. 제1호 가목 및 나목에도 불구하고 행복주택 사업을 위하여 철거하는 주택[해당 행복주택 사업과 관련된 「산업입지 및 개발에 관한 법률」에 따른 산업단지 개발사업 또는 산업단지 재생사업(이하 이 별표에서 "관련 사업"이라 한다)을 위하여 철거하는 주택을 포함한다]이 있는 경우에는 해당 주택의 소유자 또는 세입자 중 행복주택의 공급을 신청하는 사람[행복주택 사업 및 관련 사업의 고시 등이 있은 날 현재 3개월 이상 거주한 자(이하 이 별표에서 "기존거주자"라 한다)로 한정한다]에게 공급하고 남은 물량에 같은 규정에 따른 공급비율을 적용한다.

   나. 공공주택사업자는 가목에 따라 기존거주자에게 공급하고 남은 물량의 50% 이내의 범위에서 시장 등이 공공주택사업자와 협의를 거쳐 별도로 정하는 기준 및 절차에 따라 우선공급 대상자를 선정할 수 있다. 다만, 시·도지사, 시장 등 또는 지방공사가 행복주택의 공공주택사업자인 경우에는 해당 공공주택사업자가 100% 이내의 범위에서 별도로 정하는 기준 및 절차에 따라 우선공급 대상자를 선정할 수 있다. 이 경우 지방공사는 관할 시·도지사 또는 시장 등의 의견을 들어야 한다.

   다. 공공주택사업자는 산업단지 근로자에게 공급하는 경우로서 주거여건과 주택의 수요·공급 상황 등을 고려하여 필요하다고 인정하는 경우에는 나목에 따른 우선공급 물량을 시장 등의 의견을 들어 해당 시·군·자치구에 위치한 산업단지의 입주 기업 및 교육·연구기관(소속 직원의 관사나 숙소로 사용하는 경우로 한정한다)에 공급할 수 있다. 이 경우 입주자는 제1호 나목 1) 가)에 따른 자로 한정한다.

   라. 공공주택사업자는 나목에 따라 우선공급을 하고 남은 물량에 대해서는 입주자를 추첨의 방법으로 선정하되, 산업단지형 행복주택에서 산업단지 근로자에 해당하는 입주자는 아래의 순위에 따라 추첨한다. 이 경우 우선공급 신청자 중 입주자로 선정되지 못한 자에 대해서는 별도의 신청절차 없이 일반공급 신청자에 포함하여 선정하여야 한다.

   1) 제1순위: 취업 합산 기간이 5년 이내 또는 혼인 합산 기간이 5년 이내인 산업단지 근로자

   2) 제2순위: 제1순위에 해당되지 않는 대학생·사회초년생·신혼부부

   3) 제3순위: 제1순위 및 제2순위에 해당되지 않는 산업단지 근로자

3. 행복주택의 거주기간

   가. 대학생: 아래의 구분에 따른 기간

1) 제1호 가목 1) 가) (1)(가)에 해당하는 경우: 6년. 다만, 거주기간 중 1년을 초과하여 휴학하는 경우에는 재계약을 할 수 없으며, 졸업 또는 중퇴 후 재계약은 1회로 제한한다.

2) 제1호 가목 1) 가) (1) (나)에 해당하는 경우: 4년

나. 사회초년생: 6년

다. 신혼부부 또는 창업지원주택 · 지역전략산업지원주택의 입주자: 자녀(태아를 포함한다) 수를 기준으로 아래에서 정한 기간

1) 자녀가 없는 경우: 6년

2) 자녀가 1명 이상인 경우: 10년

3) 삭제 <2017.12.21.>

라. 주거급여수급자: 20년

마. 고령자: 20년

바. 산업단지 근로자: 6년. 다만, 예비입주자가 없거나 재공급을 통한 신규 입주희망자가 없는 경우에는 2년씩 연장할 수 있다.

사. 제2호 가목에 따른 입주자: 20년

4. 그 밖의 사항

가. 제1호부터 제3호까지의 규정에도 불구하고 대학생인 행복주택 입주자가 거주하는 중 사회초년생 또는 신혼부부의 자격을 갖추거나 사회초년생인 행복주택 입주자가 거주하는 중 신혼부부 자격을 갖추는 경우에는 제1호에 따른 공급대상(이하 이 별표에서 "공급대상"이라 한다)을 변경하여 새로 계약을 할 수 있으며, 새로 계약을 하는 시점부터 변경된 공급대상의 최대 거주기간을 새로 적용한다. 다만, 거주기간을 새로 적용하는 것은 자격이 변동되는 경우에 한하며 해당 행복주택 입주자의 전체 거주기간은 10년을 초과할 수 없다.

나. 행복주택의 입주자는 동일한 공급대상의 입주자로 다시 선정될 수 없다. 다만, 다음의 어느 하나에 해당하는 경우는 예외로 한다.

1) 신혼부부가 출산이나 입양으로 세대구성원수가 증가하는 경우

2) 행복주택 입주자가 병역 의무 이행을 위하여 계약을 해지하거나 재계약을 하지 않는 경우

3) 소득이 있는 업무에 종사하는 사회초년생 또는 신혼부부의 업무근거지가 변경된 경우. 다만, 해당 주택건설지역 또는 연접지역 내에서 업무근거지가 변경된 경우는 제외한다.

다. 병역 의무 이행 이전의 거주기간과 이후의 거주기간을 합산하여 가목 단서에 따른 최대 거주기간을 적용한다.

라. 예비신혼부부의 경우 계약자 1명을 정하여 당사자 두 명이 함께 1주택을 신청하여야 한다. 이 경우 계약자만 제1호 가목 1) 다) (1) · (2) 및 (5)의 요건에 해당하면 된다.

[별표 6]

분양전환공공임대주택 및 공공분양주택의 입주자 자격(제19조 관련)

1. 일반공급

입주자 모집공고일부터 입주할 때까지 무주택세대구성원인 사람(다만, 입주자로 선정된 후 결혼 또는 상속으로 인하여 무주택세대구성원의 자격을 상실하게 되는 사람과 공급계약 후 입주할 수 있는 지위를 양수한 사람의 경우에는 예외로 한다)에게 1세대 1주택의 기준으로 「주택공급에 관한 규칙」 제27조에 따라 공급하여야 한다. 이 경우 아래의 요건을 충족하여야 한다.

가. 제13조 제2항에 따른 자산요건을 충족할 것

나. 전용면적이 60㎡ 이하인 주택인 경우에는 국토교통부장관이 정하는 바에 따라 산정한 해당 세대(신청자 본인 및 배우자, 영 제42조 제1항 각 호의 사람으로 구성된 세대를 말한다. 이하 이 별표에서 같다)의 월평균소득이 전년도 도시근로자 가구당 월평균소득(태아를 포함한 가구원 수가 4명 이상인 세대는 가구원수별 가구당 월평균소득으로 한다. 이하 이 별표에서 같다)의 100% 이하인 사람일 것

2. 특별공급

가. 입주자 모집공고일 현재 미성년자인 3명 이상의 자녀(태아를 포함한다)를 둔 무주택세대구성원으로서 아래의 입주요건을 갖춘 사람을 대상으로 그 건설량의 10%의 범위에서 한 차례에 한정하여 1세대 1주택의 기준으로 특별공급할 수 있다.

  1) 제13조 제2항에 따른 자산요건을 충족할 것
  2) 국토교통부장관이 정하는 바에 따라 산정한 해당 세대의 월평균소득(무주택세대구성원 전원의 소득을 말한다. 이하 이 호에서 같다)이 전년도 도시근로자 가구당 월평균소득의 120% 이하일 것

나. 입주자 모집공고일 현재 혼인기간이 5년 이내이고 그 기간에 출산(임신 중이거나 입양한 경우를 포함한다)하여 자녀가 있는 무주택세대구성원으로서 아래의 입주요건을 갖춘 사람을 대상으로 그 건설량의 15%의 범위에서 한 차례에 한정하여 1세대 1주택의 기준으로 특별공급할 수 있다. 이 경우 제1순위는 혼인기간이 3년 이내인 사람으로 하고, 제2순위는 혼인기간이 3년을 초과하는 사람으로 하며, 같은 순위에서 경쟁이 있으면 「주택공급에 관한 규칙」 제41조 제2항에 따라 입주자를 선정한다.

  1) 제13조 제2항에 따른 자산요건을 충족할 것
  2) 국토교통부장관이 정하는 바에 따라 산정한 해당 세대의 월평균소득이 전년도 도시근로자 가구당 월평균소득의 100%(배우자가 소득이 있는 경우에는 120%를 말한다) 이하일 것

다. 입주자 모집공고일 현재 생애 최초(세대에 속한 모든 사람이 과거 주택을 소유한 사실이 없는 경우로 한정한다)로 주택을 구입하는 사람으로서 아래의 입주요건을 갖춘 사람을 대상으로 한 차례에 한정하여 1세대 1주택의 기준으로 그 건설량의 20%의 범위에서 추첨의 방법으로 특별공급할 수 있다.

1) 「주택공급에 관한 규칙」 제27조 제1항의 제1순위에 해당하는 무주택세대구성원으로서 저축액이 선납금을 포함하여 600만원 이상일 것

2) 입주자 모집공고일 현재 혼인 중이거나 자녀가 있을 것

3) 입주자 모집공고일 현재 근로자 또는 자영업자[과거 1년 내에 소득세(「소득세법」 제19조 또는 제20조에 해당하는 소득에 대하여 납부하는 것을 말한다. 이하 이 항에서 같다)를 납부한 자를 포함한다]로서 5년 이상 소득세를 납부하였을 것. 이 경우 해당 소득세납부의무자이나 소득공제·세액공제·세액감면 등으로 납부의무액이 없는 경우를 포함한다.

4) 제13조 제2항에 따른 자산요건을 충족할 것

5) 국토교통부장관이 정하는 바에 따라 산정한 해당 세대의 월평균소득이 전년도 도시근로자 가구당 월평균소득(가구원수별 가구당 월평균소득을 산정할 때 가구원 중 공급신청자의 직계존속은 1년 이상 같은 주민등록표에 올라 있는 경우만 가구원수에 해당한다)의 100% 이하일 것

라. 「주택공급에 관한 규칙」 제27조 제1항의 제1순위에 해당하는 자로서 입주자 모집공고일 현재 65세 이상의 직계존속(배우자의 직계존속을 포함한다)을 3년 이상 계속하여 부양(같은 세대별 주민등록표상에 등재되어 있는 경우에 한정한다)하고 있는 다음 각 목의 입주요건을 갖춘 무주택세대구성원(세대주에 한정하며, 피부양자의 배우자도 무주택자이어야 하고 피부양자의 배우자가 주택을 소유하고 있었던 기간은 무주택기간에서 제외한다)을 대상으로 한 차례에 한정하여 1세대 1주택의 기준으로 그 건설량의 5%의 범위에서 특별공급할 수 있다. 이 경우 제1순위에서 경쟁이 있으면 「주택공급에 관한 규칙」 제27조 제2항에 따라 입주자를 선정한다.

1) 제13조 제2항에 따른 자산요건을 충족할 것

2) 국토교통부장관이 정하는 바에 따라 산정한 해당 세대의 월평균소득이 전년도 도시근로자 가구당 월평균소득의 120% 이하일 것

마. 그 밖에 「주택공급에 관한 규칙」 제35조, 제37조, 제42조, 제45조, 제47조 및 제49조 제2항의 규정에 따라 특별공급 입주자를 선정한다.

바. 공공주택사업자가 특별공급 입주자를 선정하는 경우의 입주자저축의 종류별 요건에 관하여는 「주택공급에 관한 규칙」 제48조를 준용하며, 특별공급 입주자를 선정하는 경우의 특별공급 비율 조정에 관하여는 같은 규칙 제49조를 준용한다.

[별표 7]

공공건설임대주택 분양전환가격의 산정기준(제26조 제1호, 제29조, 제40조 관련)

1. 분양전환가격의 산정

가. 임대의무기간이 10년인 경우 분양전환가격은 감정평가금액을 초과할 수 없다.

나. 임대의무기간이 5년인 경우 분양전환가격은 건설원가와 감정평가금액을 산술평균한 가액으로 하되, 공공임대주택의 건축비 및 택지비를 기준으로 분양전환 당시에 산정한 해당 주택의 가격(이하 "산정가격"이라 한다)에서 임대기간 중의 감가상각비(최초 입주자 모집 공고 당시의 주택가격을 기준으로 산정한다)를 뺀 금액을 초과할 수 없다.

2. 항목별 산출방법

가. 건설원가=최초 입주자 모집 공고 당시의 주택가격+자기자금이자-감가상각비

  1) 최초 입주자 모집 공고 당시의 주택가격: 건축비와 택지비의 합계액으로 한다.

  2) 자기자금이자=(최초 입주자 모집 공고 당시의 주택가격-주택도시기금 융자금-임대보증금과 월 임대료의 상호전환 전 임대보증금)×이자율×임대기간

    가) 이자율: 해당 공공임대주택의 임대시작일과 분양전환 당시 각각의 「은행법」에 따른 은행의 1년 만기 정기예금 평균 이자율을 산술평균한 이자율

    나) 임대기간: 임대시작일부터 분양전환시작일 전날까지의 기간

  3) 감가상각비: 계산은 임대기간 중 「법인세법 시행령」 제26조에 따른 계산방식에 따른다.

나. 감정평가금액: 영 제56조 제1항 및 이 규칙 제42조에 따라 두 곳의 감정평가법인이 평가한 해당 주택의 감정평가금액을 산술평균한 금액으로 한다.

다. 산정가격=분양전환 당시의 표준건축비(국토교통부장관이 고시하는 가격을 말한다)+최초 입주자 모집 공고 당시의 택지비+택지비 이자

택지비 이자=택지비×이자율×임대기간

※ 이자율 및 임대기간의 계산은 자기자금 이자의 계산과 같은 방법에 따른다.

라. 건축비 및 택지비: 공공임대주택의 가격산정의 기준이 되는 건축비 및 택지비는 다음과 같다.

  1) 건축비

    가) 건축비는 최초 입주자모집공고 당시의 건축비로 하되, 표준건축비를 상한(上限)으로 한다. 이 경우 건물의 층수는 동별로 해당 동의 최고층을 기준으로 적용한다.

    나) 다음의 구조형식에 해당하는 주택에 대해서는 다음의 구분에 따른 금액을 표준건축비에 더할 수 있다.

      (1) 철근콘크리트 라멘구조(무량판구조를 포함한다)로 건축하는 주택: 표준건축비의 5%에 상당하는 금액

      (2) 철골철근콘크리트구조로 건축하는 주택: 표준건축비의 10%에 상당하는 금액

      (3) 철골조로 건축하는 주택: 표준건축비의 16%에 상당하는 금액

    다) 주택사업자가 해당 주택의 시공 및 분양에 필요하여 납부한 보증수수료는 표준건축비

에 더할 수 있다.

라) 사업계획승인권자로부터 최초 입주자모집공고에 포함하여 승인을 받은 지하층 면적 [지하주차장 면적을 포함하되, 지하피트(방습·방열 및 배관설비 설치 등을 위한 공간을 말한다)는 제외한다]은 표준건축비의 100분의 63에 상당하는 금액을 표준건축비에 더할 수 있다.

마) 공공주택사업자는 공공임대주택의 건설과 관련된 법령 또는 조례 등의 개정으로 주택건설에 추가되거나 감액되는 비용이 있는 경우에는 그 비용을 표준건축비에 추가하거나 표준건축비에서 감액할 수 있다.

바) 그 밖에 표준건축비에 더할 수 있는 항목은 다음과 같다.

(1) 공공주택사업자가 발코니 새시를 한꺼번에 시공하는 주택인 경우 표준건축비의 100분의 5 이내에서 드는 비용

(2) 「도서개발 촉진법」 제2조에 따른 도서지역에 건축하는 주택인 경우 표준건축비의 100분의 3

(3) 「폐기물관리법」 제15조의2에 따른 음식물류 폐기물 공동 처리시설의 설치비

(4) 「공동주택 분양가격의 산정 등에 관한 규칙」 별표 1의3 제3호의 비용

(5) 공공주택사업자가 발코니를 확장하는 주택인 경우 발코니 확장비용[(1)에 따른 비용은 제외한다]

2) 택지비

가) 공공택지의 공급가격

나) 공공택지의 공급가격에 가산할 수 있는 항목은 다음과 같다.

(1) 택지를 공급받기 위하여 선수금, 중도금 등 택지비의 일부 또는 전부를 선납한 경우에는 선납일부터 최초 입주자 모집 공고 후 6개월이 되는 날까지의 택지대금에 대한 기간이자. 이 경우 기간이자는 최초 입주자 모집 공고 당시의 「은행법」에 따른 은행의 1년 만기 정기예금 평균 이자율을 적용하되, 일할계산한다.

(2) 제세공과금, 등기수수료 등 필요적 경비

(3) 그 밖에 택지와 관련된 것임을 증명할 수 있는 비용

[별표 8]

분납임대주택의 분양전환가격, 분납금 및 반환금의 산정 기준
(제26조 제1호, 제33조, 제40조 및 제41조 관련)

1. 분양전환가격의 산정

분납임대주택의 분양전환가격은 분납금(영 제57조 제3항에 따른 분양전환금의 일부를 말한다. 이하 이 별표에서 같다)의 합계액으로 한다.

2. 분납금의 산정

가. 분납금의 납부시기 및 납부금액
  1) 임대의무기간 만료 후 분양전환을 하거나 임대의무기간의 2분의 1이 지나고 최초 입주지정
     기간이 끝난 날부터 8년이 지난 후 영 제56조 제2항 제2호에 따라 분양전환을 하는 경우
     가) 임대차 계약 시, 중도금 납부 시, 입주 시 각각 다음의 금액을 납부한다.
        해당 분납임대주택의 최초 입주자모집 공고 당시의 주택가격×0.1
     나) 최초 입주지정기간이 끝난 날부터 4년과 8년이 지난날에 각각 다음의 금액 중 적은 금액
        을 납부한다. 이 경우 감정평가에 따른 분납금 산정은 임차인이 원하는 경우에만 한다.
        (1) 해당 분납임대주택의 최초 입주자모집 공고 당시의 주택가격×$(1+\text{이자율})^{(\text{납부시점의 임차연수})}$×0.2
        (2) 해당 분납임대주택의 감정평가금액×0.2
     다) 분양전환 시 다음의 금액을 납부한다.
        해당 분납임대주택의 감정평가금액×0.3
  2) 임대의무기간의 2분의 1이 지나고 최초 입주지정기간이 끝난 날부터 8년이 지나기 전에 영
     제56조 제2항 제2호에 따라 분양전환을 하는 경우
     가) 임대차 계약 시, 중도금 납부 시, 입주 시 각각 다음의 금액을 납부한다.
        해당 분납임대주택의 최초 입주자모집 공고 당시의 주택가격×0.1
     나) 최초 입주지정기간이 끝난 날부터 4년이 지난날에 다음의 금액 중 적은 금액을 납부한
        다. 이 경우 감정평가에 따른 분납금 산정은 임차인이 원하는 경우에만 한다.
        (1) 해당 분납임대주택의 최초 입주자모집 공고 당시의 주택가격×$(1+\text{이자율})^{4}$×0.2
        (2) 해당 분납임대주택의 감정평가금액×0.2
     다) 분양전환 시 다음의 금액 중 적은 금액과 해당 분납임대주택의 감정평가금액의 100분의
        30에 해당하는 금액을 합산한 금액을 납부한다.
        (1) 해당 분납임대주택의 최초 입주자모집 공고 당시의 주택가격×$(1+\text{이자율})^{(\text{분양전환시점의 임차연수})}$×0.2
        (2) 해당 분납임대주택의 감정평가금액×0.2
나. 항목별 산출방법
  1) 최초 입주자모집 공고 당시의 주택가격: 건축비와 택지비의 합계액으로 한다. 이 경우 건

축비 및 택지비의 산출은 별표 7 제2호 라목에 따른다.

2) 이자율: 해당 분납임대주택의 임대시작일과 분납금 납부일 당시 각각 「은행법」에 따른
   은행의 1년 만기 정기예금 평균 이자율을 산술평균한 이자율을 적용한다.

3) 감정평가금액: 공공주택사업자는 분납금 산정 전에 특별자치도지사·시장·군수·구청장
   에게 감정평가 금액 산출을 위한 감정평가법인의 선정을 요청하여야 하며, 그 밖의 사항
   은 영 제58조, 이 규칙 제42조 및 별표 7 제2호 나목에 따른다.

3. 반환금의 산정기준

가. 해당 분납임대주택에 5년 미만의 기간 동안 거주 후 반납하는 경우: 다음의 금액 중 적은 금
   액

  1) 임차인이 이미 납부한 분납금과 분납금 납부일의 다음 날부터 반납일까지의 이자를 합산한
     금액. 이 경우 이자율은 분납금 납부일과 반납일 당시 각각 「은행법」에 따른 은행의 1년
     만기 정기예금 평균 이자율을 산술평균한 이자율로 한다.

  2) 해당 분납임대주택의 감정평가금액에 임차인이 납부한 분납금의 합계액의 비율을 곱한 금
     액

나. 해당 분납임대주택에 5년 이상의 기간 동안 거주 후 반납하는 경우: 가목 1) 및 2)의 금액을
   산술평균한 금액

다. 감정평가금액: 임대사업자는 반환금 산정 전에 특별자치도지사·시장·군수·구청장에게
   감정평가금액 산출을 위한 감정평가법인의 선정을 요청하여야 한다. 다만, 임차인이 원하
   는 경우에는 공공주택사업자가 영 제56조 제1항의 기준을 충족하는 감정평가법인 두 곳에
   의뢰할 수 있다. 그 밖에 감정평가와 관련된 사항은 영 제56조, 이 규칙 제42조 및 별표 7
   제2호 나목에 따른다.

5.
「민간임대주택에 관한 특별법령」 관련 별지 등

순 / 서

[제23호 서식] 임대차계역 신고대장
[제24호 서식] 표준임대차계약서(I)(『주택법』 제16조에 따라 사업계획승인을 받아 건설한 민간임대주택용)
[제25호 서식] 표준임대차계약서(II)(그 밖의 민간임대주택용)
[제26호 서식] 자체관리 인가신청서
[제27호 서식] 특별수선충당금 적립 현황
[제28호 서식] 검사공무원증표
[별표] 관리비 항목의 구성명세(제22조 제1항 관련)

가. 「민간임대주택에 관한 특별법 시행령」 관련 별표

[별표 1] <개정 2017. 9. 19.>

주택임대관리업의 등록기준(제7조 관련)

구분		자기관리형 주택임대관리업	위탁관리형 주택임대관리업
1. 자본금		1억5천만원	1억원 이상
2. 전문인력	가. 변호사, 법무사, 공인회계사, 세무사, 감정평가사, 건축사, 공인중개사, 주택관리사 자격을 취득한 후 각각 해당 분야에 2년 이상 종사한 사람	2명 이상	1명 이상
	나. 부동산 관련 분야의 석사 이상의 학위를 취득한 후 부동산 관련 업무에 3년 이상 종사한 사람		
	다. 부동산 관련 회사에서 5년 이상 근무한 사람으로서 부동산 관련 업무에 3년 이상 종사한 사람		
3. 시설		사무실	

비고
1. "자본금"이란 법인인 경우에는 주택임대관리업을 영위하기 위한 출자금을 말한다.
2. "전문인력"이란 위 표 제2호 가목부터 다목까지의 어느 하나에 해당하는 사람으로서 상시 근무하는 사람을 말한다.
3. "부동산 관련 분야"란 경영학, 경제학, 법학, 부동산학, 건축학, 건축공학 및 그 밖에 이에 상당하는 분야를 말한다.
4. "부동산 관련 회사"란 공인중개업, 주택관리업, 부동산개발업을 하는 법인 또는 개인사무소나 부동산투자회사, 자산관리회사 및 그 밖에 이에 준하는 법인·사무소 등을 말한다.
5. "부동산 관련 업무"란 부동산 관련 회사에서 수행하는 부동산의 취득·처분·관리 또는 자문 관련 업무를 말한다.
6. 사무실은 「건축법」 및 그 밖의 건축 관련 법령상의 기준을 충족시키는 건물이어야 한다.

[별표 2]

주택임대관리업자에 대한 행정처분 기준(제9조 제2항 관련)

1. 일반기준

　가. 위반행위의 횟수에 따른 행정처분의 기준은 최근 1년간 같은 위반행위로 처분을 받은 경우에 적용한다. 이 경우 행정처분기준의 적용은 행정처분을 한 날과 그 행정처분 후 다시 같은 위반행위를 하여 적발한 날을 기준으로 한다.

　나. 같은 등록사업자가 둘 이상의 위반행위를 한 경우로서 그에 해당하는 각각의 처분기준이 다른 경우에는 다음의 기준에 따라 처분한다.

　　1) 가장 무거운 위반행위에 대한 처분기준이 등록말소인 경우에는 등록말소 처분을 한다.

　　2) 각 위반행위에 대한 처분기준이 영업정지인 경우에는 가장 무거운 처분의 2분의 1까지 가중할 수 있되, 가중하는 경우에도 각 처분기준을 합산한 기간을 초과할 수 없다. 이 경우 그 합산한 영업정지기간이 1년을 초과할 때에는 1년으로 한다.

　다. 시장·군수·구청장은 등록기준 미달로 등록말소 또는 영업정지 처분사유에 해당하게 된 등록사업자가 「행정절차법」제22조 제3항에 따른 의견제출시까지 등록기준을 보완하고 이를 증명하는 서류를 제출할 때에는 당초 처분기준의 2분의 1까지 감경한다. 다만, 당초 처분기준이 등록말소인 경우에는 영업정지 3개월로 한다.

　라. 시장·군수·구청장은 위반행위의 동기·내용·횟수 및 위반의 정도 등 다음에 해당하는 사유를 고려하여 제2호의 개별기준에 따른 행정처분을 가중하거나 감경할 수 있다. 이 경우 그 처분이 영업정지인 경우에는 그 처분기준의 2분의 1의 범위에서 가중(가중한 영업정지기간은 1년을 초과할 수 없다)하거나 감경할 수 있고, 등록말소인 경우(법 제10조 제1항 제1호, 제2호 또는 제6호에 해당하는 경우는 제외한다)에는 6개월 이상의 영업정지처분으로 감경할 수 있다.

　　1) 가중사유

　　　가) 위반행위가 고의나 중대한 과실에 따른 것으로 인정되는 경우

　　　나) 위반의 내용과 정도가 중대하여 임대인 및 임차인에게 주는 피해가 크다고 인정되는 경우

　　2) 감경사유

　　　가) 위반행위가 사소한 부주의나 오류에 따른 것으로 인정되는 경우

나) 위반의 내용과 정도가 경미하여 임대인 및 임차인에게 미치는 피해가 적다고 인정되는 경우

다) 위반행위자가 처음 위반행위를 한 경우로서 3년 이상 해당 사업을 모범적으로 해 온 사실이 인정되는 경우

라) 위반행위자가 해당 위반행위로 검사로부터 기소유예 처분을 받거나 법원으로부터 선고유예의 판결을 받은 경우

마) 위반행위자가 해당 사업과 관련 지역사회의 발전 등에 기여한 사실이 인정되는 경우

2. 개별기준

위반행위	근거 법조문	행정처분기준		
		1차 위반	2차 위반	3차 이상 위반
가. 거짓이나 그 밖의 부정한 방법으로 등록을 한 경우	법 제10조 제1항 제1호	등록말소		
나. 영업정지기간 중에 주택임대관리업을 영위한 경우 또는 최근 3년간 2회 이상의 영업정지처분을 받은 자로서 그 정지처분을 받은 기간이 합산하여 12개월을 초과한 경우	법 제10조 제1항 제2호	등록말소		
1) 영업정지기간 중에 주택임대관리업을 영위한 경우		이미 처분한 영업정지 기간의 1.5배	이미 처분한 영업정지 기간의 2배	등록말소
2) 최근 3년간 2회 이상의 영업정지처분을 받은 자로서 그 정지처분을 받은 기간이 합산하여 12개월을 초과한 경우		등록말소		
다. 고의 또는 중대한 과실로 임대를 목적으로 하는 주택을 잘못 관리하여 임대인 및 임차인에게 재산상의 손해를 입힌 경우 1) 고의로 인한 경우	법 제10조 제1항 제3호	영업정지 6개월 영업정지 2개월	영업정지 1년 영업정지 3개월	등록말소 영업정지 6개월

2) 중대한 과실로 인한 경우				
라. 정당한 사유 없이 최종 위탁계약 종료일의 다음 날부터 1년 이상 위탁계약 실적이 없는 경우	법 제10조 제1항 제4호	등록말소		
마. 법 제8조에 따른 등록기준을 갖추지 못한 경우	법 제10조 제1항 제5호			
1) 등록기준을 갖추지 못하게 된 날부터 1개월이 지날 때까지 이를 보완하지 않은 경우		영업정지 3개월	영업정지 6개월	영업정지 6개월
2) 1)에 해당되어 영업정지처분을 받은 후 영업정지기간이 끝나는 날까지 이를 보완하지 않은 경우		등록말소		
바. 법 제16조 제1항을 위반하여 다른 자에게 자기의 명의 또는 상호를 사용하여 이 법에서 정한 사업이나 업무를 수행하게 하거나 그 등록증을 대여한 경우	법 제10조 제1항 제6호	등록말소		
사. 법 제61조에 따른 보고, 자료의 제출 또는 검사를 거부·방해 또는 기피하거나 거짓으로 보고한 경우	법 제10조 제1항 제7호			
1) 보고 또는 자료제출을 거부·방해 또는 기피한 경우		경고	영업정지 1개월	영업정지 2개월
2) 검사를 거부·방해 또는 기피한 경우		경고	영업정지 1개월	영업정지 2개월
3) 거짓으로 보고한 경우		경고	영업정지 2개월	영업정지 3개월

[별표 3] <개정 2017. 7. 11.>

과태료의 부과기준(제55조 관련)

1. 일반기준

  가. 위반행위의 횟수에 따른 과태료의 부과기준은 최근 1년간 같은 위반행위로 과태료를 부과받은 경우에 적용한다. 이 경우 위반 횟수는 같은 위반행위에 대하여 과태료 부과처분을 한 날과 처분 후 다시 같은 위반행위를 적발한 날을 각각 기준으로 하여 계산한다. 다만, 법 제67조 제1항 제2호에 해당하는 경우에는 「질서위반행위규제법」제13조 제2항에 따라 임대하지 않거나 양도한 민간임대주택 호수당 과태료를 부과한다.

  나. 과태료 부과 시 위반행위가 둘 이상인 경우에는 부과금액이 많은 과태료를 부과한다.

  다. 부과권자는 위반행위의 정도, 위반행위의 동기와 그 결과 등을 고려하여 제2호에 따른 과태료 금액의 2분의 1의 범위에서 그 금액을 늘릴 수 있다. 다만, 과태료를 늘려 부과하는 경우에도 법 제67조 제1항부터 제3항까지의 규정에 따른 과태료 금액의 상한을 넘을 수 없다.

  라. 부과권자는 다음의 어느 하나에 해당하는 경우에는 제2호에 따른 과태료 금액의 2분의 1의 범위에서 그 금액을 줄일 수 있다. 다만, 과태료를 체납하고 있는 위반행위자의 경우에는 그 금액을 줄일 수 없으며, 감경 사유가 여러 개 있는 경우라도 감경의 범위는 과태료 금액의 2분의 1을 넘을 수 없다.

    1) 위반행위자가 「질서위반행위규제법 시행령」제2조의2제1항 각 호의 어느 하나에 해당하는 경우

    2) 위반행위가 사소한 부주의나 오류로 인한 것으로 인정되는 경우

    3) 위반행위자가 위반행위를 바로 정정하거나 시정하여 해소한 경우

    4) 그 밖에 위반행위의 횟수, 정도, 위반행위의 동기와 그 결과 등을 고려하여 감경할 필요가 있다고 인정되는 경우

2. 개별기준

(단위: 만원)

위반행위	근거 법조문	과태료 금액		
		1차 위반	2차 위반	3차 이상 위반

가. 임대사업자가 법 제5조 제3항을 위반하여 등록사항 말소신고를 하지 않은 경우	법 제67조 제3항 제1호	50	70	100
나. 주택임대관리업자가 법 제7조를 위반하여 등록사항 변경신고 또는 말소신고를 하지 않은 경우	법 제67조 제2항 제1호	200	400	500
다. 주택임대관리업자가 법 제12조에 따른 현황 신고를 하지 않은 경우	법 제67조 제2항 제2호	200	400	500
라. 주택임대관리업자가 법 제13조 제1항 및 제2항에 따른 위·수탁계약서 작성·교부 및 보관의무를 게을리한 경우	법 제67조 제3항 제2호	50	70	100
마. 임대사업자가 법 제42조 제3항을 위반하여 민간임대주택 공급신고를 하지 않은 경우	법 제67조 제1항 제1호	500	700	1,000
바. 법 제43조를 위반하여 임대의무기간 중에 민간임대주택을 임대하지 않거나 양도한 경우	법 제67조 제1항 제2호	임대주택당 1,000		
사. 법 제44조에 따른 임대조건 등을 위반하여 민간임대주택을 임대한 경우	법 제67조 제1항 제3호	500	700	1,000
아. 임대사업자가 법 제45조를 위반하여 임대차계약을 해제·해지하거나 재계약을 거절한 경우	법 제67조 제1항 제4호	500	700	1,000
자. 법 제46조에 따른 임대차계약 신고를 하지 않거나 거짓으로 신고한 경우	법 제67조 제1항 제5호	500	700	1,000
차. 임대사업자가 법 제47조에 따른 표준임대차계약서를 사용하지 않은 경우	법 제67조 제1항 제6호	500	700	1,000
카. 임대사업자가 법 제48조에 따른 설명의무를 게을리한 경우	법 제67조 제2항 제3호	500	500	500
타. 법 제50조를 위반하여 준주택을 주거용이 아닌 용도로 사용한 경우	법 제67조 제1항 제7호	500	700	1,000
파. 법 제50조 제2항, 제60조 및 제61조에 따른 보고, 자료의 제출 또는 검사를 거부·방해 또는 기피하거나 거짓으로 보고한 경우	법 제67조 제2항 제4호	100	200	300
하. 임대사업자가 법 제52조 제2항을 위반하여 임차인대표회의를 구성할	법 제67조 제3항 제3호	50	70	100

수 있다는 사실을 임차인에게 통지 하지 않은 경우				
거. 임대사업자가 법 제52조 제3항을 위반하여 임차인대표회의와 관리규약 제정·개정 등을 협의하지 않은 경우	법 제67조 제2항 제5호	500	500	500
너. 법 제53조 제1항 및 제2항에 따라 특별수선충당금을 적립하지 않거나 입주자대표회의에 넘겨주지 않은 경우	법 제67조 제1항 제8호	500	700	1,000

■ 민간임대주택에 관한 특별법 시행규칙 [별지 제1호 서식] <개정 2017. 9. 19.> 　　민원24(www.minwon.go.kr)에서도 신청할 수 있습니다.

임대사업자 등록신청서 ([ ] 기업형, [ ] 일반형)

※ [ ]에는 해당되는 곳에 √표를 합니다. (앞쪽)

접수번호		접수일자		처리기간	5일

신청인	성명(법인명)		생년월일(법인등록번호)		
	상호		전화번호		
	주소(사무소 소재지)				

①민간임대주택의 소재지	②호수 또는 세대수	③민간임대주택의 종류	④민간임대주택의 유형 (건설 또는 매입여부)	⑤민간임대주택의 규모
			( )	
			( )	
합계				

「민간임대주택에 관한 특별법」 제5조 제1항 및 같은 법 시행규칙 제2조 제1항에 따라 위와 같이 ([ ] 기업형, [ ] 일반형) 임대사업자 등록을 신청합니다.

년　　월　　일

신청인　　　　　　　　　　　　(서명 또는 인)

특별자치시장
특별자치도지사　귀하
시장·군수·구청장

신청인 제출서류	1. 「민간임대주택에 관한 특별법 시행령」 제4조 제1항 제2호 가목의 경우: 주택사업계획승인서 사본
	2. 「민간임대주택에 관한 특별법 시행령」 제4조 제1항 제2호 다목의 경우: 매매계약서 사본
	3. 「민간임대주택에 관한 특별법 시행령」 제4조 제1항 제2호 라목의 경우: 분양계약서 사본. 다만, 「주택공급에 관한 규칙」 제32조 제1항에 따라 주택을 우선공급 받으려는 경우에는 등록일부터 6개월 이내에 매입 또는 분양계약 서를 제출할 수 있습니다.
	4. 「민간임대주택에 관한 특별법 시행령」 제4조 제1항 제3호 가목의 경우: 주택건설사업자 등록증 사본
	5. 「민간임대주택에 관한 특별법 시행령」 제4조 제1항 제3호 나목의 경우: 부동산투자회사 영업인가증 사본
	6. 「민간임대주택에 관한 특별법 시행령」 제4조 제1항 제3호 다목의 경우: 투자회사임을 확인할 수 있는 서류 사본
	7. 「민간임대주택에 관한 특별법 시행령」 제4조 제1항 제3호 라목의 경우: 집합투자기구임을 확인할 수 있는 서류 사본
	8. 「민간임대주택에 관한 특별법 시행령」 제4조 제1항 제3호 마목의 경우: 고용자임을 확인할 수 있는 서류 사본
	9. 「민간임대주택에 관한 특별법 시행령」 제4조 제1항 제4호의 경우: 법 제22조에 따라 기업형임대주택 공급촉진지구 (이하 "촉진지구"라 한다)를 지정할 수 있는 자(이하 "지정권자"라 한다)가 제10조 제3항에 따라 촉진지구 지정제안 서를 수용하여 통지한 서류 등 영 제3조 제1호에 따른 호수 또는 세대수 이상의 민간임대주택을 임대하고 있거나 임대할 계획임을 입증할 수 있는 서류 사본
	10. 신청인이 법인 아닌 사단·재단인 경우: 정관, 그 밖의 규약 및 대표자 또는 관리인임을 증명하는 서류
	11. 신청인이 재외국민인 경우: 재외국민등록증 사본

담당 공무원 확인사항	1. 개인: 주민등록표 초본
	2. 법인: 법인 등기사항증명서
	3. 재외국민: 여권정보
	4. 외국인: 「출입국관리법」 제88조에 따른 외국인등록 사실증명서 또는 법인 등기사항증명서(법인만 해당합니다)
	5. 등록대상 주택이 영 제2조의2의 주택인 경우: 건축물현황도
	6. 「민간임대주택에 관한 특별법 시행령」 제4조 제1항 제1호의 경우: 건물등기사항증명서
	7. 「민간임대주택에 관한 특별법 시행령」 제4조 제1항 제2호 나목의 경우: 건축허가서

행정정보 공동이용 동의서

본인은 이 건 업무처리와 관련하여 「전자정부법」 제36조 제1항에 따른 행정정보의 공동이용을 통하여 담당 공무원이 위의 담당 공무원 확인사항 중 제1호, 제3호, 제4호 및 제7호의 정보를 확인하는 것에 동의합니다. *동의하지 않는 경우에는 신청인이 직접 해당 서류(제1호, 제3호 및 제7호는 해당 서류의 사본, 제4호의 외국인등록사실증명서는 「법인 아닌 사단·재단 및 외국인의 부동산등기용 등록번호 부여절차에 관한 규정」 제15조에 따른 등록증명서를 포함합니다)를 제출해야 합니다.

신청인　　　　　　　　　　　　(서명 또는 인)

210mm×297mm[백상지(80g/㎡) 또는 중질지(80g/㎡)]

작성요령 및 유의사항

1. ①민간임대주택의 소재지란에는 민간임대주택 주소를 기재하고, ②호수(세대수)란에는 해당 주소에 있는 민간임대주택의 수 (數)를 적습니다. 다만, 다가구주택의 경우 별도로 ( ) 안에 임대사업자 본인이 거주하는 실(室)을 제외한 나머지 실의 수(數) 및 각 실의 위치를 확인할 수 있는 층과 호수를 적습니다.

2. ③민간임대주택의 종류란에는 기업형 임대주택, 준공공임대주택 또는 단기임대주택 중 하나를 적습니다.

3. ④민간임대주택의 유형란에는 아파트, 연립주택, 다세대주택, 단독주택 또는 오피스텔 중 하나를 선택하여 적고, ( )안에는 건설 또는 매입 중 하나를 적습니다.

4. ⑤민간임대주택의 규모란에는 전용면적 기준으로 40㎡ 이하, 40㎡ 초과 60㎡ 이하, 60㎡ 초과 85㎡ 이하 또는 85㎡ 초과 중 하나를 선택하여 적습니다.

5. 같은 소재지에 종류, 유형 또는 규모가 섞여 있는 경우에는 이를 구분하되, 아래 예와 같이 괄호에 해당 주택의 호수를 적습 니다.
   - 예시: 준공공임대주택: 30호, 단기임대주택: 70호
          40㎡ 이하: 70호, 40㎡ 초과 60㎡ 이하: 35호

6. 임대사업자의 등록기준과 임대사업자에 대한 세제상 혜택 기준은 서로 다를 수 있음을 알려드립니다.

7. 민간임대주택으로 등록할 경우 「민간임대주택에 관한 특별법」제43조에 따라 임대의무기간에 임대주택을 임대하지 아니하 거나 양도하는 행위가 제한되며, 이를 위반한 경우 「민간임대주택에 관한 특별법」제67조 제1항에 따라 1천만원 이하의 과 태료가 부과될 수 있습니다. 임대의무기간에 양도가 가능한 사유에 대해서는 같은 법 시행령 제34조를 참고하시기 바랍니다.

처리절차

이 신고서는 아래와 같이 처리됩니다.

■ 민간임대주택에 관한 특별법 시행규칙 [별지 제2호 서식]

임대사업자 등록대장

등록번호	등록일자	성명 (법인명)	생년월일 (법인등록번호)	상호	주소 (사무소 소재지)		
민간임대주택의 소재지			호수 (세대수)	민간임대주택의 종류	민간임대주택의 유형	민간임대주택의 규모	

210㎜×297㎜[백상지 80g/㎡]

■ 민간임대주택에 관한 특별법 시행규칙 [별지 제3호 서식]

※ [ ]에는 해당되는 곳에 √표를 합니다. (앞쪽)

임대사업자 등록증 ([ ] 기업형, [ ] 일반형)

최초등록일	등록번호
성명(법인명)	생년월일(법인등록번호)
상호	전화번호
주소(사무소 소재지)	

민간임대주택 소재지	호수(세대수)	민간임대 주택의 종류	민간임대 주택의 유형	민간임대 주택의 규모	임대시작일
합계					

「민간임대주택에 관한 특별법」 제5조와 같은 법 시행규칙 제2조 제3항에 따라 위와 같이 등록되었음을 증명합니다.

년   월   일

특별자치시장
특별자치도지사
시장·군수·구청장   직인

※ 유의사항
 1. 등록사항이 변경된 경우에는 변경사유가 발생한 날부터 30일 이내에 신고해야 합니다.
 2. 등록사항 중 변경된 내용은 뒤쪽에 적습니다.

210mm×297mm[백상지 80g/㎡]

등록사항	변경내용	변경내용 기재일자	확인

■ 민간임대주택에 관한 특별법 시행규칙 [별지 제4호 서식] <개정 2017. 9. 19.>   민원24(www.minwon.go.kr)에서도
신청할 수 있습니다.

임대사업자 등록사항 변경신고서

접수번호		접수일자		처리기간	5일

신청인	성명(법인명)		생년월일(법인등록번호)	
	상호		전화번호	
	주소(사무소 소재지)			

변경사항

구 분	변경 전	변경 후
사업자 성명(법인명)		
상 호		
주 소		
민간임대주택 소재지 및 호수(세대수)		
민간임대주택의 종류, 유형 및 규모		

「민간임대주택에 관한 특별법」 제5조 제3항과 같은 법 시행규칙 제3조 제1항에 따라 위와 같이 신고합니다.

년   월   일

신고인   (서명 또는 인)

특 별 자 치 시 장
특 별 자 치 도 지 사 귀하
시 장 · 군 수 · 구 청 장

신고인 제출서류	변경사항을 증명할 수 있는 서류	수수료
담당 공무원 확인사항	1. 개인: 사업자 등록증명 2. 법인: 법인 등기사항증명서 3. 건물등기사항증명서 4. 건축물대장 5. 주민등록표 초본	없음

행정정보 공동이용 동의서

본인은 이 건 업무처리와 관련하여 담당 공무원이 「전자정부법」 제36조에 따른 행정정보의 공동이용을 통하여 위의 확인사항 중 제1호 및 제5호의 정보를 확인하는 것에 동의합니다.   *동의하지 않는 경우에는 신청인이 직접 해당 서류(사본을 포함한다)를 제출해야 합니다.

신고인   (서명 또는 인)

처리절차

210㎜×297㎜[백상지(80g/㎡) 또는 중질지(80g/㎡)]

■ 민간임대주택에 관한 특별법 시행규칙 [별지 제5호 서식] <개정 2017. 9. 19.>

임대사업자 등록말소 신고서(신청서)

접수번호		접수일자		처리기간	5일

신고인 (신청인)	성명(법인명)		생년월일(법인등록번호)	
	상호		전화번호	
	주소(사무소 소재지)			

임대사업자 등록일	
임대사업자 등록번호	

「민간임대주택에 관한 특별법」 제6조 제1항과 같은 법 시행규칙 제4조 제1항에 따라 위와 같이 등록말소를 신청합니다.

년   월   일

신고인   (서명 또는 인)

특 별 자 치 시 장
특 별 자 치 도 지 사   귀하
시 장 · 군 수 · 구 청 장

신고인(신청인) 제출서류	등록 말소 대상임을 증명할 수 있는 서류	수수료 없음
담당 공무원 확인사항	1. 개인: 사업자 등록증명 2. 법인: 법인 등기사항증명서 3. 건물등기사항증명서 4. 건축물대장 5. 주민등록표 초본. 다만, 신청인이 직접 신청서를 제출하는 경우에는 주민등록증 등 신분증 　명서의 제시로 갈음한다.	

행정정보 공동이용 동의서

본인은 이 건 업무처리와 관련하여 담당 공무원이 「전자정부법」 제36조에 따른 행정정보의 공동이용을 통하여 위의 확인사항 중 제1호 및 제5호의 정보를 확인하는 것에 동의합니다.   *동의하지 않는 경우에는 신청인이 직접 해당 서류(사본을 포함한다)를 제출해야 합니다.

신고인(신청인)
(서명 또는 인)

210mm×297mm[백상지(80g/㎡) 또는 중질지(80g/㎡)]

■ 민간임대주택에 관한 특별법 시행규칙 [별지 제6호 서식]

임대사업자 처분대장

번호	처분일	처분대상 임대사업자		처분 사유	그 밖의 사항
		성명(법인명)	등록번호		

210mm×297mm[백상지 80g/ ㎡]

■ 민간임대주택에 관한 특별법 시행규칙 [별지 제7호 서식] <개정 2017. 9. 19.>

[ ] 자기관리형
[ ] 위탁관리형　주택임대관리업 등록신청서

※[ ]에는 해당되는 곳에 √표를 합니다.　　　　　　　　　　　　　　　　　　(앞쪽)

접수번호		접수일		처리기간	20일

신청인	성 명 (대표자)	한글		생년월일	
		한자		(법인등록번호/외국인등록번호)	
	상호 또는 명칭			사업자 등록번호	
	영업소 소재지			(전화번호:　　　　)	

자본금	
전문인력 보유 현황	
사무실 보유(면적)	㎡

「민간임대주택에 관한 특별법」 제7조, 같은 법 시행령 제6조 및 같은 법 시행규칙 제5조에 따라 위와 같이 ([ ]자기관리형 [ ]위탁관리형) 주택임대관리업 등록을 신청합니다.

년　　월　　일

신청인　　　　　　　　　　　(서명 또는 인)

특 별 자 치 시 장
특 별 자 치 도 지 사　귀하
시 장 · 군 수 · 구 청 장

신청인 제출서류	1. 「민간임대주택에 관한 특별법 시행령」 별표 1 제1호에 따른 자본금 요건을 증명하는 다음의 구분에 따른 서류 　가. 신청인이 법인인 경우: 납입자본금에 관한 증명서 　나. 신청인이 개인인 경우: 자산평가서와 그 증명서 2. 「민간임대주택에 관한 특별법 시행령」 별표 1 제2호에 따른 전문인력 요건을 증명하는 서류 3. 「민간임대주택에 관한 특별법 시행령」 별표 1 제3호에 따른 사무실 확보를 증명하는 서류(건물 임대차 계약서 사본 등 사용에 관한 권리를 증명하는 서류를 포함합니다) 4. 재외국민등록증 사본(신청인이 재외국민인 경우만 해당합니다)	수수료 없음
담당 공무원 확인사항	1. 개인: 주민등록표 초본 2. 법인: 법인 등기사항증명서 3. 재외국민: 여권정보 4. 외국인: 「출입국관리법」 제88조에 따른 외국인등록 사실증명 5. 건물등기사항증명서	

행정정보 공동이용 동의서

본인은 이 건 업무처리와 관련하여 담당 공무원이 「전자정부법」 제36조 제1항에 따른 행정정보의 공동이용을 통하여 위의 담당 공무원 확인사항 중 제1호, 제3호 및 제4호의 정보를 확인하는 것에 동의합니다. *동의하지 않는 경우에는 신청인이 직접 해당 서류 또는 그 사본을 제출하여야 합니다.

신청인　　　　　　　　　　　(서명 또는 인)

210㎜×297㎜[백상지(80g/㎡) 또는 중질지(80g/㎡)]

(뒤쪽)

주택임대관리업 등록을 하지 않고 주택임대관리업을 운영한 자 또는 거짓이나 그 밖의 부정한 방법으로 등록을 한 자는 「민간임대주택에 관한 특별법」 제65조 제2항 제1호에 따라 2년 이하의 징역 또는 2천만원 이하의 벌금에 처하게 됩니다.

처리절차

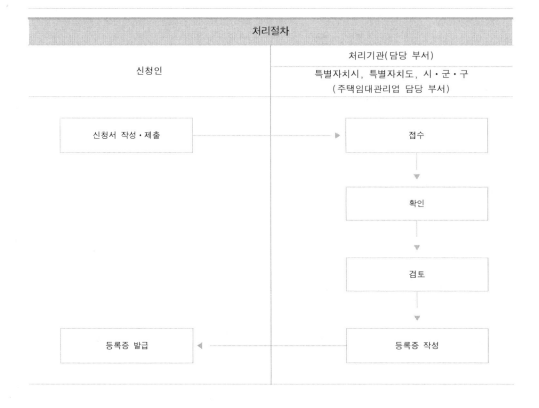

신청인	처리기관(담당 부서) 특별자치시, 특별자치도, 시·군·구 (주택임대관리업 담당 부서)
신청서 작성·제출	접수
	확인
	검토
등록증 발급	등록증 작성

■ 민간임대주택에 관한 특별법 시행규칙 [별지 제8호 서식]

주택임대관리업 등록대장

(앞쪽)

등록번호			등록일		년 월 일
성명 (대표자)	한글		생년월일 (법인등록번호/ 외국인등록번호)		
	한자				
상호 또는 명칭					
영업소 소재지			(전화번호 :)		
자본금					
전문인력 보유 현황					
사무실 보유(면적)					m²
그 밖의 사항					

전문인력 보유 현황

구분	자격명 (소지 학위명)	자격증번호 (학위등록번호)	성명	입사일

210mm×297mm[백상지 80g/㎡]

(뒤쪽)

등록 사항 변경기재란				
등록 사항	변경 내용		변경기재일	확인
	변경 전	변경 후		

■ 민간임대주택에 관한 특별법 시행규칙 [별지 제9호 서식]

제   호

주택임대관리업등록증

1. 상호 또는 명칭

2. 성명(법인인 경우에는 대표자의 성명)

3. 등록일자

4. 등록번호

5. 자본금

6. 영업소 소재지

「민간임대주택에 관한 특별법」제7조, 같은 법 시행령 제6조 및 같은 법 시행규칙 제5조에 따라 위와 같이 주택임대관리업자로 등록하였음을 증명합니다.

년   월   일

특별자치시장
특별자치도지사
시장·군수·구청장

직인

등록사항의 변경이 있는 때에는 「민간임대주택에 관한 특별법」제7조 제3항 및 같은 법 시행규칙 제6조에 따라 변경사유가 발생한 날부터 15일 이내에 시장·군수 또는 구청장에게 신고하여야 하며, 이를 이행하지 않는 경우에는 같은 법 제67조 제2항 제1호에 따라 500만원 이하의 과태료 처분을 받을 수 있습니다.
주택임대관리업 등록 이후 「민간임대주택에 관한 특별법」제12조 제1항, 같은 법 시행령 제11조 및 시행규칙 제8조에 따라 분기마다 그 분기가 끝나는 달의 다음 달 말일까지 자본금, 전문인력, 관리호수 등의 현황을 신고하여야 하며, 이를 이행하지 않는 경우에는 같은 법 제67조 제2항 제2호에 따라 500만원 이하의 과태료 처분을 받을 수 있습니다.

210mm×297mm[일반용지 60g/㎡]

■ 민간임대주택에 관한 특별법 시행규칙 [별지 제10호 서식]

주택임대관리업 등록사항 변경신고서

접수번호			접수일		처리기간	2일

신고인	성명 (대표자)	한글		생년월일	
		한자		(법인등록번호/외국인등록번호)	
	상호 또는 명칭			사업자 등록번호	
	영업소 소재지			(전화번호:)	

변경 내용

구분	변경 전	변경 후	그 밖의 사항
1. 상호 또는 명칭			
2. 성명(법인인 경우에는 대표자의 성명)			
3. 영업소 소재지			
4. 자본금			
5. 전문인력 보유 현황			
6. 사무실 보유(면적)			

「민간임대주택에 관한 특별법」 제7조 제3항과 같은 법 시행규칙 제6조 제1항에 따라 위와 같이 신고합니다.

년 월 일

신청인 (서명 또는 인)

특별자치시장
특별자치도지사 귀하
시장·군수·구청장

첨부서류	변경내용을 증명하는 서류	수수료 없음

유의사항

등록사항의 변경사유가 발생한 날부터 15일 이내에 변경신고를 하지 않는 경우에는 「민간임대주택에 관한 특별법」 제67조 제2항 제1호에 따라 500만원 이하의 과태료 처분을 받을 수 있습니다.

처리절차

신고서 작성	→	접수	→	확인·검토	→	주택임대관리업 등록대장 변경 기재
신청인		특별자치시, 특별자치도 시장·군수·구청장		특별자치시, 특별자치도 시장·군수·구청장		특별자치시, 특별자치도 시장·군수·구청장

210mm×297mm[백상지(80g/㎡) 또는 중질지(80g/㎡)]

■ 민간임대주택에 관한 특별법 시행규칙 [별지 제11호 서식]

[ ] 자기관리형
[ ] 위탁관리형　　주택임대관리업 말소 신고서

※[ ]에는 해당되는 곳에 √표를 합니다.

접수번호		접수일		처리기간　즉시

신고인	성명 (대표자)	한글		생년월일 (법인등록번호/외국인등록번호)
		한자		
	상호 또는 명칭			사업자 등록번호
	영업소 소재지			(전화번호:　　　　　)

폐업사유	1. 회사 사정 　[ ]사업 포기　[ ]회사 부도·파산 2. [ ]그 밖의 사유(　　　　　　　　　　　)

　「민간임대주택에 관한 특별법」 제7조 제3항, 같은 법 시행령 제6조 제4항 및 같은 법 시행규칙 제6조 제2항에 따라 위와 같이 ([ ]자기관리형 [ ]위탁관리형) 주택임대관리업 폐업에 따른 말소 신고합니다.

년　　　월　　　일

신청인　　　　　　　　　　　　　　　　(서명 또는 인)

시장·군수·구청장　　　귀하

첨부서류	1. 주택임대관리업 등록증 2. 말소사항을 증명할 수 있는 서류	수수료 없음

210mm×297mm[백상지(80g/㎡) 또는 중질지(80g/㎡)]

■ 민간임대주택에 관한 특별법 시행규칙 [별지 제12호 서식]

주택임대관리업자 현황 신고서

접수번호		접수일		처리기간	2일

신고인	성명 (대표자)	한글		생년월일	
		한자		(법인등록번호/외국인등록번호)	
	상호 또는 명칭			사업자 등록번호	
	영업소 소재지			(전화번호:)	

신고 내용

구분	현황		
1. 등록기준 사항	자본금(원)	전문인력(명)	사무실 소재지

2. 관리주택 현황

소재지 (시/군/구)	호수 (종류별)	임대인 성명	위·수탁 계약기간	수수료율	영업형태 (자기/위탁)
총 관리호수					

3. 보증보험 가입 사항 (자기관리형만 해당함)	주택도시보증공사	「민간임대주택에 관한 특별법 시행령」 제13조 제3항 제2호에 따른 금융기관

특 별 자 치 시 장
특 별 자 치 도 지 사 귀하
시 장 · 군 수 · 구 청 장

첨부서류	신고내용을 증명하는 서류	수수료 없음

유의사항

주택임대관리업 등록 이후 분기마다 그 분기가 끝나는 달의 다음 달 말일까지 현황신고를 하지 않는 경우에는 「민간임대주택에 관한 특별법」 제67조 제2항 제2호에 따라 500만원 이하의 과태료 처분을 받을 수 있습니다.

처리절차

신고서 작성	→	제출	→	확인·검토	→	보고
신청인		특별자치시, 특별자치도 시장·군수·구청장		특별자치시, 특별자치도 시장·군수·구청장		국토교통부장관

210㎜×297㎜[백상지(80g/㎡) 또는 중질지(80g/㎡)]

■ 민간임대주택에 관한 특별법 시행규칙 [별지 제13호 서식]

촉진지구 사전기초조사서

(앞쪽)

1. 구역명	
2. 위치 및 면적	

3. 인구 및 주택 현황

인 구	천명	가 구	천호	부족 주택수	천호	부족률	%

4. 토지이용 현황(㎡)

도시지역	합계	주거지역	상업지역	공업지역	보전녹지 지역	자연녹지 지역	생산녹지 지역
합계							
전							
답							
대							
임야							
기타							

도시지역 밖	합계	계획관리지역	생산·보전 관리지역	농림지역	자연환경보전 지역
합계					
전					
답					
대					
임야					
기타					

5. 공법상 제한 현황

제한내용	위 치	면적(㎡)
군사시설 보호		
고도 제한		
농업진흥지역		
문화재 보호		
기타		

210㎜×297㎜[백상지 80g/㎡]

(뒤쪽)

6. 농경지 현황(㎡)

구분	계	농업진흥지역						농업진흥지역 밖		
		농업진흥구역			농업보호구역					
계	계	전	답	계	전	답	계	전	답	계	전	답
도시지역												
도시지역 밖												

7. 지구 내 지장물 현황

지장물 내용	존치 대상	철거 대상	비고

8. 인근 주요 지장물 현황

지장물 내용	구역경계와의 거리	이용 계획

9. 공시지가 고시일자		10. 기준지가 (㎡당)	최저: 　　　천원
			최고: 　　　천원

11. 추정사업비 (천원)	계	용지비	공사비	기타

12. 간선시설	구분	기존		신설	
		수량	금액(천원)	수량	금액(천원)

13. 종합의견

14. 조사자	소속		직위(직급)		성명		㉫
15. 확인자	소속		직위(지급)		성명		㉫

■ 민간임대주택에 관한 특별법 시행규칙 [별지 제14호 서식]

공급촉진지구 지정제안서

(앞쪽)

접수번호		접수일		처리기간	2개월
제안자	성명(법인인 경우 그 명칭 및 대표자 성명)			생년월일(법인인 경우 법인등록번호)	
	주소			전화번호	

제안 사항

지구명	
용도지역	
지정목적	
위치	
면적	
시행기간	
시행방식	
계획인구 및 세대수	

「민간임대주택에 관한 특별법」 제23조 제4항 및 같은 법 시행규칙 제10조 제1항에 따라 위와 같이 공급촉진지구 지정을 제안합니다.

년   월   일

신청인   (서명 또는 인)

국토교통부장관, 시·도지사 귀하

첨부서류	뒤쪽 참조

210mm×297mm[백상지(80g/㎡) 또는 중질지(80g/㎡)]

(뒤쪽)

신청인 제출서류	1. 개략적인 사업계획서 2. 촉진지구 사전기초조사서(사전기초조사서 작성을 위한 관련 서류를 포함한다) 3. 편입농지 및 임야 현황에 관한 조사서류 4. 해당 지역의 현황 사진 5. 수용하거나 사용할 「공익사업을 위한 토지 등의 취득 및 보상에 관한 법률」 제3조에서 정하는 토지·물건 및 권리의 소재지, 지번, 지목, 면적, 소유권 및 소유권 외의 권리의 명세와 그 소유자 및 권리자의 성명(법인인 경우에는 명칭을 말합니다) 및 주소를 적은 서류 6. 법 제23조 제3항에 따른 토지소유자 동의서 7. 「환경영향평가법」에 따른 전략환경영향평가 관련 자료(전략환경영향평가 협의대상지역인 경우만 해당합니다) 8. 「자연재해대책법」에 따른 사전재해영향성검토 관련 자료(사전재해영향성검토 대상지역인 경우만 해당합니다) 9. 촉진지구 주변의 광역교통체계 관련 자료(촉진지구 예정면적이 100만㎡ 이상인 경우만 해당합니다) 10. 도시·군기본계획의 변경에 필요한 서류(도시·군기본계획 변경이 필요한 경우만 해당합니다) 11. 축척 2만5천분의 1 또는 5만분의 1인 위치도 12. 촉진지구의 경계와 그 결정 사유를 표시한 축척 5천분의 1인 지형도 13. 토지이용 현황과 지장물 현황을 명시한 축척 5천분의 1인 지형도 또는 지적도 14. 편입 토지 현황 도면 15. 토지이용계획 도면	수수료 없음
담당 공무원 확인사항	지적도 및 임야도	

행정정보 공동이용 동의서

본인은 이 건 업무처리와 관련하여 담당 공무원이 「전자정부법」 제36조에 따른 행정정보의 공동이용을 통하여 위의 확인사항을 확인하는 것에 동의합니다.   *동의하지 않는 경우에는 신청인이 직접 해당 서류의 사본을 제출해야 합니다.

신청인   [서명 또는 인]

처리 절차

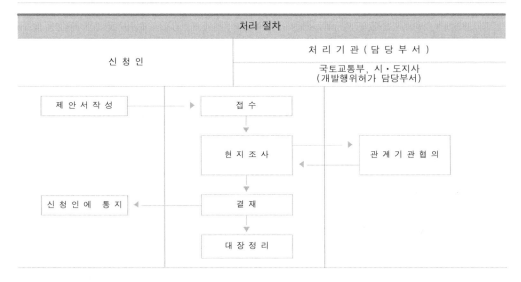

■ 민간임대주택에 관한 특별법 시행규칙 [별지 제15호 서식] <개정 2017. 9. 19.>

동의서

※ 색상이 어두운 란은 동의자가 작성하지 않습니다.

접수번호		접수 일자	
동의자	성명(법인의 명칭 및 대표자 성명)	생년월일(법인등록번호)	
	주소	전화번호	

동의내용	제안 면적	(㎡)
	사업방식	
	제안자 (시행예정자)	성명: 법인번호(생년월일):

동의자 소유 토지(지상권) 현황

번호	지번	지목	면적(㎡)	지상권 설정 여부
1				
2				
3				

본인은 「민간임대주택에 관한 특별법」 제23조 제3항에 따른 공급촉진지구 지정 제안(주민열람, 관계 기관 협의 및 도시계획위원회 심의 결과 등에 따라 제안이 변경되는 경우를 포함합니다)에 대하여 제안자 등에게 설명을 듣고 위 내용에 동의합니다.

년　월　일

동의자

(서명 또는 인)

(00 공급촉진지구 지정 제안자) 귀하

첨부서류	1. 동의자가 개인인 경우: 신분을 증명할 수 있는 서류(「개인정보 보호법 시행령」 제19조 각 호에 해당하는 고유식별정보를 제외한 성명·생년월일만 포함된 서류를 말한다) 사본 1부 2. 동의자가 법인인 경우: 법인인감증명서

유의사항

1. 제안이 변경되지 아니하는 조건에서 제안자가 변경되어도 본 동의는 유효합니다.
2. 소유(지상권 설정) 토지 작성란이 부족한 경우에는 별지에 적고 간인(間印)을 하여야 합니다.

210㎜×297㎜[백상지(80g/㎡) 또는 중질지(80g/㎡)]

■ 민간임대주택에 관한 특별법 시행규칙 [별지 제16호 서식] <개정 2017. 9. 19.>

동의철회서

※ 색상이 어두운 란은 동의 철회자가 작성하지 않습니다.

접수번호		접수 일자	
동의자	성명(법인의 명칭 및 대표자 성명)	생년월일(법인등록번호)	
	주소	전화번호	
동의의 철회내용	*(동의 철회자 자필로 기재)*		
시행자 또는 시행예정자	성명(법인의 명칭 및 대표자 성명)		
	생년월일 (법인등록번호)		
	주소		
	전화번호		

동의 철회자 소유 토지 현황

번호	지번	지목	면적(㎡)	비고
1				
2				
3				

본인은 위 동의의 철회내용에 기재한 것과 같이 이전에 동의하였던 것을 철회합니다.

년 월 일

동의 철회자

(서명 또는 인)

귀하

첨부서류	1. 동의 철회자가 개인인 경우: 신분을 증명할 수 있는 서류(「개인정보 보호법 시행령」제19조 각 호에 해당하는 고유식별정보를 제외한 성명·생년월일만 포함된 서류를 말한다) 사본 1부 2. 동의 철회자가 법인인 경우: 법인인감증명서

유의사항
1. 귀하(란) 앞에는 동의철회자가 철회하려는 동의서를 제출한 상대방을 적어야 합니다. 2. 소유 토지 작성란이 부족한 경우에는 별지에 적고 간인(間印)을 하여야 합니다.

210㎜×297㎜[백상지(80g/㎡) 또는 중질지(80g/㎡)]

■ 민간임대주택에 관한 특별법 시행규칙 [별지 제17호 서식] <개정 2017. 9. 19.>

대표자 지정 동의서

여러 명이 공유한 토지 현황						
토지 위치(지번)						
지목		면적	구분	성명	지분	면적(㎡)
			1			
			2			
			3			
			4			

본인은 위 토지의 공유자로서 아래의 자를 대표 소유자로 지정하고, 대표 소유자가 00 촉진지구 조성 사업과 관련한 토지 소유자로서 공급촉진지구 지정제안, 토지 사용·수용 등에 대한 동의권을 행사하는 것에 대하여 동의합니다.

년   월   일

대표 소유자(선임 수락자)	성명 : 생년월일 : 전화번호 :	(서명 또는 인)
위임자(동의자)	성명 : 생년월일 : 전화번호 :	(서명 또는 인)
위임자(동의자)	성명 : 생년월일 : 전화번호 :	(서명 또는 인)
위임자(동의자)	성명 : 생년월일 : 전화번호 :	(서명 또는 인)

첨부서류	1. 대표 소유자 및 위임자가 개인인 경우: 신분을 증명할 수 있는 서류(「개인정보 보호법 시행령」 제19조 각 호에 해당하는 고유식별정보를 제외한 성명·생년월일만 포함된 서류를 말한다) 사본 1부 2. 대표 소유자 및 위임자가 법인인 경우: 법인인감증명서

유의사항

소유 토지 작성란이 부족한 경우에는 별지에 적고 간인(間印)을 하여야 합니다.

210㎜×297㎜[백상지(80g/㎡) 또는 중질지(80g/㎡)]

■ 민간임대주택에 관한 특별법 시행규칙 [별지 제18호 서식]

행위허가 신고서

(앞쪽)

접수번호		접수일			
신청자	성명(법인인 경우 그 명칭 및 대표자 성명)			생년월일(법인인 경우 법인등록번호)	
	주소			전화번호	

신고 사항

위치(지번)				지목	
용도지역				용도지구	

신고 내용 (해당 사항만 기재)	공작물 설치	신청면적		중량	
		공작물구조		부피	
	토지형질 변경	토지현황	경사도	토질	
			토석매장량		
		입목식재 현 황	주요수종		
			입목지	무입목지	
		신청면적			
		입목벌채	수종	나무 수	그루
	토석채취	신청면적		부피	
	토지분할	종전면적		합병 및 분할면적	
	물건적치	중량		부피	
		품명		평균적치량	
		적치기간	년 월 일 부터 년 월 일까지 (개월간)		

개발행위목적	
사업 기간	착공 년 월 일, 준공 년 월 일

「민간임대주택에 관한 특별법」 제26조 제5항, 같은 법 시행령 제22조 제4항 및 시행규칙 제12조 제2항에 따라 위와 같이 신고합니다.

년 월 일

신청인   (서명 또는 인)

특 별 자 치 시 장
특 별 자 치 도 지 사
시 장 · 군 수 · 구 청 장 귀하

210mm×297mm[백상지(80g/㎡) 또는 중질지(80g/㎡)]

첨부서류	다른 법령에 따라 행위허가를 받았음을 증명할 수 있는 서류	수수료 없음

처리 절차

신 청 인	처 리 기 관 (담 당 부 서) 특별자치시, 특별자치도, 시·군·구 (개발행위허가 담당부서)

신 청 서 작 성 ────▷ 접 수

↓

현 지 조 사 ────▷ 관 계 기 관 협 의

↓

신 청 인 에 통 지 ◀──── 결 재

↓

대 장 정 리

■ 민간임대주택에 관한 특별법 시행규칙 [별지 제18호의2 서식] <신설 2017. 7. 11.>

토지 수용 · 사용 동의서

※ 색상이 어두운 란은 동의자가 작성하지 않습니다.

접수번호		접수일시	
동의자	성명(법인의 명칭 및 대표자 성명)	생년월일(법인등록번호)	
	주소	전화번호	

동의자 소유 토지 현황

번호	지번	지목	면적(㎡)	비고
1				
2				
3				

  본인은 「민간임대주택에 관한 특별법」 제34조 제1항에 따라 토지를 수용 또는 사용하는 것에 대하여 시행자에게 설명을 듣고 그 내용에 동의합니다.

년   월   일

동의자

(서명 또는 인)

시행자 귀하

첨부서류	1. 토지 소유자가 영 제30조의2 제2항 제1호 본문에 따라 다른 공유자의 동의를 받은 대표 공유자인 경우 다음 각 목의 서류 가. 별지 제17호 서식의 대표자 지정 동의서 나. 주민등록증 사본, 여권 사본, 운전면허증 사본 등 대표 공유자 및 다른 공유자의 신분을 증명할 수 있는 서류(「개인정보 보호법 시행령」 제19조 각 호에 해당하는 고유식별정보를 제외한 성명·생년월일만 포함된 서류를 말한다. 이하 같다) 2. 제1호에 해당하지 아니하는 경우로서 토지 소유자가 개인인 경우: 주민등록증 사본, 여권 사본, 운전면허증 사본 등 신분을 증명할 수 있는 서류 3. 제1호에 해당하지 아니하는 경우로서 토지 소유자가 법인인 경우: 법인인감증명서

유의사항
1. 소유 토지 작성란이 부족한 경우에는 별지에 적고 간인(間印)을 하여야 합니다. 2. 동의자가 법인인 경우에는 (서명 또는 인)란에 법인인감을 날인하여야 합니다.

210mm×297mm[백상지(80g/㎡) 또는 중질지(80g/㎡)]

■ 민간임대주택에 관한 특별법 시행규칙 [별지 제18호의3 서식] <신설 2017. 7. 11.>　　민원24(www.minwon.go.kr)에서도 신청할 수 있습니다.

민간임대주택 공급 신고서(신고증명서)

※ 색상이 어두운 난은 신고인이 작성하지 아니하며, 뒤쪽의 작성방법을 읽고 작성하시기 바랍니다.　　　　　　　　　　(앞쪽)

접수번호	접수일시	처리기간	7일

임대사업자	성명(대표자)		생년월일(법인등록번호)	
	상호		전화번호	
	주소(사무소 소재지)			

①민간임대주택의 소재지	②호수 또는 세대수	③민간임대주택의 종류	④민간임대주택의 유형 (건설 또는 매입여부)	⑤민간임대주택의 규모
			(　　)	
			(　　)	
합계				

「민간임대주택에 관한 특별법」 제42조 제3항에 따라 위와 같이 민간임대주택 공급을 신고합니다.

년　　월　　일

신고인

(서명 또는 인)

특 별 자 치 시 장
특 별 자 치 도 지 사　귀하
시 장 · 군 수 · 구 청 장

첨부서류	뒤쪽 참고	수수료 없음

위와 같이 임대차모집 신고를 하였음을 증명합니다.

년　　월　　일

특 별 자 치 시 장
특 별 자 치 도 지 사　　　직인
시 장 · 군 수 · 구 청 장

210mm×297mm[백상지(80g/㎡) 또는 중질지(80g/㎡)]

(뒤쪽)

신고인 제출서류	1. 다음 각 목의 사항이 포함된 임차인 모집계획안 　가. 민간임대주택 공급 현황 및 임대 조건 　나. 임차인의 자격 및 선정방법 　다. 토지임대계약서·토지사용승낙서 등 토지확보 현황을 증명할 수 있는 서류(토지를 임차하여 　　　건설된 민간임대주택 또는 토지의 소유권을 확보하지 못한 경우만 해당한다) 　라. 토지 및 주택에 설정된 소유권 외의 권리의 명세 2. 신고대상 주택이 법 제49조 제1항에 따른 임대보증금에 대한 보증 가입 대상에 해당하는 경우 　해당 보증계약의 보증서	수수료 없음
담당 공무원 확인사항	민간임대주택의 토지등기사항증명서 및 건물등기사항증명서	

작성방법 및 유의사항

1. ①민간임대주택의 소재지란에는 민간임대주택 주소를 기재하고, ②호수(세대수)란에는 해당 주소에 있는 민간임대주택의 수 (數)를 적습니다.
2. ③민간임대주택의 종류란에는 기업형 임대주택, 준공공임대주택 또는 단기임대주택 중 하나를 적습니다.
3. ④민간임대주택의 유형란에는 아파트, 연립주택, 다세대주택, 단독주택 또는 오피스텔 중 하나를 선택하여 적고, ( )안에는 건설 또는 매입 중 하나를 적습니다.
4. ⑤민간임대주택의 규모란에는 전용면적 기준으로 40㎡ 이하, 40㎡ 초과 60㎡ 이하, 60㎡ 초과 85㎡ 이하 또는 85㎡ 초과 중 하나를 선택하여 적습니다.
5. 같은 소재지에 종류, 유형 또는 규모가 섞여 있는 경우에는 이를 구분하되, 아래 예와 같이 괄호에 해당 주택의 호수를 적습니다.
　- 예시: 준공공임대주택: 30호, 단기임대주택: 70호
　　　　　40㎡ 이하: 70호, 40㎡ 초과 60㎡ 이하: 35호
6. 「민간임대주택에 관한 특별법」 제42조 및 같은 법 시행령 제33조의2에 따라 임차인모집을 하는 임대사업자는 시장·군수· 구청장에게 신고하여야 하며, 신고를 하지 아니한 경우에는 같은 법 제67조 제1항에 따라 1천만원 이하의 과태료가 부과 될 수 있습니다.

처리절차

이 신고서는 아래와 같이 처리됩니다.

신고인	처리기관 특별자치시, 특별자치도, 시·군·자치구
신고서 작성·제출 (임차인모집일 10일 전)	접수
	↓
	신고 내용 접합 여부 확인 (서류검토)
	↓
민간임대주택 공급 신고증명서 발급	민간임대주택 공급 신고증명서 작성

■ 민간임대주택에 관한 특별법 시행규칙 [별지 제19호 서식]

민간임대주택 양도신고서

접수번호		접수일자		처리기간	10일

임 대 사업자 (양도인)	성명(법인명)		생년월일(법인등록번호)	
	상호		전화번호	
	주소(사무소 소재지)			

민간 임대주택	양도 호(세대수)	
	종류	기업형임대 [　], 준공공임대 [　], 단기임대 [　]
	유형	아파트[　], 연립주택[　], 다세대주택[　], 단독주택[　], 오피스텔[　]
	주소(사무소 소재지)	

임 대 사업자 (양수인)	성명(법인명)		생년월일(법인등록번호)	
	상호		전화번호	
	주소(사무소 소재지)			

「민간임대주택에 관한 특별법」 제43조 제2항·제3항 및 같은 법 시행규칙 제15조 제1항·제16조에 따라 위와 같이 신고합니다.

년　　월　　일

신고인　　　　　　　　　　　　　　(서명 또는 인)

특 별 자 치 시 장
특 별 자 치 도 지 사　귀하
시장·군수·구청장

담당 공무원 확인사항	1. 양도하려는 주택의 등기사항증명서 2. 양수하는 자(해당 임대주택을 양수하여 주택임대사업을 하려는 자인 경우는 제외합니다)의 　 임대사업자 등록증	수수료 없음

행정정보 공동이용 동의서

본인은 이 건 업무처리와 관련하여 담당 공무원이 「전자정부법」 제36조에 따른 행정정보의 공동이용을 통하여 위의 확인사항 중 제2호의 정보를 확인하는 것에 동의합니다.　*동의하지 않는 경우에는 신청인이 직접 해당 서류의 사본을 제출해야 합니다.

신청인　　　　　　　　　　　　　　(서명 또는 인)

처리절차

210㎜×297㎜[백상지(80g/㎡) 또는 중질지(80g/㎡)]

753

■ 민간임대주택에 관한 특별법 시행규칙 [별지 제20호 서식]　　　　　　민원24(www.minwon.go.kr)에서도
　　　　　　　　　　　　　　　　　　　　　　　　　　　　　　　　　　　　신청할 수 있습니다.

민간임대주택 양도 허가신청서

※ [ ]에는 해당되는 곳에 √표를 합니다.

접수번호	접수일자		처리기간	10일

임대 사업자	성명(법인명)		생년월일(법인등록번호)	
	상호		전화번호	
	주소(사무소 소재지)			

민간 임대주택	주택 소재지	
	종류	기업형임대 [ ], 준공공임대 [ ], 단기임대 [ ]
	유형	아파트[ ], 연립주택[ ], 다세대주택[ ], 단독주택[ ], 오피스텔[ ]

양도 조건 등	호수(세대수)		양도(예정) 가격
	전용면적	호(세대)	
	m²		원
	m²		원
	m²		원
	합계		원
	양도 예정일자		

「민간임대주택에 관한 특별법 시행령」제34조 제2항 및 같은 법 시행규칙 제17조 제1항에 따라 위와
같이 허가를 신청합니다.

　　　　　　　　　　　　　　　　　　　　　　　　　　　　　　　　　　　　년　　　월　　　일

　　　　　　　　　　　　　　　　신청인　　　　　　　　　　　　　　(서명 또는 인)

　　　특 별 자 치 시 장
　　　특 별 자 치 도 지 사　귀하
　　　시장 · 군수 · 구청장

신청인 제출서류	1. 양도의 구체적인 사유를 적은 서류 2. 양도가격 산정의 근거서류 3. 특별수선충당금 적립통장 사본(「민간임대주택에 관한 특별법」제53조 제1항에 따라 특별수선 　 충당금을 적립하여야 하는 공동주택의 임대사업자만 해당합니다) 4. 하자보수보증금 예치증서[공동주택의 사용검사일(주택단지 안의 전부에 대하여 임시 사용승인 　 을 받은 경우를 포함합니다)부터 10년 이내인 경우만 해당합니다]	수수료 없음
담당 공무원 확인사항	해당 임대주택의 등기사항증명서	

처리절차

신청서 작성	→	접수	→	검토	→	결재	→	회신
신청인		(처리기관) 특별자치시, 특별자치도 시 · 군 · 자치구		(처리기관) 특별자치시, 특별자치도 시 · 군 · 자치구		(처리기관) 특별자치시, 특별자치도 시 · 군 · 자치구		신청인

210㎜×297㎜[백상지(80g/㎡) 또는 중질지(80g/㎡)]

■ 민간임대주택에 관한 특별법 시행규칙 [별지 제21호 서식] <개정 2017. 9. 19.>   민원24(www.minwon.go.kr)에서도 신청할 수 있습니다.

임대차계약 신고서(신고증명서)

※ [ ]에는 해당되는 곳에 √표를 합니다.   (앞쪽)

접수번호		접수일자		처리기간	10일

임대사업자	성명(대표자)		생년월일(법인등록번호)	
	상호		전화번호	
	주소(사무소 소재지)			

민간 임대주택	주택 소재지	
	종류	기업형임대 [ ], 준공공임대 [ ], 단기임대 [ ]
	유형	아파트[ ], 연립주택[ ], 다세대주택[ ], 단독주택[ ], 오피스텔[ ]

임대 조건	세대수			임대조건	
	구분	세대	세대 당 대출금	임대보증금	임대료(월)
	m²				
	m²				
	m²				
	m²				
	합 계				
	임대차 계약기간				

「민간임대주택에 관한 특별법」 제46조 제1항 및 같은 법 시행규칙 제19조 제1항에 따라 위와 같이 임대차계약을 신고합니다.

년   월   일

신고인   (서명 또는 인)

특별자치시장
특별자치도지사   귀하
시장·군수·구청장

첨부서류	표준임대차계약서 사본	수수료 없음

210mm×297mm[백상지(80g/m²) 또는 중질지(80g/m²)]

(뒤쪽)

작성방법

1. 세대 당 대출금은 임대주택을 매입하기 위한 대출금으로 매입임대주택에 한정하여 작성합니다.
2. 임대조건란에 실제 임대조건을 적습니다.
3. 신고사항이 변경된 경우에는 변경신고를 해야 합니다.

위와 같이 임대차계약 신고를 하였음을 증명합니다.

년　　월　　일

특 별 자 치 시 장
특 별 자 치 도 지 사　　　　직인
시장 · 군수 · 구청장

처리절차

이 신청서는 아래와 같이 처리됩니다.

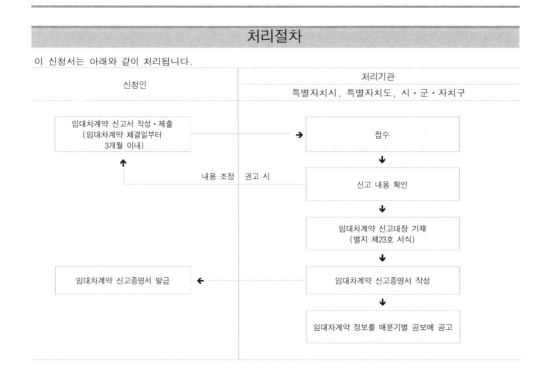

신청인	처리기관 특별자치시, 특별자치도, 시 · 군 · 자치구
임대차계약 신고서 작성 · 제출 (임대차계약 체결일부터 3개월 이내)	접수
↑　　내용 조정　권고 시	신고 내용 확인
	임대차계약 신고대장 기재 (별지 제23호 서식)
임대차계약 신고증명서 발급 ←	임대차계약 신고증명서 작성
	임대차계약 정보를 매분기별 공보에 공고

■ 민간임대주택에 관한 특별법 시행규칙 [별지 제22호 서식] <개정 2017. 9. 19.>

임대차계약 변경신고서(변경신고증명서)

※ [ ]에는 해당되는 곳에 √표를 합니다.

(앞쪽)

접수번호		접수일자		처리기간	10일

임대사업자	성명(대표자)		생년월일(법인등록번호)	
	상호		전화번호	
	주소(사무소 소재지)			

임대 주택	주택 소재지	
	종류	기업형임대 [ ], 준공공임대 [ ], 단기임대 [ ]
	유형	아파트[ ], 연립주택[ ], 다세대주택[ ], 단독주택[ ], 오피스텔[ ]

	세대수			임대조건		비고
	구분	세대	세대 당 대출금	임대보증금	임대료(월)	
임대 조건	㎡					(변경 전)
	㎡					(변경 후)
	㎡					(변경 전)
	㎡					(변경 후)
	합 계					
	임대차 계약기간					

「민간임대주택에 관한 특별법」 제46조 제1항 및 같은 법 시행규칙 제19조 제1항에 따라 위와 같이 임대차계약을 신고합니다.

년   월   일

신고인

(서명 또는 인)

특 별 자 치 시 장
특 별 자 치 도 지 사   귀하
시 장 · 군 수 · 구 청 장

첨부서류	표준임대차계약서 사본	수수료 없음

210㎜×297㎜[백상지(80g/㎡) 또는 중질지(80g/㎡)]

(뒤쪽)

작성방법

1. 세대 당 대출금은 임대주택을 매입하기 위한 대출금으로 매입임대주택에 한정하여 작성합니다.
2. 임대조건란에 실제 임대조건을 적습니다.
3. 신고사항이 변경된 경우에는 변경신고를 해야 합니다.

위와 같이 임대차계약 신고를 하였음을 증명합니다.

년   월   일

특별자치시장
특별자치도지사   직인
시장·군수·구청장

처리절차

이 신청서는 아래와 같이 처리됩니다.

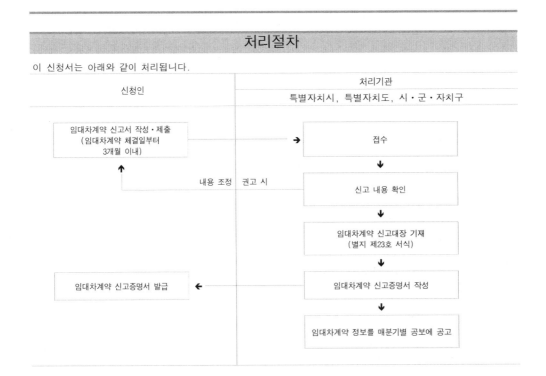

신청인	처리기관 특별자치시, 특별자치도, 시·군·자치구
임대차계약 신고서 작성·제출 (임대차계약 체결일부터 3개월 이내)	접수
↑ 내용 조정 | 권고 시	↓ 신고 내용 확인
	↓ 임대차계약 신고대장 기재 (별지 제23호 서식)
임대차계약 신고증명서 발급 ←	↓ 임대차계약 신고증명서 작성
	↓ 임대차계약 정보를 매분기별 공보에 공고

■ 민간임대주택에 관한 특별법 시행규칙 [별지 제23호 서식] <개정 2017. 9. 19.>

임대차계약 신고대장

번호	신고 일자	임대 사업자명	대표자 성명	민간임대 주택 위치	민간임대 주택 종류	민간임대 주택 유형	규모 (㎡)	세대수	임대보증금	임대료	임대차 계약기간	양도 가능 시기	비고

297㎜×210㎜[백상지 80g/㎡]

■ 민간임대주택에 관한 특별법 시행규칙 [별지 제24호 서식] <개정 2017. 9. 19.>

표준임대차계약서(Ⅰ)

(「주택법」제16조에 따라 사업계획승인을 받아 건설한 민간임대주택용)

(4쪽 중 제1쪽)

아래 표시주택을 임대차함에 있어 임대인   (이하 "갑"이라 한다)과 임차인   (이하 "을"이라 한다)은 아래의 내용으로 임대차계약을 체결하고 이를 증명하기 위하여 계약서 2통을 작성하여 "갑"과 "을"이 각각 기명날인한 후 각 1통씩 보관한다.

1. 계약자
  가. 갑
  1) 성명(또는 회사명):   [서명 또는 인]
  2) 주소(주사무소 소재지):   (전화번호)
  3) 주민등록번호(사업자 등록번호):
  4) 임대사업자 등록번호:
  나. 을
  1) 성명: [서명 또는 인]
  2) 주소: (전화번호)
  3) 주민등록번호:
2. 계약일: 년   월   일
3. 민간임대주택의 표시

주택 소재지					
주택 유형	아파트[ ] 연립주택[ ] 다세대주택[ ] 다가구주택[ ] 그 밖의 주택[ ]				
민간임대주택 면적	방의 수	규모별	면적(㎡)		
			전용 면적	공용면적	합계
				주거공용 면적	그 밖의 공용면적(지하주차장 면적을 포함한다)	
민간임대주택의 종류	민간건설임대주택[ ]		임대 의무 기간	8년[ ] 4년[ ]	
민간임대주택에 딸린 부대시설·복리시설의 종류					
담보물권 설정 여부	없음[ ]		있음[ ] -담보물권의 종류: -설정금액: -설정일자:		

※ 전용면적, 주거공용면적 및 그 밖의 공용면적의 구분은 「주택공급에 관한 규칙」제21조 제5항에 따른다.

4. 계약조건
  제1조(임대보증금·임대료 및 임대차 계약기간) ① "갑"은 위 표시주택(이하 "임대주택"이라 한다)의 임대보증금, 임대료 및 임대차 계약기간을 아래와 같이 정하여 "을"에게 임대한다.

구분	임대보증금	임대료
금액		
임대차 계약기간		

210㎜×297㎜[백상지 80g/㎡]]

② "을"은 제1항의 임대보증금을 아래와 같이 "갑"에게 지불하기로 한다.

계약금	원정은 계약 시에 지불
중도금	원정은 . .에 지불
잔 금	원정은 . .에 지불

③ "을"은 제1항과 제2항에 따른 임대보증금을 이자 없이 "갑"에게 예치하여야 하며, 제2항의 지불기한까지 내지 않는 경우에는 연체이율(연   %)을 적용하여 계산한 연체료를 가산하여 내야 한다. 이 경우 연체이율은 「은행법」에 따른 은행으로서 가계자금 대출시장의 점유율이 최상위인 금융기관의 가계자금 대출이자율과 연체 가산율을 합산한 이율을 고려하여 결정한다.

④ "을"은 당월 분 임대료를 매달 말일까지 내야하며, 이를 내지 아니할 경우에는 연체된 금액에 제3항에 따른 연체요율을 적용하여 계산한 연체료를 더하여 내야 한다.

제2조(민간임대주택의 입주일) 위 민간임대주택의 입주일은   .   .   .부터   .   .   .까지로 한다.

제3조(임대료의 계산) ① 임대료는 월 단위로 산정한다. 다만, 임대기간이 월의 첫날부터 시작되지 아니하거나 월의 말일에 끝나지 않는 경우에는 그 임대기간이 시작되거나 끝나는 월의 임대료는 일할로 산정한다.

② 입주 월의 임대료는 입주일부터 계산한다. 다만, 입주지정기간이 지나 입주하는 경우에는 입주 지정기간이 끝난 날부터 계산한다.

제4조(관리비와 사용료) ① "을"은 관리비와 사용료를 "갑" 또는 "갑"이 지정한 관리주체에게 따로 특약으로 정하는 기한까지 내야하며, 이를 내지 않을 경우에는 "갑"은 "을"로 하여금 연체된 금액에 대하여 제1조 제3항에 따른 연체요율을 적용하여 계산한 연체료를 더하여 내게 할 수 있다.

② "갑"이 관리비와 사용료를 징수할 때에는 관리비와 사용료의 부과 명세서를 첨부하여 "을"에게 이를 낼 것을 통지하여야 한다.

제5조(임대 조건 등의 변경) "갑"과 "을"은 다음 각 호의 어느 하나에 해당할 경우에는 임대보증금, 임대료, 관리비, 사용료 또는 제납입금을 조정할 수 있다. 다만, 임대보증금과 임대료(이하 "차임 등"이라 한다)의 조정은 「민간임대주택에 관한 특별법」 및 「주택임대차보호법」에서 정하는 바를 위반하여서는 안되고, 「민간임대주택에 관한 특별법」제44조 제2항에 따라 임대료 증액 청구는 연 5%의 범위에서 주거비 물가지수, 인근 지역의 임대료 변동률 등을 고려하여야 하며 임대차계약 또는 임대료 증액이 있은 후 1년 이내에는 그 임대료를 증액하지 못한다.

1. 물가, 그 밖의 경제적 여건의 변동이 있을 때

2. "갑"이 임대하는 주택 상호간 또는 인근 유사지역의 민간임대주택 간에 임대조건의 균형상 조정할 필요가 있을 때

3. 민간임대주택과 부대시설 및 부지의 가격에 현저한 변동이 있을 때

제6조("을"의 금지행위) "을"은 다음 각 호의 어느 하나에 해당하는 행위를 해서는 안 된다.

1. 임대사업자의 동의 없이 무단으로 임차권을 양도하거나 민간임대주택을 타인에게 전대하는 행위

2. 민간임대주택 및 그 부대시설을 개축·증축 또는 변경하거나 본래의 용도가 아닌 용도로 사용하는 행위

3. 민간임대주택 및 그 부대시설을 파손 또는 멸실하는 행위

4. 민간임대주택 및 그 부대시설의 유지·관리를 위하여 "갑"과 "을"이 합의한 사항을 위반하는 행위

제7조("을"의 의무) "을"은 위 주택을 선량한 관리자로서 유지·관리하여야 한다.

제8조(민간임대주택관리의 범위) 위 주택의 공동부분과 그 부대시설 및 복리시설은 "갑" 또는 "갑"이 지정한 주택관리업자가 관리하고, 주택과 그 내부시설은 "을"이 관리한다.

제9조(보수의 한계) ① 위 주택의 보수와 수선은 "갑"의 부담으로 하되, 위 주택의 전용부분과 그 내부시설물을 "을"이 파손하거나 멸실한 부분 또는 소모성 자재(「주택법 시행규칙」 별표 5의 장기수선계획의 수립기준상 수선주기가 6년 이내인 자재를 말한다)의 보수주기에서의 보수 또는 수선은 "을"의 부담으로 한다.

② 제1항에 따른 소모성 자재와 제1항에 따른 소모성 자재 외의 소모성 자재의 종류와 그 종류별 보수주기는 제16조에 따른 특약으로 따로 정할 수 있다. 다만, 본문에도 불구하고 벽지·장판·전등기구 및 콘센트의 보수주기는 다음 각 호와 같다.

  1. 벽지 및 장판: 10년(변색·훼손·오염 등이 심한 경우에는 6년으로 하며, 적치물의 제거에 "을"이 협조한 경우만 해당한다)

  2. 전등기구 및 콘센트: 10년. 다만, 훼손 등을 이유로 안전상의 위험이 우려되는 경우에는 조기 교체하여야 한다.

제10조(임대차계약의 해제 및 해지) "을"이 다음 각 호의 어느 하나에 해당하는 행위를 한 경우에는 "갑"은 이 계약을 해제 또는 해지하거나 임대차계약의 갱신을 거절할 수 있다.

  1. 거짓이나 그 밖의 부정한 방법으로 민간임대주택을 임대받은 때

  2. 법 제43조 제1항 각 호의 시점으로부터 3개월 이내에 입주하지 않은 때. 다만, "갑"의 귀책사유로 입주가 지연된 때에는 그렇지 않다.

  3. 임대료를 3개월 이상 연속하여 연체한 때

  4. 민간임대주택 및 그 부대시설을 "갑"의 동의를 받지 않고 개축·증축 또는 변경하거나 본래의 용도가 아닌 용도로 사용한 때

  5. 민간임대주택 및 그 부대시설을 고의로 파손 또는 멸실한 때

  6. 그 밖에 이 표준임대차계약서상의 의무를 위반한 때

제11조(임대보증금의 반환) ① "을"이 "갑"에게 예치한 임대보증금은 이 계약이 끝나거나 해제 또는 해지되어 "을"이 "갑"에게 주택을 명도(明渡)함과 동시에 반환한다.

② 제1항에 따라 반환할 경우 "갑"은 주택 및 내부 일체에 대한 점검을 실시한 후 "을"이 "갑"에게 내야 할 임대료, 관리비 등 제반 납부금액과 제9조 제1항에 따른 "을"의 수선유지 불이행에 따른 보수비 및 제15조에 따른 특약으로 정한 위약금, 불법거주에 따른 배상금, 손해금 등 "을"의 채무를 임대보증금에서 우선 공제하고 그 잔액을 반환한다.

③ "을"은 위 주택을 "갑"에게 명도할 때까지 사용한 전기·수도·가스 등의 사용료(납부시효가 끝나지 아니한 것을 말한다) 지불 영수증을 "갑"에게 제시 또는 예치하여야 한다.

제12조(민간임대주택의 양도) ① "갑"은 다음 각 호의 조건에 따라 양도한다.

  1. 위 주택의 양도 가능 시기는 최초 입주지정기간이 끝난 후 ( )년으로 한다.

  2. 위 민간임대주택의 분양전환가격 산정 기준은 입주자 모집 공고에서 정한 바에 따른다. 다만, 입주자 모집 공고에서 정하지 않은 경우에는 별도 특약으로 정한다.

② "갑"이 「민간임대주택에 관한 특별법」제43조 제2항에 따라 위 주택을 다른 임대사업자(이하 "병"이라 한다)에게 양도하는 경우에는 "병"과의 매매계약서에서 "갑"의 임대사업자로서의 지위를 "병"이 승계한다는 뜻을 명시한다.

제13조(임대보증금에 대한 보증 및 민간임대주택 권리관계) ① "갑"은 법 제49조에 따른 임대보증금에 대한 보증과 민간임대주택에 대한 권리관계와 관련하여 다음 각 호의 사항을 "을"이 이해할 수 있도록 설명하고, 설명의 근거자료를 제시하여야 한다.

  1. 법 제49조에 따른 해당 민간임대주택의 임대보증금 보증대상액에 관한 사항

  2. 해당 민간임대주택의 임대보증금 보증기간에 관한 사항

  3. 임대보증금 보증 가입에 소요되는 보증수수료(이하 "보증수수료"라 한다) 산정방법 및 금액에 관한 사항

  4. "갑"과 "을"의 보증수수료 분담비율에 관한 사항

  5. "을"이 부담해야 할 보증수수료의 납부방법에 관한 사항

  6. 보증기간 중 임대차계약이 해지·해제되거나 임대보증금의 증감이 있는 경우에 보증수수료의 환급 또는 추가 납부에 관한 사항

  7. 임대차 계약기간 중 보증기간이 만료되는 경우에 재가입에 관한 사항

  8. 민간임대주택에 설정된 제한물권, 압류·가압류·가처분 등에 관한 사항

9. "갑"의 국세·지방세 체납에 관한 사항

10. 임대의무기간 중 남아 있는 기간

② "갑"은 임대차계약을 체결하거나 임대차 계약기간 중 보증기간이 만료되는 경우에는 지체 없이 보증에 가입하고 보증서 사본을 "을"에게 내주어야 한다.

③ "을"은 "갑"으로부터 제1항 각 호의 사항에 대한 설명을 듣고 이해하였음을 아래와 같이 확인한다.

> 본인은 임대보증금 보증 및 민간임대주택의 권리관계에 관한 주요 내용에 대한 설명을 듣고 이해하였음.　　　　　　　　　　　　　　　　성명:　　　　　[서명 또는 인]

제14조(소송) 이 계약에 관한 소송의 관할 법원은 "갑"과 "을"이 합의하여 결정하는 관할법원으로 하며, "갑"과 "을" 간에 합의가 이루어지지 않은 경우에는 위 주택 소재지를 관할하는 법원으로 한다.

제15조(특약) "갑"과 "을"은 제1조부터 제14조까지에서 규정한 사항 외에 필요한 사항에 대하여는 따로 특약으로 정할 수 있다. 다만, 특약의 내용은 「약관의 규제에 관한 법률」을 위반해서는 안 된다.

> ◆ 주택월세 소득공제 안내
>
> 　근로소득이 있는 거주자(일용근로자는 제외한다)는 「소득세법」 및 「조세특례제한법」에 따라 주택월세에 대한 소득공제를 받을 수 있으며, 자세한 사항은 국세청 콜센터(국번 없이 126)로 문의하시기 바랍니다.

■ 민간임대주택에 관한 특별법 시행규칙 [별지 제25호 서식] <개정 2017. 9. 19.>

표준임대차계약서(Ⅱ)

(그 밖의 민간임대주택용)

(3쪽 중 제1쪽)

아래 표시주택을 임대차함에 있어 임대인　　　　(이하 "갑"이라 한다)과 임차인　　　　(이하 "을"이라 한다)은 아래의 내용으로 임대차계약을 체결하고 이를 증명하기 위하여 계약서 2통을 작성하여 "갑"과 "을"이 각각 서명날인한 후 각 1통씩 보관한다.

※ 개업공인중개사가 임대차계약서를 작성하는 경우에는 계약서 3통을 작성하여 "갑"과 "을" 및 개업공인중개사가 각각 서명날인한 후 각 1통씩 보관한다.

1. 계약자
가. 갑
 1) 성명(또는 회사명):　　　　　　　　(서명 또는 인)
 2) 주소(주사무소 소재지):　　　　　　(전화번호)
 3) 주민등록번호(사업자 등록번호):
 4) 임대사업자 등록번호:
나. 을
 1) 성명:　　　　　　　　　(서명 또는 인)
 2) 주소:　　　　　　(전화번호)
 3) 주민등록번호:
2. 개업공인중개사
 1) 사무소명:
 2) 대표자 성명:　　　　　　(서명 또는 인)
 3) 주소(주사무소 소재지):　　　　(전화번호)
 4) 허가번호:
3. 계약일:　　년　　월　　일
4. 민간임대주택의 표시

주택 소재지						
주택 유형	아파트[　]　연립주택[　]　다세대주택[　]　다가구주택[　]　그 밖의 주택[　]					
민간임대주택 면적	방의 수	규모별	면적(㎡)			
			전용 면적	공용면적		합계
				주거공용 면적	그 밖의 공용면적(지하주차장 면적을 포함한다)	
민간임대주택의 종류	민간건설임대주택[　], 민간매입임대주택[　]					
민간임대주택에 딸린 부대시설·복리시설의 종류						
담보물권 설정 여부	없음[　]			있음[　] -담보물권의 종류: -설정금액: -설정일자:		

※ 전용면적, 주거공용면적 및 그 밖의 공용면적의 구분은 「주택공급에 관한 규칙」 제21조 제5항에 따른다.

210mm×297mm[백상지 80g/㎡]

5. 계약조건

제1조(임대보증금·임대료 및 임대차 계약기간) ① "갑"은 위 표시주택의 임대보증금, 임대료 및 임대차 계약기간을 아래와 같이 정하여 "을"에게 임대한다.

구분	임대보증금	임대료
금액		
임대차 계약기간		

② "을"은 제1항의 임대보증금을 아래와 같이 "갑"에게 지불하기로 한다.

계약금	원정은 계약 시에 지불	
중도금	원정은 . .에 지불	
잔 금	원정은 . .에 지불	

③ "을"은 제1항과 제2항에 따른 임대보증금을 이자 없이 "갑"에게 예치하여야 하며, 제2항의 지불기한까지 내지 않는 경우에는 연체이율(연   %)을 적용하여 계산한 연체료를 가산하여 내야 한다. 이 경우 연체이율은 「은행법」에 따른 은행으로서 가계자금 대출시장의 점유율이 최상위인 금융기관의 가계자금 대출이자율과 연체 가산율을 합산한 이율을 고려하여 결정한다.

④ "을"은 당월 분 임대료를 매달 말일까지 내야하며, 이를 내지 않는 경우에는 연체된 금액에 제3항에 따른 연체이율을 적용하여 계산한 연체료를 더하여 내야 한다.

제2조(민간임대주택의 입주일) 위 민간임대주택의 입주일은   .   .   .부터   .   .   .까지로 한다.

제3조(임대 조건 등의 변경) "갑"과 "을"은 다음 각 호의 어느 하나에 해당할 경우에는 임대보증금, 임대료, 관리비, 사용료 또는 제납입금을 조정할 수 있다. 다만, 임대보증금과 임대료(이하 "차임 등"이라 한다)의 조정은 「민간임대주택에 관한 특별법」 및 「주택 임대차보호법」에서 정하는 바를 위반하여서는 안 되고, 「민간임대주택에 관한 특별법」제44조 제2항에 따라 임대료 증액청구는 연 5%의 범위에서 주거비 물가지수, 인근 지역의 임대료 변동률 등을 고려하여야 하며 임대차계약 또는 임대료 증액이 있은 후 1년 이내에는 그 임대료를 증액하지 못한다.

1. 물가, 그 밖의 경제적 여건의 변동이 있을 때
2. "갑"이 임대하는 주택 상호간 또는 인근 유사지역의 민간임대주택 간에 임대조건의 균형상 조정할 필요가 있을 때
3. 민간임대주택과 부대시설 및 부지의 가격에 현저한 변동이 있을 때

제4조("을"의 금지행위) "을"은 다음 각 호의 어느 하나에 행위를 해서는 안 된다.

1. 임대사업자의 동의 없이 무단으로 임차권을 양도하거나 민간임대주택을 타인에게 전대하는 행위
2. 민간임대주택 및 그 부대시설을 개축·증축 또는 변경하거나 본래의 용도가 아닌 용도로 사용하는 행위
3. 민간임대주택 및 그 부대시설을 파손 또는 멸실하는 행위
4. 민간임대주택 및 그 부대시설의 유지·관리를 위하여 "갑"과 "을"이 합의한 사항을 위반하는 행위

제5조("을"의 의무) "을"은 위 주택을 선량한 관리자로서 유지·관리하여야 한다.

제6조(보수의 한계) ① 위 주택의 보수 및 수선은 "갑"의 부담으로 하되, 위 주택의 전용부분과 그 내부시설물을 "을"이 파손하거나 멸실한 부분 또는 소모성 자재(「주택법 시행규칙」 별표 5의 장기수선계획의 수립기준상 수선주기가 6년 이내인 자재를 말한다)의 보수주기에서의 보수 또는 수선은 "을"의 부담으로 한다.

② 제1항에 따른 소모성 자재 및 제1항에 따른 소모성 자재 외의 소모성 자재의 종류와 그 종류별 보수주기는 제12조에 따른 특약으로 따로 정할 수 있다. 다만, 본문에도 불구하고 벽지·장판·전등기구 및 콘센트의 보수주기는 다음 각 호와 같다.

1. 벽지 및 장판: 10년(변색·훼손·오염 등이 심한 경우에는 6년으로 하며, 적치물의 제거에 "을"이 협조한 경우만 해당한다)
2. 전등기구 및 콘센트: 10년. 다만, 훼손 등을 이유로 안전상의 위험이 우려되는 경우에는 조기 교체하여야 한다.

제7조(임대차계약의 해제 및 해지) "을"이 다음 각 호의 어느 하나에 해당하는 행위를 한 경우에는 "갑"은 이 계약을 해제 또는 해지하거나 임대차계약의 갱신을 거절할 수 있다.

1. 거짓이나 그 밖의 부정한 방법으로 민간임대주택을 임대받은 때

2. 법 제43조 제1항 각 호의 시점으로부터 3개월 이내에 입주하지 않은 때. 다만, "갑"의 귀책사유로 입주가 지연된 때에는 그렇지 않다.

3. 임대료를 3개월 이상 연속하여 연체한 때

4. 민간임대주택 및 그 부대시설을 "갑"의 동의를 받지 않고 개축·증축 또는 변경하거나 본래의 용도가 아닌 용도로 사용한 때

5. 민간임대주택 및 그 부대시설을 고의로 파손 또는 멸실한 때

6. 그 밖에 이 표준임대차계약서상의 의무를 위반한 때

제8조(임대보증금의 반환) ① "을"이 "갑"에게 예치한 임대보증금은 이 계약이 끝나거나 해제 또는 해지되어 "을"이 "갑"에게 주택을 명도함과 동시에 반환한다.

② 제1항에 따라 반환할 경우 "갑"은 주택 및 내부 일체에 대한 점검을 실시한 후 "을"이 "갑"에게 내야 할 임대료, 관리비 등 제반 납부액과 제6조 제1항에 따른 "을"의 수선유지 불이행에 따른 보수비 및 제12조에 따른 특약으로 정하는 위약금, 불법거주에 따른 배상금 또는 손해금 등 "을"의 채무를 임대보증금에서 우선 공제하고 그 잔액을 반환한다.

③ "을"은 위 주택을 "갑"에게 명도할 때까지 사용한 전기·수도·가스 등의 사용료(납부시효가 끝나지 아니한 것을 말한다)지불 영수증을 "갑"에게 제시 또는 예치하여야 한다.

제9조(민간임대주택의 양도) "갑"이 「민간임대주택에 관한 특별법」제43조 제2항에 따라 위 주택을 다른 임대사업자(이하 "병"이라 한다)에게 양도하는 경우에는 "병"과의 매매계약서에서 "갑"의 임대사업자로서의 지위를 "병"이 승계한다는 뜻을 명시한다.

제10조(소송) 이 계약에 관한 소송의 관할 법원은 "갑"과 "을"이 합의하여 결정하는 관할법원으로 하며, "갑"과 "을" 간에 합의가 이루어지지 않은 경우에는 위 주택소재지를 관할하는 법원으로 한다.

제11조(중개대상물의 확인·설명) 개업공인중개사가 임대차계약서를 작성하는 경우에는 중개대상물 확인·설명서를 작성하고, 업무보증 관계증서(공제증서 등) 사본을 첨부하여 임대차계약을 체결할 때 "갑"과 "을"에게 교부한다.

제12조(특약) "갑"과 "을"은 제1조부터 제11조까지에서 규정한 사항 외에 필요한 사항에 대하여는 따로 특약을 정할 수 있다. 다만, 특약의 내용은 「약관의 규제에 관한 법률」을 위반해서는 안 된다.

◆ 주택월세 소득공제 안내
  근로소득이 있는 거주자(일용근로자는 제외한다)는 「소득세법」 및 「조세특례제한법」에 따라 주택월세에 대한 소득공제를 받을 수 있으며, 자세한 사항은 국세청 콜센터(국번 없이 126)로 문의하시기 바랍니다.

■ 민간임대주택에 관한 특별법 시행규칙 [별지 제26호 서식]

자체관리 인가신청서

접수번호	접수일자	처리기간	14일

신청인 (임대 사업자)	성명(대표자)		생년월일(법인등록번호)	
	상호		전화번호	
	주소(사무소 소재지)			

단지 개요	단지 명칭	
	단지 위치	
	사업주체명	
	사업계획승인일자	사용검사(사용승인)일

건축물 개요	세대수	난방방식
	층수	승강기 설치 유[ ], 무[ ]

관리시작 예정일

　「민간임대주택에 관한 특별법」 제51조 제3항과 같은 법 시행규칙 제21조 제1항에 따라 자체관리 인가를 받기 위하여 위와 같이 인가를 신청합니다.

년　　월　　일

신청인

[서명 또는 인]

특 별 자 치 시 장
특 별 자 치 도 지 사　귀하
시 장 · 군 수 · 구 청 장

첨부서류	1. 「민간임대주택에 관한 특별법 시행령」 제41조 제4항에 따른 기술인력의 인적사항 및 장비의 명세서 2. 관리 인력의 인적사항에 관한 서류 3. 단지 배치도	수수료 없음

처리절차

신청서 작성	→	접수	→	검토	→	결재	→	회신
신청인		(처리기관) 특별자치시, 특별자치도 시·군·자치구		(처리기관) 특별자치시, 특별자치도 시·군·자치구		(처리기관) 특별자치시, 특별자치도 시·군·자치구		신청인

자치관리인가서(인가번호 제　　호)

「민간임대주택에 관한 특별법」 제51조 제3항과 같은 법 시행규칙 제21조 제2항에 따라 위와 같이 자체관리를 인가합니다.

년　　월　　일

특 별 자 치 시 장
특 별 자 치 도 지 사　[직인]
시 장 · 군 수 · 구 청 장

210mm×297mm[백상지(80g/㎡) 또는 중질지(80g/㎡)]

■ 민간임대주택에 관한 특별법 시행규칙 [별지 제27호 서식]

특별수선충당금 적립 현황

임대사업자 명	민간임대주택 소재지	호수(세대수)	민간임대주택의 종류	사용검사일 (년/월/일)	적립대상액 (단위: 천원)	적립액 (단위: 천원)	과태료 부과횟수	비고

작성요령

1. 임대주택의 종류란에는 기업형임대, 준공공임대, 단기임대 중 하나를 선택하여 적습니다.
2. 비고란에는 특별수선충당금 미적립 사유, 적립계획 등 필요한 사항을 적습니다.

297㎜×210㎜[백상지 80g/㎡]

■ 민간임대주택에 관한 특별법 시행규칙 [별지 제28호 서식]

검사공무원증표

1. 소속:

2. 직위:

3. 성명:

4. 유효기간:

　　　　　　년　월　일

　　~　　년　월　일

$3 \times 4cm$

(3개월 이내의

촬영사진)

위 사람은 「민간임대주택에 관한 특별법」 제61조 제3항에 따라 임대사업자, 주택임대관리업자의 영업소 또는 관리사무소에 출입하여 시설·장부·서류 등을 조사 또는 검사할 수 있는 공무원임을 증명합니다.

　　　　　　년　월　일

시·도지사

특별자치시시장, 특별자치도지사　인

시장·군수·구청장

80mm × 100mm[백상지(150g/㎡)]

[별표]

관리비 항목의 구성 명세(제22조 제1항 관련)

관리비 항목	구성 내역
1. 일반관리비	가. 인건비: 급여, 제수당, 상여금, 퇴직금, 산재보험료, 고용보험료, 국민연금, 국민건강보험료 및 식대 등 복리후생비 나. 제사무비: 일반사무용품비, 도서인쇄비, 교통통신비 등 관리사무에 직접 드는 비용 다. 제세공과금: 관리기구가 사용한 전기료, 통신료, 우편료 및 관리기구에 부과되는 세금 등 라. 피복비 마. 교육훈련비 바. 차량유지비: 연료비, 수리비 및 보험료 등 차량유지에 직접 드는 비용 사. 그 밖의 부대비용: 관리용품구입비 및 그 밖에 관리업무에 드는 비용
2. 청소비	가. 용역인 경우: 용역금액 나. 직영인 경우: 청소원인건비, 피복비 및 청소용품비 등 청소에 직접 드는 비용
3. 경비비	가. 용역인 경우: 용역금액 나. 직영인 경우: 경비원인건비, 피복비 등 경비에 직접 드는 비용
4. 소독비	가. 용역인 경우: 용역금액 나. 직영인 경우: 소독용품비 등 소독에 직접 드는 비용
5. 승강기유지비	가. 용역인 경우: 용역금액 나. 직영인 경우: 제부대비, 자재비 등. 다만, 전기료는 공공용으로 사용되는 시설의 전기료에 포함한다.
6. 난방비	난방 및 급탕에 소요된 원가(유류대, 난방 및 급탕용수비)에서 급탕비를 뺀 금액
7. 급탕비	급탕용 유류대 및 급탕용수비
8. 수선유지비	가. 보수용역인 경우: 용역금액 나. 직영인 경우: 자재 및 인건비 다. 냉난방시설의 청소비, 소화기충약비 등 임차인의 주거생활의 편익을 위하여 제공되는 비용으로서 소모적 지출에 해당하는 비용
9. 지능형 홈네트워크 설비 유지비	가. 용역인 경우: 용역금액 나. 직영인 경우: 지능형 홈네트워크 설비 관련 인건비, 자재비 등 지능형 홈네트워크 설비의 유지 및 관리에 직접 드는 비용. 다만, 전기료는 공동으로 사용되는 시설의 전기료에 포함한다.

6.
「임대주택법령」관련 별지 및 별표

순/서

[제15호 서식] 임대 조건 신고서(신고증명서)

[제16호 서식] 임대조건 변경신고서(변경신고증명서)

[제17호 서식] 임대조건 신고 대장

[제17호의2 서식] 오피스텔 임차인 현황 신고서

[제18호 서식] 자체 관리 인가 신청서

[제19호 서식] 부도 임대주택 등의 임차인대표회의 설립신고서(설립신고증명서)

[제20호 서식] 표준임대차계약서(I)

[제20호의2 서식] 표준임대차계약서(II)

[제21호 서식] 표준임대차계약서(III)

[제22호 서식] 과징금납부통지서

[제23호 서식] 과징금처분 대장

2) 별표

[별표 1] 공공건설임대주택 분양전환가격의 산정기준(제9조 관련)

[별표1의2] 분납임대주택의 분양전환가격, 분납금 및 반환금의 산정기준(제9조 제1항, 제14조의2 및 제16조의3 관련)

[별표 2] 관리비항목의 구성명세(제18조 제1항 관련)

[별표 1] 〈개정 2012. 2. 2〉

과징금의 부과 기준(제36조 관련)

보 증 미 가 입 기 간	과징금 부과금액
1. 가산금리 부과시점부터 6개월 이상~12개월 미만	임대보증금 보증수수료의 100분의 30
2. 가산금리 부과시점부터 12개월 이상~18개월 미만	임대보증금 보증수수료의 100분의 40
3. 가산금리 부과시점부터 18개월 이상	임대보증금 보증수수료의 100분의 50

비고: 보증수수료=보증수수료율(전년도에 「주택법」 제76조에 따른 보증기관에 가입한 다른 임대사업자의 평균 보증수수료율을 말한다)× 보증가입 대상 금액(임대보증금 전액을 말한다)

[별표 2] <개정 2015. 5. 6.>

과태료의 부과기준(제38조 관련)

1. 일반기준

가. 위반행위의 횟수에 따른 부과기준은 최근 1년간 같은 위반행위로 과태료를 부과받은 경우에 적용한다. 이 경우 위반행위에 대하여 과태료 부과처분을 한 날과 다시 같은 위반행위를 적발한 날을 각각 기준으로 하여 위반횟수를 계산한다.

나. 과태료 부과 시 위반행위가 둘 이상인 경우에는 중한 과태료를 부과한다.

다. 부과권자는 위반행위의 정도, 위반행위의 동기와 그 결과 등을 고려하여 제2호에 따른 과태료 금액의 2분의 1의 범위에서 그 금액을 늘릴 수 있다. 다만, 과태료를 늘려 부과하는 경우에도 다음 각 호의 구분에 따른 금액을 넘을 수 없다.

  1) 법 제44조 제1항 위반의 경우: 3천만원

  2) 법 제44조 제2항 위반의 경우: 1천만원

  3) 법 제44조 제3항을 위반한 경우: 5백만원

라. 부과권자는 다음의 어느 하나에 해당하는 경우에는 제2호에 따른 과태료 금액의 2분의 1의 범위에서 그 금액을 줄일 수 있다. 다만, 과태료를 체납하고 있는 위반행위자의 경우에는 그 금액을 줄일 수 없으며, 감경 사유가 여러 개 있는 경우라도 감경의 범위는 과태료 금액의 2분의 1을 넘을 수 없다.

  1) 위반행위자가 「질서위반행위규제법 시행령」 제2조의2 제1항 각 호의 어느 하나에 해당하는 경우

  2) 위반행위자의 사소한 부주의나 오류 등으로 인한 것으로 인정되는 경우

  3) 위반행위자가 위반행위를 바로 정정하거나 시정하여 해소한 경우

  4) 그 밖에 위반행위의 정도, 위반행위의 동기와 그 결과 등을 고려하여 줄일 필요가 있다고 인정되는 경우

2. 개별기준

(단위: 만원)

위반행위	근거 법조문	과태료 금액		
		1차 위반	2차 위반	3차 이상 위반
가. 법 제16조를 위반하여 민간건설임대주택 또는 매입임대주택을 매각한 경우	법 제44조 제1항	500	1,000	2,000
나. 법 제16조 제5항을 위반	법 제44조 제2항	500	700	1,000

한 경우	제1호			
다. 법 제16조의2 제3항을 위반한 경우	법 제44조 제2항 제2호	500	700	1,000
라. 법 제19조의2제1항에 따른 서류 등의 제출을 거부하거나 해당 주택의 출입·조사 또는 질문을 방해하거나 기피한 경우	법 제44조 제3항 제1호	100	200	300
마. 법 제20조에 따른 임대조건 등을 위반하여 민간건설임대주택 또는 매입임대주택을 임대한 경우	법 제44조 제2항 제2호의2	500	700	1,000
바. 임대사업자가 법 제21조 제6항을 위반한 경우	법 제44조 제3항 제2호	100	200	300
사. 임대사업자가 법 제21조의3제6항을 위반한 경우	법 제44조 제3항 제3호	100	200	300
아. 법 제26조 제1항에 따른 임대 조건 신고를 하지 않거나 거짓으로 신고한 경우	법 제44조 제2항 제2호의3	500	700	1,000
자. 임대사업자가 법 제26조의2제1항을 위반한 경우	법 제44조 제3항 제4호	200	400	500
차. 법 제31조 제1항 및 제2항을 위반한 경우	법 제44조 제2항 제3호	1,000	1,000	1,000
카. 임대사업자가 법 제32조를 위반한 경우	법 제44조 제2항 제4호	500	700	1,000
타. 임대사업자가 법 제32조의2를 위반한 경우	법제44조 제3항 제5호	500	500	500
파. 법 제36조에 따른 국토교통부장관과 시장·군수·구청장의 조치를 위반한 경우	법 제44조 제3항 제6호	100	200	300

■ 임대주택법 시행규칙 [별지 제1호 서식] <개정 2015. 5. 8.>

민원24(www.minwon.go.kr)에서도 신청할 수 있습니다.

임대사업자 등록신청서

(앞쪽)

접수번호		접수일자		처리기간	5일

신청인	성명(법인명)		생년월일(법인등록번호)	
	상호		전화번호	
	주소(사무소 소재지)			

①임대주택의 소재지	②호수(세대수)	③임대주택의 종류	④임대주택의 유형	⑤임대주택의 규모
합계				

「임대주택법」 제6조 제1항 및 같은 법 시행규칙 제3조 제1항에 따라 위와 같이 등록을 신청합니다.

년   월   일

신청인   (서명 또는 인)

특 별 자 치 도 지 사
시장·군수·구청장   귀하

신청인 제출서류	1. 재외국민: 재외국민등록증 사본
	2. 「임대주택법 시행령」 제7조 제2항 제2호에 해당하는 자: 임대하려는 주택의 건설에 관한 사업계획승인서 사본. 다만, 「주택법」 제9조에 따른 등록사업자는 제외합니다.
	3. 「임대주택법 시행령」 제7조 제2항 제4호에 따라 임대를 목적으로 주택을 매입하기 위한 계약(분양계약을 포함합니다)을 체결한 자(해당 주택의 소유권을 확보한 자는 제외합니다): 임대하려는 주택의 매입에 관한 계약서(분양계약서를 포함합니다) 사본
담당 공무원 확인사항	1. 개인: 주민등록표 등본
	2. 법인: 법인 등기사항증명서
	3. 재외국민: 여권정보
	4. 외국인: 외국인등록사실증명서 또는 법인 등기사항증명서(법인의 경우에만 해당합니다)
	5. 「임대주택법 시행령」 제7조 제2항 제3호에 해당하는 자: 건축허가서
	6. 「임대주택법 시행령」 제7조 제2항 제4호에 해당하는 자: 임대하려는 주택의 등기사항증명서. 다만, 「주택법」 제9조에 따른 등록사업자는 제외합니다.

행정정보 공동이용 동의서

본인은 이 건 업무처리와 관련하여 「전자정부법」 제36조 제1항에 따른 행정정보의 공동이용을 통하여 담당 공무원이 위의 담당 공무원 확인사항 중 제1호, 제3호, 제4호(외국인등록사실증명서만 해당합니다) 및 제5호의 정보를 확인하는 것에 동의합니다. * 동의하지 않는 경우에는 신청인이 직접 해당 서류(제1호, 제3호 및 제5호는 해당 서류의 사본, 제4호의 외국인등록사실증명서는 「법인 아닌 사단·재단 및 외국인의 부동산등기용 등록번호 부여절차에 관한 규정」 제15조에 따른 등록증명서를 포함합니다)를 제출해야 합니다.

신청인   (서명 또는 인)

210mm×297mm[백상지 80g/㎡(재활용품)]

(뒤쪽)

작성요령 및 유의사항

1. ①임대주택의 소재지란에는 임대주택 주소를 기재하고, ②호수(세대수)란에는 해당 주소에 있는 임대주택의 수(數)를 적습니다.
2. ③임대주택의 종류란에는 10년 임대주택, 5년 임대주택 또는 매입임대주택 중 하나를 선택하고, 토지임대부 임대주택 또는 준공공임대주택에 해당하는 경우에는 이를 표시합니다.
   - 예시: 10년 임대주택(토지임대부 임대주택), 매입임대주택(준공공임대주택)
3. ④임대주택의 유형란에는 아파트, 연립주택, 다세대주택, 단독주택 또는 오피스텔 중 하나를 선택하여 적습니다.
4. ⑤임대주택의 규모란에는 전용면적 기준으로 40㎡ 이하, 40㎡ 초과 60㎡ 이하, 60㎡ 초과 85㎡ 이하 또는 85㎡ 초과 중 하나를 선택하여 적습니다.
5. 같은 소재지에 종류, 유형 또는 규모가 섞여 있는 경우에는 이를 구분하되, 아래 예와 같이 괄호에 해당 주택의 호수를 적습니다.
   - 예시: 10년 임대주택: 500호(이 중 토지임대부 임대주택 300호)
          40㎡ 이하: 70호, 40㎡ 초과 60㎡ 이하: 35호
6. 임대사업자의 등록기준과 임대사업자에 대한 세제상 혜택 기준은 서로 다를 수 있음을 알려드립니다.
7. 임대주택으로 등록할 경우 「임대주택법」제16조에 따라 임대의무기간에 임대주택을 매각하는 행위가 제한되며, 이를 위반하여 공공건설임대주택을 매각한 경우 같은 법 제41조에 따라 2년 이하의 징역이나 2천만원 이하의 벌금에 처해지고, 민간건설임대주택 또는 매입임대주택을 매각한 경우 같은 법 제44조에 따라 3천만원 이하의 과태료가 부과될 수 있습니다. 임대의무기간에 매각이 가능한 사유에 대해서는 같은 법 시행령 제13조를 참고하시기 바랍니다.

처리절차

이 신고서는 아래와 같이 처리됩니다.

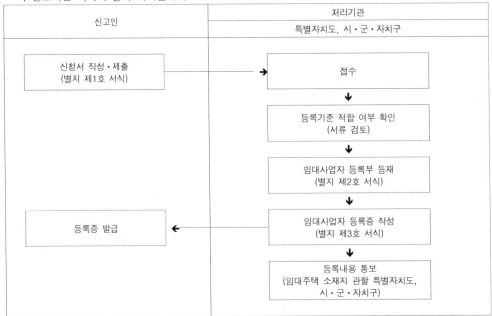

■ 임대주택법 시행규칙 [별지 제2호 서식] <개정 2013. 12. 5.>

임대사업자 등록부

등록번호	등록일자	성명 (법인명)	생년월일 (법인등록번호)	상호	주소 (사무소 소재지)		
임대주택의 소재지			호수 (세대수)	임대주택의 종류	임대주택의 유형	임대주택의 규모	

210㎜×297㎜[백상지 80g/㎡(재활용품)]

■ 임대주택법 시행규칙 [별지 제3호 서식] <개정 2013. 12. 5.>

(앞쪽)

임대사업자 등록증

최초등록일			등록번호		
성명(법인명)			생년월일(법인등록번호)		
상호			전화번호		
주소(사무소 소재지)					

임대주택 소재지	호수(세대수)	임대주택의 종류	임대주택의 유형	임대주택의 규모	임대시작일
합계					

「임대주택법」 제6조와 같은 법 시행규칙 제3조 제3항에 따라 위와 같이 등록되었음을 증명합니다.

년   월   일

특별자치도지사
시장·군수·구청장
직인

※ 유의사항
 1. 등록사항이 변경된 경우에는 변경사유가 발생한 날부터 30일 이내에 신고해야 합니다.
 2. 등록사항 중 변경된 내용은 뒤쪽에 적습니다.

210mm×297mm[백상지 80g/㎡(재활용품)]

(뒤쪽)

등록사항	변경내용	변경내용 기재일자	확인

■ 임대주택법 시행규칙 [별지 제4호 서식] <개정 2013. 12. 5.>　　　　민원24(www.minwon.go.kr)에서도
　　　　　　　　　　　　　　　　　　　　　　　　　　　　　　　신청할 수 있습니다.

임대사업자 등록사항 변경신고서

접수번호		접수일자		처리기간	5일

신청인	성명(법인명)		생년월일(법인등록번호)	
	상호		전화번호	
	주소(사무소 소재지)			

변경사항

구　분	변경 전	변경 후
사업자 성명(법인명)		
상　호		
주　소		
임대주택 소재지 및 호수(세대수)		
임대주택의 종류, 유형 및 규모		

「임대주택법」 제6조 제2항과 같은 법 시행규칙 제3조 제4항에 따라 위와 같이 신고합니다.

　　　　　　　　　　　　　　　　　　　　　　　　　　　　년　　　　월　　　　일

　　　　　　　　　　　신고인
　　　　　　　　　　　　　　　　　　　　　　　　　　(서명 또는 인)

특 별 자 치 도 지 사
시장 · 군수 · 구청장 귀하

신고인 제출서류	등록사항 변경을 증명할 수 있는 서류	수수료
담당 공무원 확인사항	1. 법인 등기사항증명서(법인인 경우) 2. 사업자 등록증명(개인인 경우) 3. 건물등기사항증명서 4. 건축물대장 5. 주민등록표 등본	없음

행정정보 공동이용 동의서

　본인은 이 건 업무처리와 관련하여 담당 공무원이 「전자정부법」 제36조에 따른 행정정보의 공동이용을 통하여 위의 확인사항 중 제2호 및 제5호의 정보를 확인하는 것에 동의합니다. 　*동의하지 않는 경우에는 신청인이 직접 해당 서류(사본을 포함한다)를 제출해야 합니다.

　　　　　　　　　　　　　　　　신고인
　　　　　　　　　　　　　　　　　　　　　　　　(서명 또는 인)

처리절차

신고서 작성	→	접수	→	검토 · 결재	→	변경사항 기재	→	등록증 발급	→	통보
신고인		(처리기관) 특별자치도 시 · 군 · 자치구		(처리기관) 특별자치도 시 · 군 · 자치구		(처리기관) 특별자치도 시 · 군 · 자치구		신고인		임대주택 소재지 특별자치도 시 · 군 · 자치구

210mm×297mm[백상지 80g/㎡(재활용품)]

■ 임대주택법 시행규칙 [별지 제5호 서식] <개정 2013. 7. 3.>

임대사업등록업자 처분대장

번호	처분일	처분대상 임대사업자		처분 사유	그 밖의 사항
		성명(법인명)	등록번호		

210mm×297mm[백상지 80g/㎡(재활용품)]

■ 임대주택법 시행규칙 [별지 제5호의2 서식] <개정 2015. 5. 8.>

준공공임대주택 등록신청서

(앞쪽)

접수번호		접수일자		처리기간	5일

신청인	성명(법인명)		생년월일(법인등록번호)	
	상호		전화번호	
	주소(사무소 소재지)			

임대주택의 소재지	임대주택의 종류	임대주택의 유형	임대주택의 규모
합계			

「임대주택법」 제6조의2제1항 및 같은 법 시행규칙 제3조의2제1항에 따라 위와 같이 등록을 신청합니다.

년   월   일

신청인   (서명 또는 인)

특 별 자 치 도 지 사
시장·군수·구청장   귀하

신청인 제출서류	1. 주택의 매매계약서(분양계약서를 포함한다) 사본(주택을 매입하여 준공공임대주택으로 등록하려는 경우로 한정한다) 2. 임대차계약서 사본(준공공임대주택으로 등록하기 전에 주택을 임대하고 있는 경우로 한정한다) 3. 주택건설에 관한 사업계획승인서 사본(「주택법」 제16조에 따라 사업계획 승인을 받은 경우로 한정한다)
담당 공무원 확인사항	1. 임대사업자 등록증 2. 임대하려는 주택의 등기사항증명서 및 건축물대장 3. 「건축법」 제11조에 따라 건축허가를 받은 자인 경우에는 건축허가서

행정정보 공동이용 동의서

본인은 이 건 업무처리와 관련하여 「전자정부법」 제36조 제1항에 따른 행정정보의 공동이용을 통하여 담당 공무원이 위의 담당 공무원 확인사항 중 제1호 또는 제3호의 정보를 확인하는 것에 동의합니다. ＊동의하지 않는 경우에는 신청인이 직접 해당 서류의 사본을 제출해야 합니다.

신청인   (서명 또는 인)

210mm×297mm[백상지 80g/㎡(재활용품)]

(뒤쪽)

작성요령 및 유의사항

1. 임대주택의 종류란에는 건설임대 또는 매입임대 중 하나를 선택하여 적습니다.
2. 임대주택의 유형란에는 아파트, 연립주택, 다세대주택, 단독주택 또는 오피스텔 중 하나를 선택하여 적습니다.
3. 임대주택의 규모란에는 전용면적 기준으로 40㎡ 이하, 40㎡ 초과 60㎡ 이하, 60㎡ 초과 85㎡ 이하 중 하나를 선택하여 적습니다.
4. 같은 소재지에 유형 또는 규모가 섞여 있는 경우에는 이를 구분하되, 아래의 예와 같이 해당 주택의 호수를 적습니다.
   - 예시: 아파트 105호(40㎡ 이하 70호, 40㎡ 초과 60㎡ 이하 35호)
           단독주택 70호(40㎡ 이하 50호, 40㎡ 초과 60㎡ 이하 20호)
5. 준공공임대주택으로 등록할 경우 『임대주택법』 제16조에 따라 임대의무기간 이내에 임대주택을 매각하는 행위가 제한되며, 이를 위반하는 경우 같은 법 제44조에 따라 3천만원 이하의 과태료가 부과될 수 있습니다. 임대의무기간에 매각이 가능한 사유에 대해서는 같은 법 시행령 제13조를 참고하시기 바랍니다.

처리절차

이 신고서는 아래와 같이 처리됩니다.

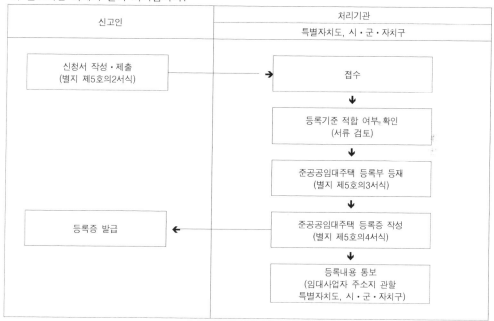

신고인	처리기관
	특별자치도, 시·군·자치구
신청서 작성·제출 (별지 제5호의2서식) →	접수
	↓
	등록기준 적합 여부 확인 (서류 검토)
	↓
	준공공임대주택 등록부 등재 (별지 제5호의3서식)
	↓
등록증 발급 ←	준공공임대주택 등록증 작성 (별지 제5호의4서식)
	↓
	등록내용 통보 (임대사업자 주소지 관할 특별자치도, 시·군·자치구)

■ 임대주택법 시행규칙 [별지 제5호의3 서식] <개정 2015. 5. 8.>

준공공임대주택 등록부

등록번호	등록일자	성명 (법인명)	생년월일 (법인등록번호)	상호	주소 (사무소 소재지)
준공공임대주택의 소재지		호수(세대수)	준공공임대주택의 종류	준공공임대주택의 유형	준공공임대주택의 규모

210㎜×297㎜[백상지 80g/㎡(재활용품)]

■ 임대주택법 시행규칙 [별지 제5호의4 서식] <개정 2015. 5. 8.>

(앞쪽)

준공공임대주택 등록증

최초등록일		등록번호			
성명(법인명)		생년월일(법인등록번호)			
(변경 시)		(변경 시)			
(변경 시)		(변경 시)			
상호		전화번호			
(변경 시)		(변경 시)			
(변경 시)		(변경 시)			
주소(사무소 소재지)					
준공공임대주택의 소재지	준공공임대주택의 종류	준공공임대주택의 유형	준공공임대주택의 규모		임대시작일
합계					

「임대주택법」제6조의2와 같은 법 시행규칙 제3조의2제3항에 따라 위와 같이 등록되었음을 증명합니다.

년   월   일

특별자치도지사
시 장 · 군 수 · 구청장

직인

※ 유의사항
 1. 등록사항이 변경된 경우에는 변경사유가 발생한 날부터 30일 이내에 신고해야 합니다.
 2. 등록사항 중 변경된 내용은 뒤쪽에 적습니다.

210㎜×297㎜[백상지 80g/㎡(재활용품)]

(뒤쪽)

등록사항	변경내용	변경내용 기재일자	확인

■ 임대주택법 시행규칙 [별지 제5호의5 서식] <신설 2013. 12. 5>

준공공임대주택 등록사항 변경신고서

접수번호		접수일자		처리기간	5일

신청인	성명(법인명)		생년월일(법인등록번호)	
	상호		전화번호	
	주소(사무소 소재지)			

변경사항

구　분	변경 전	변경 후
사업자 성명(법인명)		
상　호		
주　소		
그 밖의 사항		

「임대주택법」 제6조의2제2항과 같은 법 시행규칙 제3조의2제4항에 따라 위와 같이 신고합니다.

년　　월　　일

신고인

(서명 또는 인)

특별자치도지사
시장·군수·구청장　귀하

신고인 제출서류	등록사항이 변경되었음을 증명할 수 있는 서류	수수료 없음
담당 공무원 확인사항	1. 임대사업자 등록증 2. 건물등기사항증명서 및 건축물대장	

행정정보 공동이용 동의서

본인은 이 건 업무처리와 관련하여 담당 공무원이 「전자정부법」 제36조에 따른 행정정보의 공동이용을 통하여 위의 확인사항 중 제1호를 확인하는 것에 동의합니다. ★ 동의하지 않는 경우에는 신청인이 직접 해당 서류의 사본을 제출해야 합니다.

신고인

(서명 또는 인)

처리절차

신고서 작성	→	접수	→	검토·결재	→	변경사항 기재	→	등록증 발급	→	통보
신고인		(처리기관) 특별자치도 시·군·자치구		(처리기관) 특별자치도 시·군·자치구		(처리기관) 특별자치도 시·군·자치구		신고인		임대사업자 주소지 관할 특별자치도 시·군·자치구

210mm×297mm[백상지 80g/㎡(재활용품)]

■ 임대주택법 시행규칙 [별지 제6호 서식] <개정 2013. 7. 3.>

임대주택조합 [　] 설립
[　] 변경　인가신청서
[　] 해산

(앞쪽)

접수번호		접수일자		처리기간	10일

신청인	조합명			
	대표자		생년월일	
	조합 주소(전화번호)			

임대주택의 종류	▪ 건설임대주택[　]　　　　　　　　　　▪ 매입임대주택[　] －공공건설임대주택[　] －민간건설임대주택[　]

조합 설립 명세	조합원 수	임대주택의 유형 ▪ 공동주택[　]　▪ 단독(다가구)주택[　]　▪ 오피스텔[　] －아파트[　] －연립주택[　] －다세대주택[　]
	임대주택 (예정)호수	주택형별(㎡)

임대주택 (예정)소재지

변경내용(변경인가의 경우만 적음)

해산일자(해산인가의 경우만 적음)

조합원 현황(해산인가의 경우 제외)

일련번호	성명	생년월일	주소	전화번호	비고

210mm×297mm[백상지 80g/㎡(재활용품)]

(뒤쪽)

「임대주택법」 제7조, 같은 법 시행령 제8조 및 같은 법 시행규칙 제4조에 따라 위와 같이 인가를 신청합니다.

년   월   일

신청인
조합원 대표

(서명 또는 인)

특 별 자 치 도 지 사
시 장 · 군 수 · 구 청 장   귀하

| 첨부서류 | 1. 설립인가의 경우
　가. 창립총회의 회의록
　나. 조합장 선출 동의서
　다. 조합원 전원이 연명한 조합규약
　라. 사업계획서
2. 변경 인가의 경우: 변경 내용을 증명할 수 있는 서류
3. 해산 인가의 경우: 조합원의 동의를 받은 정산서 | 수수료
없음 |

처리절차

이 신청서는 아래와 같이 처리됩니다.

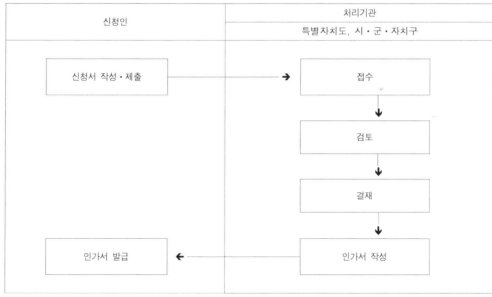

신청인	처리기관
	특별자치도, 시·군·자치구
신청서 작성·제출 →	접수
	↓
	검토
	↓
	결재
	↓
인가서 발급 ←	인가서 작성

■ 임대주택법 시행규칙 [별지 제7호 서식] <개정 2013. 7. 3.>

임대주택조합 설립 인가대장

인가번호	조합명	대표자	전화번호	조합 주소	임대주택 (예정)소재지	임대주택 (예정)호수	조합원 수	그 밖의 사항

297㎜ × 210㎜[백상지(80g/㎡(재활용품)]

■ 임대주택법 시행규칙 [별지 제8호 서식] <개정 2013. 7. 3.>

임대주택조합 [   ] 설립
[   ] 변경 인가서
[   ] 해산

인가번호

조합명

대표자

생년월일

조합 주소(전화번호)

조합원 수

「임대주택법」 제7조, 같은 법 시행령 제9조 및 같은 법 시행규칙 제4조에 따라 위와 같이 임대주택조합의 설립(변경·해산)을 인가합니다.

년   월   일

특 별 자 치 도 지 사
시 장 · 군 수 · 구 청 장   [직인]

210mm×297mm[백상지 80g/㎡(재활용품)]

■ 임대주택법 시행규칙 [별지 제9호 서식] <개정 2015. 5. 8.>

임대주택 매각신고서

접수번호	접수일자		처리기간	10일

임 대 사업자 (매도인)	성명(법인명)		생년월일(법인등록번호)	
	상호		전화번호	
	주소(사무소 소재지)			

임대주택	매각 호수(세대수)				
	종류	영구임대 [ ], 국민임대 [ ], 10년임대 [ ], 5년임대[ ], 매입임대[ ], 그 밖의 유형 [ ]		토지임대부 임대 [ ], 준공공임대 [ ]	
	유형	아파트[ ], 연립주택[ ], 다세대주택[ ], 단독주택[ ], 오피스텔[ ]			
	주소(사무소 소재지)				

임 대 사업자 (매수인)	성명(법인명)		생년월일(법인등록번호)	
	상호		전화번호	
	주소(사무소 소재지)			

「임대주택법」 제16조 제3항 및 같은 법 시행규칙 제6조 제1항에 따라 위와 같이 신고합니다.

년   월   일

신고인   (서명 또는 인)

특 별 자 치 도 지 사
시장·군수·구청장   귀하

담당 공무원 확인사항	1. 매각하려는 주택의 등기사항증명서 2. 매입하는 자(해당 임대주택을 매입하여 주택임대사업을 하려는 자인 경우는 제외합니다)의 임 대사업자 등록증	수수료 없음

행정정보 공동이용 동의서

본인은 이 건 업무처리와 관련하여 담당 공무원이 「전자정부법」 제36조에 따른 행정정보의 공동이용을 통하여 위의 확인사항 중 제2호의 정보를 확인하는 것에 동의합니다.   *동의하지 않는 경우에는 신청인이 직접 해당 서류의 사본을 제출해야 합니다.

신청인   (서명 또는 인)

처리절차

신고서 작성	→	접수	→	검토	→	결재	→	회신
신고인		(처리기관) 특별자치도 시·군·자치구		(처리기관) 특별자치도 시·군·자치구		(처리기관) 특별자치도 시·군·자치구		신고인

210mm×297mm[백상지 80g/㎡(재활용품)]

■ 임대주택법 시행규칙 [별지 제10호 서식] <개정 2013. 12. 5.>　　　민원24(www.minwon.go.kr)에서도 신청할 수 있습니다.

임대주택 분양전환 허가신청서

접수번호	접수일자	처리기간	10일

임대 사업자	성명(법인명)		생년월일(법인등록번호)	
	상호		전화번호	
	주소(사무소 소재지)			

임대주택	위치	
	임대주택의 종류	10년 임대 [ ], 5년 임대 [ ], 매입임대 [ ]　　토지임대부 임대 [ ], 준공공임대 [ ]
	임대주택의 유형	아파트[ ], 연립주택[ ], 다세대주택[ ], 단독주택[ ], 오피스텔[ ]

분양전환 조건 등	호수(세대수)		분양전환 (예정)가격	공급대상	
	전용면적	호(세대)		우선공급	일반공급
	m²		원	호(세대)	호(세대)
	m²		원	호(세대)	호(세대)
	m²		원	호(세대)	호(세대)
	합계		원	호(세대)	호(세대)
	분양전환 예정일자				

「임대주택법 시행령」 제13조 제2항 제2호와 같은 법 시행규칙 제7조 제1항에 따라 위와 같이 허가를 신청합니다.

년　　월　　일

신청인　　　　　　　　　　　　　　(서명 또는 인)

**특별자치도지사
시장·군수·구청장** 귀하

신청인 제출서류	1. 분양전환의 구체적인 사유를 적은 서류 2. 분양전환가격 산정의 근거서류 3. 특별수선충당금 적립통장 사본(「임대주택법 시행령」 제27조 제1항 각 호의 어느 하나에 해당하는 공동주택의 임대사업자만 해당합니다) 4. 하자보수보증금 예치증서[공동주택의 사용검사일(주택단지 안의 전부에 대하여 임시 사용승인을 받은 경우를 포함한다)부터 10년 이내인 경우만 해당합니다]	수수료 없음
담당 공무원 확인사항	해당 임대주택의 등기사항증명서	

처리절차								
신청서 작성	→	접수	→	검토	→	결재	→	회신
신청인		(처리기관) 특별자치도 시·군·자치구		(처리기관) 특별자치도 시·군·자치구		(처리기관) 특별자치도 시·군·자치구		신청인

210mm×297mm[백상지 80g/㎡(재활용품)]

■ 임대주택법 시행규칙 [별지 제11호 서식] <개정 2013. 12. 5.>　　　　민원24(www.minwon.go.kr)에서도 신청할 수 있습니다.

임대주택 분양전환 신고서

접수번호		접수일자		처리기간	10일

임대 사업자	성명(법인명)		생년월일(법인등록번호)	
	상호		전화번호	
	주소(사무소 소재지)			

임차인	성명	생년월일	전화번호	주소

분양전환 대상 등	임대주택 위치	
	임대주택의 종류	10년 임대 [ ], 5년 임대 [ ], 매입임대 [ ]　토지임대부 임대 [ ], 준공공임대 [ ]
	임대주택의 유형	아파트[ ], 연립주택[ ], 다세대주택[ ], 단독주택[ ], 오피스텔[ ]
	임대시작일	분양전환 예정일
	분양전환 예정금액	

「임대주택법 시행령」 제13조 제2항 제3호와 같은 법 시행규칙 제8조에 따라 위와 같이 신고합니다.

　　　　　　　　　　　　　　　　　　　　　　　　　　년　　　월　　　일

　　　　　　　　　　신고인　　　　　　　　　　　　　　(서명 또는 인)

특별자치도지사
시장·군수·구청장　　귀하

신고인 제출서류	1. 표준임대차계약서 사본 2. 분양전환가격 산정의 근거서류 3. 특별수선충당금 적립통장 사본(「임대주택법 시행령」 제27조 제1항 각 호의 어느 하나에 해당하는 공동주택의 임대사업자만 해당합니다) 4. 하자보수보증금 예치증서[공동주택의 사용검사일(주택단지 안의 전부에 대하여 임시 사용승인을 받은 경우를 포함한다)부터 10년 이내인 경우만 해당합니다]	수수료 없음
담당 공무원 확인사항	임차인의 주민등록표등본	

행정정보 공동이용 동의서

본인은 이 건 업무처리와 관련하여 「전자정부법」 제36조 제1항에 따른 행정정보의 공동이용을 통하여 담당 공무원이 임차인의 주민등록표등본을 확인하는 것에 동의합니다. *동의하지 않는 경우에는 신고인이 직접 해당 서류를 제출해야 합니다.

　　　　　　　　　　임차인　　　　　　　　　　　　　　(서명 또는 인)

처리절차

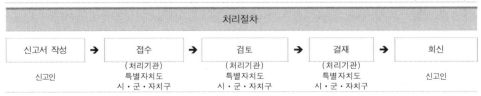

신고서 작성	→	접수	→	검토	→	결재	→	회신
신고인		(처리기관) 특별자치도 시·군·자치구		(처리기관) 특별자치도 시·군·자치구		(처리기관) 특별자치도 시·군·자치구		신고인

　　　　　　　　　　　　　　　　210mm×297mm[백상지 80g/㎡ (재활용품)]

■ 임대주택법 시행규칙 [별지 제12호 서식] <개정 2013. 7. 3.>

부도임대주택 등의 매입허가신청서

접수번호		접수일자		처리기간	15일
임대 사업자	성명(법인명)			생년월일(법인등록번호)	
	상호			전화번호	
	주소(사무소 소재지)				

「임대주택법」 제16조 제4항, 같은 법 시행령 제13조 제7항 및 같은 법 시행규칙 제10조에 따라 위와 같이 매입허가를 신청합니다.

년   월   일

신청인

(서명 또는 인)

특 별 자 치 도 지 사
시장 · 군수 · 구청장   귀하

신청인 제출서류	1. 분양전환계획을 포함한 임대주택의 향후 관리계획 2. 국민주택기금의 융자금 및 임대보증금 등의 변제를 위한 재원 조달계획 3. 부도임대주택 등의 정상화를 위한 「임대주택법」 제17조 제1항에 따른 보증가입 또는 특수 목적 법인 등의 설립계획	수수료 없음

처리절차

신청서 작성	→	접수	→	검토	→	결재	→	회신
신청인		(처리기관) 특별자치도 시·군·자치구		(처리기관) 특별자치도 시·군·자치구		(처리기관) 특별자치도 시·군·자치구		신청인

210mm×297mm[백상지 80g/㎡(재활용품)]

■ 임대주택법 시행규칙 [별지 제12호의2서식] <신설 2013. 12. 5.>

표준임대차계약서

(토지임대부 임대주택 토지임대차계약서)

(제1쪽)

아래 표시 토지를 임대차할 때 임대인   (이하 "갑"이라 한다)과 임차인   (이하 "을"이라 한다)은 아래의 내용으로 임대차계약을 체결하고 이를 증명하기 위하여 계약서 2통을 작성하여 "갑"과 "을"이 각각 기명날인한 후 각 1통씩 보관한다.

1. 계약자
   가. 갑
   1) 성명(또는 회사명):   (서명 또는 인)
   2) 주소(주사무소 소재지):   (전화번호)
   3) 주민등록번호(사업자 등록번호):

   나. 을
   1) 성명(또는 회사명):   (서명 또는 인)
   2) 주소(주사무소 소재지):   (전화번호)
   3) 주민등록번호(사업자 등록번호):
   4) 임대사업자 등록번호

2. 계약일: 년   월   일

3. 임대토지의 표시
   가. 소재지:
   나. 대지사용권의 비율: (대지면적   ㎡)

4. 계약조건
제1조(임대보증금·임대료 및 임대차 계약기간) ① "갑"은 위 임대토지의 임대료, 임대보증금 및 임대차 계약기간을 아래와 같이 정하여 "을"에게 임대한다.

구분	월 임대료	임대보증금
금액		
임대차 계약기간		

② "을"은 제1항에 따른 임대보증금을 이자 없이 "갑"에게 예치해야 한다.
③ "을"은 그 달의 임대료를 매달 말일까지 내야하며, 이를 내지 않을 경우에는 연체된 금액에 「은행법」에 따른 금융기관으로서 가계자금 대출시장의 점유율이 최상위인 금융기관의 일반자금대출 최저 연체이율을 적용하여 계산한 연체료를 더하여 내야 한다.
제2조(임대료의 계산) 임대료는 월 단위로 계산한다. 다만, 임대기간이 월의 첫날부터 시작되지 않거나 월의 마지막 날에 끝나지 않는 경우에는 그 임대기간이 시작되거나 끝나는 월의 임대료는 날 수대로 계산한다.
제3조(임대료 등의 변경) "갑"과 "을"은 물가나 그 밖의 경제적 여건의 변동 등으로 인하여 처음의 조건으로 계약을 유지하기 곤란한 사유가 있을 때에는 임대료와 임대보증금(이하 "차임 등"이라 한다)을 조정할 수 있다. 다만, 차임 등을 조정할 때에는 「임대주택법」 및 같은 법 시행령에서 정하는 사항을 위반해서는 안 된다.

210mm×297mm[백상지 80g/㎡(재활용품)]]

제4조(임차권의 변경 통지 등) ① "을"이 토지임대부 임대주택을 양도(매매, 증여나 그 밖의 권리의 변동을 수반하는 모든 처분행위를 포함한다. 이하 이 항에서 같다)하는 경우 "을"은 양도계약 체결일부터 14일 이내에 그 계약사실을 "갑"에게 통지해야 하며, "을"로부터 토지임대부 임대주택을 양수한 자는 소유권이전등기를 마친 후 지체 없이 그 사실을 "갑"에게 통지해야 하고, 토지임대부 임대주택을 상속받은 자는 상속 개시가 있음을 안 날부터 3개월 이내에 그 상속 사실을 "갑"에게 통지해야 한다.

② 제1항에 따른 통지는 서면으로 해야 한다.

③ 제1항에 따른 토지임대부 임대주택의 양수인 또는 상속인은 해당 토지 임대차계약을 승계한다.

제5조(임대차계약의 해제 또는 해지) ① "을"이 다음 각 호의 어느 하나에 해당하는 행위를 한 경우에는 "갑"은 임대차계약을 해제 또는 해지하거나 임대차계약의 갱신을 거절할 수 있다.

1. 거짓이나 그 밖의 부정한 방법으로 임대차계약을 체결한 경우

2. 임대료를 2년 이상 연속하여 지불하지 않은 경우

3. 그 밖에 이 표준임대차계약서상의 의무를 이행하지 않은 경우

② 토지임대부 임대주택의 멸실 등의 사유로 토지임대부 임대주택을 임대할 수 없는 경우에는 "갑"과 "을"은 이 계약을 해제하거나 해지할 수 있다.

제6조(임대차계약의 해제 또는 해지 시 임대인의 매도청구권) ① 제5조 제1항에 따라 임대차계약이 해제되거나 해지된 경우 "갑"은 해제일 또는 해지일부터 6개월 이내에 "을"에게 해당 토지임대부 임대주택을 건설원가로 매도할 것을 청구할 수 있다.

② "을"은 "갑"으로부터 매도청구를 받은 날부터 1개월 이내에 해당 토지임대부 임대주택의 소유권 이전 및 명도(明渡) 의무를 이행해야 하며 그 의무를 이행하기 전까지는 종전 임대차계약상의 차임 등을 낼 의무가 있다.

제7조(임대보증금의 반환) ① "갑"은 "을"이 제4조 제1항에 따라 임차권을 양도하거나, 제5조 제1항에 따라 임대차계약이 해제 또는 해지된 경우에는 "을"이 예치한 임대보증금을 "을"에게 반환한다.

② 제1항에 따라 임대보증금을 반환하는 경우 "갑"은 "을"이 "갑"에게 내야 할 임대료 및 제9조에 따른 특약으로 정한 위약금 · 손해금 등 "을"의 채무를 임대보증금에서 우선 공제하고 그 잔액을 반환한다.

제8조(소송) 이 계약에 관한 소송의 관할법원은 "갑"과 "을"이 합의하여 결정하는 법원으로 하며, "갑"과 "을"간에 합의가 이루어지지 않은 경우에는 해당 토지임대부 임대주택이 위치한 토지의 소재지를 관할하는 법원으로 한다.

제9조(특약) "갑"과 "을"은 제1조부터 제8조까지에서 규정한 사항 외에 필요한 사항에 대해서는 따로 특약을 정할 수 있다.

■ 임대주택법 시행규칙 [별지 제12호의3서식] <개정 2013. 12. 5.>

(앞쪽)

제 호

임대주택 거주자
실 태 조 사 원 증

사 진

3cm×4cm

(모자 벗은 상반신으로
배경 없이 6개월 이내
촬영한 것)

성   명
(영문 성명)

**특별자치도지사 · 시장 · 군수 · 구청장
한국토지주택공사 사장, 지방공사의 장**

60mm×90mm[인쇄용지(1종) 120g/㎡]

(뒤쪽)

임대주택 거주자 실태조사원증

소속/직급:

성   명:

생년월일:

활동기간: . . .부터 . . .까지

위 사람은 「임대주택법」제19조의2에 따라 임대주택 임차인의 실제 거주 여부, 임차권의 양도 및 임대주택의 전대 여부, 오피스텔이 다른 용도로 사용되고 있는지 여부를 확인하기 위하여 해당 임대주택에 출입하여 조사하거나 필요한 질문을 할 수 있는 자임을 증명합니다.

년   월   일

**특 별 자 치 도 지 사
시 장 · 군 수 · 구 청 장
한국토지주택공사 사장
지 방 공 사 의 장**

직인

1. 「임대주택법」제19조의2에 따라 이 증표를 소지한 사람이 거주자 실태조사를 수행하고자 할 때에는 임대사업자 및 임차인은 실태조사에 적극 협조하여야 합니다.
2. 이 증은 다른 사람에게 대여 또는 양도할 수 없습니다.
3. 이 증을 습득한 경우에는 가까운 우체통에 넣어 주십시오.

■ 임대주택법 시행규칙 [별지 제12호의4서식] <개정 2013. 12. 5.>

금융정보 등(금융정보 · 신용정보 · 보험정보) 제공 동의서

1. 영구임대주택 등 신청자 인적사항

관계	성 명	주민등록번호 (외국인등록번호)	주소
신청자		–	

2. 금융정보 등 제공 동의자(신청자 또는 신청자의 세대원 등)

세대주와의 관계	동의자 성명	주민등록번호 (외국인등록번호)	금융정보 등의 제공을 동의함[1] (서명 또는 인)	금융정보 등의 제공 사실 을 동의자에게 통보하지 아니함[2] (서명 또는 인)
		-		
		-		
		-		
		-		
		-		
		-		

1) 영구임대주택 등의 입주자 선정에 필요한 금융재산조사를 위하여 금융기관 등이 신청자 본인, 배우자 및 신청자 본인의
   직계존속 · 비속의 금융정보 등을 국토교통부장관에게 제공하는 것에 동의합니다.
2) 금융기관 등이 금융정보 등을 국토교통부장관에게 제공한 사실을 동의자에게 통보하지 않는 데에 동의합니다(동의하지 않
   는 경우 금융기관 등이 금융정보 등의 제공사실을 정보제공 동의자 개인에게 우편으로 송부하게 됩니다).
   ※ 유의사항: 동의자의 자필서명(인감 포함) 또는 무인이 있어야 합니다.

3. 금융정보 등의 제공 범위, 대상 금융기관 등의 명칭: 뒤쪽 참조

4. 정보제공 목적: 「임대주택법」에 따른 영구임대주택 등의 입주자 선정 지원

5. 동의서의 유효기간: 제출일부터 6개월

년   월   일

금융회사등의 장
신용정보집중기관의 장   귀하

210mm×297mm[백상지 80g/㎡(재활용품)]

<금융기관 등의 명칭>

1. 「금융실명거래 및 비밀보장에 관한 법률」 제2조 제1호에 따른 금융회사 등
   가. 「은행법」에 따른 은행
   나. 「중소기업은행법」에 따른 중소기업은행
   다. 「한국산업은행법」에 따른 한국산업은행
   라. 「한국수출입은행법」에 따른 한국수출입은행
   마. 「한국은행법」에 따른 한국은행
   바. 「자본시장과 금융투자업에 관한 법률」에 따른 투자매매업자·투자중개업자·집합투자업자·신탁업자·증권금융회사·종합금융
   회사 및 명의개서대행회사
   사. 「상호저축은행법」에 따른 상호저축은행 및 상호저축은행중앙회
   아. 「농업협동조합법」에 따른 조합 및 중앙회
   자. 「수산업협동조합법」에 따른 조합 및 중앙회
   차. 「신용협동조합법」에 따른 신용협동조합 및 신용협동조합중앙회
   카. 「새마을금고법」에 따른 금고 및 중앙회
   타. 「보험업법」에 따른 보험회사
   파. 「우체국 예금·보험에 관한 법률」에 따른 체신관서
   하. 「금융실명거래 및 비밀보장에 관한 법률 시행령」 제2조에 따른 기관
2. 「신용정보의 이용 및 보호에 관한 법률」 제25조에 따른 신용정보집중기관: 전국은행연합회 등

<금융정보 등의 범위>

1. 금융정보
   가. 보통예금, 저축예금, 자유저축예금 등 요구불 예금: 최근 3개월 이내의 평균 잔액
   나. 정기예금, 정기적금, 정기저축 등 저축성예금: 잔액 또는 총불입금
   다. 주식, 수익증권, 출자금, 출자지분: 최종 시세가액. 이 경우 비상장주식의 평가에 관하여는 「상속세 및 증여세법 시행령」 제54
   조 제1항을 준용합니다.
   라. 채권, 어음, 수표, 채무증서, 신주인수권증서: 액면가액
   마. 연금저축: 정기적으로 지급된 금액 또는 최종 잔액
2. 신용정보
   가. 대출 현황 및 연체 내용
   나. 신용카드 미결제금액
3. 보험정보
   가. 보험증권: 해약하는 경우 지급받게 될 환급금 또는 최근 1년 이내에 지급된 보험금
   나. 연금보험: 해약하는 경우 지급받게 될 환급금 또는 정기적으로 지급되는 금액

<유의사항>

1. 영구임대주택 등의 공급을 신청(갱신계약을 체결하는 경우를 포함합니다)하는 자가 이 동의서 제출을 2회 이상 거부·기피할 경우
   신청이 각하되거나, 「임대주택법」 제27조에 따라 임대차계약이 해지·해제되거나 갱신계약이 거절될 수 있습니다.
2. 이 동의서는 최초로 영구임대주택 등의 공급을 신청하거나 갱신계약을 체결할 때 한 번만 제출하면 되며, 앞면에서 "유효기간"이
   란 동의서 제출일부터 6개월 이내에 금융정보 등을 조회한다는 의미입니다. 향후, 갱신계약을 체결할 때 동의서면을 추가로 제출
   하지 않아도 사업주체는 금융정보 등의 제공을 요청할 수 있으나, 동의 대상자가 추가된 경우에는 추가된 동의 대상자에 대한 동
   의서면을 별도로 제출하여야 합니다.
3. 동의자의 금융정보 등은 영구임대주택 등의 입주자 선정 및 갱신계약 시 자격확인을 위한 금융재산조사 목적 외에 다른 용도로 사
   용하거나 다른 사람 또는 기관에 제공되지 않으며, 이를 위반한 자에 대해서는 「임대주택법」 제41조 제1항에 따라 5년 이하의
   징역 또는 3천만원 이하의 벌금에 처할 수 있습니다.

210mm×297mm[백상지 80g/㎡(재활용품)]

■ 임대주택법 시행규칙 [별지 제13호 서식] <개정 2013. 12. 5.>　　　　　　민원24(www.minwon.go.kr)에서도
　　　　　　　　　　　　　　　　　　　　　　　　　　　　　　　　　　　신청할 수 있습니다.

임대주택 분양전환 승인신청서

접수번호	접수일자		처리기간	30일

신청자	성명(법인명)		생년월일(법인등록번호)	
	상호		전화번호	
	주소(사무소 소재지)			

임대주택	위치	
	임대주택의 종류	10년 임대 [ ], 5년 임대 [ ], 매입임대 [ ]　토지임대부 임대 [ ], 준공공임대 [ ]
	임대주택의 유형	아파트[ ], 연립주택[ ], 다세대주택[ ], 단독주택[ ], 오피스텔[ ]

분양전환 조건 등	세대수		분양전환가격	공급대상	
	전용면적	세대		우선공급	일반공급
	m²		원	세대	세대
	m²		원	세대	세대
	m²		원	세대	세대
	합계		원	세대	세대
	분양전환 예정일자				

[ ]「임대주택법」제21조 제3항·제5항 및 같은 법 시행규칙 제13조 제1항
　　　　　　　　　　　　　　　　　　　　　　　　　　　　에 따라 위와 같이 승인을 신청합니다.
[ ]「임대주택법」제21조의3제2항·제3항 및 같은 법 시행규칙 제14조의3제1항

　　　　　　　　　　　　　　　　　　　　　　　　　　　　　　　　년　　　월　　　일

　　　　　　　　　　　신청인　　　　　　　　　　　　　　　　　(서명 또는 인)

특별자치도지사
시장·군수·구청장　귀하

첨부서류	1. 분양받기를 희망하지 않는 임차인 명단(도시형 생활주택의 경우에는 제외합니다) 2. 분양포기확인서 등 분양받기를 희망하지 않는 사실을 증명하는 서류(도시형 생활주택의 경우에는 제외합니다) 3. 분양전환가격 산정의 근거서류 4. 특별수선충당금 적립통장 사본[「임대주택법 시행령」제27조 제1항 각 호의 어느 하나에 해당하는 공동주택의 임대사업자만 해당하며, 임차인(임차인대표회의가 구성된 경우에는 임차인대표회의를 말합니다)이 신청할 경우에는 제외합니다] 5. 하자보수보증금 예치증서[공동주택의 사용검사일(주택단지 안의 전부에 대하여 임시 사용승인을 받은 경우를 포함한다)부터 10년 이내인 경우만 해당하며, 임차인(임차인대표회의가 구성된 경우에는 임차인대표회의를 말합니다)이 신청할 경우에는 제외합니다]	수수료 없음

처리절차

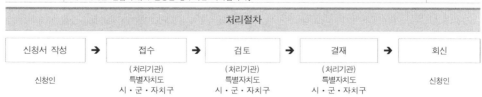

신청서 작성	→	접수	→	검토	→	결재	→	회신
신청인		(처리기관) 특별자치도 시·군·자치구		(처리기관) 특별자치도 시·군·자치구		(처리기관) 특별자치도 시·군·자치구		신청인

210mm×297mm[일반용지 60g/ m²[백상지 80g/ m²(재활용품)]

■ 임대주택법 시행규칙 [별지 제14호 서식] <개정 2013.7.3>

(앞쪽)

부도임대주택 등 실태조사서

1. 일반 현황

조사 일시	소재지와 아파트명
임대사업자명	단지 규모
대지 면적　　　　　　m²	연면적　　　　　　　　m²
사업승인일	사용검사일　　　　동　　　세대
최초 입주일자	부도일자 (국민주택기금 융자금 이자 최초 연체일) [임대보증금에 대한 보증 가입(재가입) 거절일]
경매 등 추진상황　　경매:　　세대,　　분양전환:　　세대	

2. 주택가격 및 임대조건 등(각 세대별 임대차계약 내용은 따로 작성)

(단위: 만원)

면적별 (전용)	세대수	기금	임대조건		감정 평가 금액	분양 전환 가격	낙찰 가격	인근 시세		소액임차인 우선변제대상	공가
			임대 보증금	월임대료				매매	임대		

3. 임대료 및 관리비 연체 현황(세대별 연체액은 별도 작성)

(단위: 만원)

임대료 연체액(단지 전체)	관리비 연체액(단지 전체)	비고

4. 부채 현황

(단위: 만원)

구분	설정 일자	물권 구분	채권자	금 액
국민주택기금 융자금				
임대보증금				
그 밖의 채무				

210mm×297mm[백상지 80g/m²(재활용품)]

(뒤쪽)

5. 분양전환 및 경매 현황

계	분양전환 현황		경매 현황			그 밖의 사항
	진행 세대	완료 세대	신청 세대	낙찰 세대	잔여 세대	
세대수						

경매시작 결정일	매각기일			
	1차	2차	3차	4차

6. 임대사업자와 임차인의 갈등에 관한 사항

임대사업자 의견

임차인 의견

7. 연락처

구분	부서 · 직책	성명	전화번호	휴대폰
임대사업자				
임차인대표회의				
주택관리업자				
기금수탁은행				

■ 임대주택법 시행규칙 [별지 제15호 서식] <개정 2015. 5. 8.>　　　민원24(www.minwon.go.kr)에서도
　　　　　　　　　　　　　　　　　　　　　　　　　　　　　　　　신청할 수 있습니다.

임대 조건 신고서(신고증명서)

(앞쪽)

접수번호	접수일자		처리기간	10일

임대사업자	성명(대표자)		생년월일(법인등록번호)	
	상호		전화번호	
	주소(사무소 소재지)			

임대 주택	주택 소재지	
	종류	영구임대 [　], 국민임대 [　], 10년임대 [　], 5년임대 [　], 매입임대 [　], 그 밖의 유형 [　]　　토지임대부 임대 [　], 준공공임대 [　]
	유형	아파트 [　], 연립주택 [　], 다세대주택 [　], 단독주택 [　], 오피스텔 [　]

임대 조건	세대수			표준임대조건		전환임대조건 (실제 임대조건)	
	구분	세대	세대 당 대출금	임대보증금	임대료(월)	임대보증금	임대료(월)
	m²						
	m²						
	m²						
	m²						
	합 계						
	임대차 계약기간						
	분양전환 시기						
	분양전환가격 산정 기준						

「임대주택법」 제26조 제1항 및 같은 법 시행규칙 제16조 제1항에 따라 위와 같이 임대 조건을 신고합니다.

년　　월　　일

신고인　　　　　　　　　　　　　　　　　　　　(서명 또는 인)

특별자치도지사
시장・군수・구청장　귀하

첨부서류	표준임대차계약서 사본	수수료 없음

210mm×297mm[백상지 80g/㎡ (재활용품)]

(뒤쪽)

작성방법

1. 분양전환 시기란과 분양전환가격 산정 기준란은 「주택법」제16조에 따라 사업계획승인을 받아 건설한 공공건설임대주택 중 임대의무기간 경과 후 분양전환하는 임대주택의 경우에만 작성하며, 「임대주택법 시행령」제13조 제5항 각 호에 해당 하는 공공임대주택인 경우에는 분양전환가격 산정 기준란을 작성하지 않을 수 있습니다.
2. 세대 당 대출금은 임대주택을 매입하기 위한 대출금으로 매입임대주택에 한정하여 작성합니다.
3. 공공건설임대주택은 표준임대조건 및 전환임대조건을 적고, 민간건설임대주택 및 매입임대주택은 전환임대조건란에 실제 임대 조건을 적습니다.
4. 신고사항이 변경된 경우에는 변경신고를 해야 합니다.

위와 같이 임대조건 신고를 하였음을 증명합니다.

년   월   일

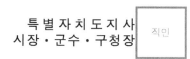

특 별 자 치 도 지 사
시장 · 군수 · 구청장   (직인)

처리절차

이 신청서는 아래와 같이 처리됩니다.

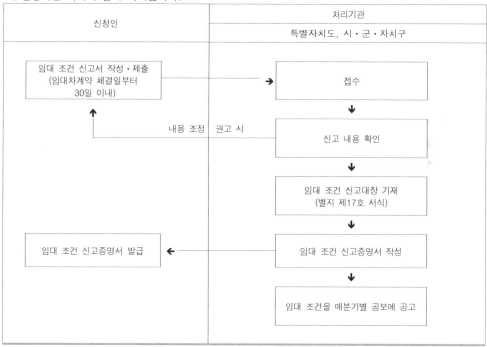

■ 임대주택법 시행규칙 [별지 제16호 서식] <개정 2015. 5. 8.>

임대 조건 변경신고서(변경신고증명서)

(앞쪽)

접수번호	접수일자	처리기간	10일

임대사업자	성명(대표자)		생년월일(법인등록번호)	
	상호		전화번호	
	주소(사무소 소재지)			

임대 주택	주택 소재지	
	종류	영구임대 [　], 국민임대 [　], 10년임대 [　], 5년임대[　], 매입임대[　], 그 밖의 유형 [　]　　토지임대부 임대[　], 준공공임대[　]
	유형	아파트[　], 연립주택[　], 다세대주택[　], 단독주택[　], 오피스텔[　]

임대 조건	세대수			표준임대조건		전환임대조건 (실제 임대조건)		비고
	구분	세대	세대 당 대출금	임대보증금	임대료(월)	임대보증금	임대료(월)	
	m²							(변경 전)
	m²							(변경 후)
	m²							(변경 전)
	m²							(변경 후)
	합 계							
	임대차 계약기간							
	분양전환 시기							
	분양전환가격 산정 기준							

「임대주택법」제26조 제1항 및 같은 법 시행규칙 제16조 제1항에 따라 위와 같이 임대 조건 변경을 신고합니다.

년　　　월　　　일

신고인　　　　　　　　　　　　　　　　　(서명 또는 인)

특 별 자 치 도 지 사
시장·군수·구청장　귀하

첨부서류	변경 표준임대차계약서 사본	수수료 없음

210mm×297mm[백상지 80g/㎡(재활용품)]

유의사항

1. 분양전환 시기란과 분양전환가격 산정 기준란은 「주택법」 제16조에 따라 사업계획승인을 받아 건설한 공공건설임대주택 중 임대의무기간 경과 후 분양전환하는 임대주택의 경우에만 작성하며, 「임대주택법 시행령」 제13조 제5항 각 호에 해당하는 공공임대주택인 경우에는 분양전환가격 산정 기준란을 작성하지 않을 수 있습니다.
2. 세대 당 대출금은 임대주택을 매입하기 위한 대출금으로 매입임대주택에 한정하여 작성합니다.
3. 공공건설임대주택은 표준임대조건 및 전환임대조건을 적고, 민간건설임대주택 및 매입임대주택은 전환임대조건란에 실제 임대조건을 기재합니다.
4. 신고사항이 변경된 경우에는 변경신고를 해야 합니다.

처리절차

이 신청서는 아래와 같이 처리됩니다.

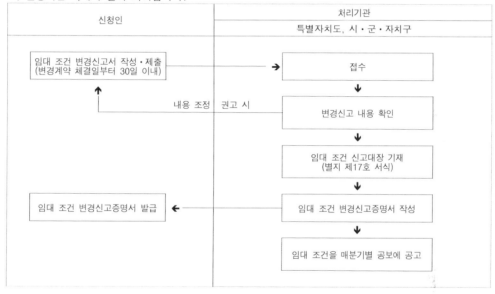

위와 같이 임대조건 변경신고를 하였음을 증명합니다.

년   월   일

특 별 자 치 도 지 사
시장 · 군수 · 구청장 직인

210mm×297mm[백상지 80g/㎡(재활용품)]

■ 임대주택법 시행규칙 [별지 제17호 서식] <개정 2013. 12. 5.>

임대 조건 신고대장

번호	신고 일자	임대 사업자명	대표자 성명	임대주택 위치	임대주택 종류	임대주택 유형	규모 (㎡)	세대수	임대보증금	임대료	임대차 계약기간	분양전환 시기	분양전환가격 산정 기준	비고

297㎜×210㎜[백상지 80g/㎡(재활용품)]

■ 임대주택법 시행규칙 [별지 제17호의2 서식] <개정 2013. 7. 3.>

민원24(www.minwon.go.kr)에서도
신청할 수 있습니다.

오피스텔 임차인 현황 신고서

(앞쪽)

접수번호	접수일자		처리기간	10일

임대사업자	성명(대표자)	생년월일(법인등록번호)
	상호	전화번호
	주소(사무소 소재지)	

오피스텔 등록일자		임대 호수	

오피스텔 소재지	임차인 성명	생년월일	임대차 계약기간	전화번호

「임대주택법」 제26조의2제1항 및 같은 법 시행규칙 제16조의2제1항에 따라 위와 같이 오피스텔 임차인 현황을 신고합니다.

년   월   일

신고인   (서명 또는 인)

특 별 자 치 도 지 사
시장 · 군수 · 구청장 귀하

첨부서류	표준임대차계약서 사본	수수료 없음
담당 공무원 확인사항	임차인의 주민등록표 등본	

행정정보 공동이용 동의서

본인은 이 건 업무처리와 관련하여 담당 공무원이 「전자정부법」 제36조 제1항에 따른 행정정보의 공동이용을 통하여 위의 담당 공무원 확인사항을 확인하는 것에 동의합니다.   ＊동의하지 아니하는 경우에는 임차인이 직접 해당 서류를 제출하여야 합니다.

임차인   (서명 또는 인)

작성방법

※ 임대사업자가 신고하는 임차인이 2명 이상인 경우에는 행정정보 공동이용 동의서란의 임차인 서명은 별지로 작성하여 첨부합니다.

210mm×297mm[백상지 80g/㎡(재활용품)]

(뒤쪽)

처리절차

이 신고서는 아래와 같이 처리됩니다.

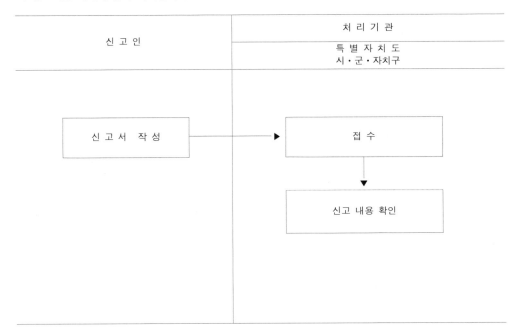

신 고 인	처 리 기 관
	특 별 자 치 도 시 · 군 · 자치구
신 고 서 작 성	접 수
	신고 내용 확인

■ 임대주택법 시행규칙 [별지 제18호 서식] <개정 2013. 7. 3.>

자체관리 인가신청서

접수번호	접수일자		처리기간	14일
신청인 (임대 사업자)	성명(대표자)		생년월일(법인등록번호)	
	상호		전화번호	
	주소(사무소 소재지)			
단지 개요	단지 명칭			
	단지 위치			
	사업주체명			
	사업계획승인일자		사용검사(사용승인)일	
건축물 개요	세대수		난방방식	
	층수		승강기 설치	유[ ], 무[ ]
관리시작 예정일				

「임대주택법」 제28조 제2항과 같은 법 시행규칙 제17조에 따라 자체관리 인가를 받기 위하여 위와 같이 인가를 신청합니다.

년   월   일

신청인   (서명 또는 인)

특 별 자 치 도 지 사
시 장 · 군 수 · 구 청 귀하
장

첨부서류	1. 「임대주택법 시행령」 제27조 제2항에 따른 기술인력의 인적사항조서 및 장비의 명세서 2. 관리인력의 인적사항에 관한 서류 3. 단지 배치도	수수료 없음

처리절차

신청서 작성	→	접수	→	검토	→	결재	→	회신
신청인		(처리기관) 시·군·자치구		(처리기관) 시·군·자치구		(처리기관) 시·군·자치구		신청인

자치관리인가서(인가번호 제   호)

「임대주택법」 제28조 제2항과 같은 법 시행규칙 제17조에 따라 위와 같이 자체관리를 인가합니다.

년   월   일

특 별 자 치 도 지 사
시 장 · 군 수 · 구 청장 직인

210mm×297mm[백상지 80g/㎡(재활용품)]

■ 임대주택법 시행규칙 [별지 제19호 서식] <개정 2013. 12. 5.>

부도임대주택 등의 임차인대표회의 설립신고서(설립신고증명서)

접수번호		접수일자		처리기간	10일

임대 사업자	성명(대표자)		생년월일(법인등록번호)	
	상호		전화번호	
	주소(사무소 소재지)			

임대주택	위치	
	임대주택의 종류	10년 임대 [ ], 5년 임대 [ ], 매입 임대 [ ]　토지임대부 임대 [ ], 준공공임대 [ ]
	임대주택의 유형	아파트[ ],　연립주택[ ],　다세대주택[ ],　단독주택[ ],　오피스텔[ ]

세대수(면적별)	임대시작일	부도 등 발생일	비고(부도 등의 상황)
			부도[ ] 기금이자 연체[ ] 보증 거절[ ] 그 밖의 상황[ ]

임차인 대표회의	구성연월일	년　　월　　일	
	구분	성명	주소
	회장		
	부회장		
	감사		

「임대주택법」 제30조 제1항과 같은 법 시행규칙 제19조에 따라 위와 같이 신고합니다.

년　　월　　일

신고인　　　　　　　　　　　　　　　　(서명 또는 인)

특별자치도지사
시장·군수·구청장　귀하

첨부서류	임차인대표회의 창립총회 회의록	수수료 없음

처리절차

신고서 작성	→	접수	→	검토	→	결재	→	회신
신고인		(처리기관) 특별자치도 시·군·자치구		(처리기관) 특별자치도 시·군·자치구		(처리기관) 특별자치도 시·군·자치구		신고인

위와 같이 설립신고를 하였음을 증명합니다.

년　　월　　일

특별자치도지사
시장·군수·구청장　[직인]

210mm×297mm[백상지 80g/㎡(재활용품)]

■ 임대주택법 시행규칙 [별지 제19호의2 서식] <개정 2013. 12. 5.>

특별수선충당금 적립 현황

임대사업자명	임대주택 소재지	호수(세대수)	임대주택의 종류	사용검사일 (년/월/일)	적립대상액 (단위: 천원)	적립액 (단위: 천원)	과태료 부과횟수	비고

작성요령

1. 임대주택의 종류란에는 영구임대주택, 국민임대주택, 장기전세주택, 10년 임대주택, 5년 임대주택 중 하나를 선택하여 적습니다.
2. 비고란에는 특별수선충당금 미적립 사유, 적립계획 등 필요한 사항을 적습니다.

297mm×210mm[백상지 80g/㎡(재활용품)]

■ 임대주택법 시행규칙 [별지 제20호 서식] <개정 2014. 7. 16.>

표준임대차계약서(Ⅰ)

(「주택법」 제16조에 따라 사업계획승인을 받아 건설한 임대주택용)

(제1쪽)

아래 표시주택을 임대차함에 있어 임대인   (이하 "갑"이라 한다)과 임차인   (이하 "을"이라 한다)은 아래의 내용으로 임대차계약을 체결하고 이를 증명하기 위하여 계약서 2통을 작성하여 "갑"과 "을"이 각각 기명날인한 후 각 1통씩 보관한다.

1. 계약자

가. 갑

1) 성명(또는 회사명):   (서명 또는 인)

2) 주소(주사무소 소재지):   (전화번호)

3) 주민등록번호(사업자 등록번호):

4) 임대사업자 등록번호:

나. 을

1) 성명: (서명 또는 인)

2) 주소: (전화번호)

3) 주민등록번호:

2. 계약일: 년   월   일

3. 임대주택의 표시

주택 소재지						
주택 유형	아파트[ ] 연립주택[ ] 다세대주택[ ] 다가구주택[ ] 그 밖의 주택[ ]					
임대주택 면적	방의 수	규모별	면적(㎡)			
			전용면적	공용면적		합계
				주거공용면적	그 밖의 공용면적(지하주차장 면적을 포함한다)	
「임대주택법」 제2조에 따른 임대주택의 종류	공공건설임대주택[ ] 민간건설임대주택[ ]		임대의무기간	영구[ ] 50년[ ] 30년[ ] 20년[ ] 10년[ ] 5년[ ]		
임대주택에 딸린 부대시설·복리시설의 종류						
담보물권 설정 여부	없음[ ]			있음[ ] –담보물권의 종류: –설정금액: –설정일자:		

※ 전용면적, 주거공용면적 및 그 밖의 공용면적의 구분은 「주택공급에 관한 규칙」 제8조 제7항에 따른다.

4. 계약조건

제1조(임대보증금·임대료 및 임대차 계약기간) ① "갑"은 위 표시주택(이하 "임대주택"이라 한다)의 임대보증금, 임대료 및 임대차 계약기간을 아래와 같이 정하여 "을"에게 임대한다.

구분	임대보증금	임대료
금액		
임대차 계약기간		

210mm×297mm[백상지 80g/㎡(재활용품)]]

② "을"은 제1항의 임대보증금을 아래와 같이 "갑"에게 지불하기로 한다.

계약금	원정은 계약 시에 지불
중도금	원정은 . .에 지불
잔 금	원정은 . .에 지불

③ "을"은 제1항과 제2항에 따른 임대보증금을 이자 없이 "갑"에게 예치하여야 하며, 제2항의 지불 기한까지 내지 않는 경우에는 연체이율(연   %)을 적용하여 계산한 연체료를 가산하여 내야 한다. 이 경우 연체이율은 「은행법」에 따른 은행으로서 가계자금 대출시장의 점유율이 최상위인 금융기관의 가계자금 대출이자율과 연체 가산율을 합산한 이율을 고려하여 결정한다.

④ "을"은 당월 분 임대료를 매달 말일까지 내야하며, 이를 내지 아니할 경우에는 연체된 금액에 제3항에 따른 연체요율을 적용하여 계산한 연체료를 더하여 내야 한다.

제2조(임대주택의 입주일) 위 임대주택의 입주일은   .   .부터   .   .까지로 한다.

제3조(임대료의 계산) ① 임대료는 월 단위로 산정한다. 다만, 임대기간이 월의 첫날부터 시작되지 아니하거나 월의 말일에 끝나지 않는 경우에는 그 임대기간이 시작되거나 끝나는 월의 임대료는 일할로 산정한다.

② 입주 월의 임대료는 입주일부터 계산한다. 다만, 입주지정기간이 지나 입주하는 경우에는 입주지 정기간이 끝난 날부터 계산한다.

제4조(관리비와 사용료) ① "을"은 관리비와 사용료를 "갑" 또는 "갑"이 지정한 관리주체에게 따로 특약으로 정하는 기한까지 내야하며, 이를 내지 않을 경우에는 "갑"은 "을"로 하여금 연체된 금액에 대하여 제1조 제3항에 따른 연체요율을 적용하여 계산한 연체료를 더하여 내게 할 수 있다.

② "갑"이 관리비와 사용료를 징수할 때에는 관리비와 사용료의 부과 명세서를 첨부하여 "을"에게 이를 낼 것을 통지하여야 한다.

제5조(임대 조건 등의 변경) "갑"과 "을"은 다음 각 호의 어느 하나에 해당할 경우에는 임대보증금, 임대료, 관리비, 사용료 또는 제납입금을 조정할 수 있다. 다만, 임대보증금과 임대료(이하 "차임 등"이라 한다)의 조정은 「임대주택법」 및 「주택 임대차보호법」에서 정하는 바를 위반하여서는 안되고, 「주택 임대차보호법 시행령」 제8조에 따른 차임 등의 증액청구는 약정한 차임 등의 20분의 1에 해당하는 금액을 넘지 못하며, 임대차계약 또는 약정한 차임 등의 증액이 있은 후 1년 이내에는 그 차임 등을 증액하지 못한다.

1. 물가, 그 밖의 경제적 여건의 변동이 있을 때
2. "갑"이 임대하는 주택 상호간 또는 인근 유사지역의 임대주택 간에 임대조건의 균형상 조정할 필요가 있을 때
3. 임대주택과 부대시설 및 부지의 가격에 현저한 변동이 있을 때

제6조("을"의 금지행위) "을"은 다음 각 호의 어느 하나에 해당하는 행위를 해서는 안 된다.

1. 「임대주택법」을 위반하여 임차권을 양도하거나 임대주택을 타인에게 전대하는 행위
2. 임대주택 및 그 부대시설을 개축·증축 또는 변경하거나 본래의 용도가 아닌 용도로 사용하는 행위
3. 임대주택 및 그 부대시설을 파손 또는 멸실하는 행위
4. 임대주택 및 그 부대시설의 유지·관리를 위하여 "갑"과 "을"이 합의한 사항을 위반하는 행위

제7조("을"의 의무) "을"은 위 주택을 선량한 관리자로서 유지·관리하여야 한다.

제8조(임대주택관리의 범위) 위 주택의 공동부분과 그 부대시설 및 복리시설은 "갑" 또는 "갑"이 지정한 주택관리업자가 관리하고, 주택과 그 내부시설은 "을"이 관리한다.

제9조(보수의 한계) ① 위 주택의 보수와 수선은 "갑"의 부담으로 하되, 위 주택의 전용부분과 그 내부시설물을 "을"이 파손하거나 멸실한 부분 또는 소모성 자재(「주택법 시행규칙」 별표 5의 장기수선계획의 수립기준상 수선주기가 6년 이내인 자재를 말한다)의 보수주기에서의 보수 또는 수선은 "을"의 부담으로 한다.

② 제1항에 따른 소모성 자재와 제1항에 따른 소모성 자재 외의 소모성 자재의 종류와 그 종류별 보수주기는 제16조에 따른 특약으로 따로 정할 수 있다. 다만, 본문에도 불구하고 벽지·장판·전등기구 및 콘센트의 보수주기는 다음 각 호와 같다.

　1. 벽지 및 장판: 10년(변색·훼손·오염 등이 심한 경우에는 6년으로 하며, 적치물의 제거에 "을"이 협조한 경우만 해당한다)

　2. 전등기구 및 콘센트: 10년. 다만, 훼손 등을 이유로 안전상의 위험이 우려되는 경우에는 조기 교체하여야 한다.

제10조(임대차계약의 해제 및 해지) ① "을"이 다음 각 호의 어느 하나에 해당하는 행위를 한 경우에는 "갑"은 이 계약을 해제 또는 해지하거나 임대차계약의 갱신을 거절할 수 있다.

　1. 거짓이나 그 밖의 부정한 방법으로 임대주택을 임대받은 경우

　2. 법 제19조를 위반하여 임대주택의 임차권을 타인에게 양도하거나 임대주택을 전대한 경우

　3. 임대차 계약기간이 시작된 날부터 3개월 이내에 입주하지 않은 경우. 다만, "갑"의 귀책사유로 입주가 지연된 경우에는 그렇지 않다.

　4. 임대료를 3개월 이상 연속하여 연체한 경우

　5. 임대주택 및 그 부대시설을 "갑"의 동의를 받지 않고 개축·증축 또는 변경하거나 본래의 용도가 아닌 용도로 사용하는 경우

　6. 임대주택 및 그 부대시설을 고의로 파손 또는 멸실한 경우

　7. 「주택법」 제16조에 따라 사업계획의 승인을 받아 건설한 공공건설임대주택의 임대차 계약기간 중 다른 주택을 소유하게 된 경우. 다만, 상속·판결 또는 혼인 등 그 밖의 부득이한 사유로 다른 주택을 소유하게 되어 부적격자로 통보받은 날부터 6개월 이내에 해당 주택을 처분하는 경우와 해당 임대주택을 「주택공급에 관한 규칙」 제10조 제6항에 따라 선착순의 방법으로 임차권을 취득한 경우는 제외한다.

　8. 임차인이 해당 주택에서 퇴거하거나 다른 임대주택에 당첨되어 입주하는 경우

　9. 임차인이 법 제32조 제5항에 따른 분양전환신청기간 이내에 분양전환신청을 하지 않는 경우

　10. 그 밖에 이 표준임대차계약서상의 의무를 위반한 경우

② "을"은 다음 각 호의 어느 하나에 해당하는 경우에 이 계약을 해제 또는 해지하거나 임대차계약의 갱신을 거절할 수 있다.

　1. 특별자치도지사·시장·군수·구청장이 임대주택에 거주하기 곤란할 정도의 중대한 하자가 있다고 인정한 경우

　2. "갑"이 특별자치도지사·시장·군수·구청장이 지정한 기간에 하자보수명령을 이행하지 않은 경우

　3. "갑"이 "을"의 의사에 반하여 임대주택의 부대시설·복리시설을 파손하거나 철거시킨 경우

　4. "갑"의 귀책사유로 입주기간이 끝난 날부터 3개월 이내에 입주할 수 없는 경우

　5. 임대사업자가 임대차계약 체결 후 또는 보증기간 만료 후 1개월 이내에 법 제17조에 따른 임대보증금에 관한 보증에 가입하지 않는 경우

　6. "갑"이 이 표준임대차계약서상의 의무를 위반한 경우

제11조(임대차계약 중도 해지) ① 국가, 지방자치단체, 「한국토지주택공사법」에 따른 한국토지주택공사(이하 "한국토지주택공사"라 한다) 또는 「지방공기업법」 제49조에 따라 주택사업을 목적으로 설립된 지방공사(이하 "지방공사"라 한다)가 임대하는 건설임대주택에 거주하는 "을"이 제10조 제2항에 해당하지 않는 사유로 임대주택 임대차계약을 중도에 해지(「주택 임대차보호법」 제6조의2에 따라 묵시적 갱신에 의한 임대차계약을 해지하는 경우는 제외한다)하는 경우에는 "갑"에게 계약 해지 예정일 1개월 전까지 통보(계약 해지 예정일까지의 기간이 1개월 이상 남은 경우에는 변경 후 계약 해지 예정일이 1개월 이상 남는 범위에서 변경 통보 가능)하여야 하며, 통보를 받은 "갑"은 "을"의 퇴거에 적극 협조하여야 한다.

② 제1항에 따라 "을"이 계약 해지를 통보하였으나 계약 해지 예정일 전에 퇴거하는 경우에는 임대료 정산 완료일부터 계약 해지 예정일까지의 임대료를 "갑"에게 지불해야 한다. 다만, 후속 임차인이 정해진 경우에는 임대료 정산 완료일부터 후속 임차인의 입주일 하루 전일까지의 임대료를 "갑"에게 지불한다.

제12조(임대보증금의 반환) ① "을"이 "갑"에게 예치한 임대보증금은 이 계약이 끝나거나 해제 또는 해지되어 "을"이 "갑"에게 주택을 명도(明渡)함와 동시에 반환한다.

② 제1항에 따라 반환할 경우 "갑"은 주택 및 내부 일체에 대한 점검을 실시한 후 "을"이 "갑"에게 내야 할 임대료, 관리비 등 제반 납부금액과 제9조 제1항에 따른 "을"의 수선유지 불이행에 따른 보수비 및 제17조에 따른 특약으로 정한 위약금, 불법거주에 따른 배상금, 손해금 등 "을"의 채무를 임대보증금에서 우선 공제하고 그 잔액을 반환한다.

③ "을"은 위 주택을 "갑"에게 명도할 때까지 사용한 전기·수도·가스 등의 사용료(납부시효가 끝나지 아니한 것을 말한다) 지불 영수증을 "갑"에게 제시 또는 예치하여야 한다.

제13조(임대주택의 분양전환) ① "갑"은 위 주택이 「임대주택법」 제16조 제1항 제3호 및 제4호의 임대주택에 해당하는 경우에는 다음 각 호의 조건에 따라 분양전환한다.

　1. 위 주택의 분양전환 시기는 최초 입주지정기간이 끝난 후 (　)년으로 한다. 다만, 토지임대부 임대주택의 경우에는 분양전환 시기를 정하지 아니할 수 있다.

　2. 위 임대주택의 분양전환가격 산정 기준은 입주자 모집 공고에서 정한 바에 따른다. 다만, 입주자 모집 공고에서 정하지 않은 경우에는 별도 특약으로 정한다.

② "갑"이 「임대주택법 시행령」 제13조 제2항 제1호에 따라 위 주택을 다른 임대사업자(이하 "병"이라 한다)에게 매각하는 경우에는 "병"과의 매매계약서에서 "갑"의 임대사업자로서의 지위를 "병"이 승계한다는 뜻을 명시한다.

제14조(임대보증금에 대한 보증 및 임대주택 권리관계) ① "갑"(국가, 지방자치단체, 한국토지주택공사 및 지방공사는 제외한다. 이하 이 조에서 같다)은 위 주택이 「임대주택법 시행령」 제2조 제1호에 따른 공공건설임대주택에 해당할 경우에는 법 제17조에 따른 임대보증금에 대한 보증과 임대주택에 대한 권리관계와 관련하여 다음 각 호의 사항을 "을"이 이해할 수 있도록 설명하고, 설명의 근거자료를 제시하여야 한다.

　1. 법 제17조 제2항 및 제3항에 따른 해당 임대주택의 임대보증금 보증대상액에 관한 사항

　2. 해당 임대주택의 임대보증금 보증기간에 관한 사항

　3. 임대보증금 보증 가입에 소요되는 보증수수료(이하 "보증수수료"라 한다) 산정방법 및 금액에 관한 사항

　4. "갑"과 "을"의 보증수수료 분담비율에 관한 사항

　5. "을"이 부담해야 할 보증수수료의 납부방법에 관한 사항

　6. 보증기간 중 임대차계약이 해지·해제되거나 임대보증금의 증감이 있는 경우에 보증수수료의 환급 또는 추가 납부에 관한 사항

　7. 임대차 계약기간 중 보증기간이 만료되는 경우에 재가입에 관한 사항

　8. 임대주택에 설정된 제한물권, 압류·가압류·가처분 등에 관한 사항

　9. "갑"의 국세·지방세 체납에 관한 사항

② "갑"은 임대차계약을 체결하거나 임대차 계약기간 중 보증기간이 만료되는 경우에는 지체 없이 보증에 가입하고 보증서 사본을 "을"에게 내주어야 한다.

③ "을"은 "갑"으로부터 제1항 각 호의 사항에 대한 설명을 듣고 이해하였음을 아래와 같이 확인한다.

> 본인은 임대보증금 보증 및 임대주택의 권리관계에 관한 주요 내용에 대한 설명을 듣고 이해하였음.　　　　　　　　　　　　　성명:　　　　　(서명 또는 인)

제15조(임대주택 중복입주 방지를 위한 입주자 정보의 통보) "갑"(국가, 지방자치단체, 한국토지주택공사, 지방공사인 경우에 한정한다)은 「임대주택법 시행규칙」 제11조의3에 따라 임대주택 중복입주 여부 확인 등을 위하여 "을"의 성명, 주민등록번호, 주소, 입주일자 등을 국토교통부장관이 정하는 전산관리지정기관에 알릴 수 있다.

(제5쪽)

제16조(소송) 이 계약에 관한 소송의 관할 법원은 "갑"과 "을"이 합의하여 결정하는 관할법원으로 하며, "갑"과 "을" 간에 합의가 이루어지지 않은 경우에는 위 주택 소재지를 관할하는 법원으로 한다.

제17조(특약) "갑"과 "을"은 제1조부터 제16조까지에서 규정한 사항 외에 필요한 사항에 대하여는 따로 특약으로 정할 수 있다. 다만, 특약의 내용은 「약관의 규제에 관한 법률」을 위반해서는 안 된다.

◆ 주택월세 소득공제 안내

근로소득이 있는 거주자(일용근로자는 제외한다)는 「소득세법」 및 「조세특례제한법」에 따라 주택월세에 대한 소득공제를 받을 수 있으며, 자세한 사항은 국세청 콜센터(국번 없이 126)로 문의하시기 바랍니다.

■ 임대주택법 시행규칙 [별지 제20호의2 서식] <개정 2014. 7. 16.>

표준임대차계약서(Ⅱ)

(분납임대주택용)

(제1쪽)

　아래 표시주택을 임대차함에 있어 임대인　　　　　(이하 "갑"이라 한다)과 임차인　　　　　(이하 "을"이라 한다)은 아래의 내용으로 임대차계약을 체결하고 이를 증명하기 위하여 계약서 2통을 작성하여 "갑"과 "을"이 각각 기명날인한 후 각 1통씩 보관한다.

1. 계약자
　가. 갑
　　1) 성명(또는 회사명):　　　　　(서명 또는 인)
　　2) 주소(주사무소 소재지):　　　　　(전화번호)
　　3) 주민등록번호(사업자 등록번호):
　　4) 임대사업자 등록번호:
　나. 을
　　1) 성명:　　　　　(서명 또는 인)
　　2) 주소:　　　　　(전화번호)
　　3) 주민등록번호:
2. 계약일:　　년　　월　　일
3. 임대주택의 표시

주택 소재지						
주택 유형	아파트[　]　연립주택[　]　그 밖의 주택[　]					
임대주택 면적	방의 수	규모별	면적(㎡)			
			전용면적	공용면적		합계
				주거공용면적	그 밖의 공용면적(지하주차장 면적을 포함한다)	
임대주택에 딸린 부대시설·복리시설의 종류						
담보물권 설정 여부	없음[　]			있음[　] −담보물권의 종류: −설정금액: −설정일자:		

※ 전용면적, 주거공용면적 및 그 밖의 공용면적의 구분은 「주택공급에 관한 규칙」 제8조 제7항에 따른다.

4. 계약조건
　제1조(분납금·임대료 및 임대차 계약기간) ① "갑"은 위 표시주택(이하 "임대주택"이라 한다)의 분납금, 임대료 및 임대차 계약기간을 다음 각 호와 같이 정하여 "을"에게 임대한다.
　　1. 분납금

구분	금액		납부기한	분납율
계약 시		원	계약일	100분의 10
중도금 납부 시		원	．．．	100분의 10
입주 시		원	．．．	100분의 10

210mm×297mm[백상지 80g/㎡(재활용품)]

구 분	금 액	납부기한	분납율
임대시작일부터 4년 경과 시	다음 중 적은 금액(다만, 감정평가에 따른 분납금 산정은 임차인이 원하는 경우에만 한다) 1) 해당 분납임대주택의 최초 입주자모집 공고 당시의 주택가격×$(1+$이자율$)^4×0.2$ 2) 해당 분납임대주택의 감정평가 금액×0.2	. . .	100분의 20
임대시작일부터 8년 경과 시	다음 중 적은 금액(다만, 감정평가에 따른 분납금 산정은 임차인이 원하는 경우에만 한다) 1) 해당 분납임대주택의 최초 입주자모집 공고 당시의 주택가격×$(1+$이자율$)^8×0.2$ 2) 해당 분납임대주택의 감정평가 금액×0.2	. . .	100분의 20
분양전환 시	해당 분납임대주택의 감정평가금액×0.3	분양전환일	100분의 30

※ 분납금 산정에 필요한 항목별 산출방법은 다음과 같다.

가. 최초 입주자모집 공고 당시의 주택가격: 건축비와 택지비의 합계액으로 한다. 이 경우 건축비 및 택지비의 산출은 별표 1 제2호 라목에 따른다.

나. 이자율: 해당 분납임대주택의 임대시작일과 분납금 납부일 당시 각각 「은행법」에 따른 은행의 1년 만기 정기 예금 평균 이자율을 산술평균한 이자율

다. 감정평가금액: 임대사업자는 분납금 산정 전에 특별자치도지사·시장·군수·구청장에게 감정평가금액 산출을 위한 감정평가법인의 선정을 요청하여야 하며, 그 밖의 사항은 영 제23조 및 이 규칙 별표 1 제2호 나목에 따른다.

2. 임대료: 원

3. 임대차 계약기간: .   .   .부터   .   .   .   까지

② "을"은 제1항 제1호의 분납금을 납부기한 내에 "갑"에게 지불하기로 한다.

③ "을"이 제1항 제1호의 분납금을 납부기한까지 내지 않는 경우에는 연체이율(연   %)을 적용하여 계산한 연체료를 가산하여 내야 한다. 이 경우 연체이율은 「은행법」에 따른 은행으로서 가계자금 대출시장의 점유율이 최상위인 금융기관의 가계자금 대출이자율과 연체 가산율을 합산한 이율을 고려하여 결정한다.

④ "을"은 당월 분 임대료를 매달 말일까지 내야하며, 이를 내지 아니할 경우에는 연체된 금액에 제3항에 따른 연체요율을 적용하여 계산한 연체료를 더하여 내야 한다.

제2조(임대주택의 입주일) 위 임대주택의 입주일은   .   .   .부터   .   .   .까지로 한다.

제3조(임대료의 계산) ① 임대료는 월 단위로 산정한다. 다만, 임대기간이 월의 첫날부터 시작되지 아니하거나 월의 말일에 끝나지 아니하는 경우에는 그 임대기간이 시작되거나 끝나는 월의 임대료는 일할로 산정한다.

② 입주 월의 임대료는 입주일부터 계산한다. 다만, 입주지정기간이 지나 입주하는 경우에는 입주지정기간이 끝난 날부터 계산한다.

제4조(관리비와 사용료) ① "을"은 관리비와 사용료를 "갑" 또는 "갑"이 지정한 관리주체에게 따로 특약으로 정하는 기한까지 내야하며, 이를 내지 않을 경우에는 "갑"은 "을"로 하여금 연체된 금액에 대하여 제1조 제3항에 따른 연체요율을 적용하여 계산한 연체료를 더하여 내게 할 수 있다.

② "갑"이 관리비와 사용료를 징수할 때에는 관리비와 사용료의 부과 명세서를 첨부하여 "을"에게 이를 낼 것을 통지하여야 한다.

제5조(임대 조건 등의 변경) "갑"과 "을"은 다음 각 호의 어느 하나에 해당할 경우에는 임대보증금, 임대료, 관리비, 사용료 또는 제납입금을 조정할 수 있다. 다만, 임대보증금과 임대료(이하 "차임 등"이라 한다)의 조정은 「임대주택법」 및 「주택 임대차보호법」에서 정하는 바를 위반하여서는 안 되고, 「주택 임대차보호법 시행령」 제8조에 따른 차임 등의 증액청구는 약정한 차임 등의 20분의 1에 해당하는 금액을 초과하지 못하며, 임대차계약 또는 약정한 차임 등의 증액이 있은 후 1년 이내에는 그 차임 등을 증액하지 못한다.

1. 물가, 그 밖의 경제적 여건의 변동이 있을 때

2. "갑"이 임대하는 주택 상호간 또는 인근 유사지역의 임대주택 간에 임대조건의 균형상 조정할 필요가 있을 때

3. 임대주택과 부대시설 및 부지의 가격에 현저한 변동이 있을 때

제6조("을"의 금지행위) "을"은 다음 각 호의 어느 하나에 해당하는 행위를 해서는 안 된다.

1. 「임대주택법」을 위반하여 임차권을 양도하거나 임대주택을 타인에게 전대하는 행위

2. 임대주택 및 그 부대시설을 개축·증축 또는 변경하거나 본래의 용도가 아닌 용도로 사용하는 행위

3. 임대주택 및 그 부대시설을 파손 또는 멸실하는 행위

4. 임대주택 및 그 부대시설의 유지·관리를 위하여 "갑"과 "을"이 합의한 사항을 위반하는 행위

제7조("을"의 의무) "을"은 위 주택을 선량한 관리자로서 유지·관리하여야 한다.

제8조(임대주택관리의 범위) 위 주택의 공동부분과 그 부대시설 및 복리시설은 "갑" 또는 "갑"이 지정한 주택관리업자가 관리하고, 주택과 그 내부시설은 "을"이 관리한다.

제9조(보수의 한계) ① 위 주택의 보수와 수선은 "갑"의 부담으로 하되, 위 주택의 전용부분과 그 내부시설물을 "을"이 파손하거나 멸실한 부분 또는 소모성 자재(「주택법 시행규칙」 별표 5의 장기수선계획의 수립기준상 수선주기가 6년 이내인 자재를 말한다)의 보수주기에서의 보수 또는 수선은 "을"의 부담으로 한다.

② 제1항에 따른 소모성 자재와 제1항에 따른 소모성 자재 외의 소모성 자재의 종류와 그 종류별 보수주기는 제15조에 따른 특약으로 따로 정할 수 있다. 다만, 본문에도 불구하고 벽지·장판·전등기구 및 콘센트의 보수주기는 다음 각 호와 같다.

1. 벽지 및 장판: 10년(변색·훼손·오염 등이 심한 경우에는 6년으로 하며, 적치물의 제거에 "을"이 협조한 경우만 해당한다)

2. 전등기구 및 콘센트: 10년. 다만, 훼손 등을 이유로 안전상의 위험이 우려되는 경우에는 조기 교체하여야 한다.

제10조(임대차계약의 해제 및 해지) ① "을"이 다음 각 호의 어느 하나에 해당하는 행위를 한 경우에는 "갑"은 이 계약을 해제 또는 해지하거나 임대차계약의 갱신을 거절할 수 있다.

1. 거짓이나 그 밖의 부정한 방법으로 임대주택을 임대받은 경우

2. 「임대주택법」 제19조를 위반하여 임대주택의 임차권을 타인에게 양도하거나 임대주택을 전대한 경우

3. 임대차 계약기간이 시작된 날부터 3개월 이내에 입주하지 않은 경우. 다만, "갑"의 귀책사유로 입주가 지연된 경우에는 그렇지 않다.

4. 임대료를 3개월 이상 연속하여 연체한 경우

5. 분납임대주택의 분납금을 3개월 이상 연체한 경우

6. 임대주택 및 그 부대시설을 "갑"의 동의를 받지 않고 개축·증축 또는 변경하거나 본래의 용도가 아닌 용도로 사용하는 경우

7. 임대주택 및 그 부대시설을 고의로 파손 또는 멸실한 경우

8. 「주택법」 제16조에 따라 사업계획의 승인을 받아 건설한 공공건설임대주택의 임대차 계약기간 중 다른 주택을 소유하게 된 경우. 다만, 상속·판결 또는 혼인 등 그 밖의 부득이한 사유로 다른 주택을 소유하게 되어 부적격자로 통보받은 날부터 6개월 이내에 해당 주택을 처분하는 경우와 해당 임대주택을 「주택공급에 관한 규칙」 제10조 제6항에 따라 선착순의 방법으로 임차권을 취득한 경우는 제외한다.

9. 임차인이 해당 주택에서 퇴거하거나 다른 임대주택에 당첨되어 입주하는 경우

10. 임차인이 법 제32조 제5항에 따른 분양전환신청기간 이내에 분양전환신청을 하지 않는 경우

11. 그 밖에 이 표준임대차계약서상의 의무를 위반한 경우

② "을"은 다음 각 호의 어느 하나에 해당하는 경우에 이 계약을 해제 또는 해지하거나 임대차계약의 갱신을 거절할 수 있다.

1. 특별자치도지사·시장·군수·구청장이 임대주택에 거주하기 곤란할 정도의 중대한 하자가 있다고 인정한 경우

2. "갑"이 특별자치도지사·시장·군수·구청장이 지정한 기간에 하자보수명령을 이행하지 않은 경우

3. "갑"이 "을"의 의사에 반하여 임대주택의 부대·복리시설을 파손하거나 철거시킨 경우

4. "갑"의 귀책사유로 입주기간이 끝난 날부터 3개월 이내에 입주할 수 없는 경우

5. "갑"이 이 표준임대차계약서상의 의무를 위반한 경우

제11조(임대차계약 중도 해지) ① 국가, 지방자치단체, 「한국토지주택공사법」에 따른 한국토지주택공사
(이하 "한국토지주택공사"라 한다) 또는 「지방공기업법」제49조에 따라 주택사업을 목적으로 설립된 지
방공사(이하 "지방공사"라 한다)가 임대하는 분납임대주택에 거주하는 "을"이 제10조 제2항에 해당하지
않는 사유로 임대주택 임대차계약을 중도에 해지(「주택 임대차보호법」제6조의2에 따라 묵시적 갱신에
의한 임대차계약을 해지하는 경우는 제외한다)하는 경우에는 "갑"에게 계약 해지 예정일 1개월 전까지
통보(계약 해지 예정일까지의 기간이 1개월 이상 남은 경우에는 변경 후 계약 해지 예정일이 1개월 이상
남는 범위에서 변경 통보 가능)하여야 하며, 통보를 받은 "갑"은 "을"의 퇴거에 적극 협조하여야 한다.
② 제1항에 따라 "을"이 계약 해지를 통보하였으나 계약 해지 예정일 전에 퇴거하는 경우에는 임대료 정산
완료일부터 계약 해지 예정일까지의 임대료를 "갑"에게 지불해야 한다. 다만, 후속 임차인이 정해진 경우에
는 임대료 정산 완료일부터 후속 임차인의 입주일 하루 전일까지의 임대료를 "갑"에게 지불한다.

제12조(반환금의 지급) ① 이 계약이 해제 또는 해지되거나 갱신거절 등의 사유가 발생하여 "을"이
임차권을 "갑"에게 반납하는 경우, "을"이 "갑"에게 주택을 명도함과 동시에 "갑"은 다음 각 호에
따라 산정된 금액(이하 "반환금"이라 한다)을 "을"에게 지급한다.
　1. 해당 분납임대주택에 5년 미만의 기간 동안 거주 후 반납하는 경우: 다음 각 목의 금액 중 적은
　　금액
　　가. 임차인이 이미 납부한 분납금과 분납금 납부일의 다음 날부터 반납일까지의 이자를 합한 금액.
　　　이 경우 이자율은 「은행법」에 따른 금융기관의 1년 만기 정기예금 평균 이자율을 산술평균한
　　　이자율로 한다.
　　나. 해당 분납임대주택의 감정평가 금액에 임차인이 납부한 분납금의 합의 비율을 곱한 금액
　2. 해당 분납임대주택에 5년 이상의 기간 동안 거주 후 반납하는 경우: 제1호 각 목의 금액을 산술평
　　균한 금액
② 제1항에 따라 반환할 경우 "갑"은 주택 및 내부 일체에 대한 점검을 실시한 후 "을"이 "갑"에게
내야 할 분납금, 임대료, 관리비 등 제반 납부금액과 제9조 제1항에 따른 "을"의 수선유지 불이행
에 따른 보수비 및 제14조에 따른 특약으로 정한 위약금, 불법거주에 따른 배상금, 손해금 등
"을"의 채무를 반환금에서 우선 공제하고 그 잔액을 지급한다.
③ "을"은 위 주택을 "갑"에게 명도할 때까지 사용한 전기·수도·가스 등의 사용료(납부시효가 끝
나지 아니한 것을 말한다) 지불 영수증을 "갑"에게 제시 또는 예치하여야 한다.

제13조(임대주택의 분양전환) "갑"은 최초 입주지정기간이 끝난 후 10년이 지난 시점에 위 주택을
분양전환한다.

제14조(임대주택 중복입주 방지를 위한 입주자 정보의 통보) "갑"(국가, 지방자치단체, 한국토지주택
공사, 지방공사인 경우에 한정한다)은 「임대주택법 시행규칙」제11조의3에 따라 임대주택 중복입
주 여부 확인 등을 위하여 "을"의 성명, 주민등록번호, 주소, 입주일자 등을 국토교통부장관이 정하
는 전산관리지정기관에 알릴 수 있다.

제15조(소송) 이 계약에 관한 소송의 관할 법원은 "갑"과 "을"이 합의하여 결정하는 관할법원으로
하며, "갑"과 "을" 간에 합의가 이루어지지 않은 경우에는 위 주택 소재지를 관할하는 법원으로 한
다.

제16조(특약) "갑"과 "을"은 제1조부터 제15조까지에서 규정한 사항 외에 필요한 사항에 대하여는
따로 특약으로 정할 수 있다. 다만, 특약의 내용은 「약관의 규제에 관한 법률」을 위반해서는 안
된다.

◆ 주택월세 소득공제 안내
　근로소득이 있는 거주자(일용근로자는 제외한다)는 「소득세법」 및 「조세특례제한법」에
　따라 주택월세에 대한 소득공제를 받을 수 있으며, 자세한 사항은 국세청 콜센터(국번 없이
　126)로 문의하시기 바랍니다.

■ 임대주택법 시행규칙 [별지 제21호 서식] <개정 2014. 7. 16.>

표준임대차계약서(Ⅲ)

(그 밖의 임대주택용)

아래 표시주택을 임대차함에 있어 임대인   (이하 "갑"이라 한다)과 임차인   (이하 "을"이라 한다)은 아래의 내용으로 임대차계약을 체결하고 이를 증명하기 위하여 계약서 2통을 작성하여 "갑"과 "을"이 각각 서명날인한 후 각 1통씩 보관한다.

※ 개업공인중개사가 임대차계약서를 작성하는 경우에는 계약서 3통을 작성하여 "갑"과 "을" 및 개업공인중개사가 각각 서명날인한 후 각 1통씩 보관한다.

1. 계약자
가. 갑
  1) 성명(또는 회사명):   (서명 또는 날인)
  2) 주소(주사무소 소재지):   (전화번호)
  3) 주민등록번호(사업자 등록번호):
  4) 임대사업자 등록번호:
나. 을
  1) 성명: (서명 또는 날인)
  2) 주소: (전화번호)
  3) 주민등록번호:
2. 개업공인중개사
  1) 사무소명:
  2) 대표자 성명: (서명 및 날인)
  3) 주소(주사무소 소재지):   (전화번호)
  4) 허가번호:
3. 계약일: 년   월   일
4. 임대주택의 표시

주택 소재지						
주택 유형	아파트[　] 연립주택[　] 다세대주택[　] 다가구주택[　] 그 밖의 주택[　]					
임대주택 면적	방의 수	규모별	면적(㎡)			
			전용 면적	공용면적		합계
				주거공용 면적	그 밖의 공용면적(지하주차 장 면적을 포함한다)	
「임대주택법」 제2조에 따른 임 대주택의 종류	건설임대주택[　], 매입임대주택[　]					
임대주택에 딸린 부대시설·복리 시설의 종류						
담보물권 설정 여부	없음[　]			있음[　] -담보물권의 종류: -설정금액: -설정일자 :		

※ 전용면적, 주거공용면적 및 그 밖의 공용면적의 구분은 「주택공급에 관한 규칙」 제8조 제7항에 따른다.

210㎜×297㎜[백상지 80g/㎡(재활용품)]

5. 계약조건

제1조(임대보증금·임대료 및 임대차 계약기간) ① "갑"은 위 표시주택의 임대보증금, 임대료 및 임대차 계약기간을 아래와 같이 정하여 "을"에게 임대한다.

구분	임대보증금	임대료
금액		
임대차 계약기간		

② "을"은 제1항의 임대보증금을 아래와 같이 "갑"에게 지불하기로 한다.

계약금	원정은 계약 시에 지불	
중도금	원정은 .	.에 지불
잔 금	원정은 .	.에 지불

③ "을"은 제1항과 제2항에 따른 임대보증금을 이자 없이 "갑"에게 예치하여야 하며, 제2항의 지불기한까지 내지 않는 경우에는 연체이율(연   %)을 적용하여 계산한 연체료를 가산하여 내야 한다. 이 경우 연체이율은 「은행법」에 따른 은행으로서 가계자금 대출시장의 점유율이 최상위인 금융기관의 가계자금 대출이자율과 연체 가산율을 합산한 이율을 고려하여 결정한다.

④ "을"은 당월 분 임대료를 매달 말일까지 내야하며, 이를 내지 않는 경우에는 연체된 금액에 제3항에 따른 연체이율을 적용하여 계산한 연체료를 더하여 내야 한다.

제2조(임대주택의 입주일) 위 임대주택의 입주일은   . . .부터 . . .까지로 한다.

제3조(임대 조건 등의 변경) "갑"과 "을"은 다음 각 호의 어느 하나에 해당할 때에는 임대보증금, 임대료, 관리비, 사용료 및 제납입금을 조정할 수 있다. 다만, 임대보증금과 임대료(이하 "차임 등"이라 한다)의 조정은 「임대주택법」 및 「주택 임대차보호법」에서 정하는 바를 위반하여서는 안 되고, 「주택 임대차보호법 시행령」 제8조에 따른 차임 등의 증액청구는 약정한 차임 등의 20분의 1에 해당하는 금액을 넘지 못하며, 임대차계약 또는 약정한 차임 등의 증액이 있은 후 1년 이내에는 그 차임 등을 증액하지 못한다.

1. 물가, 그 밖의 경제적 여건의 변동이 있을 때
2. "갑"이 임대하는 주택 상호간 또는 인근 유사지역의 임대주택 간에 임대조건의 균형상 조정할 필요가 있을 때
3. 임대주택과 그 부대시설 및 부지의 가격에 현저한 변동이 있을 때

제4조("을"의 금지행위) "을"은 다음 각 호의 어느 하나에 행위를 해서는 안 된다.

1. 「임대주택법」을 위반하여 임차권을 양도하거나 임대주택을 타인에게 전대하는 행위
2. 임대주택 및 그 부대시설을 개축·증축 또는 변경하거나 본래의 용도가 아닌 용도로 사용하는 행위
3. 임대주택 및 그 부대시설을 파손 또는 멸실하는 행위
4. 임대주택 및 그 부대시설의 유지·관리를 위하여 "갑"과 "을"이 합의한 사항을 위반하는 행위

제5조("을"의 의무) "을"은 위 주택을 선량한 관리자로서 유지·관리하여야 한다.

제6조(보수의 한계) ① 위 주택의 보수 및 수선은 "갑"의 부담으로 하되, 위 주택의 전용부분과 그 내부시설물을 "을"이 파손하거나 멸실한 부분 또는 소모성 자재(「주택법 시행규칙」 별표 5의 장기수선계획의 수립기준상 수선주기가 6년 이내인 자재를 말한다)의 보수주기에서의 보수 또는 수선은 "을"의 부담으로 한다.

② 제1항에 따른 소모성 자재 및 제1항에 따른 소모성 자재 외의 소모성 자재의 종류와 그 종류별 보수주기는 제12조에 따른 특약으로 따로 정할 수 있다. 다만, 본문에도 불구하고 벽지·장판·전등기구 및 콘센트의 보수주기는 다음 각 호와 같다.

1. 벽지 및 장판: 10년(변색·훼손·오염 등이 심한 경우에는 6년으로 하며, 적치물의 제거에 "을"이 협조한 경우만 해당한다)
2. 전등기구 및 콘센트: 10년. 다만, 훼손 등을 이유로 안전상의 위험이 우려되는 경우에는 조기 교체하여야 한다.

제7조(임대차계약의 해제 및 해지) ① "을"이 다음 각 호의 어느 하나에 해당하는 행위를 한 경우에는 "갑"은 이 계약을 해제 또는 해지하거나 임대차계약의 갱신을 거절할 수 있다.

 1. 거짓이나 그 밖의 부정한 방법으로 임대주택을 임대받은 경우

 2. 법 제19조를 위반하여 임대주택의 임차권을 타인에게 양도하거나 임대주택을 전대한 경우

 3. 임대차기간이 시작된 날부터 3개월 이내에 입주하지 않은 경우. 다만, "갑"의 귀책사유로 입주가 지연된 경우에는 그렇지 않다.

 4. 임대료를 3개월 이상 연속하여 연체한 경우

 5. 임대주택 및 그 부대시설을 "갑"의 동의를 받지 않고 개축·증축 또는 변경하거나 본래의 용도가 아닌 용도로 사용하는 경우

 6. 임대주택 또는 그 부대시설을 고의로 파손하거나 멸실한 경우

 7. 그 밖에 이 표준임대차계약서상의 의무를 위반한 경우

② "을"은 다음 각 호의 어느 하나에 해당하는 경우에 이 계약을 해제 또는 해지하거나 임대계약의 갱신을 거절할 수 있다.

 1. 특별자치도지사·시장·군수·구청장이 임대주택에 거주하기 곤란할 정도의 중대한 하자가 있다고 인정한 경우

 2. "갑"이 특별자치도지사·시장·군수·구청장이 지정한 기간에 하자보수명령을 이행하지 않은 경우

 3. "갑"이 "을"의 의사에 반하여 임대주택의 부대시설·복리시설을 파손하거나 철거시킨 경우

 4. "갑"의 귀책사유로 입주기간 끝난 날부터 3개월 이내에 입주할 수 없는 경우

 5. "갑"이 이 표준임대차계약서상의 의무를 위반한 경우

제8조(임대차계약 중도 해지) ① 국가, 지방자치단체, 「한국토지주택공사법」에 따른 한국토지주택공사(이하 "한국토지주택공사"라 한다) 또는 「지방공기업법」 제49조에 따라 주택사업을 목적으로 설립된 지방공사(이하 "지방공사"라 한다)가 임대하는 임대주택에 거주하는 "을"이 제7조 제2항에 해당하지 않는 사유로 임대주택 임대차계약을 중도에 해지(「주택 임대차보호법」 제6조의2에 따라 묵시적 갱신에 의한 임대차계약을 해지하는 경우는 제외한다)하는 경우에는 "갑"에게 계약 해지 예정일 1개월 전까지 통보(계약 해지 예정일까지의 기간이 1개월 이상 남은 경우에는 변경 후 계약 해지 예정일이 1개월 이상 남는 범위에서 변경 통보 가능)하여야 하며, 통보를 받은 "갑"은 "을"의 퇴거에 적극 협조하여야 한다.

② 제1항에 따라 "을"이 계약 해지를 통보하였으나 계약 해지 예정일 전에 퇴거하는 경우에는 임대료 정산 완료일부터 계약 해지 예정일까지의 임대료를 "갑"에게 지불해야 한다. 다만, 후속 임차인이 정해진 경우에는 임대료 정산 완료일부터 후속 임차인의 입주일 하루 전일까지의 임대료를 "갑"에게 지불한다.

제9조(임대보증금의 반환) ① "을"이 "갑"에게 예치한 임대보증금은 이 계약이 끝나거나 해제 또는 해지되어 "을"이 "갑"에게 주택을 명도함과 동시에 반환한다.

② 제1항에 따라 반환할 경우 "갑"은 주택 및 내부 일체에 대한 점검을 실시한 후 "을"이 "갑"에게 내야 할 임대료, 관리비 등 제반 납부액과 제6조 제1항에 따른 "을"의 수선유지 불이행에 따른 보수비 및 제11조에 따른 특약으로 정하는 위약금, 불법거주에 따른 배상금 또는 손해금 등 "을"의 채무를 임대보증금에서 우선 공제하고 그 잔액을 반환한다.

③ "을"은 위 주택을 "갑"에게 명도할 때까지 사용한 전기·수도·가스 등의 사용료(납부시효가 끝나지 아니한 것을 말한다)지불 영수증을 "갑"에게 제시 또는 예치하여야 한다.

제10조(임대주택의 매각) "갑"이 「임대주택법 시행령」 제13조 제2항 제1호에 따라 위 주택을 다른 임대사업자(이하 "병"이라 한다)에게 매각하는 경우에는 "병"과의 매매계약서에 "갑"의 임대사업자로서의 지위를 "병"이 승계한다는 뜻을 명시한다.

제11조(임대주택 중복입주 방지를 위한 입주자 정보의 통보) "갑"(국가, 지방자치단체, 한국토지주택공사, 지방공사인 경우에 한정한다)은 「임대주택법 시행규칙」 제11조의3에 따라 임대주택 중복입주 여부 확인 등을 위하여 "을"의 성명, 주민등록번호, 주소, 입주일자 등을 국토교통부장관이 정하는 전산관리지정기관에 알릴 수 있다.

제12조(소송) 이 계약에 관한 소송의 관할 법원은 "갑"과 "을"이 합의하여 결정하는 관할법원으로 하며, "갑"과 "을" 간에 합의가 이루어지지 않은 경우에는 위 주택소재지를 관할하는 법원으로 한다.

제13조(중개대상물의 확인·설명) 개업공인중개사가 임대차계약서를 작성하는 경우에는 중개대상물확인·설명서를 작성하고, 업무보증 관계증서(공제증서 등) 사본을 첨부하여 임대차계약을 체결할 때 "갑"과 "을"에게 교부한다.

제14조(특약) "갑"과 "을"은 제1조부터 제13조까지에서 규정한 사항 외에 필요한 사항에 대하여는 따로 특약을 정할 수 있다. 다만, 특약의 내용은 「약관의 규제에 관한 법률」을 위반해서는 안 된다.

◆ 주택월세 소득공제 안내

근로소득이 있는 거주자(일용근로자는 제외한다)는 「소득세법」 및 「조세특례제한법」에 따라 주택월세에 대한 소득공제를 받을 수 있으며, 자세한 사항은 국세청 콜센터(국번 없이 126)로 문의하시기 바랍니다.

■ 임대주택법 시행규칙 [별지 제22호 서식] <개정 2013. 7. 3.>

과징금납부통지서
(수납기관 보관용)

① 발행번호	
② 납부자	성명(대표자)
	상호 및 주소
③ 위반 일자	
④ 부과 기준	
⑤ 납부금액	
⑥ 납부기한	
⑦ 납부장소	

「임대주택법」 제40조와 같은 법 시행령 제37조에 따라 위와 같이 과징금납부를 통지하오니 납부기한까지 납부하여 주시기 바랍니다.

년 월 일

수납기관 [직인]

수납인

특별자치도지사
시장·군수·구청장 귀하

과징금영수필통지서
(특별자치도·시·군·구 보관용)

① 발행번호	
② 납부자	성명(대표자)
	상호 및 주소
③ 위반 일자	
④ 부과 기준	
⑤ 납부금액	
⑥ 납부기한	
⑦ 납부장소	

위와 같이 납입하였기에 통보함.

년 월 일

수납기관 [직인]

수납인

특별자치도지사
시장·군수·구청장 귀하

과징금납부영수증
(납부자 보관용)

① 발행번호	
② 납부자	성명(대표자)
	상호 및 주소
③ 위반 일자	
④ 부과 기준	
⑤ 납부금액	
⑥ 납부기한	
⑦ 납부장소	

위와 같이 영수함.

년 월 일

수납기관 [직인]

수납인

257㎜×182㎜[백상지 80g/㎡(재활용품)]

■ 임대주택법 시행규칙 [별지 제23호 서식] <개정 2013. 7. 3.>

과징금처분 대장

발행번호	납부고지 연월일	성명(대표자)	상호 및 주소	부과 기준		과징금 부과금액 (만원)	납부기한	납부일	비고
				일자	부과기준				

257㎜×182㎜[백상지 80g/㎡(재활용품)]

[별표 1] <개정 2014. 7. 16.>

공공건설임대주택 분양전환가격의 산정기준(제9조 관련)

1. 분양전환가격의 산정

가. 임대의무기간이 10년인 경우 분양전환가격은 감정평가금액을 초과할 수 없다.
나. 임대의무기간이 5년인 경우 분양전환가격은 건설원가와 감정평가금액을 산술평균한 가액(價額)으로 하되, 임대주택의 건축비 및 택지비를 기준으로 분양전환 당시에 산정한 해당 주택의 가격(이하 "산정가격"이라 한다)에서 임대기간 중의 감가상각비(최초 입주자 모집 공고 당시의 주택가격을 기준으로 산정한다)를 뺀 금액을 초과할 수 없다.

2. 항목별 산출방법

가. 건설원가＝최초 입주자 모집 공고 당시의 주택가격＋자기자금이자－감가상각비

 1) 최초 입주자 모집 공고 당시의 주택가격: 건축비와 택지비의 합계액으로 한다.
 2) 자기자금이자 ＝(최초 입주자 모집 공고 당시의 주택가격－국민주택기금 융자금－임대보증금과 임대료의 상호전환 전 임대보증금)×이자율×임대기간
 가) 이자율: 해당 임대주택의 임대시작일과 분양전환 당시 각각의 「은행법」에 따른 은행의 1년 만기 정기예금 평균 이자율을 산술평균한 이자율
 나) 임대기간: 임대시작일부터 분양전환시작일 전날까지의 기간
 3) 감가상각비: 계산은 임대기간 중 「법인세법 시행령」 제26조에 따른 계산방식에 따른다.

나. 감정평가금액: 법 제21조 제9항에 따라 두 곳의 감정평가법인이 평가한 해당 주택의 감정평가금액을 산술평균한 금액으로 한다.

 1) 임대사업자 또는 임차인은 제7조, 제8조(제7조와 제8조의 경우에는 임차인은 제외한다) 및 제13조에 따른 임대주택분양전환 허가신청서, 분양전환 신고서 또는 분양전환승인 신청서를 제출하기 전에 특별자치도지사·시장·군수·구청장에게 분양전환가격을 산출하기 위하여 감정평가법인의 선정을 요청하여야 하며, 특별자치도지사·시장·군수·구청장은 요청을 받은 날부터 30일 이내에 영 제23조에 따라 감정법가법인을 선정하여 감정평가를 의뢰하여야 한다. 감정평가법인은 감정평가 후 감정평가서를 특별자치도지사·시장·군수·구청장에게 제출하여야 한다.
 2) 같은 단지에서 20호 또는 20세대 이상의 임대주택을 분양전환하는 경우 감정평가의 대상 주택은 분양전환대상 호수 또는 세대수의 10% 범위에서 동·규모·층 및 방향 등을 고려하여 정할 수 있다.
 3) 감정평가금액 중 최고 평가액이 최저 평가액의 100분의 110을 초과하는 경우에는 재평가하여야 하며, 이 경우 임대사업자 또는 임차인은 「부동산 가격공시 및 감정평가에 관한 법률」 제41조 제1항 및 같은 법 시행령 제81조 제2항 제9호에 따라 업무를 위탁받은 기관에 재평가 이전의 감정평가에 관한 타당성 조사를 요구할 수 있다.
 4) 그 밖에 감정평가법인의 선정 및 이의신청 등에 관한 사항은 법 제21조 제9항 및 영 제23조에 따른다.

다. 산정가격＝분양전환 당시의 표준건축비
        (국토교통부장관이 고시하는 가격을 말한다. 이하 같다)＋최초 입주자 모집 공고 당시의 택지비＋택지비 이자
       택지비 이자＝택지비×이자율×임대기간
 ※ 이자율 및 임대기간의 계산은 자기자금 이자의 계산과 같은 방법에 따른다.

라. 건축비 및 택지비: 임대주택의 가격산정의 기준이 되는 건축비 및 택지비는 다음과 같다.

1) 건축비

가) 건축비는 최초 입주자 모집 공고 당시의 건축비로 하되, 그 상한 가격은 표준건축비로 한다. 이 경우 건물의 층수는 동별로 해당 동의 최고층을 기준으로 적용한다.

나) 다음의 구조형식에 해당하는 주택에 대해서는 다음의 구분에 따른 금액을 표준건축비에 더할 수 있다.

　(1) 철근콘크리트 라멘구조(무량판구조를 포함한다)로 건축하는 주택: 표준건축비의 5%에 상당하는 금액

　(2) 철골철근콘크리트구조로 건축하는 주택: 표준건축비의 10%에 상당하는 금액

　(3) 철골조로 건축하는 주택: 표준건축비의 16%에 상당하는 금액

다) 주택사업자가 해당 주택의 시공 및 분양에 필요하여 납부한 보증수수료는 표준건축비에 더할 수 있다.

라) 사업계획승인권자로부터 최초 입주자 모집 공고에 포함하여 승인을 받은 지하층 면적[지하주차장 면적을 포함하되, 지하피트(방습·방열 및 배관설비 설치 등을 위한 공간을 말한다)는 제외한다]은 표준건축비의 100분의 63에 상당하는 금액을 표준건축비에 더할 수 있다.

마) 임대사업자는 임대주택의 건설과 관련된 법령 또는 조례 등의 개정으로 주택건설에 추가되거나 감액되는 비용이 있는 경우에는 그 비용을 표준건축비에 추가하거나 표준건축비에서 감액할 수 있다.

바) 그 밖에 표준건축비에 더할 수 있는 항목은 다음과 같다.

　(1) 임대사업자가 발코니 새시를 한꺼번에 시공하는 주택인 경우 표준건축비의 100분의 5 이내에서 드는 비용

　(2) 「도서개발 촉진법」 제2조에 따른 도서지역에 건축하는 주택인 경우 표준건축비의 100분의 3

　(3) 「폐기물관리법」 제15조의2에 따른 음식물류 폐기물 공동 처리시설의 설치비

　(4) 「공동주택 분양가격의 산정 등에 관한 규칙」 별표 1의3 제3호의 비용

　(5) 임대사업자가 발코니를 확장하는 주택인 경우 발코니 확장비용[(1)에 따른 비용은 제외한다]

2) 택지비

가) 국가, 지방자치단체나 한국토지주택공사 등 「공공기관의 운영에 관한 법률」에 따른 공공기관이 「택지개발촉진법」 등 법률에 따라 개발·공급하는 택지(이하 "공공택지"라 한다)인 경우에는 그 공급가격

나) 임대사업자가 취득 또는 보유하고 있는 공공택지가 아닌 택지(이하 "사업자보유택지"라 한다)인 경우에는 최초 입주자 모집 공고 전[토지임대부 임대주택인 경우에는 분양전환 승인 전을 말하며, 마)에 해당하는 경우는 제외한다]에 임대사업자의 비용부담으로 사업계획승인권자[토지임대부 임대주택인 경우에는 분양전환승인권자를 말하며, 마)에 해당하는 경우는 제외한다]가 두 곳의 감정평가법인에 의뢰하여 감정평가한 가격의 산술평균가격

다) 공공택지의 택지비에 가산할 수 있는 항목은 다음과 같다. 다만, 국가, 지방자치단체, 한국토지주택공사 또는 지방공사가 아닌 임대사업자인 경우에는 사업계획승인권자가 이를 고려하여 가산할 수 있다.

　(1) 택지를 공급받기 위하여 선수금, 중도금 등 택지비의 일부 또는 전부를 선납한 경우에는 선납일부터 최초 입주자 모집 공고 후 6개월이 되는 날까지의 택지대금에 대한 기간이자. 이 경우 기간이자는 최초 입주자 모집 공고 당시의 「은행법」에 따른 은행의 1년 만기 정기예금 평균 이자율을 적용하되, 일할 계산한다.

　(2) 제세공과금, 등기수수료 등 필요적 경비

　(3) 그 밖에 택지와 관련된 것임을 증명할 수 있는 비용

라) 사업자보유택지의 택지비에 가산할 수 있는 항목은 다음과 같다. 이 경우 감정평가가 가능한

항목은 감정평가에 포함하여 감정평가하고, 감정평가가 곤란한 항목은 사업계획승인권자가 고려하여 가산할 수 있다.

(1) 「주택법」 제23조에 따라 사업시행자가 부담하는 간선시설의 설치 비용

(2) 진입도로의 개설에 편입되는 사유지의 감정평가 가격

(3) 지장물의 철거 비용

(4) 그 밖에 택지와 관련된 것을 증명할 수 있는 비용

마) 토지임대부 임대주택을 「토지임대부 분양주택 공급촉진을 위한 특별조치법」에 따른 토지임대부 분양주택으로 분양전환하는 경우 분양전환가격 산정 시 택지비는 제외한다.

[별표 1의2] <개정 2014. 7. 16.>

분납임대주택의 분양전환가격, 분납금 및 반환금의 산정 기준
(제9조 제1항, 제14조의2 및 제16조의3 관련)

1. 분양전환가격의 산정

 분납임대주택의 분양전환가격은 분납금의 합계액으로 한다.

2. 분납금의 산정

 가. 분납금의 납부시기 및 납부금액

 1) 임대의무기간 만료 후 분양전환을 하거나 임대의무기간의 2분의 1이 지나고 최초 입주지정
 기간이 끝난 날부터 8년이 지난 후 영 제13조 제2항 제3호에 따라 분양전환을 하는 경우

   가) 임대차 계약 시, 중도금 납부 시, 입주 시 각각 다음의 금액을 납부한다.
   해당 분납임대주택의 최초 입주자모집 공고 당시의 주택가격×0.1
   나) 최초 입주지정기간이 끝난 날부터 4년과 8년이 지난 날에 각각 다음의 금액 중 적은
   금액을 납부한다. 이 경우 감정평가에 따른 분납금 산정은 임차인이 원하는 경우에만
   한다.
   (1) 해당 분납임대주택의 최초 입주자모집 공고 당시의 주택가격×(1+이자율)$^{(\text{납부시점의 임차연수})}$×0.2
   (2) 해당 분납임대주택의 감정평가금액×0.2
   다) 분양전환 시 다음의 금액을 납부한다.
   해당 분납임대주택의 감정평가금액×0.3

 2) 임대의무기간의 2분의 1이 지나고 최초 입주지정기간이 끝난 날부터 8년이 지나기 전에 영
 제13조 제2항 제3호에 따라 분양전환을 하는 경우

   가) 임대차 계약 시, 중도금 납부 시, 입주 시 각각 다음의 금액을 납부한다.
   해당 분납임대주택의 최초 입주자모집 공고 당시의 주택가격×0.1
   나) 최초 입주지정기간이 끝난 날부터 4년이 지난 날에 다음의 금액 중 적은 금액을 납부한
   다. 이 경우 감정평가에 따른 분납금 산정은 임차인이 원하는 경우에만 한다.
   (1) 해당 분납임대주택의 최초 입주자모집 공고 당시의 주택가격×(1+이자율)^4×0.2
   (2) 해당 분납임대주택의 감정평가금액×0.2
   다) 분양전환 시 다음의 금액 중 적은 금액과 해당 분납임대주택의 감정평가금액의 100분
   의 30에 해당하는 금액을 합산한 금액을 납부한다.
   (1) 해당 분납임대주택의 최초 입주자모집 공고 당시의 주택가격×(1+이자율)$^{(\text{분양전환시점의 임차연수})}$×0.2
   (2) 해당 분납임대주택의 감정평가금액×0.2

나. 항목별 산출방법

1) 최초 입주자모집 공고 당시의 주택가격: 건축비와 택지비의 합계액으로 한다. 이 경우 건축비 및 택지비의 산출은 별표 1 제2호라목에 따른다.

2) 이자율: 해당 분납임대주택의 임대시작일과 분납금 납부일 당시 각각 「은행법」에 따른 은행의 1년 만기 정기예금 평균 이자율을 산술평균한 이자율

3) 감정평가금액: 임대사업자는 분납금 산정 전에 특별자치도지사·시장·군수·구청장에게 감정평가 금액 산출을 위한 감정평가법인의 선정을 요청하여야 하며, 그 밖의 사항은 영 제23조 및 별표 1 제2호 나목에 따른다.

3. 반환금의 산정기준

가. 해당 분납임대주택에 5년 미만의 기간 동안 거주 후 반납하는 경우: 다음의 금액 중 적은 금액

1) 임차인이 이미 납부한 분납금과 분납금 납부일의 다음 날부터 반납일까지의 이자를 합산한 금액. 이 경우 이자율은 분납금 납부일과 반납일 당시 각각 「은행법」에 따른 은행의 1년 만기 정기예금 평균 이자율을 산술평균한 이자율로 한다.

2) 해당 분납임대주택의 감정평가금액에 임차인이 납부한 분납금의 합계액의 비율을 곱한 금액

나. 해당 분납임대주택에 5년 이상의 기간 동안 거주 후 반납하는 경우: 가목1) 및 2)의 금액을 산술평균한 금액

다. 감정평가금액: 임대사업자는 반환금 산정 전에 특별자치도지사·시장·군수·구청장에게 감정평가금액 산출을 위한 감정평가법인의 선정을 요청하여야 한다. 다만, 임차인이 원하는 경우에는 임대사업자가 영 제23조 제1항의 기준을 충족하는 감정평가법인 두 곳에 의뢰할 수 있다. 그 밖에 감정평가와 관련된 사항은 영 제23조 및 별표 1 제2호 나목에 따른다.

[별표 2] <개정 2009. 12. 16.>

관리비항목의 구성 명세(제18조 제1항 관련)

관리비 항목	구 성 내 역
1. 일반관리비	· 인건비: 급여·제수당·상여금·퇴직금·산재보험료·고용보험료·국민연금·국민건강보험료 및 식대 등 복리후생비 · 제사무비: 일반사무용품비·도서인쇄비·교통통신비 등 관리사무에 직접 소요되는 비용 · 제세공과금: 관리기구가 사용한 전기료·통신료·우편료 및 관리기구에 부과되는 세금 등 · 피복비 · 교육훈련비 · 차량유지비: 연료비·수리비 및 보험료 등 차량유지에 직접 소요되는 비용 · 그 밖의 부대비용: 관리용품구입비 그 밖에 관리업무에 소요되는 비용
2. 청소비	용역 시에는 용역금액, 직영 시에는 청소원인건비·피복비 및 청소용품비 등 청소에 직접 소요된 비용
3. 경비비	용역 시에는 용역금액, 직영 시에는 경비원인건비·피복비 등 경비에 직접 소요된 비용
4. 소독비	용역 시에는 용역금액, 직영 시에는 소독용품비 등 소독에 직접소요된 비용
5. 승강기유지비	용역 시에는 용역금액, 직영 시에는 제부대비·자재비 등. 다만, 전기료는 공공용으로 사용되는 시설의 전기료에 포함한다.
6. 난방비	난방 및 급탕에 소요된 원가(유류대, 난방 및 급탕용수비)에서 급탕비를 뺀 금액
7. 급탕비	급탕용 유류대 및 급탕용수비
8. 수선유지비	· 보수용역 시에는 용역금액, 직영 시에는 자재 및 인건비 · 냉난방시설의 청소비·소화기충약비 등 임차인의 주거생활의 편익을 위하여 제공되는 비용으로서 소모적 지출에 해당하는 비용
9. 지능형 홈네트워크 설비 유지비	용역 시에는 용역금액, 직영 시에는 지능형 홈네트워크 설비 관련 인건비, 자재비 등 지능형 홈네트워크 설비의 유지 및 관리에 직접 소요되는 비용. 다만, 전기료는 공동으로 사용되는 시설의 전기료에 포함한다.